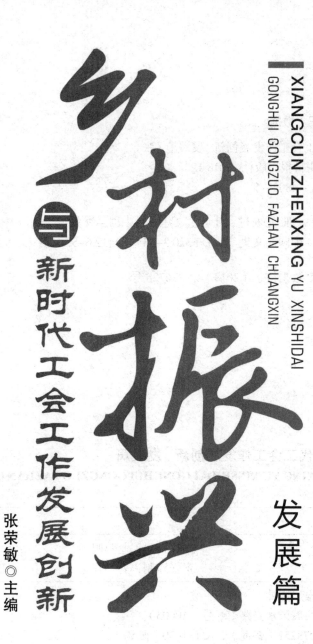

XIANGCUN ZHENXING YU XINSHIDAI

GONGHUI GONGZUO FAZHAN CHUANGXIN

乡村振兴与新时代工会工作发展创新

发展篇

张荣敏 ◎ 主编

光明日报出版社

图书在版编目（CIP）数据

乡村振兴与新时代工会工作发展创新 . 发展篇 / 张
荣敏主编 . -- 北京：光明日报出版社，2018.12
ISBN 978 - 7 - 5194 - 4802 - 8

Ⅰ.①乡…　Ⅱ.①张…　Ⅲ.①农村—社会主义建设—中国—文集
②基层组织—工会工作—中国—文集　Ⅳ.① F320.3-53 ② D412.6-53

中国版本图书馆 CIP 数据核字（2018）第 276728 号

乡村振兴与新时代工会工作发展创新 . 发展篇
XIANGCUN ZHENXING YU XINSHIDAI GONGHUI GONGZUO FAZHAN CHUANGXIN.
FAZHANPIAN

主　　编：张荣敏

责任编辑：刘兴华　　　　　　　责任校对：赵鸣鸣
封面设计：周亚飞　　　　　　　责任印制：曹　净

出版发行：光明日报出版社
地　　址：北京市西城区永安路 106 号，100050
电　　话：010-67078251（咨询），63131930（邮购）
传　　真：010-67078227，67078255
网　　址：http://book.gmw.cn
E - mail：liuxinghua@gmw.cn
法律顾问：北京德恒律师事务所龚柳方律师，电话：010-67019571

印　　刷：三河市华东印刷有限公司
装　　订：三河市华东印刷有限公司
本书如有破损、缺页、装订错误，请与本社联系调换

开　　本：210mm×285mm
字　　数：703 千字　　　　　　印张：34
版　　次：2019 年 1 月第 1 版　　印次：2019 年 1 月第 1 次印刷
书　　号：ISBN 978 - 7 - 5194 - 4802 - 8

定　　价：320.00 元

《乡村振兴与新时代工会工作发展创新·发展篇》

编委会

主　　编　张荣敏

副主编　孔令光　李　浩　刘长书

特邀编委　（以姓氏笔画为序）

马文辉	马木提·玉素甫	王业绩	王亚秋	王建功	王建和
方宏伟	邓清辉	叶华杰	卢红兵	伊珍林	吕　恩	任　祥
刘苗先	刘学成	刘振兴	苏　曦	杨旭海	陈清奎	陈鹏春
张洪发	张辉凤	张赞勤	林　忠	周太荣	周春安	段传民
类维贤	高应红	梁国喜	彭成林	傅金峰	路洪伟

编　　委　（以姓氏笔画为序）

丁永华	刁俊杰	于灵学	于宏清	马　驰	马　啸	马玉清
马应科	马进民	马华剑	马福英	马海荣	王　伟	王　爽
王力军	王成文	王克琦	王向东	王希文	王晋林	王保林
王春录	王朝阳	王均灿	王银婵	王莉鑫	王耀华	方文归
艾尼瓦尔·肉孜	邓　冰	尹　平	田　文	田子义	田保国
史　兵	史文庆	叶　标	叶长天	叶晓兰	仝树朴	白继光
代天轶	皮中伦	兰春才	冯　华	尼　雅	权　奎	巩长青
吕　斌	曲庆霞	曲志浤	曲周才仁	任　宏	朱正元	朱正竹
朱建忠	朱慧芝	乔玉忠	向月华	向志昌	伍玉章	刘　婧
刘　敏	刘长宝	刘必胜	刘永清	刘先跃	刘光辉	刘守文
刘向东	刘志刚	刘宝祥	刘巧杰	刘贤波	刘晓明	许庆常
许福堂	齐乃华	齐国庆	闫祥爵	闫纯芳	衣服坡	汤重伟
孙玉山	毕福祥	牟国良	阮弈斌	杨　帆	杨　健	杨大卫

杨光军	杨宝俊	杨振刚	李 辉	李广军	李义川	李玉国
李方年	李水清	李永才	李付辰	李竹林	李虎平	李春盛
李保辉	李愈强	李学谦	李维书	苏冬兰	豆亚平	严华鸣
吴 洁	吴兴升	吴应菊	吴来胜	吴国蕊	吴塞平	吴建雄
肖明华	何 平	何 桦	何开金	何胜舟	何桂花	何颜红
邹杏花	宋明超	宋殿普	宋进岭	汪明江	沈瑞平	汪炳林
陈 波	陈 琦	陈韦汝	陈启元	陈付章	陈绍国	陈荣卓
陈恒东	陈祥荣	陈晓霞	陈建东	陈靓珂	阿怀琳	张少华
张正义	张丙森	张永扬	张良慧	张布仁	张金凤	张宏伟
张秀霞	张明鉴	张国祥	张国晓	张恩东	张志强	张炳才
张秀卿	张建民	张俊峰	张树国	欧 亚	林 红	林亚珠
林志伟	林佳斌	林超荣	武候应	罗忠阳	金红文	周大标
周同良	邻万章	郑东生	郑承男	郑朝灿	官庆军	房宏宝
胡小石	封运美	赵亚滨	赵安平	赵洪剑	赵延凌	赵越超
郝乐松	郝贵义	侯玉文	侯智博	钟 鸣	洪文才	洪时建
祝华昌	祝伟红	贺永刚	贺学冰	贾尚勇	贾清林	夏建国
夏顺安	秦发川	秦怀珍	袁丹君	袁闻聪	袁建兴	徐 勇
徐金香	徐忠良	徐栋芳	殷万辉	高正超	高世国	高庆芳
高明慧	郭义生	郭新增	栾守武	凌志忠	唐鉴平	黄冬有
黄仕民	黄存才	黄思俊	都小琳	符江波	梁尤才	梁志军
梁洁芳	康文化	麻光敏	盛 伟	蒋 涛	蒋明才	蒋丽蓉
蒋碧秀	董元续	董亮全	覃穆耘	彭立兰	葛玉琴	惠生礼
程 堂	程佩顺	傅晓斌	鲁明贵	温东明	温新发	谢少伐
游河清	游保峰	曾广泉	曾志强	熊 敏	勤国华	鲍爱梅
詹超亚	蔡国民	管光尧	管拥军	谭应军	谭敦龙	廖高兴
翟 斌	樊朝睿	黎 频	潘尚荣	潘海元	颜仁富	薛占毅
魏 巍	魏海松					

前　言

　　中国工会是中国共产党领导的中国工人阶级的群众组织，是党联系职工群众的桥梁和纽带，是国家政权的重要社会支柱，是会员和职工权益的代表。中国工会高举中国特色社会主义伟大旗帜，以马克思列宁主义、毛泽东思想、邓小平理论、"三个代表"重要思想、科学发展观、习近平新时代中国特色社会主义思想为指导，全面贯彻党的十九大精神，牢牢抓住为实现中华民族伟大复兴的中国梦而奋斗这个工人运动的时代主题，紧紧围绕转型跨越发展、全面决胜小康社会的战略目标，把握保持和增强政治性、先进性、群众性这条主线，以政治引领、建功立业、维权服务、工会改革、脱贫攻坚、自身建设为主要抓手，充分调动广大职工群众的积极性和创造性，团结动员广大职工为保持经济平稳健康发展和社会和谐稳定做出了新的贡献。

　　2018年是全面贯彻党的十九大精神的开局之年，是改革开放40周年，是决胜全面建成小康社会、实施"十三五"规划承上启下的关键一年。做好今年的工会工作，需要我们在以习近平同志为核心的党中央坚强领导下，以马克思列宁主义、毛泽东思想、邓小平理论、"三个代表"重要思想、科学发展观、习近平新时代中国特色社会主义思想为指导，全面深入贯彻党的十九大和十九届二中、三中全会精神，贯彻党的基本理论、基本路线、基本方略，坚持不懈地用习近平新时代中国特色社会主义思想武装头脑，在贯彻落实十九大精神过程中把工会工作提高到一个新水平，坚持中国特色社会主义工会发展道路，团结动员广大职工听党话、跟党走，为实现十九大提出的目标任务建功立业，展现新时代工人阶级新风采和工会工作新作为。

　　《乡村振兴与新时代工会工作发展创新·创新篇》以党的十九大精神为统领，以实施乡村振兴战略为指导，以深化新时代工会工作改革发展为理论基础，对新时代工会重点工作，如认真学习贯彻党的十九大精神、推动实施乡村振兴战略、加快"互联网＋工会"建设、扎实做好精准帮扶工作、促进企业工会建设、推进工会事业改革创新、加快"建会、建制、建家"建设、抓好维权维稳工作、夯实政策和人才支撑、坚持全面从严治党等方面进行了全面的阐述，为各级工会干部提供理论与实践支持。本书概念把握准确，对所研究的问题、学术梳理清晰，为深入开展研究奠定了学理基础；思路开阔，理论体系完善，观点鲜明，对认识工会工作具有较大的启发；研究基础扎实，调研充分，利用了大量调研、访谈资料，并有深入的剖析。能够实事求是地分析我国工会工作面临的问题，切入准确、分析得当，观点正确；能多角度论述，有独到的见解，且分析比较全面，具有很大的指导价值。综观全书，思路清晰，逻辑结构严密，资料翔实，观点正确，学科知识全面，能够多点多面进行研究，并且具有一定的广度和深度，学术规范，引用资料准确。本书可以为工会工作改革发展及乡村振兴战略实施提供学术支撑、决策咨询和有益借鉴，也有助于工会干部从一个新的视角深化工会工作理论研究，进一步提升工会理论的研究水平及实践能力。

我们在本书编写过程中，参阅了大量近年来出版的同类著作，借鉴和吸收了许多国内外专家学者、同人的研究成果，在此谨向提供了有益观点和理论的学者表示感谢！由于编写时间仓促和编者水平有限，难免有疏忽、谬误之处，敬请各位读者、专家、同行批评指正，以便今后改进和完善！

《乡村振兴与新时代工会工作发展创新》编委会

2018 年 11 月

目 录

第一篇
工会工作及实施乡村振兴发展研究

第二篇
新时代工会干部工作发展与创新

第三篇
新时代工会主席日常管理工作实务

第一篇
工会工作
及实施乡村振兴发展研究

相山工会积极助力相山发展

安徽省淮北市相山区总工会主席　孔庆明

习近平总书记指出，服务党和国家工作大局是党的群团工作的主线。如何强化主线意识、增强工会工作活力，我们努力做了有益的尝试。

一、树牢工会与相山发展互为保障的理念

我们精心提炼出了"相山工会情暖万家"的工作目标，努力在建设品质相山中叫响"劳动最美"，努力让工会工作和相山发展互动互补、相得益彰。

2017年年初区总工会领导班子调整后，我们向领导汇报想建立"会站家"一体化服务职工的阵地，当时领导认为工会工作量不大、各个单位办公用房都很紧张。几个月之后，我们开展了20多项有针对性、有实效性的活动，区委、区政府改变了看法，认为区总工会愿干事、能干事，可以给个更大的舞台。9月2日，相山区总工会"会站家"一体化项目正式投入运行，内设综合服务、权益保障、组织建设、劳动经济四个服务窗口，提升了区级工会的凝聚力和服务水平。

我们充分发挥阵地作用，先后开展了"铭一体检杯"掼蛋比赛、"两节"送温暖五项活动、欢乐"迎新春"五项活动，向广大职工送"六大礼包"：给劳动模范送健康、给农民工送技术、给求职人员送岗位、给优秀职工送保险、给困难职工送温暖、给产业工人送法律，进一步提升活动实效性。

在这一过程中，我们深深体会到：只有通过大力开展丰富多彩的活动，工会才能赢得区委区政府的肯定和支持，获得更大的阵地和舞台；通过充分利用新的阵地，又能够更多地去开展工会的、区里的实效性的活动，从而形成了工会与政府互动、互助、互促的良性循环。

二、努力在融入相山发展中发挥工会作用

融入中心和大局，工会要把握区委区政府的节奏，跟上拍，努力克服"两张皮"，积极形成"一盘棋"。

区总工会认真谋划并精心组织开展了"五个一"系列活动，隆重庆祝五一国际劳动节。

一是服务区委区政府中心工作,先后开展了"劳模品食博""劳模巡食博"活动,20名省部级以上劳动模范来到食博会现场,既赞美了相山区食品产业的巨大成就,还用精益求精的眼光查找食博会的不足之处,提出了增开直通公交车、增加停车位等21条意见建议,赢得区领导的高度重视。二是评选表彰相山区第二届劳动模范25名、先进工作者15名和先进集体18家,真正做到了"不搞平衡、让人服气、激励人心"。三是营造喜庆的节日氛围,开展"劳动最美"文艺演出,带动基层工会开展了一系列"庆五一"活动,西街道连续举办了两届职工文化艺术节。四是弘扬工匠精神,开展"相山十大金牌工人""十大优秀销售员"等选树活动。五是建设一支良好的工作队伍,开展"激励优秀工会工作者"活动。

围绕相山区食博会重大题材,围绕庆五一重点工作,围绕工会业务工作,我们精心包装设计、严密组织实施,在五一前后集中开展了多层次、多领域、多品种的活动,较好地展现了相山工会围绕中心愿干事、服务大局能干事、相融相促会干事的精神风貌。

三、推动形成互促共进的保障和支撑

不断推动好的活动载体实现新的提升和完善。2016年10月26日区总工会开展了相山区环卫工人技能比武大赛,2017年10月我们与区环卫所分别向上汇报,最终由市文明办、市总工会、市城管局联合主办,我区相关单位承办了全市环卫工人节暨相山区第二届环卫工人技能比武大赛,促使"小活动"升华为"大节日"。

采取有效的措施聚合相关部门资源,在分工协作中不断建立健全联动机制,携手联动,促使全区一盘棋思想在工会系统生根发芽。在5·12"护士节",我们积极联系区卫计委,联合开展全区护理技能比武,评选表彰了"相山十大金牌护士"。还与区检察院一起评选表彰了"六大办案能手"。

加强制度的落地、执行与反馈管理。多次协调区财政局、政府办公室,解决了相山区机关干部的1000元过节费和300元生日蛋糕问题,推进工会福利政策在我区的有效落实。

协调各方,重点为女职工推送了"五大温情礼包"。

一是为大病女职工送关怀。在三八、五一、六一、教师节等节假日,联合区教育局、渠沟镇等单位,对单亲困难女职工、困难女农民工和患特殊疾病的女职工、女教师群体进行帮扶慰问。二是为求职女职工送岗位。联合区人社局开展女性专项就业招聘活动,指导开发区培育生活直通车等以女职工为主体的非公企业,扶持淮北惠平家政公司等企业,为全区下岗失业女职工搭建再就业平台。三是为适婚女职工送婚恋。七夕前夕,区总工会联合西街道举办"相约七夕 牵手未来"单身青年职工交友活动。七夕当天,联合区商务局、团委、妇联共同举办"七夕寻缘 缘来是你"大型青年职工交友会,促成了30对青年男女成功牵手。组织近30名单身青年职工参加全市第三届青年职工大型交友会。四是为一线女职工送健康。举办免费保健知识讲座;积极推荐10名一线女职工赴厦门、巢湖半汤参加全

省职工疗休养活动；积极争取市总支持，为8名困难女职工送意外伤害互助保险。五是为基层女职工送文化。开展以"聚焦春天绿色景观，凸显相山绿金品质"为主题的庆"三八"摄影比赛；联合淮北金鹰举办女性美容、礼仪知识讲座。

用温暖的活动、完善的措施、联动的机制，不断丰富制度的内容，逐渐形成围绕中心服务大局四位一体的系统保障和支撑。

砥砺奋进著华章

——甘肃省敦煌市总工会工作纪实

甘肃省敦煌市总工会党组书记、主席　何晓燕

初心铭记征途远，使命担肩工会人。敦煌市总工会在市委和酒泉市总工会的坚强领导下，牢记政治责任，强化使命担当。"十大行动"硕果累累，维权助困温暖人心，工会改革稳步推进，劳动竞赛如火如荼，劳模精神有力弘扬。在服务全市中心工作、推进创新发展、维护职工权益、构建和谐社会等方面发挥了积极作用：

坚持学习贯彻十九大精神和中央、省市委决策部署，落实党建工作责任，引领广大职工听党话、跟党走。市委市政府高度重视工会工作，常委会经常听取工会工作汇报，市委分管领导多次对工会工作进行调研指导工作。

坚持职工创新、劳模创新、班组创新"三大行动"互动共促。创建了10个创新型班组、3个劳模创新工作室；举办了"筑梦敦煌·劳动最美"劳模事迹报告会；开展了"劳动光荣、工人伟大"主题宣传活动，联合电视台开辟《劳动者之歌》栏目，大力宣传劳模精神、工匠精神。积极推荐职工优秀技术创新成果，由西域特种新材股份有限公司职工宋立旺技术创新小组研发的"聚苯硫醚工艺技术"获得甘肃省科技创新一等奖，列入科技部通用项目"工人、农民技术创新组"名单；敦煌农场卢大新等人的"敦垦御枣清洁烘制技术研究与应用项目"获得第十届甘肃省职工优秀技术创新成果三等奖。我市评树推荐的39个单位和个人，分别被省总工会和酒泉市总工会授予"五一劳动奖"。组织开展了敦煌市首届"飞天工匠"评选活动，评选出9名"飞天工匠"进行表彰。

助力文明城市创建。从机关干部到社区群众，从专长服务到注册团队，从邻里守望到扶危助困，从帮助来敦游客到服务文博盛会，数以万计的"小红帽、红马甲"，用点滴关爱汇聚成了文明的暖流，成立起来的爱心公益联合会、青年志愿者联合会、文艺志愿者协会、雷锋爱心车队等志愿服务品牌组织，让志愿服务成了敦煌最时尚的名片。——职工文化活动丰富多彩。市总工会与文广局联建了"职工文化服务中心"，邀请省外专家名人开展"文化大讲堂"，开展各类职工文艺演出、阅读朗诵、培训辅导、音乐会等10余场次；与市直机关工委联办了全市职工运动会，联合市体育中心举办了体彩杯职工"篮球比赛"和"爱玛杯"职工乒乓球比赛；联合中国职工文化体协、敦煌文化发展公司等单位主办了"第六届全国

职工全健排舞大赛"，来自全国各级工会组织的 40 支代表队、观摩团共 1500 多名代表参加了 4 天的展演比赛，展示了广大职工健康运动、快乐工作的精神风貌。

基层组织规范化建设水平进一步提升。新建工会组织 20 个，新增会员 1482 人，其中农民工会员 1144 人；坚持"六有六好"标准，创建规范化镇工会 7 个、村（社区）工会 41 个；建成了首航节能有限公司、华夏国际大酒店等职工之家示范点 20 个；举办全市工会干部培训班 1 期，参训工会干部 130 余人。

维权助困工作扎实有效。召开了政工联席会议，并就开展工资集体协商"要约季"活动与敦煌市人社局进行了研究和讨论，召开"春风行动"暨企业招聘周和大型人才招聘会；全市企业落实职代会、职工大会制度的 399 家，实行厂务公开单位 388 个；建立 4 个工资集体协商示范点；共计投入近百万元开展"四送"品牌活动。

积极服务港澳台研讨交流活动。接待两批次台湾三县工会子弟研讨营和港澳工会青年研讨营的交流访问人员近 100 人，在两岸三地工会之间架起了友谊的桥梁，促进了港澳台工会青年对甘肃敦煌的认识和了解，激发了港澳台工会青年的爱国热情。

夯实工会改革工作基础。紧紧围绕保持和增强"政治性、先进性和群众性"这条主线，制定以奖代补激励机制，给基层工会拨付经费 40 余万元，不断提升工会工作的参与度和满意度。为服务文博会一线的环卫工人、安保人员等职工送去价值 12 万元的慰问品，投入 6 万元对 180 名困难职工进行技能培训等，尽最大努力将资源资金向基层倾斜，为推动工会改革夯实基础。

使命呼唤担当，奋进正当其时。敦煌市总工会在市委和酒泉市总工会的坚强领导下，在新时代、新征程中不忘初心、牢记使命，以新气象、新姿态继续前进，狠抓落实、扎实工作、深化改革、提升水平，更好地去"四化"、增"三性"，为"奋力争当'一带一路'先行区、建设更美更富新敦煌"充分发挥主力军作用。

党建引领 工建增辉

——罗城地税"党建带工建、工建促党建"经验材料

广西罗城县地税局

近年来，罗城县地税局紧密结合税收工作实际，按照"党建带工建、工建促党建"的总体思路，抓好党建龙头，带动工建找准定位，用"三同工作法"以"带"促"建"，形成党建引领，工建增辉的良好态势。

一、主要做法

（一）坚持"三同工作法"，夯实组织基础

一是工会组织与党组织建设"同步"。按照"哪里有党员，哪里就有党组织""哪里有职工，哪里就建立工会组织"的原则，抓好党工组织的建设工作，目前，该局有干部职工82人、党支部委员5人，支部下设党小组5个，党员52人，工会委员5人，共有82人加入工会组织，实现工会组织建设的全覆盖，扩大党群工作的覆盖面。成立支部书记为领导小组组长，局工会主席为副组织长的"党建带工建"领导小组，每半年召开一次专题汇报会，解决工作中出现的各种问题。支部书记、工会主席政治素质高，党建、工建业务熟悉，委员团结务实，组织机构健全合理，按时按期按质配备支部委员、工会支部委员。

二是工会工作与党建工作"同向"。把坚持党的领导作为首要原则，强化局工会委员会人员"四个意识"，把党的政治领导、思想领导、组织领导和工会依法依章程开展工作有机统一起来，使工会工作在思想上行动上与党中央同心共向，引导干部职工听党话跟党走。还将"党建带工建、工建促党建"工作纳入全县地税系统工作的重要议程，党建工作也纳入工会工作中，发挥工建促进党建的作用。党员充分发挥先锋模范作用，带动全局干部职工比、学、赶、超的学习氛围。干部职工坚持围绕大局、服务中心，立足岗位做贡献，积极为群众办实事、办好事，做到自重、自省、自励。

三是工会会员与党员"同心"。党员领导干部定期走访、下访，不定期召开一线干部职工座谈会，掌握一线干部职工的思想动态，建立挂钩联系制度、谈心谈话制度、党内外干部结对联系制度，搭建起联系沟通桥梁，关心干部职工身心健康。严格落实"三会一课"制度，加强党员的管理和监督，坚持在干部职工中开展"争先创优"活动，全体干部职工

讲学习、讲政治、讲正气，爱岗敬业，纪律严明。开设"党员大讲堂"，通过佩戴党徽、个人承诺、重温入党誓词等方式，提醒告诫党员做到心中有党、心中有民、心中有责、心中有戒，进一步树立党员先锋意识，激发广大干部职工服务群众、服务地税事业发展的强大动力。

（二）抓实"党工共建"，筑牢制度防线

制定《工会工作制度》《工会走访制度》《职工书屋管理制度》《职工活动室管理制度》《职工之家工作制度》《"八小时以外"干部行为监督管理办法》等相关制度，进一步用制度管人。从组织建设、思想建设、制度建设、业务建设等方面明确党建带工建工作任务，建立《党建工作责任清单》，促进党建工作与工建工作的有机融合。完善以局务公开为重点的民主监督机制，把公开内容以突出维护职工权益方面为主，涉及职工权益和其他合法权益的事项必须公开，如职工养老、医疗、劳动保护、缴纳党费工会费等情况必须公开。认真执行党建带工建目标责任制、工作报告制，定期召开党员大会、支部委员会、党小组会、工会支部委员会、党群民主议事会，为解决党工建设遇到的困难发挥了重要作用。牢固树立服务意识，着力提升服务水平，努力营造优质文明高效便捷的纳税服务环境，在开展的行风测评中群众评价满意度达 90% 以上。

（三）硬件共建共用，激发基层动力

一是该局党建规范化展厅面积 455 平方米。整个展厅分为"红心向党，风雨历程见彩虹""从严治党，抓好作风促发展""创争先，智慧先行""承正廉，永葆纯洁""跟党走，笃学力行"五个主题，分别展示该局党建工作历史沿革、组织建设、制度建设以及党务公开等情况；开展党的群众路线教育实践活动、"三严三实"专题活动等作风建设情况；"科技党建"的工作新理念；依托于成龙廉政文化，展示"五廉"廉政文化品牌；"两学一做"学习活动基地。

二是设立工会办公室。各种工会有关制度、工作职责、分布图上墙，工会相关档案资料存放在独立的档案柜，工会委员会积极为干部职工提供专业指导服务。

三是设立职工之家。有棋牌、K歌、心理咨询等相关设备设施，为职工提供一个文娱活动的场所，另设有罗城县总工会职工"红娘联盟"服务分站，通过举办青年联谊会，促进该县企事业单位适龄未婚职工开展联谊，增进感情。

四是设立职工活动室暨"党建带工建"展示厅。展示该局工会基本情况、党建带工建成功做法和经验、信息公开栏、读书心得分享栏、党工共建活动成果图片展示等，职工活动室设 3 台健身器材，为干部职工业余生活提供健身的好去处。

五是设立职工书屋。通过张贴文化气息浓厚的诗歌、警句，配备相关报刊书籍，吸引更多的职工到书屋学习提升，配备有 3 台电脑，丰富干部职工阅读的广度。

（四）密切党群关系，创新活动载体

一是实施"四项"工程。实施"先锋"工程，引导干部职工不偏不离听党话跟党走，始终保持正确的发展方向，综合运用"三会一课"、骨干培训、专题研讨、辅导讲座、知识竞赛、网络教育等形式，提高全局干部职工学习的趣味性、针对性和实效性。实施"温暖"工程，情系职工，建立系统内关怀机制，互帮互助，定期或不定期对困难职工、离退休职工进行慰问和探访，帮助解决生活困难。实施"和谐"工程，增强职工"幸福感"，经常性组织多种文体活动，引导干部职工养成健康的生活方式，每年安排职工进行健康体检，女职工还特别安排专项体检。实施"文明"工程，树立文明地税形象。以创建"文明单位""文明庭院""青年文明号""巾帼文明示范岗"等活动为载体，激励争先创优。

二是开展"三个年"活动。开展"党组织服务年"活动，干部职工将国家强农惠农富农的相关政策及脱贫信息送到贫困户手中；开展主题日活动，关爱贫困儿童，为扶贫点中心校送去学习用品、电脑等；2017年我局扶贫点顶新村党支部荣获中共广西壮族自治区委员会组织部授予的"四星级党组织"荣誉称号。开展"纳税服务年"活动，优化纳税服务。开展下企业送政策送服务等系列活动，上门宣传税收政策，帮助企业解决困难；办税厅提供一对一服务，及时帮助纳税人解决难题；推进纳税申报方式多元化，推行"一窗式"服务，简化办税程序。开展"作风建设年"活动，加强对出勤、请休假和会风的管理；推行办税服务厅人员考核办法，配备服务质量评价器、电子眼监控器等设施，有效解决推诿扯皮现象和服务质量评价难等问题，为保持健康、稳定的良好局面发挥了积极作用。

（五）探索党建新模式，带出群建新活力

以党建示范点为基石，引领该局党建工作再上新台阶，不断丰富主题内涵、创新活动载体，找准党建工作与群建工作的最佳结合点，在地税文化中牢牢树立社会主义核心价值观，通过多种形式打造独具罗城特色的党建品牌。开展道德讲堂暨青年干部交流活动、青年座谈会，积极引导青年干部职工从自身做起，激发工作热情，有1人获"自治区优秀共青团员"荣誉称号，5人获"河池市优秀共青团员"荣誉称号。办税厅巾帼文明岗联合县妇联开展关爱留守儿童服务活动，获得群众一致好评。

二、工作成效

（一）组织收入进一步增长

通过开展"党建带工建、工建促党建"活动，极大激发干部职工抓组织收入的热情。截至5月中旬，该局共组织税收收入3819.36万元，同比增收1377.34万元，增幅达56.40%。另外，征收教育费附加224.10万元、地方教育费附加149.86万元，代征工会经费95.51万元，代征残保金13.46万元。

（二）党建带工建基础进一步夯实

通过"四项"工程和"三个年"活动，"党建带工建、工建促党建"工作日趋务实、规范、有效。党建规范化展厅得到了自治区党委常委、组织部部长喻云林，自治区地税局纪检组组长黄健等领导的充分肯定。柳州税务系统、来宾税务系统等市内外30多家单位前来考察该局党建工作经验做法。"党建带工建、工建促党建"示范点也迎来市内15家单位前来考察该局党建工作经验做法。目前该局党建规范化展厅为河池市地税系统、罗城县党建示范点，"党建带工建、工建促党建"展示厅为罗城县示范点。

（三）队伍形象得到进一步提升

通过开展"党建带工建、工建促党建"活动，正向激励作用逐步凸显。近年来，该局获得"自治区和谐单位""自治区文明单位""自治区卫生先进单位""广西五四红旗团支部（总支）"省部级以上荣誉4项，"河池市三八红旗手""河池市文明单位""河池市五四红旗团（总）支部""先进妇女组织"等县处级以上集体荣誉15项。参加全区地税系统大比武两人荣获"专业骨干"荣誉称号。

（四）作风效能得到进一步转变

通过"党建带工建、工建促党建"活动，干部职工厘清了责任边界，强化了作风效能，队伍作风效能有了新改进。《"八小时以外"干部行为监督管理办法》还获得市局领导肯定性批示，并在全市地税系统推广。

（五）征纳关系进一步和谐

通过深入开展"便民办税春风行动"，落实好"放管服"等各项措施。举办"纳税人开放日""纳税人学堂""局长接待日"系列活动，向广大纳税人发布罗城税务系统"最多跑一次""零跑腿"清单，有效解决服务纳税人"最后一公里"问题，开通绿色通道，落实好首问责任制、预约办税等制度、领导值班制度，保证纳税申报等业务有序开展。

夯基础　强措施　求实效
推动困难职工帮扶工作有序进行

内蒙古阿拉善盟工会

按照全总和区总对关于进一步做好困难职工解困脱困工作的部署和要求，加强困难职工帮扶工作规范化建设，创新帮扶工作方式，提升帮扶工作水平，阿拉善盟工会通过多种渠道对解困脱困工作进行广泛宣传，科学制订解困脱困实施方案，精准把握动态实情。现将我会经验做法及工作成果汇报如下。

一、严格建档立卡标准，夯实精准帮扶基础

（一）加强培训，吃透精神

一是加大宣传培训力度，认真组织业务培训，把建档立卡工作的目的和要求、识别标准、识别程序等相关政策宣传到每个帮扶中心和帮扶工作站。二是按照"标准化、规范化、网络化"的要求，完善困难职工档案管理制度，开展困难职工状况调查摸排，切实掌握困难职工的基本情况、致困原因及诉求，分管副主席牵头抓精准扶贫建档立卡工作，具体抓、抓具体，召开专题会议，学习传达文件精神。

截至 2017 年 7 月末，我盟系统中建档立卡困难职工 1633 户。其中：男性 947 户，女性 686 户；意外致困 1114 户，占 68.2%；低保边缘 46712 户，占 28.6%；低保 52 户，占 3.2%；在岗在职 1299 户，占 79.5%；下岗、失业、无业、离退休人员、企业未纳入社保退休人员 334 户，占 20.5%；因病致困 782 户，占比 47.9%；收入低无法维持基本生活 351 户，占比 21.5%；因供养子女上学致困 359 户，占比 22%；因自然灾害、重大事故及其他原因致困 141 户，占比 8.6%；城镇困难职工 1518 户，占建档困难职工 92.8%；农民工 115 户，占建档困难职工 7.2%。

（二）严格标准，全面清理

一是根据建档立卡的要求和标准，我会对系统内不符合的信息予以清理，对符合标准的困难职工信息进行了及时更新。注销不符合建档立卡标准的档案，截至目前共注销 5017 户。二是对符合解困脱困条件的重点五类人群大致以致困原因划分为本人大病、供养直系亲属大病、子女上学、重大事故及本人残疾或其他五大项目，并将符合标准的困难职工精准站位，重新建立帮扶档案，建立发放联系卡。

（三）强化调查，精准帮扶

为了把帮扶政策真正做到困难的职工身上，我们在"精""准"二字上做文章，突出抓好"五大工作"。一是落实责任。由三位处级领导干部各率领一组，抽调工作人员进行分工合作，开展入户大走访活动，层层分解任务，层层分工负责，不留死角。二是创新工作方式。按照"分级负责、精准识别、一户一档、动态管理"的原则，采取"一进二看三算四比五查六议"的工作方法，以精准识别、精准定位、精准施策、精准监管、精准脱困为目标，详细了解困难状况，认真分析致困原因，翔实摸清帮扶需求。内蒙古兰太实业困难职工帮扶工作站推进"分类入档三级台账一册备案"的救助站管理制度的科学化和系统化，采取集中脱困帮扶和临时救助相结合的方式，多方面筹措资金，积极主动地争取上级工会组织和地方相关部门的帮扶工作支持和资金倾斜，及时为困难职工提供了帮助。三是划分责任。将一个职工服务中心、三个帮扶中心和七个帮扶工作站所负责的困难职工进行划分，各负其责，各尽所能，任务到组、责任到人。四是集中攻坚。阿拉善盟工会把7月至8月定为在档困难职工调查月，集中时间进行全方位的调查，对各自负责的档案进行一次全方位的梳理。五是分类管理。根据各组调查上来的困难职工户，由职工服务中心进行统计、分类，将其分为城市困难职工户和困难农民工户两大类，然后再将两大类分别分为低保户、低保边缘户、因病致困户、意外致困户、困难单亲女职工户五大类。与此同时我们还加强与其他相关职能部门的联系，多部门、多方式、多措施地对困难职工进行有针对性的帮助，确保了困难职工帮扶的精准化与实效性。

二、细分对象、因应施策，提升帮扶实效

为充分发挥工会帮扶工作的社会救助功能作用，我会不断创新解困脱困方法：一是夯实精准帮扶基础。加强组织领导，强化宣传培训，坚持工作原则，注重工作方法。按照"标准化、规范化、网络化"的要求，完善困难职工档案管理制度，开展困难职工状况调查摸排，切实掌握困难职工的基本情况、致困原因及诉求，做到一户一档案、一户一计划、一户一措施。实行"谁入户、谁签字、谁负责"的办法，严格工作程序，严禁暗箱操作，确保工作公开透明、公平公正，做到精准建档、精细管理。二是开展培训帮扶促就业。重点帮助因去产能失业的职工实现再就业。阿拉善盟雅布赖盐化集团因去产能，一批企业职工需分流转岗。我会主动对接，多方联系，通过技能培训帮扶，使558名企业职工重新步入其他岗位，有效地化解了企业的难题、解决了企业职工的困难。三是通过医疗帮扶实现解困。推动政府完善基本医疗保障制度，建立职工大病保险制度，逐步提高职工家庭个人承担部分的报销比例；深入实施会员普惠制，借助医院、药店等普惠商家为患病的困难职工提供优惠服务；引导规模以上建会企业开展内部医疗互助互济活动，中盐吉兰泰盐化集团帮扶工作站开启

员工储备金，对于因患重大疾病造成一时困难的员工，经本人申请从储备金里给予借款，并规定还款期限，对于超期账进行及时清缴，充分发挥了储备金的互助救急作用。四是积极争取"多渠道"资源，拓展能力提升帮扶水平。源头参与推动党政托底救助，主动对接落实民生保障政策。阿拉善右旗工会主动与政府联系，积极争取资金，推动部分困难职工享受免交取暖费政策，从一定程度上减轻困难职工家庭的负担。阿拉善经济开发区工会积极协调经济开发区管委会，按照地方财政帮扶资金与自治区总工会帮扶专项资金同等比例匹配的原则，将《企业困难职工生活补贴》列入为民办实事计划，为企业困难职工争取家庭生活补贴。

三、存在的问题

近年来，尽管脱困解困工作取得了较大成绩，但形势依然不容乐观，要实现完全脱困解困，任重而道远。

（一）工会帮扶作用有限

一是工会组织虽然在经济上、政策上都不断出台方案，扩大覆盖面，增强帮扶力度，但与困难职工的实际所需相比，却是杯水车薪，不能解决困难职工的根本问题。二是与社会保障体系缺乏有效沟通和衔接。困难职工帮扶中心作为工会帮扶工作的平台，基本上是工会自己单独运作和管理，与政府相关部门沟通、协调不够，与社会其他组织开展的救助活动联系更少，没有与其他社会救助资源有效联动共享。

（二）基层帮扶工作力量薄弱

一是基层工会中从事工会工作的专职人员少且不稳定，基层工会工作人员的大量精力用于企业的生产经营。二是在企业工会中尤其私营企业中工会组织的自主支配能力不足，工会的人、财、物权都受控于企业主，这对开展困难职工解困脱困工作造成了严重影响。

四、意见建议

（一）积极争取支持

一是分类施策。按照家庭情况、致困原因、技术特长、求助需求、思想状况等方面对困难职工群体进行类别划分，实施不同的帮扶政策，为困难职工提供资金、就业、医疗等方面的帮扶，提高帮扶工作的精准度与时效性，从根本上解决困难职工的实际需求。二是整合资源，加大工会的帮扶力度。要建立大帮扶的组织体系，坚持党委领导，行政主导，工会运作的工作格局。工会关心帮扶特困职工必须与党政各级部门通力合作，齐抓共管。需要工会组织率先从制度上理顺同劳动、财政、司法等部门的协调关系，整合各方面资源，建立信息采用、帮扶联动、结果共享的具有可操作性的工作规则。

（二）推动政府将城市困难职工纳入脱贫攻坚的大盘子

目前，城市困难职工中存在因欠缴社会保险费不能办理退休、拿不到失业保险金、丧失劳动能力或领取的社会保险金不足以保障基本生活等问题，工会组织应积极发挥作用，推动政府将其纳入脱贫攻坚的大盘子中，通过推动将其纳入城镇低保制度、提高低保水平、加大工会帮扶救助力度等措施，为城市困难职工提供兜底保障。

四措并举 维护权益

——桂林市叠彩区大河乡工会联合会维权维稳工作纪实

广西桂林市叠彩区大河乡工会联合会 王 璐

作为职工群众"娘家"的工会组织，担负着维护职工合法权益，以及维护社会和谐稳定的重任，因此，建立适应新形势发展需要的工会维权维稳新机制，就成了基层工会工作的当务之急。近年来，桂林市叠彩区大河乡农民工人数骤增，全乡职工队伍中，百分之九十以上都是农民工。为解决好农民工的各类问题，维护其合法权益，大河乡工会联合会从源头参与夯实维权维稳职责的基础，以维护农民工合法权益为工作中心，为维护辖区社会稳定做出了贡献。

一、工资集体协商

相对企业老板而言，农民工是弱势群体，其个人权益的维护常常"身不由己"，如劳动强度大，令人身心疲惫，可工资报酬却微乎其微。为此，工资集体协商，就成了大河乡工会联合会从源头参与维权维稳的一个重要内容。近年来，大河乡工会联合会共督促全乡30多家企业工会分别就劳动定额、年度工资分配制度和调整幅度，以及奖金、津贴、补贴分配形式等相关事宜与企业行政方开展协商，并签订了集体合同。双顺汽车修理厂是一家工资集体协商的受益企业，据该厂工会主席杨昌雄反映，自2013年推行工资集体协商以来，公司给每个职工都买了意外险，2018年职工年人均收入较2013年增长6000元。全利达石油制品有限公司自2012年推行工资集体协商以来，职工年人均收入每年递增1000元。蒙牛乳业销售有限公司2013年开始实行工资集体协商制，职工年人均收入平均增长700多元，所有职工均可享受带薪休假，国家法定节假日还有慰问品领。工资集体协商制的推行，让职工收入有了不同程度的增长。收入提高了，员工干活的积极性也大大提高，由此带来的是企业经济效益的不断好转，发展后劲进一步增强。

二、困难职工精准帮扶

自2012年以来，大河乡工会联合会共为近10名困难和特困职工开展了建档帮扶工作，其中3人已顺利脱困。多年来，陈秀萍一家5口全靠她每月1000多元的收入过活，与陈秀萍夫妻俩长期生活在一起的家公家婆,以前以务农为生,现都已七十多岁,且身患疾病,丧失了劳动能力,陈秀萍女儿还在上幼儿园。为更好地照顾家庭,陈秀萍丈夫只能靠种点小菜换取微薄收入补贴家用。知悉陈家情况后,大河乡工会联合会第一时间向陈秀萍一家伸出援助之手,给陈秀萍申报了困难职工帮扶。申报成功后,陈秀萍每年可享受免费体检,逢年过节,还可收到慰问金、慰问品。

三、协调劳资关系

2016年8月,陈秀萍因怀上二胎,准备休产假,可所在单位不同意,还准备与其解除劳动合同。为此,陈秀萍向大河乡工会联合会进行求助。了解到陈的诉求后,大河乡工会联合会派人到陈所在单位进行调查了解,通过询问企业职工、相关领导,了解到陈秀萍在工作当中既无违法,也无违规,但企业行政部门称,因为所有岗位都是一个萝卜一个坑,陈秀萍产假期间,她的岗位如果无人顶替,将会影响到整个部门的运行,所以与陈秀萍解除劳动合同,也纯属无奈。为此,大河乡工会联合会工作人员首先向企业行政方讲解劳动法当中有关女职工休产假的相关规定,并明确指出,倘若职工没有犯下什么大错,企业方面不能在职工怀孕期间单方面解除劳动合同,如果这样,就违反了劳动法。至于如何解决陈秀萍产假期间岗位空缺的问题,大河乡工会联合会建议:如果企业方面不愿意招聘新人,完全可以让陈秀萍提前交接好工作,然后在陈休产假期间采取内部轮岗的方式解决;或者企业也可招聘新人,以一岗多人的方式予以解决。

经过两天的协商,最终,陈秀萍所在企业同意在不解除陈劳动合同的前提下,通过内部轮岗的方式解决陈休产假期间的岗位空缺问题,并明确表示在陈休假期间,国家规定的福利待遇会一样不少。陈秀萍产假结束后,大河乡工会专干采取电话沟通的方式回访了陈秀萍,陈秀萍说此事已经得到了非常圆满的解决,企业对她的所有承诺都已兑现。

为更好地维护职工群众合法权益,近年来,大河乡工会联合会充分发挥工会组织的协商职能,通过组织职工与企业行政方开展平等协商的方式,成功将另外6起劳资矛盾消除在萌芽状态,为辖区社会稳定消除了一些不和谐因素。

四、农民工培训

促进创业就业,是工会组织从源头上维护职工合法权益,也是促进企业健康发展以及社会和谐稳定的必要手段。为更好地帮助广大农民工解决创业、就业、维权方面所遇到的难题,大河乡党委、政府以及乡工会联合会高度重视农民工培训工作。每年,大河乡工会联合会都会根据企业及市场的实际需求,与乡农业经济服务中心、乡妇联,以及乡残联等部门联合举办农民工实用技术培训,培训内容包括种植养殖技术、酒店服务礼仪、家政服务知识、汽车维修保养,以及其他一些涉及职工切身利益的劳动法律法规知识。每期培训结束后，都会对参训人员进行考核，并将考核合格人员进行登记造册。只要有合适的工作，便优先推荐，这样一来，既解决了就业问题，又满足了社会及企业对人才的需求。据不完全统计，自 2012 年至今，大河乡工会联合会共培训辖区农民工 400 多人，其中近 300 人顺利就业。

谱写文明篇章　建设明珠之城

——巢湖市总工会创城工作纪实

安徽省巢湖市总工会

近年来，在市文明委的坚强领导下，全市各级工会围绕中心，服务大局，以各类争创活动为载体，以提高机关文明程度为目标，以提高整体素质、树立良好形象、转变工作作风、营造和谐氛围为重点，深入开展文明创建活动，不断提高文明创建水平。

一、加强组织领导，开展工会"创城"活动

市总工会高度重视创城工作，成立了主席为组长、分管副主席为副组长、各部室和直属单位负责人为组员的工会文明单位创建活动领导小组，下设办公室。领导小组将文明机关创建活动纳入了重要议事日程，建立了创建工作责任制，把文明单位创建工作纳入经常化工作，及时检查和督办落实，及时研究解决争创活动中的具体问题。一是制订下发了"创城"活动实施方案和工会志愿者倡议书，大力开展"创城"活动。围绕创城中心工作，举办两届巢湖市窗口行业文明礼仪大赛活动，共吸引全市120余家窗口服务主管单位代表队参加比赛，共有21个单位代表队和79名个人分别获得"十佳示范文明窗口单位""微笑服务之星"。二是按照市文明办下发的通知要求，动员广大职工争做"文明职工"，以工人阶级优秀品质和模范行为影响和带动全社会。成立巢湖市红五一职工志愿者队伍，组织6名职工志愿者全程参与路口文明劝导活动。三是以"职工志愿者"服务队为依托，充分发挥广大职工主力军和先锋队作用，积极参与本社区、本企业的环境建设。20余次集中组织机关职工志愿者深入"联点共建"社区住户家中，宣传创城知识，参加社区垃圾卫生清扫、入户宣传和环境整治等志愿行动。

二、深化学习教育，提升职工政治文化素养

一是坚持把学习贯彻党的十九大和十八届五中、六中、七中全会及习近平总书记系列重要讲话、中央及各级党的群团工作会议精神作为首要政治任务，通过定期、专项、自学、培训、报告等方式，及时学习宣传中央精神，坚持把工会工作放在党政工作大局下思考、行动，牢牢把握正确政治方向。二是高标准建设7家省级职工书屋，并顺利通过合肥市总工会验

收。积极发挥职工书屋平台阵地作用，举办以"读书成就梦想"为主题的读书征文和演讲比赛活动。三是通过进企业宣讲和征文活动，切实把社会主义核心价值观和习近平总书记讲话精神，以及党的路线方针政策宣传到企业、到职工中，引导职工群众树立中国特色社会主义共同理想，践行社会主义核心价值观。四是建立设置道德讲堂，制订《巢湖市总工会道德讲堂活动方案计划》，开展以"劳动光荣、创造伟大"为主题的社会公德、职业道德、家庭美德、个人品德教育活动，提升职工道德素质。五是扎实开展"讲重作"学习教育，加强工会干部教育培训工作，举办了6期工会干部培训班，选派18批430人次参加省、合肥市总工会举办的工会干部培训班。以严的精神、实的作风见行动、见成效。

三、弘扬劳模精神，着力推进建功立业

一是全市各级工会积极开展"中国梦·劳动美·巢湖篇章"系列活动。2017年，先后开展首届职工创意及应用设计大赛、职工技术创新成果评选及巢湖区域劳动技能竞赛等活动；组织召开庆祝"五一"国际劳动节暨劳动模范事迹报告会，引领劳模和广大职工当好主力军，建设新巢湖。二是创新载体，谋划活动。2017年，围绕创建全国文明城市，举办第二届全市窗口行业单位文明礼仪大赛活动，全市50余家（次）窗口单位代表队参加比赛，共有22家单位、79名职工荣获全市窗口行业文明礼仪先进集体和个人，进一步提升了全市窗口行业文明服务水平。三是以劳模精神、劳动精神引领职工创业创新。发现选树各级劳动模范，弘扬劳模精神，发挥劳模示范引领作用，深入推进劳模精神进企业、进乡村、进社区、进机关、进学校"五进"活动，我们通过制作劳模先进事迹专题片，创建职工（劳模）创新工作室，进一步提高企业自主创新能力，在广大职工中掀起技术革新、技术攻关、节能减排、合理化建议等职工群众性技术创新活动的新热潮，涌现出"金牌职工"270人。

四、精准帮扶解困，倾心服务职工群众

一是开展培训与就业服务。以市职工学校为基础，整合社会教学资源，健全和完善职工学习、培训、实习和就业"一站式"培训就业服务机制。近年来，举办岗前培训、岗位技能提升培训45期，培训人员2000多人；采取购买服务方式，与社会培训机构合作，举办家政服务员、育婴员、月子护理员培训班100多期，培训职工1000余人次。二是扎实做好精准帮扶服务工作。认真做好全市困难职工家庭状况信息核查工作，为112名困难职工建立了电子档案。对全市30余名困难职工实施生活救助、大病救助，共发放救助金7.5余万元。牵头开展"百企帮百村"活动，组织企事业单位与全市16个贫困村结成帮扶对子，加快推进脱贫工作。2017年，先后32次集中组织机关干部职工深入黄麓镇临湖社区48户贫困户，走访慰问结对57名帮扶对象，并支持他们生活生产资料资金3.2万元。举办家政、育婴师、营养师、月子护理员等就业技能培训班17期，420人通过培训测试并取得相

应资格证书。三是积极构建和谐劳动关系。扎实推进创建劳动关系和谐企业、和谐园区活动，稳定职工队伍，促进企业发展。建立劳动争议调解"六方联动"机制，全市 200 多家企业建立了劳动争议调解组织。加强困难职工法律援助工作，不断巩固和做强法律援助维权服务品牌。加大工资集体协商、签订集体合同工作力度，签订集体合同 923 份，覆盖企业 1424 家，覆盖职工近 8 万人。四是唱响"四季送"工会品牌。"春送岗位"，举办 50 多场招聘会，进场企业 800 多家次，提供就业岗位 3000 多个，有 2000 多人找到了就业岗位；"夏送清凉"，慰问了全市坚守工作一线的交警、环卫工人、企业职工等 1140 人次；"秋送助学"，资助 37 名贫困大学生，发放助学款 7 万余元；"冬送温暖"，慰问劳模、救助困难职工 638 人，发放慰问救助金 50.2 万元。五是举办了巢湖区域围棋擂台赛、迎"七一"乒乓球邀请赛、"庆元宵、猜灯谜"和"七夕"联谊活动等。基层工会也举办了职工乒乓球、广场舞比赛等文体活动，进一步丰富了职工群众文体生活。

凝心推进工会改革 竭诚服务职工群众

——化隆县总工会近期工作情况介绍

青海省化隆县总工会 赵维玺

一、全面加强党的建设，努力建设忠诚干净担当的工会干部队伍

一是始终坚持党的领导，坚决贯彻落实中央、省市县委和省市总工会的决策部署，坚持把工会工作放到全县工作大局下思考、在大局下行动，进一步健全和完善了县总工作向县委和市总工作请示、报告等工作制度。二是加强学习教育，在深入学习贯彻党的十九大精神和习近平新时代中国特色社会主义思想的同时，深入学习工会相关法律、政策和业务知识，不断提高县总工会干部职工的自身素质。三是充分发挥县总工会党支部的领导核心作用，认真履行全面从严治党的责任，认真开展"两学一做"学习教育，加强党的思想政治建设，持续推进工会系统党风廉政建设，密切联系职工群众，实现了工会工作作风的进一步好转，努力建设绝对忠诚工会事业、竭诚服务职工群众的工会干部队伍。

二、全力推进工会改革工作，建立符合县情的工会运行机制

自工会改革工作启动以来，我县从"理顺组织体系、完善运行机制、扎实推进工作"三个方面全力推进工会改革试点工作。

一是优化县总机关设置。县总工会下设基层工作部、综合办公室、财务经审办公室，结合我县县情成立了化隆县化隆拉面行业工会联合会。将县职工维权服务中心名称变更为县职工服务中心，并且增加了1名挂职副主席、1名兼职农民工副主席；今年3月底召开县工会第九次代表大会，提高了代表和全委会中劳模、一线职工和基层工会工作者比例，落实了工会改革中增强工会组织的广泛性和代表性的措施；根据工作需要，召回了3名外派社会化工会干部，进一步加强县总工会机关工作力量。

二是加强基层工会改革。建立健全工会组织体系，完善县、乡、企业三级组织体系，即县总＋乡镇、社区村＋非公经济组织。在县委、县政府的大力支持下，从村级运转经费中列支1000元解决了村级工会主席报酬问题。在工会阵地建设方面，把组建工会，创办职工服务中心、母婴爱心小屋和建设"职工之家"统一起来，联合利用文化站、文化活动室，逐步在乡镇、人数较多的企事业单位组建"群团之家"，做实做细职工服务工作。

三是改进服务方式，提高服务职工群众能力。建立完善工作重心下沉的运行机制，统筹协调区域工作资源，帮助解决下级工会维权服务和履职中的困难和问题。用足用好改革后的职工服务中心窗口阵地，健全服务平台，组建 QQ 群、开通微信公众号等新媒体平台，初步形成"互联网 +"工作新模式；完善接待服务机制，全天候回应职工诉求；优化整合工会劳动保障法律监督、工会劳动保护监督检查、职工法律援助等队伍，不断完善维护职工合法权益的工作机制，建立健全"上代下"维权机制和劳动关系调解组织，增强维权服务工作实效。

三、履职尽责，依法维护职工权益

一是加强基层工会组织建设。扎实开展"工会组织亮牌子、工会主席亮身份"活动，深入推进"六有"工会建设，组建企业工会 1 家，改选乡镇、机关工会 8 家，新增会员 583 人，完善非公企业法人数据库工作，全面开展了在册企业核查工作。目前，正常运营的非公企业有 191 家，已全面完成核查录入工作，其中 31 家企业单独建会、159 家企业联合建会，1 家在筹建中，企业建会率达 99.48%。

二是着力增强维权实效。认真开展"七五"普法教育，为群众提供法律维权咨询服务，普及工会相关法律法规知识。加大依法行政和依法治会力度，不断创新工会法律工作机制和工作制度，努力提高工会干部的维权能力。做好工会参与加强和创新社会管理综合治理工作，逐步完善了职工信访工作、职工法律援助、劳动争议调解、劳动法律监督"四大体系"。完善了法律援助中心总工会工作站和帮扶中心工作制度，对帮扶维权工作体系进行了规范，使工会整体工作走上法治化轨道。

四、深入实施"五项工程"，聚力助推县域经济发展

在建功立业工程中，以"建功十三五、创建高原工人先锋号"为载体，深入开展丰富多彩的建功立业、劳动竞赛系列活动和技术创新活动。在创新创造工程中，全县有 86% 的企业班组按程序进行了创建合格"六型"班组活动；在佳通公司中筹建职工创新工作室；开展了在职职工获得市厅级以上荣誉称号的调查摸底工作，建立健全了劳模档案；发放劳模"三金"15.39 万元。在素质提升工程中，大力开展职工技能竞赛活动，结合行业特点，联合教育、卫生、农牧等部门单位及佳通、新优等公司举办了形式多样的技术操作比武、岗位练兵和技能大赛。在劳动安全工程中，组织佳通公司等 20 家企事业单位、119 个班组、2828 人参加全省"安康杯"竞赛活动，我县佳通公司被推荐为全国"安康杯"竞赛优胜单位。组织协调教育、卫生、交通、农林牧水等事业单位开展了安全生产知识宣传教育，共开展大型宣传活动 2 次，悬挂横幅 21 条，发放安全生产知识资料 1000 余份；配合相关部门开展劳动安全检查 2 次，指导 3 家企业建立健全劳动保护制度。在工会工作科学化工程中，

围绕去"四化"、强"三性"，明确改革目标和工作任务，结合化隆工会实际，沟通协调组织、人事、编办、企业、乡镇、社区、村社共同研究解决工会工作中遇到的问题，为工会改革工作科学化设置奠定了基础。

五、竭诚服务基层和职工群众

一是组织开展大型活动。利用各节日节点，联合相关部门协办、承办了"冬日六送"活动、"杏花节"活动、全民健身系列活动等大型活动；组队参加海东市文艺会演并取得第二名的好成绩；全县各基层工会也开展了形式多样、内容丰富的活动，极大地丰富了职工群众的业余文化生活，提升了职工整体素质。

二是全力打造职工活动中心。为更好地丰富职工业余文化生活，满足广大职工对强身健体多元化、个性化的需求，在县委、县政府和省、市总工会的大力支持下，整合多方资源，建成投资373万元的职工文化活动中心项目，并配备了总价值达50万元的活动器材设施和图书，将文化体育旅游局下属的图书阅览功能进行有效整合，现已揭牌正式投入运行。

三是深入开展"四送"活动。春送岗位活动中，与就业局联合举办省内外20多家企业参与的现场招聘会，提供就业岗位300多个，有450多人前来应聘，71人达成求职意向。夏送清凉活动中，慰问高温一线职工，送去价值1.8万元的消暑慰问品和350张农民工体检卡，慰问120名环卫工人，发放慰问金3.6万元。金秋助学活动中，资助46名困难职工农民工子女，发放助学金9.7万元。冬送温暖活动中，慰问贫困职工982户，发放慰问金101.4万元。

四是扎实开展精准扶贫工作。2017年在"共驻共建"活动中为城南社区解决价值达1.8万元的物资；为谢家滩乡牙合村等4个联点帮扶村48户困难家庭发放慰问金1.5万元；在"十九大"维稳工作中慰问10户下岗职工困难家庭，发放慰问金2万元。

五是服务劳模工作得到新提高。我县有全国劳模2人、省部级劳模21人、市级劳模21人。建立健全了劳模档案，落实各项劳模优惠政策，去年发放劳模"三金"15.39万元；组织3名省部级以上劳模进行了体检活动；组织2名全国劳模进行了劳模疗养活动；开斋节，七一前夕，县总工会走访慰问了省部级以上穆斯林劳模7人、老党员2人，发放慰问款4500元。今年组织20名一线优秀职工赴厦门进行疗休养。

围绕中心　服务大局　促进地方经济社会发展

——2017 年绩溪县总工会工作总结

安徽省绩溪县总工会

在县委和上级工会的正确领导下，县总工会围绕中心，服务大局，组织动员广大职工群众发挥主力军作用，为我县经济社会发展做出积极贡献，各项工作取得新进展。2017 年，县总工会荣获"安徽省示范县工会"荣誉称号。

一、扎实有序推进"两学一做"学习教育常态化制度化工作

我会按照县委的统一部署，认真推进"两学一做"学习教育常态化制度化工作，以"讲重作"专题教育为契机，深入乡村及企业进行调查研究，党组书记带头上党课、座谈交流、专题研讨等工作环节，扎实有序地推进此项工作不断向前发展。

二、关注弱势群体，做好对困难职工的精准帮扶救助工作

元旦春节两节期间，在县委、县政府的重视和支持下，共筹集送温暖资金 34.6 万元，对全县 500 余户困难职工进行慰问，把党和政府的温暖及时送到了困难职工的心坎上。按照上级精准救助帮扶要求，组织人员对建档立卡困难职工档案进行全面清查、核实，提高困难职工档案的含金量。全年共对 165 户困难职工家庭给予生活救助，对 13 户患大病职工家庭给予医疗救助，对 15 户子女考取大学的困难职工家庭给予助学救助，对因突发性事件造成生活困难的给予临时救助，全年共发放各项救助资金 36 万余元。

三、加强劳模管理，开展劳模推荐评选和对劳模关爱活动

一是会同有关部门认真做好省劳模的评选推荐工作，严格把握标准、履行程序，顺利产生 3 名省劳模候选人，并顺利通过逐级审核、表彰。在"五一"期间，对省级劳模事迹在市县电视台等相关媒体进行集中宣传。二是扎实做好劳模管理，组织开展劳模关爱活动。对市级以上劳模现状开展调查摸底核实，建立劳模人才库，及时了解劳模生产生活状况。组织各有关基层工会做好"五一"劳模关爱活动，对全县市级以上劳模进行体检，组织开展劳模慰问活动，帮助劳模解决实际困难，2017 年发放全国劳模三金 7.5 万元，困难省部

级劳模三金 10.5 万元,市级劳模两金 0.74 万元。

四、认真开展了基层工会信息采集工作

按照全省统一部署,为推进工会职工服务平台建设,做好基层工会组织和会员信息采集工作,县总工会制订工作方案,通过召开工作动员会、工会推进会、组织开展督查和不定期对工作进展情况进行通报等形式进行部署,抓好落实,取得较好成效,共采集到 471个基层工会组织信息、16855 名工会会员信息,完成进度在全市处于前列,为下一步职工服务平台建设打下了坚实的基础。

五、以"两个普遍"为抓手,大力推进基层工会组织建设和平等协商签订集体合同制度

按照"哪里有企业哪里就有工会"的要求,加强对企业组建工会组织的指导督促力度,关注重点行业、重点企业,规范基层单位工会组建、换届工作,提高了工会组织的覆盖面,全年共组建基层工会 20 个,吸纳会员 350 人;组织开展了工资集体协商"要约行动月"活动,通过召开培训会帮助指导企业签订集体合同,今年续签集体合同 60 家。同时广泛开展"创建劳动关系和谐企业"活动,会同人社部门对 15 家用工单位的集体合同、劳动合同的签订履约情况进行了大检查,把工资兑现、养老及工伤保险等作为重点检查内容。

六、职工维权工作进一步得到加强

按照"谁执法谁普法"的要求,通过开展"法制学习月"活动、"法律七进"活动,扎实做好普法宣传工作,重点加强"工会法""安徽省女职工保护特别规定"的宣传工作,不断增强职工的维权意识和企业遵法守法意识。按照主动依法、科学维权的新要求,不断完善机制,创新工作载体。全面推动新时期民主管理和民主监督工作,大力完善以职代会为载体的厂务公开制度,保护职工群众的知情权、参与权,畅通利益诉求渠道,行使职工民主权利,全面巩固和完善了职代会制度。目前全县非公企业建立职代会达 90% 以上。

七、职工互助保障工作保持良好势头

按照上级工会的要求,做好职工互助工作是新形势下工会工作重点内容之一,为此我会领导高度重视,积极深入乡镇及企业进行发动宣传,倡导基层工会大力开展这项工作。至目前止,全县共有 61 家单位参加互助保险,参保职工 2000 多人,收取保费达 8 万余元。对发生意外伤害、大病的 4 名参保职工进行了赔付,赔付金额达到 2.5 万元。

八、工会劳动安全卫生工作取得一定成效

县总工会始终把职工生命安全放在首位,积极开展群众性安全监督检查,督促企业健

全安全生产责任制，改善劳动卫生条件，切实加强职工职业安全卫生防治工作和工会劳动保护监督工作，开展"查隐患，堵漏洞，排险情"等群众性安全生产活动。同时，配合有关部门开展"安全生产突击月"活动，深入开展"安康杯"竞赛活动，促进企业安全生产。今年"安康杯"竞赛参加单位 124 家，参赛职工 6000 多人。其中县供电公司获得全省"安康杯"竞赛先进集体称号。积极发挥工会作用，参与安全生产责任事故调查，切实维护伤亡职工的合法权益。

九、认真组织开展劳动竞赛技能比赛活动

以群众性岗位练兵、技能竞赛为载体，以提高职工队伍整体技术素质为目标，以"五比五赛"活动为主要内容，组织、指导基层工会组织开展各项劳动竞赛和技能比赛活动，与县妇联、团县委等联合开展了"徽姑娘"妇女职工创业创新技能大赛。

深入学习贯彻党的十九大精神
推动工会各项工作走在前列

山东省济南市总工会党组书记、常务副主席　傅金峰

今年以来，济南市总工会认真学习贯彻党的十九大精神，以习近平新时代中国特色社会主义思想统领工会工作，紧紧围绕我市"1+454"体系，牢固树立为职工群众维权、为改革发展添力的理念，推动工会各项工作走在前列，团结动员全市广大职工为决胜全面建成小康社会、"打造四个中心，建设现代泉城"做出了新贡献。

一、以党的十九大精神为统领，确保新时代工会事业和工会工作的正确方向

济南市总工会以习近平新时代中国特色社会主义思想和党的十九大精神为指引，坚定不移走中国特色社会主义工会发展道路，切实肩负起组织引导广大职工群众听党话、跟党走的政治责任和历史使命。

一是坚持用习近平新时代中国特色社会主义思想武装头脑。按照学懂、弄通、做实的要求，坚持原原本本学、全面系统学、联系实际学，深刻理解、全面领会、准确把握习近平新时代中国特色社会主义思想的时代背景、科学体系、精神实质、实践要求，坚决维护习近平总书记在党中央和全党的核心地位，坚决维护以习近平同志为核心的党中央权威和集中统一领导，始终在政治立场、政治方向、政治原则、政治道路上同以习近平同志为核心的党中央保持高度一致。找准工会贯彻落实的切入点着力点，确保党的十九大关于工人阶级和工会工作的各项决策部署在工会系统落地见效。

二是深入开展党的十九大精神学习宣传活动。充分发挥工会宣传和文化阵地作用，组织开展"学习宣传党的十九大精神"主题演讲比赛，组建宣讲团深入基层开展面对面、互动式宣讲，推动党的十九大精神进企业、进车间、进班组。

三是切实加强职工政治思想引领。开展理想信念教育，以"中国梦·劳动美"主题教育为载体，以职工职业道德建设为重点，把社会主义核心价值观融入职工群众的政治立场、价值追求、职业操守、精神境界等各方面，引导广大职工群众把"个人梦""职业梦"与"中国梦"紧密联系在一起。多层次、多渠道宣传劳模精神和工匠精神，五一节举办了"中国梦·劳

动美"主题文艺演出,积极营造劳动光荣的社会风尚和精益求精的敬业风气。

二、服务全市工作大局,组织动员广大职工为实现"打造四个中心,建设现代泉城""三年有突破"的目标任务建功立业

济南市总工会聚焦全市"1+454"体系,找准工会工作的切入点和着力点,发挥工会优势、体现工会特色,在"当好主人翁,建功新时代"的广阔平台上展现工会作为。

一是深入开展"匠心绘蓝图,竞赛促发展"活动。充分发挥劳动竞赛推动经济发展的重要作用,在去年已搭建的七大劳动竞赛平台的基础上,今年新搭建了新旧动能转换先行区重点工程建设项目劳动竞赛平台和济南国际医学科学中心重点工程建设项目劳动竞赛平台,并积极争取纳入全省示范性劳动竞赛项目。在全市的重点工程、重点工作中开展建功立业竞赛,涉及60余个部门和单位,参与职工超百万名,竞赛项目超万项,确保劳动和技能竞赛在"1+454"体系全覆盖。

二是积极推动职工技术创新。加强职工教育和职业技能培训,开展岗位练兵、技术比武、技术交流、技能晋级、名师带徒等职工技能提升活动。积极开展职工技术创新竞赛,大力推进职工创新示范企业(单位)、创新班组、创新能手选树活动。深入开展以"小发明、小革新、小改造、小设计、小窍门"为主要内容的"五小"竞赛,推动企业一线职工的"草根创新"。

三是大力推进产业工人队伍建设。围绕尊重和保障产业工人的主人翁地位、提高产业工人的技术技能素质、健全产业工人维权保障机制、畅通产业工人职业发展通道、营造尊重劳动和尊重产业工人的社会氛围等工作重点,加大改革落实和任务推进力度,加快建设一支有理想守信念、懂技术会创新、敢担当讲奉献的新时期产业工人队伍,为实现济南"六个走在前列"的任务目标提供动力源泉和支撑保障。

四是健全完善工会劳动保护工作机制。持续深化"查保促"群众性安全生产活动,开展"查保促"活动集中行动,推进"查保促"活动普遍化、制度化、全员化、常态化和长效化。以"安康杯"竞赛为载体,夯实安全生产和职业病防治基础,提高安全生产整体水平,保障职工群众安全生产和职业健康权益。

三、突出主责主业,切实提升工会服务职工水平、满足职工美好生活需要

济南市总工会落实以人民为中心的发展思想,以职工满意为标准,坚持精准服务、普惠要求、互济特性,广搭平台、丰富内容,扎扎实实为职工群众做好事、办实事、解难事。

一是着力构建和谐稳定的劳动关系。坚持党政主导的职工维权格局,健全完善政府、工会、企业共同参与的多层多元的协商协调机制,推动市、区、街镇三级进一步健全政府与工会联席会议制度和劳动关系三方机制。加强厂务公开民主管理制度建设,建立完善中小微非公企业区域、行业性职代会，推动公司制企业职工董事、职工监事制度落实。充分发挥厂务公开民主管理在推进供给侧结构性改革、新旧动能转换，特别是化解过剩产能中的重要作用，坚持企业破产重组、改革改制方案必须提交职代会审议，向职工公开，引导职工依法理性表达诉求。扎实推进女职工权益专项集体合同规范化建设，不断提高女职工获得感和幸福感。

二是积极推动集体协商深化发展。推动落实工会、企业、行政三方工资集体协商机制，继续开展"集中要约行动"，加强专职指导员队伍管理，依法推选协商代表、规范协商程序、完善协商内容，推动工资集体协商工作法治化、规范化发展；积极参与职工收入分配制度改革，发挥市劳动关系三方协商机制平台作用，推动建立和完善合理的职工工资增长机制，让广大职工共享改革发展成果。

三是深化促进就业创业工作。以"工字号"创业工程为抓手，加强对创业基地尤其是从事实体经济创业基地的扶持帮助。推动各级工会实训基地纳入政府定点培训机构，规范各级工会与实训基地的合作培训机制，重点扶持一批工会优秀培训机构，鼓励和支持开展工会特色就业创业培训。积极选树培育扶持"工友创业园"和创业带头人，举办"工字号"创业大赛，打造创业培训—项目推介—资金支持—创业指导—跟踪扶持的立体化"一条龙"式创业模式。开展小额借贷工作，帮扶下岗失业人员、困难职工家庭成员、高校毕业生和返乡农民工实现自主创业；选树培育扶持"工友创业园"和创业带头人，以创业带动就业。

四是切实维护职工合法权益。贯彻落实"七五"普法规划，重点推进"法治宣传进企业"，增强职工的法治意识和法律素质，提高其依法维护自身合法权益的能力。完善规范县区职工法律援助工作机构工作，推进职工法律援助工作机构向街镇延伸。打造法律援助网络平台，线上线下相结合，扩大职工法律援助覆盖面，提高法律援助实效。畅通职工诉求表达渠道，积极做好职工来信来访和"12351"职工维权热线工作，引导职工通过合法途径理性表达诉求。

五是持续推进困难职工解困脱困工作。整合救助政策资源，推动精准帮扶软件管理系统上线运行，不断探索研究困难职工解困脱困的新措施、新办法。进一步深化提升"春送岗位""夏送清凉""金秋助学""冬送温暖"等工作品牌，推动"四季服务"活动向常态化、长效化、社会化发展。

六是做好职工普惠性服务工作。全面开展"工会会员服务卡"和"职工医疗互助保障计划"，以"一卡一计划"为重点内容，为职工提供多样化普惠服务。组织25万名在职职工加入大病互助保障，拨专款为在职劳模和在档特困职工全员办理大病互助保障，在其罹患大病和遭受意外伤害时给予救助。积极组织开展一线职工疗休养活动，组织3000名一线干部职工进行疗休养。推进乡镇（街道）职工服务站规范化建设，着力打造50家重点企业和社区职工服务站点。建立健全以市级职工服务中心为骨干、县区级职工服务中心为支撑、乡镇（街道）和企业、社区职工服务站点为基础的服务职工网络。

七是做好农民工服务工作。突出维护好农民工劳动保障权益，配合政府有关部门做好农民工就业创业、欠薪整治等工作；结合扶贫开发政策，教育引导农民工利用电子商务创业创收；推动农民工均等享受城镇基本公共服务。积极倡导为农民工办好事、办实事，提供多样化帮扶与服务，加强对农民工特别是新生代农民工的人文关怀，促进农民工社会融合，营造关爱农民工的良好社会氛围。

四、持续深化工会改革，不断增强工会组织的政治性、先进性、群众性

济南市总工会强化责任担当，以建机制、强功能、增实效为目标，聚焦破解改革难题，持续推进改革，巩固改革成果、拓展改革领域、扩大改革成效。

一是深化推进工会全面改革。按照强"三性"、去"四化"的要求在全市工会系统建立了领导干部基层联系点制度。不断提升工会领导机构议事决策民主化程度，提高基层一线人员在市总工会常委、委员中的比例，市总领导班子实行"专挂兼"，增强工会领导机构的群众性和代表性。创新群众工作体制机制和方法，综合运用各种载体手段，整合党政社会各方资源，推动工会改革向基层延伸。

二是全面增强工会组织活力。加强园区（开发区）工会工作，聚焦实体实地型企业开展集中建会行动，进一步健全完善园区（开发区）工会组织体系。依托党政有关部门支持，以产业链为纽带，在地区主导产业、新兴产业和职工较为集中的产业探索组建行业工会和产业工会的方式和途径。加强农民工较为集中的产业园区、建筑工地、农业专业合作组织等的建会入会工作，5月份举办了山东省货运司机入会集中行动启动仪式暨济南物流产业工会成立大会，并以物流产业工会的成立引路，全面推进八大群体入会工作。着力加强基层工会规范化建设，力争全市60%以上的基层工会基本达到"六有"标准。

三是加快提升工会网上服务能力。以扩大覆盖面、提高精准度、增强互动性为原则，构建纵向联通市总工会、县区总工会、街镇（园区）工会、企事业单位工会，横向联通市区有关数据库、政府社会服务资源的工作网络。围绕精准便捷服务职工，加强资源整合，统筹全市工会新媒体建设，构建网上服务职工体系。积极推进"智慧工会"建设，市总启用了机关办公内网和"泉城工会"微信公众号，全市工会微信矩阵上线运行。

四是全力打造"五福工程"，建设"温馨家园"。围绕全市中心工作和"1+454"体系重点任务，以提高工会履职尽责能力为切入点，以助推四个中心建设为着力点，以维护职工合法权益为落脚点，在全市工会系统特别是基层工会全面打造以事业谋福、薪酬添福、权益保福、爱心送福、健康祝福为主要内容的"五福工程"，增强基层工会组织活力，推动基层工会工作科学化、规范化，努力让职工群众有更多的获得感、幸福感、安全感，使工会组织真正成为广大职工群众信赖的"职工之家"和"温馨家园"。

五、落实全面从严治党要求，不断增强群众工作本领

济南市总工会认真贯彻党的十九大精神，不断增强群众工作本领，努力建设高素质专业化干部队伍。

一是落实全面从严治党要求。坚持以政治建设为统领，全面增强、切实践行政治意识、大局意识、核心意识、看齐意识，认真组织开展"不忘初心、牢记使命"主题教育，以及"大学习、大调研、大改进""汲取教训 严守规矩 强化担当"专题教育活动和"三照三转三改三推"活动，引导工会党员干部提高政治站位、站稳政治立场、严守政治纪律和政治规矩。加强党风廉政建设，严格落实领导干部"一岗双责"、党风廉政建设主体责任制，筑牢党员干部拒腐防变的思想道德防线。

二是加强工会干部队伍建设。努力建设团结、求实、创新、发展的各级工会领导班子，打造政治强、业务精、作风硬、敢担当的工会干部队伍。积极争取有关部门支持，加强工会干部选拔、任用、交流等工作。加强工会干部教育培训，推动各级工会落实分级培训职责，提高学习培训的针对性和有效性，提升基层工会干部履职能力。

三是持之以恒推进作风建设。认真贯彻习近平总书记关于纠正"四风"的指示精神，以永远在路上的恒心和韧劲坚持不懈改进作风，激励广大工会干部始终保持昂扬向上的精神风貌，始终保持锐意进取的工作态度，始终保持攻坚克难的意志品质，始终保持求真务实、真抓实干的工作作风，雷厉风行、快干实干。继承和发扬工会密切联系职工群众优良传统，不断健全完善工会联系服务职工的长效机制，推动各级工会干部深入基层一线和职工群众，面对面交流、心贴心沟通、实打实服务。

锐意进取　积极作为

云南省文山市总工会　邱相玉

2017年，文山市总工会在市委和州总工会的领导下，全面学习贯彻党的十八大及十八届三中、四中、五中、六中全会和党的十九大精神，深入学习习近平总书记系列重要讲话特别是关于工人阶级和工会工作的重要论述，以改革为动力全面推进工会工作，以夯实基层为重点激发工会活力，团结和动员全市广大职工，锐意进取，积极作为，为促进全市经济平稳健康发展和社会和谐稳定做出新贡献。

一、全力助推脱贫攻坚

加强困难职工（农民工）培训工作，2017年，对建档立卡贫困户和工会帮扶系统困难女职工开展育婴师（月嫂）培训52名，委托州工商信息管理学校开展中式烹调师培训212人，委托州平安驾校开展挖掘机、装载机培训40人，与市电商服务中心联合举办农民工引导性培训2000人。困难职工帮扶形成常态化制度化系列化，元旦春节和中秋国庆节共慰问困难职工365人次26.87万元，"金秋助学"大学新生18名5.5万元，"贷免扶补"贷款8人80万元，带动就业15人。组织44名企业困难女职工和女农民工开展"两癌"筛查。发挥工会组织优势提供就业服务，与州总工会等单位联合组织88家企业开展"春风行动"专场招聘会活动，提供就业岗位2000多个，接待求职人员2654人，现场达成就业意向1200人，发放春风卡、《劳动合同法》等宣传资料1万余份。扎实开展脱贫攻坚"挂包帮·转走访"工作，全年出动160人次下乡开展贫困对象动态管理入户调查、数据录入22次，为柳井乡斗咀村小学住校学生购置夏凉被105床，开展"爱心妈妈"慰问活动1次，为5名留守儿童找到"爱心妈妈"，开展"自强、诚信、感恩"专题教育活动1次，开展脱贫攻坚政策宣讲活动3次，受教育102人次。城镇困难职工解困脱困工作有序开展，组织3个工作组进厂入户对城镇困难职工解困脱困进行摸底调查，按标准认定全市城镇困难职工93户，其中进入全总帮扶系统一级档困难职工59户，纳入地方二级档困难职工34户。全市各级工会组织充分利用社会保障、社会救助、就业扶持等政策，推动符合政府救助条件的困难职工进入政策覆盖范围，全总帮扶系统中退出35户，地方二级档中退出17户，新增11户，现共有困难职工52户。职工医疗互助活动成效显著，第十三期职工参加人数1.86万人，参加率 97%，共办理补助 2210 人次 202.71 万元，单笔最高补助金额 7.63 万元。第十四期职工参加人数 1.93 万人，同比增长 4.08%，参加率 98%，收取职工互助医疗金 235.9 万元。

二、积极维护职工权益

充分发挥工会维护职工合法利益的职能作用，积极开展维权工作，自觉承担起职工利益代表者、维护者的职责。加强工会信访接待工作，2017 年共接待困难求助、下岗求职等方面的来电来访 298 人次。与杨柏王律师事务所合作开展工会法律援助，共接到困难职工申请法律援助案件 10 件，调解成功 8 件，涉及职工 35 人。加强工会劳动监督维权，与市劳动保障监察大队联合开展劳动监督维权联合巡查 16 次，协同和配合处理维权案件 98 件。厂务公开民主管理不断深入，全市企事业单位工会建立职代会的 58 个，建立职工大会制度的 1096 个，建制率达 95.21%，建立厂务公开民主管理制度的有 1143 个，建制率达 94.30%。工会所在单位建立董事会的有 280 个，建立监事会的有 429 个，企业签订工资集体协商专项合同 119 份，已建工会企业中工资集体协商率达 92%，郑保骨伤科医院工会、苗乡三七工会两个"厂务公开民主管理"示范点受州总工会表彰。积极发挥工会安全生产监督职能，继续深入开展"安康杯"竞赛活动，参加单位 342 个，参赛班组数和职工数分别为 962 个和 2.1 万人，分别比上年增长 6% 和 3%。市总工会与安监部门联合开展安全生产大检查 2 次，检查单位 14 家，参与安全事故调查 7 次，排除安全隐患 16 处。全市共有 693 个基层工会建立了劳动保护监督检查委员会，基层工会参加本年度安全生产检查 2134 次，查找事故隐患和职业危害 156 件，整改 126 件。组织开展"查隐患·防事故"群众性安全生产活动和"我为安全献一策"有奖征文比赛活动各 1 次，有效提升了职工群众的安全防护意识。全面落实劳模待遇，共为劳模发放慰问金 2.8 万元，为退休劳模发放荣誉津贴 3.96 万元。

三、工会活动丰富多彩

组织全市各级工会开展职工喜闻乐见、参与度广、丰富多彩、健康向上的各类活动。全市 94% 的基层工会开展劳动竞赛活动，参赛职工 5.5 万人次，职工提出合理化建议 690 条，实施合理化建议 615 条。市总工会参与组织全市性的竞赛活动 18 次，其中劳动技能竞赛 14 次，文艺体育竞赛 4 次。市总工会承办"我爱文山——畅谈十八大，展望十九大"劳模建言献策活动于 2017 年 8 月 15 日举行，参会劳模结合本职工作和自身实际，对文山市的教育、医疗、交通等方面的发展提出意见建议 35 条。2017 年 10 月 31 日组织 200 名职工参加职工心理服务大讲堂，提升职工心理压力调节和情绪管理能力，培养积极的心理品质，促进职工保持健康良好心态。2017 年 10 月 20 日到 11 月 20 日，由市委、市人民政府主办，市委宣传部、市总工会及相关部门联合承办了"中国梦·劳动美"文山市献礼党的十九大喜迎建州 60 年职工技能竞赛月活动，先后组织开展了建筑行业业务技能、安全应急救援技能、文明窗口礼仪技能、公文写作技能、教师美术基本功技能、金融业务技能、卫生应急救护技能、政法系统业务技能 8 项职工技能竞赛。此次活动共有 32 家单位参加承办，128 家单位组队参赛，768 名职工参加竞赛。通过竞赛，评选出团体奖 33 个、单项奖 73 个，9 名选手荣获"状元"称号，26 名选手荣获"技术能手"称号，50 名选手荣获"优秀技能人才"称号。2018 年 1 月 5 日晚在市会务中心一楼报告厅举行隆重的颁奖盛典，对评选出的团体奖、单项奖、个人奖进行颁奖。此次活动是文山市历年来组织竞赛项目最多、参与职工人数最多、影响面最广的一次竞赛活动，是广大职工交流竞技、凝心聚力的盛会，也是广大职工展现风采的一次盛会，有效发挥了引领和示范效应，推动全市各行各业劳动竞赛活动蓬勃开展，在全市广大职工群众中引起很大反响，获得了社会各界的广泛赞誉。

四、经费监管体系不断完善

加强工会经费管理的刚性约束，严格遵守各项财经制度规定，按照各类支出标准编制预算，从严从紧编制"三公"经费等一般性支出预算，进一步加强接待、出国（境）、会议、差旅、培训等经费的列支审核，规范支出范围，细化分类科目，2017 年公务接待经费支出同比下降 8%。抓好工会经费地税代收和经费向一线基层工会倾斜工作。2017 年度工会经费征收金额 2386.8 万元，比上年增长 55.06%。争取到省州总工会划拨补助经费 135.73 万元，市总工会返拨基层工会经费 1086.02 万元，安排补助基层工会工作和活动经费 145.99 万元。加强工会内审、国家审计、社会审计、职工会员"四位一体"监督体系。委托云南安信会计事务所有限责任公司，完成市总工会本级 2013 至 2016 年度工会经费收、管、用等情况审查审计，出具 1 个综合审计报告和 4 个专项审计报告。通过审查审计，促进市本级工会经费和专项资金合法、合规、合理使用。2017 年 10 月，市审计局对市总工会 2014 年至 2016 年财务收支进行审计，审计表明，市总工会财务工作严格按规章制度办事，无违纪现象。2017 年，市总工会经审委对下审查审计 32 家基层工会，下达整改意见书 32 份，提出审计建议 10 条，督促审计问题及时整改纠正，对出具审计报告的问题整改"对账销号"累计 127 项。

五、自身建设不断夯实

按照"哪里有职工哪里就有工会组织、工会活动"的要求，不断扩大工会组织和工会工作覆盖面。2017 年，文山市总工会辖乡（镇）总工会 14 个，街道总工会 3 个，园区管委会总工会 2 个；辖基层工会 1425 个，其中企业工会 1093 个、事业单位工会 119 个、党政机关工会 68 个、社会团体工会 6 个，其他组织形式工会 139 个。全市工会会员 57366 人，农民工会员 15821 人。党政机关事业单位建会率 100%，职工入会率 99.95%。公有制企业建会率100%，职工入会率98.28%。非公企业建会率96%，职工入会率97.77%。女职工组织覆盖率达100%，已建会工会组织中经费审查委员会组建率达92%。深化基层工会建设"落实年"活动。大力开展"农民工入会集中行动"，以马塘工业园区和三七产业园区、建筑项目、物流（快递）业、家庭服务业、餐饮住宿业、农业合作社等领域为重点，共发展会员3299人，其中农民工会员3192人，工会建会率、职工入会率动态保持在95%以上，有效扩大了工会组织对农民工的覆盖面。深入推进"六有"基层工会建设。共有"六有"工会示范点30个，完成"六有"基层工会建设70个，80%的基层工会达到"六有"工会建设标准，市农村商业银行工会、市实验小学工会、东山乡总工会接受州总工会验收并表彰。开展工会组织及工会会员信息采集工作。录入基层工会信息425家，清理"空壳工会""挂牌工会"131个，清理在册不在籍工会会员13892人次。开展工会组织"两证合一"工作，为380家基层工会办理新版工会法人资格证。加强"职工书屋"的建设和管理工作。58家企事业单位建立职工书屋，推荐文山苗乡三七有限公司工会申报全总"职工书屋"示范点，云南人羞花化妆有限公司为州级"流动职工书屋"示范点。市一幼工会和市公安局工会被认定为2017年度州级"职工书屋"示范点创建单位。全面深化工会改革工作，对接和跟进省总、州总的改革思路和举措，在组织体制、管理模式、运行机制和活动方式等方面大胆探索，研究制订了《文山市总工会改革实施方案》，重点突出抓好工会机关机构设置、管理模式、运行机制和活动方式等方面的改革工作。

一年来，全市工会工作有以下几点启示：一是必须坚持党的领导，提高政治站位，增强政治定力，充分发挥工会组织的桥梁纽带作用，把广大职工更加紧密地团结在以习近平同志为核心的党中央周围，把党的路线方针政策贯彻落实到工会工作的全过程。二是必须紧紧围绕市委市政府中心工作，把握结合点、聚焦着力点、找准切入点，谋划重点工作，创新活动载体，充分体现群团组织的职能定位，积极履职，精准发力，锐意进取，主动作为。三是必须始终把竭诚服务职工作为工作的出发点和落脚点，切实把协调劳动关系、维护职工权益贯穿支持改革、促进发展、维护稳定的全过程。四是必须坚持把工作重心放在职工身上，替职工解难、为职工维权。五是必须转作风、树形象，打造一支重品行、善谋事、会创新、敢担当、能干事、创一流的工会领导班子和干部队伍，以优良作风促进工会工作创新发展。

兴义市总工会着力打好脱贫攻坚"组合拳"

贵州省兴义市总工会

自 2016 年兴义市总工会结对帮扶该市下五屯街道办纳山村以来，按照"五个一批"脱贫路径要求，立足实际着力实施"六大脱贫攻坚"，取得了阶段性成效。

狠抓科学谋划

兴义市总工会明确 12 名干部职工组织扶贫工作组，与村 13 户贫困户实行对口帮扶，并认真摸清了各贫困户的基本情况，找准了帮扶办法，户均制订了帮扶脱贫计划。同时通过深入调研、分析村致贫原因并找准帮扶突破口，结合实际科学谋划、认真制订了纳山村整村推进精准脱贫工作实施方案。

狠抓产业扶持

按照"一村一策"的产业扶持办法，市总工会投入资金 22.4 万元，帮扶村级推进实施精准脱贫项目及让部分贫困户利用家庭院落散养土鸡共 1700 羽。综合协调资金 20 多万元，组建了纳山村农民种养殖专业合作社，集中养殖鸡苗 5000 羽、成品鸡 200 羽。帮扶贫困户饲养生猪共 19 头，种植辣椒 50 余亩、薄壳核桃 200 多亩。协调抓好了对无经营能力、无发展项目的贫困户，由街道办担保，鼓励自愿入股汇峰农业有限公司按年分红入股金工作，在不承担经营风险的前提下，18 户贫困户每户贷"特惠贷"5 万元入股，每年每户获得入股分红 7200 元。

狠抓教育培训

市总工会补助培训宣传资金 10 万元，与下五屯街道办大力实施农民工及街道、村组干部、贫困户综合素质技能培训。共举办培训 16 次 650 余人次，选派 30 人次参加各层次的学习培训，为切实做好脱贫攻坚工作提供了人才保证和智力支撑。

狠抓农村危房改造

进一步摸清了纳山村危房底数，采取政策公开、补助对象公开、补助标准公开、民主评议公开、审批结果公开"五公开"措施，协调补助资金 25 万元，帮扶 5 户贫困户实施了危房改造；同时，协调补助资金 18 万元，帮助 9 户贫困户硬化院落等改善居住环境和生产生活条件，极力打造纳山村"四在农家·美丽乡村"亮丽新名片。

狠抓生态移民扶持

纳山村一、二组为生态移民及地质灾害搬迁户，集中安置到了村辖区地势相对平缓的瓦厂。按照"搬得出、稳得住、能发展、有保障"的要求，市总工会与办事处、辖区财政分局积极协调对接上级针对纳山村安置区道路硬化、污水管网建设、污水处理池及文体小广场配套设施建设一事一议项目等。

狠抓基础设施建设

协调资金 10 余万元，修复雨水季节冲毁通村道 30 余米；协调补助资金 12 万元，修缮村两委办公室及村级活动场所 1 个。综合协调 350 多万元实施了纳山村的三、四、五组通组路及串户路项目工程建设，有效解决了所涉村组发展瓶颈问题。

忠诚党的事业　打造八型工会

湖南省衡阳市南岳区总工会　符江波

2018 年是全面贯彻落实党的十九大精神的开局之年，是改革开放 40 周年，是决胜全面建成小康社会、加快南岳旅游产业转型升级的关键一年。面对新时代新任务，2018 年南岳区工会工作的总体要求是：高举习近平新时代中国特色社会主义思想伟大旗帜，全面贯彻落实党的十九大精神，牢牢把握工人运动时代主题，按照"八个坚持，打造八型工会"的工作思路，紧扣强"三性"（政治性、先进性、群众性）、去"四化"（机关化、行政化、贵族化、娱乐化），落实以人民为中心的工作导向，全面深化改革，切实提高职工素质，切实维护职工合法权益，切实服务职工需求，团结引领全区广大职工在创建国家全域旅游示范区、决胜全面建成小康社会、打造国际精品旅游目的地、实现中华民族伟大复兴的中国梦的进程中建功立业。

一、坚持政治引领，打造"忠诚工会"

思想就是旗帜，旗帜指引方向。习近平新时代中国特色社会主义思想是引领工会事业创新发展的强大思想武器。全区各级工会组织和广大工会干部要进一步用习近平新时代中国特色社会主义思想武装头脑、指导实践、推动工作，确保党的十九大关于工人阶级和工会工作的各项决策部署落地生根、开花结果，不断用新思想指引新方位、实现新作为。要牢固树立"四个意识"（政治意识、大局意识、核心意识、看齐意识），坚定"四个自信"（道路自信、理论自信、制度自信、文化自信），坚决在政治立场、政治方向、政治原则、政治道路上同以习近平同志为核心的党中央保持高度一致，把对党忠诚、为党分忧、为党尽责作为根本政治要求，坚持和拓展中国特色社会主义工会发展道路，确保全区各级工会组织都把信念坚定、对党忠诚等政治品质内化于心、外化于行，在工作中坚决落实工会的政治任务，在活动中鲜明彰显党的政治主张，团结引导广大职工坚定不移听党话、跟党走。

二、坚持围绕中心，打造"有为工会"

有为才会有位，有位更需有为。全区各级工会组织要紧紧围绕旅游经济建设这个中心，组织开展"奋斗新时代·筑梦新征程""芙蓉杯""安康杯"等丰富多彩的劳动竞赛和职业技能竞赛活动，引领职工在推动旅游产业转型升级、重点项目建设、重点工作、创建国家全域旅游示范区、打造国际精品旅游目的地的进程中建功立业、彰显作为。以推荐评选"劳动模范""五一劳动奖状""五一劳动奖章""工人先锋号"和评选"寿岳工匠""金牌职工"为契机，大力弘扬劳动精神、劳模精神、工匠精神，大力弘扬中华民族的伟大创造精神、伟大奋斗精神、伟大团结精神、伟大梦想精神，讲好劳模故事、工匠故事，不忘初心、牢记使命，充分运用新手段、新载体发现、挖掘、评比、选树、推介一批有影响、有作为、有地位的"寿岳工匠"，让那些身份普通、技艺高超、绝活精湛、建功南岳、造福社会的劳动明星、技能明星"香"起来、"亮"起来、"红"起来、"火"起来，在全社会营造"学习劳模、尊重劳模、崇尚劳模、争当劳模"的浓厚氛围，激励广大职工投身大众创业、万众创新的时代洪流，造就一支有理想守信念、懂技术会创新、敢担当讲奉献的职工队伍，唱响"撸起袖子加油干"的新时代强音。

三、坚持服务职工，打造"共享工会"

工会组织是党联系职工群众的桥梁和纽带，根基在职工、血脉在职工、力量在职工，一切工作都要以职工赞成不赞成、满意不满意、高兴不高兴作为出发点和落脚点。要坚持以人民为中心的发展理念，一切依靠职工、一切为了职工，以职工需求为导向，精准把握职工群众思想动态，帮助解决职工群众最关心、最直接、最现实的利益问题和最困难、最操心、最忧虑的实际问题。要着眼满足职工群众对美好生活的向往，做实做强春送岗位、夏送清凉、金秋助学、冬送温暖"四季送"工会品牌活动。组织开展职工医疗互助活动，扩大互助会员人数，壮大互助资金规模，用群体的力量为参加互助活动的职工构筑"第二道医疗保障网"，防止职工因病致贫、因病返贫，实现"补助一个、温暖一家、影响一片"的社会效果。深入开展职工帮扶服务活动，推进帮扶服务工作"从漫灌到滴灌"的转型升级，确保帮扶资金用于最困难、最需要帮扶的职工，确保困难职工同步迈入全面小康社会。坚持依靠会员办工会，以"双亮双争"（工会组织亮牌子、工会干部亮身份，争创模范职工之家、争做职工信赖娘家人）活动为抓手，深入开展"五型"（规范型、和谐型、温暖型、平安型、创新型）职工之家创建工作，切实做到组织活动请职工群众一起设计、部署工作请职工群众一起参与、表彰先进请职工群众一起评议，让职工群众当主角。切实加强网上工会建设，建立工会组织、会员、劳模、帮扶、医疗互助等基础数据库，推动工会组织网上联通、工会事务网上办理、工会信息网上推送、工会会员网上评家、职工群众网上互动，让网上工会成为维护职工权益的新阵地、服务职工的新窗口、联系职工的新渠道、教育职工的新平台。

四、坚持与时俱进，打造"创新工会"

创新是发展的第一动力，工会工作只有创新才有活力。要把党的十九大对工人阶级和工会工作提出的新要求贯彻落实到新时代深化工会改革创新全过程。要全面贯彻落实中央、省委、市委关于加强和改进党的群团工作的实施意见，扎实推进新形势下工会工作的创新发展，切实增强工会组织的吸引力和影响力。要以强"三性"、去"四化"为主攻方向，坚持问题导向，强化责任担当，对接发展所需、基层所向、职工所盼，严格按照《衡阳市总工会深化改革实施方案》的要求，制订符合南岳区情实际的工会改革方案，以逢山开路、遇水架桥的决心，按时间节点完成改革任务。坚持眼睛向下、力量下沉、面向基层，通过深入研究职工群众越来越多样化、个性化的需求，不断优化管理模式，不断创新工会工作方法、渠道、载体、平台，以不畏艰难的勇气、勇于创新的锐气、敢为人先的豪气，注重思想观念、运行机制、工作理念、工作作风、工作抓手、活动方式、评价体系等深层次改革，确保改革有序有效，确保今年10月之前全面完成工会改革任务，把工会组织建设得更加充满活力、更加坚强有力。

五、坚持需求导向，打造"活力工会"

本着职工所需、工会所能的原则，优化推动职工文体活动的内容、项目和形式，以多样的组织方式、高度的职工参与、丰富的活动内容、灵活的活动时间，有效破解职工文体活动资源有限、供给不对称等难题，打造一批具有南岳地方特色的工会活动品牌。精心组织举办好职工乒乓球赛、全民健身环城跑等职工群众喜闻乐见、参与面广、社会影响力大、具备可持续发展的文体活动，组织参加衡阳市"聚力新时代·建功新衡阳·职工新风采"摄影比赛和演讲比赛，激发职工以更加开放的思想、更加豪迈的激情、更加昂扬的斗志、更加积极的作为在"奋斗新时代"的征程中建功立业，让工会组织成为名副其实的"职工之家""活力之家"。

六、坚持普遍建会，打造"魅力工会"

坚持以"党建带工建"，把维护职工合法权益贯穿工作始终，探索形成"组织联建、服务联推、活动联办、培训联抓、机制联创"的"党工共建"新模式，努力完善以乡镇（街道）为一级，村（社区）工会为二级，小微型企业、合作社等基层工会为三级的"小三级"工会组织体制；努力推进非公企业、社会组织、服务行业组建工会；努力推进区域性、行业性工会联合会全覆盖；努力推进"物流货运司机入会集中行动"；努力推进农民工入会工作，着力构建"横向到边、纵向到底"的工会组织网络，最大限度地将不同类型企业、不同就业方式的职工群众组织到工会队伍中来，真正使基层工会建起来、转起来、活起来，不断增强工会组织的吸引力、职工群众的向心力、社会效果的影响力，不断夯实党执政的阶级基础和群众基础。

七、坚持普法教育，打造"法治工会"

推进工会工作法治化建设，是新时代工会履行维护职工合法权益基本职责的客观要求。

要通过灵活多样的培训学习方式，让广大工会干部熟练掌握《宪法》《工会法》《劳动法》《劳动合同法》《工会章程》等法律法规，牢固树立法治意识、规矩意识，从思想上打牢依法建会、依法治会、依法管会、依法维权、依法履职的根基，不断提高工会干部运用法治思维和法治方式解决问题的能力，努力当好职工矛盾的化解人、合理诉求的代理人、生活困难的帮扶人、合法权益的维护人。进一步完善政府、工会、企业共同参与的协商协调机制，构建"党委重视、政府主导、工会力推、各方配合、行业和职工良性互动"的工资集体协商工作格局，依法推动企业普遍开展工资集体协商工作。积极开展职工法律援助工作，组建专业化律师、志愿者组成的法律援助队伍，为广大职工提供更为快捷、更为精准的法律援助服务。建立健全企事业单位职工代表大会制度，大力推行厂务（院务、校务）公开、民主管理，依法保障职工当家做主的政治权利，促进职工实现体面劳动、舒心工作、全面发展。

八、坚持从严治会，打造"廉洁工会"

严格执行中央八项规定、省委九项规定、市委十项规定和区委关于加强和改进作风建设的决策部署，巩固和深化群众路线教育实践活动、"三严三实"主题教育成果，认真开展"不忘初心，牢记使命"主题教育，深入推进"两学一做"学习教育常态化制度化，巩固、深化和加强工会干部作风建设、纪律建设，压实全面从严治党、从严治会的主体责任和监督责任，坚持"多管齐下""标本兼治"，从具体问题入手，从一件件小事抓起，以钉钉子的精神抓好中央八项规定及实施细则的贯彻落实，坚决防止工会经费、工会阵地成为"四风"的温床和"保护罩"，绝不能让工会资金、工会资产成为滋生"四风"问题和腐败的土壤，把有限的工会资金用到职工最需要的地方，用到困难职工帮扶服务上，用到工会活动上，全力打造"廉洁工会"。

新时代，气象更加恢宏；新时代，号角更加嘹亮；新时代，工会工作大有可为。让我们紧密团结在以习近平同志为核心的党中央周围，乘着新时代的浩荡东风，开拓创新、奋发有为，把工会组织的存在感、工会干部的成就感、职工群众的获得感作为工会工作的最高价值追求，努力打造一批具有南岳地方特色的工会活动品牌和服务品牌，以"工会品牌"建设"品牌工会"，为创建国家全域旅游示范区、决胜全面建成小康社会、打造国际精品旅游目的地、实现中华民族伟大复兴的中国梦谱写新时代工会工作新篇章！

迈向新征程　奋进新时代
——记新疆乌鲁木齐市天山区总工会主席李竹林近年工作事迹

新疆乌鲁木齐市天山区总工会

2018年6月12日，乌鲁木齐市天山区工会第六次代表大会隆重召开。李竹林同志当之无愧地当选为天山区总工会第六届委员会主席。这是他的连任，他表示，新一届工会领导班子在区委区政府上级工会的领导下，紧紧围绕社会稳定长治久安总目标工作大局，认真学习宣传贯彻党的十九大精神，以习近平新时代中国特色社会主义思想为指导，紧紧围绕社会稳定和长治久安总目标，坚持理论武装，坚定工会工作正确的政治方向；全面贯彻落实新疆工作总目标，找准工会工作着眼点；以职工需求为导向，实现职工维权和帮扶工作新突破；以建功立业为载体，展现职工新作为；以增强政治性、先进性、群众性为目标，推进工会改革新进展；以加强基层为重点，不断扩大工会组织覆盖面，团结引领各族职工在全力抓好反恐维稳、经济发展、城市建设"三件大事"，加快推进"六个首府"建设中做出新的更大的贡献。

李竹林同志作为天山区总工会主席、党支部书记，负责全面工作。近年来，他以卓越的领导才能，严谨的工作作风，带出了一个率先垂范、奋发有为的天山区总工会团队；以执着的敬业精神，甘愿奉献的人生品格，培育了一支业务能力强、服务水平高的工会干部队伍；以与时俱进的意识，敢为人先的风貌，开创了天山区工会工作的新局面。

一、善学好思、边学边干，努力提高自身素质

广泛了解辖区工会工作的实际情况。李竹林同志不仅积极学习，还积极组织工会机关干部集体学习，并认真做笔记。认真学习了马列主义、毛泽东思想，党的十八届三中、四中、五中、六中全会精神和党的十九大、十九届二中全会精神，学习习近平总书记的系列重要思路理论。学习《工会法》《工会章程》《劳动合同法》和自治区、市总工会出台的《工资集体协商条例》等工会相关法律法规和业务知识。在工作中，始终坚持理论联系实际的学风，用科学发展观、党的群众路线教育实践重要思想统领工会工作全局。树立正确的世界观、人生观、价值观和全心全意为人民服务的思想，用所学理论指导工会工作。

二、作风扎实、求真务实，开创工作新局面

作为总工会领导，他身先士卒，严于律己，勤于奉献，廉洁自律。要求别人做的，自己首先做到；禁止别人做的，自己首先不做，充分发挥了党员先锋模范作用。一是狠抓领导班子建设。加强领导干部形象建设、民主集中制建设和工作作风建设。坚持民主集中制原则，做到大事由集体研究决定，保证了对重大问题的正确决策。二是狠抓建章立制。在他的带领下，工会班子成员都能自觉遵守制定廉洁奉公相关的各项规章制度，无违规违纪现象。三是狠抓干部队伍建设。要求工会机关干部要树立人人学习、终身学习理念，使机关干部的学习热情高涨。四是抓思想道德建设。他身先士卒，带领工会组织机关干部做到为广大职工热情服务、文明服务，牢固树立群众观点，想职工之所想，急职工之所急，真心实意为广大职工办实事好事。在李竹林同志的带领下，机关干部热心为广大职工群众办实事、办好事，真心实意为职工服务，排忧解难，塑造了良好的机关形象，深受广大职工群众的信赖和好评。天山区总工会连年荣获天山区"群众满意好班子"称号。

三、勇挑重担、敢于当先，发挥工会组织的"调节器"作用

一是从职工意识形态工作主动权方面入手。坚持用社会主义先进文化占领宣传思想阵地和职工文化阵地。投入经费 60 万余元，为直属基层工会、社区、非公企业（民族企业）分别赠订《工人时报》、《工人日报》、维文版《工人时报》总计 3720 份。坚持编辑出版《天山工运》简讯至今已 106 期。积极引导各直属基层工会开展各类涉及民族团结教育宣传、演讲、联谊，走访调研，去极端化宣讲、学习十八大五中、六中全会，十九大精神座谈等系列活动 123 场，6439 人参与。投入经费 377 万余元，积极开展红色教育活动。组织社区副书记、副主任、辖区非公企业职工代表总计 688 人分 26 个批次，参加了井冈山红色教育活动；对部分维稳工作繁重的社区、区环卫清运队各族干部职工 3826 人开展了慰问送清凉总计 40 万余元。二是积极开展民族团结一家亲结亲活动。开展和亲戚走访慰问、座谈联谊、爱国主义教育、参观、祭先烈、郊游、年节互访、体检等活动 37 次。开展"加强民族团结、揭批暴恐活动"发声亮剑活动共计 138 场次，参与职工群众 8669 人；组织动员各族职工关注自治区总工会和乌鲁木齐市工运官方微信公众平台共计 6129 人；积极参与"三好职工"和"民族团结先进工会"的选树工作。有 7 人荣获乌鲁木齐市总工会授予"三好职工"光荣称号。天山区总工会荣获 2017 年度市级"民族团结先进工会"荣誉称号；在工会系统开展了民族团结"1+1"结对子、微行动活动。"1+1"结对子 2624 对，开展活动 3211 次；各类微行动 4054 场（次），微行动实施者 3620 人（次），微行动惠及 8469 人。天山区总工会干部吐尔逊娜依·依克木，工会主席李竹林荣获自治区总工会评选的民族团结一家亲"最亲对子"称号；连续三年共投入经费 56 万余元，组织辖区非公企业各族职工 3996 名，

分批次参加了非公企业职工徒步健身活动；连续三年共投入经费86万余元，在全区开展庆五一系列活动，2368家非公企业15000余名各族职工参与了劳动竞赛、技能比武、培训、民族团结、去极端化教育宣传、文化体育娱乐等庆五一系列活动。

四、干实事、让职工受益，发挥工会组织的"稳压器"作用

一是依法保障企业和职工的合法权益，正确妥善处理各方利益分配关系，构建和谐劳动关系、实行劳动关系双方互利共赢。三年来，每年以4月开展的工资集体协商要约行动月活动为契机，开展30天走基层、送服务活动，深入推进"三项合同"的签订工作。截至目前，签订"三项合同"313家，合同覆盖职工11341人，合同签订率97%。完成法人资格证登记730家。二是面对面、心贴心、实打实服务职工在基层。及时了解基层工会工作的困难和存在的问题，投入经费25万余元，为基层工会补充添置了电脑、打印机、数码相机、投影仪、桌椅、书柜、图书等。三是春秋两季，组织561名持有《就业失业登记证》人员，参加了由乌鲁木齐市总工会职工学校提供的15个类别的免费技能培训。组织专场招聘会80次，免费提供服务人数5996人，成功介绍就业人数591人，接受创业服务288人。推荐选树二次创业示范点2家和带头人2名。受市总工会委托，为我区240名困难女职工办理了中国平安养老保险公司的团体大病医疗险；组织我区30余名各级劳模参加了体检活动。"三节"，投入经费共计375390元，慰问了困难职工、各级劳模、工会工作者。为困难职工发放生活救助金2186400元。为165名困难职工子女实施了金秋助学，资助金额总计586000元。为38名患大病职工实施了大病救助，救助金额总计319000元。四是自2013年就与乌鲁木齐普瑞眼科医院建立了持续开展"情暖职工健康光明行"协议，截至目前"情暖职工健康光明行"累计开展563个场次，32595名各族职工群众参与活动，1593名职工各类眼病得到治疗。

五、促进建功立业，发挥工会组织的"助推器"作用

一是有13家企业荣获了市级"工人先锋号"称号；有4家单位荣获市级先进基层工会称号、4人荣获市级支持工会工作好领导称号、10人荣获市级优秀工会工作者称号、4人荣获优秀工会积极分子称号。有17家企业获得"安康杯竞赛先进集体"、2人获得"安康杯竞赛先进个人"称号。截至目前共组织103家企业4369名职工，参与"安康杯"竞赛活动。加强对各级劳模的基础信息管理，投入经费20万余元，分别慰问劳模310人次。二是民主管理再上台阶。把职代会制度作为推行厂务公开的重要载体，通过职代会、工资集体协商等机制的建立和运行，切实让职工做到"知厂情""管厂事""促厂兴"，使非公企业民主管理工作取得新突破。企业职代会厂务公开建制率达95%以上，建立健全企业劳动关系矛盾隐患排查化解机制。规模以上的基层工会劳动争议调解、劳动安全监督检查机构

建制率达 95% 以上。积极配合安监局进行安全知识管理，开展对企业经常性的安全检查和重大安全事故调查处理，参与率 100%。

六、注重自身建设，发挥工会组织的"传感器"作用

一是按照"广普查、深组建、全覆盖"工作要求，践行"党建带工建、工建服务党建"，扎实推进组建工作，五年来，组建委员会 177 家，工会小组 2768 家，发展会员 28673 人，发展农民工会员 7249 人，平台录入完成率 98.8%。二是推进基层工会规范化建设。围绕"组织健全、维权到位、工作活跃、作用明显、职工信赖"标准，推进职工之家建设。截至目前，天山区有 119 个先进职工之（小）家、58 个市级模范职工之（小）家、7 个自治区模范职工之（小）家、2 个全国模范职工之家、1 个全国示范街道、2 个市级示范街道。其中，解放南路片区工会联合会 2015 年荣获全国模范示范街道工会称号，东门片区工会联合会、新华南片区工会联合会荣获 2016 年市级模范示范街道工会称号。三是加强基层工会干部培训工作。利用座谈会、讨论会、调研会等多种方式，采取以会代训、以活动代训等多种手段，组织各级工会干部、企业工会干部学习培训 20 余次，参训人数总计 1000 余人，发放各类学习资料、书籍、培训资料总计 1000 余份。四是财务工作更加扎实。严格按照《工会会计制度》《工会预算管理办法》的要求，坚持经费为职工群众服务、为基层工会自身建设服务、为工会重点工作服务的原则，"统筹兼顾、保证重点、量入为出、收支平衡"的原则收、管、用好经费。五是认真履行党风廉政建设主体责任和监督责任。全面推进天山区总工干部思想建设、组织建设、作风建设、制度建设和民主建设，引导工会干部讲大局、懂规矩、守纪律，不断巩固群众路线教育实践活动的成果。加强资产管理工作，实现了工会经费稳步增长和工会资产保值增值。工会经审工作的扎实开展，有效发挥了经审组织在工会工作中的保障和监督作用。

近年来，李竹林带领着天山区工会人，在建设天山区工运事业过程中，充分发挥着工会组织"调节器""稳压器""助推器""传感器"作用。特别是用心去听、用心去想、用心去做，让工会组织的"连心桥"两头都靠岸。不断增强工会组织的凝聚力，提高工会组织的威信，真正把工会工作定位在"党政所望、职工所盼、工会所能"上，为天山区工运事业振兴和发展建功立业。

服务新时代　展现新作为

——都昌县总工会帮扶工作经验

江西省都昌县总工会

近两年来，都昌县总工会在省总和市总的正确领导下，深入贯彻落实党的十八大和十九大精神及习近平总书记系列重要讲话精神，本着服务职工、扶贫济困的宗旨，扎实开展了困难职工帮扶工作。我们通过健全完善困难职工档案，健全帮扶网络，使帮扶基础扎实稳固。采取加大源头参与力度，进行源头帮扶；加大送温暖力度，进行生活帮扶；开展"金秋助学"活动，进行助学帮扶；建立医疗救助体系，实现医疗帮扶；开展"结对帮困"活动，进行社会化帮扶；关爱农民工群体，进行特别帮扶等帮扶措施，竭尽全力为困难职工解难事、办实事，促进了经济社会又好又快发展。在帮扶资金使用管理方面，制定使用管理规章制度、坚持资金预决算制度、完善资金使用管理程序、加强资金使用监督检查，在促进社会和谐、维护社会稳定上发挥了应有的作用。现就我县帮扶工作情况汇报如下。

一、加强帮扶工作的组织领导

都昌县总工会困难职工帮扶工作在县总班子的高度重视下，深入贯彻落实上级有关精神，以促进社会和谐稳定为目的，切实帮助困难群众解决生活困难问题，重点做好"两节"期间送温暖工作和日常帮扶困难职工农民工、困难劳动模范、下岗失业人员、离退休人员困难群体工作。我们专门成立了以县总工会常务副主席为组长、分管副主席为副组长、职工服务中心全体干部为成员的帮扶工作领导小组。领导小组专门负责我县工会帮扶活动的开展。

二、建立健全各项帮扶制度

一是确立了坚持扶危济困、救急济难的原则；由本人申请，基层工会核实审议的原则；一年一般只救助一次，资金一般不超过3000元的原则，严格审批手续，并实行银行卡实名制发放。二是明确帮扶工作流程：要求帮扶的特困职工，必须由本人提交申请，并经所在单位工会审核，经入户调查后，根据困难程度进行资金救助，困难职工领取救助金时，本人必须在资金发放凭证及实名制汇总表上签上本人姓名，写上身份证号码，留下联系电话。电话号码本人没有的，要求是近邻或是近亲的，总之必须是在第一时间能与本人联系上的。

三是在帮扶资金的分配使用上，我们严格按照省总、市总要求，并结合我县实际情况，根据各单位困难职工数、职工困难程度进行再分配，下拨到各单位工会，并敦促单位必须按要求筹集配套资金，做到专款专用。四是坚持帮扶对象必须是录入工会帮扶工作管理系统的困难职工。

三、做好困难职工档案摸底工作

在开展深入调查、吃透情况、摸清底数的基础上，经过认真细致的工作，县总工会专门召集县直各单位工会主席参加困难职工帮扶档案建档工作专门会议，一是及时传达贯彻省总、市总有关帮扶系统困难职工档案建立要求；二是强化困难职工档案规范建档的培训，按照条件严格把关；三是认真听取基层单位工会的意见，广泛搜集因灾害、患病、上学、下岗等原因而致贫致困的依据，使录入全国工会帮扶工作管理系统困难职工档案所有项目的填写做到完整、准确、真实、规范；四是按照省总、市总要求，电子网络档案和留存纸质档案同步建立，做到规范详细。

四、扎实开展扶贫帮困工作

我们坚持在日常帮扶救助的基础上，积极开展"春送岗位、夏送清凉、金秋助学、冬送温暖"等活动，通过实施"技能培训促就业""家政服务""阳光就业"等一系列行动，不断丰富送温暖活动内容，增强困难职工帮扶效果。积极开展"千万农民工援助""农民工平安返乡""为农民工讨薪"等行动，帮助农民工解决就业、创业、维权、生活和子女上学等方面的突出困难。组织职工开展互助互济活动，整合各方资源，不断提高帮扶水平。为顺应社会发展和职工需求，条件较好的帮扶中心增设政策咨询、心理疏导、家政等服务内容，为职工群众提供便捷的多元化服务。

五、下一步工作打算

过去两年，在上级工会的正确领导下，在我县各基层工会的积极配合和努力下，县总工会的帮扶工作取得了一定的成绩，做了一些实际工作，但与上级的要求和困难职工的期盼还存在距离，如帮扶形式不够多样、帮扶力度不够大等。下步工作中我们要学习兄弟县（市）好的经验和做法，坚持不懈地抓好困难职工帮扶工作，积极探索多策并举、形式多样的帮扶方式，在精神帮扶上，重在帮助困难职工转变观念，增强战胜困难的信心。在物质和资金帮扶上，重在帮助困难职工解决生活中的燃眉之急。在政策帮扶上，重在协调与民政部门的关系，帮助困难职工落实低保待遇，督促各单位充分利用自身优势，帮助困难职工脱困再就业。努力做到帮扶困难职工活动的日常化、规范化、制度化，努力开创帮扶工作的新局面，取得新的成绩。

倾力履职尽责　真情服务职工

河北省霸州市总工会

霸州，河北省首批扩权县之一，位于京、津、雄安中部核心区，全市面积801平方公里，辖15个乡镇区办，385个村街、社区，总人口63万。建有工会组织911个，覆盖企业2556家，会员11.74万人。

在上级工会和霸州市委、市政府的正确领导下，近年来，霸州市总工会按照中央、河北省委群团工作会议精神要求，调整优化机构设置，改进管理模式和运行机制，不断提升新时代工会干部的能力和水平，特别是着力推进了职工服务中心平台建设，切实增强"三性"、去除"四化"。

一、抓建设，着力打造一流的职工服务平台

霸州市总工会职工服务中心，产权归属于霸州市总工会，由原困难职工帮扶中心升级过渡而来。随着工作重心的转移，中心硬件、软件及相关工作职能已远不能适应服务职工的需求。为此，霸州市总工会积极谋划，特别是去年以来，积极按照省总《关于开展县（市、区）职工服务中心规范达标活动的意见》要求，先后投资100多万元对原帮扶中心进行改造，按示范型县级职工服务中心标准对标，主动作为，实现了服务中心的全面升级。

改造升级后的职工服务中心功能更加完善。建筑面积1000多平方米。设有职工服务大厅、心理咨询室、政策咨询和信访接待室、职工书屋、健身室、培训室、职工书画摄影活动中心等。

升级后的职工服务大厅，面积90平方米，现有工作人员5名，其中在编2人，社会化工作者3人。电脑、电话、打印机、传真扫描复印一体机等办公设施一应俱全。大厅内设置职业介绍、就业培训、困难帮扶、互助保障、法律援助、组织民管、普惠化服务等服务窗口，为职工可提供方便、快捷、高效的一站式服务。室内设有高清视频显示屏，用于对政策的解读；室外设有LED政策宣传大屏，全天24小时滚动播出职工关注的热点话题。

霸州市委、市政府高度重视工会工作，将市属乒乓球馆和李少春大剧院开辟为职工活动基地，丰富了广大职工的业余文化生活。

乒乓球馆占地面积10706平方米，总建筑面积2912平方米，绿地面积2548平方米，可容纳2000人训练，1450个观众席位，向全市广大职工免费开放，由霸州市总工会和霸

州市体育局共同谋划服务职工的项目。

李少春大剧院占地4.86公顷，总建筑面积14582平方米，由广场和主体建筑两部分构成。广场可容纳万人举办彩色周末等群众喜闻乐见的集会活动。霸州市总工会充分利用这一服务职工的阵地，经细致地调研论证，联合十几家积极创新服务方式的基层工会，自2017年11月11日起，正式启动了霸州市持"河北工会会员卡"的职工"周六免费全年七折观影"项目，受到了广大职工的热烈好评，成为普惠工作"一会一品"的重要内容。

二、抓管理，全面提升服务质量

霸州市总工会编制14人。现有人员25人，其中编内人员19人，工资集体协商指导员和社会化工作者6人。班子成员6人，总工会主席由霸州市人大常委会副职兼任，形成了结构合理、团结敬业、富有活力的领导集体，使工会组织的职能作用进一步得到发挥。

1.健全完善各项业务工作制度。制定实施了党组（中心组）议事学习制度、主席办公会例会制度、主席办公扩大会议制度等，研究制定了符合霸州实际具有可操作性的普惠化服务、就业服务、法律援助、困难帮扶、互助保障、咨询服务等40多项工作管理制度。

2.做好经费的管理、使用和监督。霸州市财政每年都将工会经费全额按时拨付给霸州市总工会，霸州市地税局工会经费代缴工作正常运行并保持增长。霸州市总工会财务部人员持证上岗并实现了电算化，财务管理措施在省、市总工会领导和财务专家的监督指导下进一步完善。

3.建立了规范的困难职工档案。对符合条件的困难职工逐一建立台账，实现动态化管理。工作人员坚持每季度至少一次入户走访或电话垂询，及时掌握在档困难职工的生活现状和心理需求，制定措施积极开展帮扶救助活动。

4.明晰了岗位责任制度。做到了工作内外协调、岗位职责、工作人员培训、工作目标考核和激励奖惩等各项工作机制健全完善，工作流程科学规范，机制运行有效顺畅。

5.积极开展专业技能培训。定期召开工会干部培训班，以会代训，委托金桥培训学校、职教中心开展安全生产、技能培训学习班。

三、抓载体，努力实现普惠化、项目化、实体化、社会化

1.法律援助：近两年来，职工服务中心法律援助服务站聘请律师事务所的律师轮流坐班，共代写法律文书163份，对70多名职工在劳资纠纷、劳动仲裁、法律咨询等方面给予援助。

2.困难职工救助：霸州市财政畅通对困难职工的救助通道，每年专列资金用以对大病致困和特困人员的救助；霸州市总工会每年列出不少于10万元的预算资金，确保应助尽助。

3."送温暖"：去年以来，为在档困难职工发放了医疗救助款、生活救助款和米面油等生活物资，共计 27.6 万元。

4. "送清凉"：为一线建筑工人、交通民警送去 4.2 万元慰问品。

5. "金秋助学"：两年间，对 21 名考入大学、初高中的困难职工的家庭学生发放了 4.39 万元的助学奖金。

6. 劳模管理：规范了 2 名全国劳模、49 名省级劳模和 182 名市级劳模的档案管理，落实了劳模的疗休养、体检及津贴等福利待遇。对困难劳模高度关注，在生活、医疗、住房等方面给予帮扶救助。每年对 50 名离退休劳模发放 7.85 万元的荣誉津贴。为 51 名省级以上的劳模赠阅了《河北工人报》。五一期间，市政府安排专项资金，为 233 名市级及以上劳模免费进行了身体健康检查，得到了广大劳模的一致好评。

7. 职工互助一日捐：参加人员连续三年占总会员数 20% 以上，三年来，"职工互助一日捐"共收入捐款 276.7 万元，上解廊坊市总工会 41.67 万元。共救助患病职工本人及其家属 400 余人，救助支出 230.34 万元，占霸州市总工会可支配捐款额的 98%。

8. 以提升工会会员卡发卡率和激活率、推广合作商家品牌和优惠力度为重点的普惠化服务工作：截至目前，共采集会员信息 4.4 万人，占任务数的 102.3%；已制卡并发出 37325 张，激活 26833 张。在做足"工"字头自身资源服务的基础上，整合社会资源，选择与职工生活密切相关、社会信誉度高的服务单位，主动上门，重点洽谈，在金融、医疗、购物、健身、食宿、交通等方面建设一批优质服务基地资源，共洽谈签约优惠商家 16 家，都给予工会会员卡 6 折至 8.8 折不等的专属优惠待遇，成效明显。同时，霸州市总工会公众微信号已加入河北省总工会公众号"冀工之家"的微信矩阵，网上服务正按计划有序进行。

9. 创业帮扶：针对去产能和治理"散乱污"造成的基层工会组织减少和广大流动会员急找"娘家"的迫切心情，霸州市总工会在加强乡镇总工会规范化建设的同时，建好村级工会，把"娘家"搬到职工的家门口。针对新利钢铁有限公司和前进钢铁公司两家企业退出生产、2682 家"散乱污"企业关停，2 万余名职工转岗下岗但离不开居住地的实际，霸州市总工会立足企业职工下岗不离"家"的定位，全面推进村级工会组织建设。在巩固完善现有村级工会的基础上，对未建会村街、社区、行业、企业，采取六项措施促建会：一是党工联手同步建。明确组建标准，下达组建任务，规定组建时间，依靠村级党组织建立工会组织，集中推进。二是上门宣传指导建。通过印发公开信、宣传材料，会同广播电台、电视台广泛进行宣传，同时组成工作小组深入村街、社区、行业、企业，就建会程序、作用发挥等有关事项手把手地教，进行具体指导。三是典型带动普遍建。召开现场经验交流会议大力推广，以点带面，促进村街、社区、行业的建会工作。四是多种形式灵活建。对重点区域、建筑、商贸、餐饮及汽车出租等行业的农民工入会情况进行了深入调查，采取建立区域性工会和行业性工会的办法，将农民工引纳到工会中来。五是严格监察依法建。联系人大就基层工会组建情况进行检查，督促相关企业依法建会。六是考核激励规范建。制定基层工会工作目标考核实施细则，把建立组织、开展活动、发挥作用作为先进集体、和谐企业评选等评先评优的重要标准，从而使村街、企业工会考核有标准，学习有榜样，争先有目标。截至目前，全市共有工会组织911个，覆盖企业2556家，会员11.76万人。2017年新建村级工会23个、企业工会38家，重新登记、发展农民工会员2万人。工作中，霸州市总工会还积极推选支部书记或大学生村官作为工会主席候选人，通过民主选举，成为村联合工会主席，使村工会主席的履职能力得到加强，工会基层组织建设得到全面推进。在此基础上，积极开展创业就业专项行动。围绕三类人员，开展五项扶持内容，对符合条件的帮扶对象认真进行筛查，并及时补进符合困难职工申报条件的人员入档管理。同时，充分运用工会帮扶政策，与劳动、民政等部门进行有机结合，及时掌握职工的思想动态和利益诉求，鼓励他们自主创业、自谋职业、抱团创业。对创业或再就业有困难特别是生活有困难的职工，综合多方力量悉心帮扶，切实把符合扶持政策的项目真正落实到位。截至目前，已为26名下岗职工提供了创业就业的援助服务，并为积极创业的8名在档困难职工提供了创业物资支持。实现了由过去的单一输血，向现在的输血和造血相辅相成的转变，收到了较好的经济效益和社会效益。

惠风细雨，润物无声；维权关怀，大爱无疆。站在新的起点上，在十九大精神的指引下，霸州市总工会正以新的努力、新的探索、新的拼搏，在新时代的征程中，弄潮激浪，不断前行，铸就新的辉煌。

迈步新时代 展现新作为
团结动员广大职工为推进静海现代化建设做贡献

天津市静海区总工会常务副主席 韩印春

进入新时代，伴随着我国社会主要矛盾的新变化，面对工会改革创新的新要求和广大职工群众的新期盼，习近平总书记从理论和实践的高度统揽全局，对我国工运理论和实践做了全面系统的论述，深刻阐释了关于工人阶级理论、中国特色社会主义制度下的劳动思想、构建和发展和谐劳动关系观点以及工会理论，为我国新时代工会工作实践指明了前进方向，是引领新时代工会工作发展的重要遵循和行动指南，具有重大理论意义和现实指导意义。

作为党领导的工人阶级群众组织，党的初心和使命是激励工会组织不断前进的根本动力。多年来，静海区各级工会自觉接受党的领导，牢牢把握我国工人运动时代主题，引领广大职工听党话、跟党走，紧紧围绕全区工作中心，以推进全面深化改革发展为目标，坚持"三服务一加强"基本理念，扎实做好组织职工、引导职工、服务职工和维护职工合法权益的各项工作，切实提高工会组织的吸引力、凝聚力、战斗力，切实发挥联系党和职工群众的桥梁和纽带作用。

一、坚持旗帜鲜明讲政治，切实增强工会干部职工的责任担当意识

静海区总工会把学习贯彻党的十九大精神和习近平新时代中国特色社会主义思想作为首要政治任务，在服务静海发展大局和促进社会和谐稳定中凸显政治性。通过加强思想建设、组织专题学习教育、广泛开展学习宣讲、严格"三会一课"和"主题党日"制度，保质保量开好民主生活会和专题组织生活会等多种形式，引导工会系统广大党员干部牢固树立"四个意识"，不断增强做好党的群众工作的责任感和使命感，自觉在思想上政治上行动上始终同以习近平同志为核心的党中央保持高度一致。与此同时，工会领导班子成员认真落实党员领导干部个人事项报告制度，坚持执行民主集中制和党组议事制，经常性与党员干部开展谈心谈话，勇于开展批评和自我批评，集中开展圈子文化和好人主义专项整治，坚决肃清黄兴国恶劣影响，严把反腐倡廉工作，随时接受组织和职工群众的监督，持续净化政治生态。

二、打造高素质职工队伍，充分发挥工人阶级主力军作用

围绕静海加快建设现代化中等城市奋斗目标，广泛开展"践行新理念、建功'十三五'"主题竞赛活动，重点围绕"六大产业"，创新开展非公企业劳动竞赛活动，引导广大职工树立新发展理念，为静海经济社会发展贡献力量。建设全国工会系统首个集学习培训、员工招聘、技术创新、项目合作、服务对接、交友娱乐为一体的综合性"政校企通网络平台"，职工累计点击量超过16万人。深入开展"中国梦·劳动美"主题教育实践活动。继续推进劳模创新工作室创建工作，已建劳模创新工作室10个，组织开展"静海工匠"评选工作。

加强劳模管理和服务工作。2017年慰问患病劳模15人，并为10名市级困难劳模申请帮扶金，为102名市级劳模进行健康查体，分别为3名困难劳模申请医疗补助，分批组织身体健康状况良好的劳模到北戴河、蓟州区等地进行疗休养，继续开展"五一"劳动奖章、奖状和工人先锋号的评选和表彰工作。评选出2016年度全国"五一"劳动奖章1人，市级"五一"劳动奖章14人、市级"五一"劳动奖状先进单位2个和市级工人先锋号2个。区级"五一"劳动奖章79人、区级"五一"劳动奖状先进单位20个和区级工人先锋号23个。

三、维护职工合法权益，积极构建和谐稳定劳动关系

积极培育选树集体协商示范单位和行业协商工作典型，建立社会评价体系，扩大社会影响，提高集体协商的科学性。加大推进非公有制企业民主管理工作力度，落实职代会各项职权，做好供给侧结构性改革中职工权益维护工作。全区建立工会组织的企业工资集体协议签订率、非公有制企业职代会制度建制率，以及建立基层工会委员会的企业工资集体协议独签率均超额完成市总工会下达的任务。

健全工会劳动保护监督检查网络，进一步加强安全生产宣传教育，切实维护职工安全健康权益，为打造安全静海发挥积极作用。继续开展培育好家风"女职工在行动"主题实践活动，组织单身青年职工联谊，关注单身青年婚姻家庭，深化"爱心妈咪之家"建设，维护女职工合法权益和特殊利益，目前已申报"爱心妈咪之家"9个。

四、坚持职工利益至上，以积极的作为服务广大职工

进一步加强职工服务中心建设，扩大服务领域、拓展服务内容。继续深化"春送岗位、夏送清凉、金秋助学、冬送温暖"四季帮扶活动，建立健全服务职工的长效机制。2017年联合人社局等部门举办"春风行动"大型公益系列招聘会，提供8430个就业岗位。为99名困难职工家庭子女送去8万余元助学金。加强对困难职工的精准帮扶，继续为困难职工办理补充团体医疗保险，为500名患大病的困难职工每人发放1000元医疗补贴，为400名一线职工和农民工开展体检。扩大工会会员服务卡发放范围，会员服务卡发放新增2000人，

持卡会员达到 9 万人。深入开展促进就业、再就业援助行动，加大对零就业困难职工的援助力度，通过免费发布招聘信息、发展工会职业培训和再就业服务联社等形式，帮助下岗失业人员尽快实现再就业。

五、加强工会自身建设，工会组织规范化有序推进

胜利召开静海区工会第二次代表大会，系统回顾了区一届工会工作，明确提出了今后五年工会工作的主要任务、总体要求和奋斗目标。选举产生了区总工会第二届委员会和经费审查委员会。

加强基层工会规范化建设。目前已创建规范化村级工会 33 个，建立 10 个职工书屋，健全完善"职工之家"建设保障机制，对基层"职工之家"建设给予必要扶持。进一步规范乡镇、园区社会化工会工作者的管理，建立了社会化工会工作者的薪酬管理体系和岗位管理体系。加强对工会资产和经费的审计审查监督，确保工会经费、资产安全效益。加强财务管理，切实建立起工会经费收、管、用等方面的制度，不断规范各级工会经费使用和财务管理工作。

健全完善工会维稳工作机制。以"安康杯"竞赛为载体，建立健全劳动关系重大危机处置机制，落实属地管理，畅通信访表达渠道，密切关注重点行业、重点群体职工信访问题和群体性事件，加大预警预防和应急处置力度。

2018 年是贯彻党的十九大精神的开局之年，是改革开放 40 周年，是决胜全面建成小康社会、实施"十三五"规划承上启下的关键一年。静海区总工会确立全年工作总体要求是，以习近平新时代中国特色社会主义思想为指导，全面贯彻党的十九大精神，深入贯彻落实习近平总书记"8·22"重要指示和中央群团改革工作座谈会精神，按照市委十一届三次全会和区委二届五次全会部署，以增"三性"、去"四化"为根本，坚持"三服务一加强"工作思路，积极推进工会改革创新，大力发展和谐劳动关系，全面提升维权服务水平，切实增强工会组织吸引力凝聚力战斗力，团结动员全区广大职工为全面建成高质量小康社会，建设现代化中等城市而努力奋斗。并确立了工作重点：

一是以深入学习贯彻党的十九大精神为统领，牢固树立"四个意识"，保持工会工作正确政治方向。要深入学习贯彻党的十九大精神，把习近平新时代中国特色社会主义思想作为工会干部学习培训的首课、必修课，组织工会干部读原著、学原文、悟原理，深入领会习近平总书记关于工人阶级和工会工作的重要论述，牢固树立"四个意识"，不断增强"四个自信"。牢牢把握工人运动的时代主题，不断推进工会工作理论创新、实践创新。

深入开展"不忘初心、牢记使命"主题教育，推进"两学一做"主题教育常态化制度化，教育引导工会系统党员干部牢记党的宗旨使命，全心全意为职工群众服务，组织引导广大职工群众听党话、跟党走。

二是以服务静海现代化建设为主题，激发广大职工活力，助推全区经济社会又好又快发展。加快静海现代化中等城市建设，工人阶级是主力。工会广大干部职工必须主动融入经济社会发展大局，为决胜静海全面建成高质量小康社会建功立业。

贯彻落实《新时期产业工人队伍建设改革方案》，围绕全区工作中心，发挥乡镇（园区）工会和有关企业行政管理部门、行业协会的组织推动作用。深入开展好"当好主人翁、建功新时代"主题劳动和技能竞赛，力求在广度、深度和力度上有新突破。

大力弘扬劳模精神和工匠精神。每季度推出一名劳模先进人物在媒体播发先进事迹，推动完善劳模（技能人才）创新工作室建设，做好天津市五一劳动奖章、奖状和工人先锋号评选工作。加强劳模管理服务，做好特殊困难帮扶、健康查体、劳模休养、医疗帮扶和退休劳模荣誉津贴发放等工作，营造劳动最光荣的良好氛围。实行劳模网格化管理，及时掌握劳模动态。补足劳模教育短板，举办劳模先进人物教育培训活动。

三是以服务职工群众为根本，创新载体内容，不断提升职工获得感。要牢固树立以人民为中心的发展思想，把广大职工对美好生活的向往作为奋斗目标。高标准推进区总工会服务中心建设，完成服务中心的升级改造，明确布局和功能，健全完善"错峰服务"模式。深入开展四季帮扶工作，通过"两节"慰问和"春送岗位""夏送凉爽保安全""金秋助学""冬送温暖"等系列活动，把"精准"贯穿帮扶工作全过程。继续组织好农民工免费查体活动，依法维护农民工合法权益，积极参与"治欠保支"行动，并加强对新生代农民工的人文关怀，提升职工书屋（农民工书屋）建设水平。建立以职工需求为导向的普惠服务机制，拓展工会服务卡功能，加快四级服务阵地建设，依托"互联网＋"平台，打造具有静海特色的职工服务品牌，为职工提供精准化服务。以增强基层工会活力为目标，开展"争创模范职工之家""职工小家"活动，拓宽基层阵地，把工会建成"职工之家"。强化工会干部联系服务职工的意识、能力和效果，开展工会干部争做职工群众信赖的"娘家人"活动。持续推进女职工工作，在女职工就业保护、生育保障、"爱心妈咪之家"建设等方面持续发力，切实维护女职工合法权益和特殊利益。做好全国"五一"巾帼标兵、标兵岗评选工作。

四是以发展和谐劳动关系为主线，积极构建维权新机制，切实维护职工权益和社会稳定。工会是发展和谐劳动关系的重要推动力量。广大工会干部要切实履行维护职责，努力让更多的发展成果惠及广大职工群众，实现以劳动关系的和谐促进社会的和谐。要推动全区公有制企事业单位普遍建立职代会制度，非公有制企业职代会建制率保持在85%以上。推进工资集体协商工作提质增效，建立工会组织的企业工资集体协议独签率保持在85%以上，建立基层工会委员会的企业工资集体协议独签率保持在90%以上，同时推动协商工作向新兴产业延伸。要以非公经济组织和社会组织等新领域、新阶层为重点，建立工会组织，开展工会工作，扩大工会组织的有效覆盖。新组建交通局、民政局、水务局、建委、区社、城投、和宇、电力发展中心、静泓公司、新宇建筑公司、区级机关工会等工会联合会。全区符合建会条件的法人单位建会率和职工入会率保持在 90% 以上。与此同时，加强职工法律咨询和法律援助，构建律师咨询服务网络，深入推进"七五"普法，组织开展法律宣传培训工作。

五是以加强工会建设为关键，努力培养高素质职工队伍，切实增强工会组织凝聚力。工会系统要围绕提高工作科学化水平，全面加强自身建设，以过硬的干部职工队伍推动经济社会发展。要加强工会组织建设。坚持"一岗双责"，不断拧紧管党治党的螺丝，严格党内政治生活准则，努力建设高素质专业化工会干部队伍，进一步加强党风廉政建设和反腐败工作，加强纪律教育和警示教育，积极营造风清气正、干事创业的浓厚氛围。进一步规范乡镇、园区社会化工会工作者的管理。要强化工会自身建设。深入开展"强基层、补短板、增活力"行动。加强基层工会规范化建设，推进基层工会组织和工会会员实名制管理。落实包括志愿者在内的基层工会工作人员配备，增强基层工会工作力量。进一步强化工会干部学习，组织区、镇、基层三级 200 名工会干部到市工会干部学院进行脱产培训，开展"学党纪法规、学业务知识，做合格工会干部"活动。要发挥工会工作满意度测评机制作用，完善工会工作评价体系。依法履行审计监督职能，加强财务管理，不断规范各级工会经费使用和财务管理工作。加大工会工作宣传力度，加强"静海工会"微信公众号建设，为促进工会改革发展营造良好的舆论氛围。

新时代工运事业如何开创新局面

山东省汶上县总工会　陈　波　陈　迪

党的十九大召开，标志着中国特色社会主义进入新时代，党的十九大对工会工作提出了新使命和新要求，新时代中工运事业如何顺应发展潮流，展现新作为，开创新局面，汶上县总工会进行了积极的探索，为各地工会提供了有益的参考。

党的十九大以来，汶上县总工会坚持以习近平新时代中国特色社会主义思想和党的十九大精神为指导，牢牢把握为实现中华民族伟大复兴的中国梦而奋斗这一我国工人运动的时代主题，把职工对美好生活的向往作为工会新的使命，强化政治引领、突出服务大局、坚持职工为本、深化改革创新，充分发挥工人阶级主力军作用，维护职工合法权益，推进产业工人队伍建设，切实发挥工会组织作为党联系职工群众的桥梁和纽带作用，为推进新时代中国特色社会主义建设凝聚力量。

一、强化政治引领，在凝聚思想共识中提升新境界

一是坚持用习近平新时代中国特色社会主义思想武装头脑。进一步提高政治站位，牢固树立政治意识、大局意识、核心意识、看齐意识，自觉用习近平新时代中国特色社会主义思想和党的十九大精神来统领工会工作，始终坚持正确政治方向。切实承担起引领职工听党话、跟党走的政治责任，推动党的十九大精神进企业、进车间、进班组，引领广大职工群众深刻理解党中央治国理政新理念新思路新战略，组织动员广大职工为夺取新时代中国特色社会主义伟大胜利共同奋斗。

二是深入开展中国特色社会主义理想信念教育。深化"中国梦·劳动美"主题教育和"善行义举"进企业活动，大力弘扬劳动精神、劳模精神、工匠精神。组织开展群众性职工文体活动，不断丰富职工精神文化生活。

三是深化工会舆论宣传工作。积极争取各级新闻媒体支持，精心宣传工会工作亮点、特色工作，增强工会新媒体社会影响力，广泛宣传各级工会开展的特色活动，深化职工书屋建设，发挥职工书屋教育引导职工的作用，营造良好舆论氛围。

二、突出服务大局，在新旧动能转换中创造新业绩

一是全面激发职工创新创业活力。广泛开展技能比武活动，开展工匠评选系列活动，广泛举办职工职业技能大赛，在新旧动能转换中提升职工技能等级，紧跟重大项目、工程建设步伐，推动劳动竞赛普及到基层、覆盖到班组、落实到岗位。继续推进"工人先锋号"创建和挂牌、亮岗活动，不断深化劳模（高技能人才）创新工作室创建活动。

二是持续深化"查保促"安全生产活动。继续开展"查保促"活动，努力实现群众性安全隐患排查治理普遍化、制度化、常态化、全员化、长效化。通过举办职工安全素质教育培训活动，对广大职工进行安全生产知识和技能培训，教育广大职工落实安全生产岗位责任，积极排查安全隐患和职业危害，增强自我保护意识。深入开展"安康杯"竞赛活动，将"安康杯"竞赛活动不断向非公企业、中小企业拓展，在重点领域、重点工程、重点单位实现全覆盖。

三是扎实做好劳模管理服务工作。弘扬劳模精神引领职工群众，大力宣传劳模先进事迹，使劳模形象深入人心，劳模精神发扬光大。认真落实劳模待遇，继续为劳动模范免费查体，帮扶困难劳模，开展劳模疗休养活动。

三、坚持职工为本，在满足职工需求中回应新期待

一是着力推进精准帮扶工作。聚焦建档立卡困难职工家庭解困脱困任务目标，加强线上精准帮扶工作平台建设，完善与相关职能部门救助信息共享机制，确保完成困难职工家庭解困脱困目标。

二是扎实做好职工权益维护工作。持续深化工资集体协商工作，开展工资集体协商"集中要约行动月"活动，加强工资集体协商指导员队伍建设和工资集体协商工作指导力度，继续扩大企业尤其是非公企业工资集体协商覆盖率，提升合同履约率，确保协商实效。进一步推动职工民主制度建设，认真抓好厂务公开民主管理工作，进一步提高厂务公开、职代会建制率，确保公开时效性。开展企业工会与行政沟通协商机制"提质增效年"活动，通过召开工会与行政沟通协商会议，落细、落小、落实职工群众最关心、最直接、最现实的合理诉求，维护职工合法权益，努力构建和谐劳动关系，促进企业健康发展。做好"七五"普法工作，开展送法进企业，做好职工信访接待处理和劳动争议调解处理，加强职工维权律师团建设。

三是深化工会服务职工工作。做优做实工会服务品牌，大力推进职工服务中心和乡镇街职工服务中心建设，深化O2O服务型工会组织创建工作，为基层和职工提供便捷的"零距离"服务。坚持需求导向，认真做好春风送岗、夏送清凉、金秋助学和冬送温暖服务。深化技能培训促就业工作，继续开展"工会就业援助月"活动，有针对性地开展职工岗位培训，提高职工技术技能培训水平，增强职工创新意识，促进企业发展。切实做好一线职工疗休养工作。开展女职工维权行动月活动，深化女职工权益保护专项集体合同工作，强化女职工劳动保护监督检查，深入推进"爱心妈妈小屋"创建工作。

四、深化改革创新，在工会自身建设中注入新活力

一是全面深化工会改革工作。围绕保持和增强政治性、先进性、群众性，认真贯彻落实工会改革要求，积极推进工会人事改革，落实工会干部"专挂兼"配备工作，探索适合本地实际的改革思路和方式方法，形成重心向下、面向基层、职责明确、运转高效的工作格局。

二是推进工会组织有效覆盖。巩固农民工入会集中行动成果，持续推进在各类企事业单位特别是非公有制经济组织、社会组织中普遍建立工会组织，抓住工会组建重点领域、重点区域、重点人群和重要增长点，不断扩大对新领域、新阶层和小微企业的有效覆盖面，不断提升建会质量。

三是提升基层工会规范化建设水平。按照"抓重点、补短板、强弱项"的要求，坚持以组织机构健全、工作运行规范、服务职工到位、工作活力充沛为目标，强力推进基层工会组织建设。持续开展"四双"活动，大力推进"职工之家"建设，进一步使基层工会建起来、转起来、活起来、亮起来。

五、全面从严治党，在履行主体责任中开创新局面

一是全面落实从严治党政治责任。全面落实从严治党要求，层层落实管党治党政治责任，推动工会系统全面从严治党向纵深发展。切实担负起全面从严治党主体责任，领导班子成员强化带头意识，坚持层层落实责任，层层传导压力，把主体责任延伸到基层单位，形成纵向到底、横向到边的责任体系。认真开展"不忘初心、牢记使命"主题教育，推动"两学一做"学习教育常态化制度化。严格遵守政治纪律和政治规矩，树立"四个意识"，坚定"四个自信"，做到"四个服从"，始终在思想上政治上行动上同以习近平同志为核心的党中央保持高度一致。

二是切实加强工会系统党风廉政建设。认真贯彻习近平总书记关于加强作风建设的重要指示和中央八项规定及实施细则精神，认真查找"四风"突出问题特别是形式主义、官僚主义的新表现，采取过硬措施，坚决加以整改。积极支持配合派驻纪检组工作，主动征求意见，自觉接受监督。加强思想教育，自觉筑牢拒腐防变的思想防线，加强制度约束，通过制度管人、管权、管事，把权力装进制度的笼子；加强监督执纪问责，针对廉政风险的重要节点、关键环节动态监控，抓早抓小，防微杜渐，切实筑牢不敢腐、不能腐、不想腐的堤坝。

三是从严管理工会干部队伍建设。从严抓班子、带队伍，加强工会干部教育培训，分层次、分系统开展培训，举办机关事业单位工会干部、企业工会干部培训班，加强社会化工会工作者教育培训，推进各级工会落实分级培训，提升工会干部能力素质，优化工会干部人才

结构，培养一支专业化程度较高、功能齐全、适应新形势新要求的工会人才队伍。坚持以上率下、压实责任，狠抓落实，不断激发工会干部改革创新、干事创业活力。

四是统筹做好其他各项工作。健全和完善工会自身监督制约机制、检查评价机制，建立科学合理的工会经费使用与管理制度，严格使用工会经费，严格管理工会资产，不断提升工会财务规范化水平。加强各级工会经审会的组织建设、制度建设，加大工会经费审查审计监督力度，推进经审工作正常化、制度化、规范化，提高工会经费的使用绩效和管理水平。加强工会调查研究、信息统计、工作督查、老干部和驻村联户工作，努力推动工会工作再上新台阶。

新时代赋予新使命，新时代要有新作为。工会组织要紧密团结在以习近平同志为核心的党中央周围，以习近平新时代中国特色社会主义思想为指导，在各级党委和上级工会的坚强领导下，不忘初心、牢记使命，改革创新、锐意进取，团结动员广大职工为决胜全面建成小康社会、奋力夺取新时代中国特色社会主义伟大胜利建功立业，推进新时代工会工作开启新征程，谱写新篇章，在新时代工运事业中展现新作为，开创新局面。

强力推进工资集体协商工作
不断创建劳动关系和谐企业

青海省互助土族自治县总工会

近年来，互助县总工会全面贯彻落实青海省《关于进一步推进企业工资集体协商工作的意见》，精心组织安排，深入贯彻落实，把工资集体协商作为平等协商签订集体合同的重要内容强力推进，将集体合同和工资集体协商工作同部署、同督导、同考核，维护了职工权益，促进了社会和谐。

一、基本情况

在全县已建工会的 78 家非公企业和 10 家行业企业工会联合会中，签订集体合同 86 份，签订工资专项合同 86 份，覆盖法人单位 248 家，签订率 97.7%，覆盖职工 21855 人，形成了"企业单独协商为主，行业协商为补充"的集体协商工作格局。

二、主要做法

（一）强化组织领导，确保工资集体协商工作扎实开展

工资集体协商工作关系到企业和职工的切身利益，涉及的政策和法律、法规较多，工作中既要尊重客观实际，使劳资双方共同认可，又要符合国家的法律、法规和有关政策的规定，必须加以科学的指导，才能有效推进这项工作深入开展、规范运行。为此，我们主要从三个方面加以推进。一是建立组织机构。成立了全县工资集体协商工作领导小组，具体负责此项工作的指导、督促、审核把关及履约情况的督查。成立了以基层工会主席和工会负责人为主的工资集体协商指导员队伍，为开展工资集体协商工作提供政策、法律、法规和操作规程等，并加强宣传指导，为推进工资集体协商工作提供了有力的组织保障。县总工会下发了《深入推进工资集体协商工作三年行动规划》和《互助县工资集体协商"要约行动"的通知》，确保工资集体协商工作依法规范运行。二是加强业务培训。工资集体协商工作要求业务熟、程序清、相关法律法规要掌握准确等诸多问题。近年来，我们举办了多期非公企业工会干部工资集体协商工作培训班，邀请省总干校教师授课，进行全面系统的业务培训，提高了全县工会干部的协商能力和业务水平，为推行工资集体协商工作奠

定了基础。三是稳步有序推进。按照省总和市总集体合同的政策规定和有关精神，我们坚持"两手抓"的工作思路，即一手抓巩固工资集体协商的工作成果，一手抓探索工资集体协商机制建设，推动工资集体协商工作提质、增量、扩面。

（二）健全工作制度，确保工资集体协商工作规范运行

充分发挥以县级分管领导为组长的领导小组的作用，召开专题会议，分析研究工资集体协商工作中的难点、重点问题，提出解决问题的可行方案。利用"下基层、接地气、办实事"活动，对全县近100家小微企业进行了详细摸排调查，对部分基层工会的工资集体协商工作运作情况进行调研，和企业负责人面对面交流，面对面指导，对发现的问题及时提出整改意见，有力地促进了此项工作的顺利开展。建立了三个方面工作制度：一是建立沟通制度。工会在开展协商之前，通过召开工会干部座谈会、企业法人代表座谈会、职工代表座谈会，充分做好情况沟通和宣传发动工作，了解企业和职工的愿望和要求，广泛征求双方意见，指导企业初步形成协议草案，从而提高了工资集体协商的针对性和实效性。二是坚持指导员到企业指导服务制度。针对县辖企业的劳资关系和企业运行状况，向领导小组和上级工会反映企业和职工的愿望与诉求，同时做到因企制宜，分类实施。三是规范操作规程制度。各企业工资集体协议签订后，提交职工代表大会进行审议，经职代会讨论通过后实施并提交劳动保障部门审核备案，劳动保障部门审核后向企业发出集体合同审查意见书予以回复，保证了集体协商工作的规范运行。

（三）强化考核监督，确保工资集体协商工作的规范性、实效性

工作中，我们始终坚持高标准要求，规范化运作。明确要求企业在协商过程中做到要约规范、集体协商规范、签订规范、公示规范、申报规范。针对不同企业实际，确定各类企业工资协商的重点内容，重点放在建立协商机制上。在大力推进单个企业工资集体协商的同时，推行行业性工资集体协商，对171家法人单位包括医药、农业专业合作社、建材建筑、批发零售、白酒酿造、畜牧养殖等行业企业工会联合会，上门服务，指导签订集体合同和工资集体协商专项集体合同，多方位推进了工资集体协商工作。为了推进工资集体协商工作深入开展，县总明确各级工会主席为开展工资集体协商的第一责任人，县总工会与各系统工会主席签订责任状，把这项工作列入工会工作考核重要内容，极大地调动了企业工会做好工资集体协商工作的积极性和主动性。县总工会联合县人力资源和社会保障局、县经济商务局，每年对工资集体协商工作进行监督检查，各级工会主要负责人亲力亲为，加快了工资集体协商工作的进程。

三、成效明显

（一）保障了职工的合法权益，提高了职工的工资水平

通过签订工资集体协议，确保了职工的合法利益不受侵害。建立起职工和企业的和谐劳动关系，促进了企业的发展；推动建立了工资集体协商共决机制，企业经营者与职工进一步沟通，达成共识，使双方认识到彼此间不是利益对立面，而是利益共同体；劳资矛盾明显缓解，为企业提供了良好的发展空间，也为社会稳定做出了积极贡献。

（二）改善了用工无序竞争的状态，优化了县域经济发展环境

开展工资集体协商，消除了企业在用工上的无序竞争状态，优化了企业发展空间。通过执行民主协商确定的工资标准，充分反映了双方的要求，得到了企业主及职工的广泛认可。职工在同行业内任何一家企业都能享受同等的工资待遇，企业内部的劳动关系稳定，保障了行业生产经营活动的正常有序进行，切实提高了集体合同的履约率。

四、存在的问题

工资集体协商工作虽然取得了一些成绩，但还存在一些不足和问题。主要是部分企业、经营管理者对工资集体协商的认识还存在片面性；部分企业工资集体协商程序不规范，实效性不强，还没有形成制度化；系统工会单独开展工资集体协商工作不平衡；行业企业联合会和区域集体合同推进难度较大等。这些问题都需要我们在今后的工作中加以解决。

五、对策建议

（一）继续抓好集体合同到期续签、新建会企业新签，将工资专项集体合同和集体合同同时安排、同时督导、同时考核、同时检查

进一步加大推进非公企业和行业企业联合会工资集体协商力度，发挥国有企业带头作用。重点抓好非公企业、行业性工资集体协商，实施行业性工会组建和行业性工资集体协商齐头并进，推动企业建立健全工资共决、正常增长和支付保障机制。结合各企业实际，分类指导推进，通过企业、职工双方民主协商，使职工劳动报酬参与企业利润分配更加合理。

（二）签订工资集体协商目标责任书

年初要与各系统工会、乡镇总工会签订工资集体协商目标责任书，推动全县已建会企业普遍开展工资集体协商，并将此项工作纳入年终考核。

（三）继续开展工资集体协商"要约行动"活动

动员各类企业集中时间，集中力量，启动要约、规范协商谈判程序，签订工资专项集体合同。

（四）加强对工资集体指导员和职工协商代表的培训

要有针对性地分期集中培训一批各系统、乡镇总工会、基层工会工资集体协商指导员和企业职工协商代表，以推动集体协商工作更加有序规范。

当好新时代职工的"娘家人"

湖北省建始县总工会党组书记、常务副主席　黄思俊

党的十八大以来，习近平总书记在不同场合，就工人阶级和工会工作进行了一系列重要论述，为工会工作指明了方向，给出了方法，提出了要求。作为一名工会干部，要适应新时代新任务的要求，应该切实增强自豪感、责任感和使命感，加强作风建设，克服无所作为的思想，振奋精神，苦干实干，找准位置，立足本职，爱岗敬业，当好职工利益代言人和维护者，充分发挥工会的重要作用。

围绕"三性"抓自身建设

建始县总工会多次召开专题会议，结合宣传贯彻党的十九大精神，落实全县提出的"大学习大反思大提升大落实"活动，推动全县各级工会组织以新气象新能力新作风拥抱新时代、担当新使命、开创新作为。将"四大活动"作为当前首要政治任务来抓，重点在学懂弄通做实上下功夫，以党组成员带头学、机关干部交流学、支部党员集体学、专家辅导深入学、个人静心强化学相结合的方式，认真领会党的十九大精神实质，全面落实党的群团工作会议和群团改革工作座谈会精神，坚持"四个围绕"，即围绕"三性"抓自身建设、围绕中心抓深化服务和路线图、围绕机制创新抓方式方法、围绕工作落实抓硬化亮化。

实现"互联网+"工会"一网打尽"

结合县总工会工作实际，拓展"一网一卡"职工普惠服务平台，对基层工会组织、会员信息、困难帮扶等管理系统进行整合，发挥互联网数据信息作用，切实抓好就业服务、维权帮扶、技能提升等网上服务项目，与微信、微博、工会服务热线等深度融合。在此基础上，将"互联网+"工会工作进一步向县（乡镇）、企业工会延伸，实现各级工会互联、互通、互动和全县工会会员服务普遍覆盖。

实现在档困难农民工救助全覆盖

实施农民工家乡、城市住地社区和务工单位多渠道入会，依据政策，结合实际，探索创新服务困难农民工方式方法，实现农民工入会和困难农民工分级建档全覆盖，做到能帮

尽帮，应扶尽扶，形成物质帮扶与精神帮扶同步，"输血"帮扶与"造血"帮扶并举，短期帮扶与长期帮扶结合的新局面。

充分发挥桥梁纽带作用

各级工会组织要结合全面从严治党，引导干部职工切实转变观念，适应改革新形势、新环境，做好正面引导，实现企业和职工共同可持续发展。工会工作要坚持以职工为本，组织、教育、服务职工，把"两个维护"作为工会一切工作的出发点和落脚点，把保持职工队伍与企业和谐稳定作为重要工作目标，真诚倾听职工呼声、真实反映职工愿望、真情关心职工疾苦，把职工当亲人，动员职工在企业改革发展中体现个人价值，实现企业与职工和谐协调发展。

扎实开展工会职工队伍建设

加强多种形式的岗位技能培训，开展广泛、多层次的劳动竞赛，鼓励职工参与岗位技术革新、专利发明和科技攻关等一系列活动，营造学技术、练本领、赛能力、比贡献的浓厚氛围，极大地增强职工的创新意识，培养职工创新思维，激发职工创新潜能，使职工牢固树立"学好新技能，掌握真本领"的信心。同时，积极探索新时代行之有效的工作方式和方法。始终扎根于群众之中，通过开展职工生产生活状况调研、思想动态分析等形式，及时掌握、反映问题，提出有针对性的意见和建议。工会组织不断创新发展、有所作为，不断扩大工会在职工群众中的吸引力、凝聚力和感召力。

服务新时代 展现新作为

——尖扎县总工会2018年上半年工作总结和下半年工作安排

青海省尖扎县总工会

2018年上半年工作总结

今年上半年，尖扎县总工会在县委和州总工会的正确领导下，全面贯彻县委十四届四次全委会和全州工会工作会议重要精神，紧紧围绕县委和政府中心工作，扎实开展"不忘初心、牢记使命"主题教育活动。认真按照年初签订的目标责任书的要求开展工作，基本上完成了上半年的各项工作任务，现将2018年上半年工作总结如下。

一、大力开展送温暖活动

为了切实贯彻落实省、州总有关文件精神，把党和政府的关怀送到广大贫困职工和群众当中,努力营造团结、和谐、向上的社会氛围,确保全县各族职工群众过上一个欢乐、祥和、安定的节日，县总工会在全县范围内大力开展送温暖活动。首先组织人员对全县贫困职工、社区工会会员和农民工工会会员进行了认真的调查摸底工作，明确帮扶慰问对象，全部建立困难职工档案并录入帮扶系统。在掌握实情的基础上采取了自下而上层层把关的措施，使确有困难的人员得到帮扶，保证慰问质量。县总工会倡导的"送温暖、献爱心"活动得到了全县广大干部职工的积极响应，大家想困难职工所想，慷慨解囊，纷纷捐款，为困难职工献上了一片爱心。据统计，全县共有2252名干部职工为困难职工捐款5.4万元，为慰问工作奠定了坚实的基础。

县总工会今年开展了两项送温暖活动，一是两节期间的送温暖活动，扩大了慰问规模，尽可能地把所有的贫困职工和工会困难会员纳入慰问对象，并将慰问范围从企业延伸到社区和农村。据统计，今年共慰问企业困难职工、社区工会会员和农民工工会会员399户，每户发放慰问金1000元，发放慰问金额39.9万元；二是开展脱贫攻坚工作，根据《黄南州总工会关于下达2017年困难职工解困脱困目标任务的通知》的要求，结合尖扎县实际情况，研究制订解困脱困实施方案和解困脱困承诺书，开展了调查摸底工作，按照州总下达的解困脱困工作任务，通过调查摸底，确定2017年解困脱困人员174名，在全县范围内公示，并给每户发放慰问金 2000 元，共计发放 34.8 万元。开展这两项工作的帮扶资金共计 74.7 万元来源于中央财政拨付慰问金 19 万元、天津市总工会援助资金 19.8 万元、省总工会拨付慰问金 15 万元、天津市滨河新区总工会援助资金 6 万元、省财政拨付慰问金 9 万元、县总工会帮扶资金 5.9 万元，慰问金额实现了历史性的突破。县总工会 2018 年开展的送温暖活动，取得了良好的社会效益，使困难职工和农民工感受到了党和政府的关怀，赢得了广大职工群众的好评。

二、开展全县工会组织和工会会员实名制登记工作

深入推进工会组织和工会会员实名制登记工作，是摸清工会组织、工会会员底数的现实需要，是夯实基层工会组织和发挥工会桥梁纽带作用的必然要求，是运用"互联网＋"基层工会建设和大数据技术手段提升会员管理服务水平的基础工作。县总工会按照州总工会《关于开展全州工会组织和工会会员实名制登记工作的通知》要求，进一步建好用好数据库，推动基层工会组织建设。县总工会采取多种渠道扎实开展工会组织和工会会员实名制登记工作。首先高度重视，健全组织，为了圆满完成工会组织和工会会员实名制登记工作，县总工会提前谋划，早早收集基层工会组织信息和台账数据，及时进行普查和登记。成立了领导小组，指定专职人员完成工会组织和会员实名制登记工作。其次精心准备，广泛宣传。根据州总工会下发的《关于开展全州工会组织和工会会员实名制登记工作的通知》要求，明确了工作目标任务，通过下发通知，对此项工作进行了宣传动员，实现基层工会录入信息人员的全覆盖。最后细化分工、按时完成。通过基层工会上报的数据，精准掌握了我县工会组织建设和会员发展状况，实现了全县工会组织和工会会员实名制数据信息实时更新、动态管理，促进全县工会组织和工会会员实名制管理工作制度化、规范化和常态化。截至目前，我县完成录入工会组织信息 93 个，工会会员实名制录入 2580 名，计划这项工作 6 月底完成。

三、举办丰富多彩的系列文体活动

为庆祝五一国际劳动节，丰富干部职工的节日文化生活，进一步激励全县职工为尖扎经济发展建功立业，大力弘扬我县各族人民和睦相处，立敬立帮立助的民族团结精神，县总工在县体育场举办了主题为"新时代、新尖扎、新气象、新面貌"的第三届"工运杯"职工徒步大赛和广播体操比赛。县上企事业单位的 210 多名干部职工参加了徒步比赛。同时举办的职工广播体操比赛，县上各企事业单位的 6 个队 180 多名运动员参加了比赛。

县总工会在"三八"国际妇女节来临之际，精心策划，合理安排，会同县妇联、团县委在县体育场开展了丰富多彩的庆祝活动。开展了以"健康生活、快乐工作"为主题的女职工"户外徒步运动"健身赛，经过激烈的角逐，12 名选手分别获得一、二、三等奖，工

青妇领导为各参赛个人颁发了奖金和荣誉证书,为参赛的400余名妇女发放了纪念品。县总工会把"民族团结一家亲"与践行党的宗旨结合起来,通过开展形式多样的文体活动,促进各族干部职工在工作和生活中加深了友谊、增进了感情,并丰富和活跃了全县干部职工的节日文化生活。

四、开展在职职工住院医疗互助保障活动

职工住院医疗互助保障活动是工会组织动员广大职工发扬团结友爱、互助共济精神,运用经济手段和长效帮扶方式,让患病住院职工在享受基本医疗保险等待遇的基础上再得到一定的补助,使患病住院职工进一步减轻个人经济负担的重要保障制度。县总工会在去年的基础上继续开展此项活动,今年82个行政企事业单位参加了在职职工住院医疗互助保障活动,参保人员981人,共收缴互保金9.81万元。

五、开展丰富多彩的劳动竞赛活动

今年上半年尖扎县各企事业单位在县总工会的督促和指导下,组织本单位职工开展了形式多样的劳动竞赛活动。为了迎接"5·12"国际护士节的到来,进一步调动医院护士学习业务知识的积极性,提高他们实际的技术操作能力,县医院和藏医院举办了心肺复苏、气管插管、呼吸机的应用、心脏除颤仪的应用和院外急救等技能操作大赛。通过一系列的技能比赛使更多的医护人员熟练掌握了技术操作规程、无菌概念和自我防护的概念,丰富了医护人员临床实践经验,熟练掌握了急救技能及急救操作规程。

六、发挥劳模的示范带头作用

在五一国际劳动节前夕,评选表彰了刘贵明等5位同志为黄南州劳动模范和先进工作者。大力宣传劳模精神、劳动精神、工匠精神,培育形成劳动伟大、劳动光荣的思想,发挥马克勤劳模创新室的示范作用,引领全县职工掀起爱岗敬业的浓厚氛围,激发广大职工发挥主力军作用。加大劳模(职工)创新室的建设力度。做好劳模的服务管理,今年上半年安排2名劳模去桂林参加劳模疗休养。

2018年下半年工作安排

2018年是贯彻落实党的十九大精神的开局之年,也是贯彻落实省第十三次党代会和省工会第十四次代表大会精神的开局之年,做好全年工作意义重大。全县工会工作的总体要求是:高举中国特色社会主义伟大旗帜,坚持以党的十九大精神为统领,深入学习贯彻习近平新时代中国特色社会主义思想,全面落实州委十二届五次全体会议、省工会十四次代

表大会和省总十四届二次委员会议精神，全面落实"四个扎扎实实"重大要求，着力推动"四个转变"，保持和增强工会工作政治性先进性群众性，落实新发展理念，做好维权服务，补齐工作短板，推进新时代工会工作创新发展，为建设更加富裕文明和谐美丽新尖扎做出新贡献。

1.创新工作亮点。创建优秀基层工会示范点，培育新典型，推进基层工会规范化建设，力争每个基层工会至少有一项工作亮点。

2.推动活动开展。围绕"三性"开展活动，既突出职工文体活动思想性，坚持文体活动群众性，体现文体活动时代性，以徒步赛、乒羽棋牌、文艺会演等群众文体活动为基础，深入开展职工文体系列活动。

3.开展精准帮扶。开展结对帮扶活动，建立健全精准帮扶长效机制。开展春送岗位、夏送清凉、秋送助学、冬送温暖四季常态帮扶，真正做到因困施策、分类管理、精准脱贫，实现对全县建档困难职工帮扶救助的"全覆盖"。

4.服务关爱活动。开展健康职工创建活动，做好女职工"两癌"检查做到早预防、早发现、早治疗。在有条件的单位设立温馨小屋两到三个，有效落实女职工特殊权益保护。

5.劳动竞赛活动。广泛开展"践行新理念，建功十三五"劳动技能竞赛活动，积极推动全县职工创新创业。围绕中心工作，广泛开展群众性劳动技能竞赛，组织一次全县具有一定规模的劳动技能竞赛活动。年内争取创建劳模创新工作室两个，着力把劳模打造成职工创业创新的主政地。

6.加强自身建设。一是加强作风建设。认真落实全面从严治党各项工作，通过"两学一做"学习教育制度化常态化和"不忘初心牢记使命"主题实践活动，切实增强"四个意识"，巩固学习教育成果。严格遵守中央"八项规定"，进一步加强党风廉政建设，切实把工会的权力置于阳光透明的氛围之中，使好作风成为工会工作的新常态。二是加强制度建设。把加强制度建设作为促进工会工作的重要载体，认真做好制度建设的"立、改、废、行"工作，健全和完善工会各项工作制度，实现工会工作的规范化、程序化、制度化。三是抓好党风廉政建设。严格执行中央"八项规定"以及党风廉政建设的各项规定，落实好全面从严治党的主体责任，坚持反腐倡廉长抓不懈，坚持拒腐防变警钟长鸣，保持工会机关恪尽职守、风清气正的良好形象。

永葆初心　砥砺前行

——新疆生产建设兵团第十师北屯市总工会履职尽责建功立业谱新篇

新疆生产建设兵团第十师北屯市总工会

十八大以来，十师北屯市总工会在师市党委、兵团工会的带领下，认真落实习近平总书记对工会组织提出的去"四化"、强"三性"要求，在抢抓机遇中奋发勇为，各级工会组织和广大工会干部服务大局勇担当，服务职工展作为，永葆初心，砥砺前行，工运事业取得重大成就，书写了十师北屯市工运事业的绚丽篇章。

夯实基础　激发活力

按照有机构、有场地、有人员、有经费、有活动的要求，十师北屯市总工会坚持普遍建会与激发活力并重，夯实工会组织建设、深化维权机制建设、推进服务阵地建设，基层工会达到规范化建设标准。

为进一步提升非公企业工会运转的动力、活力、凝聚力和影响力，十师北屯市总工会扩大对各类经济组织和社会组织覆盖面，探索社会化工会工作者，深入推进"职工之家"创建活动，实现从建会向建制、建家的深化，进一步彰显了工会组织活力。

各级工会组织坚持以职代会达标升级活动为抓手，进一步推进以职工代表大会为基本形式的民主管理制度建设。团（企）务、连务公开制度实现全覆盖，集体合同、女职工专项保护合同签订率达100%，工资集体协商建制率达100%。

十八大以来，坚持打造"敢为、善为、有为"工会团队，不断强化工会组织自身建设。建会单位从2012年的54家发展到2017年的82家，会员总数达23045人，女职工组织组建率达到100%。

建立工会干部培训机制，几年来投入资金20万元，实施工会干部教育培训工程，通过向上学、向下传、向外取、向内求的方式培训270余人次，工会干部培训做到全覆盖。十八大以来，十师工会系统有31名干部得到提拔重用。

各级工会广泛组织职工开展"当好主力军，建功在师市""安康杯"等主题竞赛活动和创建"工人先锋号"活动，组织参与各种形式劳动竞赛活动的职工达27.6万多人次，展现了工会组织在经济建设主战场中的新风貌。

"一生只做一件事，我为祖国当卫士。"2014年4月29日，习近平总书记在六师五家渠市听了十师民兵、全国劳模马军武的发言后，由衷地感叹："了不起，了不起，我非常敬佩你们。"由此拉开了师市总工会"一生只做一件事，我为祖国当卫士"的演讲比赛、巡回报告的序幕，一生做好一件事成为十师广大干部职工对本职工作的不懈追求。

近年来，十师北屯市总工会积极发现、培育和选树各类先模人物，弘扬劳模精神、劳动精神、工匠精神，凝聚职工群众投身建设事业，涌现出自治区劳模杨道会、胡拥军，兵团劳模李青春等一批时代楷模。评选出自治区、兵团劳模7名，师劳模25名，自治区、兵团级工人先锋号6个、师级工人先锋号29个，屯垦成边劳动奖状先进集体21个，额河工匠5名。组织劳模疗（休）养225人次，筹集发放劳模"三金"114.9万元。在劳模精神激励下，十师北屯市改革发展取得令人瞩目的辉煌成就，军垦大地焕发无限生机和活力。

聚焦主责　高效为民

受十师北屯市总工会之邀，2018年6月16日，由知名乳腺专家韩宝三牵头带领全国各地的知名医学专家连续第六年来到十师，为当地各族群众送知识、送健康。近年来，十师北屯市总工会还先后邀请了北京大学医学部知名专家、黑龙江援疆专家来十师义诊，义诊、义治60余场次，受益群众达12000人次。

在各级党政的大力支持下，建成了覆盖全师的9个工会困难职工帮扶中心及1个帮扶站，对4078户困难职工家庭实行动态管理、全方位帮扶。十八大以来，累计筹集帮扶资金1101.6万元，为10709人次提供了生活、医疗、就业、助学等帮扶。连续5年为全师4万余人次女职工免费购买女性团体安康保险，已有41人获得每人2万元的理赔。

十师北屯市总工会坚持把发展作为职工权益的最大维护，以敢担善为的精神，立足职工多元增收，开展冬季创收品牌活动，利用农展会、博览会的平台，积极培育职工自主创业项目，大力推进职工自营经济发展，展示师市经济发展成果。深入开展合理化建议、弘扬企业文化、"广泛发动提质量，文化引领强基础"、"扩面提质强基础，文化引领增素质"等群众性活动。累计组织职工开展各类种植业、畜牧业、旅游业等现场观摩会153期，参与职工1.2余万人次。

十八大以来，扶持职工自主创业项目52个，师市"双创"项目23个，培育自主创业示范户871户；成立各类涉及职工自营经济的合作经济组织和农产品行业协会124家，发展社员、会员6344人。2017年，全师职工自营经济总产值达到9.6亿元，纯收入6.3亿元。

文化创新　担当有为

2018年5月14日，63岁的哈萨克族老人木拉提·俄力亚斯家里迎来一群特殊的亲戚，十市北屯市总工会全体干部来家里串门。在新一轮为期一周的"同吃、同住、同劳动、同学习"

活动中，十师北屯市总工会通过上一堂新疆历史课、共唱一首爱国歌、聆听一个革命故事、展一项才艺等活动形式，增强维护新疆社会稳定和长治久安的决心和信心。

为聚焦总目标、落实总目标，启动"维护稳定和实现长治久安"宣传教育活动，统一印制并发放相关宣传挂图 1500 张、彩色宣传单 8000 套；举办"维护民族团结、反分裂、反极端、反暴力"工会干部、职工群众集体发声亮剑宣誓活动，来自基层的 3 名工会干部、职工群众代表全师工会会员进行了发声亮剑，并现场进行集体宣誓、集体签字。"六一"前夕，"爱祖国 爱家乡 童心共筑中国梦"师市总工会"民族团结一家亲"联谊活动中，《中华人民共和国国歌》大合唱、才艺展示、小知识问答、交换联心卡、赠送民族团结书籍，不仅拉近了各族干部群众的感情，更是将民族团结的种子深深地埋在孩子们的心中。

各级工会组织坚持"巩固、提高、创新"的工作思路，不断完善"推动在师、操作在团、平台在连、落脚在户"的工作机制，扩大创建活动覆盖面和参与率，强化环境卫生、文明诚信、小康建设等重点创建目标，营造了家家创和谐、人人讲诚信的良好社会氛围。累计评选兵团级和谐小康家庭 43 户次、师级 228 户次、团级 8428 户次、连级 15372 户次。

连续多年成功举办了全师大型社火展演活动，成功举办"龙舟盛典 北屯绽放"2016 新疆首届龙舟大赛、"冰雪北屯•龙舟喝彩"2017 新疆首届冰上龙舟大赛、"2017 新疆•额尔齐斯商品博览会"、烹饪大赛、农展会、职工篮球、乒乓球、长跑、啦啦操比赛、摄影大赛、北屯之韵等百余场文化活动，并代表新疆、代表兵团首次组队参加了 2016 年中华龙舟大赛昆明滇池站比赛、2017 年新疆天池冰上龙舟赛。不仅丰富了广大职工群众的精神文化生活，而且打造了师市群众文化特色名片，宣传了兵团，推动了兵地文化交流交融。

以改革创新的新姿态，回应党政的新要求、职工的新期待，十师北屯市工会将继续建好"职工之家"、当好"娘家人"，凝心聚力带领广大职工发挥主力军作用，永葆初心，砥砺前行！

忠诚党的事业　竭诚服务职工
富锦市总工会切实增强工会组织的凝聚力

黑龙江省富锦市总工会

近几年来，富锦市总工会在富锦市委、市政府的正确领导下，认真贯彻落实黑龙江省总工会、佳木斯市总工会要求，紧紧围绕富锦市委中心工作和发展大局，认真履行工会职责，主动服务经济发展，创新工作载体，积极服务职工群众，转变工作作风，进一步增强了工会组织的凝聚力和战斗力。

把温暖送到职工心坎上

对困难职工实施帮扶救助，是我们党交给工会组织的政治任务。富锦市总工会依托帮扶中心这个窗口，为困难职工提供"直接帮扶"和"有效帮扶"。几年来，我们组织开展了"四季关爱活动"，即"春送岗位、夏送清凉、金秋助学、冬送温暖"等系列救助工作。一是"春送岗位"活动。即联合市就业局引导广大下岗职工选择适合的再就业岗位。几年来共联合举办10次大型招聘活动，80余名下岗职工实现再就业。同时与就业局合作，将下岗职工再就业档案转递，一旦有就业需求，优先下岗困难职工。二是"夏送清凉"活动。即向酷暑下奋战在环卫、交通、园林和建筑等战线的一线职工，发放毛巾、矿泉水和凉水壶等防暑品，发放各种安全健康宣传材料，得到了一线职工的一致好评。几年来共向一线职工发放价值10万元的慰问品，2000余份宣传材料。三是"金秋助学"活动。即向困难职工考入大学的子女提供助学活动，2017年"金秋助学"活动累计发放助学金26万元。同时，市总工会积极发动社会组织、爱心人士参与助学活动。"爱心1+1协会"共资助84位贫困学生，助学金达40万元。市内企业在我们的宣传下，也积极参加助学活动，送出助学金2.2万元。四是"冬送温暖"活动。即春节前向困难职工发放帮扶资金和帮扶物资。2017年我们救助总额达60万元左右。同时市级四大班子领导将分别带着慰问金和慰问品在五一和春节前走访慰问困难职工和各级劳动模范。

把劳模品牌做大做强

动员和引导我市广大干部职工学习劳动模范的先进事迹，营造尊重劳模、学习劳模的良好氛围，真正使我市劳模品牌亮起来。一是宣传劳模事迹。市总工会在每年"五一"前组织"劳模风采"专项宣传活动，通过富锦电视台、今日富锦报和粮都富锦微信平台宣传报道各条战线劳动模范代表的先进事迹。二是做好劳模服务工作。组织劳模参加中央电视台《乡村大世界》节目在富锦的现场录制活动，进一步丰富劳模的文化生活。在日常工作中，我们努力做好劳模走访调查和服务工作，对全国、省、市劳模进行入户走访，认真听取劳模的意见和建议，关心关爱劳模的生活。三是领导走访慰问活动。每年"五一"和春节前夕，市委市政府主要领导同志都分别慰问我市全国劳模和全省劳模，为他们送去了党和政府的关心关怀。四是加大推荐力度。2018年我们加大向上推优的力度，截至目前，获得省五一劳动奖章先进集体1个，省级职工素质先进个人1名，省级创业创新标兵各1名，佳木斯市劳模5名。五是组织开展评选活动。为进一步激发全市广大职工干事创业的热情，2018年我们组织开展了全市"最美职工"评选活动。经基层组织推荐、初评、征求意见、网络评选、各代表层面评议、考核公示等环节，评选出10名全市最美职工，在庆五一表彰大会上进行了表彰。

把文体活动组织得更有吸引力

根据职工群众的精神文化需求，适时组织开展各种文化体育活动，有利于凝聚人心。一是组织开展各类体育活动。几年来，共举办全市职工乒乓球赛、职工羽毛球赛、职工篮球赛、职工游泳比赛等体育赛事15场；全市职工运动会开成全市广大职工的体育盛会，已经开办到第八届，全市职工登山赛每年组织一次。二是组织开展各类文化活动。举办书画展、摄影大赛等文化活动6场。为职工免费发放电影票，组织广大职工开展观看影片活动。每年春节前，我们深入机关、企业、社区、职工家，开展"送万福进万家"的送春联大礼包公益活动，为广大职工送去新春的祝福。几年来，各类文体活动参与职工达到6000余人次，受到广大职工一致好评。三是鼓励基层工会组织开展文体活动。发挥一线单位的优势，开展喜闻乐见的各类活动，让职工广泛地参与；指导各类协会牵头组织文体活动，引导职工利用业余时间，开展相应的职工文体活动，使各类文体活动在职工中能够长期开展起来。

把职工权益放在心上

强化职工安全教育和法律法规的宣传教育，做好职工合法权益的代表者和维护者是工会的重要职责。一是做好来信来访接待工作。建立畅通的诉求表达机制，认真倾听职工群众的意见和建议，对职工群众反映的问题及时处理并反馈，及时为职工提供法律援助。二是加大法律宣传力度。结合就业局招聘活动，开展普法宣传，发放职工需要的相关法律小册子、宣传单，强化职工安全教育和法律法规的宣传教育，让职工知晓基本权益，做好职工合法权益的代表者和维护者，几年来，共发放各类宣传资料、手册近万份。三是重视职工权益。职工生命和健康的劳动安全卫生问题，将其纳入平等协商、集体合同的内容，协助市政府落实安全生产责任制，协商解决涉及职工切身利益的突出问题。四是加大关爱女职工力度。每年3月我们都集中开展"女职工维权行动月"活动，宣传国家保护女职工权益法律法规，印制女职工特别保护政策宣传画册，免费发放。深入各企事业单位，签订《女职工专项集体合同》，更好地发挥女职工专项集体合同依法维权载体作用。2018年5月，我们积极对接联系黑龙江省工会干部学院，送55名下岗女职工赴省参加母婴护理培训，其中有28名参加职业资格考试，取得了中级育婴师证书，为下岗女职工就业致富提供了必要的条件。

把自身建设放到支撑点上

大力加强机关工会干部队伍自身建设，是全面提升工会工作的基础。一是开展各类调研活动。为进一步加强基层工会组织建设工作，我们开展了全市各级工会组织建设及工会干部配备情况的调研工作，通过召开座谈会、民主测评票进一步掌握基层工会组织情况，调研中我们了解到社区基层工会组织办公电脑陈旧，有的甚至无法开机而社区又无力配备的情况，及时为13个社区工会组织配备了办公电脑；组织开展了工会会员实名制信息采集工作，进一步摸清底数，推进我会会员普惠制工作，更好地为会员服务。二是转变工作作风更接地气。制订下发了《市总工会服务基层服务职工机关干部包片蹲点方案》，进一步转变工作作风，密切与基层联系，提高工会干部服务基层服务职工的能力。2018年4月，市总工会主席到市委党校为全市中青年干部主班和全市群团干部培训的90多名干部，就"工会是一个怎样的组织"开展了专题宣讲，提高了广大青年干部对工会组织的了解。三是广泛征求职工意见。在微信公众号上开展"我给工会提建议"有奖征集活动，共征集到意见和建议65条。通过广大干部职工的意见和建议，进一步转变工作作风。四是创建党建品牌。2018年年初，我们制订了市总工会党支部标准化建设实施方案，创建了"情系职工党旗红"的党建品牌，特色地开展了党员星级争创活动，使党支部争进优秀党支部行列。

聚焦总目标
实现在新形势下企业工会工作的新突破

新疆察布查尔县总工会　胡星火

今春以来，察布查尔县总工会在全疆上下积极落实中央治疆方略和自治区党委工作部署的新形势下，紧紧围绕维护稳定和长治久安的总目标，认真贯彻州、县两级党委群团会议精神，根据县域实际，以企业工会组建、劳模引领、开展民族团结一家亲活动为突破口，开创性地做好企业工会工作，取得了良好的效果。

聚焦总目标，实现工会组织在县域内的"有效覆盖"。为积极发挥工会组织在加强民族团结、维护社会稳定、发展地方经济等方面的作用，察布查尔县总工会坚持"哪里有职工，哪里就有工会组织"的工作理念，在县域内，紧跟重大在建项目，努力做到"企业建在哪里，工会组织就建到哪里"，并按照察布查尔县委关于工会组织"有效覆盖"的方案，归并、整合、调整、完善现有的工会组织机构，计划在全县组建多层次、多交叉基层工会基础上的区域性工会联合会16个，大的行业性工会联合会9个，目前，这项工作正在有序稳步地进行。

聚焦总目标，发挥劳模示范引领作用。察布查尔县共有州、区、全国三级劳模16名。为了发挥好这些劳模的示范引领作用，察布查尔县总工会通过广播电视宣传、事迹报告会等形式，大力传播和弘扬这些劳模在民族团结、发展经济、扶贫帮困、捐资助学等方面的感人事迹及所展现出的可贵精神。如拟选的全国五一劳动奖章获得者吴秀芳资助几十名各民族贫困学生的事迹，自治区劳模伊秀梅自主创业、帮扶贫困户就业的事迹，都在各民族职工中产生了强烈的反响。在贯彻落实中央治疆方略的关键时期，这些劳模旗帜鲜明、敢于发声亮剑，为各民族职工做出了榜样。

聚焦总目标，凝心聚力，广泛开展民族团结一家亲活动。察布查尔县总工会根据新驻县纺织企业招聘的民族职工、贫困职工数量大的特点，动员指导这类企业先行开展认亲结对帮扶活动。从公司领导到工会所有的干部，每人都从民族职工中，认2~3名贫困亲戚结为帮扶对象，让各民族职工在企业中感受到了家的温暖。今春以来，仅职工有300多人的江苏驻察布查尔县企业——新疆景丽针织有限责任公司，公司领导、工会干部对内、对外认亲结对，就资助贫困户3.2万多元，捐赠价值5万多元的衣物，并解决了6名少数民族残疾人就业。察布查尔县总工会已于近日拟订方案，将民族团结一家亲活动在全县各类企业全面推开。

"双审双评"助力"三个工会"建设

陕西省略阳县总工会　申　辉

略阳县总工会创新驱动工会事业发展，2017年在全县基层工会中，开展了以审计工会经费、审计工会工作，评议工会组织、评议工会主席为主要内容的"双审双评"活动，全面打造务实担当的有为工会、依法履职的法治工会、创新发展的活力工会。日前从汉中市总工会获悉，该县的"双审双评"工作荣获今年全市创新工作一等奖。

针对基层工会组织成立后，工会经费无保障，工作开展不正常，作用发挥不明显，甚至不会工作的现状，为了加强基层组织规范化建设，确保工会经费服务职工、服务工会工作，根据《中国工会章程》《中国工会审计条例》等规定，略阳县总工会开展了以审计工会经费为抓手，同时审计工会工作；评议工会组织是否合格、工会主席是否称职为主要内容的"双审双评"活动。年初把"双审双评"工作作为全年追赶超越的主要工作之一，进行了安排部署，列出21家工会审计名单。审计内容包括基层工会工作开展情况、工会经费保障情况、工会经费收支情况等。审计方法采取的第一步是基层工会自查。第二步是县总工会成立审计组，按照基层工会"六有"标准对基层工会工作进行达标审计。第三步是县总工会经审委联合县审计局、财政局等单位对被审单位经费收支情况以就地审计、集中会审等方式进行审计。然后根据基层工会规范化建设"六有"标准，按照合格、基本合格、不合格三个等次，由审计组对被审工会工作是否规范、工会主席是否称职进行结论认定。对基本合格的工会组织，由审计组提出整改意见和建议，下发整改通知单，限期整改到位。对不合格工会，首先责令限期整改到位。其次，下发约谈通知单，由县总工会主席对其单位工会主席进行问责谈话，必要时通知该单位主要负责人一并参加约谈，指导督促其单位党政支持工会工作，工会履行工作职责。对不按照要求进行自查，审计中不配合审计组工作，整改工作不到位，问责约谈不参加，工会组织瘫痪，工会经费不按规定收支且存在严重违反财经纪律的，予以通报批评并黄牌警告，经费违规问题可移交纪检机关做进一步处理。

全年共对22家基层工会进行了"双审双评"，下发审计报告22份，督促指导他们按照县总提出的基层工会"五有"标准，即有组织、有队伍、有活动、有工作机制、有经费保障，进行了完善和整改。通过审计，对一家工会主席进行了约谈，责令4家工会限期整改，督促5家工会补缴欠缴经费33万元，选树10家工会为县级基层工会规范化示范点，指导

2家企业开展工资集体协商工作，在36家基层工会开展了职工互助保障活动，纠正指导了部分工会组织设置不合理、工作内容单一、经费管理不规范、会计资料信息不齐全、不履行会员义务等问题。

从2018年起，县总工会将继续以基层工会审计为抓手，力争通过5年努力，使基层工会服务职工能力明显提高，工会组织吸引力凝聚力明显增强，全县80%以上的基层工会基本实现"六有"目标。

顺应新时代 加强"互联网 +"工会工作
——易门县总工会"互联网 + 工会"工作情况

云南省易门县总工会

易门县位于昆明、玉溪、楚雄三州市交界处，县域面积 1571 平方公里，山区占 97%，辖 7 个乡镇（街道）58 个村（社区），总人口 18.08 万人，居住着彝、回、哈尼、苗等少数民族。是历史上全国八大铜矿之一，相继列入国家第三批资源枯竭城市、国家循环经济示范县创建试点，是西南建筑陶瓷生产基地、中国云南野生食用菌交易中心，2014—2016 年连续三年全省县域经济综合考核名列第一，享有"滇中水城 菌乡易门"美誉。

近年来，易门县总工会围绕中心、服务大局、主动作为，各项工作取得明显成效，团结和带领全县职工在推动县域经济社会发展中做出了积极贡献。结合新形势，易门县总工会加强"互联网 +"建设，取得一定成效，但也存在一些问题，这里就网上工会建设工作情况做交流。

一、易门县网上工会现状及取得的成效

易门县网上工会建设于 2014 年启动，以县委组织部"基层服务型党组织综合平台"为依托，2015 年整合综合服务平台资源建成工会服务职工综合平台，在全市率先推行工会服务职工网上办理。2015 年开通了微信公众号，基本搭建起工会服务职工网上办理、工会网站、微信公众号、手机客户端等互联网平台，实现了宣传教育、困难职工帮扶、医疗互助、法律援助等工作线上线下的有机整合，易门网上工会工作取得了一定成效。

易门县现已建成一个县级职工服务中心和 7 个乡镇（街道）职工服务站，构建起县乡两级服务职工网络平台。易门县工会服务职工平台共设置了 6 个栏目、梳理 11 个法规文件、汇编 91 项知识问答上传平台，定期发布新政策、新业务和工作动态。自服务平台建成以来，共开展业务培训 13 期，共办理业务 778 件，其中：困难职工申报 200 件、工会会员卡办理 146 件、"金秋助学" 92 件、特困单亲女职工 20 件、法律援助 17 件、职工医疗互助 291 件、建会申请 12 件。共发送政策宣传、工会业务办理等各类信息 1.5 万余条。2015 年易门县总工会微信公众号开通上线，推送各类信息 1269 条。两年多来，易门县网上工会的探索实践提前起步、有序推进，顺应了"互联网 +"时代发展，进一步提升了工会工作的主动权、

有效性,在联系服务职工和加强自身改革建设中起到了积极的促进作用。

二、易门县网上工会主要做法

(一)顺势而谋,充分认识推进网上工会的重要性和必要性

一是认真组织学习。深入学习了《云南省工会网上工作实施方案(2017—2020 年)》、玉溪市工会服务职工网上办理工作培训会等文件会议精神,及时在党组会、干部职工学习会、工会干部培训会等会议上进行学习宣传,围绕"互联网 + 工会"推进工会工作方式、融入社会管理能力现代化、建设网上工会等重点内容进行讨论,进一步提升全县工会系统建设网上工会的认识,增强做好网上工会工作的紧迫感。二是把开展工会网上工作纳入县总工会改革实施方案中,明确打造工会服务职工网络载体、拓展工会网络服务功能、加强工会网络工作者队伍建设等重点,与工会改革共同推进、共同落实。三是成立易门县职工服务中心,协调争取了中心 3 名事业周转编制,充实服务职工干部队伍力量。

(二)统筹推进,着力推进易门网上工会探索实践

1. 整合资源,建成易门县总工会服务职工综合平台。一是服务网络向基层延伸。利用易门县党建综合服务平台和资源,以县总工会为面、乡镇(街道)工会为轴、村(社区)工会为点,构建起县乡村三级服务职工网络平台。中心安排 5 名人员具体负责网上业务的办理。相继建成 7 个乡镇(街道)职工服务工作站,配备电脑、打印机、扫描仪等设备,确保每个乡镇(街道)至少有 1 名专(兼)职人员从事工会宣传及业务办理工作,构建起县乡工会宣传及为民服务队伍,为实现工会宣传及业务服务网络"村村通"奠定了基础。

2. 优化网上工会办事流程。坚持程序最简、环节最少的原则,对网上办理事项进行认真分析,邀请省级综合平台建设项目软件开发公司根据县总工会工作实际,量身定制了科学合理的办理流程、简明扼要的业务表单。加强业务指导,严格按照乡镇(街道)负责审核上报,县级经办机构审批的业务操作流程,实现工会业务"一条龙"办理,让网络多跑路、群众少跑腿,开通了服务职工群众高速路。

3. 完善拓展"三屏合一"平台功能。一是强化"电视屏"查询功能。在党建综合平台上开设工会业务专版,设置党政班子、政务公开、风土人情、法律法规、业务流程、政策问答等栏目,上传法规文件、业务流程、知识问答到平台供群众查询,并定期发布新政策和新业务。二是拓展"电脑屏"服务功能。把涉及职工群众最广泛的 9 项业务放到平台上,困难职工帮扶、医疗互助报销、来信来访接待、工会会员卡办理均可通过网络服务平台在线申报办理,让职工群众不出乡镇(街道)就能申报办理工会业务,使原来一两个月才能办结的事项,现在一周内即可办结,最快当日办结。三是丰富"手机屏"宣传功能。利用平台的短信群发功能,建立了工会服务对象短信集群,将 2.8 万余名职工会员(244 名困难职工)手机号导入平台,适时发送政策宣传、医疗互助收缴通知等信息,提升了工会政策信息宣传的针对性、时效性、广泛性。

（三）夯实线下基础，形成网上办理职工医疗互助新模式

网上办理职工医疗互助是易门县总工会网上服务职工的重要内容之一，易门县总工会以线下为基础，以网络为平台，整体推进线上线下职工医疗互助工作。一是厘清参互人员关系。在职职工以所在单位为参互单位，退休职工以县社保局退管中心为参互单位，并将退休人员按照原单位、原系统分成各个大组进行政策宣传、收取职工医疗互助金，有效解决了退休人员特别是原易门矿务局退休职工居住分散、缴纳互助金及领取补助金不便的问题。二是采取集中收取参互金方式。每期职工医疗互助活动启动后，县总工会利用短信、微信、布标、宣传资料以及退休大组学习等方式加大宣传力度，加强与县社保局的沟通协调，组成3~4个工作组，分别深入社保局、退休职工集中的昆明、玉溪、绿汁镇统一收取职工医疗互助金，确保广大职工按时参互，切实提高参保率。第十四期职工医疗互助共有11495名职工参加，其中：在职人员7202人，退休人员4293人，共收取互助金140.75万元。三是医疗互助报销方式便捷。居住比较偏远的参互职工可到所在乡镇（街道）职工服务站，将所需材料扫描后通过服务平台上传县总工会审核，补助金额3000元以下的，县总工会审批后，以职工工会会员卡方式发放补助金。补助金额3000元以上的，县总工会再将申报材料上报市总工会审批后发放。

三、存在问题及建议

（一）存在的问题

一是网络平台建设不完善，还没有形成纵向到底、横向到边的网络体系，特别是横向之间的联通不够，数据难以共享，网上办理还不畅通。二是基层工会人员不稳定，培训压力大。我县目前基层工会干部基本都是兼职人员，且流动性较大，对平台具体操作使用、工作连续性有一定影响。三是省总、市总系统服务平台还不畅通，在业务操作流程的及时性、便捷性上还不够。

（二）建议

一是建议加强"互联网+"工会的人才队伍建设。加大对乡镇（街道）工会干部的培训，提高工会服务广大职工会员的能力。二是进一步打通省市县网上服务系统，健全完善系统服务平台建设，推进"互联网+"工会。三是在加强工会干部队伍建设上制定相关政策保障措施。

一个中心　四条路径
推进洞头工会改革向实现美好生活愿景发展

浙江省温州市洞头区总工会

习近平总书记强调，工会、共青团、妇联等群团组织一定要坚持解放思想、改革创新、锐意进取、扎实苦干，要重点解决脱离群众的问题，要增强自我革新的勇气。在习近平新时代中国特色社会主义思想指导下，洞头区总工会上接天线、下接地气，围绕洞头区建设海上花园这个中心，谋划好四条改革路径，推进我区工会改革成果转化为职工美好生活。

一、着力聚焦海上花园建设中心，不断强化服务发展的工会作用

围绕洞头打造海岛振兴"全国样板"，多领域多层面纵深推进立功竞赛、技能比武、岗位练兵，组织举办各类覆盖面广、成效明显技能培训，进一步提高我区职工队伍整体技能水平，广泛开展基层班组"合理化建议"等职工技术创新活动，发动基层职工立足岗位创新创业。

围绕营商环境优化工作，制订出台《温州市洞头区总工会"营商环境提升年"行动方案》，开展"走企连心""惠企政策大落实""重拳治怠政"和"构建和谐劳动关系"四大专项行动，指派营商服务专员对接服务企业，及时为企业提供有效服务。

围绕洞头区创建全域旅游示范区创建工作，区总工会主动对接省市总工会，积极争取旅委有关部门支持，制定劳模休养优惠服务办法，在浙江全省脱颖而出，成功创成浙江省劳动模范休养基地。

二、着力谋划好四条改革路径，不断增强职工群众的获得感和幸福感

1. 搭建平台扩大工会服务辐射半径

搭好思想文化引领平台。以学习十九大、服务十九大、贯彻十九大为主线贯穿工会工作总体部署，以全国人大代表滕宝贵"两会"精神宣讲为载体，创新学习宣传方式，让党的十九大精神真正走进职工心里，引领广大职工听党话、跟党走。结合宣传洞头首位全国好人"兰小草"精神，开展职工"兰小草"式人物培育系列之"最美劳动者"推荐评选活动，让广大职工群众学有榜样，自觉践行社会主义核心价值观。

搭好工会文体活动平台。组织开展寓教于乐、职工喜闻乐见、富有特色的文化活动，纪念"海上花园15周年"，举办"五一"系列活动，推出"建功新时代，劳动最美"、寻找"身边最美劳动者"、"百岛工匠，劳动光荣"劳模工匠风采展等九项子活动，全力打造"职工文艺秀"等文化活动品牌，丰富职工群众业余文化生活。

搭好"互联网＋工会"平台。推出"洞头工会"微信公众号，实现职工医疗互助保障、法律服务、活动在线报名、会员福利等工会服务"零上门"，"洞头工会"在全省工会系统100多家微信公众号中跻身前30强，粉丝量达4万多人。创新推出"百岛工友之声"频道上线喜马拉雅FM，让"洞头工会"的声音传播得更远、更广、更深。

2. 完善改革运行体系加大改革集成力度

健全"1+6"改革机制。以《温州市洞头区总工会改革实施计划》为蓝图，制定出台《挂职兼职干部管理实施办法》《社会化工作者聘用管理办法》《职工志愿服务实施办法》《服务基层服务职工工作制度》《重点工作清单制度》和《智慧工作平台建设实施方案》6项配套制度，从组织形式、干部配备、运行机制等方面大刀阔斧进行改革，形成完整的改革机制体系。

完善"122"组织架构。"一部一室一中心"（基层工作部、办公室、职工维权帮扶中心）优化区总内设机构配置，突出服务职能，理顺纵横关系，逐步形成职责清晰、运转高效的机关架构。"双下沉、双覆盖"工程推进组织建设，人员配备和资金保障向基层倾斜，大力推进基层规范化，实现工会工作有效覆盖。

3. 建设人才队伍保障工运事业发展

优化人才配备增强基层工作力量。去年以来，增齐配强街镇总工会兼职副主席9名，招录职业化工会工作者5名，选优选聘社会化工会工作者35名，其中，大专及以上学历占46%，且35名社会化工会工作者均具有丰富的基层工作经验，有效优化工会人才力量。

完善管理机制提高工作能动性。建立社会化工会工作者队伍是激活工会改革神经末梢的有益尝试，但工会工作与自身主业冲突在社会化工会工作者之间普遍存在，提高工作能动性是解决冲突、激活工会改革神经末梢关键。对此，洞头区总工会着力完善优化社会化工会工作者考核细则，一是细化考核标准，将工会组建、工资集体协商、和谐劳动关系创建、信息报送等十项内容纳入考核标准；二是量化考核标准，设计制作并下发"社会化工会工作者工作日志"，动态记录走访基层工会、信访接待、工会组建情况汇总等工作，更加注重过程考核。在此基础上，实行区总工会和用人单位双重管理、绩效管理相结合，不断提高社会化工会工作者工作能动性。

统筹规划提升综合素质和履职能力。全面开展业务培训，将专职干部、兼职干部、职业化社会化工会工作者等各类工作者专项培训纳入年度区总工会干部教育培训计划，统筹安排业务知识、工会政策、法律法规、信息宣传等培训课程，系统提高工会人才队伍的综

合素质和履职能力。今年 3 月已组织职业化社会化工会工作者赴宁波五一学校进行业务培训。

4. 办好服务职工五大关键实事

一是困难职工帮扶解困出实效，精准开展"情暖四季歌""送车票、送休养、送保险"等活动，做好大病医疗救助、临时困难救助等项目，去年共投入 40 余万元，惠及职工近 5000 人次。二是完善职工疗休养政策，巩固省级劳模休养基地成果，倡导疗休养文化，推介"花园洞头"职工休养精品主题线路。三是打造服务职工新阵地，坚持党建带群建，共建共享一批职工阵地，指导北岙街道职工活动中心、东港社区职工服务中心等阵地常态化、规范化运营。四是构筑职工医保"第二条保障线"，推广"工会会员住院津贴、意外伤害和重大疾病"综合医疗保障项目，去年覆盖全区机关企事业单位 60% 以上，惠及职工25374 人次，理赔总额达 67.3 万元。五是创成 4 家星级"妈咪暖心小屋"，评出星级"妈咪暖心小屋"1 家。

在创新创优中推进工会新发展

湖南省永顺县总工会　彭成林　胡友生

永顺县位于湖南省西北部、湘西州北部，辖区面积3811.7平方公里，辖23个乡镇，总人口54万人。是自治州人口大县、工业弱县、财政穷县，属武陵山片区区域发展与扶贫攻坚试点县和国家扶贫开发工作重点县。全县现有基层工会组织526个，其中企业工会352个，机关事业单位和社会组织工会174个；会员总数2.45万人，其中农民工5300余人。

过去的五年，永顺县总工会在县委和州总工会的正确领导下，在县人大、县政府、县政协的重视支持下，认真贯彻党的十八大和习近平总书记系列重要讲话精神，坚持全心全意依靠工人阶级的根本方针，牢固树立"贴近中心促发展，贴近职工办实事，贴近基层搞服务"的工作思路，切实加强维权和服务工作，团结动员全县广大职工以高度的主人翁责任感，积极投身到改革发展和经济社会建设中，充分展现了当代工人阶级的风采。全县各级工会组织和工会干部以强烈的事业心和历史使命感，围绕中心、服务大局，求真务实、开拓创新，以实际行动谱写了永顺工运事业的新篇章。

一、组织广大职工创新创优，唱响建功立业主旋律

深入实施建功立业工程。适应加快转变经济发展方式要求，开展"践行新理念、建功'十三五'"和"聚力小康·建功三湘"等系列劳动技能竞赛活动，激发职工创造活力，彰显主力军作用。广泛开展多种形式的职工技能培训、岗位练兵活动，发挥劳模创新工作室、"首席技师"、"首席员工"示范作用，搭建职工技术创新成果展示平台。坚持长远规划与近期安排、整体推进与典型引路相结合，实现了劳动竞赛的常态化、制度化和规范化。五年来，全县参与各种形式劳动竞赛活动的职工2万余人次，开展职工岗位练兵、技术比武110多场次，职工提合理化建议1300余条，参与技术革新68项。

大力宣传和弘扬劳模精神。深化"中国梦·劳动美"主题教育，弘扬社会主义核心价值观，举办"寻找劳模""劳模宣传月""劳模事迹报告会"等多种活动，加强劳模管理服务工作，落实劳模待遇，在全社会营造尊重劳模、关心劳模、学习劳模、争当劳模的良好氛围。全县推荐评选出全国先进工作者1名、湖南省劳动模范2名，涌现出以左孝荣、刘合颜、张南洋等为代表的一批新时期劳动模范和先进人物。五年来，组织宣传报道劳模事迹32人次，

举办劳模讲堂25场次,组织劳模体检、疗养150多人次,发放劳模津贴、困难补助60余万元。

深化职工素质提升工程。广泛开展"创建学习型组织、争做知识型职工"活动,激发职工创新创优热情,组织职工学习新知识,掌握新技能,推动职工教育培训体系建设,培养出一批创新型技能人才。李毓书、付业林在2017年全省湘竹竞赛活动中荣获"湖南优秀工匠"称号并授予省"五一劳动奖章"。五年来,全县5个单位、7个班组、22名个人分别荣获州级"五一劳动奖状""工人先锋号""五一劳动奖章""芙蓉标兵岗""芙蓉百岗明星"等荣誉称号,广大职工立足本职、爱岗敬业,争创一流业绩。

二、推动构建和谐劳动关系,切实维护职工合法权益

加强劳动关系协调机制建设。贯彻落实《中共中央国务院关于构建和谐劳动关系的意见》,深入开展和谐劳动关系创建活动。加强劳动关系三方协商,做好平等协商签订集体合同工作,以中小企业、同行业非公有制企业为重点,广泛开展工资集体协商要约行动。五年来,全县已开展工资集体协商工作的企业235家,建制率达92%,涵盖职工4211人。推行区域性、行业性集体合同制度,女职工特殊权益保护专项集体合同签订率达80%以上。

积极开展劳动保护法律监督工作。全力推进"安康工程",配合安监部门开展经常性安全生产检查和重大安全事故调查处理工作,"安康杯"竞赛活动进一步深入。依法维护农民工合法权益,督促用人单位为农民工办理各项社会保险,配合相关部门对全县农民工工资支付情况进行专项督查,对农民工用工及作业环境进行专项整治,开展"农民工讨薪行动",五年来累计为660多名农民工追回欠薪280余万元。推动完善劳动争议预防调处机制,12家规模企业建立了劳动争议调解委员会。参与县劳动仲裁部门受理案件21件,接待处理职工来信来访300多人次。

推动企事业单位民主管理工作。建立健全企事业单位职代会、厂务公开制度。全县国有企业职代会、厂务公开制度不断巩固、规范和提高,非公有制企业职代会、厂务公开建制率大幅提升。全县116家不同类型的企事业单位建立了民主管理制度,充分调动了职工参与民主管理的积极性。加强对经济下行压力下劳动关系问题的分析研判,开展了企业劳动关系现状、职工权益维护等重点课题调研,了解职工诉求,反映职工心声,协助有关部门及时排查化解劳动关系矛盾隐患,推动解决职工切身利益问题,促进了企业劳动关系和谐和职工队伍稳定。

三、开展精准帮扶送温暖活动,竭诚为职工群众服务

全力以赴抓好精准扶贫工作。认真开展精准识别,润雅村、五官村两个贫困村建档立卡561户2079人,清退57户115人,新增识别21户69人。扎实开展驻村帮扶,每年由1名班子成员、2名以上工作队员驻村开展工作,机关11名干部结对帮扶92户贫困户。着

力推进基础设施建设，2014 年以来，两个贫困村实施建设项目 28 个，投入资金 648 万元。千方百计推进产业帮扶，179 户贫困户养殖黑猪 445 头，113 户贫困户种植三红蜜柚 1100 亩。切实开展扶贫政策宣传和科技培训，两个贫困村设立固定宣传标语 12 处，召开各种会议进行集中宣传和上门入户、打电话等进行分散宣传，组织两期劳模科技惠农脱贫工程培训班，开展农技知识培训 300 多人次。组织社会力量参与扶贫开发，联系湘西红润医药有限公司、国药控股湘西有限公司、华润湖南医药有限公司、长沙小善公益、浙江中天房产集团"爱心团队"、永顺鑫鹤医药有限公司等爱心企业和公益组织志愿者开展多种形式的帮困助学、支教助医活动，为困难下岗职工和建档立卡贫困户捐赠爱心物资价值 20 余万元。同时，经常性深入非贫困村三角岩村，联系指导精准扶贫工作。

加大困难职工解困脱困工作力度。帮扶中心转型升级、延点扩面，全县乡镇和规模企业普遍建立职工维权帮扶站。建档立卡困难职工 3500 户，分类做好困难职工解困脱困工作。五年来，帮扶困难职工和农民工共 2866 人次，发放帮扶资金 301.5 万元，其中生活救助 1830 人次，帮扶资金 104.5 万元；"金秋助学" 126 人次，帮扶资金 47.8 万元；医疗救助 910 人次，帮扶资金 149.2 万元。困难职工春节粮油发放 2500 人次，物资 20 余万元。"双联"工作帮扶困难职工 698 人次，走访慰问款物 50 余万元。

广泛开展普惠职工服务活动。组织职工参加四期医疗互助活动，全县参加单位 258 个，参加职工数 13527 人，参加女职工特殊疾病保障项目数 5693 人，机关事业单位基本实现全覆盖，累计为住院职工补助 1300 多人次 145 万余元。五年来，"夏送清凉"活动投入资金 17 万元，为 37 个高温作业工地、车间 2800 多名一线工人送去防暑降温药品、物资。积极协助政府开展创业促进就业工作，与人社部门联合开展"春风行动""民营企业招聘周"活动等，五年来促成 1.2 万人意向性就业。全县各级工会组织坚持为职工办实事、做好事、解难事，努力实现为职工服务经常化、制度化、社会化。

四、着力强基础增活动，加强工会系统自身建设

坚持不懈抓工会组建工作。集中开展"强基层、补短板、增活力"行动，加强非公有制企业建会和农民工入会力度，拓展建会领域。全县现有基层工会组织 526 个，其中企业工会 352 个，机关事业单位和社会组织工会 174 个；会员总数 2.45 万人，其中农民工 5300 余人。深化职工之家建设，开展"六有"工会建设和"双争"活动。加强企业文化职工文化建设，加大"职工书屋"建设力度。职工文化体育活动在基层广泛开展，五年来，全县各级工会组织开展了形式多样的职工文体活动 400 多场次，参与职工达 1.6 万人次。新建全国"模范职工小家" 2 家（县地税二分局工会小组、马鞍山电站工会小组）、省级"模范职工之家" 1 家（县中医院工会）、省级"模范职工小家" 2 家（县地税一分局工会小组、邮政分公司芙蓉镇工会小组）、州级"模范职工之（小）家" 6 家，省"六好乡镇工会" 2

个（芙蓉镇工会联合会、泽家镇工会联合会）。

突出抓好工会经费征收和预算管理。领导高度重视经费征收工作，县委常委、组织部部长、县总工会主席李延堃多次组织召开税务、财政部门联席会议，协调解决突出问题，全面落实工会经费税务代征和财政代扣工作。县总工会密切配合，加强工会经费法律法规宣传和征收力度，工会经费从 2012 年年底 64 万元增长到 2017 年 11 月 993 万元，净增929 万元，增长 14.5 倍，五年来实现了历史性突破。优化经费支出结构，加大对乡镇、工业园区、基层工会经费补助，补助下级支出逐年增长。加大维权支出、职工活动支出等，维权支出年均增长 16%，职工活动支出年均增长 50%，职工维权帮扶覆盖面更广，职工精神文化生活更加丰富，让更多的职工享受到工会组织的温暖。

着力推进机关管理规范化、制度化。履行党建主体责任，落实一岗双责，加强党风廉政建设，着力防控风险，推动从严治会。扎实开展专题教育，抓好党的群众路线教育实践活动、"三严三实"和"两学一做"学习教育，组织工会系统开展"面对面、心贴心、实打实服务职工在基层"活动。健全完善中心组学习、内部管理、效能建设、党风廉政、"三会一课"等各项机关管理制度。积极向上争取建设资金，改善机关办公环境。2014 年，投入 12万元在办公楼临街门面新建了 80 平方米标识统一、功能完备的职工维权帮扶服务大厅。五年来，累计投入 30 多万元，新购置办公设备、机关院内绿化硬化、办公楼维修等。同时，统筹做好女职工工作，切实维护女职工合法权益和特殊利益。加强对工会经费的审计审查监督和对工会资产的监管运营，促进资产保值增值。

五年来，在全县各级工会组织和工会干部的共同努力下，县总工会先后荣获中华全国总工会"县级工会财务先进单位""湖南省先进县级工会""湖南省四星级职工维权帮扶中心"，全州县级工会目标考核二等奖，全县文明建设、安全生产、禁毒先进单位等荣誉称号。杨瑞平同志荣获"全国优秀工会工作者"，8 个基层工会、15 名工会干部分别荣获州工会先进单位和优秀个人表彰。

落实全面从严治党责任 加强基层工会财务管理

湖北省武汉市新洲区总工会 何建军

随着中央八项规定实施细则以及全国总工会有关工会经费收支管理规定的出台，基层工会在维护会员权益方面发挥作用的同时，也面临着管好用好工会经费的挑战。武汉市新洲区总工会积极落实从严治党主体责任，按照"一岗双责"的要求，加强基层工会党风廉政建设和财务管理，进行了有效探索和有益实践。

一、主要做法

一是配齐配全财务人员，健全基层工会组织架构。大部分基层工会选举专职工会主席负责日常工会工作，配备专兼职财务人员，做到专人专岗、兼职靠岗，保证工会经费收支独立、会计核算独立、财务记账独立。二是积极健全基层工会制度体系。大部分基层工会建立了相应的财务管理制度和内控制度，坚持严格的工会经费审批程序。三是逐步完善工会经费拨付流程。一些基层工会能够按照要求单独开设银行账户，实行工会经费独立核算，按比例拨缴工会经费和收取会员会费。四是预算意识不断增强。部分基层工会能够按照《工会预算管理办法》规定，根据上年度工会业务工作发生实际情况和本年重点工作安排，科学测算经费收支，按照经费使用范围和标准进行经费管理，编制全年工会财务预算，严格按照各项预算指标，完善审批程序，年末认真决算，每年编制决算说明书，自觉接受各级组织和广大会员、职工的监督。五是开展工会经费使用情况专项检查。区总工会借助纪委、审计、财政等部门的力量，组成四个专项检查组，实现对全区80家直属机关企事业工会监督检查的全覆盖。

二、基层工会财务管理存在的问题

1. 经费管理挂靠行政账户

部分基层工会财务挂靠在行政财务上，计提的工会经费挂在单位行政账"暂存款"科目核算。这些基层工会虽然也能将经费正常地用于开展职工教育、培训以及发放会员节日福利等方面，但由于经费由行政代管，造成基层工会主席无法行使"一支笔"审批权，职工合法权益无法得到强力有效的保护。

2. 经费支出结构不合理

部分基层工会特别是一些机关事业单位工会,主要将工会经费用于为职工发放节日慰问品,很少组织会员开展文体活动。主要原因是工资水平较低,经费有限,计提的工会经费留成部分往往只能满足职工福利方面的支出,有的单位发放职工应有的福利资金也显得捉襟见肘,没有经费保障,许多职工活动无法正常开展。

3. 经费会计核算不规范

部分基层工会存在会计核算不规范、票据使用不合规的问题。主要表现在:没有严格按照《工会会计制度》要求及规定设立工会账户、设置会计账簿、使用会计科目、实行单独核算;编制记账凭证时不符合相应的会计要求,在记账凭证后既未附相应的文件、会议纪要,又无相应明细清单等作为合法依据;职工福利的发放方式不合规,手续不齐全,慰问支出内容、事由不清等。

4. 财务审批报销不规范

部分基层工会存在审批报销程序不规范、在审批报销程序中没有会计人员审核、经办人直接让领导签字报销或由行政领导签字等不规范现象;核销凭证中无预算审批报告,发放明细表中无职工签字;开展活动缺少活动方案和经费明细预算,如未附参赛活动等人员名单,支付开展活动工作餐未附用餐人员名单等;开支报销单上经办人或证明人签批手续不全;购物发票未附购物清单等。

5. 经费预算执行不严格

在独立核算的基层工会中,有的基层工会年初不编制经费收支预算,经费收入多少开支多少;有的基层工会虽然编制了预算,但在使用经费时执行不严格,支出的随意性大,预算执行率不高;有的预算编制不严谨,对工会工作缺乏全面思考,执行中有失偏差。

6. 工会会计制度不健全

部分基层工会缺乏财务制度,会计岗位设置不全,会计核算不规范。有的单位在实际会计业务中没有严格按照制度执行,如部分机关事业工会缺少固定资产管理明细规定,缺乏具体管理责任人,导致对固定资产疏于管理;有的单位存在大额现金支付问题,没有按照相关制度的规定执行。

三、加强基层工会财务管理的措施建议

按照全面从严治党的要求,我们从以下几个方面加强基层工会财务管理。

1. 发现问题及时督促整改到位

在工会经费使用专项检查中发现一些共性问题,及时督促整改到位,确保中央八项规定和工会经费支出"八不准"的规定落到实处。对于符合建会建账条件的指导基层工会单独建立银行账户、单独进行会计核算;对人数少于10人不具备建会条件的单位,指导基层在行政账户中设立工会支出科目，下设文体活动支出、福利支出等几个二级科目；对于原始凭证附件资料不齐全、经手人未签字的限期整改到位；对于不应在工会开展的项目调整到行政账目中；对于超标准发放的会员福利及时清退，并追究相关人员的责任。

2. 加大依法拨缴工会经费力度

积极争取同级党委政府的政策支持，加大财政划拨工会经费工作力度，与同级财政部门进行协调，不断提升行政事业单位财政工会经费划拨水平；加强与税务部门的沟通联系，提高税务代收工会经费的实效，逐步减少收缴经费的盲区，做到应收尽收，按时计拨；在做实基层工会账户的基础上，按照分成比例上解、回拨和留成。

3. 不断提高基层工会建账率

重点是针对单位负责人和财务人员普及工会法等法律知识，增强其法律意识，依法建立工会，开设账户，把做实基层工会账户纳入相关考核体系，推进基层工会独立设置账户开展会计核算。严格报销和审批程序，经费管理坚持实行主席"一支笔"审批制度，加强原始单据的审核工作，规范会计基础工作，切实提高工会财务管理水平，夯实基层工会开展各项工作的物质基础。

4. 加强财务工作人员业务培训

针对基层工会财务人员调整变动、财务管理水平参差不齐等状况，适时开展财务人员培训，通过举办基层工会财务干部业务培训班、专题讲座、实地研学等形式，有组织、有计划地对基层工会财务人员开展专题培训，学习工会财务工作相关的法律法规和各项规章制度，完善会计基础工作，普及相关财务知识，明确工会经费的用途，从源头上规范工会经费的管理使用，并组织有关人员到先进单位实地学习，增强培训的针对性和有效性，提高基层工会财务工作人员的工作素养和业务水平，为更好地使用工会经费提供有力保障。

5. 健全基层工会经费监管机制

督促基层工会进一步强化制度意识、责任意识，健全内部管理机制，完善部门、单位内部控制制度，推动建立长效机制，加强制度管束和制约作用；严格按照基层工会经费收支管理办法，对工会经费收支实行专人专账专户管理，做到收入来源真实不漏，支出项目合理合法，严把收支范围、收支标准关；认真执行工会财务制度，严格执行中央八项规定和国家财经纪律、上级工会政策规定、开支范围、标准，依据《工会会计制度》的规定进行会计核算；定期或不定期对基层工会经费的收支情况进行监督检查，基层工会可以灵活探索监督整改方式，不断规范基层工会经费管理使用，杜绝违纪违规支出，确保工会经费效益的最大发挥。

6. 加大文件政策宣传力度

加大全总《基层工会经费收支管理办法》及《湖北省总工会关于贯彻落实全国总工会加强基层工会经费收支管理的实施意见》（鄂工发〔2018〕6号）的宣传力度，利用多种手段进行详细解读，让广大领导干部、职工群众对此有更准确的认识，提高基层工会干部的理解力和执行力；加强对《工会法》及有关政策、制度的宣传，正确把握工会经费使用的职能定位，单位行政足额提取工会经费，严格按照规定使用工会经费，维护职工的正当权益；指导和督促基层工会积极协调好劳动关系、促进企业发展、不断提升企业文化，增强企业法人依法拨缴工会经费的意识，保障工会经费使用惠及广大职工；广泛向社会宣传工会组织在维护职工合法权益、实现民主管理、提供困难职工帮扶、选树先进劳模典型等方面的作用，让职工群众积极加入工会，增强工会组织的凝聚力。

开展"中国梦·劳动美"

——学习宣传贯彻习近平新时代中国特色社会主义思想和党的十九大精神主题宣传教育活动总结

广西钦州市总工会

2018年1月以来，钦州市总工会把学习宣传贯彻习近平新时代中国特色社会主义思想和党的十九大精神作为首要政治任务，对照党的十九大提出的各项任务要求，细化贯彻落实的具体措施，以钉钉子精神推进各项工作。

一、主要做法和成效

（一）坚持党的领导，多方协作

市总工会作为群团组织，坚持在市委的领导下，开展学习宣传贯彻习近平新时代中国特色社会主义思想和党的十九大精神活动，根据区总工会《"中国梦·劳动美"——学习宣传贯彻习近平新时代中国特色社会主义思想和党的十九大精神主题宣传教育活动》通知要求和《市委宣传部 市委组织部关于2018年全市理论学习的通知》精神，制订《钦州市总工会2018年理论学习的方案》和下发钦州市总工会《"中国梦·劳动美"——学习宣传贯彻习近平新时代中国特色社会主义思想和党的十九大精神主题宣传教育活动》通知，组织职工参加市总工会8个专题学习和其他学习活动。在机关党组统筹协调下，坚持与各部室互相协作，在钦州市总工会网站、钦州市总工会公众微信号平台，市总工会大堂宣传专栏制作展板宣传十九大的基本情况和会议成果，宣传党的基本理论、基本路线、基本方略，进一步营造机关浓厚的学习氛围。

（二）坚持多种形式，提高实效

在市总工会党组学习中心组的统筹下，采取多种形式组织学习，提高学习实效。一是组织集中学习。市政协副主席、总工会主席亲自上辅导课，开展集中学习培训，组织全市党员干部及工会干部参加市党委中心组的"学习贯彻习近平新时代中国特色社会主义思想和党的十九大精神轮训班"、市委的"学习贯彻党的十九大精神专题研讨班"等。组织参加党支部的学习活动。二是组织自学。向机关党员、工会会员、职工免费发放了《十九大报告学习辅导百问》《十九大党章修正案学习问答》《十九大党章学习讲座》《十九大文件汇编》等辅导书籍以及党的十九大学习笔记，为学习提供了权威读本。借助广西干部网络学院学习平台，组织自学学习习近平新时代中国特色社会主义思想和党的十九大精神相关课程。三是组织开展知识抢答。每个重大节日，结合各场职工联谊晚会，开展知识抢答活动，主题内容涉及习近平新时代中国特色社会主义思想和党的十九大精神、《党章》、《工会法》、意识形态（网络意识形态）、禁毒等的相关知识，寓教于乐。四是观看录像。组织观看优秀共产党员、劳动模范、工匠等先进事迹，学习先进，弘扬"两劳一匠"精神。五是加强宣传活动。结合"送文化，送欢乐"到基层慰问演出活动，深入企业、工业园区、施工工地、扶贫村——钦北区贵台镇百美村、钦南区犀牛脚镇西寮村等农村、社区，开展向职工群众宣传习近平新时代中国特色社会主义思想和党的十九大精神活动。

（三）坚持"以人为本"，促进"双丰收"

市总工会以学习促进工作，以活动凝聚干部职工，将学习习近平新时代中国特色社会主义思想和党的十九大精神的成果体现在具体的工作实践中，凝聚力量，服务大局；实践服务宗旨，维护干部职工的根本利益。首先，组织文体活动。春节、元宵、五一、七一等重大节日，与市四大办开展联谊晚会，开展"不忘初心再扬帆"钦州市庆五一职工文艺晚会，陶冶情操。组织职工每周二晚上职工气排球运动。组织工间操活动，为贯彻落实好工间操活动，建立了工间操工作制度，落实人员、地点、时间，每天上午 10:00—10:20 进行工间操活动，并有专人负责领操、拍照等活动记录，大家积极参与，加强身体锻炼。6 月 25 日晚，与市人大常委会机关工会联合举办庆"七一"职工文艺晚会，以昂扬的风貌精神庆祝中国共产党成立 97 周年。其次，组织帮扶活动。抓好困难职工维权帮扶，最大限度地为工会职工办实事、做好事、解难事。春节期间慰问困难职工 300 多人，慰问生活困难住院职工 6 人。协助组织工会一线优秀职工、优秀工会工作者配套疗休养活动，激励工会职工的工作热情。六一节到市儿童福利院开展"送温暖，暖童心"活动，市总工会开展亲子活动，以实际行动贯彻落实十九大报告提出的"幼有所育，弱有所扶"精神。

二、存在问题和下一步打算

（一）存在的问题和不足

一是学习还不够深入，邀请专家辅导少；二是学习与工作结合还不够密切，对工作的促进作用未得到充分发挥；三是活动形式不够丰富，偏重重点节日活动的组织，日常活动组织不够积极。

（二）下一步打算

一要坚持邀请有关专家、领导做学习辅导，提高学习成效。二要坚持将习近平新时代中国特色社会主义思想和党的十九大精神贯穿于工会工作全过程，积极发挥工会作用。三要坚持不忘初心再扬帆的指导思想。

在今后工作中，发动全市各级工会组织，高举习近平新时代中国特色社会主义思想伟大旗帜，不忘初心跟党走、牢记使命再出发，栉风沐雨、砥砺前行，为实现党的十九大提出的奋斗目标，为钦州建设"一带一路"南向通道陆海枢纽城市再添砖瓦、再立新功，在"当好主人翁、建功新时代"伟大实践中迎来更加辉煌灿烂的明天！

转岗创业点亮人生

——在鸡西市创业典型巡回报告会上的讲稿

黑龙江省鸡西市龙尚文化发展有限公司　徐亚芹

　　我叫徐亚芹，是鸡西市龙尚文化发展有限公司董事长、鸡西市巧手职业培训学校校长、鸡西市妇女手工编织协会会长、鸡西市4个职业技能培训基地负责人之一。今天非常高兴能作为转岗职工创业代表，与在座的各位领导及朋友们一起分享我的转岗创业历程。

我汇报的第一个题目是：苦难是创业的出发点

　　我是60后。下乡返城后，干过力工，下过"三八"井。1990年，我在鸡西市皮革厂下岗了。当时，我们是鸡西市第一家关停并转的企业。面对突如其来的打击，我不知所措。失去了按部就班的工作，失去了生活来源，失去了尊严。开始我不敢出屋，怕人瞧不起，又恨天怨地，恨生活怎么对我这么不公平，每天以泪洗面，头不梳，脸不洗。可眼泪当不了饭吃，生活所迫，我不能坐以待毙，只能走出去，进入市场经济的大海里创业。我开过小吃、送过盒饭，起五更爬半夜，顶严寒冒酷暑，不管多么辛苦，为了生活，我都坚持坚持再坚持。但老天爷就是不给我好脸，不管我怎么折腾，生活就是没有转机。一直到2002年，生活的拮据，创业的失败，精神的打击，让我不得已加入了上访的队伍。我和原单位的同事一道多次到市政府去上访，让政府解决破产职工的生活困难问题和基本养老保险问题。曾经被原来的一个市领导戏说我是"工人领袖"。问题虽然得到了解决，拿到了最低生活费，但日子依旧紧紧巴巴，始终生活在贫困线以下。

　　我又一次陷入苦闷彷徨。怎么办，是拿最低生活费浑浑噩噩混日子还是一切从零开始，再一次闯一闯，试一试？几经思考，我决定再拼一次。我总想，人来到这个世界上，不能轻易被困难吓倒，只要还有一口气，就要勇敢地拼下去，人生难得几回搏，不拼不搏，一生白活。我和姐姐商量，干别的我们没有本钱没有技术又不懂管理，不如找一个投入少，靠体力和信誉的事情做起。我们决定从干家政服务开始，给双职工家庭和空巢老人家做室内保洁。

　　那时的社会环境对家政并不认可，我们只有求亲属求朋友来找活干。头两个月一个月下来，只有50来块钱的收入，但我觉得很欣慰，天老爷饿不死瞎家雀，只要努力，总有回报。因为我们的真诚、勤劳、守信，感动了我们的雇主，一传十、十传百，找我们干家政的越来越多，每个月由起初的四五家增加到20来家，基本天天有活干，收入也多了。我们要跪下来给人家擦地，打扫卫生、登高擦玻璃等，每天累得回到家胳膊都抬不起来，话都不想多说一句，而第二天又要开始劳作，日复一日，可以说每天都是含着眼泪在做。每天早晨我都不想起来，想好好歇一歇，或者永远不再做，但看到自己的努力已经有了回报，希望就在眼前，我就暗下决心，一定要咬牙挺住，决不能半途而废，一定要把握住上天给予的眷顾。就这样，我慢慢熬下来。从一开始我们姐俩干家政到后来带领100多人干家政，在鸡西成了最大的家政队伍。

我想，苦难犹如刀剑，刺痛人的心灵，但苦难中蕴藏着巨大的人生财富，与其沉浸泪水不如坦然面对，勇敢超越。如果我没有下岗失业，没有经过困难的生活经历，就不会去创业，就不会有我现在的事业，我也不会坐在这里。天塌不下来，只要你够坚强，只要你去奋斗，上帝一定会为你打开一扇窗，让阳光照射进来。

我汇报的第二个题目是：用一颗感恩的心回报社会

我从小受父亲的熏陶，对传统工艺美术非常喜爱。2007年，我义务组建了全市首家"女红创意工作室"，免费为广大妇女教授编织技能。在组织培训的过程中，我真切地感受到，学得一技之长，还要学有所用。当看到参加培训的姐妹们经常为生计奔波，我萌生了带领大家一起创业的念头。经过人社部门的创业培训，在相关部门的大力帮助下，2009年11月我注册成立了兴凯湖旅游商品加工部。经营项目主要是手工编织、旅游商品和纪念品、工艺品的加工与销售。创业之初，没有足够的场地，只有一处30余平方米的平房，虽然冬季没有暖气，夏季漏雨潮热，但这是我们自己的事业，所以我们乐在其中。一路走来，我深深地了解到妇女求职创业工作的艰辛，因此，我特别愿意请一些家庭困难又愿意自强自立的妇女来做工，我手把手地教她们编织技术，鼓励她们参与到我们编织就业的队伍中。

残疾人程凤荣，通过就业指导热线电话向我求助，希望能学习到编织手艺，可她因高位截瘫已卧床15年。15年封闭的思维，成了她学习就业的最大阻碍。当我知道这件事时，没有丝毫犹豫，立刻来到程凤荣家，对程凤荣说：虽然我不能让你在经济上富足起来，但我可以让你很快在精神上快乐起来。从那以后，我不论多忙，每周都雷打不动，保证周一和周三必须去她家教授编织手艺，并给她讲各类奇闻逸事、时事新闻等，慢慢地打开了程凤荣关闭15年的心，我们成了无话不谈的好姐妹。现在她已经能独立编制17个品种的作品。高位截瘫的高淑华得知我在电厂社区免费培训手工编织技术后，通过社区主任找到我，于是高淑华也成了我的帮扶对象。高淑华逢人就说：徐老师不仅是我的老师，更是我的好姐姐、好朋友！很多不理解的人问我，你自己创业就行，还义务教学图个啥时，我说：如果用我的双手能让更多的人创业、就业，就是我人生最大的快乐！

加工编织从小的饰品到大的摆件，姐妹们从零基础到能够独立做成品，我们一点点琢磨工艺，一点点精进技术，终于我们的作品得到了认可，2011年6月代表黑龙江省妇联"巧手编织新生活"展示展销，获得了黑龙江省首届巧手制作大赛编织类一等奖，被选为哈洽会参赛作品，在参展现场的表演得到了众客商的交口称赞，现场制作的招财蛙系列作品现场签单订货，供不应求。

我想，事业并不是个人的事情，它关系着太多人的就业，承载着太多人的期望。我的一切来自社会，我必须做得更好，用一颗感恩的心来回报社会。几年来，我免费为2000多个姐妹进行培训，其中灵活就业的有1200余人。通过共同创业使许许多多个姐妹走出生活阴影，用微笑面对每一天。看到我的众多姐妹们树立起了自尊、自信、自立、自强的信念，看到她们能够不等不靠地自主创业，看到她们有了生计和笑脸，我感到无比骄傲和自豪。

我汇报的第三个题目是：把创业的大事业做大

几年来，我参加了深圳文博会、义乌小商品博览会、哈洽会等展会。借助这些高端平台，我抓住机会不断学习，不断提高，既开阔了视野，又学到了本事。研发的参展作品先后获得省级以上大奖20余个，同时也赢得了市场，建立了与韩国、日本等国际客商的业务往来，打响了鸡西旅游商品的品牌知名度。在外出参展的过程中，我的一方兴凯湖观赏石卖到5万多元，甚至更高的价位。为什么，因为我们的文化、我们的产品赋予了文化的内涵。我们的沙画，在创造良好的经济价值的同时，也使兴凯湖、珍宝岛被世界熟知。这些年，我们挖掘文化内涵，就地取材，自主研发了兴凯湖观赏石系列、草编系列、沙艺系列、肃慎文化系列等产品。我们的代表作品兴凯湖观赏石，开启了鸡西石文化的先河，光荣入选《中国工艺美术大集》。

2015年8月，我参加鸡西市创业典型巡回报告会。在滴道区的巡回宣讲后，我被滴道区的文化氛围和扶持创业的政策所吸引，成功入驻滴道区，并创建了鸡西龙尚文化发展有限公司。鸡西市滴道区委、区政府大手笔投入5000多万元创建了"创业一条街"，为创业者提供优良的创业平台，特别是对文化产业给予特殊的支持与帮助，无偿给我们龙尚公司提供600平方米的专业文化展厅。龙尚文化发展有限公司自2015年12月9日开业以来，积极反馈社会，已免费承办省龙广乡村台与市妇联联合举办的城乡姐妹巧手创业手工编织班、区总工会组织开展的城市下岗职工再就业手工编织培训班、以滴道区教师为主的版画培训班和布雕培训班。公司已经和布雕培训班的11名学员正式签订了劳动合同。目前，企业能够自主研发和生产包括羽毛画、布雕画、根雕、草编、沙画、瓜子皮画、铝泊画等近200种地方特色旅游商品，并注册了兴凯工艺商标，做到了人无我有、人有我精。如今，我们已被市人社局批准为鸡西市巧手职业培训学校，并被列为市级职业技能培训基地。2016年经区总工会推荐，我本人荣获黑龙江省职工创新创业标兵称号。

　　脚下是创业的热土,这片土地的山山水水赐予我们创业发展的无限生机。身边的莆草、玉米叶,兴凯湖的石头、沙子和布匹等都是我们创作的材料,延续7000年的肃慎文化、北大荒文化是我们创作的源泉,开发出我们本土的具有代表性的旅游商品,是我义不容辞的责任和义务。下一步,我要助推大学生自主创业和就业;吸引战略投资者进入公司,联合发展壮大;在资金允许的情况下新上一个包装车间,提高商品的档次,降低包装成本;力争公司营业额与社会效益同步增长,吸纳就业100~300人;办好鸡西的旅游商品展销会,组建鸡西龙尚旅游文化团队,做好旅游商品展示展销活动,力争展位达到百个,吸引更多省内外旅游商品经销商的目光。我们的目标是把公司建设成牡丹江以东最大的文化产品研发基地、文化人才培训基地、文化产品集散地、文化创作基地,通过"互联网+"培训出更多的文化顶尖人才,为更多的创业者提供更多更大的帮助。

　　朋友们,我始终信奉一句话,给我一点阳光,我就一定能绚丽绽放。我坚信,只要怀揣梦想,脚下便是舞台;只要心怀激情,就一定能成就未来!

服务新时代　展现新作为

——景泰县总工会 2017 年工作总结及 2018 年工作安排意见

甘肃省景泰县总工会

今年来，县总工会认真学习贯彻十九大会议精神及中央、省、市党的群团工作会议精神，充分发挥党和政府联系职工群众的桥梁纽带作用，积极引导广大职工群众围绕中心、服务大局、立足本职、建功立业，努力在促进转型升级中大显身手，在经济发展中实现价值，在构建和谐社会中贡献力量。

一、今年以来工作做法及成效

（一）围绕中心、助推发展，在开展学习教育中树立形象

今年来，县总工会精心组织，持续推进"两学一做"学习教育。一是注重突出常态教育。紧扣工会工作实际制订学习教育实施方案和个人学习计划，逐一明确学习教育的重点内容及时间安排，把学习党章党规与学习习近平总书记系列讲话、《习近平七年知青岁月》、十九大报告结合起来，把集中学习和个人自学相结合，认真做好学习笔记，撰写学习心得；举行"缅怀先烈、不忘初心、重温入党志愿"活动及"党员干部警示教育"活动，组织《忆党史、知党情、颂党恩、强党性 纪念中国共产党建党 96 周年》知识测试等活动，着力提升学习教育效果。二是注重突出以上带下。党员干部为普通党员做表率、做示范，带头抓好学习教育、解决自身问题，全年党员领导干部上党课 4 次，专题讨论 5 次，党员固定活动日 12 次，"两学一做"高起点展开、高标准推进、高质量落实。三是注重突出解决问题。坚持带着问题抓学习，带着问题找不足，带着问题促整改，着力解决个别党员干部在工作上、服务上"不愿为""不想为""不会为""不善为"等问题，不断增强组织意识、纪律意识和规矩意识。四是注重突出教育实效。将开展学习教育与落实好工会重点工作结合起来，对照省工会十二次代表大会及县总工会第八次代表大会提出的各项目标任务制定了各项重点工作及"十大行动"，推进工会工作和工运事业创新发展。将开展学习教育与创新党建、党风廉政建设工作结合起来，进一步建立健全党员教育管理制度，规范组织生活，认真落实"三会一课"制度，激发党建工作活力，以上率下，引导广大职工群众听党话、跟党走。

（二）突出主业、服务大局，在推动转型发展中贡献力量

县总工会围绕建功立业"十大行动"，努力掀起群众性劳动竞赛热潮，充分调动职工群众投身经济建设主战场的积极性。一是深化竞赛激发热情。广泛开展"中国梦·劳动美"以及"进企业、访职工、办实事、促发展"等主题活动。在全县20多家行业特点鲜明的企事业单位开展岗位比武、技术创新、机械维修、节能降耗等形式多样的活动。组织开展电焊工、消防两个工种比赛并组队参加市级职工技能大赛；安全生产月活动中，在全县25家企业开展"安康杯"安全生产竞赛；推荐上报职工技术创新成果5项。二是建立健全平等协商机制。根据企业发展和职工意愿协商解决职工工资增长、加班加点、欠缴职工社会保险等职工关心的热点难点问题，不断寻找企业、职工"双满意"最佳平衡点。今年以来以工资集体协商"春季要约行动"为载体组织签订3项合同95个，合同到期续签率达到100%。把专项集体合同作为重中之重，严格规范操作，认真履行协商程序，并全程监督履约兑现。9月份以景云石膏有限责任公司为示范点组织召开全县工资集体协商现场会，推荐景云石膏有限公司工会为全省工资集体协商示范点。三是搭建平台提升技能。研究制订《农民工培训计划》，将农民工纳入培训范围，引导农民工学技术、比技能、争一流、创业绩，联系白银市天腾职业培训学校对全县纳入困难职工档案的300名农民工和困难职工进行为期1个月中式烹调、家政服务、种植业培训，有力提升了职工和农民工技能水平和就业能力。举办"全县旅游业从业人员培训班"，对全县100名旅游从业人员进行培训，全面提高旅游从业人员的综合素质，推动全县旅游服务业又好又快发展。四是劳模精神激励勤奋劳动。根据省、市文件精神，推荐县人民医院护理部获"五一巾帼标兵岗"称号、卫生监督所卫生监督员获"五一巾帼标兵"荣誉称号；成立"苟三铭劳模创新工作室"。五是文体活动凝心聚力。举办庆"五一"、庆"元旦"全县职工文艺会演及系列宣传、系列体育比赛、劳模健康体检、劳模"四进"、职工健步走等形式多样的文体活动。"三八"期间组织开展"普及女性健康知识、维护女工合法权益"主题系列活动，引导广大女职工学法用法，维护自身合法权益，邀请妇科专家为女职工讲解女性健康知识，选送33幅妇女手工作品参加全市"巧手女工绘梦白银手工艺品展"，进一步增强了工会组织的凝聚力和向心力。

（三）强基固本、改革创新，在加强自身建设中提升效能

换届选举工作顺利完成。7月中旬，以《中华人民共和国工会法》《中国工会章程》为依据，召开景泰县工会第八次会员代表大会，选举了新一届县总工会领导班子，加强了县级工会组织建设，确保工会组织健全，使工会工作正常、有序、规范地进行。建家建会稳步开展。坚持党工共建，全力推进，认真开展基层工会建设"落实年"活动和农民工集中入会行动，推动建会工作实现新突破，组织体系更加健全，会员队伍不断壮大。截至目前，新建单独工会5家，发展会员1700人；目前全县有基层工会组织256个，会员28569人，其中机关事业单位工会98家、非公企业工会144家、企管事业单位工会4家、行业性工会

联合会6家、村级工会4家。农民工入会层层落实。动员全县11个乡镇建立领导分片包干制度，层层分解目标责任。同时采取双月通报制度和目标责任考核制度，推动农民工入会工作常态化，超额完成农民工入会任务。纵深推进模范乡镇工会及非公企业"星级"工会创建活动。通过与各乡镇主要领导、各非公企业一把手沟通协调，落实工会工作经费，加强指导服务，解决基层工会在开展工作中遇到的困难和问题等方式，使各乡镇总工会及非公企业工会分层次、有步骤地深入开展创建活动。今年确定创建红水镇、五佛乡、寺滩镇总工会3个乡镇总工会为市级"模范乡镇工会"，创建市级"五星级"企业工会组织3家，创建寺滩乡、西泉镇、中泉镇、上沙沃镇、红水镇5个乡镇总工会为"甘肃省规范化乡镇工会"，各项争创活动都在有序推进。继续深化"百千万"培训工作。为加强乡镇、村、企业工会"小三级"组织网络建设，配合搞好"模范乡镇工会"争创工作，县总工会努力提高基层工会干部队伍素质。今年累计举办"基层工会主席暨女工主任培训班""互助保障培训班""全县工资集体协商业务培训班""星级非公有制企业培训班""农民工培训班""十九大精神宣讲进企业""全县工会干部业务培训班"等各类培训7期。全县各行政、事业单位分管负责人，各乡镇工会及企业工会主席、女工主任、经审主任、会员代表、职工代表农民工共560余人参训。"四送活动"常抓常新。2017年为全县环卫工发放棉鞋、棉帽、手套共180套，价值4.36万元；"冬送温暖"向355名困难职工发放大病救助、生活困难补助金46.7万元；为28名患病职工送去3.3万元的医疗救助金，为112名困难职工送去价值4万元的大米和清油，为6名重病职工及其家属送去两节慰问资金1.2万元。深入全县7名省级劳模、11名市级劳模家中进行慰问，发放特殊困难及生活补助金13.024万元，上报生活困难及特殊困难劳模2人，发放困难劳模补助金1万元；"七一"慰问困难党员5人，为他们送去了大米、清油等生活物资；"金秋助学"活动摸底阶段严格按照困难帮扶救助条件审核建立困难职工子女教育档案120份，共给105名困难职工子女发放困难救助金20.2万元，给28名往届生发放助学金2.5万元；8月在甘肃寿鹿山水泥有限责任公司等9家企业1440名一线职工中开展"夏送清凉"活动，发放茶叶、冰糖、毛巾等防暑物资共计9.91万元。精准识别认真开展。按照"依档帮扶、因困施助、实名制"救助原则，精准识别、建档立卡。健全困难职工档案"动态管理"机制，组织相关人员进单位、走企业、转车间，全面、真实、准确掌握困难职工的生产生活状况和贫困情况，对已脱困的职工档案进行清理，对真正困难的职工档案进行分门别类补充信息，完善个人资料，制订解困脱困计划，对新出现的困难职工进行补充建档立卡，列入帮扶范畴。规范困难职工帮扶审批程序，落实金秋助学、年底生活救助和医疗救助资金银行卡直接发放方式，确保全县困难职工帮扶资金管理使用规范有序。截至目前，库内共有精准识别户383户，实现了精准建档、精准帮扶、精准管理目标。精准扶贫落实落细。按照县委办、政府办的相关文件要求，组织工会全体工作人员，先后多次深入联扶的上沙沃镇3个山村，对11户贫困家庭进行调查摸底，剖析致贫原因，重点对帮扶的 6 户进行精准调查，制至了脱贫规划，明确了帮扶计划、帮扶目标和方法步骤。11 月中旬，县总工会和团县委联合新石新型建材有限公司在上沙沃镇 3 个山村小学联合举办了"温暖童心 关爱留守儿童"捐助活动，为全校 35 名学生捐助了价值 20000 余元的书包、文具、跳绳、球类及乒乓球案等学习用品和活动器材。12 月，县总工会给联系户中的五保户送去了煤炭帮助顺利越冬。

二、存在的问题

今年来，县总工会工作虽然取得了一定的成效，但是也存在一些问题和不足。基层工会特别是中小非公企业工会力量较为薄弱，基础建设有待进一步巩固；非公企业生产经营季节性强，会员流动性大，企业和人员都具有不稳定性，给会员管理、帮扶救助、规范化建设等工作带来了新困难；工会干部队伍的学习能力、服务职工能力、法治思维等还不能很好地适应时代发展变化的要求，对此，我们要不断适应新形势，研究新情况，解决新课题，努力使我县工会工作再上新台阶。

三、2018 年工作打算

（一）推动基层组织建设实现新突破

深化基层工会组建，确保新注册正常生产非公企业组建工会率达到 90%，企业职工全部纳为工会会员。加强会员管理，会员登记与会员证发放达到 100%；非公企业会员数据库管理软件及时更新，同时充分发挥工会组织大学校作用，以规范机关事业单位工会运行为抓手深入开展基层工会规范化建设活动，实现县级工会工作有创新，基层工会工作有亮点。

（二）扎实开展基层工会规范化建设活动

继续以"乡镇工会规范化建设"活动为抓手，以打造"模范乡镇工会""非公企业星级工会"全覆盖为总目标，围绕县委、县政府中心工作，整合资源，加强协作，全力推动工会工作上台阶。指导基层工会开展会员评议"职工之家"活动，增强基层工会组织服务科学发展观、服务职工群众的能力。

（三）重视工会女职工组织建设

坚持"哪里有女职工，哪里就要建立女工组织"的原则，各级工会建立健全女工委组织和相关制度，规范运作，引导广大女职工积极参与企事业民主管理，开展形式多样的"巾帼建功"竞赛活动，激励广大女职工为景泰经济发展贡献聪明才智。

（四）深化工资集体协商，切实维护职工合法权益

以"巩固建制、提高质量"为目标，探索不同规模、不同经营状况的企业开展工资集体协商的方式方法。坚持协商共谋、机制共建、效益共创、利益共享的原则，调动企业和职工两个协商主题的积极性，不断扩大覆盖面。着力培养示范单位，充分发挥工资协商指

导员作用，帮助和指导基层工会开展协商工作。规范工资协商谈判与签订合同的程序，内容须经职代会通过，合同的履兑情况须向职代会报告。全年四项合同的签订率达到90%以上，提升合同履约率。完善工会参与企业劳动保护安全生产制度，开展"安康杯"劳动安全竞赛活动，探索不同行业非公企业创建工作新途径，完善和谐企业评估工作机制，深入企业进行职工工资收入分配状况调研，完善收入分配增长机制，健全劳动争议矛盾调处机制，加强工会信息信访工作，畅通维权热线，努力把劳动关系矛盾化解在基层，促进社会和谐稳定。

（五）帮扶工作进一步完善

困难职工帮扶中心以信访接待、生活救助、医疗救助、助学救助、就业救助、临时救助六项主要职能为抓手，创建直面对接、快捷帮扶的一站式服务，实现帮扶工作由节日慰问帮扶向长效机制性的转变，由典型帮扶向结构帮扶转变，由单纯办事向保障和监督转变。将困难职工帮扶领域不断扩大，帮扶功能不断完善，使困难职工得到的实惠越来越多。

（六）精准扶贫工作狠抓落实

继续强化技能培训，积极争取市总专项培训资金，聘请资深专家利用农民工冬季农闲和农民工返乡的黄金季节，对农村富余劳动力进行农业科技知识和劳动技能的培训，让更多的农民增加知识，提高种植和养殖水平，促进农民增收；指导帮助农民积极培育特色产业，不断拓宽农民增收渠道；做好村级互助资金协会的建设，更好地服务于全村精准扶贫工作；做好困难农民群众的帮扶救助，对因患重大疾病、意外灾害、伤残和子女上学等因素造成家庭生活困难的农民家庭，实施帮扶救助，解决好农民生产生活难题。

（七）继续狠抓落实，推进工会各项工作全面发展

以"十大行动"、模范职工之家建设、厂务公开民主管理等工作为重点，深入开展"劳动关系和谐企业"和"工人先锋号""劳模创新工作室"创建活动，积极组织广大职工群众开展好技术培训、技能竞赛等活动，努力开创具有自身特色的工会工作新局面。

发挥优势履职担当　助推打好六大攻坚战

江西省大余县人大副主任、县总工会主席　刘晓明

打好"六大攻坚战"是赣州围绕"十三五"时期推进苏区振兴发展的重中之重，是全面建成小康社会的关键环节。工会作为党联系职工群众的桥梁纽带，主动服从服务于党和政府工作大局，必须以更宽的视野把握发展趋势，以更大的智慧谋划发展格局，团结和带领广大职工群众，在助推"打好六大攻坚战"的宏伟实践中发挥出工会组织独特优势和重要作用。

一、充分发挥"引路人"作用，为打好"六大攻坚战"聚优提速

党的十九大召开后，按照赣州市委四届七次全会对"十三五"发展做出的全面部署，工会应立足实践实情、着眼基础长远，汇聚打好"六大攻坚战"的强大合力，把"六大攻坚战"同塑造劳模品牌、投身大众创业万众创新洪流结合起来，同构建和谐的劳动关系、加强基层组织建设、深化职工素质工程结合起来，同工会帮扶工作融入国家精准扶贫脱贫攻坚大局结合起来。加强与国家扶贫政策和社会救助体系政策衔接，在做实节日送温暖、金秋助学、炎夏送清凉、春风行动等工会品牌的基础上，实施精准服务、精准脱贫，帮助他们从根本上解困脱困，为"打好攻坚战，同步奔小康"搭建干事创业平台和提供有力支撑。

二、充分发挥"主力军"作用，为打好"六大攻坚战"建功立业

助推打好"六大攻坚战"，工人阶级是依靠力量，是不可取代的主力军。要发挥工人阶级主力军作用，焕发他们的历史主动精神，引导广大职工在各自岗位上"乐其业、负其责、精其术、竭其力"，把广大职工的智慧和力量凝聚到打好"六大攻坚战"战略上来。

一要在提能增效上显活力。在科技创新已成为生产力快速发展主导的今天，保持经济可持续发展必须加快转变发展方式，推动经济转型升级，把增强企业科技开发能力、市场竞争能力、抗御风险能力作为主攻方向，把解决影响企业发展和实现企业扭亏增盈问题作为重点，大力开展创新创效活动，使职工的创新活力和内在动力竞相迸发。

二要在攻克难点上有突破、有知识、有技能，工人阶级才更有力量。要善于把握时代脉搏，按照"创新驱动、转型发展"的要求，围绕企业产品升级换代、提高产品科技含量和新技

术的开发、推广等方面技术难点，广泛开展劳动竞赛、技术革新、技术协作、"安康杯"竞赛等活动，发动职工献计献策，提出合理化建议，促进企业科学发展。

三要在创新劳动上展作为。创新，是撬动梦想的杠杆。推动实施创新驱动发展战略，必须紧紧抓住弘扬科学精神、普及科技知识、推动科技创新这条主线，通过创新发明、创新创造提升劳动价值，使创新劳动体现出更大的经济价值和社会效益，推动"中国制造"向"中国创造"转型。

三、充分发挥"领跑人"作用，为打好"六大攻坚战"凝心聚力

在经济增长换挡调速的新常态下，助推打好"六大攻坚战"，工会要大力弘扬劳模精神、工匠精神，唱响劳动光荣时代强音，用劳模的艰辛创业历程和带头致富的生动实践，谱写促进振兴发展新篇章。

一是在弘扬劳模精神上着力。伟大的事业需要伟大的精神。在做强经济实力、促进振兴发展的征途中，劳动模范发挥着"火车头"的作用，要让劳模精神薪火相传，激励他们把自身先进理念、先进技术传授给广大职工，使劳模精神成为核心动力和时代新风。

二是在践行劳模品格上促进。站在新的历史起点上，要充分发挥劳模精神的激励影响和示范引领作用，把劳模精神贯穿于经济社会的各个方面、体现到改革建设的每个岗位，用工人阶级伟大品格和劳模精神感召、启迪、鼓舞职工，筑牢打好"六大攻坚战"根基。

三是在引领劳模风尚上推动。劳动模范是工人阶级中的闪光群体，是各项事业的"排头兵"，要积极开展"学、做、创、争"活动，使"尊重劳模、爱护劳模、学习劳模、争当劳模"蔚然成风，用他们勤劳的双手、踏实的脚步，当好时代先锋和行动楷模，汇聚起广大职工实干兴邦的正能量。

四、充分发挥"娘家人"作用，为打好"六大攻坚战"保驾护航

针对供给侧结构性改革中职工生产生活面临的新情况新问题，工会服务打好"六大攻坚战"，要更多地关心劳动者、造福劳动者，推进各项制度平稳落地，使劳动者在财富的创造和分享中得到全面发展，使人人参与发展过程、人人享受发展成果的良性循环得以实现。

一要帮助职工实现体面劳动。"打好攻坚战，同步奔小康"必须营造公平正义的社会环境，努力让劳动者实现体面劳动、全面发展。工会组织要做体面劳动的推动者和践行者，在全社会大力倡导尊重劳动、尊重知识、尊重人才、尊重创造，让劳动价值得到应有认可，让他们分享更多的发展成果和改革红利，过上更加幸福美好的生活。

二要引导职工配合工会维权。各级工会要始终做职工合法权益的代表者和维护者，更加有效地维护职工群众的劳动就业、技能培训、收入分配、社会保障、安全卫生等权益，加大工资集体协商推进力度，推动形成更加合理有序的收入分配格局，不断提高职工工资

收入，以职工队伍稳定促进社会和谐稳定。

三要保障职工共享发展成果。打好"六大攻坚战"、当好"娘家人"，工会要把促进教育公开、扩大就业、人人享有基本医疗卫生服务、增加城乡居民收入和加强普惠性、基础性、兜底性民生建设项目谋划作为建设的着重点，推进精准扶贫，完善扶贫帮困送温暖长效机制，不断实现广大职工群众对美好生活的向往，使发展成果更多更公平地惠及全体人民，全面提升职工群众的获得感和幸福指数。

关于新形势下加强和创新县级工会工作的思考

河南省镇平县总工会　岳有林　张凤锦

一、县级工会的地位与作用

县级工会在我国工会组织系统中处于承上启下的特殊重要地位，它贴近基层、贴近实际、贴近职工，直接指导县域国有（集体）企业、外商企业、私营企业以及乡镇、村（社区）等工会组织建设和工作的开展，工作涉及面广，点多、线长、分散，直接参与难度较大，是人员少、任务重、经费紧、困难多的一级地方工会领导机关。县级工会工作水平的高低，履职能力的强弱，作用发挥的好坏，不仅直接关系着职工群众的利益，关乎着工运事业的发展，更关乎着我们党的执政阶级基础和国家的长治久安。因此，加强和创新县级工会工作显得尤为重要，是我们必须长期探索的一个重要课题。

二、新形势下县级工会建设存在的主要问题

党的十八大以来，县级工会坚持解放思想，实事求是，与时俱进，坚持走中国特色社会主义工会发展道路，在团结动员全县广大干部职工贯彻党的基本路线、完成党的中心任务方面做了大量扎实有效的工作。特别是近两年来，镇平县总工会始终围绕县域经济社会发展这一中心，找准定位，服务大局，履职尽责，强力打造的"六化"互动（政治学习经常化、宣传教育制度化、组织建设规范化、权益维护法制化、帮扶工作实效化、服务范围社会化）和"五送"工作机制（春送岗位、夏送清凉、秋送助学、冬送温暖、闲送技术），彰显了作为，展示了形象，为建设"如花似玉大美镇平"做出了积极贡献。但不容忽视的是，在当下社会经济转型升级的关键期，新型企业、新经济组织不断涌现，社会群体多元分化现象明显，群体性、突发性事件增多，侵犯职工合法权益行为屡有发生。面对这些，县级工会的工作情况与广大职工群众的期望和要求还有较大差距，归纳起来有以下几个方面。

（一）县级工会承担的职责任务与现有地位不相适应

当前社会正处在一个深刻变革、创新发展的时代，随着经济建设、政治建设、文化建设、社会建设和生态文明建设的全面推进，社会结构发生着深刻变化，经济关系、劳动关系更加复杂；随着职工队伍的不断壮大，其内部结构、思想观念、就业方式、利益诉求不断出现新的变化，广大职工日益增长的美好生活需要与不平衡不充分发展的矛盾还相当突出。县级工会主动转变发展观念和工作方式，提高职工素质，协调劳动关系，维护职工权益，稳定职工队伍，促进社会和谐，参与振兴县域经济的任务日趋繁重。但是，有些地方党政领导却在自觉不自觉中把工会工作边缘化；更有不少干部一旦被安排到工会，即认为是"贬职"，对工作失去热情和激情。从理论上讲，县级工会"有为才有位"，但实际工作中往往是"有位才有为"。

（二）县级工会的工作效果与职工群众的呼声要求不相适应

近年来，县级工会不断加快建设步伐，加大工作力度，自觉围绕全面建成小康社会、实现中华民族伟大复兴这一奋斗目标，广泛开展了一些有影响、有特色的活动，在提高职工整体素质，组织动员职工建功立业，为职工排忧解难、办实事、办好事等方面取得了显著成绩，但与职工群众的期盼还有一定差距。对县级工会而言，在县属企业尤其是新经济组织、新型企业中，职工反映强烈的诸多问题依然存在，有的还比较严重。如企业拖欠工资、随意加班、劳保安全设施不配套、社会保险落实不到位等问题，县级工会参与协调和维权等任务相当艰巨。虽然建立了行政联席会议制度、三方协调机制等，但仍感到"心有余而力不足"，对通过集体协商、对话协商等方式协调各方利益，通过信访代理推动利益诉讼，依法参与调解仲裁等为职工群众提供帮助感到棘手，与广大职工群众愿望差距比较大。

（三）县级工会干部队伍现状与其所需承担的工作量不相适应

虽然近年来县级工会干部队伍素质有了较大提高，但是仍存在着许多问题。一是编制少。县级工会一般只有四五个编制，与县级工会工作点多、线长、面广、任务重极不相称，市级工会中的办公室、组织部、宣教部、女工部、民主管理部、权益保障部、财务部、经审办公室、劳动和经济工作部等近十个部室的工作，到了县级工会仅靠办公室两三名同志承担，真可谓是"上面千条线，下面一根针"。二是人员结构不尽理想。县级工会（包括二级单位）中优秀的、年富力强的干部偏少，专业人员缺乏，多数工作人员文化程度低、知识面窄，缺乏法律、经济、劳资、财会、谈判等方面的专业人才，不能对基层的具体工作提供有针对性、实效性的指导。

（四）县级工会的经济实力与为职工办实事、做好事、解难事的愿望不相适应

尽管各级党委、政府对工会工作是重视和支持的，上级工会对政策和业务的指导力度也在不断加大，但多数县级工会在依法收缴工会经费方面仍然存在较大困难：财政拨款的行政机关、事业单位工会经费难以足额列入县级财政预算并直接划拨到县级总工会，大部分是"一口价"；企业方面虽然实行了税务代征制度，但由于县级税务部门承担着太多的代收任务，加上多数县属企业效益不佳，职工工资尚且不能按时发放，工会经费收缴更难到位；部分非公有制企业经营者怕增加负担，不愿组建工会，更不愿拨缴工会经费。县级工会大多还有文化宫、俱乐部、职工学校等这些被列为自收自支的事业单位，它们没有创收途径，很大程度上依赖县总一级进行补贴，致使有的县级工会仅能保证人员工资正常发放、工作正常运转，为基层、为职工办实事、做好事、解难事和开展活动的经费难以为继。

三、加强和创新县级工会建设的几点思考

当前，面对经济进入新常态，各种矛盾和问题相互交织的现实，工会要利用组织职工的独特优势，教育引导广大职工认识新常态、理解新常态、支持新常态，为改革发展贡献智慧和力量。广大工会干部要根据工会工作历史方位的变化，科学认识新常态，积极融入新常态，主动服务新常态，积极体现新作为，不断促进工作取得新发展。

（一）抓根本，保持政治定力，自觉接受和加强党的领导，不断推动工会工作创新发展

工会是党联系职工群众的桥梁和纽带，工会工作是党的群团工作、群众工作的重要组成部分，坚持党的领导是建设中国特色社会主义工会的根本原则和政治保证，也是区别于西方工会的显著标志。这一原则要求我们必须坚持用党的理论创新成果指导工作，切实增强政治敏锐性和政治鉴别力，在思想上政治上行动上始终与党中央保持高度一致，牢牢把握工会工作的正确政治方向。具体到县级工会，就是要做到：一是严守政治纪律和政治规矩。健全完善向同级党委请示汇报制度，重大问题、重要工作及时向党委请示报告，切实做到：党委有号召，工会就积极行动；党委有要求，工会就认真落实；党委明令禁止的，工会就坚决杜绝。二是服从服务党政工作大局。着眼完成党的中心任务，明确工作思路、制定工作目标、谋划开展工作，切实做到围绕中心、服务大局，把党的方针政策、决策部署变为职工群众的自觉行动，组织动员广大职工群众在改革发展稳定一线建功立业。

（二）抓关键，多管齐下，提升工会干部的综合素质和履职能力，打造一支本领过硬的工会干部队伍

做好县级工会工作，关键是加强工会干部队伍建设。一是多方位选拔。加强工会干部的源头建设，即通过合理设定应聘条件，以"选、派、招、考"等多种方式为工会干部队伍选拔储备一批后备力量，充实和加强工会干部队伍，解决资历、学历、能力的辩证统一问题。二是多角度培训。对于工会干部尤其是新入职的同志，要形成定期培训制度，通过思想政治理论方面的教育，使其树立正确的价值观和职业道德观；通过工会法律法规和业务知识培训，使其能够胜任本职工作；通过外派参加省、市一级的学习参观，让其多层次、多领域地丰富和更新工会工作知识结构。三是多场景实训。工会工作具有实务性、操作性较强的特点。在调查中，中层管理干部和基层一线工会干部均认为，工会干部较为缺乏处理突发事件的能力。因此，要强化多场景实训，使工会干部能在上阵之前有机会历练，从而游刃有余地处理好工作中遇到的具体问题。四是多岗位锻炼。一方面在本单位不同岗位进行历练。工会工作内容丰富，应有计划地为干部提供更多机会，使其在不同岗位之间进行轮岗锻炼，提高综合素质。另一方面探索系统内工会干部交流使用办法，通过学习不同单位间的先进理念、先进工作方法，在促进干部全面发展的同时，推动工会工作向前发展。

（三）抓引领，强化责任担当，引导职工群众坚定不移听党话、跟党走

工人阶级是党执政的阶级基础、群众基础，能否把职工群众最广泛最紧密地团结在党的周围，这是衡量工会工作做得好不好的政治标准。县级工会要着力提升工会组织的引领力，最大限度地把广大职工群众团结凝聚在党的旗帜下。一是抓好职工思想引领。深化"中国梦·劳动美"主题教育，加强中国特色社会主义理论体系的宣传教育，引导广大职工积极培育和践行社会主义核心价值观。认真研究新兴媒体发展规律，提高工会系统网络建设水平，综合运用微信、微博等形式，积极打造网上网下相结合的工会工作新格局。二是抓好职工服务引领。把竭诚为职工群众服务作为一切工作的出发点和落脚点，进一步加强会员服务阵地建设，不断优化工会会员卡普惠制服务，让职工群众真正感受到工会是"职工之家"。三是抓好职工组织引领。健全完善党工共建机制，不断深化"党建带动工建、工建服务党建"的工作格局，依法推动企业普遍建立工会组织，重点加强非公经济组织、社会组织、建筑项目、物流（快递）业、家政服务业、餐饮住宿等行业工会组建，最广泛地把各类基层工会建立起来，把各类职工吸纳到工会组织中来。

（四）抓维权，健全维护机制，切实维护职工的合法权益

一是把推动构建和谐劳动关系作为工作主线。依法推动企业普遍开展集体协商、签订集体合同，推进职代会规范化建设，推动公司制企业和有职工持股的混合所有制企业建立职工董事、监事制度。健全完善劳动关系矛盾调处、劳动争议预警和职工群体性事件应急处置机制，建立健全企业和区域性、行业性劳动争议调解组织，教育引导广大职工通过合法渠道表达合理诉求，有效预防化解劳动关系矛盾。深入开展和谐劳动关系创建活动，推动构建规范有序、公正合理、互利共赢、和谐稳定的劳动关系。二是把维护职工合法权益作为工会的基本职责。加强源头维护，积极参与党委、人大、政府涉及职工群众利益的政策法规的制定和修改，提出工会的主张和建议。突出维权重点，更多关注一线职工和困难职工、农民工等群体，着力维护职工的劳动报酬、休息休假等基本权益，保障职工共享改革发展成果。创新维权方式，建立健全职工法律服务体系，普遍建立工会法律顾问制度，深入实施工会劳动法律监督，善于运用法治思维和法治方式开展维权工作，维护职工合法权益。

（五）抓征收，破解经费难题，夯实县级工会物质保障

工会经费是工会开展各项工作的物质保障，经费不足是制约县级工会工作开展的瓶颈，因此，县级工作要结合实际情况，创新思路，广开渠道，切实解决经费问题。县级工会要主动配合税务和财政部门，提高委托税务代收工会经费收缴水平，争取财政部门将财政拨款行政事业单位工会经费足额纳入年度预算，为工会经费收缴工作创造良好条件。一是要进一步加大对《工会法》的宣传力度，让行政负责人和企业老板充分认识到拨缴工会经费是应尽的法律义务。工会组织要敢于维权，也要善于维权，对于无正当理由拒不拨缴工会

经费的，要拿起法律的武器维护工会权益。二是要加强对经费收缴情况的检查。对工会经费拨缴好的单位，上级工会在评先评优上要给予倾斜，对拖欠工会经费的企业（单位），要采取多种措施催缴，充分发挥工会经审会和税务稽查部门的职能。三是要加强部门协作，形成工作合力。县级工会和税务部门之间要密切配合，工会要主动履行收缴主体职责，全面掌握企事业单位的职工人数、工资总额及组织情况，摸清底数，加大审计力度；税务部门要加大对工会经费代征工作的目标考核，工会和税务要定期进行交流沟通，实现信息资源共享，特别是对经费存在少缴、漏缴情况的企事业单位，以及如何补缴经费等问题要达成有效共识，堵住经费收缴的漏洞。此外，在条件许可的县区，要兴办经济实体，增加创收渠道，要加强工会资产管理，确保工会资产的保值增值。

加快推进工会工作法治化

四川省广元市总工会　何开金　谭一江

近年来，广元市各级工会坚定以习近平新时代中国特色社会主义思想为指引，紧紧围绕全面推进依法治国总体部署要求，主动融入依法治省、法治广元建设，坚持依法建会、依法管会、依法履职、依法维权，不断加快工会工作法治化建设进程。

广元市委、市政府高度重视工会工作，大力推动构建党政主导下的工会维权机制。2016年12月，广元市工会第七次代表大会成功召开，会议将推进"法治化"进程作为五大基本定位之一，对未来五年法治工会建设做出全面部署。全市各级工会始终坚持党的领导毫不动摇，始终做到绝对忠诚党的事业、竭诚服务职工群众，在参与社会治理中勇于创新，大胆探索工会法治化建设的方法路径，推动解决职工群众最关心最直接最现实的利益问题。提请市编委增设法律工作部，配备了3名专职工作人员，逐年增长法律工作经费预算，确保有人干事、有钱办事。大力推进"互联网＋法治宣传"行动，将职工普法宣传教育纳入考核评价体系，加强工会普法骨干、职工律师团培训，主动做好网络平台建设、网上服务群众、网络舆情、信访维稳等工作，充分运用法治思维和法治方式，有效维护了职工合法权益，促进了社会和谐。去年，广元市总工会荣获全省法律工作创新、工会律师团和法律顾问委派制度等4个一等次，法律援助微博等3个二等次，2件维权案例被评为全省"工会维权典型案例"，被该市矛盾纠纷多元化解工作领导小组评为先进集体。

"调裁审"联动创新化解劳动争议机制

广元市各级工会深入贯彻实施《工会法》《劳动法》《劳动争议调解仲裁法》《中共中央国务院关于构建和谐劳动关系的意见》等法律法规，致力于维护广大职工群众合法权益，努力推动构建和谐劳动关系，在建设矛盾纠纷多元化解体系、促进社会和谐稳定中展现了工会组织积极作为。

劳动争议"调裁审"联动机制是苍溪县总工会在长期工作实践中创新探索的结果。随着劳动纠纷呈现多样化、复杂化趋势，2014年，苍溪县总工会主动与县劳动仲裁院、县人民法院建立了劳动争议"调裁审"协调联动机制，通过劳动争议调解、仲裁、诉讼有效联动，坚持调解优先的原则，有效处理和化解劳动争议矛盾纠纷，最大限度为劳动者争取合法权

益。通过坚持不懈的努力，取得了"三提一少"的显著成效，即提升了劳动争议调处效能、提升了调解公信力、提升了工会维权品牌，减少了劳动者诉累。"调裁审"联动机制建设先后被省总工会、省委政法委表扬为全省劳动争议调处创新一等奖、省级矛盾纠纷多元化解创新项目。"调裁审"联动机制主要包括八项制度、四项工作衔接和"四个一"工作方法。即劳动人事争议"调裁审"相互参与协调、联席会议、重点案件会商、响应处置、委托调解、巡回审判庭、业务培训、案件补贴八项制度，工作平台互通、人力资源共享、联动机制共建、劳动争议联调四项工作衔接，每年兑现一次调解员办案补助、每年联合举办一次业务培训、每季度召开一次联席会议、每月开展一次疑难典型案例会商"四个一"工作方法。

　　"调裁审"机制建立以来，该县劳动争议案件仲裁调解成功率由前几年的50%提升至73%，法院调解成功率由25%提升至42%，全县超过90%维权案件以调解方式结案，帮助劳动者争取赔偿超千万元，实现了劳动关系双方共赢，同时也使劳动争议调解的公信力得到了大幅提升。

　　2016年4月，省总党组书记、副主席胥纯参与调研苍溪县劳动争议"调裁审"联动机制，撰文《提升调处效能 降低维权成本》，全总《工会信息》《工人日报》相继报道，在工会系统引起较大反响。省总将总结推广苍溪县"调裁审"联动机制写入2017年工作要点。当年12月，广元市总工会专门在苍溪县召开劳动争议调处工作会，总结"调裁审"联动机制建设经验。去年10月24日，市总工会会同市矛盾纠纷多元化解办、市人社局、市法院在苍溪县召开学习推广苍溪县"调裁审"联动机制推进会议，印发了《劳动人事争议"调裁审"联动机制工作制度》，对全市学习推广"调裁审"联动机制进行了安排。随后，利州、昭化、朝天和广元经开区等分别召开协调会、现场会或推进会，纷纷建立健全"调裁审"联动机制，使得这一做法逐步在全市推广。

　　广元市总党组书记、常务副主席何开金表示，推行劳动争议"调裁审"联动机制，重在建立完善基层调解组织，各级工会坚持调解优先，绝大多数劳动争议最终以调解方式化解，减少了劳动争议调处成本，维护了劳动者合法权益。把调解贯穿劳动争议案件办理的全过程，通过案件办理体现工会组织联系服务职工的责任担当，也有利于工会干部法治思维和法治方式的提升。

"百场法治宣讲到基层"成为闪亮名片

　　广元市总工会创新工会法律服务手段，采取购买专业服务的方式，在各县区、广元经开区和部分市属企事业单位、帮扶村组织开展了"百场法治宣讲到基层"服务活动。自2015年以来，组织开展"百场法治宣讲到基层"服务活动已成惯例，通过深入基层开展法治宣传教育，提高了职工群众依法理性维权意识，赢得了社会各界和职工群众的一致好评，荣获省总工会法律工作创新一等奖，成为广元工会工作一张闪亮的名片。

　　近年来，在每年举行的广元市总工会法律工作会上，作为其重要内容的"百场法治宣讲到基层活动"启动仪式格外引人注目，其突出特点是规格高、影响大、内容丰富。首次法治宣讲一般在规模较大的企业或社区进行，参加法律工作会的全体人员现场观摩，出席会议的市委常委、宣传部部长、市总工会主席周键宣布法治宣讲活动正式启动。这样的启动仪式后各类新闻媒体纷纷报道，营造了良好的法治宣传社会氛围。同时，在会上安排布置年度普法宣传教育工作，总结过去一年法治宣讲的好经验，表扬奖励先进单位和先进个人，并在大会上做交流发言。广元市总工会把法治宣传作为做靓工会法律工作品牌的重要内容，将百场法治宣讲向乡镇（街道）、社区和开发区（产业园区）企业及帮扶村拓展延伸。

　　广元市总工会积极做好"结合"文章，将"百场法治宣讲到基层活动"与"尊法守法·携手筑梦"服务农民工公益法律服务行动、"广元市文化科技卫生法律下乡集中示范活动"、"工资集体协商集中要约行动"等有机结合。今年年初，市总工会配套专项经费23万元，精心设计制作宣传台历、手提袋及法律法规宣传资料4000套。落实20名律师参与服务行动，抽调市县工会30名干部职工，组成10支服务小分队，分赴基层一线、贴近职工群众，宣讲《劳动法》《劳动合同法》《婚姻法》等法律法规，通过法律咨询、法治专题讲座、调解劳动争议、发放维权手册等方式，开展40余场公益法律服务活动。同时，以"贯彻十九大、建功新时代""不忘初心跟党走、牢记使命建新功"为主题，举办了5场送文化送法律慰问演出活动，共惠及6000余名职工群众，深受职工群众和社区居民好评。

　　广元市总工会大力开展"互联网＋法治宣传"，充分利用新媒体新技术的强大功能，积极创新建设和完善微博、微信等新媒体普法平台，利用"广元工会法律援助"新浪、腾讯微博和微信公众订阅号、微信交流群，及时回复职工关心、关注的热门话题。仅今年"尊法守法·携手筑梦"服务农民工公益法律服务行动期间，广元市总工会就发送宣传报道、法律维权知识微信10余条，发布微博40余条，单条最高阅读量达1万余人次。广元市总工会官方门户网站开辟了普法宣传专栏，发布了有针对性、实用性、新颖性的劳动法律法规信息，及时传播广元法治建设新进展新成效，增强与网民的互动。市县（区）总工会还以返乡创业、维权服务为题材摄制微电影《牵手》《老秦遇真情》，分获全省职工微电影大赛银奖和优秀奖。

"联动维权"彰显辐射威力

　　我们从一起经典维权案件说起。

　　2016年8月17日，广元市委副书记、市长邹自景在张朝坤女儿张芳的求助信上批示，要求由广元市总工会牵头，协调人社、司法、交通、民政等部门，尽最大努力为工伤农民工张朝坤维护权益。广元市总党组书记、常务副主席何开金立刻安排分管法律工作的副主席谭一江牵头办理。广元市总工会当即启动联动维权机制，指派职工维权律师团何国泉承办该案，同时，协调相关部门支持配合，并去函汉中市及勉县总工会，请求给予工作支持。

张朝坤系广元利州区村民，2016 年 5 月 4 日在陕西省汉中市国道 108 勉县段一级公路改扩建工程施工时，不慎从桥墩坠落地面受伤，导致重型颅脑损伤、肾挫伤等重症，并有多发肋骨骨折、胸腰椎及附件多发骨折伴截瘫。

在维权过程中，广元市总工会一边沟通有关部门给予张朝坤困难帮扶，一边联系广元市中心医院垫付费用予以积极治疗。何国泉律师先后 7 次赴勉县调查取证，广元市总工会充分发挥协调功能，尽最大努力与企业方进行调解，以提高维权时效、降低诉讼成本。2017 年 1 月 21 日，终于促成双方达成一次性赔偿协议，张朝坤家属获得赔偿金 110 万元。

从这起维权案例中，我们可以解读出这样的信息：首先，工会法治化建设在广元市已经形成浓郁的社会氛围，市委市政府对群众来信维权求助反应迅速、处置果断，主要领导做出批示，而群众张朝坤女儿张芳也选择了维权求助的正确路径，职工群众的法律意识与长期依法治市、工会法治化的积淀得到了体现。其次，市委市政府将职工维权诉求交由广元市总工会牵头办理，其他相关部门协同作战，充分说明广元市总工会深得党政信任，是一支维权经验丰富、靠得住的重要支撑力量，而各方协同正是工会法治化建设长期坚持的重要举措，体现了广元市总工会探索建立的上下联动、部门联动、城际间联动维权机制的强大优势。广元市县工会在北京、上海、新疆等外出务工集聚地设立维权工作站，快速处理广元籍农民工异地维权诉求，延伸了工会维权手臂。再次，广元市总工会职工维权律师团第一时间介入案件办理，在整个案件的处理过程中，包括多次实地调查取证、签订赔偿协议、现场支付赔偿金等，工会干部与维权律师并肩作战，锻炼和提升了工会依法维权的法治思维和能力水平。最后，维权案件的处理最终以协调方式成功告结，省掉了劳动部门仲裁、法院审理判决漫长的诉讼过程，为当事人双方节省了大量的时间成本和诉讼成本，为职工的合法权益尽快得到有效维护创造了条件，这无疑是"调裁审"联动机制的又一成功实践。

广元市总工会创建的"联动维权"机制，彰显了强大的辐射威力，大大提高了办结案的效率和质量。近三年来，全市工会办理职工（农民工）讨薪、工伤工亡赔偿、社保追讨、违法解除等侵权案件 200 余件，追讨各类赔偿和欠薪 3000 余万元，其中 170 余件案例被编入各年度《广元工会维权典型案例选编》，评选表扬 53 件典型维权案件。2015 年，市总工会被评为全国农民工工资支付先进集体，市总职工律师团首席律师徐兰芳荣获广元市首届法治人物，"工会助力在京民工成功讨薪案"荣获广元市首届十大法治事件。

"职工律师团"创新工会工作法治化

广元市在全省较早成立工会职工律师团。早在 2009 年，广元市总工会创新律师团运行机制，开展"会所合作"，将四川力发律师所整体融入广元市总工会律师团，形成"两块牌子、一套人马"工作格局，常态化开展维权值班、担任企业工会法律顾问、办理职工维权案件，开展基层法治宣讲服务。经过近 10 年的运行，工会律师团已经成长为力量强、活力足、实效大的工会工作法治化品牌，成为在全省有一定影响力的"公益、责任、专家型"团队。

着力组织创新，实现工会法律工作"三保障"。一是人力保障。在"两块牌子、一套人马"的格局下，工会职工律师团的工作职责成为律师事务所工作的重要组成部分，工会律师团的具体工作任务全部纳入律师年度量化考核指标。二是时间保障。除了每周二在市总工会职工帮扶中心固定值班外，还在律师所设立"工会职工法律援助工作站"，每天安排专人值班。实现职工维权咨询"天天有律师，事事能落实"。三是专业保障。律师团常态化的咨询、宣传、座谈、办案等工作，倒逼参与律师以职工需求为导向，强化劳动社会保障方面法律政策的学习运用，注重协作交流，苦练"基本功"，促使全体律师尽快成为"行家里手"。

着力源头维权，做实基层工会法律顾问委派机制。2009 年 3 月，广元市总工会启动基层工会委派法律顾问制度。将律师团成员派驻规模以上企业工会担任法律顾问，开展"六个一"活动，"零距离"为职工维权。即每年拜访一次行政领导、举办一堂普法讲座、参加一项工会活动、指导一次工作协商、调解一件劳动争议、开展一回法律监督。目的在于将劳资矛盾纠纷化解在源头，既为职工"撑腰打气"，又为构建和谐劳资关系献计出力。一是算好两本账，引导劳资双方重视合法用工与用工安全。明晰不签书面劳动合同、不办理社保的仲裁、诉讼风险，为企业算好"成本账"，引导企业从利益高度重视合法用工；针对岗位不稳定的困扰、工伤造成的身心损害，为职工算好"安全账"，引导职工从"幸福指数"上增强尊法守纪意识。二是建立激励机制，调动企业积极性，市总工会将派驻企业纳入工会法律工作年度先进、工会资助项目评选范围，增强了企业对工会法律工作的归属感和责任感。三是在化解劳资纠纷中，注重情与法的结合。引导职工理性、依法维权，促成双方在互谅互让中化解纠纷，由此增加了企业行政对工会法律工作的理解与信任。目前，广元市总工会委派企业法律顾问从设立之初的 10 家发展到 60 家。派驻律师"进得去、留得住"，取得了"工会搭台、律师唱戏、职工受益、企业欢迎"的良好效果。

着力联动维权，以典型案件扩大工会影响。办理维权案件是广元市工会律师团的重要职责，而职工维权案件通常具有突发、复杂、群体等特点，属于难啃的"硬骨头"。在多年的实践中，工会律师团探索出了巧借外力促维权的手段。一是借助城际维权机制，办理跨市跨省维权案件；二是借媒体声势，营造良好的舆论氛围；三是求助书记、市长信箱，解决个别部门不作为问题；四是巧借部门联动，形成解决疑难问题的强大合力。如，针对建筑施工领域工伤事故频发的趋势，建设工会建立健全建筑企业工会或项目工会，职工律师团将建筑企业作为法治宣讲重点对象，一旦出现劳资矛盾纠纷，立即组织用工方、农民工、援助律师三方联动，全力进行调解处理，往往取得事半功倍的效果。

着力以案说法，百场法治宣讲服务起实效。广元市工会律师团梳理历年办理的典型维权案例和律师所办理的其他典型性案例80余件，制作不同主题的课件20多件，常年面向委派企业开展普法宣传。从2015年起，连年承接广元市总工会"百场法治宣讲到基层"服务项目，深入各县区企业、社区、帮扶村及建筑工地和车站码头，有针对性地开展以案讲法，现场解答法律咨询，深受职工群众和社区居民的普遍称赞。

广元市总职工律师团已经成为工会工作法治化的知名品牌，其显著成绩得到了社会各界的广泛认可。广元市总先后荣获全国工会职工法律援助维权服务示范单位、全市学法用法示范机关（单位）、2011—2016全市法治宣传教育先进集体、全市矛盾纠纷多元化解工作先进集体等荣誉称号，徐兰芳等5名市县工会职工律师团律师分获全国、四川省"维护职工权益十大杰出律师"、法律援助工作先进个人等称号。

为了职工对美好生活的向往

——白山市工会工作发展纪实

吉林省白山市总工会 许秀良 许翔宇

近年来，白山市总工会以创新作为工会工作的注脚，用心思考、用心规划、用心落实。进入新时代，白山工会把推动白山高质量发展作为新的使命担当，以职工对美好生活的向往作为工会工作的根本诉求，在广阔舞台上继续砥砺奋进。

聚焦主责主业，团结带领职工共创美好生活

"以实际行动为职工谋利益创幸福"是白山市各级工会一直以来坚持的指导思想。作为广大职工的"娘家人"，全市各级工会聚焦主责主业，维护好职工在劳动就业、劳动报酬、安全卫生、社会保障等方面的权益，努力让职工过上美好生活。他们把眼光盯在了普惠上，切实维护职工合法权益就成了最大的普惠。近年来，全市民主管理得到进一步深化，建立健全了职代会报审、核心工作报告、达标评估和档案管理四项工作制度，全面深化厂务公开民主管理工作，着重建立了区域（行业）性职代会制度、工资集体协商制度，全力推动中小型非公企业建立职代会及工资集体协商制度。逐步建立起以职代会为载体，以集体协商工作为重点，以区域性维权机制建设为补充的工作机制。目前，白山市企事业单位职代会建制率为87%，厂务公开建制率为89%，职工董事、职工监事建制率分别为58%和64%。全市共建立94个区域性职代会、9个行业性职代会，集体合同签订率为72%，签订了71个区域性集体合同和9个行业性集体合同。

工会是劳动关系矛盾产物，白山市各级工会深谙其理。切实维护职工合法权益，以作风建设的新成就凝聚职工群众就成了各级工会干部的行动准则。几年来，各级工会干部及时深入职工群众，开展调查研究，切实掌握职工生产生活的实情，实实在在为广大职工办了一些实事、做了一些好事、解了一些难事，以实际行动赢得了职工群众的信任和支持。他们围绕白山高质量发展的需要，认真履行工会职责，努力实现职工权益维护与企业稳定发展的双赢目标。白山方大集团工会针对企业营销市场略有回暖，销售渐渐攀升，企业效益有所提高的情况，提出应该为集团员工提高标准的意见，得到大家的一致认同。并就集团员工工资的增长标准、增长依据和增长可行性等方面论证，召开了工资集体协商会议。

经过工资集体协商双方代表的热烈讨论,最终达成一致意见,同意集团2017年工资增长7.6%的幅度,工资集体协商行政方首席代表、集团总经理宁凤莲与员工方首席代表、集团工会主席刘振东进行签订《白山方大集团2017年工资集体协议》,在热烈的掌声和笑声中,双方首席代表完成了签订工作。这一决定引起与会人员的热烈掌声,员工方代表纷纷表示,今后要立足岗位,将一如既往地做好本职工作,为实现方大美好梦想多做贡献。

这样的场面,只是白山市民主管理工作的一个缩影,这也是白山市总工会从源头上维护职工经济利益的一个有效抓手。自2017年以来,白山市各类企业工资集体合同签订率为70%。为白山高质量发展营造了"有事好商量,众人的事众人商量"的氛围,劳动关系走上和谐互惠共赢的轨道。

聚焦产业发展,引导广大职工用劳动创造美好生活

随着供给侧结构改革的不断深入,白山市过去的煤、林、铁"老三样"已风光不在,由"靠山吃山"转换为"绿色转型",全力打造矿产新材料、矿泉水、医药健康、旅游、现代服务业"新五样"是白山市高质量发展的必由之路。这华丽的绿色转身,实施"3331"发展战略,需要造就一大批知识型、技能型、创新型产业大军。

白山市总工会一班人清醒地认识到,提高职工队伍技术技能素质就成了各级工会扛在肩上沉甸甸的责任。一场提高职工技术技能素质的攻坚战在2017年4月18日上午打响了,白山市职工技能竞赛在浑江发电公司正式启动,通过职工技能竞赛,激发广大职工群众刻苦学习科学技术的热情,不断增强自主创新能力,努力提高自身的劳动技能和综合素质。选拔出一批技艺精湛、手法娴熟的职工,实现由"白山职工"向"白山工匠"的转变。全市职工职业技能竞赛热潮竞相涌动。仅一年的时间,全市各级工会组织就举办各类技术技能培训班92期次,培训职工近3万人,全市3个职工技能实训基地也应运而生。开展了"班组大讲堂"活动,共举办"班组大讲堂"186场次,8000多人参与活动。举办了较大型技能竞赛比武近30场次,企事业单位参与面达86%。同时开展了职工书屋建设。目前,白山市已建成全国职工书屋27个,45个省级"职工书屋",120个市级"职工书屋"。2017年"五一"前夕,市委、市政府隆重表彰了"大众创业、万众创新"20名创业标兵、20名创新标兵和10个创新先进集体。日历翻到2018年4月27日,白山市庆祝"五一"国际劳动节暨白山工匠表彰大会隆重召开,这既是一次对劳动光荣,创造伟大的深情回顾,更是一次新时代的出征誓师,是号召全市职工投身绿色转型全面振兴高质量发展的动员大会,也是高技能人才"蝶变"的催化剂,更是对职工用智慧和汗水创造美好生活的生动诠释。为使工匠精神得到更好的弘扬和传承,表彰大会上,还举办了白山工匠与职业技术学院学生拜师收徒仪式,并在省林业技师学院等3所学校建立了焊接工匠班等6个特色班。相信不久的将来,拥有绝技绝活的乡土大师、服务标兵、行业翘楚和改革先锋将如雨后春笋般在白山大地破

土而出。

把阵地建设抓在手上，满足职工多元化需求，促进职工发展的阵地呈现出百般红紫斗芳菲的喜人局面。两年来，全市挂牌成立了1个新时代传习所、9个创业就业基地、1个创业孵化基地、4个职工实训基地、3个全国职工教育示范点、2个工会干部劳动实践基地、35个劳模创新工作室。

聚焦精神需求，让文化点亮职工美好生活

白山市总工会一班人认为，迈入新时代，维护职工的文化权益同维护职工的政治经济利益同样重要，职工对美好精神生活的需要，同时也昭示了广大职工群众的新时代价值观，必须把舞台交给职工，把文化"种"在基层，让文化点亮职工美好生活。

2017年9月28日上午，白山市总工会、中共白山市委宣传部、白山市精神文明办联合举办的全市工会系统喜迎十九大"争做文明职工、助力十大工程"演讲比赛在国网白山供电公司5楼会议室举行。本次比赛演讲主题紧紧围绕"社会公德、家庭美德、职业道德、个人品德"教育内容，突出主旋律，弘扬正能量，参赛选手们结合自己本职工作，用富有感染力的语言，满怀真挚的情感，诠释了对践行"四德"的深刻感悟，充分展现了干部职工热爱工作、热爱生活、关爱家庭、奉献社会的精神风貌，选手们慷慨激昂、感人肺腑的演讲感动了在场每位观众，赢得了阵阵掌声。

十九大精神宣讲、新时代讲习所、连续多年的市直机关文体活动、职工趣味运动会、"中国梦·劳动美"职工书画摄影展、迎"三八"国际妇女节知识答题活动、女职工职业礼仪风采大赛、"尊法守法，携手筑梦"服务农民工公益法律服务行动，各级工会把文化送进了机关、送进了园区、送进了企业、送进了学校、送进了医院、送进了车间。从抓思想建设，打造良好政治文化，到抓特色载体，打造工会主题文化；从抓服务发展，打造创新品牌文化，到抓劳动保护，打造职工安全文化……各级工会精心策划组织实施，积极实施开展富有时代气息的文体活动，全力打造富有自身特色的活动品牌。为广大职工精心制作了一份份饕餮精神盛宴，广大职工徜徉在丰富多彩的文体活动之中，享受着文体活动给他们带来的身心愉悦，社会主义核心价值观悄然厚植于心。

聚焦精准帮扶，让困难职工共享美好生活

2017年3月28日，白山市职工服务中心正式挂牌。就在这一天，已运行多年的"白山总工会困难职工帮扶中心"完成使命，淡出广大职工视野。新的"白山市职工服务中心"，除了困难救助，还可以提供就业指导培训、心理咨询、法律服务等多项服务。

全市共建立市、县、乡镇（街道）、社区四级帮扶网络215家。依托这些站（点），整合社会资源，广泛开展了转岗待岗职工、下岗职工培训，先后举办下岗职工培训班75期，

培训下岗职工 3250 人次，开展职业介绍 6100 人次。2017 年以来，全市各级工会组织共发放救助资金 1711.47 万元，共走访慰问困难职工 2.27 万多人次，慰问困难企业近百户，组织了"民营企业招聘周""工会就业援助月""创业促就业大型岗位对接活动"，建立各级创业培训基地 10 个，创业孵化基地 8 个。"在服务中体现维权，在维权中搞好服务"是全市各级工会始终坚持的原则。各级工会积极拓宽帮扶对象，丰富帮扶内容，帮扶服务内容由救助、维权、助医助学、就业服务等扶贫济困向为职工提供心理咨询、心理疏导、职工文化建设等精神文化需求延伸。全市新增职工诉求中心 47 个，受理法律援助 28 件，通过诉求中心和"12351"职工热线接待职工来信来访 102 件，解决 96 件。举办法律知识讲座 20 期，为近千名下岗、失业人员进行了心理知识普及和心理疏导。

各级工会时刻不忘困难职工对美好生活的向往，想尽一切办法丰富形式载体，创新帮扶形式，助力城镇职工解困脱困工作。2018 年 3 月，全市开展了庆祝"三八"国际妇女节系列活动，开展了"职工姐妹手拉手，爱心助困一帮一"结对仪式。受表彰的 40 个白山市五一巾帼标兵岗与困难女工结对子，双方交换结对卡，帮助解决困难职工在生活、学习、工作等方面的现实需求。

随着每年新学年到来，"金秋助学"犹如一股强大的爱的暖流，在白山大地涌动。这项工作在白山已经是一项常态化工作。近两年，全市各级工会筹措资金 560 万元，资助困难职工子女就学 2239 人，其中市总工会投入自有资金 22.5 万元。

寒冷的冬季对广大户外劳动者来说是难熬的。然而从 2017 年开始，市总工会深入开展了以"公平救助、精准帮扶、突出重点、温暖万家"为主题的"两节"送温暖系列活动，市总工会除集中发放 894.5 万元帮扶资金外，自筹资金开展了为"两节"期间坚守在工作岗位的农民工送电饭锅和衣被、为环卫工人和困难职工赠送工装和便携暖水瓶、为部分一线职工免费体检等多种形式的"送温暖"系列活动。寒冷的天气里，工会干部忙碌的身影如同一道风景线，洋溢着温暖的气息。每年的夏天，市总工会都为环卫职工送去清凉，并为环卫工人建爱心驿站 8 个。为了给特殊时期女职工提供一个舒适、安全的休息环境和空间，为她们安然度过特殊生理阶段提供更加人性化的贴心服务，全市建设"爱心妈咪小屋"14 个。各级工会倾情打造职工"温馨之家"，这一系列举措彰显了工会以职工为中心的理念开始深入人心。

聚焦改革创新，让职工生活得更加美好

白山市人大常委会副主任、市总工会主席李红光说："职工群众关心的事、操心的事就是工会服务工作的方向。要通过改革，改出活力，改出实力，改出动力。"

在白山，工会深化改革的一个鲜明导向，就是让基层更加充满活力，提升工会组织满足职工群众对美好生活向往的能力和水平。近年来，全市各级工会从强"三性"、去"四化"

入手，努力把基层做强做优做活。

　　基层工会工作难点之一就是经费少。白山市总工会通过资源下沉补上基层工会的短板。近两年来，下拨经费补贴达135.2万元。市总工会增设了1名挂职副主席，3名兼职副主席。为了增强工会干部与职工群众的感情，市总还建立了2处劳动实践基地，通过定期到基地同职工群众同劳动，了解职工群众所愿所求所需，打通服务职工群众最后一公里。针对全局性的问题，市总还加大人力物力和财力投入，开展专题大调研活动。2017年针对供给侧结构性改革给职工生活带来的影响，市总工会组成了专门调研组，开展了职工队伍稳定情况的调查，并上报市委，得到了市委领导的高度重视，市委书记张志军签批了这份调查报告。为了在全市形成想作为、敢作为、善作为、能作为的氛围，全市开展了"有为工会"创建活动，引导基层工会在服务大局上求作为，在服务职工群众上求作为，在突破瓶颈上求作为。全市设立了创新突破奖，以经费补贴的方式奖励基层工会。

　　从爱心超市到职工服务中心四级网络建设，从下岗职工心理咨询到下岗职工订单式培训，从日常帮扶到创业促就业对接，这些举措便是工会改革的显性成果。近年来，乘着全面深化改革的东风，各级工会以精准契合职工需求作为开展工作的出发点，往细处做、往实处抓，职工群众的"小确幸"越来越多，当工会组织逐一将这些"小确幸"拾起的时候，职工的快乐感获得感也就越来越强，也彰显出工会组织的人文关怀。

工会展作为　会员得实惠

——渠县构建"互联网+"模式 打造普惠性服务新载体初见成效

四川省渠县总工会

渠县总工会按照"工会组织全覆盖、职工全入会、基础信息网格化、线上线下全服务"的工作思路，着力构建完善的基础信息系统，拓宽服务项目，提供优质服务，让全体会员在获得实惠、感受温暖中增强工会组织的吸引力、凝聚力，为建设幸福美丽新渠县凝聚强大正能量。

一、基本情况

2017年6月，渠县全面启动工会会员普惠性服务工作，按乡镇、产行业等地属关系，建立了560个基层工会、2万多条职工信息的大数据库。2017年7月28日，"四川省工会会员服务卡发放暨普惠性服务达州分会场启动仪式"在渠县举办，现场发放会员服务卡2.5万张，同步推出"互联网+"困难职工帮扶、就业服务、技能培训、法律服务、超市购物、风景区消费和洗车打折消费等20多类优惠服务项目，使普惠性服务惠及工会会员生产、生活、维权、就业等各个领域。

二、工作举措

（一）加强领导，凝聚普惠服务新动力

1.强化组织领导。成立了以县委常委、县总工会主席为组长的"渠县工会会员普惠性服务工作领导小组"，落实专职工作人员10人，负责横向联系部门，纵向指导基层工作。

2.高起点规划。制定了《渠县工会会员普惠性服务工作实施意见》，细化目标任务，制定路线图、时间表，形成了上下联动、分工合作、有序推进的工作格局。

3.全方位发动。县总工会充分利用电视台、工会网站、QQ群、微信群等工作平台，广泛宣传普惠性服务工作，及时发布通知，统一时间节点，统一工作进度，规范工作流程，营造了普惠性服务工作家喻户晓、职工积极参与的社会氛围。

（二）精准录入，搭建普惠性服务新平台

1.精准采集信息，构建职工信息大数据库。县总工会召开专题工作会议，对职工信息

精准采集、资料上传、规范录入和工作要求等做了业务培训，用 1 个月时间建立完善了职工信息管理大数据库。

2. 以数据库为支撑，构建普惠性服务平台。一是建立工会普惠性服务平台。县总工会坚持以职工信息为基础，以身份证和基层工会为标识，开通了从下到上的网络窗口，实现会员信息和基层工会信息从静态、单项管理到动态、综合管理，目前我县正全力录入所有会员信息，以促进互联网和工会融合的大数据、大平台。二是多渠道畅通职工诉求。县总工会打造了网站、微博、微信、手机 APP 四个网上服务终端，职工可通过终端直接提交问题咨询、就业培训、法律援助等服务需求，管理平台实行一对一的咨询服务和对口帮扶。三是线上线下助推入会全覆盖。服务平台开设了网上入会窗口，职工在提交个人姓名、身份证号、基层工会后，系统自动进行分派处理，实现会籍网上接转、职工线上入会落实到基层、个人信息采集延伸到基层、工会组织建设管理拓展到基层。

3. 以数据库为基础，精准发放会员服务卡。7 月 28 日，"四川省工会会员服务卡发放暨普惠性服务达州分会场启动仪式"在我县举行，当天发放工会会员卡 2.5 万张。达州市总工会、市邮政分公司、市邮储银行在启动仪式上签订了三方《合作框架协议》，与会人员现场体验各类服务项目。

（三）注重实效，拓展普惠性服务新内涵

1. 拓宽普惠项目。一是网上普惠性项目不断拓宽。县总工会相继推出了"互联网+"困难职工帮扶、技能培训、就业服务、法律服务和购物消费等，使职工享受到更多的项目化、订单式、普惠性服务。下载"掌上川工"APP 职工还可在网上购买打折的生活用品。二是持卡优惠服务不断延伸。县总工会与多家企业达成共识，持会员卡在碧瑶庄园、赛人谷风景、凯歌超市、家电商场和周边洗车场洗车等 20 多个企业消费，均可获得 8~9 折消费服务。

2. 优化服务流程。县总工会坚持边运行边调整边规范，不断延伸、拓展、放大服务平台功能。建立"互联网+"工会普惠性服务工作制度，建立从申请录入—分派处理—职工评价的全过程规范化流程，构建"网上受理、系统分派、上下联动"的工作机制，让"信息快跑路、职工少动腿"。

3. 注重服务实效。坚持以职工获得更多实惠为工作目标，以职工满意为评价标准。在系统内设置督查程序、评价窗口，通过短信提醒、在线查询等方式对工会干部办事效率提出意见和建议，简化工作程序，提高办事效率。

三、主要成效

（一）为工会服务职工搭建了新平台

目前，基层工会在关心困难职工和劳模方面构筑了非常多的利好机制和措施，但普通职工、会员却被长期忽视，这部分人又恰好占多数，充分组织和引导这部分人意义重大。

推行会员普惠性服务工作，让更多的职工群众和会员了解工会、感受到工会组织的温暖，为工会服务职工搭建了新平台。

（二）为工会服务职工拓展了新领域

工会会员普惠服务对象从以困难职工为重点到面向全体会员转变，服务内容从以"四季"式帮扶到全天候多元化服务转变，服务方式从工会"定菜单"向职工"点菜单"转变，服务手段从以线下活动为主到线上线下相结合转变。既整合盘活工会开展的帮扶救助、教育培训、心理疏导、信访接待、法律援助、文体活动等各项维权服务项目，不断扩大覆盖惠及面；也积极争取党政支持，通过与政府公共服务部门协商，为职工和会员提供公共交通、公用设施、公共医疗、就业创业培训等公共事业优惠服务；还运用工会自身拥有的会员群体优势，通过选择与职工生活密切相关、服务质量好、社会信誉度高、实力雄厚、位置优越、商业网点多的单位协商，最大限度地满足会员在日常生活、休闲娱乐、参观游览、文化体育、医疗体检、教育培训等方面的便利和优惠。

四、下一步打算

1. 不断完善大数据库新内容。督促基层工会按进度、按要求采集以前未采集和新入会职工信息，不断扩大和完善县总工会大数据库基础信息，实现各级工会组织、全体职工信息全覆盖。

2. 不断拓展服务平台新功能。通过与政府召开联席会议等形式，将工会普惠性服务平台纳入全县电子政务系统，通过服务平台，职工可以直接查阅自己的社保、医保、公积金、低保等相关信息，让职工享受到服务平台的多功能优势。

3. 不断开拓普惠服务新项目。一是与政府公共服务部门协商，将工会普惠性服务向公共交通、公用设施、公共医疗等公共领域拓展；二是与职工生活密切相关、社会信誉度高、实力雄厚、商业网点多的单位协商，不断满足职工在日常生活、休闲娱乐、参观游览、文化体育、医疗体检等方面的优惠服务。

渠县总工会把拓宽服务项目和提供优质服务作为普惠性工作的主攻方向，取得了一定成效，但还存在一些不足。在今后的工作中，我们将有计划、有重点、有步骤地深入推进会员普惠性服务工作，努力在会员群众得实惠、工会工作得实效上取得新突破，不断开创工会工作新局面！

深化工会系统改革 增强工会组织活力
——玉林市总工会 2017 年度绩效考评报告

广西玉林市总工会

2017 年，玉林市总工会在市委和自治区总工会的正确领导下，在全市工会系统的共同努力下，围绕自治区总工会重点工作部署和市委重点工作要求，把迎接、学习、宣传、贯彻党的十九大会议精神作为全年工作主线，积极探索推进我市工会改革和增强工会组织活力的新途径、新方法，真抓实干，圆满完成绩效管理各项目标任务。

一、重点工作任务完成情况

一年来，市总工会紧紧围绕服务经济大局总体目标，将绩效考评管理贯穿于工作全过程，以深入开展"走千企、建千会、惠万家，推进基层工会建设"活动（以下简称"千千万行动"）为抓手，创新性地抓好玉林市总工会"357"（三个围绕、五大重点、七项保障）工作落实，有效迸发了工会组织新活力，推进了各项工作取得新成效、新突破。玉林市总工会在全区工会系统 2017 年度重点工作考评中首次跃上全区排名第 3 位，获得特等奖。

二、工作特点

（一）聚集增"三性"、去"四化"，推动工会改革取得阶段性成效

按照中央、自治区和市委关于加强党的群团工作意见要求，坚持增"三性"、去"四化"推进工会改革。于 2017 年 9 月完成了《玉林市总工会改革实施方案》报送市委审定，并以市委办文件印发。市总工会职工技协办更名为玉林市总工会网络和职工技术服务办公室，编制由 5 个增加到 7 个，单位性质由公益二类自收自支事业单位改革为公益一类财政全额拨款事业单位，解决了过去历史遗留问题。

（二）坚持抓"短板"强服务，促进工会组织基础进一步夯实

2017 年，玉林市总工会以自治区总工会关于"加强基层工会建设年"活动和推动工会改革为契机，结合争创全区非公经济和社会组织工会建设示范市活动实际，深入开展了"千千万行动"。重点抓好改制企业、非公有制企业等工会组建的"短板"补齐工作，促进区域性、行业性工会组建工作。年末，全市新增工会 565 个，新增会员 37513 人，基层工会"六有"职工之家达标率保持在90%。推进乡镇总工会试点建设,2017年完成10个乡镇总工会试点,分别落实了编制、职能和专职副主席享受副科级待遇,为下一步全面铺开起到示范指导作用。我市的做法在2017年全区工会年中工作会上做经验介绍。12月11日得到了自治区总工会主席主要领导的肯定批示。

(三)围绕服务经济大局,团结动员广大职工建功立业取得显著成效

一是开展劳动竞赛和岗位练兵,激发广大职工劳动创造热情。2017年,举办了全市职工职业技能比赛,并选送52名选手参加2017年"广西技能状元"大赛,获团体第三名;12月23日,玉柴工匠张锦成、顾林、苏思杰组成一队,参加2017年中国技能大赛——全国智能制造应用技术技能大赛,斩获切削加工智能制造单元安装与调试项目职工组的二等奖。二是抓好劳模和工匠选树,推动全社会形成弘扬劳模和工匠精神,争当劳模和工匠的氛围。2017年我市荣获全国五一劳动奖章称号的个人1人,全国工人先锋号的班组1个;广西五一劳动奖状的单位2个,广西五一劳动奖章的个人6人,广西工人先锋号的班组6个。2017年由玉林市总工会和市工业和信息化委员会、市科学技术局、市人力资源和社会保障局、市质量技术监督局五部门联合,开展首批"玉林工匠"推荐评选活动,共命名覃懋华等10位同志为"玉林工匠"称号,其中玉柴集团的覃懋华同志被评为2017年度"广西工匠"称号,成为广西2017年度十大工匠之一。三是实施职工素质工程,提高全市职工队伍整体素质。年内新建国家级、自治区级和市级职工示范书屋15家,为职工读书提供优质服务。全市工会以"中国梦·劳动美"为主题,通过举办培训班、讲座、建立市总工会网络平台和组织工会宣讲队等多种形式,积极发挥工会"大学校"作用,在职工中广泛开展社会主义核心价值观教育和学习宣传党的十八届六中和党的十九大精神,以及习近平总书记新时代中国特色社会主义思想等,进一步增强了职工坚定走中国特色社会主义发展道路的信心决心。加强职业道德教育、家庭美德教育和劳动技能培训,使广大职工思想向上、紧紧跟党、敬业爱岗。四是创新职工文化引领载体,丰富职工文化生活。2017年市总工会与玉林电视台合作,创办"玉林职工之声"音乐电视展播栏目,首次制作了专题反映市和各县(市、区)工会风采的原创音乐电视歌曲9首,在玉林电视台不同频道全年播放,并在12月26日市总工会举办的"不忘初心 迈向新时代"——迎2018年玉林市"劳动者之歌"文艺晚会上会演和评奖,这是全市、全区先例和独有;编印了集中反映工会系统20年峥嵘岁月与辉煌成就的《劳动者之歌》一书,向我市庆祝撤地设市20周年献礼。此外,创新模式,借助社会力量,每年在元旦春节或五一、国庆等重要节日举办大型文艺比赛、优秀节目会演、体育项目比赛等,丰富了职工文化生活。

(四)做实惠工服务和帮扶,让广大职工分享改革发展成果

一是创建玉林智慧城市工会惠工平台引起各方关注。2017年市总工会与玉林市区农村信用合作联社、广西金拇指网络科技信息有限公司合作,共同建设的玉林智慧城市工会会员普惠平台于2017年9月在玉博会期间，通过惠工平台体验馆，向广大职工展示综合服务功能，目前已有广西通用商贸有限公司等200多个商家加盟，向工会会员提供特惠、商惠服务。这项由工会组织委托第三方组建商家联盟，打造惠工平台的做法，既是玉林工会工作的改革创新，也是在全区工会系统领先，引起了媒体和各方的关注。二是打造职工交友活动品牌获得广大职工点赞。在2016年首推"爱情美好·缘来是你"玉林市直基层工会未婚单身职工大型交友联谊活动基础上，2017年7月和2018年1月共举办了2场共有800多名未婚单身职工参加的联谊活动，成为职工信得过、靠得住的工会服务品牌。三是加强工会"爱心驿站"建设，为室外劳动者提供便利服务。2017年全市新建工会"爱心驿站"共7个。四是做好职工维权工作，维护职工合法权益。全市工资集体协商机制和集体合同、劳动合同双签订率达90%以上，覆盖职工37.23万人。市、县两级总工会成立了人民调解委员会，参与了劳动仲裁29件（次），参与劳动争议调解23件（次）；积极开展职工法律咨询服务和为基层工会提供法律援助，积极开展工会领导公开大接访和组织干部下访活动，处理好职工群众来信、来访事项，有效预防集体上访、越级上访等异常上访现象发生。五是做实工会送温暖和特困职工帮扶救助工作。持续开展好工会"四季送"工作。"春送岗位"中，联合有关部门组织专场招聘会10场，提供免费就业服务人数27980人，成功介绍就业人数10263人。"夏送清凉"活动共慰问农民工21122人，发放防暑降温用品20.03万元。"金秋助学"活动共资助困难职工子女222人上学，发放助学金61.05万元。"冬送温暖"行动期间，市、县（市、区）总工会2017年元旦春节期间慰问困难企业共23家，慰问困难家庭618户，发放慰问款物共111.35万元。开展了对特困职工临时救助工作，全年共临时救助困难职工193人，发放慰问金113.57万元。做好为企业一线职工、农民工开展免费健康体检，年内全市工会共为1800名职工（农民工）免费健康体检。开展职工医疗互助保障工作，至12月31日，全市参保职工10.6447万人，改革后理赔给付873人，共146.499万元。

（五）创新开展农民工专项工作，增强农民工城市务工幸福感

一是打造全区独树一帜的五彩田园农民工创培基地。在2016年创建广西五彩田园农民工创培示范基地的基础上，2017年继续加强与玉林市人力资源和社会保障局、玉林市农业委员会、玉东新区总工会、玉东新区五彩田园管理中心五方协作，共同推进农民工创培基地建设和培训工作。2017年五彩田园创培基地是广西唯一获得全国首批"全国新型农民工培育示范基地称号"的基地，9月份代表全国工会系统唯一参加首届全国创业就业服务展示交流活动上，获得优秀项目奖。我们的工作得到了市委和自治区总工会主要领导高度赞扬并批示。二是积极开展农民工特色文体活动。11月在北流市西埌镇举办了首届玉林市农民工龙舟赛。三是拓展玉林驻东莞市农民工工作站的服务。目前该站覆盖辐射到深圳、珠海等地，使更多的玉林籍农民工在外地同样享受家乡工会的温暖。四是开展了春节"温暖

回家路"“暖流行动”。组织参加全总在南宁和柳州举办的“全国工会就业创业援助月”活动工作出色，得到自治区总工会发来表扬信。五是积极参与农民工工资支付专项检查，维护了农民工劳动权益。六是实施“送创培工程”，年内共培训下岗失业职工和农民工3667人次，实现就业2247人次，助力了农民工再就业。

（六）注重工会自身建设，进一步提升工会活力和形象

一是加强工会实力建设，为各项工作开展提供动力支撑。2017年，全市工会经费收缴稳步增长，使用管理规范，至2017年12月31日，地税代收工会经费8042.96万元，同比增长14.36%；财政计拨工会经费9788.82万元，同比增长5.16%。我市上缴区总、全总工会经费2149.46万元，完成全年上缴任务1465.66万元的146.66%，同比增长13.64%；经审工作成绩突出，在2017年12月全区经审创新工作会议上做了重点经验交流发言。工会工作管理手段晋升新档次，“玉林工会”网络平台、玉林工会微信公众号等多种服务职工的载体开始迈入网络管理新时代；工会的宫站家（屋）等职工文化阵地建设有新进展。市总工会职工活动中心的室内球馆已建成投入使用，5层高的综合楼已封顶进入装修阶段。二是扎实抓好党风廉政建设，促进工会系统保持良好政治生态。市总领导班子履行了党组主体责任，严格执行党风廉政建设一岗双责，切实抓好系统党风廉政建设和意识形态工作；严格执行党风廉政建设责任制、领导干部廉洁从政准则、领导个人事项报告制度等，筑牢廉政反腐防线。严格执行中央八项规定，开展了落实中央八项规定“回头看”，年内没有违规违纪案例发生。三是加强机关作风建设和工会干部队伍建设。年内共修订完善内控制度15项，印发制度合订本1万多册分发机关和县（市、区）总工会，使工会干部行为更加规范，机关作风明显转变。四是加强工会干部素质培训，共举办市县工会领导干部综合素质提高班两期，培训干部200人次，为全市开创工会工作新局面提供了思想保证和组织保证。

（七）抓好扶贫攻坚工作，促进定点扶贫取得阶段性成效

2017年，玉林市总工会支持定点帮扶村福绵区成均镇井龙村驻村第一书记专项工作经费和产业发展经费18万元，其中支持15万元用于建设光伏发电项目，该村2017年通过光伏发电和白鸽养殖项目年末增加村集体收入2万元，实现村脱贫摘帽目标。

三、存在问题

（一）工会组建方面还有真空

特别是项目建筑工地工会、卫生系统部分医院、部分非公组织等，建会未达到预期效果。各地基层工会特别是非公建会的发展不平衡，活力仍不足。

（二）网上工会建设还不完善

网上服务、维权帮扶工作和普惠职工方面还不够理想。

（三）工会机关服务基层和职工的能力仍有待提高

市、县各级工会组织人员少、工作面广、工作内容多，各县（市、区）工会工作开展不平衡。

四、改进措施

（一）强化绩效管理的促进作用

下一步将进一步强化绩效意识，把绩效管理工作继续摆上重要议事日程，明确目标任务，加强领导和细化职责分工，加强进度跟踪和问效，确保绩效管理成为落实工作任务的"助推器"。

（二）抓好非公经济和社会组织工会建设攻坚

2018年是我市争创全区非公经济和社会组织工会建设的关键年，我市将在取得已有成绩的基础上，总结提升"走千企、建千会、惠万家，推进基层工会建设"活动经验，着力"抓重点、补短板、强弱项"，争取在工会组织覆盖面、基层工会规范化建设、党工共建、基层工会干部素质提升、基层工会组织职能发挥等方面实现扩面提质。

（三）加大力度完善"网上工会"平台建设

引进技术力量，增加资金投入，加快推进会员基础数据库建设，推动会员实名制管理。建立健全职工网上服务平台，在原有"网上维权""职工之家""职工在线""工作动态"的基础上拓展服务内容，加强网站管理，发挥好网站、微博、微信、视频、手机客户端APP功能，打造多形式、多样化、互动式网上服务新模式。加强网上宣传工作和正面引领，弘扬网上主旋律。完善全市工会办公资源网，提高服务精准度和工作效能。建立产业链上、同类企业、同区域内企业工会主席联系群，促进工会工作共建共享、互联互通、相互促进。

（四）加强工会队伍建设，进一步提高服务基层质量

坚持落实新时代党的建设总要求，把坚持党的领导、加强党的建设紧紧抓在手上。认真开展工会系统"不忘初心、牢记使命"主题教育，推动"两学一做"学习教育常态化制度化；落实全面从严治党两个责任，加强党的基层组织建设工作，坚持落实党风廉政建设责任制，深入推进工会系统党风廉政建设和反腐败工作；重视并持续开展工会系统巡察工作和扶贫领域腐败风险防范；认真落实意识形态工作责任制，加强对工会宣传思想和文化阵地的管理，营造良好舆论氛围。支持驻会纪检组的工作，强化监督执纪问责。坚持不懈纠正"四风"，营造风清气正的良好政治生态。加强工会干部思想政治建设和作风建设，加强工会干部教育培训，打造高素质专业化工会干部队伍，进一步提升履职能力。

服务新时代　展现新作为

——凌源市总工会 2018 上半年重点工作完成情况汇报

辽宁省凌源市总工会

2018 年上半年，凌源市总工会在朝阳市总工会和市委、市政府的正确领导下，聚焦总目标，适应新常态，努力做好各项业务工作，实现了时间过半任务过半。现将上半年总工会重点工作完成情况汇报如下。

一、上半年重点工作开展情况

（一）强基固本，夯实基层组织基础

一是稳步推进工会组建工作。动员企业主动建会，依法建会，实行建企与建会同步进行。截至目前，新增工会组织 20 家，新增会员 500 名。二是扩大工会组织有效覆盖。截至目前，国有及国有控股企业、机关、事业单位建会率 100%，"六有"率、"五个一"率达到 95% 以上；25 人以下小微单位全部建会，并通过联合基层工会实现组织全覆盖。三是加强工会组织规范化建设。继续深化乡镇街工会规范化建设，我市乡镇街总工会"六好"规范化建设达标率 100%，"十有"村（社区）工会规范化达标率 70% 以上；进一步叫响做实职工之家品牌，持续深化"双亮双履"和"双述双评"，广泛开展"双争"活动，深入推进"七有"工会建设。四是进一步加强对社会化工会工作者的管理。重新招录了 13 名社会化工会工作者，兼任 13 个行业联合工会主席，制定考核细则，实行目标管理，健全和完善了社会化工会工作者管理工作机制，切实发挥了社会化工会工作者的作用。

（二）创先争优，引领职工建功立业

一是隆重召开了凌源市劳动模范和先进集体表彰大会。市委、市政府有关领导出席了大会，市长于仁礼发表了重要讲话，会上对 80 名劳动模范和 10 个先进集体进行了表彰。二是大力弘扬先进示范作用。推荐省、市五一奖章 12 人，五一奖状 5 个单位；评选凌源工匠 13 人；组织各级劳模、五一奖章获得者 800 余人进行了健康体检。三是举办了首届"凌源工匠"颁奖典礼。市委副书记安海江发表了重要讲话，颁奖典礼上对 2017 年度凌源市首届职工技能大赛获得者及 13 名凌源工匠进行了颁奖。

（三）精准帮扶，切实增强工会帮扶实效

一是认真开展两节"送温暖"活动。春节前后共走访慰问困难职工110人，发放慰问金22万元；救助困难劳模12人共计6万元；救助欠薪困难农民工30人近10万元。二是做实困难精准帮扶工作。认真开展困难职工审核工作，进一步完善困难职工档案，做到困难职工精准识别。三是进一步关心关爱女职工。3月开展女职工专项维权宣传月活动，签订《女职工专项集体合同》50余份，催促各单位自愿参保团体女性安康保险工作。四是继续推进扶贫攻坚工作。制订了2018—2020三年扶贫工作计划及对口帮扶、行业扶贫实施方案；积极开展两节慰问，春节期间为贫困户送去了慰问金6000元；帮助建立村、集体产业，实行产业扶贫，为帮扶村产业帮扶提供资金6万元；携星河医药公司到三道河子镇白杖子村为贫困户开展看病送药活动，为贫困户赠送价值近3万余元的药品；坚持贫困户定期走访制度，帮扶人员坚持每月走访不少于1次，帮扶工作取得阶段性成效。此外，市总工会以乡镇、街总工会为依托，举办贫困农民工种植养殖及其他技能培训4期，培训人员300余人。五是不断深化"四帮四促"项目制扶贫。对贫困户农民工家庭实施免费维权服务，在全市30个乡镇街建立农民工维权服务站；动员企业和劳动模范爱心团队，帮扶8户建档立卡贫困户脱贫，其中3户为助学帮扶，5户为种植养殖帮扶。

（四）主动作为，积极构建和谐劳动关系

一是加强民主管理和民主监督工作。大力完善了以职代会为载体的厂务公开制度，保护了职工群众的知情权、参与权。目前，全市百人以上规模建会企业厂务公开和职代会建制率均超过95%；典型单位职工代表大会、厂务公开等制度日趋规范。二是稳步推进工资集体协商和集体合同制度。广泛开展"创建劳动关系和谐企业"活动，对50多家用工单位集体合同、劳动合同的签订履约情况进行了大检查，把工资兑现、养老及工伤保险作为必查内容，检查中履约情况好的占80%以上，新签订集体合同20份。现场指导1000余名职工与用人单位签订了《劳动合同》。三是扎实抓好职工合法权益维护。依法维护女职工权益，3月开展女职工专项维权宣传活动1次，发放宣传单300余份，发放困难女职工救助金3万元，救助近20人；全市30个乡镇街依托司法所设立了农民工维权服务站，免费为农民工打官司3起，其中沈阳1起；切实做好工会维稳和信访工作，两会期间无进京上访现象。四是强化劳动安全卫生工作。积极组织开展群众性安全监督检查工作，监督和督促企业落实安全生产主体责任；继续组织开展"安康杯"竞赛活动，开展安全宣传教育1次，发放宣传单500余份，进行安全生产检查2次，签订集体合同120份。五是广泛开展职工文体活动。3月8日举办了首届"落实十九大，建设新凌源"楹联书法作品展，全市近80个工会组织300余名工会会员参与了此次活动，展出书法作品130余幅；联合宣传部、电视台宣传省、市五一奖章获得者8名和凌源工匠13名；5月24日成功承办了朝阳市、县两级工会第四届乒乓球联谊赛；6月份凌源市财贸轻纺金融工会将举办首届凌源市金融系统职工乒乓球联谊赛。

（五）精心谋划，认真开展"三个年"活动

1. 开展"作风建设年"活动，扎实抓好全会作风转变。一是广泛征求意见，认真查摆问题。在基层工会、机关干部和职工群众中广泛征求意见，并结合工会工作，深入查找出工会干部在思想认识、行政效能、工作状态、担当负责、纪律作风等方面存在的不足和差距，列出问题清单，细化整改措施，推动工作落实。二是强化学习意识，不断推进整改工作。通过集中学习、自学等多种学习方式，重点学习《党章》《党内生活若干准则》《中国共产党廉政准则》等篇目，认真做好学习笔记，引导广大干部职工增强遵守法律、执行制度、维护章程、推动工作的自觉性和主动性。三是围绕中心工作，召开专题组织生活会。紧紧围绕工会工作，领导班子带头做对照检查报告，全体党员从自身问题和工作两方面做自我批评，重在查找问题及寻求解决问题的办法，提出了整改的措施。

2. 开展"机关建设提升年"活动，全面加强工会领导机关建设。一是抓素质能力建设。强化中心组学习和党员培训，坚持每周五学习例会制度，开展"机关建设提升年"大讨论，进一步增强提升机关建设水平的责任感和使命感。二是抓规章制度建设。建立完善了机关各项规章制度，制订了凌源市总工会 2018 工作实绩考评方案，建立了考核评价机制，明确了工作责任，每季度对各相关制度执行情况进行检查考核。三是抓基层党组织建设。持续深化"星级党支部"创建工作，年底争创五星级党支部。四是抓精神文明建设。深入开展思想道德建设，组织"我为机关献一计"活动，动员全体机关干部为机关建设献计献策。五是抓工作作风建设。组织机关干部开展"七个一"活动，推动机关干部下基层常态化制度化。六是抓工作纪律建设。认真落实市委"十个严禁"规定要求，坚决制止和纠正有令不行、有禁不止的行为；全面落实和遵守党风廉政建设、惩治和预防腐败体系建设有关规定，加强机关工作人员自身建设；养成勤俭节约的良好风气，树立清正廉洁的新形象，推动形成政令畅通、运转高效、纪律严明的良好工作环境。

3. 开展"基层工会组织建设年"活动，全面加强基层工会组织建设。一是认真落实省、市总工会文件精神，大力强化工会建设，建立了绩效考核工作机制。二是成立领导小组，深入基层开展调研，全面摸清底数，建立工作台账，并结合工作实际，制订了具有针对性和操作性的"凌源市总工会基层工会组织建设年"活动实施方案。三是继续深入开展"六好乡镇街工会创建活动"，全市 30 个乡镇街总工会全部达到"六好"乡镇街工会标准，切实发挥"小三级工会"作用。四是加强"职工之家"建设，着力打造日兴矿业、腾钢机械、富源矿业等"职工之家"示范点 10 个。

（六）围绕中心，统筹做好工会其他各项工作

一是进一步加强工会财务工作，强化工会经费使用管理，积极稳步推进工会经费税务代收工作。二是进一步发挥工会经审组织的审查审计和监督作用，确保工会经费收缴管理使用安全;进一步加强资产管理,不断壮大工会资产实力,促进实力型工会建设。三是进一步加强女职工组织建设,保障女职工合法权益。四是进一步加强调查研究、工会统计和信息工作,探索推进工会工作信息化管理。五是强化项目管理,切实树立资金和"项目"意识,吃透上级政策精神,结合重点工作,找准项目,强化项目设计和建设,全力向上争取更多的资金支持,推动我市工会建设大发展。

在取得一定成绩的同时,我们也认识到工作中存在的不足之处,主要表现在:一是基层工会组织活力有待于进一步增强;二是工会干部履职能力、服务水平还有待于进一步提高。这些问题有待于我们在下半年工作中采取有力措施加以克服和改进。

凌源市总工会在2018年下半年将继续围绕全市中心工作,以增"三性"、去"四化"为主线,求真务实,开拓创新,奋发进取,力争全市工会队伍日益壮大,网络更加健全,制度不断完善,运作更为规范,推进全市工会工作不断创新、突破和发展,为加快朝阳振兴发展做出新贡献。

二、下半年工作重点

(一)继续做好职工教育引导工作

1.深入学习贯彻习近平新时代中国特色社会主义思想和十九大精神,把学习贯彻工作与"两学一做"学习教育结合起来。

2.深入开展"不忘初心、牢记使命"主题教育,认真落实"三会一课"、"民主生活会"、领导干部双重组织生活、谈心谈话等制度。

(二)进一步组织动员职工建功立业

1.广泛开展技能培训和技能竞赛活动。

2.围绕全市"五个一工程"建设,继续开展"建功十三五,建设新凌源"主题劳动竞赛活动。

3.充分发挥劳模创新工作室引领示范作用,对已建劳模创新工作室,加大投入,巩固提高。

4.做好劳模档案管理,切实关心关爱劳模,为劳模做好服务。

(三)继续做好职工维权服务工作

1.深入开展"送法进企业""普法进园区"等法治宣传教育活动。

2.扩大集体合同的覆盖面,提高实效性。

3.扎实推进非公企业民主管理工作,落实职代会和厂务公开制度,保障广大职工合法权益。

4.围绕困难职工解困脱困目标任务,继续深入推进精准扶贫,切实提高困难职工帮扶精准化水平;开展送清凉、送温暖、金秋助学、大病医疗援助等工作。

5.推动实施工会创业就业援助行动,加强项目监管和跟踪服务。

6.加强对帮扶资金的监管。

（四）进一步构建和谐稳定的劳动关系

1.加大源头参与力度，坚持定期向市委汇报工作，落实工会与市政府联席会议制度和劳动关系三方机制，争取党委政府赋予工会更多的资源手段。

2.坚持依法维权、依法维稳，主动配合人大执法检查、政府行政监察、政协视察活动。

3.深化平等协商、集体合同制度，着力推进行业性集体协商，推进基层劳动争议调解组织建设，切实维护社会和职工队伍的稳定。

4.深入开展"安康杯"竞赛，落实劳动保护监督检查。

5.加强基层民主管理工作，深入开展厂务公开民主管理。

6.重点抓好大型企业、行业职代会制度建设，开展创建厂务公开民主管理工作示范单位活动，发挥典型示范带动作用。

（五）继续推进工会工作网络信息化建设

1.大力加强网上工会建设，完成工会实名数据库信息采集工作，加强工会网络平台建设，加强工会网络工作队伍建设，健全和完善职工基本情况和工会组织、会员信息数据库。

2.推进"互联网＋"工会建设，用工会系统网站、手机APP、微博、微信公众号等平台，打造方便快捷、务实高效的服务职工新通道。

（六）切实加强工会自身建设和改革创新

1.积极做好工会改革工作，坚持在朝阳市总和市委的领导下，按照增"三性"、去"四化"的改革总体思路，认真落实工会改革措施，确保如期完成改革任务。

2.加强基层工会规范化建设，开展"强基层、补短板、增活力"行动，做好常态化农民工入会工作，持续推进在各类企事业单位特别是非公有制经济组织、社会组织中普遍建立工会组织。

3.深入开展职工之家评选活动，做好"非公企业示范工会""六好乡镇工会"的创建和选树工作。

4.重心下移，加大工会经费对下补助力度，夯实基层工会物质基础。

5.切实加强党风廉政建设，切实履行全面从严治党的主体责任，巩固"两学一做"学习教育成果，坚持问题导向，加强制度建设，推动形成常态化、长效化的学习教育机制。

6.认真落实"三严三实"要求，加强作风建设，践行"一线工作法"，实施绩效考核，明确工作任务，压实工作责任，提高工作效能。

进一步推动"作风建设年""机关建设提升年""基层工会组织建设年"三个年活动深入开展，全面完成年度各项工作任务。

学习贯彻十九大精神
推动新时代工会发展

山西省五寨县总工会　彭礼新

党的十九大的胜利召开，为推动各级工会工作在新时代的创新发展起到了重要的指引作用。五寨县总工会以高度的责任感和使命感，深入学习宣传贯彻党的十九大精神，把全县各级工会干部和广大职工群众的思想和行动统一到党的十九大精神上来，把智慧和力量凝聚到落实党的十九大确定的各项任务上来，团结动员广大职工群众为实现党的十九大确定的目标任务而努力奋斗。

一、回首传承十八大成就，秉承初心改革创新

党的十八大以来，全县各级工会始终把坚持党的领导作为做好工会工作的根本保证，切实担负起引导职工群众听党话、跟党走的政治责任。全县各级工会围绕为实现中华民族伟大复兴的中国梦而奋斗这一中国工人运动的时代主题，团结动员工人阶级和广大劳动群众在经济社会发展中发挥重要作用。

过去5年，改革创新成为贯穿工会工作的关键词。从中华全国总工会、山西省总工会到地方工会，自上而下、层层带动、上下联动，工会改革的触角已经全面深入工会工作的各个领域。过去5年，全县各级工会强化责任担当，大力推进工会工作改革，抓住劳动就业、技能培训、收入分配、集体协商、社会保障等重点问题，关注一线职工、农民工、困难职工等关键群体，把广大职工的安危冷暖放在心上，雪中送炭、助难解困。

二、深刻领会十九大精神，重任在肩砥砺前行

学习领会党的十九大精神，必须坚持全面准确，坚持读原著、学原文、悟原理，认真研读党的十九大报告和党章，学习习近平总书记在党的十九届一中全会上的重要讲话精神，做到学深悟透、融会贯通。切实用党的十九大精神武装头脑，全面贯彻党的基本理论、基本路线、基本方略，以党的十九大精神为指导，系统谋划好、推进好工会各项工作，坚定不移地走中国特色社会主义工会发展道路，确保工会工作始终沿着正确的政治方向前进。

准确理解党的十九大对工会工作提出的新使命新要求。党的十九大报告提出："我国

是工人阶级领导的、以工农联盟为基础的人民民主专政的社会主义国家，国家一切权力属于人民"；"建设知识型、技能型、创新型劳动者大军，弘扬劳模精神和工匠精神，营造劳动光荣的社会风尚和精益求精的敬业风气"；"推动协商民主广泛、多层、制度化发展，统筹推进政党协商、人大协商、政府协商、政协协商、人民团体协商、基层协商以及社会组织协商"；"完善政府、工会、企业共同参与的协商机制，构建和谐劳动关系"；"增强群众工作本领、创新群众工作体制机制和方式方法，推动工会、共青团、妇联等群团组织增强政治性、先进性、群众性，发挥联系群众的桥梁纽带作用，组织动员广大人民群众坚定不移跟党走"。

三、以十九大精神为指导，推动工会改革发展

党的十九大对新时代工会工作提出了新课题。全县各级工会组织要找准贯彻落实党的十九大精神的切入点、着力点和落脚点，坚持学以致用、用以促学，把党的十九大精神全面贯彻落实到工会工作的各方面、全过程，不忘初心、牢记使命，为决胜全面建成小康社会更好地发挥工会组织作用。

一要凝聚智慧力量，团结带领广大职工为助推五寨经济社会发展谱写新篇章

要围绕十九大确定的宏伟蓝图和目标任务，激发广大职工的劳动热情和创造活力。要深入开展各种主题劳动和技能竞赛活动，要大力弘扬劳模精神和工匠精神，带动更多职工立足岗位精研技艺、创新创优，为不断增强经济创新力和竞争力多做贡献。要积极推进职工素质建设工程，开展多种形式的职业技能培训和创业培训，为建设知识型、技能型、创新型职工队伍多做贡献。

二要突出维权服务，努力让职工群众有更多获得感和幸福感

要贯彻落实以人民为中心的发展思想，坚持党的全心全意依靠工人阶级方针，切实维护好职工合法权益。深入实施职工创新创业富民增收行动计划，做实春送岗位、夏送清凉、金秋助学、冬送温暖等工会工作品牌，加大城镇困难职工解困脱困工作力度。要进一步深化和谐劳动关系，完善工资集体协商制度，加大劳动关系矛盾和劳动争议纠纷的隐患排查力度，推动构建和谐劳动关系，以促进社会和谐稳定。

三要坚持正确的改革方向，推进工会工作改革创新

要以党的十九大精神和中央群团改革工作座谈会精神为指引，把保持和增强政治性、先进性、群众性贯穿深化工会改革全过程，坚持以职工为中心的工作导向，直面突出问题，采取更加具体、更加有力、更加有效的措施。深入开展"强基层、补短板、增活力"行动，大力加强乡镇（街道）、行业，特别是非公有制经济组织工会建设，不断扩大工会组织和工会工作有效覆盖面。进一步增强基层工会吸引力凝聚力战斗力，真正使基层工会强起来活起来。

四、深化改革走进新时代，新征程当好主力军

"等闲识得东风面，万紫千红总是春。"五寨县各级工会和广大职工群众要紧密团结在以习近平同志为核心的党中央周围，高举中国特色社会主义伟大旗帜，以习近平新时代中国特色社会主义思想为指导，以实际行动学习好、宣传好、贯彻好党的十九大精神，锐意进取、凝心聚力、扎实工作，为高水平全面建成小康社会，谱写新时代中国特色社会主义新篇章做出新的贡献。

靖宇工会全动员 脱贫攻坚大会战

吉林省靖宇县总工会 才 峻

为全面贯彻落实靖宇县脱贫攻坚大会战会议精神，靖宇县总工会迅速召开全员会议，进行再动员、再部署，明确任务目标，强化责任意识，整合一切资源和力量，坚持打好脱贫攻坚战役。县总工会上至领导，下至公益岗位人员，全部落实了包保任务。无论是在工作日，还是休息日，包保责任人利用一切可利用的时间，深入西头村，推动政策落实、责任落实、工作落实。

建立和完善贫困户档案。认真查看档案，对贫困户档案进行补充完善，确保资料完整、信息准确。6月3日，县总工会又抽调人员到那尔轰镇将西头村74户贫困户档案全部录入电脑，建立了电子档案，做到贫困户档案信息共享。

开展深入细致的入户调查。为了了解贫困户项目发展和收益情况，县总工会干部深入包保的贫困户家中、田间地头，详细询问贫困户生活状况、收入来源、种植养殖发展情况，讲解最新的扶贫政策，鼓励他们利用好政策，积极脱贫致富。

落实"五净一规范"工作。县总工会印发了"五净一规范"倡议书，工会每名包保责任人到贫困户家中宣传"五净一规范"内容，张贴"五净一规范"倡议书，帮助贫困户打扫室内外卫生、整理农具、归置物品，使贫困户家中焕然一新。

抓好"因户施策"项目。6月8日，向贫困户发放了2018年第一批"因户施策"项目——贝母，县工会十几名包保责任人放弃了休息时间来到贫困户家中，帮助贫困户晾晒贝母、打贝母池子、栽种贝母，一直忙到天黑才坐车返回。

走访慰问贫困户。县工会干部自费购买了牛奶、猪肉、青菜等物品到贫困户家中看望贫困户。端午节前夕，又购买了粽子给贫困户送到家中，使贫困户感受到来自包保干部的贴心温暖。

带岭区总工会组织职工代表
开展专题调研视察活动

黑龙江省伊春市带岭区总工会　韩志龙　李建巍

近日，带岭区总工会组织来自机关、基层和林场一线的职工代表近20人开展"听汇报、看变化、谋发展"职工代表林下经济和多种经营专题调研视察活动，以增强职工代表的履职水平，提高参政能力。

听汇报了解情况。此次专题调研视察活动，选择了寒月、永翠、东方红、大青川四个林场进行。每到一个林场首先听取单位行政负责人林下经济和多种经营工作情况的专题汇报，然后在肯定工作成绩的同时，代表们积极建言献策，指出工作中存在的问题，提出中肯的意见和建议。为确保职工代表的建议能够"参"到点子上，"谋"在关键处，我们抽调的职工代表都是相关部门和从事林下经济和多种经营的职工代表，从而为更好地参政议政奠定了基础。

看变化鼓舞士气。代表们先后实地视察了寒月林场养蜂项目、永翠林场"花园人家"特色山庄和北京油鸡特色养殖、东方红林场葡萄种植项目、大青川林场棚室木耳项目。代表们通过身临其境感受了全区林下经济和多种经营项目近年来的大变化，纷纷表示，要把兄弟单位的好经验、好做法带回去，向广大职工进行宣传，动员更多的职工投身林下经济和多种经营产业中创业、就业，致富奔小康。

谋发展献计献策。代表们围绕调研视察所涉及的内容，结合自己发展林下经济和多种经营项目的实际，将调研视察中所感、所想、所思、所悟都体现在献计献策谋发展上，纷纷提出全区的蜂产业发展要整合每个单位的协会、合作社，注册商标，进行深加工，成立带岭区蜂产业专业合作社，抱团打市场，提高售价，增加收入；山庄经济要提档升级，落实"五大发展理念"，引导职工发展民宿，不断改善设施条件，吸引更多的游客来我区观光旅游；积极扩大销售渠道，进一步发挥现有的"淘宝店"等"电商"平台作用，帮助创业职工实现所产出的农副产品进行网上销售，力求产品无积压，通过我们广大职工辛勤的耕耘，实现致富奔小康的目标。

怀宁县总工会工作亮点纷呈、彰显特色

安徽省怀宁县总工会

　　近年来，怀宁县总工会在县委和上级工会的领导下，紧紧围绕县委县政府的中心工作，认真贯彻落实党的十九大精神和习近平总书记系列重要讲话精神，在工会组建、民主管理、开展劳动竞赛、职工活动和困难职工帮扶等工作方面取得显著成效，为维护职工权益、服务改善民生、营造发展环境、推进创新创业、构建和谐社会发挥了积极作用。

　　到目前为止，全县共推进基层工会组织建设 1792 个，涵盖单位 1840 个，吸纳工会会员 117871 名。顺利完成茶岭镇等 16 个乡镇工会联合会的换届工作，高河镇、石牌镇、月山镇、马庙镇 4 个乡镇总工会第一届委员会选举工作。全县集体合同的签订率达到 90% 以上，共签订集体合同、工资专项合同 458 份，春季要约企业 458 家，送法到企业、车间、班组 30 次，发放宣传资料 2 万余份，咨询达 8000 人次。

　　怀宁县总工会充分发挥自身优势，先后联合有关部门，开展系列劳动竞赛和技能培训，成功举办两届"中国面点师之乡——怀宁·江镇面点师技能大赛"；赛事得到市总、县委领导的高度赞赏，是烹饪餐饮行业近 20 年来首次举办的面点技能大赛。

　　结合我县产业发展需求与农民工需要原则，深入乡镇开展面点师技能培训和蓝莓、水稻种植、家禽养殖等多项技能培训、扶贫帮困、脱贫攻坚就业技能培训，培训主要内容涉及面广泛且通俗易懂，进一步激发了职工和农民工的自主创业与自主就业能力。在全县 80 多家单位企业开展"小革新、小创造、小发明、小设计、小建议"的五小竞赛活动，覆盖职工人数近 2 万人，使全县涌现出一大批各行各业的能工巧匠。

　　积极组织开展各类文体活动，连续三年开展"全县职工徒步比赛""怀宁县职工运动会""怀宁县 51 职工长跑比赛"，举办"中国梦·劳动美全县职工书画展"，参加全国、省、市、县"安康杯"知识竞赛，获得"全国安康杯竞赛优胜组织单位" 4 个，"全国安康杯竞赛优胜班组" 2 个，2016 年 11 月怀宁县总工会被全国"安康杯"竞赛组委会办公室授予"优秀组织单位"荣誉称号。连续创建了 18 家县级示范职工书屋，1 家市级示范职工书屋，1 家全国示范职工书屋。一系列的举措丰富了干部职工的精神生活，增强了职工队伍的向心力和凝聚力，促进了职工的素质提升，广受职工群众好评，为怀宁经济发展、建设和谐社会做出了重大贡献。

怀宁县总工会目前正在建设困难职工帮扶中心，谋划一系列劳动技能竞赛、文艺会演等活动，着力提升服务大局、服务职工的质量水平，在构建和谐劳动关系中彰显工会组织新作为。

立足新起点　抢抓新机遇　彰显新作为
为建设郑焦深度融合首位节点城市目标建功立业

河南省武陟县总工会

今年以来,武陟县总工会坚持以党的十九大和"两学一做"精神为指导,紧紧围绕全县"抓好四件大事、办好四大民生、营造四优环境"12项重大工作,团结带领全县广大工会干部职工,突出重点,励精图治,奋发图强,各项工作取得了显著成效。

一、突出四个重点,充分发挥工会组织优势作用

一是以竞赛活动为重点,发挥工人阶级主力军作用

紧紧围绕全县12项重大工作任务,深化"当好主人翁、建功新时代"系列劳动竞赛活动。围绕健康武陟建设,在高危行业和劳动密集型企业中开展了"安康杯"劳动竞赛。围绕污染集中防治,在重点污染排放和高耗能企业中开展了"节能减排"劳动竞赛。围绕人才战略实施,在工业企业开展了职工技术创新竞赛,组织职工广泛开展技术攻关、技术革新、技术发明、技术改造等技术创新活动。参赛企业达到560家,覆盖职工6万余人。5月份,与县工信局联合召开了全县工业"三大改造"工作推进会,启动了首届"十大工匠"评选表彰活动,努力培育一批具有优秀品质、高超技艺和创新精神的高技能领军人才。6月份,与县安监局联合在全县举办了"当先锋、做表率"安全知识技能竞赛,全县55支代表队220名参赛,经过初赛、复赛、决赛,评出一等奖1名、二等奖2名、三等奖3名。7月份,在全县组织开展了"践行节能低碳、建设美丽家园"节能减排网上有奖知识竞赛。

二是以文化活动为重点,充分调动广大职工积极性

五一节期间,坚持组织开展系列庆祝活动。一是举办全县当先锋、做表率庆"五一"职工工间操比赛,全县共有27支代表队580名职工参赛。各代表队以第九套广播体操、瑜伽、太极拳等不同形式的工间操,演绎出了职工的活力和精彩。比赛经过激烈角逐,产生了一等奖3名、二等奖5名、三等奖7名。二是开展庆"五一""万步有约"健走大赛,组织县公安局、公路局等16个基层工会439名职工参赛,在广大职工中大力倡导"我运动、我快乐"的健康理念。三是举办庆"五一"职工文体活动比赛,共设乒乓球、跳棋、象棋等比赛6项,吸引全县734名职工参赛,丰富了广大职工的文化生活。四是与县体育局联合举办全民健身月暨创建健康县城健身活动,全县15个乡镇(办事处)、30个企事业单位、1000 余名健身爱好者参加了活动。五是组织召开全县工会工作暨县五一劳动奖表彰大会，对 10 个县"五一"劳动奖状、50 名县"五一"劳动奖章和"示范性基层工会""五一巾帼集体"、"模范职工之家"、先进工会工作者、优秀职工进行了隆重表彰，激发了广大职工的创新活力和创造动力。同时，全县各级工会开展丰富多彩的庆"五一"系列活动，吸引了 3 万多名干部职工参与，为喜迎节日增添了一份喜庆和欢乐。

三是以组织建设为重点，不断增强工会凝聚力

今年以来，坚持"党建带工建、工建促党建"的工作思路不放松，着力推进非公企业、社会组织、新兴领域建会力度，以农民工相对集中的产业集聚区、建筑项目、物流（快递）业、家庭服务业、农民专业合作组织五大领域为重点，以货车司机、快递员、护工护理员、家政服务员、商场信息员、网约送餐员、房产中介员、保安员八大群体为主要对象，做好建会和发展会员工作，最大限度地把职工特别是农民工组织到工会中来。截至目前，已新建工会组织 10 家，发展会员 500 余人；同时，积极推行"一网一卡"职工普惠制服务，加快工会会员信息采集，拓宽特惠商家签约范围，让"一网一卡"真正成为了解职工、贴近职工、联系职工、服务职工的新途径。截至目前，采集会员信息达到 52365 人，办理工会会员卡达到 21000 张，发卡 19000 多张，签约特惠商家达到 110 家。

四是以助力脱贫为重点，促进农民工就业安置

3 月份，联合人社局开展"春风行动"就业招聘会，组织江河纸业、辅仁制药、飞鸿安全玻璃等 22 家企业参加招聘会，现场安置下岗职工、农民工 300 余名。并建立了国药容生、辅仁药业等 8 家技能培训基地，开设计算机、化学制药等课程，举办了专业培训班 3 期，培训下岗职工及农民工 500 人次。同时，积极探索劳务输出之路，先后与郑州富士康、北京旺旺食品公司、上海昌硕电子厂等 18 家企业签订劳动用工合同，全力开展职工就业安置工作，共输出农民工、下岗职工 200 余人。并及时在职工服务平台更新发布企业招聘信息。目前，已发布 48 家企业招聘信息，岗位 500 余个。

二、实施三项工程，增强工会工作新活力

一是实施帮扶救助工程

坚持把扶贫解困作为维护稳定、保障民生的大事来抓，积极为全县困难职工排忧解难。双节期间，筹集资金 45.3 万元，开展"心系职工情、温暖进万家"帮扶救助和冬季送温暖活动，为 234 名困难职工发放救助金 39.3 万元，为 500 余名电力、供水、热力维修工和环卫工、园林工送去了 1 万元慰问金和棉服、手套、口罩、保温水杯、方便面等慰问品；并与县法院联合开展了涉农维权活动，帮助 300 余名农民工追讨欠薪 500 余万元；六一节，投入资金 8300 元，开展了"六一特别关爱"活动，邀请秦迎军书记等领导参加慰问活动，为困难职工子女和部分在校儿童送去图书、食品、玩具等慰问品。同时，工会"爱心超市"

先后深入大虹桥乡、西陶镇、小董乡的贫困村，开展"送温暖、献爱心"捐赠活动，共为200余名困难群众发放衣物500余件，生活日用品100余件。

二是实施劳模示范工程

4月份，启动首届县五一劳动奖评选表彰工作，按照面向基层，面向农民工，面向经济建设一线，兼顾各行各业的原则，自下而上，层层选拔，推荐评选出了县五一劳动奖状10个、县五一劳动奖章50名，并在五一节前夕，召开县表彰大会进行命名表彰。张家利等2名同志荣获河南省五一劳动奖章；张保国等12名同志荣获焦作市劳动模范；赵鸿权等14名同志荣获焦作市"五一"劳动奖章。同时，加强劳模宣传一条街建设，选树88名劳模典型代表进行广泛宣传，用先进事迹鼓舞鞭策职工，在推进全县经济社会建设中当先锋、做表率。

三是实施职工素质提升工程

大力推进企业文化、职工文化建设，打造职工书屋、职工教育培训示范点，开展"好书推荐""经典诵读"读书交流进基层、到班组活动，引导职工多读书、读好书，努力培养和造就一支高素质的职工队伍。并在广大职工中大力推广豫工惠APP在线阅读和电子职工书屋建设，放大延展书屋功能。今年，新建立县级职工书屋3个。同时，与县委宣传部、县文广新局联合举办了学习宣传贯彻党的十九大精神微型党课比赛，来自全县各企事业单位的42名职工参赛，评选出一等奖1名、二等奖3名、三等奖5名、优秀奖7名，并选派2名优秀选手参加市总"中国梦·劳动美"演讲比赛；围绕文明城市创建，与县委宣传部联合开展了"培育好家风、传承好家训"主题征文活动，选出45篇优秀作品参加市总比赛。4月底，启动了武陟县"文明（最美、书香）家庭""文明（最美）职工"评选活动。

三、建立两项制度，加强基层民主建设

一是建立服务承诺制度，促进劳动关系融洽

年初，我们选树了国药容生制药公司、江河纸业等15家重要工业企业实行服务制度，定期深入企业听取意见和建议，研究解决公开工作中出现的新情况、新问题，及时总结基层工作经验，以点带面，进一步深入开展厂务公开工作。元月，下发了《关于开展厂务公开工作检查的通知》，与县纪检委联合对全县10家企事业单位的公开工作进行了检查，有力地促进了厂务公开工作的均衡、有效发展。

二是坚持职代会制度，推进企业民主化进程

在全县企事业单位中坚持实行职代会制度，重点规范和完善职代会内容、程序、制度和职权，力求在作用和效果上实现突破。积极推动100人以上的企业建立职代会制度，100人以下的企业建立职工大会制度，全县企事业单位建制率达到95%以上。元月，与县教育局联合指导全县的14个中心学校和17所委直学校召开教代会。

"四性"到"四化"
努力实现困难职工解困脱困目标

——凝聚职工主力军 推进十堰（郧阳）生态滨江新区建设

湖北省十堰市郧阳区总工会　陶国功

湖北省十堰市郧阳区（原郧县），是新四军中原突围的红色革命老区，2014年9月国务院批准郧县撤县，设立郧阳区。至此，郧阳区成为十堰市所辖（四县三区一市）的一个大区，尤其是郧阳区又是南水北调核心水源区。基于郧阳区位的优势独特和发展潜力，十堰市委、市政府提出在郧阳建设十堰生态滨江新区的战略举措，着力打造碧水蓝天，确保汉江一江清水永续北送。

郧阳人民在解放战争时期和南水北调工程建设中曾做出了巨大的奉献和牺牲，郧阳是保和平促发展的贡献区，同时也成了国家级贫困地区。

为加快郧阳脱贫致富和小康社会建设，郧阳区委、区政府推进"四个郧阳（美丽、实力、活力、魅力）"建设发展战略，着力打造十堰生态滨江新区。组织全区党员干部和工会组织，严格落实党的十九大、习近平总书记向全世界庄严承诺"中国要在2020年全部脱贫"以及国务院、中华全国总工会和湖北省关于进一步做好城镇困难职工解困脱困的文件和要求，在农村全面打好精准扶贫脱贫决胜战。对于全区困难职工帮扶解困脱困这一任务，重在由"四性（随意性、季节性、单一性、盲目性）"到"四化（科学化、常态化、社会化、精准化）"转轨提速，全力抓好困难帮扶工作，努力实现解困脱困目标，凝聚职工主力军，推进十堰生态滨江新区建设。

制订实际规范的帮扶方案，由随意性操作到科学化运作。困难职工解困脱困既是民生工程，更是十九大提出在2020年全面实现小康社会的伟大工程。帮扶工作仅靠随意操作是不行的，必须推行规范化、大动作。对此，区委、区政府高度重视，经常调研了解全区困难职工状况，结合实际实情，研究最佳举措。区委、区政府先后几次召开有关职能部门的联席会议，广泛讨论，畅所欲言，提意见献良策，聚集智慧，修改完善，形成集体决策，印发了《郧阳区关于进一步做好城镇困难职工解困脱困工作的通知》，制定了具体解困脱困的目标和措施。即从2017年至2019年，每年完成30%以上建档立卡的城镇困难职工解困脱困任务，对新产业的困难职工按照建档标准，同步建档立卡、同步实施帮扶、同步解困脱困，确保在 2020 年全部完成脱困的总体目标。并依照解困脱困的"两有五保障（有吃、有穿，就业、就医、就学、社会保险和住房有保障）"的脱困标准，以"六个一批"即就业解困脱困一批、医疗保障脱困一批、子女助学脱困一批、落实社保脱困一批、工会帮扶脱困一批、结对帮扶脱困一批，为困难职工搭建就业创业平台、实施技能技术培训、落实相关社保政策、大病救助、助学圆梦、住房保障、开展送温暖等解困脱困的"八个硬措"。

建立长期不懈的帮扶机制，由季节性活动到常态化推动。郧阳区有 640 多家基层工会组织，共有职工会员 40500 人，其中企业职工会员 21000 人。按照困难职工条件（以当地最低月工资收入以下）为概定，全面认真摸底，深入实际查访，网上"大数据"核查，对确属困难职工的，张榜公示，接受社会监督，确无疑议的，一个不少建档立卡，认定全区 400 多名困难职工及特困职工为帮扶解困脱困对象。基于困难职工情况不一，困难多样，实施帮扶同样应是多方式的。所以说，仅靠年关慰问资助几百元，关爱"一阵子"，是解不了难、脱不了困的。对此重点由以往季节性帮扶（慰问）向常态化转型，建立了长态化、联动式、行之有效的帮扶机制和帮扶措施，切实解决好困难职工的实际困难和根本需求，使每一位困难职工从"根上"解困脱困，确保帮扶解困脱困不落一人。

明确共同联动的帮扶机制，由单一性缺力到社会化合力。抓好困难职工帮扶，推进解困脱困，牵扯事情多，涉及面很广。工会工作职能有限，对困难职工很多要帮的事，心有余而力不足。搞好困难职工帮扶同是各部门不可推卸的责任。只有建立联动的帮扶机制，共同协作，才能形成强大力量。为此，政府出面坐镇、工会积极牵头，组成财政、民政、卫生、科技、人社等相关职能部门和企业的帮扶工作联动体制机制。先由工会针对每个困难职工的具体实际，按照"六个一批"和"两有五保障"的解困脱困举措和目标，分别具体制定帮扶措施和包保责任，属哪个职能部门的工作，哪个部门主动承担，来定责、砸砣，破解好困难职工帮扶解困脱困中的难题和阻力，使困难帮扶解困脱困工作落实责、办实事、见实效。

实施号人对靶的帮扶措施，由盲目性乱帮到精准化施帮。对全区困难职工帮扶主要分为"两种类"，采取"两举措"帮扶工作。一类是定向帮扶。凡是建档立卡的困难职工，其帮扶举措为：对所有建档立卡困难职工实施一户一档案、一户一计划、一户一定标的帮扶法。针对各个困难职工实际，以解困脱困的"六个一批"精准订措，落实帮扶责任和动态管理，即不脱困不脱帮，脱了困即脱帮。针对困难职工具体实际，找准"病根"，开对"药方"，帮在点上，根除穷根。尤其是充分用好工会专项帮扶资金，对子女助学、大病救助、天灾人祸的重大困难，特殊情况特殊处理，加大帮扶力度。并视相关困难，具体情况具体对待，帮助争取民政低保、就学免费、住房保障等适应的政策措施解决，真正促其解困脱困。同时从提升困难职工素质入手，加大技能技术培训，同企业搭建用工平台，拓展就业渠道，满足困难职工再就业创收入促脱困。并与劳动、金融部门联合，为近百名有一技之长愿创业的困难职工，发放小额贴息贷款，扶持创办小微企业和经营经商，不仅使他们致富了，还带动了一大批困难职工就业脱困。另一类是大面关爱。大力开展为工作生产一线职工"夏送清凉""冬送温暖"及为女职工送关爱活动。每年的高温季节，为企业车间职工、露天作业环卫工、自来水管道工、建筑工程和工地的职工农民工开展送清凉3000多人（次）；每年年关"两节"慰问困难职工300多人。去年，工会筹资筹备，在城区工作密集的解放路和城东大市场租房子、添设备、购用品，开设了两所"爱心驿站"，为户外工作的职工提供中午小憩、热饭泡面、手机充电、临时避雨、急用解难等一时之便。大力关心关爱女职工。督办全区企业为女职工落实了每月20元的卫生费；从2011年起，每年免费为全区女职工健康体检，预防"两癌"；从2015年起还为全区女职工办理了安康保险。

"沉下去　动起来"
涉县总工会综合改革让工会组织更接地气

河北省涉县总工会

为贯彻落实习近平总书记在中央党的群团工作会议上的重要讲话精神和中发〔2015〕4号、冀发〔2015〕12号、冀办字〔2015〕61号文件精神，涉县总工会作为邯郸市委群团改革工作中工会系统的唯一综合改革试点单位，紧紧抓住机遇运用改革精神推进工会工作，以增"三性"、去"四化"为总体思路，创新组织体制、运行机制、活动方式、工作方法等方式推动涉县工会工作再上新台阶。

一、工会干部沉下去，机构改革动起来

改革干部管理模式，增强工会组织广泛性和代表性。

招募志愿者充实到全县各级工会组织，形成大工会框架。县总工会打破年龄、身份、学历等限制，面向社会招募70名志愿者，建立工会志愿者人才库。志愿者主要在维护职工合法权益、帮扶救助困难职工、参与工会工作活动、宣传工会政策等方面发挥作用。县总工会根据每次志愿活动任务内容的难易程度，设置一定数量的积分。志愿者每参加一次志愿活动，县总工会给予志愿者一定的积分，志愿者可以使用积分兑换奖品。县总工会每年评选"优秀工会志愿者"，对"优秀工会志愿者"颁发荣誉证书并给予一定的物资奖励。"优秀工会志愿者"在评选"涉县五一劳动奖章""劳动模范"同等条件下优先推荐。

将原有的社会化工会工作者、工资集体协商指导员、保障协理员面向社会公开招聘，共选派20名到各级工会组织开展工作。工会干部到基层工会挂职，实实在在到基层把工会工作做好，把工作做到职工群众的心坎上，做到党委政府满意、职工群众满意、社会各方认同。

涉县总工会整合机构，将原来的五部一室进行整合，整合后为综合办公室、劳福事业财务部、权益保障部。将原有的困难帮扶中心升级为职工服务中心。主要承接县总工会的各项服务职能。将工会俱乐部列为企业，推向社会。整体承接活动、培训等职能。县总工会将通过购买服务等方式，将服务项目移交给工会俱乐部承办。相较于过去分散在各个部门的维权职责，机构改革后的资源整合将提高为职工维权的效率，让维权服务变得更加快捷、高效。

二、工作重心沉下去，基层组织动起来

工会是党联系职工群众的桥梁和纽带，基层工会直接联系和服务职工群众，是工会全部工作的基础，是落实工会各项工作的组织者、推动者和实践者。加强基层工会建设，刺激基层工会发挥作用也是涉县工会深改中的一项重要内容。

涉县总工会在中小企业集中的地方推进区域性、行业性工会联合会建设，积极探索和加强自乡镇（街道）、开发区（工业园区）等工会建设，提高建会质量，开展农民工集中入会行动，实现对非公有制企业职工、灵活就业人员和农民工等有效覆盖。在加强基层组织建设的基础上对基层组织规范化建设提出新要求，按照"挂三牌、建五档、五有、四上墙"的标准，结合"职工之家""农民工之家"建设，目前我县90%的基层工会达到了有牌子、有印章、有办公地点、有活动场地，组织网络、工作机构、规章制度、主席职责上墙，工作档案、台账、会员登记等资料齐全的规范化标准。在乡镇总工会开展了标准化建设活动，为17个乡镇总工会配备了电脑、打印机等相关办公设施。把更多的资源向基层倾斜，把更多的精力投入基层一线，努力解决基层基础薄弱问题，不断激发基层工会活力，充分发挥基层工会作用。

涉县总工会还将根据广大职工会员的工作时间、休息时间调整职工服务中心的工作时间，让广大职工会员切实感觉到工会始终在他们身边。

三、经费使用沉下去，考核机制动起来

工会是否有战斗力，主要看基层组织，而基层组织是否能够发挥作用很大程度上取决于经费，改革经费管理模式也是涉县总工会此次深改工作的重头戏。

涉县乡镇（街道）、开发区总工会、系统工会，本级经费都是从所属基层工会按工资总额的2%提取的，若经费不足1万元的，县总工会给予补助，为基层工会开展相关工作提供经费保障。

由小微企业组成的联合基层工会，工会经费将足额返还，确保基层工会有经费，可以开展相关文体活动、慰问职工等工作。

对年工会经费2%全额收缴在1000元以上的基层工会实行集中核算，将应返还基层工会的经费全部汇集到集中核算中心，由基层工会主席签字后实行报账制，从制度上保证了基层工会主席在经费使用上的自主权，确保把有限的资金用在服务职工的刀刃上，方便了基层工会各项工作的开展，极大地提升了基层工会组织的影响力和战斗力。

为加强工会工作，涉县县委把工会工作列入各级单位考核内容，将工会工作成效作为考核的重要内容，纳入党委领导班子和分管负责同志工作考核之中，纳入基层党建工作述职评议考核体系。在工会组织中建立"双评一测一公布"专项考核制度，"双评"，一是

上级工会、同级党委对工会组织进行评价，一是所联系的职工群众或职工代表对工会组织进行评价；"一测"指通过网络平台，广大职工群众对县总工会进行满意度测评；"一公布"指通过社会媒体和工会组织公布评价结果，实行社会监督。

四、宣传教育沉下去，新式服务动起来

随着"自媒体"风起云涌，微信、微博等即时通信工具成为广大职工群众获取信息和反映心声的重要渠道。为更好地利用这些新兴媒介做好工会服务工作，涉县总工会实施"互联网＋工会"工程，认真做好网站、微信公众平台等，搭建工会网络信息平台，提高工会工作信息化、数字化水平，进一步扩大工会信息受众面，开展网络技术练兵、创业创新、信息指导等工作，推动网上网下互动融合，工会干部要提高运用新媒体能力，更直接地与职工群众在网上交流互动。

为了让广大会员分享改革开放成果，享受到工会改革后的新举措，涉县总工会开展工会会员普惠化服务，县总工会将向全县工会会员发放"工会会员服务卡"，三年内发卡率达80%；在全县非公企业普遍开展工资集体协商、建立工资集体协商制度，发挥劳动关系三方机制作用，引导职工合理表达诉求；在全县创建劳动关系和谐单位，组织动员职工创新、创业；大力实施"精准帮扶"，不断完善精准帮扶细节工作，抓好小额借款资金的循环使用，帮助更多的脱贫创业项目，针对困难职工、化解过剩产能失业下岗的困难人员和困难农民工，开展"创业就业扶持专项行动"，帮助他们实现创业梦想；建立"一帮一"制度，全县每一名工会干部都要联系一个基层工会、一名普通职工、一名困难职工、一名受助大学生，帮助他们解决生产生活中的实际困难，面对面、心贴心、实打实与职工群众交朋友，做好职工的"娘家人"。

开展营林生产竞赛 助力林区生态建设

黑龙江省大兴安岭地区总工会

进入新时代,随着生态建设力度的不断加大,大兴安岭全面停止商品林商业性采伐后,国家对营林生产的投入增加和任务量加大,营林行业已成为大兴安岭生态文明建设的主战场,营林生产是大兴安岭实现可持续发展、推进生态建设的重点战线。

面对这一实际,大兴安岭地区总工会把握时代脉搏,着眼美丽兴安建设,主动作为,参与生态文明建设和经济社会发展,我们以提高生态建设水平、增加林区职工收入为目标,从 2012 年开始,连续 6 年相继在营林生产、补植补造等行业领域开展了劳动技能竞赛和技术比武活动。竞赛重点围绕作业质量和作业数量、落实生产分配公示制和劳动合同制、作业人员实名制、营林生产规范化作业点等内容开展。竞赛形式由全区各级工会牵头,各级营林部门全程参与配合,采取平时检查与年终考评相结合的方式自下而上进行量化打分。2012 年至今 9 个林业局的 3311 个营林生产作业组,共有 63487 名职工参加了竞赛活动,完成造林 184.63 万亩,参与竞赛人员达到营林生产的 80%。2015 年我们进一步丰富和拓展竞赛活动内容,与营林、人社部门共同举办了全区营林生产技术比武,激励了广大营林职工学技能、练本领,为一线职工搭建了展示技艺风采的平台。

目前,全区营林生产劳动竞赛已经连续举办了 6 年,营林生产技能竞赛已经连续举办了 3 届,858 名选手参赛,通过技术比武 114 名职工晋升了技术等级,培养了一批描绘美丽中国、建设美丽兴安的"最美蓝领",已经成为工会组织助力生态建设最亮丽的品牌、服务林区职工最响亮的名片。

一、主要做法

(一)精心组织、周密安排

在我们共同倡导下,全区营林生产劳动竞赛和技能竞赛活动,得到各县区局工会和营林、人社部门的积极响应,每年有五六百个作业组、万余名营林职工参与其中,活动覆盖面广,职工参与度高,活动效果明显。竞赛活动开展以来,每届都由总工会主席和主管营林工作的领导担任竞赛活动领导小组组长,统筹协调有关事宜,工会、营林和人社部门各司其职,分工协作。地区和各林业局总工会牵头抓总,协调活动事宜。营林部门制订方案、组织实施。人社部门负责兑现工人技术职称和待遇。形成了部门之间协调配合,部门内部上下联动的工作机制。

（二）注重导向、科学设计

六年来，竞赛活动始终坚持以问题为导向，围绕全区生态建设发展和营林中心工作进行，以有益于规范化专业化营林队伍建设和职工素质提升，有益于职工增收致富，有益于作业质量的提高。竞赛项目以国家实施的中幼林抚育、造林、补植补造等重点生态项目为主。评比项目从最初的评选金牌工人、优秀林场、优秀林业局，到现在固定为优秀林业局、优秀林场、优秀作业组三个项目。优秀作业组的考核重点是人数必须在10人以上，且经过各级培训，有专兼职技术人员，户籍为本地区人员；承担任务量为造林、补植补造500亩以上，或森林抚育1500亩以上。总体评价队伍建设、作业质量、规范化作业点建设、安全生产等情况。优秀林场、优秀林业局重点考核营林队伍建设、作业质量、生产进度、公示制、合同制、实名制、规范化作业点建设、安全生产等情况。劳动竞赛采取自下而上、年终评比和平时考核相结合的评比形式，由林场、林业局、地区活动领导小组层层评比申报，既有细化标准，又有量化指标。

在营林生产劳动技能竞赛中，重点考核营林基本理论知识、安全生产知识、生产作业基本技能和生产作业熟练程度，以及生产作业质量等内容，笔试与实践操作相结合，按评分标准评定名次。

奖励方面，对获奖的林业局、林场在下年度营林生产营林生产计划分配中给予政策倾斜，对获奖的作业组给予物质奖励，对在技能竞赛中获奖的个人在物质奖励的同时，破格晋升技术职称。六年来，全区营林系统参与竞赛活动的热情日益高涨，已从要我赛转变为我要赛。

（三）广泛发动、力求实效

为保证竞赛活动取得实实在在的成效，在地区营林生产劳动竞赛领导小组制订方案后，各参赛单位都结合实际制订了具体的实施方案。在此基础上，进行了深入的宣传发动。各级工会组织和营林部门，把开展营林生产劳动竞赛和技能竞赛，作为贯彻落实地委"两会"和省总全委会议精神，以职工需求、基层需求为导向，以改革创新、转变作风为主线，按照地委坚决打好"七大攻坚战"的工作部署，坚持服务中心、服务大局、服务基层、服务职工，不忘初心、牢记使命，锐意进取、埋头苦干，进一步增强工会组织的凝聚力、向心力和战斗力的手段，站在林区百姓增收致富的重要举措的高度，利用广播、电视、报纸等媒体，多形式、全方位地宣传竞赛的重要性和必要性，引导广大职工投入竞赛中来，进一步增强生态意识和责任意识，为林区经济社会又好又快发展奠定坚实的思想基础，提供强大的精神动力。

二、主要成效与收获

（一）竞赛助力了林区生态建设

几年来，通过营林生产劳动竞赛活动的开展，推动了全区营林队伍建设，全区已经形成营林生产作业组 700 多个，各林业局形成了以本局职工为主体的、稳定的营林规范化专业化队伍。推动了基层单位加强各项营林生产管理，如：新林林业局出台了《关于规范和加强营林队伍建设指导意见（试行）》和《营林生产任务管理办法（试行）》等，各作业组都建立了营林生产标准化作业点，公示作业人员、生产任务、管理制度，生产负责人、技术人员、安全规范上墙等。推动了职工素质的提升，每年从地区营林局到各林业局、林场都采取办班培训、现地培训等措施培训生产人员、技术人员、管理人员，基本达到纵向到底、横向到边，仅 2017 年培训人员达 1.9 万人次，激励职工学理论、学技能、练技能，极大地提高了营林生产各层级技术水平。促进了生产任务的完成和作业质量的提高。六年来，共完成造林和补植补造 184.63 万亩，森林抚育 2002.3 万亩，作业质量经国家林业局核查始终位于全国前列。

（二）竞赛服务了林区职工生活

几年来，我们把竞赛活动与实现林区职工转岗就业增收、脱贫致富相结合。在营林生产中优先安排林业转岗职工到营林生产岗位就业，并强化培训，让想干活的职工会干活，干到活，能赚到钱，生产中采取"三制"等有力保障措施，让职工真正从营林生产中获益，每年有近万人次职工从中获益，人均年收入 6000 余元。全区营林生产劳动技能大赛，为长期奋战在营林生产一线的职工，搭建展示技艺风采的平台，全区有 2.5 万余人次营林职工，参加了森林抚育、人工造林、补植补造劳动技能竞赛，以赛促学已成为营林系统的主流趋势，更为提质增效、增强生态功能提供了强大的技术保障。通过竞赛有 114 名营林职工晋升了营林技师、高级工、中级工等职称，有 2 人被评选为"龙江工匠"。

（三）竞赛提升了生态责任意识

几年来，竞赛活动提升了林区人们的生态意识和责任意识。呼中林业局碧水林场宋铁成营林生产作业组，是由木材生产转岗到营林生产的班组，转岗后一直在营林生产一线从事义务植树、补植补造、森林抚育等营林工作。转岗之初，不熟悉营林技术，大多数人都是"摸着石头过河"，但他们在干中学，练技能、强本领，始终坚持理论知识和营林生产知识学习，熟练掌握了营林生产作业中的每一个生产流程。在建设美丽兴安的伟大实践中，作业组成员发扬大兴安岭精神，战严寒、斗风雪；发扬工匠精神，精细化作业，高质量、大数量完成了林场下达的生产任务，连年取得优秀营林生产作业组的荣誉，兑现着"投身绿化终不悔、栽下绿荫为后人"的承诺。一个班组就是一扇红旗窗口，一名职工就是一张名片。十八站林业局依西肯管护区芦国春作业组，是全区唯一一个营林生产女子作业组，共有女职工 13 人，平均年龄 50 多岁。几年里，她们同男子作业组一样，凭着对工作的热情和爱岗敬业的精神，在大山深处艰苦作业，每年完成 3000 多亩抚育任务，1000 多亩造林和补植补造任务，造就了一支能打硬仗、敢打硬仗的女子营林队。

三、基本经验

（一）加强领导是关键

各单位都把营林生产劳动竞赛和技能竞赛作为一项长期任务，列入重要议事日程，成立了组织机构，明确各部门职责分工，经常了解和掌握竞赛进展情况，及时研究解决存在的困难和问题，为竞赛活动的深入开展创造良好的环境和条件。各参赛单位制订了竞赛方案，创新了竞赛载体，丰富了竞赛内涵，健全了竞赛机制，使竞赛活动真正起到弘扬先进、带动中间、鞭策落后的作用，在营林生产中形成了一种艰苦创业、拼搏向上的良好局面。

（二）宣传发动是前提

各单位把开展营林生产劳动竞赛和技能竞赛作为实现地委坚决打好"七大攻坚战"的工作部署战略目标的有效途径，已经成为推动林区经济社会更好更快发展的强大动力、林区百姓增收致富的重要举措。把握正确的舆论导向，采取多种形式，全方位地宣传搞好竞赛的重要性和必要性，教育引导广大职工在加强生态建设、维护生态安全、弘扬生态文明中充分发挥主力军作用。通过广泛宣传、层层发动，使林区广大职工充分认识了开展竞赛的重大意义，进一步增强生态意识和责任意识。

（三）严格考评是基础

地区和各林业局竞赛活动领导小组建立和完善了竞赛考核评价机制，从竞赛方案制订、目标任务提出、工作措施落实、活动效果检验等方面实行全过程全方位的考核与评估。考核评价的重点放在了营林专业化队伍建设是否到位，公示制、实名制、合同制是否落实，生产作业质量是否达到标准，生产生活条件是否改善，职工收入是否有效增加。按照物质奖励与精神奖励相结合的原则，把广大职工在竞赛中取得的新成绩、做出的新贡献与职工的工资增长、职称评定和评先选优挂起钩来，极大地调动和激发广大职工投身到林区生态建设的积极性，达到竞赛效果。

关于企业民主管理工作状况的调查报告

陕西省麟游县总工会

为全面深入了解我县企业民主管理工作现状，不断加强民主政治建设，努力构建和谐劳动关系，切实维护职工合法权益，进一步完善企业经营机制，增强管理工作的透明度，最近我们采取发放企业民主管理调查表、职工调查问卷和召开不同层次的职工座谈会等形式对全县部分企业的民主管理工作进行了专题调研，现将有关情况报告如下。

一、基本情况

此次调查的范围是近三年来我县城区生产经营工作正常，工会组织健全，职工人数在百人以下的企业，涉及国有、集体、非公等不同类型企业 14 户，涵盖金融（中国农业银行麟游县支行、麟游县农村信用合作联社）、医药（麟游县药材公司、宝鸡必康嘉隆制药有限公司）、物流（麟游县开元物资配送中心）、商贸（麟游县生产资料公司、麟游县农副公司、麟游县家得利超市）、食品（麟游县食品公司、陕西省麟游县民信盐业有限责任公司、麟游县自来水公司）、传媒（宝鸡广电传媒有限责任公司麟游县支公司）、服务（麟游县九成宫宾馆）、交通运输（麟游县运输公司）八大行业，共有 100 余名职工接受了调查。调查表明，企业民主管理工作总体状况良好，主要呈现出以下几个特点。

（一）以厂务公开为主要形式的民主管理工作深入人心，促进了企业又好又快发展

1. 厂务公开领导机构健全，公开制度不断完善。调查显示，被调查的 14 户企业中普遍成立了以企业、支部、工会领导和干部参与的厂务公开领导小组，80% 的企业有详细的公开方案或公开计划，20% 的企业除了有方案或计划以外，还有详细的厂务公开实施细则和任务分解表，对厂务公开的内容、形式、时间、程序等方面加以规范，可以看出企业厂务公开的制度正在不断完善。

2. 厂务公开形式多样，载体不断创新。调查表明，80% 的企业基本上用板报、公开栏、宣传栏、明白墙、职代会等传统载体进行厂务公开，20% 的企业结合自身实际和职工群众的要求，在坚持运用好传统载体进行厂务公开和厂情通报的同时，积极探索通过新技术、新媒体以及更方便、更快捷的传播载体进行公开，如电子屏幕、手机短信、QQ 群、微信群等，不断提高和扩大厂务公开的宣传效果。

3.厂务公开内容丰富，不断向深层次领域延伸。从调查情况来看，70%的企业厂务公开的内容仅限于职工关心的企业管理难点、职工利益热点和政策实施结点等问题；20%的企业除此之外公开的内容还涉及了企业的重大决策和生产经营情况；10%的企业公开的内容已拓展到了企业的投资决策、财务管理、物资采购、人事管理、质量管理、工程招投标等方面。可以看出，企业厂务公开的内容在深度和广度上正在向经营管理以外的权力行使等深层次领域延伸。

4.厂务公开运作规范，实效明显。调查显示，参与调查的14户企业基本上能够按照支部牵头、工会主抓、行政参与、职工监督的运作机制和工作格局开展厂务公开工作。65%的企业基本上能够坚持每月公开一次；35%的企业基本上能够坚持每季度公开一次。70%企业通过实行厂务公开工作充分调动了职工的积极性、主动性、创造性，密切了党群、干群关系，增强了职工对单位的认同感和归宿感，化解了各类矛盾，加强了单位领导班子和党风廉政建设，形成了心齐气顺、政通人和的发展环境。从职工问卷调查情况看，职工对厂务公开的满意度达到了90%以上，认同度和支持度不断提高。可以看出，厂务公开运作规范，在促进企业发展等方面发挥了重要的作用。

（二）以职工代表大会制度为基本形式的民主管理工作广泛普及，职工的合法权益得到了切实保障

1.企业普遍建立了职代会制度。调查显示，被调查的14户企业中有11户企业建立并坚持了职代会制度，有3户企业职工人数在10人以下，虽然没有职代会制度，但经常召开全体职工会议，企业基本上都能够坚持每年至少召开1次以上的职代会或职工大会，60%以上的企业坚持做到了每月召开1次职代会或职工大会，而且组织体系健全，活动比较正常，职代会的职权得到较好落实，作用得到有效发挥。

2.职代会工作内容和领域得到进一步深化和拓展。从调查情况看，参与调查的14户企业都能够认真抓好职代会职权的落实，60%的企业将重大经营决策、集体合同履约、企业的改革改制、职工劳资分配方案、职工重大生活福利事项、民主评议干部和财务管理使用情况等，列入了职代会的议题，由职工代表审议。参与调查的企业职工通过职代会提合理化建议、意见共计80条，被企业采纳69条，达到了86.25%。切实做到了会议议题不缺项、领域有拓展、内容有新意、质量有提高，保证了职工代表的民主权利，较好地维护了职工的合法权益，促进了企业又好又快发展。

3.职代会工作制度不断完善，工作程序进一步规范。参与调查的14户企业都能够结合自身实际和新形势下对职代会工作的要求，制定或修订职代会实施细则，完善职代会工作制度，包括会议制度、闭会期间的工作检查监督制度、职工代表产生及培训制度等。并且都能够严格按照规定的报批程序和工作程序办事，按照规定的比例认真选举好职工代表，对职代会的选举和提交审议的方案全部按照规定的工作程序办事。职代会的作用十分明显，效果也比较突出。

4.职代会制度使职工的民主政治权利和劳动经济权益得到了切实保障。职工代表大会制度的建立、推广和应用，为广大职工行使民主权利搭建了平台，引导职工以理性、合法的形式表达了利益诉求。参与调查的14户企业均通过职代会讨论了集体合同、工资协议和职工福利待遇等关乎职工群众切身利益的热点问题，职工的工资得到了普遍上涨，"三险""五险"等社会保障覆盖面在不断扩大，企业与职工的利益关系得到了妥善处理，并且及时化解了内部矛盾，协调了劳动关系，维护了职工队伍和社会政治稳定，实现了职工群众有序的政治参与，职工的合法权益得到了切实保障。

二、存在的问题

调查显示，近年来，我县企业民主管理制度不断发展完善，基本建立了与社会主义市场经济相适应、与现代企业制度相配套的企业民主管理制度体系，逐步形成了以职工代表大会为基本形式，以厂务公开为主要形式的多种制度相互补充、相互支持的企业民主管理制度框架，为促进企业和谐发展和维护职工合法权益发挥了十分重要的作用，但也存在一些不容忽视的问题。

（一）思想认识不到位

通过座谈会了解到，少数企业领导干部没有把企业民主管理提升到深化企业思想政治工作、加强基层民主政治建设、保证职工的主人翁地位、从源头上治理腐败的重要举措和有效途径的高度来认识。特别是一些企业所有者、经营者过分强调优化投资环境和保护投资者积极性，认为投资者是主体，忽视了职工的参与性，认为搞不搞一个样，推行民主管理工作对企业经营发展没有实质性的帮助。一些民营企业主更是认为"企业是我个人的，我说了算，打工者哪有资格说三道四"，甚至害怕工会与其对着干，担心不好管理职工，有较强的戒备心理。同时，由于追求利润最大化，不惜忽视职工的经济利益，更不乐意让职工参与管理。

（二）宣传覆盖面不广

职工的问卷调查显示，对职工参与企业民主管理工作的宣传大多局限在工会内部，覆盖面不广，难以在全社会形成有利于落实职工民主政治权利实现的良好舆论氛围。同时，由于宣传教育不够，职工对参与企业民主管理工作认识不清、权利不明的状况没有从根本上解决，职工对企业民主管理工作没有强大的参与基础，仅仅局限于厂务公开、职代会，难以向纵深方面发展。

（三）工作现状不平衡

调查表明，一些经济效益好、党组织健全、工会干部素质高、企业领导民主意识强的企业，民主管理工作积极主动，内容、程序、形式都比较规范，职工满意率也较高，已经形成了民主管理促进企业发展、企业发展带动民主管理的良性循环；而一些生产规模小、经济效益差的单位，特别是民营企业对民主管理工作的意义认识肤浅，仍然停留在一般的应付检查和消极观望的状态，没有形成整体合力，作用和效果也不明显。总体来讲，我县企业民主管理工作国有股份制企业好于集体企业，集体企业好于民营企业。

（四）监督机制不完善

从调查情况来看，仍有部分企业民主管理和监督制约机制不健全，重建制、轻监督，重形式、轻效果；民主管理工作缺乏相应的约束力，缺乏对违反民主管理制度者实行责任追究的具体措施，同时也缺乏相应的激励机制，致使坚持职代会制度和厂务公开制度的手段显得有些苍白无力，职工民主管理工作在很大程度上还依赖于企业主要领导人的个人素质及主观意识，在很大程度上影响了民主管理工作的作用发挥。

（五）工作机制不灵活

调查显示，30%的企业在民主管理工作的内容上只是公开或研究讨论一些有利于企业增加收入，有利于企业减少成本，有利于企业和谐稳定等表面的、无关紧要的内容，并且做得各有特色，面对职工关心的热点、难点问题和涉及职工切身利益的内容，企业积极性不高，避重就轻，民主管理工作在广度和深度上不够，导致职工对民主管理工作的真实性有所怀疑。

（六）职工素质亟待提高

职工代表是职代会职能的主要行使者，职工代表素质的高低直接关系到职代会的效能。在调查中暴露出来，有的职工代表缺乏对企业整体情况的了解，有的缺乏与所代表职工的联系与交流，有的只站在自己的立场、观点判断问题，还有的担心行政领导报复而顾虑重重，不敢及时反馈职工的意见或建议，导致职工对职工代表不信任、不支持，影响了职代会对民主管理工作和民主政治权利的行使。

三、对策与思考

调查表明，企业改革、发展和稳定没有广大职工的积极参与是绝对搞不好的，以职工代表大会为基本形式，以厂务公开为主要形式的企业民主管理工作，是职工积极参与的有效途径，这既符合企业的实际，又为企业和社会各界所认可。因此，我们必须继续坚持并在实践中不断发展。

（一）在厂务公开方面

1.要加强宣传引导。对厂务公开工作基础相对薄弱的企业，要通过企业党组织和工会组织，有针对性地做好企业所有者、经营者的思想工作，向他们宣传企业开展厂务公开民主管理工作的积极意义，使他们认识到推进厂务公开工作有利于调动职工积极性，有利于增强企业凝聚力，有利于企业经营和发展，使他们同意和支持工会在企业中组织开展厂务公开工作。

2. 要搞好择优试点。通过调查摸底，在全县有重点地选择一批企业主思想比较开明、生产经营比较正常、经济效益比较好、职工队伍比较稳定、党组织和工会组织比较健全的企业进行试点，按照标准化、规范化、常态化的要求，率先推行厂务公开民主管理工作，进一步把这些单位的厂务公开民主管理工作推向科学化、标准化和制度化水平；并且总结经验，加以推广，起到示范带动作用。

3. 要进一步规范管理。在推进企业厂务公开工作时，要按照"二高一低"的要求来积极稳妥地推进。一高是指对企业的标准要求高，要求企业领导者素质比较高、企业经营状况比较好、职工队伍比较稳定。另一高是指对企业推行厂务公开的标准要求高、内容全。在公开内容上，要按照四个标准来选择：1. 企业主愿意公开的事项；2. 职工特别希望公开的事项；3. 有利于促进企业发展的事项；4. 符合现代企业制度规范运作要求的事项。一低是指在公开形式上，要求比较低，不要求千篇一律，但要根据企业的实际情况灵活掌握。要争取使企业厂务公开工作尽快在面上推开，然后逐步加以规范，逐渐提高厂务公开的质量和水平。

4. 要加强监督检查。对厂务公开工作开展不好的企业，相关部门要加强领导，进一步加大工作力度，不断强化手段和工作措施，对不公开和假公开的要严格按照厂务公开责任追究办法追究有关责任人的责任，以此来推动这些单位迅速改变其工作被动落后局面，从而带动和促进其他企业厂务公开工作快速发展。

（二）在坚持职代会制度方面

1. 要尽快修改《职工代表大会条例》，增加非公有制企业和公司制企业的有关内容，明确对违反《职工代表大会条例》所应承担的法律责任，使修改后的《职工代表大会条例》具有更强的针对性、强制性和约束力。

2. 要把职代会制度纳入依法治会的轨道，从《公司法》《工会法》《劳动法》等法律上明确规定职代会的地位及其作用，明确规定职代会、股东会、工代会等各自的职能和相互关系，否则，职代会就会成为可坚持可不坚持的制度。

3. 要努力推动职代会制度在继承的基础上有所创新、有所突破。要用发展的观点来解决职代会制度中存在的问题，使其具有时代特色，并能适应不同经济成分的需求，使职工真正成为拥护、参与、促进企业改革的主力军。

4. 要加强对职工代表和工会干部的培训工作，努力提高职工代表和工会干部的素质，切实把那些思想觉悟高、工作业务熟、法制观念强、群众基础好、敢于负责、能为职工说话办事的同志选为职工代表和工会干部，着力培养一支有素质、有能力、能真正维护职工民主政治权利的工会干部队伍和能真正能够参与企业民主管理的职工代表队伍，从而推动企业民主管理工作再上台阶。

认真贯彻十九大精神
努力深化县工会改革

河北省阳原县总工会

　　阳原县总工会筹建于 1950 年，1952 年 3 月召开第一次职工代表大会，正式成立县工会联合会。2017 年 9 月，召开第十七次代表大会，选举产生了新一届领导班子。如何做好新时期的工会工作，是摆在县总工会新一届领导班子面前的一个重要问题。在新一届领导班子积极进行工作探索的关键时刻，党的十九大胜利召开，为工会工作指明了方向。

　　阳原县总工会以十九大精神为指导，努力深化全县工会系统改革，取得了明显的工作成效。2017 年，阳原县总工会的规范化建设顺利通过了省总工会的达标验收，总工会的职工服务中心被省总工会评定为"示范性职工服务中心"。在 2018 年阳原县庆"五一"暨劳模表彰大会上，县总工会被县委、县政府联合命名为"模范集体"。

　　阳原县总工会深化改革的主要做法是：

一、对标十九大，找准发力点

　　总工会领导班子组织机关全体干部职工认真学习党的十九大精神。通过学习，明确了党在新时期对工会工作的新要求。党的十九大对工会工作的要求，集中体现在大会报告第十三部分第八条"全面增强执政本领"这一条文当中："增强群众工作本领，创新群众工作体制机制和方式方法，推动工会、共青团、妇联等群团组织增强政治性、先进性、群众性，发挥联系群众的桥梁纽带作用，组织动员广大人民群众坚定不移跟党走。"此外，报告在许多地方，虽然不一定指明工会，但在实际上对工会工作提出了相关性的要求。比如，在第三部分"新时代中国特色社会主义思想和基本方略"中，提出了"坚持新发展理念""推动新型工业化、信息化、城镇化、农业现代化同步发展"，提出了"坚持在发展中保障和改善民生""多谋民生之利、多解民生之忧，在发展中补齐民生短板、促进社会公平正义，在幼有所育、学有所教、劳有所得、病有所医、老有所养、住有所居、弱有所扶上不断取得新进展"；在第六部分"健全人民当家作主制度体系，发展社会主义民主政治"中，提出了"发挥社会主义协商民主重要作用""统筹推进政党协商、人大协商、政府协商、政协协商、人民团体协商、基层协商以及社会组织协商"；在第八部分"提高保障和改善民生水平，加强和创新社会治理"中，提出了"提高就业质量和人民收入水平""大规模开展职业技能培训，注重解决结构性就业矛盾，鼓励创业带动就业"，提出了"完善政府、工会、企业共同参与的协商协调机制，构建和谐劳动关系"，提出了"让贫困人口和贫困地区同全国一道进入全面小康社会"等。

对照十九大对工会工作的新要求，县总工会明确了工会组织是党和政府"联系群众的桥梁纽带"的社会定位，明确了工会组织的推进民主政治和社会和谐、推进产业升级和经济发展、维护广大职工的合法权益的机构职能，从而找到了新时期工会工作的精准发力点。

二、抓关键环节，创一流工作

（一）加强组织建设，强化工作基础

在工会组织建设中，我县坚持"党建带动工建、工建服务党建，党建工建整体推进"的工作原则。县委专门出台了《关于进一步加强和改进党对工会工作领导的意见》，从总体要求、服务经济建设、维护职工合法权益、加强党对工会工作的领导、加强工会组织建设、创造性地开展工会工作等方面，提出了指导性意见。

按照县委的指导意见，县总工会优化了机构设置：设主席 1 人，由县人大常委会副主任张炳才担任；常务副主席 1 人；专职副主席 2 人；兼职副主席 3 人，分别由县委组织部副部长、县财政局副局长和基层企业工会主席担任。3 名兼职副主席，在推进"党工共建"和保障工会经费等方面发挥了重要的作用。总工会下设五部（组宣民管部、女工部、经济技术法律保障部、集体合同和私企管理部、财务部）两室（办公室、经审办）一中心（职工服务中心），配备干部职工 28 人。完善的工会机构设置，保障了工会工作的高效运行。

县总工会重点加强职工服务中心建设。本着"方便职工、提升服务、快捷高效"的原则，通过司法途径解决了历史积弊，将一楼部分区域改造升级为职工服务中心，建成了 63 平方米的高标准柜台式服务大厅。投资 90 多万元，配备了贴心服务设施，开设了六个服务窗口。服务中心建立了信访接待、就业服务、法律援助、生活救助、物资帮扶、资金管理、困难职工动态管理、内部管理考核、学习培训等各项工作制度，实行岗位责任制、首问负责制、AB 岗位制、责任追究制等一系列工作制度，对广大职工提供"面对面、心贴心"的服务。此外，还建设了职工技能培训中心、阅读中心、健身中心、视频会议中心，开辟了乒乓球活动室、棋牌室和浴室等，努力打造温馨的"职工之家"。

针对全县经济社会不断发展变化的新情况，积极拓宽建会思路，努力加强基层工会组织建设。按照"扩大覆盖面、增强凝聚力"的要求，确立了"以民营企业为主体，以农民工入会为重点，以乡镇总工会为龙头，以区域性、行业性工会为依托"的建会思路，一手抓覆盖，一手抓规范。截至目前，全县基层工会组织已发展到 316 家，会员人数达到 34864 名。14 个乡镇的农村经济组织都建立了产业工会。辛堡乡小关村是我县新农村建设的样板，县

总工会将该村作为基层工会组织建设和农民工加入工会组织的试点。该村组建了农民养羊合作社和蔬菜专业合作社,104个农户加入合作社,形成了强大的集体经济和规模产业。在小关村的发展过程中,村民们摇身一变成为农民工和工会会员,工会组织发挥了重要的凝聚作用。

(二)采取有效措施,搞好职工服务

以工会会员卡为媒介,提供职工普惠化服务。县总工会按照"提质扩面"的工作思路,积极扩大工会会员卡的发放范围,从全县上百个商家中遴选优秀商家,签订服务协议,为持卡职工提供普惠化服务。截至2017年年底,我县累积发放工会会员卡19336张,完成了市总工会下达任务指标的120%。与11个商家签订了工会会员优惠服务协议,完成了市总工会下达任务指标的220%。在工会会员卡发放当中,我县将签约商家职工、各级先进工作者、建档困难职工和参加大病医疗互助的职工作为重点发送对象,特别是积极主动地把农民工纳入发放工会会员卡普惠化服务的体系之中。

与此同时,广泛开展职工服务活动。一是倾心开展节日送温暖活动。2017年国庆、中秋"两节"期间,慰问困难职工619人次,发放慰问金16.58万元,发放米面油价值17.5679万元。二是大力开展"春风行动""金秋助学"活动。通过"春风送暖""金秋助学"等活动,对困难职工及其子女进行帮助。2017年,为84名学生发放助学金16万元。2018年,为65名贫困生发放助学金6.5万元。县总工会联合县人社局、团县委、妇联举办2018"春风行动"专场招聘会,26家企业参与,提供就业岗位13000多个,初步达成就业意向近2000人,其中与朝阳区企业达成初步就业意向417次。三是全力开展职工重大疾病医疗互助。此项活动已坚持10年。2017年,有8423名职工参加了医疗互助,积累互助金42.115万元。县总工会对38名罹患大病陷入困境的职工发放救助金37.1万元。四是推进工资集体协商。县总工会积极与县委、县政府沟通,认真研究推进工资集体协商工作,县人社局、工商联和工会等部门认真履行部门职责,全县形成"党委领导、政府支持、工会牵头、各方配合、共同推进"的工作格局,已有309家企业实行工资集体协商,这些企业职工队伍稳定,工资稳步增长,企业运行良好。五是依法维护职工合法权益。县总工会建立了法律援助中心,开通了"12351"服务热线,聘请1名律师作为长期法律顾问,积极为职工提供法律咨询服务,已为职工提供法律咨询服务165人次,免费代写诉状39件。

(三)服务全县大局,助力扶贫攻坚

县总工会围绕全县经济发展和精准扶贫,重点开展了四方面的工作:一是举办"工企校"联合技能培训。充分发挥阳原成为全国碎皮加工之乡以及拥有传统陶瓷工艺技术的优势,联合县职教中心、劳动就业服务局、达鑫陶瓷有限责任公司,先后举办培训班11期,累计培训职工2325人次,有效地促进了职工劳动技能的提升。通过对下岗失业人员进行培训,帮助200多人实现再就业。二是积极开展职工技能大赛。以"当好主力军,建功'十三五'"

为主题，先后开展了"安康杯""迎冬奥""安全生产月"等多种形式的职工劳动竞赛，激励职工争创"工人先锋号"，争当"知识型职工"和"能工巧匠""金牌工人"。2017年8月，组织全县职工象棋大赛，120多名职工踊跃报名参加，比赛规模之大前所未有。10月，重点在卫生系统和电力系统组织开展了职工技能大赛，通过笔试和技能操作相结合的方式，选出40名优秀技能职工（其中卫生系统30名，电力系统10名），予以通报表扬。卫生系统210多名职工参加笔试，规模空前。三是举办书画、乒乓球、象棋等多种文体娱乐活动。通过开展文体活动，进一步激发了职工的劳动热情。四是创业就业精准帮扶。在省总工会组织的"创业就业扶持专项行动"中，我县14个困难职工创业项目获得省、市总工会批准。

三、实行新改革，谋求新发展

我县工会工作取得了一定的成绩，归根结底，离不开一系列的改革。在工作中，我们深深地体会到：发展离不开改革，要发展就必须坚持改革；改革是手段，发展是目的。当前，我县的工会系统和工会工作还存在着一些不容忽视的问题，诸如有的单位对工会组织和工会工作重视不够，全县基层工会组织和民营企业工会组织普遍还比较薄弱，工会部门的创新性工作总体来说还显得不够。这些问题的存在，需要我们进一步深化改革。

2018年年初，我县总工会以党的十九大精神为指引，制订了《阳原县总工会改革方案》，重点从改革工会管理体制、创新工会工作方式、完善职工服务体系、加强基层工会建设、转变工会工作作风和加强工会领导工作六个方面进行了改革设计。目前，我县正在深入推进各项工会工作改革，力争年内将全县的工会工作推上一个新的台阶。

新形势下开创县级工会工作新局面的思考

河北省南宫市总工会常务副主席　许庆常

县级工会是基层工会组织的直接领导者和服务者，工作点多、面广、线长，人员少、任务重。开创工会工作新局面，必须自觉以习近平总书记在中央群团工作会议上的重要讲话为总纲和主线，正确把握服务大局与聚焦主业、服务大局与服务群众、维护大局利益与维护职工利益、蹲机关与下基层四个关系，旗帜鲜明地维护职工合法权益，全心全意为职工服务，这样才能使基层工会建设得更加充满活力、更加坚强有力。

找准结合点，把握好服务大局与聚焦主业的关系。坚持围绕中心、服务大局，是工会工作的价值所在，一切工作必须在大局下思考、在大局下行动，只有这样，才能找准自身职责定位，展现自身价值，更好地促进改革发展、维护社会和谐稳定。但是坚持围绕中心、服务大局一定要守住基本定位，在党政所需、群众所盼、自己所能的领域找准结合点，注重发挥优势、扬长避短，有针对性地服务大局。实际上，工会组织聚焦主业，把所联系的广大职工组织动员好了，联系服务好了，团结引领好了，就是为党的大局服务，就是为中心工作尽责，两者相辅相成相互统一。近两年来，我市工会在深化职工劳动竞赛、组织职工广泛开展改革创新活动、实施职工素质提升工程上发力，培树了精强连杆公司、百隆公司、千喜鹤公司等劳动竞赛典型，以点带面使劳动竞赛等活动有声有色，在促进企业转型升级、增强企业活力中发挥了明显作用。仅组织开展职工创新活动，就取得成果150多项，增加效益5000多万元。

调整关注点，把握好服务大局和服务群众的关系。工会工作本质是职工工作。职工广泛分布在基层，就要把关注点放在基层。把关注点调整到基层，就要把握好服务大局与服务群众的关系。工会组织作为党联系职工的桥梁和纽带，当然要关注党和政府的中心工作，竭尽所能贡献智慧和力量，但关注并不一定一切工作围着上级机关转，甚至用主要精力去招商上项目，这样名义上服务大局，实际上脱离了自己的职能，做了做不了也做不好的事情。因此，做好工会工作，最重要、最有效的是在强基固本上下功夫，把发力点放在基层，把关注点投向职工，把切入点布于一线，真正让基层强起来、活起来，达到以下促上、上下贯通、带动全局的效果。去年以来，我们工会自觉把关注点放在基层，根据经济开发区在全市经济发展中所处的特殊地位，把园区工会规范化建设作为重中之重，抽调分管业务工作的副主席带领三名业务骨干蹲在一线帮扶，从组织建设、工资集体协商，到劳动竞赛，一个企业一个企业跑，一项一项地抓，经过几个月的努力，圆满完成了达标创建任务，在邢台市观摩中受到市总领导好评。为下一步在全市推广提供了可以复制的经验。

焊牢联结点，把握好维护大局利益和维护职工利益的关系。围绕中心、服务大局是工会工作价值所在。为职工服务是工会的天职。只有增强群众观念，盯牢职工所急，重点帮助职工解决日常工作生活中最关心、最直接、最现实的利益问题和最困难、最操心、最忧虑的实际问题，才能激发职工工作热情，汇聚围绕中心工作贡献力量的强大正能量。因此，从某种意义上讲，大局利益与职工利益是一致的，职工利益是工会组织与职工的联结点，必须加强服务群众，真心实意维护好职工合法权益。今年以来，我们开展了对困难职工普遍走访活动，对全市886名特困职工普遍进行了走访，在"金秋助学"活动中，救助了23名考入大学的困难职工的孩子，在"夏送清凉"中上门慰问了一线工作的交警和部分企业职工。同时，为巩固和发展和谐劳动关系，积极推进工资集体协商，全市签订工资集体合同企业达到了115家，对维权维稳起到了良好作用。

强化着力点，把握好蹲机关和下基层的关系。工会工作本质是群众工作。哪里有职工，工会工作就要延伸到哪里。职工广泛分布在基层，工作的着力点自然就应该放在基层，也只有真正实现重心下移，把办公桌搬到企业，搬到困难职工家中，才能使工会工作迸发出无穷活力。去年以来，我们引导干部职工自觉克服机关化倾向，明确提出"机关围着基层转、全员围着职工转"的口号，不仅在园区工会规范化达标过程中，抽调几名同志蹲点真帮真扶，在全员开展走访慰问贫困职工活动，而且采取抓点带面、"抓典型带动一般"的办法，选树了工业园区、千喜鹤、百隆纺织、耿氏同盈、电力、邮政等一批基层工会典型，在培树过程中，组织干部职工扑下身子干，从基层工作开始，和基层工会干部一起补课，一项一项地完善，收效十分明显。

关于新时代劳动和技能竞赛工作的探讨

吉林省龙井市总工会　张允里

　　工会开展经济技术工作，组织动员职工开展比、学、赶、帮、超竞赛活动和参与企业的生产经营管理，评选表彰先进模范人物，有利于激发职工的主人翁责任感，焕发职工的创造热情，引导职工充分发挥积极性和创造性，并投身经济建设的伟大实践。在决胜全面建成小康社会、全面建设社会主义现代化国家新征程中，工会如何发挥应有作用，深入开展"当好主人翁，建功新时代"竞赛活动，团结动员广大职工为实现十九大提出的目标任务建功立业，是工会面临的一项重要课题。通过学习对照实际工作、深入思考，在这里对开展新时代劳动和技能竞赛工作的基本途径与手段谈几点自己的体会。

　　首先，必须依托各方齐抓共推，为竞赛活动提供组织领导保障

　　在竞赛活动中，要注意依托各行业、系统，有效整合社会各方面力量支持和参与活动。成立竞赛活动领导机构，根据各部门的职责，进行工作分工，使各部门单位各司其职、各尽其责，在活动中发挥各自的优势。龙井市总工会在2016年年初制定了《关于在全市职工中广泛开展"践行新理念、建功'十三五'"主题劳动竞赛活动意见》，通过下基层等形式检查指导基层开展劳动竞赛，基层工会每月以报表形式向市、州总工会上报劳动竞赛开展情况。各系统结合各自实际，相应地制订了劳动竞赛实施方案和具体措施，在企业开展"六比一创"劳动竞赛；在机关、金融、商贸、教育、医疗等领域和交通、邮政等窗口单位，开展"五比五赛"活动；针对企业行政，做好职工培训工作，提高职工参与率和受益度，同时深入实施职工素质建设工程，为包括农民工、劳务派遣工等职工在内的广大职工成长成才创造条件。两年来共开展劳动竞赛84次，参赛职工达8680人次。开展岗位练兵活动118次，职工提出合理化建议620件，实施合理化建议540件。189家建会单位劳动竞赛覆盖面达到70%，职工参与率达到80%以上。形成了多行业、多形式、覆盖面广、职工参与广泛的劳动竞赛热潮。

　　其次，必须坚持广领域多模式竞赛，为职工参与竞赛活动打造平台

　　全总十六届四次执委会议指出，"牢固树立并努力践行创新、协调、绿色、开放、共享的发展理念，团结动员广大职工增强主人翁意识，适应新常态、展现新作为，积极支持和参与转变发展方式、供给侧结构性改革，在改革发展稳定第一线建功立业"。我们开展了"践行新理念、建功'十三五'"主题劳动竞赛活动，在提升职工素质、促进企业增效、实现安全发展等方面取得了良好成效，推动了龙井经济社会发展。一是开展行业劳动竞赛。与市教育局联发《关于开展"践行新理念、建功'十三五'"主题劳动竞赛之龙井市中小学信息技术与课程整合优质课大赛的通知》，在全州大赛中分获个人一、二等奖。与市卫计局联合开展基层卫生岗位练兵和技能竞赛，在全州竞赛中获组织奖。联合举办"5·12"护士节护理知识竞赛，取得了全州决赛笔试第一名和操作考试优秀奖。举办以"技能技术历练精兵，卫生应急护航健康"为主题的竞赛活动，在全州竞赛中获得优秀组织奖、团体一等奖和多个科目个人一等奖。与市畜牧局联合进行动物防疫检疫技能大比武，在全省、州比赛中获得个人第一名、比赛一等奖，被授予"吉林省技术创新标兵"荣誉称号。二是各类劳动竞赛。市邮政公司组织开展"服务大走访"和"春雷"经营服务竞赛，共走访1700户、14个支局达标，KPI指标完成排名全州各县市局第一。开展"业务发展攻坚战"和"服务三农"科技培训，参与率达100%，共进行56期。通过各种形式的劳动竞赛活动，累计完成预算收入1513万元，同比增长8.9%。市中医医院组织医、护、药职工开展理论知识竞赛，护士岗位开展无菌术、CPR技术、鼓胀护理中医基础理论讲座，医生岗位开展虚劳、眩晕、急性心肌梗死诊断新模式业务讲座、临床诊断和病症分析。市人民医院举办"我的人生价值追求"护士节演讲比赛。三是"六比一创"竞赛。比科学管理方面，开展"我为节能减排做贡献"和"节能减排自查"活动。比技术创新方面，市热力公司对锅炉进行改造，每个采暖期可回收煤炭135吨。对除污器排污进行改造，一个采暖期可节约用水7560立方米。对在用变压器进行调整，一年节省资金50多万元。比安全生产方面，与市安监局制订《龙井市"安康杯"竞赛活动实施方案》，共有84个机关、企事业单位，职工3188人报名参加"安康杯"竞赛活动。以"强化安全发展观念，提升职工安全素质"为主题，组织劳动和安全生产知识竞赛。四是职工合理化建议、技术创新和素质提升。市邮政公司开展职工提合理化建议和"我为企业创新经营、转型发展建言献策"活动。市畜牧局举办畜牧业技术推广暨动物疫病防控培训。市人民医院组织护理技术操作培训、业务和高级护理培训及安全警示教育。

再次，必须加大宣传力度，为竞赛活动营造良好的舆论氛围

要大力宣传竞赛活动的重要意义，使企业、职工和社会各界明确在竞赛活动中的作用和责任，主动参与竞赛活动。要注重发现、培育和选树竞赛活动先进典型，以点带面，推动竞赛活动健康发展。同时，要以各种劳动竞赛和"创建学习型组织、争做知识型职工"活动为载体，大力实施职工素质工程，全面提升职工的思想文化和技能素质，不断增强职

工的创造能力、创新能力、创业能力。通过各种行之有效的途径和方式，让企业管理者明白企业的发展靠的是人，只有拥有高素质员工队伍，企业的核心竞争力才能不断增强，企业才能不断发展壮大。弘扬劳模精神，教育和引导职工树立主人翁意识，增强大局观念和全局观念，主动参与和促进企业的改革发展，为竞赛活动营造良好的氛围。我市开展省州市级劳模事迹宣传60人次，开展慰问劳模、疗休养、学习劳模报告会，积极参加首届"吉林工匠"评选，创建首批州级劳模创新工作室。市邮政公司开展班组精神文明创建、工会小家建设和慰问、学习劳模精神活动，参与职工达359人次。

最后，必须创新劳动和技能竞赛的形式和载体，不断扩大劳动和技能竞赛的吸引力和影响力

一些经济效益好、工会干部素质高、竞赛意识强的企业基本上已经形成了开展竞赛活动的良性循环，而一些生产规模小、经济效益差的单位，特别是非公企业对竞赛活动的意义认识肤浅。当前推进竞赛落实的重点，应当放到非公领域，这既是现实的需要，也是工作的热点、难点和创新点。目前我市已建工会的非公企业39家，劳动竞赛覆盖面为53%，职工参与率达到70%以上。我们在建设、房产、经济、商务、畜牧等非公企业较多的系统开展了"安康杯"竞赛活动和以"携手保增长、和谐促发展"为重点的劳动竞赛。这些非公企业能立足实际，扎实开展各种形式的竞赛活动，建立了较完备的考核评估体系和表彰奖励机制，形成了学技术、比技能、创一流的工作格局。市瀚丰矿业科技股份有限公司开展以职工安全隐患排查为重点的"安康杯"竞赛活动，成立专项整治工作领导小组，制订《开展职工安全生产隐患大排查活动实施方案》，明确整治内容、排查对象和各相关部门责任。发现各类事故隐患31处，下达隐患整改指令书3份。通过隐患大排查的专项整治，企业的安全管理水平显著提高。

经过实践，我们深深体会到作为工会重要工作内容的劳动和技能竞赛工作，必须不断深入发展。党的十九大报告中提出，"建设知识型、技能型、创新型劳动者大军，弘扬劳模精神和工匠精神，营造劳动光荣的社会风尚和精益求精的敬业风气"。中共中央、国务院印发的《新时期产业工人队伍建设改革方案》明确指出，"产业工人是工人阶级中发挥支撑作用的主体力量"，"把提高职工队伍整体素质作为一项战略任务抓紧抓好，推动建设宏大的知识型、技术型、创新型劳动者大军"。为担负起新时代赋予工会的新使命，激发广大职工主人翁精神，发挥工人阶级主力军作用，今后要把开展劳动和技能竞赛工作的重点放在加强组织领导、强化部门配合联动上，跳出工会一方抓竞赛，成立由党委分管领导为组长、各系统行业职能部门参加的竞赛活动领导小组，形成"党政领导、部门配合、工会运作、企业为主、职工参与"的竞赛格局。同时要加大宣传，充分认识新时代下推动劳动竞赛工作的重要意义。此外要抓住企业重点难点，以竞赛促进技术创新增强效益。

浅析新时期我国基层工会组织在劳动争议调解中的作用

——以福州经济技术开发区总工会参与劳动争议调解为例

福建省福州经济技术开发区总工会

摘要：中国工会作为中国共产党领导下劳动者的组织，具有维护职工合法权益的天然职责，参与劳动争议调解处理，是其代表和维护职工合法权益的重要内容。新时期中国工会特别是基层工会在劳动争议解调中发挥着积极的作用，但受多种因素的影响，工会的维权功能并没有得到充分发挥。本文从中国基层工会参与劳动争议调解的现状出发，解析中国基层工会参与劳动争议的必然性和优越性，梳理存在的问题，提出进一步发挥工会组织职能作用几点建议。

关键词：中国基层工会组织 劳动争议调解 作用

近年来，随着全球经济的快速发展，我国的劳动关系出现多元化、复杂化的现象，特别在企业转型升级时期，出现许多新的劳动争议的问题，基层工会参与劳动争议调解处理面临挑战，妥善合理解决好问题，关系到用人单位经营生态和社会安定稳定，基层工会组织发挥职能作用显得尤为重要。

本文从新时期中国基层工会参与劳动争议调解现状出发，解析中国基层工会参与劳动争议的必然性和优越性，梳理存在的问题，提出进一步发挥职能作用的几点建议。

一、中国工会参与劳动争议调解的必然性和优越性

中国工会是中国共产党领导的职工自愿结合的工人阶级群众组织，是党联系职工群众的桥梁和纽带，是国家政权的重要社会支柱，是会员和职工利益的代表。

（一）工会的职责和立场决定了工会必然参与劳动争议调解

我国《中国工会章程》规定："中国工会的基本职责是维护职工的合法权益。"参与劳动争议的调解处理是维护职工权益的重要方面，工会是职工的娘家人，以维护职工的利益为出发点，代表职工维护职工合法权益，最大化维护好职工合法利益。工会职责及立场表明了有劳动争议的地方必然要有工会的位置。

（二）中国工会组织在劳动争议调解中的优势

中国工会组织是在中国共产党领导下的群团组织，与西方国家工会不同，我国县级以上工会组织是政府组织的一个组成部门，横向上与政府各部门有着密切的联系，纵向上有全国、省、市、（县）区、园区镇街总工会可指导开展工作，还具有下情上达的坚实后盾。这意味着当劳动争议发生时，我国的工会组织有更多的资源帮助职工维护权益，能有效干预促进用人单位守法用工。

（三）我国基层工会组织具有广泛的群众基础

工会从成立伊始就以维护职工、帮助职工、服务职工为工作内容，是职工之家，在长期的工作接触中，基层工会组织更接近职工，了解职工的真实想法，职工也愿意向工会倾诉心声，使得工会能更多地掌握情况，更好地为职工说话。

二、工会参与劳动争议调解的现状分析

以福州经济技术开发区总工会参与劳动争议解调工作为例，近几年来劳动争议事件明显增多，2016年区总工会参与案件156起，涉及职工1954人，金额达500万元，2017年163起，涉及职工2300人，金额达600万元。劳动争议的问题也呈多元化，有企业大面积停产、倒闭、裁员、欠薪引发的群体性上访，有企业生产线转移，职工不服从岗位调整要求解除劳动合同而引发的劳资引纷，有企业社保缴纳不足引发职工闹访缠访事件等，在各方共同努力下，基本上都得以妥善解决。工会在这些劳动争议解调中发挥着积极的作用，但受多种因素的影响，工会的维权功能并没有得到充分发挥。

（一）基层工会组织服务对象多，从事劳动争议调解工作人员少

福州经济技术开发区基层工会组织1800多家，规模以上企业136家，服务职工5万多名，近几年，开发区企业面临转型升级，人员岗位变动频繁，劳动争议群体性增多，企业工会虽有劳动争议调解委员会，但调解员都是兼职，缺乏调解经验和法律法规知识。区总工会从事劳动争议调解的人员才3人，也是兼职，日常还有工会其他业务性工作。要在劳动争议的处理调解中，让职工真切感受到工会确实在维护其合法权益，为其说话，为其撑腰，就需要工会组织有一定数量能贴近职工、有经验、专业的调解员。

（二）基层工会组织在劳动争议调解中威慑力不足

在我国工会组织有资源但缺乏手段，工会组织可以联合人劳、工商、税务、安监、法院进行执法检查，可以聘请律师帮助职工走法律程序维权，可以申请上级工会指导等，但是工会没有自主维权方式，在我国罢工是不受法律认可的，工会组织要求职工用理性方式维权，没有对用工单位不合理的做法进行有效的处罚手段，威慑力不足。

（三）劳动争议中职工不理智的行为给工会组织维权增添难度

职工不理智的行为有罢工、闹事、围堵、不正常信访等，这些都给工会的调解、正当

维权带来难度，曾有发生职工因过度维权被公安拘捕的事件，究其原因：

一是部分职工受时下不良信访风气的影响，认为大闹大解决、小闹小解决、不吵不闹不解决。

二是有的职工认知不足，法律法规知识缺乏，不懂如何运用法律武器维权，对其权益受损程度不了解，预估过高，维权过度。

三是容易受负面情绪影响，当权益受损时，职工容易产生无助、愤怒、焦虑等负面情绪，又不懂自我排解，产生极端的想法。

四是职工维权成本高，时间耗不起，经济跟不上。

三、进一步发挥工会在劳动争议调解中的作用的建议

（一）着力工会维权队伍建设

一是壮大工会劳动争议调解员队伍，把园区、镇街工会专干也纳入工会调解员队伍中。

二是加强工会调解员培训，组织调解员参加任职资格的考试，同时注意实践中积累职工群众工作经验，提高调解员的法律水平和维权能力。

三是成立专业维权团队，聘请专业律师做法律顾问，成立企业维权领导小组下设企业维权办公室，要求企业按职工数比例配备1~2名维权指导员。

（二）提升工会组织的影响力

一是加强工会组织的凝聚力，通过开展困难帮扶、法律援助、职工关怀等活动，把工会服务做到职工心坎，让工会成为职工最可信赖的娘家人，提升工会组织对职工吸引力和凝聚力。

二是善于借力，当劳动争议问题发生时，工会作为职工维权方要主动介入，涉及群体性事件工会要第一时间向上级部门汇报，争取各方的支持，遇到特殊情况如年关欠款，要立即启动救助机制，解决职工生活问题。

三是建立预警机制，及早发现引发劳动争议的苗头，尽早介入，降低劳动争议事件的危害。

（三）营造依法守法的良好环境

一是加强劳动法律法规和政策宣传，形成学法、知法、守法、用法的良好氛围，定向全区职工发送法制公益短信，在企业宣传栏增设守法用法宣传标语。

二是提高职工的法律素质，区总工会可发放维权手册，印发《维权视窗》期刊，举办法律法规知识竞赛等。

三是及时疏导受害者情绪。面对权益受损的职工，工会调解员要时刻关注其情绪，用感情来贴近职工，耐心地为职工分析状况，提出具有建设性的意见。通过正确的引导，让受害者了解到职工受损的权益能通过法律的手段进行维护，缓解其心中的焦虑和不安。

四是完善工会法律援助机制，建立职工维权基金，政府、企业、职工共同出资，当劳动争议事件产生可以启动，满足职工依法维权基本生活需要。同时开辟职工依法维权绿色通道，尽可能缩短从立案到取得赔偿的时间。

结语

随着经济社会的发展，面对出现的许多新问题和新情况，合理有效地处理劳动争议的问题关系着社会的安定稳定，工会组织参与劳动争议调解显得尤为重要。因此作为基层工会组织，要在坚持维护劳动者合法权益的基础上，提高工作水平，充分挥职能作用，为建设和谐稳定的社会做出贡献。

对创新工会干部培训工作的思考

湖南省石门县人大常委会副主任、县总工会主席 康文化

面对劳动关系及职工队伍出现的新变化、新问题给工会工作带来的新挑战和新机遇，切实加强和改进工会干部教育培训工作，全面提升工会干部综合素质，成为一项紧迫而重要的任务。笔者认为，工会干部教育培训工作必须适应经济社会发展需要，推进工会干部教育培训的思路创新、举措创新和机制创新。

一、创新思路，构建工会干部教育培训工作新格局

新形势下，我们要从教育培训理念、资源和范围三个方面，构建工会干部教育培训工作新格局。

1. 更新教育培训理念

当前，有些工会组织轻视和忽视工会干部教育培训工作，没有把工会干部教育培训提到应有的高度去认识。一些工会干部对自身培训一推再推，即使报名参加了培训班，也是"身在曹营心在汉"。因此，我们必须把工会干部教育培训看成是推进工会干部全面发展的过程，明确领导责任，落实保障措施，形成工会干部教育培训工作"有人去抓，有章可抓"的良好局面。要将工会干部教育培训和工会干部自身成长内在地统一起来，充分调动工会干部接受教育培训的积极性。要牢固树立终身学习的新理念、培训出人才的新理念和培训出效益的新理念，坚持以全新的培训理念审视和谋划工会干部教育培训工作，整体推进工会干部教育培训工作的创新。

2. 整合教育培训资源

要坚持教育基地和师资队伍建设并重，注重挖掘培训潜力，创建一流培训基地，构建优势互补、开放互动的工会干部教育培训体系。要采取多种有效措施，建立一支规模适当、结构合理、素质优良的工会干部教育培训师资队伍。要充分发挥工会干部学校主阵地作用，加强工会干部的教育培训。要运用现代化教育手段，建好工会干部教育培训网，实施网上培训。

3. 拓宽教育培训范围

要把各级各类工会干部都纳入培训计划，按照"重要干部重点培训，优秀干部优先培训，

年轻干部加强培训，紧缺人才抓紧培训"的思路，将培训工作向非公企业、新经济组织的工会干部队伍延伸，实现工会干部教育培训与经济社会发展有效对接。

二、创新举措，增强工会干部教育培训工作实效性

教育培训举措新，则教育培训质量高、效果好，推动工会工作又好又快发展；教育培训的方法呆板，则不能达到提高工会干部素质、促进工会工作创新发展的目的。

1. 教育培训的方法要活

要一改"满堂灌""填鸭式"的教育培训模式，充分运用启发式教学、情景模拟、案例分析、对策研究、双向交流、开设论坛等方法，提高工会干部教育培训吸引力。实施互动讨论式培训，增强互动性和主体性。课前发放讲授提纲，保证足够互动时间，以此使学员在相互交流、彼此借鉴中迅速提高。开展课题研究式培训，增强针对性和实用性。根据当前及今后一个时期的工会重点工作和社会关注的热点、焦点、难点问题，如工资集体协商的策略和技巧、企业职代会的作用发挥、工会组织参与社会管理创新的目标定位和实现路径等，设计培训专题，把教育培训与政策研究有机结合起来，使学员在学习、研究和思考中加深对政策的认识与理解。

2. 教育培训的形式要多

要采取"走出去"与"请进来"相结合的方式，聘请工会干部学校教师以及执政经验丰富、带班能力强的部门领导讲课，提高教育培训的层次和质量；组织工会干部外出参观考察，走出去学习先进经验，开阔视野，更新观念，增强工会干部搞好本职工作的责任感和使命感。要采取内训与外训相结合的方式，实行"菜单式"选课、"模块式"教学、学分制考核，加强对工会干部基础知识与业务技能的培训；选派工会干部到上级部门跟班学习，既加强上下沟通又培养工会干部。要采取内部轮换岗位与下派基层锻炼相结合的方式，让工会干部经过多种岗位的锻炼，提高其分析问题和解决实际问题的能力，成为工会工作的"多面手"。

3. 教育培训的手段要硬

要建立工会干部教育培训需求库和教学资源库。在建立需求库方面，要通过召开座谈会和调研会等形式，全面掌握经济社会发展对工会干部的客观需求和各级各类工会干部能力素质方面的实际需求，增强工会干部教育培训工作的前瞻性、计划性、针对性。在建立教学资源库方面，不仅要加强本地区师资力量和教育培训基地建设，更要搞好内外结合。把传统教学方法与现代教学手段结合起来，充分利用电化教育、多媒体教学、远程教学、网络教育等技术手段，突破时空对工会干部教育培训的限制，有效解决工学矛盾。

三、创新机制，激活工会干部教育培训工作内动力

一些地方工会干部教育培训激励约束制度不健全，缺乏训用结合的有效措施，不能有

效地调动工会干部学习培训的积极性和主动性。我们要抓住关键环节，构建工会干部教育培训工作长效机制，提高工会干部教育培训质量和效益。

1. 建立健全参训情况登记制度

要填写《工会干部参加教育培训情况登记表》，内容包括工会干部基本情况、学习课程、测试成绩和教育培训考勤等，要求工会干部在参加教育培训初由本人和培训机构共同填写，教育培训结束后交工会组织备案。

2. 建立健全教育培训考评制度

要建立学员评教制度。发放调查问卷表，征集学员对授课教师的意见和建议，以此对其进行综合评定。要加大对各单位完成教育培训任务的考核力度，把工会干部教育培训完成情况纳入单位目标管理考核内容。针对部分工会干部疏于学习、以干代学的问题，严格实行工会干部轮训，保证参训率和培训效果。

3. 建立健全培训结果反馈制度

每期培训班结束后，要将每位工会干部的培训时间、出勤情况、测评成绩等，及时向工会干部所在单位进行反馈。要将参加教育培训作为一种激励措施，让优秀工会干部、有发展潜力的工会干部优先参加培训，促使他们加快成长步伐；坚持把工会干部参加学习培训和运用理论解决实际问题的能力，作为工会干部考核使用的重要依据；对参加教育培训成绩优异、学有所成的工会干部优先提拔使用，形成正确的教育培训导向，充分调动工会干部参加教育培训的积极性和主动性。

争当新时代高质量发展主力军

——江苏省南通市总工会五年重点工作回眸

江苏省南通市总工会

　　党的十八大以来，南通工会认真贯彻落实习近平新时代中国特色社会主义思想，特别是关于工人阶级和工会工作的重要指示精神，立足"全国有影响、全省争一流"的奋斗目标，紧扣中心大局，紧跟发展需要，紧贴职工需求，扎实开展"工会在身边"主题活动，团结动员广大职工积极投身"强富美高"新南通建设，充分彰显了主力军作用，工会各项工作取得了积极成效。

一、坚定正确方向，服从服务大局，助推经济发展主动有为

　　服务发展成效显著。自觉将工会工作融入全市经济社会发展大局，围绕产业转型，以船舶海工、智能装备等支柱产业和新兴产业为重点，"三创"劳动竞赛竞相开展；围绕交通转型，以沪通长江大桥、沿海交通工程、铁路工程等重点工程为依托，"六比一创"劳动竞赛蓬勃开展；围绕城市转型，以金融、通信、物流、旅游等服务业为基础，"五比五赛"劳动竞赛有序开展。全市组织开展示范性劳动竞赛185项，参与职工41.6万人次；组织8618家次企业、121.4万人次职工开展"五小"创新竞赛，提出合理化建议9.65万条，完成技术革新、技术攻关1.48万项，总结推广先进操作法5642项，创造经济效益68.5亿元。

　　劳模精神大力弘扬。劳模评选坚持向基层一线倾斜，向发展需要侧重，先后涌现市以上劳动模范和先进工作者723名、五一劳动奖章541个、五一劳动奖状155个、工人先锋号624个，选树首届十大"南通工匠"，另有12人入选"江苏工匠"。开辟"劳动者之歌""劳动者风采"专栏，开展"劳模精神四走进"主题宣讲、"讲述我身边的劳模故事"演讲比赛，重点推介150名劳模先进事迹。以劳模"三领三创"工程为抓手，以创新服务网、志愿服务队、管理服务站为载体，充分发挥劳模先进的技术引领和示范带动作用。新建劳模创新工作室192个，其中市以上106个，8家获"省示范性劳模创新工作室"命名。

　　职工素质不断提升。以职工群众愿听易懂的语言、喜闻乐见的形式，广泛宣传党的路线方针政策，推动习近平新时代中国特色社会主义思想入脑入心。全面开展区域性、行业性和企业内部职工技能竞赛，举办职工创新讲坛、创新成果展、创新创业交流会，积极搭建职工成长成才舞台，获市以上职工优秀技术创新成果奖226项，产生市以上创新能手566名、技术状元193名，3.05万名职工提高了学历层次，13.61万名职工提升了技术等级。加大职工书屋建设力度，建成市以上示范点105家、书香企业32家，近50万名职工参与到各类读书活动中，获评"全国职工教育培训优秀示范点"2个、"全国职工教育示范点"10个。

二、聚焦主责主业，强化基础保障，构建和谐劳动关系扎实有力

工会基层基础持续夯实。集中开展以"六有双争"活动为主要内容的"强基层、补短板、增活力"行动，出台创模示范共建、"会站家"一体化等指导文件，基本实现基层工会组织的规范化、标准化建设，涌现出楼宇工会、商圈工会、建筑项目工会等影响广泛的组建品牌。全市已建基层工会2万家，涵盖法人单位5.18万个，会员发展到235.84万人，较2012年分别增长29.03%、29.82%、29.66%。探索推进社会化工会工作者队伍建设，不断加大服务基层、服务职工的经费倾斜力度，累计配套1.21亿元用于全市基层工会的阵地建设及会员服务，帮助解决人员、经费、场所不足等问题，不断激发基层工会活力。

维权主责主业切实履行。大力实施劳动法律监督"清风"行动，建立健全劳动法律监督工作评价体系，积极探索以监督协作为核心的劳动法律监督长效机制，市、县、乡三级劳动法律监督组织深入1.45万家企业开展劳动法律监督，纠正违法用工4378人次，补发工资1116.15万元，补缴社保费1227.2万元。依托大调解体系，探索建立专家会诊、联动联调、"三庭合一"为一体的劳资纠纷调处平台，依法调解劳动争议案件5734件次。创新构建"互联网＋工会法律服务"平台，职工维权导航图上线应用，提供法律咨询、代理仲裁等法律服务1356人次。制定基层工会劳动保护工作标准，建成工会劳动保护监督检查员片区服务站103家，"安康杯"竞赛活动企业参与率达82%，在安全生产全局中有效发挥了群防群控群治作用。

和谐劳动关系稳步构建。推动市委、市政府出台《关于构建和谐劳动关系的实施意见》，以职代会"一函两书"、集体协商"一函六书"制度为抓手，深入推进工资集体协商、企业民主管理，全市建会企业集体合同、工资专项集体合同建制数分别达2.83万家、2.79万家，厂（事）务公开民主管理制度建立数达2.8万家。切实加强职工诉求表达、利益协调、权益保障和职工董事监事等民主管理制度体系建设，产生了工资协商指导组（站）建设、企业和谐发展指数等一批立得住、能借鉴、起实效的工作经验，培育了省级模范劳动关系和谐企业22家、工业园区1个，省级和谐劳动关系综合试验区1个、示范园区3个。市厂务公开协调小组办公室获评全国先进单位，28家企（事）业单位获评省以上先进单位。

三、践行群众宗旨，回应职工需求，服务民计民生务实有效

源头维护统筹推进。积极参与住房保障、医疗卫生、安全生产等政策文件的制定修改，

积极就居民用水、天然气价格、女职工劳动保护等问题反映实情、提出建议,源头维护职工群众的切身利益。充分发挥职工法律援助律师团、普法志愿者作用,推动普法工作向街镇园区、规模企业延伸拓展,实现工会法律服务前移。全市工会组织送法到企(户)6503家,培训职工16.13万人次,接待咨询群众51.01万人次。市、县两级全面启动职工服务中心标准化建设,实现困难慰问、就业帮扶、法律维权、心理咨询等"一站式"服务。

精准帮扶体系完善。以困难劳模和困难职工群体为重点对象,以特困和大病救助、就业和就学帮扶为重点内容,深入开展"春送岗位、夏送清凉、金秋助学、冬送温暖"等帮扶活动。全市工会两节期间慰问困难职工5.38万户,发放慰问款物价值5000多万元;筹集助学资金2200多万元,资助困难职工子女1.54万人次;走访高温作业企业(工地)4920个,慰问职工92.6万人次。圆满完成三轮市级机关、市直单位党员干部与特困职工结对帮扶工作,以精准帮扶推动困难职工群体精准脱贫。全市工会机关干部1.13万人次深入基层走访调研,累计结对帮扶困难职工家庭1.01万户,投入3.42亿元,解决实际问题3.61万件次。

普惠服务成果丰硕。建立健全"会站家"一体化服务网络,产生了"职工关爱角""助圆微心愿""栾馨仁"服务台等一批普惠服务工作品牌。多措并举促进农民工融入城市,在全国率先推动出台农民工享受经济适用房政策,76名优秀农民工实现在通安居;免费帮助1000多名农民工提升学历,提供就业培训6万人次,5万人实现就业和再就业,市工人业余大学被评为"全国工会系统先进就业培训机构"。在全省率先开展免费带薪疗休养活动,市、县两级惠及职工1万多名。建成"安康·爱心驿站"181家、爱心母婴室120家,开设女职工美丽课堂500多场次,组织各类职工文化活动2319场次,选派文艺骨干下基层辅导职工3.3万人次,连续37年举办"濠滨夏夜"广场文艺演出,获第十六届"群星奖",市文化宫获"全国五一劳动奖状"。

四、坚持党的领导,突出问题导向,工会自身改革建设有序推进

从严治党开创新局面。认真开展党的群众路线教育实践活动、"三严三实"专题教育和"解放思想、追赶超越、争当先锋,推动高质量发展"大讨论活动,推进"两学一做"学习教育常态化制度化。积极支持派驻纪检组工作,抓好市委巡察反馈问题的整改落实,层层签订党风廉政建设责任书,制定完善制度59项,压紧压实党风廉政建设"两个责任",推动党风廉政建设和反腐败工作向纵深发展。

工会改革取得新进展。按照增"三性"、去"四化"、强基层、促创新的总体思路,认真谋划、稳妥推进工会改革。围绕坚持党的领导、完善机构设置、强化资产监管、改进工作方法等内容,制订《南通市总工会改革实施方案》,明确6个方面27项改革举措,已经市委审定并印发。县(市)区总工会在同级党委领导下,主动对接、及时跟进,积极研究、推进实施本级改革。

自身建设实现新突破。严格执行中央八项规定和省、市委十项规定精神，持之以恒优化工会作风，深入开展"三解三促"、党员志愿服务、"工会在身边·贴心走帮服"等活动，在困难共扶、资源共享、发展共谋、文明共建等方面，支持和帮助结对村居建设。"工会在身边"入选首届市级机关"党建服务十佳品牌"，市总机关党总支被市委表彰为"先进基层党组织"，生活保障部获评"四星级党员示范岗"。切实加强工会干部业务素质和能力建设，全市累计培训5万人次，占应训面的92.8%。

增强新时代责任担当　引领职工"回家"

湖北省十堰市张湾区总工会　魏　强

"我自愿加入中华全国总工会，遵守工会章程，履行会员义务，执行工会决议，参加工会活动……"4月28日上午，十堰西城经济开发区西城中心小学广场来自园区25家企业近400名的职工面对工会会徽，在领誓人的带领下，庄严地宣读了入会誓词，标志着他们正式成为工会会员。举办工会会员入会宣誓仪式，旨在增强新会员的会员意识、责任意识、担当意识，提高职工在企业发展中的使命感和对企业的归属感。这也是张湾区总工会2018年庆祝"五一"劳动节系列主题活动的一个缩影。

据了解，为认真贯彻落实党的十九大精神，大力弘扬新时期劳模精神、劳动精神、工匠精神，宣传工人阶级的伟大品格，在全社会营造"劳动光荣、工人伟大"的浓厚氛围，张湾区总工会提早谋划，精心筹备，于3月下旬至5月中旬，以"中国梦·劳动美"为主题，组织开展形式多样、丰富多彩、职工欢迎、广泛参与的"五一"系列庆祝活动，提振精气神、激发正能量，唱响"工人伟大、劳动光荣"的主旋律，营造喜迎"五一"、共建和谐、欢乐祥和的节日氛围，团结带领广大职工在推动张湾"一极四区"建设中建功立业。

一是开展学习十九大精神网上知识竞赛活动，引导广大干部职工牢固树立"四个意识"，坚定"四个自信"，自觉以习近平新时代中国特色社会主义思想统一思想和行动，进一步营造学习贯彻党的十九大精神和创建全国文明城市的良好氛围。

二是推荐、评选一批张湾区"五一"劳动奖状、奖章，工人先锋号，进一步在全社会大力弘扬劳模精神和工匠精神，激励广大职工群众以习近平新时代中国特色社会主义思想为指导，积极投身"当好主人翁、建功新时代"主题劳动和技能竞赛，充分发挥主力军作用，为实现"一极四区"目标任务建功立业。

三是开展寻找"张湾最美一线职工"活动，大力弘扬一线工人辛勤劳动、诚实劳动、创造劳动的品格，切实把"中国梦·劳动美"主题宣传教育活动引向深入。

四是组织开展在十堰日报、秦楚网、车都张湾网、张湾职工之家等媒体上，广泛宣传劳模、先进工作者典型事迹活动。

五是开展新时代湖北讲习所（张湾）——"张湾职工大讲堂"宣讲活动，让十九大精神融入更多普通职工生活工作中。

六是组织国药东风总医院医疗专家进园区、进企业为职工义诊，真情送健康，切实维护职工健康权益。

七是组织职工法律援助志愿者开展法律咨询和法律援助活动。

八是走访慰问困难职工、一线工人、劳动模范，切实为他们办实事、解难事、做好事。

九是开展调研走访活动，组织"大学习、大调研、大改进"活动，指导基层企业工会规范"职工之家"和创建"户外职工爱心驿"，组织职工志愿服务活动，举办各具特色、职工喜闻乐见的文艺演出、健身长跑、拔河比赛等文体活动，激发职工劳动热情和创新潜能。

一系列活动的开展，让更多职工融入新时代社会发展大局，感受工会组织的凝聚力、号召力、向心力，以更大的更饱满的热情和创造力投入工作中去，为张湾区"一极四区"建设，践行"新理念"、建功"十三五"，助推企业"二次"革命，振兴实体经济提档升级、产业架构优化起到了积极的作用。

近年来，张湾区总工会始终坚持正确的政治方向，坚定"红色"政治立场，坚持"服务大局、服务企业、服务职工"的工作总基调，深入贯彻落实"以人民为中心"的发展思想，秉持党管工会原则和职工需求导向，大兴调查研究之风，深入基层、下沉一线，把服务做在一线，把职工的心稳在一线，精准把握职工思想脉搏和利益诉求，着力构建大服务格局。切实提升工会组织在群众工作中的"领头羊"地位，真正使工会成为广大职工群众的"娘家人、贴心人"。

找准坐标定位　积极主动作为
助力全县精准扶贫精准脱贫
——大方县总工会服务大扶贫战略情况汇报

贵州省大方县总工会

　　大方县位于毕节市中部，"于滇为咽喉，于蜀为门户"，是奢香故里，古彝圣地。全县总面积 3505 平方公里，辖 37 个乡（镇、街道）389 个村（居）委会，总人口 110 万人，属新阶段国家扶贫开发重点县和新一轮乌蒙山连片地区特困县，2010 年至 2015 年累计减少贫困人口 22 万人，贫困发生率从 2010 年的 53.78% 下降到 2015 年的 20.64%，下降 33.14 个百分点，完成 13 个乡镇"减贫摘帽"任务。但贫困面广、贫困程度深的状况没有改变，目前，全县还有 11.66 万贫困人口。近年来，大方县工会组织积极响应党委政府的号召，紧紧围绕助力全县脱贫攻坚工作大局，结合自身职能职责，找准坐标定位，积极主动作为，坚持"三个结合"，在推进脱贫攻坚中开展了积极探索，取得了一定成效。

一、主要做法
（一）坚持健全和完善基层组织相结合，搭建工会参与扶贫工作的网络载体
　　一是在恒大集团援建的首批易地搬迁安置区中建立工会组织。根据《中华人民共和国农民专业合作社法》《中华人民共和国工会法》《中国工会章程》规定，根据恒大集团援建项目的推进情况，按照"分期分批、典型示范、总结提升、全面推开"的工作思路，在全县 50 处恒大援建安置区分批组建工会组织，目前已在恒大奢香古镇等地建立了工会服务站，工会服务站从就业、就医、就学、法律援助、维权帮扶等方面对即将入住企业提供全方位服务，实现搬得出、稳得住、能发展，切实解决搬迁群众的后顾之忧。二是抓好企业工会组建。县总工会班子成员带队，到各乡镇、园区进行走访调研，对排查出的正常生产而未建立工会的企业，明确专人深入企业，宣传政策，全力指导，2016 年全县新建企业工会 49 个，涵盖企业 115 家。同时，按照"六有""六好"标准抓好乡镇和旅游景区工会规划化创建，上报雨冲等 9 个乡镇、办事处为省级规范化建设示范点。三是积极开展会员发展。2016 年共发展会员 22803 人，其中农民工会员 21250 人，为助力精准扶贫打牢组织基础。

（二）坚持扶贫助困和维权服务相结合，完善社会保障扶贫体系

大力开展"五大行动"，完善农民工双向维权机制，突出保就业、保收入、保安全，加强法律援助，维护农民工合法权益；持续将困难农民工作为工会重点帮扶对象，开展"金秋助学""大病救助""困难帮扶"等特惠服务活动，助力保障扶贫。一是大力开展"春送岗位"行动。借助恒大集团结对帮扶的契机，号召全县广大干部职工和各级工会干部积极配合恒大就业培训工作，目前共举办3期就业培训班，培训农民工4000余人，输送外出就业农民工3000人。二是大力开展"金秋助学"行动。结合我县扶贫攻坚任务，按照2000元/人的标准，为248名困难职工（农民工）子女发放助学金49.6万元；"六一"儿童节期间为帮扶联系点长石镇杨柳小学20名留守儿童、贫困学生、单亲职工子女送去帮扶资金6000元。三是大力开展"冬送温暖"行动。2016年元旦、春节"两节"期间，牵头慰问4家企业，32个乡镇、街道办事处和开发区工会及辖区内困难职工、农民工、省市县级劳动模范、空巢老人、留守儿童等群体825名，发放慰问金33.84万元。对部分困难职工实施医疗救助和社会救助，救助金额77000元。四是大力开展维权服务行动。扎实开展《贵州省企业工资集体协商条例》的宣传工作，认真开展"集体要约行动"，做好工资集体协商工作。配合人社局等部门开展农名工工资清欠工作，共为844名农民工追讨清欠工资1372.21万元。五是大力开展实施志愿服务行动。突出关爱贫困农民工主题，组建职工扶贫志愿服务团队，常态化开展文化赶集、扶贫助困、医疗卫生、科技推广等公益活动；广泛动员社会力量、爱心力量、专业力量参与扶贫开发，实现了社会帮扶资源和精准扶贫需求的有效衔接。

（三）坚持扶持创业和引导就业相结合，夯实产业扶贫工作基础

一是认真落实"雁归圆梦"百千万行动，扶持企业发展壮大，带动群众脱贫。严格按照选树条件，对于遵守国家法律、法规，诚信经营、依法纳税，无违法违规行为和不良记录，有较好的业绩和信誉等的企业进行摸底排查，2016年5月选树培训大方县羊场镇顺利中药材专业合作社为返乡农名工示范企业，兑现奖补资金6万元。同时，通过在贵州阳光食品公司打造规范化职工之家，大力引导和帮助农民工及高校毕业生创业，促进农村劳动力就近转移、提升劳务，以"科技兴农、研发创新、服务三农、带动帮扶、促进农民增收"为宗旨，积极吸纳就业，带动18000人脱贫致富，解决7000多名农民的就业问题，其中精准扶贫户1507户4521人；通过开展"引企入村"行动，阳光食品公司在八堡四个贫困村建立规范化的猕猴桃种植基地，带动256户贫困户脱贫致富，实现968名贫困人口稳定脱贫。二是发挥企业工会作用，组织开展各类技术培训，带动就业。工会积极参与，为雪榕生物科技有限公司组织技术培训，目前该企业就业人数达370人，预计年底前完成改造提升，预计就业人数500人，实现了"打工不用到处走，就业就在家门口"的格局，有效解决了留守儿童、空巢老人服务等社会问题。三是大力开展"惠工贷"工作，协调农村信用社为大方县达能熟料制品厂、大方县名门珍雅家纺厂等企业贷款4000万元，获得企业经营贴息40万元，推动企业发展壮大，拉动农民工就地就近就业。四是申报了大方县承轩红木家具厂、贵州张氏云贵蔬果公司等24家创业之星，评选出20家创业之星。以"服务大方、创业最美"为主题，广泛开展形式多样的宣传活动，努力营造"大众创业、万众创新"的发展氛围，带动更多贫困户就近就业，实现脱贫致富。

二、存在的问题

全县精准扶贫工作开展以来，我县工会组织结合自身工作实际，在参与和服务全县大扶贫战略工作中做了一些力所能及、职责所系的工作和实践探索，取得了一定成效，但还存在很多问题和不足：一是非公企业工会组建的难度较大，覆盖率还不是很高；二是部分企业工会以及恒大搬迁项目工会起步时间晚，在维权服务、就业培训等方面的作用还不明显；三是工会会员普惠服务工作进度快；四是全县各级各类工会组织在参与脱贫攻坚的积极性和主动性上有待提高，等等。

三、下一步工作打算

下一步工作中，我们将认真按照本次全省工会系统服务脱贫攻坚现场推进会议精神，认真学习各兄弟县区的好经验、好做法，以脱贫攻坚统揽全县工会系统工作，进一步认清形势，强化措施，全力助推精准扶贫精准脱贫，助力大方县2018年如期脱贫。

一是进一步推进基层工会组织规范化建设。以健全基层工会组织为载体，以建设"职工之家"为抓手，按照组织规范、制度规范、工作规范的基本要求，打造"会、站、家"一体和帮扶、维权、服务"三位一体"服务平台，全面推进基层工会组织规范化建设，充分发挥基层工会组织在维护职工合法权益、协调劳动关系、维护社会稳定、促进脱贫攻坚中的积极作用。

二是积极完善帮扶网络体系。构建覆盖广泛、快捷有效的帮扶救助体系，深入调查研究，摸清底子，核实信息，加强与扶贫等有关部门沟通，将符合条件的困难农民工纳入帮扶范畴，做到一户一档案、一户一计划、一户一措施，因困施策、分类帮扶、精准脱困。

三是纵深推进"雁归圆梦"行动，落实好相关优惠政策，扶持更多返乡农民工创业示范企业、培育选树返乡创业农民工"创业之星"、实施工会干部结对帮扶留守儿童活动，作为实施大扶贫战略行动、做好服务农民工工作最有效的有力抓手。

四是积极组织协调工业园区和非公企业业主到贫困村发展产业、兴办实体，探索公司＋基地＋农户等模式，建立和完善合作发展的利益链接机制，吸收贫困户入股和就业，解决贫困群众无项目、无资金、无技术和增收难问题。

五是扎实开展好会员普惠服务、职工医疗互助等相关工作。

凝心聚力　推动自主创新
发挥优势　谱写时代新篇章
——五台县总工会发挥优势抓重点围绕中心促发展

山西省五台县总工会

在新时期、新形势下，如何引导广大职工为实现全面脱贫、全面小康奋斗目标而彰显作为，是摆在五台县总工会面前的新课题。那么唯有创新理念，主动融入全县工作的大局之中，工会才有强大生命力、影响力；唯有创新机制，不断开创工会工作新局面，工会才有发展、才有地位；唯有创新手段，不断优化工会维权方式，工会才有向心力、凝聚力。

工会工作的创新理念从何而来？五台县总工会的做法是：紧紧扣住县委、县政府提出的经济社会发展战略和目标任务开展工会工作；在全局性工作中寻找最佳结合点、切入点和突破口；在围绕中心服务大局中，主动结合工会工作特色的优势，落实工会职能、扩大工会影响，通过围绕中心来发挥工会的作用，争取社会各界对工会的认可与支持。近年来五台县总工会发挥优势抓重点围绕中心促发展等创新工会工作方式，使工会工作开展得有声有色。

创新领航　建功立业　彰显职工新作为

创新是生命的动力，技能是立业之根本，两者不但可以提升职工个人价值，也是推动经济良性发展迫切需要的内生动力。习近平总书记在 2016 年纪念"五一"劳动节座谈讲话时，向职工提出"不断提高综合素质，练就过硬本领"的殷切希望。

面对区域转型升级战略实施的新形势，从行业和企业的实际出发，五台县总工会一班人以服务创新驱动、转型升级为目标，以创新工作为纽带，把"五小"竞赛活动作为促进区域经济发展、科技进步、提高广大职工素质、增强企业竞争力的重大举措，通过精心谋划、层层落实、建立机制、深入指导、培养典型，让"五小"竞赛活动走向常态化，更加富有生机和活力。

西龙池蓄能电站以提高生产效率、节能降耗为原则，开展"五小"活动，提炼管理创新经验 13 项、开展"小发明""小设计"以来，完成专利申请 16 项、专利授权 11 项，确

定为"五小"竞赛项目 17 项，其中"直流监控系统改造""pmu 系统升级改造""省调电厂 GPS 系统完善""失步解列装置改造""下库 1 号闸门控制系统"技术改造，设备可靠性大幅提升，在保证安全生产的同时，降低生产成本。

云海镁业有限公司自开展"五小"竞赛活动以来，先后取得"五小"成果 8 项，其中，"底出渣卷扬机拉闸箱"通过技改卷扬机以后省人、省力、省时，工作人员由原来的 4 人变为 3 人，降低了劳动强度，减少了劳动人力，还提高了劳动效率，节约了成本，每年可为公司节约成本数万元。

五台山酿酒厂自开展活动以来，在原有的大麦和豌豆两种原料的基础上，根据酿酒专家和广大饮酒者的建议，在新制麦曲过程中，增加了适当的红豆、绿豆等八种粮食比例，这样酿出的酒，更增加了色香和味美，深受广大消费者的好评。据测算，该酒厂这项"五小"竞赛成果每年可为该厂节约 4 万元左右。

五台县城园丰农机制造有限公司自开展活动以来，针对过去的铺膜播种机存在着的一些不足与问题，自主研发、批量制造生产出一种能够实现多项作业，一次完成的新型农业机械，该科技产品的研发集五项国家专利于一身，新型农业机械定名为"城园丰"牌 2MBF—1/2 型玉米施肥铺膜精量播种机，具有结构紧凑、功能复合、操作灵活、运行稳定、维修方便、间距可调、不伤种籽、节种节肥、省工、省时等优点。推广应用后每年每亩可增收 50 公斤玉米，5000 台播种机每年平均播种 300 亩，每年可增收 1.5 亿斤玉米，增收 1.5 亿元。

五台县总工会开展"五小"竞赛活动以来，先后有 53 家企业 7685 名职工参与其中，竞赛项目达 160 多项，直接或间接创造经济价值 2 亿元，为企业节约资金 300 万元。

在这些创新过程中，令人瞩目的不只有那耀眼的成果，更重要的是创新成果背后，职工通过"五小"竞赛感受到前所未有的被尊重、被依靠，油然而生的主人翁责任感，让他们的创造活力一再高涨。

凝心聚力　维护权益　构建和谐温馨家

当前我县经济发展进入"新常态"，多种所有制企业共同发展，现代企业制度建设快速推进，职工权利诉求日益多元，权益维护任务更加繁重，这对工会组织来说，意味着应如何适应新形势，找准自己的定位，发挥应有的作用。

五台县总工会把目光紧紧盯在切实维护职工合法权益的工作上，为维护职工合法权益，构建和谐劳动关系做出贡献。

职工代表大会和厂务公开是企业实行民主管理的两大途径。五台县总工会作为厂务公开工作牵头单位，认真履行职责，积极采取措施，要求各级各类企业坚持每年至少召开两次职工大会，争取职代会上星级。通过深入企业调研和电话询问两种方式，指导督促未召开职代会的企业要严格按规定召开。与此同时，工会干部深入教育系统各学校、西龙池电站、云海镁业、德奥电梯、滹沱河电站、印刷有限公司、东大公司等企事业单位进行检查指导企（校）务公开民主管理工作。30个企业召开了职代会，实行企务和校务公开的单位60个，收集职工合理化建议110条。

维权，离不开面对面的博弈，但也需要和风细雨般的关怀。五台县是国家级贫困县，县域经济极不发达，多年来县工会始终把帮扶工作作为工作的重中之重，针对困难职工群体的不同情况，积极拓宽扶贫解困的渠道，以点滴甘霖汇成了慈善长河，为困难职工铺就了一条温暖而又充满希望的曙光的生命之路。

"春送岗位、夏送清凉、秋送助学、冬送温暖"是五台县精准帮扶的重要载体。2015年以来开展的"春送岗位"活动中，县总工会与人社部门合作，为1424名农民工找到了新的就业出路，为2000名下岗职工和农民工提供了免费职业介绍服务。在"夏送清凉"活动中，筹集资金48万元，慰问职工6100人次，为他们送上了防晒帽、毛巾、矿泉水、香皂、T恤衫等防暑用品。在"金秋助学"活动中，县总工会对36名符合救助标准的困难职工的子女进行了救助，共发放救助金10.8万元，还对3名单亲困难女职工考上大学二本以上的子女给予了共计1万元的救助，帮助他们圆了上大学的梦；在"冬送温暖"活动中，县总工会根据调查摸底共对2067个困难职工家庭进行救助，发放救助金165万元。一系列活动，一串串数字，连接工会与职工的情感，如一缕缕春风抚面而过，温暖心灵，鼓动激情。服务大局、服务企业、服务职工，五台县总工会坚持从实际出发，力干实事，务求实效，使得创新之路拥有了一步一个脚印的踏实和可靠。

提升素质　展现作为　发挥工会应有特色

2016年，在省总十二届九次全委会议上，将"素质提升年"列为今年的重点工作，要求各级工会要以创新能力和技能素质为重点提升自身素质和职工素质，把这一活动作为统领全局、带动全局、推动全局的重要工作来抓。

为此，五台县总工会立足实际，一方面大力加强干部职工业务培训力度，提升工会干部职工的业务素质；另一方面紧紧围绕工会工作目标，进一步深化工会机关干部作风建设，扎实推进工会创先争优。

提升工会干部真抓实干的动力。今年以来，五台县总工会组织广大干部职工认真学习习近平新时代中国特色社会主义思想和党的十九大精神，并以此为契机组织全体党员、干部、职工开展理论结合工作实际的大讨论，把思想认识和行动统一到县委提出的建设"宜居宜业宜游美丽新五台"的工作上来。与此同时，邀请省劳模李爱芳为全县党员干部和广大职工进行了党课辅导。全体干部职工学习劳模精神，不断增加正能量。此外，县总工会邀请太原市第八人民医院副主任医师王素卿和中华全国总工会委派的原北京市地坛医院李秋华教授对 48 名女工干部进行了为期两天的劳动保护培训，使她们了解女职工劳动保障权益如何不受侵犯，如何以法律的手段保护自己。通过多种形式的学习，使广大干部职工的认识有了很大的提高，思想和行动能够适应新形势，应对新挑战，在各自的岗位上扎实工作，奋力拼搏，建功立业。

提升工会干部真知灼见的实力。五台县总工会紧密结合自身实际，围绕推动工会工作创新这一主题，结合县总各部室工作职能，遴选出七类调研课题，要求各级工会依照课题内容，深入了解掌握实情实况，获取丰富的第一手情况、第一手信息和不同视角的意见和建议。工会党组书记、副主席张正义带队深入走访全县 17 个乡镇，围绕乡镇换届开展了"关于乡镇设立专职工会干部的必要性的调研"，通过深入、全面的调查研究，运用所掌握的资料，进行深刻思考和理性分析，提出了有针对性、能解决实际问题的对策建议，并以此为契机于今年 5 月底 6 月初，对全县 17 个乡镇基层工会（含居民办事处）按照工会改革方案完成了换届工作，并配齐配强了乡镇工会组织，乡镇工会配备了工会主席、副主席、挂职副主席、兼职副主席、经审委主任、女工委主任。

构筑职工素质提升培育平台。近年来，五台县总工会积极开展"榜样五台·最美劳动者"人物推荐评选活动，以社会主义核心价值观教育为主线，以基层一线职工为重点，培养和选树为五台转型发展、实现"中国梦·劳动美"做出突出贡献的先进典型，2017 年五台县评选出"五一劳动奖状"荣誉称号单位 5 个，"工人先锋号"荣誉称号单位 4 个，"五一劳动奖章"荣誉称号先进个人 73 人。并广泛宣传劳模先进事迹，大力弘扬工人阶级伟大品格，引领全县广大职工积极投身经济建设主战场，激发了全县职工全面建设小康社会的热情。

职工文化活动对于倡导健康文明的生活方式，满足职工群众日益增长的精神文化需求，提高职工队伍的素质都有着极为重要的现实意义。近年来，五台县总工会从与时俱进的最新实践中汲取营养和力量，从坚持不懈开展活动中培育职工文化活力，积极组织职工参加各类文体活动，2015 年忻州市工会开展的庆"五一"职工乒乓球比赛中，五台工会代表队荣获女队团体第一名，这在五台体育史上尚属首次。在忻州市总工会组织的"八马杯"拔河比赛中，五台工会取得了第八名，2016 年组织参加了忻州市职工花毽比赛，获得了"郎牌特曲杯"忻州市首届职工毽球大赛暨忻府区第二届职工花毽邀请赛"精神文明建设奖"。2017 年参加了市总工会举办的"迎五一"第三届"中国梦·劳动美"全市职工乒乓球比赛，并获得优秀组织奖，参加象棋比赛的队员获得了"道德风尚奖"。

…………

五台县总拓宽思路，创新方法，从"党政所需、企业所求、职工所盼、工会所能"出发，在激发企业职工钻研业务、苦练技能的活力的同时，也为区域人才梯队战略构建、经济发展提速夯实了基础。

新时代、新牧区群团工作的几点思考

四川省红原县委常委、总工会主席　泽旺措

群团工作是党治国理政的一项经常性、基础性工作，是党组织动员广大人民群众为完善党的中心任务而奋斗的重要法宝。当前，牧区群团组织在社会经济发展过程中的作用发挥还不够明显，群团组织的基层基础薄弱、有效覆盖面不足、吸引力凝聚力不够，群团工作的影响力不强。针对以上存在的问题，结合县委关于在全县范围内深入开展"大学习、大讨论、大调研"活动和群团改革工作要求，6月下旬，我带领群团各部门主要负责人深入11个乡镇对群团工作开展调研，此次调研通过听取汇报、召开座谈会、个别征求意见、实地考察等形式进行。现将调研情况报告如下。

一、我县群团组织的基本情况

全县共建立基层工会组织136个，建团组织115个，包括11个乡镇团委，2所中学团委，1个教育团工委，102个团支部含公检法、村（社区）、卫生院、非公企业团支部，4家非公经济组织建立了团组织，建立村、社区妇女之家39个，建立农技协会8个，基层红十字会1个，5个群团服务站。

二、我县群团组织在社会经济发展中作用发挥情况

面对新形势、新时代对群团工作的要求，我县各级党委主动适应，大胆创新，积极探索，不断加强和改善党对群团工作的有效领导，取得了良好的效果。

（一）健全组织、完善制度，社会综合服务能力明显提升

一是强化班子建设。采取专职、挂职和兼职相结合的方式，分别配备兼职工会副主席2名，挂职团委副书记1名，兼职团委副书记1名，兼职妇联副主席3名，县科协补配1名副主席，设3名兼职副主席。二是健全完善制度。通过成立群团部门党组，健全党组议事规则、党组工作制度、群团组织党组中心组学习制度等配套制度，进一步探索党建带群建、群建促党建的新途径、新路子，把好政治方向、决定重大问题、形成工作合力。三是配齐基层力量。全县11个乡镇全部配备兼职工会主席、团委书记、科协主席各1名，专兼职工会干部、团干部、残联干部各1名，39个村（社区）、尼姑寺按要求配备1名妇联主席、

229 名执委，其中 42 名村妇联主席、执委进入村"两委"，11 个乡镇 38 个（村）社区选出 38 名残疾人联络员。

（二）围绕中心、服务大局，全力助推经济社会和谐发展

一是以群团品牌活动为基础，大力开展"立足岗位、创先争优、建功三地一时代"劳动竞赛、"红色草原志愿服务"、"关爱草原母亲——姐妹宣讲"活动，积极引导广大干部职工、妇女同胞、青年干部和残疾人投身全县经济发展的工作大局中。二是推进"美丽红原、出彩群团"微信公众号、微博、实名制会员数据库等新媒体建设，建设"网上职工之家"、"青年之声"、网上妇女之家等新媒体窗口，推行"互联网+"工作机制，拓宽网上联系服务群众的渠道，促进线上交流与线下服务有效互动、有形组织覆盖与无形工作覆盖深度融合。三是结合红原实际，切实发挥群团组织作用，印发《红原县关于充分发挥群团组织优势助力脱贫攻坚的实施方案》《红原县群团部门关于助力脱贫攻坚开展"养成好习惯、形成好风气"工作方案》。四是发出《助力脱贫攻坚战，青年担当争先锋》倡议书，举办"助推脱贫攻坚我为三地一时代献计出力青年论坛"活动；借助"关爱草原阿妈——姐妹宣讲团"等平台，形式多样开展扶贫政策宣传，大力塑造就业典型，教育引导贫困群主转变思想观念，激发我要脱贫内生动力。

（三）凝心聚力，奋发有为，推动群团工作取得新成效

一是实施好"四季送"品牌项目，深入开展特困职工深度帮扶行动，推进乡（镇）"职工之家"建设步伐，发挥工人文化宫阵地作用，管理好职工之家食堂，开展农牧产业实用技术培训。二是实施好四川青年创业促进计划（SYE）、"州级青年创业专项扶持资金"和青年（大学生）创业大赛。建设青少年综合服务平台，深化"新时代 新作为"、逐梦计划、红色草原志愿服务、留守儿童关爱等品牌项目。三是县妇联积极争取省、州妇联支持，在全县建立 3 个居家灵活就业基地，同时协同州妇联、县就业局和县就业培训基地组织全县妇女，特别是贫困妇女参加缝纫、手工编织等技能培训。四是加大残疾人就业帮扶力度，与北方牧人地毯制作合作社签订合同，帮助残疾人就业，制定实施残疾人居家灵活就业措施，对残疾人居家灵活就业对象实行分乡镇进行就业技能培训。五是大力实施基层科普行动计划，积极开展科技推优工作并取得显著成绩。

三、群团工作存在问题的原因分析

（一）思想认识不够到位

在调研中发现个别基层领导对群团组织的性质和地位认识不够，对群团工作研究不够深入、缺乏有效指导，工作支持乏力，存在重经济工作轻群团工作倾向。一些地方党组织在引导群团组织发挥作用方面重视不够，没有把群团事业发展纳入总体发展规划，在考虑各项工作时，把群团作为一支重要力量纳入总体考虑的自觉意识还需要进一步增强。

（二）组织建设不够健全

在实际工作中普遍存在群团组织设置不合理、有被弱化边缘化倾向等问题。群团组织机关编制普遍偏少，基层群团干部皆为兼职。群团干部队伍的年龄结构、知识结构很不合理，已不适应新时期群团工作需要。

（三）政策法规不尽完善

目前国家已制定了一些涉及职工、青少年、妇女儿童、残疾人等群体切身利益的法律法规，但规定较原则，可操作性有待加强，再加上相关配套的政策法规制定相对滞后，使群团组织代表和维护群众合法权益缺乏刚性条款和制约措施。加之，群团组织依法维护群众权益的法制环境有待进一步优化，少数部门还存在贯彻相关法律法规执法不力的现象，从制度层面上缺乏监督制约措施，群团特别是基层群团组织不能充分履行服务群众和维护群众合法权益职能，导致部分群众合法权益未能得到有效保障。

四、新形势下开展群团工作的几点思考

（一）遵循"三个原则"，发挥群团组织桥梁纽带作用

一是必须坚持党的领导。坚持党的领导是做好群团工作的根本政治原则和根本政治保证。群团组织必须自觉接受党的领导，坚持用党的基本理论、基本路线、基本纲领、基本经验、基本要求武装头脑、指导工作，坚决贯彻落实党的大政方针和决策部署，不断增强对中国特色社会主义的道路自信、理论自信、制度自信。

二是必须坚持服务大局。群团组织服从服务于党和国家工作大局，是由党的性质和群团组织性质决定的。全面建成小康社会，努力实现中华民族伟大复兴是当前及今后一段时期党和国家的工作大局。必须始终自觉把群团工作放到工作大局中去思考、去把握、去推进，切实凝聚各自所联系群众的智慧和力量，促进经济社会发展。

三是必须坚持服务群众。群团组织是各自所联系群众利益的代表者和维护者。必须始终坚持群众观点和群众路线，把各自所联系群众的利益实现好、发展好、维护好作为一切工作的出发点和落脚点，自觉深入基层、深入群众，着力解决群众最关心最直接最现实的利益问题，引导群众依法表达合理诉求，自觉维护社会和谐稳定。

（二）实施"三化发展"，形成"一体化"工作模式

一是实施项目化推动。完善群团工作项目化管理和运作模式，创新项目科学策划、资金投入、激励考核、宣传引导机制，合理选择项目，有效实施项目，着力打造群团工作品牌，实现工作项目化、项目目标化、目标责任化。特别是在"四季送"、青年创业就业、关爱留守学生、幸福家庭、"量体裁衣"个性化服务、科普惠农等服务发展、服务民生的工作上实施项目化。

二是实施社会化运作。充分利用社会资源、社会手段、社会力量开展工作，鼓励和支

持各种非营利组织、企业和社会组织及公众多形式多渠道参与社会治理，逐步形成"党政支持、社会协同、公众参与"的群团工作社会化模式。探索建立社会化群团工作者队伍，吸引、集聚、招募更多爱心人士和志愿者社工人才参与公益事业，推进服务队伍社会化。

三是实施规范化管理。坚持问题导向原则，按照"党政所需、群众所急、群团所能"确定工作主题和方案，完善各项工作制度，规范工作流程，严格工作考核，强化目标管理，突出工作实效，实现工作标准化、规范化、制度化。

（三）建立"三大平台"，构建"大群团"工作格局

一是建立融合资源手段的"共享平台"。推动完善党委定期研究群团工作制度和群团与政府联席会议制度，主动参与经济社会发展规划和涉及所联系群体利益的政策法规的研究制定；建立同政府相关部门的信息沟通制度，充分发挥协调劳动关系三方会议制度、未成年人保护委员会、妇女儿童工作委员会等作用，推动解决涉及职工、青年、妇女儿童等切身利益和群团工作的重大问题。

二是建立推动民生改善的"惠民平台"。进一步加强惠民帮扶中心（站、点）规范化、制度化建设，推动惠民帮扶中心窗口单位把帮扶资源、帮扶力量、帮扶手段整合到"中心"，在困难群体帮扶救助工作中构建全方位联动平台，努力形成"全面覆盖、分级负责、上下联动、区域协作"的帮扶工作体系，为更多群众提供多元服务。

三是建立提升群众素质的"活动平台"。整合工人文化宫（俱乐部）、青少年活动阵地、妇女儿童活动中心、残疾人专项服务设施、科普基地等公益性群众活动阵地，优化配置群团培训基地、师资队伍、培训资金等资源手段，加强群团网络平台建设，增强群团组织正面引导群众、有效服务群众的能力和水平。

弘扬劳模精神　厚植工匠文化
为助推经济社会发展汇聚强大动力

江苏省句容市总工会

劳模精神、工匠精神是社会主义核心价值观的重要体现，也是推动中国特色社会主义现代化建设的强大精神力量。近年以来，句容市总工会充分发挥组织优势，围绕"十三五"发展目标，大力弘扬劳模精神，厚植工匠文化，引领广大职工服务经济社会发展大局，汇聚改革发展强大动力，在全面建成小康社会、建设"强富美高"新句容的生动实践中发挥了主力军作用。

一、精心选树排头兵，唱响劳动最美主旋律

1. 寻找"不一YOUNG 的工匠"

在开发区先进制造业、现代服务业和新兴产业企业职工中开展寻找"不一 YOUNG 的工匠"活动，挖掘表彰一批将"产品当成艺术、将质量视为生命"、在平凡岗位上做出不平凡业绩的工匠。活动注重从普通员工（未受过市级以上同类表彰）中选树典型，真正把职工群众身边看得见、摸得着、学得到的最基层、最平凡的劳动者推选出来，全面提升常年奋战在工作劳动第一线的广大职工的自豪感，掀起"实现新发展，一切在于干"的工作热潮。活动评选表彰了"不一 YOUNG 的工匠"10 名，优秀员工 5 名。

2. 选树各行各业先进典型

对 2015 年以来在全市经济建设和各项社会事业发展中做出突出贡献的先进集体和先进个人进行表彰，开展句容市"五一劳动奖状""五一劳动奖章"和"工人先锋号"推荐评选活动，共表彰了 10 家句容市"五一劳动奖状"先进单位、14 位"五一劳动奖章"先进个人、19 家"工人先锋号"先进集体。在市污水处理二期工程、华电句容发电厂二期工程、市 243 省道铃塘转盘改造暨南门快速通道、西部干线等建设工程中组织开展了重点工程劳动竞赛；联合人社局等部门，开展了卫生应急技能竞赛、首届居家养老护理员职业技能竞赛、砌筑工技能比赛等，选树了各行业先进典型 100 多个。

二、注重发挥引领力，构建创业创新良好氛围

1. 大力弘扬劳模工匠精神

与电视台合作开辟《劳动者之歌》栏目，对劳模、五一劳动奖章（奖状）开展专题宣传。

寻找"不一YOUNG的工匠"活动从申报到表彰，全程依托电视、广播、报纸、网络等新媒体开展广泛宣传，召开表彰大会，邀请市领导颁奖授牌，高规格大造势营造学习新时代劳模精神工匠精神的良好氛围。开展名师带高徒活动，以师徒方式培育出新生代优秀技术能手，传承工匠精神，提高就业创业能力，激励创优争先、建功立业。

2. 组织劳模科技服务团走进农村

句容劳模农业科技服务团是我会充分发挥劳模作用的一项品牌工作。每半年一次定期举行农业科技现场咨询会，组织在一线从事农业生产的专家型农民，用自身的专长为农民传授经验，解决实际问题，带动农民共同致富，为振兴农村发展提供了智力支持。

3. 积极推进劳模创新工作室创建

扩大劳模创新团队，加大技术骨干的培养力度，放大劳模效应，引领职工学习劳模、争做劳模。新建田玉伟、李晓明、蒋家森"劳模创新工作室"3家，命名印秋明"技师创新工作室"1家。

三、真情关爱劳模工匠，传承不忘初心时代精神

1. 落实本级劳模工匠疗休养

制定下发文件《关于组织劳动模范参加疗休养活动的通知》，首次将句容市级劳模疗休养工作形成制度化、常态化。2017年，我会组织近5年受表彰的本级劳动模范和五一劳动奖章获得者共32人赴徐州市工人疗养院进行疗休养。

2. 加大"劳模专柜"建设

开辟"劳模专柜"着力解决"劳模农产品入驻商户，商户帮助劳模销"的问题，是我会在劳模服务领域的又一项拓展。今年来，在做好实体店专柜维护的基础上，注重宣传，制作了20余块"句容市特优产品劳模汇"宣传展板，推介劳模的优质农产品，为劳模的农产品销售提供了帮扶。

党的十九大报告指出，建设知识型、技能型、创新型劳动者大军，弘扬劳模精神和工匠精神，营造劳动光荣的社会风尚和精益求精的敬业风气。今后，我们将进一步发挥工人阶级主力军作用，大力弘扬劳模精神、劳动精神、工匠精神，积极引导职工群众焕发劳动热情、释放创造潜能。

做强普惠优服务 助推工会新作为

四川省苍溪县总工会

去年以来，在县委的坚强领导和市总工会的精心指导下，在县邮政公司和县邮储银行的支持配合下，我县坚持"统筹规划，全面启动；先易后难，分步推行"的原则，实施"一、二、三、四"工程，工会普惠性服务各项工作有序推进。我们的主要做法是：

一、贯穿一条主线

我县始终把工会会员普惠性服务工作作为工会适应职工新期待、提升服务新水平、助推苍溪发展新跨越的"一号工程"，并形成一条主线贯穿到工会各项业务工作之中。将会员普惠服务卡办理作为基层工会组建、困难职工帮扶、工会经费返还的必备条件，注重把握三个重要环节：一是把源头。在基层工会组建、换届时，严格要求把工会组织和会员职工录入实名制数据库，全员办理工会会员普惠服务卡。二是把服务。会员职工在申请困难职工帮扶救助时，严格要求及时办理会员普惠服务卡，并逐步实现工会各项救助资金全部使用会员普惠服务卡打卡发放。三是把经费。在基层工会申请经费返还时，把基层工会规范化建设、工会组织和会员实名制数据库录入和会员普惠服务卡办理作为前提条件进行审核。

二、建好两个系统

（一）健全会员实名数据库

工会会员实名数据库是推进会员普惠性服务工作的基础性工作。为此，我们将该项工作作为重中之重，先后两次召开全县工会组织和会员实名制数据库建设信息采集培训会，梳理核实全县 12.4 万名基层工会会员信息。开展"八大攻坚行动"，规范符合建会条件的中小微企业进一步完善工会组织和会员信息，确保不重登、不漏登、不错登，保证会员实名制数据库的真实性、完整性和严谨性。截至目前，全县已完成 1580 个工会组织和 114886 名工会会员信息采集任务，并按步骤分批次移交给邮政公司和县邮储银行作为办卡第一手资料。

（二）构建"互联网＋工会"服务平台

为打造服务职工的网络载体，实现服务职工全覆盖、服务时间全天候，形成网上网下相互促进、有机融合的工会服务新体系，县总工会通过考察选定成都爱创业科技公司为我县设计"互联网＋工会"服务平台。此平台采取微信作为技术路径，通过数字化办公、职工在线服务、服务机构管理、大数据协同管理，实现组织、干部、职工、服务的四大链接，更好体现工会办公数字化、职工服务在线化、职工福利普惠化、线上线下一体化的强大功能，为与全总"工会 e 家"和省、市总工会网上工作平台及时有效对接做好基础性工作。

三、突出三项重点

（一）启动实施突出"早"

全省工会会员普惠服务工作启动后，县总工会及时向县委汇报，得到县委领导高度重视，并积极争取我县被省、市总工会纳入首批试点县。被正式确定为试点县后，县总工会及时召开专题会议，成立领导小组和工作机构，印发实施方案，建立工作制度，分解目标任务，在较短时间内完成了深入调研、会员信息采集、合作商家选定、项目商讨、优惠谈判、协议签订、会员卡项目加载等相关工作，于 2017 年 7 月 28 日与全省同步启动普惠服务及首批会员卡发放仪式，仪式现场开展办卡激活、有奖竞答、普惠服务项目现场体验活动，大大增强了广大工会会员对工会会员普惠服务的认同感，激发了办理会员服务卡的积极性、主动性。来自全县基层工会的 500 余名会员职工参加发放仪式和体验活动，现场发放首批会员卡 260 张。为提高会员服务卡办理效率，我们一方面在工会服务大厅设置流动服务窗口，为基层工会和会员办卡提供方便；另一方面，我们采取主动服务，针对机关事业单位工作特征，组织工作队提供上门办卡服务。截至目前，我县已办理 12000 名机关事业单位财政供养人员会员服务卡，下一步，我们将把会员服务卡办理作为常态化工作推进，到 2018 年年底完成 13000 名机关事业单位聘用人员、国有及国有控股企业职工的会员卡发放工作，计划用三年左右时间，实现会员服务卡办理全覆盖。

（二）项目开发突出"实"

紧紧围绕"三大功能"，结合工会自身职能，不断推出丰富、优惠、实用的普惠项目，增强广大职工获得感、幸福感、安全感。

一是突出工会服务功能。明确劳模慰问、生活和医疗救助、金秋助学、临时救济等各项工会帮扶资金全部通过会员普惠卡发放。在老城区的工人文化宫建立工会职业介绍所和舞蹈培训中心，在新城区投资 2700 万元建设建筑面积 7000 平方米的职工服务中心，持卡会员职工均可在上述服务机构享受优惠服务。

二是突出社会服务功能。整合社会资源，为持卡会员职工在"吃、住、行、游、购、娱"等日常生活消费方面提供增值服务。与 11 家商家合作开发涉及健身、餐饮、住宿、观影及购物等民生普惠项目 38 项，最高优惠额度达到 19％。邮政公司推出线下体验店"优惠购"，持卡会员每月可在体验店优惠购买 1 件产品，优惠度达 40％。邮储银行针对贷记卡会员推出了观影、洗车、洗衣、美发等"4个9元"项目。进一步拓展会员卡服务功能，为持卡会员职工开通水、电、气、有线电视等市政服务费一卡通服务。据初步统计，截至目前，全县已有4500名持卡会员享受普惠商业服务，优惠金额达35万元。

三是突出金融服务功能。持卡会员可享受邮储银行所有支付、消费、储蓄、理财等金融功能，并免收工本费、年费、小额账户管理费等常规费用，同时还可享受"专属理财"专项服务。

（三）活动开展突出"多"

抓住重要节点，将普惠服务与工会各项活动有机结合，全方位多层次开展形式多样的宣传活动，有效提升普惠性服务工作的知晓度和影响力。一是与节庆活动相结合。今年"三八"妇女节，组织开展普惠服务街头宣传活动，为持卡女会员职工发放节日礼品750份。二是与文体活动相结合。今年"五一"，我们将举行"启航新时代·同步奔小康"职工徒步比赛，届时将为400名持卡参赛会员职工发放价值100元的纪念品。三是与工会"品牌"活动相结合。扩大"两节"送温暖活动覆盖面，将会员普惠服务宣传与慰问品同步发放，惠及56家机关企事业单位4375名职工。今年元月，在广元市"2018年新春送文化送法律送温暖到基层慰问演出"活动现场，为会员职工发放普法台历等宣传品4000余份。春节前夕，与邮储银行联合开展"爱心暖寒冬、红火贺新春"400环卫工人火锅大拜年活动，制作发放春联、年画等宣传品500余份。四是与金融服务相结合。县邮政公司和县邮储银行常态化开展线下体验和"4个9元"项目，持卡会员可每月享受体验服务。

四、强化四大保障

（一）强化人员保障

挂牌成立县总工会普惠办，配备专职负责人和工作人员2名，从人员上给予全力保障。

（二）强化阵地保障

在困难职工帮扶中心服务大厅设立普惠服务窗口，公示普惠服务流程，为会员职工办理会员服务卡提供"一站式"服务。

（三）强化经费保障

将工作经费不断向会员普惠服务工作倾斜，累计投入资金30余万元，确保了会员普惠服务工作及时有效开展。仅2017年，县总用于会员实名制数据库录入补助经费达11万元。去年12月28日，县政府与县级群团联席会议决定，由县财政局为持卡财政供养的会员职工预算普惠服务经费补助，专项用于持卡会员职工在工会活动阵地开展活动使用。

（四）强化制度保障

一是会商制度。县总工会、县邮政公司与县邮储银行定期召开专题工作会议，对会员普惠推进工作中出现的难点、重点和热点问题进行共同会商，制订解决方案和措施。二是

督查考核制度。将会员普惠服务各项目标层层分解，定期督查，并将完成情况纳入工会工作年度考核重要内容，对推动工作不力的基层工会给予倒扣分，并取消工会系统评先评优资格。三是跟踪回访制度。加强对合作商家普惠服务质量的跟踪回访，对发现的问题及时向邮政公司和邮储银行进行通报，并提出整改意见，对拒不整改或整改不力的，通过会商会议决定给予相应处置。

工会普惠性服务工作是一项具有开拓性、创新性的工作，没有现成的老路可走，没有成功的经验可循。我们将充分学习借鉴兄弟县区的先进经验，切实叫响做实工会普惠服务品牌，团结动员广大职工为决战脱贫攻坚，决胜全面小康，奋力建设现代化幸福美丽新苍溪贡献智慧和力量！

当前企业劳动安全卫生问题
对职工队伍稳定的影响及对策建议

安徽省淮南市大通区总工会

劳动安全卫生保护是劳动者的一项基本权利保障。多年来,在党和政府的关心和爱护下,劳动者的劳动安全卫生环境得到了很大的重视和改善,但由于在劳动生产过程中还不同程度存在许多危害劳动者健康的因素,为进一步加强工会劳动保护工作,切实维护广大职工的切身利益,大通区工会在全区企业中就"当前企业劳动安全卫生问题对职工队伍稳定的影响"这一主题展开调研,全面掌握全区企业安全卫生方面存在的突出问题、产生的原因及对职工队伍稳定的影响,以采取有效对策,最大限度地维护广大职工群众的切身利益和身心健康。

一、我区企业劳动安全卫生工作存在的突出问题

(一)安全卫生工作重视不够

虽然各级党和政府对劳动安全卫生工作高度重视,相关的法律法规也很健全,但企业经营者漠视法律、心存侥幸的现象还大有存在,导致规章制度落实不到位,设施设备作用得不到发挥,职工的身心安全得不到保障。企业缺乏专职安全管理人员,部分职工也缺乏自我维权意识,不知道自己有哪些合法权益,不懂得如何维护自身合法权益。再有一些规模不大的企业,企业职代会建立晚、实施不到位,不能很好地发挥作用,难以让职工参与到自身合法的、切身相关的制度当中去。

(二)硬件设备基础薄弱

一是设备陈旧,企业经营者为了节省运营成本,对必备的安全卫生设施投入不够。二是缺少对安全卫生设施的保养维修。比如一些消防设施,表面看消防栓、感温感烟器、喷淋喷头等消防设施一应俱全,但平时的维护保养测试不到位,一旦发生火灾,这些设施能否及时发挥应有的作用,很值得怀疑。三是部分企业个人防护用品使用情况差。部分企业虽然为员工发放了个人防护用品,但监督措施不够,一些员工将个人防护用品闲置,不佩戴,没有起到应有的防护效果;还有部分企业购置的防护用品不符合职业病防治要求,员工不愿意佩戴,也达不到防护目的。

（三）宣传保障覆盖不到位

一是部分企业在存在职业病危害因素的工作场所醒目位置没有设置职业病危害告知栏，即使有也没有按照标准和规范进行设置，告知内容错误或者不全；警示标识的设置地点、内容均存在一定问题，没有起到警示和提示作用；部分企业在对工人进行岗前、岗中培训时忽视了职业病防治的培训，即使培训也是一带而过，内容少之又少，无法让职工了解更多的知识。二是我区非公企业大多为小微企业，企业经济实力不强、员工流动性大等因素，导致从业人员医疗、工伤等保险缺失，一旦出现卫生事故，没有可靠的社会保障，企业自身也无力承担，就会出现劳资双方的纠纷，酿成群访事件。

二、企业劳动安全生产问题对职工队伍稳定造成的突出影响及原因分析

主要体现在三个方面：一是职工普遍缺乏安全感，对于一些职工的需求企业无法做到回应，或者说企业经营者一拖再拖，久而久之让很多职工对企业的安全感慢慢消失从而导致员工辞职、流动频繁。二是作业环境、劳动环境恶劣导致职工抱怨或情绪不稳定，生产效率低，进而影响企业经营发展。三是保障机制不健全，职工一旦发生工伤卫生事故，合法权益得不到有效及时的保障，而引发群访事件。

三、职工对企业劳动安全卫生的意见和建议

这次调研通过采取随机走访和座谈会等形式，收集整理了职工对企业劳动安全卫生工作的意见和建议，主要集中在以下几个方面：

1.加强职工对劳动安全卫生知识的培训，政府应多采取开展培训班、流动讲座等形式，努力做到每位职工都能接收到相应的政策、知识，提高职工的自我保护能力。

2.完善安全设施设备，企业应由专人负责企业安全设施设备的检查工作，及时淘汰落后、陈旧的设备，为职工营造安全的生产作业环境。

3.配备必要的个人劳动保护工具，避免恶劣作业环境造成的伤害。

4.完善社会保障机制。企业应专项签订关于卫生安全劳动保护合同，并且为职工全面缴纳医疗和工伤保障。

四、对当前企业劳动安全卫生问题影响职工队伍稳定的意见和建议

劳动安全健康权益，即劳动者在生产劳动过程中享有的生命安全和身体健康的权利，是劳动者的基本权利。企业组织职工群众积极参与劳动安全卫生工作，必须从保障劳动者安全健康切身利益这一现实问题入手，劳动安全卫生问题的存在，时刻对职工身心健康构成威胁，给职工及其家庭带来灾难，同时影响企业发展，影响社会稳定，必须引起各级党和政府、企业经营者以及广大劳动者的高度重视，采取有力措施遏制伤亡事故，减少危害。

（一）加大对企业的监管职能，完善安全生产监管体制

各级政府应切实承担起安全监管主体职责，认真研究制定全面履行安全监管主体职责的制度措施和工作机制。有关部门和单位应按照职责分工，对所承担的工作任务进行细化和分解，制定具体的行业安全生产政策法规、安全准入条件和定岗定员标准等配套实施办法，并将本部门管理的所有企业单位纳入安全管理范围，严厉查处违反国家劳动安全卫生法律法规，造成职工伤亡事故的企业。同时，督促企业严格执行《安全生产法》《职业病防治法》等劳动安全卫生法规和标准，不断提高企业的安全生产保障能力。政府行政部门加大对企业的监管职能。

（二）加强职业病防治和安全卫生宣传工作

一是政府部门和企业要加强宣传和教育，增强员工自我保护意识，并加强有关法律法规和职业病防治有关知识的培训，引导职工在作业过程中严格遵守操作规程、合理使用个人防护用具。二是有关部门对企业的职业危害监测情况、数据分析结论要对员工公开，给劳动者知情权，促使他们有效维护自身权益。加强对作业场所职业危害的监督检查，对不符合国家职业卫生标准的，必须责令并监督停工整改、加以补救，改善作业环境，完善劳动保护，督促企业对职业病做好预防和治疗工作，提高职业病防治能力。

（三）完善社会保障机制

要督促企业加大对职工医疗、工伤保障的覆盖面，政府应加大落实企业关于劳动安全卫生协议与职工之间签订情况的力度，使职工的合法权益得到保障。

（四）加大对劳动保护的工作力度，发挥工会监督职能

继续贯彻落实劳动保护工作责任制，组织职工群众广泛开展"安康杯"竞赛等各种有效预防事故和职业病防治等宣传活动。加强对企业劳动安全卫生工作各项规章制度的落实工作，履行工会维护职工权益这一基本职责，在建立平等协商和集体合同制度中强化劳动保护内容，督促企业不断改善劳动条件，监督企业劳动安全卫生工作各项规章制度的落实情况，为职工营造安全健康的生产作业环境，加强劳动保护。

适应新时代　展现新作为
团结动员广大职工在建设"区强民富境美人和"
新平桂中发挥主力军作用

广西贺州市平桂区总工会　王梨花

平桂区总工会在市总工会和区党委的正确领导下，在区政府的大力支持下，深入学习贯彻落实党的十九大习近平总书记系列重要讲话精神，坚定不移地走中国特色社会主义工会发展道路，紧紧围绕"四个全面"战略布局和"六个提升"工作，扎实开展"两学一做"学习教育，积极投身精准扶贫，带领广大职工为建设"区强民富境美人和"新平桂发挥主力军作用。

过去五年工作亮点和成效：

一、把握政治方向，创新工作思路

坚持学习贯彻党的十九大会议精神为主线，深入学习贯彻习近平新时代中国特色社会主义精神，中央、自治区委、市委党的群团工作会议精神为首要政治任务，深入开展"两学一做"制度化常态化专题教育，通过党组中心组理论学习、研讨会、党课报告会等多种形式，及时学习宣传中央精神，坚持把工会工作放在党政工作大局下思考，在大局下行动，牢牢把握正确政治方向。充分发挥工会宣传阵地作用，通过报刊、网络、微信、QQ等多种媒体，面向基层和职工群众，广泛宣传党的路线方针政策，切实把中央精神传达到基层、宣传到职工中，引导职工群众树立中国特色社会主义共同理想，坚定走中国道路、实现中国梦的信心决心。

二、夯实基层组织，激发工会活力

开展组建工作。坚持党建带工建，坚持不懈抓工会组建工作，在推动机关事业单位和国有企业普遍建立工会组织的基础上，积极创新建会模式，拓展建会领域，在推动非公企业建会和组建区域性行业性、新型工会组织上下功夫、求突破，着力把新建项目招聘的员工、分散在个体营业门点的员工和农民工组织到工会中来，在9个乡镇（街道）和农民工聚集的广西碳酸钙千亿元产业示范基地建立了工会工作站，促使工会组建和会员发展工作取得重大进展。五年来，共建基层工会组织57个，发展会员13840人，其中农民工会员10020人。工会组建率和职工入会率均达到90%以上，工会组织的覆盖面不断扩大，工会工作的触角不断延伸。

开展整顿和激活"僵尸工会"工作。平桂区总工会以全区工会系统开展"基层工会建设年"活动为契机，大力整顿和激活"僵尸工会"。一是成立了以苏冬兰主席为组长，韦相勤书记、杨艳平副主席、尹远华主任为副组长的清理整治"僵尸工会"工作领导小组。二是五年来实地查看了80家企业工会、32家机关工会，给基层工会发放工会知识宣传手册共计1200册，清理整顿了14家空壳工会，激活了14家"僵尸工会"。

推进职代会和会员评家建设工作。平桂区总工会以推进"六有"工会建设，不断提高建家水平，增强工会组织的凝聚力和号召力，把工会建成组织健全、维权到位、工作规范、作用明显的"职工之家"。以规范化建设为目标，以"会员评家"和"职代会"为载体，在平桂区基层工会开展工会会员评家工作。把路花电力、西田口电厂、科隆粉体等一批建立职代会、正常开展会员评家活动、程序规范的单位的好做法好经验及取得的成效进行大力推广宣传。五年来，会员评家覆盖率达90.6%，职代会建制率达93.7%。

推进"职工书屋"建设工作。五年来，平桂区总工会在现有职工文化阵地的基础上，以乡镇（街道）、企业为重点，集中力量建设"职工书屋"，其中建成自治区级"职工书屋"示范点1个，市级示范点2个，区级职工书屋1个，村级农民工书屋示范点12个，所有乡镇（街道）工会均建有职工书屋，对全面提升职工素质发挥了积极的作用。

三、关注民生发展，推进精准扶贫

开展"四送"活动和日常救助活动。五年来，平桂区总工会在坚持开展"四季送"品牌活动的同时，认真做好困难职工、农民工日常救助工作。一是"春送岗位"活动共为返乡农民工、下岗职工（农民工）提供了42000多个工作岗位。二是"夏送清凉"活动为12006名农民工发放了价值20.127万元的清凉用品。三是"秋送学子"活动共资助困难职工子女446人次，发放助学金88.7万元。四是"冬送温暖"活动共为2527名困难职工（农民工）送上慰问金313.47万元。五是开展送培创工程。平桂总工会整合平桂区下岗失业人员、农民工的信息资源，联合人社部门有针对性、有目的性地开展职业技能培训，提高培训人员的稳定性和扩大培训课程的覆盖面，提高了下岗失业人员、农民工群体的工作技能水平。五年来本单位组织培训下岗失业人员、农民工共1307人，联合人社、妇联等部门共培训11568人。与此同时，开展特困职工日常生活救助活动，一是开展"高考前慰问"活动，共慰问205名困难职工（农民工）子女，发放慰问款8.75万元；二是开展特困职工日常救助活动，共救助特困职工（农民工）125名，发放救助款41.784万元；三是开展"六一"慰问活动，共慰问653名困难学子，为他们送去价值4.854万元的慰问品；四是免费为284

名职工开展体检活动,免费为 5000 多名农民工赠送意外伤害保险,并在西湾街道打造了一个工会爱心驿站,解决了环卫职工等户外劳动者在就餐、饮水、休息等方面面临的实际困难。

开展关爱劳模工作。五年来,平桂区总工会共组织 47 人次自治区劳模定期进行健康体检,共向 27 人次自治区困难劳模发放补助金 17.03 万元,筹集资金 2 万元为 2 名困难劳模改善了居住条件,组织 11 名自治区劳模进行休养。经过五年评选全区共 19 名自治区级劳模。在劳模带领下共计创办"自治区劳模创新工作室"1 家、"市级劳模创新工作室"3 家。五年来共荣获全国五一劳动奖状 1 家、广西五一劳动奖状 2 家、市级五一劳动奖状 8 家,全国五一劳动奖章 1 人、广西五一劳动奖章 1 人、市级五一劳动奖章 11 人,全国工人先锋号 1 家、广西工人先锋号 3 家、市级工人先锋号 11 家。

开展"关爱女职工"活动。五年来,平桂区总工会本级共筹集资金 42.34 万元对 538 名困难单亲女职工和女农民工实施帮扶和救助,并筹措 4.38 万元组织 303 名困难女职工和女农民工免费进行"两癌"(宫颈癌和乳腺癌)检查,使女职工切实感受到工会组织的关怀。

强化职工医疗互助保障工作。平桂区总工会深入基层、深入职工大力宣传开展职工医疗互助活动的目的、意义,让广大职工积极参与到互助活动中来,不断扩大职工保障范围,缓解因疾病导致职工家庭经济困难,促进社会和谐稳定。五年来,全区共动员 11762 人次参加了职工医疗互助保障;及时办理出险职工给付手续,共给付大病职工 155 名,给付金额 19.22 万元,为因病返贫的职工解决了燃眉之急;对患重大疾病的困难职工实施医疗救助和临时救助,共救助困难职工 125 人次,发放救助金 26.43 万元;免费为 3000 多名农民工购买意外保险。

四、构建和谐关系,拓宽维权渠道

平桂区总工会以维护职工合法权益为切入点,拓宽职工维权渠道。一是五年来共签订工资集体合同协议总数为 95 份,其中 25 人以上企业建会数为 93 家,单独签订协议企业 84 份,签定率达 90.3%;签订区域性协议 9 份;签订行业性协议 2 份;总共覆盖企业 523 家,覆盖职工 13853 人,覆盖女职工 4132 人。其中望高镇区域性、石材行业性两个工资集体协商案例入选《广西工资集体协商案例选编》。二是联合人社等部门开展农民工工资支付情况专项检查。五年来共检查 134 家次用人单位,其中建筑企业 74 家次、加工制造业 35 家次家、其他企业 25 家次,涉及农民工 1.2 万多人次,责令补签订劳动合同 612 人,下达责令整改指令书 34 份,协调解决 65 起拖欠工资案件,共为 678 名民工清欠工资 613.6257 余万元。

五、加强文化建设,提升职工素质

一是开展丰富多彩的职工文体活动。平桂区总工会在元旦、春节、五一期间开展职工体育活动。五年来,职工体育活动共惠及职工近 6000 人次,职工体育活动内容丰富,涉及面广,极大地丰富了干部职工和人民群众的精神文化体育生活,增强了工会组织的凝聚力。

二是开展职工技能培训和比赛工作。五年来，平桂区总工会开展了3届平桂区农民工技能大赛，共计436人参加；组织了2次岗位练兵活动，共计参赛人员286人；推荐48人参加市级农民工技能大赛，共有1人获得一等奖、2人获得二等奖、10人获得三等奖；组织职工参加了两届广西技能状元大赛，推荐了9名参加广西总结赛，共有4人获得"优秀奖"。三是加强宣传工作。五年来共有480篇被《中工网》《广西工人报》《贺州日报》《平桂区人民政府网》等报刊和新闻媒体采用。

六、依法收缴经费，规范经审制度

依法收缴工会经费，经费收缴逐年递增。五年来，区总本级经费收支预算围绕区总工会工作全局和重点工作，财务部门与经审齐抓共管，通力合作，收入上强化经费收缴，积极争取政府和上级补助，通过地税代收、财政划拨、经费审查等方式方法，促进工会经费应收尽收，共计完成1832.94万元，其中地税代收992.76万元，财政划拨840.18万元，呈逐年增长趋势，为全区工会工作提供了强有力的物质保障。

经审规范稳步推进，整改工作取得实效。五年来，区总经审会按照贺州市县（区）级工会经审工作规范化建设要求，加大力度，认真抓好组织建设、制度建设、审计质量、调查研究、工作创新等各项指标的落实，经审工作规范化程度进一步提高；全区各级工会经审组织按照区总全委会提出的目标任务和工作要求，围绕中心、服务大局、依法履职、锐意创新、扎实工作，坚决贯彻落实审查审计监督工作，共开展审计项目58项，提出审计意见和建议135条，落实整改118条，通过审计整改，清退了一些违规发放的各种补贴、费用，补充完善了一些报账手续不齐全的会计凭证，财务制度的执行得到了进一步规范，审计意见和建议得到了较好的落实。工会财务部举办财务培训3期，培训基层工会财务人员约500人次，工会经审工作规范化建设迈上新台阶。

七、加强自身建设，提升服务能力

为了适应新形势对工会工作的新任务、新要求，不断加强自身建设，加大工会工作的规范化管理，工会在职工群众中的影响力和凝聚力进一步增强。五年来，平桂区总工会每年每月定期组织工会干部职工学习中央、自治区、市、区群团等的工作会议精神和有关规定，做到用科学的理论武装工会干部的头脑，提升综合素质。同时重视做好工会干部的业务培训工作。五年来，先后组织工会干部参加自治区、市、区等各种培训班学习共409人次，同时本单位还定期不定期组织干部职工学习工会的法律法规、新的工会章程。通过学习培训，干部职工的综合素质得到了有效提高，为做好工会的各项工作打下坚实的基础。

抓改革活机关 转作风提效能

湖北省安陆市总工会 胡 向

近年来，我会紧扣"两项改革"，按照强"三性"、去"四化"要求，坚持高标准、严要求、上水平、争一流的目标，以转变机关作风、提高执行效能、规范机关管理为重点，创新体制机制，着力抓好自身建设。形成了章法有效、责任明确、运转高效、反映灵敏的工作模式，大大提高了行政效能和服务水平，充分发挥了示范效应、引领效应、指导效应，带动全市工会系统改革落实落地。安陆市总工会先后获得孝感市文明单位、档案达标省一级单位、安陆市目标考核先进单位、安陆市计划生育齐抓共管先进单位等荣誉称号。

一、深化机关改革，突出建纲立制

按照省总工会关于县级工会改革的指导意见，经市编委会批准，我会按照"三部一室"标准，改革设立了维权服务部、生产宣教部、组织基层部、综合办公室，规范理顺了工会各业务工作归属关系，实现了条块结合、上下对接、权责明晰，各部室职能进一步优化。

为使改革后机关各项工作顺利运行，2017 年，重新修订出台了《安陆市总工会机关管理制度汇编》，制度涵盖"三部一室"职能职责以及财务、文秘、廉洁等 13 个方面的子内容。同时还配套建立了三道屏障的制度监管体系，以确保制度得到有效落实。第一道屏障是建立的各项制度本身，在建立各项制度前都经过充分酝酿、征求意见和集体讨论，使制度本身具备自律、自查的监督机制，通过合理的设计，使各项工作相互连接、相互牵制，形成第一道屏障。第二道屏障是有效疏通民意，建立健全民主集中制，落实谈心谈话制度、批评与自我批评制度，使干部职工日常工作中存在的各种问题和困难能及时得到发现并得以整改，较好地满足了监管工作的要求。第三道屏障是利用构建惩防体系，根据惩防体系规范议事权、财权、人事权等重大事项和重要工作的决策和执行，有效防范职务疏漏和廉政风险。通过制度完善和严格监管执行，工作面貌焕然一新，工作效率得到了有效提高，基层和群众满意度显著提升。

二、规范工作程序，突出质量管理

建立良好规范的工作程序是机关正常有效运行的前提。为使改革落地见效，机关配套制发了各部室相应的工作规范质量目标手册，实行质量管理，在实际工作中，做到人人按规范操作，事事按程序运行。

在以往的工作中，由于时间紧或工作人员疏忽，偶尔会对某项工作的办理过程和办理结果不予记录，给工作失误造成可乘之机。实行质量管理以来，机关进一步规范、理顺各项工作流程，明确工作步骤，建立健全各项质量记录。根据质量目标手册，机关建立了劳模管理、公文、外宣等9个质量记录和5个程序文件，坚持按照层级负责的原则，将目标逐一分解到人，量化到岗位。实行"责任人实名签字"制度，凡有可能追究责任的事项，从领导到工作人员，相关责任人必须签字，使各项工作做到了有"据"可查，每一项任务从输入到输出形成了完整的可追溯。通过明确质量方针、目标、计划，严格了责任制度、操作标准和工作程序，进一步强化了管理素质、理顺了管理环节。每个岗位都有据可依、有章可循，机关工作实现了标准化、规范化、程序化，管理目标更加明确细化，职责权限更加清晰明了，管理服务更加科学优质，工作效率更加快捷高效。

三、加强作风建设，着力破除"四化"

以加强作风建设，推进高绩效机关建设为切入点，着力破除机关化、行政化、贵族化、娱乐化突出问题。

坚持党建带工建。按照全面从严治党的要求，工会工作纳入党建总体格局，以党支部建设为基础，切实履行全面从严治党主体责任，完善了党组及班子成员责任清单，对重点工作实行台账式管理，确保责任落实。2017年，机关党建工作在同类19个市直单位排名第一，居全市前列。健全常态化联系基层机制。建立了领导干部带队包保联系乡镇、企业工作制度，制订出台了《关于在全市工会系统开展"联帮促"活动实施方案》文件，通过联系基层一线、帮扶困难职工、促进工作落实，实现了职工队伍状况在一线掌握，工会维权帮扶在一线实施，构建和谐劳动关系在一线推进，工会重点工作在一线落实，创先争优活动在一线开展，提高了工会领导机关服务基层、服务职工的能力和水平。加强干部能力建设。坚持月工作例会、周工作碰头会和中层以上干部讲业务课制度，倒逼机关干部下基层、谋事实，激发工作潜能，养成多总结、多学习、多思考、多调研、多做事的良好习惯，着力培养了一支提笔能写、开口能说、无事能思、有事能办的高素质干部队伍，机关干部面貌焕然一新。

夯实社会主义核心价值观阵地建设做法

江西省樟树市总工会

为把社会主义核心价值观转化成企业守法有创新、员工依法有保障、社会合法有秩序的自觉行动，樟树市总工会结合江西省总工会历年来开展的农民工入会专项行动、进园区专项行动、建家强家暖家"三家"行动和"一提升两强化"专项行动，围绕"服务能力明显增强、发展水平明显提高、劳动关系明显和谐"目标，深入园区、身入企业、融入员工，手拿宣传单、口诵宣传语、身做核心事，致力于社会主义核心价值观阵地建设，保障了社会主义核心价值观遍地开花，樟树市一园三区256家企业成为社会主义核心价值"暖心花"的培育基地。

紧扣目标，一锤子定音创阵地。目标就是围绕樟树市的药、酒、盐、金属家具四大支柱产业和产业集群，有条件成立工会组织的，一个不少全部成立；条件稍有欠缺的，创造条件成立；暂时无法成立的，条件成熟，立即成立，以此确保工会组织在樟树工业园区"全覆盖""无死角""不留空白田"，为宣传社会主义核心价值观打造坚强的阵地。为掌握园区企业第一手资料，制定出樟树市工业园区企业入会基本情况统计表，分列企业名称、投产时间、员工人数、女职工人数、农民工人数、工会成立时间、工会主席名称、联系电话等内容，对照实有掌握的资料，进行查遗补缺，缺什么补什么，缺多少补多少，确保数据齐全、手续完备。对还未成立工会组织的企业，成立三个进园区推进工作小组，分别进驻三个园区，建立倒推销号机制，成立一个，销号一个，每月一统计，半年一督查，全年总调度。基本实现企业门头必到必问、企业老总必访必谈、工会作用必宣必讲、工会组织必建必立、核心价值心知必晓，做到一个不少、一个不漏、不留死角。

二轮驱动，一呼百应活阵地。认识到推进社会主义核心价值观遍地开花，不仅要让核心价值观进园区、进企业、进员工，而且要入耳、入脑、入心、入行。为此，通过活动专栏宣传、电子显示屏滚动传播、电视扩散、活动推广、会议发动等形式，多角度在园区开展主题活动宣传，营造氛围，形成"集中人力进企业，集中力量抓园区，集中资金惠职工"的共识。一是滚屏传播。每逢五一、十一及传统节假日都要开展"百十千三"工程。每次分别组织100家企业重点进行10天主题宣传。每年五一期间手机发送1000条核心价值观祝福短信，社会主义核心价值观内容连续在樟树电视台滚动播出3天。二是活动推广。组织开展明月山杯樟树市金属家具行业青工技能比武，"樟帮情·树匠心"系列职工书画、球类、舞蹈、竞技比赛，让职工实地感受、亲自参与、亲身体验，提高职工的获得感，扩大了工会组织影响力吸引力。三是微信沟通。发放微信平台二维码扫描纸，将企业工会席及一班人扫码加入，让园区企业工会工作者通过微信平台了解工会，关注核心价值观，并提出意见建议。再由企业工会主席将社会主义核心价值观的内容和经验做法转载到企业微信群中，层层拓展，让社会主义核心价值观为更多的职工知晓，促进员工和企业良性互动。

三面出击，一竿子到底强阵地。为抓好园区企业工会阵地建设，市总工会和工业园区管委会联合成立领导小组，领导小组下设福城医药园、城北工业园、盐化工基地三个工作组推进，每组由市总1名以上工会副主席带队，市总2名以上工作人员和园区1名以上工作人员参加，每个工作组专门负责一个园区，采取逐户上门、集中建会、个别宣传等多种形式，携带工会入会申请表、工会会员信息录入表、工会龙卡申领表、工会组织架构表，点对点做工作，面对面做交流。在落实过程行动中，明确要求做到七清：园区企业个数清、建会企业个数清、企业员工人数清、员工入会人数清、企业农民工人数清、工会组织机构清、工会办公活动场所清。确保七到位：工会组织成立程序到位、工会活动场所设立到位、工会干部安排到位、工会规章制度上墙到位、工会会员代表大会召开到位、工会活动定期到位、社会主义核心价值观宣传到位。

四环相扣，一揽子融合拓阵地。即是将工会互助保障、劳动竞赛、帮扶济困、职工素质提升四项重点工作与社会主义核心价值观进园区同步开展、相互促进。一是升格技能竞赛，提高工会阵地的凝聚力。樟树现有金属家具行业企业33家，有职工（农民工）1万余人，为扩大工会组织的影响，通过将金属家具行业青工技能大赛由樟树市级升格为宜春市级明月山杯，由工会、人社、工信委三家操办，发展为工会、园区、人社、工信委四家联合推动，提升了职工的参与度，提高了企业的知名度，也增强了获奖员工的实惠度。二是扩面互助保障，提高工会阵地的信任力。通过一边宣传组建工会阵地，一边宣讲互助保障政策，让企业老总产生与工会组织接触晚了，企业员工触动与工会组织"娘家"走远了的感觉，使职工互助保障成了工会与企业老总和员工之间新的润滑剂。三是做实帮扶服务，提高工会阵地的吸引力。在进园区活动调查过程中，筛查一批困难职工特别是困难农民工将他们纳入帮扶中心数据库，每年帮扶困难职工达600人以上。四是落实以奖代补，提高工会阵地的向心力。每年评选工会基层组织建设达标示范点、优秀示范点各20家，每家分别奖励4000元和6000元，激发基层组织创先争优的活力。同时每年对新成立工会组织的企业进行示范培养，精选10~20家有意愿、有条件、有希望的企业进行实物扶助奖励，就是将工会六有标准细化成11项硬指标，一项不少，全面完成，经验收合格，可得到工会电脑、办公桌椅、文件柜等近1万元实物，从而推动工会基层阵地建设由要我抓转变成我要抓。

勇立潮头唱凯歌　乘风破浪奏华章

——甘肃省临洮县 2017 年工会工作纪实

甘肃省临洮县人大常委会副主任、县总工会主席　杜建华

2017 年，临洮县工会工作以习近平新时代中国特色社会主义思想为指导，主动适应经济发展新常态，把工会工作创新发展与服务临洮工作大局紧密联系在一起，把握时代脉搏，抓住发展契机，引导广大职工为决胜全面小康社会做贡献，以实际行动奏响了一曲动听的时代凯歌……

建功立业创造新业绩

各级工会团结动员广大职工大力发扬主人翁精神，自觉站在时代前列，积极投身全县经济建设，为临洮经济社会发展做出了积极贡献。

组织引导县供电公司、恒通热力公司、临洮铝业公司等企业开展技术革新、技术比武、提合理化建议等劳动竞赛活动，参与职工达 1600 多人。开通了临洮工会微信公众号，目前，点击量达到 2 万人次。组织开展了干部职工篮球、乒乓球、羽毛球比赛等文体活动，引导职工弘扬主旋律、汇聚正能量。组织开展了全县畜牧系统、卫计系统、教育系统、焊接、水暖安装、管道接口缠麻、营销和配电等一系列符合企事业需求、职工欢迎的技能大赛，参赛职工达 8000 多人。着力推进劳模创新、班组创新、职工创新，开展劳模创新工作室、创新型班组创建，为推动企业创新发展发挥了积极作用，推荐表彰省级示范性创新型班组 1 个、"安康杯"竞赛优胜单位 1 个，推荐表彰市工人先锋号 2 个。征集职工优秀技术成果 2 项。联合人社、工信、住建等部门制定下发《关于评选表彰"临洮工匠"的通知》，组织开展了声势大、范围广、效果好的"临洮工匠"推介、宣传、评选活动，评选出首届"临洮工匠" 6 名。在潘家集初中开展毒品预防教育暨"劳模进校园普法"宣讲活动，安排 2 名省级劳模到吉林松花湖、江西庐山疗休养，发放劳模"三金" 13.64 万元，大力宣传"临洮工匠"和劳模事迹，劳模引领取得新突破。

依法维权展现新作为

依法维权是工会组织的基本职责。临洮县总工会立足实际，充分发挥党密切联系职工

群众的桥梁纽带作用，发挥职工合法权益的代表者和维护者作用，以人为本，促进和谐，书写出崭新篇章。

依法推动企业普遍开展集体协商，培树示范点2个，签订工资专项集体合同120份，覆盖职工7462人，签订率达85%，实现工资集体协商与集体合同、女职工专项合同同步推进、同步签订、同步履约，新签、续签集体合同120份，女职工专项合同121份，签订率达85%。下发了《关于深化厂务公开民主管理和规范推进职代会建设的通知》，以厂务公开职代会为基本形式的民主参与、民主管理和民主监督机制进一步健全，甘肃顾地塑胶有限责任公司被评为全省厂务公开示范单位。会同相关单位，开展了职业病防治安全宣传教育活动和"守护生命"安全生产知识竞赛，组织86家单位363个班组4490名职工参加全县"安康杯"知识竞赛，全县40家企业的2770名职工建立了职工健康档案，新签、续签劳动安全卫生专项合同80多份。主动配合相关部门开展农民工工资支付专项检查，共为872名农民工清欠工资1330万元，切实维护了农民工的劳动经济权益。通过个别走访、集中座谈、发放问卷调查等形式，组织开展了职工队伍稳定排查化解专项调研。按照"123456"（一进二看三算四比五查六议）的工作方法，精准识别困难职工，确保建档立卡对象准确，全年实现脱困246人，占建档户数的34.2%；实现解困21人，占2.9%。持续深化"四送"活动，开展"春送岗位"活动，配合人社等部门，积极参与2017"春风行动"暨"精准扶贫"劳务对接会，提供5400多个就业岗位；开展"夏送清凉"活动，为2000多名奋战在高温一线的职工送去价值12.27万元的防暑降温用品；开展"秋送助学"活动，为21名当年考入二本院校的困难职工家庭子女发放助学金8.4万元；开展"冬送温暖"活动，元旦、春节期间，筹集资金81.3万元，走访企业25家，慰问一线职工1600人，慰问困难职工783户、劳模45人次。

自身建设得到新加强

打铁还需自身硬。各级工会组织适应形势的新变化，顺应职工的新期待，把握面临的新任务，认识工作的新作用，加强理论学习，深入开展调查研究，不断加强自身建设，努力使工会工作更好地体现时代性、把握规律性、富于创造性，以改革创新的精神推进工会工作更好地开展。

全面加强县总工会党组和机关党支部建设，认真落实"三会一课"、民主生活会等制度，扎实推进"两学一做"学习教育常态化制度化,党的建设水平不断提高,党员干部的政治意识、大局意识、核心意识、看齐意识进一步增强。严格落实党风廉政建设主体责任，严格执行中央八项规定和省市县委的各项规定，按照"马上就办、真抓实干"的要求，严明工作纪律，认真开展"三查三治"纪律作风专项整治行动和"三纠三促"行动，驰而不息纠正"四风"，干部作风进一步优化。深入开展工会经费审计和帮扶资金使用专项督查，对13家基层工会

经费计提、使用情况进行了审查审计，保障了工会经费合法合规使用。

以贯彻落实张掖现场会和陇西现场会精神为切入点，扎实开展集中建会攻坚行动和农民工集中入会行动，全年共新建工会组织 33 家，发展会员 2236 人，截至 2017 年年底，全县共建立基层工会组织 496 家，会员达 50697 人。深入推进乡镇工会规范化建设行动，衙下集镇、辛店镇、康家集乡、红旗乡、上营乡、漫洼乡、连儿湾乡工会被省总工会命名为全省第二批规范化乡镇工会，西湖社区被市总工会命名为定西市示范社区工会，康家集乡汤家川村工会等 6 家村级工会被市总工会命名为定西市示范村工会。认真贯彻《机关工会工作暂行条例》，全面加强和规范机关事业单位工会工作。按照组织完整、制度健全、主动维权、工作活跃、作用明显的要求，坚持"抓组建、强基础、促规范"的原则，以建家、评家、"双亮"等为载体，大力开展职工之家建设。在县人民法院、县人民医院和新添镇总工会各建成职工书屋 1 个。

团结职工，服务发展，不仅是工会工作永恒的主题，也是工会工作必须围绕的工作中心。2017 年，全县完成生产总值 67.9 亿元、大口径财政收入 6.9 亿元、规模以上工业企业增加值 7 亿元，农村居民和城镇居民人均可支配收入分别达到 7198 元和 22617 元，同比分别增长 8.1% 和 9.2%，有 11459 名贫困人口实现脱贫，全县贫困发生率下降到 9.2%。一组简单的数字，道出的却是不简单的成绩。团结职工，服务发展，已成为全县各级工会组织工作的主旋律。

雄关漫道真如铁，而今迈步从头越。临洮县总工会正在创建"全省工会工作先进县"的道路上阔步前行，不断谱写临洮工会工作新篇章！

向深积淀 向广传播 向善挖掘 向前发力
——首届"上城工匠"发布会诠释时代精神

浙江省杭州市上城区总工会

近年来，上城区总工会以习近平新时代中国特色社会主义思想为指导，认真学习宣传贯彻党的十九大会议精神，紧紧围绕全力争做"四个标杆区"、加快建设一流的国际化现代化城区的宏伟蓝图，通过大力开展职工立功竞赛活动、弘扬劳模精神工匠精神最美精神、强化产业工人队伍建设等，打造和做强"上城工匠"品牌，选树"上城工匠"典型。自近年省、市启动"工匠"认定工作以来，我区已先后有 4 名工匠入选"浙江工匠"，5 名工匠入选"杭州工匠"，2 名工匠获"杭州工匠"提名奖。今年，为深入贯彻落实《中国制造 2025》和《中共杭州市上城区委员会关于制定上城区国民经济和社会发展第十三个五年规划的建议》精神，加快建设人才强区，上城区总工会、区委组织部、区委宣传部等 10 余个部门，联合开展了首届"上城工匠"认定工作，认定了首批 10 名"上城工匠"，5 名"上城工匠"提名奖，他们倾其技能而聚其中，注其理念而隐其内，诠释了工匠精神更深的时代意义。

一、向深积淀，多载体厚植工匠土壤

工匠，均是在技术上精益求精，技能上不断创新，行业上地位领军的高级人才。上城区从三方面入手，厚植工匠土壤。

一是以蓝领成才工程筑工匠"练兵场"。区总工会建立培训、练兵、竞赛、晋级、奖励"五位一体"的职工技能提升长效机制，以各级工会名师带高徒活动、创新工作室建立、高技能人才补贴等工作为载体，加快发展与技术进步和社会需求相适应、产教学同"工匠精神"深度融合的现代职业教育，强化高素质职业人才的培养。立足上城区经济发展实际，我区已连续十三年举行全区性的现代服务业技能大赛，近三年来，我区工会举行各级各类技能大赛 300 余场，参赛职工约 3 万人次；投入资金 24 万余元，免费技能培训职工 600 余人，其中包括高技能人才约 300 人；推选了职工"五小"活动创新成果 6 项，市级以上工人先锋号 35 个、职工高技能人才（劳模）创新工作室 4 家，充分调动广大职工聪明才智，激发创新潜能，为职工技能提升提供良好平台。二是以技能人才库筑匠才"蓄水池"。在全市首创了区级的职工技能人才库，经过 7 年的运作，分计划、按步骤完善人才库建设，

根据技能大赛的参赛级别、获奖的名次和荣誉对技能人才进行持续的 7 个等次的分类奖励，在当年发放一次性奖励的基础上，每年还给予 500~2000 元不等的技能人才津贴，使奖励措施产生激励晋级和持续影响的效应。截至目前，人才库已吸纳人才 64 名，定期组织入库人才参加疗休养、免费体检等活动。此次获得首届"上城工匠"认定的聂明军、王荣栋就是人才库吸纳的人才。三是以升级非遗保护筑匠人"文化苑"。上城区地处吴越王宫、南宋皇城所在区域，是吴越文化、南宋文化的主要承载区，历史悠久，底蕴深厚，区域范围内非遗项目星罗棋布。立足这一特点，上城区做好"非遗＋教育""非遗＋特色街区""非遗＋文创"和"非遗＋展会"四篇文章，初步建立了较为完整的世界级、国家级和省、市、区多级名录保护和传承体系，也为上城区储备了一批具有鲜明上城特色的工匠人才。此次获得认定的首届"上城工匠"中，各级非物质文化遗产项目代表性传承人有 5 名，占到了一半。

二、向广传播，多渠道宣传工匠典型

一是合作媒体宣传。借助主流媒体影响力，掀起工匠精神学习热潮。2017 年，投入近 20 万元，与杭州电视台联合制作了为期一个月的《杭州工匠》（上城篇）宣传片，并在黄金时段播出，选取了来自中医国药、美容美发、铜雕艺术、工业制造四大行业典型人物，节目播出后，其精湛的技艺和精益求精、精雕细琢的工匠精神在职工中引起了强烈反响，宣传片中的三名工匠先后被评为首届和第二届"浙江工匠"，工匠品牌宣传效应良好。二是发动基层宣传。2018 年，在"上城工匠"认定工作开展初期，区总工会同步发出了《寻找"上城工匠"倡议书》，并启动了"上城工匠美、幸福靠奋斗"主题摄影比赛，鼓励职工走进车间、走上街头、走近工友，拍摄自己心中的工匠形象。征集通知发出后，收到各级工会选送作品 531 件，最终分相机组和手机组评选出获奖作品 52 件，刊登在"上城发布""上城工会"微信公众号上，并举行了为期一个月的工匠主题摄影展，线上线下做好宣传，营造了发现工匠、学习工匠、争做工匠的氛围。三是创作节目宣传。工匠分布在各行各业，近年来，区总工会发动全区各级工会深挖典型，并进行艺术创作，创作了医卫行业以精神卫生医生为原型的小品、征迁一线以新旧面貌对比为题材的穿越剧、教育行业以外教职工为典型的诗朗诵等，并于"五一"期间将优秀作品搬上"朗读上城、匠心聚会"的诵读大会的舞台，通过匠心之选、全域之力等篇章，活灵活现地宣传了我区工匠人才在"厚植工匠文化"、"四个全域化"攻坚战、五水共治攻坚战、加速走向"国际化现代化城区"中所做的贡献和成绩。

三、向善挖掘，发布会呈现工匠风采

区总工会以制度保障为先，程序到位为本，精彩发布为重，挖掘正能量典型，并最终确立以发布会的形式活态工匠技艺，展现工匠风采。

一是制度保障为先。在前期大量调研工作的基础上，区总工会征求各方意见，联合我区11个部门建立了首届"上城工匠"认定工作领导小组，办公室设在区总工会负责日常工作，共同出台了《关于建立首届"上城工匠"认定工作领导小组的通知》及《关于在全区开展首届"上城工匠"认定工作的通知》两个文件，明确了认定组织的建立，工匠认定的范围、要求、程序、激励方式和认定数量，并确定了以发布会的形式来呈现首届"上城工匠"的认定工作。二是程序到位为本。首届上城工匠认定工作自2018年3月启动，通过全区各级工会和各行业主管部门进行全面发动，并在上城区总工会、上城发布等官方微信平台进行广泛宣传，共计收到报名材料50份。经过领导小组办公室资格初审—专家评审—领导小组会议等程序，按照充分尊重专家意见、兼顾行业广泛性、突出上城产业特色、工匠应为行业领军人物等原则，确定了10名"上城工匠"和5名"上城工匠"提名奖最终名单。三是精彩发布为重。2018年"五一"前夕，上城区召开了以"匠心筑名城、致敬大工匠"为主题的首届"上城工匠"认定发布会，分南宋遗韵今世传、创新转型凤凰现和慧心一点名城来三个篇章，以现场技艺展示、工匠纪录片播放、工匠及其技能团队访谈、工匠主题情景舞表演等形式，将工匠从幕后领到台前，既展示了工匠绝活，增强了体验感和互动感；也给予了工匠舞台，激发广大一线职工的职业尊严感，释放出尊重劳动、崇尚技能、鼓励创造、弘扬工匠精神的强烈信号。

四、向前发力，致敬匠心弘扬工匠精神

工匠认定工作不是一蹴而就的，而是一项长期的、系统的工作。我们要以首届"上城工匠"认定工作的顺利开展为契机，从"三个深化"入手，进一步做好工匠工作。

一是宣传再深化。首届"上城工匠"认定工作的结束，也意味着第二届"上城工匠"认定工作的开始。我们将定期召开上城工匠座谈会，组织近几年我区获得认定的"浙江工匠""杭州工匠""上城工匠"，为我区今后的工匠认定工作建言献策，同时也建立工匠交流机制，畅通工匠间的交流渠道。同时，组建"上城工匠"讲师团，组织工匠们进企业、进基层、进职校，开展事迹宣讲会、技能大讲堂等，将"上城工匠"系列宣传片通过微信公众号、官方网站等渠道进行循环播放，营造"工匠精神"浓厚宣传氛围。二是服务再深化。要建好工匠档案，我们将建立"上城工匠"纪念册，完善好工匠档案，并建立健全工匠管理和服务制度，从精神上关心、物质上奖励、生活上保障，优先享受技能交流、疗休养等服务。三是精神再深化。我们将联合宣传、教育等部门，一方面，以工匠为正面典型，加强职业教育，树立正确的职业观和择业观；另一方面，讲好工匠故事，进一步提炼好具有上城特色的工匠精神内涵，展示他们强大的内心世界，使工匠精神成为上城广大职工的主流意识和主体精神，成为我们的共同价值追求和共同行为准则，从而成为促进上城经济社会发展的内在精神支撑。

新形势下如何深入推进工会改革创新

青海省大通县总工会

新时代，新作为。作为新时代下的工会干部，要始终学习贯彻习近平总书记关于党的群团工作和群团改革重要指示精神，紧紧围绕增强"政治性、先进性、群众性"，竭诚把为职工群众服务作为工会一切工作的出发点和落脚点。要认真倾听职工群众呼声，维护好广大职工群众包括农民工的合法权益，扎扎实实为职工群众做好事、办实事、解难事。要团结动员广大职工为经济社会发展建功立业，有力推进产业工人队伍建设改革，弘扬劳模精神、劳动精神、工匠精神。要把"职工之家"做实，把"娘家人"做真，不断增强广大职工群众的获得感。

立足新时代，担负起竭诚服务职工的新使命

以习近平新时代中国特色社会主义思想为指导，认真学习贯彻党的十九大和十九届二中、三中全会精神，加强理论武装、提高政治站位，认清新形势、树立新目标，努力把学习成果转化为推动新时代工会改革创新的强劲动力、工作思路和有力举措。进一步加大工会改革创新力度，不断增强工会组织的感召力、凝聚力、影响力、战斗力，把广大职工更加紧密地团结在党中央周围。针对职工的需求越来越具体，期望值越来越高的现状，牢固树立"跳出工会、认识工会，走出工会、发展工会，立足工会、建设工会"的思维模式，进一步强化自我提高、自我完善意识，不断提高履职能力，深入学习习近平总书记关于工会工作的重要论述，切实把工会建设成学习型、服务型、创新型、和谐型、法治型工会组织。要努力推动工会改革创新向纵深发展，承担起引导群众听党话、跟党走的政治任务，把自己联系的职工群众最广泛最紧密地团结在党的周围。形成上下联动、左右互动、整体推进的良好态势。要深入推进产业工人队伍建设改革，努力建设一支有理想守信念、懂技术会创新、敢担当讲奉献的宏大的产业工人队伍。

把握问题导向，创新工会干部队伍建设机制

中央对群团改革要求中，干部配置方法和培养选拔方式是群团改革的重要内容。因此，为了能够切实改进工会干部队伍结构，拓宽工会干部的来源渠道，实现有人干事、有能力

干事，就要创新工会干部队伍的建设机制，实行领导班子专兼挂、机构设置合理化。

实现领导班子专兼挂改变了以往以专职为主的配置，全新形成主席、专职副主席、挂职副主席、兼职副主席，实现不唯身份、不唯职级选拔群团干部，破除行政化，增强班子活力。

在部门设置上，通过对部门工作职责和名称的整合优化，加强工会组织在维护职工权益、推进基层建设、源头参与以及参与协调劳动关系职责方面的职能，实现群团机构设置从"与上对口"向"对下适应"转变，工作方式从"对上负责"更多向"对下负责"转变。在干部的任用上，更多地依靠从基层群团组织、企事业单位、"两新"组织中，选任富有基层群众工作经验和能力、热爱工会工作的人员，选派的挂职干部以及群团机关工作志愿者的力量，深入群众，增强队伍活力，更好地服务职工。

勇于改革创新，切实提高职工幸福指数

工会组织应始终密切关注，准确把握职工切身利益问题的解决，主动参与涉及职工切身利益制度计划的制订、修改和完善，最大限度地从源头上和根本上去维护广大职工群众的权益。开展形式多样的娱乐活动，使广大职工以积极乐观的心态投身工作和生活，用工会干部的辛苦指数不断提升广大职工的幸福指数。

一是建立推动民生改善的"惠民平台"。进一步加强惠民帮扶中心（站、点）规范化、制度化建设，推动惠民帮扶中心窗口单位把帮扶资源、帮扶力量、帮扶手段整合到"中心"，在困难群体帮扶救助工作中构建全方位联动平台，努力形成"全面覆盖、分级负责、上下联动、区域协作"的帮扶工作体系，为更多群众提供多元服务。

二是建立保障群众权益的"维权平台"。整合和优化各个群团组织维权工作资源和手段，把工会的平等协商集体合同制度、维权网络、法律维权微博和网络舆情制度，以及共青团、妇联等群团的维权岗位、维权热线、法律援助中心等集中整合，逐步形成触角覆盖所有群众的维权网络，最大限度地维护群众的合法权益。

三是建立提升群众素质的"活动平台"。整合职工书屋、妇女之家、青年之家、残疾人专项服务设施、科普基地等公益性群众活动阵地，优化配置群团培训基地、师资队伍、培训资金等资源手段，加强群团网络平台建设，增强群团组织正面引导群众、有效服务群众的能力和水平。

四是大力弘扬劳模精神、劳动精神、工匠精神，推动全社会形成尊重劳动、尊重知识、尊重人才、尊重创造的浓厚氛围。积极为劳模进一步成长搭建平台、创造条件。希望劳模再接再厉，坚定理想信念、勇于改革创新、引领时代风尚，立足本职岗位做出更大贡献。

推进网络平台建设，树立以信息科技创新的理念

立足工会职能，增强服务功能，努力构建线上受理、线上线下办理、一键通达的全方位、

全时段服务职工体系。创建统一完整、安全可靠、技术先进的"网上工会"工作平台，实现"网上有需求、上下有服务，网上有声音、上下有行动，网上有培训、上下有实操，网上有窗口、上下有内容"的工会工作新格局，让广大职工群众享受"一站式服务"。

积极打造新媒体矩阵和网络宣传队伍，利用新媒体宣传推广快捷、普及广泛、深入宣传的优势，及时宣传工会各项重大活动、会议信息及文件内容，让职工群众可以第一时间了解工会动态，对工会能有一个更直观、全新的认识。加大"互联网＋"工会培训班，致力于打造一批懂技术、会实操，能熟练运用网络语言开展工作的网络宣传队伍，以信息化平台为载体，传播工会好声音，讲好职工故事。努力营造人人关心、人人参与的良好氛围，推动工会信息化建设工作迈上新台阶。

建机制 出实招 强基础 补短板
阆中市总工会扎扎实实抓好精准扶贫工作

四川省阆中市总工会

加强领导 完善机制 坚决打赢脱贫攻坚战

打赢脱贫攻坚战是当前一项重大的政治任务。阆中市总工会全面贯彻落实中央和省、市委脱贫攻坚战略部署，围绕中心，服务大局，积极主动地做好精准扶贫工作。为了抓好对文成镇青龙嘴村的结对帮扶，他们成立了以市委常委、统战部部长、总工会主席陈龙全为组长的脱贫攻坚领导小组，将脱贫攻坚工作作为一项重大的政治任务，纳入工会工作重要议事日程。全体干部职工每周两次下乡扶贫，采取结对帮扶、双向覆盖的方式，带着感情、带着责任、带着目标开展脱贫帮扶工作。同时，强化资金支持，多方筹集资金，用于脱贫攻坚工作，极大地保障了脱贫攻坚工作的顺利开展。

为强化宣传发动，营造浓厚氛围，市总工会建立健全扶贫工作情况通报制度，及时发现、总结脱贫工作经验，大力宣传好的做法和取得的成效，推动精准扶贫工作向纵深发展。他们爬坡上坎、进村入户，向贫困户和广大村民广泛宣传党和政府脱贫攻坚各项惠农政策，做到了家喻户晓，人人皆知。此外，市总工会还向贫困村下派了第一书记，抽调专人组成驻村工作队，进一步加大定点帮扶力度，推动了脱贫攻坚措施落地落实。

用心用情 精准施策 引导贫困户脱贫奔康

脱贫工作的成败，关键在于精准施策。为此，阆中市总工会坚持实事求是、因地制宜，认真开展调查研究，为贫困户量身打造脱贫方案。他们先后摸清了该村的自然条件、物产资源、人口结构、劳动就业和农民工子女上学等情况，及时建档立卡，分析致贫原因，制订帮扶方案，做到了"三个精准"，即扶持对象精准、措施到户精准、扶贫项目精准，为扎实推进脱贫攻坚工作打下了坚实的基础。同时帮扶责任人定期深入联系贫困户，加强与贫困户的沟通，主动了解贫困户所思、所盼、所需，切实解决贫困户困难，提高了贫困户满意度。

二社贫困户陈三跃，患有高血压、糖尿病，老婆因病去世后，家中债台高筑，生活极为艰难。帮扶干部了解到他有饲养母猪的经验后，立即由总工会出资，给他购买了一头母猪，在他的精心饲养下，已先后繁育了三窝小猪，纯收入达到 3000 多元。与此同时，总工会还积极配合当地政府，为他改水、改厕，修建便民路，进行危房改造，使绝望的老陈看到了生活的希望。今年，他将加大投入，利用荒山荒地，养殖黄羊。看到越来越红火的日子，老陈深有感触地说："是党的富民政策和总工会的大力帮扶，才使我走上了脱贫奔康的幸福路！"

总工会的倾情帮扶，受到了广大村民的交口称赞。他们说，总工会的帮扶干部，是我们村情民意的信息员、法律政策的宣传员、实用技术的培训员、基层党建的指导员、党风政风的监督员、矛盾纠纷的调解员和人民群众的服务员，有他们的指导和帮助，我们一定能把贫困村的帽子摘下来！

因地制宜　扬长避短　积极抓好产业扶贫

如何通过传统的"输血"式扶贫跨越到"造血"式扶贫开发？在文成镇青龙嘴村，一场立足自身条件的产业扶贫攻坚战已经打响。

青龙嘴村位于阆中北部山区，山高坡陡，十年九旱，自然条件比较恶劣。为了开阔视野、拓展思路，市总工会组织村两委及村民代表到外地学习考察，并从西充等地招引业主投资，建起了面积达 110 多亩的脱贫奔康产业园，大力种植青花椒等经济作物，并对年久失修的病害水利工程进行集中整治，新建集中供水设施，使水利资源短缺的矛盾得到了明显缓解。贫困户和其他村民纷纷集资入股专合社，既当股东，也当职工，经济收入明显增长。

"要致富，先修路"，青龙嘴村地处高山，交通不便，为了解决这一瓶颈问题，市总工会党组书记、常务副主席刘婧，多次到有关部门反映情况，争取项目，筹集资金，协调工作，使困扰村民多年的村道建设项目得以立项施工。昔日生产资料拉不进来、农副产品运不出去的窘境一去不复返了。据统计，两年多来，市总工会用于该村基础设施建设的资金达到 300 多万元。

扶贫扶志　多措并举　努力激发内生动力

"扶贫先扶志，治穷先治愚"，为了激发村民脱贫致富的内生动力，建立起精准扶贫的长效机制，阆中市总工会多措并举，在积极抓好硬件设施建设的同时，也十分重视抓好村民的观念更新等"软实力"建设：

今年 3 月和 6 月，市总工会在青龙嘴村先后举办了"习总书记来川重要讲话和扶贫开发战略思想专题宣传活动"和"党建结对共建讲党课活动"，组织全村党员和入党积极分子进行了集中学习，不断提高思想认识，以更好地发挥党支部的战斗堡垒和共产党员的先锋模范作用；

每年春节前夕，开展文化、科技、卫生"三下乡"活动，通过文艺联欢、道德讲堂、孝老爱亲等活动，弘扬中华民族的传统美德，努力建设文明、和谐、幸福的社会主义新农村；

开展"养成好习惯，形成好风气，过上好日子"宣传教育活动，形成了月检查、季评比、年表彰的工作机制，使农村环境卫生和农户家庭卫生面貌发生了可喜的变化，"六净六顺"的生活习惯正在逐步形成。

"今后，市总工会将紧密围绕市委、市政府的决策部署，不断创新思路，完善机制，强化举措，充分发挥工会组织优势，坚决打好脱贫攻坚战，为实现市委提出的'建设世界古城旅游目的地，同步实现全面小康'的奋斗目标贡献工会组织和广大职工的力量。"市总工会党组书记、常务副主席刘婧如是说。

打造劳模创新工作室 凝聚弘扬发展正能量

湖南省长沙市芙蓉区总工会

长沙市芙蓉区是湖南省会长沙的核心城区，是全省政治、经济、文化中心。全区现有市级以上在职劳模 33 名，其中全国劳模 1 名，省级劳模 14 名，市级劳模 18 名。近年来，芙蓉总工会围绕建设"财富芙蓉、智慧芙蓉、魅力芙蓉、幸福芙蓉"的目标，根据劳模所在行业特点，遴选 8 位劳模设立了劳模创新工作室，范围涵盖职工科技创新、设备改造升级、社区事务管理、教育教学改革等各个方面。其中以全国先进工作者刘朝辉名字命名的"朝辉劳模创新工作室"被评为湖南省示范性工作室，并被省总工会推选申报全国示范性工作室；全国优秀教师殷蓉和省劳动模范、长沙新振升集团有限公司维修班班长欧阳金旺带领的劳模创新工作室被长沙市总工会授牌。主要做法是：

加强制度建设，规范运行有保障

制度具有长期性、稳定性和约束力。芙蓉区总工会把立规矩、定制度作为建设劳模创新工作室的重要措施，相继制定了一系列制度。出台了芙蓉区《劳模创新工作室申报办法》，对工作室的申报条件、申报程序做出规定；出台了《劳模创新工作室管理制度》，对工作室的创建标准、科学管理、规范运行进行明确；出台了《劳模创新工作室补助经费使用审查制度》，每年年底区总工会派出专门工作组，对工作室经费使用情况进行审查，使创建经费切实使用在改善民生、提高教学科研水平、企业提质增效等方面。通过坚持用完善制度来巩固工作成效，靠制度促进工作的管理机制，为劳模创新工作室各项工作有条不紊地开展提供了坚实的制度保障。

加强资源整合，工作开展有条件

劳模创新工作室成立后，芙蓉区总工会开始多方统筹，全力以赴整合资源，为工作室的工作开展提供良好条件。一是争取上级单位支持。安排工作室创建专项资金，定期向区委、政府汇报，争取上级单位在人力、物力、财力上向劳模创新工作室倾斜。五年来，区总工会先后投入资金 120 万元，争取区财政资金 2200 万元。二是争取劳模所在单位支持。定期上门走访劳模所在单位，积极宣传设立劳模创新工作室的内涵和意义，为劳模带领职工群众建功立业创造有利条件。三是争取社会各界支持。多方联手，普惠职工，整合社会各方资源，争取社会各界支持和资助，构建了劳模创新工作室的大格局。

加强宣传推广，品牌塑造有影响

拓宽宣传渠道，多角度、全方位做好典型宣传，向全社会展示工作室的经验和成果，凸显工作室汇集人才、传授技能、实践攻关、创新管理的平台作用，全面提升工作室的知名度和美誉度。区总工会每年举办以"劳动最光荣"为主题的文艺活动，通过微电影、诗朗诵、情景剧等表现方式，全方位地展现劳模创新工作室在开展工作过程中的点点滴滴。另外，还通过劳模事迹宣讲会、道德讲堂、组织广大职工到工作室参观学习、志愿服务等形式，让全区干部群众感受劳模精神，彰显劳模榜样力量。如指导朝辉劳模创新工作室整合辖区物业公司保安、居民志愿者、门店业主等方面的群众力量，推出群防群治群策群力的"千人红袖章行动计划"，深入开展志愿服务，受到居民群众的一致好评。

加强比学赶超，示范引领有队伍

芙蓉区总工会高度重视队伍建设，注重在搭台子、选苗子、压担子上出实招、想办法，促进职工加强科技创新，指导职工参与劳动技能竞赛，在系统上下营造出比学赶超的浓厚氛围，引领了"尊重劳动、尊重知识、尊重人才、尊重创造"的社会风尚。朝辉劳模工作室在各小区设立"劳模工作站"，楼栋组长、热心党员、五老人员组成了一支近200人的队伍，工作站对小区分片进行网格化管理服务，有效提升了工作效率。殷蓉劳模创新工作室带领全区400多名学科教师在教育改革的大道上奋勇向前，近两年团队教研论文、教学案例、教学课件等获市级以上奖励达2441人次，在各级各类主流刊物上发表论文205篇，出版教师个人专著26部，殷蓉本人两次获得全国课堂教学竞赛一等奖，被评为省级优秀教研员。

加强组织创新，攻坚克难有成果

芙蓉区总工会注重发挥劳模及其团队的主观能动性，量体裁衣、分类指导开展工作，取得了显著成效。一是实现了产学研的完美结合。殷蓉劳模创新工作室牵头组建服务团队，建设了芙蓉区教育系统"菜单式服务"网络平台，构筑了"菜单式服务"预约、安排和服务反馈评价系统。目前，全区拥有"菜单式服务"团队28个、团队成员102人、项目237个，已提供下校服务近3000次。朝辉劳模创新工作室针对老旧小区物管服务不到位的难题，采取"政府投入一点、业主缴纳一点、社会赞助一点"的筹资方式，降低物业收费标准，帮助社区居民解决了物业管理难题。特别是开展社区交通"微循环"项目，新增停车位30%以上，有效解决居民群众停车难、出行难等问题，先后迎来共计60多批观摩团到社区调研

考察。刘朝辉劳模分别在全总全国劳模创新工作室的交流论坛和国家民政部组织的系统工作劳模经验交流中就社会管理服务创新做典型发言。二是实现了传帮带的有机统一。欧阳金旺创新工作室针对人员结构不断调整的特点，定期开展"自助餐"式、"导师带徒"等多种形式的技术传授交流培训，累计培训授课达 500 余课时，参与导师带徒的达 90 多人，有效提高了员工整体技能水平。通过技术改造升级，近五年为企业节约生产成本 2000 万元，团队中 5 名成员先后被评为工程师，2 名成员晋升高级工程师。三是实现了技改与创新的高度契合。欧阳金旺创新工作室针对公司现有生产形式和设备运行时的不足，提出了"三必改原则"，即设备本身存在隐患的必改、不利于生产的必改、不利于维护保养的必改。员工按照这个原则，及时高效地将改装调整工作落到实处，仅今年就完成技改创新 7 项，直接创效 200 余万元，多项技术创新为支持环保型创新改造。员工纷纷感叹，从工作室学到的不仅是精湛的技术，更是一种不怕困难、勇于拼搏的劳模精神。

凝心聚力　引领广大职工
为创建"三区"、打造"三岛"建功立业

山东省长岛县总工会

今年以来，长岛县总工会紧紧围绕市总"建功烟台·工会在行动"总体部署、市总工会十八届三次全委会议暨全市工会工作推进会议的具体要求，立足长岛实际，以"党工共建"为抓手，夯实基层组织基础，发挥工人阶级主力军作用，打造"三型"工会品牌，引领广大职工为创建国家生态文明试验区、旅游度假区、军民融合发展示范区，打造蓝色生态之岛、休闲宜居之岛、军民融合之岛建功立业。

一、深化"党工共建"品牌创建，夯实基层组织基础

为进一步加大"党工共建"工作力度，切实加强基层工会组织建设，立足"五抓"，强化工会基础。一是抓组织规范。实行党工共建、制度保建，通过典型带建、依法促建、服务助建、上门帮建等有效方法，强力推进基层工会组建。积极开展"活力基层工会"星级创建、"五双"活动，按照"六有""六好"的标准对基层工会组织进行完善、巩固、提高，目前，全县三、四星级工会占基层工会总数的90%以上，新建基层工会组织3个，新增会员100余人。二是抓标准规范。制定下发了《长岛县基层工会规范化建设指导手册》，对基层工会组织建设、队伍建设、阵地建设、维权建设、活动建设、财务建设等工作明确了具体要求；开展"基层工会组织建设规范年"、财务工作"制度建设年"活动，组织召开2017年度先进表扬暨先进事迹报告会，表扬先进，树立榜样，营造"学先进、赶先进、当先进"的浓厚氛围；会同财政局、审计局采取自查、抽查、排查相结合的方式，对全县基层工会财务工作进行大检查，形成财务检查机制，实现财务检查制度化、常态化。三是抓制度规范。编印了《长岛县总工会工会法律法规制度汇编》《长岛县总工会制度汇编》，对基层工会实行分类指导，建立健全了劳动保护宣传教育、集体协商、职代会、厂务公开、困难职工帮扶等制度。四是抓运行规范。有序推行乡（街道）总工会、村（社区）联合工会、企业工会的"小三级"运作模式，在基层工会中大力开展创建"工人先锋号""职工之家""职工书屋"，评选"优秀工会工作者""工会积极分子"等活动，建好工会教育、文化、宣传三块活动阵地，培育各类先进集体20个、先进个人50余名。五是抓考核规范。出台《工

会工作综合考核办法（试行）》，设立了工会红旗单位奖、先进单位奖，通过以奖代补的方式，调动基层工会组织积极性；县总工会多次与县委组织部沟通协商，将工会组织建设纳入基层党建考核体系，强化基层工会工作的责任心和紧迫感，激发工会干部的工作活力，促进了基层工会组织规范化建设。

二、打造"三型"工会品牌，引领职工建功立业

围绕创建"三区"、打造"三岛"的战略定位，长岛县委、县政府积极谋划，全面布局，启动了一批事关海岛生态发展和利岛利民的服务项目。长岛县总工会聚焦中心，服务大局，积极打造"三型"工会品牌。一是"有为型"工会。聚焦全县重点工程、项目，从启动项目早、施工难度大的项目中选择城乡管网改造、金晟旅游购物中心等5个项目开展以"五比一创"为主要内容的重点工程立功竞赛活动，住建局、北长山等工会开展了以"抓安全、保质量、促生产"为主题的劳动竞赛，按月对施工质量、进度、安全、文明施工情况进行打分评比，视节点目标完成情况对优胜建筑队伍、优胜项目技术人员、创新工作人员进行奖励，极大调动了工人积极性，有力推动了工程的建设进度，确保重点工程早见效、早竣工。全县各级基层工会组织在重点工程建设特别是拆违工作中，发挥工会组织作用，积极参与拆违工作，发挥工人阶级主力军作用，目前，共拆违建7698.2平方米。围绕突出海洋生态和海洋文化特色，助力海洋经济创新发展，长岛佳益海珍品发展有限公司创建了"佳益工匠孵化室"，投资生产的国际先进新型TR金字塔鱼礁，已获得两项国家专利，搭建的长岛县庙岛群岛东部海洋牧场已获评为国家级海洋牧场。其以建"藻—贝—参—鱼"立体生态增养模式、节能环保休闲产业为标准，打造自升式多功能海洋牧场，为进一步发展休闲渔业打下良好基础。二是"服务型"工会。心系职工，竭诚服务，着力维护职工合法权益，开展"四季服务"品牌帮扶活动，庆"三八"女职工系列活动，首批劳模、工匠、最美一线职工疗休养活动，"向日葵"心理关爱系列活动，庆五一"五个一"系列活动，慰问一线职工专项活动等各类活动10余场次，参与职工1000余人。五一前夕，组织举办了"建功试验区·工会在行动"五一文艺会演，从基层组织上报的30多个节目中，精心挑选出12个节目，穿插"活力、创新、暖心"三段工会工作视频短片，为广大职工带来一场精彩纷呈的视觉盛宴，此次会演节目均为职工自编自导自演，既有劳模合唱团演唱的令人心潮澎湃的《咱们工人有力量》，也有反应职工奋发工作的舞蹈、诗朗诵等节目。会演将长岛元素搬上舞台，将海岛文化和发展用文艺形式展示出来，为广大职工提供了展示自我的舞台，丰富了职工精神文化生活的同时，还宣传和弘扬了劳模精神、工匠精神，调动了广大职工的积极性和创造性，彰显了工人阶级和广大劳动者在积极投身长岛海洋生态文明综合试验区建设中的风采和魅力，演出获得职工一致好评。长旅集团工会组织实施"125"工程新项目，该工会结合旅游业自身特点，针对每个景区工作重心，做出不同的定位：九丈崖景区通过劳模引

领示范，带动职工建功立业；月牙湾景区丰富"工人先锋号"内涵，根据班组工作分工，开展"安全生产类、文明服务类"两个类别先进班组创建，提高职工队伍的整体素质；林海景区创新"五心工作法"——"对待同事要诚心、服务游客要热心、解答咨询要耐心、安全管理要用心、卫生保洁要细心"，全面提升服务水平。三是"创新特色型"工会。树立整体意识，着眼全局，立足本职，服务生态文明、绿色发展、固防守疆。开展"净化海岛 你我同行"环境清理集中行动，全县县直、乡镇职工千余人参与行动，助力城乡环境综合整治；组织义务植树活动 4 次，乡镇（街道）总工会自行组织植树活动 10 余次，种植各类树木 6 万余棵；开展进军营包饺子、慰问驻岛官兵活动；着力打造"山清、水净、林茂、海蓝、岸美、城靓"宜居宜游海岛，增强职工的文明意识、生态意识、爱国拥军意识。多次召开专题研讨会，各级基层工会组织紧密结合本乡镇、本行业、本产业自身特点，精心打造各具特色的工会品牌。目前，已有超过半数的基层工会组织上报了自己的品牌方案创建与实施进度计划。大钦岛乡总工会制订了《职工拥军实施方案》，砣矶镇工会四措并举打造"家"工会品牌。

下一步，长岛县总工会将严格落实市总工作部署要求，常态长效抓落实，精准发力求实效，不断提高长岛工会的创作力、凝聚力、战斗力，引领广大干部职工为创建"三区"、打造"三岛"献智献力。

试行会员代表常任制 架起工会职工连心桥

湖北省宜都市总工会

2016 年以来，宜都市总工会采取点、面结合的方式，在全市试点推行工会会员代表常任制，一改过去会员代表"一次选举，三天开会，五年'沉睡'"的履职状况，"唤醒"了代表的责权意识，架起了"工会—代表—职工"的沟通桥梁，使工会工作更加贴近基层、贴近实际、贴近职工，赢得了宜都市委、宜昌市总工会和基层工会、会员代表、会员职工的一致认可和各级媒体宣传推介。

一、创意缘起与实施过程

1. 创意缘起

宜都作为全省党代会常任制试点县市，围绕"扩大党内民主、加强党内监督"的总思路，在多个领域进行了大胆的改革探索，形成了一系列完备的工作制度和运行机制，为工会会员代表常任制的试行提供了指引和范例。

2015 年年初，宜昌市总工会专门就宜都率先试行会员代表常任制工作进行调研，寄望宜都市总以宜都市党代会常任制成功经验为指引，先行先试。8 月，市总工会随宜昌市总工会赴上海、江苏、浙江等沿海先进地区考察乡镇总工会建设先进经验，回来后，又到省内宜城等先进县市考察学习，带回大量宝贵经验和一手资料，为我市试点工作的实施提供了重要借鉴。

2. 实施过程

全市会员代表常任制的施行以成立陆城街道总工会为开端，2015 年 12 月，陆城街道召开总工会成立暨第一次会员代表大会，概念性明确全体代表实行常任制，会员代表大会每年召开一次。

2016 年 3 月 28 日，市总工会率先示范，召开市工会三届二次会员代表大会，165 名会员代表齐聚一堂，共商全市工运事业发展大计。与会代表听取了市第三届工会委员会、经审委员会工作报告和 25 名委员大会述职，并对"两委会"和全体委员履职尽责情况进行民主评议。

随后，9 家试点单位相继召开会员代表年会，推行会员代表常任制。试点推进过程中，市总坚持"试点—总结—宣传—推介"的思路，积极营造舆论氛围，注重保持工作热度，不断总结成功经验，及时对外宣传推介。

二、主要做法

1. 吃透中央精神，让工会工作走实群众路线

针对习总书记系列讲话中特别指出的工会工作存在的机关化、行政化、贵族化、娱乐化"四化"倾向，和党对群团组织提出的政治性、先进性、群众性"三性"要求，市总工会展开系统学习和深入研讨后，认为推行工会会员代表常任制是解决上述问题的有效方式。通过制度机制设计，将职工"高兴不高兴、答应不答应、满意不满意"作为工会工作的出发点和落脚点，切实转变工作作风，走实群众路线，真正肩负起"更好组织动员群众、教育引导群众、联系服务群众、维护群众合法权益，充分激发蕴藏在人民群众中的巨大创造力，凝聚起实现'两个一百年'奋斗目标和中国梦的磅礴力量"这个新时期党赋予群团工作的新使命。

2. 科学设置制度，让常任制施行规范有序严谨

为使试点工作切合实际、长效可行，市总出台《宜都市总工会关于试行工会会员代表常任制的实施方案》，主要内容由"会员代表常任制度""工会会员代表大会年会制度""会员代表述职评议制度""会员代表评议工会干部制""会员代表提案制度""会员代表巡视监督制度""会员代表'三联'工作制度"七项制度构成。

会员代表主要围绕"联、访、议、述、评、察"履职尽责。联，即工会常委联系代表团（组）、工会委员联系会员代表、会员代表联系会员群众；访，即广泛走访会员群众和基层工会组织，收集意见；议，即组织代表调查研究与建言献策；述，即组织委员、代表述职；评，即届中组织会员群众评议会员代表，会员代表再评议工会委员；察，即组织代表进行视察监督。会员代表有权定期对基层工会开展工作情况开展巡视活动，针对基层工会领导人的民主评议和民主测评，实事求是地提出奖惩和任免建议。

试点工会每年召开一次工会会员代表大会年会，听取和审议工会委员会年度工作报告，听取上一次工会代表大会决议事项落实情况以及代表所提建议、意见的办理情况报告，修改或撤销本市会员代表大会已做出的不恰当的决议、决定，组织代表对工会委员进行评议，选举出席上级工会代表大会代表。

科学的制度设置，为会员代表参谋、决策、监督和桥梁作用的充分发挥提供了坚强保证，使常任制的实施规范、有序、严谨。

3. 三年行动计划，让常任制推进路径清晰明了

为使常任制目标明确，路径清晰，市总确定用 1 年时间试点，2~3 年全面推开。试点工作采取自上而下、点面结合的方式进行。市总工会率先示范，随后在乡镇街道、市直部门、企事业单位各个层面9个试点单位中展开。试点工作结束后,各试点单位分别召开总结会议,通报试点工作情况,开展会员群众满意度测评,并广泛征求基层工会、会员代表和会员群众意见建议。市总工会再组织全部试点单位进行分析研讨,对基层工会会员代表常任制制度机制进行修改完善,逐步在全市100人以上的企事业单位推开。

4. 大会述职评议,让代表履职尽责看得见摸得着

市总会员代表常任制规定,工会会员代表每年需向选举单位会员群众述职,工会委员会、经费审查委员会、全委会委员每年需向会员代表述职,自觉接受会员群众、会员代表监督和评议。代表述职每年年会召开前在所在选举单位进行,"两委会"、全委会委员述职在会员代表年会上进行,民主测评的结果作为履职考核的重要依据。

在述职评议这项最为"烫手"的事项上,市总先拿自身"开刀",勇敢"自我革命",在会员代表年会上将"两委会"以及25名工会委员主动置于会员代表的监督之下,分别述职,晒思想、晒品格、晒作风、晒廉政、晒业绩。述职结束后,全体会员代表以无记名投票方式进行民主测评。2016年,"两委会"满意率均达100%,委员满意率达99.7%;2017年,"两委会"满意率均为99.1%,委员满意率达97.8%。

5. 广泛征集提案,将工会工作取向交给职工

工会工作贴近基层、贴近实际、贴近职工的最好方式就是开门纳谏,问计于职工,把工会工作的取向真正交给职工,而征集提案是实现这一目标的有效方法。为推动代表提案件件有回音、件件能落实、件件都满意,市总工会成立专门提案审核委员会,具体负责提案的接收、分派、督办和回访工作,市总工会班子成员全员上阵,根据职责分工,领办相应提案。次年年度大会上,就提案办理情况向会员代表做专题报告,并接受代表评议。

三、几点启示

1. 统筹谋划,科学设计,是保证会员代表常任制顺利实施的前提

任何一项创新工作的实施,都要从搞好顶层设计开始。宜都在出台实施方案之前,先后对全总《关于基层工会会员代表大会代表实行常任制的若干暂行规定》《宜都市党的代表大会常任制试点工作实施细则》及工作方案、工作制度等进行了系统学习,到先进地区进行考察学习,到基层进行深入调研,为全市方案制度的形成提供了理论支持、实践经验和群众智慧,确保了方案制度设计的科学、可行。

2. 率先垂范,层层传导,是保证会员代表常任制顺利推动的关键

上为之,下效之。任何一项制度的推行若能做到以上率下,则必事半功倍。宜都市总工会在推行过程中,以自身为范,率先行动,从而形成了自上而下、层层传到的强大推力。尤其在述职评议这项常任制推行中最为"烫手"的事项上,先拿自身"开刀",充分展现了市总全心全意依靠职工、团结职工、服务职工的信念、宗旨、作风、情怀。

3. 开门纳谏，真情服务，是保证会员代表常任制取得实效的根本

宜都在设计和推行过程中，坚持从落脚点处思考，引导会员代表主动走近职工群众身边，"面对面、心贴心、实打实"地了解职工群众的困难、需求、意愿，搭建起会员代表广泛联系会员群众的"心"桥，把广大职工的心声以提案的方式递交大会，确保了工会组织把工作的取向真正交给职工，在改进工会工作方式的同时，大大提高了决策的民主化、科学化水平，对夯实群众基础，不断增强工会组织的吸引力、凝聚力、战斗力产生重大而积极的影响。

以习近平新时代中国特色社会主义思想为指引
深入推进新时期工会工作

新疆和田地区工会

今年以来，在党中央、自治区党委、和田地委、和田行署的坚强领导下，以习近平新时代中国特色社会主义思想为指引，全面贯彻党的十九大精神，结合和田社会发展实际，制订了一系列工作方案，引导全地区各族职工群众在维护社会稳定和长治久安中发挥主力军作用。

一、深入学习习近平新时代中国特色社会主义思想，全面贯彻党的十九大精神，加强工会组织自身建设等方面的实践与探索方面

根据党的十九大、十九届中央纪委二次全体会议的会议精神，始终把从严治党作为一项重要的政治任务，不忘初心，牢记使命，不断增强"四个意识"，坚定"四个自信"。通过"两学一做"专题教育、"学专促"专项行动、发声亮剑行动、党风廉政教育月等活动，坚守意识形态领域，始终把政治建设放在首位。始终做到思想上认同核心、政治上维护核心、组织上服从核心、行动上紧跟核心、坚定地捍卫核心、纯粹地忠诚核心，坚决做到一切行动听党中央的号令和指挥。

二、大力弘扬劳模精神、劳动精神、工匠精神，在推动全社会形成崇尚劳动、尊重劳动者、尊敬劳模良好氛围方面

加大培育工匠和工匠精神的力度，从培训、竞赛评价、交流、激励等各环节入手，从培育"玉都工匠"做起，激励技能人才增强创新意识，掌握创新技术，参与创新实践，激发创新活力，推广创新成果转化为生产力；促进职工思想道德素质提升。以精益求精的工匠精神引导职工立足岗位"敬业、勤业、精业"；充分利用工会宣传阵地及各类宣传媒介，大力宣传党和国家关于高技能人才工作的重大战略思想和方针政策，宣传培育工匠精神的重要性和紧迫性，营造良好氛围。把劳模（技能人才）创新工作室纳入人才重点工作进行安排部署；坚持开展金牌工人、首席技师等评选活动，培育"玉都工匠"走向新疆工匠、大国工匠。

制定地区级技术工人表彰奖项，形成以地委和行署表彰为导向、企业和社会积极参与的产业工人表彰奖励制度。进一步完善和田地区劳动模范评选表彰制度，从2019年开始，每5年评选一次地区级劳动模范。

弘扬新时期劳模精神，组织各级劳动模范深入企业一线，围绕习近平总书记所做的十九大报告，从职工思想实际和工会工作实际出发，宣讲十九大报告中描绘的宏伟蓝图；宣讲新时代中国特色社会主义的伟大论断；宣讲报告中关于工人阶级和工会工作的重要论述；宣讲各族职工对决胜全面建成小康社会、实现中华民族伟大复兴的中国梦的信心和期盼；宣讲各族职工在十九大精神的鼓舞下，凝心聚力，创新劳动，科学跨越，后发赶超，焕发劳动热情、建设美好家园的生动实践；宣讲第二次中央新疆工作座谈会以来自治区党委加快民生建设取得的成果和带来的身边的新变化；宣讲落实新疆工作总目标中的劳动模范和先进典型事迹，力争使工会宣讲工作贴近实际、贴近生活、贴近职工，做到听得懂、能领会、可落实。

三、维护职工权益，构建和谐劳动关系方面

完善服务困难职工帮扶制度，将农民工纳入困难职工帮扶体系，以村为单位，成立村级农民工工会，对外出务工的农民工进行摸底排查，将其纳入工会组织中。将节日慰问与日常帮扶相结合、临时帮困与促进解困相结合、组织帮扶与自身努力相结合，实现送温暖活动效能最大化。会同有关部门，积极开展"春暖行动""万家企业送岗位""就业援助月"等活动，为深度贫困村富裕劳动力、下岗失业人员和困难职工提供就业帮助。

四、自觉践行社会主义核心价值观，组织参与"中国梦·劳动美""当好主人翁、建功新时代"等群众性精神文明建设活动方面

积极参与和田地区文化脱贫行动，为174个深度贫困村征订《工人时报》，为3.8万贫困户送上一批"精神食粮"，充分发挥文化扶贫工作的扶志、扶智的作用，进一步激发贫困户内生动力，实现"要我脱贫向我要脱贫"的思想转变，在社会上形成"好日子源于党的好政策"的感恩之情正能量，充分调动贫困户富裕劳动力外出务工就业欲望，加强贫困户自身道德文化水平。

五、发挥自身优势，主动服务大局，在打赢防范化解重大风险、精准脱贫、污染防治三大攻坚战中取得的新经验新成效

精准脱贫领域：

积极与对口援疆省市总工会联系，聚焦深度贫困地区，制定切合实际的对口援疆项目，用于金秋助学、大病救助、女职工关爱、送温暖等民生工程，职业技能培训、干部交流学

习等人才培训工程，助力和田脱贫攻坚任务圆满完成。

　　今年将 174 个深度贫困村的外出务工人员纳入工会组织，目前已投入 348 万元用于开展各项扶贫工作。通过周一升国旗、干部包户住户、国语教学、村级广播等形式，宣传外出务工人员入会的好处及相关政策，鼓励农村富余劳动力外出务工，加快脱贫进度。积极开展农民工《劳动法》《劳动合同法》的宣传教育活动，加强外出务工人员依法维权意识，确保合法权益。

铸牢工会平台　弘扬"工匠精神"

陕西省汉中市总工会常务副主席　成宝华

今年3月5日，"工匠精神"再度写入政府工作报告，一时间，再次引发社会热议，像春风般很快吹遍祖国大地，让更多的人认识到工匠精神对于社会发展的重要性。当前全国上下呼唤传颂"工匠精神"已成为新风尚。

对于什么是"工匠精神"，有两个核心元素不可或缺：精雕细刻、精益求精。工匠们喜欢不断雕琢自己的产品，不断改善自己的工艺，享受着产品在双手中升华的过程。工匠们对细节有很高要求，追求完美和极致，对精品有着执着的坚持和追求，把品质从99%提高到99.99%，其利虽微，却长久造福于世。全社会弘扬工匠精神，是对劳动创造的最大尊重，是对工人阶级的最高褒奖。倡导工匠精神就要重新唤起人们对劳动价值观的正确认识，抵御和消除"不劳而获"和"投机取巧"等错误思想对人们的负面影响，从而激发广大劳动者参与改造客观世界、创建美好生活的实践中。工会作为党联系职工群众的桥梁纽带，肩负着参与、教育、建设和维护四大职能，传承和培养工匠精神，责无旁贷，且具有独特优势。

一、育"匠心"，理念先行，精神引领奏响时代强音

理念是一种观念、一种精神，理念决定行动。我们倡导工匠精神，像大家说的一样，不能把工作仅仅当成挣钱的工具，而是对本职工作和自己的产品拥有一种精益求精、精雕细琢的不懈追求。这种追求，是一种以质取胜的价值取向，以及对自己从事工作的热爱超出了对工作所产生的物资财富的热爱，这就是职业追求，这就是人生追求。工会组织要发挥密切联系职工群众的优势，发挥教育职能，在经常性职工教育、思想政治工作中强化劳动精神、工匠精神的宣传、阐释和传播，使劳动精神、工匠精神成为广大职工的主体意识和主流精神。今年，汉中市总工会结合弘扬社会主义核心价值观，落实多项举措，引导广大职工自觉把劳动精神、工匠精神、劳模精神根植于心、付之于行。市总工会以陕西省委宣传部、省总工会联合组织的"三秦楷模""三秦工匠"事迹宣讲报告会先后来汉举行为契机，动员全市广大职工以"三秦楷模""三秦工匠"为榜样，学习先进事迹，立足本职，勤勉工作，自觉把思想和行动统一到实现"中国梦"全面建成小康社会的具体实践中来。在汉中市电视台、电台开辟《劳动者之歌》《劳模风采》等板块，播放《大国工匠》专题

片，引起了社会各界热烈反响。并以"中国梦·劳动美"为主题，生动开展职工宣教活动，先后成功举办了汉中市庆"五一"大型职工文艺晚会、"中国梦·劳动美"首届"航空杯"职工摄影大赛。各县区总工会、市直基层工会也通过多种形式开展中华优秀传统文化、传统美德教育、职业道德教育，用中国梦和社会主义核心价值观凝聚职工群众干事创业的积极能量。同时，我们在全市范围创建命名一批市级"劳模创新工作室""劳模示范岗位"，大力的引导广大职工自觉向劳模看齐、向工匠精神看齐，发扬爱岗敬业、精益求精的精神，练就"真本领""真功夫"，以精益求精的职业态度和对技艺的极致追求，创造更多的奇迹，实现人生的理想。

二、立标杆，典型培育，多点发力成就有为职工

以点带面、典型示范是推动各项工作的有效抓手，也是工会培养职工"工匠精神"的催化剂。通过挖掘典型、评优推优，让更多的职工感到被尊重，让更多的职工拥有当产业工人的自豪感。工匠之所以成名，不仅在于其手艺或技术的精湛，更在于其操守和名节的高洁。汉中市现有在册省部级以上劳模333人。为激励全市广大职工在实现汉中经济追赶超越、同步小康的进程中建功立业，市总工会一直以来坚持把劳动模范的选树工作作为一项培育"工匠精神"和服务大局的重要工作来抓。先后研究制定出台了《汉中市劳动模范、五一劳动奖章评选管理办法》和《汉中市职工（劳模）创新工作室管理办法》，进一步强化和规范了劳模评选表彰工作，也为广大劳模、技术工人再立新功、发挥示范引领作用搭建了平台。"五一"前夕，全市共评选表彰全国五一劳动奖章1名、工人先锋号1名，陕西省五一劳动奖状1名、劳动奖章2名、工人先锋号2名，汉中市劳动模范100名、先进集体10名，县级劳动模范56名。在评选推荐工作中，我们坚持公开、公平、公正，坚持把政治坚定、品德高尚、业务精湛、技能高超、勇于创新作为评选劳模的前提条件，确保了评选出的劳动模范既有先进性、代表性，又有时代特色，立得住、叫得响。同时，充分发挥好传统媒体及微信公众平台等新媒体作用，重视宣传转化劳模的先进事迹和时代精神，向广大职工群众传递浓浓的"正能量"。

三、搭平台，岗位育才，提升技艺助力梦想成真

培养"工匠精神"就要把培养优秀技能人才作为着力点。工会组织要为职工成长为"大国工匠"搭建载体，让更多普通劳动者在技能大赛中，在岗位生产实践中，在培训学习中，不断提升技术技能水平，实现个人职业梦想。我们准确把握新常态下企业和职工队伍中出现的新变化，围绕汉中生态立市、产业兴市、文化名市、项目拉动、城镇带动、创新驱动"六大战略"，以岗位练兵、技术比武、提合理化建议、创建"工人先锋号"为主要内容，深入开展"稳增长、促发展建功立业劳动竞赛"活动，积极适应结构性改革对职工素质的要求，

深入实施职工素质建设工程，有效激发了广大职工劳动热情和创造活力。汉中市公路局、城固县国家税务局、汉中锌业有限公司、汉中卷烟厂、兴元新区文化旅游项目部获得陕西省劳动竞赛优胜单位荣誉称号。地区、行业职工技能大赛蓬勃开展。汉台区、留坝县开展的餐饮行业职业技能大赛，西乡县开展的茶艺技能比武活动，洋县举办的第四届职工技能大赛，全市气象、卫生、民营医药、公路行业开展的职业技能大赛，深受企业和职工群众的欢迎。汉中尧柏水泥厂、西乡长江动物药品有限公司、略阳县何家岩金矿被评为陕西省"安康杯"竞赛优胜单位。全市共有 500 多人次一线职工荣获各级劳动模范、技术状元（能手）、首席工人、金牌工人等荣誉。群众性技术创新活动的蓬勃开展，为培养更多高素质劳动者创造条件，让更多技术工人、技能人才树立起对职业敬畏、对工作执着、对产品和服务负责的态度。另外，在全市广泛开展"五小"活动（小发明、小革新、小改造、小设计、小建议）、五型班组创建等活动。推进活动进班组、到项目，激励广大职工学习先进技术、提高劳动技能，使每一名普通劳动者都能展现聪明才智，释放创新潜能，发奋岗位成才。

四、倾真情，人文关怀，以人为本激发创新活力

职工是经济建设的主力军，弘扬劳模精神、劳动精神、工匠精神，必须坚持以人为本，推动和谐劳动关系构建，让广大职工感受到理解、信任、关怀和尊重。围绕职工群众最关心、最直接、最现实的利益问题，我市工会从源头参与职工权益维护，并以行业性、区域性工会为重点，加强工资集体协商、劳资争议处理等多项维权机制建设。截至目前，我市共签订工资集体协商合同 1968 份，其中，区域性合同 219 份、行业性合同 26 份，覆盖企业 5987 个，覆盖职工 189331 人，创建工资集体协商省级示范点 3 个、市级示范点 15 个。同时，突出人文关怀，深化服务职工各项工作。人文关怀是社会文明进步的表现，随着社会转型的步伐不断加快，只有与时俱进，做到以人为本，注重人文关怀，才能跟上时代的步伐，增强职工对企业的归属感，激发职工的创造力为社会多做贡献。在全市各级工会的共同努力下，汉中工会服务职工工作特色鲜明、亮点纷呈。深化"春送岗位、夏送清凉、秋送助学、冬送温暖"活动，完善日常救助机制，有针对性帮助广大职工解决了就业、生活、医疗、子女上学等实际困难。大力发展职工互助保障事业，仅上半年全市新发展会员 18775 人、收缴保费 151.34 万元，并为 1180 名出险职工及时办理了理赔，兑现赔付金额 167.99 万元。5 月份，汉中市工会职工教育培训基地揭牌，成为广大劳模、能工巧匠、技术工人学习提升的又一平台。深入推进困难职工援助中心"三化"建设，南郑县、镇巴县、西乡县、勉县困难职工援助中心规范化建设走在全省工会前列，实现了职工困难救助、法律咨询、技能培训、互助保障、文化娱乐等工作窗口化办理、一站式服务，成功转型升级为职工服务中心。留坝县工会协调相关部门，建立五位一体留守儿童关爱服务模式；佛坪县建立网上农民工服务模式，进一步丰富和拓展了全市工会服务职工的内容，真正让工会成为职工的

心理依赖站、素质提升台、后勤保障点。广大职工只有被重视、被尊重才能有力地激发他们的"主人翁"意识和创新精神，进而敬业精业，用"匠心"把本职工作做到极致。

"十三五"时期是我国全面建成小康社会的决胜阶段。适应新常态呼唤创新驱动，需要我们的劳动者追求品质提升。培育和弘扬工匠精神是工会深化劳动者素质提升工程的重要抓手，需要把有效的资源进行充分整合，不断发现、培育、提炼、推广工匠及工匠精神。尤其是要找准"短板"，有针对性地解决实际问题，为广大职工创造良好的工作氛围和平台，让他们能够"匠心独具"，在岗位成才，在岗位出彩，为社会经济建设发展做出新贡献。

凝聚职工力量　服务建设大局

辽宁省大连市中山区总工会

过去五年,中山区工会在区委和市总工会的领导下,坚持问题导向、需求导向、服务导向,团结带领中山区职工在品质立市先行区建设中发挥了主力军作用。未来五年,中山区工会将以服务大局、服务职工为主线,全力打造工作思路超前、运行机制高效、作用发挥突出、基层充满活力、干部素质过硬、职工群众信赖的一流工会。

为发展做贡献：主动作为引领职工凝心聚力搞建设

围绕中山区"两建"战略,中山区总工会引领职工立足岗位建功立业。中山区总工会大力宣传典型人物,来自基层一线"最美人物"、劳动模范的先进事迹。激发了职工们投身品质立市先行区建设的劳动热情。五年来,中山区共涌现出辽宁省劳模2名,五一奖章1名;大连市劳模18名,先进单位3个,五一奖章10名,五一奖状1个。

同时,中山区总工会关注职工思想动态,强化职工思想文化建设。开展了新常态下职工思想状况大调查,与市委党校联合完成了《大连市中山区企业职工思想状况》调研报告,受到评审专家和省市总工会的高度评价。建设职工书屋、职工电子书屋120个,省级文化广场4个;为21家基层单位送去了价值6万余元的体育运动器材。广泛开展职工文化周、文化月活动,组织各种体育竞赛。中山区总工会还主动服务全区中心工作,积极参与社会管理。一是主动承接政府工作项目。在中山区社区建设创新年工作中,区总工会主动承接了社区公益建设项目——晾衣架工程,投资35万元为14个社区居民楼院免费安装晾衣架200多组。二是主动服务政府重点工作。助力中山区环境整治和防灾防汛工作,下拨专项工作经费83万元,发放物资18万元,用于慰问一线职工。设立60万元专项资金,与区安全生产监督管理局联合开展安全隐患有奖举报活动。三是应对经济下行压力,开展救助困难企业、帮扶困难职工专项行动,为27个困难企业发放救助金80余万元,提供免费培训3800余人次,就业安置9000余人次。四是开展普惠制培训。

为职工做服务：保障职工共享改革发展成果

中山区总工会大力开展职工之家建设。投资300余万元在社区、大厦、企业、学校建设"职工温馨家园"52个,"教师之家"18个,"妈咪小屋"20个,"职工温馨家园"建设经验受到省、市总工会高度评价，并在全市进行推广。区教育工会被评为全国模范职工之家，青泥洼桥小学电教信息部被评为省模范职工小家，人民路街道大连雅泰物业管理有限公司"妈咪小屋"被评为省总工会示范性女职工特殊关爱室。率先实施大病救助项目，设立专项资金，对因患癌症等重大疾病导致家庭生活困难的职工进行分类救助，救助范围涵盖辖区内农民工、社会化工作者、社区工作者等全部在职职工。

五年来，累计救助大病职工480余人，发放救助金140余万元。加大帮扶救助力度，打造"情满中山·温暖万家"主题活动品牌，积极开展帮助困难群众、反映群众诉求、化解社会矛盾工作。困难职工救助标准逐年提高，对一线职工、艰苦岗位职工的慰问力度不断加大，帮扶救助覆盖面日趋广泛。五年来累计投入资金310万元开展春季送岗位、夏季送清凉、秋季送亲情、冬季送温暖、金秋助学等帮扶救助工作，累计慰问救助职工35000多人次。整合资源拓展服务内涵。精心设计了包括"爱心免费餐""助老便民服务直通车""律师志愿团"三项内容的"中山劳模援助项目"。整合企事业单位、劳动模范、社会组织、志愿者等社会资源，投入资金100余万元，购买社会组织服务，拓展了工会组织服务领域和服务内容。与爱心企业合作实施的"爱心免费餐"项目累计发放21800份，接受社会捐助2600份，开辟了一个救助特困群众的新渠道。通过招标购买社会组织服务，实施了"助老便民服务直通车"项目，为区内60岁以上老劳模、老教师、困难老职工和在档管理困难职工家庭提供24小时便民服务，累计服务1900多人次。区总工会还协调群团组织与企业联手，打造了青年职工交友平台——"爱在中山38楼"，每月定期组织交友活动。依法维权，职工群众各项合法权益得到有力维护。完善了区、街、社区三级职工诉求网络，建立劳动法律监督组织39个、劳动争议调解委员会86个。

为基层组织增活力：创新模式 基层工会组织得以迅速发展

中山区总工会破解区域工会建设难题，在全市率先建立社区总工会。赋予社区总工会基层工会组建审批权、基层工会管理指导权、基层工会经费处置权的"三大职权"，试行工作任务、工作经费、工作考评"三个单列"。多措并举推动建会工作。建立了建会负责联动机制、建会经费奖励机制和建会全程代理制度，实行企业建会零费用，形成了区总工会牵头，街道工会组织，税务部门、社区工会、法人企业共同参与的组织体系。五年来新建工会组织1202个，其中行业工会6个，新发展会员12680人，其中农民工1300余人，截至目前全区共有工会组织5809个，会员58397人。工作权限下放，工作经费下移，累计下拨经费1149万元，通过"六个专项行动""3+x"创建活动、建立联系点制度等措施，进一步规范和推动基层组织活力建设。

为自身规范加砝码：工会组织凝聚力战斗力显著增强

中山区总工会完善了制度机制建设。制定了区总工会主席办公会议事规则、区总工会常委会议事规则，建立重要事项常委会民主决策机制、经费下拨制度、劳模评选及管理办法，明确工作职责，规范工作程序。改革了区总领导机构，优化了工会委员会和常委会的人员结构，增补了20位来自基层一线的工会委员，基层一线委员占比由12%增加到40%。增补了3名来自基层一线的工会工作者和职工进入常委班子。加强信息化建设，提升了管理效率。开发了中山区工会组织工作管理系统和助老便民服务软件，开通并升级"新职工新生活"微信公众平台，全新打造了中山区总工会网站。在重点工作取得新进展的同时，中山区总工会其他各项工作也实现了协调发展，几年来，工会经费收入稳步增长，经费审查监督和财务管理更加规范有序，女职工权益得到进一步保障。

为今后制定目标：当好改革发展的参与者、推动者和实践者

未来五年，中山区总工会将始终保持工会工作正确的政治方向。加强职工书屋、文化广场等文化阵地和设施建设。开展群众性职工文化体育活动，扶植和培育职工兴趣小组。开展建功立业主题活动。以"优胜班组""工人先锋号"创评为载体，推动劳动竞赛活动科学化、社会化，扩大活动有效覆盖面，提高活动的针对性和实效性。加强职工职业技能培训，开展企业岗位练兵、技术比武、技能竞赛等活动，推动建设培训、竞赛、晋级、奖励相衔接的一体化职工发展平台。充分发挥典型引路作用，开展劳动模范、五一奖章、"最美人物"、"金牌白领"等评选表彰和宣传活动。

加快服务工作升级。推动帮扶对象由困难群体向全体职工升级，帮扶内容由扶危济困向全方位服务升级。大力开展职工之家建设，重点在大厦、商圈、独立工会企事业单位加大投入建设"职工温馨家园"。做实做强"情满中山·温暖万家""妈咪小屋""爱在中山38楼"等职工服务品牌。全面开展职工医疗互助保障工作，扩大帮扶救助覆盖面。实施普惠制服务，严格依规依程序管理好档案内困难职工，实行精细化管理、精准化帮扶，确保帮扶资金的正确使用、高效使用。强化法治意识，充分保障职工合法权益。持续深入开展普法宣传教育，提高工会干部和广大职工依法维权意识和能力。着力构建和谐劳动关系，发挥好"律师志愿团"作用。

落实好工会与同级政府联席会议制度，解决好涉及职工切身利益和工会工作的热点难点问题。提升基层组织活力。以区域化组织建设为重点，普遍建立社区总工会，打造各具特色、充满活力的区域工会组织，最大限度地把包括劳务派遣工、农民工、非正规就业人员在内的各类职工群体吸纳到工会组织中来，提升建会动态覆盖率。加大对基层工会支持力度。主动争取和承接政府转移的公共服务职能，总结推广"爱心免费餐""助老便民服务直通车""律师志愿团"等借助社会组织、社会力量实现职工个性化服务的好经验、好做法。坚持项目化运作方式。合理配置资源，实施系统化推进、精细化管理，推进工会工作迈上新台阶、实现新突破。

一条旅游路助推 6.2 万人脱贫

河北省丰宁县总工会

一谈起旅游扶贫，在河北承德市丰宁县外沟门村当了 25 年村党支部书记的孙世元老人立刻来了兴致。"一条旅游路，连接起承德坝上地区丰宁、围场两个深度贫困县，让过去'深在闺中人未识'的草原森林美景走进了大家的视线，扶持了乡村，富裕了农民。"

孙世元老人所提的旅游路就是承德市的"一号风景大道"。该公路又称御大线，东起位于承德市围场满族蒙古族自治县境内的塞罕坝国家森林公园，经御道口牧场管理区、围场满族蒙古族自治县，西至丰宁满族自治县大滩镇，全长 180 公里。

近日，中新网记者驱车探访"一号风景大道"及其沿途风景区，记录发生在这条路上的扶贫工作时发现，这不仅是一条风景旖旎的景观大道，更是一条带动 6.2 万贫困人口的脱贫致富路。

丰宁地处京津冀水源涵养功能区，是河北省 10 个深度贫困县之一，如何让草原再现原生态美景，为百姓引来金山银山，而又不过度开发造成破坏，该县生态建设和脱贫攻坚重任在肩。

对此，2017 年 5 月，丰宁县与河北旅游投资集团签订永太兴疏林草原生态旅游示范区项目建设协议。该项目负责人郑重承诺："建设一个景区，涵养一地生态，造福一方百姓。"

在丰宁永太兴疏林草原项目上，一排排整齐宽敞的新民居项目正在进行最后收尾工作。有心急的村民已迫不及待地进入了自己的新家进行打扫。与之形成鲜明对比的就是村民们低矮老旧的房屋，大片墙皮脱落，露出了泥坯。

据记者了解，该项目启动伊始，河北旅投就积极开展农村人居环境整治行动，打造美丽乡村。已建成占地 25 亩、建筑面积 8245 平方米的茶盐古镇新民居：5 排 11 栋灰瓦白墙的二层新楼，改善了外沟门乡青石砬村滦河沿组 57 户 190 人的居住条件。

村民刘玉臣说，河北旅投在建设新民居时，还将村里 5000 平方米的路面用水泥进行了硬化，彻底解决了村民过去出村难的问题，而且新民居配备了抽水马桶，可以开展民宿经营。

记者发现，永太兴疏林草原项目的开发建设，带动了整个外沟门乡旅游业的提升和第三产业的发展。

外沟门村的王殿军对项目带来的变化感受颇深："在项目进驻之初，整个外沟门乡只有两个'小吃部'，租百姓的民房一天 15 块钱。如今，外沟门乡中档饭店有十几家，百姓开家庭旅店一间房一晚收入 150 元，老百姓守在家门口打零工，轻轻松松一个月收入近 3000 元。"

此外，河北旅投还千方百计帮助更多村民参与旅游业，开发适合村民的就业岗位。据了解，包括服务员、保洁员、售货员、安全员、引导员等在内的岗位，将带动周边 2 个乡 142 个自然村 11000 人，解决上千村民就业问题。

"景区未来建设要以旅游促生态为前提，强化'旅游＋扶贫'理念，达到解决就地扶贫、带动就业的目的。下一步要带动整个景区辐射范围，甚至拉动河北最北部的贫困带打赢脱贫攻坚战。"河北旅投该项目负责人介绍。

现年 82 岁的孙世元老人对未来充满了信心，他相信当地民谣里说的"棒打狍子瓢咬鱼，野鸡掉到粥锅里"不久后就会实现。

绿水青山带来了金山银山，这不仅仅发生在丰宁县，在"一号风景大道"沿线乡镇，这一变化如雨后春笋般发生着。

该市沿"一号风景大道"深入谋划六大组团 20 个重点项目，总投资 260 亿元，包括旅游景区改造提升和配套服务设施项目建设。

围场县御道口镇康熙饮马驿站营销负责人周夏莹透露，该项目预留了院落及 30 辆小吃花车，面向御道口镇周边村民、生产队牧民招商。同时，会同周边七号营子 61 户美丽乡村、42 户农家游、南侧万家客栈和老街商街改造，共同做好旅游富民工程。建设运营后可带动御道口村及周边贫困人口就业。

在距御道口镇 10 公里的飞天小镇项目，记者了解到，这是一座按照 A1 级别通用机场标准建设，飞行区等级标准为 2B 的通用机场。未来可为北京、天津、秦皇岛、内蒙古等游客提供通勤和低空旅游服务。

据该项目负责人任勇介绍，该机场可以满足 29 座以下固定翼飞机飞行。该项目作为战略新兴产业，通过通航运营、现代服务、旅游开发、空港新城建设，加快推进围场县城镇化、产业化进程，促进围场产业转型升级，推动经济社会快速发展。

据承德市委宣传部提供的数据显示：凭借"一号风景大道"，将有效带动该市坝上区域 16 个乡镇 5 个分场 112 个行政村和辐射带动坝下区域 33 个乡镇 283 个行政村走上乡村旅游脱贫致富道路，其中能助推 6.2 万贫困人口（坝上 2.1 万，坝下 4.1 万人）脱贫致富，实现小康，辐射带动沿线乡村振兴，催化旅游扶贫开花结果。

为职工撑起"保护伞"

福建省南平市建阳区总工会　李　四

近年，福建省南平市建阳区总工会精心打造"四送三助"职工服务工作品牌，让职工真切感受"家"的温暖，同时，持续实行定目标、定责任、定奖励和组建考评的"三级联动、三定一考"的工作机制，扩大工会组织覆盖面。

其中，以潭城街道为首的镇街工会不断适应新时期职工多元化需求，扎实做好服务职工群众工作，从重点生活救助到安排专项资金建书屋、赠用品、免费体检，都使工会组织更符合职工意愿，成为名副其实的"职工之家"。

打造"四送三助"　当好职工"娘家人"

5年来，建阳区总工会投入经费20多万元规范建设市（县）本级职工服务中心，选配服务职工专职人员5名，配备承担职工信访接待、政策咨询、职业介绍和职业培训、法律援助、困难职工生活帮扶、在职职工医疗互助等硬件设施，建立健全职工服务流程和各项规章制度，并纳入区行政服务中心统一管理、统一考评。

同时，将全区14个乡镇（街道、园区）职工服务工作站、121个社区和规模企业的职工服务工作点，与各级政府、社区为民办事全程代理受理中心（站、点）相衔接，横向到边，纵向到底，构建"职工服务帮扶三级网络"，为广大职工提供"一站式"方便、快捷、有效的服务。

建阳区工会在服务时间上，从侧重元旦、春节的"两节"送温暖，转变为节庆与每季、每月、每日的常态化、制度化、长效化帮扶并重；在服务对象上，从侧重为产业、工矿企业工人服务，向边缘行业、边缘单位职工拓展，通过建设职工户外爱心饮水点、环卫工人爱心服务点、清凉驿站等公共服务项目，开展殡葬行业职工关爱行动，引领全市工会服务职工工作从细处着眼、小处着手到大面积铺开，向为全体职工提供普惠制服务迈进，精心打造"四送三助"职工服务工作品牌。

5年来，"春送岗位"8946个，为下岗失业人员、大中专毕业生和农民工提供就业服务；"夏送清凉"，为高温季节在高温岗位上辛勤工作的1000多名一线职工送去防暑降温用品价值20万多元；"秋送助学"，发放助学金22.2万元，帮助127名困难职工子女上大学；

"冬送温暖"，发放慰问金 352.13 万元，慰问困难职工和劳模 6613 人次。"医疗互助"活动共组织职工 5.36 万人次参加，筹集互助金 286.17 万元，为 1261 人次患病住院职工发放医疗互助金和专项补助金 81.87 万元；"法律援助"1886 人次，无偿援助 140 件、免收代理费 6 万多元，化解劳动争议纠纷；"职业培训"投入经费 60 多万元，培训下岗失业人员、农民工 3310 人，有 90% 以上参训人员通过技能鉴定取证、实现就业。

变"双亮"为"五亮" 创信赖的"职工之家"

基层工会直接联系、面对和服务职工群众，是工会开展各项工作的承载者、组织者和实践者，是工会组织增强影响力、吸引力和创造活力的源泉。5 年来，建阳区工会努力探索新形势下加强工会基层组织建设的新思路、新方法、新措施。

在实施工会组织建设过程中，建阳区工会每年都对组建工会和发展会员预期目标任务进行层层分解，持续实行区（县）、乡镇（街道）、社区（村）定目标、定责任、定奖励和组建考评的"三级联动、三定一考"的工作机制，持续积极推进工会基层组织建设工作。

首先，理顺工会组织体系，推进组织建设扩面。截至目前，全区 13 个乡镇（街道）拥有基层工会委员会 447 家、社区（村、个私企业）联合基层工会 223 个，其中 65 家辖区内具有小微企业和法人单位的社区（村、个私企业）联合基层工会涵盖工会分会和工会小组 709 个，工会组建率和职工入会率分别达 98.9% 和 98.3%。

其次，推行保障激励机制，增强建会工作动力。下拨组建工作经费，区总工会机关"挂片包干"责任人与所包干的单位捆绑考核奖励。

再次，明确标准、突出重点，彰显工会组织元素。突出以非公企业工会为重点，以工会组织亮牌子、工会主席亮身份的"双亮"为抓手，统一制作和派送工会标牌、规范化建设制度牌、职工服务点标牌和职工食堂、宿舍文明用语进行悬挂、张贴，着力解决工会元素特点不明显问题，变"双亮"为"五亮"，"双亮"覆盖面达 96.1%，"五亮"推广面达 39%。

最后，发挥典型示范作用，提升规范化建设水平。坚持"会、站、家"一体化建设，通过选树、培育规范化建设典型，建立"五好"基层工会委员会示范点 165 家。5 年来，向 59 家基层企业工会拨补专项经费 40 余万元，赠送图书建设市本级"职工书屋"36 家。

固本强基深组建 镇街工会强筋骨

潭城街道是建阳区的中心，街道工会自 2011 年 3 月获得"全国百家示范乡镇（街道）工会"称号以来，不断巩固和发展荣誉成果，认真扎实做好服务全面深化改革、服务经济社会发展、服务职工群众工作，着力提升街道工会规范化建设水平，取得了可喜的成绩。

近 3 年，新组建基层工会 123 个、发展会员 1213 人，共建立基层工会委员会（联合基层工会）66家、覆盖企业和经济法人单位237个、发展会员3602人，辖区国有、集体企业和机关事业单位建会率、职工入会率达到了100%，非公有制经济单位建会率达到99.1%，职工（农民工）入会率达到98.3%，建会单位全部建立健全了经审、女职工和劳动争议调解组织。以街道工会为龙头的街道—社区（村）—企业工会的"小三级"组织网络进一步健全。

与此同时，潭城街道工会大力推行平等协商集体合同制度，企业集体合同、工资集体协议、女职工特殊权益保护专项协议签订率达96.5%；深入贯彻《劳动合同法》，加强对职工与企业签订劳动合同的指导，劳动合同签订率达98.9%。

在做好日常慰问帮扶的同时，每年"两节"期间都集中开展送温暖活动，近3年来筹集资金15万多元，慰问困难职工390户次；为12名考上大学的困难职工、农民工子女和8名勤工俭学贫困大学生发放助学金3.9万元，开展职工医疗互助活动，推动民政部门将特困职工家庭纳入最低生活保障范围。

潭城街道工会结合劳动力市场需求举办电工、电子、电脑、家政、餐饮和美容美发等职业技能培训班16期，免费培训下岗职工和农民工1132人。参与开展用工招聘活动，帮助2600多个富余农村劳动力和下岗职工实现再就业，推动就业创业工程的实施。（叶礼钦）

发展短平快产业项目 扎实推进脱贫攻坚

广西融水苗族自治县总工会

融水县总工会按照"扶贫工作必须务实，扶贫过程必须扎实，脱贫结果必须真实，让脱贫成效真正获得群众认可，经得起实践和历史检验"的要求，把扶贫攻坚作为"十三五"期间头等大事和第一民生工程来抓，以脱贫攻坚统揽工会工作全局。2017年进一步加大帮扶力度，投入扶持资金50700元创办产业示范基地、修复公共设施和农田水利设施，经过共同努力，帮扶工作收到了预期效果。

制订切实可行的脱贫计划，合理确定脱贫目标

围绕党中央对脱贫的目标规定：到2020年稳定实现农村贫困人口不愁吃、不愁穿，义务教育、基本医疗和住房安全有保障的"两不愁三保障"的要求，结合滚贝侗族乡滚贝村、平等村的实际制订了2016—2020年脱贫总体规划和年度脱贫计划，按计划目标、工作步骤开展脱贫攻坚工作，通过加大扶持力度，2016年滚贝村有9户43人脱贫，2017年有10户40人脱贫。目前未脱贫农户39户154人，其中县总工会干部职工结对帮扶20户，对未脱贫的贫困户，安排在2020年前全部摘掉"贫困帽"。

加大投入扶持力度，实施产业扶贫，增强"造血"功能

为巩固和壮大"平龙禾花鲤鱼养殖专业合作社"鱼苗繁育基地建设，县总工会2017年投入项目扶持资金8465元，购买水泥20吨，扩建鱼塘一亩，整体加高塘堤30厘米；购买塘内括网、网箱以及鱼塘输养机等设备，预计年内销售鱼苗收入约5万元，出塘销售禾花鲤鱼收入1.3万元。

结合当地实际，实施贫困村提升工程，完善基础设施

滚贝村民委辖3个自然村，位于海拔1500多米的滚贝老山周围，生存条件比较恶劣，自然灾害多发，基础设施滞后，全村有3条长达20公里的农田水利渠道多年失修，造成大面积农田荒芜。为修复水利，增加粮食种植面积，县总工会驻村扶贫工作队发动和组织各村民小组投工投劳兴修水利，为保证水利维修达到质量效果，县总工会投入扶持资金5535

元，购买水泥 50 吨和塑料管材等物资，对引水渠进行全面加固，解决了 50 多亩农田无水灌溉问题，确保了群众粮食安全。

围绕精准扶贫，着力解决发展产业问题

为给贫困人口脱贫提供有利的发展环境，县总工会围绕如何减贫来进行产业策划，真正为实施精准扶贫奠定良好的基础，县总工会抓好群众的思想观念转变和经济发展方式的转变，重点发展贫困人口能够受益的特色农业和劳动技能培训，在 2016 年成功创办平龙禾花鲤鱼繁育基地，建立了第一个农业合作社的基础上，2017 年又创办了黑香糯种植实验和黑香糯禾花鲤养殖基地，基地面积 13 亩，参与项目实施的农户 9 户，其中贫困户 2 户，县总工会投入扶持资金 1.36 万元，并为当年新增加的扶贫联系点平等村 50 户贫困农户赠送禾花鲤鱼苗 1.36 万尾，养殖出塘后增加养殖产业经济收入 6 万多元。通过种养结合，不仅提高了农民收入，也打造了农产品特色品牌。

开展"宜居乡村"建设，完善基础设施，为贫困村群众改善进村入户交通条件

2017 年县、乡党委将滚贝侗族乡平等村作为县总工会的第二个扶贫联系点，为全面了解和掌握村里的贫困状况，县总工会班子带领干部职工进村开展调查研究，摸清该村划入国家生态功能区后，群众经济收入来源单一，村里没有集体经济，社会发育滞后。特别是 2017 年长时间遭受暴雨袭击，地质灾害频发，进村入户道路损毁严重，加之自然村多，居住分散，道路维修工程量和难度很大，部分民房损坏。针对村里面临的困难和问题，县总工会千方百计筹措资金 2 万元，用于帮助村里抢修被损毁的道路和维修危房，在短期内修复了部分村屯道路和危房，为村民解决了出行和住房安全问题，并为支持贫困村推进特色民居改造、优化乡村发展环境做出了应有贡献。

以示范基地推动科技扶贫培训行动

融水县总工会于 2016 年从支文村转入新的联系点滚贝村开展扶贫工作。进点后，县总工会根据村里的实际情况，制订了精准扶贫和科技培训计划，以贫困人口为培训重点，以提高种植养殖技术为突破口，开展"造血型"扶贫，通过创办禾花鲤鱼示范基地和组建农业合作社经济组织，带动群众学科技，依靠科技培训提高劳动者素质，使贫困家庭的劳动力至少掌握一项实用技术。

加大组织领导力度，强化工作落实

按照县委提出的"脱贫攻坚要强化落地，吹糠见米，做到人员到位、责任到位、工作到位、效果到位"要求，县总工会接手帮扶滚贝村、平等村的重任后，领导班子既挂帅又出征，并给单位干部职工压上帮扶的沉重担子，要求大家在扶贫工作进入啃硬骨头、攻坚拔寨的冲刺期间，要切实增强"四个意识"，在精准扶贫精准脱贫工作中，齐心协力，扎实工作，如期实现脱贫目标，让扶贫联系点的贫困群众摘掉"贫困帽"。

用心用情扶真贫 用智用力促脱贫
——动态识别暖"民心"

内蒙古和林格尔县总工会

秋天的多彩配上洁白的雪飘,和林县黑老夭乡描绘着风光与田园的美好生活。秋收田间,黄澄澄的庄稼,忙碌的身影,挥舞的铁锹,绘制出一幅五彩斑斓的画卷;田野里的虫鸣声,风吹庄稼声,机械轰鸣声,此起彼伏,别有韵味,烘托出一副喜庆祥和的图景!

点缀在美好画卷中的还有深入田间地头的和林县脱贫攻坚动态调整精准识别的千名扶贫工作队的成员。

"我是从10月5日驻村开展扶贫摸底调查工作的,为了加快摸底工作,不影响农民秋收工作,我便住在村里,离自家地近的农户,就深入田间地头,离地远的农户,就只能等到晚上回来才能详细登记,辛苦点无所谓,动态精准识别好农户的情况才是最主要的。"记者在黑老乡张明沟村高二顺家的玉米地里见到了县委组织部驻黑老夭乡脱贫攻坚扶贫工作队队员宋志强,他边登记信息边与我们攀谈起来。

10月3日,和林县自召开全县脱贫攻坚推进会以来,全县各级部门、单位近千名干部拿出"绣花"的精神、"绣花"的耐心、"绣花"的功夫,深入各乡镇对贫困户进行再识别,确保动态调整,确保如期脱贫。

在黑老夭村委会办公室,黑老夭行政村的5个工作组正在对以前发放的国家粮补款进行核算、分户,黑老夭村村会计王开文戴着老花镜,与村长高云生看着密密麻麻的账本,正在逐户逐人进行精准核算,"不能漏掉一户一个人,这是对全体村民的负责",王开文告诉记者。

据黑老夭行政村村支书陈占成介绍说,目前为止,他们5个工作组加班加点,深入农户,深入田间地头,已经对黑老夭行政村481户常住户再次进行了精准核算、精准识别,部分外出的农户,也正在以电话联系的方式予以登记,目前基本也识别完毕,在12号以前进行评议,确保得以动态调整,精准识别、精准扶贫。

日渐中午,和林县委编办、城建局驻黑老夭乡武松途路扶贫工作组的李慧、董海平两位成员仍然在挨家审户地逐户登记,四轮车、土炕、膝盖、土豆袋,俨然成了他们临时的办公场所,户主姓名、家庭劳动力人口数、另立户子女从业情况、"两不愁三保障"情况、生产经营性收入、转移性收入、支出情况……一项不漏、逐项登记，还有发给村民的《致和林格尔县广大农民朋友的一封信》，贫困户识别原则、识别标准、识别办法、识别"八不准"，脱贫措施、脱贫目标，一目了然。

为扎实推进脱贫攻坚各项任务落到实处，和林县确立了大干 100 天，确保 10 月底完成精准识别动态调整工作，年底完成年度脱贫任务，2018 年 1 月中旬如期通过第三方评估验收，坚决打赢全县脱贫攻坚战的思路。本次精准识别通过村民再申请、"两评议两公示一比对一公告"的识别程序，以"一进、二看、三算、四比、五评"（"一进"指工作人员要进村入户，实地了解农民生活质量，子女读书、家庭成员健康状况，"二看"指看房子、家电、农机、交通工具、水电、农田、草牧场、林地、种植养殖等生产生活条件，"三算"指农民收入、支出、债务等情况，"四比"指与本村其他农民比住房、比收入、比资产、比外出务工情况，"五议"指评分是否合理，是否漏户，是否弄虚作假，是否拆户、分户、空挂户，家庭人口是否真实等）的办法进行精准识别，填制《贫困户精准识别登记表》，完善识别农户、填表人、村委会负责人的签字材料及入户影像资料。强化"两评议""两公示"，结合"532"工作法进行民主评议。第一次评议和公示是指收到农户申请后组织"两委"成员或村民代表进行初选评议，评议后将评议结果进行公示，第二次评议和公示是指乡镇、开发区审核后，报扶贫办进行数据比对后，又回到乡镇并以村为单位，在此组织"两委"成员或村民代表进行复选评议，将评议结果再进行公示，公示结束后，填写《贫困户信息采集表》，并将贫困户花名报乡镇，再以乡镇报县扶贫办，统一录入系统。

贫困户将通过发展生产、异地搬迁、生态补偿、发展教育、社会保障兜底、推动创业就业、金融和电商等形式，到 2017 年年底使贫困户人均纯收入达到 4000 元，实现"两不愁三保障"（不愁吃、不愁穿，保障"义务教育"、保障参加基本医疗、保障住房安全）。

今年以来，和林县重点围绕种植业、养殖业、乡村旅游、林草产业等与贫困户脱贫密切相关的产业，加强产业发展引导，今年，统筹惠农项目资金 26.8 万元对采取发展生产脱贫的 66 户 122 人发放马铃薯脱毒种薯；全县行政村就近安置 53 户 92 人，移民新村安置 86 户 182 人，互助幸福院安置 50 户 83 人，分散安置 187 户 274 人并完成同步搬迁 236 户 530 人的搬迁任务，通过退耕还林草、安置护林员等方式脱贫 6 户 8 人，教育脱贫 55 人，419 人建档立卡贫困人口纳入最低生活保障范围，13 人纳入五保范围。2017 年由政府代缴建档立卡贫困人口新农合参合费 3900 人 73.458 万元，代缴建档立卡贫困人口养老保险费用 1427 人 14.27 万元。

对于整村推进项目，通过扶贫专项资金入股、土地托管、流转，土地经营权入股等方式，让贫困农民获得长期稳定的资产收益。目前，各乡镇正在和正大、新希望、中云、御驴、奥威马术、和盛育林、蒙草抗旱等公司洽谈项目。2017 年度财政扶贫资金下达 2110 万元，已拨付各乡镇进行使用。在危房改造方面，经过对建档立卡贫困户的逐户排查，采取群众自建和政府帮建的方式，对全县 134 户 184 人的住房进行改造。健康扶贫方面，完成贫困人口健康体检 1463 人，对所有的建档立卡贫困家庭实施健康管理和签约服务，签约率达 80%。医疗大病救助 53 人，发放救助资金 29.68 万元；一站式救助 63 人，发放救助资金 4.68 万元。金融扶贫方面投入财政扶贫担保金 180 万元，与县农业银行合作按 1:8 的比例放大，用于发展生产、创业就业贷款，累计发放小额贷款 846 万元，受益农户 280 户。

蓝图振奋人心，号角催人奋进。伴随着十九大发出的决胜全面建成小康社会的冲锋号，和林县各族人民信心坚定，脚步铿锵，正奋力书写脱贫攻坚新篇章。

没有好做法哪有好故事

——围场县总启动"三方"同讲民主管理好故事活动，推进企业民主管理提质升级

河北省围场县总工会

"坐在台下听兄弟企业讲自己单位民主管理的好故事，终于知道为什么他们单位那么和谐了！再想一想自己单位的民主管理工作，感觉压力很大。"11月13日，在河北省围场县总工会开展的工会、企业、职工"三方"同讲民主管理好故事活动现场，承德清宫酿坊白酒制造有限公司董事长马长岭颇有感触地说。

今年以来，围场县总针对企业民主管理工作中的薄弱环节和存在的问题，经过近半年的摸底发现，推进该项工作提质升级的关键，是提高企业经营者的重视程度和职工的参与积极性。经过研究，围场县总决定启动"三方"同讲民主管理好故事活动。

随后，围场县总在全县重点非公企业和行业中广泛征集有关民主管理方面的好故事，通过好故事宣讲好经验好做法。好故事可以是企业为职工做的一件实事，涉及职工利益的一件"小事"，也可以是工会组织对企业民主管理工作的意见建议等。

很多企业为了找到好故事开动脑筋。承德鑫达食品有限公司总经理宋国飞说："征集企业民主管理好故事，实际上也是在检验企业这项工作做得怎么样，没有好做法哪有好故事？"最后，经过层层筛选，围场县总选出10个好故事进行现场讲。

11月13日，现场讲故事活动开始。围场县医院院长付国权以《职代会了却我多年来的心病》为题，讲述了医院如何通过民主管理手段解决"医院年终绩效工资发放总是有很多员工不满意"的故事；承德鑫达食品有限公司职工宋艳丽以《员工坐上通勤车》为题，讲述了公司落实职代会提案，为职工免费开通通勤车的故事……生动的事例、暖人的情节不时赢得听众阵阵掌声。

"改变以往汇报工作的做法，讲述发生在企业和职工身边的真人实事，让更多的企业管理者听得进，让企业职工喜欢听。"围场县总工会常务副主席殷国仓说。

如今，这一活动起到"四两拨千斤"的作用，围场县总到基层走访调研100余人次，走访非公企业40家，召开民主管理工作座谈会5次，提出整改意见建议50条。截至10月底，全县750家非公企业中建立职代会制度的达685家，占比91%，职代会召开质量明显提高，

规范率达到 85% 以上。建立厂务公开制度的达 728 家，占比 97%，厂务公开制度更加完善，内容更加具体，形式更加多样。随着民主管理工作的推进，提合理化建议的职工多了，企业增效明显，劳动关系更加和谐稳定。

据悉，今后围场县总将每季度开展一次讲故事活动，每次 10 家企业，到年底全县 40 家大企业至少全部讲一次。

智慧网络平台 "护航"流动会员

——阜城县总工会利用智慧网络平台对家政服务行业流动会员进行跟踪服务

河北省阜城县总工会

创新成果回顾

2017年以来，阜城县总工会积极组织引导家政服务业人员加入工会组织，并利用德隆家政公司智慧网络平台，通过源头入会、网上管理、城际维权等方式，对已经入会的3900多名流动会员进行跟踪管理和服务。

家政服务是阜城县近年来形成的劳务输出领域的特色行业，服务范围广：遍布全国26个大中城市，涉及养老护理、育婴护理、病房护理等多个专业；从业人员多：涉及县属企业下岗职工及各乡镇农民工，总计8600多人。为了促进家政服务行业健康、有序发展，阜城县总工会决定从正规培训的学员抓起，加强组织建设，健全工作机制。

位于阜城县的德隆家政公司成立于2013年9月，是一家集"互联网＋培训、就业、创业、加盟"为一体的综合性智慧家政服务机构，同年11月被县总工会命名为"阜城县下岗职工再就业培训基地"。几年来，共培训了5600多名合格家政服务员，其中4000多人已通过公司签约输送，进入家政服务行业。

利用这一平台，在阜城县总工会的指导下，该公司工会把符合入会条件的学员全部吸收加入工会组织，并将所有会员的身份信息建档立卡，录入管理系统。对会员业务学习、组织生活、转岗培训、信息反馈等都做了明确规定。公司在全国26个大中城市设立了38个工会小组，每个小组选派1名会员兼职小组长，组织开展工会工作、汇总信息反馈、联系再就业等事务。

该县总工会充分利用德隆家政公司智慧网络平台，对3900多名流动会员进行系统化管理，将每位会员和客户手机均与智慧平台连接。一旦有突发性的事件，一键可拨到公司总部平台，总控室工作人员即可拨回电话，询问详情。建立分级、分区域的微信群和QQ群，定期通过微信、微博、QQ组织上户会员学习和活动。公司工会依据各地会员不同的思想动态和实际问题，搞好后勤服务和保障工作。

该县总工会还积极推动城际维权，加强总部工会与不同城市间的维权网络建设。只要

有会员上户新的城市，公司工会就到当地工会法律援助部门，把当地维权服务电话作为基础资料进行备案。目前，共建立城际维权热线38条。公司工会还聘用阜城县"六月律师事务所"首席律师作为特约法律顾问，健全完善维权工作机制，针对会员在工作中可能遇到的受歧视、工资纠纷、医疗纠纷等问题，制定了相应的预案。同时，引导会员学会用好用活法律武器，维护自身合法权益。

创新成果的现实意义

利用智慧网络平台，通过源头入会、网上管理、城际维权等方式，阜城县总工会让3900多名流动会员感受到了实实在在的好处。2017年以来，共解决老人报销医疗费、孩子参加中考等280多个实际问题，还帮助办理了"河北工会会员卡"，使大家共享工会系统的普惠服务。在维护职工合法权益方面，2017年以来，该县总工会共办理涉及5个城市的维权案件6起，还帮助会员讨回欠薪6.8万元。

规范的管理、周到的服务也助推了阜城县家政服务行业健康快速发展。2017年，阜城县家政服务行业新增就业岗位1026个，比上年增长21%。县总工会和德隆公司工会先后收到全国各地客户寄来的感谢信、表扬信87封，锦旗23面，会员杨景敏、张俊然先后荣获"衡水市金牌工人"荣誉称号，享受市劳模待遇，马庆华、康丽萍等6人荣获"衡水市能工巧匠"荣誉称号。"阜城家政服务"已成为衡水市乃至河北省又一张亮丽炫酷的名片，"阜城嫂"已成为享誉各大城市顶呱呱的品牌。

专家点评

"互联网＋"时代给工会带来了新的发展机遇，工会工作必须与时俱进，用互联网技术来推动工作。阜城县总工会利用德隆家政公司智慧网络平台对3900多名流动会员进行跟踪管理和服务，让其有了"家"的归属感，同时也有力提升了该县家政服务业的整体水平和信誉度，产生了良好的社会效益。这也标志着该县总工会"互联网＋"工作迈出新步伐，工会会员服务揭开新篇章，会员管理和服务迈入"智能信息数字"时代。

汇水点滴贯江海 聚民万千强故城

河北省故城县总工会

今年以来，故城县总工会紧紧围绕中央、省、市、县委关于扶贫脱贫工作大局，坚持政治定力，强化使命担当，聚焦贫困职工（农民工）创业就业，强化技能培训，坚持在奔小康、共同富裕的路上一个也不能掉队，助推贫困职工脱贫致富。

一是认真实施贫困职工（农民工）拉网式大排查、大调研活动。将致贫原因、就业状况、就业愿望、培训需求、年龄结构等基本情况，一个不落地全部统计上来。经统计，对402名符合条件的贫困职工（农民工），建立了专项档案，为搞好技能培训、创业就业提供了依据。

二是积极开展贫困职工（农民工）集中入会行动。该县总工会根据全县贫困职工（农民工）分布状况，简化入会程序，经本人申请可直接在乡镇总工会入会。同时，该县总工会出资21480元将402名贫困职工（农民工）免费加入医疗互助活动中来，让贫困职工（农民工）又多了一份医疗保障。

三是强化舆论引导，形成扶贫脱贫强大合力。该县总工会与团县委、县妇联联合制订了《故城县扶贫脱贫攻坚战群团组织工作组工作实施方案》《关于坚决打赢扶贫脱贫攻坚战做好当前工作的通知》《关于围绕扶贫车间和居家就业做好六项工作的方案》，并通过县电视台及网络媒体，播出了《凝聚职工力量，聚焦脱贫攻坚》倡议书，号召该县广大职工群众主动作为、积极行动，齐心协力参与到该县扶贫脱贫攻坚战中来；另外该县总工会还召开各乡镇工会主席扶贫脱贫攻坚推进会，故城县委副书记师东升同志代表县委、政府从提高政治站位、突出工作重点、发挥群团优势、强化责任担当4个方面为脱贫攻坚工作提出了具体要求，明确了目标任务。

四是聚焦技能培训，助推就业创业。首先，建立扶贫车间，联合团县委、县妇联在河北兆鑫股份有限公司扶贫车间举办手套加工技能培训班，培训结束即可上岗，既可在扶贫车间就业，也可居家务工。其次，上门技术指导，针对6名有就业意愿但行动不便、距扶贫车间较远、不能参加扶贫车间培训的病残职工，该县总工会组织安排兆鑫公司技术人员上门进行技术指导，让他们及时掌握技能技术。针对个别对某一产品过敏的贫困职工（农民工），县总工会及时为他们调剂产品品种，推动他们尽快学习技术、掌握技能、脱贫增收。再次，搞好种植业培训，组织42名贫困职工（农民工）在绿康农业合作社进行了为期

10天的高科技种植培训，培训结束后在该公司全部就地就业。最后，积极协调公益性岗位，开发招聘了部分农村保洁员公益性岗位，并积极协调有关部门为贫困职工争取公益性岗位。经过不懈努力，已为216名贫困职工（农民工）争取到了公益性岗位，签订了用工协议，极大地改善了他们的生活生产条件。

目前经过培训，该县402名贫困职工（农民工），已有367人实现了就业创业，摆脱了贫困状态。该县贫困职工（农民工）至少掌握了一门实用技术和技能，致富信心和致富能力有了显著提高，内生动力明显增强，在就业创业奔小康共同富裕的路上，拥有一技之长，并正在为幸福家庭、富强故城以点滴热绽绚丽光。

衡水市总"3+1"破解物流企业职工入会难题

河北省衡水市总工会

通过创新实施"3+1"入会模式，衡水市已有1752家物流企业建立了工会组织，发展会员54000多人，物流企业职工有了归属感、安全感和荣誉感。这也是2017年衡水市总工会在建会入会上取得的巨大突破。

衡水市作为京津冀区域交通物流枢纽城市，物流产业已成为该市发展的主导产业。近几年，衡水市物流业增加值年均增长都在10%以上，据调查数据显示，该市现有物流企业3000多家，营运货车约4.7万辆，交通运输、仓储和邮政速递从业人员近10万人。但市总工会经过调研发现，物流货运业组织松散、人员流动性大、用工形式复杂，导致从业人员对企业认同感较低，社会尊重度不高，甚至工资福利、社会待遇等劳动权益得不到应有保障。企业主、从业人员对工会不了解，建会难、入会率低成为摆在工会面前的最大难题。

针对这些问题，在省总工会基层部的具体指导和大力支持下，衡水市总工会确定了"抓大不放小"的工作思路，通过"3+1"的入会形式，积极探索符合物流企业发展特点的工会组建形式和入会方式，在抓规模相对较大的物流企业建会的同时，辐射带动规模小、分散型物流货运企业多种形式建会。

"3+1"即依托物流园区，组织司机直接加入园区工会，全市此类物流工会共有252家，会员15600多人；依托专业运输公司（站）工会把司机组织到工会中来，全市此类物流工会约有400家，会员9100多人；依托小型联合体吸收司机加入工会组织，全市此类工会组织有336家，涉及9800多名会员。除以上三种形式之外，针对工作时间松散的司机，该市总工会按照源头入会的原则，组织其加入所在村级（社区）工会，目前这种情况的司机近20000人。这有力维护了该市社会稳定大局，推动了道路货物运输业健康发展，货运司机也更具归属感、获得感。

创新成果的现实意义

建会入会只是第一步，规范运行、维护权益、提供服务才是工作的重点。

衡水市总工会大力做好货运司机会员的权益保障服务。针对物流货运司机群体人数众多、个体性强、流动性大、归属感弱的情况，大力做好与职工切实利益相关政策宣传与解读，

包括职工职业发展、劳动保护、困难救助、法律援助等各方面。冀州区总工会就与河北双冀律师事务所合作，建立了执业律师援助团队，为包括司机在内的职工免费提供法律咨询、劳动争议调解和法律援助服务，解决物流业职工劳动纠纷，维护其合法权益。

衡水市总工会高度重视货运司机会员的安全保护工作。各基层工会把物流企业司机安全保障工作放到突出位置来抓，注意加强安全知识宣传教育，每年都组织驾驶技能比武、业务培训和"安康杯"竞赛活动。老白干、中铁建、海伟石化等重型运输、长途运输车辆较多的企业工会，督促企业为司机提升了劳动安全保护措施，合理安排司机倒休，监督企业合理确定工作量，努力消除疲劳、过劳驾驶，确保了该市近几年来无重大道路交通事故发生，道路交通事故四项指数稳中有降。

更让人欣喜的是，衡水市总工会还动员物流公司工会不断优化职工工作环境，努力为职工体面劳动提供保障。衡水速递物流公司积极优化职工工作环境，在生产作业场所配备了空调、饮水机，设置了休息室，在操作车间配备流水线分拣机械设备，大大减轻了职工负担。该公司还组织了形式多样的文娱活动，有演讲比赛、乒乓球比赛等。许多物流园区还建设了职工食堂、职工宿舍，大大提高了职工的生活质量。

专家点评

现代物流业作为支撑国民经济的战略性基础性产业，在我国经济结构调整和提质发展过程中发挥着越来越重要的作用。而面对这一大局，衡水市总工会从加强基层工会组织建设出发，创新"3+1"建会入会形式，积极推动物流企业建会，组织货运司机加入工会，不断发展壮大工人阶级队伍，加强产业工人队伍建设，破解了物流业职工入会难题，增强了他们的归属感和获得感，也在更好服务职工的同时，有利维护了社会稳定大局，推动了道路货物运输业健康发展，可谓一举多得。

辽宁大连市旅顺口区总开展"网格化工作站"工作
机关干部"沉"下去 基层工作"活"起来
——大连市旅顺口区总开展"网格化工作站"工作记事

辽宁省大连市旅顺口区总工会

近一段时间，辽宁大连市旅顺口区总工会创建"网格化工作站"新模式、推动基层工会活力建设的经验引起多方关注：大连市总工会决定在全市工会系统全面推广；辽宁省总工会下发《关于推广"大连旅顺口区总工会'网格化工作站'工作新模式"的通知》；辽宁省工会组织建设工作培训班在大连举行，旅顺口区总工会应邀在培训班上介绍经验……

今年3月31日，旅顺口区总工会网格化工作总站和5个工作站同时挂牌。旅顺口区下辖10个街道、1个开发区，街道下辖85个村和社区，每个工作站负责2~3个街道。工作站设在街道，站长由区总工会副主席和部长担任，副站长由区总工会专职干部担任。辽宁省总在总结经验时认为实现了四个"变化"：实现了工作重心的全面下沉，实现了重点工作的全面落实，实现了工会影响力的全面提升，实现了工会活力的全面激发。

省总工会认为，旅顺口区总工会经验做法的重要启示是"县区活则基层活"，推广这一经验，对于推动落实全总"强基层、补短板、增活力"的要求，推动全省基层工会活力建设制度化常态化，具有重要的现实意义。

把区总工会机关"搬"到街道

关于"网格化工作站"模式，有一个形象的比喻：把区总工会机关"搬"进了基层。旅顺口区总工会主席郭晶将这概括为：不变体制变机制、不变职能变职责、不增人员增活力。

据了解，"网格化工作站"行使四项职能：推动基层工会督促未建会单位依法建会，推动基层工会为会员提供普惠服务，推动基层工会全面履行职能，"以上代下"帮助基层工会解决他们难以解决的问题。

为此，工作站下设组织宣传、民主管理、集体协商和法律监督4个工作组，组长由街道工会副主席、职业化工会干部或规模企业工会主席担任，成员由社区（村）、企业工会主席、优秀工会干部和职工代表组成；按照"布局合理、就地就近"的原则，在街道设置办公场所，统一挂"旅顺口区总工会网格化工作站"牌匾；预算经费 220 万元，作为工作站工作经费、专项活动经费及专兼职人员的生活补贴和工作补贴；"网格化工作站"下设网格工作组，社区（村）工会主席担任组长。全区 890 个独立工会、126 个工会联合会、2116 家企业，全部纳入网格之中。

"两个街道 98 家规模以上企业走了一遍，14 个村工会走了两遍。"这是旅顺口区总工会组织民管部部长、长城龙头工作站站长佟圣伟 3 个月的"深入"情况。

佟圣伟在旅顺口区工会已经工作了 22 年，主要负责全区的组织建设、民主管理工作。到工作站后，他几乎天天与街道、村、企业工会打交道，熟悉基层情况，了解基层工会和职工的需求，工作也就有的放矢了。4 月至 6 月是大连市总工会坚持多年的"双合同季"，可长城街道工会主席、副主席去年 8 月才开始担任这一职务，而且都是兼职的。副主席刘雪丽对新接手的工作还不太熟悉，佟圣伟就帮助办培训班，讲政策、讲方法、讲操作，还和副站长王育楠分头到基层帮助具体指导。

"到 6 月初全面完成任务，签订率从 81.2% 上升到 98.1%。"谈起这个成绩刘雪丽非常兴奋，"工作站设在街道，我们就是受益者。"

旅顺口区总工会副主席谢忠成现在担任总站站长同时兼任城区站站长。城区站下辖登峰、得胜、光荣 3 个街道，18 个局工会也归他负责。"3 个街道有多少工会组织？工会工作开展得怎么样？还有多少新经济组织应建工会而未建，还有多少职工还未加入工会？"谢忠成兼任站长后，他首先要求做的就是摸清底数。城区站所辖城区街道，有一定规模的企业近年基本进入工业园区，所说的新经济组织多是小商饮服修门点，一个小商小店多则十几个人，少则几个人。谢忠成一个街道一个街道组织调查，副站长栾文泰经常和社区工会主席一天就跑二三十个小商小店。

"小商小店 1767 个，就业人员 6158 人。"摸清这个底数后，小商小店被列为建立工会组织的重点。

基层工会工作上了一个层次

"街道工会工作上了一个层次。"长城街道党工委副书记兼工会主席杨伟认为，这得益于"网格化工作站"。

在佟圣伟的帮助下，大连金禾木业发展有限公司工资集体协商、职工福利、文体活动、民主管理等工会工作都搞得有声有色。近日，"构建和谐劳动关系，促进企业健康发展"现场会在金禾木业召开，在佟圣伟协调下，龙头街道工会及所属社区、企业工会也参加了会议，企业老板也来了 31 人。会后很长一段时间，好多企业到金禾木业参观学习。

大连长城农村合作社是该市第一家成立工会联合会的农村合作社，但建会两年半却没开展工作。佟圣伟与杨伟到这家工会联合会搞调研，找原因、问需求。接着，协调旅顺口区教育局、文体局、司法局、农林水利局给这家工会联合会送文化、送法律、送技能、送文体活动，沉寂两年多的工会工作一下子活跃起来。

樱桃是这家合作社的特色农产品，如何保果是果农最关心的问题。过去，果农只能通过私人关系请专家指导。经佟圣伟协调，农林水利局派来专家免费讲课。课后，还发给前来听课的 123 名果农每人一袋增加土壤肥效的磷钾肥。果农王新军激动地说："没想到工会有这么大能耐，还这么了解我们果农的需求！"

杨伟感慨："协调区里这么多局帮助一个工会联合会，我们街道工会感到很振奋。"

把工作做实做细

吕冬华是得胜街道大华社区党委书记兼工会主席，她告诉记者，他们社区负责 156 项工作，工会只是其中一项。有了"网格化工作站"，区总工会干部几乎天天到站上上班，而且经常到社区研究工会工作。

在金禾木业有一个"鸣心鼓"，鼓上有工会标识。这是佟圣伟建议企业设立的"合理化建议箱"。"建议开展名师带高徒活动""建议为职工设立生日餐""建议设立夫妻间"……短短一个半月，职工提出合理化建议 88 条，其中 15 条被采纳。公司总经理荆文斌看了职工的建议非常高兴，本来想高薪招聘高技能职工，看了"名师带高徒"的建议后，就由公司 7 名技术尖子带了 14 个徒弟。

"虽然忙点，累点，但职工高兴，老板高兴，我也非常有成就感。"公司工会主席陈辉说。

旅顺口区总工会主席郭晶告诉《工人日报》记者，建立网格化工作站，不仅是督促基层工会把工作做实做细，也对区总工会在工作站工作的工会干部提出了更高要求。5 个工作站，担任站长、副站长的区总干部过去都是各负责一项或几项工作，而在工作站工作就要求全面熟悉工会工作，这就促使进站的区总工会干部积极学习各项工会业务。

陈波在区总工会服务中心负责职工培训工作，网格化工作站启动后，她担任城区站副站长。为了尽快进入角色，她认真学文件讲话；一有空闲时间，副站长们就聚到一起，交流经验，就有关业务问题互相提问。区总工会为了尽快提高他们的业务能力，市总工会搞业务培训，把他们全部派去学习；还给他们出题，进行闭卷考试。陈波说，经过 4 个多月的"恶补"，自己的业务水平提高了一大截，现在下基层指导工作也不再发怵了。

曲阜市总工会强化镇街总工会标准化建设

山东省曲阜市总工会

　　"我们联合劳动保障所建立了职工服务站、劳动法律监督站、工资集体协商指导站'三站合一'窗口；为职工提供就业服务 320 多人次，发放创业补贴 30 多万元、创业小额贷款 550 多万元，协调劳动纠纷 13 起……实现了党委政府重视支持好、组织网络健全好、履行基本职责好、指导帮助基层好、服务职工群众好、围绕中心开展工作好的'六好'要求。"回顾一年来的工会工作，曲阜市小雪街道总工会主席何洪军感觉很忙很充实。

　　为解决当前镇街总工会面临的"有名无实、有力无能"的问题，曲阜市总工会强化镇街总工会标准化建设，实现了镇街总工会有人干事、有钱办事、有章理事。

　　市总工会长期以来一贯重视镇街总工会建设，去年 7 月又出台了《实施"1636"工程，提升镇街总工会标准化建设的意见》，敲定"1636"工程具体内容，即实现一个目标，将党政重视支持、组织建设完善、基础设施到位、工作制度规范、机制建设健全、职能发挥凸显确定为镇街总工会标准化建设的基本内容；基础建设达到"六有"标准：有坚强有力的领导班子，有本领过硬的骨干队伍，有功能齐全的办公场所，有形式多样的服务载体，有健全完善的制度建设，有独立管理的活动经费；建好配齐"三站合一"窗口：建好职工服务站、劳动法律监督站、工资集体协商指导站，并配齐配强专业人员；工作机制、发挥作用达到"六好"水平：党委政府重视支持好、组织网络健全好、履行基本职责好、指导帮助基层好、服务职工群众好、围绕中心开展工作好。

　　市总工会把配齐配强镇街工会干部作为突破口，做到按 1+2+N 配备干部，即 1 名主席、2 名副主席、多名工会工作人员，在工会窗口设有工会固定人员。鲁城街道党委重视工会班子和干部建设，精挑细选、配齐配强工会人员，共配备了 5 名工会干部专职人员，党委副书记兼任工会主席，配备 2 名专职副主席、3 名专职工作人员。为强化镇街工会干部想干事的意识，市总工会建立了定向考核制度，一年两次考核，并将考核结果通报镇街党委，作为选拔使用工会干部的依据。为解决镇街工会干成事的问题，让工会干部真正成为"行家里手"，市总工会把培训纳入重点工作，每年举办镇街工会主席、专职工会干部专题培训班，围绕工会理论和实用业务等，聘请上级工会和工会院校专家教授授课，市总部室负责人"手把手"地教。同时，"走出去"学习，组织全市镇街工会干部到济南等地工会干部学院进修学习，增长了知识，开阔了视野。

　　针对过去镇街工会工作经费主要靠镇街行政支持，难以支撑工作的开展，工会干部"两头难"的问题，市总工会近年来加大了与地税部门合作力度，实施地税代征等工作，镇街总工会经费实现了每年30%的增幅。市总工会制定了《镇街总工会工作经费管理使用办法》，建立奖励考核机制，实施重点工作经费专项拨付，近3年来共拨付经费60万元用于镇街总工会开展工作和活动。

　　市总工会注重顶层设计工作，去年对镇街总工会提出了"3+N"工作思路，要求镇街总工会将打造"圣城工匠"品牌行动、推进工资集体协商集中行动、开展安全生产"查保促"集中行动三项规定动作做到位，同时将N项自选工作做精彩。

　　该市镇街总工会标准化建设稳步推进，鲁城街道总工会荣获"全国先进街道总工会"称号，开发区（时庄街道）、书院街道荣获"山东省示范乡镇街道工会"称号，小雪街道、姚村镇、陵城镇总工会荣获济宁市"六好"总工会称号。

以"查保促"夯实安全生产长效机制

——3.5万名职工投入活动 整改1655处安全隐患

山东省乳山市总工会

乳山市总工会充分发挥工会组织在安全生产中的重要作用,组织职工广泛参与"查保促"活动,通过编织立体化网格体系、与多部门合拍共振、创新活动载体等举措推动活动开展,充分发挥了广大职工和一线班组在保障安全生产中的"第一道防线"作用,为职工生命健康和企业稳定发展保驾护航。活动开展以来,乳山市共有520家企业工会、5000个班组、3.5万名职工参与到活动中,职工参与率达到95%以上,共查出安全隐患1944处,已整改1655处。"查保促"活动已经成为一项政府放心、社会满意、企业支持、职工受益的民生工程。

层层发动,编织立体化网格体系。乳山市总把"查保促"活动作为工会的"一把手工程",由市总工会与各级工会主席层层签订《群众性安全生产活动责任书》,建点包片,责任到人,逐级抓好落实,形成了完善立体的网格体系。层层发动,组织各级工会通过内部网站和《工作简报》、宣传栏等,动员广大职工积极参与到活动中。同时,还在市、镇街(区)两级工会开通了事故隐患报告热线,鼓励职工通过电话和微信报告安全生产隐患,目前,全市各级工会共发布各类安全讯息5000多条,收到隐患报告156条,已整改129条。乳山市总还精心设计制作了宣传挂图、《班组安全隐患排查记录簿》、《车间安全隐患汇总记录簿》等发至全市178家重点企业的190个车间、950个班组,目前,共印发"查保促"宣传材料1.5万份、宣传挂图4000张,发放安全生产记录簿4000册,为活动开展营造了良好氛围。

强化督导,与多部门安全工作合拍共振。活动中,乳山市总注重加强与其他部门的沟通合作,主动融入安全生产大格局中。与安监部门联合开展了"安康杯"竞赛、安全生产示范班组、岗位标兵创建等活动,并对职工查出的事故隐患,企业整改不及时或不到位的,工会提交安监部门及时查处;针对部分企业负责人和职工消防意识淡薄的实际,与消防部门联合开展了"关注消防、关爱生命"宣传教育和消防安全技能比武竞赛活动;与住建部门联合开展"质量为先、安康至上"建筑工程质量安全竞赛,组织全市2000余名建筑职工参与活动,从设计、技术、管理各个环节,消除杜绝在建项目安全隐患。乳山市总还与安监、环保等部门分成4个督导组,对辖区内不同类别企业分别进行督导,共检查督导企业2872次,排查隐患 1944 处，已整改 1655 处。

创新载体，变"要我安全"为"我要安全"。为提高广大职工的参与热情，增强"查保促"活动的生命力，乳山市总创新载体，通过提升职工安全文化素质、加强职工安全教育培训等活动，吸引职工积极参与。截至目前，乳山各级工会共举办各类培训班 700 多场次，培训职工 42000 人次，使安全意识真正在职工中入脑入心。此外，乳山市总还将"查保促"活动与职工技术比武、岗位练兵等建功立业竞赛相结合，组织各基层工会广泛开展安全技能大赛，消除不安全行为带来的安全隐患；开展征集 1000 项安全生产合理化建议"金点子"和小发明、小创造、小革新、小改进、小经验"安全五小成果"活动，发挥创新工作室骨干带头作用，推出关于安全生产方面的创新成果 36 项，为企业排查安全隐患 325 处，对取得明显成效的创新成果，乳山市总还给予 5000~10000 元的物质奖励；积极推广"安全隐患随手拍"做法，引导职工争做安全隐患第一发现人、第一报告人、第一排除人，通过这一做法查出隐患 3250 个，已整改 2839 项；通过在企业和职工中开展亲情寄语、一封家书、一张全家福、温馨短信提示、家属交流会等活动，让职工家属参与安全生产协管，将亲情融入安全生产中，促进职工安全意识由"要我安全"向"我要安全"的根本转变。

"安全重于泰山。安全生产工作关系着职工的生命安全和健康权益，参与做好安全生产工作，切实维护好职工生命安全和健康权益是工会组织最大的责任，'查保促'就是这样一项党政所想、企业所需、职工所盼的活动，将来，我们还要坚定不移地将这项活动持之以恒抓下去，使之成为促进职工队伍和社会和谐的'稳定器'。"乳山市总工会主席于留泮说。

四项举措强化意识形态工作

山东省金乡县总工会

今年以来，山东省金乡县总工会深入贯彻落实习近平新时代中国特色社会主义思想和党的十九大精神，牢牢把握正确的政治方向，落实四项举措强化意识形态工作。

深入学习贯彻习近平新时代中国特色社会主义思想和党的十九大精神，坚持不懈强化理论武装。先后开展集中学习《习近平谈治国理政》《关于新形势下党内政治生活的若干准则》和《中国共产党党内监督条例》等60余次。同时，下发了学习宣传贯彻习近平新时代中国特色社会主义思想和党的十九大精神的通知，引导广大工会干部加深对总书记治国理政新理念新思想新战略的认识，加强对中央各项重大决策部署的理解，进一步打牢思想根基，把握正确方向。

着力培育和践行社会主义核心价值观。围绕经济发展和党的建设的新常态，创新方式方法，引导广大干部职工主动融入中心、服务中心。组织开展金乡县第三届读书朗诵大赛和"中国梦·劳动美——学习贯彻习近平新时代中国特色社会主义思想和党的十九大精神"全县职工演讲比赛。大力推进"互联网＋工会"建设，通过网站、微信等媒体平台拓宽传播渠道，扩大工会影响力，弘扬主旋律、传播正能量。

大力弘扬劳模精神，唱响"劳动最光荣"的时代强音。庆五一大会为36个先进单位颁发了金乡县五一劳动奖状，为91名先进职工颁发了金乡县五一劳动奖章，为35个先进集体颁发了金乡县工人先锋号奖牌。开展"爱心义诊"活动，为劳模和广大劳动群众提供常规项目免费诊疗，现场发放2018年金乡县"五一"劳动奖章获得者倡议书和保健宣传材料800余份。

打造"互联网＋工会"工作平台，掌控网络意识形态主动权。金乡县总工会把树立互联网思维，注重传统媒体与新兴媒体融合发展，在加强与《山东工人报》、县电视台这些传统媒体的系列宣传合作的同时，加强县总工会网站的科学化管理水平，并开通了"金乡工会"微信公众号，通过网站、微信等媒体手段拓宽主流新闻媒体报道的传播渠道，及时发布工会信息动态、交流典型经验、传播先进文化、弘扬职工正能量，不断丰富报道形态，努力实现新闻内容多元化，进一步加强网上正面宣传，增强工会工作在基层职工群众中的影响力和凝聚力。

打造职工创业创新"领航站"

山东省邹城市总工会

2016 年，邹城市总工会抢抓"互联网+"重大机遇，大力发展以"工业电商"为核心的电子商务产业，打造创新发展新引擎，实现转型升级新突破，打造了"助推'双创'，引航梦想"工会创新工作品牌。

创新建会形式，筑牢工作根基。积极培育建设各具特色的电商产业集聚区，形成了凫山街道鲁南电商产业园、唐村镇梦想小镇、北宿镇创客中心三大电商聚集的省级"众创空间"。

鲁南电商产业园，依托电子商务协会组建工会联合会，针对园区六大功能板块，采取"模块化"建会模式，在各类企业中分别培育典型。联合会覆盖企业 106 家，会员 910 余名。

梦想小镇，采取"紧密型"建会模式，由经贸委干部兼任联合工会主席，利用每周"创业沙龙"的机会，研讨推进工会工作，培育了鼎鑫网络科技、领跑电子商务等工作典型，以点带面，51 家企业联合组建梦想小镇工会联合会，会员 280 余名。

创客中心，采取"大带小"建会模式，根据创客中心与大学科技园连为一体、协调发展的实际，由北宿镇总工会副主席兼任创客中心联合工会主席，覆盖企业 39 家，会员 3490 余名。

创新竞赛形式，提升职工素质。在三大电商产业园区广泛开展劳动竞赛、技能培训、素质提升活动，争做转型升级的"助推器"。

开展电子商务万人大培训活动。春节期间，开展了返乡青年和在家大学生电商大培训，共计 5000 余人参加培训；暑假期间，在家大学生电商创业公益大培训使 2000 余人受益；以电商专题研讨班、公益讲座、外出考察等形式日常培训 3000 人次。

开展系列创新创业竞赛活动。春节期间，与经信局等部门联合举办"梦想小镇"杯邹城市首届电商创业大赛。大赛以"创业梦想，一触即发"为主题，以发掘电商草根人才为主线，选拔 20 名创业者或创业团队分别授予一、二、三等奖和优秀奖。

加强品牌建设，打造培训"名企"。电商培训的主要机构琳哒电商入驻鲁南电商产业园，培训范围辐射济宁及周边线上电商企业，举办创业沙龙，每周举行一次交流活动、培训或者职工讲堂、孟子讲堂，长期坚持、形成制度，营造了园区浓郁的创新创业文化氛围。

创新服务形式，激发创业热情。对创业者和投身"双创"的广大职工，在评选、制度、素质、权益等方面竭诚提供优质服务，鼓励他们放飞梦想。

评选上倾斜，让创新者有荣誉感。在各类先进评选中，对"双创"做出贡献的优先推荐。兖煤黑豹公司技术负责人刘孔华以他为核心建立的劳模创新工作室自主研发的煤矿用挖掘式装载机系列产品，荣获专利37项，荣获省富民兴鲁劳动奖章，技术创新型企业山东衡远新能源科技有限公司荣获济宁市"五一"劳动奖状。

制度上落实，让职工群众有获得感。在创客中心率先签订工资集体协议，针对各类企业不同特点，一企一策，分类指导，组织职工代表全程参与协商，"促进企业发展、维护职工权益"的工作宗旨得到充分落实。鲁南电商产业园、梦想小镇先后签订区域性行业性工资集体协议，入园企业全覆盖，职工收入有了保障，企业发展提速换挡。

素质上提高，让创新插上"翅膀"。组建了创业导师团，联合就业局等有关部门聘请在电子商务、市场营销等方面的专家作为导师，采取研究生教学模式，为职工创业提供全天候服务。与高职校联合举办了多期社会工作者技能培训班，培训职工5605人次，其中1500余人已取得相关技术资格。成立了邹城市职工讲师团，聘请职工讲师18人，开设了职工大讲堂，努力提升职工素质。

权益上维护，让服务与你同行。市总工会以职工服务中心为龙头，大力开展"四季服务""优秀传统文化进企业"等系列活动，打造"1+5"互联互通职工维权平台，北宿镇总工会职工服务中心建在创客中心，鲁南电商产业园的电商运营服务、创业服务等六大中心建设，新华书店入驻梦想小镇。一系列"暖心"行动，让创业者和广大职工有了归属感，从中也折射出邹城各级工会服务职工群众工作水平有了新的提高。

吉林临江扎实推进区域集体协商工作

吉林省临江市人大副主任、总工会主席 贾清林

近年来，临江市总工会按照十九大提出的"完善政府、工会、企业共同参与的协商协调机制，构建和谐劳动关系"的要求，针对多年来企业工资集体协商工作的热点、难点和焦点问题，围绕市委中心工作，采取措施，大胆实践，积极探索推动企业工资集体协商工作进一步深化的新路子，在推进区域集体协商中，实行党委领导、政府主导、工会指导、制度督导、各方配合、全员参与的做法引起了全总和吉林省总、白山市总的重视。7月10日至12日吉林省总在临江召开了区域集体协商工作现场推进会，全总权益保障部、省总、省人力资源保障厅、白山市总的有关领导出席了会议，并对临江的经验予以充分的肯定。我们的具体做法是：

一、完善组织领导机制 打造区域集体协商工作良好环境

《吉林省企业工资集体协商条例》（以下简称《条例》）颁布后，我们高度重视，及时召开班子会议，专题研究部署《条例》宣传贯彻工作，主动向市委汇报省和白山市总工做部署以及本级工会的工作打算。根据市委"全市各级工会组织，要结合实际，采取措施，让工会'主责、主业'契合经济发展的转型，跟进劳动关系变化发展需求"要求，我市加大宣传和贯彻《条例》的工作力度，在全市形成了党委领导、政府主导、工会指导、全员参与、各方配合、督导有力的格局。

——**加强领导，抓好协调**。针对掌握的区域企业、合作社劳动关系方面情况，结合区域经济发展实际，在白山市总工会指导下，我市全面启动区域集体协商的动员和筹备工作。市委成立了由市人大副主任、总工会主席牵头临江市依法推进落实《条例》工作领导小组。市委分管常委多次主持召开联席会议共同研究、探讨既有效地维护职工合法权益，促进企业和谐稳定劳动关系构建，又有序地确保企业生产经营，助推企业健康发展有效协商机制。《条例》贯彻期间，市委分管常委多次听取工作汇报，直接参与协调部门关系、组织人力、安排车辆等工作，帮助工会研究对策、解决难点问题并亲临启动仪式现场做动员，确保了我市企业集体协商工作进一步深化。

——**总结经验，确立典型**。前几年,我市在六道沟、花山、大栗子几个设立工业园区的乡、

镇、街开展行业集体协商，但随着经济社会不断发展，行业集体协商已经不再适应区域企业和区域经济发展以及区域劳动关系现状的需求，以往签订的集体协商合同覆盖面不广、履约力不足、针对性不强、内容空泛、质量效果达不到预期、职工队伍得不到稳控等几个通病逐渐显现出来。

六道沟镇矿产资源和产品加工历史悠久，因盛产硅藻土而驰名中外，是临江市税收第一镇，也是中国硅藻土临江工业集中区所在地，国内外小有名气的硅藻土企业达 13 家，镇内农村特色经济发展迅速，经济比重在全市占有举足轻重的地位，在这里开展集体协商工作可以达到事半功倍的效果。经白山和临江两级工会领导研究确定将六道沟镇作为区域集体协商机制建设试点单位。

——**周密筹划，搞好调研**。几年来，六道沟镇开展行业工资集体协商，由于缺少强制性地方政策、规定，使得工作难以深入推进。在这次贯彻《条例》工作中，我市认真总结六道沟镇行业集体协商的经验教训，积极探索区域集体协商的有效途径，决定在六道沟镇所有企业和建立工会组织的农村合作社中，开展区域集体协商工作。

六道沟镇有硅藻土开采加工业、酿酒业、制茶业、养殖与种植业企业及专业合作社 19 家，职工近 2000 名。经过周密筹划，白山市总工会、临江市总工会、六道沟镇总工会联合深入六道沟镇企业、专业合作社中，将调研、动员和《条例》宣传一并进行。先后多次召开座谈会协商解决办法，工业集中区和区域工会先后召开 4 次企业主要负责人层面的座谈会，2 次中层管理人员座谈会，8 次生产一线职工座谈会，深入企业生产车间职工中了解情况，掌握第一手资料，发放调查问卷和企业经营情况调查表 500 余份。

调查中发现，区域内 19 户企业、合作社生产经营的模式和规模不一，工人有固定用工、短期用工、季节用工、临时用工等。劳动关系异常复杂，导致区域内工人工资、劳动时间、职业危害监护、福利等方面存在极大差异。而且区域内劳动关系矛盾比较突出，主要表现为季节性流动现象比较突出，职工"跳槽"现象严重，各企业之间无序竞争激烈，相同工种工资不统一，劳动定额参差不齐，收入高低不同等。

——**营造环境，夯实基础**。工作中，我市紧紧抓住《条例》颁布施行这一难得机遇，把推进区域集体协商作为工作重点，积极争取市委、市政府领导的高度重视和大力支持，并以市委、市政府"两办"文件印发《贯彻〈吉林省企业工资集体协商条例〉实施方案》。建立了由总工会牵头，相关职能部门共同参与的推进机制；完善了企业守法诚信、监督惩戒等制度。这些为我们科学地制定协商目标奠定了基础。

"两办"文件的下发，提高了全市各单位对集体协商工作重视程度，将其作为加强经济建设和维护社会和谐稳定的重要举措，纳入本地经济社会发展的总体布局、目标考核。

二、完善协商运行机制　促进区域集体协商工作质量提升

在推行集体协商试点工作中，我们从区域企业的实际情况出发，破解区域协商的难题，不断对协商的程序和运行机制加以规范,力求达到重点突出、内容具体、沟通充分、运行顺畅、结果合理的协商结果。为此,我们对运行机制做出了比较全面的规范,避免集体协商流于形式,不断提高企业工资集体协商的质量和水平。

——健全机制,强化措施。为调动全镇各部门和企业及合作社参与协商的积极性,强力推进区域集体协商规范有效开展,六道沟镇委、镇政府联合下发《关于成立临江市六道沟镇区域集体协商领导小组的通知》(六发〔2018〕16号)。成立了临江市六道沟镇区域集体协商领导小组,由镇委书记、镇长担任组长,镇总工会主席、镇政府副镇长担任副组长,领导小组办公室设在六道沟镇人力资源社会保障事务所,负责开展日常工作。

根据白山市、临江市和六道沟镇三级工会调查情况,临江市六道沟镇总工会为职工方提出区域内企业(合作社)用工工资六方面建议协商内容。根据镇域内企业没有建立工商联合会组织、缺少企业方协商主体等问题,经反复协商,为加大工作力度,镇区域集体协商领导小组办公室征得镇委、镇政府意见后,草拟出《区域集体协商代表选举方案》,征求区域内所有企业、合作社意见后,以“六集组发〔2018〕1号文件”下发实施。区域集体协商的双方协商代表选举工作,由镇区域集体协商领导小组主持开展。每户企业各选出1名企业方协商代表和1名职工方协商代表。再由19名企业方协商代表选举出7名企业方正式协商代表,其余为企业方列席协商代表。职工方正式协商代表和列席代表,由镇总工会统一安排企业工人进行民主选举产生。企业方首席代表由7名正式协商代表推举产生,职工方首席代表为镇总工会主席。通过此种方式方法保证区域内所有企业、合作社方都有职企代表参与,并合理设置代表层面。为此,设立双方正式协商代表、双方首席协商代表、双方列席协商代表。双方列席协商代表只有提意见和建议权,没有协商权和表决权。选举产生19名企业方协商代表、20名职工方协商代表(含镇总工会主席),进而保证区域企业、合作社参与率达到100%。

——规范程序,选准主题。选出和确定区域集体协商的双方协商代表后,镇总工会按职工方建议协商的六方面内容,向19户企业、专业合作社发出《区域集体协商要约书》。要约书发出后,很快收到19户企业、专业合作社的《关于对六道沟镇总工会开展区域集体协商事宜的复函》,同时还收到企业、专业合作社的《临江市六道沟镇企业、合作社对开展区域集体协商的复约书》。复约书中提出要协商企业管理人员和技术人员的队伍稳定、企业职工队伍稳定和工人爱岗敬业三方面内容。对此,镇总工会及时向19户企业、专业合作社发出《关于对临江市六道沟镇区域企业、合作社集体协商复约书的复函》,表示同意。

按照约定的协商内容、时间、地点,六道沟镇区域集体协商准备工作就绪,确定由镇委书记主持协商会议。

——统筹兼顾,弹性操作。职企双方协商代表在依法、公平的前提下,兼顾利益合理原则,对约定的六项内容进行了激烈协商。针对硅藻土行业和小微企业、合作社组织等不同工种、不同行业临时工工资存在不同特点进行个性化协商,确定在区域内通用月最低工资标准等级线为 1800 元,从而保证企业间季节性用工不争嘴。通过协商,硅藻土企业、小微企业、合作社等对不同工种、不同行业管理人员、技术骨干工资标准进行了具体的规范,对企业工龄工资增长方式做了具体规定,建立了企业管理人员和技能人才竞业限制制度等,这些都成为协商过程中的亮点,对农忙假和福利待遇进行了规范,成为福利待遇协商中的重要补充。这一轮协商技术工人的工资增长问题搁浅,建立技术工人企业工龄工资制度内容中,技术工人月工资每年增加企业工龄工资 20 元标准一项,改成 10~50 元。

三、完善监督保障机制 确保区域集体协商工作实际效果

集体合同签订后,关键在于合同内容的落实,约定事项的兑现。

——加大宣传力度,提高职工群众知晓率。以往区域职工代表大会闭幕签署合同后,交人社局审查备案存档,区域职代会通过的制度,在向企业公示后,就只是装订在职代会材料汇编中,不能得到全方位的贯彻落实。职工知晓率低,没有监督机制,执行程度无人过问。为解决这个问题,我们将所有监督区域集体合同履约的相关制度全部以文件下发到企业,发挥监督制约效力。六道沟镇结合区域实际,从多个层面多个角度,进一步完善了监督保障机制。现在达成了一致意见,签订了集体合同,镇总工会和企业及时按照合同约定的内容进行公示。

为确保区域内所有企业、合作社按时按标准兑现《区域集体合同》中规定内容,确保《区域集体合同》履约,制度中体现了"区域职工代表大会年度例会的会议议程必须包含《六道沟镇区域企业集体合同》兑现情况报告,召开区域职工代表大会年度例会时,必须坚持《区域集体合同》兑现情况报告制度,通过区域职工代表大会实现《区域集体合同》履约的依法民主监督。职工代表要将区域职工代表大会审议表决和签订《区域集体合同》情况,及时宣传贯彻到本责任区的工人中,确保知晓率达到百分之百"。

——建立监督体系,强化制约机制。镇委建立由总工会牵头,相关职能部门共同参与的部门协调机制;建立违反《条例》规定企业守法诚信管理制度等。同时成立了六道沟镇依法推进落实《条例》工作领导小组,领导小组办公室设在镇人力资源和社会保障所,负责日常协调服务工作。六道沟镇为确保区域集体合同履约、付诸实施的一系列制度,在区域企业中形成多角度、多层面的集体合同履约监督制约机制。

《区域集体合同履约监督制度》健全了六道沟镇区域集体协商领导小组定期监督检查、镇总工会切实发挥企务公开民主管理机制长效作用,六道沟镇区域职代会职工代表随时监督所在责任区,建立区域集体合同履约工作直报员队伍,发挥镇执法、监督、监察等相关部门的职能作用等合力监督机制。《区域集体合同履约纳入企业信用体系制度》规定:"六道沟镇《区域集体合同》履约情况定期形成准确汇总并推送至全市公共信息征信管理平台,

视履约情况将企业纳入诚信企业（红名单）和失信企业（黑名单），以实现信息共建共享，加大联合激励和惩戒的力度。对违反《吉林省企业工资集体协商条例》的失信企业，将在政府资金支持、政府采购、招投标、生产许可、履约担保、资金审核、融资贷款、市场准入、评先争优等方面依法依规予以制约，相关部门实行联合'信用惩戒'，使其'一处失信、处处受限'。"

——**建立监督队伍，拓宽监督渠道**。在建立《区域集体合同》履约的民主监督和惩戒制约机制的同时，开辟职工群众监督的有效渠道。企业、合作社各选定一名区域集体合同履约工作直报员定期上报，使镇总工会及时掌握《区域集体合同》履约进展情况；通过镇总工会的区域职工权益投诉箱，随时掌握职工反馈《区域集体合同》履约信息；以职工反馈问题为导向，组织六道沟镇人大代表、政协委员、劳动部门行政监察、工会劳动法律监督等部门，监控和解决《区域集体合同》履约中的问题。

四、协商成果

——**职企共赢，奏响转型发展同步曲**。通过集体协商，区域内硅藻土行业 19 个工种确定了工资标准，出台了区域临时工和小时工最低工资标准，达到了区域内同行业潜规则工资显性化、工龄工资合理化、工时定额标准化、福利待遇规范化的预期目标。开展区域工资集体协商不单单解决了不同行业临时用工职工工资不平衡问题，同时解决了劳动保险、休息休假、福利待遇等问题，第一次把农忙假写进了合同里，广大农民工可以理直气壮地忙活自己的"一亩三分地"了。

——**队伍稳定，奏响爱岗敬业向心曲**。通过集体协商，有效解决了区域内同行业恶性竞争相互挖人、相互拆台的无序状态，规范了企业工龄工资，保持了职工队伍的稳定。各企业之间同一工种工资标准有档位，同行业同工种工资基本平等，企业用工趋于平衡、规范。硅藻土行业间、小型加工企业员工流失率大幅度下降。由于职工队伍的稳定，企业减少了新职工岗前培训支出，加大了岗中培训投入，职工整体素质得到了提升，增强了区域内企业在国内外市场的竞争力。工龄工资随着同一企业工作年限的增长而增长，"跳槽"的职工减少了。长白山助滤剂厂、龙华硅藻土精细产品有限公司两家企业协商会后立即做出了为员工每年增加 50 元工龄工资和缴纳住房公积金的决定，得到了广大职工的称赞。

——**利益共享，奏响劳动关系和谐曲**。通过开展区域工资集体协商，工会在企业与职工之间搭建了相互沟通、相互理解的桥梁，工会作用得到了彰显，找到了稳定职工队伍、解决劳资矛盾、促进企业发展的有效途径，企业尝到了开展集体协商的甜头，职工工资的增长和各项福利的改善激发了职工爱岗敬业、无私奉献的工作热情。"企业关爱职工、职工热爱企业"和谐氛围渐浓。据不完全统计，今年上半年仅硅藻土行业 13 家企业职工提出合理化建议 38 条，其中 29 条合理化建议被采纳。

五、几点体会

区域集体协商要根据经济发展形势和劳动关系变化等区域特点适时调整。

1.加强组织领导做好顶层设计，取得党委和政府支持是做好集体协商工作的关键；统一思想认识是区域工资集体协商取得成功的先决条件；摸准区域实情是区域工资集体协商取得成功的关键环节；建立利益共享机制是区域工资集体协商取得成功的重要保障。

2.区域集体协商不是解决"点"的问题，也不是解决"线"的问题，而是着力一个"面"的问题，适用于企业比较集中的小型经济发展区域；其内容和标准不宜过细过窄，要兼顾区域内企业个体与整体需求，还要兼顾当前商定指标和以后努力目标，更要兼顾工人利益的刚性规定和弹性要求。

3.企业集体协商要根据区域特点统筹兼顾、因地制宜，寻找企业和职工利益的"最大公约数"，既考虑面上的统一标准又兼顾企业的个体需求；既考虑农民工季节流动性大的区域特点，又兼顾管理人员、技术骨干的队伍稳定。

4.工资集体协商的目的是保障劳资双方合法权益，特别是企业经营困难时，应赋予企业工资集体协商一定的弹性，能升能降才是对工资集体协商的合理操作。

服务新时代　展现新作为

——2018 年上半年工作总结

山东省淄博市周村区总工会

2018 年上半年，在区委和市总工会的坚强领导下，全区各级工会组织紧紧围绕"一个目标、三个走在前列"总体思路，自觉与区委同频共振、同步同向，开拓创新、奋发有为，努力把各项工作做细致、做精致、做极致，树立了新风貌，展现了新作为，取得了新成效，广大职工有了更多获得感、幸福感、安全感。

一、大力推进改革创新，组织面貌呈现新气象

以增"三性"、去"四化"为重点，不断深化工会改革创新，年过半百的周村工会革故鼎新，旧貌换新颜。创新运行机制，职工服务中心、维权中心、文化中心暨市民服务中心工会分中心进一步建立完善，健身馆建成投入运行，接长了服务手臂。加强产业工人队伍建设，起草了周村区《新时期产业工人队伍建设改革实施方案》，改革产业工人队伍建设体制机制，助推我区改革创新。

大力提升职工技能素质，与人社局联合组织了全区职工职业技能大赛，职工素质进一步提升。大力推动"草根"创新，新建 5 家劳模（高技能人才）创新工作室，搭建起了激发职工创造活力的有效平台；广泛开展"名师带高徒"活动，评选优秀名师高徒 20 对，传授技艺 30 项，推动了技术技能薪火相传。坚持围绕中心，积极推行"五长制"，片区卫生专人负责、按时打扫，着力打造周村最美片区；积极参与文明城市创建，新建职工文明宣传长廊，按时执勤，引导市民文明出行。

二、大力实施暖心工程，普惠帮扶开创新局面

我们大力推进普惠服务，坚持一件接着一件抓，抓一件成一件，积小胜为大胜，让职工的美好生活梦想不断照进现实。与区安监局联合举办了"爱·工惠"平台安全生产知识有奖答题活动，每月惠工福利幸运大抽奖，每年会员过生日抽奖送蛋糕成为新常态，工会组织吸引力、影响力、凝聚力进一步增强，注册会员达到 3.6 万人，"爱工惠"活动参与率稳居全市前列。

扶贫攻坚坚持走进百姓家，探真贫、听心愿，下足绣花功夫，做足精准文章。春节期间共筹集救助资金46万元，救助困难职工394人，为1200名环卫工人赠送了棉手套、围巾等防寒物资。开展了"浓情中国年，送福进万家"迎新春、送春联活动，为一线职工、劳模、困难职工送去春联、福字5000余份。结对帮扶坚持办实事、解难事、增实效，扶贫帮困送温暖，真心实意解民忧。全力做好机关干部联系结对帮扶困难群众等工作，定期走访困难群众，注重在思想上"扶志"、能力上"扶智"、发展上"扶业"，携手困难群众奔小康。

三、大力推进文化惠民，工会引领增添新活力

我们坚持用身边事解说工业强区、生态立区、商贸文旅兴区"三大战略"，"大思路"配套"小举措"，"大道理"对接"小日子"，让区委提出的新思路、新要求、新任务更加拨动心弦，指引全区职工鼓足干劲、步调一致地奔向美好未来。深入开展了"中国梦·劳动美·幸福周村"主题教育活动，通过职工"大讲堂"、职工演讲比赛、职工书画、摄影精品展等10项系列活动，积极描绘周村振兴蓝图，培育和践行社会主义核心价值观，用文化之美成化育之功。积极打造优秀文艺作品，与电视台联合录制18期《先模引领风采》专题栏目，大力弘扬劳模精神，讲好周村故事。

坚持"送文化"和"种文化"结合起来，以职工文化中心为平台，先后组织杨氏太极拳、瑜伽培训、心理辅导、国画培训等基层文艺辅导培训班，形成了强大的文化辐射力和带动力。不断提升职工文化软实力，成功举办庆"五一"颁奖晚会，表彰54个集体和个人，唱响周村好声音。积极对接职工的美好生活需要，成功举办第五届职工才艺大赛、第六届职工文化艺术节，丰富职工精神生活。

四、大力创新维权方式，维权体系取得新突破

我们积极适应新时代的新任务新要求，逐步构建起了完备的职工维权服务体系，通过多样化、个性化、多层次的维权服务，引导职工群众立起维权的志气、挺起维权的腰板。注重职工个体权益维护，开展法律宣传、送法进企业、法律讲堂、讲座活动，与相关部门联合开展法律援助，参与调处劳动争议案件，及时预防和化解社会矛盾，进一步提高维权体系的实效性、便捷性。注重职工生命健康权益保障，积极开展"安康杯"竞赛、"查保促"群众性安全生产活动，深入推进"一合同三制度"，举办合理化建议有奖征集活动，"安康理念"在职工内心实现"软着陆"，安全之路逐步铺就。

注重职工民主政治权益保障，积极推进职代会、厂务公开、职工董事职工监事制度的深入开展，企业民主管理工作的品质不断提升；企业行政与工会沟通协商机制建设逐步推进。注重职工经济报酬权益保障，积极开展工资集体协商"集中要约行动"，上半年走访指导企业20家，确保了职工分享企业发展的成果。

五、坚持不懈从严治党，党的建设得到新加强

我们坚定不移转变作风，使党心民心连成一心，各股麻绳搓成一股，用无形的干部优良作风和干群凝聚力，释放无穷的生产力。认真开展"大学习、大调研、大改进"，聚焦思想不纯、组织不纯、作风不纯等突出问题，聚集贯彻落实上级部署不力、推进重点工作成效不大等突出问题，全面提升服务效能。扎实推进"两学一做"学习教育常态化制度化，注重融入日常、抓在经常，让党支部定期吹响"集合号"、当好"小郎中"、用好"处方权"，累计开展党员集中学习 20 次，听党课 2 次。

持续深入开展"比先进、查短板、提精神、创一流"活动，积极组织党员干部赴原山党性纪念馆进行党性教育，全面推进学习型干部队伍建设，教育引导党员干部争当"六好"出彩干部。牢固树立问题导向，紧紧盯住党风廉政问题的新情况新变化，及时跟进应对，举一反三，做到掌握情况不迟钝、解决问题不拖延，凝聚清风正气，汇集改革力量，攻坚克难再出发。

不忘初心担当新使命 凝心聚力展现新作为

——锡山区各级工会团结引领广大职工在推进新锡山建设中建功立业

江苏省无锡市锡山区总工会

2017 年以来，全区各级工会围绕"党政所需，职工所盼，工会所能"的目标要求，主动把工会工作放到助推经济社会发展大局中去思考和定位，满腔热忱地为广大职工办实事、做好事、解难事，在抓好"两个服务"中团结动员广大职工砥砺奋进、勇创佳绩，有效发挥了桥梁纽带作用。

凝聚思想共识，在坚定职工信念中有担当

注重发挥新媒体信息传播快、范围广的优势，充分运用锡山工会微信公众平台开展思想政治教育，发布习总书记系列讲话和关于十九大精神的信息，及时传播党的声音。组织 9000 余名职工参加"喜迎党的十九大，不忘初心跟党走"知识竞赛，举办 9 场"喜迎十九大，建功新锡山"文化关爱进基层活动，专题摄制《传承工匠精神，筑梦美丽锡山》宣传片和 4 组反映锡山劳模先进事迹的微视频，广泛宣扬劳模工匠精神，6 家单位和个人获得全国和省级荣誉，34 个集体和个人获得市总工会表彰，全区评选出 53 个先进集体和个人。

激发建功热情，在产业强区热潮中显作为

服从服务于发展大局，动员广大企业、职工投身"践行新理念·建功'十三五'"主题劳动竞赛，组织阿科力公司、爱玛公司、污水处理厂等企业参加市十大重点工程和制造业企业劳动竞赛。区镇两级举办职工职业技能比赛 19 场，百余家企业举办了企业内部的技能竞赛，全区 12000 多名职工通过参加技能比赛能力素质得到积极提升。注重发挥劳模创新工作室的示范作用，全区培育劳模和高技能人才创新工作室 13 个，3 项职工创新成果受到市级表彰。优化职工职业技能培训模式，推出菜单式培训服务项目，全年开展送课上门 34 场次，培训职工 1600 余人。举办育婴师、机械 CAD、办公自动化、电气自动化专题培训，职工技能素质得到有效提升。

围绕民生福祉，在帮扶关爱职工中见真情

区总工会加大对职工的关爱帮扶力度，推出并完成 10 件为职工群众办实事项目，全年走访慰问困难职工 365 名，发放慰问金、救助金、互助金和助学金物计 150 余万元，组织 254 名困难职工和 98 名电焊工进行免费体检。举办"陌上花开·缘来是你"——520 青年职工交友嘉年华。联合人社局开展"春风行动"和"迎五一·促就业"两个主题招聘会，帮助 1200 余名求职者进入 80 多家企业工作。推进"关爱·圆梦"工程勤工助学实践活动，在 13 家爱心企业设立实习基地，帮助 12 名困难职工子女勤工助学。开展劳模暖心关怀活动，组织劳模参加疗休养和健康体检，开展向一线职工送年夜饭活动，组织百名一线优秀职工疗休养，切实把党和政府的关爱送到职工身边。

维护职工权益，在履行主责主业中求实效

扎实推进民主管理工作，广泛开展"要约行动"，全区签订"工资集体协商协议"企业 4677 家。5 个单位获全省厂务公开民主管理先进单位。以复制推广"打牢劳动争议调解'第一道防线'"项目为抓手，广泛推动建会企业建立劳调委。落实职工队伍稳定调研排查化解工作，排查化解隐患 14 起，涉及职工 371 人工资 219 万余元。全年接待职工信访 92 起 152 人次，结案率 100%。开展"法律在身边，工会伴你行"职工徒步活动和线上工会劳动法律知识有奖竞答，参与职工达 1800 名，丰富普法宣传效果和扩大受教人群。区镇村三级联动开展劳动法律监督检查活动，抽查企业 169 家。推进劳动保护规范化建设和"安康杯"竞赛活动，安全微电影警示教育进企巡播累计 106 场，区总工会获 2017 年度省"安康杯"竞赛组织工作优秀单位称号。

密切联系职工，在强化服务效能中见真章

扎实开展"连心富民、联企强区"大走访活动，区总机关走访农户 33 家，联系企业 14 家、班组 51 个，与 33 名工会干部以及劳模先进挂钩结对。积极推进工会会员实名制登记工作，全区共完成会员实名制登记 157930 人，企事业单位 5081 家。进一步加强工会干部队伍建设，对全区村级工会主席进行轮训。多方协调、有序推进锡北、云林、厚桥三个镇（街道）完成职工服务中心建设并通过市总验收，全区已建成 9 个镇级职工服务中心、68 家片区服务站、9 个环卫职工安康爱心驿站和 3 家爱心母婴室，服务职工的触角不断延伸。

保定市总"双创双带"竞赛释放劳模效应

河北省保定市总工会

自从入驻河北省劳动模范张淑芬和丈夫邹洪利创立的创业孵化基地，经营茶海易水砚以来，保定易县下岗职工王金娥的小日子越过越红火。"店里一个月的流水能有四五万元，还招了4名下岗工人。"目前，基地里有40多位像王金娥这样的下岗职工、农民工，在张淑芬夫妇多形式扶持下创新创业，开启幸福生活。

这是保定市总工会开展"双创双带"（劳模带动创新，劳模带动创业）劳动竞赛活动释放劳模效应的一例。2017年始，市总整合各级劳模资源，全方位、多角度发挥劳模示范带动作用，开展以劳动模范引领带动职工群众，共谋创新创业发展的"双创双带"劳动竞赛活动。一年来，全市有2100多名劳模参与竞赛，带动了90余万职工群众参与创新创业。

保定顺平县望蕊山庄桃产业园区由全国劳模张国桥创建。在劳动竞赛活动中，他成立了由20多名"种桃高手"组成的技术服务团队，指导周边的果农实施绿色果品生产，辐射该县及周边县乡单位和个人1200多户，林果面积3万亩，带动果农增收近200万元。

在"双创双带"劳动竞赛中，保定市各级劳模用自己的技能、品牌、精神，影响职工群众，带动社会发展。河北省先进工作者、河北大学附属医院院长张海松组织开展"保定责任"公益活动，累计开展活动119场，带动71个单位参与，30余万人次直接受益。位于该市竞秀区的"橡树创客空间"，是河北省劳模、富新包装公司董事长苗新全组建的河北首家对接包装行业的"双创空间"，目前已有11个大学生团体和社会创意团队入驻，推动整个行业形成"双创"局面。

为推动全市劳模参与"双创双带"劳动竞赛活动，保定各级工会搭建了四个带动平台，分别是：为推进创新活动搭建的学习展示实践平台和劳模创新工作室带动平台，以及为推进创业活动搭建的创业孵化平台和公益服务平台。

据介绍，自2014年以来，保定市总工会已连续开展"劳模建言献策""万名劳模助力保定发展五个一"和劳模"双百双创"劳动竞赛等多项活动。"每一名劳模都是一面旗帜，万千劳模汇聚在一起，就会产生磅礴的力量。"保定市总工会党组书记、常务副主席乔玉忠介绍，据不完全统计，"双创双带"劳动竞赛活动已实施2000多项创业带动项目，3万余项创新带动项目，取得经济效益近84亿元，117项职工创新成果获保定市科技进步奖。

发主席补贴 助职工体检 奖技能提升
大理市总推三策建立健全非公企业工会组织

云南省大理市总工会

对规模以上非公企业工会主席发放工作岗位津贴，对非公企业组织职工到二级甲等以上医院体检的进行补助，对非公企业职工晋升高级工、技师、高级技师分别一次性奖励1000元、2000元、3000元。自2015年以来，云南大理市总工会从普惠制着手发力，接连推出了三大举措。"这可以说是'一石三鸟'，促进了非公企业工会建设的规范化。"大理市总工会常务副主席李盛春说。大理市目前有职工约8.5万人，会员约8.3万人；基层工会有1303个，涵盖企业2万多个。大理市人大常委会副主任、市总工会主席赵伯廉告诉记者，长期以来，该市的非公企业工会规范化建设滞后，"市总工会经过长期的工作实践和详细调研，决定从普惠制着手，推进非公企业工会规范化建设"。

通过争取市委、市政府的支持，大理市总得到了"对规模以上的非公企业工会主席由市政府补助每人每月200元的工作岗位津贴"政策。这一政策自2015年1月开始实施，不少非公企业工会主席因此每年增加了2400元的工作岗位津贴。

同时，大理市总以补助的形式，激励非公企业组织职工健康体检。"我们到上海市总工会考察普惠制工作，从中得到了启发。上海市总工会有自己的医院，可以组织职工到医院优惠体检，我们没有这个条件，就以补助形式激励非公企业组织职工健康体检，规定非公企业工会每组织一名职工健康体检，市总就对应补助50元。"李盛春说。

但市总工会随后发现，有个别企业只按50元标准给职工体检。"50元能体检什么？所以，我们又出台了文件，要求企业对职工体检每人每年配对补助50元以上，且必须到二级甲等以上医院体检才给予补助。"市总工会副主席施云红表示，两项措施双管齐下，如今，很多非公企业花在职工身上的体检费平均每人每年在200元以上。此外，大理市总工会从2016年开始，推出对非公企业工会职工晋升高级工、技师、高级技师实施奖励的办法，对依法建会、组织健全、按时足额上缴工会经费、履行工会职责的大理市非公企业，职工晋升为高级工、技师、高级技师，并取得由人社主管部门鉴定、认证、颁发的相应证书的，分别一次性奖励1000元、2000元和3000元。据了解，这三项优惠政策都要求一个共同前提——非公企业必须建立健全工会组织。此举也是为了引导非公企业建立健全工会组织。

我能为他做点什么

云南省弥渡县总工会常务副主席 马迎槐

从事工会工作三年以来，我遇到一些人，说说他们的难，讲讲我们的帮。"我能为他做点什么"中的"我"代表着我自己，代表着我们，代表着千千万万服务于困难职工的"工会人"。

曾经在我的印象里，贫穷只属于那些边远的山区和农村，那些"靠天吃饭，赖地穿衣"的农民。我也是农民的女儿，小时候也看到身边可怜的他们。直到有一天，我和其他同事一同踏进那个生活在繁华街道背后的家庭，走进那墙壁石灰掉落、地面坑坑洼洼、屋里白天也需要开灯的家，才真切感受到城里也有这样困难的家庭，困难职工的家庭也会是这般模样，这就是在档困难职工李继强的家。

李继强是原滇西香料厂下岗职工，下岗后，妻子不愿与他过清苦的日子，2004年丢下当时只有五岁的儿子便离家出走了，他独自一个人带着儿子与年迈的母亲生活，一家三口仅靠他打点零工或做点小本生意维持生活，那时我们就想"我们能为他做点什么呢？"通过协调相关部门，为他申请了城市最低生活保障，并借助公益性岗位在县司法局安排了门卫工作，虽然收入不是很高，但基本能维持祖孙三代的基本生活。

"福无双至，祸不单行"，正在一家人生活稍有好转的时候，由于生活长期困难，早就患有糖尿病的李继强没能得到及时治疗，于2016年导致左脚溃烂，不能再坚持工作。在他姐姐的陪护下到昆明四十三医院进行住院治疗，做了三次手术，可还是没能保住左脚，最终只能进行截肢。住院三个多月，共花费医药费20万余元，即使医疗保险报销了一部分，也还是让这个家庭欠下了10万余元的债务，使本就困难的家庭更是雪上加霜。

今年年初，在得知李继强出院回家后的第二天，县总工会主席带着我们来到李继强家中，看着李继强那白纱布包裹着被截肢的左腿，上面还有一根根金属支架从被撕破的裤筒里露了出来，纱布上血迹斑斑，让我不忍直视……李继强的姐姐对我们说："这是因为他有糖尿病，凝血功能不好，术后伤口一直难以愈合，因此，每天都需要帮他换药、换纱布，我还要照顾家里，这个事只能落在他上高三的儿子身上。"她擦着眼泪替李继强接过主席递过的慰问金又说，"在住院期间，74岁的老母亲也因病去世了，母亲的一切后事都是在家的妹妹操办，我们连母亲的最后一面也没见到。"听到这，在场的每一个人都含着泪花说不出话来，这时我看到屋子的一个角落里，一个大男孩一遍遍擦拭着眼泪……是啊，这个从小失去母爱，从此要承担起照顾父亲的重任，还要参加高考的大男孩又要怎么办呢？有家庭的拖累，他还能顺利考入大学吗？如果录取了，这个已经负债累累又无半点收入的家庭又怎能担起那高额的费用呢？这一个个很现实的设问仿佛在问我"你能为他做点什么呢？"

8月，喜讯寄到了这个困难重重的家庭，儿子的录取让李继强一筹莫展，眼看儿子的大学梦就要破灭。正当这时，我县困难职工解困脱困领导组副组长、县委副书记欧阳学礼得知这一情况后，即刻召集教育、工会、团委、妇联、民政、住建、残联、红十字会等领导组成员单位召开现场办公会，责成民政部门落实社会救济，教育部门办理助学贷款，工会、团委、妇联等部门整合现有助学资源帮助其儿子顺利入学并完成学业，残联负责伤口恢复后免费安装假肢，住建部门落实廉租房政策待遇等，形成了一系列专门帮扶救助措施。工会组织长期关注困难情况，实时发挥牵头协调、平台承接的作用。

在李继强儿子顺利入学以及他本人的病情稳定后，面对我们的回访，我看到这位铮铮铁骨的汉子流下了眼泪，几度哽咽地说："感谢各级政府的关怀。"

困难职工的致困原因是复杂而多变的，而工会的力量却是有限的，"众人拾柴火焰高"，困难职工李继强困难的解决得益于部门的联动、资源的整合，是工会牵头下集成帮扶的力量。

"幸福的家庭都是相似的，不幸的家庭却各有各的不幸"，在我们的走访中，还有这么一个群体，他们因家庭月人均收入高于一定标准或其他原因，而被挡在了全国帮扶系统的"门外"。

在云南省百合林业有限公司弥渡分公司有这么一个家庭，妻子王正琴于2014年查出患有子宫肌瘤、乳腺癌，并在当年做了乳腺切除手术，接下来就是一次又一次的化疗，虽说病痛的折磨很是痛苦，但在我们走访慰问中，乐观的王正琴还笑着对我们说："虽然手术和化疗花去了20来万，但人还是算保住了，现在病情也还算稳定，儿子也马上毕业了，钱慢慢挣，账慢慢还。"

然而，"屋漏偏逢连夜雨"，2016年王正琴的丈夫高建华因身体不适到医院检查，结果竟是肝硬化晚期，不幸的遭遇落在了这个夫妻二人月工资收入只有3000元左右的家庭上。儿子毕业后因学建筑专业，未能回弥渡就业，长期在工地上打工，由于牵挂生病的儿子和儿媳，年近80的母亲在这时也搬来和他们住在一起。

当我们带着慰问金再次来到她家时，家里还是那么整洁，只是王正琴那乐观的笑容不见了，含着眼泪对我们说："本想我一人得病，至少他还能照顾我，生活也还有盼头……但是，现在我俩每两个月都要到州医院住院一次，我做化疗，他做治疗，我在11楼，他在7楼……住院期间，老母亲也只能交给公司同事帮忙照看。"听着这心酸的讲述，我无言以对，只是感觉到坐在身旁的那位老人把我的手握得更紧了……可在进行困难职工系统录入时发现

高建华已经由省林业运输公司录入了系统，不能再进行录入，意味着这个家庭在我们县不能再享受在档困难职工的待遇，这时我又想起了那双紧紧拉着我的手，一个强烈的声音在心底追问自己："我们能为她做点什么？"

在弥城二小还有这样一位老师，她于2012年查出患有右足恶性黑色素瘤，经过手术治疗后还需长期化疗。自从得病后需要高额的医疗费用，夫妻二人的工资收入还需要赡养一起生活的婆婆和抚养年幼的儿子，生活虽然过得拮据，但随着工资收入的不断提高，病情的相对稳定，家庭生活还能勉强维持。

可就在2015年丈夫向她提出离婚，她无奈之下带着七岁的儿子搬出了那个生活了十多年的家。在经弥城镇总工会的了解反映后，我们来到了她租住的仅有20平方米左右的家里，她为我们讲述："自从我得病，原本充满欢声笑语的家庭整天被'愁云'笼罩着，老公总是唉声叹气，婆婆面对我也是一脸嫌弃……直到那一天，老公向我说出要离婚，我才真正感觉到我的世界要垮了，只有儿子是我唯一的希望，我提出我要带着孩子，他答应了，就这样我搬到了这里。"经过深入了解，她每年需要到省肿瘤医院治疗四次，还需要长期服药，加上这些药品大多无法报销，虽然收入稳定，可家庭支出很大，可以说入不敷出，日常生活还需要父母接济。

像王正琴和这位老师这样的家庭还很多，他们有的在困难企业待岗，有的是行政事业单位的职工，还有一些是单亲家庭……他们虽然工作、收入稳定，但由于家庭成员身患重病、身带残疾、子女上学等原因，生活中的刚性支出远远大于家庭收入。面对这些生活确实困难，但又无法进入帮扶系统，且需要获得长期帮扶的职工"我们能为他们做些什么呢？"这又一次让我们陷入了思考。

"祥云样本"为我们提供了经验，我们在全国帮扶系统的基础上建立了困难职工"二级档案"，整合各方资源，为他们提供与在档困难职工同等的就医、就学、就业、住房等方面的帮扶。

随着县域经济的快速发展，我们身边还有这么一个特殊的群体，他们在城市建设、服务行业等领域发挥着极其重要的作用，他们既是产业工人的重要力量，更是实现农村脱贫摘帽的中坚力量，他们就是农民工。关注农民工，关注农民工群体已成为新时期工会组织的重要职责。

龚加会，弥渡县光明超市职工，20多年前她怀揣着对爱情的憧憬，从文山远嫁到我县弥城镇一个叫李官营的村庄，结婚后不久，丈夫迷上了赌博，欠下许多债务后提出离婚，便丢下年迈的父母和两个年幼的孩子外出，从此杳无音信。家庭的重担和丈夫的赌债压在了这样一个靠打工生活的女人身上，她拖着患病的身躯在超市和家里来回奔波着，看着瓦片掉落、屋顶漏雨、墙壁拉裂的家和两个正在读书的孩子，她失去了希望，微薄的收入维持家里五口人吃饭都成了问题。

就在这时，超市工会向她宣传了困难职工的相关政策，她也通过超市工会向县总工会提出了困难职工申请。工会干部及时深入家庭进行入户调查，通过看、算、议、评、公示等程序，将龚加会纳入了全国困难职工帮扶系统，并为她送去了临时救助金。同时根据其致贫原因，协调住建部门，为她申请了廉租房，解决了住房问题；协调民政部门，为她落实了最低生活保障，解决了一家人的吃饭问题；协调教育部门，为她落实了孩子就学问题，解决了她在县城打工不能兼顾照看孩子的后顾之忧；工会干部还经常进行走访、与她交谈，开导并鼓励她重塑生活的信心。

"妈妈，我考上了云南师范大学。""妈妈，我考上了四川大学。"金秋入学季，双喜临门，宋文秀看着自己培养的两个女儿，涌出了欣慰的泪水，可在欣喜背后，更多的是无奈，寒窗苦读十余载，双胞胎女儿手握红色的录取通知站在面前，无奈的是夫妻俩已经待岗在家一年之久，家庭收入早就断了来源。

这是一个困难家庭，在这个家庭背后是一个困难企业——弥渡县庞威有限公司。庞威公司是我县"土生土长"的一家以生产水泥为主的企业，近年来，随着供给侧结构性改革的深入推进，企业因生产工艺落后等原因长期处于停产状态，203名职工放假待岗，且大部分职工家庭如宋文秀家庭一样，夫妻两人都是该公司的职工，就是我们常说的"双职工"，因年龄偏大、技能单一等原因难于再就业，家庭收入没了固定来源，仅靠打临工、出苦力赚取一点生活费，有的还因家庭成员身患重病、子女就学等原因，致使家庭的正常生活都受到严重影响。为此，我们及时将该公司57户困难职工纳入全国帮扶系统，为17户困难职工建立了"二级档案"。两年来，发放生活补助金28.7万元、专项救助金10万元，为77人次困难学子送去金秋助学金22万余元，并为企业全体职工交纳互助医疗金2万余元。

通过这些帮扶，职工的困难是得到了临时缓解，可长期需求要怎么解决呢？我们还能为他们做点什么呢？在工作中，记得程云川主席曾和我们说过"思想的力量是无限巨大的，当我们在工作中遇到难题时，如果换个角度去思考，去谋划，往往就会'柳暗花明又一村'"。工会工作应该想什么？应该做些什么呢？这来源于工会的职责、上级的要求，更来源于现实的需要。

"授人以鱼不如授人以渔"，解决困难职工的困难，需要解决他们的就业岗位，让他们有稳定的收入，让他们重拾生活的信心，通过自己的双手养活自己，重获作为一名劳动者的自尊。

经过县困难职工解困脱困领导组共同研究商议，人社部门安排部分公益性岗位为该企业及全县有劳动能力的困难职工提供再就业岗位，对实现公益性岗位就业的在档困难职工，在领取正常工资以外给予每月500元的生活补助。困难职工的困难追溯其根源还在企业，我们多次深入企业进行调研，主动了解公司情况，支持公司工会及时准确反映员工的合理诉求，配合公司平稳顺利地完成公司租赁及职工返聘工作，使公司60余名职工重新回到工

作岗位，让他们通过自己辛勤的双手来养活自己。

"亲身下河知深浅，亲口尝梨知酸甜"，三年来的工会工作经历，三年来对 254 户困难职工的深入走访，三年来一次又一次地感受到这一个个家庭的不易，我的内心被深深触动，深切感受到作为一名"工会人"的任重而道远。在工作中，更深切感受到困难职工达到解困脱困仅凭工会力量难于实现，我们还能为他们做点什么？还能多做点什么？——"祥云样本"、集成帮扶给出了最好答案。

湖北十堰市总工会
精准扶贫助力贫困村变成生态旅游村
——翻开扶贫账本

湖北省十堰市总工会

"落实 179 户 725 人易地扶贫搬迁政策，对 60 户贫困户场院硬化，厨房洁净每户补助 3000 元；投入 20 万元在农户房前屋后栽种枇杷、桃子等果树，培育庭院经济；筹资安装路灯 120 盏，新建、扩宽和修复水泥（沥青）路 13 公里，修入户路 7000 米；建候车厅 1 个和小型文化娱乐广场 6 处，配置健身器材 15 台（件）；组织医疗专家到村为村民免费诊疗并发放药品，支持村卫生室建设 4.5 万元，改善就医条件和环境；筹资 70 万元建 90 千瓦光伏发电项目……"

翻开湖北十堰市总工会扶贫工作队的账本，每一个数据都来之不易。

走进湖北丹江口市习家店镇马家院村，但见山色如洗，村容整洁，鸡鸭成群，猪牛羊满圈，村民脸上洋溢着幸福的笑容。材料显示，该村建档立卡贫困户 298 户 1089 人已步入户脱贫村出列的脱贫快车道。

马家院村共有 571 户 2392 人，其中建档立卡贫困户 297 户、1098 人，分别占总量的 52%、46%，曾经属重点贫困村。

2014 年 8 月，市总工会扶贫工作队始终做到在组织上重视，在队伍上配强，在经费上预算，在后勤上保障，在信息上共享，在考核上倾斜。主要领导每年进村入户都在 6 次以上，把帮扶工作纳入重要议事日程和"每周工作清单"。

每名干部职工严格执行"一包三"全覆盖责任制，对每个贫困户实行五项"普惠制、全受益"，确保每户扶持 500 元发展种植养殖业，每户春节慰问时获得 300~500 元捐助，每户获得 680 元安装光纤宽带资助；其间，还为每户赠送了桌椅、席梦思床等家具，共计 886 件，每户送电热水壶 1 个和暖水瓶 2 个等生活日用品，惠及每家每户。工作队先后 10 次邀请全国优秀科技特派员、劳模企业家及农业、林业、畜牧科技专家到马家院村把脉问诊，讲授科学养殖种植知识，入户解决生产难题；邀请企业到村举办专场招聘会，进行免费或补贴式的职业技能培训，提高就业能力。

4年来，市总工会扶贫工作队以产业为依托，积极引导贫困户发展养殖种植业。截至目前，工作队已累计拿出6万元对种植油菜的贫困户进行奖补，对600亩柑橘进行密改稀，为橘农提供专用化肥55吨，提升柑橘品质增产增收。同时，协助邮储银行十堰支行扶贫贴息贷款和工会小额担保贴息贷款65万元。帮忙引进或培育新型市场经营主体，带动贫困户发展产业，成立了鑫润养殖等5个专业合作社，培植养牛养猪养羊、养蜜蜂的能人大户15个；对800亩山地进行治理；发展高产优质油菜387亩、高产红薯209亩；养牛74头，养羊80头，养猪392头，养鸡4588只，养蜜蜂150箱。

　　最大的转变来自村里的发展模式。站在马家院村委会向前望去，村庄仿佛是一个美丽的大花园，百合花、月季花、薰衣草争奇斗艳，桃子、石榴、葡萄等君采摘。工作队引导132户贫困户将土地流转给农博园835亩，既得租金又得"薪金"，其中贫困户490.36亩，103户391人。引导三组24户将200亩土地流转给道之源公司，兴办生态旅游观光农业园。瞄准这一城里人热衷生态旅游的机遇，市总工会大力鼓励村民发展旅游经济，村民开办了5家农家乐，除享受旅游局补贴外，工作队每家予以补助5000元。

　　如今，安静的贫困村变成了周末人潮涌动的生态旅游村。

相聚在新余 幸福"零距离"

江西省新余市总工会

5月13日，江西新余市环城路项目部来了群"特殊"的客人，15名青年职工和农民工的母亲应项目部工会的邀请，从五湖四海来到新余探亲，与她们的子女相聚在新余，幸福"零距离"。

江西新余市环城路项目部的工人们来自祖国各地，"假期少、回家难"是广大建设者共同面临的难题，为感谢工程建设者的默默付出，感谢建设者家属的支持与帮助，项目部工会特别策划了"幸福零距离"系列探亲活动，在母亲节期间，邀请部分青年员工及农民工的母亲前来探亲，为这些母亲购买了往返高铁车票，安排了酒店住宿，并为团圆的母亲和职工们精心安排了彩色村、神牛洞等新余知名旅游景点，通过探亲活动和免费暖心之旅，让职工与母亲在新余享受幸福的团圆时光。

探亲时间里，工会还邀请母亲们对施工现场、安全体验馆、职工食堂、宿舍的工地安全情况进行了视察和打分，以便项目部更好地改善职工工作生活条件。"看到了娃娃们工作的实际情况，心里很自豪，也很高兴，"刘蓟宁的母亲高兴地说，"参观了项目食堂和宿舍，比我想象得好太多，工地上还有个安全体验馆哩，再也不担心儿子在工地不安全了，满分！满分！"

项目部工会负责人介绍说，只有职工的"小家"幸福，企业的"大家"才会更有工作活力，本次活动的目的是要让企业与职工零距离、让职工与家人零距离。探亲系列活动将持续3年，为职工和家人搭建团聚的平台。同时，我们也将在公平分配职工利益、丰富职工文化娱乐、提高职工食宿条件、改善职工办公环境、关心职工家庭生活等方面继续深耕细作，妥善解决职工的后顾之忧，让职工安心、让家长放心。

江西新余市人大常委会副主任、总工会主席涂群专程看望了前来探亲的母亲们。江西新余市总工会文艺小分队为项目部的职工们及前来探亲的母亲们表演了精彩的文艺节目，并与他们联欢。

驻村帮扶因人施策　制订脱贫计划
落实帮扶项目　让贫困户有想头更有奔头
——工会帮扶好实在

湖南省泸溪县总工会

"你们工作组这次真是帮了我的大忙。"11月24日，面对前来回访的泸溪县总工会党组书记杨宏进一行，龚开力一而再地表示感谢，他说："工会帮扶既出谋划策还有真金白银，实在好。"

2015年3月，泸溪县总工会按照县委县政府精准扶贫攻坚部署，组成驻石榴乡牛角冲村扶贫工作组，常驻该村开展精准脱贫工作。龚开力是牛角冲村村民，也是县总建档立卡结对帮扶的贫困户。

牛角冲村地处石榴乡海拔最高的牛角山顶，全村1000多人，其中贫困人口63户264人。

"我家有7口人。我腿部残疾，行动不便，外出打工找不到工作，只好在家耕种几亩水田。加上父亲80多岁，瘫痪在床，生活全靠年迈体弱的母亲照顾。3个孩子都在读书，家庭开支入不敷出。"龚开力说。迫于无奈，他爱人只好外出广东打工，"她已有三年没回家了，每月将微薄的工资寄回来，供孩子们上学"。

"了解到龚家的情况后，2015年12月，我们工作组按照'十项工程脱贫总规划'，为龚开力制订了肉牛养殖脱贫计划。"杨宏进介绍。工作组还特意带龚开力前往肉牛养殖业发展比较好的娄底涟源市取经学习。

学习结束后，县总用从县扶贫开发办争取到的15万元扶贫资金为他购买了20头英国安格斯种牛。

"令我更为感动的是在养殖过程中，县总扶贫工作组又为我联系了县畜牧局的工作人员全程对我进行技术指导。"龚开力介绍。

10月份，在县总开展结对帮扶入户调查中，龚开力向工作组重点反映了一个制约基地发展的问题——基地离水源地较远，希望能得到工作组的帮助。

龚开力说，工作组了解情况后，当即到基地现场进行实地查勘，制订了引水方案。"他们还帮我落实了工程资金7000元，让我购置水管等物资。"

　　"一年来，龚开力的肉牛养殖初见成效，牛已长到五六百斤。明年，至少有十几头牛可产下小牛。到时，由工作组统一把小牛分配给有条件贫困户养殖，以点带面，将牛角冲村打造成全县最大规模肉牛养殖基地。"看到龚开力的肉牛养殖基地的人畜饮用水工程已完美竣工，杨宏进很是高兴。

　　当天，杨宏进还与工作组成员一起调查回访了建档立卡结对户付长书。

　　"我们今年的整村金融扶贫贷款指标已超额完成，但付长书希望帮他落实贷款，发展中蜂养殖。"在陪同付长书到乡镇信用联社说明实情，落实贴息贷款后，杨宏进说，此次回访重点主要是了解掌握精准脱贫危房改造施工进度、金融扶贫信贷和贫困户产业发展情况，"本年度牛角冲村建档立卡户的贫困户共6户新建住房、9户改造危房，目前他们的主体工程都已基本完成，预计12月中旬可全部完工，确保2016年该村整村脱贫摘帽的工作应不成问题"。

一方为主　两地管理　三项保障

——靖西市总工会："123 工作法"为农民工建家

广西靖西市总工会

"有没有人认识一位叫陆福的工友？我捡到了他的身份证。"近日，一条失物招领消息在靖西市 30 个村级工会微信群迅速传递，包括失主陆福所在的禄峒镇大史村工会微信群。得知自己的身份证被靖西老乡捡到了，陆福悬了几天的心终于放了下来。

原来，几天前，在中山市打工的陆福不小心丢失了身份证，正在他焦急寻找之时，工会微信群传来好消息，他的身份证被同在中山务工的禄峒镇农贡村村民捡到了。对方根据身份证上的地址判断出陆福和自己是同乡，便通过村工会微信群发布了招领信息。微信群的工友们赶紧将信息转发至自己所在的其他微信群，很快就传遍了 30 个村级工会的微信群。仅仅几个小时以后，陆福就借助工会微信群联系上了消息发布者，领回了自己的身份证。这是靖西市创新推动建立工会微信群、搭建同乡工友互帮互助平台的又一个成功案例。

据了解，近年来，靖西市总工会根据上级指示精神，在新形势下积极探索，结合该市实际提出了农民工入会"123 工作法"，即一方为主、两地管理、三项保障，全心全意做好服务农民工工作。其中，"一方为主"指以流出地为主；"两地管理"指农民工属流出地和流入地两地工会组织的共同管理；"三项保障"即为组织保障、管理保障和服务保障。

"通过农民工入会'123 工作法'，可以把外出农民工及在本地农民工吸收到工会中来，便于联系外出务工人员的情况，倾听他们的心声。"靖西市总工会常务副主席张明鉴告诉记者，"本地外出务工人员人数多、涉及的行业和工种也多，加上人员分布不集中，为了更好地为他们提供服务，我们便推动建立村级工会微信群，通过微信群向农民工提供法律援助和帮扶救助等服务。"

基层工会组织建设是做好农民工服务的基础，靖西市总工会深知村级工会组织建设的重要性，在组织机构上按照各村各屯要有一名委员，且尽量由外出务工人员担任，还要求一名副主席必须从外出务工委员中选举产生，从而保证农民工在村级工会中的主体地位。这样一来，有了农民工委员的参与，工会工作就由被动变为主动，大大提高服务质量。

靖西市总工会还要求各村以组建工会微信群的形式将外出务工人员管理起来，在村级工会微信群里，每个群里都有 100 多位农民工入群。在市总工会的动员下，各村工会规范自我管理，同时通过微信群加强联系、互帮互助。安德镇三西村工会会员梁伟因病去世，同村的黄义光在帮忙办白事的过程中遇车祸过世，一日两命，病祸无情，两人都只有三、四十岁，白发人送黑发人，家里老人、幼儿生活无依无靠，三西村工会发动全村捐款，通过微信红包，一天时间就为这两家募捐到 5000 多元，市总工会在得知这个消息之后，联合阳光爱心志愿者协会也向社会发动了募捐，仅微信捐款就达 7000 多元，加上面对面捐款共一万多元。靖西市总工会还将困难农民工帮扶工作纳入工会帮扶体系，深入开展"送温暖""金秋助学""农民工平安返乡""为农民工送保险"等活动，春节期间为 38 位农民工发放 3.8 万元慰问金，为 3000 位农民工购买意外伤害险，切实帮助困难农民工。

通过试行 123 工作法，靖西市总工会为广大农民工建起了"温馨家园"，通过网络服务，让农民工流动不流失，离乡不离心。

坚持"三个强化"并举
全力推进工会会员实名制普查工作

河北省磁县总工会　董步武

开展工会会员实名制普查工作，是省总、市总 2016 年以来的重要工作部署，是实施普惠职工行动的重大战略举措。自开展工会会员实名制普查工作以来，磁县各级工会积极贯彻《河北省总工会关于在邯郸市开展工会会员实名制普查工作的通知》精神，严格按照省、市工会关于全县职工数、工会会员数达到"两清"的要求，积极争取党政领导支持，充分利用所有行政资源，不等不靠，迅速行动，按照会员实名制普查工作时间节点，多措并举强力推进工会会员实名制普查工作。目前普查工作已基本结束，普查出事实存在的各类基层单位 2156 家。通过普查，查出因单位破产等原因减少基层工会 50 家，通过普查新建基层工会 96 家，使全县基层工会由 1062 家增至 1108 家；通过普查弄清全县符合入会条件的职工（含农民工）总数达 124537 人，新增工会会员 2517 人，使会员总数达增至 124178 人，其中稳定性会员人数 41979 名，占会员总数的 33.8%，全面保质保量完成了工会会员实名制普查任务。我们的主要做法是"三个强化"：

一、强化组织领导，形成推动实名制普查工作的合力

一是建立起强有力的组织领导体制。为保证工会会员实名制普查工作顺利开展，我县成立了由县委副书记、县总工会主席江志强任组长，县总工会党组书记、常务副主席李水清任常务副组长的磁县工会会员实名制普查工作领导小组。各乡镇（园区）和局系统（行业）工会也都成立了以党委副书记或主管副职为组长的领导小组，切实加强对实名制普查工作的领导力度。同时还制定了符合实际、操作性强的《磁县工会会员实名制普查工作实施方案》，从而形成了强有力的组织领导体制，做到了领导上阵、部门协作、全力攻坚，合力推进工会会员实名制普查的工作格局。

二是将实名制普查工作纳入党委对工会工作考核指标。工会会员实名制普查工作开始之时，恰逢我县一年一度的"磁县县委工会工作会议"召开之际。在这次会议上，县委副书记、县总工会主席江志强高度重视工会会员实名制普查工作，并将该项工作纳入到对乡、局领导班子和主管领导的绩效考核中，在党政领导尤其是主管领导干部中形成了"完不成

普查任务就交不了账"理念。为推动工作落实，还在会议上与各乡镇（园区）党委副书记和县直各对口单位主管副职签订了《磁县2016年度乡镇（园区）和局系统（行业）工会工作任务目标责任书》，在《责任书》中把"工会会员实名制普查工作"列为主要内容，真正把工会会员实名制普查工作摆上了重要工作日程，为确保全县在4月20日前全部完成普查工作任务奠定了坚实的基础。

三是制定激励措施提升普查工作人员的积极性和责任心。工会会员实名制普查工作的组织指导在县总，实际操作在乡镇。为确保这项工作量大、涉及面广、任务艰巨的普查工作的扎实开展，我们在与乡、局签状定责，增加党政主管领导的责任感和紧迫感的同时，还制定了相应的激励措施，列出每个乡镇3000元经费补贴的专项资金，以以奖代补的形式，按工作量大小给予乡镇（园区）和局系统专职普查登记人员劳务费补助，极大地调动了他们的积极性。路村营乡和高臾镇党委把工会会员实名制普查工作确定为近期的一项阶段性中心工作，明确由党委副书记主抓，乡镇包村干部和大学生村干部负责辖区企业普查，如实填写模板，乡镇工会专职干部具体协调汇总。还在机关上班点名时，每天调度普查工作进度，以确保按时完成普查任务。

二、强化推进措施，确保实名制普查工作圆满完成

（一）划分层次逐级推进

我们将省总提供的全省法人单位名录、从业人员数，预置到省工会业务系统中，分解到全县各乡镇（园区）、局系统和县直对口单位，按工作职责划分三个层次逐级推进。一是县总工会负责普查工作的安排部署、业务培训指导和对县直单位的普查及会员信息录入工作；二是乡镇（园区）和局系统工会负责人统规模企业的普查和辖属全部企事业单位会员信息录入工作；三是村级（社区）工会负责辖区25人以下小微企业的普查和会员数据模板的填写工作，并将模板及时报送乡镇工会，由乡镇工会负责完成会员数据信息录入。四是坚持动态管理，形成长效机制。在普查过程中坚持边普查边更新边录入，根据普查情况及时修正省总工会业务系统数据库中不准确信息，对已存在的会员信息，依据已更新的会员信息模板进行补充完善，对经核实确已不存在的会员信息进行删减，同时将新加入工会的会员信息录入到实名制数据库中；在今后的动态管理中坚持会员信息"有进有出，每季复查，动态管理，乡镇（园区）录入"原则，每半年更新录入一次，仍由村级工会负责排查、填写、报送模板，由乡镇工会负责更新录入，由县总工会负责数据库的录入汇总，形成保持基层工会和工会会员实名制的长效机制。磁州镇北来村党支部副书记带领村干部、村会计，深入本村置入的27家企业摊点逐一摸底普查登记，发现事实存在的只有18家，共有职工128人，组成了一个联合工会。此外，该村还结合工会会员卡登记发放工作，对本村200名流动务工人员进行了普查登记，全部加入了工会组织。

（二）区分类型重点推进

一是新建企业跟踪普查。在开展工会会员实名制普查工作中，我县利用工会组织"广普查"成果，查找确定本县工会会员实名制普查工作的盲点和空白点，对新建企业做到职工总数清、入会人数清，同时密切关注投产规模较大、用工需求较多、社会影响较广的非公企业普查工作。磁县经济开发区中新建的中化鑫宝化工科技有限公司等3家企业，在工会会员实名制普查工作部署之时，县总工会组宣部工作人员就速迅跟进，及时深入企业开展工会组建工作，同时指导企业进行工会会员模板登记，发展工会会员700余人，起到了以工会会员实名制普查促进企业建会、吸引职工入会的良好效果。二是难点企业重点普查。对于以各种借口、原因推诿、拖延工会会员实名制普查工作的非公企业，我们建立了难点企业名册，指派县、乡工会工作人员上门反复解释，耐心说服；同时定期进行探讨，理清思路、总结经验、找寻普查突破点。比如磁州童装城园区内的某童装制衣有限公司对该项工作不理解，工作进度慢，县总工会配合园区工会及时选派得力人员，深入该企业做老板思想工作，并积极组织职工开展技能比武和劳动竞赛活动，得到了企业行政的支持，较快完成了工会会员实名制普查工作。三是小型企业联合普查。面对众多的规模小、分布散、职工流动大的小型非公企业，我们坚持从实际出发，分别依托村级工会和村级企业联合工会、依托行业协会和行业工会联合会，对难以单独建会的企业进行工会会员实名制普查工作。目前，全县144个联合工会和10余家农产行业工会联合会已全部进行了会员实名制普查，覆盖小微企业1166家，涉及工会会员4.7万余人。使我县工会会员实名制普查工作实现了"横向到边、纵向到底、严格标准、应录必录，切实摸清全县工会会员实名制底数"的目标，为推进基层工会组织建设、推进工会会员普惠化服务打下坚实基础。

（三）区域包保督导推进

我们在《磁县工会会员实名制普查工作实施方案》中，专门设置了"强力督导，确保成效"的要求，县总工会按区片成立4个督导组，分别由分管副职任组长，定期对所包保单位工会的普查工作情况进行巡回指导和督导，随时了解掌握普查录入情况，解答普查工作中遇到的问题。县总工会副主席李福州带领办公室人员深入北片6个乡镇指导督导普查工作时，发现南城和台城两个乡镇进度较慢，立即与乡党委副书记沟通协调，各增派了两名大学生村干部加盟普查工作队伍。县总工会还定期对全县开展普查工作情况进行通报，并将《通报》上报县四套班子分管和联系工会工作的领导，起到了"鞭策后进、强力推进"的实效。

三、强化指导服务，提升实名制普查工作质量和水平

（一）广泛学习宣传，加大培训力度

《河北省总工会关于在邯郸市开展工会会员实名制普查工作的通知》下发后，我们立即组织召开了"磁县工会会员实名制普查工作动员暨培训会"，县总机关全体工作人员、乡镇（园区）和县直单位主管工会工作的党政领导、工会主席和专职工会干部，以及工业园区内主要企业的工会主席参加了培训。会上传达了《磁县工会会员实名制普查工作实施方案》，县委副书记、县总工会主席江志强作了动员讲话，县总工会组宣部工作人员演示了工会会员实名制普查业务知识解释，并进行了河北省工会会员业务系统培训。在县总工会开展培训的基础上，各乡镇（园区）工会、县直对口单位工会也相继组织开展了本级工会参加普查人员的培训工作。磁州镇等单位在参加县里的动员培训会后，及时举办了本地本单位的动员培训会，培训到村（社区）和基层工会的工会干部和普查工作人员。工会会员实名制普查工作开展以来，全县共举办了5次较大的普查工作知识培训和20多场小型培训活动，发放了2000余份普查工作常识资料。我们还编发了供基层参考使用的《磁县工会会员实名制普查工作操作指南》，指导全县工会会员实名制普查工作规范运作。

（二）组建"专家指导组"，提供专业指导

工会会员实名制普查工作开展以来，我县根据工作实际，开创性地组建了"磁县工会会员实名制普查工作专家指导组"。指导组由县总工会组宣部部长牵头，从县总工会、工信局、人社局、工商局和县统计局的业务人才中，遴选了7名工作人员组成，其工作职责是随时深入基层指导实名制普查工作，把好普查工作的各个关口。如：专家指导组成员张敬敬在深入路村营乡总工会指导工作时，发现该乡工会的"河北省工会业务管理系统"中的置入单位，有同县直单位的基层班组、站点重复的情况，便及时向县工会主管领导建议，召开乡镇工会主席和专职工会工作人员调度培训会，对置入单位进行调整，凡是属于县直单位的统一调整到县局工会业务管理系统中，村级工会有重复的，统一以机构代码为准，及时纠正和防止了多头重复普查登记的问题。自3月中旬组成"专家指导组"以来，已深入乡镇（园区）、县直单位和基层企业指导工作19次，接受业务咨询110余次，给乡镇、企业提供建议和纠正偏差70多件次，促进了实名制普查工作的顺利开展。

（三）选树示范典型，规范会员实名制普查工作

我们在召开"磁县工会会员实名制普查工作动员培训会"的基础上，选择了磁县经济开发区、高臾镇和县教育局三个不同类型的单位作为试点先行一步，选派有工作经验的专职工会干部具体指导，边普查边更新边录入，对已存在的会员信息依据已更新的会员信息模板进行补充完善，对经核实确不存在的会员信息进行删减，同时将新加入工会的会员信息录入到实名制数据库中。在取得试点经验的基础上，我们及时召开普查工作培训会，让试点单位介绍经验做法并现场示范操作。会员实名制普查工作开展以来，我县共召开5次调度会和观摩交流会，还邀请县电视台对试点单位的工作经验进行了宣传报道，为推进全县的普查工作进程起到了很好的示范带动作用，为把我县各级工会建设成为广大职工拥护、信赖的"职工之家"打下了坚实的组织基础。

吸纳基层工会入驻微官网
实现互联互通信息共享

福建省厦门市思明区总工会

近日，福建省厦门市思明区总工会打造的"思明工会 e 家"微官网，历经半年的筹备上线运行，首批已有 10 家基层工会入驻。

为更好地打造契合基层职工需要的交流平台和展示平台，思明区总工会在原有的微信公众号上推出"思明工会 e 家"微官网。开通账号后，各基层工会在规范单位会员管理方面将变得更加智慧便捷。该平台让思明区总工会与机关、事业、街道、社区、企业等基层工会之间实现互联互通、信息共享，实时了解各基层工会的工作动态等。

该平台实现基层工会会员会费在线缴纳。职工会员都可使用微信交缴会费，所交会费直接进入所属企业（单位）工会账户，企业（单位）工会可定期提取。思明区总为鼓励职工入会，还根据会员会费缴纳记录，进行线下补贴。工会会员只要通过手机缴纳每年 60 元以上的会费，就可以享受到 160 元的服务，大大增强了会员的获得感。此外，该平台的工会活动智能管理、工会大数据智慧管理还能为工会工作提供重要决策依据，使会员服务更加精准。

第一批加入平台的红相公司工会主席唐温纯说，职工登录平台后，既可进入企业工会在该平台中的页面，也可看到区总工会的动态消息。企业工会还可以将所有工会组织的活动信息在平台上公布，让职工报名参与活动。活动结束后，企业工会将相关活动报道、照片通过该平台刊发。

据思明区总工会常务副主席薛钧丹介绍，下一步，该平台将主要吸纳区内百人以上非公有制企业、"五星职工之家"企业和大型机关事业等单位工会进驻，今年预计入驻职工会员 3 万人。

六举措开展工会工作
助力深度贫困村脱贫

陕西省石泉县总工会

今年以来,陕西石泉县总工会自觉把脱贫攻坚作为工会组织服务大局的重要工作来抓,切实采取措施,做好全县5个深度贫困村脱贫攻坚工作。

明确六项任务。重点开展六个方面的工作:加强组织建设、干部结对帮包、劳模助力带动、进行困难帮扶、合法权益维护、专项资金帮扶。

开展六大行动。一是开展强本固基行动。推进"党支部+工会"的工会组建模式,建立工会组织。把在专业合作社、村属微小企业、个体工商户、小作坊的从业人员发展为工会会员,打造"农民工之家"。二是开展劳模助力行动。组织引导各类劳模积极参与精准扶贫工作,做好产业帮扶、思想帮扶、技术帮扶等工作。三是开展精准帮扶行动。将符合条件的困难农民工纳入帮扶范畴,因户施策、分类帮扶、精准脱困。组织开展好春送岗位、夏送清凉、金秋助学、冬送温暖活动,提供力所能及的帮助。四是开展权益维护行动。聘用律师深入贫困村举办法律知识讲座,提高依法维权意识,保障农民工的合法权益。五是开展结对帮扶行动。工会干部采取"一帮一"或"一帮多"的方式开展精准结对帮扶工作,帮助指导产业发展,做好宣传引领、思想扶贫、扶贫助困工作和发展上的帮助。六是开展专项帮扶行动。争取一定的帮扶资金,用于深度贫困村脱贫攻坚的组织建设、产业发展、维权支出、困难帮扶等。

开展六项工作。6月底前,做好5个深度贫困村的"党支部+工会"模式的工会组建工作。落实结对帮扶工作。7月底前,组织劳模到5个深度贫困村开展助力脱贫活动。8月底前,做好符合条件的考上二本以上的农民工子女上大学帮扶工作。9月底前,在5个深度贫困村组织开展农民工维权法律培训。10月底前,在5个深度贫困村组织开展健康知识培训讲座活动。11月底前,总结帮扶成效,在5个深度贫困村评选脱贫先进,进行表彰奖励。12月底前,在5个深度贫困村开展冬送温暖活动及权益保障工作。

用劳模的群体力量打赢脱贫攻坚战

——铜川市耀州区总工会劳模对接扶贫工作小记

陕西省铜川市耀州区总工会

"劳模对接扶贫工作进入全面落地阶段，我们当'各显神通'……"4月24日至28日，在劳模助推脱贫攻坚活动周期间，铜川市耀州区总工会、区劳模协会筹资66万元购买化肥60余吨，支持春耕生产，找准了劳模助推脱贫攻坚的结合点和着力点。

今年1月9日，耀州区总工会启动了劳模助推脱贫攻坚对接帮扶贫困村活动，魏晓芳等120名省市区劳模做出了"脱贫不完不脱钩，致富不了不断线"的庄严承诺。活动周的举行将此项活动推向了高潮。

摸好底才能更精准

"先摸底，再交心，最后根据实际情况制订精准帮扶方案。"这是耀州区总工会、劳模协会的帮扶思路。

按照活动安排，他们从卫计、教科体、农业等23个系统，精心挑选出120名各级劳模，分成9个劳模脱贫攻坚队，深入贫困村进行调研，以期掌握实际情况。

"磨刀不误砍柴工，没有第一手资料，精准扶贫就无从谈起。"耀州区总工会主席张凌宇说。

从3月份开始，劳模脱贫攻坚队深入照金、关庄、小丘等9个镇、街道办贫困村的435户贫困户中，以入户走访、召开座谈会等形式，了解致贫原因，为制定帮扶工作措施做准备。

大到梨树村地多劳力少、柏树塬村有苹果没销路、郑家河村缺主导产业、闫曲河村村民买不起化肥……小到贫困户阮建利因眼睛不好导致贫困，劳模脱贫攻坚队在深入细致的走访中掌握了第一手资料。

交心才能一条心

在区总工会、劳模协会的号召下，攻坚队中的企业负责人劳模你捐3万他捐2万，其他劳模也踊跃捐款，为435户贫困户送去了棉被、大米、食用油、保暖衣等，用实际行动温暖了贫困户。

董家河镇阳凹村35岁的贫困户阮建利右眼失明，左眼视网膜脱落，家庭贫困无钱治疗。区劳模协会秘书长赵耀宁得知情况后慷慨解囊，为其捐款2万元。队中的其他劳模也伸出援手给予救助。

张凌宇也在第一时间、在符合政策的范围内，给其发放了3000元的大病救助金。他说："帮扶是一方面，还要与贫困户交心，只有通过沟通双方才能一条心，彻底打赢脱贫攻坚战。"

"在工作队的帮助下，我的病情有所好转，脱贫致富就有了希望！"阮建利说。

免费体检、义演、法制宣传……一系列惠民活动在贫困村开展的同时，队员们不忘与贫困户交心，帮他们梳理致富思路，树立了他们脱贫的信心。

"造血"才能真扶贫

梨树村地多劳力少，贫困户耕作有困难……第一工作队队长刘许正和队员捐资8.35万元，为村上购买了大型拖拉机等设备，并扶持成立农业耕作合作社，彻底解决了该村种地难的问题。

宋争民是关庄镇柏树塬村贫困户，通过活动，他与陕西供销集团铜川高塬农业有限公司对接。

该公司下属的合作社负责收购其种植的苹果并给予技术指导。目前，宋争民每年除了苹果收入还能拿到分红。如今，与高塬公司对接的贫困户达819户。

"公司固定对接300余名农村富余劳动力女性，吸纳为家政服务员。"铜川市妇联巾帼家政公司总经理魏晓芳说，"形象好、气质佳的还准备培养成高端家政人员。"同时，该公司还吸纳了1000余名农闲时挂靠就业女性。

"我没资金但有技术，可以给贫困户提供果树栽培技能培训！"有农业技术专长的劳模冯文涛说。而其所在工作队队长许福生则为石柱镇郑家河村贫困户送去了200余株葡萄苗。

"让劳模充分发挥示范引领作用，通过实施产业扶贫、就业扶贫、智力扶贫、捐赠济贫等精准扶贫措施，用劳模群体的力量才能打赢这场扶贫攻坚战。"张凌宇告诉记者。

深入推动省总工会两个文件的贯彻落实

辽宁省铁岭市总工会党组书记、主席　王耀华

今年铁岭将大力开展建功立业活动，包括组织职工广泛开展"践行新理念、建功'十三五'、助力促振兴"主题劳动竞赛，持续深化群众性技术创新活动，深入开展"市长杯"职工职业技能竞赛活动，并向新能源、新兴产业拓展延伸，为提升供给侧结构性改革实效提供助力。另外，工会组织还将不断拓展"五小"竞赛活动覆盖面，多元化、多领域、多角度全面探索职工创新活动形式，为经济发展动能转换献计出力。抓好抓实劳模（职工）创新工作室创建工作，发挥劳模在技术创新工作中的引领带动作用，做好职工技术创新成果的交流和转化。探索开展"铁岭创客"评选工作，以工交能源信息行业为试点，总结成熟的经验和做法，以点带面推广开来。

铁岭工会还将持续深入推动省总工会十项措施和暂行规定两个文件贯彻落实，做好全市 690 余家小微企业 8.8 万元工会经费返款工作，为企业解困提供有效助力，推动地方经济振兴发展。

在推动职工队伍技能素质提升上，铁岭工会将深入落实《新时期产业工人队伍建设改革方案》要求，创新产业工人发挥骨干作用的载体方式，加大对产业工人成长成才的支持力度，努力造就一支有智慧、有技术、能发明、会创新的技术工人大军。广泛开展技能培训、岗位练兵、技术交流、名师带高徒等活动，引导广大职工立足岗位提升技能素质。

另外，今年铁岭工会还将组织开展评选"铁岭工匠"、选树"金牌工人"等活动，扎实做好基层劳模、工匠及先进典型的挖掘、总结和选树工作，注重劳动模范、五一劳动奖章等荣誉向基层和一线职工倾斜。

精准扶贫不落空

陕西省铜川市总工会

　　"我驻村是来打赢马前尧村脱贫攻坚战的，不是来散心游玩的！"近日记者采访铜川市总工会驻马前尧村第一书记李向阳时，他正在吃自己做的白面条，这是他的午饭。

　　去年8月，38岁的李向阳作为单位的优秀中层干部被选派到宜君县哭泉镇马前尧村担任驻村第一书记。"村民观念陈旧，见人生分，看不到一丝现代气息；领导班子涣散薄弱，没人干事、没钱干事、没动力干事；还有一半的村民小组没通水泥路，一下雨就泥泞不堪，出行都是问题……"李向阳说，从进村第一天起，他就下决心改变这一切。

改变落后

　　书写宣传标语，新建党务政务公开、社会主义核心价值观、孝文化、礼仪廉洁耻等宣传牌……李向阳筹集资金5万元对村两委进行重新布置，7个办公室、活动室全部建好使用。趁着新气象，他一鼓作气，从提高办事效率、规范工作程序、提高村级事务决策和管理水平入手，帮助村委会完善了会议、民主管理监督等十几项制度，规范了党员积分制及设岗定责管理，使村级组织形成有人干事、有力干事、有钱干事的氛围。

　　为了统一干部群众的信心和力量，他主导一方面在全村深入开展矛盾纠纷"大排查、大化解"活动，要求因事施策，限期解决；另一方面，他入户走访，与群众主动交流，改变群众观念。一年来，他累计处理解决各类矛盾纠纷6起，解决群众重大困难事件10余起，有效促进了全村的和谐稳定。"现在，村民们不论遇到什么事情都喜欢找我说。"李向阳笑称自己俨然成了村里的"110"。

　　需要为群众做好的修路、通水、绿化等村级基础设施建设，他一件一件落实。在包扶单位铜川市总工会的大力支持下，先后硬化西沟组、油坊台组600米巷道，安装1000米饮用水管道，绿化村级主要道路2000米。实施规划玉米仓集中堆放，筹资建设村幸福苑，建设村法制广场，大力进行村容村貌整治……

精准扶贫

　　马前尧村2400多亩地上就有1924亩都是核桃，但已挂果的面积仅有900亩……群众生活基本是靠天吃饭。通过走访，吃透村情后，李向阳开始"对症下药"，制订了2016—2018三年发展规划及2016年马前尧村脱贫摘帽计划。

针对该村建档立卡贫困户15户37口人，在铜川市总工会科级以上干部与贫困户开展结对帮扶的同时，他在马前尧村大力探索扶贫新方法，分别采取的"党支部＋家庭农场＋贫困户""党支部＋公司＋贫困户＋农户""党支部＋公司＋贫困户＋农户"三种模式，使11户贫困户年提高收入20000元，12户有劳动能力的农民签订务工合同，预期每人年收入20000元。

李向阳还充分发挥自己人脉等方面的优势，带着"两委"干部进部门、跑项目、争资金。为暂时遇到困难的群众组织党员义务种地，为70岁的困难老党员潘长江收拾房子并联系市总解决住房困难，为无房居住又打工摔伤的村民黄建平申请伤残补助金并解决住房问题，出资20000元入户包扶15户贫困户……

村上的变化让群众看到了希望。村民赵辉力逢人就说："驻村干部李向阳是真心为咱村民办实事。"

开展先锋行动 弘扬劳模精神 立足岗位做贡献

陕西省旬阳县总工会

日前，旬阳县总工会召开全体干部职工会议，聚焦党建和党风廉政建设，提出"开展先锋行动·弘扬劳模精神·立足岗位做贡献"活动，并实施"五大行动"奏响先锋行动的乐章。

"看齐对标"行动。开展"有话对党说""建设陕西强县工会该怎么做"大讨论活动，发动引导党员积极建言献策。班子成员围绕"政治上是否看齐、班子上是否团结、工作上是否担当、作风上是否过硬"，党员干部围绕"品行正不正、能力强不强、作风实不实、服务好不好"等对照反思，全面提升。

"创牌亮旗"行动。实施工会组织建设、工会阵地建设、职工之家建设、职工队伍建设、工会系统党的建设"五项建设"，切实把工会组织建设为"职工之家"，使工会干部真正成为"娘家人"。

"示范表率"行动。结合讲党课、基地培训、党员志愿者服务、文体等活动，筹备举办第四届职工运动会，工间操比赛、太极拳比赛等活动。引导党员在精准扶贫、维权帮扶、困难救助、职工互保、女工工作及重点工作中履职尽责。

"劳模精神"行动。大力弘扬劳模精神、劳动精神、工匠精神，积极培养、选树劳动模范、技能标兵，营造了浓厚的劳动光荣、技能宝贵、创造伟大的时代风尚。加大对该县获得的各级劳动模范的宣传力度，增强劳模精神的吸引力、感染力、影响力。开展"追赶超越"主题系列劳动竞赛活动，围绕项目建设、科技创新、节能减排、技能提升、优质服务、安全生产等主题开展劳动竞赛。

"固本强基"行动。全面落实管党治党责任，继续巩固提高创建"标准化"党支部活动。推动"手机＋党支部"工作，提升机关党建科学化水平。

精心部署　摸清底数　切实帮扶

——宝鸡市总工会脱贫攻坚工作纪实

陕西省宝鸡市总工会

去年以来，在省总、市委的高度重视和市政府的大力支持下，宝鸡市总工会按照市扶贫办的统一安排，扎实开展扶贫对象数据核实工作，结合实际制定帮扶措施，加大精准扶贫工作力度，取得了明显的成效。

高度重视精心部署

千阳县水沟镇西沟村是宝鸡市总工会的包扶村。为了做好脱贫攻坚工作，他们多次召开专题会议进行研究，制定了扶贫攻坚工作意见，确定由市总工会党组副书记、常务副主席赵会祥具体包抓扶贫解困工作，市总工会副调研员、法律部部长肖海林作为驻千阳县水沟镇西沟村第一书记，具体负责驻村扶贫解困工作。

年初，在机关大会上，宝鸡市总工会要求全体干部职工充分认识扶贫帮困工作的重要性紧迫性，切实把思想和行动统一到省市扶贫解困决策部署上来。各级工会要结合工作实际，在就业扶贫、送温暖送清凉献爱心、加大救助力度等方面集中力量助力脱贫攻坚。

深入筛选摸清底数

今年以来，宝鸡市总工会多次组织机关干部赴西沟村开展脱贫攻坚结对帮扶工作。他们对照"十查十看"要求，认真开展自查整改。针对个别产业扶贫项目可行性研究等四方面问题，深入调查分析并提出对策。

扎实开展扶贫对象核实及数据清洗工作，目前已完成宣传告知信息摸底、入户核实民主评议、两次公示、信息采集等工作任务。新识别贫困户1户1人，已脱贫9户39人。

强化措施切实扶贫

宝鸡市总工会按照"长短结合"的脱贫产业发展思路，以"项目超市"为载体，坚持走"苹果核桃为主导，搭载托养为特色，畜禽家养为基础"的脱贫攻坚新途径，努力夯实群众增收致富基础。

在多次走访调查的基础上，制定脱贫攻坚的具体思路和工作计划，确定分别从加大农作物种植、外出务工、搭载项目超市、参加光伏发电等方面增加贫困户的收入。

同时，有效发挥工会资源，持续做好送温暖活动，确保逢年过节贫困户生活物资到位，帮助贫困户温暖过节；夏收前为贫困户送去"三夏礼包"，发放了草帽、手套等生产生活用品；"六一"前夕，组织西沟村留守儿童走出大山，来到市区，学习历史文化，体验青铜文明；对 10 户计生困难家庭发放慰问金。

为了扶持西沟村农民落实产业扶贫，市总工会指导两委会建设集中连片苹果园 100 亩、核桃园 300 亩，并向 20 户村民发放鸡苗 707 只，指导牛舍规范化建设，帮助他们夯实产业致富之路。同时充分发挥工会组织在创业就业帮扶方面优势，针对农民工就业创业开展职业介绍、创业帮扶救助活动，切实解决西沟村农民家庭就业创业难题。

新时代谋求新发展 新征程书写新答卷
——成都市新都区工会工作五年发展回眸

四川省成都市新都区总工会

党的十八大后，新的形势赋予工会新的使命，新的目标引领工会奔向新的征程，面对"建设什么样的工会、工会如何更好发挥作用"的时代课题，新都区总工会抢抓新机遇、谋求新发展，用奋斗书写新时期的新答卷。近五年来，在中共成都市新都区委和成都市总工会的坚强领导下，区总工会坚持以习近平新时代中国特色社会主义思想为指引，聚焦问题导向，聚焦工作落实，紧紧围绕服务大局、服务职工，强化工会在推动新都高质量发展中的责任担当，开创了新都工运事业的新局面，为新都经济社会的发展做出了积极贡献。

五年来，区总工会先后被全总表彰为"推进会员评议职工之家工作先进单位""职工互助保障工作先进单位""全国工会职工法律援助维权服务示范单位""全国职工教育培训示范点"，被省劳动竞赛委员会评为"十二五"劳动竞赛"优秀组织奖单位"，被市总工会先后评为"目标管理先进单位""调研工作先进单位""安康杯竞赛优秀组织单位""信息化建设工作成绩突出单位"和"成都百万职工技能大赛优秀组织单位"。

强化技能提升 助推新都高质量发展

区总工会按照区委"三破除三主动"要求，紧扣构建现代产业体系主线，切实加强新时期产业工人队伍建设，是新都区总工会独具特色的亮点。

——职工劳动竞赛蓬勃开展。深入开展"成都市百万职工技能大赛"、"安康杯"竞赛、"工人先锋号"创建活动，引领全区广大职工在经济社会建设主战场竞进争先。策划举办电工、焊工、叉车、汽车维修、棕编、家具和中医药行业等各类技能大赛64场次，参与职工达8000余人；组织参加市级多种职工技能大赛，先后获得一等奖2个、二等奖1个、三等奖2个，2017年组织辖区职工参加市级一类职工大赛（汽车维修工、汽车装调工）比赛，两个工种均获团体第一名，成都百万职工技能大赛汽车维修工技能挑战赛"精典杯"总决赛获个人第一名。广泛开展各类岗位练兵和技术比武活动，企业参与面达80%，职工参与面达82%；"安康杯"竞赛活动参与单位2453家，参加职工25万余人次；开展技术攻关108项，创造价值2.8亿元以上；推动技术革新133项，创造价值3.2亿元以上；收集合理化建议 5835 条，创造价值 1.6 亿元以上；获得成都市职工创新成果特等奖 1 个、一等奖 1 个、三等奖 2 个、优秀奖 8 个。

——职工综合素质全面提升。紧紧围绕"三室一制"建设、"技师培养五年行动计划"和"高技能竞技人才培养计划"，深入开展以"提升职工综合素质、助推新都高质量发展"为主题的职工综合素质提升培训，并将新市民教育与技能培训、素质提升相结合，为职工就业创业、法律普及、文明提升奠定了良好基础。五年来，组织各级工会开展各类技术培训 232 期，培训职工 2.7 万人次；举办新市民培训 126 期，培训 1.1 万人次，有效提升了全区职工、新市民和返乡农民工的综合素质和创业就业能力。广泛开展"践行新发展理念 建设国家中心城市"群众知识竞赛活动，全区参与网络竞赛答题人次达 355169 人次。

——先进引领作用充分发挥。大力弘扬工人阶级伟大品格和劳模精神，五年来，涌现出了省劳模 5 名、市劳模 14 名、省市五一劳动奖章获得者 2 名、市级"能工巧匠"1 名、市级"岗位创新标兵"1 名、市级"技术能手"28 名、市级"工人先锋号"52 个，建成市级"技能创新优秀班组"1 个、市级工作室 2 个、区级工作室 9 个，其中劳模工作室 5 个。2018 年区总工会联合区委组织部、区人社局开展了新都区首届"香城工匠"评选命名活动，评选出以轨道交通、航空动力、现代商贸物流及生物医药等高新技术产业人才为重点的首届"香城工匠"20 名。在成都市区（市）县中率先设立"工匠基金"，区总工会牵头筹集 200 万元设立"香城工匠基金"，用于"香城工匠"表彰奖励和为"香城工匠"提供技能培训、技能竞赛、技术创新、成果转化等方面的支持与服务。充分发挥了各方面先进典型的引领作用，全面调动了广大职工的积极性和创造力，切实营造了"劳动光荣、知识崇高、人才宝贵、创造伟大"的浓厚氛围。

——职工文化生活丰富多彩。成功举办"五一"劳模慰问晚会、"喜迎十九大 共创新辉煌"新都区非公经济企业庆"七一"文艺晚会、"建设六个新都·我们在行动"和"学党章党规·做合格党员"演讲大赛、单身职工联谊相亲等活动，各种活动特色鲜明，主题明确，极大地丰富了全区职工的精神文化生活。开展了"运动成都·幸福新都"全区职工象棋、围棋、篮球、乒乓球比赛等系列赛事，动员组织职工志愿者广泛开展了"新家园、新生活、新风尚"职工志愿服务活动。深入开展了建家评家、法治城市创建、城乡环境综合整治、环境优美企业评选、廉政文化进企业、职工禁毒、12·4 法制宣传等活动，创建国家级职工书屋 1 个、区级职工书屋 30 个。

强化依法维权　着力构建和谐新都

以"构建全国和谐劳动关系综合试验区"为抓手，不断推动企业工资集体协商，区域性、行业性工资集体协商工作创新发展，形成了职工民主参与企业管理，企业依靠职工科学发展的共赢局面。

——依法维权扎实有效。充分发挥工会组织的牵头作用，不断强化职工维权职能职责，区职工维权工作连续两年获市职工维权工作先进单位称号。职工信访工作不断加强，矛盾纠纷得到有效化解，五年来，共接待职工来信来访176件次，处理网上信访98件次，涉及职工959人次，办结率100%，其中：办理法律援助、劳动争议调解等职工维权案件112件，涉及职工146人次，及时调查处理市级督办督查件4件，涉及职工136人次，为职工挽回经济损失1290万元。

——和谐建设成效突出。围绕构建全国和谐劳动关系综合试验区，大力开展和谐园区及和谐企业创建活动，不断促进企业良性健康发展，全区703家非公企业积极开展了创建活动，参与面达已建工会组织的90%以上，创省级模范劳动关系和谐企业2家、市级和谐企业83家、区级和谐企业269家，新都工业区被授予"全国模范劳动关系和谐工业园区"称号，物流园区和家具园区被授予"四川省模范劳动关系和谐园区"称号。2017年，在成都市区域（行业）性职代会和集体协商工作经验交流暨现场推进会上，区总工会做了题为"把握契机，破解难点，创新性推动行业工资协商深入发展"的经验交流。

——民主管理不断深化。积极推进厂务公开民主管理示范单位创建及综合标准化试点建设工作，以职代会为基本形式的企事业单位厂（事）务公开民主管理制度逐步建立。全区国有企业、机关事业单位职代会、厂务公开建制率达100%，非公企业建制率达97%以上，先后有23家企业获评省、市厂务公开民主管理示范（创建）先进单位，20家企事业单位获得市厂务公开民主管理标准化建设A级达标单位。

——集体协商依法推进。扎实开展"集中要约季"活动，依法推动企业普遍开展工资集体协商，全区单独签订工资集体合同691份，女职工专项合同691份，区域性、行业性工资集体合同489份，覆盖企业6266家，涉及职工近13万人，其中女职工4万余人。区工资集体协商工作得到省市充分肯定，在全国全面深化集体协商会议上做经验交流，同时积极探索家具行业工资定额定级标准试点，已取得阶段性成果，在全省行业性工资集体协商会议上做交流。

强化惠民帮扶　不断增进民生福祉

建立和完善惠民帮扶机制，构建精准服务体系，全力实现对职工和农民工帮扶的全覆盖，是新都区工会最有公信力和影响力的工作品牌。

——职工帮扶工作力度加大。实施职工帮扶中心标准化建设，在全区13个镇（街道）、3个园区和22个非公企业中建立了职工帮扶工作站，在253个村（社区）建立了帮扶工作点。大力实施生活救助、医疗救助、就业援助和"四季送"活动，五年来，共慰问帮扶困难职工10140余人次，发放慰问救助金568万余元，为934名困难职工子女发放助学金182万元，走访慰问劳模373人次，发放慰问金40.2万元，为130人次在职劳模开展了疗休养活动。

为环卫工人和户外劳动者建立了 16 个 "15 分钟之家"，为 9.5 万名高温作业职工 "送清凉"，购置发放防暑降温用品共计 157 万余元，为 700 名外出农民工发放返乡路费补助 6.5 万余元。

——就业创业援助深入推进。扎实开展下岗失业人员再就业培训，搭建就业创业服务平台。五年来，开展就业培训 1.6 万余人次，举办专场招聘会 192 场次，实现就业 1.4 万人次，完成小额贷款贴息 410 户，贷款金额达 1697 万元，发放贴息补助 74 万元，带动就业 1900 余人。同时，建立市级农民工创业园 1 个，带动 350 人就业，实现总产值 2000 余万元。

——关爱职工健康成效显著。大力开展 "关爱职工" 活动，督促企事业单位不断改善职工生产工作条件，减少和杜绝安全危害，对因病致困职工实行一站式救助，形成职工健康保障长效机制。五年来，为 148 名国家、省、市劳动模范，8252 名困难职工和环卫工人免费进行健康体检，为 817 名建档困难职工免费办理职工互助综合保险，组织机关、企事业单位 5.3 万余人次参加职工互助保险，救助住院职工 4000 余人次，发放补助资金 210 余万元。

强化基层基础　履职服务全面提升

新都区各级工会遵循 "最大限度地把广大职工群众团结组织到工会中来" 的原则，不断扩大覆盖面，提升战斗力。

——组织覆盖不断扩大。坚持 "党工共建" 和 "党建带工建" 工作机制，大力开展 "广普查、深组建、全覆盖" 集中建会行动，不断深化 "双措并举、二次覆盖"，着力推动非公有制企业和小微企业组建工会，大力发展农民工、劳务派遣工和服务业职工入会。全区已建立基层工会组织 1252 个，办理法人资格登记 1252 家，涵盖单位 6400 余家；工会会员 17.1 万余人，职工入会率达 99%，已建工会企业女工委员会组建率达到 100%，培育成都市 "党工共建创先争优示范点" 12 个。

——队伍建设切实加强。认真指导镇（街道）工会完成换届工作，建立工会专职工作者考核激励制度，探索创新工会专职工作者选任工会副主席机制，在 141 家非公企业中不断深化工会主席考核激励工作。同时将综合性培训与专题性培训相结合，以市总干校、区委党校和区总工会职工培训中心为平台，打造成都市工会干部教育培训现场教学点 3 个，加大了工会干部培训教育力度，五年来，共计培训各级工会干部 5000 余人次，全区工会干部队伍的政治素质、业务能力有了长足进步。

——服务平台有效拓展。深入推进 "面对面、心贴心、实打实服务职工在基层" 活动，工会干部深入基层调研 500 余人次，走访调研企业 350 余家，召开职工座谈会 100 余次。充分整合园区、社区有效资源，以图书室、培训室、活动室为服务载体，积极打造基层工会服务平台，主动融入、竭力服务园区和社区发展。全区镇（街道）、园区和村（社区）"一平台三机制" 建设面达 100%，重点打造了大丰街道、龙桥镇、石板滩镇和木兰镇群团服务中心，基层工会服务领域得到有效拓宽，服务能力和水平得到有效提升。

　　——基层活力进一步增强。建立健全镇（街道）、村（社区）、企业工会"小三级"组织网络，广泛开展"双亮双促""双爱双评"和"会员评家"活动。全区212家基层工会被授予全国、省、市、区模范职工之家，基层工会"双亮双促"和"会员评家"机制覆盖面达92%以上，积极参与示范工会争创活动，全区4个镇（街道）、园区工会创建成为星级示范工会，获评省市级示范镇（街道）工会9个、省市级示范村（社区）工会10个。

　　由成都卫星城到成都中心城区，新都站在了新的历史起点上。面对新机遇，谋求新发展，工会工作大有可为，工运事业重任在肩。今后的五年，区总工会将认真贯彻落实党的十九大和习近平总书记来川视察重要讲话精神，以改革创新为动力，以服务职工为根本，以强化基层为关键，坚持实干至上、行动至上，以一流状态打造一流工会，为新都高质量建设现代化国际范成北新中心城区做出新的积极贡献。

河北怀安县委力促工会工作
激励工会展现新作为

河北省怀安县总工会

"不到一个月，县委频频发力，工会工作迎来创新发展的新机遇。"怀安县总工会的干部们感慨地说。

近年来，怀安县总工会以服务大局、服务职工为己任，在组织开展经济技术创新、劳动竞赛、群众性建功立业活动，参加和推动企业改制、构建和谐劳动关系、帮扶困难职工等方面，做了大量工作。"工会是党联系职工群众的桥梁和纽带，是党开展群众工作的重要力量。新时期，工会要有新作为，就必须适应新形势、新任务、新要求。"怀安县委书记武占强说。

7月27日，怀安县委召开县委常委会，专门研究工会工作。会议听取了县总工会规范化建设达标创优活动开展情况，提出了达标创优工作中面临的困难和问题。会上，武占强表示，全省开展的三年县级工会规范化建设达标创优活动，充分体现了省总工会对县级工会工作的重视，全县必须把这一工作作为一项政治任务，全力抓紧抓好。常委会最终达成一致：举全会之力，补齐短板，确保达标，力争优秀；县委组织部要把普遍建立工会组织情况纳入党建目标管理，县人社局等相关部门要把集体合同、工资集体协商工作纳入工作考核内容，县财政局负责经费保障问题。

在此次常委会之前，怀安县委已下发《关于进一步加强和改进党对工会工作领导的意见》。《意见》从5个方面就更好地坚持全心全意依靠工人阶级，充分发挥工会组织作用进行了全面部署。各级党委要坚持定期听取工会工作汇报、召开工会工作会议等，完善工会与同级政府联席会议制度，人大与政协要关心和支持工会工作……一项项规定，为新时期工会开展工作提供了保障和依据。"工会工作，在短短一个月的时间内得到县委如此的重视和支持，这在怀安工会历史上尚属首次。"有工会干部感慨道。

在顶层设计上强化领导，在具体工作上强力支持，怀安县委为工会开展工作奠定了坚实的基础。8月初，怀安县委副书记路国云深入县总工会调研。走进正在建设中的职工服务中心，什么时候能够完工，各窗口设置是否完善，职工办事能否进一步方便快捷……路国云一边查看工程进度，一边详细询问有关情况。当听说职工服务中心建设存在资金困难时，路国云当场决定在全县财政资金紧张的情况下，给予协调解决 30 万元的经费支持。

　　如今，聚焦"建成美丽、富裕、文明小康县"的奋斗目标，为怀安县总工会团结、动员全县职工群众创造新业绩、展现新作为，提供了更加广阔的舞台。"我们将紧紧围绕'工业立县、商贸活县、全民创业、绿色崛起'总思路，引导广大职工群众大胆实践、建功立业。"怀安县人大常委会副主任、县总工会主席胡志荣表示。

河北怀来县总"就业援助工作室" 助农民工"双宿双飞"

——怀来县总工会开展农民工夫妻"同城同厂"就业援助服务，为农民工京津就业搭"鹊桥"

河北省怀来县总工会

创新成果回顾

5 年以来，怀来县总工会成立"就业援助工作室"，配备国家职业资格一级资质的劳动关系高级协调师和职业指导师，把更多的注意力放在农民工身上，"一对一"为农民工"量身定制"工作岗位，安排农民工夫妻"同城同厂"就业，让农民工夫妻外出务工不再"劳燕分飞"。

针对中年夫妻工的需求安排离家较近的"同厂就业"岗位。北京德青源生态园位于延庆区，距怀来县城 30 公里，是亚洲最大的现代化养鸡场，蛋鸡存栏 300 万只，年产鸡蛋 5 亿枚。喂食、出蛋、出粪全部自动化，需要饲养员有极强的责任心和合作意识，每组饲养员的配合如果出现问题就会造成蛋鸡大量死亡。针对这一岗位特点，怀来县总工会向企业提供了夫妻工劳务服务，由夫妻承包产蛋鸡舍，一家人在一起工作，就像给自己家干活，干多干少，加班加点，没有怨言，所有的配合问题都迎刃而解。刘建强、李春兰夫妇是第一批到德青源工作的夫妻工，现在年收入达到 12 万元。2016 年刘建强夫妇获集团总裁贡献奖，奖金 1 万元。

针对年轻夫妻工的需求安排收入较高的"同城就业"岗位。天津金桥焊材集团有限公司，有员工 7000 余人，是我国生产规模最大的焊接材料制造商。企业每年用工需求近千人，由于是冶金行业，企业招聘的 90% 都是男性操作工。怀来工会职介所作为金桥集团张家口区域的劳务总代理，与企业商定把女工的招聘名额尽量留给怀来。这家企业实行的是流水线绩效工资，一对夫妻月收入万元以上，企业包吃包住，工作满半年还发放租房补贴，夫妻用补贴租住夫妻公寓，三周岁以上的小孩还可以送入企业内部幼儿园。唯一的缺憾是企业对女工从事的质检、统计岗位文化程度要求较高，导致许多女工不能顺利入职。如今，该县总工会正在积极协调周边电子厂招聘怀来籍女工，尽最大努力帮助怀来农民工夫妻"同城就业"。

创新成果的现实意义

从 2015 年开始，怀来县总工会"就业援助工作室"至今已解决 20 多对农民工夫妻在金桥集团、福成五丰食品公司、德青源生态园"同城同厂"就业，让怀来外出务工夫妻变"劳燕分飞"为"比翼双飞"。

专家点评

劳务输出一万人。怀来县总工会响应全国总工会"千万农民工援助行动"，本着全心全意为农民工服务的原则，心连千家、情系万户，广泛开展职业介绍、劳务输出、劳动争议调处、再就业培训等多项工作。每年举办几十场招聘会，年提供就业岗位近千个，十年累计向京津地区输送合格劳动力一万余人次。

培树两个劳务品牌。怀来县总工会依靠近邻京津的地缘优势，广开就业信息渠道，把重心集中于劳务输出，针对农民工技能特点提供精准化就业服务，为农民工搭建稳固的求职就业平台。培养了"河北农民工首都劳模第一人"北京市劳动模范李俊丰和"奥运技能服务明星"怀来县劳动模范颜玉芳等一大批"明星农民工"。如今，怀来县总工会农民工劳务输出工作带动的全县劳务经济已经成为怀来经济新的增长点，"沙城技工""怀来宴会嫂"这两个工会自己的劳务品牌已经叫响京津。

荣获三次国家级荣誉。怀来县总工会铺就农民工京津就业之路，把就业援助这件有影响的善事做成了品牌，先后荣获"全国先进劳动争议调解组织""全国工人先锋号""全国农民工工作先进集体"三个国家级荣誉称号。

就业难，农民工就业更难，让夫妻农民工"双宿双飞"更是难上加难。但怀来县总工会瞄准农民工最为现实的难题，不推诿、不退缩，积极推行"精准化"就业援助服务，不但为众多农民工找到了心仪的工作，还使农民工夫妇"同城同厂"就业成为现实，为新形势下的农民工工作开辟了新路。

江苏淮阴区总工会以解放思想大讨论引领下半年工作扎实开展

江苏省淮安市淮阴区总工会

淮阴区总工会认真贯彻落实省、市有关会议精神，在工会系统中广泛深入开展解放思想大讨论活动，以解放思想讨论为动力，推动下半年工作扎实开展。

在选树新特色上解放思想，努力打造素质提升工程。通过开展主题征文和演讲比赛等方式，把习近平新时代中国特色社会主义思想宣传到企业、到车间、到班组，进一步以党的十九大精神武装头脑，用科学的理论武装职工、正确的舆论引导职工，坚定职工群众听党话、跟党走的坚强信念；充分发挥本区红色文化、母爱文化等特色优势，用 75 年前发生在淮阴区刘老庄新四军某连 82 壮士英勇抗击日寇、歼敌 170 多人、被习近平总书记誉为"抗击侵略、以少胜多、以弱胜强"的典型教育职工。用发生在本区码头镇漂母饭信的爱心故事感化职工，教育职工爱我祖国、护我中华；要进一步弘扬劳模精神、劳动精神、工匠精神，在广大职工中营造学习先进、追赶先进、争当先进的良好氛围，激励全区职工爱岗敬业、拼搏奉献。

在培育新优势上解放思想，努力打造创业创新工程。国际经贸摩擦升级，对老旧企业将产生冲击。企业进行科技创新、产业升级势在必行。中央、省、市出台了一批激励机制，为广大产业工人提供了创业创新的优惠条件和施展才华的广阔舞台。全区工会组织必须积极抢抓机遇，找准主攻方向，聚焦重点发力，进一步激发全区职工的潜能，在新一轮工业革命中贡献才华和智慧。进一步深化"中国梦·劳动美·幸福路"主题实践活动内涵，10 月份，计划在江苏时代芯存、德淮半导体、纽泰格科技等新兴的电子信息、新材料新能源、机械加工等重点企业中开展富有行业特点、企业特色的立功竞赛活动，掀起全区性的职工大比武、大练兵热潮；要充分运用好"企业创新升级"劳动竞赛、"聚力创新、岗位立功"主题竞赛等平台，大力开展技术革新、技术攻关、发明创造活动，注重技术成果的转化和推广运用，在高质量发展、高技术推进上有所作为；进一步发挥劳模引领、工匠带动、劳模创新工作室的示范效应作用，培养一批技艺精湛、智慧超群、素质优良的职工领军人才队伍；引导广大职工树立绿水青山就是金山银山的发展理念，深化节能减排竞赛，围绕重点问题、关键技术进行攻关，减少能源消耗和污染排放，努力形成崇尚生态文明、建设生态文明的浓厚氛围。

在开展新服务上解放思想，努力打造精准服务工程。面对当前职工群众的新需求新期待和社会主要矛盾发生的新变化，工会干部必须不忘初心，牢记使命。要进一步转变工作理念，创新工作方法，积极为职工群众营造体面劳动、舒心工作、共享成果的浓烈氛围。通过进一步健全区、乡镇（街道）、村（社区）以及重点企业服务职工站点建设，推动服务职工全覆盖。通过深入调查走访，全体工会干部和全区435户困难职工农民工、低保家庭、零就业家庭、去产能困难职工等群体进行结对帮扶，帮助他们解决实际困难。通过开展送温暖、送清凉、金秋助学、职工医疗互助等工作，做实工会系统服务职工"四季行"品牌，使广大职工在共建共享发展成果中有更多获得感。充分运用好政府、工会、企业三方协商机制平台作用，推动完善和落实最低工资标准、企业工资增长指导线调整机制。实施职工权益保障计划，通过开展"安康杯"竞赛、"安全隐患随手拍"、提安全工作合理化建议等活动，增强职工群众的安全防范意识，扎牢安全生产工作根基。投入人力财力建设好格莱德电器等一批有典型意义的"职工之家"和12个"安康驿站"、5个"爱心母婴室"。

在争做新贡献上解放思想，努力打造固本强基工程。针对区情实际，首先坚持开展好"不忘初心、牢记使命"主题教育、"两学一做"常态化教育，引导党员干部在服务职工群众、支持企业发展中做出新的贡献。全体工会干部要坚持开展好"当一天工人""争做职工信赖的娘家人"等活动，深入职工群众中着力解决联系职工不够紧密、服务职工不够到位、维护职工不够有力等问题。着力开展"三进三帮""阳光扶贫"活动，组织机关党员干部到基层一线锤炼，问需于企业、问计于职工，零距离服务职工群众，打造好务实、高效的工会机关。

把党的十九大精神贯穿于各项工作

酒泉市总强化职工思想引领凝聚团结奋进力量

甘肃省酒泉市总工会

今年以来，酒泉市总工会以全面贯彻党的十九大精神为主线，以提升工会系统党建和思想政治建设工作质量、增强政治性先进性群众性、引领广大职工群众听党话跟党走为目标，认真履职，强化担当，深化"思想引领行动"，不断激发职工主人翁责任感，汇聚起决胜全面小康的强大力量。

酒泉市总工会以抓实理论学习为载体，坚持周一集中学习例会、支部"三会一课"制度，通过集中学习、专题研讨、党课辅导、知识答题等形式，突出党的十九大精神、党章党规、法律法规、形势政策、先进典型事迹、警示教育案例"六必学"，坚持不懈强化领导班子和机关干部的理论武装。以开展集中辅导培训为载体，强化基层工会干部学习教育。组织机关干部参加市委党校"党的十九大精神轮训班"13人次，参加市委组织部、宣传部等部门举办的理想信念、新媒体宣传、扶贫攻坚等培训班25人次，举办酒泉市工会干部广西南宁能力素质培训班80人次，选派全市工会干部18人次参加了省总工会党的政策理论和业务学习；举办全市工会系统"党的十九大精神学习宣讲报告会"；以选拔"职工演说家"为载体，强化职工群众学习教育；组织开展"中国梦·劳动美"党的十九大精神主题演讲比赛；举办"弘扬劳模精神、助推八个着力"劳模事迹宣讲活动，抽调7名事迹突出的省市劳模宣讲7场次，以广大职工群众听得懂、听得进、能领会的形式，推动了党的十九大精神进企业、进车间、进机关、进学校、进农村。

发挥工会"大学校"作用，大力开展新发展理念、"中国梦"、形势政策教育，增强广大职工政治认同、思想认同、理论认同、情感认同，引导职工听党话、跟党走。组织职工踊跃参加全市群众性精神文明创建活动和以职业道德为重点的"四德"建设，着力把"24字"核心价值观要求内化为职工的精神力量、外化为职工的职业操守。大力弘扬劳模精神、劳动精神、工匠精神。通过电视、网络、微信等媒体，大力宣传全市广大职工建功立业、扶贫攻坚、创新发展的实践，宣传劳模先进的典型事迹，开展"当好主人翁、建功新时代"主题劳动竞赛，引导教育广大职工在推动高质量发展中建功立业、在弘扬民族精神中引领风尚、在应对市场竞争中提升素质，唱响主旋律，凝聚正能量。

整合全市工会网站,建立了链接全总、省总、市总和县(市、区)总工会网站的网上平台,加强网上正面引导,着力用好工会网站和微信公众号等网上新媒体,及时发布工会信息动态、交流典型经验、传播先进文化、加强与职工群众的网上互动,增强工会工作在基层职工群众中的影响力和凝聚力。

多举措促进工会干部队伍素质提升

四川省郫县总工会

今年以来，郫县总工会以提高工会干部综合素质为抓手，通过"常学习、勤调研、严考核"等措施，促进了工会干部业务素质和工作质量双提升。

常学习

一是制定集中学习制度，规定每周一为工会干部集中学习日，按照学习计划由各科室轮流领学相关法律法规知识，并及时传达和学习县委、上级工会有关文件、会议精神。二是根据工会工作的新情况、新特点，结合工会干部的实际需求，举办了工会财务、经审工作培训班，并组织镇（街道）、园区、部分基层工会主席到武汉参加工会知识能力提升培训等集中培训活动。三是先后赴温江区、大邑县、青白江区、双流区学习工会组织建设、技能竞赛、专职工会工作者管理、党工共建等工作。通过一系列的学习，不断提高工会干部队伍的政治意识、大局意识、服务意识和履职能力。

勤调研

一是制定《郫县总工会班子成员、部门联系镇（街道）总工会、工业园区工会联合会、局工委分片表》，坚持工会机关与基层单位对口调研制度，大力宏扬"下基层、接地气、办实事"的良好作风，深入基层工会及企业进行调研，动态了解掌握基层工会整体工作开展情况，帮助协调解决基层工会、企业实际困难。共计走访企业20余家，职工200余人次。二是3月印发《郫县工会专职工作者走访企业回执单》及《郫县总工会精准扶贫走访摸底情况表》，让各镇（街道）、园区工会干部深入企业及职工，了解真实情况，为职工代好言，为困难职工服好务。共计收回"回执单"28份，摸底困难职工267人次。

严考核

一是在前期调研的基础上，根据郫县工会实际，修改和完善了《郫县总工会专职工作者聘用管理办法》《郫县总工会专职工作者请销假办法》《郫县总工会专职工作者薪酬办法》《郫县总工会专职工作者定级办法》《郫县总工会专职工作者绩效考核办法》等文件，

进一步健全完善工会工作者选聘、使用、履职、考核、激励、退出机制，并于 2016 年 4 月正式实施。二是县总工会同乡镇（街道）、园区工会及局工委签订明确的目标管理责任书，细化目标考核办法，严格管理机制。三是成立目标考核领导小组，建立月考核制度，通过对工会干部业务知识测试、走访企业反馈及工作完成情况等目标的考核，加强对工会干部日常学习、执行能力、服务能力等方面的考核，增强了工会干部履责意识，促进了业务水平提升。

平塘县总工会聚焦主责主页开创工作新局面

贵州省平塘县总工会

近年来，贵州省平塘县总工会团结动员全县职工群众，围绕中心、聚焦主责主业，探索县级工会工作的新方法、新路子、新举措，积极开创工会工作新局面，在致力服务职工、服务地方经济发展、服务社会进步等各个方面起到积极作用。

去年，平塘县总工会加大了"建工会·促就业"的工作力度，在"社区、协会"等非公有制经济的"两新"组织中组建工会组织，扩大工会组织覆盖面。到 2018 年 3 月底，平塘县组建工会组织 506 个，其中机关工会 285 个，企业工会组织 221 个。县总工会动员和组织各基层工会(联合会)，探索新形势下工会工作的新方法和新举措，积极寻找工作突破口。

一是聚焦主业，精心组织广泛开展建功立业竞赛活动中，参加竞赛的职工人数近 15000 人次；典型选树活动自 2014 年开展以来，共获"全国模范职工之家"1 个，获"全国模范职工小家"1 个；获"贵州省模范职工之家"3 个，"贵州省模范职工小家"1 个；"五一劳动奖"1 个，1 人获贵州省行业道德标兵称号，以及州、县先进单位和个人获各类荣誉称号若干。在深入开展的职工素质提升活动中，形式多样、内容丰富的职工文体活动及培训，丰富了职工业余生活，加强了职工文化建设，提高了职工综合素质。

二是突出重点，扎实推进维权帮扶、职工服务、党建带工建基层组织建设等工作。"春风行动"为农民工提供就业岗位 5000 余个，组织推荐待业青年参加省总开办的培训班，配合县妇联开展女职工维权活动；围绕"四个关爱"为职工送爱心，在建设工地设立起关爱一线工人的"爱心小药箱"站点，在游客服务中心设立"爱心母婴室"，制作 7200 多张"爱心服务卡"让职工享受到身边优惠服务，制作"爱心帮扶卡"加大对困难群体的帮扶力度；此外，工会为一线职工、困难职工及子女、留守儿童和留守老人、患病职工等群体发放慰问物资及资金共 110.5 万余元，受助人员 850 余人次。

县总工会抓好移民搬迁安置点的工会组建工作，助力安置点群众发展、增收。为"两新"组织工会配备办公设备，组织开展促进就业创业宣传培训 20 余次，受训人数近 2700 人次，实现就业 500 多人，有效发挥了工会助力扶贫攻坚的作用。

工会还把党组织"晋级升星"和创建"星级工会"组织有机结合起来，召开了创建"好花红·星级工会"工作推进会，与县级各部门、企(事业)单位签订创建"星级工会"责任状，与镇（乡、街道）工会联合会签订了"八好"乡镇工会责任状，为规范工会组织建设打下了一定的基础。

三是积极作为，学习贯彻党的十九大精神，提升思想政治素养；强化自身建设，提升工会干部素质；强化大局意识，提升服务中心工作水平。

县总工会对 50 多个基层工会负责人进行专题培训，各基层工会分别通过召开专题学习会、进村组宣讲等形式组织开展学习贯彻活动。县工会牵头县工商联、工信局等 4 家单位，开展进企业宣讲、网上知识竞赛、演讲读书活动等，切实将党的十九大精神宣传贯彻到广大干部群众和企业一线工人中去。

在全县脱贫攻坚工作中，县总工会组织干部职工、驻村干部深入挂帮村开展调研和走访慰问工作，为贫困户送资金、送技术、送资料、送物资等，加强配套基础设施建设，支持贫困村发展村级集体经济。在服务大旅游战略中，县总工会联合县旅游部门，举办了旅发会导游培训班、旅游从业人员培训，对 140 名解说员进行 4 期培训，对全县宾馆酒店及农家乐从业人员 860 人次进行 3 期培训；举办"特色风味烹饪暨名优小吃"大赛、"神韵平塘"风光摄影大赛、"晒幸福"生活摄影大赛等活动，鼓励广大职工和摄影爱好者积极参与，通过镜头展现平塘的民俗民风及秀美山水，宣传平塘丰富的旅游资源。

据了解，在下一步工作中，平塘县总工会还将继续推进品牌建设，在创新活动上下功夫；加强组织建设，在规范化创建上下功夫；强化大局意识，在服务中心上下功夫，进一步开创工会工作新局面，在地方经济建设和社会发展中发挥更大的作用。

创新激发组织活力　诚心服务职工群众

——黔江区工会五年工作综述

重庆市黔江区总工会

凝心聚力,砥砺向前。黔江区第三次工代会召开以来,在区委和市总工会的坚强领导下,牢牢把握工会专项改革主线,紧紧围绕"工业强区、旅游大区、城市靓区"及脱贫攻坚、"两城同创"等主要工作,深入实施"同心同向、网上网下、增质增效、维权维稳、创新创优、扶困扶贫、督导督查"系列行动,低调务实、少说多干,敢于担当、积极作为,圆满完成了区第三次工代会确定的各项目标任务。

过去的五年,是全区各级工会组织和广大干部职工精诚团结、辛勤劳动、开拓奋进的五年,是工会服务大局、服务职工、服务基层卓有成效的五年,是区委区政府和社会各界对工会组织倾情呵护、倾力支持、倾心关爱的五年,是黔江工运事业科学发展、创新发展、协调发展的五年。

坚持党的领导　服务大局更主动

五年来,全区各级工会组织深入实施同心同向行动,强化思想政治引领力,党工互促共建凝聚新动能。

坚持自觉接受党的领导,始终用中国特色社会主义理论教育职工群众。建立健全了党建带工建、政府工会联席会议等机制,牵头成立重庆市工运研究会渝东南分会,联手举办工运研讨会8次,信息工作进入全市前5位,调研文章首次获市领导批示,《中国工运》《工人日报》刊载4次。扎实开展党的群众路线教育实践、"三严三实"专题教育、"两学一做"学习教育,深入开展"七在基层"面对面心贴心实打实服务职工活动、举办"中国梦·劳动美"系列主题教育活动、组建职工志愿服务队伍、开展"创文明卫生城市·建和谐美丽家园"志愿服务活动等,职工受教育面达90%以上,全区广大职工更加紧密地团结在以习近平同志为核心的党中央周围,群众基础更加坚实,工会职能发挥更加充分,服务中心工作更加主动。

创新是推动各项改革事业的动力源泉之一。五年来,黔江区各级工会组织深入实施网上网下行动,强化工会工作影响力,工会专项改革显现新亮点。坚持强"三性"、去"四化"工作要求,采取机关与基层、重点与亮点、区内与区外、线上与线下、自查与督查、创新与创优"五同步"工作举措，全面深入推进工会专项改革工作。

领导班子实现"专兼挂"结合，精简内设机构2个；联手进入乡镇街道和村（社区）公共（便民）服务中心，进驻正阳工业园区党群服务中心，原区职工服务中心改造升级为区群团活动中心，新建5个群团服务示范站点；开通了"黔江区总工会""黔江区群团服务"门户网站、"黔江群团之声""黔江工运"微信公众号、"黔江职工之家"微博，"两微一端"发布信息1000余条、关注粉丝3000余人。全区工会专项改革规定动作不走样、自选动作有特色，工会组织体系更加完善，班子职工队伍更加精干，职工之家活力更加增强。

组织建设有活力　基层基础更扎实

工会作为党联系职工群众的桥梁和纽带，全区各级工会组织始终把强化工会组织吸引力、构建基层组织体系作为工会工作的重中之重。

坚持工会组织有形覆盖与有效覆盖有机统一，深入实施"强基础、促规范、增活力"示范工程，扎实推进"六有五家四化""会站家"一体化建设，新建218个村（社区）工会组织、教育及卫生计生系统工会联合会、6个区域（行业）性工会，创新"二找三引四连"入会模式新发展农民工会员57454人。

工会大家庭带出一个个温暖小家庭。新建国、市、区级模范职工之家（小家）90个，2名工会干部被评为"全国优秀工会工作者"，新（续）签订集体（工资专项）合同3756份，覆盖企业3421家职工12.29万人，合同报备率达100%；国有企业、事业单位厂（校、院）务公开建制率均达100%，独立建会非公企业厂务公开建制率达91%以上；成功迎接第八次全国厂务公开民主管理工作调研检查，18个单位荣获市级"民主管理示范单位班组"称号，4名职工荣获市级"优秀职工代表"殊荣；"两个普遍"覆盖更加到位，基层基础工作更加扎实，各类先进典型更加鲜活。

依法维权重实效　法治工会更优质

旗帜鲜明地维护职工合法权益，是工会组织安身立命之所在。

五年来，全区各级工会组织深入实施维权维稳行动，强化职工权益维护力，安康维稳工作展现新作为。坚持"组织起来，切实维权"工作方针，开展"六五"职工普法宣教活动45场次，1名公职律师常年在职工服务窗口坐班接访，签约2家律师事务所常态维权服务，组织6名执业律师参加"千名律师进企业服务职工在基层"活动，办理法律援助案件275件，调处劳动争议82起，协同相关部门办理农民工工资清欠工作，为7800余名职工挽回劳资1.5亿元。

除了切实保障职工经济利益之外，还发动4860名女职工参加《玫瑰人生》特殊疾病保险，组织80个单位3000余名女职工参加免费生殖健康体检；发动2000余人参加了"安康杯"

应知应会知识竞赛，协助查处各类安全生产事故案件 35 起，组队参加全市"安全伴我行"文艺创作大赛、"安全在我心中"美术书法大赛等活动 10 次，先后荣获"全国工会职工法律援助维权服务示范单位""全国职工安全卫生消防应急知识普及竞赛活动优秀组织单位"等荣誉称号，职工法治意识更加牢固，依法维权服务更加到位，法治工会建设更加优质。

创新创优求实效　作用发挥更突出

五年来，全区各级工会积极围绕发展大局，组织广大职工建功立业，掀起一股经济建设热潮。

深入实施创新创优行动，强化经济技术创造力，劳动竞赛活动拓展新领域。坚持围绕中心、服务大局工作导向，广泛开展"四比一创""三赛三比"生态保护劳动竞赛 65 场次，成功举办渝东南生态特色产品推介技能大赛，创建市级劳模创新工作室 1 个，推评全国（市）五一劳动奖状 10 个、奖章 27 个、工人先锋号 53 个。推评省部级及以上劳动模范 10 人，为 13 名省部级劳模免费办理小额意外伤害保险，为 25 名困难劳模争取帮扶救助金 120 余万元，召开劳模工作和劳模创新工作室座谈会 29 次，组织 68 名劳模到市外学习疗养，探索创新的"八分八有"劳模精细化服务模式获《工人日报》《当代劳模》刊载，在全市工会理论研究成果评选中获奖，服务发展成效更加明显，工作品牌创新更加领先，主力军作用发挥更加突出。

认真履职惠民生　帮困扶贫更自觉

五年来，全区各级工会组织认真履职，围绕全区脱贫攻坚、民生实事建设等工作积极作为，着力提升工会组织的影响力和凝聚力。

坚持服务职工、面向基层工作导向，建成全市首批渝东南首个五星级职工服务中心，联建工会会员"医疗优惠"定点医院 4 家、爱心门诊 1 个、爱心药房 2 家、爱心学校 5 所、爱心连锁超市 35 个、培训职校 3 所，健全完善了 31 个乡镇（街园）、281 个村（社企）群团服务站点建设，基本形成了以区职工服务中心为枢纽的"1+X"立体化帮扶体系，"四送"活动惠及 18300 余人次，发放慰问金 500 余万元，银行卡发放率达 95% 以上；"金秋助学"资助困难职工子女 347 名，发放助学金 104.5 万元；医疗救助 494 人，发放救助金 127.42 余万元；签约 3 所职校开展职业技能培训 1270 余人次，帮扶创办微企 450 家，推荐就业创业 5350 人，1 所职校被命名为"全国职工培训示范点"；发动 372 个基层组织 48767 人次加入互助会，726 人次申领互助金 92.5 万元；选派 2 名干部驻村开展精准扶贫，自筹资金 56.4 万元，协调落实资金 83.7 万元帮扶白土乡金塘村、太极乡石槽村实现脱贫解困，组织基层工会开展"1 户贫困户 1 名劳动力掌握 1 项职业技能"贫困农民工技能培训 69 场次，5438 人参训，工作手臂触角更加伸展，服务职工载体更加丰富，践行群众路线更加自觉。

打铁还需自身硬。全区各级工会组织深入实施督导督查行动，强化工会经费监管力，经费收缴审计取得新突破。

2013—2016 年连续 4 年荣获市总工会综合目标考核"特等奖"，2 次被区委评为"先进单位"，工会法律援助、经费审查、职工教育培训等单项工作荣获中华全国总工会表彰，"八分八有"劳模精细化服务管理、"二找三引四连"农民工入会模式、"五大转变"建设法治工会等为全市首创、全国率先。

原州区总工会"干部作风转变年"活动进行时

宁夏固原市原州区总工会

原州区总工会根据区委办《原州区开展"干部作风转变年"活动实施方案》（原党办〔2018〕26号）精神，在前期工作基础上，继续采取多项措施有序进行后续学查改工作。

一、坚持学习，准确把握干部查摆和整改问题标准

一是区总工会在"二五"政治理论学习、中心组学习会上组织干部职工认真学习《章程》《关于新形势下党内政治生活的若干准则》等党纪党规和原州区扶贫领域腐败和作风问题典型案例。二是组织干部职工参观原州区人民法院廉政文化教育基地开展警示教育活动，并组织举行心得体会交流活动。三是在领导班子专题民主生活会上，班子成员集体学习《中央八项规定实施细则》等。四是制作《原州区总工会党员干部职工应知应会知识手册》，为党员干部职工提供方便快捷的学习工具书。通过多种方式学习，促使工会党员干部职工时刻牢记党章党纪党规，准确查摆自身存在的问题和提出切实可行的整改措施。

二、再次回头，力争真正把问题找准和找深

在4月份工作基础上，区总工会领导班子和干部职工进行了自查自纠回头看，继续查摆领导班子和干部职工存在的问题和不足。现自查出领导班子存在问题5条，涉及公务接待、调查研究等方面；领导干部存在问题9条，包括加强工作指导力度、密切协调配合等方面。

三、认真整改，及时补齐自身短板和不足

原州区总工会领导班子及干部职工对照在自查阶段查找出的问题及时提出有效措施进行认真整改。目前，领导班子提出整改措施10条，涉及增强班子成员"四个意识"、纪律规矩意识和工作落实等，已完成整改措施7条；领导干部提出整改措施23条，涉及加强调查研究、有力指导工作、政策法规学习等，已完成整改措施13条；干部职工提出整改措施70余条，包括加强学习、严格遵守纪律、完全落实任务等，已完成整改措施51条。

四、修改完善，健全工作落实机制和制度体系

为完善工会工作落实机制和制度体系，区总工会成立了以常务副主席为组长、分管领

导为副组长的修订完善工作制度小组，利用一个月时间分前期准备、征求建议、修订完善和研究执行四个阶段完成工会建制度、立标准、定流程工作。现已修改完善各类工作制度16项，主要包括财务管理、女工工作、干部职工考勤、限时办结、扶贫等工作制度，制定工作流程6项，包括困难职工救助、法律援助、组建工会等方面。

工会是下岗职工真正的"娘家"

山西省方山县总工会

日前，山西省吕梁市方山县总工会主席白子亮接到山西金晖瑞龙公司工会电话，邀请县总党的十九大精神宣讲小组最近再去企业做一次宣讲，"因为上次独唱、快板、舞蹈、手语、朗诵等生动活泼的宣讲形式特别受职工欢迎"。

县总党的十九大精神宣讲小组长、交通协管队队长高宝平也告诉记者，他们这个自编自导的党的十九大精神宣讲小组就是为感谢县总工会长期以来对下岗职工的支持与帮扶而成立的。

"每当我们交通协管队遭遇'寒冬'时，都是方山县总工会及时送来温暖。"高宝平说。

方山县交通协管队成立于2007年7月。当时，该县有大量企业下岗职工和零就业家庭人员，而县城几个学校周边交通混乱，交通事故时有发生。当时刚刚创办了家政就业服务中心的高宝平，通过政府购买公共服务的渠道，成立了一支由41名下岗职工和零就业家庭人员组成的交通协管队，既让部分下岗职工实现再就业，又缓解了学校周边糟糕的交通状况。

但是，到当年底，辛苦工作了几个月的协管员们却没拿到一分钱工资。队长高宝平已经投入了10多万元服装费和5万多元的房租，已拿不出钱来支付职工工资。不少协管队员坚持不下去陆续走人了。

眼看交通协管队要"散摊"，当时的方山县总工会主席刘茂林一行人来慰问了，与他一同来的，还有当时的吕梁市委组织部部长、吕梁市总工会财务科科长和方山县县长等。

"正是这次慰问，给我们带来了岗位的'春天'！"高宝平说。方山县总不仅带来了5000元慰问金，还与市县领导协商，把协管员的工资从360元提高到570元，其中，360元来自劳动部门的下岗职工再就业补贴，其余210元由县财政补齐。

县运输公司下岗职工、协管员薛士元高兴地说："工会的那次慰问，让我们过了个好年。协管队给我们每人发了500元过年钱，还进行了评比总结，我被评上优秀协管员，获得了物质奖励。"

此后几年，协管队员们安下心来做交通秩序维护工作。他们每天准时出现在县城及方圆40公里之内的1个高中、3个幼儿园、4个初中、5个小学周边的交通路口，守护着1.4万余名学生的安全，得到学生和家长的普遍认可和社会的高度评价。协管队每年都收到来自学生及家长的几百封感谢信。每年，协管队向各部门及社会人员征求意见的评定表上，满意率均在 95% 以上。

但是，2011 年年底，交通协管员们再次遇到一个"坎"——按政策规定最多 5 年的再就业补贴期限满了，这意味着协管员们每月 360 元的再就业补贴没了，只剩下来自县财政的 210 元补贴。

当年，时任方山县总工会主席张克明在两节送温暖时，与吕梁市委、市总工会以及方山县政府主要领导同行再次走进交通协管队。这次不仅带来了慰问金，还从根本上解决了协管员的工资之忧——经县总与市县领导协商，政府决定协管员工资由县财政发放，不低于当地最低工资标准。于是，协管队职工的工资从每月 520 元、570 元、760 元、970 元……增加到现在的 1520 元。

2016 年隆冬，新任方山县总工会主席白子亮带着 1 万元慰问金再次慰问交通协管队，同来的还有吕梁市委副书记、市总工会主席以及方山县委书记。这次慰问，县总与市县领导达成共识："下岗职工的事就是大事，一定要办好。"2018 年年初，方山县总交通协管队的慰问金提高到 2 万元。

协管员任锁告诉记者："没有县总工会的支持与帮扶，交通协管队很可能坚持不到今天。工会就是我们下岗职工的'及时雨'，是真正的'娘家'。"

不留情面对县级工会严考核"逼出"工作干劲

河北省邯郸市总工会

为进一步提升各县（市、区）总工会争先创新意识，激发工会干部的工作热情，依法维护职工合法权益，把工会建成真正的"职工之家"，使工会干部成为职工可信赖的"娘家人"，邯郸市总工会于今年4月初完成了对全市20个县级（含市经济技术开发区、冀南新区）工会2016年度工作综合评价，并按照得分高低进行了排队。此项工作受到了河北省人大常委会党组副书记、省总工会主席王增力，省总工会党组书记、常务副主席常增月等省总领导的高度肯定和认可。通过对20个县级工会进行综合评价排队，让各县（市、区）总工会既看到了成绩，也看到了差距，对推动邯郸全市工会工作再上新台阶起到了积极的促进作用。

一、科学谋划，率先在全省提出对县级工会综合考评方案

近年来，邯郸市总工会一直非常重视县级工会建设，特别是河北省总工会开展县级工会达标创优活动以来，邯郸市总工会坚持把提升县级工会组织活力、夯实县级工会基础、调动县级工会争先创优意识作为推动县级工会工作的重要内容认真谋划，狠抓落实，全市县级工会工作取得了长足进步。为了贯彻落实好省总十二届五次全委会议精神，2月23日，邯郸市总工会专门组织召开主席办公会，在组织传达学习省总会议精神的同时，再次组织全体县级干部认真学习了省总工会下发的《关于对设区市总工会年度工作评价办法（试行）》，对照《评价办法》，逐条逐项分析了邯郸市工会工作的优势和存在的不足，研究讨论了2017年度需要下大力抓好的重点工作。为充分调动各县级工会的工作创新意识，推动全市工会工作再上新台阶，会议决定：将采取晒晒各县（市、区）工会工作账单的方式，对县级工会进行综合评价，通过综合评价排队让工作后进的县（市、区）出出"汗"，绝不能再"老和尚的帽子平不塌"。这是近年来邯郸市总工会首次采取"倒逼"手段推动县级工会工作。为落实好市总工会主席办公会议决定，做好县级工会综合评价工作，3月6日，邯郸市人大常委会副主任、市总工会主席李永科在市总工会第十六届五次全委（扩大）会议上又专门进行了安排部署。会上，李永科主席还专门强调，如在市总综合考评中，连续两年名列后三名的县（市、区），市总工会将以党组的名义向所在县（市、区）党委发函，建议调整该单位常务主席的工作岗位。至此，邯郸市总工会对县级工会考评工作正式拉开

序幕。

二、明确标准，坚持一把"尺子"衡量县级工会工作

俗话说"没有规矩，不成方圆"。要搞好对县级工会综合评价，让各县级工会信服，必须要有统一的评价标准，坚持一把"尺子"量到底。邯郸市总工会组织部按照市总工会主要领导的指示要求和全会工作部署，牵头起草制定了《市总工会2016年度对县级工会工作综合评价表》。在起草过程中，市总组织部先后3次征求机关各部室意见，2次向主席办公会汇报综合评价筹划工作进展情况，多次调整充实细化考评内容。特别是为确保评价标准易于操作、公平公正、科学合理，邯郸市人大常委会副主任、市总工会主席李永科多次过问考评筹划进展情况，提出明确要求，并亲自逐项审核考评内容，推敲评价分值。经过市总工会全体人员群策群力、共同努力，最终形成了邯郸市总工会对县级工会综合考评标准。《评价表》设计分值340分，内容涵盖建会入会、规范化建设、干部教育培训、工会法律工作、经审工作、精准帮扶、普惠化服务、职工服务中心建设、大病互助、金秋助学、民主管理和集体合同、女工、劳保、产业工会以及信息、统计等多项内容，既包含了基础性的工作，又突出了重点工作、创新工作。此标准的制定，为全面做好县级工会综合考评工作奠定了良好基础。

三、客观评价，用"倒逼"手段激发县级工会工作动力

对县级工会进行综合评价是为了更好地推动全市工会各项工作不断创新，激发广大工会干部的工作热情，提高工作效率，更好地服务全市200万工会会员，把县级工会建成真正的"职工之家"，使工会干部成为职工信赖的"娘家人"。

一是专题汇报，"晒"工作账单。为全面了解掌握一年来各县（市、区）工会工作进展情况，让各县（市、区）相互学习借鉴经验，3月28日，邯郸市总工会组织召开了由20个县级工会主席、常务副主席和市总机关各部室主要负责人参加的2016年度工作汇报会，专门听取各县（市、区）工会工作汇报。邯郸市人大常委会副主任、市总工会主席李永科出席会议，并对各县（市、区）工会工作进行了认真点评，在充分肯定2016年各县（市、区）工会工作的同时，还对做好今年工作提出了具体要求。

二是量化打分，客观评价成绩。在专题汇报会后，邯郸市总机关各部室和市总县级干部，按照综合评价办法程序要求，分别对照《评价表》对各县（市、区）工会工作进行量化打分。为确保评分公平公正和科学合理，在操作中，市总工会采取了市总县级干部评分与市总各部室评分相加之和除以2，取平均分的方式进行了量化。得分高者位次列前；如遇得分相等，则以各部室打分总分高者排前。按此办法，依评分高低，排出了20个县级工会先后次序。

三是制发文件，及时将结果通报县（市、区）党政领导。综合评价结束后，邯郸市总

工会及时制定下发了《邯郸市总工会关于2016年度县（市、区）工会工作的评价通报》。《评价通报》除下发至20个县级（含市经济技术开发区、冀南新区）工会和市对口单位工会外，还专门报送市委分管副书记，邮寄给各县（市、区）党政主要领导和主管副书记。

四、反应强烈，评价效果明显

县级工会工作《评价通报》寄发后，20个县级工会分别组织召开了主席办公会或党组会，对2016年以来的工作进行了"回头看"，查找了工作中存在的问题，分析了原因，制定了具体工作措施。涉县、磁县、武安市等工会由于工作成绩突出，多次受到该县（市）党政主要领导的表扬。部分排名靠后的县（市、区），有的常务主席受到了所在县（市、区）书记的约谈，有的受到了严肃批评。特别是肥乡区总工会在受到区委书记约谈后，立即组织召开了区工会全体机关人员大会，向全体与会人员通报市总评价结果，传达区党政主要领导指示精神，并在第一时间由区工会常务副主席带队，到市总工会对口征求机关各部室的意见、建议。随后，又专程赴涉县进行对标学习，找差距、学经验、补短板。

通过综合评价，进一步提升了县（市、区）党政对工会工作的关注度，也进一步增强了县级工会做好工作的积极性、主动性。目前，邯郸市各级工会组织正全力按照市总十六届五次全委（扩大）会议安排部署，一招不让地抓基础性工作，脚踏实地地抓重点工作，初步形成了想事、干事，先进单位保先进、后进单位赶先进，你追我赶、力争一流的浓厚氛围。

第二篇
新时代工会干部工作
发展与创新

第一章
加强和改进工会工作

第一节　加强和改进工会工作的意义

全国总工会成立 90 多年来，始终在中国共产党领导下，动员广大职工群众围绕党的纲领和不同历史时期确立的中心任务艰苦奋斗、建功立业，为我国革命、建设、改革事业做出了重大贡献。随着党的中心任务的变化，工会的任务、职能及机构设置、工作方式等也在相应地调整和变化。

随着改革开放的深入，经济成分、利益主体、社会组织和社会生活方式日趋多样化，特别是进入新时期后，工会组织和工会工作都面临着越来越突出的问题与挑战。推进工会改革是我国工运事业与工会工作发展的内在要求和客观需要，体现着党中央关于群团工作改革的要求。坚持中国特色社会主义群团发展道路，贯彻习近平总书记系列重要讲话精神，既顺应了广大职工群众的期盼，也符合工会工作实际。党的十八大以后，以习近平同志为核心的党中央，高瞻远瞩地提出了一系列群团（工会）组织改革创新的决策和论断，2015年 2 月，中共中央印发《关于加强和改进党的群团工作的意见》《关于加强社会主义协商民主建设的意见》；4 月，中共中央、国务院印发《关于构建和谐劳动关系的意见》。尤其是 2015 年 11 月 9 日，中央全面深化改革领导小组第 18 次会议审议通过了《全国总工会改革试点方案》，为推进工会改革指出了方向、明确了目标，深刻阐释了新形势下我们党关于工会工作的大政方针，进一步指明了我国工运事业的前进方向。

一、加强和改进工会工作的必要性

（一）全面深化改革要求工会团结动员广大职工凝聚起发展的正能量

全面深化改革是包括广大职工在内的全体人民自己的事业，必须赢得人民群众的拥护，凝聚共识、汇集力量对全面深化改革至关重要。广大职工群众是全面小康建设和实现中华民族伟大复兴的主力军，也是全面深化改革的重要依靠力量，当前，社会结构深刻变动，利益格局深刻调整，思想观念深刻变化，凝聚改革共识难度加大，统筹各方利益任务艰巨。

因此，如何在推动改革进程中，引导广大职工正确看待改革，支持拥护改革，积极参与改革，是工会组织重要的政治任务。工会组织要担负起这一重要的政治任务，必须加强和改进工会工作。

（二）劳动关系变化要求工会必须从源头着力化解劳动关系矛盾纠纷

党和国家历来高度重视构建和谐劳动关系，制定了一系列法律法规和政策措施并做出工作部署，当前，我国劳动关系总体保持了和谐稳定。但是，我国正处于经济社会转型时期，劳动关系的主体及其利益诉求越来越多元化，劳动关系矛盾已进入凸显期和多发期，在经济发展"新常态"形势下，受制造业产能过剩、产业加速转型升级的影响，劳动关系矛盾纠纷逐步增多，劳资纠纷总量维持高位运行，劳动争议案件居高不下，有的地方拖欠农民工工资等损害职工利益的现象仍较突出，集体停工和群体性事件时有发生。面对这样的客观现实，工会组织在维权维稳、依法调处劳动关系矛盾方面仍然存在办法不多、手段不硬、能力不足等问题，有的区域和企业构建发展和谐劳动关系的机制还过于形式化，构建和谐劳动关系的任务艰巨繁重。如何增强工会的维权能力，代表和维护好职工合法权益，从源头上化解劳动关系矛盾纠纷是目前加强和改进工会工作的紧迫任务。

（三）职工队伍结构的新特点要求工会适应服务对象的新变化

随着越来越多的80后、90后进入职场，年轻一代在劳动者大军中的比例日益增加，特别是新生代农民工已经成为外来务工人员的主体，与上一辈相比，他们的受教育程度高、思想活跃，"不仅要进城，还要落户；不仅要挣钱，还要高收入"，他们维权意识强，对自身经济利益和民主政治权益意识也较强，有改善劳动条件、追求公平正义的价值观念，渴望参与文体活动来丰富精神文化生活，对党政和社会的期望值也很高。如何更好地适应职工队伍的新变化，关注工作对象的深刻变化，如何健全完善工会的组织方式、运行机制和服务内容，当好娘家人，办好职工事，转变服务形式和服务方式，是加强和改进工会工作面临的现实问题。

（四）工会自身组织及其活动特征要求工会增强吸引力和凝聚力

当前，工会组织一定程度上存在脱离职工群众的突出问题，相当部分基层工会作用发挥不够，活力明显不足。工会组建率下降、会员入会率降低、工会活动内容和方式不相适应、工会在职工群众中的信任率降低等情况客观存在。工会组织亟须增强吸引力、凝聚力。要积极扩大工会工作覆盖面，努力把工作做到所有职工群众中去，把更多职工群众吸引到工会中来，吸引到工会活动中来，使工会工作更贴近基层、贴近职工群众，更符合职工群众意愿。如何坚持党的群众路线、践行"三严三实"和"两学一做"，以更高的标准落实工会工作的政治性、先进性和群众性要求，进一步加强基层工会建设，着力扩大覆盖面、增强代表性，着力强化服务意识、提高维权能力，着力加强队伍建设、提升保障水平，大力推进工会工作法治化建设，让职工群众真正感受到工会是"职工之家"，维护工人阶级团结统一和职工队伍稳定,是工会组织面临的严峻挑战,也是加强和改进工会工作的现实要求。

(五)社会稳定发展要求工会建成枢纽型组织体系

从加强社会治理体系建设的要求来看,工会亟须加强基层组织体系建设。社会稳定发展的外部压力不仅要求工会确定他们在保护和代表劳动者权益中的角色,而且"有为方有位"的现实更涉及工会自身的生存。尤其当一些声称代表工人利益的,诸如以地缘、亲缘、血缘关系为纽带形成的"同乡会""兄弟会""联谊会",以就业性质相近而形成的"打工仔协会""下岗职工联谊会",以及企业中出现的"员工俱乐部""工人福利会"等诸多非正式组织的出现,已经对现行的工会体制形成很大的影响。由于缺少制度规范和政策扶持,职工服务类社会组织存在明显的先天不足。工会在创新社会治理体制中,既要做好党联系职工群众的桥梁纽带,也要做好党联系职工服务类社会组织的桥梁纽带。因此,如何在团结服务广大职工的同时,在引导规范培育社会组织中发挥作用,构建枢纽型组织体系,是工会组织面对的紧迫课题,这就要求工会组织加强自身的改革,不断加强和改进工会工作。

二、加强和改进工会工作的原则

当前,全国各级工会组织的改革工作正在有序地展开。尤其是全国总工会,认真贯彻落实中央全面深化改革领导小组要求,充分履行"忠诚党的事业、竭诚服务职工"的使命担当,按照增"三性"、去"四化"、强基层、促创新的改革总体思路,有序有力有效推进改革试点工作。目前,《全国总工会改革试点方案》提出的7个方面27条改革举措均如期完成,原定制定25项制度文件而实际出台了35项,改革试点工作实现了既定目标,取得了阶段性成果。与此同时,全总坚持以上带下,指导各级工会主动对接、及时跟进,整个工会系统改革全面展开、态势良好。工会改革必须坚持增强"三性"、去除"四化"的原则,才能使工会工作不偏航增强动力,才能使工会工作接地气增强活力。

(一)增强"三性",工会工作才不会偏航

中央要求"推进党的群团改革,必须紧紧围绕保持和增强政治性、先进性、群众性这条主线,强化问题意识、改革意识,着力解决突出问题,把群团组织建设得更加充满活力、更加坚强有力"。工会在改革中,要始终把保持和增强政治性、先进性、群众性作为根本原则,构建全新的工作模式,团结职工跟党走,增强党的群众基础,巩固党的执政基础。

1.要始终坚持政治性,必须把保持和增强政治性放在第一位

工会工作具有很强的政治性、政策性,正确的政治方向是推进改革的根本保证。中国工会是党联系职工群众的桥梁和纽带,是国家政权的重要社会支柱。工会组织必须始终坚持党的领导,在思想上政治上行动上始终同党中央保持高度一致,坚决贯彻党的意志和主张,严守政治纪律和政治规矩,承担起引导职工群众听党话、跟党走的政治任务,把职工群众最广泛最紧密地团结在党的周围,确保工会改革始终沿着正确政治方向前进。

2. 要始终坚持先进性，把保持和增强先进性作为着力点

进入全面深化改革阶段和 21 世纪互联网时代，职工的队伍结构、理想追求等方面发生了巨大变化，传统的组织形式、工作方式、活动形式已不能适应发展变化了的形势，必须适应新变化，构建新模式。通过改革保持工会组织的先进性，构建工会工作的新模式。如在组织建设上，要适应多元化的所有制形式，采用行业、企业、园区建会集体入会和职工个人志愿入会等多种会员发展模式，以"互联网＋工会"模式、电子会员卡等手段伸长工会服务职工的手臂，构建网上职工之家等。

3. 要始终坚持群众性，把保持和增强群众性作为工会工作的生命线

工会是最具广泛性的群团组织，坚持工会组织的群众性，就必须广泛接地气，让职工当主角，深入持久地组织群众、宣传群众、教育群众、服务群众，不仅让职工成为活动的参与者，更要让职工成为活动的主角。把会员和职工最大限度地团结在党的周围，增强党的群众基础，从而巩固党的执政基础。

（二）去除"四化"，工会工作才能接地气

有效破解群团组织存在的"机关化、行政化、贵族化、娱乐化"倾向，是党中央对群团改革提出的明确要求。"机关化、行政化、贵族化、娱乐化"的主要问题是脱离群众。

1. 要着力破除行政化

《全国总工会改革试点方案》提出整合优化机关职能和机构设置，建立扁平化的组织结构，减少中间层次，进一步形成眼睛向下、面向基层、职责明确、运转高效的格局。各级工会应创新组织体系，打破原有封闭体系，构建小机关、大网络、强基层、全覆盖的工会组织体系。在工会机构设置、管理模式、运行机制等方面，坚持以职工为本，把职工的需求作为工会一切工作的出发点和落脚点。在机构改革上"减上补下"，推倒"倒金字塔"，实行"扁平化"管理。

2. 要着力破除贵族化

我国工会是工人阶级自愿结合的群众组织，工会要面向基层普通职工群众，探索建立"专职＋挂职＋兼职"工会领导班子，提高基层一线人员在工会委员会中的比例，完善"小三级工会"模式，聘用职业化社会化工会干部。积极适应"互联网＋工会"的新变化，推行大数据管理，实现从以人为主管理向以信息数据管理为主的转变，充分发挥信息在工会保障职工权益资源配置和运用中的主导作用，着力打造数字化、规范化、智能化服务职工的综合管理平台，推进普惠服务。

3. 要着力破除机关化

首先，应把工作重心更多放在关注、关心、关爱普通职工群众上，完善会员代表大会、代表常任制等制度，为职工群众提供更多精准、对路的普惠化服务。其次，应建立以群众满意度为指向的考核评价体系。积极推行会务公开制度、会员评家制度、工会主席问责制，

建立依靠职工群众推进工作制度，构建起"以职工为中心、让职工当主角、由职工说了算"的考核评价机制，让职工群众更好地参与、监督工会工作。最后，还应建立以问题为导向的跟踪落实机制，围绕"群众有所求、工会有所应"的奋斗目标，建立健全线上职工诉求表达机制、线下职工反映问题办理机制、劳动关系舆情分析研判机制、工会新媒体运行机制等，及时跟进解决职工群众反映的问题，促进合法诉求妥善解决。

4.要着力破除娱乐化

通过搭建平台，做强活动阵地，打造工会组织示范服务站点，开展建会入会、诉求收集及反馈等服务职工项目，探索把工会工作融入社区网格化管理体系之中，实现工会服务在工作地、居住地以及网络空间的三重覆盖。把服务送到职工家门口，让职工能够方便快捷地找到工会这个"家"，并在此享受到"家"的温暖；同时，要做到两眼向下，做实服务品牌。工会要进一步完善服务手段，创新服务方式，增强服务实效，努力推动工会服务从高大上转向"基层化＋小众化"，打造一批有实效、叫得响、可推广的服务品牌，使工会工作品牌更贴近职工实际和工作生活所需，让职工群众有更多获得感。

第二节　加强和改进工会工作的内容

一、坚定不移走中国特色社会主义工会发展道路

加强和改进工会工作，其目的是使工会组织更好地在党和国家工作大局中充分发挥自身作用，不断增强党的阶级基础、扩大党的政治基础；更好地代表和维护广大职工的利益，不断增强工会吸引力凝聚力战斗力；更好地团结动员亿万职工践行新发展理念，为推进供给侧结构性改革、振兴实体经济建功立业，为实现中华民族伟大复兴的中国梦做出贡献，不断把中国工会事业推向前进。因此，加强和改进工会工作，必须坚定不移走中国特色社会主义工会发展道路。

（一）坚持自觉接受中国共产党的领导

党的领导是做好工会工作的根本政治保证。要进一步提高接受党的领导的自觉性和坚定性，推动全心全意依靠工人阶级指导方针的贯彻落实，通过创造性的工作，把对党负责和对职工负责统一起来，把贯彻党的主张和反映职工的愿望结合起来，使党的路线方针政策真正变成广大职工的自觉行动。

（二）坚持以中国特色社会主义理论体系为指导

要坚持以中国特色社会主义理论体系为指导，就要深入学习领会科学发展观和新形势下治国理政的新思想新理念新战略，并以此统领工会工作全局，全面提高运用马克思主义

立场、观点、方法解决工会工作面临的实际问题的能力，确保工会工作始终朝着正确的方向健康发展。

（三）坚持中国工会的社会主义性质

我国是工人阶级领导的、以工农联盟为基础的人民民主专政的社会主义国家，社会主义制度是我国的根本制度。这就从根本上决定了中国工会的社会主义性质，决定了中国工运事业的社会主义方向。要坚持中国工会的社会主义性质不动摇，就要坚持工会鲜明的阶级性、广泛的群众性和高度的政治性的统一，并动员工人阶级努力为建设中国特色社会主义伟大事业贡献力量。

（四）坚持服从服务于党和国家工作大局

要紧紧围绕发展这个党执政兴国的第一要务，牢牢把握全面建成小康社会、坚持和发展中国特色社会主义这个当代中国工人运动的主题，要自觉把工会工作放到党和国家工作大局中去思考、去把握、去部署，团结动员广大职工为推进改革开放和经济社会建设贡献力量。

（五）坚持维护职工群众的合法权益

竭诚为职工群众服务是工会一切工作的出发点和落脚点，维护职工合法权益是工会的基本职责。要切实发挥自身的职能作用，在维护全国人民总体利益的同时更好地维护职工群众的具体利益，关心职工群众疾苦，倾听职工群众呼声，反映职工群众愿望，解决职工群众困难，加大协调劳动关系力度，充分保障广大职工的经济、政治、文化、社会和生态文明权益，推动形成包括职工群众在内的全体人民共谋经济发展、共建和谐社会、共享改革成果、共创美好生活的良好局面。

（六）坚持不断发展工人阶级先进性

工人阶级是推动先进生产力发展和促进社会全面进步的决定性力量，是建设中国特色社会主义伟大事业的主力军。要把全面提高职工队伍的整体素质作为发展工人阶级先进性的基础工程和战略任务，充分发挥工会"大学校"作用，引导广大职工认真学习中国特色社会主义理论体系，坚定中国特色社会主义共同理想，努力适应新科技革命对职工文化技术素质的新要求，着力培养一大批知识型、技术型、创新型的高素质职工，特别是要坚持全心全意依靠工人阶级的方针，按照政治上保证、制度上落实、素质上提高、权益上维护的总体思路，充分调动广大产业工人的积极性主动性创造性，造就一支有理想守信念、懂技术会创新、敢担当讲奉献的宏大的产业工人队伍。在推进改革开放和社会主义现代化建设中，坚定不移地依靠主力军、建设主力军、发展主力军。

（七）坚持维护工人阶级的团结和工会组织的统一

高度统一的组织领导体制是事关中国工会性质和工会事业发展的重大问题。最广泛地把职工群众组织到工会中来，是维护工人阶级队伍团结与工会组织统一的前提和基础。要进一步增强政治敏锐性和政治鉴别力，旗帜鲜明地维护工人阶级队伍的团结；始终不渝地坚持工会组织的统一，增强工人阶级的整体力量，更好地体现中国工会的特点和优势。

（八）坚持推动形成公正合理的国际工运新秩序

工会对外工作是我国总体外交的重要组成部分。要按照国家外交的总体部署，在国际工运事务中坚持独立自主地开展活动，既学习和借鉴外国工会的有益经验，又不照搬外国工会的发展模式，广泛促进交流、加强国际合作、推进双边和多边活动，更好地树立中国和中国工会的国际形象，扩大中国和中国工会的国际影响。

坚定不移地走中国特色社会主义工会发展道路，其核心是坚持中国共产党的领导，根本是坚持社会主义性质，关键是坚持维护职工合法权益。中国特色社会主义工会发展道路作为历史经验的总结、时代要求的体现、方向模式的选择、指导原则的升华，创造性地回答了"走什么样的工会发展道路、建设什么样的工会"这一重大时代课题，指明了中国工会的发展方向。

二、贯彻落实习近平总书记关于工人阶级和工会工作重要论述

党的十八大以来，习近平总书记对工人阶级和工会工作高度重视，多次做出重要论述，为新时期做好工会工作指明了方向。习近平总书记的重要论述，提出了工人运动的时代主题、工会工作的原则方针和目标任务，内涵丰富、思想深刻，系统全面、博大精深，集中体现在以下十个方面。要深入学习贯彻习近平总书记系列重要讲话精神特别是关于工人阶级和工会工作重要论述，不断开创工会工作新局面。

（一）切实保持和增强工会工作和工会组织的政治性先进性群众性

习近平总书记强调，要毫不动摇坚持中国特色社会主义群团发展道路，全面把握"六个坚持"的基本要求和"三统一"的基本特征。政治性是群团组织的灵魂，是第一位的，包括工会在内的群团组织要始终把自己置于党的领导之下，在思想上政治上行动上始终同党中央保持高度一致。先进性体现了工会工作的价值追求。工会是党联系职工群众的桥梁和纽带，党的先锋队性质赋予它所领导的工会组织具有天然的先进性，工人阶级是先进生产力和生产关系的代表，工人阶级的先进性赋予了工会组织的先进性。必须把保持和增强先进性作为重要着力点，组织动员广大职工群众为完成党的中心任务而共同奋斗。群众性是群团组织的根本特点。保持和增强群众性就是要竭诚服务职工群众，开展工作和活动要以职工群众为中心，让职工群众当主角，把为职工群众服务当作天职，以发展职工群众利益为己任，切实增强工会组织的吸引力、凝聚力和感召力。

（二）坚持党对工会的领导，始终保持工会工作的正确政治方向

习近平总书记强调，坚持正确政治方向，就是要坚持中国共产党领导和社会主义制度。在坚持党的领导这个根本问题上，工会组织和工会干部必须头脑十分清醒、立场十分坚定、行动十分坚决。

（三）坚持全心全意依靠工人阶级，充分发挥工人阶级主力军作用

习近平总书记强调，要把全心全意依靠工人阶级的根本方针贯彻到经济、政治、文化、社会、生态文明建设以及党的建设各方面，落实到党和国家制定政策、推进工作全过程，体现到企业生产经营各环节。

（四）牢牢把握我国工人运动的时代主题，为实现中华民族伟大复兴的中国梦而奋斗

习近平总书记强调，工会要牢牢抓住为实现中华民族伟大复兴的中国梦而奋斗这个时代主题，把推动科学发展、实现稳中求进作为发挥作用的主战场，把做好新形势下职工群众工作、调动职工群众积极性和创造性作为中心任务，使中国梦真正同每个职工的个人理想和工作生活紧密结合起来，真正落实到职工群众的实际行动之中。

（五）崇尚劳动、尊重劳动者，大力弘扬劳模精神和劳动精神

习近平总书记强调，劳模精神生动诠释了社会主义核心价值观，是我们的宝贵精神财富和强大精神力量。要大力宣传劳动模范和其他典型的先进事迹，引导广大职工树立辛勤劳动、诚实劳动、创造性劳动的理念。做好劳模管理服务工作，更好发挥劳模的榜样、示范、引领作用。

（六）注重发挥工会组织的作用，坚持中国特色社会主义工会发展道路

习近平总书记强调，工会是党联系职工群众的桥梁和纽带，工会工作是党治国理政的一项经常性、基础性工作。他还强调，中国特色社会主义工会发展道路是中国特色社会主义道路的重要组成部分，深刻反映了中国工会的性质和特点，是工会组织和工会工作始终沿着正确方向前进的重要保证，要始终坚持这条道路，不断拓展这条道路，努力使这条道路越走越宽广。

（七）把更好维护和发展职工群众利益作为根本要求，构建和发展和谐劳动关系

习近平总书记强调，要坚决履行维护职工合法权益的基本职责，帮助职工群众通过正常途径依法表达利益诉求，把党和政府的关怀送到广大劳动群众心坎上，不断赢得职工群众的信赖和支持。要健全劳动关系协调机制，及时正确处理劳动关系矛盾纠纷，最大限度增加和谐因素，最大限度减少不和谐因素。

（八）围绕"三个着力"加强工会建设，增强工会吸引力凝聚力战斗力

习近平总书记强调，基层工会离职工最近，联系职工最直接，服务职工最具体，是工会工作的基础和关键。要从巩固党执政的阶级基础和群众基础的高度出发，着力扩大覆盖面、增强代表性，着力强化服务意识、提高维权能力，着力加强队伍建设、提升保障水平。

（九）增强自我革新的勇气，顺应时代要求推动工会改革创新

习近平总书记强调，群团组织要增强自我革新的勇气，坚持眼睛向下、面向基层，改革和改进机关机构设置、管理模式、运行机制，坚持力量配备、服务资源向基层倾斜，创新群众工作体制机制和方式方法。要与时俱进，自觉运用改革精神谋划工会工作，推动工会工作再上新台阶。

（十）切实改进工作作风，提高能力素质

习近平总书记强调，要坚持把群众路线作为工会工作的生命线和根本工作路线，把工作重心放在最广大普通职工身上，改进工作作风，破除衙门作风，坚决克服机关化、脱离职工群众现象，让职工群众真正感受到工会是"职工之家"，工会干部是最可信赖的"娘家人"。

习近平总书记关于工人阶级和工会工作的重要论述，提出了一系列新思想新理念新论断，是对马克思主义劳动学说和群众学说的传承与深化，是对党的群众工作理论和工运理论的丰富与发展，是指导工会工作的强大思想武器。我们要深入学习领会，坚决贯彻落实。

三、整合机构优化职能，增强工会组织的广泛性代表性

习近平总书记在中央党的群团工作会议上指出，群团组织要坚持眼睛向下、面向基层，改革和改进机关机构设置、管理模式、运行机制，坚持力量配备、服务资源向基层倾斜，要牢牢掌握维护群众权益大旗。《全国总工会改革试点方案》提出的改革措施中，第一条就是改进工会领导机构人员构成和全总机构设置。这是贯彻党中央关于群团组织改革创新的决策部署，适应新形势新任务的要求，针对存在的问题，回应职工群众期待的重要举措。随着形势发展变化，职工队伍特别是农民工队伍不断发展壮大，劳动关系领域社会组织快速兴起，网络对职工群众生产生活影响日益深入，劳动关系矛盾复杂多发，工会工作对象不断扩大、工作领域不断拓宽、工作内容不断增加，这就对工会组织更好地发挥作用提出了新的要求，工会必须积极适应形势的发展变化，勇于改革创新，整合精简机构，优化强化职能。

（一）增强工会组织广泛性和代表性

提高领导机构中职工代表比例。在工会执委会委员及主席团成员中，分别提高劳模和一线职工比例，工会领导班子中增设农民工兼职副主席和挂职工会干部。在各级产业工会全委会委员、常委会成员中分别提高劳模和一线职工比例，并分别增设兼职副主席。全国总工会已经制定了《关于充分发挥全国总工会劳模兼职副主席作用的暂行办法》，组织全总劳模兼职副主席参加学习培训、开展调研、参加送温暖活动，切实发挥了全总劳模兼职副主席作用。又制定了《工会全国代表大会代表、全国总工会执行委员会委员提案办理办法（试行）》，还将建立工会全国代表大会代表联络机制，通过全体会议发言和向大会提交提案等方式，扩大代表、委员的参与渠道。

（二）整合优化工会机关职能和机构设置

为更好适应基层工作和职工群众需要，工会机关要整合机构、优化职能，建立扁平化的组织结构，减少中间层次，不搞叠床架屋，进一步形成眼睛向下、面向基层、职责明确、运转高效的格局。全总首先从自身做起，优化了全总机关组织架构，将6个主要职能部门整合为3个，新成立了网络工作部和社会联络部，职能部门总数减少了1个。5个生产经营类事业单位转制为企业，事业单位由18个减少到13个。通过整合精简机构，减少交叉重复，进一步优化强化硬化了工作职能，更加聚焦主责主业，机关工作效率和工作质量明显提升。

（三）实行工会机关编制"减上补下"

目前县级工会和乡镇（街道）工会存在缺编制、缺经费、缺办公场所、缺工作人员等现象，基层工会活力有待进一步加强。为加强基层工作力量，全总精简一定的编制，充实到若干任务繁重、力量薄弱的县级工会，并带动省级、市级地方工会实行编制"减上补下"，充实基层工会组织，逐步解决县级工会和乡镇（街道）工会专职工作人员短缺问题。为更好地使工会的力量配备、服务资源向基层倾斜，全总坚持重心下移，同时，依靠地方党委政府的重视和支持，推动县一级整体编制调整，充实工会组织。指导县以下工会组织通过争取公益性岗位、增加兼职比例、实行岗位人员流动等多种途径，逐步解决县级工会和乡镇（街道）工会专职工作人员短缺的问题。

（四）改进工会机关干部管理方式

实行工会干部专挂兼。通过"总量不变、调整结构"的方式，优化干部结构，加大工会机关干部和地方、企事业单位工会干部双向挂职工作力度，探索建立一支以专职干部为骨干力量、以挂职兼职干部为重要支撑的机关干部队伍。拓宽机关干部来源渠道，突出基层一线工作经历、群众工作经历，不拘一格选拔人才，侧重从劳模和一线优秀工会工作者中考录、遴选机关干部，探索建立符合工会组织特点的机关干部遴选、管理、使用办法。目前，全国总工会已经制定了《关于全总机关从劳模和一线优秀工会工作者中考录遴选机关干部工作的意见》，把更多知职工、懂职工、爱职工的人充实到全总机关。

通过整合机构、优化职能，进一步形成面向基层、职责明确、运转高效的格局，有利于聚焦工会法定职责、强化维权服务职能。需要指出的是，全总改革试点不仅是机构的优化组合，更重要的是要实现思想观念的转变、思维方式的调整、运行机制和工作方式的创新，做强基层夯实基础，增强工会组织的吸引力凝聚力战斗力，更好地联系和服务职工群众。

四、创新工作载体机制，提升工会组织凝聚力影响力

（一）用社会主义核心价值观引领职工群众

创新思想政治工作方式方法，把思想引领贯穿工会各项工作和活动，突出政治性、思想性和教育性。通过开设专版、专栏、专题，推出出版物和微感言、微故事、微视频、随手拍、公益广告拍摄等方式，运用企业内部报刊、闭路电视、网站和宣传栏、橱窗、活动室等载体，深入开展社会主义核心价值观教育，形成强大宣传声势，引导职工坚定中国特色社会主义道路自信、理论自信、制度自信、文化自信。

（二）叫响做实大国工匠品牌

广泛开展"中国梦·劳动美"主题教育，从2015年"五一"起，全总牵头组织了大国工匠纪录片和新闻专题片，大力弘扬劳模精神、劳动精神、工匠精神，在职工群众和社会各界赢得了普遍点赞，大国工匠品牌已经家喻户晓。以"弘扬工匠精神、提升职业素养"为主题，全国总工会还联合教育部开展了"大国工匠进校园"活动，与国家网信办开展了"中国梦·大国工匠篇"主题宣传，在《人民日报》《工人日报》开设专栏持续宣传阐释工匠精神，推动工匠精神进车间、进班组、进校园，树立先进典型，引领广大职工争做工匠人才。

（三）创新职工建功立业载体和方式

深入开展"践行新理念、建功'十三五'"主题劳动和技能竞赛，组织职工群众在经济建设主战场创新创业创优。完善竞赛组织、评估、表彰机制，扩大竞赛覆盖面，提高职工参与率，通过开展多种形式的职工技能培训、岗位练兵、技术创新等活动，发挥劳模创新工作室、"首席技师"、"首席员工"的示范作用，设立职工创新补助资金，推动建设知识型、技术型、创新型的工人队伍。

（四）完善工会维权服务制度机制

扎实做好经济发展新常态下职工权益维护工作，积极参与化解过剩产能职工安置等政策制定，引导和督促企业帮助职工多转岗少下岗、多转业少失业。贯彻落实全国国有企业党的建设工作会议精神，健全以职工代表大会为基本形式的民主管理制度，推进厂务公开、业务公开，坚持企业重大决策听取职工意见，涉及职工切身利益的重大问题必须经过职代会审议。加强职工董事制度、职工监事制度建设，组织和代表职工有序参与企业民主管理。进一步推动构建和谐劳动关系，协调劳动关系三方机制、政府与工会联席会议制度逐步健全，努力使平等协商和集体协商工作得到深化，实现数量质量双提升。

（五）以建设"互联网+"工会工作新格局为手段，实现服务职工群众全方位全天候

1. 实施全国工会"互联网+"行动计划

增强互联网思维，把打造互联网工作平台作为推进工会工作改革创新、提高服务引领职工能力的重要手段。推动将工会网络安全与信息化重点工作纳入"十三五"国家政务信息化工程，整合工会系统网络资源，加大投入和工作力度，实现联系网、工作网、服务网整体合一，工会工作线上线下互动融合，实体和虚拟两大空间共同开展工作，提高建网、用网、占网能力。

2. 推行"互联网+"工会普惠性服务

以"一片心、一叠卡、一张网、一个家"为抓手，打造全国工会系统服务职工网络。开通全总微博、微信公众号，开发移动客户端，制定工会工作和会员信息基础数据库相关标准，强化工会帮扶、劳模管理、社会信用代码登记等服务职工相关系统的功能设计，依托中国职工教育网开发"职工驿站"APP，实现服务职工工作全方位。

3.构建联系动员职工网上网下"同心圆"

开展工会新媒体聚合联动行动，发挥工会系统众多新媒体账号作用，积极参与构建清朗网络空间。充分发挥互联网社会动员功能，积极回应职工网民关切、解疑释惑，让互联网成为了解职工、贴近职工、联系职工、服务职工的新途径。

五、加强工会基层组织建设，推动工会工作重心下移

推动基层工会改革，既是深化工会改革的重要内容，也是加强基层工会建设的重要途径，必须抓住关键环节，突出工作重点，找准工作切入点，推动工会改革各项工作落地见效。要坚持党建带工建，切实增强政治意识、大局意识、核心意识、看齐意识，在思想上政治上行动上始终同以习近平同志为核心的党中央保持高度一致，坚持走中国特色社会主义工会发展道路，确保基层工会改革正确方向；坚持职工为本，不断扩大工会组织有效覆盖；强化法治思维，推进基层工会依法履职维权；创新活动方式，充分激发基层工会内生动力；加强服务保障，有效提升基层工会服务职工的能力水平。夯实基层工会基础，推进基层工会改革，激发基层工会活力。

（一）构建工会网络化组织体系

按照习近平总书记关于加强基层工会建设和农民工工作的重要指示精神，深化基层工会建设。以开发区（工业园区）、建筑项目、物流（快递）业、家庭服务业、农业专业合作组织以及社会组织等为重点，加大了工会组建力度，创新建会形式，采取单独组建、区域联建、行业统建、依托组建等多种方式，总结推广地方工会坚持依法办事、依靠职工建会的经验，有效破解非公有制企业建会难题，扩大工会组织覆盖面，加强非公有制企业、工业园区、区域（行业）、社区等基层工会建设，拓展联系职工路径，激活基层"神经末梢"。落实全总《工会会员会籍管理办法》，广泛开展"农民工入会集中行动"，拓宽职工便捷入会渠道，积极探索网上入会、手机APP入会等新途径，打通了职工入会"最后一公里"。

（二）做实基层工会工作

全方位多举措增强基层工会活力，发挥基层工会作用，深化职工之家建设，开展"六有"工会建设和"双争"活动。落实深入推进产业工会工作创新发展的意见，支持产业工会开展各具特色的工作，加强产业工人队伍建设，推动工会社会化工作者纳入国家社会工作专业人才队伍体系。加大工会资源向基层倾斜力度，上级工会机关和事业单位应带头精简编制，并把精简的行政编制补充到任务繁重、力量薄弱的基层工会，"减上补下"，推动解决基层基础薄弱问题。把全国工会经费全年收入的95%留在地方和基层工会，做好对下级工会的补助，把经费重点投向基层工会。

（三）密切工会机关干部与职工群众的联系

建立基层联系点、调查研究、基层挂职任职、定期接待群众来访、谈心和征求意见等直接联系群众制度，工会机关及其领导成员，应当经常下沉到基层，直接到一线，了解实情和职工诉求。把机关干部直接联系职工群众和基层联系点工作列入干部考核内容，推进工会领导机关干部下基层活动常态化、制度化。以职工参与率、满意率、受益率为重点，探索建立工会服务职工满意度评价制度，适应职工的作息特点安排工作时间，推广"错峰服务"模式。建立依靠职工群众推进工会工作的运行机制，畅通普通职工直接参与工会工作渠道。

（四）强化工会资产服务职工的功能

工会履行好服务发展大局、服务职工群众的职能，应当以一定的物质基础为保障。只有工会资产不断壮大、物质基础不断夯实、工会实力不断增强，服务能力才能不断提高，工会作用才能得到更加充分的发挥。要以管住管严管好工会资产、发挥工会资产效能为目标，建立健全统一、科学、有效的工会资产监督管理体制，聚焦发展职工文化教育体育服务事业、职工疗休养服务事业、职工互助保障服务事业三大服务领域，规范工人文化宫、工人疗休养院资产管理，加大职工书屋建设，发挥好现有工人文化宫、工人疗休养院的作用，探索并创新工会资产在市场经济条件下依法依规、更好服务职工的措施和办法。加强和改进工会资产工作，更好地服务党的工运事业、服务广大职工群众。

六、发挥工会枢纽型组织作用，推动工会参与社会治理

枢纽型社会组织是国内社会组织发展中出现的较新类型。它是指由负责社会建设的有关部门认定，在对同类别、同性质、同领域社会组织的发展、服务、管理工作中，在政治上发挥桥梁纽带作用、在业务上处于龙头地位、在管理上承担业务主管职能的联合性社会组织。枢纽型社会组织主要是基于政府社会组织管理创新和社会组织自主发展的两种需要，其应遵循"成为群众向党和政府反映社情民意的渠道，成为政府向人民提供公共社会服务的平台"的原则，积极参与和推动社会治理。

工会作为枢纽型社会组织，它有不同于一般社会组织的特点。具体表现在：

第一，我国工会是中国共产党领导下的职工自愿结合的工人阶级的群众组织，坚持中国共产党的领导，既是中国工会最大的特色，也是中国工会最大的优势。

第二，中国工会是党联系职工群众的桥梁和纽带。这又决定了工会在自觉接受党的领导的同时，还要保持自己组织系统及其工作的相对独立性，忠实地履行自己的基本职责，保护、调动、发挥好广大职工群众的积极性，为完成党在各个时期提出的目标而努力奋斗。

工会作为枢纽型社会组织，联系引导劳动关系领域社会组织的工作是党中央赋予工会组织的重要使命和政治责任，各级工会要继续落实中央和全总党组的要求，进一步加强组

织领导，切实将工会引导联系劳动关系领域社会组织工作纳入地方工会改革部署，搞好试点示范，总结实践经验，全力推进这项工作。2016年年底，全总下发了《中华全国总工会关于推进工会联系引导劳动关系领域社会组织工作的意见》，为各省（区、市）总工会谋划启动试点、积极稳妥做好工会社会组织工作提供政策指导。

（一）探索联系引导服务劳动关系领域社会组织新路径、新方式

把联系引导相关社会组织作为一项重要任务，接长手臂、形成链条、扩大影响。加强联系合作，通过购买社会组织服务为职工群众提供专业化服务；加强政治引领，探索建立工会主导的区域性劳动关系领域社会组织联合会；积极扶持发展，探索在基层培育孵化工会直接领导或指导的劳动关系领域社会组织；加强资源整合，探索与共青团、妇联等群团组织联合建立社会组织或社会组织服务平台；鼓励探索创新，建立工会与劳动关系领域社会组织联谊机制等。

（二）发挥工会枢纽型组织作用

充分发挥工会在社会经济中的枢纽性作用，有利于协调劳动关系、预防劳动关系矛盾、缓解劳资冲突，从而切实维护职工利益，推动社会经济发展，做好维护职工队伍稳定工作。针对化解过剩产能中职工下岗失业、劳动关系矛盾可能激化等新情况新问题，加强调查研究、风险评估和会商研判。各级工会组织要加强对劳动关系和职工队伍情况的监测和研究，建立源头治理劳资纠纷试验区，发挥工会在劳资纠纷源头治理中的基础性作用，及时有效化解劳动关系中出现的矛盾和问题，坚决维护社会大局稳定。

（三）明确工会参与和推动社会治理的角色

工会作为枢纽型社会组织，要善于借助政府的行政力量，推动实现工会组织的社会服务功能。通过建立联席会议制度、重要事项通报制度、信息沟通和工作联系机制等方式，畅通与政府部门的信息沟通和交流渠道，通过构建职工服务网络体系、推动职工发展规划的出台等工作，弥补枢纽型组织社会认可度有限的不足。把竭诚为职工群众服务作为一切工作的基本遵循，把工会参与和推动社会建设与社会管理的理念落到实处，不仅明晰工会组织的服务对象，同时要彰显工会组织的独特优势，树立工会组织良好的社会形象。

第二章
工会社会联络工作

第一节　工会社会联络工作概述

党的十九大要求"推动社会治理重心向基层下移，发挥社会组织作用"。工会联系引导劳动关系领域社会组织工作是党中央赋予工会组织的重要使命和政治责任，各级工会组织要发挥政治优势和组织优势，围绕"政治引领、示范带动、联系服务"三项重点任务，扎实推进工会社会联络工作，打开局面，更好地把社会组织团结在党的周围，为广大职工提供更多更好的精准服务。

在全国总工会改革试点中，新成立了网络工作部和社会联络部，社会联络部的主要职责是：负责维护职工队伍稳定工作的协调、督查和落实，建立与国家有关部门会商机制；指导地方工会做好劳动关系领域社会组织的政治引领、示范带动和联系服务工作；负责全国总工会信访工作。

一、工会社会联络工作的含义

工会社会联络工作是把社会工作的理念和方法运用于工会工作中，以广大职工为主要服务对象，发掘和评估服务对象在生活和职业中的困境与需求，界定问题与矛盾，制订专业服务计划并进行介入，以协调劳动关系，维护职工劳动权益，提高企业劳动效率，帮助员工舒缓压力等一系列活动。

工会是党联系职工群众的桥梁和纽带，当前，工会工作正处于更加开放的经济社会环境之中，工会工作要适应新形势、新任务、新要求，就要进一步提升工作水平，主动融入社会，通过社会这个大舞台，积极参与协调社会利益关系，进而实现维护职工合法权益的基本职责。

随着形势发展变化，工人阶级队伍日益壮大，大批乡镇企业职工、进城农民工、非公有制企业职工和新兴产业职工源源不断地加入到工人阶级队伍中，职工的流动性、分散性增大，劳动关系复杂多变，劳动关系领域社会组织快速兴起，网络对职工群众生产生活影响日益深入，工会工作对象不断扩大、工作领域不断拓宽、工作内容不断增加，这就要求工会工作必须积极适应形势的发展变化，勇于改革创新，整合精简机构，优化强化职能，把工作领域向各种社会层次、各种新兴组织延伸。只有这样，才能最大限度地把职工群众组织到工会中来，最大限度地把工会工作做到职工群众中去。并且，由于维护职工合法权益是工会的基本职责，而维权工作又是一项复杂的社会系统工程，光靠工会"单打一"是难以完成的，必须借助党组织、行政及社会力量，才能更好地为职工群众服务。因此，工会既要立足工会，又要跳出工会，克服自我封闭状态，主动置身于整个社会的有机整体中，找准工会角色和坐标，争取社会力量的支持，把工会当作市场经济中的一个重要社会角色看待，从而使工会既能有效地维护职工合法权益，又能充分发挥工会在改革发展稳定大局中的作用，达到两个维护的统一。

工会是党领导的工人阶级的群众组织，工会工作不同于党务、政务工作，具有群众工作的特点和规律，因此，工会工作必须坚持群众路线、群众观点。全心全意为职工群众服务，是工会工作的宗旨，也是工会组织增强吸引力、凝聚力的关键。群众工作是社会管理的基础性、经常性、根本性工作。要充分发挥工会组织的特点和优势，不断创新职工群众工作，把加强思想政治工作与帮助职工解决困难结合起来，竭诚为职工群众办实事好事，着力构建和谐劳动关系，努力在推动经济社会发展、促进社会和谐中维护好职工合法权益，在积极参与加强和创新社会管理中体现工会组织不可替代的作用。

二、工会社会联络工作的内容

1.做好维护职工队伍稳定工作

维护职工队伍稳定，把思想和行动统一到党中央的决策部署上来，以高度的政治责任感和使命感，切实维护好职工合法权益，保持职工队伍稳定和社会稳定，是工会组织的重要政治任务。

我国社会正处于经济转轨、社会转型和社会矛盾多发的特殊历史时期，受经济新常态和供给侧结构性改革的影响，部分职工生产生活遇到困难和问题，一些职工就业稳定性下降，工资收入减少，社会保障未能到位，涉及社会稳定的因素明显增多，群体性事件和个体极端事件时有发生。各级工会组织要认真倾听职工呼声，及时反映职工愿望，扎扎实实为职工排忧解难。在党和政府主导的维护职工权益机制中发挥工会的特点和优势，把维护产业工人群体、困难职工群体的利益和满足不同职工群体的多元需求统一起来，统筹兼顾，创建和谐劳动关系。

早在2010年，全国总工会就发布了《关于进一步做好职工队伍和社会稳定工作的意见》，提出"要进一步加大维护职工合法权益与发展和谐劳动关系的力度；使广大职工有尊严地生活，促进职工队伍和社会稳定"。这是全总第一次把维护职工的合法权益与职工的尊严及社会稳定联系在一起，并明确把"让职工有尊严地生活"作为各级工会重要的工作目标。

不能维护职工的合法权益，就没有职工的尊严，就不会有社会的稳定。因此，工会组织要加大履行维护职能的工作力度，突出维护职工的经济权益，充分发挥职代会作用，保障职工的民主权利得以实现；要充分发挥工会组织思想政治工作优势，引导职工用发展的眼光正确认识当前经济形势的变化，正确理解党和国家的方针政策，正确对待各项改革和利益关系调整，以理性合法方式表达利益诉求，引导职工努力成为维护社会稳定的中坚力量；要进一步加大帮扶力度，充分运用好党和政府赋予工会的资源和手段，抓住党政所需、社会所求、职工所盼、工会所能的事情，盯住职工反响强烈的难事，多做雪中送炭的好事，主动帮助困难职工解决实际问题，使广大职工共享改革发展成果。

2. 做好劳动关系领域社会组织的联系引导工作

联系和引导劳动关系领域社会组织，是党中央赋予工会组织的重要政治责任，也是工会适应形势发展、积极主动作为、推进改革创新的重要部署。

改革开放以来，我国社会组织大量涌现、蓬勃发展、数量众多、类别各异，截至2015年10月，全国各类社会组织约470万个。在这个大背景下，劳动关系领域社会组织发展也很快，呈逐年增长趋势，在服务职工群众等方面发挥了积极作用，影响不断扩大，但同时也存在一些值得高度重视的问题。

劳动关系领域的社会组织，其工作内容与职工劳动就业、技能培训、收入分配、社会保障、安全卫生等劳动经济权益和民主政治权利以及精神文化权益等方面密切相关。习近平总书记在中央党的群团工作会议上强调，联系和引导相关社会组织，是群团组织发挥桥梁和纽带作用的一项重要任务，要接长手臂、形成链条，使群团组织成为党联系社会组织的一个重要渠道，为工会组织做好劳动关系领域社会组织的联系引导工作指明了方向。对于劳动关系领域的社会组织，工会要在各级党委和政府的支持下，加强对这些社会组织的政治引领、示范带动、联系服务，工会要通过服务来引导和促进这些社会组织健康有序发展。工会联系引导劳动关系领域社会组织工作是党中央赋予工会组织的重要使命，其政治性、政策性都很强，为此，全总制定下发了《中华全国总工会关于推进工会联系引导劳动关系领域社会组织工作的意见》，这是全总历史上第一份关于指导工会社会组织工作的文件，为各级工会积极稳妥地做好工会社会组织工作提供了政策指导。

要做好工会联系引导劳动关系领域社会组织工作，必须做到：

一要坚持党的领导、把正方向。始终坚持中国共产党的领导，坚持正确的政治方向，为党分忧、为民谋利，努力把党的政策和主张落实到工会联系引导劳动关系领域社会组织工作中，充分发挥工会的桥梁纽带作用。

二要坚持法治思维、依法推进。坚持运用法治思维和法治方式，协助配合政府有关部门加强对劳动关系领域社会组织内部治理、业务活动、对外交往的管理，引导和监督劳动关系领域社会组织依法依规开展活动，促进其健康有序发展。

三要坚持引导服务、惠及职工。准确把握工会职责定位,找准工作结合点,创新载体方式,引导劳动关系领域社会组织融入工会工作体系,造福职工群众。

四要坚持区别对待、分类施策。加强培育和扶持政治可靠、背景清楚的社会组织,引导其在党委领导、工会主导的服务职工工作体系中充分发挥作用。积极引导规范草根组织,鼓励支持其提供公共服务、履行社会责任。

五要坚持结合实际、因地制宜。一切从实际出发,充分考虑各地经济社会发展情况、职工队伍情况和社会组织发展状况的不同,先易后难、循序渐进地推进这项工作,引导相关社会组织为职工群众提供更多更好的服务。

六要坚持改革创新、积极稳妥。解放思想、实事求是,坚持问题导向,敢于破除传统思维的条条框框,尊重基层首创精神,勇于用创新的手段,大胆探索,以点带面逐步推进此项工作,实现工会工作新突破。

3. 做好工会信访工作

工会信访工作是党和国家信访工作的重要组成部分,不仅是反映劳动关系和谐程度的晴雨表,更是衡量工会组织和工会干部能否认真履行基本职责和充分发挥职能作用的试金石。目前,我国正处在转型的交叉路口、改革的攻坚阶段和决胜全面小康的关键时期,社会情况发生了深刻的变化,利益格局不断调整,劳动关系复杂多变,职工合法权益受到侵害的现象屡有发生,因而,职工上访也不断增多,这就要求工会组织必须准确把握社会问题、社会矛盾的本质,探索职工信访活动规律,完善职工信访工作的理论体系和管理机制,依法维护职工合法权益。

职工信访活动是社会客观矛盾的一种特殊表现形式,工会信访工作是服从大局,促进改革、发展、稳定,发挥好党联系职工群众的桥梁和纽带作用的需要,是维护职工群众根本利益的一种重要手段,在调节社会关系方面起着不可替代的作用。通过工会信访工作,能够联系职工,听取来自基层和一线的声音,为真正有困难、有问题的职工排忧解难。通过了解职工、关注职工的忧患疾苦,维护职工合法权益。通过化解矛盾、理顺情绪,妥善解决上访职工的问题,力争把矛盾化解在基层。

职工上访基本属于因经济问题而引发的人民内部矛盾,这就要坚持民主的办法、教育的办法、疏导的办法,加强思想政治工作,做好说服引导工作,用感情影响人和感化人,争取职工群众的信任、理解、服气,变消极因素为积极因素,避免或减少一些职工信访问题的发生。缓和矛盾、化解矛盾,保护职工和经营者的合法权益,维护正常的生产秩序和社会秩序。

做好新时期职工信访工作必须坚持为经济建设、为维护社会稳定、为职工群众服务的原则,树立责任意识,要从讲政治的高度,以职工为本,满腔热忱地做好职工信访工作,注意把职工反映的问题收集起来,定期进行综合分析,从小民情中研究大民情,打好主动仗。

树立法制意识，要从法律法规中找答案，以法服人，依法处事，依法调处。树立协调意识，要主动协调有关部门和各级工会组织形成整体合力，妥善解决上访职工的问题。

第二节　加强工会社会联络工作

一、加强职工队伍稳定工作

长期以来，广大职工群众积极支持改革，促进发展，发挥了工人阶级的主力军作用。伴随着改革的深化，职工队伍中的深层次矛盾逐步显现，矛盾比较突出的是困难企业、待破产企业、改革企业。从地域分布上看，主要在国有工业企业较多的东北、中西部和老工业基地；从行业分布上看，主要在国防、冶金、有色、建筑、机械、煤矿、纺织、商业和森工等行业。职工队伍存在不稳定的具体表现是职工群体性事件和职工来信来访人次数增加，时有发生的职工群体事件，有的不仅规模大、行为激烈、延续时间长，而且政治影响大，甚至有境内外敌对势力插手劳动关系纠纷，这不能不引起我们的重视。

（一）当前影响职工队伍稳定的主要因素

据调查，当前引发职工队伍不稳定的问题主要有三种：一是因企业停产、改制、股权转换、经营层更换等进行政策调整而对职工就业、收入和福利待遇产生较大影响。二是因社会保障缺失或各种历史遗留问题没得到妥善解决给职工生活带来较大困难。三是因工作压力大、工资收入低、分配差距大、个人期望难实现、个别企业管理方式缺乏人性化以及各种社会问题等导致部分职工心态失衡并想寻机宣泄。

当前容易产生不稳定的人群也主要有三类：

一是原国有企事业单位改制过程中协商解聘、内退等各类下岗和身份转换人员，特别是目前"去产能、去库存"过程中即将面临分流、下岗、失业的人员以及一些特殊人群组成的"过渡人"，这批人原先都有固定的身份、相对稳定的工作和收入，对企业和国家有历史贡献，国家改革、企业改制后没得到太多实惠，离退休进社保还有若干年，且一般年龄偏大、身体变差，再就业困难，生活水平下降，内心失落。这部分人群中已下岗的各类人员通常定期找托管单位或原单位反映困难，要求救助，有时甚至会集体上访找政府反映诉求。

二是原大集体、家属工及农转非未就业的职工家属和因种种原因企业没有办理社保，一直没能进入社会统筹保障体系等人员组成的"无保人"，这部分人既无医保，又没养老，有的还难进低保，通常靠多年不调整的补助金维持最起码的生存，如患上大病根本无钱医治，有的患上严重的职业病也无法享受到应有的工伤待遇。这部分人也经常上访反映困难，虽然这部分人员通常无力大规模上访反映诉求，但其生活状况十分艰难，容易产生较大的社会负面影响。

三是近年不断增加的、以劳务派遣方式进入企业的新生代外来务工人员，他们往往是既远离了农村，又游离于城市和企业的"边缘人"。这部分人对未来充满了期望，对生活有更多的追求，但工作和生活不够稳定，现实与理想的差距较大，导致他们有着很大的不确定性，容易产生冲动或被利用。

具体而言，影响职工队伍稳定的因素，有经济发展过程中的问题，有新旧体制转换中的问题，也有法律法规不完善和政策执行不到位的问题。造成职工队伍不稳定的直接原因，有以下几个方面：

1. 部分困难职工基本生活缺乏保障。困难企业长期拖欠职工工资、医疗费、集资款、取暖费，欠缴职工各项社会保险金，造成职工生活困难，直接影响职工基本生活。贯彻落实中央"两个确保"政策仍有死角，部分退休人员养老金发放不到位，个别系统养老保险社会化程度低，尚未进入地方养老统筹。"一个低保"政策没有得到完全落实，进"低保"仍有"门槛"限制，一些地方在操作中设置条件，把符合最低生活保障条件的特困职工挡在"低保"之外。困难职工或家属患大病、重病丧失劳动能力，家庭生活难以为继。

2. 企业改制过程中侵犯职工民主权利、经济利益。职工的民主权利得不到保障，部分企业在实施关闭破产、兼并重组、下岗分流、减员增效过程中，解释不完全到位，改革配套措施没有落实，缺少必要的监管。改制方案不经职代会讨论，不征求职工意见，暗箱操作，强行实施，引发职工群体性事件。职工经济利益受损，职工下岗经济补偿过低，部分地区不按政策办事，压低对职工的经济补偿标准。有的企业解除职工劳动合同后，不缴或少缴社会保险费。有的企业对职工的经济补偿打"白条"，有的强迫职工"以补偿入股"，职工的经济补偿成了"空头支票"。

3. 加班多、工资收入低、工作压力大。有的企业，尤其是一些非公企业，加班多、请假难、工作压力大。特别在劳动密集型小微企业，拿最低标准给工人计工资，已是屡见不鲜。正常的劳动报酬长期低于劳动者付出的劳动，通过依靠延长廉价劳动力的劳动时间，既对劳动者身心健康造成不利影响，无法保证劳动者权益和拉动劳动者消费，也不利于企业产品升级和健康发展，更可能导致劳动者内心产生焦躁情绪，对社会稳定的潜在影响相对增大。

4. 社会保险制度滞后，职工后顾之忧严重。有的地方仍存在"保富不保穷，保盈不保亏"，没有执行收支两条线原则。无力按比例缴纳保险金的企业，退休职工领不到退休金，到了年龄的职工也无法办理退休手续。医疗保障制度不健全，导致生活困难群体增多。

5. 突出的社会问题影响职工心态。部分职工感到社会地位和经济收入低落；对于收入差距拉大，贫富悬殊，心理不平衡；对有些垄断行业与传统行业间收入差距巨大现象难以理解；对腐败现象、官僚主义深恶痛绝。职工对部分企业领导人独断专行，损公肥私，侵占国有财产，造成国有资产大量流失，却最终由职工群众承担企业倒闭恶果极为愤恨。个别政府工作人员和企业管理人员工作中存在的一些麻木和腐败问题，也在一定程度上加深职工群众对现实生活、对社会的不满情绪。

（二）工会要努力做好职工队伍稳定工作

1.加强领导，落实责任，积极配合有关部门做好治安防控工作。工会组织要在党委的领导下，进一步加强领导，落实责任，建立和完善综合治理工作机制，认真做好职工维护稳定工作。坚定不移地落实全心全意依靠工人阶级的指导方针，高度重视工人阶级在推动社会经济发展、促进改革开放、保持社会长治久安等方面的重要地位和作用，把广大职工的积极性、创造性引导到促进经济发展和改革开放上来。

要高度关注影响职工队伍稳定的重点地区和特定群体，积极配合有关部门，及时排查影响职工队伍稳定和社会治安的因素，解决职工合理诉求，加强教育疏导，努力把矛盾化解在基层、解决在萌芽状态，防止因矛盾激化酿成极端事件。

2.关注民生，加大对困难职工的帮扶救助力度。工会组织要充分认识到帮扶救助是化解矛盾纠纷、维护职工队伍稳定的有力措施，要协助党政解决好困难职工的生活问题，与有关部门共同做好困难职工的工作，着力做好"精准扶贫"工作。要进一步发挥好工会"四个第一人"（第一知情人、第一报告人、第一协调人、第一帮扶人）的作用，搞好"送温暖"工程，做好日常帮扶救助工作，开展好"金秋助学"活动，加大再就业工作力度，切实帮助困难职工解决实际问题，使他们真正感受到党和政府的关心，增强战胜暂时生活困难的信心。

关注民生，把保障困难职工基本生活和促进下岗职工再就业作为维护稳定的头等大事，千方百计发展经济，扩大就业，努力开拓新的就业渠道，落实下岗职工再就业的各项优惠政策，调动下岗职工再就业的积极性，妥善安置下岗职工实现再就业。

3.采取多种形式，深化职工思想教育和普法教育工作。

（1）要充分利用工会的各种宣传手段、教育阵地，坚持党政工团齐抓共管，通过演讲、讲座、竞赛、文艺演出、黑板报、宣传栏等多种形式和方法，对职工加强思想教育工作，在职工中广泛开展爱国主义、维护稳定、共建和谐等为主要内容的形势教育活动，加大党和国家的方针政策、民主法制的宣传教育力度，落实中央和地方关于维护稳定的一系列重要指示精神和要求，巩固安定团结、和谐稳定的政治局面。要通过积极正确引导，动员职工群众积极主动地参与到群防群治、维护社会治安工作中去。

（2）要认真搞好职工普法教育工作，不断提高职工的法制意识。要发挥工会"大学校"作用，大力弘扬劳模精神和工人阶级伟大品格，以社会主义核心价值观为引领，实施职工素质建设工程，积极推进企业文化和职工文化建设，有针对性地加强职工思想政治工作。

（3）要关心职工的生产生活，帮助企业改善管理，履行社会责任，组织开展职工喜闻乐见、丰富多彩的业余文化体育活动，不断满足职工日益增长的精神文化需求。注意加强青年职工特别是新生代农民工的心理疏导，加大对他们心理健康的关注和投入，帮助他们搞好自我管理、自我调适，缓解心理压力，提高耐挫能力，营造良好的人际关系，努力使广大职工有尊严地生活，实现体面劳动。

4. 从职工最关心最直接的问题入手，最大限度地维护职工群众的合法权益。

（1）要继续认真推动《劳动合同法》《劳动争议调解仲裁法》《企业民主管理规定》等法律法规的贯彻落实。在职工最关心、最直接、最现实的劳动就业、收入分配、社会保障和劳动安全卫生等问题上，切实保障职工的知情权、参与权、表达权和监督权。

（2）要及时介入企业工资分配方案调整、劳动用工制度修订等涉及职工切身利益的问题，着力理顺分配关系，维护好职工群众的各项劳动权益，继续促进和谐劳动关系建设。加快建立和完善社会保障体系，确保社会安全网的保障作用。

（3）努力扩大社会保险覆盖范围，建立可靠、稳定的保障资金筹集渠道和良性运作机制，确保资金足额到位和及时发放。切实抓好中央"两个确保"和"应保尽保"目标的落实，消灭死角，做到三条保障线的有效衔接。要加大对困难职工扶助和救济力度，把社会保障政策真正落实到职工群众头上。

（4）要健全和完善多层次的劳动关系协调机制，把维护职工队伍和社会稳定纳入法制化、制度化轨道，把矛盾化解在基层，解决在企业内部。

（5）建立健全企业民主管理有效机制，切实维护职工的合法权益。要将职代会制度和平等协商集体合同制度作为协调劳动关系的主要手段。坚持厂务公开等制度，使劳动关系在源头上得到有效协调。充分发挥建立和谐劳动关系的三方协调机制作用，有效预防和解决劳动关系的矛盾，促进改革全面深化和经济健康发展，确保社会政治稳定。

5. 努力化解矛盾纠纷，从源头上减少影响职工队伍稳定和社会治安因素。

（1）工会组织要深入基层，重点关注企业破产关闭、职工下岗失业等方面出现的新情况，重点掌握农民工返乡、大学生就业等方面遇到的新问题，努力做到关口前移，早发现、早报告。

（2）要及时主动介入，发挥工会扎根企业、联系职工的优势，健全完善劳动关系矛盾预警和调解工作机制，引导职工以理性合法有序的方式表达利益诉求，抓好劳动关系矛盾的排查和化解，努力消除隐患。

（3）积极协助党政妥善处理涉及职工群众的群体性事件，切实防止各类矛盾交叉聚集而引发群体性事件，切实防止各种不稳定因素相互交织而影响社会大局的稳定。一方面加大劳动法律监督力度，督促有关部门依法查处侵犯职工权益的行为；另一方面加强劳动争议调解工作，加大调解力度，加强教育疏导，理顺职工情绪，切实把劳动争议化解在基层，消除在萌芽状态，努力做到矛盾不上交、不积累、不激化。

（4）妥善处理职工群体性事件，防止矛盾激化。正确认识和处理新形势下人民内部矛盾，现在发生的职工群体性事件总体上看其性质是人民内部矛盾的一种表现形式。党政领导干部对职工反映强烈的热点难点问题，应高度重视。

（5）当职工群体性事件发生后，要勇于到一线与职工对话，认真做好解释和宣传工作。严格区分两类不同性质的矛盾，慎用强制措施，多做化解矛盾的工作，注意防止敌对分子利用职工群体性事件，蓄意制造反政府事件。

6.妥善解决各种历史遗留问题。

（1）对企业改制中下岗分流的协解人员、内退职工，根据生活成本提高和企业承受能力的情况，定期提高生活补助标准，或补贴个人交付的社会保险，或为其办理医疗补充保险，或区分条件，分期分批提前转入退休职工社会统筹。

（2）对国企老职工住房补贴的问题，要出台有针对性和操作性、与企业经营状况相联系的相关文件，或在老职工享受廉租房、经济适用房等方面给予一定政策支持。

（3）改革的力度、发展的速度一定要与职工的承受程度相适应。采取有效措施，努力减少滋生矛盾的引发点，对企业改制和缓解劳动关系，应出台政策加以规范，稳妥地推行下岗职工基本生活保障与失业保险"并轨"工作。高度重视解决社会收入分配不公和贫富差距过大的问题，使广大职工增加"获得感"，成为改革的受益者。

7.重视对新生代外来务工人员的关心、引导和管理。重视改善他们的工作环境和生活条件，丰富他们的文化生活，保证他们必要的休息时间。

（1）要加强与他们的联系沟通，增进他们对企业和社会的了解，增强他们与企业管理人员、技术人员和城市市民间的相互理解。

（2）要注重对他们的教育引导，以诚实守纪、努力工作为引导，用身边成长起来的先进人物和典型榜样引导激励他们，帮助他们树立做好人、干好活的基本理念，努力实现自我发展，获得物质和精神享受。

（3）要鼓励企业、社会给这部分人中的优秀分子提供各种上升的通道和真正融入企业和城市的渠道。

8.严格制度，加强工会综治维稳工作督促检查和信息报送。

（1）要加强督查，确保工会综治维稳各项工作落到实处。

（2）不断提高工会信息分析研判水平，及时掌握和反映有关职工队伍稳定的信息和职工思想动态，严格执行重要情况报告和责任追究制度，着力加强工会信息报送工作，确保工会综治维稳信息渠道畅通。

（3）对发生的职工聚集上访、群体性事件、突发性事件等要及时如实报告，请示上级工会和有关部门，迅速采取措施，妥善处置。

各级工会组织要充分认识做好当前职工队伍稳定工作的重要性，切实把思想和行动统一到中央对形势的判断和决策部署上来，积极主动、深入细致地做好工会维稳和防范抵御工作，全力维护职工队伍和社会稳定。做到沉下身子，深入基层、融入职工，为职工做好事、办实事、解难事，排查劳动矛盾问题，化解矛盾隐患。进一步密切与职工群众的血肉联系，完善联系职工、服务职工的工作机制，做到对困难和问题集中的企业和职工心中有数，对企业生产发展和职工权益实现情况心中有底。形成机制，措施到位，积极协助党政及时处理一些苗头性、倾向性问题，把矛盾化解在基层，解决在萌芽状态。工会组织要高度重视维稳工作，把问题考虑严重一些，把工作准备充分一些，把预案做得细致一些，把责任落得更实一些，进一步强化忧患意识和责任意识，切实做好维护职工队伍稳定工作。

二、加强对劳动关系领域社会组织的联系引导

（一）工会联系引导劳动关系领域社会组织工作的重点

1.加强引领带动，探索建立工会主导的区域性劳动关系领域社会组织联合会。在一些经济社会发展程度较高、劳动关系领域社会组织活跃的地方，在同级党委领导下，工会可会同有关部门探索成立劳动关系领域社会组织联合会，制定组织章程，明确工作职责，完善治理机制。充分发挥联合会的作用，聚拢吸纳一批社会组织，推动资源共享，促进互动交流，增强归属感，激发社会组织活力。配合有关部门加强对相关社会组织的服务监督，确保其在政策法规允许的范围内开展活动，实现自我约束和自我管理。

2.积极扶持发展，探索在基层培育孵化工会直接领导或指导的劳动关系领域社会组织。探索建立孵化机制，在人员、资金、活动场所等方面予以扶持，整合社会资源，满足职工需求，拓展职工服务阵地。支持劳动关系领域社会组织承接工会委托事项，指导和支持志愿者为职工提供公益服务。

3.加强资源整合，探索与共青团、妇联等群团组织联合建立社会组织或社会组织服务平台。统筹发挥党的群团组织自身特色优势，合作建立社会组织或社会组织服务平台，整合社会资源，实现信息与资源共享，探索建立多元化协同、开放式服务、项目化运作、科学化评估、制度化运转的工作机制，有效引导社会力量参与社会治理，服务职工群众，促进社会和谐。

4.加强联系合作，通过购买服务等方式为职工提供优质服务。要广泛收集、分类梳理职工需求，对于需求相对集中、比较效益突出、较为适宜由社会组织承接的服务项目，通过购买服务的方式交由社会组织承担。要按照政府购买服务的相关规定，规范购买服务工作，建立健全制度，明确准入条件和经费来源，参照招投标规定制定完善购买服务项目管理办法，建立购买服务绩效评价机制，科学评价服务绩效，引导社会组织依法依规提供专业优质高效的服务。

5.扩大工作覆盖，推进劳动关系领域社会组织工会建设。结合工作实际，探索在劳动关系领域社会组织中组建工会、发展会员，扩大社会组织工会覆盖面。要在工作基础好、社会影响大的社会组织中率先组建工会，切实发挥工会服务社会组织的作用，维护社会组织职工合法权益，不断提升工会对社会组织的吸引力、凝聚力。

（二）加强对工会联系引导劳动关系领域社会组织工作的领导

1.落实领导责任，健全工作体系。各级工会要高度重视工会联系引导劳动关系领域社会组织工作，把这项工作摆上重要议事日程，主要领导同志要亲自过问，明确分管责任人，明确负责部门和工作人员，精心谋划，周密部署，建立健全制度机制，提供必要条件和经费保障，抓好落实。加强干部培训，开展交流研讨，打造一支政治过硬、业务精湛、熟悉社会组织工作的工会干部队伍。

2.全面摸清底数，夯实工作基础。要加强调查研究，了解掌握劳动关系领域社会组织数量、规模状况、行业分布、资金来源、活动内容、工作方式等基本情况。要加强与政府有关部门的联系沟通，争取信息共享共用，逐步建设劳动关系领域社会组织数据库和工会社会组织工作信息服务平台，为联系引导劳动关系领域社会组织工作打好坚实基础。

3.搞好试点示范，逐步有序推开。要搞好试点示范，注重典型引路。各级总工会要从实际出发，确定一至两个地方开展试点工作，以点带面、逐步推开，形成梯次推进、稳健发展的工作局面。及时总结典型经验，搞好宣传引导，充分发挥试点单位的示范引领作用，形成积极稳妥推进工会联系引导劳动关系领域社会组织工作局面。

4.强化协调联动，形成工作合力。要积极参与同级党政有关社会组织工作协调机制，主动加强与政府有关部门的沟通联系。建立与劳动关系领域社会组织的定期联系制度，通过多种形式了解情况，有针对性地做好联系引导工作。

5.深化理论研究，提供智力支撑。要加强对与社会组织有关的重大理论政策和现实问题研究，着重研究劳动关系领域社会组织的类型特点和功能定位，工会加强对劳动关系领域社会组织政治引领、示范带动、联系服务的工作内容、工作形式、工作机制和工作方法，积极探索工会联系引导劳动关系领域社会组织工作特点和规律，指导解决工作实践中的困难和问题，努力推动工会联系引导劳动关系领域社会组织工作顺利进行。

三、加强工会信访工作

工会信访工作是工会工作的重要组成部分，也是工会组织维护职工权益、帮扶困难群体的主要渠道之一。近年来，全国各地工会认真落实中共中央办公厅、国务院办公厅《信访工作责任制实施办法》，按照全总的部署，结合实际，强化组织领导、注重源头参与、畅通诉求渠道、完善工作机制，有效提升了工会信访工作规范化水平，各方面工作都取得了新进展、新成效、新突破。但值得注意的是，工会信访工作面临任务更加艰巨的新形势、迎来创新发展的新机遇、出现处理复杂局面的新挑战，需要顺应形势发展的变化，切实增强抓好工会信访工作规范化建设的责任感和紧迫感。

全总2014年下发的《关于加强新形势下工会信访工作的意见》，进一步明确了工会信访工作的指导思想、工作目标和任务等。按照全总的要求，新时期工会信访工作的发展脉络已经清晰：推进工会信访工作制度化、规范化、法治化，不断畅通和规范职工诉求表达渠道，构建工会信访工作新格局。

（一）推进工会信访工作法治化

重视运用法治方式解决职工信访问题，坚持依法办事，使职工诉求通过法律程序得到解决，对困难职工的涉法涉诉事项，按规定提供工会法律援助。走到职工中间，开展政策法规宣传咨询、信访接待、劳动争议调处、劳动执法检查等系列维权帮扶活动。

1. 注重源头宏观参与。进一步健全完善工会与政府联席会议制度和协调劳动关系三方机制，主动参与涉及职工利益的法律法规政策的制定和修改，充分反映职工的合理意愿和诉求，从源头上维护好职工的合法权益。

2. 坚持依法主动维权。着力加强平等协商和集体合同制度建设，健全以职工代表大会为基本形式的企事业单位民主管理制度，推动在企事业单位内部建立健全完善的劳动关系协调机制，努力在矛盾发生初始阶段化解纠纷。

3. 强化劳动法律监督。全面推进工会劳动法律监督工作，对用人单位贯彻落实劳动法律法规的情况，开展经常性的监督检查，发现违法违规问题，及时提醒督促用人单位依法纠正。加强法律法规贯彻情况的监督，工会与劳动行政部门建立密切协作，以法律为准绳，重点对《劳动法》《工会法》等法律法规和地方有关工会条例贯彻执行情况进行经常性的监督检查，展示法律的权威性和法律的普及性，减少违法乱纪现象的发生。共同打击严重侵害职工权益的行为，从源头预防和减少信访问题的发生。

4. 做好初信初访工作。建立初信初访快速处理工作责任制，从接待受理到答复办结各个环节细化工作措施，明确工作责任。采取跟踪督办、现场督办、电话督办、发函督办等方式，加大职工初信初访的办理力度，推动职工初信初访问题的解决，消除重信重访后患，减少越级上访、集体上访的发生。

5. 建立劳动关系预警机制。建立劳动关系预警机制，要求预测准确、预报及时、预审到位、预控有效，坚持以预防为主、调解为主、基层为主，做到早发现、早报告、早控制、早解决，有效预防和处理劳动争议，特别是突发事件。

（二）推进工会信访工作规范化

1. 健全职工诉求表达渠道和办理方式。完善"12351"职工热线电话、主席信箱等做法，更加重视职工来信办理工作，引导职工更多以书信、电话、传真、视频、电子邮件等形式表达诉求。探索职工信访事项办理情况和结果公开，逐步实现办理过程和结果可查询、可跟踪、可督办，努力提高信访职工的满意率。积极推行网上信访工作，努力构建网下办理、

网上流转的职工信访事项办理程序，把接访、办信、督查督办等信访事项上网流转，力争把网上信访打造成职工信访的主渠道。

2. 建立完善工会领导干部接访下访制度。巩固党的群众路线教育活动和"三严三实""两学一做"活动成果，建立完善工会领导干部接访下访制度，深入开展"进企业、当工人、同劳动"活动，进一步密切与职工的血肉联系。工会领导班子要定期听取职工信访工作的情况汇报，研究分析职工信访工作的变化趋势，加大组织协调和工作指导力度。对于可能影响本地区社会稳定的重大疑难信访突出问题，主要领导要亲自过问，主动协调。分管领导要强化责任意识，带领相关部门做好工作，推进职工信访问题的解决。在坚持定期定点接访的同时，更多采取重点约访、专题接访、带案下访、下基层接访、领导包案等方式，推动重大疑难复杂信访问题的解决。

3. 引导职工依法逐级反映诉求。按照《信访条例》中"属地管理、分级负责，谁主管、谁负责，依法、及时、就地解决问题与疏导教育相结合"的原则，健全依法及时就地解决职工合理诉求机制，分级受理职责范围内的信访事项，进一步强化属地责任。认真贯彻国家信访局《关于进一步规范信访事项受理办理程序引导来访人依法逐级走访的办法》，积极引导职工以理性合法方式逐级表达诉求，不支持、不受理越级上访。对应到而未到属地总工会反映诉求的，或者属地总工会正在处理且未超出法定处理期限的，上级工会不予受理。对在规定期限内未提出复查、复核而重复上访的，或者信访事项已经依法终结的，各级工会不予受理。

4. 充分发挥法定诉求表达渠道作用。严格实行诉讼与信访分离，把涉法涉诉信访纳入法治轨道解决，建立涉法涉诉信访依法终结制度。对涉法涉诉事项，各级工会信访部门要引导信访职工依照有关法律、行政法规所规定的程序，向有关机关提出，或者及时转同级政法机关依法办理，使合理合法诉求通过法律程序得到解决。对困难职工的涉法涉诉事项，可按规定提供工会法律援助。

（三）推进工会信访工作制度化

1. 健全完善职工信访问题排查化解机制。坚持日常排查、定期排查、专项排查和重要敏感时期集中排查相结合，及早发现职工信访的苗头和倾向，特别是对职工反映强烈的热点、难点问题，加强隐患排查，加强预防预警，积极协助党政处理好劳动关系纠纷和职工群体性事件。

2. 健全完善工会信访信息分析研判机制。建立健全工会信访信息收集、汇总、研判和报告机制，加强综合分析与信息反馈，加强工会信访机构与工会相关职能部门以及上下级工会信访机构的联系，及时了解职工信访动态。建立工会信访工作分析研判制度，要进行阶段性研究和分析，找出矛盾的规律性、特殊性**和普遍性**，提出正确、科学解决矛盾的意见和建议，重点分析信访突出问题和可能引发大**规模集体**上访及群体性事件的成因、特点与发展趋势，形成分析报告，定期报送同级党委和上级工会，为相关决策提供信息参考。

3. 健全完善工会信访事项交办督办机制。建立健全工会信访事项交办督办工作机制，进一步加大推动解决和化解职工信访突出问题的力度。对久拖不决、涉及面广、职工反映强烈、社会关注度高的重大疑难信访突出问题，列入工会督查范围，进行跟踪督查，促进相关问题的妥善处理。

4. 健全完善疑难信访问题联动化解机制。密切与人社、信访等部门的沟通联系，加强与相关产业工会、工会职能部门的协调联动，综合运用协商、调解、疏导等办法和法律援助、帮扶、行政等手段，加大职工疑难信访问题的处理力度，做到诉求合理的推动解决到位，诉求无理的思想教育到位，生活困难的帮扶救助到位，行为违法的协调有关部门依法处理。

5. 健全完善信访突发事件应急处置机制。建立应急处置领导小组，健全完善应急处置预案，坚持快速反应、协调联动、科学应对工作原则，协调做好信访突发事件应急处置工作，做到"早发现、早报告、早化解"。严格实行责任倒查制度，对在突发事件处置过程中因行动迟缓、工作不力、方法不当等造成不良后果的，按照有关规定追究相关责任。

6. 健全完善信访职工思想疏导引导机制。认真研究把握新形势下职工思想政治工作的特点和规律，教育和引导信访职工依法表达合理诉求，维护社会和谐稳定。建立工会心理帮扶服务队伍，开展经常性的心理疏导，引导信访职工树立阳光心态，消除负面情绪。

（四）推进工会信访工作专业化

1. 健全工会信访组织体系。市、县（区）工会要设立工会信访工作机构和相应的接待场所，配备专职工作人员。县级以下工会组织要根据实际情况设立工会信访工作机构或接待窗口，配备专（兼）职工会信访工作人员，形成层层有人抓、有人管的工会信访工作网络。

2. 加强信访干部队伍建设。优化干部结构，配齐配强力量，努力打造一支政治坚定、纪律严明、办事公道、作风优良、熟悉劳动法律法规政策、拥有丰富群众工作经验的工会信访干部队伍。加大工会信访干部的培养、教育、交流和提拔使用力度，对长期从事工会信访工作、做出突出贡献的，要给予表彰和奖励。建立后备干部、新提拔干部和中青年干部到工会信访部门锻炼的制度，把工会信访部门作为培养锻炼干部的重要基地。

3. 提高基层工会化解矛盾能力。加强县（区）、乡镇（街道）、企业等基层信访工会干部的培训，提高工会干部做群众工作和化解劳动关系矛盾的能力。推动建立健全企业劳动争议调解组织，加强业务指导，充分发挥企业劳动争议调解组织在预防处理劳动争议中的"第一道防线"作用，努力把问题解决在基层，把矛盾化解在萌芽状态。

4. 建立健全考核评价体系。建立健全科学合理的工会信访工作考核评价体系，重点加强对工会领导干部接访下访、参与化解职工信访突出问题、信访工作基层基础建设等进行考核。加大问责力度，对职工群众反映的问题推诿扯皮，不认真解决造成不良影响的，按照有关规定追究相关责任。

5.加大舆论宣传引导力度。注重加强对工会信访工作的正面宣传和舆论引导,各级工会宣传部门和新闻媒体要大力推广工会信访工作典型经验,大力宣传工会信访干部先进事迹,发出主流声音,树立良好形象。

各级工会组织要贯彻落实好全总《关于加强新形势下工会信访工作的意见》等信访工作文件,以突出法治思维和法治方式为根本,用制度规范推动工作的开展,重视初信初访办理,严格规范信访行为,加强对重大职工信访事件的交办、督办,切实用好"12351"职工热线、主席信箱、信访代理等"老渠道",积极开辟"新渠道",适应"互联网+",畅通信访通道,推行网上信访工作,做好工会领导干部接访下访工作,抓好信访工作基础保障、信访信息报送、培养工会信访干部队伍等工作的规范化。以维护职工合法权益为宗旨,推动工会信访纳入党委政府维权机制主渠道,打造"大信访"工作格局,强化宏观参与,切实提高工会信访工作水平和成效。促进职工队伍和谐稳定,推动国家经济社会事业健康发展。

第三章
工会网络工作

第一节 工会网络工作概述

当今时代，网络信息技术日新月异，已经融入社会生产生活的全过程和各方面，不断引领并推动着经济社会转型。以习近平同志为核心的党中央高度重视网络安全和信息化工作，提出建设网络强国战略目标，国务院制订"互联网＋"行动计划和国家大数据战略，加快推动互联网和实体经济深度融合，拓展经济发展新空间，促进社会治理模式转变。近年来，各级工会组织高度重视网络建设与互联网技术应用，在探索运用互联网服务职工方面进行了许多有益尝试，促进了工会工作开展。但与线下工作相比，工会的网上工作还存在着思想认识不到位、顶层设计和系统推进不够、新媒体应用能力不足等问题。

为适应新的形势，推动工会系统网上工作改革，提升网上工作水平，《全国总工会改革试点方案》分两个层面提出了明确要求。一个层面，是打造全国工会系统服务职工网络载体。通过完善门户网站、建立全国统一的工会工作和会员信息基础数据库、开通新媒体、开发实用性强的移动客户端等具体措施，推动网上网下互动融合，实现服务对象全覆盖、服务时间全天候，使职工得到工会更方便、更有效的服务。另一个层面，是借助网上工作平台，开展网上教育引导和舆论宣传。

全总改革试点把"打造全国工会系统服务职工网络载体"作为开展网上工作的首要任务，就是要从"根"上解决平台、手段、载体问题。完成这一任务，必须提升工会办公网络化自动化水平。要深入开发工会系统各项业务应用,运用网络手段实现工会业务流程再造，使与职工生产生活相关的就业创业、困难帮扶、法律援助、劳动保护等服务均能够在网上得以实现。

为适应新形势，在工会改革的大背景下，全国总工会设立了网络工作部，主要职能是研究制订全国工会网上工作规划；承担全国总工会并指导地方工会门户网站和网络平台建设工作，做好网上引导、动员和服务职工群众工作；培训管理工会网上工作队伍；与国家有关部门及网络媒体沟通协调；研究制定、监督落实工会网络信息安全保密相关制度；统筹推进全国工会工作数据库建设管理。

一、工会网络工作的指导思想和基本原则

（一）工会网络工作的指导思想

高举中国特色社会主义伟大旗帜，全面贯彻落实党的十八大和十八届三中、四中、五中、六中全会精神，以邓小平理论、"三个代表"重要思想、科学发展观为指导，深入学习贯彻习近平总书记系列重要讲话精神特别是关于工人阶级和工会工作、关于网络安全和信息化工作的重要论述，围绕统筹推进"五位一体"总体布局和协调推进"四个全面"战略布局，坚定不移走中国特色社会主义工会发展道路，保持和增强工会工作与工会组织政治性、先进性、群众性，充分运用移动互联网、云计算、大数据和人工智能等网络信息技术，推进互联网在工会的广泛应用和融合发展，构建"互联网＋"工会服务职工体系，打造方便快捷、务实高效的服务职工新通道，不断提升运用网络服务职工的能力水平，推动工会工作创新发展，走好网上群众路线，建设清朗网络空间，增强工会组织的服务力、凝聚力、战斗力，组织引导广大职工群众紧密团结在以习近平同志为核心的党中央周围，为实现"两个一百年"奋斗目标和中华民族伟大复兴的中国梦而努力奋斗。

（二）工会网络工作的基本原则

1.问题导向、创新驱动。坚持正确政治方向，增强改革创新意识，围绕中心服务大局，紧紧抓住当前和今后工会工作中最关键最紧迫的重大问题，着眼于职工最关心最直接最现实的利益问题和最困难最操心最忧虑的实际问题，按照"互联网＋"的新特点和新要求，鼓励使用先进适用的网络信息技术，创新工会工作理念、服务内容、工作载体、运行机制、组织形态，为工会改革创新提供有力支撑。

2.统分结合、共建共享。有效利用国家基础网络设施和信息资源，统筹全国工会系统网上工作，整体谋划、协同运作，形成工作合力，减少重复建设。在"统"的前提下坚持能放则放、宜分尽分。既确保全国工会系统网上工作统一高效，又充分发挥各地、各产业工会的积极性和首创精神，兼顾多元化需求和现实情况。在"分"的基础上坚持互联互通，实现工会系统内资源的有机整合充分共享，努力做到开门办网，争取国家有关主管部门和社会力量的最大支持，实现合作共赢。

3.相互支撑、深度融合。坚持网上工会建设与网下工会改革联动推进、同步协调、紧密契合，实现工会工作以线下为主向线上线下互动融合的转变，完成"互联网＋"时代的工会转型升级。为全总的改革试点、全国工会系统的创新发展提供有力支撑，促进全国产业工人队伍的建设，打造丰富的网络载体和清朗的网络空间。

4.重点突破、平稳推进。遵循"互联网＋"建设运行规律，确保在基础设施和条件最为成熟的关键领域进行规模化投入，集中力量求得重点突破，见到明显成效。同时，不贪

大求全、不盲目求新，充分用好已有的网络工作建设成果。根据工作需要，区别轻重缓急、先易后难、试点引路、分步实施，确保工会各项工作平稳推进、不断提升。

5.安全高效、科学前瞻。统筹考虑工会网上工作规划建设、运营维护和可持续发展的人力财力物力支持能力，在各级工会可承受的范围内，使有限投入发挥最大效益。坚持网络安全保障和网络工作发展同步推进，确保网络和信息安全。同时，充分考虑互联网技术不断更新、工会工作不断发展的实际情况，在规划建设中保持足够的预见和柔性，为今后扩展业务、更新技术预留足够空间和接口。

二、工会网络工作的目标和任务

（一）工会网络工作的目标

工会网络工作的总体目标是：

1.建成工会网上工作平台和基础数据库。实现职工入会服务和工会管理网络化，网上网下深度融合，全面实时准确掌握全国基层工会组织和会员信息，把包括农民工、灵活就业人员在内的广大职工最大限度地组织到工会中来，更好地维护职工权益，为职工提供全天候全覆盖的普惠性服务，把工会网络打造成培育和弘扬劳模精神、劳动精神、工匠精神，推进产业工人队伍建设改革的重要支撑。

2.建成全国工会系统网上办公平台，实现工会组织高效运转、精准服务、科学决策。

3.建成具有强大影响力的工会系统新媒体矩阵，培育强大的工会网上评论员队伍，实现网上涉工舆情的及时跟踪、准确测报和正确引导，弘扬积极健康、向上向善的网络文化。

（二）工会网络工作的任务

工会网络工作的主要任务，可以概括为"一体推进、两个覆盖、三网并用、四大建设、十类应用"。

1.一体推进：整合工会系统网络资源，统筹规划、一体化建设全国工会网上工作平台体系，做到协同互联、功能完善、技术先进、容量足备、安全可靠。统一工会服务网上工作标识、电子会员证和服务卡号规制、业务服务和数据信息软硬件标准、工会组织内部及与国家大数据库的系统接口、全系统网上工作的建管运行协调机制等。

2.两个覆盖：充分利用互联网技术的优势和便利，尽快实现网上服务对象覆盖最广大的基层职工群众，网上工会工作覆盖最基层的工会组织。使工会网上工作成为工会组织在新形势下增"三性"、去"四化"、"强基层"、"促创新"，打通联系服务职工群众"最后一公里"的关键性举措。

3.三网并用：同步推进电子政务内网、电子政务外网和国际互联网的工会业务应用建设。依托国家电子政务内网，建设完善工会系统内部业务应用，实现涉密信息可靠传输和无纸化办公；依托国家电子政务外网，建设工会网上工作平台，实现工会业务网络化；依托国际互联网，打造最广泛联系职工群众和基层工会组织的各类网络应用平台。

4. 四大建设：

（1）智慧数据库建设。建设全面准确、智慧柔性、动态更新、安全高效的以省（自治区、直辖市）为基本集成单元的分布式全国工会工作和会员信息基础数据库，并努力成为国家大数据中心的重要组成部分。打造智能的网上工会工作服务设施，打通信息孤岛，开发数据资源，实现工会系统数据信息的互通共享和深度利用。大力推进与网信、人社、民政、公安、住建、工商、银行等部门有关数据交换，与国家大数据中心实现数据融合，充分利用大数据与人工智能技术，建设工会决策支持系统，为广大职工的普惠服务、职工队伍状况的深度分析和工会组织的高效运转提供必要的科技手段。

（2）新媒体矩阵建设。建设统一规范、各具特色、功能互补、协同互动、有高度黏性的工会网站、微博、微信和移动客户端等新媒体矩阵。实现多数据源融合，更好感知广大基层职工需求，畅通沟通渠道、完善联络手段。

（3）工会系统网上办公平台建设。构建集专业网络、应用系统、电子公文与视频会议系统、海量数据分析管理系统等为一体的全国网上工会办公平台，基本实现无纸化办公和远程视频工作。实现跨层级、跨地域、跨产业、跨工作部门的网上工会工作协同；实现工会服务职工各类项目的网上一站式整合。

（4）网络安全建设。建立与工会网上工作内容和规模相匹配的风险防控体系。合理制定安全防护级别标准，建立重要系统数据容灾备份，完善网络安全管理制度体系，采用完备可靠的软硬件安全措施，保证工会网络信息系统安全运行。

5. 十类应用：

（1）动员组织类。建设完善全国工会基层组织和会员管理系统，建设完善工会法人资格登记管理系统，建设完善工会统计调查系统，建设完善工会组织管理和工会干部管理系统，建设中国工会代表大会人事信息管理系统，建设完善工会干部教育培训平台。

（2）劳动创新类。建设完善技能竞赛网上管理系统，建设职工技术创新管理服务系统，建设完善劳模管理服务系统，建设大国工匠和劳模创新工作室管理系统等业务应用系统。

（3）宣传教育类。建设网上工运历史博物馆，建设完善职工电子书屋服务系统，建设工会理论与实践工作文献资料数据库，建设涉工网络舆情工作系统。

（4）权益维护类。建设完善困难职工帮扶管理系统，建设农民工服务系统，建设职工法律服务系统（法联网），建设劳动保护应用系统，建设职工意见征求系统，建设集体协商工作服务系统，建设女职工服务系统，建设对口援疆援藏工作服务系统。

（5）普惠服务类。运用互联网和大数据技术，吸引市场和社会力量，探索适宜工会开展的合作制互助性的各类普惠服务。全总组织探索在国家层面开展保险类职工互助金融服务、职工网上技能培训服务、就业服务、职工心理关怀服务等；各地区性工会根据自身的需要和条件，组织开发具有区域特色的普惠服务。

（6）社会工作类。建设全国工会社会组织工作信息系统，充分发挥工会组织网上动员功能。

（7）产业工会类。建立产业工会会员信息基础数据库，创建产业工会信息共享互动服务系统，突出产业特色，彰显产业优势，为基层提供项目化、专业化、订单式服务，维护产业职工利益，提升产业职工素质，助推产业工会工作创新发展，增强产业工会吸引力凝聚力。

（8）财务资产类。建设工会财务管理系统，通过"互联网＋"大数据分析，实现全国工会财务系统收支动态管理、实施监控、上传下达、汇总分析等功能，并与其他工会系统数据互联互通。建设全国工会资产监督管理系统，创建职工疗休养服务系统。

（9）交流合作类。建设工会对外交往和国际工运形势分析研究网络工作服务平台，树立中国工会形象，提高中国工会国际影响力。建立工会港澳台工作共享系统，增强对港澳台工作的实效。

（10）党建工作类。建设全总党建网上工作系统，探索工会系统党的思想建设、组织建设、作风建设、反腐倡廉建设和制度建设，特别是全面从严治党的网络化应用，打造全总和省级工会党建工作网上交流平台。

加强和推进工会网上工作是落实习近平总书记就互联网发展尤其是网络强国战略发表的重要指示的有力举措。各级工会要认真贯彻落实党的群团工作会议精神，按照全总要求，大力开展"互联网＋"工会行动，形成网上网下深度融合、互联互通的工会工作格局。运用互联网做好职工群众工作，特别要处理好学习继承与创新发展，网络建设与工会工作，网上工会工作内容与系统结构，集中统一与个性分工，线上与线下，数据与服务，建设和运维，一步到位与分步实施，网上工会与政府、社会力量，网络工作部门十大关系，以增强工会组织政治性、先进性、群众性为目标，推进互联网在工会领域的广泛应用、融合发展，打通工会与职工的"最后一公里"。

第二节 "互联网＋"与工会工作创新

当今社会，互联网已成为大众获取资讯、表达诉求、接受服务的重要平台，深刻影响着人们的工作与生活。门户网站及"两微一端"（微博、微信、移动客户端）凭借其便捷性、个性化，已成为许多政府部门、社会组织发布信息、提供服务的重要平台和窗口。

随着我国"网络强国"战略向纵深推进，"互联网＋"将带来新一轮产业和社会变革。

这个大趋势，将使网络成为工会组织服务职工不可或缺的手段和阵地。习近平总书记在中央党的群团工作会议上指出，工会、共青团、妇联组织要下大气力开展网上工作，亮出群团组织的旗帜，发出我们的声音。《中共中央关于加强和改进党的群团工作的意见》提出："打造网上网下相互促进、有机融合的群团工作新格局。"《全国总工会改革试点方案》把"创建工会网上工作平台"作为改革试点的重点和亮点推出，既是贯彻落实中央党的群团工作会议精神的重要举措，也是新形势下工会组织服务职工的迫切需要。

一、认识"互联网＋"

（一）"互联网＋"的基本概念

继 2007 年出现了"互联网化"这一理念之后，在 2012 年 11 月易观第五届移动互联网博览会上，易观国际董事长兼首席执行官于扬首次提出了"互联网＋"的概念。这个概念也被马化腾所认同，2013 年 11 月，马云和马化腾在投资马明哲的平安保险的发布会上谈到"互联网＋"的概念，马化腾提出："互联网加一个传统行业，意味着什么呢？其实是代表了一种能力，或者是一种外在资源和环境，对这个行业的一种提升。"2015 年 3 月，全国两会上，全国人大代表马化腾提交了《关于以"互联网＋"为驱动，推进我国经济社会创新发展的建议》的议案，表达了对经济社会的创新提出了建议和看法。他呼吁，我们需要持续以"互联网＋"为驱动，鼓励产业创新、促进跨界融合、惠及社会民生，推动我国经济和社会的创新发展。

马化腾表示，"互联网＋"是指利用互联网的平台、信息通信技术把互联网和包括传统行业在内的各行各业结合起来，从而在新领域创造一种新生态。他希望这种生态战略能够被国家采纳，成为国家战略。2015 年 3 月 5 日上午十二届全国人大三次会议上，李克强总理在政府工作报告中首次提出"互联网＋"行动计划。李克强在政府工作报告中提出，"制订'互联网＋'行动计划，推动移动互联网、云计算、大数据、物联网等与现代制造业结合，促进电子商务、工业互联网和互联网金融健康发展，引导互联网企业拓展国际市场"。2015 年 7 月 4 日，经李克强总理签批，国务院日前印发《关于积极推进"互联网＋"行动的指导意见》（以下简称《指导意见》），这是推动互联网由消费领域向生产领域拓展，加速提升产业发展水平，增强各行业创新能力，构筑经济社会发展新优势和新动能的重要举措。2015 年 12 月 16 日，第二届世界互联网大会在浙江乌镇开幕。在举行"互联网＋"的论坛上，中国互联网发展基金会联合百度、阿里巴巴、腾讯共同发起倡议，成立"中国互联网＋联盟"。

目前，中国经济面临着不小的下行压力，很多传统产业遇到困难，但互联网却展现了蓬勃的生机和巨大的前进动力。与此同时，互联网与传统行业碰撞和融合也几乎是经济领域最为热门的话题之一，从零售、金融、家电、汽车，到农业、房地产、旅游、制造，都在因为互联网而发生着改变。互联网与广告、零售、银行、通信等传统行业的结合，造就了百度、阿里巴巴、京东、支付宝、腾讯等互联网优秀企业的同时，也为中国的经济转型升级提供了新路径和宝贵的经验。今天这个世界上所有的传统应用和服务都应该被互联网改变。如果这个世界还没有被互联网改变，就意味着基于这种商机能产生新的格局。这也意味着我们有机会为用户创造价值，能够自己成就新的价值，为成长奠定基础。"互联网＋"正在鼓励产业创新、促进跨界融合、惠及社会民生及推动我国经济及社会的创新发展方面发挥着越来越重要的作用。

"互联网＋""＋"的是传统的各行各业。在中国互联网过往近30年发展历程中，互联网与工业、金融、教育、交通、媒体、医疗、政务等传统行业的结合，在造就百度、阿里巴巴、京东、支付宝、腾讯等互联网优秀企业的同时，也为中国的经济转型升级提供了新路径和宝贵的经验。我们看到每一个传统行业都孕育着"互联网＋"的机会，越来越多的传统企业也已经把拥抱互联网提升为企业战略。必须指出，"互联网＋"没有普适的方法和路径。

每个行业每个企业在互联网化的过程中，都应该有只适用于自身的路径。企业应该基于内部数据及外部大数据资源的利用，充分了解自身所处及关联行业的生态。从战略到意识，从能力到技能，从数据挖掘到量化决策，企业上至高管下到基层员工都要统一思想和步调，全身心地拥抱互联网，找到适合自己的"互联网＋"路径，利用互联网去优化、改造甚至重塑自我。在互联网化的过程中，每个企业都在"去中心化"。其核心就在于找到自身行业的本质，将其与互联网结合，把老中心打掉，建立更有利于自己、更大规模、更有效率的新中心。

（二）"互联网＋"的主要特征

1. 跨界融合。"＋"就是跨界，就是变革，就是开放，就是重塑融合。敢于跨界了，创新的基础就更坚实；融合协同了，**群体智能**才会实现，从研发到产业化的路径才会更垂直。融合本身也指代身份的融合、**客户消费转**化为投资、伙伴参与创新等。

2. 创新驱动。中国粗放的资源驱动型增长方式早就难以为继，必须转变到创新驱动发展这条正确的道路上来。这正是互联网的特质，用所谓的互联网思维来求变、自我革命，也更能发挥创新的力量。

3. 重塑结构。信息革命、全球化、互联网业已打破了原有的社会结构、经济结构、地缘结构、文化结构。权力、议事规则、话语权不断在发生变化。"互联网＋社会治理"、虚拟社会治理会是很大的不同。

4. 尊重人性。人性的光辉是推动科技进步、经济增长、社会进步、文化繁荣的最根本力量，互联网的力量之强大最根本地也来源于对人性的最大限度的尊重、对人体验的敬畏、对人的创造性发挥的重视。例如卷入式营销、分享经济等。

5. 开放生态。关于"互联网+",生态是非常重要的特征,而生态的本身就是开放的。我们推进"互联网+",其中一个重要的方向就是要把过去制约创新的环节化解掉,把孤岛式创新连接起来,让研发由人性决定的市场驱动,让创业并努力者有机会实现价值。

6. 连接一切。连接是有层次的,可连接性是有差异的,连接的价值是相差很大的,但是连接一切、万物互联是"互联网+"的目标。

二、"互联网+"与工会工作

(一)"互联网+"对工会工作的影响

"互联网+"既给工会工作带来巨大的挑战,也提供了良好的发展机遇。工会组织和工会干部应该充分意识到工会工作的发展,必须顺应"互联网+"的时代要求,做到与时俱进,推动工会工作在管理模式上的不断创新。

1. "互联网+"为加强和改进工会工作带来机遇

(1)拓展了工会工作的空间。首先,网络作为信息承载传输的一种工具,以其特殊的属性和功能,拓宽了工会工作的对象和活动空间,为工会工作的社会化打下了坚实的基础。其次,互联网在速度和规模等方面拓宽了民主参与的渠道,成为民意表达的无形广场。利用互联网搜集职工群众意见,具有广泛、快捷、成本低、效率高的优势。

(2)丰富了工会工作的形式。互联网不仅具有报纸、广播、电视等传统新闻媒介及时、广泛传播信息的一般功能,而且具有数字化、多媒体、即时性、交互式和极富感染力传递信息的独特优势。将群众工作融入网络中,使工会工作形象生动,更具感召力。

(3)提高了工会工作的效率。互联网的普及和发展,加速了信息传递的速度和广度,工会的一些工作正在由传统的会议传达灌输,变为直接由工作对象到网络中去摄取;职工群众的需求信息和思想动态,也可以直接通过网络手段进行收集、反馈和有针对性地开展工作,大大提高了工会工作的效率。

2. "互联网+"也为加强和改进工会工作带来挑战

"互联网+"时代,各级工会组织在探索运用互联网服务职工方面进行了许多有益尝试,取得了一定的成绩,促进了工会工作的开展。但毋庸置疑,工会在"互联网+"时代也面临着一系列问题与挑战。

(1)认识不足。一些工会干部在主观意识上对互联网还存在着一些认识误区。一是路径依赖、思维定式。一些人的思维还停留在"前互联网时代",简单地认为"互联网+"就是在原来工作的基础上开发几套软件,做电子化替代即可。由于对传统手段使用起来得心应手,对过去的工作方式存在路径依赖,行动遵循管理决策,沿袭和强化过去路径偏好,不能摆脱固有思维束缚。二是知识折旧、本领恐慌。毛泽东同志早在延安时期,在一次在职干部教育动员大会上指出:"我们队伍里有一种恐慌,不是经济恐慌,也不是政治恐慌,而是本领恐慌。过去学的本领只有一点点，今天用一些，明天用一些，渐渐告罄了。好像一个铺子，本来东西就不多，一卖就完，空空如也，再开下去就不成了，再开就一定要进货。"毛泽东同志指出的干部"进货"，就是学习本领。这一问题在今天显得尤为重要，面对知识"折旧率"不断增高的时代，如果不注重学习，知识就会老化，能力就会退化。而现实中的，少数干部却对学习互联网时代的新技术心怀恐惧，对网络时代的工作方式不适应，导致在互联网时代开展群众工作业务不精通、情况不了解、自己不自信、遇事无主张。

（2）投入不足。在信息化建设中，各级工会组织投入总体增长，但发展不平衡。综合分析发现，信息化工作力量与投入呈倒金字塔型，越到基层越缺少力量。一些地方工会信息化建设经费投入不足，基础设施落后，存在网络覆盖的盲区和"飞地"。也有一些地方工会把网络建设看成"烧钱"，不愿进行投入。还有一些工会存在"等靠要"思想，坐等党政部门和上级工会建成系统后"搭顺风车"使用，自身投入相对较少。

（3）整合不力。互联网时代是关联的时代，如果说工业时代的奥秘是分工，那么互联网时代的奥秘则是整合，是信息互通、资源共享、社会合作。这既对各部门加强协同提出了新的要求，也为各部门形成工作合力提供了平台。但在当前，一些部门在工作中还不同程度地存在着单干、封闭、独享的思维方式和行为方式，每个部门都掌握一定的信息资源，但由于相互之间缺乏充分的交流和有效的协调，导致整体效率不高，甚至造成地区、部门之间各自为战，相互掣肘。一些地方和部门在信息建设上投入了大量资金，但由于标准、接口、编码不统一，难以实现互通、共享，不仅形成信息孤岛、条块分割，也造成重复建设、资源浪费，这些问题，在工会内部不同程度地存在着。

（4）连接不畅。目前一些工会业务应用软件对基层工会和工会会员需求考虑得不够，通往基层工会的"最后一公里"不够畅通，还不能够做到为广大会员提供贴身服务。针对这种情况，要求工会信息技术人员树立合作、互通、共享的理念，增强工作的系统性、整体性、协同性，更加注重合作，树立团队精神，加强协作配合，促进信息沟通、设施联通，更加注重共享，互利互惠，整合各方力量，实现优势互补、资源共享。

（二）"互联网＋"推动工会工作创新

互联网改变了很多事情，工会组织在"互联网＋"的大潮中，同样面临许多新的问题与挑战，过去一些习以为常的运行机制和工作方式需要改变。如何离职工更近、凝聚职工更有力、服务职工更有效？如何利用"互联网＋"时代的技术成果和手段，把职工更多地组织到工会中来？如何更好地维护职工合法权益，团结动员广大职工为实现"中国梦"贡献智慧和力量？近年来，各级工会组织高度重视网络建设与互联网技术应用，主动适应信息化和新媒体发展趋势，探索运用"互联网＋"思维创新工会工作方式，着力进行网络基础设施和平台建设，大力组织开展工会网上工作，在维护职工权益、服务职工需求方面进行了有益尝试，促进了工会工作水平的不断提高。

无论"互联网+"时代的技术如何演进，工会组织核心和本质始终不会改变。工会要借力"互联网+"的翅膀，迎风起飞，更好地服务职工，更主动地提高维权能力，增强工会组织吸引力凝聚力战斗力。

1. 创新工会工作模式

"互联网+"工会工作管理的新模式，应该以信息技术为导向，充分应用大数据与云计算的发展成果，使其成为提升工会工作效率的有力武器。为了实现这一目标，首先必须打好工会工作的"数据"基础，应用"互联网+"建立工会工作平台。在我国数以亿计的网友中，超过95%的用户已经使用智能手机，其中职工用户又占据了较大比例，这为促进"互联网+"工会工作打下了良好的群众基础。随着互联网应用技术的不断发展，"互联网+"必然能为工会组织的发展提供更大的帮助。"互联网+"工会工作管理的新模式应该摒弃以往以人为主的管理方式，取而代之的是以信息数据为主的管理方式。

（1）加强工会信息化标准体系的建设。"互联网+"工会工作的高效率和高效益，前提是让信息共享和互联互通，关键是工会信息化的统一标准。各级工会应按照"科学、前瞻、实用"的要求，建立统一的各类工会服务职工工作标准体系，达到工会服务职工保障基础信息全面掌控。实现信息传输网络化、工会工作管理模式自动化、保障职工基础工作职能化、工会资产管理可视化具体化。

（2）加强"互联网+"工会工作管理模式平台建设。运用大数据和云计算，通过调研、分析、融合、智能响应等方式，着力打造数字化、规范化、自动化、智能化的工会服务职工综合管理平台。系统推进不同行业、不同单位的工会服务职工信息平台建设。例如，工会智能化办公系统建设、工会服务困难职工信息建设、工会劳动模范管理信息建设、工会干部素质提升工程信息平台建设等；劳模三金的补助工作，职工医疗互助工作网上申报、网上报账、网上发放，工会税务代收回拨全程网络处理等。通过建设"互联网+"工会工作管理模式平台，可在一定程度上减少人力、物力资源，简化工作的中间流程，提高工会服务职工效率，以确保资金运转的有效性，提高工会工作社会效益、社会影响。

（3）加强"互联网+"工会人才队伍建设。在"互联网+"的经济时代，信息思维素质和信息思维能力已上升为工会服务职工能力的主要因素。工会干部应当树立信息思维方式、增强信息意识，掌握信息知识、提高信息思维能力，同时加强网络安全的学习，切实把工会系统信息素质这块"短板"补上，进而全面有效提高工会服务广大职工会员的能力。加强工会信息化制度建设。为了促进"互联网+"工会工作效率的提升，首先要实现资源共享与互联相通，其中最重要的环节就是工会信息化标准的建设。必须遵循"科学、规范"的原则，建立系统化的工会工作准则，进而实现工会工作的信息化、自动化、可视化。工会信息化制度的建设，还能够有效提升工会的管理质量，使工会工作更顺利开展。

2.创新工会工作方法

（1）提高认识，增强积极应对互联网发展的紧迫感和责任感。深刻认识互联网的发展趋势，正确把握互联网给工会工作带来的机遇和挑战，顺应信息技术时代发展潮流，增强抢占先机的责任感，积极运用信息网络技术，推进工会工作的创新与发展。

（2）规划实施，推进工会系统信息化建设。依托国家电子政务基础网络，实施"网上工会"工程，按照业务规范和统一标准，建设工会系统网站体系、网上工作平台、业务应用系统、综合服务系统及信息资源、安全保密等体系，构建一个集管理与服务功能于一体的工会内、外网系统。

（3）打造"窗口"，高标准建立各级工会组织新闻门户网站和综合性政务网站。以党和国家的工作大局和工会工作全局为核心，以"网上工会"为主题，以"宣传工会工作、服务基层工会、密切联系职工群众"为宗旨，以互联网的强大辐射体系为有效载体，扩大工人阶级和工会工作的宣传，传递党和工会的声音，引导职工队伍的舆论，让中国工会的主张在互联网上成为强音。在新形势下，发掘工会网络资源整合能力，提升网络话语权，对做好"互联网＋"时代的职工群众工作具有重大的现实意义。

近年来，网络已成为职工获取信息、表达心声和维护权益的重要途径和方式。随着网络的开放发展，职工的事业更加开阔，职工的思想更加活跃、观念更加复杂，自主意识、竞争意识、平等意识、效率意识明显增强。网络环境下，开展职工思想政治教育工作面临许多新的情况。面对这些变化，各级工会充分运用"两微一端"新媒体，开展丰富有效的工会宣传，形成了初步的新媒体矩阵。

（4）优化功能，提高为职工群众在线服务的能力。在"互联网＋"时代，职工服务需求呈现出多样化、个性化的发展态势。同时，手机等移动终端的普及，也使得更深入有效的职工服务成为可能。工会保障工作需要主动适应经济新常态，改变工作方式，加大对信息技术的开发和运用，通过互联网平台，加强资源整合配置，进一步促进工会保障工作提质增效。

工会就业、帮困、助学、培训、文化等服务工作长期以来更多地限于工会系统体制内，大部分集中在机关事业单位和国有企业，服务方式一般采用自上而下，动员式、分配式的方式，和职工的实际需求匹配性不强。"互联网＋"中的"＋"就是跨界、整合、开放。它要求工会转变服务方式，充分整合资源，更好地满足职工各层次需求。通过加强与政府相关职能部门的衔接，进一步将工会帮扶和工会就业服务纳入政府救助序列和政府公共服务体系。要在网站上开设各种电子论坛，为职工群众提供发表意见、参与评论、互动交流的平台；要在网站上设置主席信箱、投诉信箱，及时回复；要开展工会主席的在线访谈工作，并将其纳入会务公开的内容。要加快工会网站办事服务平台建设，为职工群众提供切实有效的服务路径和服务流程，在网上开展职工维权服务。

（5）把握舆情，建设强有力的工会网络宣传员队伍。互联网作为20世纪最伟大的发明之一，把世界变成了"地球村"，深刻改变着人们的生产生活，有力推动着社会发展。随着互联网的日益普及发展，互联网渠道已经成为民众表达意愿、反映民情的主阵地，也成为政府倾听民意、汇聚民智、治国理政的新平台。这既为舆论引导工作提供了难得的机遇，也给其带来了严峻挑战。工会干部应充分认识新形势下加强网络舆论引导的重要性，不断提高网络舆论引导能力，使网络成为宣传工会主张、弘扬社会正气、通达社情民意、引导社会热点、疏导公众情绪、搞好舆论监督的重要阵地。

做好"互联网＋"时代的舆情引导工作，工会必须积极适应现代信息技术发展的新趋势，掌握信息传播和新闻宣传工作的特点和规律，及时掌握舆情动态，回应社会关切，把握好时、度、效，积极主动地引导舆论，主动占据舆论制高点。要启动工会系统网络新闻发言人工作，由网络新闻发言人代表工会组织对外发布网络新闻和信息，并就网络媒体和职工群众关心的相关问题进行答复。要组织一支由领导、专家、学者等组成的"网络专评员"队伍和工会系统内部的网络宣传员队伍。两支队伍要及时对国内外的重点网站进行浏览、搜索和监看，对网络舆情进行综合分析研究，对一些重大的舆论热点问题或突发性事件及时报告，并协调相关部门共同制定宣传口径，有针对性地予以回应和处理，以有效引导舆论，把握主动权。

（6）加强培训，提高各级工会干部"懂网用网爱网"能力。要在工会干部中普及信息技术知识，提高工会干部运用信息技术的能力，掌握通过网络获取、整理、分析信息资源的技能。尤其是各级工会领导干部更要担负起信息化建设"一把手工程"的责任。

3.创新工会工作手段

当下，我们已经进入了一个"微时代"，微博已经颠覆了博客，微信已经替代传统的短信成为人们交流的重要工具，自媒体大行其道。人们写着"微博"，制造"微语录"，尝试"微阅读"，发起"微公益"，学习"微课"，构成了一种客观的"微环境"。微时代的到来，探索职工思想意识的变化趋势，是群众工作必须研究的重大课题，也成为工会工作的创新之道。

（1）"互联网＋"时代的工会微博

微博扮演着三重角色：一是突发事件的稳定器。在突发事件中充当各类谣言的有力捕手和负面情绪的对冲来源。二是正面内容聚合器。不断净化微博空间话语环境，凝聚广大网民社会共识。三是公益行动催化器。最大化动员了社会公益力量，彰显网络爱心。

（2）"互联网＋"时代的工会微信账号

随着互联网技术的迅猛发展和信息传播方式的深刻变革，微信成为政务信息发布的重要平台，以微信为代表的移动社交媒介，正对社会舆论格局产生越来越大的影响，舆论作用力日趋彰显。微信公众号数量的不断增长，将进一步扩大社会热点话题的网民参与度，越来越多的社会组织、主流媒体和意见领袖入驻移动网络舆论场。在工会领域也是如此，微信已成为新的重要的舆论阵地。工会工作者应该抓住机遇，更好地利用这一新媒体，不断调整心态，调整思维。

（3）"互联网+"时代的工会 APP 客户端

随着移动网络的发展，APP 开始向政务领域扩展。做好政务 APP，首要的是功能与产品的定位相符。与政务微博、政务微信相比，政务 APP 的定位的功能应该是电子政务的延伸，更具便携性的特点。其次必须突出互动功能。开发工会 APP，目的是满足职工需求。因此，职工的需求就是工会 APP 建设的出发点和落脚点。工会 APP 要做到特色鲜明，一方面围绕职工实际需求做文章，另一方面应该做到个性化，具有鲜明的工会特色。以中国职工电化教育中心开发的 APP "职工驿站"为例，不用一拥而上，可以资源共享，做好链接。

（4）"互联网+"时代的工会网站

近年来，各级工会高度重视网站建设，已经基本形成集各级工会门户网站、业务网站和新闻宣传网站为一体的全国工会系统网站体系，信息交流、信息共享程度不断提高，网站的工会特色越来越鲜明，围绕中心、服务大局，宣传工人阶级和工会工作、扩大工会影响和凝聚力的作用越来越突出。当前工会网站还存在一些问题，比如，各地工会网站建设总体水平不高，发展不平衡，网站服务功能较弱，网站管理不到位等。建好用好工会网站成为摆在我们面前的一项重要课题。

（5）"互联网+"时代的工会基础数据库

在统计报表上，全国工会会员已经突破 3 亿人，但是，这些会员是谁？他们在哪里？从事什么工作？面临什么问题？对工会组织有什么要求与期望？如何让统计表上的一个个数字，变成一个活生生的名字，变成一张张鲜活的面孔，无疑有大量的工作要做。由此可见，工会基础数据库的建设对于做好工会工作尤为重要。会员实名信息库建设，相当于对全国基层工会及会员情况的一次普查，对工会的重要性不亚于全国人口普查和全国经济普查。翔实完备的基层组织和会员实名数据，不仅能为工会基层组织建设工作提供第一手资料，更是建立其他工会软件系统的共同基础，是连接工会各业务部门工作的桥梁。建设统一的工会工作和会员信息基础数据库的时机已经成熟，箭在弦上，势在必行。

第四章
职工心理疏导工作

第一节　职工心理问题的表现与形成

　　新世纪以来，经济、科技飞速发展，知识经济方兴未艾，全球化竞争日趋激烈，人们生活和工作的节奏越来越快，加上数字时代海量信息的冲击、人口爆炸带来的就业形势严峻、诱惑和选择的五花八门、生态环境的恶化、对职业发展和企业前景的疑惑等因素，使得人们特别是身处职场的上班一族面临前所未有的压力，导致职工心理问题也越来越突出。国内外的研究表明，心理疾病是威胁个人生命健康的大敌，是破坏企业组织效率的大敌。如果职工心理健康存在问题，就会导致职工工作积极性和工作热情的下降，工作绩效和工作满意度的降低，还会引起企事业单位间人际关系的紧张，导致离职现象。企事业单位管理层的心理问题更可能导致决策失误而引起严重的工作差错或经济损失，特殊行业职工的心理问题甚至还可能给社会和环境造成灾难，从而给企事业单位带来严重的形象损失和经济责任。

　　党的十九大要求"加强社会心理服务体系建设，培育自尊自信、理性平和、积极向上的社会心态"。因此，帮助职工正确认知压力，教会职工调适心理的方法，加强对职工的心理健康教育，做好职工的心理疏导工作，就是企事业单位尤其是本单位工会组织必须面对、绕不过去的问题。

一、职工心理问题的表现

　　随着我国全面深化改革的不断推进，尤其是经济步入新常态，以及供给侧结构性改革和五大发展新理念带来的影响，使得一部分职工难以适应改革带来的新变化，抱怨社会分配不公，缺失安全感，工作积极性下降，引起烦躁易怒、疲惫不堪、心情沮丧、疑虑重重、挫折感强、悲观失望等不良情绪，进而引发职工的心理问题，在职工中产生不健康的心理现象。

（一）心态浮躁

　　"浮"，就是没有根，指性情飘浮，不能深入，浮光掠影，不踏实等；"躁"，就是不静、不定，指脾气急躁，自以为是，骄傲自满等。心态浮躁是一种不健康的心理，在现实中，有不少职工存在这一心理问题。其表现有：

1. 心神不宁。面对急剧变化的社会，不知所为，心中无底，成天无所事事，做事无恒心，见异思迁，不安分守己，总想投机取巧，对前途没有信心。工作中好"怨"，心情变化无常，一帆风顺时劲头十足，一旦遭到挫折便灰心丧气，怨天尤人。总是用消极悲观的视角看待社会、看待别人、看待工作。

静不下来，沉不住气，想做事没有目标，想学习没有毅力，随波逐流，做做这，做做那，最终什么也做不精、做不透、做不细，没有自己的核心职业能力，更谈不上核心职业竞争力。

2. 焦躁不安。不能静下来踏踏实实地学习、工作，而是求多、求快，希望一口吃个胖子。在情绪上表现出一种急躁心态，急功近利。在与他人的攀比之中，更显出一种焦虑的心情。能耐小，脾气大。不愿意"沉下去"做基础性工作，工作上眼高手低，工作中求"急"，不从实际出发，无论是本职工作，还是组织或领导临时交办的任务，只求交差应付了事，少数人不愿承担急难险重的工作，对复杂问题能拖则拖。对自己的职业人生没有长远的打算，不想想也不去想，不知道该做什么，不能有效地管理自己的时间，工作效率低下，工作业绩平庸。

3. 盲动冒险。浮躁的人急于求成，用情绪取代理智，使得行动具有冲动性和盲目性。行动之前缺乏思考，为图一时之快，将可能的后果置于脑后。比如，现在有一种叫"闪辞族"的，连同事还没有来得及认识就跳槽了，一年之中跳槽七八家单位，成了名副其实的"职业跳蚤"。在职业选择的过程中，这山望着那山高，脚踏两只船甚至几只船，左顾右盼，定不下心来，没有清晰的职业方向，在频繁的跳槽中浪费了大好光阴。盲目的自信，甚至是自负，对自己缺乏清晰的认知和定位，整天琢磨着要干大事，不鸣则已，一鸣必要惊人。总想做大事，一上来就想干大事，做大项目，走向关键岗位。对于一些烦琐的、日常的、枯燥的工作看不上眼，好像这不是自己该干的，久而久之，导致工作中的问题越来越多，而忠诚敬业的精神却渐渐消失殆尽。

浮躁是一种冲动性、情绪性、盲动性相交织的不健康心理，它与艰苦创业、脚踏实地、励精图治、公平竞争是相对立的。"非宁静无以致远，非淡泊无以明志"，浮躁心理的存在必然对一个人的职业生涯产生严重的不良后果。急功近利的心态会导致心理紧张、烦恼、易怒，减低注意能力、思维能力；浮而不实使知识与工作技能无法提高，仅局限于表面，以至于业绩平庸或者无法有效地履行职业责任。浮躁使人失去对自我的准确定位，使人随波逐流、盲目行动，对企事业单位、国家及整个社会的正常运作极为有害，必须予以纠正。

（二）职场抑郁

抑郁症是现代社会中的多发病，据世界卫生组织统计，当今全球抑郁症发病率为10.4%，预计到2020年，严重抑郁症所导致的受影响人数将升至疾病总类第二位，仅次于

缺血性心脏病。在中国，目前已有2600万人患有抑郁症，约有30%的人曾出现过如情绪低落、烦躁焦虑、恐慌、行为失常等抑郁特征。尤其在职场，许多人意识不到自己患有此病，即使意识到了，也不愿承认并配合治疗。

著名心理学家马丁·塞利曼将抑郁症称为精神病学中的"感冒"。它是情感性精神障碍的一种情感状态。所谓情感性精神障碍，是指以心境显著而持久的改变（高涨或低落）为基本临床表现，并伴有相应思维和行为异常的一类精神障碍。很多时候，人们会错误理解为抑郁症就是"不高兴"，其实它们有本质的区别，抑郁症通常指的是情绪障碍，是一种以心境低落为主要特征的综合征。这种障碍可能从情绪的轻度不佳到严重的抑郁，它有别于正常的情绪低落，它最为明显的特征是情绪低落、思维迟缓和运动抑制。在职场中，抑郁症早已成为一种常见疾病，女性员工最为突出，几乎占五分之一强，但男性也不低，平均每10位男性中就有1位可能患有抑郁症。

俗话说"职场如战场"，业绩考核、人际关系以及工作本身的困难和矛盾，让很多职场人士压力陡增。失眠、头痛、心慌等躯体不适时常发生，失落、急躁、焦虑等不良情绪也接踵而至。职场人由于工作压力大和人际关系复杂更容易引起苦闷压抑的失调情绪，这是典型的"职场抑郁"表现。

抑郁不同于抑郁症，持续的抑郁就会导致抑郁症。有抑郁倾向的职场人，其身体、情感、思维和行为都会受到影响。同正常人相比，有抑郁倾向的人明显有记忆、注意力障碍，工作兴趣严重丧失的情况。如果这种抑郁倾向在较长时间内得不到调节和干预，极有可能发展为严重影响员工心理健康的心理疾病——抑郁症。

据中国心理协会有关职场抑郁症的调查数据显示，工作场所中的抑郁症患病率高达2.2%~4.8%，50个人的团队中就有一到两名抑郁症患者，上班族已成为抑郁症的主要高发人群。尽管职场中抑郁症患病率如此之高，但目前绝大多数职场人对抑郁症的认识还停留在情绪层面，认为只是情绪出了问题而并非一种疾病，更不会刻意去治疗，在已知患有抑郁症的人中80%的患者选择隐瞒病情。

实际上，抑郁症对人体的危害包括情感、躯体与认知三个方面：（1）情绪低落、抑郁悲观、焦虑、自责，严重者甚至产生自杀想法等，职场抑郁症有时还体现在个体脾气秉性的变化上，以前可能温柔、体贴，脾气很好的人，因为受抑郁情绪影响，脾气会变得暴躁易怒。而微笑型抑郁症患者更会成为"双面人"，在职场微笑示人，在家怒目以对。（2）躯体影响包括疲劳、食欲减退、失眠、头痛等，有抑郁倾向的职场人常常会比早上正式起床时间提前2~3小时醒来，而再入睡会很困难。（3）认知方面，包括记忆力下降、注意力难集中、反应迟钝、眼手协调及思维迟缓等，出现抑郁的职场人常会感觉记忆力变得低下，有时昨天交办的事情，今天可能就会忘记。还有的职场人明显感觉在策划、构思一些项目时思考困难、吃力。数据显示，抑郁症发作期间，会有超过一半的患者注意力集中困难，37%的患者出现健忘，36%的人表现出犹豫不决，所以不能小看了抑郁症的破坏力，其已成为工作效率低的最重要诱因。

中国科学院心理研究所研究员王极盛在接受记者采访时说："不能小看了抑郁的危害，它的破坏力是很大的。经常性的抑郁会使人工作倦怠，也必然会影响工作效率；抑郁会造成人际关系的紧张，造成企业团队整合不良；抑郁会降低患者自身免疫力，现在的'亚健康'人群比例大在很大程度上与抑郁有关。不良的心理对健康的危害不亚于病菌，良好的心理对健康的益处不亚于营养。此外，抑郁是影响创新的最大因素，每天心情低落，不愿意工作，怎么会有好的想法和创意。"崔永元在电视节目《艺术人生》中严肃地告诉观众："我得的是抑郁症，而且是很严重的抑郁症，重度。"终于从抑郁症的井底挣脱出来后，有同事把这段经历称为"地狱归来"。

抑郁症是一种常见的心境障碍，可由各种原因引起，以显著而持久的心境低落为主要临床特征，通常持续两周以上。导致抑郁倾向的原因比较复杂，其中可能有遗传因素、生物化学因素、社会文化环境因素、性格因素，比如完美型性格的人比较容易出现抑郁倾向，以及压力，等等。除此以外，生活或工作中发生较大变故，比如被解雇、亲人亡故、事情长时间得不到解决等，也可能会造成抑郁倾向。比如有的职工在工作与生活中即使受到不公正的待遇，很多情况下也只能委曲求全；有的职工流露出心理失衡感受，认为自己在本职岗位工作时间长，付出的不比别人少，工作业绩不比别人差，但其他一些员工屡屡得到提拔重用，自己却总在原地踏步，心里倍感挫折失意；还有个别员工由于得不到领导，特别是"顶头上司"的支持、认可和理解，对本职岗位兴趣渐失，积极性、主动性明显减弱。随着社会的发展，职场竞争越来越激烈，职场人所承受的压力也越来越大，工作效率降低、生活质量下降、幸福度减弱已成为普遍现象，所以职场抑郁问题应该引起我们的更多关注。

（三）心理困惑

2013年，广东省中山市总工会曾经组织了一次大规模职工心理健康普查，从最终筛选出的2000多份有效问卷中，发现有32.6%的职工样本存在心理困惑。一部分职工对当前许多不正常、不正确的社会问题不理解但却要被动认可或接受感到困惑无奈。"人生不如意常八九"，每个人都有失意与困惑的时候，如不注意调节疏导，就会导致自己陷入郁闷、焦虑、悲痛等心理困境之中。

职工中常见的心理困惑有：

1.职业定位模糊。职业定位是职业人通过对行业发展的充分了解，并根据自己的兴趣，确定出自己将要从事的职业方向。它是自我定位和社会定位两者的统一。通常面临下列情况容易出现职业定位模糊：选择专业与自身兴趣、爱好不吻合；盲目求职，没有充分考虑自身的优劣势；对目前工作状态不满意，但又不知所措；面临多个选择，或对未来职业发展没有把握。

2. 职业规划缺失。职业规划就是个人针对自身的性格、能力、特长、兴趣、潜能，根据市场的行业发展与从业准则进行分析和测定，制订相应的职业计划，从而达到个人职业发展的终极目标。而很多职工却很少会考虑到制订这样的计划，以致迷失方向。

3. 职场人际冲突。现代企业中，因为分工合作、职位升迁等利益分配，使得原本简单的同事关系、上下级关系变得复杂起来。单位内部人际关系的复杂性，也使职工在公与私之间面临两难选择，对"随大流"还是坚持公道正派心存疑虑。在职场打拼的人，很关键的一条就是人际关系的处理能力，这个能力往往决定一个人的工作成就。但有许多职场人士往往处理不好工作中的人际关系，而影响个人工作的发展。

4. 职场"过劳"。职业发展是分阶段性的，越往上晋升责任就越大，压力也越大。年轻职工往往有一个误区，把年轻当最大的资本来看，而不是工作胜任能力、职业管理能力，他们缺乏应对长期竞争力的经验。现代职场，疲劳、压力、挑战和挫折等原因引发的疲劳不堪、情绪低落、心情烦躁、失眠等身心失调屡见不鲜。

5. "薪情"不如愿。薪情不如愿，有两种表现，一种表现为这山望着那山高，一方面对自己抱有很高的期望值，另一方面对市场行情的认识不够，薪资与期望总有一定的差距。另一种表现为自己的付出和收入不成正比，得不到应有的报酬。

6. 工作缺乏安全感。工作安全感是指一个人在职业中获得的信心、安全和自由的感觉。

一般情况下缺乏安全感的人在职场中大致有以下几种原因：自身努力得不到用人单位满意和赞赏而缺乏安全感；专业能力和技能达不到职位要求而产生不安全感；岗位流动性大，竞争激烈而缺乏安全感；面临被淘汰、失去工作而缺乏安全感；劳动过程中得不到应有的保障而缺乏安全感。据调查，54.1% 的员工感到自己"本领恐慌"，存在着一定的"能力危机"感；14.9% 的人感到"难以胜任当前的工作"；19.2% 的人认为"在复杂问题面前束手无策"。

7. 职业转型"阵痛"。当一个人不得不放弃从事多年的工作而转向另外一个行业或者工种类型，从熟悉到陌生，没有了原始的积累，面对新形势新任务感到手足无措，都会产生困惑和疑虑。

（四）职业倦怠

职业倦怠又称职业枯竭 (Job Burnout)，是一个世界范围内普遍存在的现象。根据国际上的分类，一般把职业倦怠分为三个方面：情绪衰竭、玩世不恭和成就感低落。

职业倦怠是工作压力达到一个临界程度的状态。职工的压力通常是指当其察觉到环境对他们的要求超过其能对付的能力，或者被迫以某种不喜欢的工作方式在不适应的环境里工作，在环境中失去对工作或人际关系的把握感、控制感时所产生的一种生理的和心理的状态。这种由环境中产生的紧张性刺激，引起个体的心理和生物反应称为压力反应。每一个职场人都会或多或少出现一些职场倦怠心理，这是影响员工心理健康的另一个重要方面。

当职工无法应付外界超出个人**能量和资源**的过度要求时，就会感到在生理、情绪情感、行为等方面出现耗竭状态，**心理储备逐渐被消耗**，感觉智慧被掏空了，情感被耗尽了，意志被消磨了，工作的积极性和主动性降低。这是一种在工作的重压之下身心俱疲、能量被耗尽的感觉。

职业倦怠的主要表现是身体疲劳、情绪低落、创造力衰竭、价值感降低、人性化淡漠、攻击性行为等。职业倦怠常常有以下 13 种典型症状：

（1）在工作中经常有挫折感，恶劣性情绪增加，容易烦躁或喜怒无常；

（2）人际关系不融洽，孤独感加重，朋友减少；

（3）刻意回避各种社交活动，有自闭倾向，对自己及周围环境持消极态度；

（4）周期性的激动、焦虑、恐惧、沮丧甚至绝望；

（5）身体健康状况每况愈下，小毛病不断；

（6）对工作没有热情，总感到工作繁忙，心理压力过重；

（7）通过抽烟、酗酒、追逐异性等方式来回避现实；

（8）感觉自己的工作没有意义，十分无聊；

（9）不知道将来会怎样，得过且过；

（10）缺乏安全感，心理承受力下降；

（11）发现忘记了许多事情、数字、朋友的名字和通常记得的地方；

（12）心力疲惫，丧失信心和自负自大；

（13）发现自己很难放松，经常烦躁和坐立不安。

职业倦怠不但会直接影响职工的身心健康，也会影响他们的工作热情和工作能力，甚至还会厌弃工作，最终会对自己、家庭及单位产生许多消极影响，危害极大。

第一，职业倦怠会使职工产生情感和家庭问题，也会导致失眠、酗酒、药物依赖甚至自杀。心理枯竭还会使职工斗志消沉，不再追求工作上的成就和进步，影响自身的职业发展。

第二，出现职业倦怠后，职工易对领导和同事的行为做出消极解释，易产生不必要的人际关系矛盾，甚至与同事的关系恶化。

第三，职业倦怠状态的职工对工作的消极影响会导致士气低落，时常抱怨，工作效率下降，甚至会发生缺勤和离职的情况，进而严重影响组织的稳定性和工作效能。

第四，职业倦怠将会导致职工队伍的高流失率，严重影响职工队伍的稳定和整个社会的发展。如果压力过大，个体容易对自己能力产生怀疑，易出错，不想与人沟通，导致工作业绩的下降，反过来，就易形成更大的压力，最后导致恶性循环。

职业倦怠不是说来就来的，而是由日常工作中的挫折、焦虑、沮丧日积月累而形成的。当员工对自己的个人价值评价与现实中取得的工作成果不相符时，就会产生心理上的较大落差；或者，由于缺乏理性的个人职业发展规划，现属职位没有发挥出个人的专长与热情，也可能导致职业倦怠的出现；再者，一些员工为了获得金钱与名利，或者为取得成就而透支身体健康等，都会引发不同程度的职业倦怠心理出现。职业倦怠的发生率和工作性质、工作要求有很大关系。企业中层和基层员工则是因为工作性质以执行为主，自主性差，即使自己有不同意见，也要服从上级安排，久而久之其积极性和成就感就会降低。再加上发展机会只能靠提升，而升迁的职位有限，竞争激烈，导致很多人难以获得升迁，这种职位升迁的途径也会导致倦怠。

虽然不同行业之间倦怠发生率有差别，但现在社会所有行业发生倦怠的可能性都很高。事实上，只要是与人打交道多的群体，都存在职业倦怠高发的问题。从事客服工作的工作者，首当其冲。当人们对自己不再充满信心，对工作不再兴致勃勃时，就会产生职业倦怠。但是，需要说明的一点是：如果工作和生活中没有任何压力或压力太小，人的免疫系统也会出现功能降低，也容易导致疾病。所以，要让职工处于合理的压力水平状态下，调整好生活和工作、个人和组织、现实和理想的关系，对个人、企业都是大有益处的。

二、职工心理问题的形成

职工心理问题形成的原因有很多方面，总体分为内部因素和外部因素两个方面。

（一）内部因素

职工作为一个个体，自身的因素会对其产生较大的心理影响。有些职工的心理素质和调节能力较差，不能及时地调节自己的心态、缓解压力，遇到挫折往往就会产生心理问题。

1.不满足自己的现状。在需求层次理论中，马斯洛将人类的需求从高级到低级分成了五个部分：自我价值实现的需求、尊重的需求、社交和情感的需求、安全方面的需求和生理方面的需求。如果个体到达了某一个层次需求满足，那么就会向更高的层次产生需求，往往在不同的时期也会产生不同的个体需求。有些职工会因为自己从事的工作单一或者一直工作在一个岗位上，觉得自己没有发展的空间，不能发挥自己的潜力，自己的一些需求也得不到满足，所以会出现心理问题，产生抱怨的心理，压抑自己的心情。还有就是随着生活水平的提高，人们对物质的要求也越来越高。但自己对物质的需求与自身能力之间产生矛盾时，心理就容易出现问题。比如，为了追求更多的经济利益，许多人都在高强度地工作，长时间高强度的工作状态，让人们的心情越来越糟，情绪低落不说，看什么还都不顺眼。即便工资上涨也不会让他们感到由衷的高兴，相反，加了工资后工作压力更大，单纯的物质奖励已无法满足他们心灵的需求。

2.**身体健康状况**不好。决定职工是否能够正常工作的一个重要因素就是职工的**身体健康状况。身体健康是**正常工作的首要条件，特别是工作任务重的职工，身体的健康状况更为重要。有的人因为先天原因身体比较虚弱，有的人因为生活方式不良导致身体健康状况不佳，还有的是因为工作环境不好，导致职工出现职业病。特别是从事危重生产或高污染方面工作的职工，会消耗比较多的体能，身体吃不消，导致生病次数增多，从而加重了职工的心理上的负担，出现心理问题。

3. 承受能力比较弱。职工在经受压力时，一般而言，所受压力越大，心理承受能力越弱；而心理承受能力越弱，心理健康程度就越小。但是，不同的个体往往体现出心理承受能力的不同，同样一个事情或问题，对有些人就不算什么，对有些人可能就耿耿于怀。如果职工自己的心理承受能力差，心理素质不好，就容易产生心理方面的问题。

4. 专业技能不足。如果职工没有熟练的专业技术，不能正常地和其他同事一样进行技术工作，职工心理受到打击，也会出现心理问题。特别是科技快速发展的今天，工艺技术和生产设备不断更新的情况下，更考验着职工的专业技能。职工要扩大自己的知识面，还要掌握应有的技能，如果职工觉得自己的学识、技能跟不上技术发展的步伐，就会在工作过程中产生力不从心的工作压力，导致迷茫、自卑的心理，自信心受到打击，心理出现问题，工作效率降低。

5. 生活中的因素。温馨和谐的家庭关系，可以缓解工作和生活上的压力，令人精神放松、心情愉悦。但事实上，家家都有一本难念的经，有的职工家庭负担过重，对某些社会现象不理解，会导致他们出现偏激行为，心灵扭曲、抑郁、不满；有的职工个人生活中有一些困难如夫妻冲突或离异、家庭成员关系失和、代际矛盾冲突、亲属的生老病死或意外事故、家庭贫困、恋爱失败、家庭财务窘迫等；或者对失业和收入下降的恐惧，对多样化选择的不知所措；或者由于工作占用精力和时间而对家庭和亲人产生的愧疚，等等，都会影响职工在组织中的工作心境。如果生活中一些问题处理不当，经常闹矛盾、生怨气，整天闷闷不乐，这种糟糕的心情又可能带到工作中，自然会影响工作，形成恶性循环，给员工造成很大的心理困惑，直接影响员工心理健康。

6. 认知上的偏差。有的人由于思维方式、价值观的片面性而产生了自我精神压力。在职工队伍当中，有的人贪欲无度，每一样东西都放不下，直至被贪欲的重负压死趴下；有的过分苛求自己完美无瑕，以致在心中形成块垒；有的忧虑过度而常怀杞人之思；有的固执地要为不可为之事；有的僵化地看待人生与社会，因看不破"红尘"而把处处时时都当作困境，等等，形成一种放不下、看不破、解不开的"心锁"或精神自缚，从而导致形形色色心理问题的出现。

（二）外部因素

1. 社会环境因素。当今时代，社会正经历着急剧发展和变更，许多人很自然地会产生不知所措的孤独和迷茫。新旧经济体制更替以及医改、房改、教改等产生的社会经济压力；城乡二元经济发展失衡、分配不公、贫富分化产生的强弱地位失衡，以及等级特权、官员腐败、司法腐败等形成的社会政治压力；竞争的加剧、生活节奏的加快，使人们产生了时间的紧迫感和空间的压力感；东西文化的碰撞、价值观念的冲突、贫富差距的拉大、利益格局的调整造成了人们的心理不平衡、不稳定感；人际关系的淡薄加深了人们的孤独感和失落感；个人对生活目标的选择机会增多，已有矛盾加剧了内心的冲突，产生了无所适从的焦虑感。这些问题的广泛存在，深刻地影响着职工的社会心理与行为，给职工带来心理上的冲击，造成心理发展中的失衡，使其产生心理问题。

2. 工作方面的因素。工作是谋生的基本源头，对人的影响也最强，工作本身可能会给职工带来紧张和压力感，工作压力是由工作或与工作直接有关的因素所造成的。在工作中每个人都会或多或少地感受到压力，如职业本身的压力、职业竞争的压力、职业发展的压力、工作环境的压力、工作时间的压力，等等。

①职业发展压力。包括对失业的担心，提升、调转、发展的机会，薪酬等。对大多数职工而言，最大的威胁就是失业。提升的不足或提升的过度也可能给职工带来压力。调转和发展的机会关系到职工未来的职业发展，而这些机会对职工来说非常重要但又十分不确定。薪酬直接关系到职工及其家庭的生存和生活质量。所有这些都是职工工作压力的重要来源之一。

②职业竞争压力。进入知识经济时代，职业半衰期越来越短，而职业要求却越来越高，不仅要具备学历、职业资格、专业技能等"硬实力"，还要具备经验、态度、人脉等"软实力"。这种越来越高的职业要求，会让职工产生强烈的焦虑感和恐惧感。为了保住岗位或谋求更好的发展，职工不得不终身学习，不断获取新知识和新技能。

③工作时间压力。工作时间压力包含两个方面的内容：一是指在很少的时间内要完成非常多的工作任务，工作负荷过重；二是指连续工作时间过长。这两种情况都会造成过度疲劳，严重影响职工心理活动的正常进行，造成人体生理、心理功能的衰退和紊乱，从而使劳动效率下降、作业差错增加、工伤事故增多。缺勤率增高，对工作的不满情绪产生。

④工作环境压力。工作中的环境压力主要指由不良工作条件引起的问题，如工作场所存在温度、噪声、有毒有害等职业危害，工作场所不够舒适、存在危及生命安全的因素，长期在户外作业等情况。

⑤职业本身的压力。一些高危险、高风险、高难度或重复简单机械动作的工作带给人特殊的压力，使人常常处于高度戒备状态中。如航空领航员的职业责任重大，属于具有高压力的职业。一些流水线企业，工作任务繁重，工作标准高，各种考核多，每天都处于高度紧张状态之中，容易对身心承受力造成重压，甚至积之成疾、聚之成患；有些企业经常需要加班加点，容易造成员工身心疲惫，出现畏难情绪，从而影响到员工的心理健康。

3. 管理因素。现代企业为取得和保持竞争优势，对职工的要求越来越高，职工常常面临着巨大的工作负荷、同事之间的激烈竞争、紧张的工作气氛、不进则退的不敢懈怠、角色模糊与角色冲突，还有对时间分配的失控、对知识飞速更新的惶恐、对信息爆炸的应接不暇。移动通信、个人计算机、互联网的出现使人们的工作方式发生巨变，手机、笔记本电脑、电子邮件、无线上网等现代 IT 技术和设备使人受到全天候工作的追踪覆盖。

在社会发展的大潮中，多数职工能够追赶社会发展的步伐，认识到改制势在必行，积极乐观对待。但也有职工迷茫、不知所措，失落愤懑，严重影响他们的工作情绪和思想动态。有些职工误以为自己已经付出努力却未得到相应的发展与回报，对企业或主管心生怨愤，有的怨恨自己，怨自己运气太差，或产生离职的念头，或画地为牢，消极认命。有些职工对企业文化、发展理念、工作环境、管理机制或个人待遇不认同，或者出差太多、工作枯燥例行化、工作量过大、工作责任不明确、工作缺乏自主性、不能参与决策、分配机制不合理、奖惩失当、管理者方法偏颇等因素而导致职工出现心理问题。

4. 人际关系因素。主要指工作场所存在紧张或淡漠的人际关系，在企事业单位内，由于职工处于不同的工作链上及立体的人际群体中，很多情况下往往兼有下属、同事及上级三重角色。

如果不能处理好同事之间、上下级之间、客户之间的关系，经常发生矛盾或冲突，或同事间关系淡漠、隔离，职工的焦虑感就会增强。有的职工由于各种原因遭到诽谤议论、打击报复等，便产生心理焦虑，表现出恐惧、无助，对人冷漠麻木、冷嘲热讽、缺乏同情心，不信任他人，动辄责备迁怒、反应过度，与他人刻意保持距离等，由此对单位内部的合作与竞争氛围带来负面影响。在单位里，每位职工带着不同的思想进入单位，对同一事物有着不同的看法，使原有的思想文化受到冲击，有些员工大大咧咧，说话没心没肺，有些员工八面玲珑，处世圆滑；有些员工性格内向，不太愿意跟人打交道，遇事憋在心里，与周围的工作伙伴不合群。单位内部如果沟通不畅，人际关系会变得复杂，相互之间的冲突也会增多。员工之间的人际关系恶化往往会使企业的人员关系紧张，员工之间不信任，互相猜疑，不愿真诚合作，缺少有效的沟通，造成工作效率低下，企业凝聚力下降。

5. 突发事件。很多突发事件都会给职工带来一定程度上的心理刺激，也会导致职工出现心理异常状况，比如说，安全方面的事故、家庭方面的事故、长辈健康问题、比赛或考试失利等，也包括企业裁员、兼并重组、濒临破产，或者自然灾害、恐怖事件、流行疾病、社会变动等，都会给员工带来心理冲击，特别是同事在突发事件中的伤亡会造成其他职工极大的心理震动，例如美国"9·11"事件、中国的 SARS 流行、东南亚海啸，曾使许多相关公司的职工情绪陷入低潮，恐慌、迷茫。2002 年西安杨森公司 3 名职工在出差途中遭遇空难身亡，公司职工陷入压抑很长时间，无心工作，公司高层迅速邀请北京大学精神卫生研究所 3 位从事过灾后心理干预的教授，对家属及职工进行心理危机干预。专家们与 30 余位公司职工进行了集体晤谈，让他们宣泄空难引起的抑郁、焦虑等负性情绪，通过在集体中充分表达自己的感受，使他们意识到自己的某些痛苦体验别人也曾经或正在遭受，自己并非孤独地面对这些不幸。此后，很多职工的精神状态有明显改善。杨森公司在处理突发事件时，特别引入心理干预，引起了业内的广泛关注。

当然，以上心理问题产生的原因也不是绝对的。职工心理健康问题是各种因素综合作用的结果。这就需要企事业单位及时针对心理健康出现的种种问题加以研究，把职工心理问题的调适与缓解纳入单位正常的管理工作之中，注重人文关怀，提升职工的心理健康水平。

第二节　职工心理健康和调适

一、职工心理健康

（一）心理健康的含义

世界卫生组织给健康下的定义为："健康是一种身体上、精神上和社会适应上的完好状态，而不是没有疾病及虚弱现象。"

从世界卫生组织对健康的定义中可以看出，与我们传统的理解有明显区别的是，它包含了三个基本要素：躯体健康、心理健康、具有社会适应能力。具有社会适应能力是国际上公认的心理健康首要标准，全面健康包括躯体健康和心理健康两大部分，两者密切相关，缺一不可，无法分割。这是健康概念的精髓。

心理健康的基本含义是指心理的各个方面及活动过程处于一种良好或正常的状态。心理健康的理想状态是保持性格完美、智力正常、认知正确、情感适当、意志合理、态度积极、行为恰当、适应良好的状态。在生活实践中，能够正确认识自我，自觉控制自己，正确对待外界影响，从而使心理保持平衡协调，就已具备了心理健康的基本特征。心理健康是说人们在心理和思想上能够常常有一个积极的心态，能经得住各方面的刺激，快速地适应周围环境。一般看一个人的心理是否健康，就看他的心理状态和外界的环境是否统一，是否有相对稳定的心理特征和完善、均衡的心理持续过程。

职工心理健康，就是职工有一种高效而满意的、持续的心理状态，主要体现在职工五大心理状态，职业压力感、职业倦怠感、职业方向感、组织归属感、人际亲和感都是积极均衡的。或者说职工的心理发展能够接受单位、社会和家庭的刺激后保持一个相对稳定的心态。在心理方面，对自己抱有肯定态度，能够清楚地看待自己的优点和缺点，能够认识自我、挖掘自己的潜力，他们能正确地对待周围环境方面的状况，正常高效率地工作，并且发展自己的人际交往关系。在生理方面，身体没有疾病特别是神经系统正常的人，心理方面的功能也正常。在行为方面，能够与人友善交往，处理好人与人之间的关系，能够适应周围环境和社会现象。

（二）心理健康的标准

心理健康**既然**是现代人健康不可分割的重要方面，那么它有标准吗？人的生理健康是有标准的，一个人的心理健康也是有标准的。不过人的心理健康标准不及人的生理健康标准具体与客观。1946 年召开的第三届国际心理卫生大会，世界心理卫生联合会在会议上将心理健康定义为："所谓心理健康，是只在身体智能以及感情上与其他人的心理健康不相矛盾的范围内，将个人心境发展成最佳的状态。"并且在这次大会上也曾认定心理健康的标准为：

（1）身体、智力、情绪十分调和；

（2）适应环境，人际关系中彼此能谦让；

（3）有幸福感；

（4）在工作和职业中，能充分发挥自己的能力，过着有效率的生活。

后来，心理学家普遍认为，人的心理健康包括以下七个方面：智力正常、情绪健康、意志健全、行为协调、人际关系适应、反应适度、心理特点符合年龄。

（1）智力正常。智能是人对客观事物的认识能力和运用知识、经验、技能解决问题能力的综合。智能良好体现在两个精神和四种能力上，即科学精神、人文精神和发现问题的能力、认识问题的能力、分析问题的能力、解决问题的能力。

（2）善于协调与控制自己的情感。情感是人对客观事物认识的内心体验的外在反映。人的情感活动具有倾向性，喜怒哀乐都要表现出来。人的情感一定要与外界环境协调，心情要开朗，要乐观。

（3）具备良好的意志品质。意志就是为达到既定目标，主动克服困难的能力。良好的意志具备四个特点。一是目的性，目的要合理；二是要学会调整自己的期望值和一些心态；三是要培养自己的坚强性和自觉性；四是要培养自己的果断性和自制力。

（4）人际关系和谐。要有一个相对稳定的、相对广泛的人际交流圈；在人际交往中要独立思考，要保持一个独立完整的人格，不要人云亦云，不要盲从；在人际交往中要注意宽以待人，要积极主动，要坦诚。

（5）适应、改造现实环境。适应社会是绝对的，改造社会是相对的，重点是适应。只有在适应的基础上才能局部地改造。

（6）能保证人格的完整和健康。人格体现在三个方面：一是构成要素要完整，不能有缺陷；二是人格的同一性，不能混乱，生理上的"我"和心理上的"我"必须是一个人，不能分离；三是要有一个积极进取的人生观。

（7）心理年龄和生理年龄要适应。一个心理健康的人，其心理特点与所属年龄阶段的共同心理特征是大致相符的。如果生理发育超前，心理发育滞后；或心理发育超前，生理发育滞后，那么应对社会生活变化的能力就会受影响，就需要调整自己。

在我国，心理专家对心理健康的标准是这样定义的：

①具有充分的适应力；

②能充分地了解自己，并对自己的能力做出适度的评价；

③生活的目标切合实际；

④不脱离现实环境；

⑤能保持人格的完整与和谐；

⑥善于从经验中学习；

⑦能保持良好的人际关系；

⑧能适度地发泄情绪和控制情绪；

⑨在不违背集体利益的前提下，能有限度地发挥个性；

⑩在不违背社会规范的前提下，能恰当地满足个人的基本需求。

当人们掌握了衡量人的心理健康的标准，就能以此**为依据**对照自己或别人，进行心理健康的诊断。如果发现心理状况某个或某几个方面与心**理健康标**准有一定距离，就可以有针对性地加强心理调适和锻炼，以期达到心理健康水平。如果发现心理状态严重地偏离心理健康标准，就要及时地求医，以便早期诊断与早期治疗。

（三）职工心理健康与单位的管理

了解职工心理健康状况，可以发现职业状态背后深层的心理原因，透视职场"病症"，通过一些缓解和治疗的手段，帮助职工从职业心理焦虑中解脱出来，缓解压力带来的心理伤害，保持职业心理健康。一个单位对职工心理健康管理的目的，是促进职工心理健康、降低管理成本、提升组织文化、提高工作绩效等。一个有效的职工心理健康管理可以为单位带来无穷的效益。

1.减少人才流失。实施职工心理健康管理的单位能使职工感受到组织对他们的关心，使职工更有归属感和工作热情，能吸引更多的优秀职工；由此降低重大人力资源风险，保护组织的核心资源。

2.提高劳动生产率。通过职工心理健康管理的实施，使职工压力处于最佳水平，身心更健康，精力更充沛；由此提高单位的劳动生产率，增强组织的核心竞争力。

3.预防危机事件发生。通过职工心理健康管理的实施，对职工的压力水平进行即时性监控，并推荐适当的指导建议，促进职工随时调整身心状态，预防职工心理危机事件的发生。

二、职工心理调适

（一）职工心理调适的原则

所谓职工心理调适,是指对有碍于职工身心健康的消极情绪进行有意识的、合理的调适,保持积极愉快的情绪和良好的心境,防止和减弱不良情绪对身心的危害。这里的调适并非压抑各种情绪反应，如遇到悲伤的事竭力加以掩饰而不表现出来。对消极情绪的压抑不仅不可能形成健康的情绪，相反，却有可能导致更严重的情绪障碍。

做好职工的心理调适，必须遵循两个基本原则：人文关怀和心理疏导。早在 2006 年，《中共中央关于构建社会主义和谐社会若干重大问题的决定》中就指出，"要注重促进人的心理和谐，加强人文关怀和心理疏导，引导人们正确对待自己、他人和社会，正确对待困难、挫折和荣誉。加强心理健康教育和保健，健全心理咨询网络，塑造自尊自信、理性平和、积极向上的社会心态"；到了 2007 年，党的十七大报告提出，"加强和改进思想政治工作，注重人文关怀和心理疏导，用正确方式处理人际关系"；2010 年，全国总工会在《全国职工素质建设工程意见》中指出，"引导员工提高身心健康意识，实施身心健康教育，加强人文关怀和心理疏导"；2012 年，党的十八大报告又提出，"要注重人文关怀和心理疏导，培育自尊自信、理性平和、积极向上的社会心态"；2015 年 1 月 8 日，《中共中央关于加强和改进党的群团工作的意见》中指出，"群团组织服务群众要盯牢群众所急、党政所需、群团所能的领域……有针对性地开展创业就业、心理疏导……等服务"；2015 年 3 月 21 日，《中共中央国务院关于构建和谐劳动关系的意见》提出，"加强对职工的人文关怀。注重职工的精神需求和心理健康，及时了解掌握职工思想动态，有针对性地做好思想引导和心理疏导工作，建立心理危机干预预警机制"；2015 年 4 月 28 日，习近平总书记《在庆祝"五一"国际劳动节暨表彰全国劳动模范和先进工作者大会上的讲话》中指出，"创新思想政治工作方式方法，加强人文关怀和心理疏导，打造健康文明、昂扬向上的职工文化"。不难看出，人文关怀和心理疏导反复出现在中央文件或领导人讲话之中，为我们做好职工的心理调适指明了方向和原则。

1. 人文关怀

在当代中国，人文关怀的实质是：在理顺人与其他种种对象的关系中，确立人的主体性，从而确立一种赋予人生以意义和价值的人生价值关怀，实现人的自由而全面的发展，这是中国共产党对马克思主义的重大发展。从这个意义上讲，人文关怀不仅仅是从经济和道义上给予关怀，更重要的是在政治上、精神上充分实现人的价值。

人文关怀是指尊重人的主体地位和个性差异，关心人丰富多样的个体需求，激发人的主动性积极性创造性，促进人的自由全面发展。具体来说，包括层层递进又密切相关的几层含义：

（1）承认人不仅作为一种物质生命的存在，更是一种精神、文化的存在。

（2）承认人无论是在推动社会发展还是实现自身发展方面都居于核心地位或支配地位。

（3）承认人的价值，追求人的社会价值和个体价值的统一、作为手段和目的的统一。

（4）尊重人的主体性。人不仅是物质生活的主体，也是政治生活、精神生活乃至整个社会生活的主体，因而也是改善人的生活、提高人的生活品质的主体。

（5）关心人的多方面多层次的需要。不仅关心人物质层面的需要，更关心人精神文化层面的需要；不仅创造条件满足人的生存需要、享受需要，更着力于人的自我发展、自我完善需要的满足。

（6）促进人的自由全面发展。人的全面发展应当是自由、积极、主动的发展，而不是由外力强制的发展；是各方面素质都得到较好的发展或达到一定水平的发展；是在承认人的差异性、特殊性基础上的全面发展，是与个性发展相辅相成的全面发展。

党中央在中国工会十六大的祝词中提出，"落实职工各项权益，让广大职工体面劳动、舒心工作，全面发展"，这是对新时期工会维权工作提出的新要求。"体面劳动"彰显了以人为本的要求，包括了劳动光荣、劳动伟大、劳动高尚的劳动价值观；"舒心工作"涵盖了劳动就业、工资收入、社会保障、安全卫生、休息休假、民主管理等各个方面；"全面发展"体现了要把实现好、维护好、发展好职工群众的根本利益作为出发点和落脚点，要让职工群众有更多的获得感。人文关怀落实到具体实践中，就是要解决好职工群众最关心最直接最现实的利益问题和职工群众面临的最困难最操心最忧虑的实际问题。

2. 心理疏导

心理疏导，是根据辩证唯物主义原则，结合我国的民族特征，继承祖国古代医学中的有关精华并吸取国内外各学科中有价值的学术思想，对心理疾患者阻塞的心理进行疏通引导，使之畅通无阻，从而达到治疗和预防心理疾病，促进身心健康的治疗方法。

心理疏导的主体是人，对象是人，其出发点和归宿是人，心理疏导要遵循人的心理活动规律，通过解释、说明、沟通等方式，疏通人们的心理障碍，引导人们用阳光的心态面对社会、面对人生。语言是心理疏导的基本工具，运用准确生动、亲切恰当的语言分析心理问题产生的根源和形成过程，授以战胜心理疾病的方法，激励心理疾患者自我领悟、自我认识和自我矫正，从而减轻、缓解、消除心理疾患者症状。事实上，心理疏导与思想政治工作两者之间是有交集的，在做职工心理疏导时，一些思想政治工作的方法是可以借鉴的。

积极探索开展企事业单位职工心理疏导的方法和途径，做好心理疏导工作，对于提高职工心理健康水平，更好地增强职工信心，焕发劳动者工作积极性主动性，从而推动组织的发展，具有十分重要的意义。

（二）职工心理调适的方法

没有了健康，一切都会归零。做好职工心理调适工作，需要企事业单位和职工个人共同努力，同向发力，才能更好地实现调节心理、健康"塑心"的目标。

1. 单位层面

（1）积极改善工作环境

企事业单位应该加强和改善基础设施**的建设**。由心理方面的研究可知，良好的工作环境能够有效地减少员工的心理压力，使员**工感到舒**适和安全。特别是工作环境较差的单位，更要努力打造良好的工作环境和人文环境，减少工作环境中的恶劣因素，改善条件和氛围，进行空气净化和排污处理，加强通风、防尘、防噪、防暑降温等，为员工创造更安全、舒适、满意的工作环境，做好劳动保护工作和安全保健工作，减少环境对员工的危害。合理安排工作时间和工作班制，避免长时间工作，降低工作强度。另外，还要创造舒适的生活环境，做好美化、防火防盗等工作，改善后勤管理，创造条件使职工生活有更好的保障。

（2）丰富职工业余生活

促进职工健康生活、快乐工作。积极改善文化环境，建立一些文化设施，比如健身房、游泳馆、图书室、职工书屋、绿色网吧等，为员工创建积极进取的氛围，缓解职工的压抑心情。积极开展丰富多彩、形式多样的文体活动和其他活动，比如工间操、书画展、演讲比赛、球赛等，努力让大家在紧张的工作之余，获得充分的休息和娱乐，以更加饱满的热情投入工作中去。随着各种业余活动的开展，不仅让大家在娱乐的同时锻炼了身体、放松了身心，也增多了职工与职工之间的交流机会，拉近了职工之间的距离，增强了单位内部的凝聚力和向心力，有力地促进了组织文化建设，为单位快速稳定发展奠定了良好基础。

（3）加强职业心理健康的宣传和疏导

利用海报、健康知识讲座等多种形式，加强职业心理健康宣传和培训，使职工增强对心理问题的关注意识，树立对心理健康的正确认识，并知道什么时候需要心理帮助，通过哪些途径可以获得帮助等。通过压力管理、应对挫折、保持积极情绪等培训，帮助职工掌握提高心理素质的基本方法，增强对心理问题的抵抗力，聘请心理专家为职工提供心理咨询服务，及时消除职工的心理压力。另外，要加强对主管人员的培训，了解心理问题的表现形式，掌握心理管理的技术，提高沟通、冲突管理等方面的技巧，在职工出现心理问题时，能够科学、及时地进行缓解和疏导。

（4）指导职工职业生涯发展

结合职工的自身情况，企事业单位要指导职工职业生涯发展，鼓励职工岗位成才。帮助职工制定工作目标和规划，从机制上解决影响职工积极性的问题，提供给职工一个公平公正的平台，规范选拔人才机制，给他们提供更广阔的发展空间。每个人都希望被关注、被激励、被赏识，而不希望经常受到打击、批评和冷落，管理者要学会人性化管理，注重人的潜能开发，在挖掘职工潜能方面多做尝试，既要承认差异，又要尊重个体，将最合适的岗位或最合适的事安排给最合适的职工去做，把导致职工不良心理的因素降到最低。企业一定要用积极的态度鼓励职工，发展他们的能力。建立适当的学习制度，进行制度化的学习，确立并提出一个具有引导作用和激励作用的、富有吸引力的愿景目标，明确对职工"角色"的期望，尽快使职工角色定位。既帮助职工减除烦躁、失落等不良情绪，又让职工体验到满足、有成就、愉悦的心情，同时也使企业能够实现把人才培养出来并且留下来的目标。

（5）建立职工关爱体系

①企事业单位通过建立心理咨询机构、开展职业心理健康讲座、举办有益职工身心健康的活动、引入企业员工帮助计划，也可以借鉴国外公司的做法，设立诸如"情绪发泄室""员工互助系统"等，形成多层次、多角度的宣传、教育和具体做法，协助职工排遣内心的不良情绪和失落感，减轻其可能产生的心理障碍，帮助职工塑造健康良好的心态，消除心理问题，恢复心理平衡，降低职业紧张、工作倦怠和抑郁等心理问题的出现，用"精神福利"体现人文关怀，促进职工心理健康。

建立职工关爱体系：一要倡导积极、健康、和谐的团队文化，提高职工心理抗压抗风险水平。二要积极关注重点和特定职工心理风险管理，增强辅导工作实效性。三要关注职工职业压力和心理风险状态，推动辅导工作融入中心。四要加强辅导员队伍建设，培养企事业内部心理援助团队。

②在企事业单位中引入"员工帮助计划"即EAP(Employee Assistance Program)，是一种可行且效果较好的方法。员工帮助计划是企事业单位为职工提供的系统的、长期的援助与福利项目，它具体是指通过专业人员对组织以及内部成员进行诊断和建议，提供专业指导、培训和咨询，帮助职工及其家庭成员解决心理和行为问题，提高绩效及改善组织气氛和管理。简而言之，EAP是企业用于管理和解决职工个人问题，从而提高职工与组织绩效的有效机制。

EAP的服务模式和内容包含有工作压力、心理健康、灾难事件、职业生涯困扰、婚姻家庭问题、健康生活方式、法律纠纷、理财问题、减肥和饮食紊乱等，全方位帮助员工解决个人问题。完整的EAP包括压力评估、组织改变、宣传推广、教育培训、压力咨询等几项内容。具体地说，可以分成三个部分：第一是针对造成问题的外部压力源本身去处理，即减少或消除不适当**的管理**和环境因素；第二是处理压力所造成的反应，即情绪、行为及生理等方面症状的**缓解和疏导**；第三，改变个体自身的弱点，即改变不合理的信念、行为模式和生活方式等。EAP服务在帮助职工缓解工作压力、改善工作情绪、提高工作积极性、增强职工自信心、有效处理人际关系、迅速适应新的环境、克服不良嗜好等，使企事业单位在提高组织的公众形象、改善组织气氛、提高职工士气、改进管理经营等方面作用很大。当然，EAP计划作为西方管理中的一项实践，其在中国发展也存在一些问题，比如服务定位不清楚、服务标准不明、服务人员无证、服务效果难评估等。因此，EAP要更好地进入中国企业，必须重视宣传、教育、培训共同推进；注意做好与党建工作、工会工作、共青团工作和社会建设工作的广泛结合，并积极与信息产业和移动互联网的发展相结合。

2. 个人层面

（1）认知调节

认知是指人们认识活动的过程，即个体的信息加工处理过程，包含了一个人对某件事或某个对象的认识和看法，并分类为消极、中性或积极的。认知在增加压力和缓解压力中有着重要作用。面对同样的压力情境，有些人苦不堪言，而另一些人则能平静地对待，这与认知有关。根据心理学理论，人的认知过程和认知水平，会影响人的情绪和行为。通过改变有心理问题的人的不良认知，就可以矫正或改变其不良情绪和行为。认知调节的主要着眼点是通过改变有心理问题者对自己、对他人或对事物的看法与态度，来改善其行为状况和情绪状态。

①树立正确的人生观。人生观是对人生的根本观点，是人们思想和行为的总开关。树立正确人生观，对于确定一个人事业的方向并取得成功，有着十分重要的意义。有了正确人生观的指导，职工就能积极工作，对单位和社会做出巨大贡献。相反，如果一个职工没有树立正确的人生观，就会在工作和生活中，或彷徨徘徊，随遇而安，或庸庸碌碌，无所作为。

②保持强烈的事业心。中华民族历来就有"敬业乐群""恪尽职守"的传统美德。"业精于勤荒于嬉。"习近平总书记在十八届中央政治局常委与中外记者见面会上说："我们一定要始终与人民心心相印、与人民同甘共苦、与人民团结奋斗，夙夜在公，勤勉工作。"夙夜在公，昭示的是一种恭敬严肃、认真负责、任劳任怨、踏实奉献的态度，体现的是一种勤奋、刻苦和谨慎的作风，彰显的是一种珍惜生命、珍视未来的人生观念。激发职工工作热情，培养职工工作兴趣，培育职工敬业精神，工作首先是一个态度问题，在岗一日，尽责一天，认真执行，不找借口。通过有效的激励机制，把组织目标与员工目标融合成一体。让职工处于完全自觉状态，充分发挥工作主观能动性的积极作用，使职工真正处于主导地位，尊重人的价值，提高职工的素质，力求使每个职工的聪明才智都有用武之地，使他们各得其所，各尽所能。

③阳光思维、积极主动。在工作和生活中，压力是无法避免的，职工当中的心理问题也是客观存在的。但是，从心理学上讲，我们大脑所接收的刺激是可以被再去解释的，认知是可以通过调整去改变的。打个比方说，有些人欣赏玫瑰花瓣的美丽，有些人则想到被花刺扎伤的疼痛。调整认知就是要调整视角，将注意力集中在玫瑰花瓣上，去看事物美好、积极的一面。因此要想消减压力带来的心理问题，就要学会以一种积极的视角对压力事件进行解释。把注意力集中在那些积极的方面，并在此基础上构建积极的观念，凡事调整心态，看到好的一面，想到好的结果，承认消极方面的存在，但不固执其中，尽量少受阴暗面的影响。把你的脸迎向阳光，那就不会有阴影。

④悦纳自己、增强自信。自信心其实就是个体对自己积极的、肯定的、客观的评价，也是一个人面对压力是积极面对还是消极应对的心理准备。一个人看待自己需要从三个方面获得：一是自我评价，二是别人对自己的评价，三是自己对别人的评价。如果自我评价十分脆弱，那么他就会特别依赖于别人对自己的评价。假如工作或生活中稍有一些不顺，职工除了感受工作本身的压力外，还要感到自我被外界否定的巨大压力，就可能会产生心

理问题。所以，减少职工心理问题的根本途径还是建立一个强大的自我评价体系，达到"胜不骄，败不馁"的境地。对自己要有一个客观的恰如其分的评估，努力缩小"理想的自我"和"现实的自我"的差距。既不好高骛远，又不妄自菲薄，脚踏实地一步一个脚印，强化对自己积极的肯定，增强自信和自尊。

⑤心怀感恩、知足常乐。感恩**就是**带着一颗真诚的心去报答感谢别人，它是一种处世哲学，也是生活中的大智慧。一个**智慧的**人不应该为自己没有的斤斤计较，也不应该一味索取使自己的私欲膨胀。学会感恩，为自己已有的而感恩，感谢生活给予你的一切，这样你才会有一个积极的人生观，才会有一种健康的心态。学会感恩，就会减少很多愤怒；心怀感激，才会真正快乐起来。感恩的心能为你开创快乐的奇迹，怀有一颗感恩的心，能帮助你在逆境中寻求希望，在悲观中寻求快乐。感恩父母，感恩老师，感恩组织，感恩社会，感恩的人才懂得幸福和阳光的含义。若一个人就只有怨怼，他的心情怎么好得起来？常怀感恩之心，便会以给予别人更多的帮助和鼓励为最大的快乐；常怀感恩之心，对别人对环境就会少一分挑剔，而多一分欣赏。感恩，是我们生活中永恒的话题，学会感恩，学会热爱生活，将会感受到更多快乐，就会让很多心理问题迎刃而解。

同时，还要学会调节自己的欲望使之不走向贪得无厌。老子在《道德经》中说"祸莫大于不知足"，讲的是知足常乐的道理。随着经济社会的发展，物质不断丰富，物欲也开始泛滥，人们的心变得越来越浮躁，攀比收入，攀比享受，攀比潇洒，从而产生心态失衡。

心理学研究表明，具有物质主义倾向的人更容易陷入忧郁和焦虑之中，更难感到幸福和快乐。所谓"有容乃大，无欲则刚"，这里的无欲是指无贪欲而非毫无欲望。适度的欲望是持续前进的动力，但膨胀的物欲、名欲等则可能导致毁灭。知不足，我们才会改革、创造、学习、提高；知足，我们才会在不断的改革中、创造中、学习和提高中，享受应有的幸福与快乐，使身心的健康可以持续。

知足者常乐，欲望无止境，如果任其膨胀下去，必将后患无穷。人应该知足，承认和满足现状不失为一种自我解脱的方式。知足者想问题、做事情能够顺其自然，保持一份淡然的心境，并乐在其中。这并不是削弱人的斗志和进取精神，在知足的乐观和平静中，认真洞察取得的成功，总结经验，而后乐于进取，乐于开拓，为将来取得更大的成功鼓足信心，做好充分的准备。真正做到知足，人生便会多一些从容，多一些达观，对保持和增强心理健康大有裨益。

（2）行为调节

①健康的生活方式。健康生活方式的核心是养成良好的生活习惯，健康的生活方式不仅可以减少疾病的发生，也是心理健康的基础。健康生活方式包括的内容很多，如生活有规律，就算工作再繁忙，也要注意休息，劳逸结合；合理安排膳食；坚持适当的运动与体育锻炼；少喝酒，不吸烟等。那些作息不规律，不能保证睡眠时间；极度缺乏体育锻炼；

三餐饮食随便对付；与家人缺少交流；长时间用手机或电脑，接受近距离辐射等生活习惯，要注意克服。

②妥善处理人际关系。人际关系是职业生涯中一个非常重要的课题，良好的人际关系是舒心工作和安心生活的必要条件。从心理上讲，不管身份高低，每个人都希望受人欢迎，因为受人欢迎意味着对自我价值的肯定。处理好人际关系的关键是要意识到他人的存在，理解他人的感受，既满足自己，又尊重别人。在处理人际关系时，要学会宽容，"水至清则无鱼，人至察则无徒"，"人非圣贤，孰能无过"，假如遇到了不可避免的错误或问题，宽容自己、宽容别人，把我们从痛苦中解放出来。宽容，是一种豁达，也是一种明白、一种尊重，更是智慧的象征、自信的显现。在处理人际关系时，要真诚相待，积极主动沟通，注意讲话的方式，多学习和采取一些交往的技巧。对领导要尊重，对同事多**理解**，对下属多帮助，对朋友勤联络。倘若搞不好人际关系，将对我们的工作、生活及心**理健康**带来不良的影响。

③培养多方面的兴趣。一个人有没有兴趣爱好决定这个人有没有生活情趣，会不会在生活压抑苦闷时找到缓减自己心情的出口。兴趣爱好可以开阔人的眼界，使之胸襟豁达，朝气蓬勃，个性得到充分发展，精神境界高尚。当一个人对生活有兴趣的时候，就会觉得生活丰富多彩，心情愉快。而一个没有生活兴趣的人往往对生活、学习和工作冷淡，感到精神空虚，烦闷苦恼，觉得生活乏味，就不可能热爱生活。琴棋书画、养鸟养鱼、写作、旅游、垂钓等都是减轻或消除职工心理问题的好方法。从心理学角度理解，任何增加自尊心的活动都被认为是有价值的。职工大多数业余的兴趣爱好，比如做手工、摄影、打球、跳广场舞等，都包含了某种程度上的创造性和在一个很小的能操纵的规模上把控的能力，这会让个体体验到对生活的控制感，因此提高了个体的自尊，而这种自尊又可以转移到个体的生活，从而提升了人对抗压力和消极情绪的能力。

④增加愉快的生活体验。亚里士多德说：生命的本质在于追求快乐，使得生命快乐的途径有两条：第一，发现使你快乐的时光，增加它；第二，发现使你不快乐的时光，减少它。家庭团聚、朋友相会、旅游购物、轻松闲聊，看一场精彩的电影或球赛，听一首优美的音乐，炎热的夏季午后一次酣畅的游泳，或者某一个清晨在山巅看一轮红日冉冉升起，等等，这些美好的、愉快的生活体验，对于每一个人来说，都使我们的生活活跃起来了，让生活充满了高兴、欢乐、愉悦、满足和生命力。在心理意义上，快乐的反面包含了一系列丰富的感情，如痛苦、焦虑、内疚、羞愧和厌烦等，积极体验可以消除消极情绪带来的心理影响。愉快的生活体验能够产生好的情绪，在好的情绪状态下，我们感到活泼有生气，并且对所有的活动都有热情，显得精力旺盛，有活力，机警灵活，热情自信，劲头十足，很快乐。相反，如果经历了糟糕的事件，则会产生焦虑、悲哀之类的负性感觉。

⑤积极锻炼身体。体育锻炼是减压的一种形式，有益于身体健康和提高生活质量。体

育锻炼不仅引起生理变化，而且引起心理变化，达到生理和心理两方面的和谐，也就是说，体育锻炼不仅能强身健体，还有消解不良情绪、消除心理疲劳的效用。心理学家通过数千名被调查者研究了锻炼和情绪健康之间的关系，得出的结论是，专业训练或者锻炼可以作为放松技术和应对压力的技术。经常锻炼的人有更高程度的自信心和较低程度的沮丧、焦虑。进行心血管耐力型的锻炼，如跑步、游泳和散步时，大脑和身体其他部位会释放一种神经肽——β-内啡肽。作为天然镇定剂的 β-内啡肽在几分钟内就能显著降低疼痛的感觉，并使人感到心情愉快。而且进行游泳、跑步、散步或自行车这样重复的、有规律的运动相当于提供了一种冥想形式，能将大脑左半脑的优势转移到右半脑，提高精神的感受能力，导致问题解决上有更高的想象力和创造力。通过体育锻炼达到提高心理健康水平的效果主要有：提高自尊、提高自信和效率、增强意志和克服困难的能力、降低沮丧和焦虑的感觉、降低对压力和紧张的敏感度等。

⑥合理宣泄。疾风暴雨之后，大坝里水涨满了，对整个堤坝形成了强大的压力，此时最好的办法是适当泄洪，而不是继续筑高堤坝。当心中的消极情绪不断淤积时，轻则容易产生倦怠情绪，重则染上精神病症，最好的方法是宣泄部分压力。面对压力，既要学会有坚持，因为有时再坚持一下，就到达了胜利的彼岸；也要学会有妥协，因为有时是"境由心造，退后一步自然宽"。当压力太重承受不了时，那就放下来暂时不去想它，把注意力转到让自己轻松快乐的事上来。古人云："忍泣者易衰，忍忧者易伤。"忍字心上插把刀，对身心健康的危害是显而易见的。通过自我排忧解愁，自我渲泄，可以减轻内心的压力。

宣泄的方法和途径较多，比如：言语宣泄——倾诉。汉字的"憋"和"闷"这两个字都是心里有话不说出来，所以，憋屈、郁闷的情绪也就产生了。倾诉就是把憋闷在心里的话表达出来，是倾倒心理垃圾的过程，能够减轻心灵的负担，可以引导职工在感受到压力时，找一位值得信任的听众诉说，如家人、朋友、同事等，将心里的不愉快、焦虑、悲伤等情绪表达出来。眼泪宣泄——哭泣。哭泣是人的一种本能，是情绪的自然流露，也是缓解精神负担的方法。哭对人的心理起着一种有效的保护作用，哭泣能提供一种降低体内有害物质浓度、释放能量、缓解心理紧张、解除情绪压力的发泄途径，从而有效地避免或减少了心理疾病的发生和发展。情感变化引起的哭是机体自然反应的过程，尤其是心情抑郁时，不要克制，也不必"有泪不轻弹"。文字宣泄——书写。将思想、情绪写下来是一种有效应对压力的技术。写作是调节工具，把书写作为自我表达的载体，使人们能够掌控自己的情绪，写日记、微博，发微信朋友圈等都是不错的缓解压力、调整情绪的方法，在这个过程中，当事人可以尽情地把自己想说的话写出来，可以假设各种符合自己意愿的情形，借此来达到宣泄情绪、缓解压力、调整心态的效果。

⑦学会舍弃。君子有所为有所不为，聪明的人知道如何获得自己想要的东西，而真正智慧的人则知道如何放弃那些自己并不想要的东西。对于每一次评先进、评优秀、晋升机

会和进修机会等都怀揣"必得之而后快"的心态，那么由此所带来的压力之大也就可想而知了。

有些员工天生个性要强，就是要兼得鱼和熊掌才能满足，实际上是做不到的。如果一味追求自己做不到的事情，那么不仅没有快乐可言，而且非常容易陷入职业倦怠的泥潭之中；如果选择放弃虚幻的目标，将会如释重负、轻松多了。假如能学会取舍，学会轻装上阵，学会善待自己，凡事不跟自己较劲，人就会以对一种环境的控制感代替无助感。要学会自我担当也要学会自我放下，只有放得下才能拿得起。拿得起也放得下的人，是具有良好心理素质的人，是能够从容应对各种压力、活出精彩人生的人。所谓"看得破"，不是说对什么都抱无所谓的态度，而是说懂得顺其自然，顺应潮流，顺应规律，不存非分之想，不悖自然之理，不为不可为之事。

⑧寻求社会支持。社会支持系统通常是指来自社会各方面包括父母、亲戚、朋友、组织等给予个体的精神或物质上的帮助和支持的系统。社会支持系统的作用有两种：一是具体地支持当事人。在物质上给予帮助，增加应对压力事件的物质条件。二是给当事人精神支持。帮助当事人认识、理解事件的性质和强度，与当事人一起策划应对方式，使当事人在困难时期不感到孤独无助，从而增强应对事件的信心，稳定情绪。社会支持系统是人们健康生活的一个重要保障，就像对抗压力的缓冲器，当个体处于事件之中，良好的社会支持系统会提供他人的关心、有用的社会信息以及社会支援，可以过滤掉一般的麻烦和不良生活事件的有害影响。由社会支持系统构建的情感支援，有利于提高生活质量和生命质量，是舒心工作、安心生活的必要条件。通过关心、爱和精神的支持得到满足时，个体压力的强度就降低了，对挫折和担忧的忍耐性就增强了，职工若有良好的社会支持，就可以大大降低心理问题的风险。

职工心理健康问题不仅涉及职工个人的利益，更是关系着组织的发展，甚至与整个社会的进步息息相关。而职工的心理健康问题并不是一个单纯的社会现象，它受到各方面因素的影响，比如说社会的、家庭的及个人性格因素，等等。由于职工的心理健康与企事业组织发展密切相关，组织应重视员工的心理健康问题，采取综合措施，开展心理健康教育，引入职工帮助计划，提高职工应对压力的能力和技巧，降低职工的紧张、倦怠和抑郁水平，促进职工的身心健康，推动组织的长期高效发展。

第五章

弘扬劳模精神、劳动精神和工匠精神

　　我国工人阶级是中国共产党最坚实最可靠的阶级基础，在革命、建设、改革各个历史时期，工人阶级最鲜明的特点、最优良的传统，就是紧跟党的步伐、听从党的指挥。我国工人阶级从来都具有走在前列、勇挑重担的光荣传统，我国工人运动从来都同党的中心任务紧密联系在一起。在当代中国，工人阶级和广大劳动群众始终是推动我国经济社会发展、维护社会安定团结的根本力量。

　　在新的历史时期，大力弘扬工匠精神、劳模精神、**劳动精神**，通过大力宣传劳动模范和其他典型的先进事迹，弘扬工人阶级的伟大品格，弘扬**爱岗敬业**、争创一流、艰苦奋斗、勇于创新、淡泊名利、甘于奉献的劳模精神，彰显工人阶级的先进性；引导广大职工群众树立辛勤劳动、诚实劳动、创造性劳动的理念，让劳动光荣、创造伟大成为铿锵的时代强音，当好实现中华民族伟大复兴的主力军；恪尽职业操守，追求精益求精，树立起对职业敬畏、对工作执着、对产品负责的态度，以工匠精神助力中国梦的实现。党的十九大报告提出"建设知识型、技能型、创新型劳动者大军，弘扬劳模精神和工匠精神，营造劳动光荣的社会风气和精益求精的社会风气"，为中国特色社会主义新时代弘扬"三种精神"，教育培养职工指明了方向。

第一节　弘扬劳模精神彰显先进性

一、劳模精神概述

（一）劳动模范

　　劳动模范简称劳模，是在社会主义建设事业中成绩卓著的劳动者，经职工民主评选，有关部门审核和政府审批后被授予的荣誉称号。劳动模范分为全国劳动模范与省、部委级劳动模范，有些市、县和大企业也评选劳动模范。中共中央、国务院授予的劳动模范为"全国劳动模范"，是中国最高的荣誉称号，与此同级的还有"全国先进生产者"称号。"全国劳动模范"一般颁发给企业人员和农业劳动者，"全国先进工作者"一般颁发给机关、事业单位的人员。劳动模范是工人阶级和劳动群众的优秀代表，是民族的精英、人民的楷模、国家的脊梁、社会的中坚。

劳动模范的产生是人类劳动活动和工作实践的结晶。我国的劳模最早诞生于土地革命战争时期中央苏区的公营企业和革命竞赛中，而后出现在抗日战争时期的陕甘宁边区大生产运动和各项建设中，解放战争时期又出现了大量的"支前劳模"和新解放城市中的"工业劳模"。这一时期的劳模主要包括生产好的劳动英雄和工作好的模范工作者两大类。其中优秀代表人物主要有赵占魁、吴满有、甄荣典、李位、晏福生、刘建章等。新中国成立后，工人阶级和广大农民实现了政治和经济上的"翻身"，获得了主人翁和当家做主的地位，心中充满了感恩和报效国家的劳动热情。为恢复发展国民经济，进行社会主义建设，党和政府坚持沿用了革命战争时期的经验做法，依托社会主义劳动竞赛和生产运动开展了形式多样的劳模运动，评选出了成千上万的劳模和先进生产者。

从1950年9月至1960年6月这10年间，是中国劳模快速发展壮大的时期，党和政府先后召开了四次大规模的全国性劳模和先进生产者代表大会，评选产生了1万多名劳模和先进工作者。其典型代表人物有吴运铎、孟泰、王进喜、时传祥、李四光、钱学森、华罗庚、焦裕禄、赵梦桃、郝建秀、倪志福、郭凤莲、张秉贵等。从1960年7月至1977年3月，由于"文化大革命"等因素的影响，除偶有部分地区、单位、企业还曾评出少量劳模外，全国性的劳模评选活动停止了17年。随着"文革"的结束和经济社会领域"拨乱反正"的推进，在党和政府的关心下，劳模工作得到了恢复发展，劳模队伍迎来了新中国成立后的第二次发展高潮。从1977年4月至1979年12月，中共中央和国务院连续召开了五次全国性的劳模大会，共产生了来自工业、科技、财贸、交通、基本建设、农业、教育、卫生、科研等领域的2541名劳模和先进工作者。

值得注意的是，改革开放后，"知识分子成为工人阶级的一部分"的理论判断扩大了劳模队伍的外延，陈景润、袁隆平、蒋筑英、邓稼先等知识分子和科研工作者的优秀代表成为劳模队伍的新成员，极大地鼓舞了知识分子和脑力劳动者的工作热情。1979年至1988年，只零星表彰了一些全国劳模和全国先进工作者。自1989年开始，全国劳模和先进工作者评选表彰工作开始固定化，基本形成了每五年召开一次表彰大会，每次评选表彰先进个人3000名左右，由国务院授予全国劳动模范或全国先进工作者称号。20多年来共评选出了近2万名全国劳模和先进工作者。与时俱进的劳模队伍日益扩大，史来贺、包起帆、张瑞敏、李素丽、徐虎、许振超、孔祥瑞、张云泉、宋鱼水、林毅夫等成为新时期劳模的典型代表。尤其是2005年的全国劳模表彰，成了新时期劳模评选的"分水岭"，在这一年的劳模评选中，年收入上千万美元、在美国休斯顿火箭队出任中锋的姚明出现在这份表彰名单中，名单中还首次出现了30位私营企业主的名字，农民工群体也第一次载入全国劳模的史册。

2015年4月28日，庆祝"五一"国际劳动节暨表彰全国劳动模范和先进工作者大会在北京人民大会堂隆重举行，中共中央总书记、国家主席、中央军委主席习近平在会上发表重要讲话。这是中国继1979年后时隔36年再次对这一群体进行最高规格表彰，之前，我国共七次以中共中央和国务院的名义对全国劳动模范和全国先进工作者进行表彰。1950年、1956年，中共中央和国务院（政务院）先后两次开展全国劳动模范表彰活动，分别是1950年的全国工农兵劳动模范代表会议和1956年的全国先进生产者代表会议。1977年至1979年，中共中央、国务院连续五次召开大会表彰劳模，分别是全国工业学大庆会议（1977年），全国科学大会（1978年），全国财贸学大庆学大寨会议（1978年），国务院表彰工业交通、基本建设战线全国先进企业和全国劳动模范大会（1979年），国务院表彰农业、财贸、教育、卫生、科研战线全国先进单位和全国劳动模范大会（1979年）。2015年的劳模表彰大会，中共中央、国务院决定授予2064人全国劳动模范荣誉称号、授予904人全国先进工作者荣誉称号，在2968名先进劳模中，知识型、科技型、创新型人才越来越多，其中75.8%的人有着专科及以上文凭，1484人有着专业技术职称，"劳模"真正成了象征时代的"领跑者"。

劳动模范和先进工作者是共和国历史上的一个特别荣耀的群体，毛泽东称赞劳模"是全中华民族的模范人物，是推动各方面人民事业胜利前进的骨干，是人民政府的可靠支柱和人民政府联系广大群众的桥梁"，劳动模范和先进工作者曾经是几代中国人的精神楷模，也曾激励了一代又一代中国人。劳模和先进工作者是实现中国梦的生力军，他们受到表彰，也让全体为社会主义事业奋斗的人们得到鼓舞。宪法第42条规定："中华人民共和国公民有劳动的权利和义务……国家提倡社会主义竞赛，奖励劳动模范和先进工作者。"这一法条成为劳模制度的法律根源，劳模表彰进一步制度化、规范化，使劳动者得到最大限度的尊重，把劳动者个人价值的实现与国家的需要紧密结合起来，必将形成一种价值观的共振，不断引导工人阶级和广大劳动群众发挥伟大的创造力量。

（二）劳模精神

劳模精神，实际它折射出一个时代的人文精神，反映出一个民族在某一个时代的人生价值和思维道德取向，在不同的年代，劳模精神有着不同的诠释。在革命战争时期，被誉为"边区一面旗帜"的赵占魁、"兵工事业开拓者"的吴运铎等劳动模范的先进事迹和崇高品质，集中体现了以"新的劳动态度对待新的劳动"的社会主义劳动精神，体现了"服务战争、支援军事"的指导思想和"为革命献身、革命加拼命、苦干加巧干、经验加创新"的劳模精神，呈现出"革命型"的劳模特征；新中国成立初期，闻名全国的"孟泰精神"，树立了工人阶级强烈的主人翁责任感、艰苦创业、勤俭节约的高尚情操；铁人王进喜的模范事迹集中体现了中国工人阶级为国争光、为民族争气的爱国主义精神，独立自主、自力更生的艰苦创业精神，胸怀全局、为国分忧的奉献精神。劳模们身上体现出的是社会主义理想和爱国报恩的价值追求，其蕴含的劳模精神的特征是"不畏困难、艰苦奋斗、自力更生、无私奉献、刻苦钻研、勇于创新、不怕牺牲、团结协作、爱岗敬业、多做贡献"。由于这一时期的劳模主要来源于基层，一线产业工人是主流，"一不怕苦、二不怕死"的硬骨头精神和"老黄牛"形象成为他们的真实写照；到了改革开放和社会主义现代化建设新时期，劳模精神的内涵也在不断丰富：奋力开拓、争创一流、建功立业、改革创新、创造价值、与时俱进等成为领跑时代的新向标。

"以知识创造效益、以科技提升竞争力，实现个人价值、创造社会价值"成为劳模的价值追求，"知识型、创新型、技能型、管理型"成为当代劳模的鲜明特征；党的十八大以来，习近平总书记 2013 年 4 月 28 日在全国总工会机关同全国劳动模范代表座谈会的重要讲话中指出："长期以来，广大劳模以高度的主人翁责任感、卓越的劳动创造、忘我的拼搏奉献，谱写出一曲曲可歌可泣的动人赞歌，铸就了'爱岗敬业、争创一流，艰苦奋斗、勇于创新，淡泊名利、甘于奉献'的劳模精神，为全国各族人民树立了光辉的学习榜样。"

2015 年 4 月 28 日在庆祝"五一"国际劳动节暨表彰全国劳动模范和先进工作者大会的重要讲话中，习近平总书记又再次指出："长期以来，广大劳模以平凡的劳动创造了不平凡的业绩，铸就了'爱岗敬业、争创一流，艰苦奋斗、勇于创新，淡泊名利、甘于奉献'的劳模精神，丰富了民族精神和时代精神的内涵，是我们极为宝贵的精神财富。"精辟地概括了劳模精神的实质及其时代价值，明确地指出了新形势下劳模精神的深刻内涵。今天，劳模精神被浓缩为 24 个字："爱岗敬业、争创一流，艰苦奋斗、勇于创新，淡泊名利、甘于奉献。"穿越时代变迁，每一个时期的劳模都具有不同的精神和特征，但他们又有共同点，那就是主人翁责任感和艰苦创业精神，忘我的劳动热情和无私奉献精神，良好的职业道德和爱岗敬业精神，这些集中体现了中国工人阶级的先进思想和精神风貌的优秀品质，过去是，现在也仍然是不变的劳模精神。劳模精神引领时代精神，劳模价值创造社会价值，无论时代如何变迁，永远不变的是劳模精神的本质。

二、弘扬劳模精神

（一）劳模精神是建设中国特色社会主义的强大精神力量

弘扬劳模精神对于坚持和发展中国特色社会主义，对于统筹推进"五位一体"总体布局，协调推进"四个全面"战略布局，全力推进全面建成小康社会进程具有重大意义。要实现中国梦，我们不仅要在物质上强大起来，而且要在精神上强大起来，劳模精神就是民族精神和时代精神的最高地，是我们这个时代极为宝贵的精神财富。我们所处的时代是催人奋进的伟大时代，我们进行的事业是前无古人的伟大事业，我们正在从事的中国特色社会主义事业是全体人民的共同事业。中国特色社会主义是人民当家做主的社会，工人阶级和劳动群众是国家的主人，是建设中国特色社会主义的主力军。全国各条战线涌现出的劳动模范，是广大劳动群众的优秀代表，他们以热爱劳动、勤奋劳动的模范行为，为创造社会财富、促进社会发展做出了突出贡献；他们以爱岗敬业、争创一流，艰苦奋斗、勇于创新，淡泊名利、甘于奉献的伟大劳模精神，为全民族创造了新的精神财富、塑造了新的英雄形象。弘扬劳模精神，就要培育劳动最光荣的观念，培养劳动最神圣的信念，倡导劳模精神，就要推动广大劳动群众在本职岗位做出更多的贡献，实现更高的社会价值。

弘扬劳模精神，是建设中国特色社会主义社会的强大精神支柱。中国特色社会主义要紧紧依靠人民，大力弘扬蕴藏在人民之中的劳模精神，充分显示了中国特色社会主义的本质内涵和必然要求。弘扬劳模精神就是在宣告，这种自强不息、持之以恒的精神正是全面建设小康社会、实现中华民族伟大复兴所需要、所呼唤的精神，这种吃苦耐劳、百折不挠的精神不仅过去需要、现在需要，将来更加需要。劳模精神越是普及深入，劳模越是层出不穷，中国特色社会主义就越是兴旺发达。在进入经济新常态、推进供给侧结构性改革的新形势下，弘扬劳模精神更具有现实意义。供给侧结构性改革旨在调整经济结构，使要素实现最优配置，提升经济增长的质量和数量。在放手让一切生产要素的活力竞相迸发的同时，更要鼓励劳动，造就劳动光荣的观念，培养劳动神圣的信念，因为劳动不仅是第一生产要素，是社会运行的基础条件，而且是人的全面发展的根本尺度。无论经济社会发展呈现什么样的阶段性特征，劳模始终是民族的脊梁，劳模精神始终是民族精神的象征。

劳模精神是践行社会主义核心价值观的集中体现。作为广大劳动者当中优秀分子的劳动模范，他们身上孕育和凝聚的劳模精神，以先进思想的武装、共同理想的激励、民族精神的传承、时代精神的塑造、价值观念的培育彰显了社会主义核心价值观的基本要求，是建设中国特色社会主义的强大精神支柱和宝贵财富。劳模精神集中体现了社会主义核心价值观的要求，它贯穿了社会公德、职业道德、家庭美德、个人品德各方面的精神精华。当前，人们价值取向的独立性、选择性、多变性、差异性明显增强。弘扬劳模精神就是要在多样化的价值取向中确立社会的主导价值取向，让劳模精神成为受推崇的精神品格；就是要在多层次的价值准则中标明社会的高尚价值准则，让劳模精神成为受尊重的精神高地。弘扬劳模精神，有利于推进社会主义核心价值观的理论建设、宣传教育和学习践行，有利于社会主义核心价值观更好地走进群众、引领群众，可以把不同阶层、不同认识水平的人们团结和凝聚起来，牢固树立社会主义核心价值观。

（二）劳模精神是引领工人阶级和广大劳动群众的精神旗帜

劳模精神，永远是时代的最强音，是广大职工心中一面永不褪色的光辉旗帜。劳动模范是工人阶级的优秀代表，是民族的精英、人民的楷模、国家的脊梁、社会的中坚。无论时代如何变迁，永远不变的是劳模精神的本质，爱岗敬业、为国为民的主人翁精神，争创一流、与时俱进的进取精神，艰苦奋斗、艰难创业的拼搏精神，勇于创新、不断改进的开拓精神，淡泊名利、**默默耕**耘的"老黄牛"精神，甘于奉献、乐于服务的忘我精神，紧密协作、相互关爱的**团队精神**。这些劳模精神代代相传，历久弥坚，在推进"四个全面"具体落实、实现伟大中国梦的征途上，在实现每个人的价值的平凡中都具有莫大的鼓舞和激励作用。弘扬劳模精神，就要自觉地承担起用先进职工文化引领社会进步的责任，用劳模精神引领社会思潮，促进和推动社会发展进步。

劳模精神，是一种起于平凡的不平凡精神。劳模精神作为由广大劳动者创造又蕴含于职工之中的强大精神力量，能给广大职工群众带来精神上的感染和鼓舞。弘扬一种精神就是树立起一面旗帜、标示出一种导向，劳动者是劳模精神的主体，劳动是劳模精神的基石。劳动模范不是评出来的，也不是宣传出来的，而是实实在在干出来的。弘扬劳模精神，争做时代楷模，每个人不一定都能成为劳模，但每个职工都能学习和践行劳模精神。把自己的劳动岗位作为创造人生价值的最佳平台，向劳动模范学习、向先进人物看齐，大力弘扬工人阶级伟大品格，自觉践行社会主义核心价值观，争当全面深化改革、推动科学发展、促进社会和谐的时代先锋，努力在本职岗位上，以劳动创造助力经济社会加快发展，以劳模精神托起伟大的中国梦。

劳模精神，始终是推动时代前进的强大动力。劳动模范作为时代的领跑者，他们在工作生活中发挥了先锋和排头兵作用，他们创造的业绩推动着社会的进步。今天的中国，全国各阶层劳动模范一代又一代薪火相传、接续奋斗，以强烈的使命感和责任感，在平凡的岗位上创造出不平凡的业绩，体现的劳模精神，始终是时代和社会的宝贵精神财富。劳模精神是一种滴水穿石的坚韧精神。没有惊涛骇浪的冲动，但日复一日、年复一年的坚守，凡人也终将放射出耀眼的光彩。劳模精神是一种热爱大于算计的献身精神。没有"光环"的预期，更多的是职业的喜爱、发现的喜悦、劳动的乐趣，结果却实至名归、不期而遇。把自己的劳动岗位作为创造人生价值的最佳平台，用生命的倾情投入去书写劳动的辉煌、享受劳动的乐趣。彰显了劳动的丰富价值、展现了劳动者的崇高境界。弘扬劳模精神，就要用劳模的优秀品质引领社会风尚，充分发挥劳模的骨干和带头作用，在全社会进一步形成崇尚劳模、学习劳模、争当劳模、关爱劳模的良好氛围。

（三）弘扬劳模精神，实现伟大梦想

一个民族要前行、一个国家要富强，离不开推动其持续发展的不竭动力，劳模精神代表着一个时代的价值观、道德观和精神风貌，更是国家发达和民族兴旺的强大动力，唱响"劳动光荣、知识崇高、人才宝贵、创造伟大"的主旋律，不断用劳模精神激励全国各族人民应对前进中的挑战和机遇，团结奋斗、战胜困难并勇往直前，是这个时代赋予劳模精神的新使命。人无精神不立，国无精神不兴。一个国家和民族能否保持永不停滞的前进步伐，归根结底要有一种以实干为荣、劳动为美的价值观，得靠一股子脚踏实地、真抓实干的冲劲。

学习和践行劳模精神，就是要自觉把人生理想、家庭幸福融入国家富强、民族复兴的伟业之中，每一名劳动者，都是为实现中国梦而奋斗的亿万职工群体中的一分子。每一个人流下的每一滴汗水，不仅仅是在实现着自己的幸福，也在为开创全民族的美好未来贡献着一份力量。每一个劳动者的人生梦想，汇聚在一起就是宏伟的中国梦。因此，我们要把个人梦与中国梦紧密联系在一起，在实际工作中，不断提高自身素质，用智慧和勤劳创造更加美好的生活。

中国梦的实现，不是空谈出来的，靠的是千千万万来自各行各业的人民群众流淌汗水，一砖一瓦，胼手胝足，靠的是劳模精神的发扬光大。在全面建成小康社会的决胜阶段，在实现中华民族伟大复兴的崭新时代，我们要继续大力弘扬劳模精神。

一要激发每一位劳动者的工作干劲，不管是哪行哪业，不管是什么样的工作岗位，都要学习劳模们立足本职、爱岗敬业的职业精神，不断追求一流的技术水平，干出一流的工作业绩，创造一流的工作效率，努力在平凡的岗位上做出不平凡的业绩。

二要激发广大职工群众的集体主义荣誉感，正确处理义与利、奉献与索取、个人与集体之间的关系，增强历史使命感和责任感。学习劳模们报效祖国、服务人民的奉献精神，牢固树立正确的世界观、人生观和价值观，把自己的人生理想和追求与祖国和人民的利益紧密联系在一起，在奉献中实现自己的人生价值。

三要激发广大职工群众的自主创新意识，发掘广大职工群众的无穷智慧，学习劳模们勇于攀登、敢为人先的创新精神，增强创新意识，培养和提高创新能力，用新技术创造新业绩，主动学习新知识、增强新技能，为实施创新驱动战略、加快转变经济发展方式、调整经济结构、提高发展质量和效益做出贡献。

四要激励人们用和谐的思维认识事物，用和谐的态度化解矛盾，用和谐的方式解决问题，学习劳模们互帮互学、团结协作的团队精神，形成诚实守信、平等友爱、融洽相处的新型社会主义人际关系，形成知荣辱、讲正气、树新风、促和谐的文明风尚，用真情凝聚人心，用实干激励人心，用先进思想鼓舞人心，心往一处想，劲往一处使，努力服务于社会、服务于人民。

五要在全社会广泛宣传劳动模范的先进事迹，引导人民群众人人学习劳模、争当劳模。按照习近平总书记的要求，各级党委、政府要高度重视劳模、关心爱护劳模，支持劳模发挥骨干带头作用，努力形成向劳模学习、向劳模看齐的社会氛围和价值导向。

只有各行各业都争创一流，推动经济社会发展、建设一流现代化国家才有坚实根基。只要亿万劳动者都兢兢业业尽职尽责，使劳模精神不断发扬光大，就能凝聚起推进经济社会发展的强大正能量，就能迎来"两个一百年"奋斗目标的实现，迎来中华民族伟大复兴的中国梦圆梦的那一天。

第二节 弘扬劳动精神当好主力军

一、劳动精神概述

2013年4月28日，习近平总书记《在同全国劳动模范代表座谈时的讲话》中指出："人民创造历史，劳动开创未来。劳动是推动人类社会进步的根本力量。幸福不会从天而降，梦想不会自动成真。实现我们的奋斗目标，开创我们的美好未来，必须紧紧依靠人民、始终为了人民，必须依靠辛勤劳动、诚实劳动、创造性劳动。"时隔两年，2015年4月28日，习近平总书记《在庆祝"五一"国际劳动节暨表彰全国劳动模范和先进工作者大会上的讲话》中又指出："要引导广大人民群众树立辛勤劳动、诚实劳动、创造性劳动的理念，让劳动光荣、创造伟大成为铿锵的时代强音，让劳动最光荣、劳动最崇高、劳动最伟大、劳动最美丽蔚然成风。"同时首次提出了"劳动精神"这个概念，并在通篇讲话中多次进行强调。

"劳动精神"的提出，是新时期党中央对我国广大劳动者的伟大实践所做出的高度凝练和本质概括，是对马克思主义劳动观的再丰富、再创新、再发展，具有鲜明的中国特色，是全体劳动者实现中国梦的一笔巨大的精神财富。把握"劳动精神"的重要内涵，对于营造劳动光荣、劳动伟大的时代风尚，增强适应经济发展新常态下的内生动力，实现"两个一百年"的奋斗目标，都具有重要的理论意义和实践意义。

（一）辛勤劳动

勤劳是中华民族的优良传统，靠着勤劳，中华民族屹立于世界民族之林；靠着勤劳，我们创造了中国发展速度的神话。世间没有一种具有真正价值的东西，可以不经过艰苦辛勤劳动而能够得到。"一勤天下无难事"，辛勤劳动既是我们劳动必需的独特本色，也是要大力弘扬的劳动精神。毛泽东曾经说过："社会主义制度的建立给我们开辟了一条到达理想境界的道路，而理想境界的实现还要靠我们的辛勤劳动。"但是，在社会现实中，有少数人，只讲索取，不讲付出；只想一夜暴富，不想流汗出力。还有少数劳动者，奉行所谓"职场秘诀"，把活儿干得越少越好、报酬越高越好定位为成功之道；少数干部奉行"当官不发财，请我都不来"的腐败理念，为官一任，自己贪腐，苦了人民。我们弘扬"劳动精神"，就是要认同辛勤劳动、践行辛勤劳动，就是要反对懒惰、反对**敷衍塞**责、反对怨天尤人、反对腐败。非勤无以致其功，非勤无以毕其事，我们弘扬的辛**勤劳动**绝不是不讲方法和技巧的蛮干瞎干、胡干乱干，而是面对艰巨的任务，用正确的方法和思路，所付出那种勤奋和努力。

（二）诚实劳动

人世间的美好梦想，只有通过诚实劳动才能实现；发展中的各种难题，只有通过诚实劳动才能破解；生命里的一切辉煌，只有通过诚实劳动**才能铸就**。诚实劳动的内涵是劳动及其回报合理合法，合理说的是道德公认程度，合法是**制度规范**尺度。也就是说，诚实劳动是遵循道德，遵纪守法的劳动，劳动所取得的成果"不是不劳而获，而是能够得到社会的认可与评价"。诚实劳动是关乎劳动的生命线和关乎劳动是否具有价值的大问题，无论付出多少辛劳，如果不是诚实劳动，这种劳动就可能是危害社会的行为，甚至是犯罪行为。当前不诚实劳动的情况还是相当严峻的，为了经济利益，不择手段，可以抛弃道德，可以漠视法律，可以损害他人，"毒馒头""毒奶粉"等丑闻就是不讲诚信的恶例，通过行政垄断获得超额利润、既得利益集团造成社会不公，这些都与我国优秀的传统文化、与增进人民福祉的目标格格不入，必须以高压态势和零容忍态度坚决予以清除。在具体工作岗位上，不按法律办事、不按规章制度操作、偷工减料、欺上瞒下、虚报成绩等行为，也必须加以摒弃。

（三）创造性劳动

创造性的劳动是人类社会进步的根本动力，理解劳动精神，必然离不开创造性。我们需要的劳动，不是按部就班、因循守旧的劳动，不是效率低下、高消耗低产出的劳动。我们需要的劳动，是对原有经验的积累、继承，并勇于无中生有、有中创优的劳动，是立足脚下，着眼世界，敢于和世界先进水平一拼高低的劳动。特别是在经济发展由数量速度型向质量效益型转变的时期，在经济新常态下和供给侧结构性改革的阶段，弘扬亿万劳动者创造性劳动精神尤为重要。劳动者素质对一个国家、一个民族的发展不言而喻，在劳动者素质中，最珍贵的是创新创造，这是体现劳动价值的关键所在，也是中国劳动在世界劳动大比拼中制胜于人的法宝。与一些国家比，我国劳动者的创造力水平与实际需要比还有较大差距，挪威劳动生产率高达 18.1 万美元／人，中国仅 1.4 万美元／人；瑞士单位能耗经济产出高达 25.6 美元／千克标煤，中国仅 3.1 美元／千克标煤等，说明我们还有很大的奋斗空间。党中央已经把创新上升为国家战略，弘扬劳动精神，就必须大张旗鼓地弘扬创造精神。

二、弘扬劳动精神

（一）弘扬劳动精神，充分发挥工人阶级的主力军作用

工人阶级是我国的领导阶级，是我国先进生产力和生产关系的代表，是我们党最坚实最可靠的阶级基础，是全面建成小康社会、坚持和发展中国特色社会主义的主力军。必须全心全意依靠工人阶级、巩固工人阶级的领导阶级地位，充分发挥工人阶级的主力军作用。全心全意依靠工人阶级不能只当口号喊、标签贴，而要贯彻到党和国家政策制定、工作推进全过程，落实到企业生产经营各方面。全心全意依靠工人阶级是我们党和国家的政治优势、

力量之源、胜利之本。当前社会上有一种热衷"拥抱资本、疏远劳动"的风气，不少领域存有轻视劳动者、瞧不起诚实劳动的现象，甚至幻想"一夜暴富"，一些地方对工人阶级主人翁地位和劳动价值观认识模糊、偏颇，长此以往，势必对凝聚实现中国梦的主力军力量、实现全面建成小康社会宏伟目标产生不利影响。中国特色社会主义事业大厦是靠一砖一瓦砌成的，人民的幸福是靠一点一滴创造得来的。实现中国梦必须也只能依靠人民群众特别是工人阶级，中国道路要靠劳动来浇筑，中国精神要靠劳动精神来支撑，中国力量要靠劳动来凝聚。无论社会如何进步和发展，我们一切的生活始终离不开劳动者的创造，劳动永远都起着不可或缺的作用。弘扬劳动精神，不需要惊天动地的豪言壮举，但是必须得有"在岗一刻，奉献一刻"的精神，平凡的人生和岗位，只要有了忘我的劳动热情和无私的奉献精神，同样可以彰显劳动的伟大和光荣。

我国工人阶级要增强历史使命感和责任感，要牢固树立中国特色社会主义理想信念，坚定永远跟党走的信念，坚决拥护社会主义制度，坚决拥护改革开放，始终做坚持中国道路的柱石；要自觉践行社会主义核心价值观，发扬我国工人阶级的伟大品格，用先进思想、模范行动影响和带动全社会，不断为中国精神注入新能量，始终做弘扬中国精神的楷模；要坚持以振兴中华为己任，充分发挥伟大创造力量，发扬工人阶级识大体、顾大局的光荣传统，自觉维护安定团结的政治局面，始终做凝聚中国力量的中坚。工会组织也要在组织引导劳动者、焕发劳动者热情、显示劳动者力量上展现作为。要引领劳动者，坚持以核心价值观凝聚职工群众之心，通过宣传教育，引导职工群众把力量凝聚到促发展、促和谐上。特别是要大力培养选树一批劳动模范和先进人物，树立一批标杆性劳模人物，叫响做实"大国工匠"品牌，并大力宣传他们的先进事迹，靠榜样的力量引领社会风气。

（二）弘扬劳动精神，崇尚劳动、造福劳动者

在我们社会主义国家，一切劳动，无论是体力劳动还是脑力劳动，都值得尊重和鼓励；一切创造，无论是个人创造还是集体创造，也都值得尊重和鼓励。

1.要尊重劳动者。我国是社会主义国家，崇尚劳动是社会风尚。全社会都应当贯彻尊重劳动、尊重知识、尊重人才、尊重创造的重大方针，维护和发展劳动者的利益，保障劳动者的权利。全社会都应当以辛勤劳动为荣、以好逸恶劳为耻，任何时候任何人都不能看不起普通劳动者，都不能贪图不劳而获的生活。"劳动是崇高的""人因劳动而美丽"，歌曲《咱们工人有力量》表达的就是普通工人在劳动过程中体会到的力量之美。"寻找最美乡村教师""寻找最美邮递员""寻找最美职工"等活动，之所以有生命力和影响力，就在于它展示了劳动过程的崇高和美丽，而并不是他们相貌有多美。全社会都应当牢固树立劳动最光荣、劳动最崇高、劳动最伟大、劳动最美丽的观念，努力让劳动者实现体面劳动、全面发展，让全体人民进一步焕发劳动热情、释放创造潜能，通过劳动创造更加美好的生活。

2.要维护劳动者。要保护好劳动者的劳动积极性，维护好劳动者的自身尊严，让人人以劳动为荣、以身为劳动者为荣。不可否认，在当前经济、社会的转型发展时期，社会上侵犯职工合法权益的事情时有发生，拖欠工资、不缴纳社会保险、同工不同酬、延长工作时间、生产生活条件恶劣等，还不同程度地存在，侵害了职工利益，也伤害了劳动者的感情和劳动热情。尤其是农民工、劳务派遣工等特殊群体，维权形势更是不容乐观，应当引起高度重视。党委、政府要将发展构建和谐稳定的劳动关系纳入经济社会发展总体格局中来，努力实现好、维护好、发展好广大普通劳动者根本利益。从源头上立章立制，从市场上加强监管，从舆论上大力支持，让保护职工权益的法规体系更为健全，维护职工权益的声音更为洪亮，侵犯职工权益的行为得到应有的惩处。工会更要全面履行维权的基本职责，主动依法科学地维护好职工群众的合法权益。畅通职工反映问题的渠道，进一步完善与职工群众联系的制度机制，让工会组织的触角更深入、更灵敏。了解职工所想所盼、所思所愿，突出抓好劳动合同、集体合同和职代会等关键环节，普遍开展工资集体协商，促进形成科学有效的利益协调机制、矛盾调处机制和权益保障机制，落实好、维护好群众的参与权、知情权、选举权、监督权，确保群众的民主权利得到落实。有效保障和维护广大职工的政治、经济、文化、社会和生态文明权益。

3. 要造福劳动者。经济社会发展的最终目的是让人民过上幸福生活。这就要求更多地关心劳动者、爱护劳动者、造福劳动者，为其选择适当岗位提供足够机会，为提高劳动质量创造适当条件，为维持体面生活保障合理收入，为实现全面发展打造良好环境，使每一位劳动者都能够在共享中共建，在共建中共享，从发展中得到更多的实惠，不断满足劳动群众日益增长的物质和文化需求。

对工会而言，从宏观上要主动参与推进各项改革，积极参与与职工利益密切相关的各项法律法规和政策文件的制定，从源头上保障职工的劳动就业、收入分配、社会保障等核心经济权益的落实。从微观上，充分发挥工会组织网络的优势和密切联系群众的优良传统，广泛开展各项帮扶、救助和服务工作。进一步健全困难职工帮扶机制，创新帮**扶措施**，丰富帮扶内容，提高帮扶水平，有针对性地帮助困难职工解决就业、就医、子**女就学等**方面遇到的突出问题，让他们始终能够感受到党和政府以及工会组织的温暖。随着经济社会的不断发展进步，广大职工物质和精神文化需求也在不断提升，工会工作也要发展，也要创新。要顺应时代要求、适应社会变化，善于创造科学有效的工作方法，让职工群众真正感受到工会是"职工之家"，工会干部是最可信赖的"娘家人"。这就需要各级工会进一步拓展服务职工的范围，增加服务职工的内容，提升服务职工的能力和水平，用更加优质高效的服务吸引职工和凝聚职工。

要把竭诚为职工群众服务作为工会一切工作的出发点和落脚点，全心全意为广大职工群众服务，认真倾听职工群众呼声，维护好广大职工群众包括农民工合法权益，扎扎实实为职工群众做好事、办实事、解难事，让发展成果更多更公平地惠及广大劳动者，不断促进社会主义和谐劳动关系。

（三）弘扬劳动精神，立足岗位建功立业

对劳动赞美的背后实质支撑是"实干"和"敬业"。敬业是一种道德，是每个劳动者都应该坚持和践行的核心价值观。敬业的基本要求是：有巩固的专业思想，热爱本职工作，忠于职守，持之以恒；有强烈的事业心，尽职尽责，全心全意为人民服务；有勤勉的工作态度，脚踏实地，无怨无悔；有旺盛的进取意识，不断创新，精益求精；有无私的奉献精神，公而忘私，忘我工作。孔子说："执事敬，思事敬，修己以敬。"敬业是成功的基石，敬业让劳动者对从事的工作产生浓厚兴趣，让劳动者执着地去完成每一项工作任务，干一行爱一行，钻一行精一行。

弘扬劳动精神，共创美好生活，就要不因工作普通乏味而抱怨，不因工作繁重艰苦而放弃，始终带着对工作的满腔热忱，脚踏实地、勤勤恳恳，把本职工作当作成就人生的舞台，把满腔热情献给伟大的事业，用汗水和智慧描绘无悔人生。素质是立身之基，技能是立业之本，动员广大职工积极投身经济建设主战场，当好主力军，岗位展风采。从单位实际出发，因地制宜，因企制宜，采取灵活有效的竞赛载体和活动方式，广泛开展群众性的技术攻关、科技创新、岗位练兵、技术比武、发明创造、合理化建议等活动，把个人的成才和成功与促进提升企业的创新能力和技术水平结合起来，为促进企业生产经营、推动经济社会发展建功立业。

（四）弘扬劳动精神，加强产业工人队伍建设

产业工人是工人阶级中发挥支撑作用的主体力量，是创造社会财富的中坚力量，是创新驱动发展的骨干力量，是实施制造强国战略的有生力量。当代工人不仅要有力量，还要有智慧、有技术，以实际行动奏响时代主旋律。习近平总书记高度重视工人阶级，十分关注产业工人队伍建设，强调工人阶级是我国的领导阶级，必须坚持全心全意依靠工人阶级方针，把提高职工队伍整体素质作为一项战略任务抓紧抓好，推动建设宏大的知识型、技术型、创新型劳动者大军，充分调动一线工人、制造业工人、农民工的积极性。

为了贯彻习近平总书记重要指示精神，中央全面深化改革领导小组 2017 年 2 月审议通过了《新时期产业工人队伍建设改革方案》，中共中央、国务院已于同年 4 月正式印发了这个方案。这是党中央、国务院就我国产业工人队伍建设改革做出的一项重要决策，是一件大事，就产业工人队伍建设改革专门进行谋划和部署，在我们党和国家历史上尚属首次，充分体现了以习近平同志为核心的党中央对包括产业工人在内的工人阶级的高度重视和亲切关怀，释放了党中央始终坚持以人民为中心的发展思想和全心全意依靠工人阶级方针的强烈信号，对进一步巩固党的执政基础，实施制造强国战略，全面提高产业工人素质，具有重大而深远的意义。这个方案明确了产业工人队伍建设改革的指导思想、基本原则和目标任务，从加强和改进产业工人队伍思想政治建设、构建产业工人技能形成体系、运用互

联网促进产业工人队伍建设、创新产业工人发展制度、强化产业工人队伍建设支撑保障这5个方面，提出了25条主要举措。

方案要求在党委统一领导下，政府、工会、行业协会、企业等要充分发挥作用，统筹社会组织的协同力量，构建合力推进产业工人队伍建设改革的工作格局。不断壮大产业工人队伍，提高产业工人整体素质，健全保障产业工人地位的制度，实现产业工人合法权益。要把产业工人队伍建设作为实施科教兴国战略、人才强国战略、创新驱动发展战略的重要支撑和基础保障，纳入国家和地方经济社会发展规划，造就一支有理想守信念、懂技术会创新、敢担当讲奉献的宏大的产业工人队伍。

人类起源于劳动，劳动创造了人类。劳动是推动人类社会发展的根本力量，也是通向伟大梦想的进步阶梯。置身21世纪的中国，无论是实现"两个一百年"奋斗目标的大进程，还是追求人生梦想的小目标，都离不开劳动精神强大的激励。只有辛勤劳动，艰苦创业，勇于奉献，自强不息，一砖一瓦去建造生活，一点一滴去铸就理想，才可能为个人为社会创造更加美好的生活；只有坚持诚实劳动、尊崇道德、严守法纪、凭劳而获、实干兴业，才能铸就生命里的一切辉煌和人世间的美好梦想；只有创造性劳动，每一个人都迸发聪明才智和创造潜能，立足本职，岗位创学、岗位创新、岗位创优，才能使经济社会欣欣向荣蓬勃发展。

第三节　弘扬工匠精神助力中国梦

一、工匠精神概述

（一）工匠精神的内涵

2016年政府工作报告中首次提出"培育精益求精的工匠精神"后，2017年政府工作报告中又提出"要大力弘扬工匠精神，厚植工匠文化"。"工匠精神"引起了社会各界的广泛关注，成为名副其实的高频词。

如何定义工匠精神，它的内涵和外延是什么，目前尚没有统一和公认的看法。有学者认为，工匠精神可以概括为四个方面：精益求精、持之以恒、爱岗敬业、守正创新。有专家认为，工匠精神的内涵有三个关键词：

一是敬业，就是对所从事的职业有一种敬畏之心，视职业为自己的生命；

二是精业，就是精通自己所从事的职业，技艺精湛，身怀绝技；

三是奉献，就是对所从事的职业有一种担当精神、牺牲精神，耐得住寂寞、守得住清贫，不急功近利、不贪图名利。

"大国工匠"高凤林认为可以从三个层次来理解工匠精神，思想层面：爱岗敬业、无私奉献；行为层面：开拓创新、持续专注；目标层面：精益求精、追求极致。其实，"工匠精神"，重点在"精神"一词。

"工"是什么？《说文解字》的解释是，工者巧也。"为巧必遵规矩、法度，然后为工。"如果把四个"工"字放在一起便是"㠭"（音zhǎn），就是极巧的意思（见段玉裁注《说文解字》）。"匠"是什么？本义是指木工，后泛指具有某一方面熟练技能的手艺人。显然，工和匠都是着眼于技能和手艺层面，而工匠精神则着眼于精神层面，它是一种品质，也是一种追求，更是一种职业信仰。"大国工匠"当然是有着"绝技、绝招、绝活"的技术传奇，但他们更是人生传奇和精神传奇。他们是"工匠精神"的承载者，是把工作当责任和使命的工匠，他们有着自己明确的精神价值追求，他们用生命演绎传奇，体现人生价值，追求人生梦想。所以，工匠精神是一种职业信仰，是指对工作或事业精益求精的态度，是把工作或手艺当作信仰的追求，是对职业操守的坚持和传承。

真正的工匠精神，是有一种把事情做好的强烈愿望，并将这种愿望体现在对产品的精雕细琢、精益求精上；是树立起一种对职业敬畏、对工作执着、对产品负责的态度，把职业做到完美和极致；是一流的匠人身上所蕴含的一流的品格、一流的心性和一流的技术。

（二）工匠精神的表现

1. 精益求精的创新精神。朱熹说："治玉石者，既琢之而复磨之，治之已精，而益求其精也。"由此产生了"精益求精"一词。精益求精的通俗解释就是"没有最好，只有更好"。只有依靠这种精神，我国才能生产出更多与制造业强国质量同样过硬的产品，才能创造出世界闻名的中国品牌。

工匠精神包含了"尚巧""尚精"和"道技合一"三个阶段，所谓"精于工，匠于心，品于行"。尚巧，即追求技艺之巧，展示了工匠精神的创造性思维特质。创新是工匠精神的一种延伸，小到对每一个工作环节的高质高效的创造，大到一个新产品新技术的开发，都是工匠精神。尚巧就是要以精益求精的追求，从创新上找动力，在产品和服务两方面下功夫。现代经济中，制造业与服务业正在实现融合，科学家和工程师需要工匠精神，工匠也需要创新精神。在市场经济条件下不会长期存在价廉物美的产品，超额利润永远是对产品创新的奖赏，要激励万众创新，重赏创新成功者；尚精，即追求技艺的精湛与产品的精致，体现了工匠精神的工作态度。尚精是指技术技能达到行业佼佼者水平，在同行中出类拔萃，产品则是精品、优质品。精心打磨每一个零部件，注重改进制造工艺和产品性能，在品种、品质、品牌等方面深耕细作，精益生产，把工匠精神体现到每一件优质产品上去；道技合一，则是希望通过手中的技艺实现创造之美的价值升华。庄子笔下的"运斤成风"、欧阳修笔下的"卖油翁"等，通过技艺打通了生活和世界，最终达到一种"道技合一"的理想状态。只有道技合一，才有可能成为"大国工匠"。

2.实事求是的科学精神。不具备科学精神的民族是没有出路的，不具备科学精神的国家是没有竞争力的。社会发展需要科技进步，科技进步需要对规律的不断探寻，对规律的把握必须建立在实事求是的基础和基准之上。实事求是的科学精神，是经济转型的基本路径，是推动社会进步的内生动力。中国要跨越"中等收入陷阱"，建成名副其实的制造业强国，就必须依靠实事求是这个法宝。实事求是的科学精神，也是工匠精神的具体体现，树匠心、育匠人、出精品，都离不开客观的条件和现实的情况。

传承和发扬工匠精神，既不必盲目崇拜，也不能妄自菲薄，借鉴他山之石的同时，要从中华民族的文化中寻找工匠精神的根和魂。"工匠精神"不是舶来品，从古至今，中国从不缺少"工匠精神"，从古代的鲁班雕木成凰、庖丁解牛，到新中国成立后的大庆精神、"两弹一星"精神、载人航天精神等，都是工匠精神在不同历史时期的生动彰显。以实事求是的态度和科学的精神，在每个工作岗位上，守住本分，努力钻研，每个人做好每件事，每个人都尊重手中每件产品，那么，"匠心"归来，就指日可待了。

3.忘我工作的敬业精神。制造优质产品需要心无旁骛、一丝不苟地工作，需要戒骄戒躁、久久为功，容不得半点懈怠和折腾。在我国工业化初期，为克服技术落后、条件简陋的困难需要艰苦奋斗的"大庆精神"；在国外技术封锁的条件下，为增强国家实力需要"两弹一星"精神；在全球一体化的"互联网+"时代，为实现"中国制造2025"的梦想更需要争创世界一流的拼搏精神。"天上不会掉馅饼"，幻想依靠投机取巧获得成功是十分危险的。制假售假、投机取巧、"搭便车"等做法，最终将是搬起石头砸自己的脚。

工匠精神实际是一种敬业精神，就是对每个人所从事的工作锲而不舍，对质量的要求不断提升，在每一个工作岗位上的每一件事都不能放松。三百六十行，行行出状元，任何一名劳动者，无论从事什么职业，只要忘我工作、敬业乐业，练就一身真本领，掌握一手好技术，就能立足岗位成长成才，在劳动中体现价值、在岗位上展现风采、在职业里感受快乐。故宫文物修复师"择一事，终一生"的坚守背后，正是对自身工作的骄傲与热爱，正是一代代的修复师把工作当成信仰、把坚守当作传承，才形成了一种属于故宫修复师们的文化自信，让无形的工匠精神代代相传。

二、弘扬工匠精神
（一）弘扬工匠精神的现实意义
1.党和政府积极倡导工匠精神

《大国工匠》系列节目中大国工匠的成功之路，不是进名牌大学、拿耀眼文凭，而是矢志不渝、默默坚守在平凡的岗位上，追求职业技能的完美和极致。这个节目让普通劳动者走进镜头，它释放出一个信号，那就是对工匠精神的呼唤。2016年4月26日，在知识分子、劳动模范、青年代表的座谈会上，习近平总书记发表重要讲话，指出技能是立业之本，人不管天赋如何，只**要勤勤恳恳**、脚踏实地，都可以有创造价值的机会。弘扬工匠精神，打磨精品，劳动人民只**要敢想**敢干，就会用诚实的劳动创造美好的未来。在2016年两会上，"工匠精神"首次出现在政府工作报告中。弘扬"工匠精神"，既需要"大国工匠"榜样的激励，更离不开党和政府的高效作为。国家将工匠精神提高到全社会、全民族的价值导向和时代精神层面上，这说明打造工匠精神，对于中国和中国制造来说，是一种迫切的需要。

2. 中国制造业转型迫切需要工匠精神

随着中国经济的崛起，人们物质生活水平的提高，中国人的消费结构发生了根本性的变化。"物美价廉"已无法满足人们的需求，人们更在乎的是产品的附加值，包括创意、技术含金量、人文关怀等。而由于中国的制造业结构不均衡，制造业大而不强，以工匠精神为特色的中高端制造业不足，科技含量不高，高端消费市场长期被欧美、日韩等国家垄断。与此同时，美国等发达国家提出了"再工业化""重振制造业"的战略思路，这对属于劳动密集型和资源密集型的中国制造业是个严峻的挑战。

中国要实现从制造大国迈向制造强国的宏伟目标，除了科技上要追赶，文化上同样要跟上。在工业发达的欧美国家，工匠精神既是一种信仰，也是一个国家生生不息的源泉。德国通过"法律、标准、质量认证"三位一体的质量管理体系，促进了德国制造质量的蜕变；日本在20世纪60年代实施"质量救国"战略，促使日本制造打开了全球市场。显然，培育工匠精神是转型的必备条件。工匠精神不单代表着一种生产理念，它也是中国制造业的转型方向。弘扬和培育"工匠精神"，我们既需要"大国工匠"使认真、敬业、执着、创新成为更多人的职业追求，又需要促进企业精益求精、提高质量，带动中国从制造大国走向制造强国。

3. 践行五大发展理念和供给侧结构性**改革需**要工匠精神

一方面，我国正处于经济结构转型关**键时期**，工业经济从"十二五"初期的高增长进入中高速增长的"新常态"。五大发展理念集中体现了今后5年乃至更长时期我国的发展思路、方向和着力点，深刻揭示了实现更高质量、更有效率、更加公平、更可持续发展的必由之路。五大发展理念的提出，把握了发展速度变化、结构优化、动力转换的新特点，顺应了推动经济保持中高速增长、产业迈向中高端水平的新要求，点明了破解发展难题的新路径。在这个过程中，必须充分发挥追求完美、耐心专注、一丝不苟、不走捷径的工匠精神的引领作用，才能更好推动发展方式转变，提高发展质量和效益。

另一方面，我国许多行业低端产能严重过剩，但中高端产能严重不足，生产与供给无法满足社会日益增长的中高端需求。由于无法在国内买到高质量的产品，近年来，大量购买力流向国外，折射出了某些领域的国货质量尴尬困境。与此同时，国内大部分商品却在进行低质低价式的竞争，既不能充分满足市场需求，更不利于技术创新与行业进步。不可否认，工匠精神缺失使我国在生产领域长期内重视产品数量而忽视质量、重视眼前利益而

忽视长远利益、重视粗放型生产而忽视消费需求。我国经济总量已经世界瞩目，但在经济结构上仍有很大优化空间。为此，中央提出了深入推进供给侧结构性改革，这就需要弘扬工匠精神，优化生产结构，**破解转型**升级难题，让企业对质量精心打磨，对品牌精心呵护，让职工对工作认真负责、**精益求精**、追求卓越。

4. 从物的现代化向人的现代化转变需要工匠精神

人类社会发展的历史告诉我们，人的现代化是社会现代化的核心，但是人的现代化总是滞后于物的现代化。"工欲善其事，必先利其器"，但仅有"利器"，未必能"善事"，想要"善事"，关键在于用"利器"的人。现在影响我国社会现代化进程的关键因素，不是物，而是人。这就需要弘扬工匠精神，用精益求精、追求卓越去推进人的现代化，去培育善用"利器"的人。

（二）培育和弘扬工匠精神

1. 培育和弘扬工匠精神，需要源头培育

要通过学校教育，从小培养学生爱岗敬业、精益求精的精神，树立正确的择业观和就业观。目前，我们的**教育理**念以及择业观念滞后于经济社会的发展，在中国古代璀璨的文明里，小到器物，**大到建筑**，在一代代匠人的手中诞生过无数巧夺天工的艺术珍品。工匠们凭借数十年如一日的专注和坚守，创造出工艺上的奇迹，展现出极致化的追求，令人惊叹、让人敬佩。这些都可以作为教育培养学生的素材和载体。要强化职业教育，让职业技术教育在国家有更高的社会地位，由于受历史文化等因素的影响，在人才培养上，我国过去不太重视职业教育，而社会对职业教育也存在一些偏见。随着第三产业成为主导产业和制造业高端化的推进，生产一线的高端技术与服务人才相对缺乏。每年制造业高级技工缺口约有 400 万，企业开出高薪却难招到技术工人。人才培养同质化和知识结构与就业需求不匹配，一方面降低了人力资源利用效率，另一方面也阻碍着经济转型升级。要造就更多的工匠，就必须重视职业教育，扶持职业教育，让学生在锤炼技能的同时，将"创新基因"深植于心；要加强企业的职业培训，构建科学合理的技术工人培训体系，通过系统的、专业的、全方位的员工培训，有目的地提升职工技能素质，使之真正成为能做事、会做事、做好事，并培养出更多的创造高效劳动价值的"工匠"型人才。

2. 培育和弘扬工匠精神，需要制度保障

在培育工匠的过程中，除了精神层面的倡导，应该在制度设计上把更多的关注和扶持放在产业工人自身的发展层面。关注每一位工人的发展，创造更好的环境与条件，让每个劳动者都有上升的空间，有人生出彩的机会，有过上好日子、实现自身价值的可能，那么自然就会涌现越来越多的工匠。科学合理的"工匠制度"才能营造激发工匠精神的工作环境：政治上要有待遇。着力开辟优秀技工的上升通道，完善技能人才的评价机制与优秀技能人才奖励制度，大力评选表彰杰出技能人才，树立工匠精神先进示范。经济上要有保障。确保技能人才充分就业，提高"巧匠""大匠"的收入、待遇，让劳动者无须为基本生存烦忧，充分享受自己的劳动成果。社会上要有地位。充分认清、高度重视工匠的作用，在全社会形成尊重技能人才、认同技能人才、争当技能人才的主流价值观念。通过重视制度供给，加强对技术创新的保护以及产品质量的法治化监管，并逐步适度地提高市场准入门槛，倒逼生产低劣产品的企业技术改造升级，发扬精益求精的工匠精神以切实提高产品质量与效益。

3. 培育和弘扬工匠精神，需要文化再造

在我国，许多延续至今仍然兴旺的"老字号"正是体现"工匠精神"的典范，比如同仁堂坚守"炮制虽繁必不敢省人工，品味虽贵必不敢减物力"的信条，当年"海尔砸冰箱"就是对"工匠精神"的呼唤。国外同样不乏范例，"德国的锅可以用一辈子"，日本的拉面馆常常是几十年、几代人钻研拉面汤。而工匠精神的反面，是追求短期经济效益、"短、平、快"的粗制滥造。

一个国家工匠精神的匮乏背后，其实是工业文明的匮乏：品牌、百年老店、匠人、企业文化以及一整套相关的体制机制，乃至社会心理、共识和氛围。工匠在劳作过程中往往匠心独具、浑然忘我、享受过程、追求极致，力求用最好的制造手段创造出最卓越的产品。有人认为只要拥有高超的技艺就是好工匠，其实不然。一些媒体在报道"大国工匠"高凤林时通常强调他可以焊接0.08毫米厚度的细管，但高凤林却说，对于一名好工匠而言，高超的技艺只是其表象，更为决定性的因素是具有坚忍不拔的品质、追求卓越的恒心、钻研创新的执着。如果工人在价值取向上失之偏颇，在职业规划上更想当主任、当厂长，而不愿在技术方面争创一流，长此以往，实现从"制造大国"到"制造强国"的转变将会变得漫长曲折。中国的经济要创新发展，中国的制造业要转型升级，要适应中国消费者日益"挑剔"的需求，必须要补上工匠精神之钙，大力提倡专注、标准、精确、完美的工匠精神。

4. 培育和弘扬工匠精神，需要不断创新

创新是工匠精神的重要内容。在这个日新月异、快速奔跑的互联网时代，我们并不缺少创新，但缺少好的、经得起时间考验的创新。如果没有工匠精神对本职工作的专注，想在创新之路上走得远，无异于痴人说梦。创新是工匠精神的延伸，只有把创新精神与工匠精神相结合，才能有效提高产品的质量和效益。机器是人能力的延伸，只能按照程序重复运作，但人能够不断实现改造和创新，这是机器永远无法替代的。"科学家脑中产生想法，工程师图纸施工实现工程化，工匠制造出产品"，三者缺一不可。工匠作为将设计转化为实物产品的执行者至关重要。一些复杂的结构可能用先进的机器也难以实现，而人是最具柔性的，可以发挥创造力来解决复杂问题……无论技术发展到什么阶段，高技能的工匠都不可或缺。事实上，拥有"工匠精神"的劳动者，能够在制造中不断改进工艺、在改造中努力突破极限，既承担"制造"的功能，更具备"创造"的可能，真正的工匠应富有强烈的创新意识和创造精神。

（三）发挥工会在培育和弘扬工匠精神中的作用

工匠精神应该成为广大职工的主体意识和主流精神，培育和弘扬工匠精神应该成为工会工作的重要抓手，这是工会组织的职能，更是其职责。

1. 深化职工素质提升工程

充分发挥工会"大学校"作用，整合工会组织优势与社会资源优势，与时俱进，进一步深化职工素质提升工程。工匠精神引领劳动者"厚乎德行、辩乎言谈、博乎道术"，通过推动实施职工素质建设工程，实施科教兴国战略、人才强国战略、创新驱动发展战略，培育职工高尚的道德品质、高雅的行为举止、良好的素质修养和熟练的技术技能。在继续服务好传统技术工人的同时，进一步关注城市新蓝领群体的成长与发展。学历提升与技能提升并重，完善"技能培训、技能帮带、技能竞赛、技能晋级、技能激励"五位一体技能提升机制，拓宽服务对象，拓展服务内容，引导和帮助职工学技术、提技能、长才干。劳动者是生产力中最活跃的因素，只有劳动者素质得到全面提高，生产力水平提升才有保证。只有全方位提升劳动者素质，才能为培育工匠精神提供强大的人才保障和智力支持。

2. 深化职工经济技术创新

要采取有效措施，尊重职工首创精神，激发职工创新热情，鼓励职工开展经济技术创新。要以创建"工人先锋号"、创立高技能人才（劳模）创新工作室为载体，广泛组织职工开展"小发明、小创造、小革新、小攻关、小建议""五小"活动，工会要邀请专家及时给予技术指导，及时帮助总结提炼，培育职工创新成果，保护职工知识产权。人们对于"中国制造"的理解，曾仅仅局限于投入简单的加工，甚至代工。要把劳动竞赛作为提升职工技能素质的有力支撑，促进**劳动竞赛**在人才集聚层面的不断深化。广泛开展"赛思想、比精神，赛奉献、比成果"的竞**赛教育培**训活动，充分利用职工教育培训基地，通过能工巧匠示范岗、劳动模范工作室、"名师带高徒"、"职工技能岗位练兵"、绝技绝活竞赛（展示）活动等，鼓励职工树立靠技能求生存、实现人生价值的意识，拓展广大职工和劳动者成长成才的空间，不断提高劳动者的技术技能及业务水平。

3. 营造尊重工匠的社会氛围

要积极培育和选树工匠的优秀代表进行表彰奖励，并作为宣传和弘扬工匠精神的重要载体和抓手。从发动、推荐、评审、认定、激励各个环节，全过程宣传工匠和工匠精神，叫响做实"大国工匠"品牌。比如"大国工匠"高凤林，他给火箭焊"心脏"，是发动机焊接的第一人。0.16毫米，是火箭发动机上一个焊点的宽度；0.1秒，是完成焊接允许的时间误差。谁说这种贡献会比高级白领和CEO逊色呢？工会要把握舆论导向，持续不断地为工匠发声，为工匠正名，让社会重拾失落已久的工匠精神，让工匠享有本该属于他们的尊重和敬意，努力在全社会营造尊重劳动、尊重技术、尊重创造的良好氛围。让有工匠精神的工人活得体面、有尊严，让有工匠精神的企业成为一种引领和导向，让工匠精神成为一种社会共识与社会心理。

在当代中国，工人阶级和广大劳动群众始终是推动我国经济社会发展、维护社会安定团结的根本力量。大力弘扬劳模精神、劳动精神、工匠精神。通过大力宣传劳动模范和其他典型的先进事迹，弘扬工人阶级的伟大品格，弘扬爱岗敬业、争创一流、艰苦奋斗、勇于创新、淡泊名利、甘于奉献的劳模精神，引导广大职工群众树立辛勤劳动、诚实劳动、创造性劳动的理念，恪尽职业操守，追求精益求精，以工匠精神打磨"中国品牌"，让劳动光荣、创造伟大成为铿锵的时代强音，让劳动最光荣、劳动最崇高、劳动最伟大、劳动最美丽蔚然成风。

第六章
企业文化和职工文化建设

2008 年,《中国工会十五大报告》指出,职工文化建设是职工提高职业技能素质、丰富精神文化生活、激发劳动热情和创造活力的重要载体,企业文化建设是体现企业形象特点、增强凝聚力、提高竞争力的必要手段。2013 年,《中国工会十六大报告》强调,要推广先进企业文化和职工文化。同年,新修订的《中国工会章程》也明确提出,要推进企业文化职工文化建设。中华全国总工会在 2014 年下发的《关于在广大职工中培育和践行社会主义核心价值观的实施意见》中明确要求,要建设育人化人的先进职工文化。2015 年 4 月 28 日,习近平总书记在庆祝"五一"国际劳动节暨表彰全国劳动模范和先进工作者大会上提出,要打造健康文明、昂扬向上的职工文化。不仅标志着党和国家对职工文化的高度重视,而且为职工文化发展指明了方向。

可见,企业文化与职工文化是两种不同的文化形态,它们并不等同,而是统一互补的关系。在企业中,必须同时协调加强企业文化建设和职工文化建设,才能更好地促进企业发展,才能更好地凸显广大职工的主人翁地位。

第一节 推动企业文化建设

一、企业文化概述

企业文化是企业的灵魂,是企业发展的永续动力。企业文化作为一门新兴科学和现代企业管理理论和管理方式,使企业管理从传统走向现代,从物质和制度的层面走向文化层面,企业文化的兴起是现代企业管理的一个新里程。企业文化在企业经营管理中的地位和作用越来越突出,为越来越多的企业经营管理者所接受和认同。优秀企业文化可以促进企业发展,劣质企业文化可以断送企业,正如美国著名管理学家德鲁克所指出的:"管理本身就是一种文化现象。"企业文化对推进企业改革发展、提高核心竞争能力、提升员工精神面貌及扩大企业的社会影响力有着不可替代的作用。

（一）企业文化的内涵

何谓企业文化？众说纷纭，仁者见仁，智者见智。有人认为，企业文化是指一个企业中各个部门，至少是企业高层管理者们所共同拥有的那些企业价值观念和经营实践，是指企业中一个分部的各个职能部门或地处不同地理环境的部门所拥有的那种共同的文化现象；也有人认为，企业文化是价值观、英雄人物、习俗仪式、文化网络、企业环境；还有人认为，企业文化是"进取、守势、灵活性"——确定活动、意见和行为模式的价值观；等等。事实上，企业文化是企业为解决生存和发展的问题而树立形成的，被组织成员认为有效而共享，并共同遵循的基本信念和认知。企业文化集中体现了一个企业经营管理的核心主张，以及由此产生的组织行为。因此，企业文化可以从广义和狭义两个方面来认识。从广义上讲，企业文化是社会文化的一个子系统，是一种亚文化。企业文化是指企业在创业和发展过程中形成的共同价值观、企业目标、行为准则、管理制度、外在形式等的总和。从狭义上讲，企业文化特指企业组织在**长期的**经营活动中形成的并为企业全体成员自觉遵守和奉行的企业经营宗旨、价值观念和**道德规范**的总和。

根据企业文化的定义，其内容是十分广泛的，但其中最主要的应包括如下几点：

1.经营哲学。经营哲学也称企业哲学，是一个企业特有的从事生产经营和管理活动的方法论原则，它是指导企业行为的基础。一个企业在激烈的市场竞争环境中，面临着各种矛盾和多种选择，要求企业有一个科学的方法论来指导，有一套逻辑思维的程序来决定自己的行为，这就是经营哲学。例如，北京蓝岛商业大厦创办于1994年，它以"诚信为本，情义至上"的经营哲学为指导，"以情显义，以义取利，义利结合"，使之在创办三年的时间内营业额就翻了一番。

2.价值观念。所谓价值观念，是人们基于某种功利性或道义性的追求而对人们（个人、组织）本身的存在、行为和行为结果进行评价的基本观点。可以说，人生就是为了价值的追求，价值观念决定着人生追求行为。价值观不是人们在一时一事上的体现，而是在长期实践活动中形成的关于价值的观念体系。企业的价值观，是指企业职工对企业存在的意义、经营目的、经营宗旨的价值评价和为之追求的整体化、个异化的群体意识，是企业全体职工共同的价值准则。只有在共同的价值准则基础上才能产生企业正确的价值目标。有了正确的价值目标才会有奋力追求价值目标的行为，企业才有希望。因此，企业价值观决定着职工行为的取向，关系企业的生死存亡。只顾企业自身经济效益的价值观，就会偏离社会主义方向，不仅会损害国家和人民的利益，还会影响企业形象；只顾眼前利益的价值观，就会急功近利，搞短期行为，使企业失去后劲，导致灭亡。

3.企业精神。企业精神是指企业基于自身特定的性质、任务、宗旨、时代要求和发展方向，并经过精心培养而形成的企业成员群体的精神风貌。企业精神要通过企业全体职工有意识的实践活动体现出来。因此，它又是企业职工观念意识和进取心理的外化。企业精神是企业文化的核心，在整个企业文化中起着支配的地位。企业精神以价值观念为基础，以价值目标为动力，对企业经营哲学、管理制度、道德风尚、团体意识和企业形象起着决定性的作用。可以说，企业精神是企业的灵魂。企业精神通常用一些既富于哲理，又简洁明快的语言予以表达，便于职工铭记在心，时刻用于激励自己；也便于对外宣传，容易在人们脑海里形成印象，从而在社会上形成个性鲜明的企业形象。

4. 企业使命。所谓企业使命是指企业在社会经济发展中所应担当的角色和责任，是指企业的根本性质和存在的理由，说明企业的经营领域、经营思想，为企业目标的确立与战略的制定提供依据。企业使命要说明企业在全社会经济领域中所经营的活动范围和层次，具体地表述企业在社会经济活动中的身份或角色。它包括的内容为企业的经营哲学、企业的宗旨和企业的形象。

5. 企业道德。企业道德是指调整该企业与其他企业之间、企业与顾客之间、企业内部职工之间关系的行为规范的总和。它是从伦理关系的角度，以善与恶、公与私、荣与辱、诚实与虚伪等道德范畴为标准来评价和规范企业。企业道德与法律规范和制度规范不同，不具有那样的强制性和约束力，但具有积极的示范效应和强烈的感染力，当被人们认可和接受后具有自我约束的力量。因此，它具有更广泛的适应性，是约束企业和职工行为的重要手段。中国老字号同仁堂药店之所以三百多年长盛不衰，在于它把中华民族优秀的传统美德融于企业的生产经营过程之中，形成了具有行业特色的职业道德，即"济世养身、精益求精、童叟无欺、一视同仁"。

6. 企业形象。企业形象是企业通过外部特征和经营实力表现出来的，被消费者和公众所认同的企业总体印象。由外部特征表现出来的企业的形象称表层形象，如招牌、门面、徽标、广告、商标、服饰、营业环境等，这些都给人以直观的感觉，容易形成印象；通过经营实力表现出来的形象称深层形象，它是企业内部要素的集中体现，如人员素质、生产经营能力、管理水平、资本实力、产品质量等。表层形象是以深层形象为基础，没有深层形象这个基础，表层形象就是虚假的，也不能长久地保持。此外，企业形象还包括企业形象的视觉识别系统，比如VIS系统，是企业对外宣传的视觉标识，是社会对这个企业的视觉认知的导入渠道之一，也是标志着该企业是否进入现代化管理的标志内容。

7. 企业制度。企业制度是在生产经营实践活动中所形成的，对人的行为带有强制性，并能保障一定权利的各种规定。从企业文化的层次结构看，企业制度属中间层次，它是精神文化的表现形式，是物质文化实现的保证。企业制度作为职工行为规范的模式，使个人的活动得以合理进行，内外人际关系得以协调，员工的共同利益受到保护，从而使企业有序地组织起来为实现企业目标而努力。

8. 团体意识。团体即组织，团体意识是指组织成员的集体观念。团体意识是企业内部凝聚力形成的重要心理因素。企业团体意识的形成使企业的每个职工都把自己的工作和行为看成是实现企业目标的一个组成部分，使他们对自己作为企业的成员而感到自豪，对企业的成就产生荣誉感，从而把企业看成是自己利益的共同体和归属。因此，他们就会为实现企业的目标而努力奋斗，自觉地克服与实现企业目标不一致的行为。

（二）企业文化的特征

1. 独特性。企业文化具有鲜明的个性和特色，具有相对独立性，每个企业都有其独特的文化积淀，这是由企业的生产经营管理特色、企业传统、企业目标、企业员工素质以及内外环境不同所决定的。

2. 继承性。企业在一定的时空条件下产生、生存和发展，企业文化是历史的产物。企业文化的继承性体现在三个方面：一是继承优秀的民族文化精华；二是继承企业的文化传统；三是继承外来的企业文化实践和研究成果。

3. 相融性。企业文化的相融性体现在它与企业环境的协调和适应性方面。企业文化反映了时代精神，它必然要与企业的经济环境、政治环境、文化环境以及社区环境相融合。

4. 人本性。企业文化是一种以人为本的文化，最本质的内容，就是强调人的理想、道德、价值观、行为规范在企业管理中的核心作用，强调在企业管理中要理解人、尊重人、关心人。注重全面发展，用愿景鼓舞人，用精神凝聚人，用机制激励人，用环境培育人。

5. 整体性。企业文化是一个有机的统一整体，人的发展和企业的发展密不可分，引导企业职工把个人奋斗目标融于企业整体目标之中，追求企业的整体优势和整体意志的实现。

6. 创新性。创新既是时代的呼唤，又是企业文化自身的内在要求。优秀的企业文化往往在继承中创新，随着企业环境和国内外市场的变化而改革发展，引导大家追求卓越，追求成效，追求创新。

（三）企业文化的层次

企业文化按其结构和具体表现形式可分为以下四个层次：

1. 企业的**精神文化**。包括企业核心价值观、企业精神、经营哲学、经营理念、企业目标、道德观念、**管理理念**等，是企业意识形态的总和。价值观是企业文化的核心。企业价值观应该具有"敢于拼搏的企业宗旨，厚载万物的为人胸怀，以企为家的精神风貌，与时俱进的开拓精神，精诚团结的人际关系，讲究诚信的服务思想"等内涵。企业精神反映企业的信念和追求，是企业群体意识的集中体现，具有号召力、凝聚力和向心力。企业精神文化强，企业和谐氛围就好，则形成企业班子有正气，团队有士气，员工有志气，单位有名气。著名的大庆文化，以"铁人"王进喜为代表的大庆油田工人，把艰苦创业作为座右铭，坚持"有条件上，没有条件创造条件也要上"的创业精神。大庆人艰苦创业、三老四严的精神，化作了中国工人阶级自力更生、艰苦创业的强大力量。

2. 企业的制度文化。包括企业的组织结构、领导制度和管理制度三个方面。组织与制度则是企业文化的骨架。组织结构主要涉及企业的部门构成、岗位设置、权责关系、内部协调与控制机制等。领导制度是组织系统进行决策、指挥、监督等领导活动的具体制度。企业管理制度包括人事制度、劳动制度、奖惩制度和民主管理等规章制度。企业领导体制是关键与核心，企业组织结构是载体和支撑，企业管理制度是主要内容和基本保证。只有建立起科学、严谨、完备的制度体系，用制度约束职工行为、规范企业管理，才能提升企业执行能力，提高企业管理效率，促进企业又好又快发展。综观国内优秀企业，其获得成功的一个共同的重要特点，就是有一个高效运转的组织机构和一套被全体员工自觉遵守的规章制度。

3. 企业的行为文化。包括企业行为、企业家行为、模范人物行为和员工群体行为。行为文化建设是企业文化落地的关键环节。行为文化是企业员工在生产经营、宣传教育、人际关系和学习娱乐活动中产生的文化现象。它是企业文明、经营作风、精神风貌、人际关系的动态体现，是企业精神、企业价值观的折射。企业可以通过对"三养"（教养、修养、素养）和"四德"（个人品德、家庭美德、职业道德和社会公德）的培养，来塑造企业的行为文化。在具有优秀企业文化的企业中，最受人敬重的是那些集中体现了企业价值观的企业先进模范人物。

4. 企业的物质文化。包括企业产品、技术设备、企业环境、企业容貌和文化设施。优秀的企业文化是通过重视产品的开发、服务的质量、产品的信誉和企业生产环境、生活环境、文化设施等物质现象来体现的。如企业的建筑风格与管理风格，以 VI 系统为主的企业物质形象展示，承载企业历史的博物馆、展示馆等，张裕酒文化博物馆就是其中的经典之作，系列地展示了企业发展的悠久历史和深厚文化积淀。海尔集团在公司总裁张瑞敏提出的"名牌战略"思想指导下，通过技术开发、精细化管理、资本运营、兼并控股及国际化等手段，使企业迅速成长为中国家电第一名牌，成为中国家电集团中产品品种最多、规格最全、技术最高、出口量最大的企业。

二、推动企业文化建设的意义

企业文化建设是指企业文化相关的理念的形成、塑造、传播等过程。加强企业文化建设，能够科学整合企业生产要素，引导职工形成共同的价值观，增强企业凝聚力，构建和谐企业，使企业在激烈的市场竞争中实现可持续发展。富有特色的企业文化，可以成为一个企业持续发展的基石。

（一）导向功能——企业行为规范的指南针

所谓导向功能，就是通过企业文化建设形成对企业领导者和职工的引导作用。企业文化的导向功能主要体现在两个方面。

1. 经营哲学和价值观念的指导

经营哲学决定了企业经营的思维方式和处理问题的法则，这些方式和法则指导经营者进行正确的决策,指导员工采用科学的方法从事生产经营活动。企业共同的价值观念规定了企业的价值取向,使员工对事物的评判形成共识,有着共同的价值目标,企业的领导和员工为着他们所认定的价值目标去行动。美国学者托马斯·彼得斯和小罗伯特·沃特曼在《追求卓越》一书中指出:"我们研究的所有优秀公司都很清楚他们的主张是什么,并认真建立和形成了公司的价值准则。事实上,一个公司缺乏明确的价值准则或价值观念不正确,我们则怀疑它是否有可能获得经营上的成功。"

2. 企业目标的指引

企业目标代表着企业发展的方向,没有正确的目标就等于迷失了方向。完美的企业文化会从实际出发,以科学的态度去制定企业的发展目标,这种目标一定具有可行性和科学性。企业员工就是在这一目标的指导下从事生产经营活动。

(二)凝聚功能——企业与员工之间的黏合剂

企业文化以人为本,尊重人的感情,从而在企业中造成了一种团结友爱、相互信任的和睦气氛,强化了团体意识,使企业职工之间形成强大的凝聚力和向心力。共同的价值观念形成了共同的目标和理想,职工把企业看成是一个命运共同体,把本职工作看成是实现共同目标的重要组成部分,整个企业步调一致,形成统一的整体。这时,"企兴我荣,企衰我耻"成为职工发自内心的真挚感情,"爱企如家"就会变成他们的实际行动。

(三)激励功能——企业持续发展的发动机

共同的价值观念使每个职工都感到自己存在和行为的价值,自我价值的实现是人的最高精神需求的一种满足,这种满足必将形成强大的激励。在以人为本的企业文化氛围中,领导与职工、职工与职工之间互相关心、互相支持。特别是领导对职工的关心,职工会感到受人尊重,自然会振奋精神,努力工作。另外,企业精神和企业形象对企业职工有着极大的鼓舞作用,特别是企业文化建设取得成功,在社会上产生影响时,企业职工会产生强烈的荣誉感和自豪感,他们会加倍努力,用自己的实际行动去维护企业的荣誉和形象。

(四)约束功能——企业员工的心灵消毒剂

企业文化建设的约束功能主要是通过完善管理制度和道德规范来实现。

1. 有效规章制度的约束

企业制度是企业文化的内容之一。企业制度是企业内部的法规,企业的领导者和企业职工必须遵守和执行,从而形成约束力。

2. 道德规范的约束

道德规范是从伦理关系的角度来约束企业领导者和职工的行为。如果人们违背了道德规范的要求,就会受到舆论的谴责,心理上会感到内疚。同仁堂药店"济世养生、精益求精、童叟无欺、一视同仁"的道德规范约束着全体员工必须严格按工艺规程操作,严格质量管理,严格执行纪律。

（五）调适功能——企业与员工关系的润滑剂

调适就是调整和适应。企业各部门之间、职工之间，由于各种原因难免会产生一些矛盾，解决这些矛盾需要各自进行自我调节；企业与环境、与顾客、与企业、与国家、与社会之间都会存在不协调、不适应之处，这也需要进行调整和适应。企业哲学和企业道德规范使经营者和普通员工能科学地处理这些矛盾，自觉地约束自己。完美的企业形象就是进行这些调节的结果。调适功能实际也是企业能动作用的一种表现。

（六）辐射功能——企业形象的展示台

企业文化一旦形成较为固定的模式，它不仅会在企业内部发挥作用，对本企业员工产生影响，而且也会通过各种渠道（宣传、交往等）对社会产生影响。企业文化建设关乎企业的公众形象、公众态度、公众舆论和品牌美誉度。企业文化建设将帮助树立企业的良好公众形象，提升企业的社会知名度和美誉度。优秀的企业文化也将对社会文化的发展产生重要的影响。

三、推动企业文化建设落地

所谓企业文化建设落地，是指企业文化被职工接受并自觉执行。文化理念只有从深奥的哲理式文化走向通俗易懂的大众文化，从书本中走进员工心里，得到广大员工高度认同和领悟，才能真正落地，进而才能生根、开花、结果。企业文化建设是一项系统工程，是现代企业发展必不可少的竞争法宝。一个没有企业文化的企业是没有前途的企业，一个没有信念的企业是没有希望的企业。从这个意义上说，企业文化建设既是企业在市场经济条件下生存发展的内在需要，又是实现管理现代化的重要方面。企业文化本身是一种客观存在，无所谓落不落地的问题，要落地的是企业所倡导的理念。

在推进企业文化建设的过程中，往往存在着"看起来很美，说起来很甜，做起来很难"的现实困境，在不少企业，那些"高大上"的使命、愿景、核心价值观乃至各项经营管理理念总是流于形式、浮于表面，与实际的经营管理相脱节，难以得到贯彻落实。只有采取有效的策略与方法，使企业所倡导的理念真正"入心、入形、入制、入行"，实现理念的落地和深植，才能对企业长期经营业绩的提升和战略目标的实现发挥核心作用。

（一）企业文化建设落地的措施

1.企业领导者必须成为推动企业文化建设的中坚力量。企业文化从某种特定意义上说，是"企业家"的文化。因为，企业是由领导者来管理的，所以，企业文化在很大程度上取决于领导者的决心和行动，取决于企业领导者对企业文化内涵的深刻认识，取决于企业领导者对建设企业文化的见解和其独具个性及前瞻性的管理意识。只有通过其长远的目光、人格的魅力和管理艺术感染和影响职工发挥最大的潜力，才能不断推动企业科学的、可持续的发展。

2.企业文化建设必须与企业管理相互融合。加强企业文化建设并不是要抛开制度管理。没有较完善的规章制度,企业就无法进行有效的生产和经营活动。但不论规章制度多么完善,也不可能包罗企业的一切活动,更不能从根本上规范每一个职工的行为意识。而企业文化则是一种无形的约束力,能够达到增强企业内聚力、加强职工自我控制、激励职工工作激情、提高生产效率的作用,有助于提高企业对环境的适应能力,有利于改善人际关系,有利于树立企业形象,扩大企业影响。所以,通过文化对管理的先导作用,可实现职工与企业的共同目标,使企业不断提高品位,提升企业在市场中的竞争力。

3.企业文化必须要得到企业全员的认同。一个企业要想增强内部的凝聚力和外部的竞争力,必须首先形成一致的理念,并且能够得到有效的贯彻落实,使职工的个人行为从"要求我这样做"转化为"我应该这样做",使之符合企业发展的需要。

(二)企业文化建设落地的方法

1.凝聚内动力,推进企业文化内化于心。企业文化理念要宣贯落地,首先要使职工认同企业文化理念,形成共同的价值理念,从而凝聚推动企业发展的强大内动力。

一是要创新载体,强化宣传。企业文化理念提炼出来以后,要借助宣传栏、画册、宣传片等载体全方位、立体式宣传,确保企业文化宣传到岗位、进家庭。要注重创新、灵活应用企业文化宣贯载体和方式,提高宣贯的效率和针对性。要摒弃过去单纯依靠文件、宣传栏等呆板、单一的形式,充分利用短信平台、企业网站、内部刊物等形式,增强宣传生动性,提高员工接触企业文化的机会,使企业文化宣传覆盖到每个岗位、每个职工家庭。同时,创新宣贯方式通过举办企业文化知识竞赛、文化宣贯演讲比赛等互动形式,以通俗易懂的方式,将企业文化融入其中,使职工易于接受、乐于接受。

二是要强化培训,普及推广。要把企业文化知识培训摆上日程,实行全员学习,并通过制度固化,有效解决企业文化理念领导知道得多、职工知道得少,机关知道得多、一线知道得少的现象。要在完成日常教育培训计划外,根据企业文化宣贯实际需要,开发出文化宣贯教育系列培训项目;通过学习原文,深度分析,延伸讲解,让企业文化在全员中入脑入心。同时为避免培训流于形式,要严格培训纪律,强化考核,通过抽查培训笔记、课后小测试等形式,把好培训效果关,切实提高培训实效性。

三是要正面引导,强化激励。企业文化宣贯落地就是通过企业一系列有意识的企业文化建设活动,清除企业中各种非主流文化,使企业倡导的理念深入人心。通过大张旗鼓宣扬好人好事,大张声势表彰工作先进,弘扬企业正气、抵制歪风邪气,从而促进企业文化理念的传播和影响。

2.塑造形象力,推进企业文化外化于形。企业文化在职工心中往往是虚无缥缈的印象,要使企业文化理念以通俗易懂的形式为职工所认知,建立鲜明、独特的形象体系,使企业文化理念具体化、形象化是有效途径。

一是要应用识别系统。视觉识别系统是企业文化形象化、具体化的视觉传达工具，是企业文化建设的重要组成部分。要按照行业要求，结合实际，对生产、办公、生活场所内指示牌、宣传栏、垃圾筒、文明用语等标识标牌进行规划和设计，形成统一、规范的形象。同时，充分利用名人字画、格言警句、绿色花卉等装饰物品，点缀生产、办公、生活场所的环境，增加文化气息，营造文化氛围。

二是要丰富宣贯阵地。开展企业文化活动是实现企业文化宣贯的重要载体，而企业文化活动则要有场地作为保障。一些基层企业，开展文体活动无场地，文化活动基本处于空白状态，职工精神文化生活匮乏，企业文化宣贯无从谈起。要加大基层企业基础设施的投入，改善职工活动中心、体育场、职工书屋、工人文化宫等建设，丰富职工业余生活，进一步拓展企业文化宣贯阵地。

3.增强生命力，推进企业文化固化于制。企业文化建设不是一时而作，不能半途而废，而要着眼长远，遵循事物发展规律，以制度化、固定化做保障，将企业文化建设作为一项长期工程来推进。

一是要使职工行为规范化。要以教育培训为载体，以绩效考核为手段，全面落实企业或行业行为规范，通过统一环境标准，规范职工行为，进一步提升队伍形象，改善职工精神面貌，改进职工工作作风。

二是要使文化活动常态化。不拘泥于形式，合理安排好时间，尽量把握好机会，利用能利用的载体，全方位、高密度宣传企业文化理念，推动企业文化深入人心；制订企业文化中长远培训计划，细化方案，保障资金，严格执行，强化考核，提升培训效果；以人为本，统筹安排，持续开展各类丰富多彩、职工喜闻乐见的企业文化活动，丰富职工精神生活，增强企业凝聚力，营造浓厚的企业文化宣贯氛围。

三是工作机制制度化。在企业文化建设过程中，要注重过程管理、痕迹化管理、闭环管理，形成企业文化建设工作机制，发挥领导作用，明确责任分工，细化管理流程，加强绩效考核，确保企业文化建设工作落实到位，有序推进。

4.转化行动力，推进企业文化实化于行。企业文化建设的最终目的是要职工自觉践行企业文化理念，推进企业发展战略的实现。因此，要将企业文化宣贯落地，必须将企业文化理念融入企业经营管理中，将宣贯成果转化为职工自觉行动。

一是要推动由知到行的转变。在企业文化建设工作中，不仅要强调提高企业文化理念的知悉程度，更要注重践行企业文化理念。要通过开展系列竞赛活动、模范评选活动，营造创先争优的工作氛围，引导职工自觉践行企业文化，做到在工作上力争上游。

二是要实现知行合一的跨越。要将企业文化有机地融入生产经营管理各项工作之中，不断提升企业管理水平，有效树立企业形象，打造企业优质品牌。要求每位员工全力以赴做好每一件事，脚踏实地地走好每一步，时时保持进取意识，不断追求新的进步。同时，要为职工搭建成长平台，加大职工的教育培训，提升员工整体素质，充分调动员工积极性。用先进人物或典范事迹来引导、激励员工，用行为规范来提升形象，从而推进企业文化实现知行合一的跨越。

总之，企业文化不是一般的信奉、倡导的价值理念，而是企业必须要实行的、付诸行动的价值理念。企业文化建设要循着内化心灵、外化行为、长化习惯的路径，循序渐进，久久为功。把企业文化建设作为一项重要的工作纳入议事日程，与企业其他工作同部署、同检查、同考核、同奖惩，通过企业文化建设不断提高企业核心竞争能力，促进企业持续快速协调健康发展。

四、推动企业文化建设应克服的问题

现在，越来越多的企业认识到文化的重要，并注重文化的建设。可是，许多企业却没有把文化建设这件事应该怎么做弄明白，出现种种毛病，这些都要在推动企业文化建设过程中注意克服。

（一）大而空

注重形式，不重实质，一个企业的文化不能与社会的主流价值观相悖，但绝不是把社会主流文化的口号抄来就行了。有一个企业从院落到车间到处悬挂着这样的标语："邓小平理论和科学发展观是企业文化的灵魂。""发展着的马克思主义是企业文化的主导。"我们很难相信这种表达的真诚性和操作性，只能认为是一种作秀，是给别人看的东西，这不能叫企业文化。一个企业的文化一定是内生出来的，是从企业经营管理过程中积淀出来的，是一个组织与实践相融合的基因和密码，而不是急于把企业文化弄得多么轰轰烈烈，或多么美丽壮观。

（二）多而散

印制精美的企业文化手册，大都是厚厚的一本，有的竟然上百页，不用说让职工记住，看一遍都要很长时间。内容面面俱到，而且杂乱冲突，没有总体文化定位，没有形成一个结构模式，也缺少内在的逻辑关系。其实，"少则得，多则惑"，首先要有一个企业文化内容框架的设计，然后在一些主要方面，找到你最需要表达的核心想法，选择一句最简洁的语言，才容易传播并让职工接受和认可。

（三）通而泛

即企业文化表达缺乏个性。很多企业的文化理念似乎都是一个人设计的，几乎都是什么"创新、进取、团结、奋斗、诚信、质量、效率、服务"，这些理念都是好的，没有什么错，但没有所处行业的特征和你这个企业的烙印，也没有你自己独特的表达方式，让人感到没有鲜活生动的面貌，倒像是戴了一副副假面具。造成这个问题的原因是没有职工的广泛参与，

只靠少数专家闭门造车。

（四）浮而虚

有不少企业的文化多是警句箴言的堆砌，缺少可以操作的行为文化，职工不知道该如何去做，所以，"热诚服务"不如一句"三米微笑"来得实在和可行。而且，许多企业的文化做出来，或挂在墙上，或讲在嘴上，或印在文本上，就是没有落地的措施和方法，缺乏沟通，缺少宣传，没有故事和案例，没有让每个人相信，没有变成全体成员的行为和结果。

企业文化建设，要突出在"建"字上，不能重口号轻落实，也不能重宣传轻执行。企业文化建设不是一个一蹴而就的过程，必须坚持长期建设和不断创新。企业文化建设的长期性，在于它伴随着企业建设和发展的全过程，并使文化理念转化为职工的自觉行为，这样的企业文化建设才能取得显著的效果。同时，企业是一个经济组织，企业文化建设不应脱离经济性。所谓经济性，是指企业文化必须为企业的经济活动服务，要有利于提高企业生产力和经济效益，有利于企业的生存和发展。

第二节　促进职工文化建设

一、职工文化概述

（一）对职工文化概念的理解

职工文化是与企业文化相伴而生的一个概念。在一个企业中，企业文化是管理者群体的文化，职工文化是职工群众的文化。

什么是"职工"？《现代汉语词典》对"职工"一词的解释是：企事业单位的工作人员。与之相对等的词语是"员工"。

除了"职工"和"员工"这两个词外，在我国还有广为流行的"工人"这个词。关于"工人"，一是指"阶级"的工人概念，一是指"职业"的工人概念。"阶级"的工人概念是从财产所有关系来区分的，强调的是工人在社会阶级分层体系中的地位。在市场经济的大潮中，"职业"的工人概念基本等同于"职工"的概念。

在我国的众多法律文书和法律条例中，"职工"这个词广为运用，如《中华人民共和国企业劳动争议处理条例》《公司法》《住房公积金管理条例》等。中华全国总工会对《中华人民共和国企业劳动争议处理条例》中第二条和第三条中"职工"的解释是：按照国家和地方法律、法规的规定，依法与企业确立劳动关系的劳动者，包括企业的管理人员、专业技术人员和工人以及外籍员工等全体人员。因此，从法律意义上来看，职工是指与用人单位存在劳动关系（包括事实劳动关系）的各种用工形式、各种用工期限的劳动者。职工既包括了与用人单位签订了有固定期限、无固定期限和以完成一定工作为期限的劳动合同的劳动者,也包括了与用人单位形成了事实劳动关系的各种形式的临时工、学徒工等劳动者。试用期内的劳动者,也属于职工的范围。

对于什么是职工文化,目前我国理论界仍存在以下不同的理解。①有人认为,职工文化是指职工群众根据自己兴趣爱好和需求所从事的有利于增进身心健康的精神文化生活总和,是反映广大职工所思、所想、所欲、所求及其相应表现方式的综合。②也有人认为,职工文化是指职工群体按照企业不断发展的客观需要,在各自的工作岗位上,在经营管理层文化的影响与主导下,根据自己的工作任务,结合自身素质、价值取向、发展需求和不断学习,在劳动创造的过程中和一定的组织形式及活动方式中而形成的思想、理念、行为、风俗、习惯、代表人物,以及由这个群体的整体意识所辐射出来的一切活动。③还有人认为,企业职工文化是指以劳模为代表的企业基层先进职工群体,在长期的成功实践中形成的,被绝大多数企业基层职工群众认为有效而共享的,并得到以企业家为代表的企业管理者群体的认同和支持,由工会提炼和塑造,在企业基层职工群众中倡导、践行和展示的企业职工价值理念、企业职工行为规范和企业职工精神风貌。④此外,还有一种观点认为,职工文化是关于职工的各种活动,即职工文化就是职工文化活动,把职工文化定义的落脚点放在"活动"上。这种观点显然比较片面,职工文化活动确实属于职工文化,但不是职工文化的全部,只是职工文化的一个组成部分。职工文化活动体现职工文化,是职工文化建设的载体、途径,而职工文化最重要的内容是职工的思想意识、价值观念和精神风貌。因此,如果把职工文化狭隘地理解为职工文化活动,就会缩小职工文化的内涵。

综上所述,职工文化可以理解为职工群众在长期生产劳动过程中所形成的、为多数职工所共同遵守的基本信念、价值标准和行为规范,是职工群体意识和精神风貌的整体体现,其根本目标是满足广大职工群众日益增长的精神文化需求,维护和保障职工的文化权和发展权,促进广大职工的全面发展。职工文化是社会主义先进文化的重要组成部分,是造就高素质职工队伍的有效载体,是决定企业兴衰的关键因素,是工会组织履行维护职能的重要手段。

职工文化的内容主要包括企业精神、职工道德风尚、职工文化素质、职工文化阵地建设、职工文化体育活动等方面。职工文化鲜明的个性特点在于它要求在企业共性中伸张个性和实现职工价值,特别是维护职工的利益。

(二)职工文化的主要内容

职工文化的本质是"文化",具有文化的"人化"和"化人"功能。"人化"是指职工文化来自职工群众,是职工群众创造的文化;"化人"是指职工文化最终要用于职工群众,实现教化、感化和同化职工群众的目标。职工文化管理通过在职工群众中推广、践行和展示职工价值理念、职工行为规范和职工精神风貌,推动职工群众自我教育、自我管理和自我提升。

1. 塑造职工价值理念

职工价值理念是指职工群众的人生目标、价值信念、伦理观念、精神追求、理想人格、个人信仰、审美情趣等价值观念的总和。职工价值理念是职工文化的核心，劳模精神是职工价值理念的灵魂。挖掘、推广、学习和宣传以劳模为代表的先进职工群体的先进事迹及其劳模精神，不仅是塑造职工价值理念的基本依据，也是职工文化管理的核心工作。

职工价值理念的内容主要包括职工群众对三个基本问题的追问：为什么、是什么和怎么做，即职工责任、职工理想和职工信念。职工责任是关于"为什么"的问题，即使命问题，也就是职工群众存在的价值和意义是什么？以劳模为代表的先进职工群体取得了巨大的工作业绩，他们到底是为了什么？职工理想是关于"是什么"的问题，即方向问题，也就是职工群众的人生追求和目标定位是什么？他们在工作生活中追求的最高目标是什么？以劳模为代表的先进职工群体是怀着怎样的人生追求做出了一个又一个卓越业绩？职工信念是关于"怎么做"的问题，即动力问题，也就是职工群众履行职工责任和实现职工理想的最基本价值准则和信条。

2. 制定职工行为规范

职工行为规范是将职工价值理念转化为职工群众日常行为的制度、规范、规定和相关文件等。与"要我做"的外在行为管理规范不同，职工行为规范是职工群众自我教育和自我管理的产物，是"我要做"的内在行为规范。职工行为规范凸显了职工群众的主人翁地位，重视"外在管理"向"内在管理"转变，"他人管理"向"自我管理"转变，最终实现职工群众整体素质的提升。

职工行为规范的内容主要包括职工岗位准则、职工行为准则和职工道德准则。职工岗位准则是指职工群众应该自觉遵守的岗位规范和要求，明确所在岗位的中心任务、工作规范及与其他岗位的协作关系，鼓励他们把岗位看作实现人生价值的舞台，活出生命的意义。职工行为准则是指职工群众体现的共同行为特点和自觉遵守的日常行为守则，培养职工群众的行为自觉意识，规范行为举止和行为习惯，具有明确的导向性和约束性。职工道德准则是指职工群众应该遵守和履行的道德原则和道德的基本要求，是职工群众是非行为的善恶标准，凡是符合职工道德准则的行为，就被判断为善的行为，否则，就被判断为恶的行为。

3. 展示职工精神风貌

职工精神风貌是指职工群众的行为风格、精神气质、人文修养、心理状态、生活志趣、业余爱好、身心素质等的总和。展示职工精神风貌的常见形式是职工文体活动。孔子在《论语·八佾》中说："人而不仁，如礼何？人而不仁，如乐何？"其意思是讲，人的礼和乐必须以仁为核心。职工价值理念、职工行为规范和展示职工精神风貌的职工文体活动的关系，类似于仁、礼、乐的关系。职工行为规范和展示职工精神风貌的职工文体活动，也要以职工价值理念为核心。展示职工精神风貌的职工文体活动，要坚持"文化"主题，做到以文立身和以魂化人。

职工精神风貌主要包括职工行为习惯、职工道德品质和职工文体特长。职工行为习惯是指职工群众在日常工作和生活中自觉、经常、反复表现出来的，相对稳定的、定型化的、共同的学习方式、工作方式、生活方式和交流方式等行为方式和行为倾向。职工道德品质是指职工群众依据职工道德准则采取行动时，对社会、他人、事件等所表现出来的相对稳定的、一贯的心理特征或价值倾向，是职工道德准则在职工群众思想和行为中的具体表现。职工文体特长是指职工群众在绘画、书法、舞蹈、音乐、棋艺、摄影、文学、体育等文体爱好方面表现出来的特殊才能和个人才艺，反映了职工群众的人文修养、精神状态和身心素质。

（三）职工文化与企业文化的关系

1.职工文化与企业文化地位上对等、内容上互补、目标上一致。

从地位上看，劳动关系是两个法律主体的关系，即企业与职工的关系，两者在精神层面的追求上表现为两个主体的文化关系，即企业文化与职工文化的关系。

从内容上看，企业文化是"要我做"的文化，反映企业对职工群众提出的基本要求、管理规范和战略使命，属于一种外在的"被动管理"文化和"他人管理"文化；职工文化是"我要做"的文化，体现职工群众的自我教育、自我管理和自我提升，属于一种内在的"自主管理"文化和"自我管理"文化。

从目标上看，企业文化是以企业家为代表的企业管理者群体创造的文化，代表的是管理者群体的管理理念和价值追求；职工文化是职工群众创造的文化，代表的是职工群众的文化理念和价值追求。

从落实上看，企业文化需要得到企业职工群众的认同，职工文化也需要得到企业管理者群体的认同。企业文化的倡导者和推动者是以企业家为代表的管理者群体，企业职工文化的推动者和运作者是工会，因为工会是职工群众的"娘家"。

可见，职工文化和企业文化既有联系又有区别，两者存在交集但互不隶属，它们是各自相对独立的存在。

2.企业文化是职工文化的根基，职工文化使企业文化得以传承。企业文化与职工文化是"纲与目"的关系，一个企业如果不能确立价值观、没有尽其所能满足职工群众日益增长的物质文化需求，也就不可能形成统领职工群体的软力量，职工的基本信念、价值标准和行为规范就失去了扎根的土壤。职工文化体现的是职工的精神面貌，具体表现为职工的工作态度、思想境界和理想追求，展示着企业的精神风貌和企业的风气。职工文化的特征是企业现实状况的客观反映，是全体员工共同拥有普遍践行的理念，是稳定性与动态性的统一。

3.企业文化与职工文化是对立统一的关系。企业文化、职工文化共同凝职工之心、聚企业之力。企业文化作为"方向盘文化"，指明企业发展的方向；职工文化作为"发动机文化"，提供企业发展的动力。在企业内部，企业文化更多地体现着经营者或管理层的意志，职工文化则展示着生产者对现实的要求。没有一流的职工，难有一流的企业；没有一流的职工文化，难有一流的企业文化。企业文化不能居高临下地藐视职工文化，两者的关系是对立统一的，即企业文化要适应职工文化需求，职工文化要促进企业文化发展。

二、加强职工文化建设

（一）加强职工文化建设的意义

职工文化是社会主义文化在企业中的具体反映，职工文化建设是社会主义精神文明的重要组成部分。坚持贴近实际、贴近生活、贴近群众的原则，大力加强职工文化建设，这既是坚持党的群众路线、做好职工群众工作的必然要求，是构建和谐劳动关系、推动经济发展和推进社会文明进步的迫切需要，也是贯彻落实党中央国务院《新时期产业工人队伍建设改革方案》的有力抓手，又是工会组织在新形势下履行维护职能、造福职工群众的重要手段。

1.凝聚职工力量，加快经济发展。习近平总书记指出："实现中华民族伟大复兴的中国梦，根本上要靠工人阶级在内的全体人民的劳动、创造、奉献。"弘扬先进的职工文化就能把每个职工的个人理想和工作生活紧密结合起来，用实干让人生出彩。职工是单位的主人，单位的发展离不开职工劳动创造，释放广大职工的劳动潜能和聪明才智，就能形成强大的生产力，促进企业发展，加快全面建成小康社会进程。

2.弘扬时代新风，推动社会和谐。职工文化把加强社会公德、职业道德、家庭美德等时代新风作为重中之重，对实现职工体面劳动、劳动关系和谐及单位和谐发展方面发挥极其重要作用。在构建和谐劳动关系中，单位要与职工坚持平等原则，与职工形成"协商共谋、机制共建、利益共享"的和谐局面。广大职工还依法依规主动参与社会管理，积极参与精神文明创建活动，营造了共生共融互促互动的良好社会氛围。

3.满足职工需求，提升幸福指数。人们在物质生活满足的情况下，对精神生活、文化生活需求的层次和品位越来越高，更多的是追求思想和情感的支撑点。职工文化体现"尊重人、理解人、关心人"，崇尚"科学、文明、进步、正义"健康向上的思想心态，使每个职工都能享有平等创业、平等竞争、平等生活的机会，使广大职工群众做到工作上舒心、生活上富裕、精神上愉快。

（二）加强职工文化建设的举措

加强职工文化建设，总体上要构建"工会主导、企业主体、职工主角"的联动机制，工作要有声有色、扎扎实实，并在广大职工群众中生根发芽，落地生花。

1. 以加强职工文化思想道德建设为基本点，着力搭建好职工价值观念传播的讲台。职工文化建设的根本任务是按照社会主义先进文化建设的要求，提炼出符合职工切身利益、符合职工合理诉求、符合人情人性人心、有社会现实基础，企业和职工共同认可的核心价值观，并通过教育、宣讲、培训等方式向职工灌输，让其融进职工的血液，成为职工特别是青年职工的共同信念和自觉行动。所以，当务之急是尽快建设好宣传职工文化核心价值观的讲台，大力开展形势政策、国情国防、传统改革、法律法规等教育，努力在全体职工中形成统一指导思想、共同理想信念、强大精神力量、基本道德规范。

2. 以加强职工文化技能水平提高为关键点，着力建设好职工技术技能比武的擂台。职工技术技能的提高是职工文化建设的重要内容之一。只有不断地提高职工的技能，才能为企业品质和竞争力的增强奠定基础。所以，企业职工技术技能比武的擂台不仅要大建特建，而且要经常比武，广泛开展社会主义劳动竞赛，掀起学习先进、争当先进、赶超先进的热潮服务，引导职工以坚定的信念和高超的技术投身经济社会发展中。

3. 以加强职工文化总体目标实现为落脚点，着力打造好职工综合素质提升的站台。职工文化建设的主要目标是以满足职工精神需求为出发点和落脚点，提高职工思想道德、科学文化、文明健康、法律法规等综合素质，促进职工全面发展。所以，要发挥工会根植基层、深入职工、群众工作经验丰富、文化资源基础雄厚的优势，把更多的财力、物力用在职工教育培训上，通过建设职工培训基地、培训学校和与大学联合办学等方式为职工提升素质创造条件。

4. 以加强职工文化艺术精品创作为突破点，着力建设好职工实践成果宣传的展台。把职工文化建设的丰富实践成果体现在促进企业发展和惠民工程上，是职工文化建设的使命。所以，我们要积极宣传职工文化的实践成果，为职工群众满意的影视、舞台、文学艺术精品宣传搭好展台，以正确的舆论引导职工，以优秀的作品鼓舞职工，努力培育有理想、有道德、有文化、有纪律的新型职工。

5. 以加强职工文化活动阵地建设为切入点，着力搭建好职工文体活动开展的平台。文体活动阵地是职工文化建设的重要基础。职工文化是思想行为的沉淀，需要具体载体推动其在职工中生根开花，而文体娱乐活动是职工文化普及的最好载体。要通过建设职工书屋、职工教育基地、俱乐部、健身房等职工文体活动场所和组织各类文艺、体育比赛等，为职工文体娱乐比赛活动搭建平台，营造浓厚氛围，引导职工积极参与文化体育活动，实现强身健体、凝聚人心的目的。

6. 以职工文化人才队伍培养为立足点，着力搭建好职工文化骨干成才的舞台。职工文化人才是推动职工文化建设的中坚力量。要牢固树立人才第一的思想，重点培养造就一批工会系统掌握先进思想和知识、具有一定影响力、德艺双馨的高素质文化人才，为他们脱颖而出搭建广阔舞台，逐步把他们培养成为职工文化创作、文艺演出、文艺宣传、体育活动建设的领军人物，形成专兼结合的多层次职工文化建设人才队伍。

三、打造健康文明、昂扬向上的职工文化，增强职工文化自信

习近平总书记 2015 年在庆祝"五一"国际劳动节大会上讲话指出，要深入开展中国特色社会主义理想信念教育，**打造健康文明、昂扬向上的职工文化**，拓展广大职工和劳动者成长成才空间，不断提高思想道德素质和科学文化素质。习近平总书记 2016 年在庆祝中国共产党成立 95 周年大会上的讲话中，又提到一个备受瞩目的词：文化自信。这是继道路自信、制度自信、理论自信之后，中国极为重视的第四个自信，而且是更基础、更广泛、更深厚的自信。习近平总书记在十九大报告中又强调，"文化是一个国家、一个民族的灵魂。文化兴国运兴，文化强民族强。没有高度的文化自信，没有文化的繁荣兴盛，就没有中华民族伟大复兴"。如果没有文化自信，道路自信的根基就会动摇，理论自信的源泉就会受到污染，制度自信的价值尺度就会造成混乱。

文化自信是中国道路选择、理论创新和制度构建的文化支撑，是实现中华民族伟大复兴的精神支柱。脱离中国的历史和文化，就难以说清中国道路的历史必然和必要性，难以说清制度的优越性和它对中国历史上治国理政智慧的继承性，难以说明中国特色社会主义理论中所蕴含的中国话语、中国风格和中国气魄。五千多年的中华民族传统文化，近百年来党和人民创造的革命文化和社会主义先进文化，包括当代以改革开放为核心的时代精神，正是我们文化自信的坚实基础，这些在伟大实践和伟大斗争中孕育出的文化，积淀着中华民族最深层的精神追求，展现着中华民族独特的精神标识，代表着中华民族对自身文化的高度自信。

历史告诉我们一个真理，文化自信与国家的综合国力的强大，与国家的统一与民族团结是命运与共的。如果没有社会主义的建立和改革开放后举世瞩目的成就，中华民族的复兴和文化自信的重建是不可能的。中国道路越来越为世界所承认，中国的制度建设所显现的优越性打破了西方民主制的神话。马克思认为，"物质生活的生产方式制约着整个社会生活、政治生活和精神生活的过程。不是人们的意识决定人们的存在，相反，是人们的社会存在决定人们的意识"。没有经济实力，没有国力，文化自信就会沦为空谈。中国共产党和中华民族完全有能力、有信心为探索出一套具有普遍意义的"中国方案"，为创造一套合理的社会政治制度和更为公正的国际秩序做出自己的贡献，而踏上这一征途的心态和底色便是文化自信。

在当代中国，中华民族的伟大复兴和文化自信的重建，离不开中国共产党的领导，离不开马克思主义指导，离不开国家的统一和民族团结，离不开坚持中国特色社会主义道路、理论和制度。我国工人阶级是我们党最坚实最可靠的阶级基础，在革命、建设、改革各个历史时期，工人阶级最鲜明的特点、最优良的传统就是，紧跟党的步伐、听从党的指挥，

我国工人阶级从来都具有走在前列、勇挑重担的光荣传统，我国工人运动从来都同党的中心任务紧密联系在一起。在当代中国，工人阶级和广大劳动群众始终是推动我国经济社会发展、维护社会安定团结的根本力量。职工文化自信，正是源于工人阶级在建设和谐社会、推动社会经济发展中发挥的实实在在作用。

职工文化自信，是文化自信在当代中国的重要体现。在行动上，广大职工牢牢把握当代中国工人运动的时代主题，矢志不渝为实现中华民族伟大复兴中国梦而奋斗。在推进供给侧结构性改革、调整经济结构和转变经济发展方式的伟大实践中，满怀信心，旗帜鲜明支持改革，积极主动参与改革，投身"践行新理念、建功'十三五'"主题劳动和技能竞赛，在火热的第一线，为振兴实体经济、保持经济平稳健康发展贡献着力量。在思想上，通过深入开展中国特色社会主义理想信念教育，培育和践行社会主义核心价值观，弘扬中华优秀传统文化，开展以职业道德为重点的"四德"教育，深化"中国梦·劳动美"教育实践活动，不断引导广大职工群众增强中国特色社会主义道路自信、理论自信、制度自信。不断创新思想政治工作方式方法，加强人文关怀和心理疏导，打造健康文明、昂扬向上的职工文化。立足本职、胸怀全局，自觉把人生理想、家庭幸福融入国家富强、民族复兴的伟业之中，把个人梦与中国梦紧密联系在一起，把实现党和国家确立的发展目标变成自己的自觉行动。在精神上，大力弘扬工匠精神、劳模精神、劳动精神。通过大力宣传劳动模范和其他典型的先进事迹，弘扬工人阶级的伟大品格，弘扬爱岗敬业、争创一流、艰苦奋斗、勇于创新、淡泊名利、甘于奉献的劳模精神，引导广大职工群众树立辛勤劳动、诚实劳动、创造性劳动的理念，恪尽职业操守，追求精益求精，以工匠精神打磨"中国品牌"，让劳动光荣、创造伟大成为铿锵的时代强音，让劳动最光荣、劳动最崇高、劳动最伟大、劳动最美丽蔚然成风。

伟大的事业需要伟大的精神，伟大的精神来自伟大的人民。在中华民族伟大复兴的关键时刻，在全面建成小康社会的决胜阶段，工匠精神、劳模精神和劳动精神是引领职工文化自信的有效载体和重要保障。广大职工要永葆工人阶级政治本色，紧密团结在党的周围，自觉接受党的引领，不断增强中国特色社会主义道路自信、理论自信、制度自信、文化自信。

第七章

中共中央关于加强和改进党的群团
工作的意见

（2015 年 2 月 3 日　新华网）

　　群团事业是党的事业的重要组成部分，党的群团工作是党治国理政的一项经常性、基础性工作，是党组织动员广大人民群众为完成党的中心任务而奋斗的重要法宝。工会、共青团、妇联等群团组织联系的广大人民群众是全面建成小康社会、坚持和发展中国特色社会主义的基本力量，是全面深化改革、全面推进依法治国、巩固党的执政地位、维护国家长治久安的基本依靠。为更好发挥群团组织作用，把广大人民群众更加紧密地团结在党的周围，汇聚起实现"两个一百年"奋斗目标、实现中华民族伟大复兴中国梦的强大正能量，现就加强和改进党的群团工作提出如下意见。

一、新形势下加强和改进党的群团工作的重要性和紧迫性

　　在革命、建设、改革各个历史时期，党始终高度重视群团工作，加强群团组织建设，发挥群团组织特殊优势，团结带领广大人民群众共同为实现党在各个时期的历史任务而奋斗。新形势下，党的群团工作只能加强，不能削弱；只能改进提高，不能停滞不前。

　　党的十八大提出"两个一百年"奋斗目标，习近平总书记提出实现中华民族伟大复兴的中国梦，描绘了国家富强、民族振兴、人民幸福的美好前景。实现我们党确定的宏伟目标，根本上要靠全体人民的劳动、创造、奉献，必须加强和改进党的群团工作，更好组织动员群众、教育引导群众、联系服务群众、维护群众合法权益，充分激发蕴藏在人民群众中的巨大创造力，凝聚起实现"两个一百年"奋斗目标和中国梦的磅礴力量。

　　当前，全面建成小康社会、全面深化改革、全面推进依法治国、全面从严治党的历史重任摆在全党面前。人民是国家的主人、改革的主体。做好改革发展稳定各项工作，必须依靠人民群众支持和拥护，必须加强和改进党的群团工作，充分发挥群团组织作用，调动人民群众的积极性、主动性、创造性。

　　我国发展的内外环境正在发生深刻变化，党面临的挑战和考验前所未有。人心向背关系党的生死存亡。巩固党的执政地位，经受住执政考验、改革开放考验、市场经济考验、外部环境考验，应对好精神懈怠危险、能力不足危险、**脱离群众**危险、消极腐败危险，核心是保持党同人民群众的血肉联系。必须加强和改进党**的群团**工作，全心全意依靠工人阶级和广大人民群众，最大限度把人民群众团结在党的周围，打造抵御国内外敌对势力干扰破坏和"颜色革命"的铜墙铁壁，夯实党执政治国的群众基础。

　　这些年，党的群团工作在继承创新中不断加强，但与新形势新任务的要求相比仍存在许多不适应的问题。有的地方和部门党组织对群团工作重视不够，对群团工作的特点和规律缺乏深入研究，对发挥群团组织作用缺乏有力指导和支持。群团组织基层基础薄弱、有效覆盖面不足、吸引力凝聚力不够问题突出，特别是在非公有制经济组织、社会组织和各类新兴群体中的影响力亟待增强；有的群团组织工作和活动方式单一，进取意识和创新精神不强，存在机关化、脱离群众现象；群团干部能力素质需要进一步提高，作风需要改进。各级党委必须高度重视做好新形势下党的群团工作，全面提高水平，切实解决问题，不断开创党的群团工作新局面。

二、坚定不移走中国特色社会主义群团发展道路

　　中国特色社会主义群团发展道路，是对党的群团工作长期奋斗历史经验的科学总结。这条道路是中国共产党开展群众工作、推进党的事业的伟大创造，是党领导群众实现共同梦想的历史选择，是群团组织与时俱进、发展壮大的必由之路。这条道路是中国特色社会主义道路的重要组成部分，其基本特征是各群团自觉接受党的领导、团结服务所联系群众、依法依章程开展工作相统一。

　　新形势下加强和改进党的群团工作，必须贯彻落实党的十八大和十八届三中、四中全会精神，高举中国特色社会主义伟大旗帜，以邓小平理论、"三个代表"重要思想、科学发展观为指导，深入贯彻习近平总书记系列重要讲话精神，牢牢把握为实现中华民族伟大复兴中国梦而奋斗的时代主题，坚定不移走中国特色社会主义群团发展道路，最广泛把群众组织起来、动员起来、团结起来，奋力推进中国特色社会主义伟大事业。

　　——坚持党对群团工作的统一领导。党的领导是做好群团工作的根本保证。各级党组织必须负起政治责任，加强对群团组织的政治领导、思想领导、组织领导，把党的理论和路线方针政策贯彻落实到群团工作各方面、全过程。群团组织必须坚持正确政治方向，自觉服从党的领导，贯彻党的意志和主张，严守政治纪律和政治规矩，在思想上政治上行动上始终同以习近平同志为总书记的党中央保持高度一致，不断增强中国特色社会主义道路自信、理论自信、制度自信。

　　——坚持发挥桥梁和纽带作用。群团组织是党和政府联系人民群众的桥梁和纽带。各

级党组织要重视依靠群团组织推动党的理论和路线方针政策在群众中的贯彻落实，更好践行群众路线，做好群众工作。群团组织要经常深入群众，倾听群众呼声、反映群众意愿，深入做好群众的思想政治工作，把党的决策部署变成群众的自觉行动，把党的关怀送到群众中去。

——坚持围绕中心、服务大局。为党和国家工作大局服务，始终是群团工作的价值所在。各级党组织要指导群团组织紧紧围绕中国特色社会主义经济建设、政治建设、文化建设、社会建设、生态文明建设，围绕外交工作大局和祖国统一大业，找准工作的结合点和着力点，团结动员所联系群众为完成党和国家中心任务贡献力量。群团组织要坚持在大局下思考、在大局下行动，明确职责定位、展现自身价值，更好促进改革发展、维护社会和谐稳定。

——坚持服务群众的工作生命线。群团组织是党直接领导的群众自己的组织，为群众服务是群团组织的天职。各级党组织要推动群团组织贯彻党的群众路线，为群团组织服务群众创造条件。群团组织要增强群众观念，多为群众办好事、解难事，维护和发展群众利益，不断增强自身影响力和感召力。

——坚持与时俱进、改革创新。改革创新是群团工作发展进步的不竭动力。各级党组织和群团组织要把握时代脉搏，适应社会发展变化，尊重基层首创精神，不断推进群团工作和群团组织建设理论创新、实践创新、制度创新，始终与党和国家事业同步前进。

——坚持依法依章程独立自主开展工作。尊重群团组织性质和特点是做好群团工作的重要原则。各级党组织要支持群团组织发挥各自优势、体现群众特点，创造性开展工作。群团组织要大胆履责、积极作为，依法依章程开展活动、维护群众权益，最广泛吸引和团结群众。

三、加强党委对群团工作的组织领导

各级党委要明确对群团工作的领导责任，健全组织制度，完善工作机制，从上到下形成强有力的组织领导体系。

群团组织实行分级管理、以同级党委领导为主的体制，工会、共青团、妇联受同级党委和各自上级组织双重领导。地方党委负责指导同级群团组织贯彻落实党的理论和路线方针政策，研究决定群团工作重大问题，管理同级群团组织领导班子，协调群团组织同党政部门的关系及群团组织之间的关系。上级群团组织依法依章程领导或指导下级群团组织工作。地方党委应该注意听取上级群团组织意见，加强沟通协调，形成工作合力。

地方党委要建立和完善研究决定群团工作重大事项制度。党委在每届任期内应该召开专门的群团工作会议；党委常委会应该定期听取各群团组织工作汇报，每年都要专题研究群团工作。一般由党委专职副书记分管群团工作，具体分工根据实际确定。建立党委群团工作联席会议制度，协调解决问题，推动工作落实。建立党委群团工作考核制度，把群团

工作成效作为考核党委领导班子和分管负责同志工作的重要内容。

地方党委有关工作会议应该请工会、共青团、妇联等群团组织主要负责人参加或列席。县级以下共青团组织主要负责人按党章规定列席同级党组织有关会议。乡镇(街道)的工会、妇联组织主要负责人可列席同级党委有关会议。工会、共青团、妇联的党员负责人应该考虑作为同级党委委员候选人提名人选。

把群团建设纳入党建工作总体部署。完善党建带群建制度机制,把党建带群建作为党建工作责任制的重要内容。统筹基层党群组织工作资源配置和使用,基层党组织活动阵地、党员服务站点的规划建设应该考虑群团组织需要。制定群团组织推优办法,把群团组织推优作为产生入党积极分子入选的方式之一。非公有制经济组织、社会组织中的党建和群建工作要整体推进、共建互促。

群团组织中的党组要充分发挥领导核心作用。善于团结党外干部群众,善于把党的主张和任务转化成群团组织的决议和群众的自觉行动。认真贯彻民主集中制,健全集体领导制度,严格管理干部。加强对重大问题的调查研究,密切关注群众思想、工作、生活等方面的变化,引导群众正确理解和自觉支持党的理论和路线方针政策以及中央决策部署。落实从严治党责任,严格执行党的纪律,重大事项及时向批准党组设立的党组织请示报告。没有设立党组的群团组织,其领导班子应该承担起贯彻执行党的理论和路线方针政策的政治责任和抓党的建设的主体责任。群团组织中的党员要按照党的标准严格要求自己,发挥先锋模范作用,影响和带动周围干部群众努力完成党和国家的任务。

领导干部要加强对群团工作理论政策的学习研究。党校、行政学院、干部学院、社会主义学院应该开设党的群团工作理论政策课程。党委理论学习中心组应该把群团工作作为专题学习的重要内容。加强群团工作学科建设,群团工作研究列入国家哲学社会科学研究规划。

四、推动群团组织团结动员群众围绕中心任务建功立业

各级党委要重视发挥群团组织团结动员群众干事创业的重要作用。群团组织要把深化改革开放、推动科学发展、促进社会和谐作为发挥作用的主战场,把工人阶级主力军、青年生力军、妇女半边天作用和人才第一资源作用,转化为促进经济社会发展的强大力量。要积极主动宣传改革和依法治国,组织引导群众理解改革、支持改革、参与改革、推进改革,积极投身社会主义法治国家建设,促进形成最广泛的合力。

群团组织要紧紧结合自身职责,深入开展群众性劳动竞赛、技能比武、科技创新、科学普及等活动,动员群众立足岗位创新创业创优。积极开展对所联系群众的知识技能培训,促进能力素质提高。大力宣传生态文明理念,广泛发动群众,共建美丽中国。完善应急动员、公益募捐等行动机制,在保障重大任务、支援抢险救灾、应对重大突发事件中发挥积极作用。

群团组织要广泛开展民族团结进步宣传教育,动员所联系群众旗帜鲜明反对民族分裂、维护祖国统一,促进各民族群众手足相亲、守望相助。加强同香港同胞、澳门同胞、台湾同胞和海外侨胞的往来和交流,推进国家现代化建设和祖国和平统一。多领域、多渠道、多层次开展民间对外交流,增进中国人民同各国人民友谊,维护国家核心利益。

五、推动群团组织引导群众自觉培育和践行社会主义核心价值观

群团组织是群众自我教育、自我管理的重要平台。各级党委要推动群团组织引导所联系群众继承和弘扬中华优秀文化,自觉培育和践行社会主义核心价值观。

群团组织要从所联系群众的实际出发,设计务实管用的载体,把社会主义核心价值观转化为生动活泼、特色鲜明、富有成效的群众性实践。引导广大职工弘扬劳模精神、劳动精神、工人阶级伟大品格,增强主人翁意识,打造健康文明、昂扬向上的职工文化。加强对青年的理想信念教育,引导广大青年把社会主义核心价值观的根扎牢植正。加强和改进未成年人思想道德建设,开展好少先队组织教育、自主教育和实践活动,帮助少年儿童养成好思想、好品格、好习惯。引导广大妇女弘扬传统美德和自尊自信自立自强精神,培育良好家风,推进家庭文明建设。引导科技工作者发挥示范作用,弘扬科学精神,推动形成崇尚科学、追求进步的社会氛围。推动文学艺术、新闻宣传、法律、教育、社会公益等领域工作者积极发挥作用,引领全社会崇德向善、敬业诚信、遵纪守法、互助友爱、文明和谐。

群团组织要坚持广泛发动,利用遍布城乡的组织网络和基层阵地,深化群众性精神文明创建活动,把社会主义核心价值观教育做细做实。加强正面引导,大力宣传弘扬社会主义核心价值观的新风正气,及时批评违背社会主义核心价值观的模糊认识、错误观点、不良风气,引导群众明辨真假、是非、善恶、美丑。搞好典型引路,发挥各行各业先进典型、道德模范、"最美人物"等的示范带动作用,激发全社会学习先进、追赶先进、争当先进的持久内生动力。

六、支持群团组织加强服务群众和维护群众合法权益工作

群团组织服务群众要盯牢群众所急、党政所需、群团所能的领域,重点帮助群众解决日常工作生活中最关心、最直接、最现实的利益问题和最困难、最操心、最忧虑的实际问题。有针对性地开展创业就业、心理疏导、大病救助、法律援助、婚恋交友、居家养老等服务,特别是要做好对困难职工、留守老人妇女儿童、归难侨、残疾人等群体的帮扶,对高等学校毕业生、留学回国人员、农民工的服务。制定服务型基层组织建设意见,打造符合群众需求的工作品牌,推动构建覆盖广泛、快捷有效的服务群众体系。通过项目招聘、购买服务等方式吸引社会工作人才、专家学者、社会组织等力量参与服务群众工作。广泛开展志愿服务,完善组织管理,提升志愿服务水平。

维护群众合法权益是群团组织的重要工作。各级党委和政府要把群团工作纳入党政主导的**维护群众**权益机制，支持群团组织在维护全国人民总体利益的同时更好维护各自所联系群众的具体利益。

群团组织维权工作应该主动有为，哪里的群众合法权益受到侵害，哪里的群团组织就要帮助群众通过合法渠道、正常途径，合理伸张利益诉求，促进社会公平正义。要主动代表所联系群众参与相关法律法规和政策的制定，推动建立健全协调劳动关系等方面制度机制，从源头上保障群众权益、发展群众利益。善于运用法治思维和法治方式维权，注重通过集体协商、对话协商等方式协调各方利益，通过信访代理、推动公益诉讼、依法参与调解仲裁等方式为利益受到损害或侵犯的群众提供帮助。同时，要引导群众识大体、顾大局，依法理性表达诉求，自觉维护社会和谐稳定。

各级党委、人大、政府及有关部门研究制定涉及群众切身利益的政策措施、法律法规、发展规划、重大决策，应该请相关群团组织参与调研和论证，充分听取意见、吸收合理建议，充分考虑相关群体利益。重大决策社会稳定风险评估机制，应该吸收群团组织参加。支持群团组织切实履行代表维护职能，推动落实男女平等基本国策，健全妇女、未成年人、残疾人等合法权益保护机制。

七、支持群团组织在社会主义民主中发挥作用

群团组织特别是人民团体是广大群众依法、有序、广泛参与管理国家事务和社会事务、管理经济和文化事业的重要渠道。各级党委要重视发挥群团组织在社会主义民主中的作用，更好保证人民当家做主。

按照协商于民、协商为民的要求，拓宽人民团体参与政治协商的渠道，规范人民团体参与协商民主的内容、程序、形式。政府可通过召开会议或其他适当方式，定期向人民团体通报重要工作部署和相关重大举措，加强决策之前和决策实施之中的协商。各级政协要充分发挥人民团体及其界别委员在密切联系群众、增进社会各阶层和不同利益群体和谐中的作用，密切各专门委员会与人民团体的联系。

党委、人大要支持人民团体在县、乡人大代表换届选举中，依法按程序提名推荐代表候选人。县以上人大代表、政协委员人选的提名推荐，应该加强与人民团体的沟通协商，落实好有关人选的比例规定和政策要求。选任人民陪审员、人民监督员、人民调解员，落实人民建议征集制度，应该重视发挥人民团体作用。

群团组织应该加强对经济社会发展等方面政策的研究，提高参政议政水平。依照党的政策和国家法律法规，积极代表和组织所联系群众参与协商民主，通过多种方式反映群众意见。积极参加城乡基层群众自治和企事业单位民主管理，引导所联系群众正确行使民主权利，推动基层民主健康发展。

八、支持群团组织参与创新社会治理和维护社会稳定

群团组织是创新社会治理和维护社会和谐稳定的重要力量。各级党委和政府要合理配置职能和资源，支持群团组织依法参与社会事务管理，把适合群团组织承担的一些社会管理服务职能按照法定程序转由群团组织行使；支持群团组织立足自身优势，以合适方式参与政府购买服务。群团组织承接政府转移职能要试点先行，承接职能后应该建立符合公共服务特点的运行机制，确保能负责、能问责；参与政府购买服务，要严格管理、规范实施，做到政府放心、社会认可、自身有活力。

各级党委和政府要支持群团组织在党组织领导下发挥作用，加强对有关社会组织的政治引领、示范带动、联系服务。群团组织要通过服务来引导和促进社会组织健康有序发展。推动政府治理和社会自我调节、基层群众自治良性互动，促进多元治理主体协同协作协调、互促互补互融。组织群众主动参加社会治安综合治理、基层社区网格化管理、平安创建，积极协调化解矛盾纠纷和利益冲突。

各级党委和政府要重视发挥群团组织在全面推进依法治国特别是法治社会建设中的积极作用。支持群团组织开展群众性法治文化活动，引导群众自觉守法、遇事找法、解决问题靠法。支持群团组织参与群众普法教育，推动建设普法和法律服务志愿者队伍。建立健全群团组织参与社会事务、维护公共利益、救助困难群众、帮扶特殊人群、预防违法犯罪的机制和制度化渠道。发挥群团组织对其成员的行为导引、规则约束、权益维护作用。

九、推动群团组织改革创新、增强活力

各级党委要推动群团组织勇于改革创新，通过创造性工作增强发展活力、赢得群众信任。

基层组织是做好群团工作的基础和关键。工会、共青团、妇联等群团组织要以提高吸引力、凝聚力、战斗力和扩大有效覆盖面为目标，在巩固按行政区划、依托基层单位建立组织、开展工作的同时，创新基层组织设置、成员发展、联系群众、开展活动的方式。立体化、多层面扩大组织覆盖，重点向非公有制经济组织、社会组织、城乡社区等领域和农民工、自由职业者等群体延伸组织体系。加强高等学校群团组织建设，更好联系、引导、服务青年学生和教师。

群团组织要牢固树立以群众为本的理念，健全依靠所联系群众推进工作制度。以群众喜闻乐见、便于参加的形式和方法开展工作，一组织活动请群众一起设计，部署任务请群众一起参与，表彰先进请群众一起评议。完善群团组织代表大会制度和委员会制度，建立重大事项报告制度，代表和委员履职述职制度和直接联系群众、接受群众评议制度。完善群团组织事务公开制度，主动接受群众和社会监督。

打造网上网下相互促进、有机融合的群团工作新格局。群团组织要提高网上群众工作

水平，实施上网工程，建设各具特色的群团网站，推进互联互通及与主流媒体、门户网站的合作。加强网宣队伍建设，综合运用维权热线和网络论坛、手机报、微博、微信等新媒体平台进行网上引导和动员。站在网上舆论斗争最前沿，主动发声、及时发声，弘扬网上主旋律。逐步建立统一的群团组织基础信息统计制度。

适应完成党的中心任务和基层工作、群众工作需要，改革和改进机关机构设置、管理模式、运行机制，充分体现群团组织的政治性、群众性特点，防止机关化、娱乐化倾向发生。

十、加大对群团工作的支持保障力度

各地要统筹管好用好现有群众活动阵地和设施，整合用好社会资源，纳入现代公共文化服务体系，坚持公益属性，真正发挥作用。主要新闻媒体要加强对群团工作的舆论宣传。新闻出版等部门要加强对群团组织所办报刊、出版社、网站的指导管理，确保正确舆论导向。

完善群团工作经费保障制度。依法足额收缴工会经费，由财政拨款支持的群团组织工作经费列入同级财政年度预算并予以保证。各级财政加大对革命老区、民族地区、边疆地区、贫困地区的支持力度，对基层群团组织的经费补贴应该落实到位，按人头划拨的经费重点向基层倾斜。基层单位应该根据需要合理安排群团工作经费。规范群团组织资产管理使用制度，任何组织和个人不得侵占、挪用或任意调拨群团组织资产。

鼓励群团组织在国家法律和相关规定许可范围内，通过多种方式筹措事业发展资金，依法享受扶持政策。群团组织应该建立健全社会资金募集、管理、使用全过程公开制度，建立第三方监督评价机制，提高社会公信力。

强化群团工作法治保障，提高群团工作法治化水平。推进涉及群团组织工作的立法，加强群团工作相关法律法规的实施和执法检查。

十一、加强群团组织领导班子和干部队伍建设

各级党委要加强群团组织领导班子建设，努力打造政治坚定、团结务实、群众拥护的坚强领导集体。坚持德才兼备、以德为先，按照信念坚定、为民服务、勤政务实、敢于担当、清正廉洁的好干部标准，选拔群众工作经验丰富、在所联系群众中威信高的同志，推荐作为群团组织主要负责人人选。领导班子成员人选的考察推荐应该广泛听取群众意见，结构要合理优化，工会、共青团、妇联负责人中基层一线代表人士的兼职比例应该适当增加。尊重群团组织民主选举结果，保持领导干部任期内稳定。健全县级以上群团组织领导班子中心组理论学习、党员领导干部民主生活会、新进班子成员任职培训等制度。坚持严字当头，加强党风廉政建设。探索建立符合群团工作特点的群团组织领导班子和领导干部综合考评机制。

群团干部是党的干部队伍的重要组成部分。各级党委要重视抓群团干部培养，全面加

强群团干部队伍建设。将群团干部培训纳入干部教育培训总体规划，分级负责、分系统落实。重视推动群团干部到火热的实践一线摸爬滚打、锻炼成才，注重从企业、农村、城乡社区等基层一线选拔优秀人才充实群团干部队伍。选好配强基层群团组织负责人，更多采用兼职、聘用等方式吸引优秀社会人才加入群团工作队伍。推进群团干部跨系统多岗位交流，加强群团组织与党政部门之间干部双向交流，把群团工作岗位作为提高干部做群众工作能力的重要平台。改进群团干部参照公务员法管理工作，支持群团组织根据自身工作特点按规定考录和遴选机关工作人员。群团干部要自觉加强学习，增强党性修养，提高能力素质。

　　坚持从群众中来、到群众中去，建好群众之家、当好群众之友。群团组织领导机关要带头践行党的群众路线，把密切联系群众作为根本的工作作风，把工作重心放在最广大普通群众身上。健全防止和克服"四风"问题的长效机制，坚持定期分析检查、公开承诺整改等制度，经常开展下基层接地气、请群众评机关等活动，坚决克服机关化、脱离群众现象。群团组织领导机关干部要带头树立经常联系群众、直接服务群众、真情同群众交友的好作风，竭诚为群众服务。

　　各省、自治区、直辖市党委，全国总工会、共青团中央、全国妇联等中央管理的群团组织，要根据本意见要求制订实施方案。中央各部委，国家机关各部委党组（党委），解放军各总部、各大单位党委，要结合各自实际研究提出贯彻落实本意见的具体措施。

中华全国总工会关于推进工会联系引导劳动关系领域社会组织工作的意见

（2016 年 12 月 9 日印发）

为深入贯彻落实中央党的群团工作会议精神、《中共中央关于加强和改进党的群团工作的意见》和中共中央办公厅、国务院办公厅印发的《关于改革社会**组织管理**制度促进社会组织健康有序发展的意见》，按照全国总工会改革试点工作要求，**现就推进**工会联系引导劳动关系领域社会组织工作提出如下意见。

一、充分认识做好工会联系引导劳动关系领域社会组织工作的重要性和紧迫性

当前，我国社会组织蓬勃发展、数量众多、类别各异。本意见所述的劳动关系领域社会组织，是指其工作内容与职工劳动就业、技能培训、收入分配、社会保障、安全卫生等劳动经济权益和民主政治权利以及精神文化权益等方面相关的社会组织。联系和引导劳动关系领域社会组织，是党中央赋予工会组织的重要政治责任，也是工会适应形势发展、积极主动作为、推进改革创新的重要部署。要深刻认识工会联系引导劳动关系领域社会组织工作的重要意义，不断增强做好这项工作的责任感和紧迫感。

（一）做好工会联系引导劳动关系领域社会组织工作，是认真贯彻落实中央决策部署、服从服务于党和国家工作大局的必然要求。习近平总书记在中央党的群团工作会议上强调，联系和引导相关社会组织，是群团组织发挥桥梁和纽带作用的一项重要任务，要接长手臂、形成链条，使群团组织成为党联系社会组织的一个重要渠道。《中共中央关于加强和改进党的群团工作的意见》，要求各级党委和政府要支持群团组织在党组织领导下发挥作用，加强对有关社会组织的政治引领、示范带动、联系服务，群团组织要通过服务来引导和促进社会组织健康有序发展。《关于改革社会组织管理制度促进社会组织健康有序发展的意见》充分肯定社会组织的积极作用,明确了做好社会组织工作的指导思想、基本原则和总体目标。党中央做出的一系列重要指示和重大决策部署，充分体现了以习近平同志为核心的党中央对加强党的群团工作和做好社会组织工作的高度重视，是党中央治国理政新理念新思想新战略的重要组成部分，是做好工会工作特别是联系引导劳动关系领域社会组织工作的根本遵循。各级工会要学深悟透、自觉践行，切实把思想认识和行动统一到中央精神上来。

（二）做好工会联系引导劳动关系领域社会组织工作，是适应劳动关系领域社会组织发展形势、履行工会政治责任的客观需要。改革开放以来，我国社会组织不断发展，在促进经济发展、繁荣社会事业、创新社会治理、扩大对外交往等方面发挥了积极作用，在职工群众中的影响力不断扩大。同时，一些劳动关系领域社会组织缺乏正确的引导，极少数组织被境内外敌对势力所利用。各级工会要站在巩固和扩大党的执政基础的高度，深刻认识加强劳动关系领域社会组织工作的极端重要性，以务实有效的举措加强对劳动关系领域社会组织的联系和引导，最大限度地把职工群众团结在党的周围，切实履行好党中央赋予工会组织的政治责任。

（三）做好工会联系引导劳动关系领域社会组织工作，是回应职工群众多样化需求、更好地服务职工群众的现实需要。随着我国经济社会快速发展，我国职工队伍发生了深刻变化，职工需求更趋多元，特别是新生代职工视野更加开阔、自主意识更强，他们不再满足于传统的单一式服务，对差异化、精准化服务的需求更加迫切。劳动关系领域社会组织数量庞大、类别众多、形式灵活、专业性强，在回应不同职工群体需求、向职工提供精准服务等方面具有一定优势。做好这些组织的联系引导工作，有助于整合各方资源，协同社会力量，有效拓展工会服务职工的广度和深度，不断提高工会服务职工工作的专业化水平。

（四）做好工会联系引导劳动关系领域社会组织工作，是工会改革创新、加强和改进自身建设的内在要求。联系引导劳动关系领域社会组织，丰富了职工群众工作内涵，拓展了工会工作外延，是工会改革创新的一项重要任务，对于创新工会体制机制、活动方式、工作方法，激发发展动力和自身活力，增强"政治性、先进性、群众性"，去除"机关化、行政化、贵族化、娱乐化"，都具有重要的推动和促进作用。各级工会要打开眼界打开思路打开胸襟，以改革创新精神推进联系引导劳动关系领域社会组织工作，有效承接政府转移的职能，充分运用市场化、社会化的方式为职工服务，不断提高工会服务职工的效率效能。

二、做好工会联系引导劳动关系领域社会组织工作的指导思想、基本原则和目标任务

（五）指导思想。全面贯彻落实党的十八大和十八届三中、四中、五中、六中全会精神，深入贯彻落实习近平总书记系列重要讲话特别是在中央党的群团工作会议上重要讲话精神，围绕统筹推进"五位一体"总体布局和协调推进"四个全面"战略布局，牢固树立新发展理念，贯彻落实《中共中央关于加强和改进党的群团工作的意见》和《关于改革社会组织管理制度促进社会组织健康有序发展的意见》，切实加强对劳动关系领域社会组织的政治引领、示范带动和联系服务，引导和促进劳动关系领域社会组织健康有序发展，充分发挥其服务国家、服务社会、服务职工的积极作用。

（六）基本原则。

一是坚持党的领导、把正方向。始终坚持中国共产党的领导，坚持正确的政治方向，为党分忧、为民谋利，努力把党的政策和主张落实到工会联系引导劳动关系领域社会组织工作中，充分发挥工会的桥梁纽带作用。

二是坚持法治思维、依法推进。坚持运用法治思维和法治方式，协助配合政府有关部门加强对劳动关系领域社会组织内部治理、业务活动、对外交往的管理，引导和监督劳动关系领域社会组织依法依规开展活动，促进其健康有序发展。

三是坚持引导服务、惠及职工。准确把握工会职责定位，找准工作结合点，创新载体方式，引导劳动关系领域社会组织融入工会工作体系，造福职工群众。

四是坚持区别对待、分类施策。加强培育和扶持政治可靠、背景清楚的社会组织，引导其在党委领导、工会主导的服务职工工作体系中充分发挥作用。积极引导规范草根组织，鼓励支持其提供公共服务、履行社会责任。

五是坚持结合实际、因地制宜。一切从实际出发，充分考虑各地经济社会发展情况、职工队伍情况和社会组织发展状况的不同，先易后难、循序渐进地推进这项工作，引导相关社会组织为职工群众提供更多更好的服务。

六是坚持改革创新、积极稳妥。解放思想、实事求是，坚持问题导向，敢于破除传统思维的条条框框，尊重基层首创精神，勇于用创新的手段，大胆探索，先行先试。注重总结试点工作经验，形成一批可复制、可推广的典型经验，以点带面逐步推进此项工作，实现工会工作新突破。

（七）工作目标。到 2020 年，全国工会联系引导劳动关系领域社会组织工作领导体制建立健全，政策指导有力，工作机制完善，工作手段丰富，工作成效明显，基本形成"党委高度重视、政府大力支持、工会联系引导、各方密切协作、社会组织精准服务、职工群众广泛参与"的工作格局。

三、积极稳妥推进工会联系引导劳动关系领域社会组织工作

（八）加强引领带动，探索建立工会主导的区域性劳动关系领域社会组织联合会。在一些经济社会发展程度较高、劳动关系领域社会组织活跃的地方，在同级党委领导下，工会可会同有关部门探索成立劳动关系领域社会组织联合会，制定组织章程，明确工作职责，完善治理机制。充分发挥联合会的作用，聚拢吸纳一批社会组织，推动资源共享，促进互动交流，增强归属感，激发社会组织活力。配合有关部门加强对相关社会组织的服务监督，确保其在政策法规允许的范围内开展活动，实现自我约束和自我管理。

（九）积极扶持发展，探索在基层培育孵化工会直接领导或指导的劳动关系领域社会组织。探索建立孵化机制，在人员、资金、活动场所等方面予以扶持，整合社会资源，满足职工需求，拓展职工服务阵地。支持劳动关系领域社会组织承接工会委托事项，指导和支持志愿者为职工提供公益服务。

（十）**加强资源**整合，探索与共青团、妇联等群团组织联合建立社会组织或社会组织服务平台。**统筹发挥**党的群团组织自身特色优势，合作建立社会组织或社会组织服务平台，整合社会资源，实现信息与资源共享，探索建立多元化协同、开放式服务、项目化运作、科学化评估、制度化运转的工作机制，有效引导社会力量参与社会治理，服务职工群众，促进社会和谐。

（十一）加强联系合作，通过购买服务等方式为职工提供优质的服务。要广泛收集、分类梳理职工需求，对于需求相对集中、比较效益突出、较为适宜由社会组织承接的服务项目，通过购买服务的方式交由社会组织承担。要按照政府购买服务的相关规定，规范购买服务工作，建立健全制度，明确准入条件和经费来源，参照招投标规定制定完善购买服务项目管理办法，建立购买服务绩效评价机制，科学评价服务绩效，引导社会组织依法依规提供专业优质高效的服务。

（十二）扩大工作覆盖，推进劳动关系领域社会组织工会建设。结合工作实际，探索在劳动关系领域社会组织中组建工会、发展会员，扩大社会组织工会覆盖面。要在工作基础好、社会影响大的社会组织中率先组建工会，切实发挥工会服务社会组织的作用，维护社会组织职工合法权益，不断提升工会对社会组织的吸引力凝聚力。

四、加强对工会联系引导劳动关系领域社会组织工作的组织领导

（十三）落实领导责任，健全工作体系。各级工会要高度重视工会联系引导劳动关系领域社会组织工作，把这项工作摆上重要议事日程，主要领导同志要亲自过问，明确分管领导同志，明确负责部门和工作人员，精心谋划，周密部署，建立健全制度机制，提供必要条件和经费保障，狠抓落实。加强干部培训，开展交流研讨，打造一支政治过硬、业务精湛、熟悉社会组织工作的工会干部队伍。

（十四）全面摸清底数，夯实工作基础。要加强调查研究，了解掌握劳动关系领域社会组织数量、规模状况、行业分布、资金来源、活动内容、工作方式等情况。要加强与政府有关部门的联系沟通，争取信息共享共用，逐步建设劳动关系领域社会组织数据库和工会社会组织工作信息服务平台，为联系引导劳动关系领域社会组织工作打好坚实基础。

（十五）搞好试点示范，逐步有序推开。要搞好试点示范，注重典型引路。全国总工会改革试点明确的首批7个试点地方的总工会要不断总结经验，完善工作制度和措施，扎实推进这项工作。其他省（区、市）总工会要从实际出发，确定一至两个地方工会开展试点工作，以点带面、逐步推开，形成梯次推进、稳健发展的工作局面。及时总结典型经验，搞好宣传引导，充分发挥试点单位的示范引领作用，形成积极稳妥推进工会联系引导劳动

关系领域社会组织工作局面。

（十六）强化协调联动，形成工作合力。要积极参与同级党政有关社会组织工作协调机制，主动加强与政府有关部门的沟通联系。要建立与劳动关系领域社会组织的定期联系制度，通过多种形式了解情况，有针对性地做好联系引导工作。

（十七）深化理论研究，提供智力支撑。要加强对与社会组织有关的重大理论政策和现实问题的研究，着重研究劳动关系领域社会组织的类型特点和功能定位，工会加强对劳动关系领域社会组织政治引领、示范带动、联系服务的工作内容、工作制度机制、工作形式和工作方法，积极探索工会联系引导劳动关系领域社会组织工作特点和规律，指导解决工作实践中的困难和问题。

各省（区、市）总工会要参照本意见，结合实际制定具体实施意见，努力推动工会联系引导劳动关系领域社会组织工作顺利开局。各省（区、市）总工会贯彻落实本意见的情况，请及时报告全国总工会社会联络部。

全国工会网上工作纲要（2017—2020 年）

（中华全国总工会办公厅 2017 年 2 月 9 日印发）

当前，网络信息技术日新月异，全面融入社会生产生活，引领创新发展，加速经济社会转型。以习近平同志为核心的党中央高度重视网络安全和信息化工作，提出建设网络强国战略目标，国务院制订"互联网＋"行动计划和国家大数据战略，加快推动互联网和实体经济深度融合，拓展经济发展新空间，促进社会治理模式转变。多年来，全国各级工会在网络信息化建设方面做了大量工作，取得了显著成绩，工会网络体系不断完善，信息资源开发利用不断深化，网上服务职工内容不断丰富，有力支持了工会事业发展。与此同时，工会网上工作仍面临网络覆盖不够、服务手段不足、存在信息孤岛、地区发展不平衡等困难和问题，工会工作与互联网尚未实现深度融合，与职工群众的期盼和工会改革发展的内在要求还有一定差距，需要在新形势下结合实际，切实加以解决。

为贯彻落实中央党的群团工作会议和《中共中央关于加强和改进党的群团工作的意见》精神，按照国家信息化发展战略、"互联网＋"行动计划和党委系统信息化工作部署，根据《全国总工会改革试点方案》的要求，为深入推进全国工会网上工作，形成网上网下深度融合、互相联动的服务职工新格局，更加高效便捷地服务职工群众，结合《全国工会信息化发展规划（2014—2018 年）》，特制定本纲要。

一、指导思想

高举中国特色社会主义伟大旗帜，全面贯彻落实党的十八大和十八届三中、四中、五中、六中全会精神，以邓小平理论、"三个代表"重要思想、科学发展观为指导，深入学习贯彻习近平总书记系列重要讲话精神特别是关于工人阶级和工会工作、关于网络安全和信息化工作的重要论述，围绕统筹推进"五位一体"总体布局和协调推进"四个全面"战略布局，坚定不移走中国特色社会主义工会发展道路，保持和增强工会工作与工会组织政治性、先进性、群众性，充分运用移动互联网、云计算、大数据和人工智能等网络信息技术，推进互联网在工会的广泛应用和融合发展，构建"互联网＋"工会服务职工体系，打造方便快捷、务实高效的服务职工新通道，不断提升运用网络服务职工的能力水平，推动工会工作创新发展，走好网上群众路线，建设清朗网络空间，增强工会组织的服务力、凝聚力、战斗力，组织引导广大职工群众紧密团结在以习近平同志为核心的党中央周围，为实现"两个一百年"奋斗目标和中华民族伟大复兴的中国梦而奋斗。

二、基本原则

（一）问题导向、创新驱动。坚持正确政治方向，增强改革创新意识，围绕中心服务大局，紧紧抓住当前和今后工会工作中最关键最紧迫的重大问题，着眼于职工最关心最直接最现实的利益问题和最困难最操心最忧虑的实际问题，按照"互联网＋"的新特点和新要求，鼓励使用先进适用的网络信息技术，创新工会工作理念、服务内容、工作载体、运行机制、组织形态，为工会改革创新提供有力支撑。

（二）统分结合、共建共享。有效利用国家基础网络设施和信息资源，统筹全国工会系统网上工作，整体谋划、协同运作，形成工作合力，减少重复建设。在"统"的前提下坚持能放则放、宜分尽分。既确保全国工会系统网上工作统一高效，又充分发挥各地、各产业工会的积极性和首创精神，兼顾多元化需求和现实情况。在"分"的基础上坚持互联互通，实现工会系统内资源的有机整合充分共享，努力做到开门办网，争取国家有关主管部门和社会力量的最大支持，实现合作共赢。

（三）相互支撑、深度融合。坚持网上工会建设与网下工会改革联动推进、同步协调、紧密契合，实现工会工作以线下为主向线上线下互动融合的转变，完成"互联网＋"时代的工会转型升级。为全总的改革试点、全国工会系统的创新发展提供有力支撑，促进全国产业工人队伍的建设，打造丰富的网络载体和清朗的网络空间。

（四）重点突破、平稳推进。遵循"互联网＋"建设运行规律，确保在基础设施和条件最为成熟的关键领域进行规模化投入，集中力量求得重点突破，见到明显成效。同时，不贪大求全、不盲目求新，充分用好已有的网络工作建设成果。根据工作需要，区别轻重缓急、先易后难、试点引路、分步实施，确保工会各项工作平稳推进、不断提升。

（五）安全高效、科学前瞻。统筹考虑工会网上工作规划建设、运营维护和可持续发展的人力财力物力支持能力，在各级工会可承受的范围内，使有限投入发挥最大效益。坚持网络安全保障和网络工作发展同步推进，确保网络和信息安全。同时，充分考虑互联网技术不断更新、工会工作不断发展的实际情况，在规划建设中保持足够的预见和柔性，为今后扩展业务、更新技术预留足够空间和接口。

三、目标任务

（一）总体目标：建成工会网上工作平台和基础数据库，实现职工入会服务和工会管理网络化，网上网下深度融合，全面实时准确掌握全国基层工会组织和会员信息，把包括农民工、灵活就业人员在内的广大职工最大限度地组织到工会中来，更好地维护职工权益，为职工提供全天候全覆盖的普惠性服务，把工会网络打造成培育和弘扬劳模精神、劳动精神、工匠精神，推进产业工人队伍建设改革的重要支撑；建成全国工会系统网上办公平台，实现工会组织高效运转、精准服务、科学决策；建成具有强大影响力的工会系统新媒体矩阵，培育强大的工会网上评论员队伍，实现网上涉工舆情的及时跟踪、准确测报和正确引导，弘扬积极健康、向上向善的网络文化。

分步实施。第一步：到2018年年底，全国工会网上工作平台主体构建完成；统一的工会工作和工会会员信息基础数据库基本建成；电子政务内网实现与省级、市级总工会联通；全国60%以上的省级工会实现网络化协同办公；现有业务应用系统功能进一步优化，效率进一步提升，新的业务系统全面开工建设，并在先进地区和重点领域取得明显成效；网络安全水平进一步提高，防范风险能力进一步加强。

第二步：到2020年年底，工会网上工作平台全面建成；全国工会系统全面实现网络化协同办公；工会各项网上业务应用系统构建完善，普惠性服务项目覆盖全部会员；工会工作和会员信息基础数据库全面建成，大数据应用取得重大进展，工作效能明显提升；建成网络安全综合防御体系；"互联网+"工会建设取得显著成效，工会工作与互联网深度融合，实现服务职工普惠化、业务管理扁平化，推动工会服务工作流程再造、创新发展。

（二）主要任务：可以概括为"一体推进、两个覆盖、三网并用、四大建设、十类应用"。

1.一体推进：整合工会系统网络资源，统筹规划、一体化建设全国工会网上工作平台体系，做到协同互联、功能完善、技术先进、容量足备、安全可靠。统一工会服务网上工作标识、电子会员证和服务卡号规制、业务服务和数据信息软硬件标准、工会组织内部及与国家大数据库的系统接口、全系统网上工作的建管运行协调机制等。

2.两个覆盖：充分利用互联网技术的优势和便利，尽快实现网上服务对象覆盖最广大的基层职工群众，网上工会工作覆盖最基层的工会组织。使工会网上工作成为工会组织在新形势下增"三性"、去"四化"、"强基层"、"促创新"，打通联系服务职工群众"最后一公里"的关键性举措。

3.三网并用：同步推进电子政务内网、电子政务外网和国际互联网的工会业务应用建设。依托国家电子政务内网，建设完善工会系统内部业务应用，实现涉密信息可靠传输和无纸化办公；依托国家电子政务外网，建设工会网上工作平台，实现工会业务网络化；依托国际互联网，打造最广泛联系职工群众和基层工会组织的各类网络应用平台。

4.四大建设：

（1）智慧数据库建设。建设全面准确、智慧柔性、动态更新、安全高效的以省（自治区、直辖市）为基本集成单元的分布式全国工会工作和会员信息基础数据库，并努力成为国家大数据中心的重要组成部分。打造智能的网上工会工作服务设施，打通信息孤岛，开发数据资源，实现工会系统数据信息的互通共享和深度利用。大力推进与网信、人社、民政、公安、住建、工商、银行等部门有关数据交换，与国家大数据中心实**现数据**融合，充分利用大数据与人工智能技术，建设工会决策支持系统，为广大职工的**普惠服务**、职工队伍状况的深度分析和工会组织的高效运转提供必要的科技手段。

（2）新媒体矩阵建设。建设统一规范、各具特色、功能互补、协同互动、有高度黏性的工会网站、微博、微信和移动客户端等新媒体矩阵。实现多数据源融合，更好感知广大基层职工需求，畅通沟通渠道、完善联络手段。

（3）工会系统网上办公平台建设。构建集专业网络、应用系统、电子公文与视频会议系统、海量数据分析管理系统等为一体的全国网上工会办公平台，基本实现无纸化办公和远程视频工作。实现跨层级、跨地域、跨产业、跨工作部门的网上工会工作协同；实现工会服务职工各类项目的网上一站式整合。

（4）网络安全建设。建立与工会网上工作内容和规模相匹配的风险防控体系。合理制定安全防护级别标准，建立重要系统数据容灾备份，完善网络安全管理制度体系，采用完备可靠的软硬件安全措施，保证工会网络信息系统安全运行。

5.十类应用：

（1）动员组织类。建设完善全国工会基层组织和会员管理系统，建设完善工会法人资格登记管理系统，建设完善工会统计调查系统，建设完善工会组织管理和工会干部管理系统，建设中国工会代表大会人事信息管理系统，建设完善工会干部教育培训平台。

（2）劳动创新类。建设完善技能竞赛网上管理系统，建设职工技术创新管理服务系统，建设完善劳模管理服务系统，建设大国工匠和劳模创新工作室管理系统等业务应用系统。

（3）宣传教育类。建设网上工运历史博物馆，建设完善职工电子书屋服务系统，建设工会理论与实践工作文献资料数据库，建设涉工**网络舆**情工作系统。

（4）权益维护类。建设完善困难职工帮扶**管理系统**，建设农民工服务系统，建设职工法律服务系统（法联网），建设劳动保护应用**系**统，**建设**职工意见征求系统，建设集体协商工作服务系统，建设女职工服务系统，建设对口**援疆援**藏工作服务系统。

（5）普惠服务类。运用互联网和大数据技术，吸引市场和社会力量，探索适宜工会开展的合作制互助性的各类普惠服务。全总组织探索在国家层面开展保险类职工互助金融服务、职工网上技能培训服务、就业服务、职工心理关怀服务等；各地区性工会根据自身的需要和条件，组织开发具有区域特色的普惠服务。

（6）社会工作类。建设全国工会社会组织工作信息系统，充分发挥工会组织网上动员功能。

（7）产业工会类。建立产业工会会员信息基础数据库，创建产业工会信息共享互动服务系统，突出产业特色，彰显产业优势，为基层提供项目化、专业化、订单式服务，维护产业职工利益，提升产业职工素质，助推产业工会工作创新发展，增强产业工会吸引力凝聚力。

（8）财务资产类。建设工会财务管理系统，通过"互联网+"大数据分析，实现全国工会财务系统收支动态管理、实施监控、上传下达、汇总分析等功能，并与其他工会系统数据互联互通。建设全国工会资产监督管理系统，创建职工疗休养服务系统。

（9）交流合作类。建设工会对外交往和国际工运形势分析研究网络工作服务平台，树立中国工会形象，提高中国工会国际影响力。建立工会港澳台工作共享系统，增强对港澳台工作的实效。

（10）党建工作类。建设全总党建网上工作系统，探索工会系统党的思想建设、组织建设、作风建设、反腐倡廉建设和制度建设，特别是全面从严治党的网络化应用，打造全总和省级工会党建工作网上交流平台。

四、保障支持

（一）加强组织领导，强化统筹协调。加强对工会网上工作的组织领导，将网上工作摆上重要议事日程，各级工会要成立本级网络安全和信息化领导小组，由主要负责同志担任组长，成立网络工作部门或明确专门机构负责工会网上工作，建立网上工作部门协调机制，结合实际制订具体实施方案，细化分解目标任务，明确职责分工，完善协调发展和推进机制，确保各项任务落实到位。加强工会系统上下之间、横向之间的联系协调，上下联动，整体推进，形成工作合力。

（二）加强政策支持，加大资金投入。加大人力财力物力投入，配强与业务发展相适应的工作力量，将工作经费纳入本级工会预算，积极争取国家资金扶持，利用国家基础网络设施和信息资源，支持互联网创新成果在工会工作各领域的广泛应用。加强资金使用管理和监督，提高资金使用效率。

（三）加强能力建设，壮大人才队伍。完善人才培养、选拔、引进、使用、评价、激励机制，加快建设一支政治强、业务精、作风好、适应工会网上工作发展需要的人才队伍。加强与包括社会组织在内的专业机构联系，通过项目招聘、购买服务等方式，吸引社会工作人才、专家学者、专业技术团队等力量参与工会网上工作，把人才资源汇聚起来，接长工会工作手臂，构建社会化、市场化、开放型的工会网上工作新格局。

（四）加强宣传引导，强化教育培训。深入研究"互联网+"发展趋势，及时总结各地工会实施"互联网+"行动的新思路、新做法、新模式，形成可复制、可推广的经验成果，引导"互联网+"工会全面发展。创新宣传方式，大力宣传"互联网+"工会工作的先进典型，营造有利于推进工会网上工作的舆论氛围。加强互联网理论和实务培训，把知网、懂网、建网、用网作为能力建设的重要内容，列入工会干部教育培训课程，引导各级工会干部特别是领导干部树立互联网思维，提高运用互联网开展工作的能力。

（五）加强考核管理，完善机制制度。建立健全考核评价机制，制定量化评估指标，接受广大职工和社会各界的监督，加强第三方评估督查与绩效评价，加大对工作流程规范、工作实效的管理和跟踪，形成职责明晰、积极作为、协调有力、长效管用的考核评价制度。建立工作通报机制，定期通报各级工会网上工作进展情况，确保各项任务落到实处。

中华全国总工会关于进一步深化劳模和工匠人才创新工作室创建工作的意见

（2017 年 7 月 6 日）

为深入贯彻习近平总书记关于劳模工作重要讲话精神和大力弘扬工匠精神的重要指示，落实《新时期产业工人队伍建设改革方案》的有关要求，激励广大劳模和工匠人才发挥示范带头作用，引领职工群众积极投身大众创业、万众创新，现就进一步深化劳模和工匠人才创新工作室（以下简称创新工作室）创建工作提出如下意见。

一、充分认识深化创新工作室创建工作的重要意义

创新工作室是由较强技术能力、业务能力、创新能力和管理能力的劳模、工匠人才领衔，以技术创新、管理创新、服务创新和制度创新为主要内容，以解决工作现场难题、推动所在单位创新发展为目标的群众性创新活动团体。深化创新工作室创建工作，有利于传承劳模精神、劳动精神、工匠精神，展示劳模和工匠人才的时代风采，增强劳模和工匠人才的感召力，让广大职工学有榜样、赶有目标；有利于发展劳模和工匠人才的示范引领作用，更好地传播劳动技能、创新方法、管理经验，培养造就更多"大国工匠"；有利于提升职工技能素质，为职工学习交流、攻坚克难构筑平台，夯实大众创业、万众创新群众基础；有利于提高职工创新能力，促进优秀创新成果转化应用，增强企业自主创新能力和核心竞争力，实施创新驱动发展战略。各级工会要把深化创建工作作为贯彻落实《新时期产业工人队伍建设改革方案》的重要措施，提高认识，增强责任感和使命感，切实推进工作，务实取得实效。

二、深化创新工作室创建工作的总体要求和目标任务

（一）总体要求。深入贯彻习近平总书记系列重要讲话精神和治国理政新理念新思想新战略，牢固树立和贯彻落实新发展理念，紧紧围绕实施创新驱动发展战略和《中国制造2025》，大力弘扬劳模精神、劳动精神、工匠精神，以提高广大职工的职业道德、创新能力和技术技能素质为核心，以发现和解决工作现场的急、难、险、重问题为重点，广泛开

展技术创新、管理创新、服务创新、制度创新，不断提高创建质量和运行实效，最大限度实现创新工作室示范引领、集智创新、协同攻关、传承技能、培育精神等功能，团结和动员广大职工积极投身群众性创新实践，加快形成人人敢创新、人人会创新、人人善创新的良好局面，打造一支规模宏大、技能精湛、素质优良、结构合理的技术工人队伍，为实现中华民族伟大复兴的中国梦做出新的更大贡献。

（二）目标任务。到 2020 年，创新工作室创建工作取得重大进展，各级创新工作室创建总数超过 10 万家，全国示范性创新工作室总数达到 300 家，形成以全国示范性创新工作室为引领、以省市级创新工作室为中坚，基层创新工作室蓬勃发展的良好局面。创新工作室的运作更加规范，创新创效成绩更加突出，品牌影响力更加显著，真正成为发挥劳模和工匠人才作用，传承劳模精神、劳动精神、工匠精神的"新平台"，解决生产技术难题的"攻关站"，推动企业技术创新的"孵化器"，培养高技能人才的"练兵场"，促进职工队伍整体素质不断提高，打造一支知识型、技术型、创新型技术工人队伍。

三、扎实推进创新工作室创建工作

创新工作室是深入开展群众性技术创新活动的有效载体，为发展劳模和工匠人才示范引领作用拓展了新途径，各级工会要多措并举，积极探索，不断深化创建工作。

（三）加强对创建工作的指导。要站在全局和战略的高度，把进一步深化创新工作室创建工作列入重要议事日程，统筹有序推进创建工作，突出问题导向，加强分类指导，提升创建工作整体水平。引导国有企业创新工作室加强制度建设、制定工作标准、规范运转程序，促进持续健康发展；提高非公企业对创建创新工作室重要性的认识，指导其深入挖掘本企业劳模和工匠人才的创新创造潜能，加快创新工作室的建立和推广；鼓励机关事业单位创建符合单位实际的创新工作室，进一步拓宽创建领域。

（四）鼓励企业积极开展创建工作。各级工会要通过各种方法和手段，积极与企业达成共识，调动企业创建创新工作室的积极性和主动性。鼓励企业将创建工作纳入企业创新工作总体规划，从场地保障、人员配备、资金投入、设备设施、活动时间等方面给予大力支持。引领企业探索建立跨区域、跨行业、跨企业的创新工作室联盟。企业工会要发挥承上启下的重要作用，为创新工作室的创建工作和活动开展提供指导帮助，及时研究解决工作中遇到的困难和问题，确保创建工作落地见效。

（五）增强创新工作室的创新能力。要积极发挥创新工作室的创新潜能，进一步提高各种类型创新工作室的创新攻关能力、创新成果管理能力。技术攻关型创新工作室要紧贴企业生产实际，开展群众性技术攻关、技术革新和发明创造活动，破解技术难题，推动企业技术进步。技能传授型创新工作室要为劳模和工匠人才传授绝活提供条件，达到"传帮带"效果的最大化，培养和造就一大批高技能人才。窗口服务型创新工作室要在适应客户需求、

改进服务流程、拓展服务手段上大胆创新，不断提高服务质量和水平。

（六）搭建创新成果转化平台。建立健全创新工作室创新成果网上展示系统，充分发挥网络平台的媒介作用和服务功能，及时发布创新成果，加强技术交流，推动创新成果在本产业、本地区乃至更大范围应用。组建专家咨询委员会和专业技术委员会，为创新工作室提供政策咨询、技术指导、创新支持、知识产权保护等专业服务，组织开展创新成果鉴定、成果展示、成果评选工作，举办技术推广、经验交流等活动，积极向政府相关部门推荐优秀创新成果，促进创新项目孵化和成果转化。

（七）加大对创新工作室领衔人的培养力度。要立足实际需求，运用工会组织的资源和手段，积极搭建各种有效平台，定期或不定期地开展有针对性的培训活动，提高创新工作室领衔人的管理能力和工作水平，带领创新工作室不断开创新局面。拓展不同企业、行业创新工作室的交流合作，鼓励职业相关、技术相近、技能相通的工作室领衔人互学互鉴，共同提升创新能力和水平，进一步推动创新工作室不断深化发展。

四、强化创新工作室创建工作的保障措施

面对新形势新任务新要求，各级工会要加大创新工作室创建工作力度，健全工作机制，完善政策措施，促进创新智慧竞相迸发、创新能量充分释放、创新成果大量涌现。

（八）形成工作合力。积极争取党政重视和支持，主动加强与有关部门沟通协调，创造有利于创新工作室深化发展的条件和环境；把创建工作与企业创新发展相结合，与高技能人才振兴计划、大国工匠培养支持计划和技能劳动者激励计划相衔接，促进创建工作制度化、规范化、长效化，使创新工作室在推动企业技术进步、产业转型升级、创新驱动发展战略实施中发挥支撑作用。

（九）加大经费投入。全国总工会设立的职工创新补助资金，要拓展来源、增加额度，重点用于创新工作室开展的技术革新、技术协作、发明创造和技能培训等活动；各地工会也要加大对创新工作室的资金支持力度，把更多的资金用在示范效应好、创新攻关能力强、培养人才较多的创新工作室建设上；基层工会要积极争取各方面的支持，加大对创新工作室的经费投入，保障其工作的正常开展。

（十）完善奖惩机制。精心培育先进典型，加大激励力度，对成绩突出的创新工作室及其成员应给予相应的精神或物质奖励，在评选表彰各级工人先锋号时应向创新工作室倾斜，优先推荐做出突出贡献的成员参与五一劳动奖章的评选。加强动态管理，对作用发挥不佳、整改措施不力、考核不合格的创新工作室及时予以摘牌。

（十一）强化宣传引导。加强舆论宣传，运用现场会、观摩会、学习交流会等方式，及时总结、推广创建创新工作室的经验和做法，形成推进创新工作室不断深化发展的良好氛围。运用微博、微信、移动客户端等新媒体，开展分众化、互动式宣传，扩大创新工作

室的社会影响力，激励广大职工积极践行新发展理念，为建设创新型国家贡献聪明才智。

职工创新工作室创建工作，根据实际情况，参照本意见执行。

（此件发各省、自治区、直辖市总工会，各全国产业工会，中共中央直属机关工会联合会、中央国家机关工会联合会）

第三篇
新时代工会主席日常管理工作实务

第一章
工会的性质和职能

一、工会的性质

工会的性质，是指工会的本质属性或本质特征，是工会组织区别于其他社会组织的根本标志。科学地把握工会的性质，对系统地研究和把握工会运动的规律，正确地指导工会的实践活动，使工会沿着正确的方向发展具有重要的意义。

中华全国总工会是中国共产党领导的职工自愿结合的工人阶级群众组织，是党联系职工群众的桥梁和纽带，是国家政权的重要社会支柱，是会员和职工利益的代表者和维护者。《中华人民共和国工会法》第二条明确规定："工会是职工自愿结合的工人阶级的群众组织。"这一规定表明了工会具有阶级性和群众性相统一的本质特征。

（一）工会的阶级性

工会的阶级性，是指工会是工人阶级的组织，工会会员必须是工人阶级的成员、工人阶级的一分子。因此，确定是否可以成为工会会员的标准只有一个，即以工资收入为主要生活来源的劳动者。这就把工会成员的构成仅仅限于工人阶级范围之内，充分表明工会是具有鲜明阶级性的组织。中国共产党早期重要领导人、我国工人运动的杰出领袖李立三认为，工会"是工人阶级的组织，它是有阶级性的"。他指出，凡是雇佣劳动者都属于工人阶级的范畴，凡靠工资维持生活，不论是体力劳动者还是脑力劳动者，都是工人阶级，都可以加入工会。至于独立劳动者，有自己的生产工具而不受他人雇佣，出卖的是生产品而不是劳动力，不能参加工会。

（二）工会的群众性

工会的群众性，是指工会是工人阶级在本阶级范围内最广泛的群众组织。工会的群众性首先体现在工会的会员构成具有工人阶级范围内的广泛性。工会并不是哪个行业或者哪个部门内职工的组织，它最大限度地团结、联合、吸纳广大职工群众，始终是工人阶级联合的最广泛的组织。工会的群众性也体现在工会组织的内部民主化方面，即工会组织内部成员的地位和权利是平等的，工会内部事务由会员群众当家做主，实行会员办会，工会工作要依靠广大积极分子和会员群众开展，工会活动要从会员群众的意愿和要求出发，其全部过程要置于会员群众的参与和监督之中；工会的群众性还体现在工会的工作方法不同于国家机关、行政

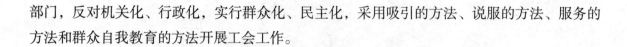

部门，反对机关化、行政化，实行群众化、民主化，采用吸引的方法、说服的方法、服务的方法和群众自我教育的方法开展工会工作。

二、工会的职能

工会的社会职能是指工会履行职责而产生的社会功能。工会的社会职能是由工会的性质及其历史任务决定的。我国第一部《工会法》于1950年由中央人民政府颁布，是新中国成立之后最早颁布实施的三部法律（婚姻、土地、工会）之一。1992年第七届全国人大第五次会议审议通过了新《工会法》，并于2001年、2009年两次修改。现行的《工会法》适应社会主义市场经济条件的需要，对工会的职能做出了重大调整，即改变了原《工会法》对工会维护、建设、参与、教育四项职能平列的提法，突出了工会的维护职能。

《工会法》第二条规定："中华全国总工会及其各工会组织代表职工的利益，依法维护职工的合法权益。"第六条规定："维护职工合法权益是工会的基本职责。"正如2013年10月23日习近平总书记在同全总新一届领导班子成员集体谈话中指出："工会要赢得职工群众信赖和支持，必须做好维护职工群众切身利益工作，促进社会公平正义。"习近平总书记的这段讲话深刻地指出了工会工作的规律，是工会工作铁的定律。

中国工会十六大通过的新的《中国工会章程》规定："中国工会的基本职责是维护职工的合法权益。""中国工会动员和组织职工积极参加建设和改革，努力促进经济、政治、文化、社会和生态文明建设；代表和组织职工参与国家和社会事务管理，参与企业、事业单位和机关的民主管理；教育职工不断提高思想道德素质和科学文化素质，建设有理想、有道德、有文化、有纪律的职工队伍，不断发展工人阶级先进性。"

工会的维护职能随着劳动关系和职工需求的变化而不断提出新的要求。习近平总书记指出："维权要讲全面，也要讲重点，重点就是广大职工最关心最直接最现实的利益问题，就是职工群众面临的最困难最操心最忧虑的实际问题。综合起来看，劳动就业、技能培训、收入分配、社会保障、安全卫生等问题，一线职工、农民工、困难职工等群众，应该摆在工会工作的重要议事日程上来，经常抓、反复抓、深入抓。"

在把握中国工会的职能问题上，必须做到"重点论"与"两点论"的有机统一，既要突出履行维权的基本职责，又要全面履行其他社会职能。规范的提法应按中央的要求"突出履行维权职能，全面履行各项社会职能"。有的同志至今沿袭老的四项职能平列的提法，应该做到与时俱进了。

三、工会的组织结构

我国的工会组织，包括中华全国总工会、各级地方总工会及其派出机构和基层工会三大部分。

从层级上分，有中华全国总工会，省（自治区、直辖市）总工会，市（地、州）总工会，县（市、旗）总工会和基层工会，共五级。

产业工会全国组织和各级地方产业（行业）工会组织分别是中华全国总工会和各级地方总工会的组成部分。

各级工会组织设置工作机构，配备相应的工作人员。

四、新形势下加强基层工会建设

基层工会是根据《工会法》和《中国工会章程》的规定，建立在各种所有制的企业、事业单位、机关和其他社会组织中的工会组织，它是工会组织体系中最基本的组织单位，是整个工会的组织基础和工作基础。基层工会同广大职工群众的联系最直接最密切，工会组织能否赢得广大职工群众的信赖，首先取决于基层工会能否成为职工群众利益的忠实代表。因此，加强和完善基层工会的组织建设，做好基层工会工作，增强基层工会活力，是工会组织建设和自身改革的中心环节。

2013 年，习近平总书记在与全总新一届领导班子集体谈话时，明确提出了关于基层工会建设的"三问"（基层工会建设情况如何？到了什么程度？如何采取有效办法加以解决？）。为此，2014 年全总开展了以加强基层工会建设、发挥基层工会作用为主题的集中调研。习近平总书记等中央领导对调研给予了充分肯定，要求各级工会始终坚持正确方向，不断创新工作方法，着力扩大覆盖面、增强代表性，着力强化服务意识、提高维权能力，着力加强队伍建设、提升保障水平，切实增强工会组织的凝聚力。2014 年全总下发了《关于新形势下加强基层工会建设的意见》和《基层工会组织建设工作规划（2014—2018 年）》，就新形势下如何加强基层工会建设提出了指导性要求。

新形势下基层工会建设的主要任务集中在教育引导职工、推动改革发展、履行维权职能、协调劳动关系、服务职工群众五个方面。这五个方面既符合党中央对工会组织的基本要求，又体现了基层工会工作的基本内容。

第二章
工会会员

一、加入工会是职工的基本权利

《工会法》第二条规定，"工会是职工自愿结合的工人阶级的群众组织"。《工会法》第三条规定，"在中国境内的企业、事业单位、机关中以工资收入为主要生活来源的体力劳动者和脑力劳动者，不分民族、种族、性别、职业、宗教信仰、教育程度，都有依法参加和组织工会的权利"。职工依法参加和组织工会的权利是任何组织和个人不得阻挠的。

（一）加入工会的条件

依照法律的规定，参加工会的条件是唯一的，即以工资收入为主要生活来源的劳动者。这里的工资包括计时工资、计件工资以及津贴、奖金、佣金等其他形式的收入。这个要求意味着工会会员必须是劳动者。劳动者的范围很广泛，既包括体力劳动者也包括脑力劳动者。在我国，知识分子是工人阶级的一部分，知识分子在各个领域发挥着重要作用，是我国劳动者的重要组成部分。如前所述，依法组织和加入工会是职工的基本权利，但实践中，有的地方建会不是以职工为主体，职工建会异变为"雇主建会"，雇主不同意，企业工会就建不起来，这是严重违反法律规定的，必须坚决纠正。

（二）加入工会的程序

《中国工会章程》规定，"职工加入工会，由本人自愿申请，经工会基层委员会批准并发给会员证"。

二、工会的权利和义务

（一）会员的权利

中国工会十六大通过的《中国工会章程》规定，会员享有以下权利：

1.选举权、被选举权和表决权。

2.对工会工作进行监督，提出意见和建议，要求撤换或者罢免不称职的工会工作人员。

3.对国家和社会生活问题及本单位工作提出批评与建议，要求工会组织向有关方面如实反映。

4.在合法权益受到侵犯时，要求工会给予保护。

5.工会提供的文化、教育、体育、旅游、疗休养事业、生活救助、法律服务、就业服务等优惠待遇，工会给予的各种奖励。

6.在工会会议和工会媒体上，参加关于工会工作和职工关心问题的讨论。

（二）会员的义务

《中国工会章程》规定，会员应履行下列义务：

1.学习政治、经济、文化、法律、科学、技术和工会基本知识。

2.积极参加民主管理，努力完成生产和工作任务。

3.遵守宪法和法律，践行社会主义核心价值观，维护社会公德和职业道德，遵守劳动纪律。

4.正确处理国家、集体、个人三者利益关系，同危害国家、社会利益的行为做斗争。

5.维护中国工人阶级和工会组织的团结统一，发扬阶级友爱，搞好互助互济。

6.遵守工会章程，执行工会决议，参加工会活动，按月交纳会费。

（三）会员的权利和义务是统一的

会员的权利和义务是统一的，没有不履行义务的权利，也没有不享有权利的义务。也就是说，作为一个工会会员，既要有权利意识，又要有义务意识；既要享有权利，又要履行义务。在当前，各级工会要特别注意落实和保护工会会员享有工会章程规定的权利。应当认识到，落实会员的权利，关系到是否尊重会员的主体地位，关系到工会是否具有活力，关系到工会的性质特点。重视基层工会建设，充分发挥工会作用，必须认真检视会员权利是否落实，有针对性地采取措施，切实改变不重视会员权利落实的情况。否则，增强基层工会凝聚力、战斗力就缺乏坚实的基础。

三、会员组织关系的接转

适应社会主义市场经济条件下职工劳动关系变动较快，特别是农民工流动性大的特点，为方便工会会员组织关系的接转，《中国工会章程》第五条明确规定，"会员组织关系随劳动（工作）关系变动，凭会员证明接转"。

近年来，全总还一再重申，农民工会员的组织关系接转概括为："一次入会、持证接转、全国通用、进出登记。"这一规定简化了会员组织关系接转手续，有利于加强会员会籍管理，保持工会组织与会员的联系，并有效防止会员流失。一般来说，职工劳动关系在哪里，其会籍就由哪里的工会组织管理并进行统计。

四、会员的会籍保留

《中国工会章程》第八条规定："会员离休、退休和失业，可保留会籍。保留会籍期间免交会费。工会组织要关心离休、退休和失业会员的生活，积极向有关方面反映他们的愿望和要求。"

五、大力推行会员普惠制

近年来，以会员群众需求为导向，以会员实名制为基础，以会员服务卡为载体，让广大会员群众均等享受工会组织提供的各种实惠和服务的会员普惠制工作正在各地工会展开。实践表明，推行会员实名普惠服务是新的历史条件下加强基层工会建设、赢得职工群众信赖的制胜一招。目前，会员普惠制的形式主要有：

（一）工会会员服务卡

工会会员服务卡免费办理，除具有工会会员识别功能外，还具备金融服务、商家优惠、工会便捷服务等多项功能。持卡会员可以享受工会组织搭载的专属优惠项目和便捷服务，享受到特约商家的优惠待遇。

（二）会员优惠基地

由地方工会联系协调，确定一批会员优惠服务定点单位，涉及就医购药、文化旅游、生活日用、教育培训等多个领域，工会会员持会员证到指定单位消费可享受特殊优惠。

（三）职工医疗互助保障

按照职工自愿参加的原则，职工以会员身份通过单位工会集体参加，职工参保后可在医保之外再享受医疗保障。

（四）项目化服务

由地方工会或基层工会通过每年推出一批服务会员的项目，包括组织会员疗休养、优惠健康体检、职工晋升高级技师奖励计划等，竭诚为会员服务。

实行会员普惠的服务对象是会员，通过会员办卡、用卡，使会员群众迈开了接近工会的"第一步"，工会也有了接触会员的"第一次"，这就为工会与会员的紧密联系创造了有利条件。目前，全国非公企业法人总数为623万家，其中25人以下的小微企业达513万家，占总数的82%。如何为广大小微企业职工服好务，让他们感受到工会的温暖，是一个十分现实的课题。做实会员普惠制工作，可以使包括广大农民工在内的小微企业会员不受城乡地域、社保身份、收入高低的限制，享受工会组织为他们提供的无差别服务，有效地解决服务职工群众"最后一公里"的问题。既体现了工会钱往基层投的原则，又扩大了工会的影响。此外，会员普惠制是建立在职工加入工会组织基础上才能享受的服务，加入不加入工会不一样。这对非公企业建会形成倒逼机制，变职工"要我入会"为"我要入会"，对推进以建会为基础的基层工会建设具有积极意义。

第三章
依法组建工会

一、依法组建工会是工会工作的重中之重

随着建立和完善社会主义市场经济体制，我国出现了大量新经济组织，主要是改革开放以来建立的外商投资企业、私营企业、港澳台商投资企业等，非公有制经济逐步成为社会主义市场经济的重要组成部分和吸纳新增就业人员的重要领域，成为我国经济社会发展的重要基础。加强非公有制企业工会组建，维护非公有制企业职工的利益，巩固党的阶级基础和扩大党的群众基础，历史地成为工会工作的第一位任务。中华全国总工会于 2000 年 11 月在浙江宁波召开全国新建企业工会组建工作会议，随后又下发了《关于加强新建企业工会组建工作的意见》，拉开了新时期大力推进非公企业依法组建工会的大幕。

随着形势任务的不断变化，全总提出了"组织起来、切实维权"的工会工作方针，部署了依法推动企业普遍建立工会组织、依法推动企业普遍开展工资集体协商的"两个普遍"工作，确保依法建会工作始终处于工会工作重中之重的位置。为推动依法组建工会工作，各级工会连续开展了"世界 500 强建会集中行动""农民工集中入会""广普查、深组建、全覆盖""双措并举、二次覆盖"以及"开业五年未建会企业攻坚"等系列行动，不断取得突破性进展，推进建会工作持续向广度和深度发展。截止到 2013 年年底，全国基层工会组织数达 276.7 万个，覆盖企业 469.2 万家，会员总数达到 2.9 亿人，成为工会工作的一大亮点。

二、职工是组建工会的主题

工会的性质决定了组建工会是职工的自愿行为。《工会法》第二条明确规定："工会是职工自愿结合的工人阶级的群众组织。"工会必须建立在职工具有依法组织工会和加入工会的内在动力和自身要求的基础之上，不得强行命令，不得包办代替。然而由于职工对工会组织的认识，对组织工会的意义、工会的地位作用等的认知并不是与生俱来的，这就需要做好对职工的教育引导工作。因此，依法组建工会的第一要义是宣传工会、组织职工，唤起他们依法组建工会的自觉性和主动性。职工加入工会首先要问有什么好处，不少地方把职工加入工会的十大好处用浅显易懂的语言加以表述，在网上广为流传：

1. 单位聘用你时，工会可以教你签合同；

2. 单位处分你时，工会有权提意见；

3. 单位辞退你时，应先通知工会；

4. 单位与你发生劳动争议时，工会帮你来调解；

5. 你想跟老板谈工资的事，工会代表你协商；

6. 你想掺和掺和单位的事，工会通过职代会帮你实现；

7. 你想学点文化与技能技术，工会职业教育助你圆梦；

8. 你若工作之余还有精力，工会有打球、照相、吹拉弹唱等你参加；

9. 你在工作生活中有了困难，工会会助你一臂之力；

10. 你若工作干得出色，工会可以推荐你当劳模。

实践证明，只要职工真正认识了工会，坚定了加入工会的愿望和信心，那么，任何阻挠建会的阻力都将被他们冲破。因为组建工会是法律赋予职工的基本权利，他们手中持有"尚方宝剑"。沃尔玛、肯德基、太古公司筹建会的"钉子户"，无一不是依靠职工自愿结合的力量攻坚克难的。

转变建会方式至关重要。"工会是职工自愿结合的工人阶级的群众组织"，法律的这一规定鲜明地厘清了是职工建会还是雇主建会这个组建工会的本源问题，无比权威地回答了职工是建会的主体这一重大命题。然而，在少数地方推进组建工会时，往往忽视组织发动职工这个关键环节，而是一味地去找雇主沟通，雇主不同意就束手无策，甚至有的地方在组建工会的申请表上还设计了"企业是否同意"或"企业意见"一栏，要求企业签署同意或不同意的意见。这种做法是违反法律规定的，必须予以纠正。

《工会法》规定，职工依法参加和组织工会的权利，"任何组织和个人不得阻挠和限制"。"企业、事业单位应当支持工会依法开展活动，工会应当支持企业、事业单位依法行使经营管理权。"我们说，组建工会时与企业行政沟通，争取他们的支持和帮助，这是应当的，甚至是必须的。但"雇主不同意就不能建会"的怪圈必须用法律的利器给予击碎。正确的做法是，积极与企业行政沟通协商，讲明法律的相关规定与职工的权利，争取企业的支持；把主要精力用在组织和发动职工上，启发他们依法组建工会的自觉性和坚定性。这样组建起来的工会基础扎实，能够较好地发挥作用；否则，建立的工会缺乏群众基础，难免"先天不足"。当下要提高建会质量，坚持"巩固、发展、提高"的建会工作思路，首先要解决的就是转变建会发展方式，走依法建会的路子。

三、上级工会加强对职工组建工会的指导和帮助

社会主义市场经济条件下，非公有制企业建会不同于计划经济条件下公有制企业建会。资本出于其逐利的本能和武断，一般是不情愿在本企业建立工会组织的，有的千方百计阻挠

建会，甚至对带头组建工会的职工进行打击报复。而处于弱势地位的职工，由于受劳动关系的束缚，自己端老板的饭碗，即使有组建工会的愿望也往往不敢表达。

因此，工会维护职工的合法权益，很重要的是维护他们组织起来的权利，支持他们组建工会。

《工会法》第十一条规定："上级工会可以派员帮助和指导企业职工组建工会，任何单位和个人不得阻挠。"法律的这一规定，正是从组建工会难的实际状况出发，赋予上级工会的权利。权利即责任。上级工会应主动承担起派员帮助和指导企业职工建会的责任。近年来，成千上万的基层工会，正是在上级工会派员亲自到企业、到职工中去面对面帮助指导下建立起来的。许多建会"钉子户"的突破，无不是上级工会包括主要领导亲自出面、亲自协调、亲自指导的结果。因此，上级工会必须从改进作风入手，亲临企业一线，到职工建会最困难、最需要帮助指导的企业去，敢于担当、敢于负责，不怕得罪人，依法履行好自己的职责。

四、法律对组建工会关键环节的规范要求

（一）成立建会筹备组

筹备组人员从单位实际出发确定，一般为7~9人，主要由上级工会、职工代表构成，一线职工代表至少应占全组人员的1/3。筹备组的成员必须慎重选择构成，为日后建立的工会委员会奠定基础。上级工会对筹备组的工作必须全程介入，具体指导。

（二）递交建立工会申请书

《工会法》第十一条规定："基层工会、地方各级总工会、全国或者地方产业工会组织的建立，必须报上一级工会批准。"工会各级组织是按照民主集中制原则建立起来的，组建工会报上级工会批准，目的是实现全国工会的团结统一，建立全国统一的中华全国总工会，同时也有利于明确工会的隶属关系，接受上级工会的帮助指导和服务。

（三）提出工会主席候选人

《工会法》第十三条规定："职工二百人以上的企业、事业单位的工会，可以设专职工会主席。工会专职工作人员的人数由工会与企业、事业单位协商确定。"《工会法》第九条规定："企业主要负责人的近亲属不得作为本企业基层工会委员会成员的人选。"根据法律的相关规定，其一，工会专职人员的人数由工会与企业、事业单位协商确定，这里指的"工会"，既指企事业单位本级工会，也主要指上级工会，因为上级工会与企事业单位协商符合协管要求，也更加有效；其二，工会委员会成员人选特别是工会主席的提名人选必须严格执行法律的否决条件；其三，工会主席的提名人选必须按相关规定经会员群众充分酝酿，符合广大会员的意愿，得到广大会员群众的认可和赞同，以确保会员（代表）大会履行民主选举程序得以顺利进行，保证其有较高的得票率。

（四）召开会员（代表）大会

《工会法》第九条规定："各级工会委员会由会员大会或者会员代表大会民主选举产生。"

召开会员（代表）大会宣布工会组织的建立，民主选举产生工会委员会。工会基层委员会有女会员 10 人以上的建立女职工委员会，不足 10 人的设女职工委员。会员（代表）大会与职工（代表）大会须分别行使职权不得相互替代。切忌发生"职代会选举出工会主席"的荒唐之举和荒唐之说。会员在 100 人以下的基层工会应按《中国工会章程》的规定召开会员大会。

（五）依法取得社会团体法人资格

《工会法》第十四条规定："基层工会组织具备民法通则规定的法人条件的，依法取得社会团体法人资格。"成立后的基层工会要依法取得社会团体法人资格。法人是具有民事权利能力和民事行为能力，依法独立享有民事权利和承担民事义务的组织。我国《民法通则》规定，法人必须具备四个条件：第一，依法成立；第二，有必要的财产或经费；第三，有自己的名称、组织机构和场所；第四，能够独立承担民事责任。基层工会只要符合《民法通则》《工会法》和《中国工会章程》规定的条件，报上一级工会批准，即具有法人资格。具体讲，符合下列条件即可申请取得工会社会团体法人资格，即有健全的组织机构和经过民主程序选举产生的工会主席，有固定的工作场所并能够正常开展工会各项工作，工会经费来源稳定、能够独立支配和使用，能够依法独立承担民事责任。获取社会团体法人资格需提交的材料有：工会社会团体法人资格申请书，单位法人营业执照复印件、法定代表人身份证复印件，上级工会批准建立该基层工会及对选举结果的批文复印件。基层工会依法取得法人资格，可以保证工会在各种法律关系中享有与其他主体平等的法律地位，可以使基层工会的权益进一步得到法律的保护。

五、坚持不懈地推动依法建会

习近平总书记指出："要积极扩大工会工作覆盖面，努力把工作做到所有职工中去，把更多职工吸引到工会中来、吸引到工会活动中来，使工会工作更贴近基层、贴近职工、贴近群众，更符合职工群众意愿。"

组建工会和发展会员是工会工作的永恒课题。目前，尽管这项工作取得了显著成效，但必须**保持清醒**头脑，看到差距，突出问题导向，倒逼各级工会不松劲、不懈怠、不停顿，坚持**不懈地**实现工会组织的广覆盖，最大限度地把职工组织到工会中来。

（一）必须突出建会工作的重点

1. 突出抓好新建企业、新社会组织建会工作。依据工会基层组织信息管理系统，着力抓好投产一年以上未建会企业的建会工作。积极适应产业活动单位数量较多、发展较快、建会易被忽略的实际，着眼社会组织不断发展壮大、农业企业蓬勃发展的新形势，突出抓好产业活动单位、农业企业的建会工作，坚持把符合建会条件的社会组织纳入建会视野。

2. 突出各类开发区的建会工作。针对企业不断向各类开发区（包括新区、高新技术产业开发区、经济技术开发区、保税区、出口加工区和工业园区等）聚集的实际，坚持把各类开

发区作为建会重点区域，不断提高各类开发区工会组织的建会率和覆盖面。

3. 突出小微企业建会工作。在抓好规模以上企业普遍建会的基础上，坚持抓大带小，把25人以上非公有制企业建会作为重点对象，实行重点帮助指导、重点调研督查、重点考核激励，充分发挥其示范带动作用。

4. 突出抓好农民工、劳务派遣工、外包工入会工作。完善"源头入会、凭证接转、属地管理"机制，创新农民工、劳务派遣工、外包工加入工会方式，重视外包公司建会，努力把广大职工组织到工会中来。

（二）必须强化建会工作的措施

1. 不断完善党领导下的工会基层组织建设工作格局。坚持党建带工建、党工共建，推动把工会组建纳入基层党建目标考核体系；积极争取人大、政府和社会各界支持，借助社会资源进一步形成党委重视、政府支持、工会主抓、职工参与的建会工作格局。

2. 坚持长效机制**激励建会**。继续**坚持**预期目标管理、跟踪调研督导、考核激励筹建会工作机制，以制度机制**保证建会**工作**常态持续**发展。

3. 完善信息功能**便利建会**。依据全国工会基层组织建设信息管理系**统畅通建会**信息，准确掌握相关情况，加强信息管理员培训，提高信息系统动态管理水平，**提高建会**工作的科学化水平。

4. 突出服务引导建会。推行会员与非会员的区别政策，坚持以职工群众现实需求为导向，普遍采取建立职工帮扶服务中心（站点）、建立会员优惠基地、发放会员服务卡、购买服务项目为职工群众服务等多种形式，让广大会员群众得到更多实惠，把更多的职工群众吸引到工会中来。

5. 加强乡镇（街道）工会带动建会。要注重发挥乡镇（街道）工会在推进建会工作中承上启下的作用。用务实的举措切实解决乡镇（街道）工会"无人干事""无钱办事"的难题。大力推进符合条件的社区（村）建立工会组织。继续加强社会化工会工作者队伍建设，建立社会化工会工作者选聘、使用、履职、考核、退出机制，充分发挥这支队伍在推进建会工作中的生力军作用。

第四章

基层工会干部

一、基层工会主席的重要地位和作用

基层工会主席处在基层工会委员会的核心地位，是本单位基层工会干部的领头人。作为本基层工会和本单位职工的代表者、代言人，工会作用发挥得如何，直接关系到职工合法权益维护的力度和效果，关系到劳动关系的和谐稳定。

从实际情况看，基层工会能否真正发挥作用，很大程度取决于工会主席作用的发挥；工会主席领导水平的高低，也直接影响着工会工作效率和各项社会职能的有效履行。因此，严格按照民主程序选准配好工会主席，并不断提高他们的工作水平和驾驭全局的能力，对于维护好职工权益、做好新形势下的工会工作起着至关重要的作用。

当前，迫切需要解决基层工会主席产生不规范、素质不高等问题。要广泛开展向基层工会干部标兵王远文同志学习的活动，做主动依法科学维权的工会主席，做热爱本职、贴近职工的工会主席，做让党放心、职工满意的工会主席，以自己的全部言行诠释好"娘家人"的本质含义。

二、基层工会主席的基本素质和任职条件

《中国工会章程》规定，各级工会组织按照革命化、年轻化、知识化、专业化的要求，努力建设一支坚持党的基本路线，熟悉本职业务，热爱工会工作，受到职工信赖的干部队伍。包括基层工会主席在内的各级工会干部都要努力做到"认真学习马克思列宁主义、毛泽东思想、邓小平理论、'三个代表'重要思想和科学发展观，学习经济、法律和工会业务知识"等章程规定的素质要求外，还要特别具备以下条件：

1. 要政治立场坚定，热爱工会工作，立足于职工的立场说话办事。作为基层工会的负责人，工会主席必须有坚定的政治信念，自觉接受党的领导，始终站在职工立场上，富有政治意识、大局意识、责任意识和群众观点。

2. 要有广博的知识储备和较高的理论政策水平。工会作为职工群众的代表者和维护者，要真正能在协调劳动关系中有所作为，担当起维护职工合法权益的基本职责，就必须具有与履行职责相适应的文化知识、法律法规和生产经营管理知识。

3. 要作风民主，能密切联系职工群众。全心全意为职工群众服务，时刻密切保持同职工群众的血肉联系，为职工群众办实事、做好事、解难事。

4. 要有较强的组织协调能力。基层工会协调劳动关系和依法维权的任务越来越重，工会主席必须适应新形势新任务的要求，成为组织动员职工的能手、协调劳动关系的行家、关心服务职工的模范。其中有一点特别重要，那就是时刻不忘自己的职业身份，恪守职业操守，站稳职工立场，使职工感受到工会确实是自己的组织。

三、基层工会主席选举配备的法律规定

（一）有关基层工会主席配备的规定

《工会法》第十三条明确规定："职工二百人以上的企业、事业单位的工会，可以设专职工会主席。"《企业工会工作条例》对此也做了强调重申。这些规定为基层工会配备专职工会主席提供了法律法规的依据。基层工会及其上级工会应依据法律规定，与企业、事业单位沟通，推动这一规定的落实。

目前，有相当部分的基层工会特别是非公有制企业工会未能按照法律规定配备工会主席，这种状况已严重影响到基层工会作用的发挥，必须加以改变。有的基层单位由同级党组织负责人担任工会主席，应按《企业工会工作条例》"由同级党组织负责人担任工会主席的，应配备专职工会副主席"的规定加以落实，以保证基层工会的领导力量能够适应其所承担的工作任务的需要。

（二）有关基层工会主席选举的规定

《工会法》第九条明确规定："各级工会委员会由会员大会或会员代表大会民主选举产生。"《中国工会章程》第二十七条明确规定："工会基层委员会的委员，应当在会员或者会员代表充分酝酿协商的基础上选举产生；主席、副主席，可以由会员大会或者会员代表大会直接选举产生，也可以由工会基层委员会选举产生。"

目前，有相当部分的基层工会委员会及其主席、副主席的产生违背法律的规定，在基层工会建设中产生了严重的负面影响。有的基层单位先任后选工会主席，选举走了过场，实质上还是委任制；有的由经营者直接指定工会主席，有的长期不换届选举。这种状况，必须引起各级工会的高度重视，采取坚决有力的措施予以纠正。

（三）不能担任基层工会主席的限制性规定

《工会法》第九条明确规定："企业主要负责人的近亲属不得作为本企业基层工会委员会成员的人选。"《企业工会工作条例》第二十四条也规定："企业行政负责人、合伙人及其近亲属不得作为本企业工会委员会成员的人选。"

目前，一些基层工会主席的产生不符合法律的规定，特别是非公有制企业，有的基层工会主席是由雇主的"七大姑八大姨"担任的，也有的由基层单位的行政负责人（包括行政副

职）担任，这种现象违背了**法律的**规定，是极不正常的。更为严重和奇怪的是，有人竟然公然为这种违背法律规定的**做法辩解**，这是毫无道理的。首先，这种做法违背了依法治会的原则，违背了建设法治工会的要求，于法无据不可行。其次，从实践上看，这是一种角色错位的做法，它否认了企业实际存在的劳资矛盾。劳资谈判如何进行？劳资纠纷如何调处？这是基层工会主席必须面对的现实问题。

四、基层工会主席直接选举

（一）基层工会主席直接选举的意义

1988年10月，中国工会第十一次全国代表大会通过的《中国工会章程》，充分发扬民主，完善工会民主选举制度，首次提出"工会委员会的主席、副主席，可以由会员和会员代表大会直接选举产生，也可以由基层工会委员会选举产生"。

近几年来，不少基层工会依据法律和工会章程的规定直接选举产生工会主席，这对推进基层工会的群众化民主化产生了重大而积极的影响。基层工会主席直接选举，就是由基层工会依据相关规定，通过会员（代表）大会直接选举产生工会主席、副主席，它是有别于由工会委员会选举产生工会主席、副主席的一种民主选举办法。

从许多地方的实践看，在基层工会直接选举产生工会主席，有利于完善工会民主选举制度，改变有些基层工会干部事实上的委派制；有利于克服基层工会存在的行政化机关化倾向；有利于密切基层工会与职工群众的联系，增强会员对工会的信任度；有利于拓宽基层工会主席选配的渠道，增强基层工会主席的责任感和工作热情。比如辽宁省总在非公企业工会、国企工会分会和机关事业单位工会中，大力推行基层工会主席直选，让会员投票选举自己信得过的"娘家人"，取得了很好的成效。

（二）实践中的几种做法

总结基层工会直接选举产生工会主席的典型经验，主要有以下几种做法：

1. 不设候选人的海选，由会员（代表）大会直接无记名投票选举产生工会委员会委员，依据得票多少的顺序，依次为工会主席、副主席。"海选"一般适宜在小微企业工会施行。

2. 把新当选的基层工会委员会委员作为工会主席候选人，由会员（代表）大会采取无记名投票的方式选举，得票多者依法当选工会主席、副主席。

3. 先推荐产生若干名工会主席、副主席候选人，由会员（代表）大会通过无记名投票差额选举产生工会主席、副主席。

（三）需要注意的问题

基层工会直接选举产生工会主席、副主席是一项政策性很强的工作，应积极稳妥地推进。从实践情况看，要注意把握好以下几点：

1. 坚持把党管干部、依法治会和发扬民主统一起来，坚持党管干部原则，坚持公开公平

公正原则，坚持尊重和体现会员意愿原则。

2. 要认真做好宣传发动工作，激发会员参与选举的积极性、责任感，熟悉选举程序办法，明确选举目的意义，郑重行使民主权利。

3. 坚持依法规范程序，坚持无记名投票、公开计票、当场公布选举结果。坚持"参加选举人数为应到会人数的三分之二，方可选举""候选人获得应参加选举人过半数时，始得当选"的原则。

4. 要防止选举中的偏差，防止狭隘的地域观念、宗派观念、拉帮结伙等现象干扰选举工作，确保选举工作正常进行。

五、基层工会干部的权益保护

作为基层工会干部特别是工会主席，始终处在维护职工合法权益的第一线。虽然基层工会与其行政具有平等的法律地位，但在企业里事实上存在着劳动关系的附着性，工会主席在与企业的维权博弈中处于不利地位，使得有的基层工会主席不敢、不能很好地履行维权职责。有基层工会主席感叹道："我维护职工权益，谁来维护我的权益！"因此，基层工会干部合法权益能否得到有力有效的保护，直接影响到基层工会、基层工会主席作用的发挥和积极性的调动。

为此，法律对保护基层工会干部的合法权益做出了一系列的规定，基层工会干部要依法维护好自身权益，上级工会要依法承担起保护基层工会干部权益的职责，做基层工会干部合法权益的坚强后盾。

（一）关于法律保护基层工会主席合法权益的相关规定

《工会法》第十七条规定："工会主席、副主席任期未满时，不得随意调动其工作。因工作需要调动时，应当征得本级工会委员会和上一级工会的同意。罢免工会主席、副主席必须召开会员大会或者会员代表大会讨论，非经会员大会全体会员或者会员代表大会全体代表过半数通过，不得罢免。"

《工会法》第十八条规定："基层工会专职主席、副主席或者委员自任职之日起，其劳动合同期限自动延长，延长期限相当于其任职期间；非专职主席、副主席或者委员自任职之日起，其尚未履行的劳动合同期限短于任期的，劳动合同期限自动延长至任期期满。"

《工会法》第四十条规定："基层工会的非专职委员占用生产或者工作时间参加会议或者从事工会工作，每月不超过三个工作日，其工资照发，其他待遇不受影响。"

此外，《中国工会章程》和《企业工会工作条例》也对保护基层工会干部合法权益做出了一系列规定，提出了相应的要求。

（二）关于上级工会对基层工会干部合法权益的保护

上级工会保护基层工会干部的合法权益是一项职责，是责无旁贷的。基层工会干部工作在工会工作第一线，职责重大，上级工会必须对基层工会干部给予更多的支持、更多的关爱、更多的温暖。

如果他们在遇到困难和维权中受到不公正待遇时，上级工会不能站出来为他们撑腰做主，上级工会就是失职，就会使基层工会干部的内心受到严重伤害，也会冷了他们的心。因此，上级工会在基层工会干部权益受到侵害、工作中需要上级工会给予关心和支持时，一定要站在工会的立场上，明辨是非，说上级工会应该说的话，办上级工会应该办的事，绝不能怕引火烧身，遇事躲着走、绕着行，不敢担当、不敢负责，甚至见风使舵，失去职业操守。

《企业工会工作条例》第五十六条规定："县以上地方工会设立保护工会干部专项经费，为维护企业工会干部合法权益提供保障。经费来源从本级工会经费中列支，也可以通过其他渠道多方筹集。建立上级工会保护企业工会干部责任制。对因履行职责受到打击报复或不公正待遇以及有特殊困难的企业工会干部，上级工会应提供保护和帮助。上级工会与企业工会、企业行政协商，可对企业工会兼职干部给予适当补贴。"各级工会应拓宽保护渠道，充实保护内容，建立健全对基层工会干部特别是工会主席权益的保护办法和措施，努力解除他们的后顾之忧，当好他们的坚强后盾，切实为基层工会干部创造一种一心一意干工作、聚精会神能履职的环境和氛围。

六、工会积极分子队伍建设

工会积极分子，是指不脱离生产（工作）岗位，热心自愿从事工会工作的人员。主要是指工会正副小组长、小组干事，职代会、工会委员会各专门委员会（小组）成员、车间（科室）职工代表团（组）长、主持班组民主管理工作的职工代表。也指利用业余时间，在各项工会工作和活动中经常担负某些具体工作、组织某项具体活动，热情为职工服务的人员，如各种业余文化活动的骨干和组织者，由工会聘任的法律顾问或律师，参与平等协商集体合同工作的职工代表，企业劳动争议调解委员会委员等。

（一）建立工会积极分子队伍的重要性和紧迫性

工会组织的活力来自会员群众，会员群众对工会工作参与的广泛程度决定着工会是否具有凝聚力和强大活力。工会组织的各项活动，只有通过广大会员群众和积极分子的支持和参与，才能落到实处。

因此，依靠会员办工会，民主兴会，建立一支密切联系职工群众的工会积极分子队伍，既是由工会组织性质决定的，也是工会组织的重要特点。工会组织历来十分重视工会积极分子队伍建设，早在1957年，全国总工会就专门召开过全国工会积极分子代表会议，对在工作中做出成绩的优秀工会积极分子进行表彰。工会九大以后，历届全国代表大会都对工会积极分子给予表彰。

目前，全国拥有工会积极分子上千万人，他们扎根于会员群众之中，对活跃基层工会工

作起了重要作用。

但毋庸讳言，也有的基层工会不懂、不会培养建立工会积极分子队伍，开展工作只是少数人忙活，有的甚至跳"独角舞"，这是一些基层工会活力不强的一个重要原因。为此，必须高度重视工会积极分子队伍建设，全面落实会员的知情权、参与权、监督权和选举权，以适应重视基层、加强基层，充分发挥基层工会作用的需要。

（二）工会积极分子的选拔培养和管理

1.工会积极分子具有三个显著特点：

一是业余性。即不脱离生产（工作）岗位做工会工作，不占用生产（工作）时间或主要靠业余时间做工会工作。业余性也体现了义务性，尽管一些基层工会给积极分子一定数量的补贴，但这些补贴与他们付出的劳动相比，是不成比例的。

二是自愿性。即在其主观自愿的前提下从事工会工作和活动。

三是受群众拥护。工会积极分子为职工服务，受到职工拥护，赢得职工信赖是理所当然的。

2.工会积极分子的选拔，是指工会积极分子的产生方式。选拔工会积极分子必须坚持发扬民主，注重质量，本人自愿。一般可采取群众推荐、会员自荐、组织聘请或邀请等多种方式产生。工会积极分子应具备以下条件：

（1）热爱工会工作；

（2）密切联系群众，热心为群众办事，在群众中有一定威信；

（3）甘于奉献，有某方面的特长和爱好；

（4）具有一定的组织能力、社交能力和活动能力。工会积极分子队伍的数量应多多益善，使更多的会员感受到作为会员的责任感和义务感，形成"会员办会"的良好氛围。

3.工会积极分子的培养，是指采用脱产、不脱产、举办讲座等多种形式，对工会积极分子进行工会知识、工会理论业务培训和辅导，提高其素质、发挥其作用的**重要措施**。通过培养，便于工会积极分子熟悉工会基本知识、相关政策法规和业务技能，拓宽**联系群众**渠道，善于运用各种方式开展灵活多样、富有成效的工作。工会积极分子的管理，是指对工会积极分子选拔、培养、使用、待遇、考核、激励等多项工作的统称，是基层工会组织的一项重要工作。基层工会应由专人负责和分管这项工作，并不断建立健全、完善改进各项制度和措施，更好地发挥积极分子作用。

（三）关心和爱护工会积极分子

基层工会要把关心和爱护工会积极分子摆上重要工作日程，充分调动他们的工作积极性、主动性和创造性。

1.从政治上帮助提高。要教育工会积极分子认真学习马列主义、毛泽东思想、邓小平理论和"三个代表"重要思想，认真学习和实践科学发展观以及习近平总书记的系列重要讲话

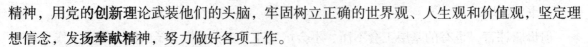
精神，用党的**创新理**论武装他们的头脑，牢固树立正确的世界观、人生观和价值观，坚定理想信念，发**扬奉献**精神，努力做好各项工作。

2. 在业务上加强培训。要通过多种渠道、多种形式，对工会积极分子进行培训。根据他们所承担的不同任务，区别情况，采取脱产培训、业余培训、结合工作一事一训、以会代训等方式，组织他们交流学习，不断提高他们的业务素质和工作能力。

3. 在工作上重视支持。工会组织要正视和帮助他们正确处理本职工作与工会工作的矛盾，在安排工会积极分子工作时，可本着"一人一事、一事多人"的原则，不要使他们兼职过多、负担过重。特别是工会积极分子兼做工会工作与本职工作发生矛盾时，工会组织要出面给予行政协调；当工会积极分子遇到不公正待遇或遭到打击报复时，工会组织要依法及时给予保护。

4. 从生活上关心爱护。工会组织要经常了解工会积极分子在工作生活中存在的困难和问题，从本单位实际出发，积极与有关方面协调，帮助他们解决实际困难，为工会积极分子从事工会工作营造一个良好的环境，使他们能够充分展示自己的才能，更好地发挥作用。

第五章
平等协商和签订集体合同

一、平等协商和集体合同是工会依法维权的基本手段

《劳动法》明确规定："企业职工一方与用人单位通过平等协商，可以就劳动报酬、工作时间、休息休假、劳动安全卫生、保险福利等事项订立集体合同。"

《工会法》明确规定："工会代表职工与企业以及实行企业化管理的事业单位进行平等协商，签订集体合同。"

企业工会代表职工与企业进行平等协商，签订集体合同，是法律赋予工会的一项重要权利，是工会依法维权的重要手段，是工会工作的"牛鼻子"。法有授权必须为，否则就是失职和不作为。李立三同志指出，现在的政府是工人阶级领导的人民政府，但是工会与政府还是有区别的。比如对于劳资纠纷，劳动局和工会就不同了，劳动局是政府机关，要代表劳资双方的利益，可以站在双方之间来调解、仲裁；工会只能代表工人与资方进行"谈判""协商"，而不能"居中"调解。

平等协商也称集体协商，它是签订集体合同的前提和基础，是指工会与企业方围绕有关职工权益、调整劳动关系事项和集体合同的订立，在平等的基础上开展的商谈活动。平等协商是订立集体合同的必经法定程序，并贯穿于集体合同订立的全过程。平等协商和集体合同的订立是一个有机的整体，两者相互衔接、不可割裂，前者是必经程序，后者是协商的结果。

平等协商，顾名思义就是充分体现劳资双方平等合作、相互尊重的原则。一方提出协商要约，另一方积极响应，如果有一方确有法定事由不能进行协商，应当说明情况。任何一方都不得采取过激行为，双方均有义务维护劳动关系的稳定和正常的生产经营秩序。签订集体合同是一项劳动法律制度。集体合同是工会依据法律法规就职工的劳动报酬、工作时间、休息休假、劳动安全卫生、保险福利等事项，代表职工与企业通过平等协商签订的书面协议。集体合同可以是综合性的，也可以是专项的。平等协商和集体合同制度适用于不同所有制的企业。

二、集体合同与劳动合同

集体合同制度起源于 18 世纪中叶的欧洲，是市场经济国家协调劳动关系的通行做法。

我国集体合同制度是与新中国法制化建设同时起步的。

1949 年 9 月全国政协会议通过的《共同纲领》中明确规定："私营企业为实现劳资两利的原则，应由工会代表工人职员与资方订立集体合同。"1956 年我国完成了社会主义三大改造，进入计划经济时代后，集体合同淡出了劳动关系领域。

改革开放后，随着我国市场经济体制的建立和完善，劳动关系矛盾的凸显，1994 年的《劳动法》将劳动合同制度写进法律加以确定。

同年，国家劳动部颁布了《集体合同规定》，使这项制度纳入了法制轨道。2007 年《劳动合同法》又对集体合同做出了特别规定，为集体合同制度的建立提供了更加与时俱进的法律依据。也许有人会问，劳动者与企业签订了劳动合同，为什么还要再签订集体合同，两者是什么关系呢？集体合同与劳动合同都是保护劳动者权益、协调劳动关系的劳动法律制度，两者相辅相成，互为补充，相互联系，但也有区别。

从相同点看，两个合同所调整的内容都是有关劳动方面的权利和义务，两个合同一经生效，对于劳动关系双方都有约束力；两个合同的内容都不得违反法律法规，否则就无效；违反合同约定，都得承担法律责任。

从不同点看，有以下四个方面：

1. 主体不同。集体合同是由工会与企业签订，而劳动合同是由劳动者本人与用人单位签订。

2. 程序不同。集体合同草案经职代会审议通过，而劳动合同则是由劳动者本人与用人单位协商签订。

3. 条件不同。集体合同签订后应报劳动行政部门审查备案后即行生效，而劳动合同依法订立即具有法律约束力。

4. 法律效力不同。集体合同可以覆盖劳动合同，而劳动合同的专项标准不得低于集体合同。比如，集体合同规定劳动者劳动报酬每月 3000 元，劳动合同规定的数额标准就不得低于 3000 元。此外，法律还规定，工会有"帮助、指导职工与企业以及实行企业化管理的事业单位签订劳动合同"的职责。

三、开展平等协商和签订集体合同的工作原则

（一）坚持依法推进、依法规范

运用法治思维和法治方式开展工作，严格依照法律规定的程序、内容、条件进行操作，切实提高开展平等协商和签订集体合同工作的法治化水平。

（二）坚持提升质量、增强实效

把提升平等协商质量、增强集体合同实效贯穿于深化平等协商工作的全过程，努力实现数量与质量、规模与效果相统一。

（三）坚持重心下移、上下联动

切实把平等协商工作重心放在基层，注重通过健全完善机制制度调动基层工会积极性、主动性，形成基层工会主动作为、上级工会指导服务到位的良性互动局面。

（四）坚持依靠职工、惠及职工

李立三同志认为，订立集体合同切忌少数人或干部包办，订立集体合同本身就是一个很好的民主运动。在其中，工会是对工人群众发挥领导和指导作用，一切事情让工人自己去做，不要担心工人做不好而害怕他们去做。因此，开展平等协商签订集体合同工作要把动员广大职工全过程参与作为深化平等协商、签订集体合同工作的动力，落实职工参与权利，扩大职工参与范围，使平等协商内容真正反映职工意愿和需求，促进职工充分共享经济社会发展成果。

（五）坚持凝聚共识、营造氛围

加强正面宣传引导，形成正确舆论导向，通过宣传引导推动形成以集体协商方式化解劳动关系矛盾的普遍共识。

四、提高平等协商质量

（一）选好配强职工方协商代表

要健全完善企业职工民主选举职工方协商代表的工作机制，确保选出来的职工方协商代表敢于为职工说话；优化职工方协商代表结构，增强职工方协商代表的广泛性、专业性、互补性，充分发挥职工方协商代表的团队优势。上级工会要通过健全制度机制、提供支持帮助等方式解除企业工会干部和职工方协商代表的后顾之忧。

（二）增强平等协商内容的针对性

企业平等协商要立足于解决职工最关心的突出问题，确保协商内容量化细化，具有可操作性。要针对不同类别、不同岗位职工的不同诉求，分别确定协商内容和协议条款，特别要明确一线职工、农民工、劳务派遣工的各项权益标准。

（三）保障职工充分参与平等协商

企业工会要把动员广大职工全程参与贯穿于平等协商始终。开展平等协商前，要充分了解职工诉求，力争协商议题准确聚焦职工集中反映的问题；在协商过程中，要及时向职工通报协商进程，征求职工意见建议；签订集体合同草案后，要由职工代表大会依法审议通过，并及时将集体合同履行情况向职工（代表）大会报告。

（四）借助专业力量开展平等协商

企业工会要把委托专业人员参与平等协商的制度规定用足用好，邀请相关专家及平等协商指导员参与其中，在协商资料收集分析、职工协商代表培训、职工群众内部意见协调、协商难题解决、合同文本草拟等方面进行具体的指导帮助。

（五）开展行业性平等协商

开展行业性平等协商，订立行业性集体合同，对破解"企业不愿谈、工会不敢谈、职工不会谈"的死结，具有突破性意义。李立三同志指出，集体合同应分行业地签订，这是"最好的办法"，"这是很重要的一条……不相信这一条就不会搞好集体合同"。武汉市餐饮行业、浙江温岭羊毛衫行业等开展的行业性平等协商和订立行业性集体合同的成功实践，就是明证。

五、签订集体合同遵循的原则

在签订集体合同时，应遵循以下几个原则：第一，遵守国家法律、法规、规章及有关规定的原则；第二，双方互相尊重、平等交流的原则；第三，诚实守信、公平合理的原则；第四，兼顾双方合法权益的原则；第五，不得采取过激行为的原则。

六、签订集体合同的实操流程

（一）集体合同的格式

集体合同以书面形式为主，只要劳资双方对集体合同的主要条款意见表示一致，并按照法定程序进行签订，那么集体合同无论采用什么格式，法律都是允许的。一般说来，集体合同常常采用文本格式，表现形式包括四个部分：

1. 集体合同名称。集体合同应在卷首标明该合同的名称和签字或通过的年月日。

2. 序言。序言是集体合同正文前的一段叙述文字，相当于总则，应写明签订集体合同的目的、意义和某些原则等，也有的集体合同省略序言，直接进入正文。

3. 正文。正文是集体合同订立双方当事人议定的集体合同内容，也是集体合同的基本条款，可按问题的大小、轻重缓急的顺序排列。

4. 结尾。结尾部分的内容一般包括集体合同的有效期限；集体合同正本、副本的份数，注明集体合同报送、备案单位，集体合同双方首席代表签字盖章；集体合同的签订年月日及签订地点。

（二）集体合同的内容

集体合同的内容是集体合同的实质，也是集体合同成立、发生效力的核心问题。集体合同的内容一般包括：劳动报酬、工作时间、休息休假、保险福利、劳动安全卫生、女职工特殊保护以及合同期限，合同变更、解除、终止条件，履行集体合同发生争议时协商处理的约定，违反集体合同的责任，双方认为应当协商约定的其他内容。

（三）签订集体合同的步骤

签订集体合同要符合法律规定，这样的集体合同才具有法律效力。具体操作步骤是：

第一步，由工会向职工广泛征求对平等协商的意见和建议，并进行认真梳理。

第二步，工会向行政方发出协商要约书，提出工会的主张和具体协商意见，行政方在收到要约书的 20 天内应给予回应，无正当理由不得拒绝进行双方平等协商。

第三步，起草集体合同文本，可以由双方共同起草，也可以由其中一方起草。

第四步，召开平等协商会议，由工会方首席代表提出协商的具体内容，再由行政方做出回应，双方充分讨论，达成一致时，由双方首席代表在集体合同文本（草案）上签字。

第五步，集体合同（草案）提交职工代表大会或职工大会审议通过。

第六步，职代会或职工大会表决通过集体合同（草案）后，10 日内将集体合同文本一式三份报送当地劳动行政部门进行审查备案，15 日内劳动行政部门未提出异议的即时生效。从集体合同生效之日起，工会以适当形式向全体职工公布，并将集体合同文本报上级工会。

七、集体合同的变更、解除和终止

企业因被兼并、解散、破产及不可抗力等原因或因法律法规发生变化，致使集体合同或专项集体合同无法履行的，经劳资双方协调，可以变更、解除集体合同或专项集体合同。在程序上，应该由一方提出建议，说明变更或解除的理由，召开协商会议，由双方代表协商一致并经职工（代表）大会通过，报送劳动保障行政部门审查备案后才能生效。当集体合同期满或双方约定的终止条件出现，集体合同即行终止。工会应当在集体合同期满前三个月，主动向企业提出续签或重新签订集体合同的要求，并做好相应准备工作。

八、工资平等协商以及专项集体合同

工资平等协商是指工会代表职工与企业依法就企业内部的工资分配制度、工资分配形式、工资支付办法、工资标准等事项进行平等协商，在协商一致的基础上签订专项协议的行为。这种以劳动报酬为主要内容而签订的协议，是一种专项集体合同，与综合性集体合同具有同等法律效力。

目前，由于劳动关系多元化、复杂化、市场化等原因，企业和职工更看重工资分配制度及形式。工资是劳动关系中的核心内容，是职工最关心、最直接、最现实的利益问题。

积极推进工资平等协商并签订专项集体合同，一方面可以在企业内部建立起工资分配共决机制、合理的工资增长机制、工资支付保障机制，以适应市场经济要求；另一方面，由于集体合同期限一般为 1~3 年，而职工劳动报酬则应随着企业经济效益和当地物价指数、工资指导价位等因素的变化每年有所调整。因此，推进工资平等协商、签订工资专项集体合同，符合协调劳动关系、维护职工合法权益的客观需要，符合平等协商集体合同工作的实际需要，对于增强平等协商集体合同工作的针对性、实效性，建立和谐稳定的劳动关系，共建共享改革发展成果具有重要的意义。

九、集体合同的监督检查及争议处理集体合同的作用在于履约，否则就是一纸空文

所谓"协商是前提，合同是结果，履约是关键，监督是保证"就是这个道理。企业在履

行集体合同中，要建立集体合同监督检查组织，在职工（代表）会议中设立专门委员会，企业履行集体合同情况每年至少要向职工（代表）大会报告一次。工会要与企业行政配合，对企业履行集体合同情况进行专项检查，实行工会劳动法律监督，确保集体合同的履行。

集体合同争议是指集体合同当事人对合同的内容、履行情况和不履行后果产生的争议。正确处理集体合同争议，既是保证集体合同顺利进行签订和有效实施的需要，也是促进劳动关系和谐稳定的需要。工会对此要高度重视和积极应对。

当集体合同争议发生时，可以按照以下方式处理：

（一）双方当事人协商

这是指企业和工会在自愿的基础上，相互体谅，按照法律法规解决双方纠纷。

（二）协调解决

这是指由当地劳动保障行政部门会同有关部门通过调解，解决集体合同纠纷。

（三）集体合同争议仲裁

这是指由劳动争议仲裁机关对集体合同争议进行裁决。它是具有法律效力的措施。

（四）集体合同争议诉讼

这是指人民法院对集体合同争议案件的处理活动。当事人双方不服仲裁裁决的，可在收到仲裁决定书之日起 15 日内向人民法院提起诉讼。

工会要充分认识做好集体合同争议处理工作的重要性和必要性，妥善处理好集体合同争议事件。

十、健全平等协商集体合同工作激励约束机制

基层工会要通过无记名测评、问卷调查和个别访谈等形式，将平等协商的程序、协商内容、集体合同履行情况、职工协商代表履职情况作为重点，组织职工进行满意度测评，作为会员评家的重要评议内容。上级工会要及时收集掌握基层工会开展职工满意度**测评情况**，加以研究分析。有条件的地方，可以尝试引入第三方调查机构参与测评，进一步**增强职**工满意度测评的客观性。

各级工会应把开展平等协商集体合同工作作为企业评选五一劳动奖状、模范职工之家和授予企业经营者劳动模范等荣誉称号的必备条件，实行"一票否决"；积极争取把企业开展平等协商集体合同作为推荐企业经营者担任党代表、人大代表、政协委员等政治身份的重要参考条件。

第六章
职工民主管理

一、参与民主管理是我国法律赋予职工的一项民主权利

我国《宪法》第二条规定："人民依照法律规定，通过各种途径和形式，管理国家事务，管理经济和文化事业，管理社会事务。"《劳动法》第八条规定："劳动者依照法律规定，通过职工大会、职工代表大会或者其他形式，参与民主管理或者就保护劳动者合法权益与用人单位进行平等协商。"《工会法》第六条规定："工会依照法律规定通过职工代表大会或者其他形式，组织职工参与本单位的民主决策、民主管理和民主监督。"

据此，党的十八大报告中指出："全心全意依靠工人阶级，健全以职工代表大会为基本形式的企事业单位民主管理制度，保障职工参与管理和监督的民主权利。"2013 年 10 月 23 日习近平总书记在同全总新一届领导班子成员集体谈话时指出："工会在维护全国人民总体利益的同时，要更好地维护职工群众具体利益。要健全以职工代表大会为基本形式的企事业单位民主管理制度、厂务公开制度，组织职工依法实行民主选举、民主决策、民主管理、民主监督，使职工群众的知情权、参与权、表达权、监督权得到更充分更有效的保障。"

依照法律规定，职工享有的参与民主管理的权利主要包括：对企业经营管理的知情权、参与权，对涉及职工切身利益问题的协商决定权，对基层单位各级管理人员执行法律法规、规章制度和集体合同等情况的监督权，选举和推荐职工代表、职工董事、职工监事和管理人员的权利。职工依法享有的参与民主管理的权利，不是企事业单位和经营管理者给的，而是职工依法享有的与其他劳动权利一样的基本权利。

二、企事业单位实行民主管理的重要性和必要性

（一）实行民主管理是推动党的全心全意依靠工人阶级指导方针落实的重要举措

当前，我国已进入全面深化改革、加快推进中国特色社会主义现代化建设的新的历史发展阶段，社会主义市场经济体制日趋完善，社会经济成分、企业组织形式、职工就业方式、利益分配方式发生深刻变化，经济关系、劳动关系复杂多样，但这一切都没有改变中国工人阶级的历史地位和先进性，没有改变中国工人阶级在国家和企业中的主人翁地位。职工民主管理是工人阶级当家做主的最基本、最直接、最有效的形式。广大职工群众作为国家主人，依照法律规定参与企事业单位事务的民主管理，这是全心全意依靠工人阶级的方针落实到基层的重要标志。

（二）实行民主管理是加强基层民主政治建设的重要途径

职工民主管理是我国基层民主政治建设的重要组成部分，其目的是把职工群众的愿望和要求与落实党的方针政策紧密结合起来。实践表明，只有把广大职工关心的企事业改革和发展的重点问题、事关广大职工切身利益的热点难点问题都纳入职工民主管理的范畴，使职工群众充分行使民主选举、民主决策、民主管理和民主监督的权利，形成职工群众最直接、最广泛的民主实践，才能扎实有效地推进基层民主政治建设。

（三）实行民主管理是企事业健康发展的内在要求

适应发展社会主义市场经济的要求，各类企事业都要通过民主管理，实行民主决策。通过厂务公开、职工（代表）大会制度来保证企事业单位正确决策，有利于协调所有者、经营者和职工之间的关系，形成激励和约束相结合的经营管理机制。职工通过参与民主管理，必将与企事业单位建立的关系越来越密切，与企事业互利双赢的责任感更加强烈。同时，也才能有效监督制止企事业单位的违法行为，防止不正之风。

（四）实行民主管理是维护职工合法权益、协调劳动关系的重要手段

推行职工（代表）大会、厂务公开、职工董事、职工监事等多种形式的职工民主管理制度，通过合法有序的渠道，让职工充分表达自己的愿望和要求，通过职工（代表）大会等形式审议企事业生产经营管理和涉及职工切身利益的重要事项，监督企事业单位执行国家的方针政策，有利于协调企事业内部利益关系，及时解决问题、化解矛盾，建立和谐稳定的劳动关系，有利于凝聚人心，促进企事业单位健康发展。

三、职工（代表）大会制度是职工民主管理的基本形式

职工代表大会制度产生于 20 世纪 50 年代。改革开放以来，党和国家高度重视职工民主管理工作，于 1981 年颁布了《全民所有制工业企业职工代表大会条例》。在广大职工群众长期的实践中，职工代表大会制度逐步发展和完善，在代表的广泛性、组织的健全性、运作的规范性、职权设定的科学性等方面具有与时俱进的优越性。第一，它是唯一在《宪法》《劳动法》《工会法》《企业法》《公司法》等诸多法律中明确规定的职工参与民主管理的法定形式。第二，职工代表大会的代表来自企事业的各个层面，具有广泛的代表性。第三，它的职权涉及职工参与民主管理的各个方面，内容具有全面性。第四，它具有健全的组织制度和工作制度，操作上具有规范性。第五，它的决定、决议是按照民主集中制的原则和法定程序做出的，具有权威性和法律效用，这些是其他任何一种民主形式都不能与之相比的。

职工（代表）大会制度是社会主义民主在企事业单位的实现形式，是企事业领域基层民主的主要载体，具有普适性。非公有制企业的职工民主管理是我国社会主义民主的重要组成部分，没有非公有制企业的职工民主管理，就不可能有完整意义的社会主义民主。建立健全

以职工（代表）大会为基本形式的民主管理制度，是非公有制企业自身发展与建立现代企业制度的内在要求，并已被实践证明能对企业的发展产生较大的促进作用。近些年来非公有制企业实行职工（代表）大会制度的大量实践表明，职工（代表）大会制度可以而且应该成为非公有制企业职工民主管理的基本形式。截止到 2013 年年底，全国已建工会企事业单位建立职工（代表）大会制度的有 2201203 家，涵盖单位 4708127 家，覆盖职工 234606644 人，其中私营企业 1344047 家，港澳台商投资企业 30095 家，外商投资企业 44303 家。

《工会法》规定："工会依照法律规定通过职工代表大会或其他形式，组织职工参加本单位的民主决策、民主管理和民主监督。"工会是企事业单位职工（代表）大会的工作机构，负责职工（代表）大会日常工作，检查、督促职工（代表）大会决议的执行。对"企业、事业单位违反职工代表大会制度和其他民主管理制度，工会有权要求纠正，保障职工依法行使民主管理的权利"。这是法律赋予工会的权利和义务。

四、职工（代表）大会的职权

职工（代表）大会的职权是职工民主管理的核心问题。规范地行使职工（代表）大会的各项职权，是开好职工（代表）大会的关键。

依据相关法律法规，职工（代表）大会具有五项职权：

（1）对企业生产经营、发展计划和方案有审议建议权；

（2）对工资、奖金、劳动保护、奖惩等重要规章制度有审查通过权；

（3）对有关职工生活福利等重大事项有审议决定权；

（4）对企业行政领导干部有评议监督权；

（5）对厂长有推荐或选举权。

由于目前实行的《全民所有制工业企业职工代表大会条例》已严重滞后于企业所有制结构和经营状况的发展变化，国有企业职代会实效性有待加强，非公有制企业职工（代表）大会制度安排亟须上升到法律层次。鉴于此，全总在 2006 年颁布的《企业工会工作条例》分别对不同的所有制企业职工（代表）大会的职权做出了具有差异性的规定。

（一）国有企业、国有控股企业职工（代表）大会的职权

1. 听取审议企业生产经营、安全生产、重组改制等重大决策以及实行厂务公开、履行集体合同情况报告，提出意见和建议；

2. 审议通过集体合同草案、企业改制职工安置方案，审查同意或否决涉及职工切身利益的重要事项和企业规章制度；

3. 审议决定职工生活福利方面的重大事项；

4. 民主评议监督企业中层以上管理人员，提出奖惩任免建议；

5. 依法行使选举权；

6.法律法规规定的其他权利。

（二）集体（股份合作制）企业职工（代表）大会的职权

1.制定、修改企业章程；

2.选举、罢免企业经营管理人员；

3.审议决定经营管理以及企业合并、分立、变更、破产等重大事项；

4.监督企业贯彻执行国家有关劳动安全卫生等法律法规、实行厂务公开、执行职工（代表）大会决议等情况；

5.审议决定有关职工福利的重大事项。

（三）私营企业、外商投资企业和港澳台商投资企业职工（代表）大会的职权

1.听取企业发展规划和年度计划、生产经营等方面的报告，提出意见和建议；

2.审议通过涉及职工切身利益重大问题的方案和企业重要规章制度、集体合同草案等；

3.监督企业贯彻执行国家有关劳动安全卫生等法律法规、实行厂务公开、履行集体合同和执行职工（代表）大会决议、缴纳职工社会保险、处分和辞退职工的情况；

4.法律法规、政策和企业规章制度规定及企业授权和集体协商议定的其他权利。

2012年国家六部委颁布了《企业民主管理规定》，对职工代表大会职权提供更进一步的规范。同时，《企业工会工作条例》还规定："职工代表大会的代表经职工民主选举产生。职工代表大会中的一线职工代表一般不少于职工代表总数的50%，女职工、少数民族职工代表应占相应比例。""职工代表大会或职工大会应有全体职工代表或全体职工三分之二以上参加方可召开。职工代表大会或职工大会进行选举和作出决议、决定，须采用无记名投票方式进行表决，经全体职工代表或全体职工过半数通过。"小型企业可以联合建立区域或行业职工（代表）大会，解决本区域或行业涉及职工权益的共性问题。

五、厂务公开制度

厂务公开是指企业经营者将企业应当公开的经营管理活动向全体职工公开的行为。厂务公开是一种企业民主管理的重要形式，是职工（代表）大会制度的延伸和拓展。其目的是使职工对企业的经营活动享有知情权。实践证明，实行厂务公开是进一步落实党的全心全意依靠工人阶级指导方针的有效途径；是加强企业管理、建立现代企业制度，依靠职工办好企业的内在要求；是搞好群众监督，促进企业党风廉政建设的有力手段；是推进基层民主政治建设，保障和落实职工当家做主权利的重要形式；是建立企业稳定协调劳动关系，促进企业改革发展的重要举措。

厂务公开的主要内容包括：

1.企业重大决策问题。主要涉及企业中长期发展计划，生产经营重大决策，企业改革、改组、改制方案，企业兼并或破产方案，企业重大技改实施方案，企业经济性裁员、职工下岗分流和安置方案等重大事项。

2. 企业生产经营管理方面的重要问题。主要包括年度生产经营目标及完成情况，财务预决算，企业担保，大额资金使用，工程建设项目投标，大宗物资采购供应，产品销售和盈亏情况，承包租赁合同执行情况，企业内部管理制度落实情况，重要规章制度的制定等。

3. 涉及职工切身利益方面的问题。主要包括劳动法律法规的执行情况，集体合同、劳动合同的签订和履行，职工提薪晋级、工资奖金分配、奖惩与福利，职工养老、医疗、工伤、失业、生育等社会保险金缴纳情况，职工专业技术职称评聘，评优评先、职工培训计划等。

4. 企业领导班子建设和党风廉政建设方面的问题。主要包括民主评议企业领导干部、重要岗位人员履职和廉洁自律情况，企业业务招待费用使用情况，企业领导干部工资（年薪）、奖金、用车以及出国出境费用支出情况等。

实践总是发展的，厂务公开的内容也不是一成不变的，应根据企业实际、职工的期望，不断向深度广度拓展。截止到 2013 年，全国已建工会企事业单位实行厂务公开的有 217377 家，涵盖单位 464320 家，覆盖职工 230442416 人。目前，厂务公开还存在重形式、轻内容，只公开普通问题、不公开要害问题等情况，要在提高质量、务求实效上下更大的功夫。

六、职工董事、职工监事制度

职工董事、职工监事制度，是依照法律规定，通过职工（代表）大会民主选举一定数量的职工代表进入董事会、监事会，代表职工行使参与企业决策权力、发挥监督作用的制度。

《公司法》规定："董事会成员中可以有公司职工代表"，"监事会应当包括股东代表和适当比例的公司职工代表，其中职工代表的比例不得低于三分之一"。董事会和监事会中的职工代表由公司职工（代表）大会或者其他形式民主选举产生。落实职工董事、职工监事制度应把握好以下环节。

1. 选好职工董事、职工监事。职工董事、职工监事人选的基本条件是：本公司职工；遵纪守法，办事公道，能够代表和反映职工的意见和要求，为职工群众信赖和拥护；熟悉企业经营管理或具有相关的工作经验，有一定的参与经营决策和协调沟通的能力。《公司法》中规定的不能担任或兼任董事、监事的人员，未担（兼）任工会主席的公司高级管理人员，不得担任职工董事、职工监事。

2. 规范职工董事、职工监事产生程序。目前，在职工董事、职工监事制度问题上，还存在着职工董事、职工监事产生程序不规范的问题。有的地方为了在改制报批中符合上级要求，由有关部门指定某人作为职工代表进入董事会、监事会；有的企业在确定职工董事、监事时，不是经过民主程序选举，而是由领导内定；也有的职代会推荐人选，股东会行使最终决定权，等等。这是不符合相关法定程序的。为此，《企业工会工作条例》规定："职工董事、职工监事人选由企业工会提名，通过职工代表大会或职工大会民主选举产生，表达职工愿望和诉

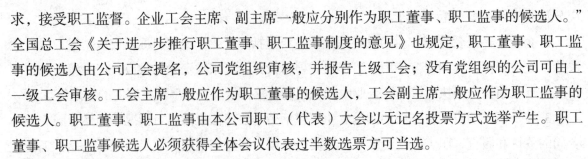

求，接受职工监督。企业工会主席、副主席一般应分别作为职工董事、职工监事的候选人。"全国总工会《关于进一步推行职工董事、职工监事制度的意见》也规定，职工董事、职工监事的候选人由公司工会提名，公司党组织审核，并报告上级工会；没有党组织的公司可由上一级工会审核。工会主席一般应作为职工董事的候选人，工会副主席一般应作为职工监事的候选人。职工董事、职工监事由本公司职工（代表）大会以无记名投票方式选举产生。职工董事、职工监事候选人必须获得全体会议代表过半数选票方可当选。

3. 加强对职工董事、职工监事履职情况的监督。职工董事、职工监事应经常或定期深入职工群众中听取意见和建议；在董事会、监事会研究决定公司重大问题时，应认真履行职责，代表职工行使权利，充分发表意见。职工董事在董事会讨论涉及职工切身利益的重要决策时，应如实反映职工诉求，表达和维护职工的合法权益；在董事会研究确定公司高级管理人员时，要如实反映职工（代表）大会民主评议公司管理人员情况。职工监事要定期监督检查职工各项保险基金的提取、缴纳，以及职工工资、劳动保护、社会保险、福利等制度的执行情况。职工董事、职工监事有权向上级工会、有关部门和机构反映有关情况。职工董事、职工监事是由职工（代表）大会选举产生的，应对职工（代表）大会负责。如果职工董事、职工监事没有履行职责，职工（代表）大会有权予以罢免。

4. 公司工会应为职工董事、职工监事开展工作提供服务。公司工会应协调和督促公司及时向职工董事、职工监事提供有关生产经营等方面的文件资料，协助职工董事、职工监事进行调研、巡视等活动；协助职工董事、职工监事就有关议题听取职工意见，进行分析论证，提出意见和建议；为职工董事、职工监事提供咨询服务；协调有关方面建立职工董事、职工监事工作制度。

七、保障职工参加民主管理的权利是企事业单位的责任

职工依法享有的权利，就是企事业单位应当承担的责任。法律规定职工享有参与民主管理的权利，企事业单位就有保障职工参与民主管理的责任，为职工充分行使知情权、参与权、表达权、监督权创造必要条件。根据《劳动法》《公司法》《工会法》等法律规定，企事业单位在保障职工参与民主管理的权利方面，应当承担的责任主要有：

1. 必须承担建立健全各项职工参与民主管理制度的责任。

2. 做好职工（代表）大会和厂务公开等各项职工民主管理的相关工作。有责任将涉及企事业经营管理和涉及职工劳动权利方面的重大问题提交职工（代表）大会审议通过和做出决定，并认真贯彻落实相关决定和决议。

3. 接受职工（代表）大会的监督。

4. 支持工会做好民主管理等各项工作。对于企事业单位不承担保障职工民主管理权利的行为，职工和工会有权依法追究其法律责任。

第七章

基层工会内部民主制度

　　《企业工会工作条例》第五条规定："企业工会在本企业党组织和上级工会的领导下，依照法律和工会章程独立自主地开展工作，密切联系职工群众，关心职工群众生产生活，热忱为职工群众服务。努力建设成为组织健全、维权到位、工作活跃、作用明显、职工信赖的职工之家。"《企业工会工作条例》的这一规定，就明确指出了企业工会工作的目标。其内涵包括以下几点。

一、内部民主是基层工会的生命源泉

　　1978年10月11日，邓小平同志在中国工会第九次全国代表大会上的致辞中指出："工会组织都必须密切联系群众，使广大工人都感到工会确实是工人自己的组织，是工人信得过的、能替工人说话和办事的组织，是不会对工人说瞎话、拿工人的会费做官当老爷、替少数人谋私利的组织。工会要为工人的民主权利奋斗，反对形形色色的官僚主义，它本身就必须是民主的模范。"

　　2013年10月23日，习近平总书记在同全国总工会新一届领导班子成员集体座谈的讲话中，深情地引用了邓小平同志的这段话，勉励工会和工会干部、工作人员密切联系职工群众，坚持群众化、民主化，保持良好的工作作风。

　　《中国工会章程》规定："中国工会坚持以改革创新精神加强自身建设，坚持群众化、民主化，保持同会员群众的密切联系，依靠会员群众开展工会工作。"这是党对工会的一贯要求，是由工会的性质和特点决定的，也是增强基层工会凝聚力、保持永久活力的根本所在。

　　基层工会的内部民主是由各项民主制度保证的。这些制度主要包括工会会员（代表）大会、基层工会会员代表常任制、坚持按期换届选举、定期向会员（代表）大会报告工作、民主测评民主评议工会领导人、实行会务公开、凡涉及会员群众利益的重要事项须经会员（代表）大会讨论决定等制度。实行基层工会各项民主制度，其根本目的是要尊重会员的主体地位，全面落实会员群众的知情权、参与权、监督权、选举权，把基层工会建设成为名副其实的职工之家。

二、会员（代表）大会

（一）基层工会会员（代表）大会是基层工会的领导机关

基层工会会员（代表）大会，每年至少召开一次。经基层工会委员会或三分之一以上的工会会员提议，可以临时召开会员（代表）大会。会员在一百人以下的基层工会应当召开会员大会。会员（代表）大会三或五年为一届。

（二）基层工会会员（代表）大会的职权

按照《中国工会章程》规定，基层工会会员（代表）大会的职权是：

1. 审议和批准工会基层委员会的工作报告；

2. 审议和批准工会基层委员会的经费收支情况报告和经费审查委员会的工作报告；

3. 选举工会基层委员会和经费审查委员会；

4. 撤换或者罢免其所选举的代表或者工会委员会组成人员；

5. 讨论决定工会工作的重大问题。

（三）基层工会会员（代表）大会召开的步骤

1. 开幕式。基层工会会员（代表）大会召开的开幕式一般邀请上级工会领导和同级党政领导参加，以示重视，体现隆重。开幕式大会由执行主席主持，其主要程序是：宣布大会开始，奏国歌；×××同志致开幕词；上级工会领导致辞；同级党政致辞；其他方面代表致辞；上届（本届）工会委员会做工作报告（草案）；上届（本届）工会委员会做财务工作报告（草案）；上届（本届）工会经费审查委员会做经费审查工作报告（草案）。

需要注意的是，上述三个报告（草案），经会员（代表）讨论修改，最后在大会闭幕式上通过后才能形成决议。

如会员（代表）大会承担换届选举的任务，须在充分发扬民主的基础上，按照有关规定选举新一届工会委员会委员和经费审查委员会委员。每次大会召开前，都要由大会工作人员清点统计到会会员（代表）人数，并向大会宣布，符合法定人数大会方可召开。

2. 闭幕式。会议闭幕式按如下程序进行：宣布新当选的工会委员会主席、副主席及委员名单；宣布新当选的经费审查委员会主任、副主任名单；通过关于上届（本届）工会委员会工作报告决议、财务工作报告决议和经费审查委员会工作报告决议；领导讲话；致闭幕词；奏国际歌；宣布大会闭幕。

（四）需要把握的重点问题

当前，在召开会员（代表）大会中有一种倾向值得注意，即把会员（代表）大会和职工（代表）大会混为一谈。由于基层单位职工大多是工会会员，许多职工代表又是会员代表，不少基层单位将会员（代表）大会与职工（代表）大会结合召开，即"两会合一"。这种做法如果不能很好地厘清两会的不同职权、不同主体、不同工作内容，往往导致工会会员（代表）

大会的功能被削弱。因此，会员（代表）大会与职工（代表）大会须分别行使职权，不得相互替代。如果"两会合一"召开，会议应分段进行。会员（代表）大会在审议通过工会工作报告、民主选举工会委员会时，非会员的职工（代表）是没有资格参加的，他们没有表决权、选举权和被选举权。同时，因两会各自具体职责范围不同，应分别做出决议。我们常听到有人说"我们在职代会上选举了工会主席"就是非常典型、非常突出的例子。职工（代表）大会怎能选举工会主席呢？这个问题应加以纠正。

三、会员代表常任制

（一）实行会员代表常任制的重要意义

基层工会会员代表实行常任制是从 1998 年开始的，这是基层工会组织制度的一项重要改革。会员代表常任制，是指基层工会会员代表大会的代表在规定的任期内，始终具有代表资格并享有代表的权利和履行代表的义务的制度。会员代表的任期与基层工会代表大会届期一致，即从每届工会会员代表大会举行第一次会议开始，到下届本级工会会员代表大会代表选举工作后为止。会员代表可以连选连任。

基层工会会员代表大会的代表实行常任制，不仅使会员代表任期延长，在任期内始终有代表资格，而且扩大了会员代表的权利，使其能够更好地行使代表权利，履行代表义务。更重要的是从制度上能够让会员代表经常地参与工会事务，提高会员对工会工作的参与度，使工会活动置于会员的监督之下。比如近年来，江苏省南通市总工会等单位以工会会员代表常任制为平台，以落实会员"四权"为根本，全面推进基层工会群众化、民主化进程取得了可喜的成果，他们的做法被全国总工会基层组织建设部评为"全国工会基层组织建设创新成果"一等奖。

实践表明，会员代表实行常任制，是广大会员参与工会事务管理的重要载体，是加强基层工会民主生活建设，增强工会活力的重要途径。有利于防止工会工作的机关化、行政化倾向，有利于加强会员对工会工作的民主监督，有利于增强工会负责人的责任感，有利于反映会员的意愿和呼声，有利于增强会员对工会工作的认同感，有利于调动和发挥会员的积极性、主动性和创造性，集中会员的智慧和力量，推动工会工作不断上台阶。

基层工会应当充分发挥会员代表的作用，保障会员代表的民主权利，采取多种方式和途径，为他们创造参与工会事务的条件，切实改变"开会是代表，会后不代表"的状况，依靠会员办会，最大限度地集中会员的意愿和要求，切实把工会的事情办好，使工会更加密切联系会员群众。

（二）会员代表大会代表产生的条件与方法

根据全总《关于基层工会会员代表大会代表实行常任制的若干暂行规定》，基层工会会员代表应具备以下条件：

1. 本人为中华全国总工会会员；

2. 坚持党的基本路线；

3. 在生产、工作中起骨干作用，有一定的议事能力，热心为会员群众说话办事，在会员群众中有一定的威信；

4. 结合本单位的实际确定代表还应具备的其他条件。

会员代表均由会员民主选举产生。会员代表候选人，由其所在单位（分厂、车间、科室）工会、工会小组，按照基层工会确定的代表候选人名额，依据代表条件，组织会员讨论提出名单，报基层工会平衡后，由代表所在单位工会负责人主持，经会员直接选举为正式代表。

基层工会会员代表大会代表的选举，一律采取无记名投票差额选举方式。选举中要注意：一是基层工会会员代表大会代表候选人，**获得选举**单位全体会员过半数票时，始得当选正式代表；二是若获得过半数票的代表候选人**名额超**过应选代表时，以得票多的当选；三是若获得过半数票的代表候选人名额少于应选代表时，不足名额可另行选举；四是若候选人得票相等不能确定当选人时，可就票数相等的候选人重新投票确定。

（三）会员代表大会代表的产生比例

基层工会会员代表大会的代表名额，是按基层工会会员人数多少确定的，大体分为三种情况：

第一种情况：会员在 100 人以下的基层工会，原则上召开会员大会，如因特殊情况需要召开会员代表大会时，须经上级工会批准，代表人数不得少于会员人数的 60%。

第二种情况：会员在 100 人以上、1000 人以下的基层工会，代表人数确定又分为四种情况：会员在 100~500 人者，代表为会员的 30%~25%；会员在 501~1000 人者，代表为会员的 25%~15%；会员在 1001~5000 人者，代表为会员的 15%~10%；会员在 5001~10000 人者，代表为会员的 10%~5%。

第三种情况：会员超过万人以上的基层工会，会员代表的人数原则上不超过 500 人。代表的组成，应有广泛的群众性和代表性。企事业单位中的工人会员代表，学校、科研单位中的教职工和科研人员代表，一般应占代表总数的 60% 以上；少数民族代表、女代表和青年代表，根据本基层实际情况应占一定比例。

（四）会员代表大会代表的履职

常任制代表必须以对广大会员群众和工会组织负责的态度履行职责，尽好义务。其基本职责是：

1. 带头执行党的路线、方针、政策，自觉遵守国家法律和本单位的规章制度，努力完成生产、工作任务；

2. 积极参加会员代表大会，认真听取基层工会委员会和经费审查委员会的工作报告，认真讨论和审议代表大会的各项议题，认真负责地提出审议意见和建议；

3. 严肃负责地履行民主选举的权利，认真做好各项民主选举工作；

4. 积极参加对基层工会领导人的民主评议和民主测评，负责地提出奖惩和任免的建议；

5. 经常保持与本单位会员群众的密切联系，注意听取会员的意见和建议，并及时向工会委员会反映，热心为会员说话办事，积极为做好各项工作献计献策；

6. 积极宣传贯彻基层工会代表大会的决议精神，团结和带动会员群众完成会员代表大会提出的各项任务。

会员代表实行常任制，对代表要求提高了。因此，常任制代表要积极参加基层工会组织的培训，树立为工会会员服务的思想，增强责任感；认真学习党和国家的有关方针政策，特别是要学习和掌握习近平总书记关于工会工作的重要指示精神，增强参政议政能力；学习掌握工运理论、工会基本知识，增长做好工会工作的才干。

常任制会员代表对原选举单位会员负责，接受原选举单位监督，原选举单位会员对违法违纪和严重失职的常任制代表，有权提出罢免要求，但必须经过原选举单位全体会员过半数通过，并经基层工会审批。常任制会员代表因故调离原选举单位，不能继续履行代表职责时，代表资格自然免除。原选举单位出现的常任制会员代表的缺额，由全体会员另行选举，并报经基层工会委员会审批。

四、会务公开

（一）基层工会实行会务公开的重要性和必要性

工会内部民主是由工会的性质和特点决定的，会务公开是工会内部民主的重要制度和内容。会务公开是指工会内部事务的内容、程序、结果等在一定范围内进行公布。

基层工会是工会全部工作和凝聚力的基础。基层工会实行会务公开是贯彻党的十八大精神，落实中国工会十六大工作部署，保障会员主体地位，落实会员知情权、参与权、选举权、监督权的必然要求；是工会保持与会员群众密切联系，提高会员对工会工作关心度和参与度，依靠会员群众开展工会工作的客观要求；是加强工会内部监督、规范权力运行、促进基层廉洁自律、增强工会凝聚力的重要举措。基层工会实行会务公开，对于加强和改进新形势下的基层工会建设，充分发扬基层工会作用具有重要意义。

（二）基层工会实行会务公开的主要内容

基层工会实行会务公开应当紧紧围绕会员群众普遍关心、普遍注意的问题展开。主要内容有：

1. 工会组织的决议、决定执行情况。包括执行上级工会组织的决议、决定和工作部署等情况；本级工会会员（代表）大会、工会委员会重要决议、决定、预期工作目标、阶段性工作部署、工作任务及落实情况。

2. 组织建设管理情况。包括本级工会组织的设置、主要职责、议事规则和决策程序、委员分工和联系方式、工会干部、会员代表履行职责、换届选举、会员发展、工会积极分子队伍建设等情况。

3. 联系服务会员情况。包括听取、反映和采纳会员群众意见、建议的途径、方法和结果，维护会员群众合法权益，解决生产生活困难，为困难会员提供补助帮扶，办理涉及会员切身利益的重大事项等情况。

4. 开展评先评优情况。包括申报各级模范职工之家、推荐各级优秀工会工作者等各类先进集体和先进个人的条件、数量、程序、结果等情况。

5. 经费资产管理情况。包括本级工会经费计提和收缴，经费预算执行、留用经费支出、专项资金的筹措、管理和使用，以工会为主管理的各类（项）基金的募集、使用以及工会资产管理、工程项目招标和经营收益等情况。

6. 其他需要公开的事项。

（三）基层工会实行会务公开的基本方式

基层工会实行会务公开既要继承行之有效的传统方式，又要从实际出发不断创新。基本方式有：

1. 会员（代表）大会。会员（代表）大会每年召开 1~2 次，经 1/3 以上会员或工会委员会提议可临时召开。

2. 工会委员会报告工作。本级工会定期向会员报告工作，工会主席、副主席向会员做述职报告。由会员评议基层工会开展工作、建设职工之家情况，评议工会主席、副主席履行职责情况。每年至少报告与评议一次。

3. 会务公开栏。根据会务公开的内容和范围，设置会务公开栏，畅通工会内部事务上下沟通渠道。

4. 主席接待日。本级工会主席、副主席定期接待会员群众，就会员提出的问题及时给予解答和处理。

5. 媒介网络公开。包括采用局域网、QQ 群、手机短信和微信、广播电视等现代传媒手段，及时公开相关信息。

6. 其他公开的方式。

（四）基层工会如何实行会务公开

基层工会实行会务公开在同级党组织和上级工会领导下进行。本级工会是实行会务公开的主体，工会主席为会务公开第一责任人，应积极主动地做好会务公开工作。

基层工会实行会务公开要注重实效。善于与基层工会规范化建设结合起来，与会员评家工作结合起来，与落实工会内部民主制度结合起来，与党务公开、企务公开、村（居）务公开等有机结合起来，相互促进，共同发展。应加强对基层工会实行会务公开的调研、评估，不断完善公开制度，丰富公开内容，创新公开方式，创造公开经验。

要加强对基层工会会务公开的宣传工作，发挥典型示范作用，启发内在动力，建立健全监督机制，加大监督力度，努力营造基层工会会务公开的良好氛围。

五、"双亮"与"四权"

（一）关于"双亮"

所谓"双亮"，是"工会组织亮牌子、工会主席亮身份"的简称。"工会组织亮牌子"，是指基层工会在本单位门面或工会办公场所悬挂与本单位名称对应的工会组织牌匾，工会办公地点在本单位宣传橱窗、厂务公开栏、会务公开栏、单位网站、职工食堂等明显位置公布，方便会员和职工群众更好地知晓工会；"工会主席亮身份"，是指基层工会主席、副主席以佩戴胸卡、戴牌上岗、印发联系卡、设置办公桌牌等一种或多种形式亮出身份，并在本单位宣传橱窗、厂务公开栏、本单位网站、职工食堂等显眼位置公布办公电话、手机号码等联系方式，便于会员与职工群众联系。

"双亮"的提出，是从实际出发的务实之举。多年来，随着非公企业的快速发展，基层工会与之相伴而生。但有相当一部分基层工会特别是非公企业工会在组建时，宣传动员职工群众不够充分，履行相关程序不够严格；一些基层工会虽然成立了，但部分职工群众并不知晓；一些规模较大的非公企业工会组织不健全，未在分厂、车间、班组相应建立工会分会、工会小组。这就导致部分工会组织有名无实、形同虚设，职工群众在困难的时候、需要服务和维权的时候，想不到工会、不去找工会。有关专题调查显示，有相当一部分职工不知道工会办公地点，不知道所在单位工会主席是谁，不知道基层工会干部的联系方式。这种状况严重影响了基层工会的凝聚力，制约了基层工会作用的发挥，隔膜了基层工会与职工的联系。在此情形下，"双亮"应运而生是基层工会工作需要的使然。

"双亮"的提出，是基层工会的发明创造。2007年以来，福建省总工会在按照"有班子、有牌子、有场所、有经费、有制度、有活动"要求推进基层工会规范化建设的同时，在全省非公有制企业工会中广泛开展了"工会组织亮牌子示职责、工会干部亮身份许承诺"活动。经过几年实践，取得了明显效果。全国总工会总结福建省总等单位这方面的经验，于2012年3月下发了《关于在企业工会实施"工会组织亮牌子、工会主席亮身份"的意见》，推动"双亮"在全国基层工会中广泛开展，从而拉近工会与职工的距离。

"双亮"的提出和实施，能监督、易落实、好检查、有反响，用最直观透明、看得见、摸得着的方式让职工进一步了解工会，有利于提高建会质量，巩固建会成果，推动基层工会特别是非公企业工会打牢规范化建设的基础；有利于推动基层工会健全民主选举制度，有效防止雇主指派工会主席的现象；有助于会员和职工感受到工会组织的存在，推动基层工会先易后难、循序渐进逐步提高工作水平。

（二）关于"四权"

所谓"四权"，是指依照《工会法》和《中国工会章程》全面落实会员的知情权、参与权、选举权、监督权。

着眼落实会员"四权"，是党建带工建的需要，是工会组织性质和特点的内在要求，是增强基层工会活力的基本途径。多年来，许多地方工会在落实会员"四权"方面做了大量的有益探索，比如辽宁、浙江、广东、湖北、河北等地大力落实会员的选举权，推动基层工会直接选举工会主席；江苏、山东、广西、内蒙古、黑龙江、福建等地大力落实会员知情权，不断加强基层工会会务公开工作；山西、湖南、河南、陕西、江苏等地大力推动落实会员参与权，推行基层工会会员代表常任制；各地工会大力推动落实会员监督权，每年都要组织基层工会开展会员评家自查互查工作。这些做法为在全国基层工会范围内推动落实会员"四权"工作探索了道路，积累了经验。全总相继出台的《企业工会工作条例》《企业工会主席产生办法（试行）》《关于开展会员评议职工之家活动的意见》，从不同方面对落实会员"四权"做出了明确规定。

实践证明，坚持和发展基层工会的各项民主制度是落实会员"四权"的重要保证，落实会员"四权"工作倒逼基层工会各项民主制度健全完善。落实会员知情权，必须坚持和完善会务公开制度，大力推动基层工会实行会务公开，重大事项都必须经会员群众讨论决定。落实会员参与权，就必须坚持和完善基层工会会员代表常任制，拓宽常任制范围，丰富常任制内容，努力提高会员对工会工作的参与度。落实会员监督权，就必须坚持落实会员评家制度，建立健全会员评家报告制度、记录制度、检查制度和激励约束制度，把工会工作的评判权真正赋予会员和职工群众，促使基层工会永不懈怠。落实会员选举权，就必须严格依法依规落实选举制度，不断完善民主选举制度，积极稳妥推进基层工会主席直接选举，使会员的选举权得到更好落实。

同时，要全面落实会员"四权"，还必须抓住落实会员（代表）大会这个"牛鼻子"。

第八章
基层工会联合会

一、基层工会联合会与联合基层工会

基层工会联合会是指由若干个企业、事业单位，在各自成立基层工会组织并民主选举产生本单位工会委员会的基础上，在一定的区域或行业范围内，按照联合制、代表制的原则，建立的区域性或行业性基层工会组织。基层工会联合会的委员由其下属基层工会的主席或部分主席和有关方面的人员参加组成。

基层工会联合会的组织形式有别于联合基层工会。《工会法》规定："企业、事业单位、机关有会员二十五人以上的应当建立基层工会委员会；不足二十五人的可以单独建立基层工会委员会，由两个以上单位的会员联合建立基层工会委员会，也可以选举组织员一人，组织会员开展活动。"联合基层工会是一个单独的基层工会，其下属可各自以单位建立工会分会或工会小组。目前在实践中有两种模糊的认识需要注意澄清和纠正。一种是以本单位会员人数是否达到25人为界，25人以上的单独成立基层工会委员会，25人以下的则一律不准单独成立基层工会委员会，这是不符合《工会法》上述相关规定的。再一种就是基层工会联合会和联合基层工会组织形式概念不清，把两种组织形式混为一谈，这是需要加以厘清的。

二、基层工会联合会的组成

基层工会联合会一般分为区域性基层工会联合会和行业性基层工会联合会两种组织形式。前者按照区域相邻的原则组成，后者以同一行业或者性质相近的几个行业组成。

基层工会联合会委员会按照联合制、代表制的原则组成。1988年中国工会十一大就提出："工会组织制度改革的方向是逐步向联合制、代表制过渡，即各级工会的领导机构由其所属基层工会或下级工会的代表联合组成，以真正做到工会代表职工，上级代表下级，各级工会为基层、职工服务。"中国工会十二大通过的《中国工会章程》中，对联合制、代表制原则实行的范围做出了具体规定。联合制、代表制原则的基本内容和要求主要是：（1）工会基层组织由会员大会或会员代表大会选举本级工会的领导人。（2）基层以上的各级工会是下一级工会组织的联合体，其领导机构主要应由下一级民主选举的主要领导人组成，是下级工会的领导机关和代表机关。（3）参加上级工会领导机构的成员可以实行替补制。（4）根据工作需要，工会领导机构可以吸收有关方面的代表参加。

据此，全总于 2009 年出台《中华全国总工会关于加强小企业工会联合会建设的意见》规定：1. 小企业工会联合会（以下简称联合会），是由两个以上企业工会委员会（含联合基层工会），按照地域相近、行业相同的原则，在县以下联合建立的区域性或行业性工会组织。2. 小企业工会联合会，应当遵循联合制、代表制的原则建立。3. 联合会委员数额可以根据工作实际需要确定，由联合会的专职工作人员和所属小企业工会主席担任，所属小企业工会数量较多的，可以由所属小企业工会主席民主推举代表担任。联合会可根据工作需要，吸收工商、税务等相关方面的代表参加。建立联合会的同时，建立联合会女职工委员会。4. 联合会主席、副主席可以由全体委员选举产生，也可以由联合会下属各小企业工会联合组成会员（代表）大会选举产生。5. 每个联合会原则上至少要配备一名专职工作人员，会员人数较多的应适当增加配备人数。联合会专职工作人员一般应作为工会主席、副主席人选。要积极通过向社会公开招聘社会化工会工作者、争取社会公益性岗位、下派工会机关干部代职、争取人员编制等多种途径，为联合会配备专职工作人员。6. 联合会下属有会员 25 人以上的企业应当建立基层工会委员会，不足 25 人的可以单独建立基层工会委员会，也可以由两个以上企业的会员联合建立基层工会委员会。7. 坚持因地制宜，分类指导，从本地区小企业工会组建的分布、数量以及会员人数等实际情况出发，科学合理确定联合会覆盖范围。

三、基层工会联合会的工作职责及运行机制

目前，有的地方建立了不少基层工会联合会，但作用发挥效果参差不齐，有的基层工会联合会牌子挂出来了，但没有什么凝聚力和吸引力。从许多地方的实践看，充分发挥基层工会联合会的作用，关键是要明确其工作职责和运行机制。

基层工会联合会的基本职责是：负责本区域本行业内小企业工会组建和发展会员工作；推动建立区域性行业性平等协商、集体合同制度和职工代表大会制度，承担本区域本行业职代会工作机构的职责，监督集体合同的履行和职工代表大会决议的执行；推动建立劳动争议调解组织，参与协调处理劳动争议，为所属企业工会和职工提供法律服务；培训所属企业工会干部，支持他们依法履行职责，维护其合法权益；组织开展建设职工之家、"双爱双评"等活动，不断提高基层工会工作水平；代行所属基层工会难以履行的维权职责。

参考文献：

《怎样当好工会主席》；《工会主席岗前培训》

附录：

中共中央国务院
关于实施乡村振兴战略的意见

（2018 年 1 月 2 日）

实施乡村振兴战略，是党的十九大做出的重大决策部署，是决胜全面建成小康社会、全面建设社会主义现代化国家的重大历史任务，是新时代"三农"工作的总抓手。现就实施乡村振兴战略提出如下意见。

一、新时代实施乡村振兴战略的重大意义

党的十八大以来，在以习近平同志为核心的党中央坚强领导下，我们坚持把解决好"三农"问题作为全党工作重中之重，持续加大强农惠农富农政策力度，扎实推进农业现代化和新农村建设，全面深化农村改革，农业农村发展取得了历史性成就，为党和国家事业全面开创新局面提供了重要支撑。5 年来，粮食生产能力跨上新台阶，农业供给侧结构性改革迈出新步伐，农民收入持续增长，农村民生全面改善，脱贫攻坚战取得决定性进展，农村生态文明建设显著加强，农民获得感显著提升，农村社会稳定和谐。农业农村发展取得的重大成就和"三农"工作积累的丰富经验，为实施乡村振兴战略奠定了良好基础。

农业农村农民问题是关系国计民生的根本性问题。没有农业农村的现代化，就没有国家的现代化。当前，我国发展不平衡不充分问题在乡村最为突出，主要表现在：农产品阶段性供过于求和供给不足并存，农业供给质量亟待提高；农民适应生产力发展和市场竞争的能力不足，新型职业农民队伍建设亟须加强；农村基础设施和民生领域欠账较多，农村环境和生态问题比较突出，乡村发展整体水平亟待提升；国家支农体系相对薄弱，农村金融改革任务繁重，城乡之间要素合理流动机制亟待健全；农村基层党建存在**薄弱环**节，乡村治理体系和治理能力亟待强化。实施乡村振兴战略，是解决人民日益增长**的美好**生活需要和不平衡不充分的发展之间矛盾的必然要求，是实现"两个一百年"奋斗目标的必然要求，是实现全体人民共同富裕的必然要求。

在中国特色社会主义新时代，乡村是一个可以大有作为的广阔天地，迎来了难得的发展机遇。我们有党的领导的政治优势，有社会主义的制度优势，有亿万农民的创造精神，有强大的经济实力支撑，有历史悠久的农耕文明，有旺盛的市场需求，完全有条件有能力实施乡村振兴战略。必须立足国情农情，顺势而为，切实增强责任感使命感紧迫感，举全党全国全社会之力，以更大的决心、更明确的目标、更有力的举措，推动农业全面升级、农村全面进步、农民全面发展，谱写新时代乡村全面振兴新篇章。

二、实施乡村振兴战略的总体要求

（一）指导思想

全面贯彻党的十九大精神，以习近平新时代中国特色社会主义思想为指导，加强党对"三农"工作的领导，坚持稳中求进工作总基调，牢固树立新发展理念，落实高质量发展的要求，紧紧围绕统筹推进"五位一体"总体布局和协调推进"四个全面"战略布局，坚持把解决好"三农"问题作为全党工作重中之重，坚持农业农村优先发展，按照产业兴旺、生态宜居、乡风文明、治理有效、生活富裕的总要求，建立健全城乡融合发展体制机制和政策体系，统筹推进农村经济建设、政治建设、文化建设、社会建设、生态文明建设和党的建设，加快推进乡村治理体系和治理能力现代化，加快推进农业农村现代化，走中国特色社会主义乡村振兴道路，让农业成为有奔头的产业，让农民成为有吸引力的职业，让农村成为安居乐业的美丽家园。

（二）目标任务

按照党的十九大提出的决胜全面建成小康社会、分两个阶段实现第二个百年奋斗目标的战略安排，实施乡村振兴战略的目标任务是：

到 2020 年，乡村振兴取得重要进展，制度框架和政策体系基本形成。农业综合生产能力稳步提升，农业供给体系质量明显提高，农村一二三产业融合发展水平进一步提升；农民增收渠道进一步拓宽，城乡居民生活水平差距持续缩小；现行标准下农村贫困人口实现脱贫，贫困县全部摘帽，解决区域性整体贫困；农村基础设施建设深入推进，农村人居环境明显改善，美丽宜居乡村建设扎实推进；城乡基本公共服务均等化水平进一步提高，城乡融合发展体制机制初步建立；农村对人才吸引力逐步增强；农村生态环境明显好转，农业生态服务能力进一步提高；以党组织为核心的农村基层组织建设进一步加强，乡村治理体系进一步完善；党的农村工作领导体制机制进一步健全；各地区各部门推进乡村振兴的思路举措得以确立。

到 2035 年，乡村振兴取得决定性进展，农业农村现代化基本实现。农业结构得到根本性改善，农民就业质量显著提高，相对贫困进一步缓解，共同富裕迈出坚实步伐；城乡基本公共服务均等化基本实现，城乡融合发展体制机制更加完善；乡风文明达到新高度，乡村治理体系更加完善；农村生态环境根本好转，美丽宜居乡村基本实现。

到 2050 年，乡村全面振兴，农业强、农村美、农民富全面实现。

（三）基本原则

——坚持党管农村工作。毫不动摇地坚持和加强党对农村工作的领导，健全党管农村工作领导体制机制和党内法规，确保党在农村工作中始终总揽全局、协调各方，为乡村振兴提供坚强有力的政治保障。

——坚持农业农村优先发展。把实现乡村振兴作为全党的共同意志、共同行动，做到认识统一、步调一致，在干部配备上优先考虑，在要素配置上优先满足，在资金投入上优先保障，在公共服务上优先安排，加快补齐农业农村短板。

——坚持农民主体地位。充分尊重农民意愿，切实发挥农民在乡村振兴中的主体作用，调动亿万农民的积极性、主动性、创造性，把维护农民群众根本利益、促进农民共同富裕作为出发点和落脚点，促进农民持续增收，不断提升农民的获得感、幸福感、安全感。

——坚持乡村全面振兴。准确把握乡村振兴的科学内涵，挖掘乡村多种功能和价值，统筹谋划农村经济建设、政治建设、文化建设、社会建设、生态文明建设和党的建设，注重协同性、关联性，整体部署，协调推进。

——坚持城乡融合发展。坚决破除体制机制弊端，使市场在资源配置中起决定性作用，更好地发挥政府作用，推动城乡要素自由流动、平等交换，推动新型工业化、信息化、城镇化、农业现代化同步发展，加快形成工农互促、城乡互补、全面融合、共同繁荣的新型工农城乡关系。

——坚持人与自然和谐共生。牢固树立和践行绿水青山就是金山银山的理念，落实节约优先、保护优先、自然恢复为主的方针，统筹山水林田湖草系统治理，严守生态保护红线，以绿色发展引领乡村振兴。

——坚持因地制宜、循序渐进。科学把握乡村的差异性和发展走势分化特征，做好顶层设计，注重规划先行、突出重点、分类施策、典型引路。既尽力而为，又量力而行，不搞层层加码，不搞一刀切，不搞形式主义，久久为功，扎实推进。

三、提升农业发展质量，培育乡村发展新动能

乡村振兴，产业兴旺是重点。必须坚持质量兴农、绿色兴农，以农业供给侧结构性改革为主线，加快构建现代农业产业体系、生产体系、经营体系，提高农业创新力、竞争力和全要素生产率，加快实现由农业大国向农业强国转变。

（一）夯实农业生产能力基础

深入实施藏粮于地、藏粮于技战略，严守耕地红线，确保国家粮食安全，把中国人的饭碗牢牢端在自己手中。全面落实永久基本农田特殊保护制度，加快划定和建设粮食生产功能区、重要农产品生产保护区，完善支持政策。大规模推进农村土地整治和高标准农田建设，稳步提升耕地质量，强化监督考核和地方政府责任。加强农田水利建设，提高抗旱防洪除涝能力。实施国家农业节水行动，**加快灌**区续建配套与现代化改造，推进小型农田水利设施达标提质，建设一批重大高效节**水灌溉**工程。加快建设国家农业科技创新体系，加强面向全行业的科技创新基地建设。深化农业科技成果转化和推广应用改革。加快发展现代农作物、畜禽、水产、林木种业，提升自主创新能力。高标准建设国家南繁育种基地。推进我国农机装备产业转型升级，加强科研机构、设备制造企业联合攻关，进一步提高大宗农作物机械国产化水平，加快研发经济作物、养殖业、丘陵山区农林机械，发展高端农机装备制造。优化农业从业者结构，加快建设知识型、技能型、创新型农业经营者队伍。大力发展数字农业，实施智慧农业林业水利工程，推进物联网试验示范和遥感技术应用。

（二）实施质量兴农战略

制订和实施国家质量兴农战略规划，建立健全质量兴农评价体系、政策体系、工作体系和考核体系。深入推进农业绿色化、优质化、特色化、品牌化，调整优化农业生产力布局，推动农业由增产导向转向提质导向。推进特色农产品优势区创建，建设现代农业产业园、农业科技园。实施产业兴村强县行动，推行标准化生产，培育农产品品牌，保护地理标志农产品，打造一村一品、一县一业发展新格局。加快发展现代高效林业，实施兴林富民行动，推进森林生态标志产品建设工程。加强植物病虫害、动物疫病防控体系建设。优化养殖业空间布局，大力发展绿色生态健康养殖，做大做强民族奶业。统筹海洋渔业资源开发，科学布局近远海养殖和远洋渔业，建设现代化海洋牧场。建立产学研融合的农业科技创新联盟，加强农业绿色生态、提质增效技术研发应用。切实发挥农垦在质量兴农中的带动引领作用。实施食品安全战略，完善农产品质量和食品安全标准体系，加强农业投入品和农产品质量安全追溯体系建设，健全农产品质量和食品安全监管体制，重点提高基层监管能力。

（三）构建农村一二三产业融合发展体系

大力开发农业多种功能，延长产业链、提升价值链、完善利益链，通过保底分红、股份合作、利润返还等多种形式，让农民合理分享全产业链增值收益。实施农产品加工业提升行动，鼓励企业兼并重组，淘汰落后产能，支持主产区农产品就地加工转化增值。重点解决农产品销售中的突出问题，加强农产品产后分级、包装、营销，建设现代化农产品冷链仓储物流体系，打造农产品销售公共服务平台，支持供销、邮政及各类企业把服务网点延伸到乡村，健全农产品产销稳定衔接机制，大力建设具有广泛性的促进农村电子商务发展的基础设施，鼓励支持各类市场主体创新发展基于互联网的新型农业产业模式，深入实施电子商务进农村综合示范，加快推进农村流通现代化。实施休闲农业和乡村旅游精品工程，建设一批设施完备、功能多样的休闲观光园区、森林人家、康养基地、乡村民宿、特色小镇。对利用闲置农房发展民宿、养老等项目，研究出台消防、特种行业经营等领域便利市场准入、加强事中事后监管的管理办法。发展乡村共享经济、创意农业、特色文化产业。

（四）构建农业对外开放新格局

优化资源配置，着力节本增效，提高我国农产品国际竞争力。实施特色优势农产品出口提升行动，扩大高附加值农产品出口。建立健全我国农业贸易政策体系。深化与"一带一路"沿线国家和地区农产品贸易关系。积极支持农业走出去，培育具有国际竞争力的大粮商和农业企业集团。积极参与全球粮食安全治理和农业贸易规则制定，促进形成更加公平合理的农业国际贸易秩序，进一步加大农产品反走私综合治理力度。

（五）促进小农户和现代农业发展有机衔接

统筹兼顾培育新型农业经营主体和扶持小农户，采取针对性的措施，把小农生产引入现代农业发展轨道。培育各类专业化市场化服务组织，推进农业生产全程社会化服务，帮助小农户节本增效。发展多样化的联合与合作，提升小农户组织化程度。注重发挥新型农业经营主体带动作用，打造区域公用品牌，开展农超对接、农社对接，帮助小农户对接市场。扶持小农户发展生态农业、设施农业、体验农业、定制农业，提高产品档次和附加值，拓展增收空间。改善小农户生产设施条件，提升小农户抗风险能力。研究制定扶持小农生产的政策意见。

四、推进乡村绿色发展，打造人与自然和谐共生发展新格局

乡村振兴，生态宜居是关键。良好生态环境是农村最大优势和宝贵财富。必须尊重自然、顺应自然、保护自然，推动乡村自然资本加快增值，实现百姓富、生态美的统一。

（一）统筹山水林田湖草系统治理

把山水林田湖草作为一个生命共同体，进行统一保护、统一修复。实施重要生态系统保护和修复工程。健全耕地草原森林河流湖泊休养生息制度，分类有序退出超载的边际产能。扩大耕地轮作休耕制度试点。科学划定江河湖海限捕、禁捕区域，健全水生生态保护修复制度。实行水资源消耗总量和强度双控行动。开展河湖水系连通和农村河塘清淤整治，全面推行河长制、湖长制。加大农业水价综合改革工作力度。开展国土绿化行动，推进荒漠化、石漠化、水土流失综合治理。强化湿地保护和恢复，继续开展退耕还湿。完善天然林保护制度，把所有天然林都纳入保护范围。扩大退耕还林还草、退牧还草范围，建立成果巩固长效机制。继续实施三北防护林体系建设等林业重点工程，实施森林质量精准提升工程。继续实施草原生态保护补助奖励政策。实施生物多样性保护重大工程，有效防范外来生物入侵。

（二）加强农村突出环境问题综合治理

加强农业面源污染防治，开展农业绿色发展行动，实现投入品减量化、生产清洁化、废弃物资源化、产业模式生态化。推进有机肥替代化肥、畜禽粪污处理、农作物秸秆综合利用、废弃农膜回收、病虫害绿色防控。加强农村水环境治理和农村饮用水水源保护，实施农村生态清洁小流域建设。扩大华北地下水超采区综合治理范围。推进重金属污染耕地防控和

修复，开展土壤污染治理与修复技术应用试点，加大东北黑土地保护力度。**实施流域环境和近岸海域**综合治理。严禁工业和城镇污染向农业农村转移。加强农村环境监**管能力建设**，落实县乡两级农村环境保护主体责任。

（三）建立市场化多元化生态补偿机制

落实农业功能区制度，加大重点生态功能区转移支付力度，完善生态保护成效与资金分配挂钩的激励约束机制。鼓励地方在重点生态区位推行商品林赎买制度。健全地区间、流域上下游之间横向生态保护补偿机制，探索建立生态产品购买、森林碳汇等市场化补偿制度。建立长江流域重点水域禁捕补偿制度。推行生态建设和保护以工代赈做法，提供更多生态公益岗位。

（四）增加农业生态产品和服务供给

正确处理开发与保护的关系，运用现代科技和管理手段，将乡村生态优势转化为发展生态经济的优势，提供更多更好的绿色生态产品和服务，促进生态和经济良性循环。加快发展森林草原旅游、河湖湿地观光、冰雪海上运动、野生动物驯养观赏等产业，积极开发观光农业、游憩休闲、健康养生、生态教育等服务。创建一批特色生态旅游示范村镇和精品线路，打造绿色生态环保的乡村生态旅游产业链。

五、繁荣兴盛农村文化，焕发乡风文明新气象

乡村振兴，乡风文明是保障。必须坚持物质文明和精神文明一起抓，提升农民精神风貌，培育文明乡风、良好家风、淳朴民风，不断提高乡村社会文明程度。

（一）加强农村思想道德建设

以社会主义核心价值观为引领，坚持教育引导、实践养成、制度保障三管齐下，采取符合农村特点的有效方式，深化中国特色社会主义和中国梦宣传教育，大力弘扬民族精神和时代精神。加强爱国主义、集体主义、社会主义教育，深化民族团**结进步**教育，加强农村思想文化阵地建设。深入实施公民道德建设工程，挖掘农村传统道**德教育**资源，推进社会公德、职业道德、家庭美德、个人品德建设。推进诚信建设，强化农民的社会责任意识、规则意识、集体意识、主人翁意识。

（二）传承发展提升农村优秀传统文化

立足乡村文明，吸取城市文明及外来文化优秀成果，在保护传承的基础上，创造性转化、创新性发展，不断赋予时代内涵、丰富表现形式。切实保护好优秀农耕文化遗产，推动优秀农耕文化遗产合理适度利用。深入挖掘农耕文化蕴含的优秀思想观念、人文精神、道德规范，充分发挥其在凝聚人心、教化群众、淳化民风中的重要作用。划定乡村建设的历史文化保护线，保护好文物古迹、传统村落、民族村寨、**传统建筑**、农业遗迹、灌溉工程遗产。支持农村地区优秀戏曲曲艺、少数民族文化、民间文化**等传承**发展。

（三）加强农村公共文化建设

按照有标准、有网络、有内容、有人才的要求，健全乡村公共文化服务体系。发挥县级公共文化机构辐射作用，推进基层综合性文化服务中心建设，实现乡村两级公共文化服务全覆盖，提升服务效能。深入推进文化惠民，公共文化资源要重点向乡村倾斜，提供更多更好的农村公共文化产品和服务。支持"三农"题材文艺创作生产，鼓励文艺工作者不断推出反映农民生产生活尤其是乡村振兴实践的优秀文艺作品，充分展示新时代农村农民的精神面貌。培育挖掘乡土文化本土人才，开展文化结对帮扶，引导社会各界人士投身乡村文化建设。活跃繁荣农村文化市场，丰富农村文化业态，加强农村文化市场监管。

（四）开展移风易俗行动

广泛开展文明村镇、星级文明户、文明家庭等群众性精神文明创建活动。遏制大操大办、厚葬薄养、人情攀比等陈规陋习。加强无神论宣传教育，丰富农民群众精神文化生活，抵制封建迷信活动。深化农村殡葬改革。加强农村科普工作，提高农民科学文化素养。

六、加强农村基层基础工作，构建乡村治理新体系

乡村振兴，治理有效是基础。必须把夯实基层基础作为固本之策，建立健全党委领导、政府负责、社会协同、公众参与、法治保障的现代乡村社会治理体制，坚持自治、法治、德治相结合，确保乡村社会充满活力、和谐有序。

（一）加强农村基层党组织建设

扎实推进抓党建促乡村振兴，突出政治功能，提升组织力，抓乡促村，把农村基层党组织建成坚强战斗堡垒。强化农村基层党组织领导核心地位，创新组织设置和活动方式，持续整顿软弱涣散村党组织，稳妥有序开展不合格党员处置工作，着力引导农村党员发挥先锋模范作用。建立选派第一书记工作长效机制，全面向贫困村、软弱涣散村和集体经济薄弱村党组织派出第一书记。实施农村带头人队伍整体优化提升行动，注重吸引高校毕业生、农民工、机关企事业单位优秀党员干部到村任职，选优配强村党组织书记。健全从优秀村党组织书记中选拔乡镇领导干部、考录乡镇机关公务员、招聘乡镇事业编制人员制度。加大在优秀青年农民中发展党员力度。建立农村党员定期培训制度。全面落实村级组织运转经费保障政策。推行村级小微权力清单制度，加大基层小微权力腐败惩处力度。严厉整治惠农补贴、集体资产管理、土地征收等领域侵害农民利益的不正之风和腐败问题。

（二）深化村民自治实践

坚持自治为基，加强农村群众性自治组织建设，健全和创新村党组织领导的充满活力的村民自治机制。推动村党组织书记通过选举担任村委会主任。发挥自治章程、村规民约的积极作用。全面建立健全村务监督委员会，推行村级事务阳光工程。依托村民会议、村民代表会议、村民议事会、村民理事会、村民监事会等，形成民事民议、民事民办、民事民管的多层次基层协商格局。积极发挥新乡贤作用。推动乡村治理重心下移，尽可能把资源、服务、管理下放到基层。继续开展以村民小组或自然村为基本单元的村民自治试点工作。加强农村社区治理创新。创新基层管理体制机制，整合优化公共服务和行政审批职责，打造"一门式办理""一站式服务"的综合服务平台。在村庄普遍建立网上服务站点，逐步形成完善的乡村便民服务体系。大力培育服务性、公益性、互助性农村社会组织，积极发展农村社会工作和志愿服务。集中清理上级对村级组织考核评比多、创建达标多、检查督查多等突出问题。维护村民委员会、农村集体经济组织、农村合作经济组织的特别法人地位和权利。

（三）建设法治乡村

坚持法治为本，树立依法治理理念，强化法律在维护农民权益、规范市场运行、农业支持保护、生态环境治理、化解农村社会矛盾等方面的权威地位。增强基层干部法治观念、法治为民意识，将政府涉农各项工作纳入法治化轨道。深入推进综合行政执法改革向基层延伸，创新监管方式，推动执法队伍整合、执法力量下沉，提高执法能力和水平。建立健全乡村调解、县市仲裁、司法保障**的农村**土地承包经营纠纷调处机制。加大农村普法力度，提高农民法治素养，引导广大农民**增强尊法**学法守法用法意识。健全农村公共法律服务体系，加强对农民的法律援助和司法救助。

（四）提升乡村德治水平

深入挖掘乡村熟人社会蕴含的道德规范，结合时代要求进行创新，强化道德教化作用，引导农民向上向善、孝老爱亲、重义守信、勤俭持家。建立道德激励约束机制，引导农民自我管理、自我教育、自我服务、自我提高，实现家庭和睦、邻里和谐、干群融洽。广泛开展好媳妇、好儿女、好公婆等评选表彰活动，开展寻找最美乡村教师、医生、村官、家庭等活动。深入宣传道德模范、身边好人的典型事迹，弘扬真善美，传播正能量。

（五）建设平安乡村

健全落实社会治安综合治理领导责任制，大力推进农村社会治安防控体系建设，推动社会治安防控力量下沉。深入开展扫黑除恶专项斗争，严厉打击农村黑恶势力、宗族恶势力，严厉打击黄赌毒盗拐骗等违法犯罪。依法加大对农村非法宗教活动和境外渗透活动打击力度，依法制止利用宗教干预农村公共事务，继续整治农村乱建庙宇、**滥塑宗教**造像现象。完善县乡村三级综治中心功能和运行机制。健全农村公共安全体系，**持续开展农村安全隐**患治理。加强农村警务、消防、安全生产工作，坚决遏**制重特大**安全事故。探索以网格化管理为抓手、以现代信息技术为支撑，实现基层服务和**管理精**细化精准化。推进农村"雪亮工程"建设。

七、提高农村民生保障水平，塑造美丽乡村新风貌

乡村振兴，生活富裕是根本。要坚持人人尽责、人人享有，按照抓重点、补短板、强弱项的要求，围绕农民群众最关心最直接最现实的利益问题，一件事情接着一件事情办，一年接着一年干，把乡村建设成为幸福美丽新家园。

（一）优先发展农村教育事业

高度重视发展农村义务教育，推动建立以城带乡、整体推进、城乡一体、均衡发展的义务教育发展机制。全面改善薄弱学校基本办学条件，加强寄宿制学校建设。实施农村义务教育学生营养改善计划。发展农村学前教育。推进农村普及高中阶段教育，支持教育基础薄弱县普通高中建设，加强职业教育，逐步分类推进中等职业教育免除学杂费。健全学生资助制度，使绝大多数农村新增劳动力接受高中阶段教育，更多接受高等教育。把农村需要的人群纳入特殊教育体系。以市县为单位，推动优质学校辐射农村薄弱学校常态化。统筹配置城乡师资，并向乡村倾斜，建好建强乡村教师队伍。

（二）促进农村劳动力转移就业和农民增收

健全覆盖城乡的公共就业服务体系，大规模开展职业技能培训，促进农民工多渠道转移就业，提高就业质量。深化户籍制度改革，促进有条件、有意愿、在城镇有稳定就业和住所的农业转移人口在城镇有序落户，依法平等享受城镇公共服务。加强扶持引导服务，实施乡村就业创业促进行动，大力发展文化、科技、旅游、生态等乡村特色产业，振兴传统工艺。培育一批家庭工场、手工作坊、乡村车间，鼓励在乡村地区兴办环境友好型企业，实现乡村经济多元化，提供更多就业岗位。拓宽农民增收渠道，鼓励农民勤劳守法致富，增加农村低收入者收入，扩大农村中等收入群体，保持农村居民收入增速快于城镇居民。

（三）推动农村基础设施提档升级

继续把基础设施建设重点放在农村，加快农村公路、供水、供气、环保、电网、物流、信息、广播电视等基础设施建设，推动城乡基础设施互联互通。以示范县为载体全面推进"四好农村路"建设，加快实施通村组硬化路建设。加大成品油消费税转移支付资金用于农村公路养护力度。推进节水供水重大水利工程，实施农村饮水安全巩固提升工程。加快新一轮农村电网改造升级，制订农村通动力电规划，推进农村可再生能源开发利用。实施数字乡村战略，做好整体规划设计，加快农村地区宽带网络和第四代移动通信网络覆盖步伐，开发适应"三农"特点的信息技术、产品、应用和服务，推动远程医疗、远程教育等应用普及，弥合城乡数字鸿沟。提升气象为农服务能力。加强农村防灾减灾救灾能力建设。抓紧研究提出深化农村公共基础设施管护体制改革指导意见。

（四）加强农村社会保障体系建设

完善统一的城乡居民基本医疗保险制度和大病保险制度，做好农民重特大疾病救助工作。巩固城乡居民医保全国异地就医联网直接结算。完善城乡居民基本养老保险制度，建立城乡居民基本养老保险待遇确定和基础养老金标准正常调整机制。统筹城乡社会救助体系，完善最低生活保障制度，做好农村社会救助兜底工作。将进城落户农业转移人口全部纳入城镇住房保障体系。构建多层次农村养老保障体系，创新多元化照料服务模式。健全农村留守儿童和妇女、老年人以及困境儿童关爱服务体系。加强和改善农村残疾人服务。

（五）推进健康乡村建设

强化农村公共卫生服务，加强慢性病综合防控，大力推进农村地区精神卫生、职业病和重大传染病防治。完善基本公共卫生服务项目补助政策，加强基层医疗卫生服务体系建设，支持乡镇卫生院和村卫生室改善条件。加强乡村中医药服务。开展和规范家庭医生签约服务，加强妇幼、老人、残疾人等重点人群健康服务。倡导优生优育。深入开展乡村爱国卫生运动。

（六）持续改善农村人居环境

实施农村人居环境整治三年行动计划，以农村垃圾、污水治理和村容村貌提升为主攻方向，整合各种资源，强化各种举措，稳步有序推进农村人居环境突出问题治理。坚持不懈推进农村"厕所革命"，大力开展农村户用卫生厕所建设和改造，同步实施粪污治理，加快实现农村无害化卫生厕所全覆盖，努力补齐影响农民群众生活品质的短板。总结推广适用不同地区的农村污水治理模式，加强技术支撑和指导。深入推进农村环境综合整治。推进北方地区农村散煤替代，有条件的地方有序推进煤改气、煤改电和新能源利用。逐步建立农村低收入群体安全住房保障机制。强化新建农房规划管控，加强"空心村"服务管理和改造。保护保留乡村风貌，开展田园建筑示范，培养乡村传统建筑名匠。实施乡村绿化行动，全面保护古树名木。持续推进宜居宜业的美丽乡村建设。

八、打好精准脱贫攻坚战，增强贫困群众获得感

乡村振兴，摆脱贫困是前提。必须坚持精准扶贫、精准脱贫，把提高脱贫质量放在首位，既不降低扶贫标准，也不吊高胃口，采取更加有力的举措、更加集中的支持、更加精细的工作，坚决打好精准脱贫这场对全面建成小康社会具有决定性意义的攻坚战。

（一）瞄准贫困人口精准帮扶

对有劳动能力的贫困人口，强化产业和就业扶持，着力做好产销衔接、劳务对接，实现稳定脱贫。有序推进易地扶贫搬迁，让搬迁群众搬得出、稳得住、能致富。对完全或部分丧失劳动能力的特殊贫困人口，综合实施保障性扶贫政策，确保病有所医、残有所助、生活有兜底。做好农村最低生活保障工作的动态化精细化管理，把符合条件的贫困人口全部纳入保障范围。

（二）聚焦深度贫困地区集中发力

全面改善贫困地区生产生活条件，确保实现贫困地区基本公共服务主要指标接近全国平均水平。以解决突出制约问题为重点，以重大扶贫工程和到村到户帮扶为抓手，加大政策倾斜和扶贫资金整合力度，着力改善深度贫困地区发展条件，增强贫困农户发展能力，重点攻克深度贫困地区脱贫任务。新增脱贫攻坚资金项目主要投向深度贫困地区，增加金融投入对深度贫困地区的支持，新增建设用地指标优先保障深度贫困地区发展用地需要。

（三）激发贫困人口内生动力

把扶贫同扶志、扶智结合起来，把救急纾困和内生脱贫结合起来，提升贫困群众发展生产和务工经商的基本技能，实现可持续稳固脱贫。引导贫困群众克服等靠要思想，逐步消除精神贫困。要打破贫困均衡，促进形成自强自立、争先脱贫的精神风貌。改进帮扶方式方法，更多采用生产奖补、劳务补助、以工代赈等机制，推动贫困群众通过自己的辛勤劳动脱贫致富。

（四）强化脱贫攻坚责任和监督

坚持中央统筹省负总责市县抓落实的工作机制，强化党政一把手负总责的责任制。强化县级党委作为全县脱贫攻坚总指挥部的关键作用，脱贫攻坚期内贫困县县级党政正职要保持稳定。开展扶贫领域腐败和作风问题专项治理，切实加强扶贫资金管理，对挪用和贪污扶贫款项的行为严惩不贷。将2018年作为脱贫攻坚作风建设年，集中力量解决突出作风问题。科学确定脱贫摘帽时间，对弄虚作假、搞数字脱贫的严肃查处。完善扶贫督查巡查、考核评估办法，除党中央、国务院统一部署外，各部门一律不准再组织其他检查考评。严格控制各地开展增加一线扶贫干部负担的各类检查考评，切实给基层减轻工作负担。关心爱护战斗在扶贫第一线的基层干部，制定激励政策，为他们工作生活排忧解难，保护和调动他们的工作积极性。做好实施乡村振兴战略与打好精准脱贫攻坚战的有机衔接。制定坚决打好精准脱贫攻坚战三年行动指导意见。研究提出持续减贫的意见。

九、推进体制机制创新，强化乡村振兴制度性供给

实施乡村振兴战略，必须把制度建设贯穿其中。要以完善产权制度和要素市场化配置为重点，激活主体、激活要素、激活市场，着力增强改革的系统性、整体性、协同性。

（一）巩固和完善农村基本经营制度

落实农村土地承包关系稳定并长久不变政策，衔接落实好第二轮土地承包到期后再延长30年的政策，让农民吃上长效"定心丸"。全面完成土地承包经营权确权登记颁证工作，实现承包土地信息联通共享。完善农村承包地"三权分置"制度，在依法保护集体土地所有权和农户承包权的前提下，平等保护土地经营权。农村承包土地经营权可以依法向金融机构融资担保、入股从事农业产业化经营。实施新型农业经营主体培育工程，培育发展家庭农场、合作社、龙头企业、社会化服务组织和农业产业化联合体，发展多种形式适度规模经营。

（二）深化农村土地制度改革

系统总结农村土地征收、集体经营性建设用地入市、宅基地制度改革试点经验，逐步扩大试点，加快土地管理法修改，完善农村土地利用管理政策体系。扎实推进房地一体的

农村集体建设用地和宅基地使用权确权登记颁证。完善农民闲置宅基地和闲置农房政策，探索宅基地所有权、资格权、使用权"三权分置"，落实宅基地集体所有权，保障宅基地农户资格权和农民房屋财产权，适度放活宅基地和农民房屋使用权，不得违规违法买卖宅基地，严格实行土地用途管制，严格禁止下乡利用农村宅基地建设别墅大院和私人会馆。在符合土地利用总体规划前提下，允许县级政府通过村土地利用规划，调整优化村庄用地布局，有效利用农村零星分散的存量建设用地；预留部分规划建设用地指标用于单独选址的农业设施和休闲旅游设施等建设。对利用收储农村闲置建设用地发展农村新产业新业态的，给予新增建设用地指标奖励。进一步完善设施农用地政策。

（三）深入推进农村集体产权制度改革

全面开展农村集体资产清产核资、集体成员身份确认，加快推进集体经营性资产股份合作制改革。推动资源变资产、资金变股金、农民变股东，探索农村集体经济新的实现形式和运行机制。坚持农村集体产权制度改革正确方向，发挥村党组织对集体经济组织的领导核心作用，防止内部少数人控制和外部资本侵占集体资产。维护进城落户农民土地承包权、宅基地使用权、集体收益分配权，引导进城落户农民依法自愿有偿转让上述权益。研究制定农村集体经济组织法，充实农村集体产权权能。全面深化供销合作社综合改革，深入推进集体林权、水利设施产权等领域改革，做好农村综合改革、农村改革试验区等工作。

（四）完善农业支持保护制度

以提升农业质量效益和竞争力为目标，强化绿色生态导向，创新完善政策工具和手段，扩大"绿箱"政策的实施范围和规模，加快建立新型农业支持保护政策体系。深化农产品收储制度和价格形成机制改革，加快培育多元市场购销主体，改革完善中央储备粮管理体制。通过完善拍卖机制、定向销售、包干销售等，加快消化政策性粮食库存。落实和完善对农民直接补贴制度，提高补贴效能。健全粮食主产区利益补偿机制。探索开展稻谷、小麦、玉米三大粮食作物完全成本保险和收入保险试点，加快建立多层次农业保险体系。

十、汇聚全社会力量，强化乡村振兴人才支撑

实施乡村振兴战略，必须破解人才瓶颈制约。要把人力资本开发放在首要位置，畅通智力、技术、管理下乡通道，造就更多乡土人才，聚天下人才而用之。

（一）大力培育新型职业农民

全面建立职业农民制度，完善配套政策体系。实施新型职业农民培育工程。支持新型职业农民通过弹性学制参加中高等农业职业教育。创新培训机制，支持农民专业合作社、专业技术协会、龙头企业等主体承担培训。引导符合条件的新型职业农民参加城镇职工养老、医疗等社会保障制度。鼓励各地开展职业农民职称评定试点。

（二）加强农村专业人才队伍建设

建立县域专业人才统筹使用制度，提高农村专业人才服务保障能力。推动人才管理职

能部门简政放权，保障和落实基层用人主体自主权。推行乡村教师"县管校聘"。实施好边远贫困地区、边疆民族地区和革命老区人才支持计划，继续实施"三支一扶"、特岗教师计划等，组织实施高校毕业生基层成长计划。支持地方高等学校、职业院校综合利用教育培训资源，灵活设置专业（方向），创新人才培养模式，为乡村振兴培养专业化人才。扶持培养一批农业职业经理人、经纪人、乡村工匠、文化能人、非遗传承人等。

（三）发挥科技人才支撑作用

全面建立高等院校、科研院所等事业单位专业技术人员到乡村和企业挂职、兼职和离岗创新创业制度，保障其在职称评定、工资福利、社会保障等方面的权益。深入实施农业科研杰出人才计划和杰出青年农业科学家项目。健全种业等领域科研人员以知识产权明晰为基础、以知识价值为导向的分配政策。探索公益性和经营性农技推广融合发展机制，允许农技人员通过提供增值服务合理取酬。全面实施农技推广服务特聘计划。

（四）鼓励社会各界投身乡村建设

建立有效激励机制，以乡情乡愁为纽带，吸引支持企业家、党政干部、专家学者、医生教师、规划师、建筑师、律师、技能人才等，通过下乡担任志愿者、投资兴业、包村包项目、行医办学、捐资捐物、法律服务等方式服务乡村振兴事业。研究制定管理办法，允许符合要求的公职人员回乡任职。吸引更多人才投身现代农业，培养造就新农民。加快制定鼓励引导工商资本参与乡村振兴的指导意见，落实和完善融资贷款、配套设施建设补助、税费减免、用地等扶持政策，明确政策边界，保护好农民利益。发挥工会、共青团、妇联、科协、残联等群团组织的优势和力量，发挥各民主党派、工商联、无党派人士等的积极作用，支持农村产业发展、生态环境保护、乡风文明建设、农村弱势群体关爱等。实施乡村振兴"巾帼行动"。加强对下乡组织和人员的管理服务，使之成为乡村振兴的建设性力量。

（五）创新乡村人才培育引进使用机制

建立自主培养与人才引进相结合，学历教育、技能培训、实践锻炼等多种方式并举的人力资源开发机制。建立城乡、区域、校地之间人才培养合作与交流机制。全面建立城市医生教师、科技文化人员等定期服务乡村机制。研究制定鼓励城市专业人才参与乡村振兴的政策。

十一、开拓投融资渠道，强化乡村振兴投入保障

实施乡村振兴战略，必须解决钱从哪里来的问题。要健全投入保障制度，创新投融资机制，加快形成财政优先保障、金融重点倾斜、社会积极参与的多元投入格局，确保投入力度不断增强、总量持续增加。

（一）确保财政投入持续增长

建立健全实施乡村振兴战略财政投入保障制度，公共财政更大力度向"三农"倾斜，确保财政投入与乡村振兴目标任务相适应。优化财政供给结构，推进行业内资金整合与行业间资金统筹相互衔接配合，增加地方自主统筹空间，加快建立涉农资金统筹整合长效机制。充分发挥财政资金的引导作用，撬动金融和社会资本更多投向乡村振兴。切实发挥全国农业信贷担保体系作用，通过财政担保费率补助和以奖代补等，加大对新型农业经营主体支持力度。加快设立国家融资担保基金，强化担保融资增信功能，引导更多金融资源支持乡村振兴。支持地方政府发行一般债券用于支持乡村振兴、脱贫攻坚领域的公益性项目。稳步推进地方政府专项债券管理改革，鼓励地方政府试点发行项目融资和收益自平衡的专项债券，支持符合条件、有一定收益的乡村公益性项目建设。规范地方政府举债融资行为，不得借乡村振兴之名违法违规变相举债。

（二）拓宽资金筹集渠道

调整完善土地出让收入使用范围，进一步提高农业农村投入比例。严格控制未利用地开垦，集中力量推进高标准农田建设。改进耕地占补平衡管理办法，建立高标准农田建设等新增耕地指标和城乡建设用地增减挂钩节余指标跨省域调剂机制，将所得收益通过支出预算全部用于巩固脱贫攻坚成果和支持实施乡村振兴战略。推广一事一议、以奖代补等方式，鼓励农民对直接受益的乡村基础设施建设投工投劳，让农民更多参与建设管护。

（三）提高金融服务水平

坚持农村金融改革发展的正确方向，健全适合农业农村特点的农村金融体系，推动农村金融机构回归本源，把更多金融资源配置到农村经济社会发展的重点领域和薄弱环节，更好满足乡村振兴多样化金融需求。要强化金融服务方式创新，防止脱实向虚倾向，严格管控风险，提高金融服务乡村振兴能力和水平。抓紧出台金融服务乡村振兴的指导意见。加大中国农业银行、中国邮政储蓄银行"三农"金融事业部对乡村振兴支持力度。明确国家开发银行、中国农业发展银行在乡村振兴中的职责定位，强化金融服务方式创新，加大对乡村振兴中长期信贷支持。推动农村信用社省联社改革，保持农村信用社县域法人地位和数量总体稳定，完善村镇银行准入条件，地方法人金融机构要服务好乡村振兴。普惠金融重点要放在乡村。推动出台非存款类放贷组织条例。制定金融机构服务乡村振兴考核评估办法。支持符合条件的涉农企业发行上市、新三板挂牌和融资、并购重组，深入推进农产品期货期权市场建设，稳步扩大"保险+期货"试点，探索"订单农业+保险+期货（权）"试点。改进农村金融差异化监管体系，强化地方政府金融风险防范处置责任。

十二、坚持和完善党对"三农"工作的领导

实施乡村振兴战略是党和国家的重大决策部署，各级党委和政府要提高对实施乡村振兴战略重大意义的认识，真正把实施乡村振兴战略摆在优先位置，把党管农村工作的要求落到实处。

（一）完善党的农村工作领导体制机制

各级党委和政府要坚持工业农业一起抓、城市农村一起抓，把农业农村优先发展原则体现到各个方面。健全党委统一领导、政府负责、党委农村工作部门统筹协调的农村工作领导体制。建立实施乡村振兴战略领导责任制，实行中央统筹省负总责市县抓落实的工作机制。党政一把手是第一责任人，五级书记抓乡村振兴。县委书记要下大气力抓好"三农"工作，当好乡村振兴"一线总指挥"。各部门要按照各自职责，加强工作指导，强化资源要素支持和制度供给，做好协同配合，形成乡村振兴工作合力。切实加强各级党委农村工作部门建设，按照《中国共产党工作机关条例（试行）》有关规定，做好党的农村工作机构设置和人员配置工作，充分发挥决策参谋、统筹协调、政策指导、推动落实、督导检查等职能。各省（自治区、直辖市）党委和政府每年要向党中央、国务院报告推进实施乡村振兴战略进展情况。建立市县党政领导班子和领导干部推进乡村振兴战略的实绩考核制度，将考核结果作为选拔任用领导干部的重要依据。

（二）研究制定中国共产党农村工作条例

根据坚持党对一切工作的领导的要求和新时代"三农"工作新形势新任务新要求，研究制定中国共产党农村工作条例，把党领导农村工作的传统、要求、政策等以党内法规形式确定下来，明确加强对农村工作领导的指导思想、原则要求、工作范围和对象、主要任务、机构职责、队伍建设等，完善领导体制和工作机制，确保乡村振兴战略有效实施。

（三）加强"三农"工作队伍建设

把懂农业、爱农村、爱农民作为基本要求，加强"三农"工作干部队伍培养、配备、管理、使用。各级党委和政府主要领导干部要懂"三农"工作、会抓"三农"工作，分管领导要真正成为"三农"工作行家里手。制订并实施培训计划，全面提升"三农"干部队伍能力和水平。拓宽县级"三农"工作部门和乡镇干部来源渠道。把到农村一线工作锻炼作为培养干部的重要途径，注重提拔使用实绩优秀的干部，形成人才向农村基层一线流动的用人导向。

（四）强化乡村振兴规划引领

制订国家乡村振兴战略规划（2018—2022年），分别明确至2020年全面建成小康社会和2022年召开党的二十大时的目标任务，细化实化工作重点和政策措施，部署若干重大工程、重大计划、重大行动。各地区各部门要编制乡村振兴地方规划和专项规划或方案。加强各类规划的统筹管理和系统衔接，形成城乡融合、区域一体、多规合一的规划体系。根据发展现状和需要分类有序推进乡村振兴，对具备条件的村庄，要加快推进城镇基础设施和公共服务向农村延伸；对自然历史文化资源丰富的村庄，要统筹兼顾保护与发展；对生存条件恶劣、生态环境脆弱的村庄，要加大力度实施生态移民搬迁。

（五）强化乡村振兴法治保障

抓紧研究制定乡村振兴法的有关工作，把行之有效的乡村振兴政策法定化，充分发挥立法在乡村振兴中的保障和推动作用。及时修改和废止不适应的法律法规。推进粮食安全保障立法。各地可以从本地乡村发展实际需要出发，制定促进乡村振兴的地方性法规、地方政府规章。加强乡村统计工作和数据开发应用。

（六）营造乡村振兴良好氛围

凝聚全党全国全社会振兴乡村强大合力，宣传党的乡村振兴方针政策和各地丰富实践，振奋基层干部群众精神。建立乡村振兴专家决策咨询制度，组织智库加强理论研究。促进乡村振兴国际交流合作，讲好乡村振兴中国故事，为世界贡献中国智慧和中国方案。

让我们更加紧密地团结在以习近平同志为核心的党中央周围，高举中国特色社会主义伟大旗帜，以习近平新时代中国特色社会主义思想为指导，迎难而上、埋头苦干、开拓进取，为决胜全面建成小康社会、夺取新时代中国特色社会主义伟大胜利做出新的贡献！

主要参考文献

百度文库. 畜牧兽医介绍 [DB/OL]. https://wenku.baidu.com/view/c5f8a1936bd97f192379e97f.html?from=search

百度文库. 畜牧兽医专业应具备能力 [DB/OL]. https://wenku.baidu.com/view/dadcfb14b90d 6c85ec 3ac6f6.html?from=search

中国农业大学出版社. 畜牧兽医基础 [M]. 北京：中国农业大学出版社，2001.

中国农业出版社. 中国畜牧兽医年鉴 [M]. 北京：中国农业出版社，2016.

浙江大学出版社. 畜牧兽医专业综合能力实训 [M]. 浙江大学出版社, 2012.

辽宁科学技术出版社. 畜牧兽医常用数据手册 [K]. 沈阳：辽宁科学技术出版社,1982.

湖南科学技术出版社. 畜牧兽医技术手册 [M]. 长沙：湖南科学技术出版社,1995.

城市管理作业一体化

黑龙江省哈尔滨市松北区城市管理和行政综合执法局　王　健　周　明

　　中国特色社会主义进入新时代，我国社会主要矛盾已经转化为"人民日益增长的美好生活需求和不平衡、不充分的发展之间的矛盾"。新时代带来新变化，人民的美好生活的向往也对我们的城市管理工作提出了更高的要求。松北区城管执法局以"美化城市形象、提升城市品位，创造良好的经济发展环境"为目标，积极推进新区建设的新举措、新做法，全面推进城市管理作业一体化改革和综合行政执法体制改革，使城区环境"繁花碧草相织成锦、蓝天丽水相映成画、道路绿荫相拥成景"。

实行城市管理作业一体化改革

　　我们坚持先行先试，实行城市管理作业一体化改革，推行绿化环卫"3+1"、道桥排水一体化和路灯灯饰一体化等城管作业一体化模式。招标 3 家一体化作业单位，承担 393.8 公顷绿地的日常养护管理。精心抚育，努力构建运行高效、充满活力的城管作业新机制，打造整洁有序、美丽宜居的新型城区。

　　一是精心绿化，打造怡人景致。2018 年是省会城市园林绿化建设起步年，我们继续坚持"生态、自然、现代、宜居"和以人为本、建设森林式新城区为理念，以打造园林精品，营造城市绿化新特色、新亮点为主导，实施绿化、彩化工程，打造优美亮丽的城市环境。共栽植树木 10，992 株（含丁香 7766 株），其中乔木 3983 株、灌木 7009 株、草花 3.6 万平方米、立体五色草 1697.13 平方米。实施规划 206 路、规划 18# 路、滨水公园义务植树等绿化项目，力求使植物、道路、周边环境等要素完美统一，大景观与细节景观并重，不同视点不同视角均达到良好的景观效果。实施靓化彩化项目，主要建设了"太阳岛""天鹅""一帆风顺""大剧院悠扬""松浦大桥北和谐"等五色草雕塑栽植工程，松北大道、怡园转盘、世茂大道等重要交通要道及节点彩化工程，市政府周边及市民广场、怡园转盘道、松北一路、天马路冰雪大世界转盘道等彩化工程。共栽植彩叶草、三色堇、孔雀草、美人蕉、鼠尾草、海棠、牵牛等花卉 3.6 万平方米、立体五色草 1697.13 平方米。

　　二是加大环卫力量投入，打造生态绿色沿江岸线。今年启动了"银水湾沿河沿线整治工程"，共历时 30 天，出动保洁人员 2200 人，清理杂草 9860 平方米，拉运生活垃圾 2370 吨。为市民提供了一个整洁舒心的沿江休闲环境。同时提高了应急作业能力，实现保洁作业由突击向常态化的转变。结合哈尔滨之夏音乐会和国际马拉松比赛等重要活动，成立环境卫生检查小组和突击组，对市、区政府周边、科技创新城以及沿江等重点部位和线路进行全方位检查，将人员、机械合理分布调整，逐街清洗，细化标准。同时加强重点街路水冲洗作业及保洁力量，使路边石根部清洁无痕，洁净如新。安排机械、人员迅速清理超高残土堆、垃圾堆，及时清理绿地内的砖头杂物。克服困难，加强对建筑工地周边环境卫生管理，圆满完成多次重要领导视察和节事赛事活动的环境保障工作。

灯饰亮化提档升级，展现松北迷人夜色

我们秉持美化、亮化相结合的原则，对灯饰亮化设施的全面维修维护、提档升级。尤其是大剧院、市民广场、雪花广场等重点区域亮化率全部达到 99%。安装桥体嵌入式灯具 1700 盏；维修各类灯具 3700 余盏；维修地下电缆 4000 延长米；更换亮化灯具 5000 多盏、擦拭灯具 7500 多盏。为烘托节日气氛，在主要街路悬挂红灯笼 356 盏；悬挂国旗 650 对。打造出"一条街一个特色景观带"的灯饰亮化整体效果，呈现给市民及中外游客最美的松北夜色。

市政道路精细化管护，为城区发展再提速

松北区城管执法局所管理的市政道路 138 条，总长度 246.83 千米，总面积 612.05 万平方米。通过建立道路碎修碎补制度，做到以"道路破损"为令，随坏随修，常修常新，道桥设施完好率可达到 98% 以上。采取"专业行业"合并统一管理的原则，对道桥、排水设施的日常养护维修作业实行市场一体化运行。将道桥、排水设施日常养护维修作业相结合，继续采取服务定点招标的方式，分为三个大标段，招标六家具备市政公用工程总承包三级及以上（含三级）资质的施工单位，对区域内的市政设施进行养护维修、应急抢险作业。全年日常养护及专项工程投资约为 1400 万元。维修车行道病害 22,842 平方米，灌缝约为 38 万延长米，维修路边石 7423 延长米，更换断裂汇水口拱石 827 块，维修人行道 11,560 平方米，补建重点路段人行道 18,520 平方米，打通龙川路西端主辅通道 1 处面积约为 1184 平方米。

积极开展惠民行动，提高居民幸福指数

我们开展惠民工程，对群众反映的问题进行解决。例如：对新区中心公园水系的水质进行净化，效果显著。滨水公园增加一处健身广场，新增丁香类灌木 26,000 余株，乔木 300 余株。对新区中心公园、滨水公园进行全面清理，共清理绿地 4 万平方米，清理人工

湖 15,000 平方米，维修、整饰设施 60 余件，修剪树木 2,000 余株，清运垃圾 9 吨，给市民提供休闲娱乐好去处。此外，以碧海、航天、对俄为主题的三个公园已全部启动。

开展"城市厕所开放联盟行动"战役。动员临街商家、企事业单位共计 178 家对方开放厕所，加入全市"城市厕所开放联盟行动"，每家设置公厕设施开放标识，制定公厕日常规范管理标准，市民通过手机 app 软件即可就近搜到厕所，为市民和游客提供便利。全年新建的 10 个公厕、维修的 21 个公厕，全区共 58 个公厕现已全部开放。

构建"智慧城管"为城区护航美丽

我们将智慧城管与环卫、绿化、道桥、市容等常规作业完美融合，构建了城市管理新模式和"全方位、全口径、全概念"的"大城管"格局，积极推行"人人都是城市管理者"的责任意识，及时发现和解决群众身边的城管难题，提高群众的幸福指数，用"智慧城管"为创建生态、靓丽、和谐城区保驾护航。

目前，"智慧城管"实现了市、区、街、社区闭环运行，将各类案件办理触角延伸到社区，在城市管理中发挥了重要作用。日常通过视频、音频、网络、无线设备等渠道及时发现并高效处置问题，实现案件采集多元化、立案派遣流程化、信息反馈现代化、监督评价智能化。"智慧城管"发挥了各职能部门整体联动效应，并实行通报排名与经费拨付挂钩，全面提高案件办理效率。年均采集指派处置问题 3 万余件，群众满意率达 100%。

努力提升队伍素质，全力保障美丽松北

松北区城管执法局恪守"业绩写在城市形象里，口碑刻在百姓心坎上"的工作要求，以"创新执法机制，提高执法效能，推进和谐执法"为原则，美化城区形象、提升城市品位，创造良好的经济发展环境；着力从推进严格执法、文明执法、和谐执法入手，积极开拓工作思路，全面履行各项执法职能，扎实推进综合行政执法体制改革，促进城区形象全面提升。领导班子以"政治坚定、开拓进取、廉洁勤政"为目标，制定和完善了领导班子管理规定、队伍建设管理规定、党务工作系列制度、行政管理工作系列制度等规范性制度。坚持重大问题集体研究决定，分工负责，团结协作；坚持深入一线，跟班执法，以身作则，率先垂范，每逢节假日班子成员都主动放弃休息和队员们一起坚守岗位，每次拆违行动班子成员都带头战斗在第一线，班子成员以良好的工作作风鼓舞了每一位执法队员，充分发挥出领导干部的战斗堡垒作用。

集中全局人力、物力，重点整治占道经营、露天烧烤大排档、牌匾广告、乱贴乱画、噪音扰民、残土拉运、私搭乱建等违章行为。执法人员发扬"5+2""白加黑"精神，实行五定三制机制，五定，即"定区域、定人员、定岗位、定责任、定标准。"三制，每个责任区域设定局领导、科长、执法人员三级责任人，实行三级检查制度。年初以来，累计处理各类违反城市环境秩序案件5748起。拆除各类违法建设353处,面积共71,454.3平方米。

今后,我们将继续坚持"精心设计、精致建设、精细管理、精美品质"和"作业机械化、监管数字化、机制市场化、执法规范化、管理精细化、考核常态化"的城市管理理念,加强城区绿化美化、牌匾围挡、灯饰亮化、环境秩序、设施建设等方面的提档升级,促进城区形象再上新台阶。

新时代 新作为 人民城管为人民
——珠海高新区城管执法队伍努力打造"人民城管"品牌

广东省珠海市高新区综合治理局（城市管理行政执法局）

今年以来，珠海高新区城管执法部门认真贯彻落实十九大精神，以习近平新时代中国特色社会主义思想为指南，以打造整洁亮丽的市容市貌和舒适宜居的城市环境为目标，努力做到"服务群众境界高、治理城市模式新、执法队伍形象好"，打造人民满意城管，推进城市管理的人性化、精细化、法治化进程。

加强党建引领，转作风提效能

珠海高新区城管执法部门以"党支部建设年"活动为主线，加强支部规范化建设，发挥党组织的堡垒作用。领导班子坚持主动学习、带头学习，始终把加强政治理论学习放在首位，把专题学习习近平新时代中国特色社会主义思想作为每次会议的第一议题，落实"三会一课"，做到立场坚定，旗帜鲜明，在政治上始终与党中央保持一致，为城管事业发展提供强有力的思想和组织保证。

落实全市"思想大解放、作风大转变、效率大提升"工作要求，领导班子带头真抓实干，坚持少说多干、立说立行、苦干实干，大力发扬钉钉子精神，敢啃硬骨头，盯住不放、抓住不松、一抓到底，在拆除违建、土地清理、抗台风等急难险重任务面前冲锋在前、做好表率，坚持问题在一线解决、成效在一线展示、干部在一线成长、形象在一线树立。黝黑的皮肤都成了城管执法队伍的"标配"。

组织全体党员到苏兆征陈列纪念馆开展"不忘初心 重温誓词"活动，坚定党员干部理想信念。强化警示教育，组织党员干部到市第二看守所参观学习。加强重要时间节点教育，在元旦、中秋、国庆等节前发送廉政短信。结合纪律教育学习月开展"廉洁读书"活动，每位党员撰写读书心得，将廉洁思想内化于心、外践于行。建立微信群学习交流群，增加党员教育的趣味性和时效性。丰富多彩的教育形式，有效激发了干部职工为民实干担当、勤勉敬业奉献的斗志。

攻坚克难治"两违"，优环境促发展

违法用地、违法建设是城市发展的毒瘤，高新区城管执法部门充分发挥主力军作用，把"两违"整治与中央巡视整改、扫黑除恶专项斗争工作、民生工程建设及生态环境保护工作结合起来，与国土等部门加强执法联动，发挥"1+1>2"的作用，全面推动联动执法工作高效开展。今年以来已拆除辖区内违法建设271宗，拆除面积约15.7万平方米，比去年同期拆除违建面积增加5倍。

2018年3月起，为贯彻落实区党委关于碧水攻坚战的部署要求，高新区城管执法部门集中人员力量，全力开展中珠渠、鸡山排洪渠、东岸排洪渠、杨寮水库保护区等区域违建清拆工作。其中，在区党委的统一谋划下，高新区城管执法部门会同国土、征地办等部门，将中珠渠两岸涉及4个社区、8个自然村占用国有土地长达20余年之久的拆违任务全部完成，历时八个月，实现全程签订补助协议"零争议"、发放补助金额"零差错"、稳定社情民心"零上访"的目标。

中珠渠始建于1975年，横贯中山东南部和珠海东北部，全长15.56公里，河渠及两侧50米范围内隶属中山中珠渠管理中心。由于跨区域管理，存在体制机制不顺、责任主体不清等问题，上世纪90年代初起被征地农民在该区域内共搭建7.6万平方米违建，租户约2300户，住户达4500多人。为顺利推动该区域"两违"整治工作，高新区城管执法部门刚性政策宣导和柔性思想沟通相结合，针对不同利益诉求采取不同策略。拆违前期，执法人员利用晚上和周末休息时间发放宣传单张1万份进行高密度刚性政策宣导。同时实地察看、全面摸排、甄别核实各类违法建筑，依法完善法律程序，发出相关法律文书，该拆必拆、不留死角、不留情面，端平拆违"公正秤"，彻底破除部分违建业主等待、观望、侥幸的心理。同时考虑到历史违建成因和住户的实际困难，参照市有关规定，专项制订重点区域历史房屋环境清理整治补助标准，严格统一标准发放搬迁补助，并协助200余户村民和租户就近选址搬迁。对经集中约谈、个别约谈多次无果的当事人，依法制定详细方案进行统一清理。

多方共治市容乱象，唐家古镇焕新颜

唐家湾镇是我国首个以近代历史遗迹申报历史文化名镇获得成功的古镇，素有"近代中国文化标本""与近代文明伴生的南中国海第一镇""中国近代历史文化第一镇"的美称。唐家古镇北倚青葱翠绿的凤凰山麓，面向浩瀚的南中国海，名人辈出、底蕴深厚，开平矿务局和轮船招商局创办人唐廷枢、中华民国第一任内阁总理唐绍仪、清华大学首任校长唐国安等英才俊彦都出生于这片古老的沃土。近年来，由于前来唐家古镇的游客和古镇居民人口日益增加，交通拥堵状况日益严重，乱摆卖、乱搭建、占道经营现象较为严重，影响了古镇风貌。

为保护唐家古镇历史风貌，确保古镇居民和游客出行安全，提高居民生活环境质量，高新区管委会召集城管、建设、交警、社会事业局等相关部门召开联席会议，明确整治目标，

集中各方力量提升唐家古镇环境秩序。高新区管委会向社会发布公告，对唐家古镇内的局部区域实行步行化，将山房路部分路段进行机动车分时段限行，限行区域内，提供免费电瓶车，在限行时段不间断穿梭运行。

2018 年 5 月，高新区城管执法部门对山房路和大同路乱摆卖、占道经营、违法搭建等乱象进行集中整治，共发出教育整改通知书 50 余份，清理历史违建废品收购站、花木场近 1000 平方米，拆除雨棚 36 处、地锁 73 个。

为巩固唐家古镇市容整治成果，高新区城管执法部门联合市场监督管理局、交警和社区试行综合执法巡查机制，有效遏制乱象反弹。同时委托第三方保安公司协助市容劝导工作，劝导占道经营和乱停乱放、督促沿街门面落实"门前三包"（包环境卫生、包绿化美化、包市容秩序）等，并及时上报需要城管部门执法事宜。

唐家古镇的面貌更整洁有序了，下一步高新区将在充分尊重和保护历史文化资源的前提下，集中解决民生问题、提升社区居住环境、完善社区配套设施、强化历史文化传承及价值挖潜，实现民生、文化、生态、旅游的共生发展，擦亮"中国近代历史文化名镇"的招牌。

心系群众抗台风，救灾复产齐行动

2017 年的台风"天鸽"和 2018 年"山竹"都来势汹汹，让高新区人民难以忘怀的，除了台风的咆哮、倒伏的大树，还有在台风前无惧风雨的高新区城管执法人员。

在台风"山竹"来临前，执法人员们忙着对辖区内在建工地、广告招牌进行隐患排查，发现某山房路某旅馆四楼墙体广告锈蚀严重存在极大的安全隐患，执法人员连夜加班将其拆除。执法人员还与社区工作人员一起，向辖区内居民和商户派发防台风宣传资料，提醒居民注意防范台风，对辖区商铺进行逐户劝导，提醒暂停营业避险。

在区党委副书记梁兆雄，局长彭志斌带领下，联合社区及公安民警，加班加点对唐家、唐乐社区、永丰等社区进行逐户入户排查，将住在低洼区域、老村屋、危房、临时棚等临险居民进行劝离和转移至指定庇护所，共转移临险群众 1000 余人。在台风即将登陆前两个小时，港湾大道、情侣北路风力强劲、海浪滔天，海水顺着鸡山排洪渠倒灌进鸡山村，情况危急，局长彭志斌、教导员罗亦军两位五十多岁的老同志，坚守在水浸最严重的鸡山社区抗风抢险第一线，指挥加固防护设施，清理积水，安抚周边群众，直至晚上九点风势减缓，积水完全消退，两位老同志才放心撤离现场。

台风登陆后当晚八九点时，唐家执法中队指导员李传斌带领队员在辖区内巡查时，忽然发现行人稀少的路上有一位妇女缓慢骑着电动自行车，后车座坐着一个小女孩。李指导员疑惑，在台风夜出行必然是遇到了困难，随即上前询问情况。原来是小女孩得了急性气管炎需要赶往医院就医。考虑到此时台风依然强劲，还下着雨，此时骑车出行十分危险，而且最近的医院至少十五分钟车程，执法队员随即让这对母女上了执法车，并将她们安全地送到高新区人民医院就医。

在台风山竹登陆后的第二天，城管执法人员顾不上休息又全员上阵，一部分人协助社区清理大量倒伏树木，清理道路清障，尽快恢复交通；一部分人员迅速排查灾后道路路障和广告牌情况，并及时处置存在安全隐患的破损户外广告招牌，排查临时棚户区、老屋村危房等，督促工地、村民自行拆除或修复。

2017年"天鸽"台风肆虐珠海时，教导员罗亦军同志同样身先士卒，在狂风暴雨中，与队员一起迅速把北沙区域受灾群众全部安全转移到安置点，还把一名滞留在危险区域的小男孩背到救援车上，赢得了群众的一致赞赏。台风过后，罗亦军同志立即带领队员帮助辖区群众积极开展灾后复产重建，清路障、洁市容、助复产，因突出表现被区里表彰，获评为"救灾复产重建先进个人"。2018年罗亦军同志获评珠海市第二季度"珠海好人"称号。罗亦军同志表示，我们城管队伍身在执法一线，和群众直接打交道，既要以人为本、心系群众、热情服务，更要文明执法、严格执法、规范执法。罗亦军表示今后自己将始终如一地严以律己，宽以待人，做一名城市管理事业的垦荒牛。

改革创新再出发，绣花治理谱新篇

2018年以来，高新区城管执法队伍坚持以人民为中心，努力打造一支政治坚定、作风优良、纪律严明、清正廉洁的队伍。下一步还将试点"律师驻队"，促进规范文明执法，提高行政处罚执行率；依托"智慧高新"平台，打造"智慧城管"，提升城市管理智能化水平；加大部门联动力度，形成城管、国土、建设、规划、公安、市场监管、交警、社区联动体系，提高城市管理精细化水平。

深化城市管理体制改革
提升城市管理水平

青海省湟源县城镇管理局

当前，我国已进入以城市型社会为主体的新的城市时代，城市管理的重要性日益凸显。但原有的城市管理体制和运行机制已经不适应城市现代化的需要，面临着管理体制不顺、职责边界不清、服务意识不强、管理方式粗放、法律依据不协调、执法行为不规范等突出问题。这些问题迫切需要我们对城市管理体制机制和运行模式进行理论和实践的探索、改革。

一、"大城管"概念的提出及构建大城管格局重要性

1. "大城管"概念的提出

"大城管"概念是由住房和城乡建设部2009年立项的《中国城市管理体制及其运行机制研究》课题组提出的，是指成立综合、高位的城市管理机构，即城市管理委员会，由市长任"一把手"，统筹各职能部门，形成管理权与执法权有机统一的大部制管理新格局。课题组希望以全国市、县政府机构改革为契机，整合城市管理系统各职能部门，推行"大城管"模式。

2. 当前构建大城管格局的重要性

2.1 国家顶层设计的统一要求。理顺城市管理体制是中央依据我国社会经济发展情况做出的一项重大决策。党的十八届三中全会，第一次将城市管理工作上升到国家发展战略层面，要求"理顺城管执法体制，提高执法和服务水平"。党十八届四中、五中全会也都对城市管理工作提出了明确的要求。

2.2 城市管理在促进经济社会发展和社会治理中发挥着十分重要而且不可替代的作用。广州、上海、深圳、杭州、北京等先进地区城市均实行大城管格局，城市管理工作取得了显著成效。大城管格局有三个显著特点：首先强化了城市管理的权威性。其次强化了城市管理的专业性。第三强化了城市管理的协调性。外地先进的城市管理工作经验值得我们认真学习和借鉴。

2.3 实现城市管理科学发展跨越发展的现实需要。在原有体制下，一方面，市、区之间，城市管理职能部门之间存在职责不清、权责不明等问题，造成城市管理资源整合不够、基

层管理力量薄弱、形不成工作合力；另一方面，严重存在"重建轻管"的问题，市政、环卫等成为建设的附属，造成城市管理和服务严重滞后。

二、当前工作中存在的主要问题及对策建议

1. 存在的主要问题

1.1 体制不顺。城市管理局历经的沿革，都是在借鉴其他地区经验的基础上进行的，国家和省级层面均缺乏专门的城市管理主管部门，对各市、县城市管理工作缺乏必要的督促和指导。因为没有行业主管部门提供足够的制度支持和体制支持，城市管理的大城管格局只能在改革中探索，直接影响了城市管理的效能。

1.2 相关的法律法规不健全。就目前来说，我国的城市管理综合执法尚处于"借法执法"的状态，至今为止没有一部全国性的《城市管理法》或者行政法规，各地不同程度地存在城市管理法规体系不健全、不完善的问题。这就在一定程度上导致了立案不规范，违规调查取证、执行不当等现象的发生，直接影响了城管队员的办案质量，损害了城管执法队伍文明执法的形象。

1.3 市城市管理委员会及其办公室的作用没有得到充分发挥，数字化城市管理平台还未正式启动，大城管运行机制还不健全。

2. 对策建议

2.1 制定城市管理法规。确立城市管理在依法治市工作中的地位和作用，也标志着我市城市管理步入法制轨道，城市管理有了重要的法制保障。

2.2 加强高位协调，充分发挥好城管委作用。城市管理工作千头万绪，牵扯到很多部门，必须切实发挥好市城管委办公室统揽全局、协调各方的作用，加强市区之间、市相关部门之间的沟通协调，凝聚城市管理齐抓共管合力，构建起"两级政府、三级管理、四级网络、多方联动、齐抓共管"的管理格局。

2.3 加强队伍建设，提高城市管理队伍整体战斗力。城市管理的水平如何，很大程度上去决定于城市管理队伍的水平和素质。因此要通过多种途径对城市管理队伍进行建设，增强队伍的凝聚力和战斗力，努力造就一支依法行政、和谐高效、文明执法、执法为民的高素质队伍。

赣县区城乡环境整治工作的主要做法

江西省赣县区城市管理局

为积极推进城乡环境综合整治工作，全面贯彻落实党的十九大精神，我区以习近平新时代中国特色社会主义思想为统领，紧紧围绕中心城区五区联动、一体化发展部署，围绕"乡村振兴战略"，紧扣"整洁美丽，和谐宜居"的总体目标，以建设更有品质、更加美丽、更具智慧的宜居新城为导向，以不断增强人民群众的获得感、幸福感、安全感为动力，统筹生产生活生态，促进统筹融合发展，着力破解城乡整治工作中的节点、难点问题，补短板、抓落实，使城乡环境面貌大变样。

一、强化领导，明确责任，切实狠抓城乡环境整治工作落实

城乡环境整治是我区重要工作之一，做到了逢会必讲，特别涉及到重点、难点问题，区委、区政府主要领导都必须过问，甚至亲自指挥、调度，全区上下形成了领导重视、各司其职、齐抓共管的良好工作格局。

一是组建领导机构。我区成立了以区长为组长，分管区委、区政府领导为副组长，相关单位部门负责人为成员的城乡环境治理工作领导小组，下设办公室，全面负责城乡环境综合治理的规划、部署、协调、检查督促和考核。特别在撤县设区后，加大了城乡环境整治协调、检查督促和考核力度，各乡镇、单位也相应成立了机构，明确了分工，层层压实了责任，城乡环境整治工作有序推进。

二是重视舆论引导。我区以强化宣传，增强全民参与城乡环境治理工作为抓手，充分利用报纸、电视、网络等新闻媒体，通过各种形式大力宣传城乡环境整治工作，积极树立正面典型、曝光反面案例，引导广大村民群众从我做起。牵头部门和责任单位还通过工作简报和工作信息等方式，加大对整治工作的宣传调度、促进工作交流，增强整治工作的实效性。同时还在赣县报、手机报、区电视台设立城乡环境整治工作专栏，积极营造城乡环境整治工作氛围，积极引导广大群众共同参与，努力提高市民的市容环境意识，以主人翁的姿态积极支持、参与城乡环境综合治理工作。

三是严格督查奖惩。我区按照责任分工，分别以区委办、政府办、人大办、政协办、创建办、农工部牵头，分门别类对各乡镇单位的整治情况，采用明查暗访、定期检查与突击抽查相结合等方式，逐项、逐个开展城乡环境整治督导检查，并坚持"属地管理、分级负责，谁主管、谁负责"的原则，实行一月一考核一排名，做到每次排名后三名且得分低于90分的由区主要领导约谈乡镇单位主要领导并全区通报批评。同时，实行问责促效制度，对凡因工作推进不力，整治效果不明显，工作措施不得力或被省、市曝光通报的责任单位和责任人进行问责，对工作成效明显的单位部门，给予通报表彰，促进城乡环境整治工作有序进行。

二、抓实重点，攻克难点，着力化解城乡环境整治工作问题

我区大力抓实工作重点、不断攻克工作难点，坚持多管齐下、标本兼治，注重城乡整治工作与脱贫攻坚、重点工程建设相结合，与生产发展、城镇化建设相结合等，促使城乡环境整治工作抓早、抓好、抓出成效。

一是建立联合执法机制。建立由城管局、市场监管局、交管大队、环保局、城乡建设规则局、社区居委会等单位部门组成的联合机制，经常开展环境卫生、城市管理、市场秩序、交通秩序、大气污染等进行集中整治，形成工作合力；

二是大力管控市容秩序。以巩固创建全国文明城市成果、创建全国卫生城市为契机，不断强化城市环境的"干净、整洁、有序"工作，严格规范各种不文明行为。特别在春节期间，利用人流返回高峰期，组织开展了为期15天的市容整治大清理大整治活动，城区实行了"每周一整治、一月一洗城"活动（每周开展一次集中整治，每月开展一次全面洗城行动），有效遏制了各种占道经营、出店经营、乱停乱放、乱吊乱挂等行为发生。

三是严厉打击违章建设。在调查摸底清楚、工作程序到位的基础上，2月12日，我区结合全市查违拆违控违电视电话会议精神，依据《中华人民共和国城乡规划法》等法律法规规定，抽调公安、检察院、法院、司法、城管、城建、国土、房产、梅林镇、茅店镇等单位部门300余人，对我区赣新大道玛利亚医院对面屋顶搭建及梅林镇、茅店镇等10栋违法建筑依法进行集中拆除，各乡镇相应开展了拆违控违大整治活动。5月份，我区又在全区范围内兴起了拆除铁皮棚工作高潮，并明确任何单位或个人不得再私自搭建铁皮棚等乱搭乱建，实行"零容忍、零增量"，做到发现一起，依法强制拆除一起；

四是严格规范建筑工地。为规范和加强建筑工地监管力度，全面引导建筑工地文明施工，大力减少扬尘污染、遗撒污染等违法行为，我区实施空气质量自动监测在线监控管理，持续开展建筑工地整治工作，严格落实"6个100%"和一个摄像头治理措施，严格落实不达标就停工，同时建立违规工地严肃查处并予以经济处罚的威慑机制，严惩违法行为，确保"零污染"，打赢"蓝天保卫战"。目前开展建筑工地整治7次，下发限期整改通知42份，下达停工整改通知43份，处罚单位6家；

五是强势整治"空心房"。以乡镇主要领导亲自抓、分管领导具体抓、驻片领导与驻村干部、村"两委"和理事会成员协同抓，实行每十天或半月一督查、一排名，以干部带头，

"一级做给一级看，一级带动一级干"为突破口，单位公职人员、财政供养人员、村"两委"自清自查、率先垂范，带头做好农村"空心房"整治工作，同时，区财政预拨资金6000万元到乡镇，确保整治工作任务顺利完成。目前，空心房拆除工作全市领先；

六是扎实推进庭院整治。为保障广大群众的身体健康，以脱贫攻坚为主抓手，以房前屋后干净、院内院外整齐为目标，从农民群众反映最迫切、最直接、最现实的事情入手，我区开展了"卧室净、院内净、厨房净、厕所净、个人卫生净和院内摆放整洁规范"为主要内容的"五净一规范"等系列活动，不断加大投入，不断推进农村民房院落洁化、硬化、绿化、美化，不断做实乡村"面子"美、"里子"更美，大量陈年垃圾、沟渠淤泥等得到了有效清理，农村人居环境明显改善。

三、创优创特，扎实推进，大力实施城乡环境整治工作

我区对照省市城乡环境整治工作要求，不断创新工作思路，不断加大工作举措，扎实有序推进城乡环境整治工作，着力解决人民群众最关心、最直接、最现实的"脏、乱、差"问题，增强人民群众的获得感、幸福感、安全感。

一是网格化管理，我区以"属地管理、分级负责"的原则，巩固创建全国文明城市成果，争创全国卫生城市，积极将城乡环境整治纳入网格化管理，继续将城区划分8个大网格、39个中网格和122个小网格，每个片区由1名区领导带队，1个牵头单位，每个网格由1名区领导带队，若干个联点共建单位，每个联点共建单位逐一落实到小网格，各联点共建单位以网格为责任区域。各乡镇在本辖区内以定人员、定职责、定地段的原则，层层抓好落实，扎实推进城乡环境整治工作，实现城乡环境整治规范化、制度化、常态化；

二是老旧小区改造。我区城区内190多个小区（含安置区），其中无物业小区148个，小区内乱堆杂物、乱贴乱画、乱停乱放、绿地种菜、圈占公共用地、私搭乱建随处可见。为彻底改善居民生活环境和居住、出行条件，今年，我区启动光彩大市、花园路片区、花园小区、建安小区等老旧小区改造工作，以完善小区功能为重点，采取分步实施，逐步改善小区环境质量，努力为居民打造一个环境优美、秩序井然、平安宜居的良好生活环境。7月23日，我区投资1.6亿元，启动花园小区和橡胶厂小区全面提升改造工作。目前，提升改造成效已呈现，相关扫尾工作正在紧锣密鼓地进行。

三是违章搭建清理。年初，我区以干净整洁、美丽舒适的环境，欢度新春佳节的目标，组织公安、检察院、法院、司法、城管、城建、国土、房产、梅林镇、茅店镇等单位部门300余人，对城区、梅林镇、茅店镇等违法建筑依法进行集中行动。各乡镇也相应组织工作队对本辖区内的违章搭建进行了大排查、大清理，做到发现一处拆除一处，保持有案就查、抬头就打的高压态势，确保以"零容忍"的态度抵制违章建筑"零增长"。

四是背街小巷提升。自2017年9月启动背街小巷提升改造工作以来，我区约投资2.56

亿有序对城区 190 条（其中精品街巷 30 条、标准街巷 160 条）约 68 公里的背街小巷进行全面提升改造，胡屋巷、教育路、建安路、东郊路、新塘路、光彩三街、光彩十街等背街小巷面貌焕然一新，深受广大市民好评和群众的真心支持，也深得省委常委、市委书记李炳军同志的充分肯定。目前，我区已开工建设 190 条，现已全部完工，城市生态环境、人居环境、城区功能得到了有效改善，城市品味得到了有效提升。

五是立体停车场建设。为加快推进公交枢纽站建设，减少机动车对道路的占用时间和空间，提高道路的通行功能，缓解市民"出行难""停车难"问题，我区充分利用公园、绿地、广场、操场等城市空间，以政府主导、市场化运作方式，引进社会资本，在人口密集、车流大的人民医院、妇保院、人民广场、孝本路等 4 处兴建 4 个立体停车场约 2000 个停车位。目前，妇保院立体停车场正在规划实施。

六是拆墙透绿增绿。为推进海绵城市建设，改善城区人居环境、完善城区功能、提升城区园林绿化品质，优化城市绿地布局，构建绿道系统，实现城区公共绿地与其他各类绿地高度融合。今年 4 月，我区按照"应拆尽拆、应透尽透"原则，分阶段、有步骤地对城区老旧小区、背街小巷、收储地块，政府部门、大中专院校、中小学校区，医院、央企、国企等行政、企事业单位办公大院及家属住宅小区存在的实体围墙实施拆墙透绿增绿，逐步减少存量实体围墙。目前，我区拆墙透绿增绿工作已基本完成。

七是路灯设施市场化。随着城市化进程的不断加快，城区范围的不断扩大，城区照明设施规模迅速增长，原有的路灯管理模式、人员数量、资金不足、机具配备，路灯管养质量和效率已远远不能适应新形势下城市发展需要。为更加合理、有效地整合社会资源，确保路灯更好地服务市民，今年我区按照"管养分离"原则，以政府购买服务的方式，选择管护维修队伍，实施照明设施社会化管理、市场化运作的模式，破解路灯管理难题。目前，相关工作正在完善。

八是大气污染防治。强化 PM2.5 各影响因素的管控，加强车辆尾气排放检测，推进安装机动车遥感监测及冒黑烟车抓拍系统，彻底淘汰黄标车及老旧车辆，实施重型车辆禁行方案，在空气质量自动监测点周边适时启动机动车限行，严厉打击"黑加油"，禁止销售低于国 V 标准车用汽柴油。同时，加强道路扬尘监管，加大降尘保湿力度，推进餐饮服务业的油烟污染治理，坚决取缔室外烧烤。目前，我区已增设 2 台雾炮车，1 台吸尘车，新建 1 座空气质量自动监测点（兴农路 1 个、城北 1 个），取缔露天烧烤摊点 86 家，没收销毁烧烤设备 39 个。

九是排水排污工程实施。建成红金工业园四期污水处理厂并投入运行，建成红金工业园一期污水处理厂，建成洋塘工业园污水处理厂（含配套管网）并投入运行，建成平江江口、桃江江口、赣县梅林、新庙前水质自动监测站。同时，我区还将建设城北污水处理厂、稀金谷茅店平台污水处理厂，加快工业园区污水处理设施配套管网建设，加快城南生活污水处理厂提标改造，确保达到排放标准，污泥无害化处置率达到90%。

四、存在问题

近年来，我区在城乡环境整治方面做了大量工作，资金投入大，整治力度大，成效也相当明显，城乡环境有了质的变化，但也存在不少问题。

一是卫生死角多。如安置区、城中村、城乡结合部、无物业小区、偏远山村等，脏、乱、差现象仍然存在。

二是杆线管网较乱。电线、电缆、电话线等交叉重叠，线缆横拉、乱接，缺乏管网的入地入管规划设置，不仅影响市容，还存在安全隐患。

三是余渣土、建筑垃圾乱倒现象严重。偷倒偷运、乱丢乱倒屡禁不止。

四是基础设施滞后。我区于1969年搬至梅林镇，建成时间短，基础设施滞后、城市配套功能不齐，特别是老城区的基础设施亟待修缮、更换。

五是市民素质参差不齐。乱扔垃圾、随地吐痰、乱摘花木、乱毁绿地仍然存在，市民和农户参与环境综合整治积极性不高，主观意识差。

五、下步工作

围绕中心城区五区联动、一体化发展的部署，贯彻"错位竞争、相互配套、优势互补"的理念，建设更有品质、更加美丽、更具智慧的宜居新城。

一是加快融入"五区一体"。以五区联动、一体化发展为契机，加快建设和谐大道东延、汶潭大道、汶潭大桥、义源景观道路等城市路网；着力改造城区拥堵路段，完成站前大道西延项目建设，促进城区与中心城区的无缝对接；加快实施江口、湖江、白鹭3个特色小城镇项目建设，全面推进王母渡、吉埠、五云、沙地等中心镇建设，完善功能、打造亮点、辐射带动。

二是加快完善设施配套功能。全力推进12个大项、56个子项总投资211.28亿元的新型城镇化攻坚项目，力争完成年度投资33.4亿元；坚持一把尺子量到底，确保1069户棚改任务顺利完成；实施城市双修，完成光彩大市场及城区内12个社区（村）共190条背街小巷提升改造，打造30条精品街巷；有序推进光彩大市场、花园路片区、花园小区、建安小区等成片老旧小区提升改造；加快实施出入口、街头公共绿地等绿化美化亮化工程，推进拆墙透绿增绿，完成梅林湿地公园四期、社区公园、贡江亲水绿道建设。

三是加快建设美丽宜居新城。推动基础设施建设提档升级，全面推进"整洁美丽，和谐宜居"新农村建设，抓好"七改三网"等基础设施建设，大力推进"8+4"公共服务建设，重点推进314个新农村建设点的整治建设。持续改善人居环境，全面推进城乡环卫全域一体化第三方治理，大力推进"厕所革命"，梯次推进农村生活污水治理，全面推进铁路、高速、国省道等交通沿线"空心房"、房屋立面改造、铁皮棚整治。加强和创新农村治理，留住乡愁记忆，全力抓好农村违法用地、违法建房、超高超大建房整治工作，规范农村建设秩序。

四是加快提升城市文明素质。推进精细化城镇管理，完善城市网格化管理体系，投入使用数字化城市管理系统，扩大城市管理购买服务力度，实施好卫生保洁 PPP 项目。加强监督管理，提升老旧小区、农贸市场管理水平。严厉整治广告乱贴乱画、车辆乱停乱放、违规乱搭乱建等行为，狠抓"门前三包"，整治出店经营、占道摊点等"顽疾"。继续保持高压态势，以"零容忍"的态度确保违章建筑"零增长"。巩固发展文明城市建设成果，完善文明城市常态长效管理机制。开展形式多样、丰富多彩的各类文明建设活动，加强思想道德素质和城市文明素质教育，形成广大市民共同参与文明城市建设的社会风尚，推动市民养成良好习惯。

推进城市建设　提升城市品质
——巫山县城市管理工作宣传材料

重庆市巫山县城市管理局

2018 年，我局以建设国际知名现代化旅游城市为着力点，坚持在管理上求突破，在细节上重精细，在建设上见成效，在提升上求创新的理念，加大城市建设投入力度，大力开展市容环境综合整治，全力提升城市品质，实现了"城市管理让生活更美好"的美丽愿景。

一、工作开展情况

（一）补短板，实施"六大建设"，市政基础设施上了新台阶

一是停车场建设。近年来，政府投资 12000 余万元，先后建成了平湖中路、广东东路、信访办、朝云社区、西坪村委会、公安局、圣泉东路、旅游码头、聚鹤社区等停车场 15 个，并启动广东中路立体绿化停车场建设，增加车位 176 个；引进社会资本 8500 余万元修建西转盘、高唐美食街停车场，新增车位 4016 个；划定路内停车位 640 个。加之新建楼盘停车场，目前城区共有停车位 18000 余个，有效缓解停车难问题。二是环卫设施建设。按照每年新建 3—4 的标准，新建祥云广场、新神女市场、秀峰体育广场公厕 3 座，建成龙门桥洗车场 1 座，完成县城垃圾压缩中转站技改，新增垃圾收集房 100 座，有效缓解环卫设施不足问题。三是道路建设。完成工业园区职教园道路景观、平湖路至滨江路建设。升级改造白杨湾至苟家加油站道路，稳步推进中央王府至殡仪馆、二郎庙至君临江山、殡仪馆至平湖桥、二郎庙至高速路连接道建设。整修背街小巷人行步道 12 条，整修城区车行道 1.2 万余平方米、人行道地砖 1 万余平方米，维修人行道护栏 1.2 千米。有效缓解路难走问题。四是管网建设。新改建雨污管网 72.5 公里，完成污水处理厂周边、碧水云天与三江六景之间连接道、君临江山支路、环湖路等区域污水管网改造 2 公里。深入开展市政排水设施和城市内涝点专项整治，完成教师新村防洪沟应急抢险项目。新改建苟家水库等片区污水管网 4500 余米，疏通雨污管网共计 17000 余米，更换井盖 120 余套、雨箅 100 余套，清理雨箅 700 余个。实施抱龙、邓家、双龙、竹贤污水管网改造；建成官渡、骡坪、庙宇、福田、龙溪、官阳、铜鼓等垃圾压缩中转站 7 座；建成福田、骡坪、庙宇、龙溪、官阳、建坪污水处理厂 6 个。有效缓解城集镇防洪排涝设施不畅问题。五是公园建设。先后建成文峰公园一二期、暮雨

公园、望霞公园、朝云公园、神女公园、松峦社区公园等，正在实施文峰公园三期、滨江公园提档升级及城市节点景观品质提升项目建设。并按照"推窗见绿、出门见景、四季见花"的要求实施增花添彩，建设高速公路出口、神女大道、滨江路等重点区域精品绿化带。让城市与自然融为一体，达到"城在画中建、人在画中游"的效果。截至目前，我县公园绿地面积达158公顷，人均公园绿地面积达13.6平方米，建成区绿地面积达269公顷，建成区绿化覆盖面积达282.45公顷，建成区绿地率达37%，绿化覆盖率达39%。六是灯饰建设。以高唐组团建成区为中心，提档升级城区一期夜景灯饰，全面完成城区四期夜景灯饰建设及城区LED路灯改造，打造长江大桥、龙门大桥等城市标志性建筑灯饰景观，彰显山、水、桥、城的"灵动巫山、光耀峡江"的璀璨夜景。

（二）强管理，开展"五大行动"，城市品质有了新气象

一是净化行动。实行"定人、定岗、定责、定段"四定责任制和"勤扫、勤运、勤洗、勤巡、勤督"五勤机制，实现城区范围随时看、随处看、随便看目标。年均处置生活垃圾30000余吨，餐厨垃圾3000余吨，城市垃圾处置率达100%。二是畅化行动。采用疏堵结合、巡守结合的方式，加大广场周边、市场周边等重要区域，车辆乱停乱放、市民乱搭乱建、游商乱摆乱占的整治力度，年均处理违章车辆10000余车次，整治占道经营15000余件次、清理流动商贩7300余件次。成功搬迁旧神女市场，彻底消除广东路"脏乱差"现象。取缔滨江路自行车占道非法营运10户，暂扣占道经营自行车、电瓶车1000余辆。三是序化行动。重拳整治市容乱象，规范夜市烧烤摊点、游商经营区域，严格户外广告审批程序，持续开展"治癣"行动，确保城市立面清爽。清除"牛皮癣"2万余平方米，取缔夜市烧烤摊点300余家。四是碧水行动。按照"守住港口、保证干流、防控支流"的清漂工作思路，采取以日常保洁与应急清漂、按天计酬与计量收购、巡查督查与奖勤罚懒、自行清理与市场化运作相结合的工作方式实现精准打捞；实行网格化管理，分区域、落实具体责任人，实行无缝连接打捞；添置水域清漂设施设备，重点区域安装摄像头实现24小时实时监控，实现精准打捞，年均出动清漂船只3000余艘次，作业人员8000余人次，清理、转运及处置水域垃圾30000余吨，实现我县水域江清岸洁。

（三）挑重担，合力"三大攻坚"，重点工作得到新巩固

一是农村生活垃圾治理攻坚。清理主公路沿线、景区道路沿线、河谷沿线、集中安置点等重点区域存量垃圾点800余处、3.8万余吨。建成乡镇垃圾压缩中转站7座，配发钩臂车81辆、压缩车32辆、三轮自卸式摩托车104辆、垃圾箱1170个、垃圾桶8490个，基本实现污垃设施设备全覆盖，初步形成"户集、村收、乡镇转运、区域处理"垃圾收运模式。今年6月已成功通过市级验收，目前正在持续巩固为迎接国家验收作充分准备。二是国字招牌复核攻坚。今年是国家园林县城和国家卫生县城的复核年,按照县上统一安排,我局牵头制定复核方案,并对标对表,查漏补缺,细化目标任务,完善档案资料,增添硬件设施,各项工作正在有序推进。三是环保督查攻坚。自环保督察组进驻巫山以来,我局高度重视环保督察信访件办理,采取主要领导交办、分管领导督办、队所具体经办的方式,限时进行整改。整改完成后,由队所提供书面材料、前后对比照片等佐证资料,分管领导现场核实后,签字上报督察组。做到了件件有回应、件件有落实、件件有效果。期间,我局共收到环保督察信访件 102 件(占全县督察问题总量的一半以上),有效处置 102 件,处置率达 100%。在督察组下沉到部门调研中获得肯定。

(四)重效果,建立"五大机制",城市管理手段有了新突破

一是马路办公一线化。实行"上街找问题、现场解决"的马路办公机制,局班子成员每周分别带队到城区进行全面巡查督导,主要针对市政基础设施、市容环境卫生、城市园林绿化、城市管理秩序等方面的问题,采取现场交办、专项交办、重点交办、综合交办的方式,督促各队所对交办问题进行及时整改,实行重点问题挂牌督办。共发现问题 322 个,整改 322 个,处置率达到 100%,实现"大城细管"。二是城市管理智慧化。完善数字化城市管理工作服务大厅、电脑操作平台、手机版城管通、城区道路视频监控系统、水域清漂监控系统、停车诱导系统、智能停车收费系统等硬件设施设备建设,建立城管系统微信公众号,全力推进智慧城市建设,实现"大城智管"。三是城市执法规范化。推进执法力量重心下移、关口前移。切实开展经营性占道专项治理、道路扬尘专项治理、毁绿占绿问题治理等专项整治执法。加强城市管理执法能力建设,持续深入开展"强基础、转作风、树形象"专题行动,转变执法方式,加强队伍管理,增强执法效果。四是部门联动一体化。针对清扫保洁、乱搭乱建、占道经营、渣土清运、"牛皮癣"等顽疾,与街道、部门、社区面对面明确边界、权责及标准。组建由公安、交警、治安大队为成员的城市管理协作中队,全力构建"1+N"的城市管理模式平台,实现优势互补、联合执法,实现城市管理无缝对接。五是城市管理全民化。创新城市治理方式,激发全社会活力,采取购买社会化服务等方式推动城市管理由政府部门一家"独唱"向政府引导、社会协同、市民参与的"大合唱"转变,让"巫山是我家,人人建设她"成为一种自觉、一种行动、一种风尚,实现城市共建共治共享。

二、下步工作

(一)服务民生,以项目建设为抓手,进一步完善城市功能

立足民有所呼、我必有应、我必所为的原则,持续补短板。一是停车场。强力推进广东中路立体绿化停车场、美食一条街停车场和西转盘停车场建设,力争 2019 年投入使用。规划设计七校合一、实验小学等人口密集区大型停车场建设。因地制宜每个社区建设机械停车场 1—2 个,力争每年新增停车位 2000 个,基本满足市民停车需求,解决停车难的问题。二是道路。强力推进中央王府至殡仪馆、殡仪馆至平湖桥、二郎庙至平湖东路、二郎庙至林业小区至二高、龙潭沟大桥内侧连接道建设，协助县交委进行西转盘至滨江路连接道、暮雨公园至绕城路建设，打通城市环线，解决道路"肠堵梗"问题。三是管网。强力推进神女市场改造、七校合一至龙潭沟、二郎庙至龙潭沟路段雨污管网分流改建，全面排查并解决城区雨污混流现象，适时疏通涵沟、涵箱等雨污管网，解决管网堵漏滴问题。尽早建成七校合一至中央王府、二坪子至教师新村、朝云花园等处的排洪箱涵、排洪沟等，解决城市内涝安全问题。四是园林绿化。强力推进文峰公园三期、滨江公园升级改造、高唐公园建设，高规格打造城区重要节点绿化景观园林项目，高标准规划建设设计龙门公园，丰富市民更多去处，解决市民锻炼休闲问题。五是灯饰。强力推进广东路、滨江路等城区重要路段夜景灯饰建设，确保 10 月下旬全面完成。完善长江大桥、龙门大桥、克拉大都会等标志性建筑灯饰建设。全面检查维修城区街道、公园、广场亮化工程设施，消除城市盲区，全方位展示特色峡江夜景。

（二）久久为功，以城市管理提升为重点，进一步提升城市管理水平

以整洁有序为基础、品质特色为重点、味道神韵为追求，全面实施十项城市综合管理提升任务，补齐市政基础设施短板，创新城市治理方式，努力实现城市综合管理"半年见成效、一年让群众有明显感受、三年大变化"的工作目标。一是提升市容环卫精细化管理水平。明确街道、部门、社区边界权责，深入推进城乡交界处、背街小巷等薄弱环节环境卫生整治，适时开展城区主次干道清洗、清扫、清运工作，确保无卫生死角。加强港口、干支流水域清漂保洁力度，强化景区清漂保洁监管，确保辖区水域江清岸洁。二是提升市政设施精细化管理水平。加强城区人行道、车行道、人行护栏、灯杆、标识标牌等设施的维护工作。采取"微更新"方式，开展道路破损窨井盖、水篦子专项整治，消除马路"拉链"和"肚脐"。严格城区人行天桥、桥梁安全检测，并美化。重点整治教师新村、朝云花园内涝点，开展雨污管网分流改造，提高排水能力。三是提升城市园林绿化精细化管理水平。加快文峰公园三期、滨江路景观升级项目、城市重要节点绿化、龙门公园、高唐公园建设，打造高速路、神女大道精品绿化带，充分利用边角地、闲置地广泛播绿，积极倡导屋顶、阳台绿化，适时更换市政广场、东西转盘等重要节点时令鲜花，确保"推窗见绿、出门见景、四季见花"。四是提升城市空间精细化管理水平。加大主次干道、背街小巷"牛皮癣"、户外广告、店招店牌整治力度。整合公安、交通、电力、通讯等部门杆塔、管网资源，实行"多杆合一、多箱合一"改造，全面推进城市管线下地。实施城区城区缓堵保畅建设，加快二郎庙至平湖东路、二郎庙至林业小区至二高连接道和交通信号灯建设。五是提升城市综合管理执法水平。综合治理城市"顽疾"，依法清除城区"僵尸车""牛皮癣"，依法查处游摊、夜市烧烤、车辆乱停乱放等违规占道行为，严格建筑垃圾渣土密闭运输，加强道路扬尘控制，基本消除主次干道、背街小巷乱张贴、乱刻画、乱涂写、乱摆摊、乱开挖、乱堆放、乱倾倒等违法违规行为。六是提升城市照明建设管理水平。突出"山、水、桥、城"四大元素，以长江大桥、滨江路为重点，有机融合江东新城，着力打造特色峡江夜景。提档升级城区一期夜景灯饰，实施城区四期夜景灯饰建设，实行"一把闸"管理，完成城区 LED 路灯改造。七是提升城市智慧化管理水平。开发城市管理微信公众号，提高"12319"城市管理热线知晓率，夯实数字化城市管理，充分发挥其快速发现问题、高效处置问题的能力，联合公安、交巡警等部门提高监督协同水平。加大停车引导系统、智能停车收费系统使用效率。实现公园、广场、无线网络全覆盖。八是提升城市标准化管理水平。逐步统一城市综合管理的工作要求、技术导则和作业标准，启动市容市貌、市政设施、园林绿化、街面秩序、城市照明、空间立面等标准编制。九是提升城市管理领域安全保障水平。进一步落实安全生产责任制，健全责任清单管理机制和责任体系，加强城市供排水、管线、道路、桥梁、灯饰等市政基础设施的安全监管。完善并落实各类应急预案，加强各类专业化应急救援队伍建设，提高突发事件快速处置能力。十是提升城市管理社会参与水平。进一步落实"门前三包"，探索"路长制、街长制、巷长制、楼长制"等管理经验，鼓励市民积极参与到城市管理工作中来。尝试购买清扫保洁、垃圾处理、停车场建设等社会化服务。

（三）长远规划，以全域旅游创建为契机，进一步改善人居环境

着眼现实，抓好规划，本着一次性规划、分期实施、三年建成的思路，倾力改善城乡环境。一是"两江四岸"扮靓。紧盯"两江四岸"，尽快实施长江大桥至龙门大桥至滨江路至长江二桥清水步道、人行步道、自行车道等游步道 35 公里建设。二是高唐组团提质。围绕高唐组团，聘请顶尖团队对城市基础设施短板（停车场、文化景观、园林景观、道路景观、立面景观）等进行高规格设计建设，展现渝东门户形象。三是乡镇污垃项目全覆盖。按照生活垃圾区域处理原则，规划庙宇、笃坪、骡坪、福田、官阳、双龙垃圾填埋场建设及餐厨垃圾处理厂、建筑垃圾消纳场建设，妥善解决生活垃圾处置等问题。分期实施 24 个乡镇二三级污水管网毛细血管建设。尽快建成江东新城、早阳新城、南陵片区、边贸中心污水处理厂、管网及环卫设施、灯饰配套建设。

聚焦乡村环境卫生治理

山西省祁县环卫局局长、城管办主任、爱卫办主任、综合执法队队长　许映洲

习近平总书记对于城市管理有这样一句经典之句："城市管理应像绣花一样精细。"这句话既通俗易懂、又深刻全面、既是手段和措施、又是目的和标准，是城市管理的核心和要义。十九大以来，我县认真学习领会、贯彻落实十九大精神，在环境卫生、容貌秩序管理实践中正确理解和运用，不断体会和发掘、运用和总结，从以下三个方面来努力，不断推进环境卫生、城市管理、爱国卫生各项工作大发展。

一、注重城市基础设施建设，推进城市化进程

随着城市化进程加快，我县城市基础设施薄弱日渐凸显，便民市场严重缺乏，城市公厕缺少、环卫设施缺失等，为城市环境卫生、容貌秩序长效管理造成一定困难。为此，我县投入资金，合理规划，人性化管理，以"堵疏结合"为主，先后开展"城乡环境大整治""拆违治乱提质""环境整治、项目建设、财税增收"三大战役等重大活动，并长远谋划、全面协调、高效投入，在城区建成东关农贸市场、进士街便民市场、丹枫西街便民市场，设立便民服务点22个，疏导区2个。根据《公共厕所设置标准》，按照县城每平方公里3-5座的设置标准，在城区合理布局，规划选址，建设公厕29座。在城区实施"撤箱换桶"，对城区、古城、城中村的老式露天垃圾池、绿色铁皮垃圾箱进行了拆除更换，新布设环保垃圾桶2400个。城市基础设施更加合理，城市更加美好，市民觉得更加幸福。

二、注重立足城市管理实际，加快城市化进程

城市管理，于细微处见功夫、见态度、见精神。精细化管理城市，是社会的要求，也是人民的期盼。在城市管理实践中，我县把环境卫生、容貌秩序管理真正当作"绣花"一样，点线结合，力争做到"不留白"。

清扫保洁严格按照"七净七无"标准，一线环卫工人实行"定员、定岗、定任务"，要求背街小巷和城市主干道一个标准。强化道路抑尘保洁，扩大城市道路机扫、冲洗面积，增加湿扫车、洒水车作业频次，城区洒水夏季不少于6次／日。确保垃圾日产日清。加强对人行道、树坑等死角环境卫生的清理，做到城区内无乱堆乱放、无裸露垃圾、垃圾箱池

不外溢。配备电动高压冲洗车对城区各下水道口进行循环清理，一线环卫工人分班对垃圾桶进行清洗。

容貌秩序管理中，为确保城区市容环境卫生持续、显著改善，与城区所有临街门店签订《市容环境卫生责任书》，张贴"门前三包"责任牌，注重抓好常态化管理。同时，针对突出问题，有步骤、有重点实施专项整治。分别开展了"露天烧烤""店外经营""马路市场""橱窗广告""非机动车乱停乱放"等专项整治。今年累计出动人员 2400 人 / 次，车辆 500 余台次，清理橱窗广告 5000 余处、流动摊点 4500 余处、占道经营 3500 余处、门头牌匾 300 余处、条幅 500 余条，广告字缺损 300 块，擅自开挖道路 50 余次，渣土沿途撒漏 60 余次。下达《证据保全通知书》148 分，暂扣各种经营工具 300 余件，教育当事人 1200 余人 / 次，下达责令改正通知书 295 份，处罚 1 项，罚款金额 100 元。要求城区所有门店开业庆典等活动进行审批。城管执法队员实行"定岗定责"，分路段、包片区管理，组建"机动组"对城区主干道进行不间断巡查，发现问题及时处理。为进一步提升城市管理水平，对全体执法人员进行综合素质专项提升培训，要求执法人员坚持公正文明执法，做到有法必依、执法必严、违法必究，确保城市管理法律法规得到全面正确实施。

三、注重乡村环境卫生管理，助推城乡一体化

按照《祁县农村生活垃圾治理专项规划》，积极推进乡镇生活垃圾转运站建设。我县已在古县镇、来远镇、西六支乡、东观镇、贾令镇、峪口乡、以及经济开发区建设七座生活垃圾转运站，部分已投入使用。农村生活垃圾转运站建成并全部投入使用，将由附近村对生活垃圾进行统一收集，运送至转运站进行压缩处理，之后由县环卫局将各转运站压缩减容后的生活垃圾，转运到县垃圾处理厂进行焚烧处理。七座农村生活垃圾转运站可转运全县 76 个行政村、106989 人的生活垃圾。

以创建国家卫生县城为契机，按照政府领导、部门协作、群众动手、全民参与的原则，将城区分为 5 大片区，将 28 条主次干道划分为 12 个责任区，由县级领导带队，93 个责任单位包段负责，统筹推进我县全县环境卫生和容貌秩序管理工作。严格按照《山西省农村户厕建设规范》在城中村、部分行政村推出"户厕"改造。率先在昭馀镇、东观镇、城赵镇、贾令镇四个乡镇，昌源城区、丹枫城区、麓台城区三个城区 10 个村中开展户厕改造，目前已完成农村户厕改造 3016 座，其中双瓮漏斗式 1526 座、卫生厕所 1370 座、水冲式 120 座；完成农村公厕改造 109 座。同时，与居户签定《改厕知情同意书》，培养良好卫生习惯。

对农村非正规垃圾堆放点进行专项整治，制定《祁县非正规垃圾堆放点整治工作方案》，建立整治工作台账，明确目标任务，要求各乡（镇）、城区、经济开发区以城乡结合部、环境敏感区、主要交通干道沿线、水源地、河流湖泊和水利枢纽范围的生活和建筑垃圾为重点，本着"先易后难，由小及大"的原则，科学制定非正规垃圾堆放点整治方案。开展

非正规垃圾堆放点整治，目前已完成全县 8 个农村人居环境整治示范村的非正规垃圾堆放点整治工作。整治非正规垃圾堆放点 10 处，堆放点体积 3.43 万立方。

城市管理只有起点，没有终点，每一天都是零的开始。新时代昭示新使命。我们肩负着为人民群众创造更加优美生活环境的新时代的责任和使命，定当把习近平新时代中国特色社会主义思想内化于心，外化于行，定当以时不我待，只争朝夕的精神投入工作，不忘初心，牢记使命，为建设美丽祁县、美丽中国贡献力量！

借力数据　创新管理　优化服务
探索城市管理新模式

浙江省台州市椒江区综合行政执法局　陈　瑶　方　珂　杨天成

为全面提高城市精细化管理水平，对标文明城市创建标准，加强城市综合管理。台州市椒江区综合行政执法局围绕中心工作，创新管理理念。借助数据融合，形成立体监管，提升管理效能；强化网格监督，夯实基层建设，狠抓工作落实；全面优化执法，构架和谐城管，实现文明执法。以绣花般的精神，打造城市管理新模式。

一、数据融合，实现城市监管立体化

台州椒江区综合行政执法局把握大数据发展新趋势，坚持问题导向，通过织密监督网、升级智慧模块、推进智慧平台与基层执法互融等方式，使智能监管无缝渗透到城市管理工作的各个环节，逐步建立目标统一、步调协同、优势互补、资源共享、立体高效的数字化大城管体系。

（一）搭建数字服务平台，助力共享共治

智慧城管中心平台作为城管部门区一级信息系统，以网格为单位，通过信息采集员实时传递路面信息，共同开展涵盖市政、市容环卫、公用事业、园林绿化等11项职能393项业务的城市管理工作。目前，智慧城管平台月均上报问题量可达近5000起，及时处置率和有效解决率高达99.92%。至今年9月，该局已完成系统对接。利用区综合治理平台接入公安天网系统，通过平台进行视频取证，为执法人员现场办案提供证据反查渠道，推进了基层执法与信息平台的互融。同时，接入燃气监管系统、防违控违综合管理系统、建筑垃圾监管系统，可调取燃气公司视频监控资源、实时查看建筑垃圾运载车辆行驶轨迹，并对违法建筑设施进行管控。实现对燃气公司、违法建筑设施、建筑垃圾运载车辆的常态化、长效化监管。通过"兜底"服务、数据共享，实现城市管理无"死角"、全覆盖。

（二）构建沟通交流平台，畅通工作渠道

网格之间、网格内部根据实际工作需要，建立各类沟通群，通过微信、QQ等快捷交流工具，实现发现问题及时上报，派遣队员及时处理、处置情况及时反馈、核查结果及时上报，将管理沟通交流平台运用在日常巡查工作的每一个环节。如城管执法员、环卫保洁

员和市政巡查员按照相应的网格加入网格市容管理微信群。城管执法员在巡查过程中发现未及时清理的垃圾以图文形式发送到微信群中，由环卫保洁员进行清理；环卫保洁人员在保洁过程中发现市容违法行为，不能现场劝阻的，也以图文的形式发送到微信群中，由城管执法员进行追踪执法，达到"随手拍、即时改、群督查"的高效管理。目前，城区各个网格已经建立各类大小微信群共计9个，每天发布情况举报、督查反馈和工作动态90余条，规定时限内的整改率达100%。

（三）借力手机"城管通"APP，延伸管理终端

为深入挖掘、整合数据资源，该局积极探索数据分析和信息研判新模式，尝试将网格收件、派件方式系统化。该局借助手机"城管通"APP，进行GPS定位，构建"城管通—二级平台—区级平台—市级平台"四位一体的数字化城管网格体系。执法队员利用每日街面巡查之便，将问题按照事件、部件两类，分别上传至"城管通"，监督中心收到问题事件后，将其派发给相关单位进行整改，最后由监督中心对辖区市容管理工作进行监督，判定其整改是否到位。

二、深耕网格，实现城市治理精细化

以基层社会治理"一张网"为目标，整合市政、园林、环卫等职能人员，以网格统一划分、资源统一整合、服务统一标准的总要求，深化"网格化管理、组团式服务"工作，联动社会资源，明确工作制度，不断强化社会治理工作。

（一）明确责任，实行层级管理

以群众工作责任承包制为方式，通过网格化定位，划定每一个网格责任区，明确包管理、包服务、包教育的"三包"群众工作职责，构建综合执法系统内部联系网。按照"网中有格，按格安岗，人在格上，事在网中"的原则，将全区分为4个管理片区、15个管理单元、54个管理网格，形成"区、片区、单元、网格"的一网四级管理体系。同时，每个网格配备网格督导员、网格信息员、城管执法员、环卫保洁员、市政巡查员、物业管理员，形成区域精细管理"一格六员"的管理格局。工作中，由网格片长负总责，网格内工作人员各负其责、各司其职，共同处理城市管理问题，把城市管理工作有效延伸至最末端。今年以来，网格员联动处理环卫垃圾、市政等各类城市管理问题共计2000余起，拟立案处罚74起。

（二）精细安排，实现全天管控

由于经营行为周期性的不同，网格人员根据经营行为在不同时段出现的具体情况，实行24小时全天候动态监管。清晨3点至5点，主要针对万济池菜场周边的蔬菜、海鲜批发交易的占道经营进行查处；5点至8点针对马路市场"早市"及早餐店的占道经营进行查处，对老年公园自产自销点进行巡查；中午11点至1点和下午4点至6点，管控医院、校园周边的流动摊点；夜晚8点至次日3点巡查城区夜排档。

（三）建章立制，明晰考核导向

对网格管理岗位的基本职责从内容、标准、时限等方面进行细化、量化、固化，建立《市容管理千分制考核办法》、和《市容中队整体目标考核制度》等绩效考核体系。运用考核、奖励、处罚、责任追究手段，建立科学高效的激励机制，实现执法人员奖惩机制和管理机制的有机结合。同时，实行网格员互相监督考评方式，就"到位率和问题处置率"开展相互督促，通过监督确保问题整改到位。联合环境保护管理，工商行政管理（无照经营），公安交通管理（违章停车），房地产管理（物业管理）等部门，完善部门联动机制，强化社会治理。

三、创新理念，实现城市执法人性化。

该局在执法过程中，突破原有的工作方法，适应执法新形势，转变执法方式，提升执法实效，积极探索"超前式""帮扶式""沟通式"三式执法服务模式，努力做到执法与服务并重。

（一）前置服务，破解末端管控困境

为防止群众因不了解城市管理行政执法相关法律、法规，而出现违法、违规行为，该局采取提前介入的工作方式，将执法前置，从源头上预防违法行为的发生，做到早发现、早制止、早处理。

比如，为保障商户与业主的利益，该局不遗余力在商铺开张营业前、业主装修施工前做好前期告知工作。今年11月，该局创新推出"六小行业告知书"，并开通线上官微平台"行业指南"，将六小行业涉及的排污、排水、排气和门头审批等一系列问题进行提前告知。用前置管理来减少商户和业主的麻烦和损失，降低执法队员的管理难度，提高了管理效率，降低了管理成本。同时，该局通过人员进网入格，及时在日常巡查过程中发现问题。一方面通过对所负责网格的日常巡逻及时发现所在网格内所需关注的管理信息；另一方面，通过对网格内日常居民来访或投诉的接待，发现并及时核实群众所反映的问题情况，将违法、违规行为扼杀于萌芽之中。

（二）疏堵结合，打造亲民城管队伍

为强化"执法过程不忘服务"的要求，打造文明执法与亲民服务相结合的城管队伍。该局创新推出"帮扶式"执法理念，在依法严厉查处违法、违规事件的同时，帮助违法、违规人员做好后续整改工作。一是召开店主整改协调会议，帮助店主落实整改计划，给予专业意见。；二是与需整改店主建立微信群，通过快捷交流工具，及时了解店主疑难，即时给予回复；三是自制参考资料和明细小卡片，以通俗易懂的方式向店主传达店铺整改须知。去年8月，该局通过以上方式，在短短22天的时间里，成功帮助某新村30多家餐饮业完成油烟、噪音、污水等方面的整改工作。

（三）沟通协调，增强执法认可程度

为追求高效的服务、赢得群众的满意度，该局创新推出"帮扶式"执法，并将其渗透在执法工作的每一个环节、每一个层面。所谓"沟通式"执法模式，一方面是指执法队员在执法过程中既说清法理，也说明情理，做到以理服人，以情感人，让行政相对人切实认识到问题所在，自觉自愿接受处理。另一方面是作为城市管理中间人，处理好群众纠纷，通过多面了解，掌握具体事件，通过沟通协商，得出解决办法，实现沟通双方的"双赢"结果。运用"沟通式"执法模式，该局成功解决了商铺装修、物业公司管理不力等方面的群体性投诉事件。如今年6月上旬，该局接到一家商铺装修破坏墙体的群体性投诉。为维护广大群众的生命财产安全，也保障商家的合法权益。该局反复与商家和群众代表进行沟通协商，最后商家自愿并主动提出委托第三方检测机构进行房屋质量安全检测，最后通过官方认定该墙非承重墙可以拆除，给群众提供了一个安心的答复。

依法监管　强化督查　狠抓城市管理

内蒙古呼和浩特市回民区城市管理行政执法局

概述

2017 年，回民区城管局在区委、区政府的正确领导下，以"两学一做"活动为指导，进一步理顺城市管理体制，建立健全城市管理长效机制，扎实推进城市环境综合整治，强化日常管理，积极探索市容环境管理创新机制，狠抓精细化管理，依法监管，强化督查，全面提升城市管理的效率、质量和水平，努力实现城市管理工作再上新台阶。

综合执法一体化

回民区城管局将城管大队人、财、物全部收回统一管理。现回民区城管局内设 7 个职能科室：党政综合办公室、行政执法股、综合业务股、综合督查股、爱卫办、财务股和数字化股；4 支局直属执法队伍，机动队、静态办、渣管大队和专业综合执法监察队；10 支派驻办事处执法队。按照权责统一、精简高效的原则整合环保、园林绿化、城建监察、物业管理、供排水燃气等方面相关职能，实现城市管理执法机构综合设置。根据《呼和浩特市人民政府关于印发＜呼和浩特市深入推进城市执法体制改革改进城市管理工作实施方案＞的通知》要求，回民区城管局划转了原环境卫生管理局监察大队为回民区渣管大队；成立回民区城管局爱卫办，负责区卫计委划转爱卫工作的相关职能；成立专业综合执法监察队负责改革后划转原住建局、园林所等部门的相关工作职能。回民区城市管理行政执法局已对全部执法人员（含助管员）配发了全套全国统一的制式服装。回民区城管行政执法局进行了重心下移的管理模式改革，按照管辖范围在街道办事处（镇）派驻城市管理行政执法机构（队），负责所辖范围内的城市管理综合执法工作。全面落实基层属地监管责任，并实行双重管理，加快形成市、区、街道三位一体化管理和执法机制。为认真贯彻住房城乡建设部、公安部、环境保护部、水利部、国家工商行政管理总局、国家食品药品监督管理总局《关于印发城市管理执法部门集中行使 5 方面 16 项行政处罚权试点工作方案的通知》（建督〔2017〕257 号）精神，深入推进《呼和浩特市人民政府深入推进城市执法体制改革　改进城市管理工作实施方案》落实，结合回民区城市管理执法工作实际，扎实完成集中行使 5 方面 16 项行政处罚权。回民区城管局关于集中行使 5 部门 16 项行政执法权、行政处罚权划转工作正在进行中，现阶段回民区未通过《呼和浩特市回民区深入推进城市执法体制改革改进城市管理工作实施方案》，未集中行使住建领域处罚权。在为配合中央环保部"回头看"督查工作中，回民区城管局现阶段配合相关职能部门行使住建局、园林所等相关工作职能，现在主要对建设用地上各类违法违规行为的监管。

城市管理精细化

2017 年，重点开展"拆违拆临专项整治""卫生便溺整治""噪音污染""环境卫生综合整治""沿街经营秩序整治""扬尘污染整治""早夜市、便民市场"。"户外广告整治""停车泊位专项整治"等专项整治。累有效解决日常管理不到位的问题，长期影响市容秩序的问题，保持市容市貌整洁有序。同时建立长效化"路长管理制"，采取定岗管理和流动巡查的方式，保持常态化。自 2018 年起，回民区爱卫办下设至回民区城市管理行政执法局。城管局派专人专职爱卫工作，一年来，成绩显著。爱卫工作主要包含爱国卫生运动、病媒生物防制以及创建卫生城市等工作，一年来，成功举办了"爱卫月"、公益劳动、爱国卫生周、控烟活动等大小活动数余场，爱卫意识和创卫行动得到广泛宣传，受到全区市民一致好评，并为今后创卫打下坚定基础。

环卫作业市场化

以东客站环卫作业市场化为牵引，积极推进回民区清扫保洁市场化作业，截至目前，巴彦路以西部分已实现了市场化，后续逐步将北二环以北约 200 万平方米范围纳入市场化作业。

监督管控数字化

2017 年我区数字城管在区委、区政府的正确领导和分管领导的带领，以及各委办单位的大力支持下，我区数字城管在今年稳步提升，经过一步步配合与努力下，达到了现在的成绩。回民区数字化城管监督指挥中心共受理呼和浩特市数字化城管监督指挥中心派发案件 70599 件，处置案件 69853 件，处置率 98.94%，结案 69838 件，结案率 98.92%；按期结案 58809 件，按期结案率 83.3%；返工处理案件 935 件，返工率 1.34%。

公共服务便民化

加强环卫基础设施建设，按照"数量服从需求、内容服从要求"的原则，目前我区公共卫生间共有 225 座（其中青城驿站 70 座，小区驿站 3 座，移动公厕 152 座），管理垃圾转运站共有 36 座。开展了 8 次垃圾分类宣传活动，共发放 5000 余份宣传资料，为 5000 人次进行了垃圾分类宣传讲解。在 11 个试点小区放置可回收垃圾桶 96 组，发放专用二维码

15600 张，建立二维码用户 1500 户，参与使用二维码扫码分类投放用户 993 人，九月和十月共收集可回收垃圾 6.185 吨，厨余垃圾 11.1975 吨。

城管执法规范化

将依法行政工作列入重要议事日程，纳入目标管理考核体系，按要求报告工作。2017年全系统认真贯彻落实各项制度，各单位创新方式、因人施教组织了城市管理执法人员培训，依法行政宣传及信息工作稳步推进，持续开展城市管理各项法治宣传活动，营造了良好的法治氛围。依照《关于印发〈携手共建共治 共创文明城市 共享幸福青城主题宣教活动方案〉的通知》（呼环整指发〔2018〕7 号）精神，回民区城管局联合区宣传部、教育局、团委于 2018 年 4 月 2 日在贝尔路小学（塔布板校区）开展了"小手拉大手，文明在行动，城管进校园"环境卫生整治活动启动仪式，活动中调动了广大是师生及社会力量积极参加与城市管理的主动性，将文明和谐的理念传播到家庭。达到了"教育一个学生、带动一个家庭、影响整个社会"的效果，共创文明宜居的新型城市环境。7 月 27 日上，以"弘扬宪法精神、培育法制信仰"为主题的法制宣传活动在新华公园举办。为使广大市民群众更好地了解城市管理行政执法局的职能、执法程序以及城市管理相关法律法规，我科室工作人员参加了此次法制宣传活动。活动当天，执法人员现场派发致市民朋友的一封信、呼和浩特市全国文明城市、国家卫生城市市民手册等宣传材料，还向围观市民介绍了乱张贴小广告、违法建设、随意倾倒垃圾等违法行为的处罚措施。通过开展此次法制宣传活动，不仅将城市管理执法工作展示给了社会大众，还进一步拉近了城管与市民的距离。积极开展各项培训专题，使我局执法队员理论与实践得到充分结合。7 月 9 日回民区城管局组织开展"城市管理行政执法业务培训"专题法制培训会，13 支执法队伍的指导员、队长、副队长以及内勤展开集中培训，重点对一般程序案件的调查取证、立案程序、执法文书的填写以及调查询问笔录的制作进行全面深刻的分析、讲解；8 月 15 日回民区城管局召开执法案卷专题培训会。会上对七办一镇派驻的基层城管执法队、机动队、静态车辆管理办公室以及渣办大队的负责人展开集中培训；9 月 21 日，回民区城管局 70 名执法人员参加由区法制办召开的"回民区行政执法义务监督员及行政执法人员培训会"。大规模的集中培训帮助执法人员尽快掌握新的管理办法和执法文书的运用，进一步提高执法人员的执法能力和办案水平，各队的执法案卷也有了长足的进步。为加强队伍建设，增强执法人员的事业心和责任心，提高工作效率，规范执法行为，严格依法行政，我局对网络舆情工作十分重视，共处理舆情案件 29 起，其中油烟噪声污染、光污染、违法设置停车场、乱占公共停车位、破墙开店等问题是公众集中举报反映的案件。在 29 条舆情中有 1 条是回民区城管局官方微博实名举报城管队员在执法过程中有不文明执法的行为，对于此类影响执法形象、扰乱队风队纪的现象，回民区城管局领导班子立即展开事实调查，并根据调查结果，对涉事执法中队和队员做出

了通报批评的处理决定。

开展"勇于担当、攻坚克难"主题活动

为贯彻落实"勇于担当、攻坚克难"任务，回民区城管执法局以解决重点、难点问题为抓手在全区范围内开展城区环境综合整治行动，全面落实回民区城市环境综合整治提升行动，成立了三个综合整治组，每组50余人，重点整治夜市烧烤，自7月11日起每晚7点至12点连续开展夜市烧烤专项整治行动，对辖区内的违规夜市烧烤进行大力度集中清理。截至目前，共出动城管执法人员4600余人次，下发整改通知书420余份，共清理违规烧烤摊点135余家，暂扣烧烤烤炉36台，电动三轮车7辆，烧烤风扇1台。困扰我区多年的牛街、战备路油烟扰民问题得以彻底解决，目前，牛街、战备路等路段的违规烧烤摊点已全部取缔，辖区烧烤商户基本都已更换无烟进化设备炉，全部在店内进行烧烤。

严上入手 实处着力
推进全面从严治党向城管执法基层延伸

辽宁省沈阳市皇姑区城市管理局

沈阳市皇姑区城市管理综合行政执法局以强化廉政教育、完善制度建设为抓手，以明规矩、严纪律、强约束为重点，从严上入手、从实处着力，以永远在路上的执着推进全面从严治党落实，有效推动城管执法队伍政风行风转变。

一、抓实基层党组织建设，压实全面从严治党主体责任

皇姑区城管执法局在问题整改和制度建设上精准发力，营造良好政治生态。牢牢抓住党组织主体责任、党支部书记第一责任人，将17个基层党支部建在每个工作单元，严格按照《党章》和组织工作程序，选举产生基层党支部委员会。加强对履行全面从严治党主体责任和第一责任人责任情况的监督检查，形成一级抓一级、传导责任落实，切实担负起协助党组推进全面从严治党的政治责任。在全局所有党支部增设专职副书记负责纪检工作，配合支部书记抓好支部的正风肃纪工作，做到落实制度不打折扣，使党的主体责任向基层延伸。全局405名共产党员遍布执法、市容、环卫、市政、绿化各部门，为扎实推进城市综合管理提供坚强的组织保证。

二、以转促改，主动适应全面从严治党新常态

习总书记指出："奢靡之始，危亡之渐"。不正之风离我们越远，群众就会离我们越近。皇姑区城管执法局从自身实际出发，做到"四严"，筑牢作风建设"总防线"。

一是严明制度。抓作风建设从制度入手，认真做好废、改、立工作，全面梳理完善各项规章制度。针对党员干部职工存在有"理所当然"的心态、"人之常情"的观念，为狠抓规章制度的落实，皇姑区城管执法局成立正风肃纪监督组，配齐配强监督力量，选拔责任心强、坚持原则、办事公正的工作人员从事监督工作。通过加强督查让全体党员干部以常识思维去看待、常情心态去理解、常理逻辑去贯彻，把权力关在制度笼子中。

二是严管干部。从细处着手，做到"从严定责、从严管理、从严考评"，明晰各系统干部岗位责任制，做到人人有事干、事事有人管。锁定管党治党的重点对象，严明党建工作的责任主体，局领导以上率下，带头廉洁自律，既管住自己，也管好下属和同事。

三是严格党内生活。组织全体党员干部深入学习贯彻党的十九大精神和习近平新时代中国特色社会主义思想，通过"三个落实"，即落实理论中心组学习制度、落实"三会一课"制度、落实民主生活会和组织生活会制度，全覆盖推进"两学一做"学习教育制度化常态化。并将意识形态工作作为党建工作的重中之重，通过"微党课"和"理论宣讲"及"解放思想大讨论"等形式组织开展理想信念和党性教育，引导党员干部进一步增强"四个意识"、坚定"四个自信"，为推动全局各项工作提供坚强的思想政治保障。

四是严格监督问责。对维护党的政治纪律和政治规矩失责、贯彻中央八项规定精神不力、不作为乱作为、顶风违纪的，坚持无禁区、全覆盖、零容忍，发现一起、查处一起、通报一起。2018年，皇姑区城管局先后5次（涉4个下属单位8人）通报了党员干部在违规使用加油卡、拆违、防汛值班、劳动纪律、创城等方面的违纪违规案件。

三、以学习宣传为载体，打造党风廉政建设"教育链"

为扎实做好党风廉政建设工作，拧紧城管执法系统干部职工思想"总开关"，皇姑区城管执法局打造全方位、多层次的"教育链"，在全系统开展党风廉政建设活动。

一是加强经常性纪律教育。把党章党规党纪作为全局党员干部必修课，每次支部学习，都将党规党纪、法律法规作为学习内容之一。不断增强全体党员和各级领导干部的纪律意识，使铁的纪律转化为党员干部的日常习惯和自觉遵循。

二是强化针对性教育。皇姑区城管执法局坚持以"教育在先、警示在先、预防在先"的原则，通过通报典型案例，观看廉政专题讲座、廉政视频，参观警示教育基地等方式，大力开展有针对性的警示教育活动，通过对不同典型案例进行深刻的剖析、查找原因，以案明纪、以案说法，使全局党员干部从中汲取深刻教训，时刻心存敬畏，保持警钟长鸣。

三是重要时间节点监督提醒。皇姑区城管执法局把监督检查中央八项规定精神落实情况作为重点任务和经常性工作，以钉钉子精神持续抓、扎实抓。紧盯元旦春节、清明五一、端午、十一中秋等重大节假日节点，加大廉洁过节监督检查和微信提醒力度，发现问题及时查处，形成震慑。

四、抓规范管理，推进作风建设

坚持以问题为导向，以案明纪，推进正风肃纪常态化，注重督查检查，严明党的纪律和工作人员行为规范，做到挺纪在前。加强机关作风建设，组织党员干部集中学习《机关工作人员日常行为规范》《皇姑区党政机关工作纪律规定》，全面贯彻落实《中共沈阳市委、沈阳市人民政府关于打造国际化营商环境的意见》，按照全区公职人员"营商环境从我做起——不为不办找理由 只为办好想办法"主题活动中提出的各项要求，通过推进机关干部挂牌上岗、党员亮身份及"万名党员进社区"及启动"八办"承诺服务倡议签字等活动形式，努力践行事事"马上办"和人人"钉钉子"精神，在精细管理和"三城联创"等各项工作中脚踏实地，为大干实干、提升环境品质提供纪律和作风保障。

目前，正处于城管执法体制改革和机构改革的关键时期，皇姑区城管执法局全体干部职工将践行党的宗旨、提高政治站位、弘扬担当精神、锐意开拓进取，打造一支守纪律、懂规矩、敢担当、风气正的城管执法队伍。

强化服务 优化管理 规范执法 城管为民
——岳西县城市管理局 2018 年工作总结暨 2019 年工作计划

安徽省岳西县城市管理局

2018 年，县城市管理局在县委、县政府的坚强领导下，深入学习宣传贯彻党的十九大精神，以习近平新时代中国特色社会主义思想为指导，紧扣县委、县政府工作目标任务，将脱贫攻坚工作作为头等大事来抓，进一步完善体制、强化服务、优化管理、规范执法，着力打造百姓城管、法治城管、智慧城管、精致城管，一年来，分别荣获安庆市依法行政先进单位、安庆市城市管理先进单位、安庆市城管系统执法办案先进单位、县文明创建先进单位、县党风廉政先进单位等荣誉称号。现将工作总结如下：

一、2018 年工作总结
（一）强化党风廉政建设，从严从实加强自身建设

扎实开展"不忘初心、牢记使命"主题教育和"讲严立"专题警示教育活动，深入学习宣传贯彻十九大精神。认真落实中央"八项规定"精神，驰而不息反"四风"，加强防范化解重大风险矛盾，坚定落实巡视反馈问题整改到位，持续推进"强基础、转作风、树形象"专项行动，践行"721"工作法，全力抓好岳西县城管局各项规章制度的执行和落实，以过硬的执行力推动作风转变。全年开展执纪督察 39 次，发出通报 5 期，问责处理 4 起，工作效能不断提升。

（二）坚持学做结合，持续巩固"学习提升年"行动

一是开展理论学习，严格尊崇党章，认真贯彻县城管局《党建工作要点》《党组理论学习计划》《党支部理论学习计划》等文件精神，二是开展培训活动，持续开展业务培训活动，建立健全学习培训活动长效机制。采取集中培训与分散培训、全面培训与重点培训、走出去学与请进来教相结合等方式，先后举办各类法律讲座 4 次，选派业务骨干参加各类培训 107 人次，为全县综合行政执法人员集中组织开展法律法规和业务培训，为各乡镇提供了法律文书文本、执法规范、业务咨询和指导，先后 20 余次组织业务骨干赴各乡镇开展执法协助和现场业务指导等工作。同时，结合城市管理法制宣传提升年活动，深入开展"法律六进"活动，发放各类法律法规宣传单、一封信 5000 余份。

（三）练就"绣花"功夫，凝心聚力决战脱贫攻坚

我局严格脱贫标准，严肃工作纪律，科学调度，精准帮扶，科学制定扶贫工作规划，成立了以局长为组长的帮扶工作领导小组，在落实"单位包村、干部包户"任务的基础上，抽调三分之二精干力量成立响山村、石关村专班，全年定期对包保村进行全覆盖排查、核查。一年来，通过精准帮扶，一是落实帮扶物资，统筹 10 余万元专项资金集中用于响山、石关村村级集体经济及贫困户产业发展，组织干部职工开展节日慰问、点亮微心愿、献爱心等活动百余次，积极提供防汛、防火、治安险、脱贫攻坚等物资；二是提供就业岗位，积极协调全县 600 余建档立卡贫困人口走上环卫作业工作岗位。帮助建立环卫产品扶贫工厂，提供 50 户贫困人口就业岗位；三是改善人居环境，组织志愿者开展"四净两规范"活动，并为两村添置垃圾桶 100 余个，村容环境得到明显改善。通过真帮真扶获得了群众一致认可。

（四）强化精细管理，提升市容环境面貌

一是实行网格化管理。强化错时管理、全天候执法，通过"定人、定岗、定责"管理模式，实行无间隙巡查，确保管理不留漏洞和死角。

二是开展市容市貌集中整治行动。持续开展农贸市场、商场、校园、车站、医院、公园等周边，高速路出入口，国道、省道等沿线环境综合整治，着力解决乱搭乱建、乱堆乱放、乱贴乱画、擅自设置户外招牌、无序设置店招店牌等问题，改善市容环境。全年共开展专项整治行动 800 余次，夜市整治 80 余次，重大活动市容保障 30 余次，科学设置和规范年货、茶叶等季节性临时市场，完成广场地方风味小吃棚改建；

三是强力推进违法建设治理。制定出台了《岳西县违法建设网格化防控实施方案》《岳西县拆除违法建设专项行动实施方案》和《岳西县"两治三改"违法建设治理信息公开制定》及《岳西县治理违法建设有奖投诉办法》，认真落实"两治三改"有关工作要求，完成违法建设拆除任务，实现了城区主体房新增违法建设"零增长"目标。建立了数据库，明确了县城网格防控责任，切实做到群防群控。2018 年我县违建整治任务为 9604.4 平方米，共114 户，目前已全面拆除，任务完成率 100%，违法建设拆除工作和信息报送工作得到上级部门的充分肯定。

四是加强户外广告管理。城区大型户外广告以"政府主导、统一规划、科学设置、依法管理"的管控体系初步形成，私挂乱设广告及牛皮癣等乱象得到有效管控，2018 年大型户外广告招拍租工作稳步推进中。截至 11 月份，户外广告招牌许可约 1130 余件，其中建设西路破旧招牌拆除更换已完成 95% 以上，环城路、建设东路 破旧招牌拆除更换已完成 75%，均超额完成年初工作目标任务。

五是餐饮油烟日趋规范。为打赢大气污染防治攻坚战打下坚实基础。制定并组织实施《餐饮油烟治理专项行动方案》，督促城区餐饮单位按规范要求安装油烟净化器，确保开启并定期清洗维护，建立检查、清洗维护台账，邀请县环保局专业人员逐一检查，对发现超标

排放油烟（污），一律停业整顿，达标后方可营业。截至目前，共开展 15 余次专项整治行动，治理油烟污染 50 次，摸排 240 户，已安装油烟净化器 200 户。

六是助力提升渣土处置管理水平。会同县公安、住建、交通、天堂镇等多部门联合行动，确保渣土处置规范，严控道路扬尘。截至 10 月份，共下达《限期整改通知书》48 份，立案查处 28 起，突击处理路面无主遗撒 140 余起，督办准运证 40 起，督促沿街商户清理装潢装修建筑垃圾 70 起，县城区域渣土处置管理工作的有效开展。

七是出店经营、占道经营日益减少。采取错时及网格化管理方式，重点加强主次干道、广场、校园周边等占道经营集中区域和高发时段的整治、巡查与管理，合理设置和规范临时经营市场疏导点秩序，倡导入市经营。截至 11 月份，规范出店占道经营 4000 余起，纠正临街晾晒、乱堆乱放 700 余处，劝导提篮小卖入市经营 800 余起，取缔中医院、天堂初中、城关小学路边摊点群，城区占道经营得到有效管控。

八是巩固创建成果。制定并实施《岳西县城管局文明创建工作实施方案》，着力做好城西一片区文明创建工作，支持帮扶村文明创建工作，持续巩固省级文明县城成果，先后获得市县级文明创建先进单位，。

（五）强化监管考核，全面推进城乡环卫一体化

一是深入推进城乡环卫一体化。严格按项目合同要求和作业标准，积极履行城乡环卫一体化 PPP 项目实施监督主体和督查考核主体的双主体责任。深入乡镇、村、组督查考核，检查作业质量，督查考核扣款近 40 万元；二是努力拓宽垃圾末端处理渠道，全年共外转运处理生活垃圾近 5.2 万吨，确保了城镇生活垃圾无害化处理率 100%，农村生活垃圾处理率达 90% 以上；三是积极推进生活垃圾分类试点工作，率先在黄尾镇开展垃圾分类实验，确保市、县考核通过验收。

（六）强化公用设施管护，提升城市绿化、亮化、美化水平

1. 公用设施建设和管护工作。一是加强对县城污水处理厂的监管。扎实推进县污水处理厂提标改造重点工程建设，年底前可完工并试运行，完成对 12 个乡镇污水处理厂进行摸底登记，拟年底对外公开招投标。截至 11 月份，城区污水处理总量 553 万吨，污水处理率达 94.48%，污泥无害化焚烧处理 560 吨，为大气污染防治夯实基础；二是强化对供水企业的监管，完成鹭鸶河饮用水源保护区内一级保护区防护栏、界标的设立工作，相公庙、供水二期等重点工程建设稳步推进，县自来水公司各项生产经营指标稳中向好，稳中有进，行政事务管理、财务管理、安全保障及反恐防范等综合管理制度建设日趋完善；三是采取定期与不定期方式对燃气行业进行安全检查，要求企业加强用气安全知识宣传，确保安全生产、优质用气。

2. 做好市政设施管护工作，及时修复及更换损坏车行道、人行道、路牙、下水道、破损井盖、污水管网，更换路名牌，定期检测城区桥梁，完成应急停车场（监察委）段地面改造，

积极解决城区桥梁、道路积水点问题，汛期防汛排涝安全稳定。

3. 园林绿化工作。实施城区园林绿化提升行动，增加城市绿地面积，加大城区林长制工作的宣传和执法力度，提升城区园林绿地管养水平。新增高速路出入口、职教中心绿化4000平方米，改造提升城西广场、滨河游园、竹篁尖、映山红大道、东山路等处绿化及设施档次，圆满完成城区内的国庆花摆工作，截至11月份完成建成区2018年绿化任务完成率达98%。

4. 城市夜景亮化工作。规范县城亮化建设和运行维护工作，结合县城人文特色，以金山廊桥为中心，以衙前河沿岸为轴线，实施重点区域灯光景观建设。2018年，一是完成金山廊桥、老农贸市场、滨河游园、衙前河（建设桥至南园大桥）右岸亮化维修维护项目；二是对综治中心亮化提升改造，接管衙前河建设桥至衙前河大桥沿岸亮化。三是完成金翠兰广场市政道路照明安装工程、天际大道路灯改造工程、高湾路路灯移位及解放路与天馨路交叉口新增路灯建设。

（六）高效集约运转，便民服务再提升

1. 县城公厕改造工作。贯彻落实习近平总书记关于"厕所革命"重要指示，推进县城公共厕所提升改造，新建天馨路、天仙河路移动公厕，完成城东公厕、老国税局公厕改造，维修及时率达99%。

2. 公共自行车系统建设。以市场配置资源、政府规范监管为手段，通过招商引资引荐了松果共享电单车项目，制定了岳西县松果共享电单车投放实施方案，引导我县共享电单车规范有序发展，为市民提供便捷、绿色的出行方式，推动绿色低碳出行，目前，我县城区完成投放电单车800辆；

3. 提升行政许可效能。积极落实"互联网＋政务服务网"网上办理工作，利用网路做好为民服务，确保电子政务各项工作有效运作。共计受理、审核、归档、办结各类行政许可约1400件，行政事业性收费506632元。

4. 打造公众参与平台。依托数字化城市管理系统平台，新开通12319热线平台，实现各部门之间信息互联、互通，发挥便民服务功能，实现信息采集、问题核查、处置监管分离，提高工作效率。截至11月份，数字城管平台受理各类城市案件7727件，其中自行处置7674件，立案53件，落实信访维稳、扫黑除恶日报告制度，受理、答复各类信访案件17起，受理网络舆情47起，完成县委、县政府及相关指挥部交办单8件。

5. 做好"四送一服""四督四保"，精准服务实体经济。局党组每月带队深入企业，送新发展理念、送支持政策、送创新项目、送生产要素，送法律知识，服务实体经济。截至11月份，深入七星酒业公司、伊利餐具公司、玉禾田公司、自来水公司等十余家企业开展活动百余次，收集企业反映的各类问题与诉求，并及时与相关部门对接，有力地助推了企业的发展壮大，广大企业纷纷"点赞"。

二、存在问题

一是是执法力量薄弱，队伍素质有待进一步加强。

二是垃圾末端处理设施严重滞后。目前我县没有生活垃圾填埋场和消纳场所，全部采取集中外运的方式，但是这种垃圾处理方式受制于人，造成我县生活垃圾不能实现"日产日清"，且缺乏专业的建筑垃圾综合处理厂和餐厨余垃圾处理消纳场所。

三是市民文明意识有待加强。城区乱扔乱倒、乱泼乱撒、乱贴乱画等不文明现象依然普遍存在，广大市民支持、理解、参与文明创建的意识远未形成，"门前三包"履责意识有待加强。

三、2019年工作计划

（一）党的政治建设提升行动

1.根据县委、县政府统一部署，结合"讲严立"专题警示教育、"三新扶志"活动和"三查三问"，开展"聚焦高质量 争当排头兵"解放思想大学习大讨论活动，为加快建设"四个岳西"和巩固脱贫攻坚成果提供有力的政治思想组织保障和强大精神动力。

2.持续推进"强基础、转作风、树形象"专项行动，引导全体城管干部职工以认真负责的工作态度、严谨细致的工作习惯、求真务实的工作精神，努力改进工作作风。全力抓好各项规章制度的执行和落实，以过硬的执行力推动作风转变。

3.持续开展学业务培训活动，建立健全学习培训活动长效机制，不断适应城市管理新形势、新要求。要将巩固服务意识、改进工作方法等纳入教育培训计划，广泛开展实践传、帮、带，加强情景模拟式培训和实践演练，切实增强一线队员实际操作应用能力。

（二）市容秩序提升行动

1.市容市貌集中整治。持续开展农贸市场、大型商场、校园、车站、医院等周边，高速路出入口，国道、省道等沿线环境综合整治，科学设置和规范年货、茶叶等季节性临时市场，着力解决乱搭乱建、乱堆乱放、乱贴乱画、擅自设置户外广告、无序设置店招店牌等问题，改善市容环境。大力提升城市重点道路容貌品质，着力解决道路两侧建筑立面、空间秩序、人行道、绿化等方面存在的突出问题和薄弱环节。

2.违法建设治理。认真落实"两治三改"有关工作要求，健全违法建设网格化巡控机制，打造县、乡镇、居委会（村组）三级防控体系，确保违法建设及时发现、及时处置。

3.户外广告管理。建立大型户外广告以"政府主导、统一规划、科学设置、依法管理"的管控体系，继续实施沿街门面店招店牌规范化设置工作，着力解决部分店招设置参差不齐、混乱无序问题，体现一街一景、一楼一特色。

4.餐饮油烟治理。督促城区餐饮单位按规范要求全部安装油烟净化器，确保开启并定期清洗维护，建立检查、清洗维护台账，并邀请县环保局专业人员逐一检查，对发现超标排放油烟（污），一律停业整顿，达标后方可营业，经整改仍不能达标排放的，依法予以关闭，并处以罚款。

5. 渣土处置管理。会同县住建、公安交警、交运、环保、国土等部门，加强横向联系沟通，积极开展联合执法，充分运用数字城市管理系统等信息化手段，加强对建筑垃圾运输及堆放场所的管理监督和指导，加大对不密封运输沿途抛撒、车辆带泥上路等污染城市道路行为的查处力度，对施工场地不符合规定、随意倾倒和擅自消纳建筑垃圾、建筑垃圾车辆运输途中未作密封造成大气污染等行为按照规定依法进行处罚。

6. 占道经营整治。重点加强主次干道、背街小巷、商业网点、校园周边等占道经营集中区域和高发时段的整治、巡查与管理，合理设置和规范临时经营市场疏导点秩序，倡导入市经营。

7. 巩固创建成果。制定并实施《2019年岳西县城市管理局文明创建工作实施方案》，着力牵头城西一片区文明创建工作，持续巩固省级文明县城成果，在县委、县政府的正确引领下，争创全国文明县。

8. 落实"门前三包"责任。联合县文明办、天堂镇政府，明确各县城文明创建片区责任单位为牵头主体单位，与本辖区范围内的的驻地单位、商业店铺、小区签订"门前三包"责任书，并定期督促落实"包卫生、包绿化、包秩序"责任。

（三）环境卫生提升行动

1. 深入推进城乡环卫一体化。一是积极履行城乡环卫一体化双主体职责，做好项目实施和监管考核工作；二是推进环卫基地建设和建筑垃圾填埋场封场及扩容工程建设工作；三是规范生活垃圾处理费征收管理，完善征收手段，加大征收力度；

2. 园林绿化提升。一是开展城西广场、天一游园绿化改造提升工作；二是根据县城绿地总体规划，利用自然山体松杉杂、竹林等天然林分修建林间甬道、避雨亭、休息桌、凳等辅助设施；三是因地制宜，制定措施推动企事业、机关单位，居民区的庭院、屋顶、院墙、桥梁等空间立体绿化。

3. 做好市政养护。一是做好老农贸市场（建设桥--廊桥）路面改造工作。二是拟对天际大道北侧人行道进行改造提升，拟对建设西路人行道分段进行改造。三是拟增加县城区公共停车场消火栓缺，保障居民生命财产安全。

（四）便民服务提升行动

1. 县城公厕改造提升行动。贯彻落实习近平总书记关于"厕所革命"重要指示，推进县城公共厕所提升改造，按照优化布局、提升标准、改进服务要求，着力改造提升2至3个老旧公厕。

2. 城市夜景亮化提升。一是统筹管理衙前河两岸亮化时间控制，按照"分散控制、集中管理"原则进行远程控制。二是对南园大桥、竹篙尖公园、滨河西路南段（廊桥至建设桥段）、高湾路、前进路亮化进行升级改造，对城区支路、巷道等群众关切的道路新增加路灯，切实提升市民安全感。三是逐步实施"黄改白"工程，对天馨大道、天仙河路、天堂西路等进行节能改造。

3.公共自行车系统建设。以市场配置资源、政府规范监管为手段，引导我县共享电单车规范有序发展，为市民提供便捷、绿色的出行方式，推动绿色低碳出行。

4.提升行政许可效能。积极落实"互联网＋政务服务网"网上办理工作，利用网路做好为民服务，确保电子政务各项工作有效运作。

5.打造公众参与平台。依托数字化城市管理系统平台，完善12319热线电话建设，实现各部门之间信息互联、互通，发挥便民服务功能，实现信息采集、问题核查、处置监管分离，提高工作效率。通过数字化城市管理系统平台统一受理来自社会公众、信息采集、领导批示等多种来源的投诉、举报、咨询等，打造集数据收集、动态监控、投诉受理、便民服务于一体的城市管理信息平台。

（五）规范执法提升行动

1.完善重大决策机制。建立健全重大行政决策集体研究和法律顾问制度，认真落实重大决策失误追究、行政执法过错和错案追究、行政处罚自由裁量权追究、行政许可过错责任追究等制度，定期分析、研判行政处罚案件办理情况，组织开展行政执法案件群众公议和案卷评查。

2.规范执法制度。加大城市管理领域行政执法案件办理力度，严格实行行政执法人员持证上岗，全面推行城管执法全过程记录工作，根据城管体制改革的新情况，加强与县住建局、县房产局、县环保局的衔接，及时调整行政权力清单，依法实施行政审批、行政强制措施、行政处罚、行政强制执行等行政行为。采取自学与集中培训相结合，典型案例研讨与办案实践相结合等方式，进一步加强干部职工的法律法规学习培训，做到学法计划、内容、时间、人员、效果"五落实"。

3.改进执法方式。全体城管干部职工严格履行执法程序，做到着装整齐、用语规范、举止文明。坚持处罚与教育相结合的原则，继续推行"721"工作法，综合运用行政指导、行政奖励、行政调解等非强制行政手段，引导社会各界和广大市民自觉遵守城市管理法律法规，积极探索非现场、非接触式执法模式。

（六）城市治理能力提升行动

1.加快"智慧城管"建设。以数字城管系统为基础，依托物联网、大数据、移动互联网、人工智能等新一代技术，开展智慧城管建设工作，实现城市管理智慧化升级，对城市管理问题实时监控、智能感知、精准调度、快速处置。同时，对相关责任主体城市管理问题处置情况进行考核评价。

2.推进运营管理市场化专业化。采用政府购买服务的方式，引入专业化城市管理和服务运营企业，打包数字化城市管理信息采集员队伍、市容秩序管理、停车服务管理等业务，提高城市管理效率。

3.建立城市管理联勤执法工作机制。建立完善"公安＋城管＋N"的联勤执法机制，进一步强化部门协作，落实城市管理责任，集中治理违法违规乱象，严肃查处违法行为，共同抓好城市管理工作，确保市容市貌整洁有序。

4.建立律师参与城市管理工作机制。探索以购买服务的方式，聘请"律师驻队"参与城市管理行政执法工作，缓解目前案件多、执法人员少、法制力量薄弱的问题。

5.健全城市管理考核评价机制。进一步整合和共享城市管理信息资源，明确城市管理责任划分，完善城市管理考核制度，建立以数字城管平台为依托，发挥城市管理委员会协调机构作用，开展城市管理考核评价、督察通报工作，推进形成齐抓共管的城市治理格局。

以解放思想引领"五个城管"建设
全面提升城市管理精细化水平

江苏省徐州市泉山区城市管理局 杨茂刚

自解放思想大讨论活动开展以来，泉山区城管局紧扣"学习新思想，改革再发力，开放迈新步，发展高质量"主题，结合全区城市管理工作实际，深入思考、研究，解放思想，创新举措，破解难题，落实长效，以思想的大解放助推"廉洁城管、百姓城管、法治城管、营商城管、人文城管"建设，全力打造良好营商环境，全面提升城市管理精细化水平。

一是压实党风，在打造"廉洁城管"上解放思想。开展"三不准"专项活动，让"红红脸、出出汗"成为常态，教育提醒全体干部职工不要触碰红线底线。在粗暴执法方面，重点查找和解决不按照程序和规定执法问题，着重查找和解决酒后执法和执法过程中打人骂人问题；吃拿卡要方面，着重查找和解决利用职权或职务影响，收礼受贿、乱收滥罚、徇私舞弊、贪赃枉法、钱权交易问题，乱收费、乱摊派、乱检查、刁难报复企业问题，私自打着单位名义到企业变相检查问题；收钱放建方面，重点查找和解决收受他人贿赂对违法建设不闻不问，玩忽职守、失职渎职，甚至充当违法者保护伞问题。

二是心系百姓，在打造"百姓城管"上解放思想。持续开展西部城区综合整治，大力治违、治脏、治乱、治差，同时对破损道路进行整修、对店招店牌进行整治、对旱厕进行整合改造，力争年底前全部消除西部城区旱厕，加速西部城区蝶变。继续实施化粪池免费清掏、实施"萤火虫"亮化工程、打造智慧农贸市场建设、设置夏季便民西瓜直销点、全面加强大气污染防治、加快推进垃圾分类，不断提升城市形象和品味。多措并举利用空闲场地、地下空间新建一批停车场，施划一批停车泊位，有效解决群众停车难问题。

三是依法行政，在打造"法治城管"上解放思想。厘清城管权力责任清单，集中开展法治培训，大力推进法治城管建设。进一步完善城管执法规范，严格执法程序，健全执法办案制度，落实重大案件会审制度。切实开展执法工作督查，落实行政执法责任制，常态化地对不规范、不文明城管执法行为进行查处，确保城管执法严格、规范、公正、文明。深化落实"三不铁律""六项禁止""四个做到"等8项规章制度，努力营造积极向上、风清气正、干事创业的良好政治生态，提高城管工作质效，提高社会和群众满意度。

四是服务企业，在打造"营商城管"上解放思想。根据区委区政府关于优化营商环境

的有关要求，结合城管工作职能，为企业提供全方位服务。在店招店牌和挖掘道路审批方面，申请材料符合要求的，7个工作日内办结；其中店招店牌审批免收费用，对于水、电、气等抢险、抢修应急施工需要挖掘道路的，可先施工后办理审批手续。在占道审批方面，给商家、企业临时展销、宣传提供便利，并酌情减免部分审批费用。在渣土运输审批方面，积极协调市相关部门，主动帮助企业办理渣土运输审批手续，加快推进审批进程，缩短审批时间。

五是树立形象，在打造"人文城管"上解放思想。局党委给城管系统广大干部职工推荐《之江新语》《习近平的七年知青岁月》两本书，要求仔细研读揣摩，大胆学习借鉴，要在全系统形成读书学习的良好氛围。经常性地开展法律法规、执法实务、应急处置、案例分析等业务知识的教育培训，引导执法队员学会善发现、会管理、能创新、敢执法四项基本技能。大力弘扬社会主义核心价值观，积极开展建"示范岗"、树"执法标兵"等多种形式活动，让广大干部职工爱岗、敬业，增强集体荣誉感，增强凝聚力，树立泉山城管良好社会形象。

专项整治出新篇

安徽省阜阳市颍东区城乡管理行政执法局

今年以来，阜阳市颍东区城乡管理行政执法局在区委区政府的坚强领导下，以创建"全国文明城市"为统领，围绕"精、细、美"的工作目标，大力开展"拆违拆旧""市容环境综合整治""交通秩序专项整治"等专项行动。颍东区城市管理工作"拆违控违""市容管理""环卫保洁"三项考评，2017 年度在全市各取得第一名的好成绩。同时倍感压力，激发动力，以"真抓实干、埋头苦干、咬定目标加油干"的工作作风，不断提升我区城市管理精细化水平。

一是狠抓"拆违控违"工作。始终坚持"政府主导、部门牵头、街镇负责、村居为主"的管理模式，严格落实属地管理原则，明确街镇对辖区控违拆违工作负总责，街镇主要负责人为第一责任人，分管负责人为直接责任人，12 个乡镇（办事处）均派驻城管中队。在构建城区控违拆违长效管理机制上下功夫，现已建立常态长效管理机制。颍东区一直处于全市前列，连续多年实现了"零增长、零存量"工作目标。始终保持控违拆违高压态势，坚持"零容忍"打击新生违法建设、突击抢建、乱搭乱建等违法行为，依法拆除违法建设和破旧房屋 4360 户，面积约 57 万平方米。动真碰硬解决历史遗留问题，对火车站广场周边 3 处历史遗留的乱搭乱建顽疾，依法实施拆除。截至目前，颍东区在阜城控违拆违工作取得排名第一的好成绩。

二是狠抓市容市貌综合整治。一是强化提升市容市貌精细化管理水平，加大市容市貌管理力度向背街小巷纵深推进，严格落实"门前三包"责任制，着力实现城区主次干道和背街小巷精细管理标准一体化，切实做到管理无死角、无盲点。二是大力开展"揭疮疤、促创建"专项整治行动，强力取缔出店经营、流动摊点、"牛皮癣"小广告、违规设置斜坡（护坡）、私搭乱建等违规现象。三是打造文明严管示范街，展示城市新形象。对"中鑫置业街、颍河东路、钟鼎路"下大功夫打造基础设施完好、环境卫生整洁、市容街貌靓丽的样板街区，通过以点带面，逐步推进延伸，实现我区城市管理工作质的提升。

三是狠抓环卫保洁工作提质增效。一是全市率先推行"市容＋环卫"管理保洁新模式。二是按照环卫精细化作业标准，围绕地面出净的目标，扎实开展"水洗颍东"专项行动。开展"以克论净"深度清洁考评向纵深推进，加强薄弱地段、时段的清扫保洁冲洗力度，坚持每天 24 小时动态保洁。三是招大招强新公司进驻火车站广场和新老城区，配齐洗扫二

合一的清洗车、便捷高效的扫路机、专治口香糖污渍顽疾的清除机等作业车辆，实现了路见本色，全面实现市场化作业保洁模式，实现主次干道与背街小巷环卫保洁精细化、标准化、一体化全覆盖。四是大力推进厕所革命，截至目前，颍东城区9座公厕改造升级正在实施中；2018年公厕新建任务数11座现已完成，并超额完成5座，着力打造"十分钟如厕圈"五星级标准公厕服务体系。

四是狠抓城区交通秩序整治。一是积极联合交警、公安、交通等部门，加大联合执法集中整治密度和频次，严厉打击对城区主次干道及人行道机动车乱停乱放行为。二是开展联合执法，严格落实24小时值班制，依法严厉打击火车站出站口举牌拉客、出租车随意上下客等违规行为。截至目前，对喊客拉客人员警告260余人、治安处罚115人、治安拘留68人、帮助救助旅客22人。三是组建城管执法"飚骑队"摩托车30辆，有效破解城区薄弱地段、时段市容管理和交通秩序易反弹回潮难题，实现多部门联合执法的无缝对接。四是在全市城管系统率先开展"礼让斑马线 文明我点赞"活动。五是优化交通组织，施划停车泊位，规范非机动车停放点设置，优化停放管理秩序，完善各种标志标线、监控设备、路口红绿灯等基础设施，补齐短板。

五是着力改善大气环境质量。一是严格落实24小时值班制，每天出动执法人员50余人次，深化餐饮油烟大气污染防治的监管和专项检查并建立长效管理机制。二是积极协调交警支队禁止高污染车辆驶入主城区，进行全路段限行。三是环卫保洁强化机械化负压湿法清扫覆盖范围和频次。三是整合夜间值班执法力量，每晚一名局领导带队，在城区范围内开展代号为"雷霆风暴"专项整治行动，严格要求各施工工地对进出主干道路和衔接道路全面实施渣砖硬化。加大渣土车辆卷泥上路无覆盖的打击力度，一经发现卷泥上路车辆，一律暂扣，高限处罚。同时安排值班人员对存在重点问题的施工工地和道口严看死守，彻底解决卷泥车辆污染路面问题。

六是加快数字化城管向智慧化推进。"城市管理应该像绣花一样精细"，要在科学化、精细化、智能化上下功夫，正在积极组建、拓展视频监控子系统，完善城区市容和交通秩序动态监控，实现与公安监控平台对接实时资源共享，为构建颍东"大城管"格局提供坚实基础。

七是强化环卫保洁新举措、发挥"烟头革命"引领作用。严格按照市委书记李平到颍东调研创城工作和区委书记顾恒中在文明创建推进会上的要求，进一步拔高标杆争一流、乘势而上再突破；为提高环卫工人积极性，增加环卫工人收入，提升环卫保洁精细化水平。创新工作思路和方法，在全市率先开展"烟头革命"，以30元每斤价格向环卫工人回收烟头。通过此举措，旨在发挥"烟头革命"的引领作用。下一步将把此举措向全区、全社会推广，努力形成集聚效应和叠加效应，使广大市民群众养成良好的行为习惯，努力营造更加干净整洁的城市环境。

树立新形象 展现新作为
全力开创城管执法工作新局面

河北省文安县城市管理行政执法局

近年来，文安县城市管理行政执法局在县委、县政府的正确领导下，按照建一流队伍、树一流形象，创一流业绩的奋斗目标，深入开展"强基础、转作风、树形象"专项行动，积极探索新形势下做好城市管理工作的新路子，不断改善城市环境，提升城市形象，以新形象、新作为、新举措，全力开创城管执法工作新局面。先后被评为廊坊市"文明单位""先进基层党组织""创建文明城市工作先进单位""数字化城市管理工作先进单位"；连续多年被文安县委、县政府授予"优秀领导班子"荣誉称号。

一、以"强转树"行动为依托，不断加强城管执法队伍建设。

文安县城市管理行政执法局以打造"政治坚定、作风优良、纪律严明、廉洁务实"的城市管理执法队伍为目标，深入开展"强基础、转作风、树形象"专项行动，内强素质、外树形象，努力打造一支能力强、作风硬、拉得出、打得赢的城管执法队伍。

（一）内强素质树形象

（1）开展全员培训。认真抓好理论学习和思想政治教育，通过党课、集中学习、理论中心组学习等形式组织全体干部职工认真学习十九大精神及习近平总书记系列讲话精神，定期组织执法人员开展法律知识培训及法律知识考试，不断提高全体人员的政治理论素质及执法水平。

（2）完善执法制度。建立城市管理执法权责清单，落实行政执法责任制，建立健全执法公示、执法全过程记录、重大执法决定法制性审核等制度。

（3）改进工作方式。以务实创新、追求卓越为工作目标，不断创新工作工作方式和方法，实行"721"工作法，让70%的问题用服务手段解决，20%的问题用管理手段解决，10%的问题用执法手段解决。执法过程中，转变工作作风，变管理为服务，切实帮助执法对象解决实际困难。市容执法队在康乐南路清理83岁老太太占道卖菜时，为了让她尽快搬离主道，队员们每天都将她的菜全部买下来；在城区不准营运三轮上路时，残疾人老吴失去了维持生活的唯一来源。为了解决他的生活困难，召开班子会研究决定，安排他在环卫

处负责收费工作,解决了他的后顾之忧;执法队员在清理占道经营时经常帮助卖菜摊主推车、搬东西。这些行为得到了群众和执法对象的理解和支持,树立了城管新形象。

（二）领导带头做表率

执法先律己,打铁还须自身硬。打造一支过硬的执法队伍,首先必须有一个坚强的领导班子。工作中,领导班子成员带头倡树正气、带头维护团结、带头遵章守纪、带头苦干实干。用真抓实干、靠前指挥的工作作风,鼓舞士气,凝聚人心,推动工作,树立了良好的形象和威信,增强了队伍的凝聚力和向心力。全局上下形成了一级带着一级干,一级干给一级看,争先恐后比贡献的良好局面,培养塑造了一支秉公执法、英勇善战、纪律严明、无私奉献的城管执法队伍,为城管执法工作有力开展奠定了扎实基础。

（三）完善制度提效率

为提高工作效率,规范工作程序,先后制定了《机关考勤办法》《绩效考核办法》《工作督查办法》《车辆管理制度》《行政处罚自由裁量说明理由制度》《依法行政考核制度》《投诉受理工作制度》《行政执法责任制及评议考核制度》《行政执法错案和执法过错责任追究制度》等28项规章制度和行为规范,做到每项工作都有章可循、有规可守,逐步实现队伍管理的科学化、制度化和规范化。

（四）选贤任能促工作

以奖勤罚懒、选贤任能为目标,通过竞争上岗,队长竞聘等方式,对中层干部进行选拔任命。并制定严格的考核制度,对各队实行绩效考核,每半年考核评比一次,真正把有能力的充实到一线或重要岗位上来,进一步调动和激发了干部职工干事创业的积极性、主动性和创造性,形成"能者上、庸者下"的用人机制,有力的促进了工作。

二、以创城工作为主线,扎实开展市容市貌、环境卫生治理

紧紧围绕城市管理重点、难点及创建全国文明城市工作中存在的薄弱环节,坚持管理与创建并行,创新工作思路,开拓方法途径,努力提升城市管理水平。

（一）加大市容秩序整治力度

一是打造精品街道。对丰利北路、政通道、商业街加强执法力度和巡查频次,严厉打击店外经营、流动摊贩、占道经营等行为,通过打造精品街道,起到以点带面、全面开花的效果。二是加强了对森林公园、崇文西街、康乐南路、日新东街等重点部位管控,安排专人实行盯守管理,强力治理店外经营、流动摊贩,保持自去年创建省级县城以来的成果,防止反弹。三是取缔遗留顽疾。执法人员迎难而上,针对长期"钉子户"进行了集中整治。取缔了大十字街卖金鱼2家商户,并全部进店;清理购物中心附近长期流动摊贩2处;清理取缔了人民公园旁早市;清理丰利路建设银行门口占道算命人员2处。四是对西关菜市场店外经营进行了彻底取缔,解决了周围小区居民出行难、噪音扰民等难点问题。2018年,共清理店外经营 5000 家（次），清理游商摊贩 9000 余处（次），查扣油烟商贩三轮车 7 辆，清除非法小广告 30000 余处，查获非法张贴喷涂人员 3 名。

（二）强化户外广告牌匾规范管理

制定广告牌匾整治提升规划，对门头牌匾进行统一规划，统一标准和材质。从今年开始，利用两年时间对城区户外广告牌匾进行整治提升，实现城区广告牌匾特色鲜明、简约有序、管理规范。今年以来，共审批广告牌匾 192 块，处罚 63 处，清理灯杆、落地牌匾 693 块，强制拆除违规牌匾 15 块；拆除高速两侧违规大型户外牌匾 9 块。对丰利北路、政通道的牌匾统一改造提升，共计改造 10876 平米。

（三）严厉打击违建乱建行为

一是加大对城区巡查管理力度，全面监控，发现违法开发建设和私搭乱建行为，及时进行处理，把问题解决在萌芽阶段。今年以来，城区共下达停工整改通知书 50 份，处罚 24 起违建行为。二是坚持"零容忍"，重拳出击，全力推进"一区三边"整治。三是对县域铁路沿线轻漂物类安全隐患全面排查督导整治，有效保障铁路安全。截至目前，全县共排查违法建设面积 33.36 万平方米，并全部拆除或加固。

（四）加大市政绿化执法力度

今年，共查处破坏绿化、擅自挖掘城市道路、破坏市政设施案件 47 起，清理店外施工、便道施工 2650 余处，有力的震慑破坏绿化、市政及垃圾乱倒等行为。

三、以打好蓝天保卫战为目标，全面夯实大气污染防治工作

大气污染防治行动开展以来，认真贯彻落实县委、县政府大气污染防治工作部署，加大执法力度，强化源头控制和严密管控，以"零污染"目标、"零容忍"姿态，全力以赴做到全覆盖、全排查，无死角，无遗漏，取得阶段性成果。

（一）全面取缔露天烧烤和油烟商贩

治理露天烧烤和油烟商贩是一个老大难问题，但面临全县大气污染防治的严峻形势，痛下决心，打好歼灭战，务求全胜。整治中，三辆执法车，50 多名执法队员歇人不歇马，每天从早晨 6 点到晚上 12 点，不间断巡查打击。截至 2017 年底，城区露天烧烤和油烟商贩全部取缔。为防止反弹，持续加大执法巡查力度。

（二）推进洁净城市建设

为有效巩固环境整治成效，实施机械洗扫、洒水降尘、快速保洁、设施冲洗"四位一体"的道路清扫保洁模式。分区域实施了"以克论净"作业，在原有基础上重新调整机械化清扫街道，保证机械化作业时间，提高机械化清扫率，现已到达 76%。同时，改良作业工具，自制尘土推土刷、吸尘车加装吸尘管、扫帚缠绕呢绒草等作业工具，防止清扫过程中产生扬尘，有效降低扬尘污染，提高清扫保洁质量。自 2 月份根据温度变化开始对街道进行洒

水降尘，5月份日洒水增至5次；购买多功能高压冲洗车，专门对便道、非机动车行道进行冲洗降尘，有效的提高了街道扫保质量与净化水平。主要街道全天保洁时间达12小时，部分重点街道和重点区域保洁时间达14小时以上。城区生活垃圾日产日清，全部进行无害化处理，清运、处理率达到100%。同时，积极探索环卫新模式，采取试点先行、分步推进的方式，把城区3条主要街道、63家公共机构作为试点，设立垃圾分类设施。同时，在全市率先推行垃圾上门收集，城区主要街道、城中村及乡镇部分村街实现垃圾上门收集。

（三）严查渣土运输及超重车辆

进一步加强对建筑垃圾和工程渣土处置行为的管理，利用GPS卫星定位系统对城区所有渣土进行实时运行轨迹监控。2018年，渣土车审批1300余次、商砼车审批3000余次；共查处私运渣土运输车、超重车300余辆。

（四）加强建筑工地扬尘管控

督导建筑工地按标准落实"4个100%"要求；对渣土管控采取"两个备案，三道防线"对渣土运输进行治理。"两个备案"是施工企业渣土外排前必须备案，渣土车运输前必须备案。"三道防线"即规划执法大队盯工地、车管大队盯车辆、数字化城管监督员全方位督查，不留死角，做到全天候全覆盖。

四、以开展"双创双服"为契机，全力推进民心工程、重点工程建设

认真贯彻落实省、市"双创双服"活动要求，全力推进民心工程、重点工程建设。

（一）实施城乡垃圾一体化工程

为进一步提高城乡环卫一体化水平，打造干净整洁的城乡环境，加大乡镇环境卫生投入，引入邢台润亿清洁有限公司进行农村生活垃圾清扫清运，建立了"企业清扫收集转运，县、乡、村三级监管，县处理"的一体化市场运作模式；建立完善了县、乡、村街三级农村环境卫生监督体系，明确了各部门的工作职责，做到"全方位覆盖、无缝隙对接"。目前，全县383个村街全部实现了垃圾处理一体化。2018年累计清运农村生活垃圾117032.76吨，基本达到了农村生活垃圾日产日清。

（二）实施城区重点工程建设

投资50万元，实施城区节日亮化工程。2018年春节前期对行政中心广场、对政通道、丰利北路进行亮化美化，营造了喜庆、温馨的节日氛围；投资为2294.66万元，对国泰道外立面进行整体改造，提升了县城整体形象。

（三）实施环卫设施建设工程

投资为165万元，建设餐厨垃圾处理厂，年处理餐厨垃圾1095吨；建设占地9000平米，容积72000立方米的建筑垃圾消纳场；城区在原有18座公厕的基础上，新建公厕3座，改造公厕8座。

习近平总书记强调，人民对美好生活的向往就是我们的奋斗目标。城市让生活更美好，给广大人民创造美好和谐的生活环境，是城管部门义不容辞的责任。

不待扬鞭自奋蹄，新时代赋予了城市管理工作新使命，我们将以十九大精神为指导，贯彻落实好习近平总书记"城市管理应该像绣花一样精细"的重要指示精神，以"勤政为民、文明执法、乐于奉献、再创辉煌"为目标，服务新时代，展现新作为，以铁的信仰、铁的信念、铁的纪律、铁的担当，聚心合力、真抓实干，全面推进各项工作开展，为城管事业更加辉煌的明天而努力奋斗！

拆违折出新空间

甘肃省天祝县城市管理行政执法局

　　天祝藏族自治县地处甘肃省中部，在武威市南部，位于河西走廊和祁连山东端。天祝，藏语称华锐，意为英雄部落。近年来，甘肃省武威市天祝县城管执法局面对县域经济发展相对落后，县城基础设施综合服务功能弱，城市智能化管理水平低的现状，坚持以习近平新时代中国特色社会主义思想和党的十八大、十九大精神为指导，深入贯彻落实习近平总书记"绿水青山就是金山银山"的绿色发展理念，充分发挥人的主动能动性，以生态文明建设、全域无垃圾专项行动等环境治理工作中突现出的热点难问题为抓手，进一步强化队伍建设，深入推进"强基础，转作风，树形象"活动，全面分析研判新形势下城市管理工作的特点，按照"依法依规、文明执法、疏堵结合、综合施治、循序渐进、稳步提升"的城市管理思路，班子成员统筹安排，主动作为，干部职工团结一心，担当尽责，开展了一系统改善人居环境的民生工作。

　　天祝县城区内的马路市场形成时间早，存在时间长，严重影响市容市貌和县城交通通行能力。多年来，广大群众和人大代表取缔呼声高。县城管执法局一班人担当作为，深入调研，综合研判，于2016年实施了马路市场整治取缔工作。取缔过程中，根据县城内专业市场少，进城务工经商人员多的现状，始终坚持"疏堵结合，以人为本，服务优先、依法依规"的原则，领导班子和广大干部职工一方面深入一线，加班加点，入摊进店，开展宣传引导。另一方面积极为马路市场内的经营摊点联系社会市场，动员社会市场吸纳摊点经营者入市经营。通过近4个月的共同努力，天祝县县城内存在了长达20余年的马路市场被成功取缔。环境干净整洁了，道路畅通有序了，叫卖声偃旗息鼓了，人居环境优美了，对外形象提升了，广大游人和市民徜徉在宽阔街道上，无不交口称赞。

　　2017年4月，在成功取缔城区内马路市场后，天祝县城管执法局乘势而为，以此为突破口，全面强化城市管理工作。结合全域无垃圾专项行动和创建全国文明城市工作，县城管执法局领导班子开展了更加深入细致的城市管理调查研究工作，并确定了热点难点问题专项整治计划，并逐步落实，持续推进。根据县城城区内停车难问题，积极与公安交警部门沟通协调，对城区主要干道合适路段进行了公共停车车位统一规划，并积极筹措资金，施划公共停车位，使城区停车难问题有了一定的缓解；结合创建全国文明城市工作，教育引导广大市民进一步移风易俗，文明祭祀，以环保、文明、健康的方式祭祀、怀念逝者，在中元节、清明、冬至、除夕夜等传统祭祀时间节点，组织相关部门单位，开展了网格化巡查、劝导和制止工作，并长期坚持，持续管控，使规划区内不文明祭祀行为大幅度减少，县城文明程度进一步提高；对于城区内流浪狗泛滥的问题，在县财政资金困难的基础上，积极争取资金，采取有效措施，对城区内的流浪狗进行了持续不断的抓捕，并将抓捕的流浪狗进行了集中统一收容，使城区内近三分之二的无主流浪狗得到了妥善收容处置，流浪狗专项整治工作初见成效，为今后做好城市流浪狗管控、治理工作奠定了基础；2018年，根据中央、省、市、县违法建筑五年行动计划，充分发挥城市管理主力军的作用，根据县委、县政府的安排部署，协调县政法委、国土、工商、司法、有关乡镇等部门单位，运用执法部门联合执法机制，执法部门信息共享，通过宣传动员，深入排查、依法定性，分类施策，强制拆除，改造提升等措施，大力整治违法建设。当年，天祝县城区共拆除各类违法建筑物8.6万平方米，使违法建筑拆除工作"撕开了口子，打开了局面，形成了强大震慑"，有力助推了全县各个乡镇拆临拆违工作和棚户区改造工作进程，也拆出了社会的公平正义，拆出了法律尊严，拆出了发展建设的空间，得到了广大居民的一致好评和市委、市政府的充分肯定。城区违法建筑拆除工作取得阶段性成效后，按照"拆建并举"的原则，根据违法建筑物拆除区域分布情况、背街后巷整治及县城基础设施提升工程，大力实施了微绿地、人文公园和微景观建设，着力提升对外形象。同时，以治理城市"八乱"为重点，开展了门头牌匾治理、大型广告牌拆除、乱停乱放车辆整治等专项行动，城区人居环境有了明显改观。

通过近三年来不断夯实管理基础，提高管理水平，实施精准治理，如今的高原小城，在党的十九大春风沐浴下，县城内高楼林立、霓虹闪耀、绿茵如织，道路宽阔，环境整洁，全县经济社会发展和生态环境持续向好，县城面貌发生了翻天覆地的变化。展望新时代，天祝县城管执法局一班人将进一步转变思路，乘着改革劲风，砥砺前行，紧紧围绕建设高原藏乡生态文化旅游城市，以新时代、新气象、新担当、新作为把自治县全力打造成具有时代特色、藏区特色和高原特有的旅游新城，努力开创自治县经济社会发展新篇章。

第二篇
创新城市管理工作论述及发展前景

创新举措
努力提升德令哈市城市综合管理水平

青海省德令哈市城市管理综合执法局

近年来，在市委、市政府的正确领导下，德令哈市城市管理综合执法局紧紧围绕"服务新时代、展现新作为，提升城市管理水平"的工作理念，以城市管理精细化、常态化为抓手，城市体制、工作机制不断创新，市容市貌和环境卫生明显改善，绿化亮化精品呈现，市政基础设施不断完善，州府城市德令哈整体形象得到新提升，城市管理实现新突破。

一、基本情况

德令哈市位于柴达木盆地东北边缘，城区规划面积 79.62 平方千米，建成区面积 22 平方千米，下设 1 乡 3 镇 3 个办事处 18 个居委会，常驻人口 7.3 万。

二、城市管理的主要做法

（一）深化改革，城市执法体制实现新突破

按照国家、省委省政府"加快推进城市执法体制改革"整体部署，整合市政公用、市容环卫、园林绿化等方面的工作职责，集中行使城市管理领域 "6+1"模式的相对集中行政处罚职能，初步形成了执法主体明确、责权一致的执法体制。

（二）加大投入，完善城市基础功能

实施了一批基础硬件建设改造项目，先后建成生活垃圾填埋场 3 座、垃圾收集点 13 座、垃圾中转站 1 座，投放垃圾斗 300 余个、果皮箱和污水桶等环卫设施 5000 余个，垃圾集中处置率达 100%，城区生活垃圾无害化处理率为 90.73%；添置各类环卫作业车辆 62 台，道路机械清扫冲洗率达 60% 以上；新建国家二类标准以上公共卫生间 38 座、便民市场 1 个、大型停车场 3 座；开发小型车辆停车位 2000 余个，全市首座污泥无害化处置场即将投入使用，城市基础功能不断完善。

（三）强化整治，优化城市人居环境

以第三届全国少数民族自治州全面建成小康社会经验交流会、创建国家卫生城市等重大活动为契机，突出重点，创新举措，大力推进市容环境综合整治，实现城市干净、有序。

一是加强环境保护突出问题整治。重点排查和治理城区内非正规垃圾堆放点和砖厂、废弃砖厂，以及河道两岸黑臭水体和生活垃圾填埋场地下水污染防治设施等，有效预防了污染环境事件的发生。餐饮服务业油烟污染、露天烧烤污染、露天焚烧秸秆和垃圾烟尘污染；KTV 歌厅、慢摇吧等社会噪音污染；物料、渣土运输车辆扬尘污染等实现常态化管理，城市管理领域污染源得到有效控制。

二是加强市容秩序管控。按照"规范管理、疏堵结合"的思路，依法清理占道经营、强化文明施工、整治洗车场点、严格广告管理、治理乱停乱靠、严控道路开挖等，确保城市市容环境整洁有序。

三是加强环境卫生整治。建立了主要街道 16 小时保洁、一般街道 12 小时保洁、公厕 24 小时专人保洁等作业制度，"三线四边"环境卫生显著改观。

四是加强绿化亮化工作。综合市民休闲、绿化提升、景观打造、城市照明等功能，着力实施城市亮化拓展、绿化提升、特色美化等工程扮靓城市，建成绿化精品广场 6 个、公园 2 个，巴音逸景河畔公园正在加快实施中，城市绿化覆盖率达 36.3%，人均公园绿地面积 10.2 平方米；完成了民族团结塔、海西州图书馆、民族文化活动中心、海子诗歌馆等一批特色鲜明的夜景亮化项目，初步形成了以巴音河景观和地标性建筑亮化为重点、广场亮化为点缀、楼体亮化为烘托的城市夜景亮化体系，彰显了州府城市的靓丽、舒适和文明。

（四）创新举措，提升城市管理水平

引入公共服务领域市场化作业机制，在道路清扫保洁、环卫设施管理、城市牛皮癣清理领域实行政府购买服务，推动了环卫作业模式由单一人工作业向人机结合作业转变、管理方式由粗放式管理向精细化管理的转变，环卫作业水平和城市环境质量有了质的飞跃。引入城市管理新主体，将城区部分广场、主要道路两侧临时停车场内的车辆停放、卫生保洁委托给符合条件的公司负责管理，实现城市管理由一元到多元的转变。推进数字化城管建设，开通了城管"12319"服务热线，每年平均受理和处置市民群众关注的热点、难点问题 900 余件；建成路灯智能化监控系统，城区路灯亮灯率达 95% 以上；在城区 44 个城市违章行为多发点安装了视频监控，提升了重要环节和薄弱节点的管控力度。开展城管执法机构进乡镇试点，实现了长期以来基层城管执法机构零的突破。积极推行阳光审批，每年办理行政审批事项 500 余件。探索推行"城管+"管理模式，"城警联动""城管＋运管""城管＋路政""城管＋环保"等联合执法工作实现常态化运作，大型运输车辆渣土抛撒污染路面、机动车辆乱停乱放、生活噪音扰民等城市管理中的热点、难点问题有效解决，同时，实现了城市管理部门间优势互补，达到 1+1>2 的执法效应。

（五）完善制度，全面加强行政能力建设

一是推进"放管服"改革。先后完成了行政审批事项集中审批和手机在线审批、行政审批中介服务清理，以及行政许可和服务事项目录、办事指南、办理流程的编制；按照"双

随机、一公开"要求，编制了《德令哈市城市管理综合执法局随机抽查事项清单》《随机抽查事项市场主体名录库》；建立了《综合执法权责清单》。

二是规范执法行为。结合全国城管执法队伍"强基础、转作风、树形象"专项行动，制订了执法全程记录、重大执法决定法制审核等 26 项制度，并与青海贝正律师事务所签订了《常年法律顾问协议》，保障和提升行政执法工作合法性。

三是健全权力运行制约监督体系。建立了《行政执法责任追究办法》《行政执法监督制度》等内控机制，实现行政权力公开透明。

四是强化廉政教育。通过组织学习《廉政准则》、观看警示教育片、参加"两项法规"培训班等，提升党员领导干部和执法人员廉洁从政、严格执法的意识。

三、下一步工作计划

下一步工作中，我们将深入贯彻党的十九大，牢固树立州府意识、城市理念，按照打造"青海西部城市群"的战略，主动适应城市管理新常态，不断创新城市管理方式方法，努力使城市管理体制和机制适应经济社会发展需要，城市服务功能满足市民需求，城市资源得到高效合理利用，市容环境得到持续改善，城市形象不断提升。

勇担试点重任　披荆斩棘深改
都安县扎实推进城市管理执法体制改革成效显著

广西都安县城市管理综合执法局

近年来，作为全区行政执法体制改革试点县，都安瑶族自治县（以下简称都安县）深入学习、准确把握、全面贯彻党的十八大、十九大作出的改革部署，以基本建成法治政府为目标，以改革创新为引领，以依法行政示范点为抓手，结合县域发展实际，坚持问题导向，大胆探索，积极作为，扎实推进行政执法体制改革。通过破除执法壁垒，全面整合集中行使市容管理条例方面的全部行政处罚权，构建起了"权责统一、权威高效"的行政执法体制，取得了诸多实效。自2014年12月29日成立以来，都安县城市管理综合执法局共立案855起，到位罚没款324万元，城市管理综合执法工作逐步走向法制化、规范化轨道。

一、率先试点，执法体系实现一体化、集约化

（一）理顺权责，抓牢改革"牛鼻子"

面对过去行政执法领域存在的"多头执法、力量分散"等问题，都安县本着"减少层次、整合队伍、提高效率"的原则，都安县从改革行政执法机制入手，于2014年12月正式出台县城市管理综合执法局的部门职责、内设机构、人员编制的"三定"方案，全面整合环境卫生管理、公用事业管理、城乡规划建设管理、环境保护、水利管理、工商行政管理、道路交通管理、国土资源管理、客运货运经营管理等方面的全部或部分行政处罚权，组建县级城市管理综合执法局，集中行使50项行政处罚权和2项行政强制权，进一步梳理明确了权责清单，实现了"一支队伍管执法"，执法效能逐步由"分散无力"向"集中高效"转变。

（二）下移重心，推动监管"全覆盖"

按照上级改革精神，以社会治理重心向基层下移为改革总体思路，积极构建集中统一的城市管理执法体制。一是优化整合执法资源。对全县城市管理执法资源进行了重新优化组合，将原县城建监察大队更名为县综合执法大队，整合原县国土资源执法监察大队、县水政监察大队等执法监察力量，并整体划入县城市管理综合执法局作为该局下属事业参公编制单位，全面推行城市管理执法一体化。二是强化执法力量下沉。县综合执法大队根据执法需要下设城区街道管理执法中队、市场管理执法中队、打击"两违"执法中队等3个

中队，具体承担日常综合执法工作，下沉在工作一线的执法力量达 90% 以上。三是深化基层执法体系建设。全面推进完成全县 19 个乡镇的"四所合一"改革，设立乡镇国土规建环保安监所，加挂综合执法大队牌子，并委托下放部分行政处罚权给乡镇综合执法大队，建立健全基层执法体系，切实改变基层执法力量薄弱现象，全县执法监管基本实现了无缝隙覆盖、高密度巡查、网格化管理，为加快推进新型城镇化建设步伐提供了坚实保障。

（三）加强联动，提升执法"战斗力"

为进一步增强行政执法合力，提高行政执法水平和效率，都安县坚持"政府牵头，部门联动，稳步实施"原则，按照"标本兼治，有序发展，规范管理"工作思路，创新建立了由分管副县长担任召集人、县政府办公室和县综合执法局负责人为副召集人的行政执法联席会议制度。定期或不定期召开部门联席会议，听取综合行政执法情况汇报，掌握综合行政执法工作动态，安排部署下阶段综合行政执法工作，协调解决全县综合行政执法工作，研究解决综合行政执法过程中出现的新情况、新问题，对群众、企事业单位、社会团体所反映的综合行政执法问题进行研究、协调和督办，形成了行政执法机关相互支持配合的工作合力，有力的提升了全县依法行政工作水平。2015 年以来，全县共召开行政执法联席会议 13 次，协调处理了全县河道专项集中整治综合执法、土地执法"百日大行动"、水上交通安全联合执法、烟花爆竹打非联合执法专项行动等 30 多次重大行政执法行动，取得了显著成效。

二、强化保障，执法行为实现专业化、规范化

（一）健全制度促规范

为了更好依法依规整治城市顽疾，都安县从定矩立规入手，先后制定出台了《都安瑶族自治县市容环境卫生管理办法》《都安瑶族自治县城区公园和广场管理办法》等城区管理规章制度。《都安瑶族自治县城市管理条例》的相关立法工作也于今年 6 月正式启动，预计明年初可颁布实施。在规章制度设计上，既有强制性规定，加大处罚力度，又注重发挥正向激励机制作用，如《都安瑶族自治县市容环境卫生管理办法》针对乱设摊点屡禁不止的现状进行规定，一方面加强正面引导，要求市容和环境卫生行政主管部门会同有关部门编制便民摊点群设置规范；另一方面对商品交易市场责任人、便民摊点群责任人应当履行的责任作出明确规定，适当提高了罚款额度。通过提升服务、规范管理和严格执法，确保 70% 的问题用服务手段解决，20% 的问题用管理手段解决，10% 的问题用执法手段解决，变被动管理为主动服务，变末端执法为源头治理。

（二）加强管理树新风

着力加强城管执法队伍管理，确保做到规范执法、文明执法，杜绝负面影响。一是加强法律学习，打造法治队伍。不定期邀请律师团队对全体干部职工开展法制培训，做到全员学习常态化、执法理念人性化、制度建设规范化、资料齐全正规化。2015 年以来，共开展法制培训 14 期，培训人数达 1000 余人次。二是加强德育学习，树立文明形象。积极探索柔性执法，要求执法人员加强道德修养学习，提高自控能力，做到理性执法。始终紧扣"热情服务，执法为民"的要求，做到有礼、有节、有理、有据，采取主动上门、教育劝导、微笑服务等人性化执法方式，坚决杜绝掀摊子、蹦篮子、抢担子等野蛮执法行为，杜绝暴力抗法事件发生，树立文明执法的良好形象。三年多来全县未发生一起因野蛮执法而引起的暴力抗法事件。三是汲取经验教训，改进工作方式。通过总结和剖析近年来被起诉的几起典型案例，以案促改，严把执法文书填写、执法程序、法律适用、证据采集保存和资料整理归档"五道关"，做到事实清楚、证据确凿、程序合法、定性准确、处罚适当、手续完备，从而提高执法人员依法行政、文明执法能力，推动"法制城管"向"和谐城管"转变，执法局成立以来未发生一起行政复议被撤销或行政诉讼败诉案件，执法人员社会形象得到大幅改善提升。

（三）多管齐下强能力

城市综合执法队伍缺兵少将一直是制约城市治理能力和服务水平提升的重要因素。为了突破城管困境，敢于打破陈规，尝试通过政府向社会（保安服务公司）购买服务方式，聘用保安人员参与协助城市管理和日常执法工作。聘请律师事务所担任常年法律顾问，对城市管理综合执法过程中的重大决策、行政行为、民事行为及其他法律事务参与论证，提供法律意见、对法律问题提供咨询、协助建立健全有关规章制度、接受委托办理诉讼和非诉讼等相关法律事务。目前，全县城市综合管理队伍在职在编人员 21 名，通过向社会购买服务聘用相对稳定人员 20 名，参与日常城市综合执法，并根据工作需要还可临时征调一定数量的保安人员参与城市管理。经过对队伍的改制和扩强，建成了以执法大队为骨干，社会公众共同参与的相对稳定的联勤队伍，增强对城市管理顽症的快速发现和处置能力，既可以较好地解决城管执法队伍力量薄弱问题，又有利于对队伍的监督管理，城管水平得到质的提升。

三、立足长远，执法服务实现常态化、长效化

（一）着眼于防促转变

都安县坚持"七分服务、两分管理、一分执法"的管理理念，建立城市综合管理长效机制，有效开展市容市貌常态化管理。一是注重宣传教育。结合各类宣传日、宣传周、宣传月，通过发放宣传单、播放车载广播等形式宣传市容市貌和"两违"方面法律法规。2018 年以来，共发放宣传单 10000 多份，累计播放宣传广播 1000 余小时。设立包括宣教室和询问室在内的专业普法询问区，调查询问前采取参观中央普法精神展、观看普法警示教育片和典型案件原创普法动画片等形式，对涉嫌违法当事人进行普法教育。二是注重日常巡查。制定了《都安瑶族自治县城市管理综合执法日常执法巡查工作有关规定》等文件，采取一系列措施，加强对中心城区市容市貌的管控力度。重点加强对学生上学放学期间各学校周边市容市貌的管制，对中、高考期间周边各小区噪音的管护，安排人员对节假日期间"两违"突建抢建现象开展持续巡查，安排人员对县人民医院的生命通道等特殊路段进行定点巡查。2018年以来，累计开展市容市貌巡查238次，下达违法建设停工通知书112份，约谈存在违建行为的建设单位、参与单位以及相关责任人55人次，有效遏制中心城区违法建设行为，逐步在全社会形成了"工程施工必须先批后建，违法违规建设坚决制止"的社会共识。

（二）着重于治促发展

以问题为导向，对特殊时段、特殊路段开展重点整治，形成监管长效机制。一是推动市容市貌整治常态化。始终保持对超门槛经营、沿街叫卖、流动摊点、车辆乱停乱放等易反弹回潮现象进行强力整治的高压态势。2018年以来，劝导、教育违停车主1000多人次，处罚违停车辆606辆，处罚占道经营户258起，超门槛经营商铺88起，规范户外各类广告356处（块）。二是全力推进"市容市貌大整治攻坚月"专项行动。将每年的6月10日至7月10日定为市容市貌整治月，牵头组织相关部门对县城区三个综合农贸市场进行大整顿，确保市场内部拥有良好的交易环境及秩序；配合县交警大队、运管局对道路交通进行整治，消除道路交通安全隐患，对各类违规摊点、违规停放车辆等进行整治，与多部门联合对我县两、三、四轮电动车进行规范查处。三是积极开展秩序维护工作。依法严厉打击封门堵路非法阻工等违法行为，确保各项重大活动和重点项目顺利推进。2018年以来共开展贵南高铁都安制梁场、棚户区改造项目原毛巾厂安置工程等维护性施工工作7次，为各项工作的顺利推进创造了良好的环境。

（三）着力于新促提升

坚持用新的理念，新的管理模式、新的标准来推进新时期的城市管理工作，变"为城市管理人民"为"为人民管理城市"，变"粗放型管理"为"精细型管理"，变"见子打子"为"全城监管"，变被动管理为"源头管控"。一是细化分区责任。把城区细分为多个责任区，每日均安排专门人员进行巡查，把城市管理的触角延伸到城区的大街小巷和角角落落，提高了城市管理的效率、质量和水平，使城区人流、物流、交通流更加通畅、便捷。二是推进执法与司法有效衔接。聘请律师事务所担任常年法律顾问，对城市管理综合执法过程中的重大决策、行政行为、民事行为及其他法律事务参与论证，提供法律意见、对法律问题提供咨询、协助建立健全有关规章制度、接受委托办理诉讼和非诉讼等相关法律事务。三是着力构建"数字化"城管平台。目前，都安县正在积极整合公安、交警、综治、城管等视频监控系统，构建资源共享、互相支撑、有效衔接、整体联动的数字化城市管理平台，建设综合性城市管理数据库，全力打造集感知、分析、服务、指挥、监察"五位一体"的智慧城市执法新格局。

匠心打造绿色红城
百色市创园工作取得丰硕成果

广西百色市市政管理局

百色市委、市人民政府历来高度重视"创园"工作,把创建"国家园林城市"和"国家园林县城"作为百色"创城"工作的重点,全面动员全市上下深入开展"创园"活动。在市、县(市)两级党委、政府的重视和推动下,百色市"创园"工作取得了极其丰硕的成果:2012年,百色市成功创建"国家园林城市";至

2015年底,百色市所辖11个县全部成功创建"广西园林城市",成为了广西第一个县县建成"广西园林城市"的地级市;至2017年底,百色市先后有凌云县、平果县、乐业县和德保县4个县城成功创建"国家园林县城",占广西"国家园林县城"的50%。2018年底,百色在国家园林城市复查中以93.6分的高分通过了自治区级复审。在2018年6月召开的全区城市园林绿化建设工作会议上,自治区住建厅领导对百色市的"创园"工作予以高度评价,表示百色市"创园"经验值得在全区推广。

百色市的主要做法是:

一、领导重视,高位推进

领导重视是"创园"工作的关键。2010年,在住房城乡建设部出台国家园林城市标准之后,百色市委、市人民政府立即召开百色市创建"国家园林城市"动员大会,市委、市人民政府主要领导亲自作动员部署,号召全市上下全面启动创建"国家园林城市"活动,以打造"红色福地.绿色家园"为目标,着力构建绿色生态和谐家园,并成立了"创园"工作领导小组,以指导和督促各县创建工作。2013年,百色市委、市人民政府提出了"提升改造老城区,充实完善龙景迎龙区,挺进开发百东新区,做美扮靓右江"和"再建一座百色新城"的城市发展战略部署。2016年,百色市委、市人民政府又提出了"加快建设生态宜居壮乡红城和面向东盟开放门户城市,走出具有百色特色的城市发展新路子""未来五年,我们要基本建成左右江革命老区核心城市""要紧紧围绕建设绿色、便捷、特色、和谐、智慧、创新城市,最终实现宜居城市的建设目标"的战略部署。这些城市建设和发展的战略决策,无一不对城市园林绿化尤其是创建"园林城市"提出了新的要求。市委、

市政府的高度重视，大大地激发了全市各级各部门创建园林城市的热情，百色"创园"工作迅速掀起了高潮：各县（区、市）先后成立了创园工作领导小组，党政主要领导亲自挂帅，亲自谋划推动创园工作；市市政管理局也组建了创园专家指导组，深入各县（区、市）指导开展"创园"工作；市、县直属机关单位积极响应号召，按照各自职能对照创园指标自觉配合开展创园工作，并结合自身实际全面开展机关庭院绿化美化。这些工作的开展，为"创园"工作优化了环境，创造了良好的条件，为百色市、县成功"创园"奠定了坚实的基础。

二、科学规划，分类推进

按规划推进，是百色市成功"创园"的保障。2008年以来，百色市先后完成了《百色市绿地系统规划（2008-2020）》《百色中心城区绿地系统专项规划（2017-2035）》和《百东新区绿地系统专项规划（2017-2035）》的编制工作，这为城市绿化美化工作提供了科学依据。编制规划，更要执行规划。百色市对工程建设项目配套绿化工程，严格按照住建部《城市绿化规划建设指标的规定》实行联合审批，推行绿化一票否决制度，严格控制绿地率，依法查处各类占绿毁绿行为。重大项目，必须由市规工委严格审核。各县（市）也先后编制了本县（市）的绿地系统规划，完善城市绿地系统规划和绿化管理制度，为"创园"工作顺利开展提供了保障。

百色市所辖的11个县（市），经济、地理、环境、条件差异很大，不好把握。市创园领导小组根据各县（市）的实际，予以区别对待，进行合理布局，强化分类指导。对于基础条件相对比较好的县，提出申报创建"广西园林城市"之后直接申报"国家园林县城"；对基础条件有所欠缺的县，提出先申报"广西园林城市"，具备条件后再申报"国家园林县城"；对基础条件不成熟的县，提出要尽量创造条件，争取创建"广西园林城市"。在具体工作中，市"创园"工作领导小组专门组织区内外市政、住建、环保、园林、绿化等方面的专家，深入各县（市）开展工作调研，指导开展申报工作，使各县（市）"创园"工作目标更明确，措施更有针对性，也提高了"创园"的成功率。

三、因地制宜，彰显特色

"景观优美、特色鲜明"的"创园"理念让百色城市更具魅力。在创园过程中，百色市、县（市）充分发挥"江河相依、群山环抱"的自然优势，突出山水园林特色，全面推进以山体为绿被，以河流水系、城市道路绿地为脉络，以街道、小区、单位绿地为补充的点、线、面有机结合的城市绿地生态体系建设。

百色市本级围绕"三江"（右江、鹅江、澄碧河）两岸加强公园建设，拓展城市绿地。近年来，先后新建改建了百色园博园、右江河滨公园（美丽右江工程）、半岛公园、沙滩公园、百色起义纪念园等多处公园绿地。统筹考虑山水林田湖等生态要素，保护百色市原有山水格局及自然生态系统，以"城在山水园林中，山水园林在城中"的自然地理优势为依托，显山露水，保证其原貌性、完整性和功能性。实施"两江一河"景观建设工程，保护右江、鹅江、澄碧河的两岸自然风光，河道两旁的植物选择上要求夏季能见花、冬季能见绿，集水源保护、防风护堤和景观观光休闲于一体，全面提升市区河道的生态功能和景观功能。

凌云县突出"山上水城古府茶乡"的城山环水抱特点，利用县城周边山体建成龙山公园和云台公园，大力开发水源洞、纳灵洞、莲花洞等洞穴景区，全方位的体现了山水园林县城风貌。乐业县突出喀斯特岩溶资源，利用乐业 - 凤山世界地质公园、布柳河上天鬼斧神工的自然天桥，黄鲸洞国家森林公园等，打造独特的地域历史风貌和丰富的自然景观。德保县城市建设以"云山为核心，鉴水为纽带"，突出打造红叶森林公园和吉星岩景区以及鉴河国家水利风景区，构建了"一河两洞三山四园"景观群。靖西市以其得天独厚的自然环境、景色迷人的秀丽山川，沿龙潭河两岸建设了金山景观、银山景观、龙潭湿地公园等一系列城市公园，创造了一个富有个性、功能完善的城市园林景观。

四、加大投入，保障有力

创建"园林城市"，资金投入是个大难题。近年来，百色市、县两级政府通过基金、债券、信托等多元融资方式，采取 PPP、BOT、BLT、TOT、EPC 等多种模式，多渠道筹措资金，为"创园"工作开展提供了强大的资金保障。此外，市、县政府每年财政预算都有专门列项的城市园林绿化建设和维护资金，并与本年度新建、改建及扩建园林绿化项目相适应，每年按一定的比例递增。近年来，百色市各县区城市园林绿化共投入超过 100 亿元，其中，市本级先后投入 38 亿元，建设了百色园博园、半岛公园，实施了"美丽右江"等一大批绿化项目；靖西市筹措资金 4 亿元，实施了金山景观、银山景观、龙潭湿地公园等一系列城市主要公园；德保县投入 3 亿，建设了红叶森林公园、芳山公园、鉴河两岸提升改造工程；田东投入 2 亿建设了田东湿地公园、横山公园等景观绿化项目。靖西市地下综合管线、隆林县城雨污分流项目等一大批市政重点工程项目也得到全面建设实施，市政基础设施配套项目日趋完善，为市民提供方便、舒适的生活环境。

五、强化宣传，全民参与

"创园"是一项庞大复杂的系统工程，因此，动员全社会力量参与显得非常重要。为使"创园"工作深入人心、家喻户晓，一是加强舆论宣传和引导，充分了解民情、体现民意、调动民力，满足民需，让市民行使应有的监督权和建议权，让创建国家园林城市成为全社会普遍共识和行为；二是组织开展植树造林、市容环境综合整治活动，实行门前"三包"环卫责任制等，充分调动干部群众投身创建国家园林城市工作中；三是大力开展城市绿地树木认种认养活动，实施了一批"劳模林""共青林""巾帼林"等园林绿地，形成全市

社会各界齐心协力共同创建的良好局面。四是通过大力宣传和动员，市民群众积极参与单位庭院和小区绿化建设，灵活采取"见缝插绿、拆墙透绿、拆违建绿、破硬增绿、垂直绿化"等方式扩绿增绿，努力提高庭院小区绿地率，建成了一批如市人民政府大院、市税务局、金辰星河湾小区、鼎盛中央城小区等许多绿量大、水平高、管护好的园林式单位（小区）。市民"爱绿护绿植绿"的意识明显增强。2018年10月，自治区考核组复查期间进行民意调查，公众对城市园林绿化的满意率为92.14%（国家园林城市标准为≥80%）。

六、加强管护，提升品质

城市园林绿地三分种、七分养，精细的养护是维持城市园林景观的重要保障。针对城区绿地、路树状况，绿化管理部门每年制定养护管理工作计划，认真做好施肥、淋水、除草、补植、病虫害防治等管护工作，确保植物长势良好。同时做好植株整形修剪和绿地改造提升，制定绿化养护管理精细化评分标准，强化考评标准，营造优美景观。通过实施市区绿地美化花化项目建设，在市区沿江、沿河、沿路、公园绿地、道路绿地等增加种植美丽异木棉、洋紫荆、大花紫薇、火焰木、凤凰木、桃花、鸡蛋花、三角梅、龙船花等观花植物，对城区绿地全面进行花化彩化，进一步提升改造绿地，以全新的面貌服务广大市民，使之成为我市新的靓丽风景。

百色市"园林城市"的创建，提高了市民群众的生态环境意识、爱绿护绿意识，极大改善了市容市貌，提高了城市品位，城市整体环境得到明显改善，为广大人民群众营造了更为生态和谐的人居环境。下一步，百色市将进一步强化措施，巩固创建"国家园林城市"成果，着力构建"大美百色"，以"打造左右江革命老区核心城市"为契机，努力创造条件，积极申报创建"国家生态园林城市"。

巧用"四个一" 打造和谐宜居小城

河北省饶阳县城市管理综合执法局

饶阳县位于河北省东南部,雄安新区正南50公里处,县域面积573平方公里,人口30万,其中县城面积10.06平方公里,城区人口6.5万。

近年来,饶阳县高度重视人居环境改善,积极打造"雄安新区'卫星城'、服务京津后花园",2017年以来,先后被评为河北省园林城市、河北省洁净城市等荣誉称号,县城管理水平得到显著提升,净、整、通、美的管理效果日渐呈现,打造出了"小而精、旧而美"的县城容貌。这一成效的取得得益于饶阳县城管执法局的"四个一"工程。

一、打造一支坚强有力的管理队伍

饶阳县城市管理综合执法局坚持"用一流的管理队伍打造一流的城市管理格局"工作方针,积极发扬"打大仗、打硬仗、攻必克、战必胜"的优良作风,机关内部先后开展执法队伍"强转树"、军事化训练、法制知识培训、执法业务培训等系列活动,不断推进城管执法队伍综合素质持续提升。同时,高度重视"在工作中进步,自日常中提升",实行每日一会制度,每早8点组织全体在职员工召开例行会议,对前一日工作进行梳理总结,总结得失,对当日工作进行安排部署,局领导与一线队员进行面对面的交流。同时,建立了"奖优罚后"工作机制,对队伍工作成效进行定期考核评比,对工作积极、表现优异的个人及科室给予表彰奖励,对排名靠后的给予批评惩戒,有效地激发了执法队员的工作热情和积极性。

二、制定一个公平统一的管理标准

城市管理工作中坚持"一个标准"原则,通过深入调研,对县城门店牌匾审批、环境卫生管理、市容经营规划、停车秩序管理、市政设施维护等,建立了统一的管理标准。针对餐饮服务、修配加工、鲜果蔬菜等各行业特点,分别制定了专项管理标准,并向社会公布,在此基础上,按照"一把尺子量到底"的原则,对县城逐街逐项进行了整治性管理,消除了各类顽疾。同时,在县城建设了专业商贸市场2座,便民小卖亭16座,在消除了占道经营的同时,满足了群众日常需求,做到了人性化管理,新建停车位600余个,做到了疏堵结合。

三、建立一条行之有效的管理制度

按照城市管理网格化工作标准,将县城区域划分为9个网格分区,分别设置了9个专项管理队伍及1名区长,其中,区长对各自管理网格区域内的市容卫生、停车秩序、经营管理、市政维护等工作进行集中管理并负总责,进一步夯实了责任基础,提升了管理效能。同时,根据县城管理时令特点,针对夏季烧烤季、瓜果季等集中管理时节,推行"错时工作制",实现了全天候管理。

四、营造一个相得益彰的管理氛围

始终坚持"走群众路线",为切实贴近群众,解决群众实现需要,打通服务群众"最后一公里",于全市率先建设了城管便民驿站,通过提供便民服务、政策解读、咨询处理等服务,建立起群众与城管沟通"零距离窗口"。同时,通过开通城管微信公众平台、12319城管热线、数字城管指挥中心受访台等多种受访信息渠道,"广开言路",方便接受群众诉求,充分调动群众参与城市管理工作热情和积极性,真正实现"人民城市人民管"的城市管理新格局。

关于提升城市管理精细化水平的调研报告

山东省嘉祥县城市管理局

当前，随着我县城镇化快速发展，城市规模不断扩大，建设水平逐步提高，保障城市健康运行的任务日益繁重，加强和改善城市管理的需求日益迫切。但目前的城市管理标准与新型城镇化发展要求和人民群众对城市美好生活的向往相比，仍有一定差距。实施城市精细化管理，既是城市管理和社会管理创新的内在要求，也是发挥城市整体功能、推进城市可持续发展、建设和谐人居城市的必然要求。

针对我县城市管理精细化中存在的难点、热点和问题，从3月至7月，县城管局共计发放调查问卷360余份，深入执法基层一线和相关部门单位实地调研16次，召开专题座谈会8次。3月28日，赴曲阜市考察学习市容市貌及建筑渣土管理工作；4月16日~20日，赴江浙地区桐庐县、柯桥区等"四县四区"实地参观学习园区建设、城市建设、产业发展等方面的现场和亮点；7月17日，赴金乡县、鱼台县考察学习户外广告牌匾治理和数字化城管建设等工作。通过梳理、总结上述调研情况，形成以下调研报告。

一、基本情况

县城管局主要承担城区市容市貌管理、规划管理、违建治理、数字化成城管、城管政策法规、噪声污染及渣土管理、餐饮油烟等大气污染防治方面的工作，涉及91项行政处罚、5项行政强制和4项行政许可。共有干部职工159人，行政在编5人，事业在编86人（含参公54人），公益岗和协管70人。共设9个执法大队、8个常设科室、3个临时工作办公室和1个行政服务审批窗口。2018年以来，县城管局紧紧围绕县委、县政府建设特色鲜明"五大嘉祥"的部署要求，突出推进人本城管，大力开展依法行政、文明执法，坚持以"绣花"功夫全面提升城市管理精细化水平，城区容貌和群众满意度显著提升。

（一）完善机制激发内生动力

将城区细化为9个管理网格，赋予9支执法大队执法权限，明确责任区域，落实责任人员，确保城市管理网格化、精细化，充分激发干事创业内生动力。坚持依法行政、文明执法，充分利用执法记录仪实现执法过程全记录，切实做到程序规范、工作留痕、执法公正。完善错时延时制度，将日常城市管理工作时间调整为早7：00~晚10：00，延长执法巡查时间，确保重点时段人员在岗，实现城市管理无缝隙。

（二）市容市貌显著提升

2月23日，在全市率先启动了2018年城市管理"春晓行动"。通过宣传车集中宣传与网格化专项治理相结合，重点提升学校、医院、广场及6条严管街的市容环境，进一步规范城区市容秩序。截至目前，共计开展市容环境综合整治集中活动6次，规范非机动车乱停乱放900余处，清理乱贴乱画1280余处，规范整治户外广告、门头牌匾626处，与沿街商户签订责任书3896份，纠正违反责任书行为160起，市容市貌得到有效提升。

（三）违法建设治理有序推进

以违法建设治理三年行动和"五城同创"为契机，积极组织开展集中拆违活动，新增违法建设实现"零增长"，存量违建治理稳步推进，截至目前，累计拆除多年积累违建多、群众反映意见大的教育一区、东顺花园、怡和园、农行家属院等16个住宅小区内违法建设396处，城区道路两侧违法建设135处，累计城区拆除面积达8519平方米。同时，安排专职执法人员对孙山头等3个村重点监控，实行24小时无缝隙、无死角巡查，直至评估结束未出现一起违法建设。

（四）餐饮油烟治理步入常态化

督促、指导全县餐饮饭店、企事业单位食堂等696家餐饮经营业户全部按标准安装了油烟净化器，同时建立日常巡查台账，坚持每日巡查，严格落实油烟净化器每月一清洗和烧烤专用净化器10天一清洗制度，提前完成了三年治理任务。

（五）建筑渣土管控得到加强

强化渣土运输监管，3月底封土行动结束之后，进一步加大渣土监管执法力度，坚持24小时昼夜巡查，严格依据新制定通过的《嘉祥县城市建筑渣土管理办法》，严查各类违规运输行为。截至目前，开展集中联合执法行动4次，共查处违规运输车辆16辆，暂扣驾驶证6个，严厉查处邱庄回迁区施工工地等3起抛洒污染路面案件，共处罚人民币7000元。

（六）干部队伍展现新面貌

坚持问题导向、敢于亮丑，坚持眼睛向内、刀刃向内，通过深入开展"三比三看"比学赶超活动和坚守"六个严字"不动摇，逐步加强干部队伍建设，努力提高干部理论修养、大局意识、业务技能、工作能力，积极展现管好城市为人民的良好形象。

（七）宣传短板得到有力提升

充分利用各类宣传媒介及时宣传报道工作动态，积极展现执法为民、服务百姓的崭新形象。截至目前，累计在县级以上新闻媒体发表信息20余篇，县电视台《城管为民》专栏16期、新闻采访8期，利用城区电子屏流动播放宣传标语390余次，"嘉祥城市管理局"微信公众号推送工作信息31篇，宣传短板得到有力提升，构建出人人参与城市管理、共建美好家园的良好舆论氛围。

二、存在问题

经近几年全县上下协同共建，我县城区形象和市容市貌有了较大改善，但与周边先进县市区相比，仍存在一定差距。

一是精细化水平有待提升。个别路段、校园周边的店外经营、乱摆乱放等存在反弹现象；

二是人员力量有待充实。随着城镇化速度的加快，城管工作量迅速增大，要实行"扩编增人"政策，解决城管执法人员不足的问题。

三是人人参与城市管理的氛围不够浓厚。

三、下步工作计划

管理好城市，创造良好的创业发展和生活居住环境，是广大市民的共同期盼和要求。我县必须立足实际，紧紧围绕县委、县政府建设"五大嘉祥"的部署要求，以"五城同创"和三年违法建设治理为契机，积极探索新形势下城市管理的新途径、新方法，破解影响城市管理发展瓶颈，切实做到敢为人先、勇于突破，实现城市管理精细化、规范化、常态化。

（一）聚焦精细化管理机制，释放队伍新活力

继续推行网格化工作机制，进一步细化管理网格，夯实责任人员，实现城市管理网格化、扁平化、精细化。完善错时延时机制，坚持早7点至晚10点工作制，重点时段人员在岗，实现管理无缝隙。同时，坚持执法全程记录，实现工作内容留痕。

（二）聚焦"绣花式"市容市貌管理，优化城区秩序

一是采取教育引导与严管重罚相结合、日常规范与集中整治相结合等方式，坚持徒步执法，全面整治乱堆乱放、乱贴乱画等"十乱"行为。二是着力做好呈祥大道、建设路、吉祥路等"市容管理示范街"的精细化管理工作，实现典型引领带动城区全面提升。三是加大"门前三包"督导力度，引导非机动车辆在指定区域首尾一致、有序摆放。四是规范户外广告设置，对户外广告进行全面排查，对违规设置、影响市容和存在安全隐患的广告先行拆除；按照一店一牌、左右协调、提倡亮化的原则，依法拆除破旧牌匾，并推动广告牌匾治理向次要路段延伸。

（三）聚焦城区违建治理，维护规划权威

一是强化巡查防控力度。采取错时执勤、重点防控、动态巡查等方式，对重点时段、重点部位进行巡查，跟踪防控违建。凡新发生违法建设，即查即拆，不留任何幻想。同时，采取网格化入户排查，及时宣传政策、化解矛盾，引导广大群众主动配合治违工作。二是加大依法拆除力度。在积极引导、督促自行拆除违建的前提下，严格按照法定程序，稳妥地做好违建拆除工作；对不听劝告、拒不拆除的，将依法组织力量强制拆除。三是增强协调联动力度。充分发挥领导小组办公室组织协调作用，强化协作配合，坚持信息共享、联勤联动，凝聚各方力量，集中攻坚破难，合力推进全县城区违法建设治理工作。

（四）聚焦大气污染防治，改善空气质量

在餐饮油烟治理方面：积极发挥牵头部门作用，全力全速推进全县餐饮油烟治理工作。通过开展地毯式大排查和完善电子地图定位系统，督促县城区696家餐饮店铺全部安装了油烟净化设备。同时，定期检查与不定期抽查相结合，对停业、新增的餐饮单位及时登记备案，更新、完善工作台账，督促餐饮业户正常使用、定期清洗，确保使用率达到100%。在建筑渣土管理方面：进一步加大渣土监管巡查执法力度，坚持24小时昼夜巡查，重点监管渣土运输车辆是否按规定时间、路线行驶，施工工地冲洗平台是否正常运转，进出车辆是否冲洗车轮，确保不出现抛洒滴漏和扬尘现象。进一步加大处罚力度。对不按规定时间、路线、运输、私拉偷运、抛洒滴漏行为和对不符合要求的施工工地，依法实施严格、顶格处罚，实现处罚一个、教育一片的震慑效果。

（五）聚焦数字城管建设，实现管城智慧化

加快推进数字化城管平台建设，建立健全集案件受理、反馈、考评等功能于一体的工作体系，提高快速处置能力和执法效能，实现城市管理智慧化、便捷化。

（六）聚焦干部队伍建设，展现城管新形象

一是强化督查考核制度。严格落实执法管理日反馈、周调度、月通报督查考核制度，加大严督实考力度，进一步夯实责任，做到人人身上有压力，个个肩上有担子。二是加强干部队伍建设。持续深入开展"三比三看"比学赶超活动和坚守"六个严字"不动摇，逐步加强干部队伍建设，努力提高干部大局意识、工作能力，大力倡导"说了算、定了干、按期完"的作风。三是强化工作宣传力度。充分利用《城管为民》电视台专栏、都市传媒城区电子屏和"嘉祥城市管理局"微信公众号等媒介，进行宣传报道，积极展现执法为民、服务百姓的崭新形象，引导群众了解城管、支持城管，营造人人参与城市管理的浓厚氛围。

把握现状实情 上下综合施策

——浅谈县级城管队伍建设如何破解旧难题适应新要求

江西省樟树市城市管理行政执法局党委书记、局长 蒋 明

党的十八大以来，以习近平同志为核心的党中央高度重视城市管理工作和城管队伍建设。习近平总书记指出："城市管理水平的高低，取决于干部素质。"城市管理"要建设一支过硬的执法队伍，真正做到依法、规范、文明执法。"习近平总书记的一系列重要论述，对城市管理队伍建设提出了明确要求，寄予了很大希望，提供了基本遵循。进入新时代、迎接新挑战，如何打造一支适应新形势、符合新要求的县级城市管理队伍，是我们亟待研究和解决的重大课题。

一、打造新时代县级城管队伍，必须准确了解现状，做到把握实情、有的放矢

一切从实际出发是我们党的优良传统和作风，是我们做好各项工作的基本保证。要打造一支新时代县级城管队伍，必须准确了解和把握这支队伍"四个缺乏"的实际，做到心中有事，有的放矢。

1. 身份参差不齐，行政执法行为缺乏正当性

2000 年以来，随着我国城镇化进程的日益加快，各地城市建设日新月异，与此同时，城市问题和矛盾亦日渐凸显，给管理带来了诸多难题。在这种历史条件下，城市管理作为一种新生的重要社会管理力量应运而生。其诞生之初就烙下了先天不足的印记，自上而下各自为政，长期处于分散、多样、无序的状态，充满着艰辛与曲折，承载着荣光与非议。城管执法队伍就是在这种环境中锤炼壮大，其最大特点就是"杂"，人员结构多样：有公务员编制的；有事业编制的，事业编制中既有干部身份的，又有工勤身份的；还存在大量招聘无编制的。如某市局机关属于政府系列正科级单位，有干部职工 27 人，属公务员编制的 10 人，事业编制的 8 人，聘用无编制的 9 人。局下属承担具体执法任务的副科级单位"城市管理执法大队"属事业单位，有工作人员 149 人，其中事业编制 77 人（7 人属干部身份，70 人是工勤身份），聘用无编制 72 人。执法队伍身份五花八门，事业单位履行行政执法职能，这样一种状况，一直受到"是否是执法者""是否经过授权"等诸多问题的困扰，导致执法行为缺乏正当性。在城市执法体制改革中，各地千方百计积极落实中央和省里的有关要求，

但给得了人、给得了钱，却给不了编，一次性新增150多个行政编制，县级党委、政府也无能为力。

2. 执法力量不足，行政执法人员缺乏专业性

随着新型城镇化建设步伐的不断加大，各个城市面积的不断扩张，常驻人口和流动人口不断增多，执法任务不断加重，迫切需要相应数量的城市执法人员来管理。但各个城市普遍存在的问题是：城市管理人员数量偏少，特别是城管系统原有公务员或干部身份人员不多，多年增幅不大，真正具有执法资格的人员寥寥无几。以某市为例，城市面积由10年前的19.3平方公里扩大到现在的29.6平方公里，增加了53.3%；常驻人口由16.03万增加到26.27万，增加了63.9%，但城市管理人员的增幅远小于这两者的增幅。在城市执法体制改革前，城市管理人员有134人，在编人数72人，非编人数62人；改革后增加到149人，在编人数77人，非编人数72人，分别增长了11%、0.7%、16%，非编人员增幅最大。另外，包含局机关在内具有执法资格、能够持证上岗的人员19人，不足11%；一线执法人员9人，不到5%。行政执法工作是一项综合性工作，专业性强、责任重、要求高、工作强度大，作为县级城市管理部门，无论是现行编制数量还是执法专业人员数量，都远不能适应新形势城市综合执法的需要，而大量其他人员只能"协管"不能执法，在工作中造成许多不便。

3. 工作条件不好，行政执法队伍缺乏稳定性

城市管理工作是一项社会系统工程，政策性、群众性、实践性、流动性较强，涉及面广、难度大、矛盾多，情况复杂多变。再加上城管工作条件艰苦，任务繁重，社会地位不高，许多具有高学历、高素质能够承担执法重任的中坚力量选择了再就业，城管队伍留不住人才。如某市近几年共组织了5批次考试招录16名大学生，这部分具有执法资格的人员偏少，执法任务重，整天忙忙碌碌，有案必到，应接不暇，疲于执法办案，巨大的工作压力和心理压力使他们纷纷选择跳槽另谋高就，目前在岗的只有7人，不到43%，剩下的也人心不稳，等待和谋求更好的就业机会。其他聘用人员工资虽在此次改革中，经过一轮调整后达到每月2600元，但对于年轻人来说要养家糊口仍然有压力，而且目前也没有规范的工资增长机制，"什么时候涨""该怎么涨"，没有标准和定期增长制度，"五险一金"没有得到全面落实，人心思动，影响了城管队伍的稳定。

4. 整体素质不高，行政执法质量缺乏认同度

由于城管执法队伍成立相对年轻且具有先天不足的因素，执法队伍身份复杂，素养和文化水平参差不齐，整体素质不高。如某市城管队伍中大学本科生占4.7%，法律专业人员占2%，高中及以下学历者占68.4%。偏低的学历再加上长期轻视对城管执法人员的培训和思想道德教育，导致有些执法人员甚至没有接受过系统的法律教育和岗位知识培训就直接上岗，其结果是导致执法人员采取简单、粗暴的方式执法，与执法对象产生了较多的矛盾，造成了社会上对城管执法人员的扭曲和误解。其他单位考录人员，因中央有部管，省级有厅管、市级有局管，一般都会安排岗前培训。而城管系统中央由住建部下属局管，省级由住建厅下属处管，规格不高、重视不够、力度不大，上下联系也不紧密。由城管系统内部正轨渠道组织的培训几乎没有，一些第三方培训机构鱼目混珠，不敢也不便轻易参加，县级城管单位只好自我组织、自我培训，规范性差，专业性也不强。又因每次招考人数有限，县级城管部门一般不再安排专门培训，新进人员主要通过"队长带、队友帮"逐步熟悉城管业务，积累了一些不正规的一线工作经验，严重影响了城管队伍整体素质的提升和执法质量。

二、打造新时代县级城管队伍，必须切实解决好存在的问题，做到综合施策、提振士气

2015年12月，随着中央城市工作会议的召开，特别是2015年12月《中共中央、国务院关于深入推进城市执法体制改革改进城市管理工作的指导意见》（中发〔2015〕37号）的下发，迎来了城市管理和城管人员的春天。一系列的政策很好很鼓舞人，但要真正落到实处还有一定的差距，需要各级党委、政府共同发力，切实解决好"四个问题"。

1. 给实名分，解决好执法主体身份问题

名不正则言不顺，言不顺则事不成。城市管理综合行政执法属于社会综合治理的一个非常重要的组成部分，城管执法机关履行行政职能，行使执法权力，法律地位应属政府的执行性行政机构。相应的，城管执法人员是专门承担城市管理执法任务的公务员，城管执法人员必须属于名副其实的行政执法类公务员。对此，《中共中央、国务院关于深入推进城市执法体制改革改进城市管理工作的指导意见》中也有明确要求。但现实问题是，近年来自上而下推行的城市执法体制改革，各地也想借此东风明确城管机构的行政职能，城管人员的公务员身份，但由于受编制管理的制约和各地公务员总额所限，僧多粥少，巧妇难做无米之炊，地方党委、政府对此也心有余而力不足。要从根本上解决好这个问题，必须从中央、省级层面给予倾斜性政策，在全国或全省一揽子解决好城管机构和城管队伍的身份问题。

2. 上下施策，解决好专业人才不足问题

事业成功，关键在人。作为行政执法主体的城管部门，随着管理职能的增加，执法范畴的扩大，迫切需要一支有责任、高素质、专业化的人才队伍做支撑。面对新形势和新要求，面对城管执法涉及面广、专业性强、工作量大的实际，要解决专业人才不足的问题，光靠县级党委、政府是远远不够的，必须上下综合施策。

一是中央和省级层面要从顶层综合调配资源或给足政策。根据县级城管部门管理的区域面积或人口的多少，落实好行政编制和相关政策，使专业人才"引得进"。如果行政编制也给不了，要吸引优秀人才只能成为一句空话。

二是县级党委、政府要创造条件做好保障。将城管的工作条件和人员的生活待遇保障到位，聚集优秀力量，使专业人才"留得住"。如某市将城管人员的岗位津贴、加班补贴从无到有参照公安标准执行，新录用大学生在购房时给予一定的补贴等，不失为吸引人才，留住人才的好办法。

三是城市管理部门要建立健全人才管理和使用机制。如建立中层干部竞聘、班组长选拔、执法人员培训和执法技能交流等激励竞争机制等，充分调动他们工作的积极性和主动性，确保专业人才"用得好"。

3. 多措并举，解决好聘用人员去留问题

据不完全统计，县级城市管理队伍中存在的非编人员占 45% 左右，有的地方达到 50%以上，这类人员绝大部分从事城管工作时间长、经验足，吃了苦、待遇低，任劳任怨，为城管事业做出了贡献。这类问题是历史余留下来的问题，必须予以重视并切实解决。

一是扩编考录。可适当扩充编制，每年拿出一定的编制数，通过考试、考核逐步解决一线非编人员的身份问题，使优秀的非编人员有考录机会，工作有甜头、有奔头。

二是收缩比例。逐步收缩非编人员所占比例，在仍需使用"协管"人员的过渡期，适当提高招收非编人员学历、年龄等标准，通过设"门槛"提升非编人员的基本素质，增强非编人员可塑性。

三是末位淘汰。在对城管队伍进行工作业绩考核奖惩中，可以中队为单位对非编人员实行末位淘汰制，每年淘汰几个工作不求上进、影响城管队伍形象、综合表现差的非编人员。

4. 提升荣誉，解决好职业地位偏低问题

城管系统优秀人才不愿来，来了留不住的一个重要原因是地位偏低，缺少职业荣誉感和归属感。要解决这个问题，可在"三个方面"做文章：

一是在物质层面。为城管队伍的福利待遇、工作条件多方争取，解决他们的后顾之忧。如某市将城市管理经费列入市财政预算，参照公安标准给予保障，从原来的每人 2800 元增加到 45000 元；参照公安标准给予岗位津贴和加班补贴，让其他部门单位羡慕不已。

二是在精神层面。建立健全激励机制，营造城管队伍干部职工干事创业的浓厚氛围。如每年评选优秀城管人员予以表彰奖励，对工作能力强、综合素质高的在编人员提拔重用，对各方面表现优异的非编人员优先解决编制问题等。

三是在社会层面。广泛宣传、多方展现新时代城管队伍新形象，广泛开展城管服务进企业、进社区、进楼院活动，拉近城管与市民的距离，打造城管互动平台，增进城管与市民的沟通了解，提升社会对城管工作和城管队伍的认同度。

三、打造新时代县级城管队伍，必须在高素质和专业化上下功夫，做到符合新要求、塑造新形象

进入新时代，要顺应新形势、新任务、新要求，必须在"四个方面"下功夫，不断提升城管执法队伍的综合素养和专业化水平。

1. 践行"一个理念"

以人民为中心，实行人本管理，更新执法方式。新时代城市管理既要依靠人，也要围绕人、为了人。围绕人、为了人，就是要转变现代城市管理的思想观念，尽可能地体现"以人为本"的宗旨。人民是城市的主人，是城管事业的依靠，增进民生福祉是城管事业的根本目的。在为创造人民美好生活而不断奋进的新时代，重塑城管新形象的最佳途径是深入贯彻以人民为中心的发展思想，以让群众更满意为标准，打造与法治城市建设相适应的城管队伍，让城管队伍成为人民追求更加美好生活的有力依托，不断提高人民群众的获得感、幸福感和满意度。在行政执法的过程中，坚持从执法为民、服务民众的角度出发，全面更新观念，转变执法方式，切实做到服务人民群众，服务城市发展。

2. 提升"两大素养"

政治素养和法治素养。教育城管执法人员牢固树立党的观念和"四个意识"，落实"两个维护"，打造忠诚型、创新型、担当型、服务型、过硬型"五型"城管队伍，把对党和事业的忠诚融入城管队伍的血脉和灵魂，贯穿城市管理和行政执法的全过程、各方面。做到党性坚强、党纪严明，始终保持高昂的奋斗精神，保持对人民的赤子之心，增强精细化管理城市的责任感和使命感。严格落实政治学习、业务学习制度，完善城管执法人员培训体系，加强对全体执法人员、辅助执法人员的法律知识和执法专业技能培训，增强城管队伍整体的法治观念，做到依法、规范、文明执法。

3. 提高"三种能力"

一是做群众工作的能力。善于引导群众、教育群众、服务群众，维护群众的利益，学会与群众打交道、交朋友，平等互动、有效沟通；既要关心城市管理问题的解决，还要关心心理疏导，成为群众的贴心人。

二是快速化解矛盾和问题的能力。善于综合运用政策、法律、经济、行政等手段和教育、协商、调解等方法，依法及时妥善处理城市管理中存在的问题；做到敏锐发现问题、科学分析问题和解决问题，把大部分矛盾和问题化解在基层、化解在一线。

三是依法办案的能力。始终坚持依法行政、规范办案的原则，从建立健全各项机制入手，扎实开展行政执法工作，不断提高办案质量；做到相关法律法规了然于胸，调查取证程序到位、法律文书制作规范、判断法律依据准确、裁量恰当等。

4. 强化"四项要求"

一是强化队伍专项行动要求。扎实开展"强基础、转作风、树形象"专项行动，倡导"721工作法"，坚持通过"服务为先"解决70%的问题，通过"管理优化"解决20%的问题，通过"执法规范"解决10%的问题。

二是强化队伍履职尽责要求。重点围绕市民群众反映强烈的不作为、懒作为、乱作为、

选择性执法以及作风不实等问题，建立完善以目标和绩效为主要内容的执法人员量化考评制度，实行奖优罚劣，充分调动一线执法人员的积极性，以作风建设的成效提升执法工作效能。

三是强化队伍遵规守纪要求。加强爱岗敬业、廉洁自律教育，完善落实执法工作各项制度规范，加强城管执法内部监督和社会监督，加大执法责任追究力度，提高制度落实力和纪律约束力，确保廉洁、公正、高效履行职责，提升队伍良好形象。

四是强化队伍选人用人要求。强化选人用人管理，严把进人关，严格参照工作人员录用标准和程序向社会公开招考执法人员，特别是应具备法律专业知识，以逐步提高城管执法队伍整体的法律素质。

管理从"小"到"大" 服务从"大"到"小"
以管理强机制 以服务促民生 助力城市发展
——韩城市综合行政执法深化管理服务民生工作纪实

陕西省韩城市综合行政执法局

城市建设基础在管理、城市发展关键在服务。2018年，韩城市综合行政执法局始终坚持执法管理从"小"到"大"，执法服务从"大"到"小"的执法工作理念，以管理强机制，破除执法壁垒、推进城市建设；以服务促民生，强化执法保障、推进城市发展。

一、着力体制改革，执法管理从"小城管"到"大城管"

2018年，韩城市综合行政执法局坚持改革先行、实干先行，在先行改革中探索建立城市综合治理工作新途径，在勇于实践中推进提升城市综合治理工作新机制，逐步实现城市执法管理从"小城管"到"大城管"的转变。

1. 抢抓改革试点，以改革强机制、以改革促发展

作为中、省综合行政执法和城市管理执法体制改革的试点城市，韩城市综合行政执法局紧抓改革发展契机，着眼城市管理执法体制机制建设，夯实"小城管"管理基础，推进"大城管"管理模式，以改革强机制、以改革促发展，有效推进城市综合治理体系和综合治理能力的不断提升。

2. 强化市级联席，以制度破壁垒、以合力推前行

作为城市执法管理市级联席会议制度的牵头部门，2018年韩城市综合行政执法局积极主动、担当作为，先后召集城市建设管理专项工作推进会12次，组织开展城市管理联合执法26次，以市级联席会议制度为牵引，破除执法壁垒、疏通管理渠道，有效促进了城市综合治理工作的深度推进。

3. 加大行政投入，以保障促提升、以科技优效能

2018年，韩城市综合行政执法局不断提升城市执法管理资源共享工作衔接机制建设和数字化综合行政执法平台建设运行水平，强化部门间系统信息共享、管理工作联动、执法案件移送、案件会商督办、案件联合查办等制度建设和管理运行，有效推进了城市综合治理工作的系统化和高效化。

二、着力队伍建设，执法管理从"小分队"到"大队伍"

2018年，韩城市综合行政执法局深入开展"业务大练兵、素质大提升、作风大转变"主题实践教育活动，立足执法队伍素质提升基础、推进执法管理社会组织体系建设，着力构建"全民城管、全网管城"的城市执法管理队伍新机制。

1. 公益专岗为网点，以点促网、共治共管

2018年，为进一步畅通执法监管组织渠道，织密执法管理社会组织网络，韩城市综合行政执法局在街道社区、镇办村组设立176名执法管理扶贫公益专岗。通过严格化管理和经常性培训，公益专岗在违法建设、环境治理实时监管，五城联创、城市共建文明倡导中发挥了积极有效的推动作用。

2. 路段包联为网络，扣紧链条、共建共管

2018年，韩城市综合行政执法局立足城市精细化管理执法网格基础，强化执法查处、强化工作联动，集中有效整治、提升长效管理，有力保障和全力巩固全市"五城联创"街道社区环境综合治理的部门单位包联负责工作机制，有效保障和促进城市综合治理工作的网络化和长效化。

3. 志愿服务为旗帜，倡导新风、共促共管

2018年，为进一步扩大和提升城市执法管理社会组织面和社会参与度，韩城市综合行政执法局积极倡导、合理组织，在全市建立230余名城市管理志愿服务者队伍。通过有效管理和长效推进，志愿服务者结合所在街区和工作特点，及时发现管理问题，实时纠正违规行为、积极倡导城市文明。

三、着力城市发展，执法管理从"小舞台"到"大舞台"

2018年，韩城市综合行政执法局坚持围绕全市中心、服务发展大局，筑高管理平台、积极谋事干事、主动担当作为，全力推进五城联创、生态环境治理和城市综合治理，全力保障城市建设、全心服务城市发展。

1. 五城联创勇当先，筑高平台、拓展空间

在创建中抬高工作定位、在创建中提升工作机制，2018年，韩城市综合行政执法局坚持以"五城联创"为有力抓手，以打造"景区化"市容市貌为目标，不断强化市容网格化管理和全市创建工作机制的深度融合，筑高管理平台、拓展管理空间，提升管理层次，全面深化提升城市执法管理工作水平。

2. 环境治理敢做为，严格执法、守卫蓝天

2018年，韩城市综合行政执法局紧跟生态治理大步伐、主动融入生态治理大环境，在严格渣土运输、露天烧烤、秸秆禁烧等专项执法查处和提升数字化信息化执法监管工作的基础上，主动配合、积极工作，全力保障和促进工地扬尘治理、汽车维修行业整治等全市生态环境专项治理工作。

3. 综合治理走在前，齐心协力、共治共管

2018年，韩城市综合行政执法局在不断深化执法体制改革的基础上，围绕中心、服务大局，主动参与和积极融入城市综合治理体系，在集贸市场规划管理、校园环境综合整治、社会治安综合治理等工作中，充分发挥行政执法管理队伍基础作用和执法管理工作力量，全力保障城市综合治理深入有效开展。

四、着力发展环境，执法服务从"大环节"到"小细节

2018年，韩城市综合行政执法局不断推进全市营商环境建设，着力破解"重审批、轻服务、弱监管"难题，确保权力"瘦身"、管理"有力"、服务"提档"，实现执法服务从关注"大环节"到注重"小细节"的转变。

1. "放"出审批更高效

2018年，韩城市综合行政执法局取消机关审批，将全局所有审批事项集中在政务服务大厅办理，由大厅首席代表全面负责审核批准，一改之前多层级的串联审核方式，实现"一次办到头、一个章子管到底、一个平台服务到位"的并联审批工作机制，极大地提升了城市执法管理效率和城市执法服务效能。

2. "管"出市场更有序

2018年，韩城市综合行政执法局将作风转变作为优化优化营商环境、服务城市发展的"先手棋"，切实增强全体干部"等不起"的紧迫感、"慢不得"的危机感和"坐不住"的责任感，全面降低准入门槛，推行"宽进严管"管理服务模式，鼓励和扶持中小企业发展，切实保障和服务市民生活。

3. "服"出作风更务实

2018年，韩城市综合行政执法局进一步深化"强基础、转作风、树形象"活动，积极践行"721"工作法，突出服务优先，变事后处罚为事前监管，变末端执法为源头治理。特别在服务项目建设中，甘当企业"服务员"、项目建设"店小二"，提前介入，主动上门，为企业提供信息咨询，最大限度降低企业时间成本。

五、着力保障民生，执法服务从"大动作"到"小步伐"

2018年，韩城市综合行政执法局始终坚持执法管理和服务民生并重，积极践行"721"工作法，从执法管理"以外"入手，从服务民生"小事"做起，用严格执法来保障城市管理秩序，用热情细致来服务城市群众生活。

1. 规范市容秩序、服务市民生活

在严格市容秩序管理,加大执法查处的同时,韩城市综合行政执法局坚持"疏堵结合、以疏为主",在市容精细化管理中,结合市民休闲和居民生活实际,在城市公园、小区周边等处规范设置时令水果免费摊点处70余个,在重要节庆期间,合理划定便民经营规范管理区域,设置120余个摊位,有效服务城市群众生活。

2. 关爱弱势群体、倡导城市新风

在推行城市精细化管理的同时,韩城市综合行政执法局关爱城市弱势群体,因势利导、因地制宜,在城区合理设置聋哑人修锁、配锁经营规范管理区域,提供免费经营摊位30余个,并在网格化执法管理中,实行执法人员常态化的管理服务,关爱弱势群体、服务市民生活,积极倡导文明和谐的城市新风。

3. 开展扶贫帮困、营造城市和谐

韩城市综合行政执法局在助力脱贫攻坚、推进精准扶贫工作中,结合城市执法管理工作实际,在城区三个便民集贸市场中,合理设置扶贫帮困摊位,积极同镇办及相关部门联系,主动上门服务,做好宣传引导和全程管理服务,确保实现贫困群众意愿经营、规范经营和有利经营,提升精准扶贫工作效果。

六、着力文明创建,执法服务从"大创建"到"小举动"

2018年,韩城市综合行政执法局全心融入文明城市大创建中,从执法队伍一举一动做起,从执法行为一言一行做起,从文明创建一点一滴做起,不断规范执法行为、树立执法形象,倡导城市文明新风,共促城市文明创建。

1. 依法管理坚持"刚性 + 柔情"

2018年,韩城市综合行政执法局深入践行"721"工作法,积极组建城市执法管理女子特勤中队,严格素质训练和提升,优化执法方式和效能、强化工作纪律和作风,充分发挥女性"微笑执法、柔情执法"工作特点,有效化解执法工作矛盾,进一步改善提升执法工作方式,促进执法管理和执法服务相融合。

2. 严格执法坚持"保障 + 服务"

围绕中心、服务大局,韩城市综合行政执法局积极投身韩城全域旅游城市建设,在严格执法保障的基础上,充分发挥城市网格化精细化管理的组织力量,在假日节庆和旅游景点及交通沿线,积极引导和热情服务群众和游客,有力保障市容良好秩序,全力服务旅游经济发展,全心服务群众生活。

3. 文明创建坚持"力行 + 倡导"

在争创全国文明城市活动中,韩城市综合行政执法局组织开展全局创文誓师大会,不断强化执法队伍素质建设和文明提升。执法人员在开展执法管理工作中,积极践行社会主义核心价值观,涌现出一批事故现场救治伤员、帮助走失老人和儿童寻找家人等好人好事,善行义举在执法队伍已经蔚然成风。

砥砺奋进谱华章、风正扬帆正当时。在未来发展中，韩城市综合行政执法局将始终坚持"管理为基、服务为重"的工作理念，不断强化行政执法队伍建设，着力推进城市综合治理体系建设，全力推动黄河沿岸区域性中心城市建设。

管理前置 提高城市精细化管理水平
——港闸区城管局持续创新城市管理方法

江苏省南通市港闸区城市管理局

2017 年全国两会期间,习近平总书记在参加上海代表团全团审议时提出,城市管理应该像绣花一样精细。实现城市管理精细化,成为全国各大中型城市政府的一项重要任务。面对新形势,南通市港闸区城市管理局顺应时代发展要求,积极探索城市管理的新机制和新方法,立足管理前置,以一处试点谋全区推广,不断提高城市的精细化管理水平,在工地管理、违建治理、夜市治理等多个方面取得了突破。

一、创新工地管理模式

上海市北高新(南通)科技城是南通市接轨上海合作共建级别最高的项目,近年来工地监管任务繁重,港闸区城管局以市北高新科技城为试点区域,针对工地管理积极作为,不断创新,变末端处罚为主动服务,形成你自觉遵守,我人性管理的良好局面。一是服务优先,共同治理。将服务融入管理当中,主动协助工地办理渣土处置清运手续;对接环卫处、餐厨垃圾处置单位,订立处置合同;统一受理,现场踏勘,办理户外广告许可;提前落实规划工人生活区。二是提前介入,抓早抓小。项目启动伊始,执法人员主动登门拜访,就工地运转中涉及到城管职能的几十项内容进行详细的告知与沟通,通过例会、约谈、整改,让施工单位从一开始就绷紧规范操作不违规的弦。三是联动机制,综合管理。依托市北科技城综合管理平台,城管执法与公安、交警、安监、物业等单位形成联动机制。通过人防加技防,预警加执法形成全天候、无死角执法管理体系。工地创新管理在全市逐步进行了推广,并取得良好的成效,南通市电视台、建设部大城管公众号予以了宣传和介绍。

二、破解违法建设治理困境

2018 年,港闸区城管局拆除违建面积共 90180 平方米,其中拆除存量违建 781 处,拆违面积约 77675 平方米,拆除新增违建拆除 171 处,拆除面积约 12505 平方米,尤其是一年来,举报类违法建设案件数大福下降,违法建设治理成果显著。这一实效的取得得益于2018 年摸索形成的"四步法"违法建设治理机制。一是前期介入,源头管控。通过发放《违建管控告知书》、约谈物业，以首创的《约谈物业通知书》的形式联系物业。同时在小区内现场接受咨询，开展法律宣传。二是主动巡查，立建立拆。建立"城管、社区、物业"捆绑考核机制，确保巡查全天候覆盖。设置网格违建管控责任人，与社区、物业联动防控。开展入户宣传政策法规，教育劝导自拆。今年以来，辖区内80%新增违建自行拆除。三是重拳出击，执法有力。严厉打击顶风作案的在建违建，形成及时发现、及时制止、及时上报、快速处置、立建立拆的"在建违建闭合式"处置机制。同时，成立多个违建治理应急小组，聘请专业力量现场处置，配合管控责任人完成违建治理任务。"帮拆"前，制定详细的拆违预案。四是多措并举，确保实效。为彻底解决违法建设治理信息不对称，部分违法建设反复等问题。创新宣传手段。针对违建多发小区，设置宣传展板、悬挂宣传条幅，印制宣传手册，加强理念灌输。加强拆后管理，防止再建。建立业主信息系统，适时与社保、公安等部门沟通。

三、推动"老大难"夜市治理

为解决夜排档卫生、油烟、噪音污染问题，消除存在的食品、用火等安全隐患，切实解决居民突出反映的环境脏、乱、差现象，如唐闸镇街道大洋桥下夜排档形成已有15年，但是其脏乱差现象已经严重影响了周边居民，港闸区城管局联合街道、区市场监督管理局、区公安局等部门，对大洋桥夜排档开展为期74天的联合整治，依法予以取缔。整治过程中一是联合执法，多部门联动上门发放《致大洋桥夜排档经营户的一封信》，深入宣传此次整治意义、目标、相关法律法规，取得理解、支持和配合；二是开展思想攻坚，力促自行整改。整治小组工作人员每天上门开展思想工作，细致耐心劝说动员，达到自行整改、自行搬离的目的。三是制定详细的联合整治方案，细化整治现场人员分工。整治现场，按照整治方案，各司其职，有条不紊地开展警戒、取缔、取证、搬运等工作。四是加大后期监管力度，有效实现长效管理。通过定点管理和巡查管理加强周边流动摊点的管控工作，防止回潮。以此次大洋桥夜市的成功整治为契机，港闸区城管局对辖区内多个夜市进行了多轮整治，取得了显著成效，圆满完成整治任务，辖区环境为之一清，整治中港闸区城管局一方面找准城市管理痛点，精准发力。如大洋桥夜排档油烟、噪音、扰民问题突出，还存在食品卫生、安全隐患，影响周边居民及交通，坚决取缔符合民心。另一方面深入开展入户宣传，解决难题。经营户多为低保户、下岗职工，入户宣传能为搬离安置点确有实际困难的经营户出谋划策、提供帮助，帮助寻找合适的店面和经营地点。对无法解决实际问题的经营户，接受小部分登记，统一安置。

四、助推背街小巷有机更新

随着港闸区城市化进程的加快，城区范围的规模不断扩大，城市人口也迅速膨胀，背街小巷落后的基础配套设施越来越跟不上城市快速发展的步伐，由此引发的交通拥堵、店面经营无序、居住环境脏乱差等一系列问题日益凸显。南通市第二人民医院周边的兴隆街就是此类问题的典型。港闸区城管局对兴隆街周边展开全面整治：一是循序渐进，科学推进。前期疏导结合，集中整治使大洋桥下"吊天花"和夜排挡成为历史，为后期兴隆街全面整治打下基础。二是立足背街小巷自身特点，推进各项工作的展开。深入兴隆街，了解实际情况，充分吸收兄弟区县整治背街小巷的经验教训，结合兴隆街自身特点，科学谋划，统筹协调各项工作。三是强化部门联动，齐抓共管。本次整治行动由区局统一领导和协调，各部门明确各自责任区域与分工，建立联络制度，相互配合，实现一加一大于二的整治效果。四是注重长效管理，严管重罚。后期加强日常管理，对新增违法违规行为加大处罚力度，巩固已有的整治效果。11月13日当天整治店外店20余家，流动摊点10余处，整治后的兴隆街井然有序，受到周边群众的普遍认可，达到预定的整治效果，而兴隆街的整治经验推广也为港闸区城管局下一步对背街小巷的集中整治打下了坚实的基础。

提升管理水平　改善城市环境

——关于报送2018年工作总结及2019年工作要点的报告

黑龙江省绥化市城市管理行政执法局北林分局

在区委、区政府的正确领导下,我局紧紧围绕区委、区政府重点工作,以高度的政治自觉、以打造干净整洁有序的人居环境为主攻,以持续开展"强转树"活动为载体,不断强化"四个意识",深入推进改革创新,认真履行城市管理职能,不断提升城市管理科学化、规范化、系统化、精细化水平,城市管理取得丰硕成果,城市环境显著改善,市民幸福指数不断攀升,为我区全面振兴发展提供了有力保障,圆满完成了年初确定的各项任务目标。

一、2018年工作完成情况

1. 强化管理制度创新,环卫保洁质量明显提升

通过远学梅河口,近学望奎环境卫生保洁成功经验,在四个方面实现创新,提高辖区环卫作业精细化、高效化水平。

（1）创新机械化作业模式

一是坚持"错时错峰"作业。避开早晚人车高峰,从早5时到早上7时,轮流使用冲洗车、洗扫车、洒水车对城区道路开展清扫、洗扫、冲扫作业。二是坚持"车车联合"作业。组合"冲、刷、洗、扫"机械,利用洒水车、洗扫车、高压冲洗车等机械车辆和设备,组合作业,深度清洁城区道路。三是坚持"人机结合"保洁。采用机械清理和人工清扫相结合的方式,对易存垃圾的树根、墙根、电柱根进行清理、水刷,提高环境卫生标准。

（2）创新网格化管理模式

一是划片区网格。市区按照以块为主、条块结合,各级联动、落实责任的要求,建立三级网格管理,即执法分局为一级网格,辖区各大队为二级网格,大队内以街路面积进行划分为若干个网格单元为三级网格。市区10个办事处,40个社区分别设城管执法员、环卫保洁管理员、市政设施管理员、园林绿化管理员、物业管理员、社区监督员,并在小区内设置公示栏进行公示,实现了网格化管理的全覆盖。通过推行网格化管理运行机制,使城市管理中存在的占道经营、马路市场、清扫保洁、户外广告、门头牌匾、垃圾清运、房屋立面和各类占道箱体等问题得到有效治理,城市管理的信访投诉得到有效化解,公共服

务更加有效便捷，城市面貌得到有效改善，城市管理水平得到有效提升。二是质检督办促质量提升。建立网格化晨检整改体系，每日清晨由局领导班子成员轮流对辖区内环境卫生保洁工作进行检查，对发现的问题形成整改意见，由所在网格员具体负责进行整改，局质检监察大队将对整改问题进行督查，对整改不力的网格，按网格化管理制度相应制度进行处罚，全天全域保障道路保洁质量。

（3）创新链条式垃圾清运模式

垃圾清运实行点、线、面限时清运责任制，实行垃圾清运车辆一车一号编号管理，取缔城区老旧、二次污染垃圾收集点池、垃圾箱，更换设置垃圾收集勾臂箱，实现垃圾从社区、单位、门店——垃圾中转站——无害化垃圾处理场封闭链条式车辆清运，减少生活垃圾收集清运二次污染。

（4）创新即时绿色清雪模式

我们充分发挥我区独有的大城管资源优势，由城市管理部门和物业管理部门并行牵头抓总，以业务辖区划定各自负责的2大清雪战区；形成了一级抓一级，一级对一级负责，统一指挥，统一调度的组织体系，科学应对，按照"即下、即清、即运"的清冰雪原则，使辖区主次干道积雪的清理和清运工作做到道路畅通、路见本色。

2. 强化以人为本，市容秩序持续改善

坚持城市管理"以人为本"原则，落实城市管理"721"工作法，管理事项因人而立，管理措施因人而变，管理效果以满足市民需求为标准，市容秩序管理效果不断提升。

（1）集中攻坚抓整治

全面开展市容秩序管理清单治理，以集中攻坚的态势，集中对绥望、绥北、绥兰路、火车站、汽车站、市医院等多处长期存在的占道经营、店外经营开展综合管理、综合执法；彻底取缔辖区内各中小学500米范围内的流动经营商贩，对屡劝不听、屡管不止和不配合执法的流动经营商贩，采取查扣经营工具、车辆等执法方式。全年仅校园周边共进行了7次集中整治，查扣经营工具47余件，车辆22余台，杜绝烟尘和噪声污染，确保校园周边秩序井然。同时，对高考、中考这些群众比较关心的大事，我局高度重视，在高中考期间出动执法车辆8台，执法人员40余人次，对二中、七中等考点周边进行反复巡查、严管严控，切实保障了高中考试在安静条件下顺利进行。

（2）错时管理抓根治

实施全天错时管理、节假日轮休管控，管理工作紧盯违法行为出现，做到发现一处治理一处，保持一处；加强信访举报派遣件的第一时间处置，全年共接各类问题反馈2480余件，处置率达到88%以上。城区街道出店占道问题得到有力管控，油烟烧烤污染摊点全部配置油烟净化设备，已许可的露天市场秩序得到规范，门店、广场、广告车辆噪音污染问题得到全面治理。

（3）转变方式抓执法

实行以扣促管，对第一次教育，第二次警告无效者，采取强硬执法手段，全年共查处出店、占道经营548起，暂扣占道经营物品108件。拆除沿街乱搭乱建棚亭、钢构物、遮阳棚55个，处罚渣土运输车辆56辆。全面按照《黑龙江省城市市容和环境卫生管理条例》标准，"以规为纲"组织开展辖区牌匾规范化设置和治理工作。开展牌匾专项清理，全年拆除违规大型牌匾45块，拆除乱牵乱挂条幅500多条，重新审批违规、破损广告牌匾270多处。

（4）广告治理抓服务

利用城乡环境整治行动契机，对辖区内一些乱张贴、乱涂写、乱刻画有复燃苗头的行为再出重拳，清理橱窗乱贴广告2000余处，粉刷乱刻画墙体面积达12000多平方米。同时，坚持"疏堵结合、刚柔并济"的方式，根据住建部提出"721工作法"，改进工作方法，变被动管理为主动服务，变末端执法为源头治理，年初我局在辖区内创新尝试设置广告栏30处，为辖区居民提供张贴地点，经一段时间检查反馈，表明成效显著，乱贴广告现象得到有效遏制，居民自觉张贴广告到广告栏，下步我局将增加广告栏密度，从而杜绝乱张贴现象再发生。

（5）营造氛围抓引导

采取电视宣传，自媒体平台宣传，设牌宣传，宣传单宣传等多种形式，强化舆论引导、宣传引导、教育引导和示范引导，省市级媒体全年共报道我局工作动态5次，公众平台刊发工作动态33期，广大市民对城管工作的认知度普遍提高，市民遵守城管法律法规意识得到提升。

3. 强化标本兼治，空气治理效果凸显

（1）空气治理尽职责

按照区委区政府"净化空气，打赢蓝天保卫战"的要求，4月初针对当前季节空气质量较差，秸秆焚烧和扬尘造成的环境污染，我局加细辖区内各街道机扫车和洒水车循环次数及频率，日出动机扫湿扫车8台次，对路面进行降尘除垢，有效抑制道路扬尘的形成。同时，继续加强对辖区内露天焚烧（垃圾、树叶）、露天烧烤等违法行为检查力度，有效遏制焚烧造成的空气污染。

（2）文明祭祀显成效

针对清明节期间街区路口烧纸较多的情况，我单位专门成立夜巡小组，每晚针对辖区内各街道路口派驻专人巡查，对烧纸群众进行说服劝导，"晓之以理，动之以情"，说服烧纸群众进行文明祭扫减少空气污染。

（3）裸土治理现丰茂

春秋风势较大，裸土场地易形成扬尘，根据区政府总体部署，我局合理规划，对拟建黄河小学、北林区第一医院建筑工地、广顺西街烂尾建筑工地等三处裸土场地，先对场地

进行机械平整、残土外运，并对北林区第一医院建筑工地设置外部围挡，后续对平整后的场地播撒草籽、扣遮阴网等绿化工作，裸土场地现已绿草如茵，有效抑制扬尘的形成。

4. 强化以绿为伴，绿化美化成效显著

继续以打造出城口绿化新景观为重点，坚持早谋划、早启动、早掀潮。从4月初开始对绥兰路两侧进行土地平整，上客土400多立方米，精心设计绿化美化方案，为绿化做足准备，并派专人赴全省各地采购优质壮苗，在50多天的时间里广大干部职工，发扬"严格、谨慎、细致、实干"的北林城管精神，抢占栽植黄金时期，重点对绥兰路、哈伊路、东富工业园区进行绿化栽植工作，共种植乔木类树种青白仟、糖槭、核桃楸等5038株，种植灌木类树种红丁香、榆叶梅等49414株，栽植孔雀草、彩叶草、串红等花卉40多万株，绿化总面积超过4万平方米，实现了"扮靓出城口，环境大改善"的目标，推进了城乡环境综合整治整体上水平，助力全区经济再腾飞。同时，今年我局又对城区内十所中小学校园内进行校园绿化，提升校园绿化率，为广大师生提供优美的教学学习环境。

5. 强化查缺补漏，基础设施维护得当

（1）加强城区防汛工作

我们时刻把防汛工作摆上重要位置，科学防控，制定预案，对我区所有管线进行清障清淤疏通，及时更换修破损井口井盖，为城区防汛做足准备。在应对今年的极端天气和罕见强降雨，针对北林区9处低洼地带又成立了九个抢险小组，抽水车、钩机、装载机、翻斗车、强排泵等设备和防汛物资就近存放，汛期来临时所有干部职工24小时待命，随时准备应对突发险情，近千人连续奋战3天，大小设备齐上，保障辖区居民汛期安全度汛和市民生命财产安全。

（2）加大市政设施巡查维护力度

我局对城区内78座公厕外墙壁进行了重新粉刷，修补漏雨的屋顶，更换腐烂破损的蹲板，定时清理、清掏，对公厕内部地面进行覆盖白灰处理，并喷洒消毒药水，最大限度的提升市民如厕环境，对辖区内的各下排水井盖，雨水篦子建立巡查台账，实行每日一排查，定期维护制度，避免出现安全问题。

（3）抓好出城口绿化养护工作

绿化是"三分种植、七分养护"，重点在养护管理环节，我局结合地理环境和植物的生物学特性，制定符合实情的、科学的养护措施，明确养护责任制，重点抓好日常养护，将养护工作当做常态化工作来抓，对新栽苗木进行适时浇水、除草和及时排涝，为了保证行道树树形美观，及时对苗木进行修剪、整形、抹芽工作，确保绿化效果得以长久化保持，形成每三天浇水一个循环、每周除草1次，每10天剪形1次、每月喷药1次的养护工作机制，冬季前将对新栽植树木浇灌封冻水，确保成活率，进而实现了绿化香化美化工程养护持续化、常态化、制度化。

6. 强化素质提升，队伍建设不断加强

（1）注重学习教育

围绕"中央八项规定"、党的十九大精神及新《党章》、新《准则》、新《条例》，加强党纪法规、依法行政、为民服务、勤政廉洁、履职尽责等教育学习。局党支部带头垂范，全年开展党组中心学习 9 次，开展城管系统集中教育学习 15 次。扎实推进"两学一做"学习教育常态化。以党支部为单位，以"三会一课"等党的组织生活为基本形式，突出开展"4+N"主题党日等活动，创新活动载体，活跃学习气氛，丰富教育内容，做好党员纳新、转正、管理等工作，收到良好效果。

（2）严格正风肃纪

以"强基础、转作风、树形象"活动为载体和契机，以正风肃纪专项行动为抓手，以"工作纪律不强、执行中央规定不硬、责任意识不够、仪容风纪不端、工作落实不实"为重点整治内容，开展城管风纪整治活动。组织开展工作纪律明检暗查，建强了质检监察组，对晨检问题整改、工作纪律等方面进行全天候的督办检查，加强对上班迟到早退、上班时间不务正业、在岗不作为、执法人员着装不规范等行为治理，有力促进城管系统"为民、务实、清廉"作风形成。

（3）坚持法治为先

一是健全完善行政执法责任制、违法办案责任追究制等一系列规章制度，健全完善内部约束机制，修订《城管执法人员工作纪律》《城管着装规范》等规定，深化法治思想教育不放松，时刻牢记法治思想，今年城管系统未发生一起执法不当引发的行政诉讼、矛盾纠纷。二是扎实推进"强转树"主题专项活动。围绕"整治队伍风纪，规范执法程序"，集中开展三次学习业务知识培训，提升业务素质；组织开展办案程序培训，实行案件办理规范化、标准化。同时采取明查暗访、社会监督、舆论监督等方式，确保教育整顿效果。

二、存在的问题

一是管辖区域不够合理。管理区域还存在你中有我，我中有你，树木折断、下排水井盖丢失出现等责任问题无法及时划分。二是装备配备不够先进。现有的执法设备与现行电脑相关操作系统不匹配，装备陈旧，已不能满足日常执法需求，在一定程度上影响城市管理工作的质效。三是司法保障力度不够强。我单位原有"三定"方案中，内设机构公安城管大队始终未真正实施派驻，已成为执法工作中棘手的瓶颈问题。四是环境卫生标准不够高。我局管辖范围多为城乡结合部和棚户区，基础条件差，造成环境卫生标准不高。

三、2019年重点工作谋划

2019 年，北林城管系统将扎实开展"强转树"专项行动，切实做强队伍建设这个基础，抓住作风转变这个要害，做实优化队伍形象这个关健，继续倡导"721"工作法，努力实现我区城市管理水平再上新台阶。现将 2019 年工作重点工作做以下简要汇报：

1. 公共事业管理方面

一是进一步推进环卫保洁市场化进程。借鉴吉林梅河口市环卫作业市场化改革的先进经验，结合我区实际，推行政府购买服务的新举措，明晰职权，变"干"为"管"，将"干"（清扫保洁）职能发包我区公共事业管理服务中心，实行体制内市场化运作，有利于监管，更有利于环卫提档升级，同时，也能解决我区城管执法人员不足等问题。二是持续增加绿化美化面积。在每年常规绿化种植养护的基础上，今年拟对城区东部新城城市拆违区域、边角地带进行大规模绿化，补栽乔灌木、撒播花草，让城市"伤疤"变绿地，预计绿化美化空地面积 5 万平方米。三是不断完善市政基础设施建设。进一步加大投入力度，提高完善市政设施的标准，采取合作共赢的模式，拟增设太阳能果皮箱 300 个，垃圾箱 100 个；结合"厕所革命"活动，对上争取公厕建设资金，做好公厕改扩建工作，形成布局合理、建造精美、管理优良，能够满足群众生活需求的网格网络。四是试行管理"三供一业"移交的物业小区。做好铁路路园小区、火磨小区的物业管理工作，为北林区公共事业管理服务中心业务扩容，积极寻找持续性创收渠道，为区财政减少负担。

2. 城市管理方面

一是进一步规范市容秩序。持续开展各类专项整治行动。重点整治出店经营、占道经营、乱倒垃圾等现象以及临街商户门前乱堆放杂物等专项整治；对辖区修车、洗车占道经营、影响交通等现象进行专项整治，引导修车、洗车、二手车行业向管理规范化、建设标准化、服务优质化方向发展；对辖区"三乱"现象进行专项整治，重点打击办假证等违法涂写案件，探索将广告清理工作进行市场化运作。二是提级开展"拆违治乱"行动。按照住建部"五年拆违"总体部署，前置管理，提前介入，严格按照法律法规程序，举全局之力，在完成拆违总量 90% 的基础上，重点控制新发生的未批先建、少批多建、违规抢建的违法建筑，对不听劝告、顶风抢建的行为，露头就打，组织力量坚决拆除。三是加强户外广告管理水平。对主街路牌匾进行统规划、整治，对 LED 刀匾、喷绘布牌匾彻底拆除，坚持材质统一、尺寸统一、一楼一景、色调一致的原则，鼓励植入亮化元素，打造庆丰街、北林路两条示范街路。四是加强源头治理，优化环境保护。严厉打击在城区露天烧烤的行为；加强散装货物运输业规范化管理，严把渣土车审批关，杜绝车轮带泥上路，24 小时不间断巡查，发现运输散装货物遗撒污染道路的，对建筑单位、施工单位、运输单位上限处罚，消除管理盲区。五是实行乡镇城管执法机构派驻。建议对四方台、永安等五个中心集镇派驻城管执法机构，延伸管理触角，将环境卫生保洁与城市管理综合执法工作相结合，从环卫保洁、垃圾清运、冬季清雪、市政管线清掏管护、综合执法等涉及乡镇市容秩序有关职能一并纳入管理，管干结合，责权对等，一把尺子管到位，迅速提升乡镇市容形象。

第一师阿拉尔市
城市（镇）管理与执法工作调研报告

新疆第一师阿拉尔市副市长、建设局局长　邱泓量

近年来，随着师市经济社会发展和城镇化建设进程加快，阿拉尔市和团场城镇面貌日新月异，居民城镇化率稳步提升，城市（镇）基础设施和公共服务设施逐步完善，城市（镇）功能为提升职工群众幸福指数发挥着重要作用，建管并重的城市（镇）发展之路是一项重点课题。现就如何加强城市（镇）管理工作，推动城市（镇）管理和执法一体化的专题调研报告如下。

一、师市城市和城镇建设管理现状

师市辖区总面积 6939.68 平方千米，阿拉尔市和 16 个团场（14 个团场和 2 个农场）城镇和 1 个乡，总人口 31.8 万人。

（一）城市建设情况

阿拉尔市建成区约 25 平方公里，规划按照"一核四心五轴五区"的总体布局，已建成八横八纵 33 条总里程达 64.6 公里的城市道路（不含工业园区道路），道路路灯 2051 盏，供排水主管道 140 公里，供热管网达 210 公里，换热站 21 座，天然气高中压管网近 100 公里，园林绿化面积 496 万平方米（其中：道路绿地 146 万平方米，公园绿地 66.6 万平方米，单位附属绿地 261.8 万平方米，居住区绿地 21.6 万平方米），水域面积 23 万平方米，累计种植乔、灌、花草近 80 余个品种，建设了街头节点和带状游园，达到国家园林城市公园绿地服务半径 500 米的要求，人均公园绿地面积达 13 平方米。先后建设运行自来水厂、日处理 2 万吨污水处理厂和 25 万立方米垃圾填埋场各 1 座。

公共服务设施为市民生活提供便捷服务，先后建设运行公厕 7 座，全部免费开放，公共自行车 37 个站点 550 辆、公交车、客运站为市民出行提供方便，缓解了城市交通拥堵，通过政府投资和市场开发建成农贸市场 5 个为市民生活提供方便，如意湖、屯垦文化公园、滨河公园为市民提供游憩场所，三五九纪念馆、文化馆、体育馆增添了城市文化底蕴，先后建成的阿拉尔医院、教学城、养老院增进了广大职工群众的获得感，更加热爱我们的城市。

（二）城市管理现状

近年来，师市高度重视城市管理工作，把加强城市管理工作作为改善人居环境、提升城市形象、增强城市综合功能、保障城市经济社会可持续发展的重要任务来抓，城市管理工作取得了明显成效。

1. 健全城市管理体制

师市先后成立了建设局下属的城市管理综合执法局、环境卫生管理处、园林绿化处、城市建设管理处等城市管理部门，明确了职责，落实了责任，承担城市管理的相关工作。各部门职责如下：

城市管理综合执法局：2005 年 12 月成立执法大队，2014 年 9 月更名为"阿拉尔市城市管理综合执法局"，为参公科级事业单位，事业编制 20 人，协管编制 35 人，维护城市市容市貌，行使城市规划、市容环境卫生、城市绿化管理的全部行政处罚权和部分行政强制权；市政管理、房产管理、建筑管理、环境保护、工商行政、公安交通管理的部分行政处罚权。部门现有执法车皮卡 1 辆、面包车 1 辆、电动四轮执法车 4 辆、电动 2 轮执法车 10 辆、记录仪 35 部、大锁车器 2 个、小锁车器 10 个等。

环境卫生管理处：2012 年 9 月成立，为科级事业编制，事业编制 12 名，工人编制 12 名。负责城市道路清扫保洁、生活垃圾清运、垃圾填埋场维护、公厕管理、城市环境卫生管理等。单位现有监察皮卡车 1 辆、环卫车 10 辆（清扫车 3 辆、压缩垃圾车 4 辆、洒水车 1 辆、移动公厕 1 辆，压实机车 1 辆）。

园林绿化处：2012 年成立，为科级事业编制，核定事业编制人员 15 名，负责城市绿地规划、绿化管理和绿化工程建设工作。单位现有绿化监察皮卡车 1 辆、森林消防车 1 辆、绿化喷洒车 2 辆、高空作业车 1 辆。

城市建设管理处：2009 年 12 月成立，事业编 5 名。负责市政道路、路灯、信号灯、公共自行车以及地下管网维护工作。

2. 不断完善市场运行机制

按照政府保障、部门监督、购买服务的方式推进城市环境卫生、园林绿化、市政公用设施等维护工作。各部门通过调研、实践和测算核定劳动定额和价格，采用向社会公开招标购买服务的方式，择优选取社会信誉好、服务质量高的企业，以合同方式进行管理。在运行过程中，通过相关部门督察、考核、评定、奖惩等方式落实责任，纳入信用体系，建立了良性运行机制。在每年初，相关部门列出维护费用计划，我局党组审核后上报师市审批。每月拨付维护费前，由相关部门考核评定结果确定结算价格，我局党组审核上报师市审批后拨付企业，保证了城市管理"低成本、优服务"运行。2016 年，市政公用设施年维护费用 1320 万元，环境卫生年运行费用 1081 万元，园林绿化维护费 1040 万元。2017 年，师市城市管理运行费用预算计划 3500 万元。

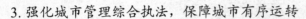

3. 强化城市管理综合执法，保障城市有序运转

一是建立横向到边，纵向到底的网格化管理体系。按照街道办辖区成立各街道城管执法中队，定时、定人、定点、定岗进行日常巡查，重点对流动商贩、乱停乱放、市容卫生等维护管理，保障了城区市容秩序；二是严格执法，遏制违法行为蔓延。对城市管理中的违法行为力争做到早发现、早介入、早查处，力求消除在萌芽状态。去年以来，执法局组织执法拆迁8件，拆除违法建筑6300平方米，并通过电视台向社会曝光，对违法行为起到震慑作用，基本实现了"增量为零、存量递减"的目标；三是强化源头管理，遏制建筑垃圾和渣土乱倒势头。对进入城区拉运渣土的社会车辆，以公司为单位进行备案登记，每辆车喷涂标识和安装行车记录仪，建立月会议制度和月报制度，进行全程监控。今年以来，查处违规车辆26起，随意倾倒建筑、装修垃圾7起；四是根据住建部、兵团建设局统一部署，全面开展"强基础、转作风、树形象"活动，制定《师市关于开展强基础、转作风、树形象行动方案》，组织执法队伍培训学习，开展执法队伍进社区、进学校、进企业活动，建立城管工作站21个，聘请市民义务监督员22个，市民参与执法体验日每周1次，开展"市民随手拍"有奖举报活动。通过一系列活动，加强队伍建设、畅通与群众沟通交流的渠道，形成上下联动、多方参与的格局，提升城市管理和服务水平。

4. 加强制度建设，建立激励机制

为加强城市管理，明确城市管理各部门职责，规范市民行为，我局组织起草并出台了《第一师阿拉尔市城市管理暂行办法》，对师市加强城市（镇）市容市貌、环境卫生、市政设施、园林绿化管理起到很好的指导作用。为加强我局下属各部门管理，我局制定了《师市建设局所属事业单位考核办法》，每年底局党组对所属事业单位进行绩效考核评定，并在全行业进行通报，对后三名进行处罚，对前三名进行奖励。

5. 加强师市、团城管体系建设，开展执法到团（镇）

一是我局制定了《师市关于开展强基础、转作风、树形象行动方案》并以文件形式下发到各团场，在各团场进行宣传员，将团（镇）管理工作纳入到师市"强、转、树"工作中来；二是举办城市建设和管理培训班，加强团场城管人员专业知识学习，提高管理能力；三是向各团场开通微信平台，宣传行业各项政策，相互交流好经验好做法；四是我局编印城市管理和执法相关的法律、法规和城管各项工作流程汇编下发到各团场，提高行业人员管理水平；五是我局与各团场签定《城镇管理委托责任书》，明确了我局和各团场的管理权力和责任，积极参与团场城管执法工作，2016年，在十三团开展了一起执法拆迁工作。

（三）团场城镇建设现状

师市规划建设城镇16个，建成区面积近40平方公里，绿化面积为600余万平方米，城镇人口近18万人，通过保障房项目建设推动了城镇化建设步伐，居民城镇化率达75%以上，初步形成了"一团一品，各具特色"的城镇体系。目前，各团场完成了城镇总体规

划修编，专项规划设计工作稳步推进，建成住宅小区60余个，住户5.5万户，城镇路网、供排水、路灯、景观绿化、热、气、通讯等基础设施框架形成，广场、公园、休闲、教育、医疗卫生、养老、体育、文化旅游、金融、商贸物流等公共服务设施建成运营，特色城镇建设稳步推进，产城融合提升了城镇活力。

（四）团场城镇管理现状

1.“大城管”格局初步形成

师市14个团（镇）中11个团场设立了城镇管理委员会，将环境卫生、城镇管理执法、园林绿化、市政管理等职能整合在一个部门里，明确职责、细化分工，采取“社区＋物业＋城管”的城镇管理模式，打通部门壁垒和“信息孤岛”，实现了体系框架内所有部门管理和信息资源的“串珠成联”也提高了管理与执法效率。其中，五团的城管委设立了行政服务中心、环卫办、绿化办、供排水供电办、行政综合执法办、市政服务办、路政办七个职能部门，七个部门“分工不分家”，协力负责建成区3平方公里的城镇管理工作。十三团城管委下设了城镇物业队、城镇绿化队、城镇执法队，使城镇“管理”与“执法”既相互独立又相互协作。

2.城镇管理意识有所增强

“三分建，七分管”的含意在城镇化推进过程中引起了各团党委的重视，在城镇管理、社区建设、物业管理等方面探索出较多的创新举措。8个团场对城镇进行全方位精细化管理，按照定位、定岗、定人、定责、定时、定效原则制定了城镇管理相关办法，大部分团场设立便民服务中心，涉及民生事项采取一站式服务。比如：一团、五团推行“一门进入、一口受理、一次办结”的便民“一条龙”服务，不仅设置了城镇管理七个职能部门的服务窗口，还设置了与老百姓息息相关的社会救助、社会福利、优待抚恤、社会保障等便民窗口。

3.引入市场机制，向社会购买服务

9个团场在城镇管理领域实行购买服务方式，分别将城镇建成区道路清扫保洁、绿化养护与园林设施维护、道路养护维修、小区物业管理交由具备条件的社会组织、机构和企业等社会力量承担。比如：六团双城镇通过公开招标引进了2家物业公司，推行物业市场化、以自负盈亏运作模式，承担城镇绿化管护、环境卫生等工作，由社指办、城管办、社区对物业公司进行监管和考核，考评结果作为拨付资金的依据。这种方式不仅提高了城镇管理水平，促进了城镇建设管理服务业发展，又实现了团场省钱、企业盈利、城镇环境转变的多赢局面。

4.建立多部门联动机制

由于师市历史原因及兵团团场体制特点，各团场城镇管理执法机构缺失，在城镇管理中缺少威慑力，不服管和暴力抗管时常发生，给团（镇）管理带来难度，违法行为不能有效制止。为了加强城镇管理，部分团场整合有执法权限的管理部门开展集中整治工作。比如：

三团对城镇中私搭乱建现象进行集中整治，联合了沙井子垦区公安局、民兵应急分队、司法办等部门联合执法；七团成立联防大队对小城镇安全、消防、公共设施等进行规范化管理。多部门的联动机制弥补了城镇管理执法手段不足，预防了暴力抗法事件发生，也使执法部门之间相互配合、相互制约、相互监督，提升了执法威信。

二、师市城市和城镇管理中存在的问题

（一）城市管理存在的问题

1. 各管理机构职责边界不清，增加了管理难度

城市管理是一项系统工程，错综复杂，涉及政府多个部门工作，各单位及各部门之间缺少联动机制，职责交叉重复，易发生相互推诿扯皮现象。

2. 城市管理法律法规缺位，执法难度大

国家和自治区相关法律法规体系不完善，执法环境差，暴力抗法时有发生，影响了执法的权威和力度。

3. 城市基础设施相对薄弱，建设和管理资金不足

部分区域公共停车位较少，导致出现车辆乱停乱放现象。城区地下管网老化严重，爆管现象时有发生，地下管线敷设管理缺少协调机制，园林绿化不完善，供电设施不完备，应急避险设施缺失，管理执法设施装备不足等等。

4. 城管队伍素质参差不齐，市民素质有待提高

城管执法人员不足，执法到团场显得力不从心。协管人员超过编制人员近2倍不合规，管理队伍整体水平不高，责任心和执行力不强。市民社会公德心不强，横闯马路、损坏公共设施现象时有发生。

（二）团场城镇管理存在的问题

1. 管理机构不规范

各团场管理机构五花八门，交叉管理，管理效果参差不齐，存在突击性、指令性等一哄而上管理现象，缺乏长效管理机制。比如：十团的城镇管理是由2个社区、1个服务公司和综治办负责。三个部门各自为政，又分别由三名团领导分管，分工过细、部门分散，造成职责交叉重复。

2. 管理体制、机制缺失

各团场根据需要设置管理机构和人员，缺少上位依据，管理和执法主体资格缺失，存在"违法治理违法"现象。比如：六团在无执法权限的情况下，对沿街乱停乱放车辆进行强制锁扣并处罚，这种现象各团都存在。

3. 管理经费不足

财政资金有限，自筹资金困难，重建设轻管理现象较普遍，基础设施相对薄弱，城镇

管理装备不足，管理能力弱，勉强维持城镇运转，在日常管理中常常发生扯皮纠纷、无法取证的现象，给城镇管理工作带来被动。

4. 管理方式单一

缺乏统一的管理体系，管理以说教为主，公信力不强，社会支持参与度不高，时时发生野蛮管理和暴力抗管现象。

三、加强和改进城镇管理与执法工作的思路

（一）积极推进师市城市（镇）执法体制改革

认真落实中共中央、国务院《关于深入推进城市执法体制改革改进城市管理工作的指导意见》（中发〔2015〕37号），按照精简统一、效能高效的原则，积极推进师市、团镇两级城市管理执法体制改革。一是将阿拉尔市城市管理综合执法局更名为"第一师阿拉尔市城市管理和综合执法局"，机构级别升为副处级，负责对阿拉尔市及各团（镇）、农场、经济技术开发区城市管理执法工作的业务指导、组织协调、监督检查和考核评定。师市建设局负责对城市管理和执法工作的监督和考核。二是优化执法力量。根据规定按照师市常住人口的万分之四确定执法人员配比，配置执法人员128名，在阿拉尔城区、开发区、14个团场、2个农场设立分局，分局级别为正科级。局机关编制15名，城区分局62名，团场及开发区分局共51名。三是团场设立城管委，由一名团领导分管，相关部门参加。下设城管办，团场落实工作人员，与师市城市管理执法分局合署办公，分别负责城镇环卫、绿化、市政设施、环保、交通等维护管理和执法工作。四是转变职能、规范行政权力。及时公布师市城市管理执法部门权力清单和责任清单，配齐执法装备。

（二）加大基础设施建设力度

充分发挥规划在城市建设和管理中的龙头作用，通盘考虑城市（镇）市容市貌、环境卫生和城市功能等问题，加大城市（镇）建设管理投入力度，确保基础设施配套。一是逐步进行老旧供热、供排水管网改造，解决老旧管网存在的跑、冒、滴、漏等问题，提高地下管网输送效率。新建管网统筹安排各专业管线，力争一次敷设到位，避免"马路拉链"现象。二是积极探索建立集垃圾填埋、垃圾焚烧、餐厨垃圾资源化利用、再生资源回收利用于一体的生活垃圾协同处置利用基地，通过PPP模式建设垃圾无害化处理工程，促进垃圾分类和资源化利用。三是按照智慧城市建设要求，加快建立数字化城管系统，设置数字化城管操作平台。积极探索快速处置、非现场执法等新型执法模式，利用监测监控手段，强化视频监控运行数据的信息采集和管理分析，形成综合性城市管理数据库。

（三）深入推进违法行为专项整治工作

根据《自治区城市建成区违法建设专项治理工作五年行动方案》要求，继续保持高压态势，持续加大"两违"建设查处和管控力度。一是集中拆除重要路段、重点部位影响城

市规划和市容观瞻的违法建设，严控北扩区违法建设行为蔓延势头，做到违法建设只减不增。二是加大力度做好阿拉尔市塔里木大道专项整治工作，严格按照《塔里木大道环境卫生秩序专项整治活动方案》，实施店外经营、户外广告、农贸市场、违法建设、乱停乱放、路边工厂等的专项整治，提升城市形象。三是与街道办社区、国土局、公安局、食药局、工商局等部门建立联合管理机制，实行定期或不定期联合整治，形成城市管理长效机制。

（四）加强队伍建设，完善管理制度

一是按照自治区住建厅《自治区城市管理执法队伍"强基础、转作风、树形象"专项行动计划》（新建法〔2017〕2号）的统一部署，加强师市城市（镇）管理执法队伍建设，完善执法程序，规范办案流程，提高办案效率。在师市城管执法体制改革没有完成阶段或团场执法职能未设立前，我局积极探索授权或委托方式，将部分行政权力下移，按照授权或委托管理的范围及内容，认真行使各项职权，切实加强城镇管理，不断改善城镇面貌。二是加强与各团现有其他行业执法权部门之间的沟通衔接，增强条块管理的互补性，建立师市城市（镇）管理执法工作流动平台，相互学习借鉴，相互交叉管理执法，使阿拉尔市与各团场的城市管理工作有序衔接，形成合力，努力构建起"两级政府、三级管理、四级落实"的城市管理体系。

（五）加强宣传教育

与阿拉尔电视台、塔里木日报建立长期合作机制，设置城市管理和执法专项栏目，定期对不文明行为进行曝光、对维护市容环境模范行为进行宣传表彰。同时继续做好阿拉尔城管执法微信平台"每周一报""市民随手拍"有奖举报、"市民体验日"和"义务监督员"等活动，引导市民加强自我约束、自我管理，增强市民素质，提高经营者的守法经营意识，使广大市民和企、事业单位积极支持理解并自觉参与到城市管理中去，形成全社会齐抓共管的良好氛围。

聚焦"墙里墙外"整治
全力提升城市管理水平

江苏省常州市天宁区城市管理局

2018年,区城管局全面贯彻落实区委、区政府决策部署,以党建工作为引领,以服务发展为目标,聚焦城市长效管理综合考评,聚力执法体制改革,全力推进市容整治,提升环卫管理水平,提高城管服务效能,城区面貌持续改善,人居环境不断优化,各项工作取得了显著成效。

一、今年目标任务完成情况

(一)城市长效综合管理走在全市前列

修改完善《天宁区2018年镇、街道进一步完善城市长效管理考核工作的实施意见》,进一步理顺体制机制,打牢城市长效综合管理基础。将全区159个城市长效管理考评网格融合到社会治理全要素网格中,网格化管理取得一定成效。扎实推进市委督办项目,丽华光彩一条街、坛街提前完成整治任务,整治标准显著提高,整治影响范围扩大,特别是光彩一条街,整个板块焕然一新,成为精品。全区城市长效综合管理预估全年成绩排名全市第一,取得重大突破。

(二)高质量完成其他上级条线考核任务

深入推进执法体制改革,积极做好事权承接工作,按照市城管局部署开展专项整治行动,市容整治进度及成效位列全市前列。提前超额完成"263"垃圾分类目标任务,市二、三季度专项考核2次,均排名第一,此外"263"黑臭水体治理专项行动我局分解目标任务也提前完成。完成183座"垃圾箱房改亭"为民工程目标任务,环卫日常保洁在市城管局专项考核中前三季度均排名第一。完成高质量发展指标任务,保持生活垃圾无害化处理率100%,预估全年垃圾分类集中处理率约78.55%。

(三)党建品牌创建取得实效

积极创建"城 就美好,管 促最优"党建品牌,充分发挥党建"龙头"引领作用,开展"阳光城管中层讲坛""作风建设月"、志愿服务等活动,持续推进支部规范化建设,坚持"一支一品",机关支部围绕考评及行政服务工作,执法大队"党员先锋突击队"着眼市容保障，环卫支部助力"263"，深化拓展"做"这个具体载体，在长效管理、环境整治、垃圾分类、扫雪除冰等党员先锋活动中形成多项成果，有效推动了城管事业高质发展、全面进步。执法大队获全市城管执法队伍"强转树"专项行动先进单位，"全国劳模黄峰工作室"成功入选全市首批"党员教育实境课堂"，环卫支部被区委评为先进基层党组织，环卫职工书屋成功创建全国工会职工书屋示范点。

二、2019 年重点工作

紧紧围绕建设高质量"管理明星城市"目标要求，持之以恒抓工作推进，坚持以人民为中心，苦下"绣花功夫"，聚焦"墙里墙外"环境综合整治，全方位提升城市管理科学化、精细化、智能化水平，不断美化城市面貌，提升品质形象，为市民群众营造环境优美、雅致舒适的生活空间，确保市民满意度持续上升。

（一）强化"墙内"管理，构建洁净、优美的城市环境

近年来，我区经多方努力，城市面貌已经发生了极大改变，管理水平也在不断提高，但"墙内"长效管理方面仍然存在一些短板，如城中村乱搭建、乱堆放问题，住宅小区、菜市场、工地内部环境管理不到位问题等，此外，长效管理的高标准、高要求给学校、医院、企事业单位等内部环境管理也提出了新的管理目标。为此，要按照墙内、墙外一个标准管理的明星城市管理理念要求，加强"墙内"管理，构建全域洁净、优美宜居的城市环境。

1. 大力加强城中村、住宅小区环境管理。城中村管理要切实把网格化工作落实到位，加强管理责任，加快引进市场化保洁进程，从根本上改善全区城中村的村容村貌。住宅小区管理要找抓手，失管的小区要管起来，强化一体化保洁和业委会（物管会）的建设力度，2019 年，老住宅小区一体化保洁覆盖率达到 50%，70% 以上的新（次新）小区成立业委会（物管会）。在管的小区管理标准要继续提升，完善住宅小区区级专项考评机制，通过年度排名影响老小区专项扶持经费和各项资金的发放等级，倒逼物业公司提升管理水平。积极解决困扰小区管理的违法建设问题以及装潢垃圾出路问题，积极清理存量违法建设，到 2019 年底完成累计拆除存量违法建设统计数 90% 的目标，对新建在建违法建设"露头就打"，始终保持高压态势。和武进区、新北区对接协商，有偿利用其建筑垃圾资源化处理的设计余量，多方合力坚决取缔散、乱、污作坊，争取建立统一的废品收购处置中心，逐步取缔城中村废品收购站。

2. 菜市场与工地管理更规范。建立菜市场专项奖励机制，充分调动菜市场管理经营者的积极性，以街道为单位，每个街道树立一个菜市场管理标兵，开展文明摊位、文明菜市场评比，全区优美文明摊位数达到 85%。建立严格规范的出土、运土、卸土全流程工地管控体系，严把洒水降尘关，做到工地出土时无扬尘，逐步推广全封闭式渣土运输车辆，通过 GPS 等智能技术监控车辆运输路线，严查偷倒建筑垃圾行为，合理规划卸土场地，规范卸土流程,解决渣土出路问题。

3.学校、医院以及其他企事业单位内部环境管理全覆盖。采取相关举措将以前城市长效综合管理没有涉及的上述单位墙内区域也纳入管理范围。整治目标为"墙里"环境卫生保持日常整洁、无死角;绿化管理无暴露垃圾、无死株空秃现象;机动车和非机动车辆停放有序;无违法建筑物,无破墙开店、擅自改变房屋用途等。具体抓手为,机关事业单位方面,依托现有的考评体系,探索对事业单位内部进行城市长效综合管理区级考评,建立事业单位城市长效综合管理指挥部,发现问题及时通报处理。企业单位方面,由各属地街道探索建立城市长效综合管理企业诚信档案,对企业内部进行城市长效综合管理巡察,发现问题进行教育,并协助、帮助企业解决相关问题,对态度端正、积极配合的企业加诚信分,并在每年年底时评选优秀企业,通过主要给予荣誉,适当经济奖励的方式促进企业配合城市长效管理。

（二）强化"墙外"管理,构建畅通、精美的城市容貌

我区在"墙外"市容市貌的长效管理中,仍存在智能化水平不高,市容市貌精品亮点不多,以及城市管理历史遗留问题和重难点问题依然存在等问题,此外,绿化空秃枯死、道路保洁不到位问题以及流动摊贩、占道经营、乱堆放等动态性问题,管理上稍有松懈就会反复发生,因此"墙外"管理需要更加智慧、更加精细。

1.进一步强化非机动车停放秩序综合治理。2018年四季度我区的非机动车停放综合治理工作已经启动,指导性文件《天宁区非机动车停放秩序专项治理行动方案》也已出台,2019年,我区将继续扎实推进此项工作,在全面落实25条市指挥中心指定道路整治的基础上,扩大整治范围,将全区所有主次干道均纳入非机动车停放秩序提升的整治范围,形成规范,落实长效,争取形成天宁特色,不断增创天宁社会文明新优势,更好满足人民对美好生活的需要,打造天宁高质量发展的响亮名片。

2.开展轨道交通1号线沿线市容环境综合整治。以2019年底轨道交通1号线开通为契机,提前谋划,开展地铁沿线天宁区段市容环境综合整治,提升各站点周边和沿线道路基础设施及景观风貌,打造"精品街道",为市民营造美观、整洁、有序的出行环境。目前该项目的行动计划、资金筹措、机制构建等已经开始初步实施,此项工作对我区城市长效管理工作的整体布局将带来深远影响,我局一定全力配合做好沿线整治。

3.市委督办重点问题整治争取再创佳绩。2018年我区市委督办的两个重点问题丽华光彩一条街和坛街综合整治取得良好的整治效果,受到市委督导组领导和周边群众的一致肯定。对于2019年的整治任务(兰陵街道九洲服装城周边、天宁街道大圩沟村),相关街道已提前谋划,整治工作正在有序开展,我局将加大力度,督促相关街道适时调整方案、落实责任,严格按照时间表进行全面整治,确保市委督办重点问题按时保质保量达成整改目标。

4.运用智能技术创新力争实现高效管理。以常州市建设"中国城市治理创新联盟实践基地"为契机，抢抓机遇，主动试点，先试先行，在现有城市长效综合管理体系框架基础上，对城市管理业务流程进行全面梳理，建设更加开放、灵活的信息治理平台。进一步优化和完善建筑垃圾运输处置监管指挥系统和户外广告设施巡检监管系统各项功能，整合行政执法、环卫监管等信息系统资源，探索卫星遥感、人工智能和无人机等技术在城市管理执法工作中的运用，运用物联网、云计算等技术进一步提升许可、巡查、监督、执法、服务、考核、决策等综合管理水平，努力实现"共谋共建共管共评共享"的城市治理新格局。

网格化 + 微信群
"金字塔"模式提高城市管理效率和管理水平

河北省辛集市城市管理综合行政执法局

城市管理工作涉及面广、领域宽泛，具有综合性、开放性、动态性三大特点。管理人员对问题的发现和处置能力，是衡量城市管理水平高低的重要标志之一。如何及时发现城市管理问题、并迅速进行有效的处置、使城市保持正常运行是城市管理部门工作的终极目标，也是城市管理部门存在的意义所在。对此，我局充分发挥新媒体覆盖面广，传播速度快，互动性强等优势，建立了多种功能微信群，同时细致部署网格化监管反馈机制，形成一种自基层到领导层上传下达畅通无阻性金字塔式管理模式。

从局领导到普通员工，7 天 24 小时在线。一块小小的手机屏、多个活跃的网络平台，遍布城市每个角落的网格员，工作从"没人管"到"抢着管"。城市管理问题在萌芽或初始状态就能够得到有效解决，保持"干净、整洁、平安、有序"的城市环境，提高市民对城市管理工作的满意度。

盘踞塔尖坐镇指挥的，毋庸置疑是局机关政务群，群成员为综合行政执法局全体在编人员。由"一把手"率先垂范、以身作则，带领全局上下利用网络紧密关注、解决民生问题。除传达相关新闻、重要政策，重要会议精神，下达具体工作任务等内容外，遇到任何重大突发事件，局领导 24 小时在线听取各部门各单位实时汇报工作动态，在最短的时间内做出决策并下达任务指示，尽全力减少灾害对城市地破坏、尽全力维持市民的正常生活秩序。

奠定塔基冲锋在一线的，是综合行政执法大队微信群和环境卫生管理处微信群。群内成员从局领导到两个部门的总负责人到具体工作直接负责人，再到直接责任人。工作按性质划分多层网格，层层布置任务，层层传达压力；人员按网格层层明确责任，层层落实到位，实现网络化、无缝隙、全覆盖式管理。大家团结一心，众志成城，全力以赴，为城市的和谐发展无悔地奉献着青春。

综合行政执法大队两个微信群。一是执法大队微信群，涉及到的工作内容，包括市容管理、环境卫生、渣土、建筑施工、燃气、道路挖掘破损等。工作人员按工作性质划分五个大网格，再按管理区域细分多个小网格，责任层层压实，具体到个人。任何部门任何人员任何时间发现的相关情况、群众举报的情况、网格信息员巡查看到的情况，都在第一时间汇报至此群，由责任单位负责人第一时间认领，第一时间处置，整改后第一时间反馈。并安排专人每天晨起查早市占道经营，入夜查违规烧烤、违规渣土车，随时在群里汇报巡查范围和结果，任何有损民生的行为，第一时间请示，第一时间处理。二是市容工作微信群，市容秩序管理大队将建成区划分为六大网格，安排六个网格中队进行管理，中队再将管辖范围拆分，由各网格小队包片管理，各小队再根据自己管辖范围内的街道实际情况，合理配备街道巡查人员，对各街道做到"定人""定岗""定责"。市容队员把每天日常清理店外摆放、占道经营、流动商贩、移动牌匾、乱发小广告等行为的图文信息反馈至此群，一方面做为工作证据采集，另一方面通过对比激励员工的工作效率。同时市容队员对户外商业活动、更换牌匾、绿地施工、路面施工等行为检查相关审批手续，有手续的对其手续和现场进行拍照后反馈至工作群。无手续的现场立即制止，并拍照采集证据向工作群反馈。群内领导和各级责任人根据反馈的实际情况对问题作出即刻指示。

环境卫生管理处两个微信群。一是问题反馈群：群内成员除局领导和环卫处相关负责人，主要是环卫服务外包公司北控集团辛集公司的负责人、机械班长、督查员、数字化专员、综管专员和各部门副经理以上管理人员。北控公司将市区责任范围划分为8个网格，由网格管理员为第一责任人，实现网络化、无缝隙、全覆盖式管理。群内工作人员主要负责及时反馈并处理环卫考核组发现的环卫案件、各项迎检工作保障情况、重污染天气和控制扬尘工作治理情况、雨雪天气路面积水积雪状况上报处理情况、深度清洗突击治理等亮点工作实时反馈、社会各渠道反馈问题的及时处理情况等。同时承担城市服务者职能，遍布市区各个街路的基层管理人员，会及时将影响城市环境和市容市貌的现象，如：渣土车遗撒、便道塌陷、绿化苗木毁坏及环卫突发事件进行反馈，及时为城市管理提供线索，共同提升城市管理成效。二是拾金不昧信息反馈微信群，环卫工人是迎接城市第一缕阳光的人，他们披星起，戴月归，特殊的工作性质和工作时间，让他们成了那些丢三落四人群的大管家。作业期间，员工捡拾的物品第一时间上交给班长，班长将员工拾金不昧的照片上传反馈至此群，并注明员工信息、捡拾物品详情以及捡拾地点。捡拾物品随后由班长上交至公司统一登记管理，有专人根据捡拾物品的有效信息联系失主认领。无法直接联系的，通过微信平台、微信朋友圈、辛集发布、辛集58同城等公众平台，第一时间发布失物招领信息，让失主尽早得到消息及时到公司领取。失主领走失物时进行登记、拍照存档并上传至此群。如果员工捡拾到手机等物，失主直接打电话联系员工领走的，由班长拍照反馈至此群。拾金不昧信息反馈微信群，传递了拾金不昧的社会正能量，增强了员工的责任感和使命感，引领了城市文明新风尚，为城市精神文明建设和文明城市创建注入了不竭动力。

链接塔顶和塔基的，是数字化指挥中心建立的职能部门问题反馈群和城市管理部门协作工作群。

数字化城市管理指挥中心，是城市管理问题信息采集的主要渠道。通过市区内安装的前端监控装置 260 路，实现与公安、交通等部门视频资源共享；市区设置 8 个雨量监测点，乡镇设置 9 个雨量监测点，与气象部门实现联网，配合对市区 260 路高清摄像头录制的图像进行监控，可及时为防汛工作提供一手资料；更以"天眼"之称，与综合行政执法大队相配合，加大违法建筑及扬尘污染监控力度，督促推进绿色工地建设，做好提供突发事件视频资料和其他事项服务。另外，指挥中心还设有以专网和无线通讯技术为依托的，最新高科技移动信息采集系统——城管通。城市网格信息员手拿"城管通"，巡查城市各个角落的事件违章与部位残缺，第一时间以图片、视频、音频格式上传，通过 GIS 系统为问题解决提供区域向导图，使指挥中心坐席人员可迅速对区域内出现的问题做出判断，提高为人民群众服务的工作效率。

职能部门信息反馈群主要成员为北控公司、市容秩序管理大队、指挥中心等相关部门工作人员。指挥中心把采集到的问题信息直接上传到群里，由相关责任部门第一时间认领并迅速进行处置。同时一线工作人员把发现的城市市容市貌，包括市政设施、道路交通、道路秩序、突发事件等相关问题拍照定位反馈至群内，由指挥中心分类后派遣到职能部门，并追踪问题处理情况，核实处理结果，再反馈给上报人，最后做好结案登记存档。

因城市管理范围广，涉及到市政配套、林园管护、市场规范、交通畅通等方方面面，单兵作战，力量有限，所以建立城市管理部门协作工作群，群内主要成员为所有涉及问题部门相关责任人。指挥中心工作人员通过图片、视频、定位等功能准确地反馈问题现场情况，相关部门负责人第一时间了解问题并及时派遣人员处理问题，处理结果上报群里。通过一个小小的微信群网络平台，整合各方资源，逐步建立健全部门间的联动机制，逐步实现真正意义上的城市综合管理。

城市不仅是我们现在工作和生活的舞台，也将是我们心灵安顿的地方，今后我们越来越多的孩子对故乡的记忆，将可能不再是山青水秀的乡村和泥土气息，而是我们现在生活和谈论的城市，城市承载着大家的梦想和对美好生活的向往，搞好城市管理工作是我们共同的责任，让我们携起手来，共同努力，筚路蓝缕，砥砺前行，建设和管理好我们美丽的城市家园。

深入推进城管执法体制改革工作情况报告

湖北省孝感市孝南区城市管理执法局

自城管执法体制改革工作启动以来，我局坚决贯彻落实市、区两级政府关于城管体制改革工作会议精神，积极稳妥推进城管执法体制改革，顺利完成了机构设置、人员划转、职能整合等工作任务，做到了过渡平稳、承接顺利、工作不断。

一、工作目标及任务概述

为深入贯彻落实中央城市工作会议精神，理顺城市管理执法体制，提高城市管理和公共服务水平，根据《中共孝感市委、孝感市人民政府关于深入推进城市执法体制改革改进城市管理工作的实施方案》（孝发〔2017〕10号）和《中共孝感市孝南区委、孝感市孝南区人民政府关于深入推进城市执法体制改革改进城市管理工作的实施意见》（孝南发〔2017〕16号）文件精神，紧紧围绕统筹推进"五位一体"总体布局和协调推进"四个全面"战略布局，牢固树立创新、协调、绿色、开放、共享发展理念，以城市管理现代化为指南，坚持以人为本、依法治理、源头治理、权责一致、协调创新的原则，加快构建权责明晰、服务为先、管理优化、执法规范、安全有序的城市管理体制，推动城市管理走向城市治理，实行城市管理行政执法机构人员整合、制度整合。

二、完成情况

（一）强化组织领导，精心部署到位

成立了由区长任组长的城市管理执法体制改革领导小组，多次召开区委常委会、区政府常务会、领导小组会议等进行专题研究，组织专班先后2次赴浙江、山东等地学习考察，出台了《关于深入推进城市执法体制改革改进城市管理工作的实施意见》，并将城管体制改革纳入年度改革工作要点，由区政府党组成员领衔推进，明确任务书、时间表、路线图，确保责任上肩、任务到人。系统学习了中央、省、市关于推进城管执法体制改革相关文件，吃透城管改革精神，研究探讨工作方法，紧扣改革目标任务，细化责任分工，按照时间节点有序推进区城管体制改革工作。孝感市孝南区机构编制委员会关于《孝感市孝南区城市管理执法局主要职责内设机构和人员编制规定》的通知已于2017年12月12日经孝南区机

构编制委员会审议通过，正式颁布印发组织实施。2018年上半年，根据实际工作情况，与区编办再次沟通协调，对"三定"方案进一步完善，2018年6月12日，出台了孝南机编〔2018〕9号文件。

（二）强化职能整合，机构设置到位

认真贯彻落实市、区两级城管体制改革工作会议精神，进一步认清了城市管理执法体制改革工作的重要性和必要性，努力提高政治站位，增强了改革的责任感和紧迫感，把机构设置、人员划转、职能整合、制度落实作为深化推进城管体制改革工作的前提。根据市编办机构设置批复意见，在原区综合执法局基础上，整合规划执法、环卫保洁、园林绿化、市政基础设施维护等职能，成立了孝南区城市管理执法局，组建了领导班子，明确了一正三副及班子成员分工，各司其职。根据孝感市孝南区机构编制委员会关于印发《孝感市孝南区城市管理执法局主要职责内设机构和人员编制规定》的通知（孝南机编〔2018〕9号）文件精神，设立了综合执法大队、园林绿化服务中心、环卫所3个二级单位。综合执法大队、市政园林服务中心已分别8月份、11月份进驻办公，环卫所办公场地已装修完成。数字化智慧城管监督指挥中心办公地点选址已确定，5月份，已派专班人员到市城管委数字化智慧城管中心现场进行了参观学习和业务培训，并指派专人负责管理，市局智慧城管专网端口已经接入，区级财政专项经费已划拨，平台建设正在逐步推进。

（三）强化沟通衔接，人员划转到位

根据"三定"方案，我局定编300人，其中市级划转99人（市城管委已划转94人、市建委待划转5人）。通过见面会、座谈会的形式，充分了解下划人员的思想状况、交心谈心、打开心结，对提出的疑虑和想法主动解释，积极沟通，对提出的工作要求和意见建议，努力协调，全力支持。积极主动与市编办、市城管委衔接，市城管委划转人员89人已到岗到位，正式开展各项职能工作。我局主动与市城管委、区法制办、区编办等部门对接，确定执法权限划转方式，建立权责清单，努力实现城市管理执法权力和责任统一、能力和任务匹配、效率和公平协调，使城市管理执法工作更加科学有效。9月29日，全区城镇综合管理工作推进会召开后，我局认真贯彻落实会议精神，努力实现市委、市政府提出的城镇综合管理工作"四新"标准（新体制、新机制、新职能、新要求），按照区委、区政府部署的"五个下沉"（人员、事权、经费、目标、考核），进一步明确各级人员工作职责，实行属地管理机制，深入推进城管体制改革，全面开展城镇综合管理工作。12月份，区政府安置复退转业军人17名同志已划入到综合执法大队，从二级单位推荐和选调思想素质过硬、业务技能精通、工作作风正派的7名干部分配到局机关各股室，按照各自工作职责，明确责任分工，确保日常工作的顺利开展。

（四）强化业务学习，装备配置到位

11月5日至16日，组织执法人员20人（分2批，每批10人）参加全市城市管理执法人员培训班学习培训；11月14日至16日，派出1人（综合执法大队大队长孙海波）参加全省城市管理执法培训班学习培训。8月2日完成执法服装招投标程序，9月19日已完成第一批31名执法人员着装、胸牌号段配备工作，10月份所有执法人员服装已发放到位，执法人员全部着装上岗。10月19日，组织第一批执法人员参加湖北省行政执法资格考核，过考核全部取得执法资格证。综合执法大队定编130人，执法记录仪按照每2名执法人员配备1部的标准，需要调配65部，对讲机、照相机、摄像机、执法头盔、盾牌、警戒设施及各类标识、标牌等设备，我局正在组织集中采购。8月份，根据国家住房城乡建设部关于印发《城市管理执法执勤用车标识涂装式样的通知》（建督〔2018〕65号），完成了8台执法车辆标识涂装工作。

（五）强化责任担当，工作落实到位

一是明确工作职责。市城管委划转的89人到岗后，经局党组会议研究，明确了执法大队、市政园林服务中心和4个环卫站的负责人，按各自职能工作已全面铺开。二是完善工作机制。制定了《孝南区城镇管理综合考核实施细则》，加强城市管理效能考核，建立健全考评机制，将城市管理工作作为乡镇、场、街道、开发区和城市管理职能部门年度绩效考核的重要内容，充分利用数字城市管理平台的日常考核、各种形式的明察暗访、民意测评、第三方评估，如实评价各乡镇、场、街道和开发区城市管理工作实绩。加大对城市管理督查考核结果的运用力度，定期公布考核结果，将考核结果作为各级干部考评问责的重要依据。三是修订管理制度。制定了6个部分32项内容的《孝南区城市管理执法局管理制度汇编》，并印制成小册子，做到人手一本，要求机关各股室、下属二级单位各部门、各片区（专班）组织学习、开展心得体会交流，收集整理干部职工意见建议，确保各项工作顺利开展。从5月1日起，市下划89人做到每天按考勤制度执行，工作按职能开展。四是工作力度不减。城管体制下沉以后，我局积极应对、迅速介入，对下划的"城市管理、市政设施、园林绿化、环卫保洁"四个方面工作，认真履行城市管理职能，扎实开展违法建设整治、市容市貌整治、公共秩序整治、环境卫生整治和背街小巷基础设施改造等专项行动，对管辖范围的城市管理工作做到了力度不减、成效显著。今年以来，累计发现各类违建1252起，共组织执法行动46余次，组织人员7690余人次，动用铲车94台次，处置1247处，拆除总面积45237平方米，违建处置率达99%；下达停工通知书250份，自拆通知书475份。受理各类信访投诉777件，其中受理来电访383件、接待来访31件、阳光信访87件、市长热线94件、城管委转办164件、其他12件，处理回复640件。

三、下步工作计划

下一步，我们将再加大力度、再上措施，加快推进城市管理执法体制改革，确保各项工作任务落实落地。

一是完善组织机构。按计划逐步完成12个乡镇执法中队和城区四街、开发区环卫站组建工作。

二是充实队伍力量。根据实际工作需要，通过每年分配安置退伍军人，计划在三年时间内，分批将剩余定编人员全部配备到位，同时根据工作实际，逐步配齐协管人员，健全工作机制，加强队伍建设，做到合心、合力、合拍。

三是严格目标管理。对照市、区城市管理考核工作细则，扎实抓好控违拆违、环卫保洁、园林绿化、市政基础设施维护等工作，确保圆满完成目标任务。

看得见的"高颜值" 摸得着的"幸福感"
——综合执法让"城乡生活"更美好

山东省莒县综合行政执法局局长　赵东晓

当冬日的暖阳洒下第一缕温情，站在窗前眺望你所在的城市，整洁卫生，秩序井然，和谐的舒适感或许会伴随你一天的工作与生活。而这一切变化的背后，都源于这样一支队伍，他们兢兢业业，铁肩担道义，一步一个脚印为创建文明城市努力前行着。以人民为中心，为人民管理好城市，向人民交出高分答卷，山东省莒县综合行政执法局是始终如一的践行者。

以人民为中心，筑牢自身建设。自成立以来，山东省莒县综合行政执法局以队伍建设为引领，全面提升综合行政执法效能。坚持一手抓队伍建设，一手抓业务推进，两手抓两手硬，提升"人性化""法治化""智慧化""精细化""常态化"管理水平。

一是提升知识素质。一方面，开展"执法学堂"，每月组织全局干部职工开展集中学习，通过领导专家讲学、业务骨干讲课、队员工作交流等形式，为全局干部职工适时"充电"，以切实提高执法者的知识储备。另一方面，将《日照市城市管理综合考核办法》等执法标准制作成"口袋书"，将考核的"标尺"送到每个一线执法人员的手中，执法人员人手一册，利用"碎片时间"，适时学习，极大弥补了队员们时间碎片化、纸质阅读量不足等问题，使一线执法人员养成了随时随地学习的好习惯，将服务"最后一公里"进一步落到了实处。

二是增强身体素质。开展"干部集训营"，组织全局人员分批次、分阶段开展封闭式集训活动，通过理论授课、素质拓展等方式锻炼执法人员的凝聚力和执行力；结合全民健身计划，积极开展登山、棋类等健康向上的文体活动，锻炼干部职工身体素质，增强团队凝聚力，在日照市综合行政执法队列竞赛中，获得全市第一的较好成绩。

三是强化思想建设。以"新时代、新观念、新跨越"解放思想教育实践活动为引领，锻造清正廉洁、业务精干的执法队伍；以"大学习、大调研、大改进"为抓手，在依法行政方面突出"高质高效"，在执法效果方面突出"民生为本"，荣获中央社会治安综治办、国家司法部和中国关工委联合颁发的国家级奖项。全局面上见义勇为、灭火救灾、扶危济困等好人好事层出不穷，涌现出获得市级"见义勇为道德模范"，县级"爱岗敬业道德模范""助人为乐道德模范"赵焕江、姚万奇等同志。

为人民管理好城市，文明城市创建出实绩。近年来，莒县综合行政执法局以文明城市创建工作为抓手，打破常规，轮番抽调各乡镇街道执法中队在城区集中开展整治行动，各

项创建全面铺开。

一是强化组织机构，突出舆论引导。成立由局长担任指挥的创城工作指挥部，把创建工作分解成创城攻坚"十条工作线"，十个指头弹钢琴、各项工作齐头并进；开展集中宣传，发放宣传单 5000 余份。通过悬挂条幅、组装宣传车，循环播放《关于加强市容环境秩序管理的通知》等方式强化宣传。发挥微信公众号、报纸、网络、电视台等媒体的作用，多层次、全方位引导，营造了全民参与创城的浓郁氛围。

二是选准创城工作突破口，畅通创城工作通道。创建工作中，莒县综合行政执法局首先向"硬骨头"开战。通过抓住关键、找准"靶子"、点中"穴位"、以点带面，统筹推进市容环境整治工作。首先以历史形成的占道经营顽疾为突破，集中解决状元路、古城路违规摊点和私搭乱建，裂开工作口子，市容环境整治工作成效初显。目前，全县 20 个执法中队配合各乡镇创城工作，干得热火朝天、如火如荼。

三是清除"视觉污染"，靓化城市面貌。一方面清理整顿违法违规和无序广告、严控新增违规广告，实现"减量"；另一方面通过规范设置、建立具有本地特色的户外广告地标，实现"提档"。在前期对辖区内户外广告设置情况进行全面彻底普查和准确核实的基础上，对存在问题制订具体的整治计划，造册列出整改清单，以青岛路以东 500 余处违规户外广告整治为切入点，以循序渐进、分门别类、重点突破的方式分阶段、分批次对违规户外广告，特别是楼顶、墙面、围墙围挡、门头店招牌等广告设施进行专项整治。同时环环相扣，实现整治与管理有机结合。会同住建部门，积极研究并落实户外广告长效管理的措施和办法，由住建规划部门拿出统一广告规划，规范审批程序；莒县综合行政执法局负责拆除不规范的广告设施，致力打造具有鲜明区域特色、整洁有序、美观靓丽的街景形象，达到"一街一景致、一步一景观"的工作目标，形成设置规范、安全有序、管理有效、执法严格、标本兼治的户外广告新格局，确保城区广告门额美起来、亮起来，为城市增光添彩。

四是完善"四长"管理机制，实施城市精细化管理。以"网格化管理、信息化支撑、专业化处置、一体化运行"为主线，协助城区街道建立完善"网格化"管理模式。推进"C+1+N"新型执法模式（C 是指挥枢纽，1 是一支队伍，N 是多个管理单元），将指挥平台、执法队伍与街长、楼长、网格长等有效结合，提升城市精细化管理水平，将责任落实到位、压实责任。使门前三包、店外经营、乱贴乱画等工作有人管、有人问，守住已经整治好的阵地，确保文明城市提名创建工作做精致、做扎实。

今年以来，城乡共拆除违建 948 处，私搭乱建 1200 余处，达 13.9 万平方米；清理流动摊点 4300 余处，证据保全违规物品 1300 余宗，清理违章占道、店外经营 5000 余处；拆除道闸 100 处；拆除违规广告设施 2 万余处，达 5.1 万平方米，拆除数量超过城区 6 年来的拆除总和，城乡环境得到根本提升。

"为人民管理城市"，哪里需要管，先听多数百姓意见。台湾城市管理学家董树藩在论及城市管理的重要性时强调说："都市为人类的重要生活环境，必须管理得当，人类才能过着幸福快乐的生活。都市为各种制度的发展地方，必须管理适当，才能使都市中所存在的各种制度健全发展。都市乃国家兴衰所系，都市管理健全与否关系国运之昌隆与否。"人民的城市，人民管理，自成立以来，山东省莒县综合行政执法局不断完善执法理念，问需于民、问效于民，始终坚持老百姓才是真正的 VIP。根据民意布置任务，落实后给所有人一个交代。通过微信平台、走访入户、热线电话等方式，开展民意调查，接受群众监督，着力解决群众最关注、最急需、最期盼解决的热点、难点、焦点问题。真正实现"城市共建，城市共享，城市共管，城市共赢"的良好局面。

为深入开展全县违法建设治理工作，莒县综合行政执法局积极发挥全县违法建设治理工作牵头部门的职能，一是积极践行"三三制"工作法。以"三级联动、三批治理、三网预防"为抓手，在去年全面完成违建台账拆除任务的基础上，继续深挖排查台账外，利用 40 余天拆除城区状元路、北关集、新玛特南等多处违建 500 余处，2.1 万 m2，彻底根除了多年来历史形成的违法建设顽疾，拆除工作稳定和谐，实现"零赔偿、零事故、零上访"的预期目标。二是树立"服务企业、一分钟都不能等"的工作理念，当好服务企业发展的"店小二"。挨家挨户的上门走访、宣传，为海汇新能源电动汽车、创新创业产业园三期、宋家桥和青岛路修建等项目顺利推进打好保卫战，共拆迁 772 处、221 万 m2，为大项目顺利落地开工扫除障碍，为县域经济发展提供有力的执法保障。在各项执法过程中，莒县综合行政执法局皆积极向群众询问意见，及时向社会公 示结果，全程接受群众监督。

这一个个的成就的背后，是队员们一次次"跑腿"与"磨嘴"的成绩，更是莒县多数群众的民意。今年以来，莒县综合行政执法局共承办政务服务热线 1494 件，其中市长热线 1263 件、市长信箱 32 件；县长热线 3 件、县长信箱 71 件；人民网地方领导留言板办理 13 件；非警务求助 112 件，所有举报投诉全部办结，受理率 100%，办结率 100%，受到领导和群众的充分肯定。

"当看到太多与商贩争执、驱赶占道经营者、甚至执法人员"出手"的新闻时，偶尔出现的礼貌执法仿佛成为了执法工作中的一股清流，然而在这里后者才是真正的常态。"向阳路店主老王感慨道。

而今的莒县城区私搭乱建没有了，乱停乱放的少了，小区环境清爽了，农贸市场规范了，畅通的道路舒展着城市的骨架，"文明礼让斑马线"渐成城市新风景，一幅幅温馨浪漫的画卷正缓缓勾勒着……这看得见的城市"高颜值"，摸得着的"幸福感"，让民众的城乡生活变得更美好。

新时代　新目标　新征程
着力创新城市管理综合执法新模式

山西省介休市城市管理综合行政执法局

介休市作为晋中市城市执法体制改革的试点，以省、晋中的要求为基本遵循，以提高政府城市管理水平和治理能力为重要目标，坚持重心下移，城乡一体，点面结合，三勤合一，先行先试，创新实践，着力探索城市管理综合执法新模式。

一、理顺机构，明晰职权，实现多头执法向综合执法转变

理顺机构、明晰职责是改革的基础。在机构设置上，搭建了城市管理综合行政执法局——城市管理综合执法队——乡镇街办执法中队的组织架构，市综合行政执法局牌子挂在市规管局，以规管局为执法母体，依法集中行使有关行政处罚权。为强化综合行政执法局的执法力度，便于协调统筹，综合行政执法局虽挂靠了规管局，但在保证渠道、级别、属性不变的情况下单独运行，直接受命于城市管理委员会统一指挥。城市管理委员会由市长挂帅，日常由分管副市长负责。在职责权限明晰上，根据省、晋中市的要求，将住房城乡建设的全部行政处罚权，环保的建筑噪音、扬尘两项，工商的户外无证经营、违规设置户外广告两项行政处罚权明确为综合执法范围，这样就使执法力量更加集中、明确、统一，有效强化了城市的综合管理，扭转了过去部门只批不管、管而不力的状况。

二、"三勤合一"，创新执法，实现城市管理一体化与无缝隙执法相促进

为进一步整合城市管理资源，推动城市管理一体化，有效解决城市管理执法中有缝隙、留空档的问题，介休市委、市政府加强顶层设计，从 2017 年 8 月份开始在市区推行"交警、巡警、城管"三勤合一联勤联动综合执法模式。市公安局整合交警城市一、二中队、秩序稽查中队和巡警中队，组建了交巡警大队，由郝生才同志统一指挥，在全省首创"交警、巡警、城管"三勤合一联勤联动的新型综合执法模式，将交通秩序管理，治安秩序管理和市容秩序三大职能有机统一、深度融合，依托数字城管网格和视频监督指挥中心，采用交警固定岗位执法，巡警、城管分组徒步巡逻、机动巡逻相结合的方式，进行实时执法巡查，查处等各类违法行为 41960 起，接待、约谈、传唤当事人 234 人，化解社会矛盾 273 起，行政拘留违法人员 66 人，强制戒毒 1 人。实现了"1+1+1＞3"的城市管理效能，先后迎接省委政研室、审改办，晋中市委、人大、政协及兄弟县市参观验收 40 余次，得到了充分认可和一致称赞，并被中新网、法制网等国家重点网站在全国推广报道。

三、重心下移，城乡一体，实现面上统一执法与点上属地执法相结合

按照"重心下移、属地管理、责权一致、点面结合"的原则，根据区域工作需求，推动执法重心向乡镇、街道下沉，分别在 5 个街道办事处和 3 个重点乡镇设置了综合执法中队。执法中队以城管执法人员为主，同时选派交警、巡警参加，平均达到了 10 人以上。其中，张兰镇在执法体制改革前就设置了城镇化综合治理办公室，人员达到了 40 名，张兰城镇化综合治理办公室与张兰镇综合执法中队两块牌子、一套人马运行。执法中队实行双重管理，既归市综合行政执法局统一指挥调遣，又专门服从服务于乡镇、办事处综合行政执法。由于实现了重心下移、城乡一体、点面结合，因而有效提升和强化了基层管理能力和执法力量，构架起了"指挥在中枢、执法在中队、服务在基层"的既统一又灵活的管理机制，切实解决了"街镇看得见管不了，部门管得着看不见"的突出问题。

四、数字城管，上下联动，实现全方位管理与依法有据执法相统一

为有效解决城市管理中问题发现不及时、不全面，问题处置没依据、不到位等问题，介休市建立了城市数字化管理平台，采集城市规划区范围内 13 万余个城市部件信息，连接着 694 余路视频监控资源和 60 个移动终端，并链接网络举报界面和投诉热线，形成了城市管理"大数据"中心，实现与 30 个专业工作部门和 20 个责任网格的实时联动。数字化平台的运行模式是，在综合行政执法局建立数据和影像平台，在城市各区域设立信息员，数据平台通过视频影像和信息员采集到信息后，根据部门和单位职能职责下达指令，或由属地自行处置，或由相关部门限期处置。这样，城市管理的指标做到了更加细微，城市中可能出现的矛盾化解基本做到了有法可依、有据可查，既实现了城市管理的全方位，又推动了智慧城市建设。

五、要素保障，统筹协调，实现综合执法与综合服务相配套

在综合执法的力量配置上，在执法大队原有力量基础上，重点从优秀涉军人员中选拔，按照城市人口万分之五比例将在编执法人员扩大到 163 名，同时体制外吸收了 183 名交巡警参与城市管理综合执法，确保了执法力量充足。在队伍建设上，花大力气，全方位打造综合行政执法队伍，从党的建设、制度建设、业务培训、人员管理等多方面着手，激发队伍活力，打造执法铁军，培养执法人员的职业认同。在职能分工上，设立了办公室、财务室、政策法规部、政工督查部、执法监督部、宣传教育部、后勤保障部、广告设置部、规划监管部、

工程督查部、占用挖掘道路管理部、城市基础设施建设部、便民服务中心、信访举报接待中心、三勤合一综合办公室等15个部室。在从优待勤上，配置了图书阅览室、心理咨询医疗服务室、食堂、宿舍、洗澡间、理发间、训练场、篮球场等。在装备保障上，在先期投资数字化平台的基础上，又为综合行政执法局专门腾让整修了占地20亩、面积近2000平米的办公场所。同时，为综合执法局配备了20辆执法汽车、16辆执法电瓶车、20辆执法电动单车、1辆高空作业车、150部对讲机、80部执法记录仪和全套执法制服，确保了综合执法高效运行。

六、多管齐下、疏堵结合，全力开展环境综合整治

1. 拆违治乱提质

市综合执法局在今年的"拆违治乱提质"城乡环境大整治攻坚行动中，充分发挥先锋队、尖刀连、排头兵的作用，在城市管理一线，发起经营秩序整治、市容秩序整治、交通秩序整治三大战役，三管其下，取得了丰硕成果。综合执法局牵头组织拆除西关居民区、宋安巷、高架桥下、塔西街、新建东路等处违建5349平方米，联合张兰镇、义安镇、义棠镇、三佳乡、城关乡、宋古乡等乡镇拆除违建5万平方米，拆除废旧广告牌匾1150余处、施划机动车停车位17800个、非机动车停车位4151个、利用水冲除线技术取消不合理停车位1220个，抽调骨干力量持续对东夏线（三佳段）道路环境、户外广告等进行提质，共出动机具10余台，铺垫黄土900余立方米，拍坝6000余平方米，修剪树木2000余株，清理垃圾、淤泥等500余立方米。

2. 环境综合整治

市综合执法局全体执法人员一如既往地放弃双休日、节假日，并且延长工作时间，从每天早7点半到晚22点通过轮班作业、蹲守监控等措施，填补空白时段、消除管理盲区，按照班前会列队整训、布置任务；工作中巡查整治；总结会列队整训、总结经验的工作流程，对市区主要街道列队徒步巡逻，加强市容管理，基本取缔了市区主要街道的乱贴乱画、乱挂乱晒、乱堆乱摆、乱停乱放非机动车、乱设摊点、店外经营和损坏绿化设施等违法违规行为。共计逐街道、逐门店、逐摊位下发整治通知4700余份，取缔摆摊设点5000余起，取缔店外经营3000余起，取缔汽修汽配、门窗加工等占道经营900余起，撤除违规挂设牌匾灯箱1819个，取缔占道道摆放墩布、晾物架、货物等违规行为6822起，取缔违规设置音箱535个，拆除占道停车墩架1418个，劝阻违规停放行为20000余起，摆放非机动车7000余辆，查处违规举办庆典活动214起，倾倒建筑垃圾186处、1700余方，基本实现了"门前无物品、窗上无张贴、墙面无广告、车辆有序停放"的管理目标。

3. 便民服务体系建设

为了解决"市容与繁荣""民生与管理"的矛盾，市综合执法局建设便民市场、便民服务点20个，摊位3000余个，廉租摊位近500个。其中，改造朝阳路便民市场，重新划

分摊位 94 个；新建南村市场，设置摊位 67 个；新建山印市场，设置摊位 57 个；新建闫冀堡便民市场、实验小学便民服务点，设置摊位 78 个；协调北坛农贸市场、梁吉农贸市场、迎翠街市场向经营者提供免费摊位近 300 个。

4. 大气污染综合整治

为进一步强化环境保护责任，确保国家、省、晋中和我市环境保护决策部署落实到位，按时完成中央、省委省政府环保督察反馈意见、整改任务，根据《介休市 2017 年燃煤锅炉攻坚整治行动方案的通知》（介政办发〔2017〕90 号）、《介休市环境保护工作职责规定》（介发〔2017〕7 号）、（介办发〔2017〕60 号）、（介办发〔2017〕61 号）等有关文件要求及市大气办重污染天气统一安排部署，结合各级环保部门对我市环保督察发现的问题，对我局担负的任务中存在的环保问题进行全面排查摸底，形成问题清单并及时整改，确保责任清楚、问题清楚、措施到位，同时进一步强化责任意识，全面推进大气治理工作，对所有沿街商铺经营性小煤炉、露天烧烤坚决取缔，全年共出动执法车辆 300 台次，执法队员 1600 余人次，下达《关于大气污染专项整治行动的通知》1000 余份，规范整治烧烤经营户 55 家，取缔露天烧烤 81 处，取缔散煤炉子 156 个，取缔蜂窝煤炉具 149 个。

总之，介休市政府及市综合行政执法局将乘着全面深化改革的东风，适应新时代，明确新要求，苦干实干、拼搏奉献，把城市管理这项光荣而艰巨的事业推向前进，努力为市民群众营造"环境更加优美、市容更加整洁、秩序更加规范"工作生活环境。

改善农村人居环境 建设生态宜居家园

——关于内丘县城乡环卫一体化管理的调研

河北省内丘县城市管理行政执法局

习近平总书记强调，实施乡村振兴战略，一个重要任务就是推行绿色发展方式和生活方式，让生态美起来、环境靓起来，再现山清水秀、天蓝地绿、村美人和的美丽画卷。近年来，内丘县始终把垃圾处理作为关键点，持续用力，久久为功，农村人居环境发生了显著变化，为实施乡村振兴战略打下了坚实基础。内丘县连续四年被评为"全省美丽乡村建设先进县"，并被确定为国家级农村综合改革标准化试点县。5月20日，邢台市城乡环卫一体化管理暨厕所改造推进现场会在内丘县召开，观摩学习了该县先进做法。11月9日，邢台市召开城乡垃圾一体化处理、农村厕所改造暨清洁取暖工作推进会议，该县做了典型发言。

工作成效

内丘县通过推行城乡垃圾集中收集处理模式，有效解决了农村环境脏乱差问题，促进了美丽乡村建设、全域旅游发展、乡风文明建设、基层组织建设等各项工作，起到了一举多得的良好效果。

——推进了美丽乡村建设。内丘县通过扎实开展城乡环卫一体化和厕所改造，改善了农村环境面貌和农民生活条件，带动了美丽乡村建设各项工作。目前，内丘县已累计打造省级重点村98个，先后有西张麻、小辛旺、文孝社区、扁鹊大道片区等22个村或社区获得"省级美丽乡村"称号，实现了由单村打造向连片推进、由外观整治向内涵提升的转变。

——促进了全域旅游发展。内丘县坚持在建设美丽的基础上经营美丽，大力发展文化游、康养游、乡村游、自驾游等多种新业态，打响"中医根据地，扁鹊生活区""白瓷发源地，邢窑遗址群"的内丘旅游品牌。成功举办全市首届旅发大会，获评省级全域旅游示范区创建单位。仅在今年"十一"黄金周，全县累计接待游客35.7万人次，同比增长13.1%；旅游产业收入3474.7万元，同比增长18.5%。

——带动了乡风文明改善。内丘县在推行城乡垃圾集中收集处理过程中，积极建设农户门前院角的小花园、小菜园，全县新增农村绿地面积32万平方米，拓宽农村道路300余公里，建成街头公园280多个。通过这项工作，不仅有效改善了农村卫生状况，更引导群众摒弃陋习，养成健康、文明的生活习惯，推动了良好乡风民风的形成。

——锤炼了党员干部作风。内丘县开展城乡环卫一体化工作，既为各级干部搭建了服务群众的平台，更使各级干部在工作中锤炼了作风和能力。党员干部积极当好宣传员，认真走访农户，广泛讲解垃圾一体化处理的重要意义，充分吸纳群众的意见和建议，进一步密切了党群干群关系。村"两委"干部发挥表率作用，率先做好垃圾清理工作，集中力量解决工作中遇到的难点和问题，进一步提高了村级班子的凝聚力和战斗力。

主要做法

内丘县把城乡环卫一体化作为切入点，积极动员各方力量，有效整合各种资源，不断强化各项措施，确保农村人居环境有力改善、整治效果长期保持。

一是高站位谋划。就是不把城乡环卫一体化作为一般性的任务和单项工作来对待，而是作为落实习近平总书记提出的"人民对美好生活的向往，就是我们的奋斗目标"重要指示的自觉行动，作为"双创双服"活动的重中之重，作为"走新路、有作为、创亮点"的具体实践，作为补齐农村发展短板、改善农村人居环境的应尽职责，树立全局意识和长远观念，不算小账算大账，不算眼前账算长远账，从思想上高度重视，行动上自觉自发。工作有了义务性、自觉性，就会变被动为主动，变低标准为高标准，就会在快乐中完成工作，在克难攻坚中享受工作，推动形成县乡村三级联动、干部群众齐心协力的生动局面。

二是高标准要求。立足内丘县情，按照建设"中医康养古县、全域旅游盛县、生态支撑大县"的定位，将城乡环卫一体化与发展生态旅游、建设美丽乡村有机结合起来，以净促美、以美促净，倒逼工作提升标准，精益求精，增强后劲。我们提出要做到"明察暗访一样好、查与不查一样好、一年四季一样好"，按照"政府主导、市场运作、乡村参与、公司运营、社会监督"的原则，通过公开竞争，引进高水平、专业化的环卫公司，将县城区和9个乡镇、1个工业园区、309个行政村全部纳入其运营管理范围，实行"村收集、乡监管、企运转、县处理"，走向市场化、专业化、规范化运行轨道。

三是高力度保障。坚持注重实效、注重长远，以"留下效果、不留遗憾"的要求推进工作，确保经得起时间和实践的检验。在财力保障上，自2012年开始，就从县财政列出专项资金用于城乡垃圾处理设施设备的建设维护和保洁员工资。2016年实行市场化运作后，县财政每年投入1630万元，并先后追加800多万元资金，用于城乡环卫一体化工作。在人力保障上，按照每100户村民配备1名保洁员的标准，在全县招聘了950余名保洁员，在环卫公司成立了6个项目部，分别管理城区、乡镇和工业园区，实现保洁员和环卫管理服务全覆盖。在物力保障上，建成"一场、十站、多点"的垃圾处理设施基础，配备了260辆专业车辆、910辆三轮保洁车、3500多个密闭式垃圾桶，保障了城乡环卫一体化正常有序开展。

四是高效率落实。大力发扬"三不三当"干劲，即"不当任务当义务"的担当精神，"不当困难当机遇"的惜时理念，"不光表态更当表率"的实干作风，推动城乡环卫一体化工作不断上台阶。对城乡环卫一体化常态督导、严肃较真，制定出台《内丘县城乡环卫一体化考核办法》，县级干部到乡村检查工作，首先看环境卫生状况，发现问题立即指出并督促整改；县城管局全方位巡查县城区垃圾处理，不间断督查乡村环境卫生和环卫公司工作；乡村两级负责监督村保洁员工作；建立城乡环卫一体化工作微信群，发现垃圾清理不及时、不彻底、不到位问题，及时在微信群发布照片和具体位置，督促环卫公司第一时间清理到位，在全县营造了齐抓共管、常抓不懈的浓厚氛围。

五是高韧劲推进。内丘县坚持"三个不间断、三个力度不减"，一步一个脚印，推动工作常态化、长效化。在财政上的投入不间断，持续增加资金投入，建立工作经费长效保障机制，做到投入力度不减。对工作的管理不间断，坚持实行精细化管理，推动工作制度化、规范化，做到管理力度不减。对工作的督导不间断，主要负责同志直接督导工作落实，分管同志强化主责主业意识，承担起抓好落实的直接责任，主管部门和乡村持续监督工作效果，形成县乡村三级的督导网络，做到督导力度不减。今年以来，累计印发《工作简报》40期、《督查通报》13期，下发《督办函》31期，有力促进了工作落实。

几点启示

内丘县在城乡环卫一体化工作中，用有力的措施和扎实的作风，推动城乡面貌发生新变化，给我们带来了一些有益启示。

启示一：牢固树立宗旨意识是改善农村人居环境的重要前提。城乡环卫一体化工作能否取得实效，起决定性作用的不是人力、财力、物力的问题，而是各级干部对这项工作的认识和态度问题。只有带着责任心、带着感情，在思想认识上与上级党委、政府合拍，在工作效果上与群众期盼合拍，才能坚定干好工作的决心和信心，才能把这两件惠及广大群众的实事办实、好事办好。

启示二：充分发动群众是改善农村人居环境的重要基础。治理农村垃圾，表面上是对农村落后的生产生活方式的转变，实质上是对农村多年来根深蒂固的陈旧思想和传统观念的转变，是一场除旧布新的攻坚战，仅靠行政力量推动是远远不够的。应坚持以人为本，遵循客观规律，尊重农民意愿，广泛宣传发动，狠抓典型带动，有效调动广大农民群众的积极性和主动性，形成全民共建美丽家园的良好局面。

启示三：坚持久久为功是改善农村人居环境的重要保证。改善农村人居环境是一项系统工程，需要各级各部门共同负责、持续用力，做到常抓不懈、久久为功。应坚持咬定青山不放松的韧劲，大力发扬钉钉子精神，不折腾、不反复，不搞"政绩工程""形象工程"，一件事情接着一件事情办，一年接着一年干，让广大农民群众切实感受到身边的变化，享受到实实在在的获得感。

管干分离定南城市管理走出新路子

江西省定南县城市管理局局长　钟日旺

"自从有了专业的保洁公司，县城的大街小巷越来越干净，过去随处可见的卫生死角不见了，河道也清澈了许多！我们生活越来越舒心了。"提起城区环境的变化，定南县城区居民李毅鹏不禁赞叹道。群众的口碑就是最好的奖杯，这是定南探索"管干分离"城市管理新模式，给城市环境带来焕然一新的变化。

我局探索环卫工作服务"外包"模式，将环卫工作纳入市场经济轨道，向市场购买服务，实行环卫工作"管干分离"，走出了政府监督、公司运作的新路子。在市场化运作下，城区各街道干净整洁、河道清澈见底，城市颜值不断刷新，群众幸福感和满意度不断提升。

2016年，针对环境卫生死角多、政府投入成本大、环卫队伍难管理等"顽疾"，通过综合分析各种模式治理的优缺点，摆出问题清单、算明经济账后，探索出引入社会力量参与城区环境卫生整治的新路子，将城区环卫作业工作打包给玉禾田环境发展集团股份有限公司进行治理。在盘活现有环卫设备设施存量的同时，企业与政府签订合同后，通过全方位的设备投入、技术人员培训，有效破解城乡环卫一体化项目缺乏建设资金的现实问题。

实行城市道路清扫保洁市场化运作后，让人看到了一种全新的环卫运营模式。政府实现了"管干分离"，从既当"裁判员"又当"运动员"的双重角色中解放出来，把主要精力放在建立监管机制上，专心当好"裁判员"，对企业的运作进行督查和指导，对运行效果进行评估，并收集市民的意见和建议，进一步提升和改善环卫保洁水平，为市民提供更好的市容卫生环境。

市容环境的巨大变化，仅仅是我局转变城市管理模式，探索"管干分离"的一个缩影。与此同时，我局还推行了"牛皮癣"广告整治市场化运作，彻底根治了城市"牛皮癣"这一顽疾；小黄坝生活垃圾填埋场交由专业公司进行规范运营管理，确保生活垃圾全部实现无害化处理；建设了全市首个立体智能停车楼，有效解决了区域交通拥堵、停车难问题，提升了城市品位。这些成效的取得，证明城市管理"管干分离"模式是可行的、有效的。

今后，我局将更加主动适应城市工作新形势、体制改革发展新要求、群众新期待，不断改进城市管理模式，为打造最干净、最安静、最有序的"三最"城市而努力奋斗。

关于对城区环卫"市场化运营、契约化管理"
改革工作的实践和思考

陕西省延安市宝塔区城市管理执法局党委书记、局长　陈德鑫

省委常委、市委书记徐新荣指出："要全力实现干净、安全、有序、活力的城市管理目标。"延安是中国共产党人的精神家园、中国历史文化名城、全国优秀旅游城市,宝塔区是市委、市政府所在地,是革命圣地的"心脏"。环境卫生是事关广大群众的幸福感和获得感,更是检验一个城市文明程度的重要标志。1997年延安撤地设市后,城区环卫上划由市级管理。2011年7月,在市四次党代会后,按照属地管理原则,又将城区环境卫生管理工作下划由宝塔区管理。近年来,在区委、区政府的坚强领导和各部门的大力支持下,对城区环卫推行了"市场化运营、契约化管理"改革,使城市管理水平有了明显提升,为全市提供了宝塔模式。在今年7月全市五个区现场观摩会上,受到省委常委、市委徐新荣书记的高度评价,对宝塔区城市管理先进经验要求全市推广。现就浅谈几点实践与思考。

一、为什么改革

一是管理机制不健全。原来环境卫生工作由环卫部门、街道、乡镇直接管理,既当"运动员",又当"裁判员",环卫管干不分离,作业效率不高,监管机制不健全。二是政府管理成本大。原来政府"既养人、又干事",每年在环卫方面投入大量的人力、物力、财力,根据延大课题研究组测算,原城区环卫管理工作每年实际发生费用为8860.3万元,管理成本较大。三是专业化程度不高。原来因环卫工人整体年龄结构老化、文化水平低,以人工扫保为主,环卫机械化率不高,在管理经验做法、专业化水平方面距先进城市环卫管理工作差距较大。四是政府干部压力较大。政府干部既要负责日常业务工作,又要参与环境卫生整治工作,不仅加大了干部工作压力,还影响了正常业务工作。五是环境卫生时有反弹。往往是领导干部重视了,上级检查了,环境卫生就好了;领导干部检查少了,环境卫生就反弹了,没有建立起一个长效的管理机制。

二、怎么改革

一是创新改革定决心。2016年11月,市委常委、区委书记刘景堂赴任宝塔区后,首

先就深入城市五办、城郊三乡镇的大街小巷、山体沟道、城乡接合部调研城区环卫管理工作，并带领相关部门赴河南郑州、宁夏中卫等城市考察学习城市管理先进理念，多次主持召开专题会议，提思路、定目标、定措施，为改革举旗引路、撑腰壮胆。在区委二十届三次全会上，将城区环卫"市场化运营、契约化管理"确定为改革目标任务，并列为2017年区委深改议题，这为城区环卫市场化运营描绘了"路线图"，明确了"时间表"，统一了思想认识，坚定了改革决心，城区环卫市场化模式改革有了"定心丸"。

二是摸底调查定内容。组织区城管、人社、规划、财政等单位组成专项调查组，乡镇、街道协调配合，通过实地勘察测算、现场丈量统计等方式，对城区环卫人员结构、保洁面积、设施设备、公厕数量、车辆信息等进行了全面摸底调查，详细掌握了第一手资料，确定了运行内容和运行范围，为城区环卫市场化模式改革确定了"任务书"。运行内容为道路（含绿化带、隔离带）、地面、墙体、设施的清扫保洁、机械洗扫，垃圾收集清运、环卫设施维护（垃圾箱、果皮箱、垃圾桶、餐厨垃圾、粪便清运），公厕保洁管理、设施维修维护，垃圾中转站管理，落叶、融雪、清淤等应急工作，以及其他需要临时组织的环卫保洁工作。运行范围东至飞机场延运加油站，西南至万花乡张坪村，西北至枣园高速路口，南至柳林镇沟门村储备库，北至河庄坪金延安大桥。

三是考察研究定课题。为了使我区环卫改革不走弯路、不走老路，确保改革一次性到位，顶层设计显得尤为重要。为此，区委、区政府高度重视，先后派出由城管、联创办、清运所、公厕办、五个街道、六个乡镇主要负责同志组成的学习考察团，先后赴广东深圳、海口秀英、西安碑林、宁夏中卫等地进行实地考察学习，借鉴先进管理经验。同时，专门聘请以延安大学校长张金锁为组长的课题研究组，通过实地勘察调研、现场丈量测算，结合基础数据，反复研究论证，提出了宝塔区环卫市场化的运行方案。

四是对比分析定模式。环卫市场化工作开展以来，结合深圳玉禾田公司、杭州锦江集团、北京北控、浙江波普、陕西清扬、北京坤岗环卫、湖南长沙中联重科、北京启迪桑德、延安塞北碧绿、延安诚旭清洁公司、榆林环卫等10多个专业环卫保洁公司提供的方案，进行洽谈磋商、实地调研、方案沟通。通过对比分析、研究讨论，结合实际，确定了"企业干活、政府监管"的建管分离、管干分离模式，即保洁公司负责接收涉及范围内所有环卫保洁、垃圾清运、公厕管理等工作，政府负责具体监督考核、日常事务协调等工作。五是稳步推进定步骤。按照稳步推进的原则，采取分两步走实施城区环卫"市场化运营、契约化管理"改革。第一步为试用承包期，时限为5个月。按照政府向社会购买服务的相关规定，实行竞争性磋商采购，选用综合实力强、业界口碑好、管理经验丰富的专业化保洁公司，并签订承包协议书，保洁公司全面接收现有一线环卫作业人员、可使用环卫车辆及设施设备，前两个月管理维持现状，经费按试用承包期月平均数支付，从第三个月开始按实际考核结果兑付。第二步为正式承包期，时限为8年。结合试用承包期选用保洁公司的运营理念、管理水平、考核业绩和社会反响，按照政府向社会购买服务相关规定，实行竞争性磋商采购，按照合同约定条款组织实施。

三、改革的成效

经过一年来的运行，实现了"五个降低、五个提高"的改革目标。

"五个降低"一是降低了财政投入成本。按照国家环卫标准，城区环卫年产生经费8860.3万元，环卫市场化模式改革发包费用为7148.88万元，比原来降低了近1700多万元。同时，将2000名保洁员工资每人提高了210元，达到陕西省最低工资保障线1580元，且保洁面积扩大了15.6万平方米，面积扩大了、工资提高了、成本降低了。二是降低了环卫管理风险。原来每年在保洁人员工伤、环卫车辆交通事故的赔偿和善后方面投入大量的人力、财力、物力。现在市场化后由公司负责管理环卫工人和环卫车辆，为环卫工人、环卫车辆购买保险，从根本上解决了环卫工人养老、医疗、工伤、环卫车辆、交通肇事等管理风险。三是降低了环卫工人年龄。原一线环卫工人2085人，70岁以上85人、60～69岁885人、50～59岁720人、50岁以下395人，平均年龄60岁；现环卫市场化后，一线环卫工人减少到2000人，70岁以上有序退出，60～69岁847人、50～59岁686人、50岁以下467人，平均年龄55岁，年龄降低了5岁，人数减少了近100人。四是降低了工人劳动强度。原一级路段、二级路段、三级路段每人分别保洁3150平方米、3300平方米、3500平方米。现按照城镇市容环境卫生劳动定额核定保洁人员数量和清扫面积，一级路段、二级路段、三级路段每人分别保洁2850平方米、3100平方米、3300平方米，较前分别降低了300平方米、400平方米、200平方米，且主次干道全部实行机械化清扫，人工只负责人行道、绿化带、山体巷道保洁，且严格推行8小时作业制，大大降低了劳动强度和安全生产事故。五是降低了卫生反弹频率。在环卫市场化后，玉和田宝塔公司、荣信波普宝塔公司成立人工扫保、机械清扫、机械清运、公厕管理四个专业部门，推行经理、片长、班长三级管理办法，有一支专门的管理团队负责日常监管。同时，保洁公司组建了由100辆快速扫保车、30辆电动巡查车、90部对讲机组成的快速突击团队，随时应对处置突发问题，降低了卫生反弹乱象。

"五个提高"一是提高了市场化运营水平。区上引进选聘了深圳玉禾田、浙江荣信波普两家专业化环卫保洁公司，在保洁效果上、管理水平上相互有对比、相互有竞争，激发了市场活力。推行业绩与经费相挂钩，用量化考核来兑现奖惩，实行百分制考核，月考核达到90分以上为合格，不扣服务费；90分以下为不合格，根据实际情况据实扣除当月服务费，扣除经费用于环卫管理工作，形成了长效机制。环卫工人全部实行社会招聘、择优选用、合同管理的办法，不再是干好干坏一个样的"大锅饭"传统管理办法，且将农民工转变为公司工人，建立了竞争机制，完全按市场法则和市场规律办事。二是提高了专业化保洁水平。保洁公司按照环卫专业化作业管理标准，管理人员均具有丰富的环卫管理工作经验，人工扫保推行一扫、二转、三捡、四掏、五清"五步工作法";机械清扫推行定车辆、定人员、定时间、定线路、定标准、定责任"六定工作法";机械清运推行穿制服、擦洗车、到点位、收垃圾、摆整齐、守时倒"六步工作法";公厕管理推行准备、查报、清理、擦拭、灭蝇除臭、巡保、自查"七步作业法",严格按照环卫专业化作业标准规范作业,有效提高了环卫专业化作业水平。三是提高了精细化管理水平。玉和田宝塔公司、荣信波普宝塔公司设置了人工清扫、机械作业、垃圾清运、公厕管理等 4 个管理部门,将 2000 多名环卫工人分成 90 个作业班组,全面推行保洁班公示责任制、保洁员挂牌上岗制、"一五一十保洁法"等制度,明确了责任区域、工作时限、工作责任,实现了保洁时段全覆盖、保洁区域无盲点,做到了时时有人保洁、处处有人管理、专业的人干专业的事。四是提高了机械化作业水平。专业保洁公司投入近 2000 多万元,购买环卫作业车辆 31 台、快速扫保车 100 辆、除雪机 8 台、高压冲洗车 6 台,湿扫、雾炮作业车辆达到 21 辆,使城区人行道由原来人工扫保式转变为现在机械冲洗式,城区机械化清扫率由原来 70% 提高到现在 90% 以上,大大提高了环卫保洁效果和作业效率。五是提高了常态化监管水平。制定了《环卫市场化运营、契约化管理督查考核办法》,建立了城管执法局、街道、乡镇、社区、村组日督查考核、周汇总月评比、月兑现奖惩、季通报点评的督查考核制度,实行量化绩效考核,初步形成了公司干活、政府监管的常态化环境卫生工作监管机制,使城区环卫管理水平有了明显提升。

一年来,先后有河南、甘肃、宝鸡、志丹、清涧等 30 多个兄弟市县区前来我区考察学习交流环卫市场化模式改革工作。

贵南县城镇管理工作调研报告

青海省贵南县城镇管理局

根据县委、县政府的安排，抽调发改、人社、民政、农牧、统计、教育、国土、公安等工作人员组成工作组，对全县城镇管理工作进行了专题调研，现将调研情况报告如下：

一、基本情况

贵南县城镇管理局主要从事城镇管理工作，目前，共有职工 28 人，公务员 1 人、事业编制 17 人、临聘人员 10 人，有执法车辆 1 辆。县城镇管理局的组建对巩固城镇建设成果，改善居民生产生活环境，起到了积极的促进作用。

二、主要做法和经验

（一）强化学习，狠抓自身建设

为了加强自身建设，把学习工作作为一项任务，定期组织大家学习法律法规和业务知识，在工作中实践和理论相结合，学以致用，边学边用、

不断增强干部的法律意识和自身建设。同时经常以相互讨论、召开座谈会的形式，探讨工作方法，工作经验，畅谈个人的体会，剖析短板和不足，不断提高城市管理工作长效化管理力度，增强依法行政的意识，提高文明执法、依法执法的水平，树立"执法为民"的宗旨。年内，为加强执法人员专业化培训力度，先后组织执法人员参加省、州、县举办的各类培训班 4 次，参训人员 46 人次。

（二）做好宣传，增强全民意识

为切实加强城镇管理工作的社会宣传和教育引导，形成全民参与、齐抓共管的"大城管"氛围，促进我县市容和环境卫生面貌得到有效改善，提高广大市民群众对城市管理工作的知晓度、参与度和美誉度，进一步推动我县城市管理工作再上新台阶。年内，共开展多层面宣传活动 15 次。发放藏汉双语漫画宣传资料 32000 余份，宣传品（纸杯、纸巾）41000 份，设立宣传展板 15 次，悬挂横幅 29 条，出动宣传车次 19 辆。

（三）文明执法，树立良好形象

为了树立城市管理部门良好的社会形象，在执法过程中坚持做到"三在先"（亮证在先、

告知在先、教育在先）、"四规范"（着装规范、用语规范、行为规范、程序规范）、"五到位"（宣传到位、劝导到位、取证到位、程序到位、处罚到位）。年内，通过政府采购，共配备 40 人执法制式服装，车载执法记录仪 1 部，执法摄像机、照相机各 3 部，执法记录仪、对讲机各 19 部，及办公各类设备、用品 49 件。

（四）创新模式，规范执法行为

在行政执法工作中，始终倡导"721"工作法，让 70% 的问题用服务手段解决，20% 的问题用管理手段解决，10% 的问题用执法手段解决，变被动管理为主动服务，变末端执法为源头治理。管理上坚持集中整治与长效管理相结合，以 5+2 作息模式与 8+5 时段强化监管措施相结合，实行分片包干管理制度，针对占道摆设早点摊、夜市、出店经营等突出问题，结合全民宣传力度，以"门前三包"责任制和"城管 + 商户"共建共管模式全面开展管理工作。年内，共出动执法人员 4100 人次，参与联合执法 18 次，行政处罚 57 起。与商户签订门前"三包""施工单位渣土车辆运行"协议 856 份。

（五）整治环境，改善人居环境

通过开展环境卫生整治各项活动，人居生活环境质量不断提升。全年除日常保洁共开展集中清扫活动 65 次，出动人员 1950 人次，清理卫生死角 320 多处，清理城市"牛皮癣"4 万余处。年内，主管局配备环卫公厕 6 座、洒水车 1 辆、吸污车 1 辆、摆臂式清运车 2 辆、高空升降车 1 辆、封闭式垃圾箱 52 座，果壳箱 200 个等设施设备。同时经协调由县总工会配备的 5 座环卫休息室即将建成。

（六）加强美化，提升城镇品位

以打造主街道绿化、美化、亮化工程为重点，以道路两侧建筑物亮化为烘托，以绿化带为点缀，以冬季美化为色彩，完成主街道及庭院绿化、美化 2300 平方米，修剪草坪 300 余平米，补植补栽花卉树木 76 棵，改造木质花盆 95 组，放置造型盆栽 580 盆、栽种鲜花 42000 株，花坛绢花 3000 余束，绢花吊篮 200 盆，悬挂灯笼 90 组 1600 余盏，国旗 200 面、彩旗 400 面、装饰彩条 180 条。累计维修路灯 295 盏、景观灯 46 盏、草坪灯 32 盏，维修公厕及排水设施 63 处。

三、存在的问题

（一）设施建设滞后，城市"乱现象"严重

随着县镇化进程的加快，县城人口逐年增加，成长设施需求不断加大，加上城市设施建设滞后，管理环节薄弱，导致城市"乱现象"严重。主要表现在：一是占道经营、店外经营乱现象屡禁不止。街道、路边存在小商贩占道经营行为，店铺占用人行道经营现象严重，城市整体面貌较为混乱。二是三轮摩托车违规载客、乱掉头现象突出，各种车辆在路边、街道旁无序停放，无牌机动车和行人闯红灯现象普遍存在。三是公共设施遭破坏严重。四是环境卫生现状不容乐观。五是县城"牛皮癣"小广告泛滥，大街小巷的乱涂乱贴现象严重，各类户外广告贴挂无序，影响了市容环境的整体美观。

（二）宣传力度不够，全民参与度不高

缺少公众参与城镇管理的有效机制，对城市管理相关工作的宣传力度不够大，组织、发动"城市管理志愿者"活动方面做的十分欠缺。市民对城市管理的认知度和支持度不高，不清楚城市管理的相关法律法规，没有形成人人参与管理的良好氛围，市民的文明素质和法制观念有待加强。

（三）管理队伍建设滞后，作风建设有待加强

我县城管理工作主要依靠城管局工作人员，"单兵作战"，管理人员不足，管理力量较为薄弱。部分管理人员既缺乏政治理论学习，又不够注重业务知识学习，工作缺乏主动性和创造性，工作落实不够到位。个别管理人员执法为民意识不强，缺乏依法管理的意识，存在"不求有功，但求无过"的思想，在执法时对部分违法违规行为视而不见，严重损害了城管执法队伍的整体形象。

（四）城市管理制度不够完善，机制不够健全

我县城镇管理执法主要依据国家和省的相关法律法规，没有结合本地实际制定相关的实施细则、制度办法和规范标准。城镇管理协调合作机制不健全，城镇管理工作处于一个城管部门孤军奋战的局面，很多问题单单依靠城管部门本身的力量只能"治标"，无法"治本"。

（五）管理方法单一，缺乏创新意识

我县城管部门主要采取突击式的管理办法，头痛医头、脚痛医脚"，城镇管理处在"整治——反弹——再整治""恶性循环"中，没有形成长效的城镇管理机制。一些城管队员管理队员管理观念较为滞后，管理方式简单粗暴，执法的言行不够规范，一定程度上给城管工作带来了负面影响。强制式的管理模式，注重"堵"，缺少"疏"，缺少告知教育，管理效率低下，管理者和被管理者之间的关系较为紧张，不利于和谐社会建设。

四、措施及建议

（一）要解放思想，要进一步强化城镇管理工作

思路决定出路，观念决定办法，思想解放程度决定着城管工作的成效。要对照先进地区的做法，查找思路，工作、作风上存在的差距，进一步解决不想干、不敢干、不会干、不能干的工作作风问题。要破除盲目自满、固定自封的思路，增强危机意识；破除传统观念和思维定式，勇于创新，敢为人先；强化领导干部的责任心、事业心，充分调动各层面工作的积极性和主动性。努力提高城市管理水平，提升城市品味，巩固文明县城成果，建设生态宜居之城。

（二）加大宣传力度，营造全民参与的良好氛围

市民是城市的主人，又是城市管理的受益者，只有积极争取人民群众的大力支持，营造全民参与管理的良好氛围。一要加大宣传力度。要把宣传工作贯穿于城镇管理的全过程，通过设置宣传标语、发放宣传材料等形式，在全县范围开展专项宣传活动，使城镇管理的法律法规深入人心，二要抓典型、树先进。通过宣传栏、电视、广播等宣传方式，宣传先进典型，曝光违规行为，营造人人学习先进、崇尚文明的良好氛围。三要加强监管。城管人员要增强责任心，创新管理办法，将监管工作落实到位。督促各单位和商铺以主人翁的态度参与城镇管理，全面提升城镇管理水平。

（三）抓好作风建设，提高城管队伍素质

城镇管理要有新突破，离不开一支工作能力强的城管队伍。一要强化思想理论和业务学习，通过集中学习和外出考察相结合的方式，组织管理人员学习法律法规和业务知识，不断提高城管队伍的综合素质和业务能力。二要抓好作风建设，彻底解决有令不行、有禁不止、组织纪律松散、工作作风漂浮、廉政意识不强等问题。三要深入开展队伍规范化建设，对执法言行、执勤巡查等方面做出明确规定，坚决杜绝管理人员"生、冷、硬"和粗暴执法现象。四要深入开展"树典型、学先进"教育活动，以典型引路，树起一面旗带动一片人，在城镇管理队伍中形成学习先进、争做先进的竞赛氛围。五要加强监督，通过社会监督和考核激励等形式，对城管人员的日常工作进行监督管理，切实解决不作为、乱作为的作风问题。

（四）要科学规划，为城镇管理提供支撑

科学的规划有助于更好地实施城市管理，提升城市管理水平。因此，城市管理相关部门在实施规划建设时，要邀请专家论证，小到一个公布栏，大到城市的整体布局，都要科学规划设置，充分考虑城市管理需要，为城市管理提供支撑。同时，要科学编制并严格实施好城市规划，"突出客家人文，绿色生态"特色，突出城市规范美观要求，把我县打造成一座"生态宜居县城"。

（五）完善制度理顺机制，加强部门之间的协调

制度是推进城镇管理工作的基础保障。一要建立起涵盖城镇管理的各种机制，如流动商贩管理机制、户外广告牌匾管理机制、标等城市管理长效机制。二要制定协调联动机制。建议由县政府牵头成立城镇管理委员会，政府主要领导担任主任、分管领导担任副主任，各相关部门负责人为成员，建立联席会议制度，加强沟通协调，监督检查，发挥管理合力，构建"大城管"格局。

（六）创新管理办法，提高管理效率

城市管理是一项系统工程，管理对象复杂、执法难度大，因此，必须创新管理办法，提高工作效率。一要实行全日制管理。针对水果摊流动经营，乱摆乱设、乱闯红灯、乱丢垃圾、

以及随意损坏公共设施等行为，采取宣传教育与依法处罚相结合的办法，全天候安排人员监督管理。二要以人为本，重视"柔性疏导"。通过宣传教育，让大家知道政府管理城市的目的，劝导市民自觉维护市容环境秩序。三要探索社会管理模式。通过政府购买服务的方式，尝试让社会承担部分管理职能，以提高城镇管理效率。

贵南县城镇管理局通过不懈努力，虽然在城市环境卫生综合整治特别是清理占道经营、管控扬尘污染方面取得了明显实效，得到了社会各界的广泛关注和一致好评，但客观分析，我县城市管理工作仍存在执法力量配备不足、市民文明素质不高、城市管理智能化滞后等突出问题和不足。在今后的工作中，我局将认真学习贯彻中央、省市和县委、县政府决策部署，以主动适应新型城镇化发展要求和人民群众美好生活需求为目标，以城市管理现代化为指向，坚持以人为本、源头治理、权责一致、协调创新的原则，理顺管理体制，提高执法水平，完善城市管理，积极构建权责明晰、服务为先、管理优化、执法规范、安全有序的城市管理体制，让人民群众不断看到实实在在的成效和变化，让城市成为人民群众追求更加美好生活的有力依托。

适应新形势 迎接新挑战
努力探索城市管理新路子

海南省儋州市综合行政执法局

伴随着 2015 年 12 月 24 日《中共中央国务院关于深入推进城市执法体制改革 改进城市管理工作的指导意见》（以下称"37 号文"）对外公布，为理顺城市管理执法体制、解决城市管理面临的突出矛盾和问题、提高城市管理和公共服务水平等方面问题，全国各地城市管理部门掀起了改革的浪潮。我市着眼未来，根据 37 号文精神，2016 年初，正式组建城市管理行政执法局，整合市政、环卫、园林、城管执法等城市管理相关职能，初步实现管理执法机构综合设置，开始了综合执法方面的探索。随着城镇化快速发展，尤其是儋州升格地级市以后，城市管理执法工作的地位和作用日益突出，任务也日益繁重。目前我市在市政管理、交通运行、人居环境、应急处置、公共秩序管理等方面仍有存在较多问题，城市管理执法工作还存在管理体制不顺、职责边界不清、管理方式简单、服务意识不强、执法行为粗放、执法保障不力等一系列问题，一定程度上制约了城市管理工作健康发展和新型城镇化的顺利推进。

一、当前我市城市管理工作实践中存在的突出问题

（一）执法依据滞后于城市的发展

当前，我市城乡建设发展步伐加快，城市管理的难度不断增大，市委市政府及广大市民对城乡环境的要求逐年提高。由于在国家层面尚未制定相关城市管理执法的法律，到目前为止，全国还没有一部类似《城市管理法》的专门法律，城管执法的依据大多是从《行政处罚法》和一些部门规章、地方性法规中衍生出来的，即"借法执法"。

（二）职能定位不清，职责边界不清

有关职能部门对城管执法部门的执法配合不力。城管部门的执法行为离不开其他职能部门的配合和支持。但由于缺乏相应的法律法规对城管部门职权作出界定，加之协调机制不健全，城管部门往往难以得到其他部门的配合。如在查处违建过程中，城管执法急需国土、住建部门提供相关法律证据、资料等，但相关部门协助配合不到位，导致执法时效不佳。

城管执法的司法保障不足。由于城管执法部门不具有采取行政强制措施的权力，在实

际执法过程中，常需要申请公安、法院强制执行。目前全国都没有建立一套标准化、规范化的城管公安联勤联动机制，一些需要按照妨碍公务来处理的案件，由于没有建立执法协作机制，导致城管执法效力大打折扣。如城管执法队员在执行清理占道经营行为任务时，部分对象不配合、采取对抗手段，甚至暴力手段，城管执法没有人身强制控制权，面对这种情况，执法队员往往无可奈何；不强制则执法行动难以继续，而一旦采取强制手段，舆论则会一边倒地指责"城管打人"，陷一线执法队员于两难境地。在实际工作中，这种情况几乎天天上演。

（三）执法队伍现状难以满足城市管理执法发展需要

对城管执法人员激励不足、约束不力。

一是对城管执法人员激励不足。城管执法人员工作任务繁重，经常需要加班加点，而且面临的执法环境复杂，身体和心理压力很大。但是，执法人员薪酬待遇偏低，执法车辆等装备配备和办公条件较差。辅助执法的协管人员工资待遇更低。由于财政拨付经费不足，有时只能依靠收费来给协管人员发工资，这是造成"钓鱼执法"、枉法执法现象的一个主要原因。基层执法机构行政级别低，城管人员又不能按事业单位定岗享受相应的职称待遇，他们的职级上升空间很小，因此，一些执法人员工作积极性不高。二是对城管执法人员的制约监督制度不完善。对于不同身份执法人员的录用、考核、问责等，还没有建立一套有效的制度；对于执法行为，也缺乏科学、精细的流程和标准，执法部门和人员自由裁量权过大，易造成选择性执法、暴力执法和滥用执法权等问题，严重影响执法规范性、公正性，损害城管执法队伍形象，甚至引发社会矛盾。

随着儋州建设海南西部中心城市时代的到来，我市提出，那大城区、滨海新区等主城区建设规模将由现在的 35.39 平方公里扩大至 73.88 平方公里，城镇化率达 60%，这意味着执法队员人均执法管辖面积将会越来越大。行政执法范围和工作压力随之增大，而执法力量的严重不足，直接影响到城市管理执法的质量与实效。

（四）经费保障不足，制约城管事业发展

经费保障方面，城管执法公用经费偏低，人均年经费使用低于一般行政机关工作人员（原来的人均经费是 1900 元/年，现提高到 11000 元/年），不到公检法等执法办案单位人员公用经费的一半。装备保障方面，由于现行处置手段欠缺，装备及车辆等执法保障不到位，行政执法人员既没有人身安全保障，也缺乏执法权威，暴力抗法事件时有发生；在接到群众对噪音、污染等投诉时，由于执法力量和技术方面存在空白，对某些违章现象难以界定，无法进行处罚，群众有时不理解，难以提高对城管工作的满意度。

（五）城镇化进程加快，市民意识尚未形成

随着我市新型城镇化进程加快，大批"农民"迅速变成"居民"，但"新居民"的市民意识、文明素质尚未养成，仍然是按传统的农村生活方式习惯，对城镇管理的标准和规范仍不理解、不接受、不遵守；加之文化水平偏低，普遍存在缺技能、缺资金等现象，一时难找到工作，为了维持生计，只能从事走车载客、随意摆地摊、占道做夜宵等临时性工作，这些工作极易发生违反城市管理行为，给城镇日常管理和行政执法带来困难。

（六）城市基础设施不完善

目前，我市市政道路、地下综合管廊、公共停车场、城市排水系统、生活垃圾处理系统等基础设施相对薄弱，便民设施缺失，服务质量不高，管理难度较大，给城市管理带来一定的负面影响。市十二次党代会已明确提出：以那大城区和滨海新区为重点，加大城乡公共基础设施建设，提升城市综合承载能力。因此，未来五年，我市城市工作的当务之急是加大对城乡公共基础设施的规划、建设和管理。

（七）城市"六乱"屡禁不止，违章现象时有反弹

我市开展"一创五建"工作以来，通过组建联合攻坚队集中整治的方式，对城区乱象进行清理，效果初显。但实事求是地讲，一些乱象常常是"一整就好，一停就乱"、按下葫芦浮起瓢，稍一放松就迅速回潮，有些甚至成了顽症，成为困扰城市管理执法工作的难题。如占道经营、违法建筑、垃圾乱倒等现象，今天整治好转了，明天可能如雨后春笋般冒出来；还有"城市牛皮癣"、流动小贩、渣土撒漏等总是让人防不胜防，城市管理工作处于"整治—反弹—再整治—在反弹"的怪圈，为此市民投诉不断。

（八）历史遗留问题多，已建成违章建筑拆除难

建房用地性质复杂、历史遗留问题较多。受儋州本地风俗影响，选择在那大城区购地建房者增多，但目前我市城区内已停止划宅基地出售。一些买主开始在那大城区周边寻求购买"无证"土地，其中包括：村集体土地、留成地、纠纷地、安置地、开发商手续不全、历史遗留等"问题土地"，目前这类土地均无法办证、无法报建，买卖双方自行签订土地转让合同后，购买者从非法买卖土地开始进入了"违建生涯"。

老城区已建成违建拆除难度大。此类建筑大多建于七、八十年代，类型主要有：超出红线建房、屋顶加层、占用底层空地或水沟搭建构筑物等违章行为，由于其建筑年份久远，且当时制度不完善、法规不健全、执法不严格（《中华人民共和国城乡规划法》是2008年才施行），导致违章建筑遗留问题存量大，使查处工作陷入两难境地。另外，老房子改造或危房重建时，一些居民只持有老房产证而没有土地使用证，旧房拆除后，无法顺利办理报建手续，群众对此反映强烈。

群众抢建房屋、非法侵占土地。受利益驱使，有群众在城乡结合部、重点项目周边、公路两旁等区域违法建设构筑物，骗取征地拆迁补偿，虽然政府多次组织依法拆除，但仍有群众执迷不悟、心存侥幸。

基层控违整违动力不足。村干部在当地威信较高，对本村情况最熟悉，本应是制止违法建设第一道关卡，但是，选票在村民手里，有的村干部怕得罪村民，不想管也不敢管，对村民的违建行为睁一只眼闭一只眼，个别村干部甚至包庇纵容参与其中。乡镇政府是控违整违的责任主体，但客观的讲，乡镇对控违整违也是疲于应付，有的以"没有执法权"为由，没有履行日常的管控和查处等工作职责；有的乡镇甚至没有专人负责此项工作；有的乡镇不愿直面矛盾，不敢担当、不善担当。因此，基层拆违整违工作震慑力不强，效果不佳。

（九）群众不理解不支持，暴力抗法事件时有发生

在城管执法工作中，最容易引起群众关注的是对无证流动摊贩的管理。由于流动摊贩多属于低收入的社会弱势群体，既有下岗、无业、失业、失地人员，还有大量外来流动人员，执法时常常会受到市民围观，阻碍执法，无证商贩也误认为有群众的"同情支持"而公然抗法，一旦有摩擦又容易发生争执，执法现场稍有闪失，极易发生暴力事件，而舆论则会先入为主地指责"城管"，致使城管执法的社会形象一落千丈。为此，一线执法队员为保护人身安全、维护集体声誉，常常处于"吃亏"的局面，有的执法队员在工作中甚至人身受到了不同程度的伤害或恐吓。

（十）缺乏对城市管理工作的宣传与引导

缺少主流媒体对城市管理行业的业务宣传和政策宣传，虽然有一些专业刊物和网站专栏，但读者却是小众，其宣传力度与公安、工商、食药监等行业相比大相径庭。不仅如此，网络上一些媒体为追求卖点，满足群众猎奇心理，对于发生在城管工作中的好人好事避而不谈，往往断章取义、刻意引导，对城管部门进行丑化、妖魔化报道，并未公正的发挥新闻监督作用，而是进行错误的舆论导向，严重影响了城管执法者的形象。

二、关于加强和改进城市管理执法工作的建议

城市的竞争力不仅取决于城市的硬实力，也取决于城市的软实力，而城管执法工作是城市软实力的直接体现。笔者就我市城市管理执法工作提出几点建议：

（一）推进城管执法体制机制改革，加强队伍建设

城管执法工作任务繁杂、直面矛盾，具有很强的政策性、专业性，必须建立一支政治坚定、业务过硬、装备先进、执法严格、敢于碰硬的执法队伍。当前，要紧紧抓住落实中央37号文件精神契机，省里出台实施意见后，我市要加快推进城市执法体制机制改革进程。

依法合理界定城管执法机构的职责。一是精简管理职责。全面清理和认真审查城管执法部门承担的职责，把那些于法无据、与改革发展要求不符的职责事项取消，不该管的坚决不管，为城管执法机构减负，从而把有限的执法资源用于履行依法必须承担的职责，把该管的管好管到位。二是明晰职责边界。按照37号文件精神，抓紧整合其他部门划转的职责，划清城管执法部门与其他职能部门的权责边界，编制和公布权责清单。结合我市实际，合理确定集中行政处罚权的范围，重点集中多头执法、职责交叉、不需要进行复杂技术鉴定的违法行为的处罚权。三是推进职责法定。按照党的十九大和37号文的精神，加快城市管理执法立法进程，依法界定城管执法部门的职责权限。

通过上述方法规范职能设置，结合机构改革和职能转变，理顺体制机制，匡定管理职责，依法合理确定城管执法机构的职责，进一步明确城市管理行政执法部门的职能定位、机构编制和执法范围，先解决"做什么事"，再解决"有人做事"和"怎么做事"的问题。

加强城管执法机构与其他部门间的协同。一是适时设立城市管理委员会。可在城市管理执法机构之上，成立非常设的议事协调机构——城市管理委员会，由市政府负责人担任领导，有关职能部门负责人担任委员。城市管理委员会接受本级党委、政府的直接领导，城市管理委员会下设办公室，与同级城管执法机构合署办公。城市管理委员会的主要职责是，加强本级城管执法机构与其他职能部门（如规划、建设、国土、水务）的工作衔接和协调联动，从源头上解决相关部门与城管执法机构之间职责不明、配合不好、保障不力的问题，形成运作高效、配合密切的城管执法联动机制。二是推进城管执法与公、检、法等部门的联动协作。具体措施包括：实行城管部门和公安机关领导交叉任职；公安部门在同级城管执法部门派驻机构等。我省海口市已实行公安＋城管联合执法模式，效果明显，我市可借鉴施行。（我国100个地级市以上城市中有47个城市设立了城市管理警察队伍，建立了城市管理执法公安保障机制，全国超过200个城市建立了城市管理执法公安联勤机制。）

明确城管执法机构人员配备比例和身份。一是适当提高城管执法人员配备比例。根据城管执法业务范围的广泛性和复杂性，要在依法精简执法事项的同时，适当提高城管执法人员配备比例。参照公安系统每万人口的警力配备比例，城管执法人员可按占城市常住人口的万分之五左右的比例逐步配备。二是统筹解决执法人员的编制和身份问题。可通过招录、调入、接收安置军转干部等途径增加新的执法人员，严把入口关，保证人员素质。明确新增执法人员必须是行政编制。同时，把符合条件的参公编制人员、事业编制人员转为行政编制，逐步减少协管人员数量，推进城管执法队伍规范化建设。

建立健全队伍管理监督考核机制，提高执法能力水平。根据城管执法队伍的特点，制定完善队伍管理考核相关制度。加强队伍的思想政治建设，强化队伍执法的能力素质建设；采取集中培训和岗位轮训的方式，提高城市管理执法人员"六大能力"：做好群众工作的能力、掌握城管法律知识的能力、依照程序执法的能力、驾驭复杂局面的能力、处置突发事件的能力、自身安全防范的能力；打造正规化、专业化、军事化执法队伍，确保城管执法队伍作风优良、举止规范、文明执法、严格执法，树立儋州城管执法队伍良好形象。

加大资金投入，提高科技管理城市的水平。随着儋州经济发展水平的提升，应逐年提高城市管理经费投入比例，加快推动数字化城管平台建设，配备与执法任务相匹配的执法装备和设备，用现代化的手段辅助城市管理，提高管理效能。同时，合理确定薪酬标准，适当给予岗位补贴，促进城管队伍稳定、健康发展。

（二）探索建立城市管理行政执法的法律保障机制

当前，我国在国家层面仍没有一部全国性的《城市管理法》，住建部目前准备出台《城市管理执法办法》；中央 37 号文出台后，国内其他省份正在启动相关立法工作，如广东省已启动《城市管理综合执法条例》立法，而早在 2008 年浙江省已制定了《浙江省城市管理相对集中行政处罚权条例》，长沙市 2011 年制定颁布了《长沙市城市管理条例》，我省海口市制定的《海口市城市管理综合行政执法条例》也于 2017 年 1 月 10 日通过了省人大常委会的审议，颁布执行。因此，建议我市也借鉴省内外的做法，争取省里的立法支持，启动我市的城市管理执法条例的制定工作，形成正式法规后，报省人大审议批准，从法律保障层面为城市管理行政执法提供法律保障。

（三）完善城市配套，坚持疏堵结合

根据我市"十三五"规划，今后 5 年，我市建成区城镇人口将突破 60 万，但目前与民众生活密切相关的便民生活圈却不成比例。以那大城区为例，城区人口 30 万，而正规的农贸市场才有 8 家，远远满足不了群众的需要，以致马路市场、流动摊点、果农菜贩满街跑现象的屡禁不止，与城市发展战略很不协调。政府相关部门应着眼未来发展整体规划，加大投入，采取疏导帮扶为主、管理手段为辅的办法，加紧建设一批农贸市场、疏导点、便民生活圈等民生工程，为社会弱势群体及外来流动人员提供就业岗位，在顺应社情民意、维护社会稳定方面下功夫。

（四）创新工作举措，下移执法重心

目前，我省海口、三亚市已全面推行网格化城市管理模式，由市（区）政府牵头，按照属地管理、责权一致的原则，下移执法重心。所谓"网格化管理"是以建成区内各居委会、村委会为网格单元，由社区、环卫、交警、城管执法人员组成网格员，实行常态化管理。针对早晚时段和城乡结合部等执法盲区，可组织网格员实行倒班制，实施全天候、全方位管理，有效治理城市"六乱"，巩固我市"一创五建"攻坚成果。针对儋州乡镇环境卫生乱象，可利用网格化管理模式，将执法权限下移到基层政府，逐步实现城管工作向乡镇延伸，最终实现全覆盖。通过落实"门前三包"责任制、定期组织专项检查、开展法规宣传等工作，稳步推进我市城乡一体化建设。而这些需要在规范职能设置、加强执法力量，完善工作机制的基础上才能得以顺利推进。

（五）落实整违工作责任制，依法打击违建

落实属地管理责任，形成部门联动。完善控违整违协作机制。违法建筑的形成需要一个过程，可细化分解为发现、控制整治、拆除等环节，其中，属地镇政府、国土、规划、建设、林业、海洋等部门属于源头治理，应发挥疏导作用；城管、供水、供电、房管、工商、消防等部门属于末端治理，应发挥遏制作用。因此，建立各相关职能部门齐抓共管、各司其职的联合监管机制，是防违控违的有效途径。

加强管理，分类处置。市政府与镇政府签订年度违法建设监管责任状，将控违整违工作纳入对乡镇政府年度考核。村（社区）是违法建设的第一道防线，村干部要做好当事人思想工作，发现违建苗头要及时上报镇政府，镇政府及时处置。乡镇在上报违法建筑情况时，要进行分类，列入违建房屋年份、当事人情况、违建规模和目的、强拆风险等事项，以便市政府根据不同情况，分类处置、依法查处。

大力宣传，营造全民治违氛围。违法建设之所以屡禁不止，与群众法制观念不强有直接的关系。通过在电视台开设法制专栏、在村（社区）、学校及单位举办法制讲座、在户外广告增加法制内容等方式进行宣传教育，最终达到人人知晓管理规定、个个自觉遵纪守法、家家抵制违法建设的良好社会氛围。

（六）加强舆论宣传，发动群众参与

加强城管执法工作正面宣传力度，让城市管理治理的理念深入人心。充分发挥主流媒体作用，宣传城市管理相关法律法规，通过媒体跟踪报道，直播执法现场，惩恶扬善，让群众理解、支持城市管理行政执法工作。

深入学校和社区，开展宣传和教育工作。增强居民自我约束、提高市民整体素质，争取大多数群众的支持和认同。

建立群众广泛参与平台，营造共建共管的良好氛围。积极依托微信平台，通过鼓励群众关注城市管理微信号，知晓城管工作对一座城市的重要性，引导群众如何知法、懂法、用法，切实提高市民的法制意识，赢得群众对执法工作的理解和支持。同时，可借鉴食药监系统人民监督员制度，充分挖掘群众潜力，建立城管监督微信群，群众监督员可将"情况"和位置上传，城市管理人员收到后，第一时间严肃查处。

总之，必须以依法治理城市为准则，在新形势下，努力探索符合我市市情的城市管理行政执法之路，自觉将中央、省、市各级精神落实于城市管理执法实践中，努力实现法律效果与社会效果双赢，为加快建设海南西部中心城市做出城市管理执法工作应有的贡献。

主动作为"街长制"

河南省淇县城市管理和综合执法局

在 2017 年全国两会上，习近平同志提出了"城市管理应该像绣花一样精细"的总体要求。在 2018 年新年贺词中习近平同志再次强调，要"让人民生活更加幸福美满"。这对城市管理工作提出了明确要求和期望，如何有效管理好、运行好、维护好一座城市，成为全国城市管理工作部门共同课题。淇县城市管理和综合执法局正视问题、主动作为，不断创新管理模式，走出了一条城市管理新途径。

一、正视问题，知耻后勇，增强城市管理紧迫感

淇县，地处豫北，隶属鹤壁市，因有北方漓江之称的淇河流经于此而得名，素有"东临淇水观鱼跃、西依太行闻鹿鸣"之美誉。帝辛在平定东夷大获全胜后，取喜迎朝阳、高奏凯歌之意，易名"朝歌"。总面积 567 平方公里，辖 1 乡、4 镇、4 个街道办事处，166 个行政村、3 个居委会，总人口 30 万。

一是商贩流动经营时有发生。淇县县城市政公共场地紧张，城区仅有一座菜市场，多年来城区各类商贩利用手推车、电动车流动经营，沿街叫卖、以路为市、以车代摊现象较为突出，洗车场、夜市、废品收购点见缝插针。二是出店经营司空见惯。城区沿街门店店外经营、无序促销，早餐夜市店外放桌支灶成常态。三是乱搭乱建随心所欲。一些商贩抢占城市公共空间、空地，到随意违规搭棚、临时建（构）筑物，从事服装、餐饮经营活动。一些门店等为了加大广告效应，擅自在绿化带内设置招牌，严重影响城市形象。四是环境卫生脏差扰人。环境卫生清扫保洁不彻底，垃圾收集点设置难，车轮带泥、弃土抛撒遗漏随处可见。五是城管执法处境尴尬。城管执法属于借法执法、马路执法、一线执法，执法风险较大。特别是在市容管理中，占道经营对象多为下岗职工、老弱病残、老上访户，经常与执法人员"打游击"、哭闹耍赖、软拖硬抗，暴力抗法现象也时有发生。不仅执法效果难以保障，而且人身安全也经常受威胁。

针对以上状况，淇县城市管理和综合执法局自我"找茬"，面对问题不回避、不逃避，自我加压，自我超越。通过多次召开座谈会、研讨会、研判会，分析问题，坚持问题导向，找准了问题根源，增强了全体干部职工城市管理工作的紧迫感和使命感。

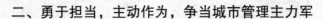

二、勇于担当，主动作为，争当城市管理主力军

"城，所以盛民也"。民，乃城之本。淇县城市管理和综合执法局牢固树立以人为本的城市观念，以人为本、源头治理。在城市治理的各个环节，把百姓需求列为优先考虑要素。百姓的"操心事、烦心事、揪心事"再小都应当作城市管理中的大事，一件一件加以解决。

（一）不断加强队伍建设

一是周一例会雷打不动，建立周例会工作台账制度，每周一例召开班子成员、中层以上干部会议，汇报上周工作开展情况，安排部署本周工作。对未按时间要求完成任务的班子成员、股室、中队，要说明原因，限期完成。二是作风纪律常抓不懈。每年开展为期作风纪律整顿，制定工作方案，重点对责任心不强，执行力不强，队伍管理不严，纪律、自律意识不够，执法行为、执法纪律不规范等行为进行整治，对执法不严、不作为、乱作为等问题整改不力，对整顿过程中，有令不行、有禁不止的个人，要按照党纪、政纪予以严肃处理；对放任不管的相关股室、中队负责人和主管领导也要按照相关规定予以问责。三是业务培训提升素质。2018年先后组织全体干部职工学习了新颁布《鹤壁市城市市容和环境卫生管理条例》《鹤壁市城市生活垃圾管理办法（暂行）》《鹤壁市城市建筑垃圾管理办法（暂行）》和《鹤壁市城市餐厨垃圾管理办法（暂行）》等有关城市管理相关法律法规。邀请法律专家对全体执法人员进行了业务知识培训，举行了法律法规测试3次。四是执法装备配齐配强。2018年先后投入资金8万余元，新购置了执法记录仪25部和采集站2台，一线执法人员全部配备，为有效提高执法效率，提升执法水平奠定了坚实基础。通过以上措施，城管执法队伍素质、队伍形象有了明显提升，队伍的凝聚力和战斗力明显增强。

（二）持续做好市容管理

一是加强日常巡查管理。实行"街长制"管理模式，将城区分为八个片区，分别由八个市容中队网格化管理，市容中队队长任"街长"，执法人员定岗、定位、定责，执法车辆不间断巡逻，发现问题，及时处理。二是开展专项整治活动。2018年分别开展了户外广告、示范街改造、中医院周边道路等集中整治活动，重点对城区户外广告、门头招牌、占道经营、店外经营等影响城市形象的行为进行治理。三是实行错时工作制度。为彻底治理"执法人员下班，小商小贩上班"的顽症，工作做到全天候、无缝对接，成立了高峰岗中队，早7：00上班，8：30交班，晚5：30上班，9：00下班，重点对上、下班时段商贩占道经营现象的治理。每天晚上派出执法人员12名，车辆4台，重点对占道经营、露天烧烤、餐饮业油烟净化设备使用情况进行监督检查。四是以人为本堵疏结合。结合实际情况，在城区部分路段合理设置了便民服务摊点，对文化广场小吃一条街摊位规范，统一了摊位样式，划定了经营区域。工作中，坚持"721"工作法，多用管理、劝阻手段，引导当事人遵守城市管理相关法律法规。

（三）全面提高环卫水平

一是全面提升城区道路清扫保洁标准。大力开展"以克论净"工作督导，环卫股3名工作人员每天对城区道路进行督导检查，下发督查通报，对发现的问题限期整改，奖勤罚懒。2018年共下发督查通报70余期。为有效减少道路扬尘，打赢环保攻坚战，加大了环卫机械洗扫、洒水、喷雾力度，环卫作业车辆分包到路，严格按照行业要求，对城区道路不间断洒水、冲洗和喷雾，保持道路潮湿，不起扬尘。

二是下大力气开展农村垃圾治理工作。开展人居环境综合整治"集中攻坚月"行动，利用两个月的时间集中清理农村街道巷道、村庄周边、房前屋后、排水沟渠、坑塘等周边的陈旧生活垃圾、建筑垃圾、农业生产垃圾、粪堆、柴堆、料堆、杂草、杂物等，做到了村内村外整洁有序，农资农具、生活器具等摆放有序，彻底解决了柴草乱放、粪土乱堆、垃圾乱倒、畜禽乱排等现象。截至目前，共清理垃圾20万吨。实行政府投资、市场运作，引进第三方服务模式，将淇县城区和农村垃圾治理工作全部推向市场，实行市场化运作模式，县政府每年出资3470万元，由河南联合环保科技股份有限公司全面接管我县城区和9个乡（镇、街道）的生活垃圾治理工作。每个乡（镇、街道）事处配备一名大队长，负责对所管乡（镇、街道）清扫工作情况、环卫质量进行监督管理，每5～6个行政村配备一名清扫中队长，协助大队长对保洁员、作业质量、垃圾清运情况进行监督管理，每4个乡（镇、街道）配备一名督察员，对日常环卫质量进行监督考核，发现问题及时记录并通知相关责任人进行整改、考核。每个村从村民代表、党员干部中选取了1名监督员、1名信息员，对存在的环卫问题，及早报告，尽快解决，对农村垃圾治理工作进行电话访谈。成立了城乡环卫保洁队伍，按照保洁人员与农村人口比例不低于3‰的标准，全县166个行政村共配备了761环卫保洁人员，保洁人员与农村人口比例达到了3.2‰，远远高于省定的2‰配备标准。配齐配全了环卫基础设施设备。2018年共投资3000余万元，全县166个行政村共配备了配备了8300个240L收集垃圾箱，50000个户分类垃圾桶，建设了生活垃圾压缩站5个，压缩式中转箱7个，购置了侧挂筒车18辆，购置了4辆后装式压缩车、2辆中型压缩车，电动保洁车240辆等环卫机械设备，建设了环卫智慧系统平台，在城区主要道路两侧共设置了3000个果皮箱。

通过以上措施，我县城乡生活垃圾治理工作"政府购买服务、专业团队运作、强化监管"的市场化运作机制已经基本形成。实现了"户分类→村收集→镇转运→县处理"模式，城乡生活垃圾治理基本达到"五有"要求（稳定的保洁队伍、长效的资金保障机制、具备齐全的设施设备、成熟的治理技术和完善的监管制度）。

（四）强化建筑渣土管理

一是成立了淇县渣土管理办公室，出台了《淇县城区渣土运输车辆管理实施办法（暂行）》，对运输企业资质、车辆标准、运输过程作出了详细的规定。二是为加强建筑渣土运输源头管理，成立了3家渣土清运公司，目前3家公司共有车辆33台，车辆已全部按要求改装到位，安装了GPS定位系统。三是为3家渣土清运公司办理了《淇县建筑渣土清运许可证》，按照批准路线、时间，执证方可运输。四是加大了巡查力度，渣土办工作人员每天对城区道路进行巡逻，全天不间断对渣土运输车辆运行情况进行督导检查，发现违规运输，顶额处罚。五是加大在建工地监管，对城区所有在建工地进行摸底排查，建立台帐，对运输车辆进行监督检查，严禁车辆抛洒滴漏、带泥上路。

（五）加大项目建设力度

一是积极推进"厕所革命"工作。2018年，对城区所有公厕进行了全面详细的摸底排查，科学制定了工作方案，根据排查情况，多次组织召开了住建、朝歌办、城管局等相关责任单位参加的协调会，并结合我县实际情况，出台了《淇县2018年推进"厕所革命"工作方案》。二是加大新建城区新建公厕建设力度。按照新建一批、改造一批、开放一批的工作思路，采取在城区空闲地、沿街行政事业单位临街房改造、旱厕改造等方式共新建、改造公厕28座，其中新建公厕14座，升级改造公厕10座已完工，24座已投入使用；4座新建、改造正在施工，超额完成了省、市下达的10座公厕建设任务。三是努力推进直饮水点建设工作。目前，已完成7处（红旗路中转站、东方星钻中转站和锦绣华庭中转站、高铁西路中转站、思德廉租房中转站、腾飞路中转站、永达路中转站），比县百城提质建设要求的5处超出2处。三是加大公厕管理力度。制定了公厕管理制度，全天候开放，环卫股公厕管理人员每天对公厕卫生情况进行检查，发现问题，限时处理。在夏季到来时，对城区所有公厕进行了全面除喷味、灭蚊蝇，在公厕内铺设了防防滑垫。

三、强化督导，落实责任，促进工作任务落实处

一是明确责任落实目标。推行网格管理不留死角，积极探索网格化管理新模式，变被动处置问题为主动发现问题、解决问题。把城区细化成八个网格单元，按照"网定格、格定责、责定人"的原则，做到"事在网中，网中有格，格中有人"，逐步形成了定人员、定时间、定责任、定路段、定奖惩的"五定"责任制管理模式，做到了工作人员边界清晰、责任明确，确保及时发现问题，快速解决问题，彻底扭转城管工作被动的局面。

二是督促检查形成常态。在局法制督查室日常督促检查的基础上，创新工作模式，实行"113"督查制度，即对人员在岗在位、工作任务完成情况，局长每周全面督查一次，局值班领导督查一次，法制督查室督查三次。2018年共督查200余次。

三是绩效考核奖勤罚懒。2018年印发了《淇县城市管理局市容执法中队绩效考核暂行办法》，从7月份开始，对市容执法中队工作开展情况进行绩效考核，每月一汇总、一排名，做到了奖勤罚懒。

一流的城市治理，既是科学化、智能化的，也是人性化、精细化的。下步工作中，

淇县城市管理和综合执法局将以更加务实的作风，更加吃苦的精神，更加有力的措施，严格落实责任，创新城市管理机制，运用现代科技手段打造城市"最强大脑"，用绣花的细心、耐心和巧心，打通城市服务的"最后一公里"，实现由被动管理向主动治理转变，推动城市管理向纵深发展，促使城市管理水平提档升级。

"绣花精神"助推城市面貌提档升级

山东省乐陵市城市管理综合执法局

今年以来，市城管局本着以人为本的理念，从群众利益出发，着力补短板、重创新、求突破，从细节入手，提高精细化管理水平，提升城市承载力，从点滴着手，提升市民的获得感与满意度，城市面貌逐步提档升级。

队伍建设精细化。坚持高标准，严要求，内强素质，外树形象。多次邀请专家围绕文明执法，精细化管理等开展专题培训，同时开设"每周一课"，集中学习法律法规，研讨案例。严格落实《城市管理执法行为规范》，进一步规范执法程序。完成新式制服更换，配备新式执法记录装备，对原有老旧执法车辆进行报废、更新。

市容管理精细化。坚持"疏堵结合、标本兼治"的原则，针对城区部分地段"脏、乱、差"，以及不文明现象难治理、易反弹的情况，实施错时值班制度。集中开展餐饮油烟、露天炒菜、占道经营、乱停乱放等各类专项整治行动，积极推进便民疏导点建设，合理规划停车位，严格落实"门前五包"责任，有效解决占道经营、乱停乱放等违规行为的反弹情况，实现由"堵"到"疏"，由"被治"向"自治"转变。

渣土管理精细化。加强渣土运输核准管理，建立完善档案资料，严格落实事中、事后巡查制度，同时对现存预处置建筑垃圾全面排查，增强管控力度。强化渣土执法工作，渣土车辆安装GPS，加大重点区域、路段巡查，严查渣土运输车不作覆盖运输、带泥上路、抛撒滴漏等行为。对新开工的建筑工地提前介入，将建筑工地门口的监控平台全部接入市局监管平台，实现网络监管，做到事前接入，从源头处做好渣土运输监管工作。

环卫保洁精细化。从细微处入手，实施精细化作业。创新环卫保洁作业模式。在原基础上改进，实施"7+2"模式作业，即：扫、洗、冲、洒、喷、赶、泚＋人工快速捡拾和错时作业。动高温高压冲洗车，对城区下水道口进行冲洗；对枣城大街，五洲大道，阜新路护栏下进行洗扫；加强人工普扫力度，重点清理果皮箱外、垃圾桶外煤灰、下水道口垃圾、各胡同内、空档处杂物垃圾。加强对公厕的维护管理，增设绿植布置，除臭喷洒、安装WiFi上网及音乐播放装置等。强化对城乡环卫一体化市场化运作管理，实行"自由竞争、双向选择"机制，将省市两级电话满意率调查、文明办考核、城管局督查、乡村两级政府监督统一到三方协议上，逐步形成长效机制。

数字平台管理精细化。加快数字平台建设，提高运行效能，制作信息采集员工作证，做到持证上岗。定期开展业务培训，制定座席员主动报案件制度。强化信息派单、问题处置机制，协调市直部门加强信息处置反馈力度，做到问题解决更精准、更高效。定时调整监控角度，开放基层查看、喊话权限，充分发挥监控作用。

市容督查精细化。完善督查检查方案，结合各部门职责，制定考核标准，重点突出村口、路口及垃圾桶摆放位置及桶下卫生等作业细节。推行日检查、周通报、月考核、季汇总、年奖惩的长效检查考评机制，严格落实奖惩措施。

园林绿化精细化。本着节约型、精品化的理念，不断提高养护标准。全年开展以"除死树、清卫生、补苗木、冲尘土、修设施、精修剪、控虫害、栽草花、增绿量"为主要内容的绿化养护整治行动，力求所有绿地、公园"无缺苗、无死枝、无浮尘、无缺损设施、无垃圾"。将生态环境与园林绿化相结合，对城区内道路、公园等公共用地查漏补缺，完成汇源大街、三号路、开元路等 12 处裸露补植工作，消除裸露地面 3.1 万平。围绕民生下功夫，根据道路实际情况完善基础设施，对城区主要道路绿化带、隔离带安装绿篱护栏；对开元路、兴隆街、振兴路行道树池铺装彩色透水混凝土，安装玻璃钢格栅；对兴隆街中段安装人性化休闲坐凳。

城市亮化精细化。突出节约环保，实行灯节能改造及一体化管理，建设路灯智能管理平台，动态管理照明设施信息。按照定人、定岗、定路、定责原则，落实网格化管理，加强城区夜间巡查力度，确保亮灯率。注重照明设施的造型、色彩、照明效果，将照明功能与城市特色相结合，兼顾特色文化元素与现代气息。

2018 年，通过深入实施"八个精细化"工作方案，乐陵城区街道更清洁，公园更优美，城市运行更有序，管理更科学，夜景更迷人，群众更满意，正是有了城管人的辛勤付出，才换来城市生活的美好。虽然美好的城市环境来源于城市管理水平的提升，但更离不开全市人民的理解和支持。2019 年，希望我们携起手来，为把乐陵建设成为全国文明城市，建成富美和谐区域性中心城市共同努力奋斗。

四项治理 五抓工程

——潘集区城管执法局城市管理工作实践思考

安徽省淮南市潘集区城管局书记、局长 金明勇

《中共中央、国务院关于深入推进城市执法体制改革改进城市管理工作的指导意见》指出：构建权责明晰、服务为先、管理优化、执法规范、安全有序的城市管理体制，推动城市管理走向城市治理，促进城市运行高效有序，实现城市让生活更美好。根据中央和省市城管体制改革要求，潘集区城管执法局结合实际，按照"立足实际、积极作为、改善环境、提升形象"的思路，通过改革创新，再造组织架构，提高城管效率，全面打造宜居宜业城市环境，有效提升群众的满意度和获得感，探索出一条具有潘集特色的城管改革之路。

一、加强理想信念教育，实现三个转变

改革背景："城管"是改革开放后城市化进程发展的必然产物，是现代社会综合发展的结果。城管执法在一定程度上化解了我国转轨期城市管理中的矛盾与问题，但与此同时也产生了一些诸如暴力执法、暴力抗法等事件，社会负面影响较大，城市管理执法队伍的形象并不乐观，与人民群众的期盼有一定差距，现阶段加强城管队伍建设显得尤为迫切。

创新实践：近年来潘集区城管执法局认真学习党的十九大精神和习近平新时代中国特色社会主义思想，牢记"为人民服务"宗旨，制定三年读书学习方案，负责人带头学，班子成员积极学，全体执法队员扎实学，形成了浓厚的学习氛围，并采取"请进来，走出去"办法，请专家学者来局上课，将大道理讲透，将小道理讲深，使城管执法队员懂法明理，守法律己，增强了法制观念和法律意识；到红色教育基地接受革命传统教育，理想信念教育，全体党员干部经受了洗礼，得到了净化，进一步坚定了理想信念。

潘集城管局一班人不断增强改革的责任意识和紧迫感，通过理想信念教育，努力推进城管执法三个方面的转变：

一是在统一思想，转变思维观念上展现新作为。由消极被动向积极主动转变，探索推进以为民服务为核心的城管党建模式，以党建带队建，提素质补短板，强基础，抓规范，筑牢执法队伍根基；二是在勇于创新、转变执法机制方式上实现新突破，由强制型执法向服务引导型执法转变。认真落实"721"（70% 的问题用服务手段解决，20% 的问题用管

理手段解决，10% 的问题用执法手段解决）工作法，重点解决城市管理执法人员服务意识等方面存在的问题，推动城市管理走向规范化、精细化；三是在加强执法能力建设，转变执法形象上实现新担当。由执法作风简单粗暴，向文明规范转变。基层城管行政执法除日常市容市貌常规工作外，还有基层政府临时派遣其他类型的急难险重任务,这些工作时间紧、任务重、政策性强，面临的社会矛盾较为集中，承受的压力较大，例如：征迁拆违、物料堆场整治、渣土治理、大气污染防治等专项行动中，成为考验执行城管执法能力的试金石。我们采取"笨功夫"柔性执法办法，城管执法人员除依法向执法相对人送达执法告知书外,执法人员下"笨功夫"在较短时间内,多次上门对相对人做细致思想工作,同时进行以案说法,尽最大努力追求"心平、事顺、案结"效果，避免了一些激烈对抗性矛盾的发生。例如：在拆除新袁庄小区违建 300 余平方米时，由于该违建是多年前建设，拆违难度较大，经过耐心反复思想工作，由强拆转变为助拆和自拆，由被动转为主动，既消除了违建安全隐患，又维护了法律尊严和社会稳定。

单位荣誉：陈萍同志获市级城管之星，周兵同志等 7 名城管队员获市级优秀城管队员称号，李运等两名同志被评为市城管系统扫雪除冰工作先进个人；我局连续三年超额完成拆违任务，"两治三改"三年专项行动治理违法建设，进入全市第一方阵，获得奖补资金 38000 元,得到了市城管局的肯定和赞扬；获全市 2015 年度煤堆场专项整治工作先进单位(第二名)。

体会思考：理想信念是推进城管工作的内在动力。创新工作有力提升了全体城管执法人员思想政治素质。城管实践的创新，目的之一，应是拓宽城管服务群众渠道，让执法人员为人民服务的真情融入到执法过程的每一个环节中，树立起"文明、公正、务实、为民"的良好形象，打造一支政治信念坚定、执法为民、敢于担当的城管执法队伍

二、深入推进机制创新，实施四项治理

改革背景：城管机制是城管各要素之间的结构关系和运行方式。当前基层城管执法工作存在的一些问题，突出表现在机制建设落后。随着城市的发展，基层城管执法机构面临一些新情况、新问题，机制建设要先行，应通过改革现有机制，精准发力，为市容环境改善提供支撑。

创新实践：针对潘集缘煤建城、基础薄弱的实际，我局在城区管理上，实行"点线片面"四项模式，强化治理：一是设点。针对小贩无摊位经营问题，规范设置街边摊位，创建 15 个便民摊群点，免费供游商小贩使用，同时便民摊群点优先安排失地农民、下岗职工和其他贫困人员，并支持其创新创业，使城区长江路、黄河路、黄山路占道经营等老大难问题得到有效解决。既解决了困难群体就业问题，又解决了民生需求问题，使城市管理更接地气。二是治线。集中执法力量对淮潘公路和城市主干道沿线进行治理，定期组织执法人员

开展市容环境综合整治、违法建设整治、城乡垃圾整治、大气污染治理等，提升了整治效果。三是划片。将主城区划分七大片区域管理网格，明确责任单位、责任人、开展小街小巷、居住小区环境专项治理系列行动，完成了六条小街小巷整治任务，对七个小区存在的89个问题挂账销号，逐一解决。四是治面。每日由督察中队对城区七片和涉矿等重点乡镇进行全面巡查，填写《日巡查监督情况登记表》评价打分，分类统计，同时对市数字城管督察情况列入总分，强化突出整体"面"的考核，一张纸便能明明白白看清城区管理真实情况。

单位荣誉：获全市2016年度摊群点规范管理专项整治先进单位；获全市2017年度示范街、示范路专项整治先进单位。

体会思考：机制的创新要正视现实问题，应吸取本单位过去经验教训，既站高望远，又要贴近实际，紧紧围绕存在的突出性、共性问题，因地制宜开展机制创新工作，促进城管各项工作再上新台阶。

三、提高城市管理水平，实行五抓工程

改革背景：近年来，皖北县级城市建设速度较快，城区规模扩大，一些城市基础设施较落后，城市管理工作面临空前压力，表面上看占道经营、私搭乱建等市容秩序混乱问题，其背后实质是失地农民就业、下岗职工再就业与地方经济发展形势严峻等问题，城市管理和社会效益之间面临较多的矛盾和问题，必须在抓细、抓实上下功夫。

创新实践：一抓城区市容环境综合整治工作。开展示范街文明创建工作，采取高峰控点、低峰巡线，延时、错时管理等办法，对跨门经营、流动摊贩占道经营实行重点管控清理出店经营、占道经营；开展袁庄城区道路交通秩序集中整治活动。劝离占道车辆，规范车辆停放；开展校园周边占道经营整治工作，创造良好校园周边环境。二抓抓好环卫保洁工作。加大洒水作业、机械清扫力度，最大限度除污降尘。对交通护栏、公交站台、环卫设施等进行全方位、立体式清洗，不留任何扬尘死角；加强主干道两侧保洁作业，提升保洁作业标准。三抓好做好"蓝天行动"暨大气污染防治工作。全面检查餐饮饭店油烟排放及油烟净化设施清洗记录，立案查处油烟污染问题，取缔经营性小煤炉。四抓集中整治违法建设工作。突出查处沿街私搭乱建和城市规划区内违法建设；五抓"三线三边"环境综合治理。突出煤场和散状性物料堆场的集中整治工作。

单位荣誉：数字城管工作取得了突出成绩，2017年上半年获全市一等奖，市城管委奖励60万元；获2017年全区提案承办先进单位。城市管理工作引起市内外新闻媒体持续关注。新华网、安徽网、淮南网、《淮南日报》《淮河早报》、淮南电视台等多家新闻媒体报道潘集区城市管理工作，发稿二十余篇，起到良好社会反响。

体会思考：在"五抓"问题上首先要旗帜鲜明，态度坚决，制定分项工作方案，在问题萌发阶段，要提前介入，在问题的"始"与"小"上下功夫，防止问题复杂化和扩大化。

其次要提高政治站位，在履行管理职责时，尽力照顾和帮扶小商小贩中的困难人员，解决其经营实际问题。再次，对照文明城市创建工作要求，坚持对标达标、将"五抓"列入常态化工作，"亮剑"城市管理难点顽症，持久发力，这样可以全面提升城市管理精细化水平。

路漫漫其修远兮。城市管理工作永远在路上，我们将不断创新方法，持久发力，担负起新时代，赋予城管工作的新使命，努力增强群众获得感、幸福感，着力提升城市管理水平，奋力开创城管工作新局面。

北塔区双双毛皮鞋温暖了环卫人的脚
更温暖了工人们的心

湖南省邵阳市北塔区城市管理和综合执法局

随着春节临近，气温不断降低，省委组织部和市委办相继下发了关于做好抗寒防冻工作的相关文件，区委、区政府要求把抗寒防冻工作作为当前最为重要紧迫的任务，作为贯彻落实习近平新时代中国特色社会主义思想和党的十九大精神的具体行动，作为树牢"四个意识"、坚决做到"两个维护"的直接检验，主动作为、积极应对，为全区取得抗击雨雪冰冻灾害的全面胜利提供坚强保证。

12月29日，在强冷空气影响下，邵阳市气温骤降，我区出现了较大范围降雪和冰冻，给人民群众生产生活造成一定影响。天上鹅毛小雪飘飘，当无事的人们都围坐在火炉边烤火时，我们辛勤的环卫工人们却还坚守在冰天雪地的岗位上，顶着寒风，为城市保洁。

作为环卫清扫、维护市容市貌的重要力量，环卫工人为创建全国文明城市做出了巨大贡献。为响应区委、区政府关于做好抗寒防冻相关文件精神，为了将党和政府、全社会的关爱传递给全区的环卫工人，区城管综合执法局精心部署，扎实开展给环卫工人"送温暖"活动，切实把党和政府的温暖关怀送到每一位环卫工人当中。当日下午，北塔区城管综合执法局局长杨香勇联合区团委书记倪祥周、区青年志愿者协会秘书长黄传、柘木社区书记李绿华为全区环卫工人送来了温暖，他们来到柘木社区和西湖桥下，把一双双毛皮鞋送到了环卫工人的手中。

"谢谢你们，你们的毛皮鞋暖了我们的脚，热了我们的心！"在北塔区西湖桥下作业的环卫工人李师傅接过北塔区城管执法局局长杨香勇递上的一双毛皮鞋，顿时感觉到全身暖暖的。他手捧皮鞋激动地说。"经常能看见环卫工人们十一、二点还在路上清扫保洁的身影，觉得他们很辛苦，正好也快过年了，大家一商量，尽自己的能力给他们送点东西吧，算是我们的一点心意。"区青年志愿者协会秘书长黄传表示。

据统计，这次共为环卫工人们送上150余双毛皮鞋，让环卫工人们在寒冬腊月里感受到了浓浓暖意。这次活动在区委、区政府的重视和社会各界的高度重视和大力支持下，不仅为环卫工人送去了温暖，更让温暖传递到北塔区每一个角落，营造了北塔区文明、和谐的城市氛围。

整合职能治顽疾

——洮南市城市管理综合行政执法大队工作纪实

吉林省洮南市城市管理综合行政执法大队

城市绿化美观大方、环境卫生干净整洁、城市秩序井然有序，不少市民切实感受到了洮南市城市环境的悄然变化。

近年来，洮南市城管大队围绕打造城市管理先进市，不断创新思路和举措，使洮南市城市管理水平得到全面提升，群众满意度逐年提高，为洮南市实现高质量发展发挥了推动作用。

党建引领，全面提升管理服务水平

洮南市城管大队始终坚决贯彻落实党中央和上级关于城市管理工作的指示精神，以党建促提升，为进一步提高城市管理和公共服务水平提供坚强保障。

抓基层党组织建设。基础不牢，地动山摇，基层是党的执政之基、力量之源。为了充分发挥基层党组织作用，洮南市城管大队以提升基层党组织的组织力、执行力、战斗力为重点，全面加强基层党组织建设，通过严格落实"三会一课"等制度，强化思想理论教育，严肃党内政治生活，严格党员管理监督，把基层党组织建设提高到了一个新水平，更好地发挥了基层党组织的战斗堡垒作用和党员的先锋模范作用。

抓干部队伍塑造。建设一支高素质干部队伍，是提升城市管理服务水平的根本。洮南市城管大队始终坚持党管干部原则，树立以实绩论英雄的鲜明导向，给政治品德过硬，能干事、敢干事、干成事的干部搭建平台，为勇于担当、大胆作为的干部撑腰鼓劲。重点挖掘储备年轻干部，在重点工作中锻炼干部、识别干部，使用干部，为城市管理各项工作有序开展提供坚强支撑。

抓工作作风转变。践行"721"工作法，重点在于思想的转变。洮南市城管大队在处理城市治理难题时，采取了疏导为主，治理为辅的基本措施，变被动管理为主动服务，取得较好的效果。为了解决流动经营、店外烧烤等"老大难"问题，洮南市城管大队积极协调相关部门，合理分配道路资源，在不影响城市秩序的前提下，设立了3个临时集贸市场和1个美食广场，对全市1000余个流动经营商户进行统一规范管理，在解决市民和商户需求的同时，使城市秩序更加规范有序。近年来，洮南市城管大队相继开展各类专题活动，邀请服务对象给城管提意见，对全体执法人员进行评分，在拉近与服务对象关系的同时，更好的倾听群众的心声，了解自身存在的不足。

抓党风廉政建设。切实抓好党风廉政建设工作，是城市管理工作的坚强保障。洮南市城管大队始终坚持从严治党不放松，从上至下树立正确的人际关系，营造克己奉公的良好风气，杜绝一切收受财物、说情打招呼等歪风邪气。持续整治"四风"问题，坚决防止反弹回潮，巩固干净干事、勤政廉政的良好氛围，推动全面从严治党不断向纵深发展。

整合职能，城管事业展现新作为

随着城市管理执法体制改革工作的逐渐深入，为解决城市管理中多头执法、职责不清、效率低下等问题，2017年洮南市对城管部门的相关职能进行了全面的调整和优化，将环境保护、市政管理、园林绿化、工商管理、公安交通等方面的相关职能调整到城管大队，同时将市政设施管理服务中心、园林管理处、公园管理中心三个事业单位的隶属关系调整到城管大队，这也为实现城市管理从单一管理走向综合性、系统性管理服务奠定了坚实的基础。

实施城市绿化提升，城市绿化美化工作展现新面貌。为了巩固好省级园林城市成果，实现城市园林绿化工作新突破，洮南市城管大队创新工作举措，积极主动联系市场上有资质、有技术、有实力的公司开展深度合作。一年来，共开展了城市街路绿化工程、育英东路带状公园建设工程、高速引路绿化工程等绿化工程，实现新增城市绿地面积16.7公顷。同时，扎实开展养护工作，避免各类病虫害现象，保证了绿植的存活率和完好率。

创新市政设施管理，市政设施管理水平迎来新突破。加大市政设施建设力度，深入开展巷道铺装、路灯安装、道路维护等工程，补齐了市政基础建设的部分短板。建立了市政设施管理维护巡查机制，成立了专门的巡查队伍，通过全时巡查及时发现损坏的市政设施，保证市政设施完好率，消除市政设施安全隐患，城市市政设施管理服务工作迈上了一个新的台阶。

开展餐饮油烟治理，餐饮企业油烟及噪声治理取得新成果。刚刚接手餐饮油烟污染的行政处罚权的时候，正是中央环保督察组在吉林省督查期间，那时候洮南市安装标准油烟净化设施的餐饮企业还不足一成，管理基础薄弱、商户认识不足等因素使得在短期内完成全市餐饮企业整改看上去显得难以完成。为了完成这个"不可能完成的任务"，洮南市城管大队首先组织业务培训，使全体执法队员都能熟练掌握各级在生态环境保护工作的政策和相关法律法规，确保在执法时能够正确运用。其次，对全市餐饮企业进行地毯式排查，建立全市餐饮业户台账，对每一户的情况都能彻底掌握。最后，针对排查结果，履行法律程序，对每一户应安装油烟净化器的餐饮企业下达责令改正通知书，并持续跟进法律文书，对拒不安装的坚决从重予以处罚。通过执法人员的努力，全市餐饮业户全部按要求安装了油烟净化装置,市区餐饮油烟和噪声污染得到彻底改善。

真抓实干,助力城市管理"像绣花一样精细"

近年来,洮南市城市管理实现了从"粗放型"到"精细化"转变,从大扫帚扫街看着干净就行,到机械化洗扫的一尘不染;从粗犷执法满街驱赶占道摊贩,到文明执法服务为民;从随机巡查凭"运气"发现问题,到定岗定位、网格管理、社会共管,洮南市的城市管理实现了质的飞跃。

深入精细化治理。天下大事必作于细,天下难事必作于易,要想彻底提升城市管理水平,就必须在精细上下功夫。"精"在精心、精治,精益求精。为了实现"精治",洮南市城管大队对内设机构设置进行了优化,调整后共设职能科室 11 个,执法中队 9 个,更加适应当前管理实际,为各项工作的有序开展奠定了基础。同时,深入开展了城市管理效能提升三年行动,对城市管理的各项工作目标进行了明确,对工作标准进行了细化,对工作责任进行了划分,使开展管理城市各项工作的思路更清晰,目标更明确,方法更精准。城市管理的"细"就是如绣花一般细心、仔细,注重细节。治理城市不仅要治"面子"更要治"里子",城市管理要从细节入手,才能补齐工作的短板,实现城市治理水平的全面提升。洮南市城管大队正是这样从细节入手,如"绣花"一样细致入微的开展各项工作。环境卫生整治中,他们对 72 万平方米背街小巷和 71.9 万平方米城乡结合部卫生进行高标准管理,清理垃圾1000 余吨,实现了城市环境卫生的大提升;拆除违法建设中,他们走遍了全市 227 个老旧小区,对每一处疑似违建进行了核查统计,全年拆除违法违章建设违建 763 处;公厕管理中,他们对每一处公厕进行高标准管理,管理的 3 座水冲式公厕被评为省"最美公厕"……正是通过这样事无巨细的完成好每一项工作任务,才能有现如今城市面貌的大转变,才能有群众满意的成绩单。可以说,精细化管理是一把尺子,量出了洮南城管提升城市管理水平的决心和能力。

坚持依法行政。加强队伍建设是提升城管依法行政能力的保证,为了提升依法行政能力,洮南市城管大队深入开展新招队员任前法律知识培训以及工作人员任职培训、业务培训和在职培训等,定期组织执法队员法律知识考试。通过开展法治考核,将依法行政作为衡量工作实绩的重要内容,纳入绩效考核体系,把法治素养和依法办事能力作为工作人员年度考核的内容和任职、晋升的重要依据,引导和督促工作人员把依法行政落到实处,队伍素质进一步加强,执法人员自然敢于和违反城市管理的现象较真,敢于碰硬。为了治理城市管理"顽疾",他们向影响城市管理的一些老问题"宣战",啃下了一个个难啃的"硬骨头"。农贸市场经营秩序长期混乱,群众反映强烈,他们就开展了专项整治,通过加大执法力度、拆除违法建设、加强垃圾清运、推进垃圾袋装化管理等措施,彻底改变了农贸市场的秩序;日杂市场业户长期占道经营、作业,导致道路拥堵不堪,他们就逐户进行宣传,分别下达责令改正通知书,引导244家商户入户经营,仅用时1个月,就解决了长期存在的老问题……正是这样合情、合理、合法的处理城市管理当中的各类问题,洮南城管得到了服务对象的一致认同。

推进社会共治。城市管理虽以城管为主,但也并非城管一家之事,只有社会各界共同参与,才能真正形成"部门联动、全民共管"的城市管理新局面。为了将各相关单位的思想和行动统一到城市管理工作的大局上,洮南市城管大队积极协调,促成建立由市政府主要领导为召集人,18个政府部门共同参与的洮南市城市管理联席会议制度,通过定期召开会议,统筹协调解决制约城市管理工作的重点、难点和热点问题,密切各相关部门职责衔接。为了推进社会共治,洮南市城管大队积极开展城管进校园、进企业、进社区等活动,普及城市管理相关的法律法规,开展社会共治理念宣传,让更多社会力量从"旁观者""批判者"转为"志愿者""示范者",形成人人理解城市治理、人人参与城市治理的局面。

站在城市管理执法体制改革的新起点,洮南市城管大队抓住了改革的机遇,把握了时代的脉搏,走上了城市管理事业发展的快车道。未来,他们还将在深化城市管理执法体制改革的道路上,不断求索,砥砺前行,进一步探索城市治理新模式,谱写好城市管理工作的时代乐章。

不忘初心　牢记宗旨
打造具有赣州特色的"五型"城管执法队伍

江西省赣州市城市管理行政执法局局长　李良东

今年，江西省政府明确提出在全省政府系统大力开展忠诚型、创新型、担当型、服务型、过硬型政府建设，对于引导和推动全省政府系统及其工作人员强化"四个意识"，克服"怕、慢、假、庸、散"，转变工作作风，凝心聚力推进江西高质量、跨越式发展，共绘新时代江西物华天宝、人杰地灵的新画卷，具有重要意义。

赣州市城市管理行政执法局成立于 2010 年。从 2018 年起，赣州市中心城区从 1 个章贡区和 1 个赣州经开区扩展到五大功能区，面积扩大到 180 平方公里，城市人口达 180 万左右。执法局下辖市城管监督指挥中心、7 个城市管理行政执法直属大队、1 个城市管理行政执法分局。面对新的发展、新的形势，城市管理执法如何加强行政执法队伍建设，提高执法人员素质，规范行政执法行为，提高行政执法水平，打造适合赣州特色的"五型"城管执法队伍，赣州市城市管理行政执法局主要从以下几个方面着手。

建设"忠诚型"城管

赣州市城市管理行政执法局积极引导和推动全系统上下大力传承红色基因，弘扬苏区干部好作风，常怀忠诚之心、践行忠诚之举，把对党和人民事业绝对忠诚铸入全局执法人员的血脉和灵魂，贯穿和体现在执法工作的全过程、各方面。打造一支"政治坚定、作风优良、纪律严明、本领过硬、廉洁务实"的城管队伍作为奋斗目标，全力助推省域副中心城市建设。

一是提高政治站位。旗帜鲜明讲政治，牢固树立"四个意识"、坚定"四个自信"，坚决维护习近平总书记党中央的核心、全党的核心地位，坚决维护党中央权威和集中统一领导，以高度的政治自觉向以习近平同志为核心的党中央对表看齐，从政治和全局的高度把握形势、分析问题、谋划工作，确保政令畅通、令行禁止，不折不扣地把上级的决策部署落到实处。

二是坚定理想信念。深入学习贯彻习近平新时代中国特色社会主义思想和党的十九大精神，筑牢信仰之基、补足精神之钙、把稳思想之舵，坚持以人民为中心的发展思想，忠

实秉持执政为民理念。

三是践行正确政绩观。把对党和人民负责，对历史、现实和未来负责统一起来，用实实在在的行动和业绩诠释对党和人民的绝对忠诚。

建设"创新型"城管

赣州市城市管理行政执法局坚持把创新创造作为做好执法工作和推进城管事业高质量、跨越式发展的第一动力，激励全系统工作人员开动脑筋、勇于革新、探索实践，大力推动执法理念创新、执法模式创新、执法机制创新，全面推动"五型"城管建设，并取得了较好成效。

一是出台《赣州市城市管理条例》，并于2018年3月1日起正式施行。《条例》内容创新：一方面把城市建筑退让红线公共服务区域正式纳入城市管理范围，使整个城市真正实现管理的全方位、无死角，解决了过去在该公共区域市政公用设施、环境卫生、园林绿化和市容秩序无权管理的难题。另一方面规范工地管理，有利于促进文明施工，提升环境空气质量，保障公众健康。《条例》的出台从法律源头上解决了困扰赣州市多年的城市管理职责不清的问题，杜绝和避免了出现城市管理空白和职责交叉的问题，使赣州市城市管理各项工作驶入规范化、法治化轨道。

二是统一全市执法文书。为规范城市管理行政执法程序，提高我市城管部门法治化水平。经过专题座谈、征求法制办等部门意见、反复讨论修改文稿，最终制定并出台了《赣州市城市管理行政执法示范文本》，在全市范围内率先统一城市管理执法文书，明确了办案流程图，提高了办案效率。

三是建立行政执法协作配合机制。与规划、建设、房管等相关部门共同签署了《行政执法备忘录》，明确统一移交格式、对接科室，确定了联合执法、行政处罚配合等具体工作职责，进一步厘清了执法与管理的边界，建立行政执法协调配合工作机制。

四是进一步完善法制审核制度。针对成倍增长承接的案件，进一步完善了行政执法决定法制审核制度。由局领导、局法律顾问、法制业务人员、案件承办人员等人员共同组成法制审核小组，对案件的合法性、合理性、适当性纳入法制审核范围，以进一步提高案件审核的法治化、规范化。

建设"担当型"城管

新时代需要大担当，大担当方有大作为。要勇于担当、能够担当、敢于担当。根据省委、省政府倡导的"事事马上办、人人钉钉子、个个敢担当"的精神，"不为不办找理由，只为办好想办法"，赣州市城市管理行政执法局全体干部、职工，树立"城管工作满眼都是活儿"的工作理念，撸起袖子加油干，甩开膀子大胆干，扑下身子务实干，顶起该顶的那片天，以实干立身、凭实绩说话，努力交出高质量、高水准的合格答卷。

自 2017 年 10 月 1 日起，赣州市城市管理行政执法局陆续完成规划、建设、房管全部行政处罚权的划转工作，行政处罚权及相应强制措施由 64 项增加到 404 项。面对繁重的工作任务和全新的执法内容，执法队员们勇于担当，认真学习，不断克服困住，在工作中小心翼翼、勤勤恳恳的边摸索、边执法，截至目前，承办住建领域行政处罚案件 164 件，结案 95 件，处罚金额 800 余万元。同时，数字城管平台于 2014 年建成，并于当年 8 月正式运行。目前，数字城管月均受理案件 60000 余件，为赣州创建"全国文明城市"提供了有力保障。

建设"服务型"城管

服务作为政府部门的天职，事关老百姓的福祉。提升服务效能，做到"思想开明、办事规范、快捷高效"。是省委、省政府对我们政府工作部门的要求。为此，赣州市城市管理行政执法局以行政审批和执法监督为抓手，依托全媒体立体化宣传平台，做到全方位、全天候服务。

一是切实转变行政职能。深化"放管服"改革，紧贴企业和群众需求，针对审批事项偏多、流程复杂、周期较长等问题，通过清理审批项目、归并审批职能、明确窗口授权、配强派驻人员、规范缴费收入、落实电子监管、强化服务品质等一系列措施，实现"一站式"审批，打造"便民、高效、优质"审批服务平台。

二是建立城市管理监督平台。通过官方网站、手机 APP、微信微博公众号、12319 热线等方式向市民提供信息和服务，并受理对执法人员的投诉和工作建议，自觉接受人民群众的监督；主动邀请人大代表、政协委员和企业代表等参与监督，认真听取批评意见和建议，最大限度的获得广大人民群众对机关工作的支持和监督。疏堵结合、以疏为主，践行"721"工作法，取得良好效果；同时，全面推行行政执法公示制度、执法全过程记录制度、重大执法决定法制审核制度，着力解决行政执法行为中存在的不作为、乱作为、慢作为、不透明、不文明等各类问题，促进城市管理严格规范公正文明执法。

三是打造全媒体立体化宣传平台，近两年来，按照"谁执法谁普法"职责要求，大力开展《中华人民共和国宪法》《赣州市城市管理条例》法治宣传，2017 年赣州市城市管理行政执法局报送的《我与宪法》优秀微视频作品，被国家司法部、全国普法办公室评为"全国二等奖"。组织了《赣州市城市管理条例》实施日宣传活动，并通过市电视媒体、广播媒体、网络媒体、报纸媒体、户外媒体等多渠道宣传《条例》；印发《条例》单行本 20 万余册；发动全市 20 个县（市、区）在户外广告牌、LED 显示屏和公共宣传展板宣传《条例》（共计 130 余块）；开展送《条例》进社区、进校园、进村居活动，挨家逐户宣传《条例》及城市管理法律法规。

建设"过硬型"城管

赣州市城市管理行政执法局深刻汲取腐败案件教训，牢固树立纪律和规矩意识，严格执行中央"八项规定"精神，持续优化政治生态，营造良好执法环境，着力锻造信念过硬、政治过硬、责任过硬、能力过硬、作风过硬的干部队伍，确保执法工作高质量推进。

一是致力发展强本领。适应新时代改革发展要求和执法工作需要，努力提高执法业务水平、掌握法律法规等各方面知识，加快知识更新，优化知识结构，为此，赣州市城市管理行政执法局已经于10月底完成了市本级全部处级以上干部轮训。今年，组织全市200多名执法骨干开展了全市城管系统执法业务培训班；并承办《全省城管优秀执法案例评选暨法制培训》，参会人员300余人，同时，每两个月定期召开城管大讲堂活动，对干部职工进行授课，目前市城管局参训率为100%。

二是从严从实转作风。坚决整治局系统存在的作风方面突出问题，把群众意见作为"最好的镜子"，对企业和群众普遍关注、反映强烈的作风问题开展专项整治，着力查纠城市管理行政执法领域的形式主义、官僚主义、弄虚作假问题，着力开展城管领域扫黑除恶专项斗争，铲除"保护伞"，推动作风建设向深处发力、在实处见效，为推进市管理行政执法改革和发展提供有力保障。

三是遵规守纪葆清廉。坚持为民执法不谋私、依法执法不任性、阳光执法不放纵、秉公执法不失职，决不允许做有损党和政府形象、伤害人民群众感情、贻误兴赣富民大业的事情，把纪律和规矩挺在前面，让清正清廉清明成为全系统干部、职工的鲜明底色。

改革开放40年来，在党中央、国务院的正确领导下，我国城市经历了波澜壮阔的发展历程，城市管理工作在探索中前行，在改革中创新，取得了历史性成就，地位和作用日益凸显。实践充分证明，城市发展中的诸多矛盾和问题，依靠传统的思维方式已经无法有效应对，必须用新的理念和思维去推动解决。回顾过去，城市管理工作取得了历史性成就；展望未来，新时代城市治理之路任重道远。

着力推进环境革命
共建绿色生态家园

四川省松潘县城市管理局

近年来，松潘县不断深化城乡环境综合治理，围绕环境卫生秩序治理、扬尘污染整治等重点工作持续发力，提高了全县生态环境和人居环境质量。

铁腕整治，提升城乡"颜值"

2017年8月，该县召开"环境革命千人动员大会"，拉开了城乡环境综合治理暨"环境革命"的序幕，各乡镇积极响应号召，进安片区大党委、川主寺镇、十里乡、山巴乡等县城周边乡镇率先出动人员3258人次，动用拖拉机、焊接设备、高空作业车等机械设备283次，对店招店牌、广告牛皮癣、占道经营等进行专项整治，共拆除不规范店招店牌980个，清除广告牛皮癣3900余处。专项整治取得良好成效，规范了经营行为，为全县人民营造了良好生活环境，改善了松潘城市对外形象。

2018年该县继续积极开展噪声、垃圾、油烟专项整治行动，共排查整治餐饮经营户油烟问题546户，发放《限期整改通知书》236份；清理垃圾乱堆放276处、乱拉挂139处；引导11户养殖大户和54家专业合作社实施畜禽粪便堆积发酵处理转变为有机肥。出动执法车辆35次、人员386人次，开展城市管理各类非法占道、跨门经营等专项整治工作，处罚破坏绿化带行为3起；取缔占道经营、跨门经营826余户；整治乱设摊点163人次，纠正占道行为136起，疏导38家流动小贩进入南街综合市场内经营。对辖区擅自占道设置摆放户外灯箱、招牌进行了6次集中整治，依法清除89块户外灯箱、拆除影响市容市貌的破损招牌226块、清除破旧横幅335条。制定每月例行督察实施方案及考核细则，按月由县级领导带队采用明察暗访的方式对全县24个乡（镇）城乡环境综合治理工作开展情况进行专项督察。结合每月城乡环境综合治理周巡查、月督察工作，对各乡（镇）、村（社）的"八乱"治理情况进行督察，将发现问题及时反馈至乡（镇），严格督促落实问题整改。截至10月底，督察组对全县24个乡（镇）开展督察25次，实现了督查全覆盖，共下发《督办通知单》644份、《催办通知单》57份，乡（镇）反馈整改情况报告640余份。同时，积极组织各乡（镇）创新工作方法，参照县级督察方式对辖区内各村（社）进行对标打分排名，与村级运行经费挂钩，督促村（社）积极主动作为，共计整治垃圾处理点 73 个，清除破损、陈旧、松动的宣传横幅 17 幅，修复或更换破损标示标牌 12 处，清除"牛皮癣"等各类小广告 20 处，完成自然保护区专项督察问题整改 8 个，城市管理和城乡环境综合治理成效明显。

加强环境秩序治理，营造宜居环境

规范机关环境秩序，根据工作部署，在全县各单位全面开展专项整治工作，划定车位，规范办公区的车辆停放，清除乱张贴的各类宣传品，规范了办公区的公示、公告和宣传标语的制作悬挂，整治办公室的卫生和物品摆放，修补修复了建筑墙体，今年开展了 2 次专项全覆盖大检查，通报了重视不够，整治不到位的 3 个单位。加强办公区周边商户和游商小贩噪音污染整治，避免音乐和商业广告的高分贝播放，防止噪音污染，营造良好的生活工作环境。结合松潘县"户户访·人人忙"专题实践活动，在下乡走访的过程中帮助和带动贫困户自觉打扫卫生、清理院坝，进一步延伸城乡环境综合治理专项整治行动深度和广度，确保此次专项整治行动的效果。持续开展"环境革命"工作，围绕"八乱"（垃圾乱扔、广告乱贴、摊位乱摆、车辆乱停、工地乱象、房屋乱建、扬尘乱飞、污水乱排）治理，积极推进"环境治理示范乡镇、村社"的创建，全力打造全域环境优美示范区，营造宜居环境，建设"高原生态家园"。

整治扬尘污染，改善空气质量

松潘县境内涉及成兰铁路等重大工程建设，战线长、涉及面广，施工工地和运输车辆造成的扬尘问题，污染空气和生活环境。该县高度重视扬尘治理工作，多次召开专题会议查找问题、分析原因，并严格加以整改，成立了扬尘专项治理领导小组和扬尘治理专项督导组，对全县采砂场、铁路工程、建筑工地进行联合执法 4 次，最大限度减少施工扬尘污染、改善大气环境质量。同时，进一步加大对建筑工地和建筑垃圾清运车辆的管理力度，建立了渣土车专项整治小组，24 小时不间断巡查，开展集中整治活动 3 次，共检查车辆 4 辆，有效遏制了因抛洒导致的扬尘污染。通过全方位整治，空气质量得到提升，达到了预期效果。

规范旅游市场，巩固整治成效

今年 4 月，针对辖区旅游服务站不规范现象，松潘县组织相关部门开展了专项整治活动，共依法拆除尕力台范围内藏家乐违规建筑 30 余处，拆除小卖部、厕所、加水点、烧香点、骑马点 35 处，拆除滑草场 1 处。县城管局及进安片区大党委联合县旅游局、县工商质量食药监局等部门开展联合执法，对古城周边、游人中心停车场、加油站等涉旅场所依法清理"包包客"（游商）369 人次，整治占道经营 89 人次。县旅游执法局对镇坪乡至安宏段休息服务站开展专项整治工作，确保旅游市场秩序规范。

整合宣传力量，保持"环境革命"良好氛围

松潘县充分利用发放宣传册、制作宣传横幅等多种宣传形式，在城乡深入开展环境保护宣传活动，扩大教育宣传覆盖面、提高居民知晓率；通过"微松潘"和公告栏等媒体平台公示"州、县城乡环境综合治理服务、投诉热线和邮箱"，畅通"投诉举报"渠道，形成"人人关心家园、人人爱护家园、人人建设家园"的良好局面。同时，在每月5日（遇节假日提前一天）的"环境综合治理日"，积极发动全体机关干部结合社团活动带头上街清除白色污染、制止不文明行为。截至目前，共开展活动13次，参与职工千余人；制作环境治理宣传横幅10余条，更换公路沿线宣传展板16个，设立宣传站点1处，发放宣传资料956份，接受群众咨询12人次，张贴宣传图册920份。招聘20余名县人大代表、政协委员、社会爱心人士等为义务监督员，成立了"松潘县环境综合治理义务监督群"，对城区环境综合治理情况进行监督，发现问题后由义务监督员将照片传至监督群内，由县治理办将问题反馈至相关单位进行整改。通过一系列的宣传，让群众到单位职工、企业到机关单位从根本上树立环保思想意识，提高居民文明素质，提升城市文明形象，提高了广大群众积极投入城乡环境综合治理的参与度。

为持续推进"环境革命"不断深入，该县制定了奖惩机制，对城乡环境综合治理中工作不力、措施不到位、成效不明显的乡镇进行约谈，并严格按照督察《实施意见》及《考核细则》对标打分，综合周巡查、月督察评分综合排名，评定每月"城乡环境综合治理工作第一名""城乡环境综合治理工作最差"乡（镇）。对排名1、2、3名的乡（镇）给予奖励，对排名倒数1、2、3名的乡（镇）给予处罚，并在电视台、微松潘、公开栏等媒体平台通报曝光，对连续两次排名最后三名的乡（镇）予以问责。

巢湖市持续发力
推进农村垃圾治理 提升人居环境质量

安徽省巢湖市城管委 韩金明

一直以来，巢湖市立足实际，勇于创新，形成独具特色的农村生活垃圾治理"巢湖模式"，健全完善长效治理运行体系，工作成效领跑合肥市、在全省是样板、在全国起示范，城乡人居环境得到极大改善。

一、坚持高位推进，纳入目标管理

一直以来，巢湖市委、市政府始终高度重视农村全域垃圾治理工作，成立了以市长任组长的农村生活垃圾分类工作领导小组，成立了以市委副书记任指挥长的农村环境整治指挥部，乡镇、街道和市直有关部门为成员。由市四大班子分管负责同志分工负责，将农村环境整治、农村生活垃圾全域治理、"三线三边"环境整治统一归口由市城管委负责，抽调专人具体负责此项工作。各乡镇、街道成立相应专门机构，构建了"市级抓总、部门协作、属地落实、层层担责"联动工作机制，统筹落实各项工作任务，形成了体制顺、机制活、执行力强的工作格局。建立健全目标责任制，将农村生活垃圾治理考核结果纳入政府年度目标管理，促进标准要求落实落地。

二、政府购买服务，市场运作管理

2011年区划调整后，巢湖市开展了农村环境综合整治；从2013年底开始，开展了以"三线三边"为重点的城乡环境治理工作。2016年初，巢湖市将农村生活垃圾治理全面推行市场化，以乡镇（街道）为单位，采取政府购买服务方式，公开招标确定保洁公司。2016年底前，所有乡镇、村庄清扫保洁和生活垃圾清运全覆盖，实现农村生活垃圾治理有齐全的设施设备、有成熟的治理技术、有稳定的保洁队伍、有长效的资金保障、有完善的监督管理制度，以及农村环卫作业服务市场化率达100%的目标。完成招标后，共有13家公司承担着17个乡镇（街道）的环卫作业服务，合同总金额为6000万元。

三、清除陈年垃圾，夯实环卫基础

全域市场化工作落实后，巢湖市于2016年底至2017年初，发动各乡镇（街道）利用

三个月时间，集中人力、物力，人机并用，按照全覆盖要求，在全省率先开展清除全域农村生活垃圾"大会战"。期间，每天出动各类保洁人员 5000 余人，每天调集挖掘机、铲车和运输车辆 300 多台，集中清理未覆盖的自然村庄、河塘沟渠等区域积存的陈年垃圾，每天收集处理积存垃圾达 400 吨，春节期间最高峰值达 900 吨。同时，配齐配足环卫作业、管理人员以及设施设备。按照中标合同约定，13 家保洁公司每个项目部配备 1 名经理、2 名以上主管。将全市共划分为 3115 个清扫保洁网格，配备网格队长 130 名。按农村户籍人口约 300：1 的基本要求，配备保洁员 2514 名，保洁公司为保洁员配备了笤帚、畚箕、铁锹、火钳、电动三轮保洁车等必要的作业工具，从事日常清扫保洁和垃圾分类工作。另配备了车辆驾驶人员 85 名，从事机械化作业。共配备了 240L 和 30L 两种型号垃圾桶 108853 只，电动三轮保洁车 1357 辆，兴建了 211 座仿古式垃圾分类收集亭，设置小型收集点 1040 处，开挖了 205 处可腐烂垃圾堆肥垄，配置 3 吨、5 吨、8 吨规模不等的垃圾压缩车 74 台，配备全能王洗扫车和湿扫车共 27 辆、洒水车 18 台、垃圾桶冲洗设备 17 台（套），对 7 座垃圾中转站进行了升级改造，垃圾收运处理工作基础得到夯实。

四、创新示范引领，推行垃圾分类

一是创新了"三四五"工作法。按照垃圾处理"无害化、资源化、减量化"要求，推行三次分类收集（农户初分、保洁员再分、终端第三次筛分）、四层分类处理（按可烂垃圾、可回收物、有害垃圾、其他垃圾四种类型分别处理）、五定保障落实（定点投放、定人收集、定时清运、定点处置、定责管理）的"三四五"工作法，构建了"巢湖模式"的"分类收集、定点投放、分拣清运、回收利用、生物成肥、焚烧减量处置"的运行体系。二是创立了"巢八条"农村生活垃圾分类模式。在每个示范村，通过手绘、制作宣传牌等，设置 1 系列垃圾分类宣传画，图文并茂；为每户投放 1 组蓝、黄两色 30L 小型垃圾分类桶，并按 8 ~ 10 户 / 组的标准设置小型分类收集点，让农户初分可腐烂和不可腐烂垃圾有处可投；在每村兴建 1 座仿古式垃圾分类收集亭，投放 4 种不同颜色的 240L 标准垃圾分类桶，既美观又适用，标识清晰易辨，为分类员二次分类提供了便利；为每户制作 1 块"庭院三包"责任牌，明确包卫生、包绿化、包秩序的责任，提高村民参与环境治理的责任意识；每村设置 1 块村民垃圾分类承诺墙，让村民参与垃圾分类"庄重承诺"，真正调动其参与垃圾分类的积极性；每个镇村可回收物实行便民服务 1 卡通，畅通了垃圾分类员、农户与废品回收利用点的联系渠道，便于及时回收利用，减少就地堆放量；为每个垃圾分类员制定 1 块责任牌上墙，主动接受村民监督，提高垃圾分类实效；每个村开挖 1 处可腐烂垃圾堆肥垄，实行就地消化，实现垃圾处理的减量化。三是分三批试点实现行政村全覆盖。2017 年 9 月份起，选择省级美丽乡村中心村等自然村庄，分三批实施垃圾分类试点。截至目前，全市 17 个乡镇（街道）163 个行政村垃圾分类试点全覆盖，共有 529 个自然村落实了垃圾分类。

五、健全收运体系，终端无害处置

一是清扫保洁。坚持人机并重，对所有保洁员实行网格化管理，保洁员每天工作 8 小时（突击任务除外）。保洁员每天负责辖区的日常清扫、保洁、白色垃圾和杂物的清捡等，清扫和清捡的垃圾就近投放入垃圾桶。所有机扫车、洗扫车每天对主要干线、集镇道路进行清扫或冲洗，确保与市区卫生标准保持一致。二是农户初分。由农户自行将自家产生的垃圾，按可腐烂和不可腐烂两种类型，分别投放入于自家门前的小型分类桶，实现初分。达一定量后，由农户将桶内垃圾就近投入小型分类收集点。三是二次分类。垃圾分类员每天在做好清扫保洁的基础上，每天负责将小型分类收集点的垃圾，以桶换桶的方式，收运至村口垃圾分类收集亭，再分后分别投放至四色桶内。四是收集清运。分三种方式收运：其一为压缩中转运输，全市共有 5 个乡镇实行这一方式，清运车辆将垃圾送往中转站后，由中转站压缩平台压缩后集中运至市处理场。其二为站车合一转运，目前只有槐林镇实行这一方式，主要是垃圾清运至中转站后，统一压缩，集中转运至市处理场。其三为"桶装车载"直运，保洁公司垃圾压缩车每天 2 次前往各区域，将收集点的桶内垃圾装载并压缩，直接运送至末端处置点。五是无害处置。2017 年起，巢湖市深入实施垃圾处置转型、垃圾处置分类战略，全面落实生活垃圾资源化、减量化、无害化处置。可回收物应收尽收，扶持和鼓励村级成立废品回收网点，对全市 166 家废品回收站点进行挂牌营业，设置回收功能区，印制便民服务卡和可回收物登记簿，建立回收台账，规范再生资源回收利用体系。可烂垃圾资源利用，在每个垃圾分类示范村开挖堆肥垄，将部分可腐烂垃圾分类后，就近堆肥利用。同时，创新机械生物成肥"巢湖模式"，选择了两个乡镇，通过政府与有成熟的生产技术和健全的销售网络的企业合作，实现可腐烂垃圾处置社会效益和经济效益的"双赢"。有害垃圾无害处置，通过村收集和乡镇中转后，由专业公司集中运送至铜陵市有害垃圾处置厂，实行集中无害化处置。其它垃圾焚烧减量，2017 年 9 月起，停止了生活垃圾填埋的处置方式，扎实推进中材水泥窑协同处置生活垃圾、存量垃圾处理等，利用水泥窑高温煅烧，实现其他类生活垃圾处置的减量化和无害化。2017 年内，通过水泥窑协同处置，全市无害化处理其它类生活垃圾 17.37 万吨，2018 年处理 18 万余吨。

六、建立监督机制，严格考评问责

建立市对镇街、镇街对村（居）和保洁公司、保洁公司对保洁人员的三级督查机制。引进第三方监督机制，聘请向日葵志愿者协会、"雷锋车队"等民间组织以及市城调队、"两代表一委员"等，组成若干检查组，采取明查、暗访形式，不定期随机检查，针对发现问题适时开展调度整治。建立问题销号办结制，将督查发现的问题点，以清单的形成派发到责任镇街，跟踪督办，销号办结，通过严格督查促进环境提升。落实月度检查考核机制，建立了

由180人组成的市级农村环境整治考评工作评委库。每月抽取7名评委，组成检查组进行考核，市纪委（监察委）全程监督，得分通知单现场发放给乡镇（街道），在全市统一排名，随同问题点一并通报。同时，将各乡镇（街道）年度考核结果纳入干部政绩考核档案。

七、强化经费保障，大力宣传引导

将农村环境整治、"三线三边"环境治理、农村生活垃圾治理纳入全市财政预算，通过"以奖代补"方式，加强经费保障。2018年，结合全域垃圾治理，市级财政共投入1200万元，专项用于"三线三边"环境整治，并安排5000万元项目资金专项用于全域垃圾治理和农村生活垃圾分类工作。各乡镇（街道）也设立专项经费，加强对农村生活垃圾治理的投入。通过市镇两级财政投入，保障了农村生活垃圾治理的有效运行。同时，通过内部媒介开展宣传、强化新闻媒体对外宣传、加强对村民的宣传引导、通过来巢考察人员广泛宣传等，大力宣传全域垃圾治理的意义、要求和典型，引导群众自觉摒弃陈规陋习、自主维护生产生活环境、自发养成健康环保的生活方式，营造了浓厚的宣传氛围，形成了巢湖特色品牌，社会反响强烈。

八、统筹协调推进，成效可圈可点

将农村生活垃圾治理工作和"三线三边"环境治理、美丽乡村建设融合在一起，同部署、同检查、同落实，经过强有力的推进，顺利实现垃圾治理8个100%目标。其中，"三线三边"环境整治率达100%、农村环卫市场化率达100%、陈年积存垃圾清理率达100%、垃圾治理自然村覆盖率达100%、自然村庄清扫保洁率达100%、农村生活垃圾收运率达100%、垃圾无害化处置率达100%、垃圾分类行政村覆盖率达100%。这些成绩有目共睹，受到诸多方面的高度肯定。在合肥市开展的"三线三边"环境整治年度考核评比中，巢湖市获得了"五连冠"，在合肥市农村生活垃圾治理历次年度考核中也位居第一。由于工作出色，2017年8月17至18日，全省农村环境"三大革命"调度会和农村生活垃圾分类研讨会选择在巢顺利召开。之前的6月6日，巢湖市还被国家住建部正式确定为"全国首批农村生活垃圾分类减量化处理和资源化利用示范县（市）"。扎实的城乡环境治理工作，也为巢湖市2017年顺利创成"全国文明城市""国家园林城市"作出积极贡献，为创建省级生态文明城市工作、提升城乡人居环境质量打下坚实基础。

深入推进农村生活垃圾治理和垃圾分类工作，是践行和落实中央、省推进"乡村振兴"战略的重要抓手，也是改善人居环境的重要保障。此项工作任重而道远。下一步，巢湖市将在推进全覆盖上再下功夫，在健全运行模式上不断创新，在抓提标提质上再显实效，真正将农村生活垃圾治理和垃圾分类工作抓出成效，为提升城市整体品位，展示巢湖文明新形象作出新的更大的贡献！

城市环境品质提升 市民乐享大美东台
东台市城管局致力让城市有变化市民有感受

江苏省东台市城市管理局

　　干净整洁的城市道路、秩序井然的市容环境、流光溢彩的亮化夜景，让东台这座充满魅力的古城更加朝气蓬勃、生机盎然。

　　今年以来，东台市城管局以创建全国文明城市、国家生态文明建设示范市、中国人居环境奖三张金名片为契机，以城市管理攻坚年为工作重点，坚持强基固本抓党建，坚持精管善治抓长效，坚持奖勤罚懒抓效能，坚持创优争先抓进位，矢志打造"百姓城管、法治城管、效能城管、先锋城管"，不断提升城市管理科学化、精细化、规范化、长效化水平，持续推动城市净化、美化、亮化，城市环境秩序显著提升，市民幸福指数不断攀升，为建设"强富美高"新东台提供有力保障。

对标找差，标本兼治，全力投身创文攻坚

　　"对标找差""标本兼治"，源于对"最美"的执着追求，源于自身的提升需求，既事关当前，更事关长远。东台市城管局对标国家文明城市创建测评体系，大力度开展文明城市创建活动，牵头制定出台《东台市城市管理精细化管理细则》，落实精细化管理举措，全面提升城市管理水平。

　　该局将市区划分为 7 个片区、42 个网格，形成"横向到边，纵向到底"的管理格局。推行错时工作制，早、中、晚实行错时管理，节假日和双休日全员上班，确保管理服务全时段、无缝隙。以"五整治三提升"和"十没有、二十有"为抓手，开展"主题式"整治。开展流动摊点、占道经营整治行动 260 多次。集中整治市区破损和违规设置的广告店牌 2420 多块。实施出店经营、零散垃圾、非机动车规范停放"雷霆"行动。签订门前五包责任制 8000 多份，全力清理市区乱堆乱放 19508 余处、乱贴乱画 9600 余处。组织环卫工人、城管志愿者街头宣传造浓氛围，倡议广大市民摒弃不文明行为，做到烟头不随手丢，垃圾随手拾，推进"烟头革命"。

　　全力整治交通堵点，加大对大润发、德润广场、东亭菜场等市区"五大堵点"管控力量，实行驻点执勤，强化错时管理。突出校园周边秩序整治，增加"护学岗"人员，保持道路

通畅。扩大机械化保洁覆盖面，夏季高温期间实行主次干道每天4次洒水、3次机洗作业，打造机洗、机扫、人工保洁"三位一体"的保洁新模式，机械化清扫率达80%以上，实现路面见本色。

项目带动，民生为本，提升城市环境品质

以民生为坐标，补短板，提品质，城区明显改观。"在沿海高速上就感受到了东台的变化，夜晚的东台灯火通明，流光溢彩。一下高速，花园锦簇的东进大道美呆了，让人嗅到海天的芳香。"国庆期间，来自上海的游客对东台的变化赞不绝口。东台市城管局树立精品意识，实施一批民生工程，不断完善基础设施，让管理服务更便利，市民生活更舒适。

做精城市亮化，按照亮化总体规划，今年率先完成东进大道和行政组团41项改造提升工程。高标准建设智能亮化控制中心，实现对城市夜景亮化工程智能化"一键"控制，展现城市特色，扮靓城市夜景。为民办实事30条巷道路灯工程，6月底提前三个月完成，照亮市民回家路。

实施厕所革命，按照国家旅游化公厕标准，对市区公厕设施布局、功能提升和外观造型进行专项规划设计。新建2座一级公厕。提升改造5座3A级旅游公厕，同步推进其它116座公厕改造任务，增强无障碍设施和第三公厕比例，张贴标识导示牌，公厕硬件设施改造和管理不断提升，一批人性化设施俱全、外观新颖时尚、有专人管理的公厕在东台街头投入使用，传统公厕的形象正在深圳被颠覆，"小厕所"越来越彰显"大民生"。

拓展垃圾分类，市区垃圾分类覆盖面达1万名居民，望海社区作为省级垃圾分类示范社区等10座智能垃圾分类设备全部安装到位，市区机关事业单位垃圾分类容器10月初全部发放到点，餐厨垃圾收运车开始运行，大件拆卸设备正在酝酿选址中。

攻坚克难，精准发力，优化公共服务能力

坚持以人民为中心的发展思想，应该认识到社会在发展，民生追求不断有新标准，满足人民群众对美好生活的需要。东台市城管局聚焦民生领域的热点，在管理的前端末梢同时发力，不断提升群众的幸福感和满意度。

优化居行空间。全力管控违法建设，全年共查处违建2740处，拆除面积达25000平方米。组织力量对北起范公大桥，南至梁垛镇界公路沿线两侧，摸排出乱搭乱建、乱堆乱放、店招店牌、占道经营等八大类818个问题，打造亮丽城市南大门。

重抓环境污染。对涉及环卫设施、暴露垃圾、露天烧烤等5件交办案件，再次进行交办落实。同时，对重点区域、重点地段落实人员蹲点值守，落实长效管理措施，确保不反弹。铁腕整治渣土、扬尘，围绕建筑垃圾、工程渣土、道路挖掘和保洁等方面，突出问题导向，狠抓落实，强化监控，推动生态环境高质量走在前列。推行市区18条内河河长责任制，按照"三清六乱"的标准强化整治，细化作业常态化考核。

回应市民关切。不断加强城市精细化智慧化管理，不断提升城市品质和整体形象的一个重要体现，充分发挥数字化城管平台作用，全年受理各类城市管理问题案件46548件，部门联动处理46082件，处理率99%。顺应形势，成立"停车设施管理中心"率先对红兰路、东亭路等10个公共停车场，市区主次干道两侧760个临时泊位纳入管理范畴。计划用3年时间投资3000多万元，将市区所有公共停车泊位接入智能化管理系统，打造方便快捷高效的城市智慧化停车管理模式。

党建引领，强基固本，打造先锋城管队伍

根深则叶茂，本固则枝荣。东台市城管局加强党的基层组织建设，使每个基层党组织都成为坚强战斗堡垒，党员争当先锋模范，党员干部队伍焕发生机，工作质效、队伍形象明显提升。环卫职工朱筱卫、执法大队协管员王鞋粉荣登第一、第二季度"东台好人榜"，路灯所姜宁被市总工会授予"五一"劳动奖章，数字化中心被共青团盐城市委授予"五四"红旗团支部，环卫处公厕养护所副所长张骐骦"平凡二十年，处处总关怀"事迹在《党建与经济》第7期报道，局机关及下属4个单位继续保持市文明单位称号。

铸牢"思想魂"。以党委中心组、党组织活动日为平台，坚持每周晨会学习制度，积极开展解放思想大讨论，助推城市管理高质量。认真抓好"三会一课"，"七一"前夕，局党委上好"不忘赤诚初心，牢记城管使命"大党课，推荐13名入党积极分子参加市级机关工委专题培训班。全面与上海市静安区城管局结对，接受先进地区城市管理辐射；主动与陕西省铜川市耀州区城管办结对，双方开展帮扶共建活动。组织全体党员开展结对帮扶，共献爱心活动。通过系列活动进一步增强"四个意识"，树立"四个自信"，不断提高政治站位，为全力打造"四个城管"提供有力的组织保证。

紧扣"721"工作目标，制定法制教育培训计划和"强基础、转作风、树形象"三年行动实施方案，扎实开展法律知识业务技能培训，提升服务、管理、执法的能力水平。举办"一月一法一学一考"活动。全年组织各类培训9次，受训人员480多人次，不断提高用法治思维和法治方式解决问题的能力。

严字当头，动真碰硬。实行党风廉政建设与业务工作同部署、同落实、同检查、同考核，确保党风廉政建设主体责任和一岗双责落地生根。进行常态化学习教育，常态化专题整治，常态化督查考核，常态化问责追究，推进作风建设永远在路上……

好风凭借力，东台市城管局正在围绕全国文明城市创建，以"城市管理要像绣花一样精"为追求，深入推进"百姓城管、效能城管、法治城管、先锋城管"建设，注重精治、共治、法治能力建设，不断提高城市精细化、智能化、科学化、规范化管理水平，让城市有变化，市民有感受，持续改善人居环境质量。

智慧城管打通最后一公里

安徽省合肥市瑶海区城市管理委员会 杨晓雨

随着城市化进程的加快，城市居民对居民环境要求的提高，城市管理已日益成为我国城市关注的热点问题，习近平总书记在视察北京时说"城市管理要像绣花一样精细"，合肥市瑶海区城管委以"服务"为理念，探索创新，助力城市管理工作再上新台阶。

升级行政审批网上办理 让市民少跑腿

在合肥市瑶海区政务服务中心三楼城管委窗口，工作人员正在电脑上处理商户店招审批，核实法人身份证，查验店招标牌现状图、效果图，瑶海区店招标牌技术规范审核表等电子资料。瑶海区城管委互联网+政务服务工作，在全市率先迈出新步伐。

以往办理店招审批、申请商业活动许可，必须带着审批材料去办事大厅现场办理，交材料，然后审核、审批、回复，一套手续办下来需要5天时间，而且如果材料不齐全还要来回跑3、4次，为简化办事流程，缩短办事时间，瑶海区城管委深化改革互联网+政务服务，窗口执法人员按照政务服务事项实施清单的填报要求，逐项编制格式一致的标准化办事指南，规范办理依据、受理范围、申请条件、申式规范，让办事群众一目了然。网上申请结束，工作人员登录后台即可受理、审核、办结。在受理、审核、办结的过程中，对不符合申报要求的，予以退件处理，并及时通过平台发送短信通知，申请人可以通过登陆安徽政务服务网查询退件原因，修正材料，再次上报。如果上报合规整套审批只需跑一趟，审批时间也缩短至1～2个工作日。

改变的不止是"气味"

粉墙黛瓦、马头墙、绿树成荫绕两旁，古色古香的徽派风格恰到好处的融入市民游园区域，不突兀，不扎眼。厕为民建，为民用，这就是位于合肥市瑶海区的坝上街公厕，该公厕的设置满足了游园周边散步、锻炼、来往行人的用厕需求。

以往公厕最头疼的就是气味刺鼻难闻，为解决这一难题，营造干净整洁如厕环境，坝上街公厕引入通风系统，自由设定通风时间，将公厕内空气进行定时抽排，还安装除臭系统定时喷洒安全环保的除臭剂，对空气中的臭分子进行分解，做到室内空气清新无异味。

不仅如此，在坚持优化设施，提高服务质量的基础上，合肥市瑶海区城管委对原公厕翻新改造，改进男女蹲位设计，将蹲位男女比例设置成为5：6，缓解女同志如厕难现象；在新设置的第三卫生间中，安装多功能台、儿童安全座椅、安全抓杆、挂衣钩等设施，整平进厕路面，更好服务老幼病残人士。

为解决市民下雨出行未带伞的尴尬局面，坝上街公厕免费提供雨伞使用，只要使用之前交20元押金，归还后，再将押金退还即可。

力求服务做精做细，坝上街公厕秉持"以人为本，节能环保"的设计理念，打造六大科技系统：光伏系统、通风系统、网络系统、除臭系统、雨水收集系统、厕位显示系统。在公厕门口能看新闻，看天气，看宣传视频，丰富市民室外信息了解渠道，轻轻松松了解最新资讯，还能看到厕位使用情况，男左女右，空余厕位显示绿色，正在使用厕位显示红色，一目了然，十分便捷。

除了对直管公厕进行升级改造，瑶海区城管委还将菜市场等各类社会公厕进行全面摸排，设计施工，2017—2018累计改造各类公厕61座，完成后统一监管，进一步提高城市文明形象，为市民群众带来便利。

让城市管理更"智慧"

"长江东大街有流动摊点正在占道经营，我们马上过去"，正在路面巡查的网格责任人何进在收到手机上的案件提示后，对瑶海区三里街智慧瑶海指挥中心平台回复道。在接下来的二十分钟内，他将按照智慧瑶海手机APP发布的案件详情和定位，赶到现场对违规行为进行处置，并在APP内完成拍照回复。何进是三里街街道的一名城管队员，今年4月份，瑶海三里街街道作为瑶海区首批智慧瑶海试点单位，承担了全区智慧瑶海先行先试重任，并从平台搭建、网格划分以及远程监控等方面部署智慧瑶海系统。

何进在实地处理案件的同时，在智慧瑶海指挥中心大厅里，他的行动轨迹实时显示在LED大屏上，并保存下来。这里共有12块高清LED大屏，实时呈现路面街景，并全程监控案件处置情况和执法人员行动轨迹，确保违规行为被彻底处置完毕。在智慧瑶海平台建设之前，城管执法遇到许多难以解决的问题。比如说群众反映问题处理速度滞后了，到了现场锁定证据难，由于执法权限和范围不同，各个部门协调起来的效率低，等等，这些都成了城管执法的瓶颈了。"他山之石，可以攻玉。"今年5月，城管委联合街道，结合先发地区城市管理经验，在原来的数字城管基础上，成功建成智慧瑶海平台指挥系统，高效整合了包括城管、治安、应急、信访等管理部门资源，将日常工作联动起来，推动城市管理工作迈进"智慧时代"。

再智慧的平台都需要在落实层面下功夫，在服务群众的"最后一公里"上下功夫。网格员的应用能力和工作水平很重要。为此，制订了智慧瑶海网格化管理的科学制定考评制度，以合理运用考核结果，激发工作人员积极性，提高路面巡查频次，利用智慧化手段进一步提升城市管理水平。区城管委多次组织人员手把手指导操作，开展专业知识培训，全面提升网格员的专业技能和服务能力。

当前，这一智慧平台不仅仅作为监督市容的有力工具，而且成为联系区、街、社区及各个职能部门协调合作、共同解决城市管理问题的平台，让服务社区的工作下沉到每一个小区、每一条道路，真正从实际出发，解决老百姓关心的问题。以市容日常管理为例，智慧瑶海系统针对辖区几个流动摊点高发区域，如长江东路五中门口、长江东路与东大街交口、长江东路蚌二小路门口三个路段，安装 3 个 360 度高清摄像头，路段实时画面连接智慧瑶海指挥平台，平台工作人员随时监控违规行为和处置情况，大大提高城市管理反应速度和精细度。

这一智慧平台应用所带来的城市管理效益也逐渐显现。截至目前，通过"智慧城管"监控平台，已经发现并上报各类市容违规行为 564 起，基本形成了实时监管、快速反应、及时处置，全覆盖、无死角的城市管理新格局。

三里街街道城管中队长余超表示："后期，我们将在三个试点社居委的基础上，将网格巡查扫描点推向全街 8 个社居委。城管中队将继续落实智慧瑶海相关工作要求，平稳实现重点工作兼顾和过渡，同时努力培养系统平台操作能手，提高各类案件反馈和处置效率。远期将在全街范围内设置 300 个高清摄像头并配备相应喊话系统，建立以信息技术为支撑、以力量整合为保障，融城市管理与社区治理于一体的大综管。"

创新城市管理体制机制
提升城市管理能力的路径分析

安徽省宿州市城市管理行政执法局局长　甘大庆

2015 年 12 月，中共中央、国务院印发了《关于深入推进城市执法体制改革改进城市管理工作的指导意见》（中发〔2015〕37 号，以下简称 37 号文），明确了城市管理工作的指导思想、基本原则、总体目标和重点任务，成为我国当前和以后一个时期指导城市管理工作的纲领性文件。本文在尊重城市运行规律的基础上，探索研究贯彻落实 37 号文创新城市管理体制机制的路径与方法。

一、当前城市管理工作面临的新形势

（一）城镇化的快速发展考验着城市管理能力和水平

党的十九大报告中指出，我国城镇化率年平均提高一点二个百分点，八千多万农业转移人口成为城镇居民。城镇化快速发展必然带动整个经济社会发展，但也由于城市的基础设施、新市民的文明素质等方面难以跟上城镇化发展的速度，形成城镇化快速推进与城市基础设施相对滞后的矛盾，市民群众日益增长的环境需求与城市管理方式方法和手段相对不足的矛盾，城市人口快速增长与文明习惯相对滞后的矛盾，解决这些矛盾必然要求迅速提升城市管理能力和水平。

（二）"两个一百年"的战略目标要求形成与之相匹配的城市管理能力和水平

"两个一百年"奋斗目标清晰标示实现中国梦的战略步骤、历史任务和实践方向。"两个百年"目标的期许，使舒适、便捷、安全的生活方式已成为市民的广泛追求和向往。城市基础设施和公共服务设施的安全运行、公共空间的高效有序利用，城市个性化服务产品的优质提供是满足城市人民生活新期待的先决条件。也不可能将交通堵塞、城市内涝、城市雾霾、垃圾围城等"城市病"带进"小康社会"，抓重点、补短板、强弱项，必然要求创新城市治理方式，提升城市治理能力。

（三）国家政策要求迅速提升城市管理能力和水平

党的十八大强调"加快形成党委领导、政府负责、社会协同、公众参与、法治保障的社会管理体制"。十八届三中全会提出"理顺城管执法体制，提高执法和服务水平"。

十八届四中全会提出，"理顺城管执法体制，加强城市管理综合执法机构建设，提高执法和服务水平"。党的十九大明确要求："加强社会治理制度建设，完善党委领导、政府负责、社会协同、公众参与、法治保障的社会治理体制，提高社会治理社会化、法治化、智能化、专业化水平。"中央城市工作会议提出了"一尊重五统筹"的城市发展理念，为城市发展布局顶层设计。37号文，更是提出了构建权责明晰、服务为先、管理优化、执法规范、全有序的城市管理体制的任务和要求。

二、目前我国城市管理执法工作取得的经验

由于长期以来我国城市管理执法工作由各地政府直接负责，全国没有形成统一的管理执法模式，这固然给城市管理执法工作带来了很大制约，但也呈现了"百家争鸣"的良好态势。正是在总结全国各地经验基础上形成了37号文。

（一）城市管理综合执法体制逐步建立。

通过多年探索交流碰撞，城市管理执法体制在横向上走向综合，已从单一的城市市容环境执法走向了住建领域及其他相关领域的综合执法；纵向上，市、县、区管理执法体制层级关系逐步理顺，执法重心实现下移，逐步形成以市为核心、区为重点、街道为基础、社区为配合的城市管理执法体系。

（二）城市管理相关政府职能部门的综合管理机制逐步完善。

通过多年的探索和完善，建立健全了政府各职能部门各负其责又整体联动的组织架构。各地普遍成立城市管理委员会，建立城市管理联席会议制度，强化对城市管理工作的统筹推进、高位协调和监督考评，有效调动了各方力量，提升了城市管理的协调能力。

（三）城市管理执法法规、标准体系逐步健全。

各地相继出台户外广告设置、城镇排水与污水处理、建筑垃圾和工程渣土处置等专项法规和规范性文件。尤其近几年，各地研究出台综合性较强的城市管理执法相关法规。如《南京城市治理条例》《宿州市市容治理条例》等，城市管理执法标准也相继推出，为城市管理执法工作制度化、规范化奠定良好基础。

（四）科学信息技术在城市管理执法领域的广泛运用。

数字化城管系统的成熟运用、智慧化城管的升级推动了现代信息技术在城市管理执法领域的综合运用。如，宿州市建设运行了城市智慧管网系统平台，破解"马路拉链"治理难题。依托了数字城管、智慧城管系统平台的运行，建立运行了"统一领导、分级负责、重心下移、网格发现、系统确权、部门处置"的管理机制，推动了用数据说话、用数据决策、用数据管理、用数据创新的新机制建立与完善。

（五）公众参与机制初步形成。

通过实践，各地充分认识到群众在城市管理工作中的主体作用，认识到构建和谐的执法环境才是化解城市管理执法矛盾的根本途径。如，宿州市通过搭建"城管服务超市"平台，积极为市民提供全方位、全时段、更加便捷的服务；推出"四意合一"治理新模式，由城市管理部门、街道社区、管理服务对象、"群议委"，分别代表政府的意图、街道社区的意见、管理服务对象的意愿、市民的意向，通过圆桌会议，对所要解决的具体城市管理问题的解决方式方法及其途径进行研讨、表决，寻求出利益交融点，实现各方利益最大公约数。

三、提升城市管理执法运行效率的路径选择

2000 年，联合国人类住区中心发表的《健全的城市管理：规范框架》宣言提出，可持续性、下放权力和资源、公平、效率、透明度和责任制、市民参与和市民作用、安全保障七项健全的城市管理标准。这七项标准成为衡量城市健康运行的基本标准。实现七大标准，必然离不开组织、法律政策、技术、社会四大支撑体系。

（一）建立健全组织支撑体系，职权清晰

构建权威高效的指挥协调系统，统筹协调涉及城市基础功能设施和公共空间管理的部门、单位推进城市管理工作，并实施监督、考核和评价，将城市管理履责情况和综合考核情况纳入政府目标考核、领导班子政绩考核、部门目标责任制考核、满意单位评比考核。通过自上而下的目标责任制和党政工作考核机制，使党委成为城市治理的决策者，政府成为城市治理的组织者，政府职能部门成为具体的实施者，推动部门共治，由"一龙管水为多龙治水"。

（二）构建法律法规政策支撑体系，立法为基

依据新的《立法法》，促进有立法权的城市加快制定城市管理执法方面的地方性法规、规章，明晰城市管理执法人员身份、执法范围、执法程序等内容，规范城市管理执法的权力和责任。建立科学合理、保障有力的财政供给机制，使城市管理执法经费随着城市建设加快、规模扩大、任务增加、养护标准提高和管理手段更新而相应适度稳定增长，使城市建设与城市管理相互补充、协调发展。

（三）推进技术支撑体系的建立，科技助力

综合应用计算机技术、无线网络技术、现代信息化技术，拓展城市管理信息系统运用功能。依托数字城管平台，重构城市管理部门运作体系行政流程；构建"网格化"管理运行机制，推进重心下移；运用大数据分析，掌握影响城市安全高效运行和群众最为关注的城市管理问题，提高政府理性决策和公共政策的品质；建立多部门公共数据资源互联互通、开放共享和协同应用机制，强化行政许可、行政处罚、社会诚信等城市管理要素数据整合运用；完善中标企业日常工作运行数据库，增强对企业服务质量的客观公正的评估。

（四）构建社会支撑体系，共享共治

中央"十三五"规划提出，能由政府购买服务提供的，政府不再直接承办；能由政府

和社会资本合作提供的，广泛吸引社会资本参与。通过政府和社会资本合作等方式，推进城市市政基础设施、公用事业、公共交通、便民服务设施等建设运营市场化。通过政府向社会购买服务，推进城市道路保洁、市政基础设施维护、绿化养护、垃圾分类处置等作业项目市场化。城市管理部门作为监管机构代表政府对企业进入资质、价格形成、服务质量、企业退出等进行监管。建立"第三方"即公众独立评估监管辅助系统，构建与市场化公用事业体制相适应的政府和公众监管体系。通过建立稳定的公共话语空间，引导城市管理利益相关者进行理性商谈和辩论，持续培养市民的主体意识、责任意识、规则意识、公德意识、共赢意识、法治意识，营造良好的城市管理执法环境。

以"一改"促"四改" 开创城市管理新局面

内蒙古乌拉特前旗城市管理行政执法局 王永亮 李海蛟

2017 年以来，乌拉特前旗城市管理行政执法局借助城市管理综合执法体制改革的历史机遇，既抓好改革的"规定动作"，又做好改革的"自选动作"，以"一改"促"四改"，积极开创城市管理新局面。

抓住"一改"，理顺执法体制

"一改"既城市管理执法体制改革。2015 年 12 月 20 日，时隔 37 年后，中央城市工作会议在北京召开。同时中央、国务院下发《关于深入推进城市执法体制改革改进城市管理工作的指导意见》（中发〔2015〕37 号）文件，要求全面深化改革城市管理体制机制。区、市、旗各级按照改革文件精神，从强化顶层设计入手，积极推进城市执法体制改革。作为这次改革的"规定动作"，乌拉特前旗城市管理行政执法局划转了住建、市场、环保等十二个部门 5 大项 64 小项的职能职责，集中行使行政处罚权，解决了多头执法、执法扰民的现象，理顺了执法体制，进一步提升了城市管理工作水平，取得明显成效。

促进"四改"，提升管理水平

一改城市管理理念。宏观上适应乌拉特前旗城市发展由"以建为主"向"建管并举"转变的大趋势，由过去的"城市扩容"向"城市提质"转型。微观上满足城市居民对美好生活的新期待，变过去的传统式、运动式、突击式城市管理模式向精细化、常态化和服务化转变。改革以来，我们积极推行长效型精细化管理模式，先后实施了"横向加纵向""平面到立体"的管理举措。"横向"即凡是涉及到居民日常生活的问题要管；"纵向"即历史上形成的积重难返、日久成习的问题（例如小区违建、基础设施缺乏、路边市场等）要管。"平面"即涉及到居民吃、住、行的问题要管；"立体"即影响到城市立体观瞻的问题（噪音、扬尘、楼顶广告、侧立广告等）要管。作为 6 个旗县中城市人口密度最大的旗县，乌拉特前旗执法真正转变管理理念，从根本上解决城市管理难、难管理的"怪圈"，使居民生活秩序有了历史性改变。

二改执法模式。加强以人为本的执法理念，改变过去"围追堵截、死缠烂打"的执法模式，采取"软硬兼施、疏堵结合"的办法，充分将"721"工作法（70%的问题用服务解决，20%的问题用管理手段解决，10%的问题用执法手段解决）运用在城市管理中。在具体执法活动中，执法人员对管理相对人采取指导、引导、劝告说服、协商沟通的方式方法，解决了许多困难和障碍，得到大多数管理相对人的理解和称赞，城管形象在百姓心中得到进一步提升。同时加快城市基础设施建设，2017年以来共建便民市场4处，施划停车位9000个，建停车场3处，安装道路护栏7500米等。

三改制度保障。按照改革文件精神，以"三到位、四化、五统一"为基准，完善了执法装备的配置，建立健全行政执法全过程记录制度，使执法活动在合法、公正、公开下进行，保障执法人员和管理相对人的合法权益。同时，建立城管执法、公安护法、法院裁决"三位一体"执法机制，成立了城管派出所和城管专业法庭，以公安维护执法秩序、法庭审理调解的方式，解决执法难、处罚难和执行难的问题。改革以来，暴力抗法和行政处罚执行难的案件大幅减少，也提高了执法队伍依法行政的能力和水平。

四改服务水平。为提升城管队伍服务水平，局政务大厅通过对环保、市场、市政、排污、园林等部门划转职能分类，积极推行"一站式"服务，实现从形象服务向实际服务转变，如原来由环保、排污、市场、城管四部门共同审核餐饮业、油烟排放的前置手续，商户在城管一个部门就办完相关审批手续，程序简化，既方便群众少跑路又提高了工作效率。针对流动摊点随意占道、无市可进的实际情况，我局根据人口辐射半径，在城区东南西北中区域建设四处综合便民市场、八处便民服务点和一条应季瓜果蔬菜街道。满足市民和商贩的供销需求，缓解因流动摊占道经营影响交通秩序和市容环境卫生的问题。

两年来，城市管理行政局在改革中提早部署、先行先试，通过提升执法队伍整体素质、改进服务水平、创新执法机制，努力打造一支新型"城管铁军"。

以"五化"同步为抓手
全力助推城市高质量发展
——博山区城市管理现状及未来展望

山东省淄博市博山区综合行政执法局

整洁优美的城市环境是城市文明的直接体现。近年来，博山区按照全市"四位一体、组群统筹、全域融合"现代化组群式大城市部署要求，以新发展理念统领城市管理工作，突出群众需求和问题导向，以"筑基础、补短板、提亮点、抓整治"为落脚点，发扬城市管理"绣花"精神，不断提升城市精细化、标准化、专业化、品质化、智慧化管理水平，让城市更有序、更舒适、更美丽、更宜居。

现状

1. 定制度、强机制，全力促进标准化建设

一是全面制定精细化管理标准。紧密结合博山实际，制定城区道路分级管理、城市容貌、市政设施、环境卫生、园林绿化等方面的工作标准，完善考核办法，将城市管理各项标准严格落实到具体工作中，实现内容具体、标准统一、管理精细。二是健全部门联动机制。充分发挥城管委统筹协调、牵头抓总的作用，强化各成员单位责任意识，加强城管、交警、公安等多部门联勤联动，加大督导检查力度，形成高效联动、合力推进的工作局面。三是加强管理队伍配备。深化城市管理体制改革，对原区城管执法局、区市政园林局、区孝妇河管理处、博山公园等进行整合，明确机构设置和职能划转，执法主体日渐规范。坚持执法重心下沉，设立10个镇办综合执法中队，强化业务培训、技术比武等措施，打造一支"政治合格、业务精通、作风优良、素质过硬"的城管队伍。

2. 筑平台、促升级，全力推进智慧化管理

一是组建数字化智慧平台。投资358万元，建成9大核心子系统，完成对建成区内地理编码部件普查4万件，划分单元网格97个，安装28处视频探头，实现了360°全方位无死角监控。建成城管驿站、烧烤大院等多个二级平台和管理单元，通过"大数据、云服务、云计算"实现了感知、分析、服务、指挥、监察"五位一体"的新型执法模式。数字平台

运行以来，共利用数字平台有效处理派遣案件3347件，办结3327件，办结率达99.4%。二是建设城乡环卫智慧平台。投资400余万元，建成启迪桑德环卫云平台，通过"智慧环卫"实时监控，远程管理环卫设施、环卫车辆运行，管理水平有效提升，农村垃圾箱清箱率提高到85%以上，城区提高到95%以上。三是建设路灯管理智慧平台。投资200余万元，设立路灯监控平台，安装智能控制箱44个，高清摄像头23个，单灯控制开关7500个，实现利用手机APP控制亮灯时长、亮灯数量的智能化管理。四是建设渣土运输智慧平台。指挥中心接入渣土车辆运输监管定位系统，涉及运输公司6家、车辆140辆，通过实时定位、轨迹回放，准确判断车辆工作状态，使渣土车的运营更加规范化、合法化。

3. 强设施、夯基础，全力打造品质化城市

一是实施公园博物馆工程。因地制宜规划建设了一批生态优美、布局合理、功能完善的公园、游园，逐步完善了城市绿地系统。总投资1亿元的50个新建改建工程已完成40个，建设面积120万平方米。其中，投资1600万元，对始建于1957年的全市第一处人民公园进行了改扩建，10月1日正式开园，"城在园中，园在城中"的水墨山城特色日益彰显。二是高标准建设城管驿站。首批建成并投用5处城管驿站，统一装配数字监控、远程呼叫、定点广播、视频宣传等设施，集日常管理、案件派遣、案件查处、行政审批代办、爱心驿站等多功能服务于一体，开启了城市街面管理服务"零死角"模式，实现了服务群众"零距离"。三是有序推进"三改三建"。投资4692万元，改造老旧小区21个，改造面积38.46万平方米。投资812万元，提升背街小巷25条。开工棚改项目16个、2140套，开工率95.5%，基本建成2078套，完成投资3.1亿元。投资2996万元，新建停车场20处，增加停车位1526个，划定机动车公共停车泊位5200个，共施划机动车、非机动车停车泊位10.2万米。投资1235万元，新建一类公厕24座、改造二类公厕33座，建成博山公园"城市公舍"。有效盘活城市闲置资源，与中菜联盟合作，投资1.2亿元建成福门智慧农贸超市，新增便民摊点疏导区10个，有效减少了占道经营现象。

4. 快行动、狠治理，全力加强精细化管理

一是突出违建治理。累计拆除违法建设面积189万平方米，拆除大型广告961块、其它广告牌匾1599块。拆违增绿面积2.3万平方米，腾出建设用地14万平方米，增加市民活动场所56个，增加停车位1005个。二是突出市容市貌"六乱"治理。强化"门前五包"责任制，实行示范路标准化精细化管理，中心路等8条示范路达到"五个一律"管理标准。开展违法停车和市容市貌集中治理行动，取缔占道经营、店外经营6.8万处，清理乱贴乱画4.7万处，清理乱堆乱放5.1万处，规范非机动车停放12万辆，拆除乱扯乱挂2175处，拆除临时广告1992处。三是突出露天烧烤治理。成立8个夜间巡查组，对城区烧烤、大排档经营全面整治，累计出动执法人员1万余人次，执法车辆1000余车次，关停取缔违规烧烤经营点16处，依法治安拘留妨碍执行公务的人员10余人，城区范围内全部实现了规范经营。

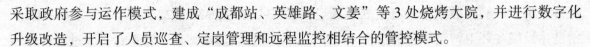

采取政府参与运作模式,建成"成都站、英雄路、文姜"等3处烧烤大院,并进行数字化升级改造,开启了人员巡查、定岗管理和远程监控相结合的管控模式。

5. 抓运营、优管理,全力推动市场化运作

一是城乡环卫一体化市场化。投资4200余万元,由启迪桑德公司对全区城乡环卫一体化进行运营管理,对城区175万平方米的主次干道作业实行"机械化清扫+定期冲洗+全天候人工保洁",严格执行"三扫三洒、以克论净"的深度保洁标准。对镇村的"死角盲点""交叉区域"进行无缝隙重点考核,"村收、镇运、区处理"的城乡生活垃圾一体化处理模式日益完善,被列入全国100个农村生活垃圾分类和资源化利用示范区。二是园林绿化养护市场化。投资800余万元,由青岛园林公司对200余万平方米的绿化养护进行运营管理,建立"全时段、全覆盖"网格化管理模式,定岗定员,严格奖惩,变"以费养人"为"以费养绿",绿地养护管理步入精细化、规范化轨道。三是河道保洁市场化。投资200余万元,将全区露天河道管理全面推向市场化,共管理河道21条,总长211.8公里,600余万平方米,对两岸河堤范围内的水面、岸坡、滩地等进行全面保洁管理,做到了"四定三包"(定人、定岗、定责、定河段,包环境、卫生、设施完好),使全区河道管理走上了正规化、规范化、专业化轨道。

展望

在今后的城市管理工作中,我们将实施城市管理三年推进计划,加强精细化管理,创新体制机制,加快补齐短板,努力打造基础设施功能完善、市容环境整洁规范、街道景观富有特色、管理服务智慧快捷、安全文明法治的城市环境。通过实施市场化管理、城市管理智慧化、"道路示范区"打造、违法建设整治、道路交通微循环改造工程、"公园博物馆"改造提升等14项重点工程,为市民打造更加干净整洁、畅通有序、和谐宜居的城市环境。到2019年年底,实现城市常态化精细化管理。到2020年,达到城市设施、环境、交通、应急(安全)等方面的常态长效管理水平全面提升,市民对城市管理的满意度、获得感明显提高的目标,全力助推"美丽街道、美丽家园、文明博山"品牌建设,为全市现代化组群式大城市建设贡献博山力量。

关于上蔡县城市精细化管理工作情况的调查报告

河南省上蔡县城市管理综合执法局　赵建伟　朱茂松　党　让

城市精细化管理是指综合运用法律、市场、行政和社会自治等手段，通过城市管理目标量化、管理标准细化、职责分工明晰化等，形成以"精致、细致、深入、规范"为内涵的城市管理模式。如果一个地方的政府没有战略意识的变革，没有整体性的体制安排，还是持有单纯求快的粗放型发展思路，头疼医头、脚痛医脚地被动式应对，就不可能有效提升城市发展的质量，从源头上减少和应对影响城市质量的事件。

近年来，上蔡县遵循以人为本和可持续发展的原则，结合"四城联创"，以创建工作为载体，全面推进城市精细化管理力度，先后获得省级卫生县城、省级文明县城、省级园林县城、县城规划建设管理先进县等荣誉称号，通过城市精细化管理工作，全县市容市貌得到了明显的改善，城市的文明程度和市民的文明素质不断提升，城市精细化管理取得了明显成效。

一、县城市管理局基本情况

上蔡县城市管理综合执法局自 2012 年 12 月 26 日成立以来，相对集中行使城市管理领域内城市市容和环境卫生、规划监察、城市绿化、市政设施、城市道路、环境保护、工商行政、公安交通、公用事业等 9 个方面全部或部分行政处罚权，有效改变了过去分散管理、多头执法、重复处罚、职能交叉的问题，实现了一支队伍综合执法。2016 年 12 月承担县数字化城市管理系统的规划、建设和监督管理工作；2017 年 7 月 1 日开始，将城管审批事项纳入电子网络办理，同时对道路挖掘和临时占用道路两旁等审批事项实施并联审批，实现了"一网通办"，让群众办事最多跑一次。

2017 年 12 月 26 日，根据河南省机构编制委员会《关于全省城市管理执法体制改革有关机构编制指导意见》（豫编〔2017〕8 号）、《中共驻马店市人民政府关于深入推进城市执法体制改革改进城市管理工作的实施意见》（驻发〔2017〕24 号）、市编办《关于调整上蔡县人民政府工作部门的批复》（驻编办〔2017〕155 号）和上蔡县机构编制委员会（上编〔2017〕48 号）文件精神，设立上蔡县城市管理局，加挂上蔡县城市综合执法局牌子，为县政府工作部门，规格为正科级。

二、县城市精细化管理工作开展现状

（一）管理机制完善创新

1. 围绕精细管理，建立健全路长责任制。上蔡县城市管理局 2018 年年初，全面启动了城市管理网格化，局领导班子成员主动认领分包路段，采取"一网多格、一岗多责、全员参与"的模式，对城市环卫保洁、绿化管护、市政设施维护等方面全面实行分片管理、分级负责的网格化管理，同一个网格内有负责环卫保洁、园林绿化、市政公用设施、市容秩序的工作人员参与，定人员、定路段、定职责、定标准，"横到边，纵到底"，不但实现了城市管理和综合执法全覆盖、无缝隙，而且有效提高了公共管理和服务水平。

2. 围绕管理效能，高度重视数字化城管工作。为了更好地适应现代城市管理需要，我县于 2018 年年初，严格遵照建设部有关数字化城市管理新模式的要求和城市管理与监督权分离以及"重在应用、整合资源、公开竞争、技术超前、市场配置"的总体原则，结合我县实际，初步建成了覆盖中心城区的数字化城市管理网格系统，形成了城市管理监督、指挥的新架构，经过半年多的运行，取得了显著的管理效果。2018 上半年，"数字城管"指挥中心受理县中心城区 191 宗案件，其中已结案乱张贴、乱悬挂广告类案件 21 宗，街面秩序类案件 109 宗，公共设施类案件 12 宗，市容环境类案件 49 宗，逐步实现城市管理向定量、动态、实时、精细转变。

3. 围绕垃圾治理，建立完善三级环卫体系。上蔡县城市管理局初步探索出采取社会化服务实现从县城城区到部分乡村全覆盖的垃圾收运、保洁服务模式。2018 年上半年，"村收集、乡转运、县处理"的全覆盖垃圾处置模式已初见成效，邵店、五龙、大路李、黄埠等 8 个乡镇及其下辖的 27 个行政村，生活垃圾基本实现了每天由专人、专车、专线收运。

（二）精细管理精准规范

1. 围绕抑尘降尘，日常保洁实现了常态化。一是对城区 86 条主次道路实现了双清扫全日制保洁，累计清扫保洁面积 447 万多平方米，日清运处理生活垃圾 180 多吨。二是秦相路、蔡侯路、五龙源路、蔡都大道等城区所有主次干道都实现了机械化清扫保洁。三是环卫洒水降尘作业延长时间，将洒水车次由先前的每日 10 次增加至每日 30 次，每次洒水逾 300 吨，并扩大洒水覆盖面，实行全天候洒水作业，以保持路面洁净、湿润、杜绝尘土飞扬。

2. 围绕停车秩序，治理违法停车实现了常态化。2018 年上半年，上蔡县城市管理局重点治理了在城区内乱停乱放的机动车辆与非机动车辆，教育、纠正、查处违法停放机动车辆 1.5 万余辆次，纠正、摆放和教育违法停放非机动车辆 9000 余辆次。通过专项治理，我县县中心城区交通秩序得到明显改善，违法停车等严重违法行为明显减少。

3. 围绕市政设施维护，巡查管理走向了常态化。市政设施完好是城市良好运行的有力推手，县城市管理局加大日常巡查力度，实现常态化管理和精细化维护，确保城区市政设施完好。一是维修养护注重"计划"。本着设施损坏早发现、早安排、早处置的原则,每逢年初就组织市政管理所全体人员对管辖范围内的道路路面、路缘石等破损情况进行全面摸底排查,有针对性地编制维修计划,并及时组织维修。二是日常巡查注重"精细"。市政巡查人员严格按照一天一次巡查的要求,认真做好责任区域内主次干道市政设施的巡查、监督和养护工作。对巡查过程中发现的问题及时反馈给相关责任单位进行整改,并组织复查,确保整改效果。三是破路审批注重"严管"。注重加强道路挖掘和破路审批管理,做到书面申请、现场勘查、领导审批、审核办证等"一揽子"程序明确、手续完善。

同时,上蔡县城市管理局为让市民"方便"更方便,全力进行"厕所革命"。2018年已完成6座公厕的主体建设,完成蔡明园公园2座旱厕改造工作。为防止城市内涝,督促县直各单位完成城区6大排水体系清淤任务,清淤长度1.3万米,淤泥清运3.6万立方米。

4.围绕园林绿化,管理养护实现了常态化。上蔡县城市管理局以建设生态、宜居的城市环境为主线,坚持养护常态化、管理精细化、建设精品化、服务优质化,进一步求实创新,转变观念,着手抓好城区重点绿化工程、专业绿地管理、公园人性服务等方面工作,重点做好蔡明园公园日常管理,为市民提供更多的休闲空间。2018年上半年,县城市管理局基本完成南环路东段、东环城路东段、蔡州大道东段、蔡都西游园和重要路口的节点绿化工作,全面完成对城区主要街道两侧行道树的修剪和养护工作,共修剪行道树1.2万棵,喷洒灭虫药10遍;完成路边绿化带的修剪、浇水等常规养护工作,累计养护面积180多万平方米。对道路、游园、居住小区、凤凰公园人工湖和杜一沟人工湖周边环境绿化持续提升,建成区绿化覆盖率达到35.26%。

(三)执法管理务实严谨

1.围绕静、美、畅、顺,市容管理更加严格。一是采取"常态化管理+集中整治"的模式,对城乡结合部、城区主次干道、夜市摊点等市容环境卫生扎实开展环境综合整治活动。按照"突出重点、综合治理"的原则,集中整治户外广告、马路市场、流动摊点、店外经营、夜市烧烤等热点难点问题。二是强化渣土车辆运输管控。要求建筑工地施工中,必须采取湿法降尘措施,避免扬尘污染。运送渣土、砂石及建筑材料车辆,必须实行密闭或全覆盖,并不得超过箱体运输,避免泄漏、遗撒。三是强化日常监管,建立应急处理机制。对突发违章事件特别是乱倒渣土和运输撒漏导致污染道路的行为,做到及时检查、及时发现、及时取证、及时整治。2018年中高考前夕,查处违法装饰、修理、焊接经营户600余户,查处音响噪音扰民320余起。开展露天烧烤专项整治,通过采取错时执法、集中检查、定岗固守等方式取缔60余处露天烧烤摊点,查处违法建筑工地30处(次),查处非法运输渣土车辆160余辆次。噪声污染整治、大气污染防治、建筑渣土管理、生活垃圾处理等工作都取得积极成效,城区环境质量不断提升。

2.围绕违法建设管控,日常监管实现了常态化。为有效遏制违法建设行为,维护文明城市形象,上蔡县城市管理局建立"防早打小"工作机制,确保违法建设行为管控在萌芽状态。一是加大日常巡查监管力度,建立台账制度,详细记录每天的巡查管控情况,包括巡查时间、巡查人员、违法项目主体或名称、违法地点、违法现状等内容,定期对执法台账进行汇总,做到后期执法有据可循。二是定期对已拆除的违法建筑进行后期跟踪,将违法建设趋势、重点防控对象、违法建设基础数据等进行统计,完善拆除风险应急预案、矛盾纠纷化解方案等工作机制,确保违法建设监管工作有效开展。2018年上半年,县城市管理局加大了巡查力度,对违法建设做到早发现、早介入、早查处,将违法建设遏制在萌芽状态。针对需要强制拆除的大型违法建设,积极协调国土、住建、公安等有关职能部门实施联合执法。目前,已组织10次拆违行动,制止新增违法建筑30余起,面积5800余平方米,查处商住小区违法建设行为7起。有效打击、遏制了违法建筑行为,极大地维护和优化了依法行政秩序与环境。

三、城市精细化管理中存在的主要问题

(一)城市精细化管理意识滞后

城市管理涉及多个部门,被动应对、突击完成任务的情况时有发生,主动管理意识氛围不浓。齐抓共管格局有待进一步形成。按照2017年8月17日驻马店市第四届人民代表大会常务委员会第二次会议通过,2017年9月29日河南省第十二届人民代表大会常务委员会第三十一次会议批准施行的《驻马店市城市市容和环境卫生管理条例》的相关规定,街道办事处、物业服务企业、机关、团体、企事业等单位没有真正做到履职尽责,城市管理资源不能有效整合,存在衔接脱节,互相推诿、协调不顺等现象,大城管格局没有真正形成。

(二)日常管理不够"精细"

相关职能部门日常管理粗放,多以应急、突击方式开展工作,反弹现象突出。流动商贩、市场外溢、垃圾堆放等问题反复整治、反复反弹;居民区、排水沟渠私搭乱建等违法建筑拆除手续繁、攻坚难;东西工业园区部分企业关停,管理不到位,环境状况较差,已成为精细化管理的"空白区"。

(三)精细化管理推进迟缓

一是背街小巷的精细化管理缺失。以往城市精细化管理只注重主次干道景观提升,忽视对背街小巷的整治管理。老旧小区多、背街小巷密度大正是我县精细化管理的重点和难点。二是城中村成精细化管理"盲点"。作为人口大县,实施精细化管理应该是全方位的,城中村应同步推进。而上蔡县大部分城中村环境"脏乱差"问题没有得到有效治理,生活垃圾集中清运,露天倾倒、蔡河等5大水系改造等问题长期得不到根治(上蔡县目前仅对北护城河进行了部分改造),城中村环境亟待改造提升。

（四）社会参与程度不高

城市精细化管理并不仅仅是政府某一部门的工作，更需要社会各界、市民群众的大力支持和参与配合，多方力量共同推进，才能达到城市品质提升的目的。但工作过程中，由于对市民的宣传教育力度还不够，市民爱城护区、爱护公共设施的意识比较淡薄，乱丢乱倒、乱停乱放、乱堆乱建现象较为突出。

四、强化城市精细化管理工作的意见和建议

（一）构建上下一体的指挥协调机制

县级政府应成立县城市综合管理委员会，由县主要领导担任城市综合管理委员会主任，领导并协调街道办、社区与城市管理各职能部门间的关系。县城市综合管理委员会作为城市管理最高层次的议事协调机构，应遵循"城市管理要像绣花一样精细"的管理理念，定期研判、处理城市管理的重大事项。

（二）夯实规划科学的城市管理根基

城市管理要做到精细化，必须反溯规划与建设的全过程。特别是行政机关、商场、学校、医院、市场及重大基础设施的布局，都与市民生活和城市管理息息相关，因此城市规划必须具备超前性与科学性，城市规划建设部门也应主动征求、接纳城市管理部门和公众的合理性建议。

（三）进一步推进城市网格化管理工作开展

城市管理应采取"走出去、请进来"的战略，学习借鉴外地先进管理经验，融入本地工作实际，进一步深化城市网格化管理机制，将城市管理工作责任分解到各单位、各企业、各街道，消除管理盲区。

（四）大力营造城市管理工作舆论氛围

互联网时代，如果缺乏对社会舆论的重视，就会丧失舆论宣传先机，造成政府部门和群体形象的整体损害。因此，各级党委、政府及各职能部门，都必须高度重视舆论宣传工作，发挥新闻媒体的正面宣传作用，围绕群众普遍关注的城市管理热点问题，利用报纸、电视、网络等形式开展经常性的宣传教育活动，树立文明市民和先进城市管理工作者典型，凝聚改革共识，弘扬社会正能量，建树"城市是我家、管理我有责"的思想理念。

城市精细化管理是一项长期工作，需要站在全局的高度筹划和考虑，只有以现实问题为导向，破解来自方方面面的瓶颈束缚和制约，才能稳步提升城市的建设管理水平，建设"繁荣、活力、安康、和谐"和"宜居宜业宜游"的现代化城市。

关于南丰县城市管理工作情况的调研报告

江西省南丰县城市管理局

随着我县改革开放的不断深入和经济社会的持续发展，近年来，我县城市建设和管理工作也得到快速发展，城市化水平大幅提升，城市框架不断拉大，城区面积从不到5平方公里发展到近15平方公里，县城人口从4～5万人增加至逾10万人。在加快推进"三城同创"，建设"富饶宜居幸福美丽"南丰的新形势下，城市管理工作日益得到重视，城市管理水平迅速得到提升。

一、我县城市管理现状

（一）基本管理结构

为强化城市管理力度，适应新形势下的城管工作要求，2006年3月，南丰县城市管理局正式成立，性质为事业正科级单位。目前，下辖环卫所、城管大队、市政管理所、路灯管理所、市场管理中心等单位，行使县城市容和环境卫生、市政、公用设施、工程建设现场文明施工等方面的执法监察工作，负责全县街巷清扫保洁和县城道路、排水、路灯等市政设施的维护、管理。

城市管理是一项综合性的系统管理工程。除县城管局之外，行使城市管理相关职能的部门有：县建设局行使规划执法职能；县园林局行使城市园林绿化管理和执法职能；县房管局行使物业管理职能；县公安局交警大队行使道路交通秩序管理职能；县交通局行使运输管理和城市公交管理职能等等。

（二）基本经验做法

近几年来，根据县委、县政府的工作部署，紧紧围绕全县经济社会发展的大局，以科学发展观统领全局，不断解放思想，创新机制，通过加强领导、改革工作模式和运行机制，大力加强队伍建设，全面推进城管工作规范化、法制化、科学发展化进程，城市管理水平明显提高，城市基础设施逐步配套和完善，环境卫生显著变化，城管队伍形象不断好转，城市容貌有了较大改观。

1. "三个"结合深化对城市管理认识。

一是城市管理和城市建设相结合的原则。明确城管局作为城市建设规划委员会成员之一，参与城市建设项目的规划评审工作，将市政、路灯、环卫纳入建筑工程综合备案程序，从规划审核、施工监察、竣工验收三个环节保证城市基础设施的完善到位，避免政府重复建设，造成大量资金浪费。

二是集中整治与长效管理相结合原则。在城市管理实践中，一是持续深入开展城区市容环境综合整治，进一步推进以市容秩序和交通秩序治理为重点的集中攻坚活动，大力掀起城乡环境整治百日攻坚"净化"行动整治高潮。在城区环境综合整治工作和"三城同创"工作中，建立了县领导挂片、责任单位包路段、社区的路段管理责任制和社区管理责任制，形成了齐抓共管的良好格局。通过综合整治和集中攻坚相结合，城区内倚门开店、占道经营、以路为市、乱堆乱放、乱拉乱吊等违章现象得到根本上的治理。二是注重阶段性集中整治和平时长效管理两者的有机结合，每遇国庆、春节、五一、蜜桔节等重大节日和活动期间，组织以城管为主要力量，建设、房管、园林、交警、交通、规划区所在乡镇予以积极配合进行集中综合整治，确保短期解决焦点、难点问题。三是在日常工作中，城管局实行定人、定岗、定责的目标管理制度，督查人员随时全程跟踪，确保长效管理落到实处。

三是以人为本和依法行政相结合的原则。城市是经济发展的平台，也是人民生活的载体，城市管理直接影响到群众的切身利益和城市功能的发挥。为规范市民行为，使我县城市管理做到有章可循，近年来，我县相继出台了《南丰县城市市容和环境卫生管理实施细则》《门前三包管理实施办法》《垃圾袋装化管理实施规定》《人行道车辆停放管理规定》等规章制度，并在具体管理中严格依法行政，违规必查、违规必究。同时注重人性化管理，疏导先行，有情操作，在城市管理中把市容整治与解决弱势群体的民生问题结合起来。在现有条件下，合理划定为城市低收入群体自谋职业集中经营地段和便民服务点，采取"统一经营地点、统一摊位样式、统一自我保洁"的办法，统一安置指定位置，既维护了秩序，美化了环境，又方便了群众，解决了部分城市低收入群体的就业谋生问题。

二、四"化"着力提高城市管理水平。

1. 优化环境，公安城管一体化。成立公安城管执法中队作为公安局派驻城管局机构；城管局主要领导同时在公安局兼职，全面建立了公安、城管一体联动系统，成为城市管理一个重要的保障力量，城管执法环境有了根本改善，一体联动系统真正落到实处。

2. 拓延职能，城管管理网络化。逐步建立两级政府，三级管理网络格局，加快城市管理职能向社区延伸，社区干部参与到城市管理当中。同时城市管执法人员定期向社区报到，积极投入到社区综合治理工作中。

3. 细分职责，市容管理属地化。城市管理常态化管理中，城管大队实行"大队管面、中队管片、队员管线"的属地管理。在管理目标上，要求队员做到"三查一看"，即"看路面、看立面、看上面、查手续"，规范"发现、处理、报告、反馈"工作流程。在督查上制定了《城市管理目标考评标准》，确保管理目标落实到单位，落实到个人。实行属地化管理，达到人人职责清晰，考核标准明确，监督检查有力的目的。

4.巩固成效，市容管理标准化。根据《江西省城市市容及环境卫生标准》，结合县城道路实际，明确样板路段、重点路段、一般路段市容标准、处罚标准，实行层次管理。按照样板路段继续巩固，重点路段逐渐提高、一般路段着重规范的要求，每整治一条路段，即予标准定型，有效地规范了日常管理，使之有章可循。如在加强户外广告管理中，首先在子固南、北路，交通南路对店面招牌进行规范审批，统一色调，规格，并在城区其它路段逐步推行，有效解决了店面招牌杂乱无章的状况。

三、存在问题

1.城市规划和基础设施滞后。由于历史和经济发展的原因，我县的城市规划水平不高，"龙头"作用不明显。如环卫专项规划编制滞后，影响环卫设施的规划布局，这种现象不仅在老城区，就是在新城区的建设中，环卫设施仍受空间布局的限制，已出现"无地可建"现象。一是垃圾中转站偏少，布局不尽合理，垃圾中转能力不足，清扫清运效率低。我县城区面积接近15平方公里，按照规划1至1.5平方公里应建设一座垃圾中转站的标准，我县垃圾中转站应保证在10至15座，方能满足垃圾中转需要。但我县现有的正规垃圾中转站仅4座，分别为附小对面、书香琴苑、东门农贸市场、西贸商城，许多人口密集区和大型住宅小区未规划建设垃圾中转站，导致环卫工人作业时间增长和作业区域加大，清扫清运效率较低。二是公厕数量不足，群众上厕所难的问题突出。在近年人大政协提交的议案当中，有相当数量的议案反映了我县公厕太少、上厕所难的问题。三是专业市场缺乏，划行规市工作推进缓慢。为加大对县城市容环境卫生的治理力度，我县先后组织相关职能部门开展了多次集中整治行动，也取得了一定的效果。但由于我县专业市场缺乏，导致城市管理部门对以路为市、违规占道的整治阻力重重。如位于三岔路口、交通路一带的小商品、五金批发、摩托电动车销售，交通北路的水果批发、洗车行，环城西路的车辆修理，分散各街道、居民区的饮食餐饮、建材等多年来形成常态，城管执法人员采取"堵"的办法往往疲于应付，收效甚微。四是县城内停车场数量缺乏，导致车辆乱停乱放现象严重。我县县城几乎没有一座大型的社会停车场，划定的停车位已远远不能满足车辆迅速增长的需要。五是农贸市场缺乏且场址不合理。我县较大的农贸市场仅有2座，且均位于老城区，分别为琴城路的东门农贸市场，胜利路的西贸商城。其中东门农贸市场规划设计缺陷明显，改造成封闭式的市场后利用率较低，容纳量缩小，农民自产自销的农副产品只得沿两侧道路摆放，影响市场秩序和环境。而农贸市场的缺乏和不合理布局也使露天"早市"难以根治。

2.城管局没有强制执行权，城市管理效率不高。县城管局为事业性质的机构，受县建设局委托行使行政处罚权，由于不是行政主体，不具备执法主体资格，不符合依法行政的要求。一是城市管理执法相对弱势，城管执法部门为维护城市市容和环境卫生在说服教育无效的情况下，必须进行对违章行为的处罚，但是实际操作中，由于法律依据不足，强制执行权有限，导致处罚力度小，履行难度大。对于乱倒垃圾等轻微违法行为，实施处罚时，相对人不履行，根本没有强制手段；对于违规占道经营、乱停乱摆等违法、违章行为，只能采取证据保全措施，没有强制执行权。二是城市管理体制纵横交错，涉及城市管理的一些重大问题，往往需要各部门的共同配合。由于部门众多，互为影响，政府决策和协调难度增加，影响工作效率。城市管理中运动式、突击式执法比较普遍，常态式、长效式管理机制不健全，城市管理综合效能不高。

3. 市民的文明素质亟待提高。城市化和城市现代化要求市民必须具备好的社会公德意识、卫生意识、环境意识，由于社会人口流动加快，城市人口动态性强，构成日益复杂，这部分人群多以个人经济利益为追逐的根本出发点。当加强城市管理与个人利益出现矛盾时，城市文明往往被抛在一边，各种旧有观念和不良习惯也就自觉不自觉地带进了城市空间，由于受到经费、体制等因素的影响，城市文明的宣传教育机制难以形成。如一些市民的环境卫生习惯较差，社会公德意识薄弱，乱扔乱倒、乱堆乱放、乱吐乱丢、乱贴乱画、乱搭乱建、乱停乱放的现象仍然严重；一些干部群众参与城市管理的热情不高，不少人只抱怨不参与，只指责不自责，袖手旁观而不身体力行；一些居民对城管、环卫工作不理解、与执法人员打游击，玩"猫捉老鼠"游戏，不尊重环卫工人劳动，前面扫，后面倒得现象十分普遍。比如仓山路、街心花园、老城区等店面经营户几乎没有配备垃圾篓等垃圾存放设施，各种生活垃圾和商品包装直接扫向街道，大大增加了环卫工人清保洁难度。

四、建议和对策

1. 解决执法主体资格问题。按照我国法律规定，行政执法主体资格的取得有两种方式，一是行政机关依照宪法和法律、法规的有关规定依法取得行政执法主体资格。另一种则是需法律、法规授权取得。单位性质是事业编制的，并未经法律、法规授权的单位，就不具有行政执法主体资格。随着城市执法体制改革的推进，执法主体资格问题将得到解决。

2. 注重宣传教育，增强城管意识和法制观念。城管工作难度大，需要通过宣传以提高社会认知度和公众参与度。城管工作直接面对的是老百姓，其中相当一部分是弱势群体，管理任务多是热点、焦点问题，其中相当一部分是顽症，需要通过广泛而有效的宣传吸引公众参与城市管理，营造共建共管的"大城管"格局，以降低管理难度，提高管理水平。城管工作容易反复，需要通过宣传以提高社会的文明意识。城管工作动态性强，反复性大，常常是处于"整治、反弹、再整治、再反弹"的不稳定状态，单靠加强管理很难奏效，必须通过宣传提高广大市民群众的城市意识、环境意识、卫生意识、文明意识，自觉遵守城管法规，从源头上减少违章行为的发生。一是宣传部门要做好宣传引导工作，利用多种形式在全民中进行教育宣传，提倡爱护家园，保护环境，如开办电视专栏，公益墙报，宣扬好人好事，树立典型等。二是社区干部要发挥作用，经常性的在社区居民中进行宣传工作，使之形成爱护环境光荣，破坏环境可耻的正确意识。三是城管人员要树立管理也是服务，管理也是宣传的理念，注重在平时工作中口口宣传，引导市民形成良好的习惯。

3. 坚持堵疏结合，着力化解矛盾。把人性化、理性化、柔性化贯穿于执法全过程。坚持贯彻"721"工作法，坚持以教育、疏导为主，摒弃野蛮执法、随意执法。正视进城务工农民和下岗失业人员等弱势群体的生存问题，致力开源疏导给出路。开辟适当临时市场和建立必要的基础设施，着力解决弱势群体之需、群众关注之切问题，尽量从源头上减少违法行为。充分赢得群众理解和支持，把矛盾化解于执法过程、解决在萌芽状态。

4. 发挥规划龙头作用，加大市政环卫基础设施投入，逐步改变规划和基础设施滞后的现状。完善规划编制，建立城市管理规划保障，规划设计上要体现前瞻思维，优先考虑市容景观、环卫设施和专业市场、休闲广场和停车场点。特别是在新城区和老城区改建中，必须留有空间余地，不能先建设后配套，而要全面考虑，超前思维。当前首要的是推进"厕所革命"，加强公厕的规划建设；培育和兴建种类齐全的专业化市场，推进划行归市工作；规划更多停车场点，减缓车辆停放压力，为提高城市管理水平，创优城市环境创造更好的基础条件。

真抓实干
推进城市管理综合执法工作上新台阶

黑龙江省牡丹江市城市管理综合执法局

近年来，牡丹江市城市管理综合执法局坚持"围绕中心、服务大局、整体推进"的工作思路，突出"服务新时代，展现新作为"主题，以开展"强、转、树"活动为载体，全面加强队伍建设，努力树立公正、严明、文明的城管新形象，各项工作取得了显著成效，2017年被全国文明办授予全国文明单位称号。

一、深入推进党的建设，努力发挥党组织的核心作用

党是核心，政治是方向。近年来，牡丹江市城市管理综合执法局以建设一流党组织为目标，多方位立体式加强党建工作，树立了和谐城管这一市级党建品牌。

一是强化主题教育，坚持不懈地抓好理论武装。近年来，按照中央、省委和市委的工作部署，综合执法局扎实开展了"群众路线教育""三严三实""两学一做"等主题教育活动，通过"大学习""大研讨""大下基层"等活动，引导全系统党员干部，坚持正确的政治方向，坚定理想信念，提升政治站位。

二是树立先优典范，层层传导"创先争优"氛围。坚持"选得出、立得住、推得开"原则，实施创先争优常态化、长效化，开展"三亮三比三评"活动，鼓励干部职工争先进树模范，近年来，全系统涌现出获得全国和省市级劳动模范、"五一"劳动奖章、"牡丹江十大优秀青年"、牡丹江优秀党支部书记、牡丹江好人等荣誉称号的先进典型。

三是夯实党建工作基础，提升党建工作水平。通过实行党建工作责任制、台帐制和目标管理，做到年初有计划、年中有检查、年末有总结，建立起纵向到底、横向到边、上下贯通的党建工作管理体系。通过加强基层党支部建设、落实"三会一课"制度、召开专题组织生活会等，打牢基础，切实发挥基层党组织的战斗堡垒作用。

二、突出改革创新，推动城管事业为新时代发展贡献动能

一直以来，牡丹江市始终坚持改革创新，积极寻求城市管理行政执法工作的最佳工作路径和有效办法。

一是率先在全省探索城管综合执法改革。2014年，为全面加强城市管理，我市积极探

索城市管理综合执法改革,从公安、规划、建设、交通等8个部门抽调34人,依托城管局执法队伍,组建"牡丹江市城市管理综合执法支队",将"五个指头"攥成"一个拳头",变多头执法为"一队式"执法模式,探索出一条城市管理执法工作的新途径。

二是率先在全国实施"绿色清雪"。2015年,牡丹江市在全国首推"绿色清雪",冬季清雪时不撒一粒融雪剂,通过"以雪为令,边下边清边运、人休机不休"等作业模式,组织近200台清雪机械和1400余名人力,全天候推进物理清冰除雪工作,实现主干道雪停即净、其他街路雪停即通。牡丹江"绿色清雪"年年得到央视点赞。

三是率先在全省开展人行道执法。2017年,在全省首次实现,城管与交警部门交通违法信息系统对接,城管与交警部门实施的交通处罚模式和效力一致,实现罚缴分离,城管执法效力得到强化。

四是率先在全省探索环卫体制改革。2012年,实施全市清扫保洁管理体制改革,将四城区环境卫生管理部门的人、财、物上收,由市环卫处"一把扫帚扫全城"。实践证明,"一把扫帚扫全城",解决了市、区两级街路卫生多头管理的问题,市区街路实行一个卫生标准,环境卫生状况得到很大提升。

五是率先在全国建立环卫一线职工系列服务体系。近年来,牡丹江市委市政府积极提升环卫一线职工福利待遇,每年投入近400万元,在全国率先成立环卫工人免费早餐配送中心,设立46个室内就餐点,配备2台食品配送车,让牡丹江环卫工人多年在屋内进行早餐的梦想变成现实;每月提供4次免费洗澡,夏季入伏为一线工作每天提供2瓶矿泉水。同时,牡丹江近些年不断提高环卫一线工人工资水平,自2010年以来,工资由每月近500元,提高到近2000元,牡丹江环卫工人的日子越来越好。

三、强化真抓实干,不断打造最优城市环境

实干才能兴邦。城市管理执法队伍的成立,目的就是要改变城市的脏乱差,解决老百姓关注的城市环境问题。这些年,我们牡丹江始终坚持以打造最适合人居住的城市为目标,埋头苦干,城市面貌发生了翻天覆地的变化,牡丹江获得两次全国文明城市提名、获得全国十大宜居城市称号,城市环境质量在全省位居前列。

一是打造最洁净的街路卫生。全力开展"四季行动",通过实施街路"两扫全保"、垃圾"公交式"清运、机械化作业等,努力克服季节性影响,实现"一年四季都干净"。在"春风"行动中清理越冬痕迹;在"夏净"行动中加大清扫保洁力度,进一步提升了环境清洁度和舒适度;在"秋扫"行动中重点开展"清三叶"会战和城乡"大扫除",为干净越冬做好准备;"冬清"行动中以加倍的努力实施"绿色"清雪,有效保障了交通出行和市容环境卫生。市区垃圾处理率达到100%。

二是打造最通透的城市空间。近些年来,我市从严控制户外牌匾广告,从2008年起,

全部拆除市区跨街广告、擎（qíng 晴）天柱广告，规范楼体广告、严控电子显示屏、升级改造户外牌匾。目前，市区主干道牌匾全部升级改造成新材质，其他街路新上牌匾也按照新标准执行，户外牌匾给城市增添了新景观；市区户外广告仅保留楼体广告，不再新增大型广告，全面拆除市区内的实体围墙，城市的空间得到了有力拓展。

三是打造最有序的市政环境。占道经营是城市管理的顽疾。牡丹江市按照"主干道严禁、次干道严控、小街巷规范"的原则，通过实行早晚市场人行道上经营；拆除占道商亭和活动板房；堵疏结合，禁设临街饭店门前排档，夏季在不干扰居民生活的区域集中设置大排档满足市民需要；不间断清理流动商贩和占道摆卖等举措，规范占道经营行为，每年清理各类违规占道经营行为上万起，我市街路秩序逐年好转。

四是打造最优良的空气质量。近些年，牡丹江的天变得越来越蓝，越来越清新。我们城市管理者在治理污染环境中正在发挥着积极作用。为净化大气环境，牡丹江市对餐饮服务单位油烟污染行为开展专项整治，打造油烟静化设施示范街路，有效治理污染源。倡导文明祭祀，在清明节和中元节期间，执法人员全员上岗，规范劝导市民文明祭祀，最大限度地减少空气污染。开展露天烧烤集中整治行动，在市区内严禁露天烧烤，在入夏时节，组织分局夜查，清理取缔店外经营和露天烧烤，每年查处上千起违法违规行为。

五是全面遏制违法建设。突出重点，强化重点管控。根据我市重点项目建设，严控项目内的违法建设行为，死看死守，随时发现随时拆除。强化日常管控，实行"拉网式"巡查，打早打小，及时发现苗头，及时劝阻，力争在第一时间制止违建行为。并劝导当事人自行拆除在建建筑物。我市连续多年新增违法建设为零，历史形成的违章建筑逐年减少。

同时，我们还深入开展了园林绿化升级、乱涂乱画整治、环保执法等工作，实现了牡丹江城市环境大变样。

三、坚持以人民为中心，努力提升城管工作的宗旨服务意识

党的十九大报告指出，必须坚持以人民为中心的发展思想。城市管理行政执法工作是最贴近民众、最接触百姓的工作之一。一直以来，我们工作始终从维护百姓的利益出发，坚持为民、便民、利民。

一是优化审批流程。市综合行政执法局所有审批服务事项已全部进驻市审批局服务大厅，相关授权也全部落实到位。优化服务流程，最大限度减少审批要件，压缩审批时限，实现了让办事企业和群众"跑一次腿"办结审批事项。

二是优化管理机制。近年来，为加强内部督察检查，我局建立了"大巡查"工作机制，推进各类问题防控。局领导按照分管战线总带班，局机关业务科室轮查，分局领导、大队长、执法人员按区片网格化全时巡查，形成一级巡查一级，层层监督层层落实的工作机制。探索建立"大督察"机制，综合运用督察、纪检监察和法制监督，对群众反响强烈的突出问题、

涉企涉环问题、工作作风问题等，实施"一案三查"，推动行政效能、作风建设和依法行政同步提升。

三是优化服务举措。树立"管理就是服务"的理念，坚持文明执法、和谐执法。在对外管理中，要求执法人员既要维护法律的尊严，做到管理到位，又要征得被管理者的理解和支持，促进城管工作健康发展；在对内管理中，既要遵章办事，又要用章律已。加强服务弱势群体，每年在市区11个早晚市场设置解困摊位，仅2018年就设置433个解困摊位，安置特困人员395人，减免占道费38万余元。为支持农民进城，设置农民自产菜摊区8个，减免占道费15.5万元。为方便市民购物，在居民区附近设立20处便民小市场，满足普通市民的购物需求。

城市管理事业方兴未艾，未来发展广阔无限。今后，牡丹江城管人将以永远在路上的态度，以时不我代的精神，不断强化自身素质，以一代接着一代干的劲头，在新时代里展现新作为，不负人民重托。

深化城乡环卫一体化
——邹平市综合行政执法局倾力打造优良宜居宜业城市环境

山东省邹平市综合行政执法局

2018 年，邹平市综合行政执法局以服务民生为宗旨，主动发力，紧密结合创建全国文明城市工作，扎实开展市容秩序治理、环境卫生保洁、园林和市政管理等多项与民生密切相关的城市管理工作，优化了城市环境。同时，着力推进综合行政执法改革、城乡环卫一体化、生活垃圾焚烧发电等重点工作，担责奋进，创新进取，倾力打造环境优美、宜业宜居的城市新形象。

推进全国文明城市创建 城市管理提档升级

2018 年，邹平市综合行政执法局力争抓住创建全国文明城市的良好机遇，在工作中重行动，讲责任，保持优良的队伍形象和积极的工作态度，全身心投入创建工作，以真抓实干的工作作风，齐心协力，尽职尽责，扎实推进全国文明城市的创建。

一是市容环境精管细查，综合整治，城区容貌大改观。一年来，通过多项整治，清理占道经营行为 3000 余起，立案处罚 200 件。清理大型户外广告、楼体广告 70 余处，拆除乱设广告、野广告 2700 余处；纠正机动车乱停乱放 7000 车次，处罚 4200 车次，市容秩序井然有序。结合蓝天保卫战工作，牵头 16 镇街对露天烧烤、餐饮油烟展开集中治理，依法取缔治理店外经营、制作 780 家，推广无烟炉具 300 余套，督促城区各类建设工地累计覆盖裸露土方 45 万平方米，设置围挡 3100 米，硬化出入口路面 1200 米；配合镇街拆除违章建筑 10 处；严查建筑垃圾私拉乱倒，查处跑冒滴漏、私拉乱运行为 40 余起，持续开展城市清洁大行动，提高了居民生活质量。同时，将公益岗就业安置与创城结合，成立了 49 人组成的公益岗协管员队伍，作为执法大队日常巡查补充，实行错时值班巡查，巩固了日常管理效果。二是环卫管理精管细作，常态管理，城区环境更洁净。环卫作业实行"四扫一保""三刷二洒"的全天保洁模式，城区主要干道实施每日二次洒水降尘作业。加强机械化作业力度，新购置 4 辆扫路车，提高了道路清扫频率和保洁质量，城区道路深度保洁达 90% 以上。加强生活垃圾清运作业管理，做到生活垃圾日产日清，垃圾清运车走路净，杜绝二次污染发生。加强于祖山建筑垃圾场管理，全年共消纳建筑垃圾 13 万余方。按照高起点规划、高标准建设的思路，2018年在城区建设了10座公厕，全部竣工投入使用。三是园林管理精管细养，改造提升，绿化美化上档次。做好城区公园广场、道路绿化美化。种植鲜草花约98.5万株，分车带及地面种植约25500平方米，鹤伴二路种植品种月季13000余盆。完成了黛溪湖环湖步道设计、施工图编制与评审。及时修缮公园广场座椅、护栏、垃圾桶、宣传栏等公共服务设施，完善园林绿地服务功能。同时，顺利通过了国家园林县城复审迎查省级验收工作。四是市政维护精管细护，强化监管，市民出行更方便。城区道路修补2900余平方米，找补交通标线1700余平方米，维修人行道大理石、花砖3400余平方米。城区路灯故障维修更换电缆2600余米，养护和维修路灯变压器32台，并对传统电缆接线方式改造为灌胶穿刺法接线。投资500余万元，切实做好了2018年春节亮化工作，营造了浓厚节日氛围。五是公益广告精确定位、灵活多样，创城宣传添动力。加强社会主义核心价值观和创城公益宣传，更换黄山广场、政务广场、鹤伴二路等路段的灯箱广告、灯杆广告、路名牌等公益广告1200余处，营造了浓厚创城氛围。

理顺执法体制机制　推进综合行政执法

按照中央全面深化改革和全面依法治国的重大决策部署，去年以来，邹平市积极推进城市管理综合行政执法体制改革，通过不断整合执法力量、优化执法资源、减少执法层级、创新执法方式，执法效能逐步提升。一是稳步推进综合行政执法体制改革。根据邹平市《综合行政执法体制改革方案》的安排部署，全面落实综合行政执法体制改革工作，落实人员岗位、厘清部门职责、明晰责权划分。经邹平市委组织部、市政府同意，从镇街遴选执法人员10人，通过组织人事部门统一招录事业编制18人，全部到岗。同时，成立了建设、农业、劳动三个直属中队，深入开展执法工作，城乡建设领域立案76件，涉及建设、规划、房管、扬尘、化工等内容，罚没收入882余万元；农业领域办理案件26起，共处罚金35830元。劳动执法领域受理投诉和举报案件78起，为劳动者追发工资458万元，督促参保缴费81万元。二是加强城市管理网格化工作。对数字城管指挥平台无线数据采集子系统、监督中心受理子系统等9大标准系统进行了改造建设，实现了与开发区、16镇街和滨州市数字城管指挥中心的互联互通。同时，通过外包组建起信息采集队伍，负责市区建成区、经济开发区及16镇办驻地范围内的综合执法和城市管理部件、事件问题的巡查、核实、核查和有关简易问题的处置工作，逐步搭建起全市的数字化城市管理网络。

深化城乡环卫一体化管理　城乡环境面貌稳步推进

生活垃圾，成了生态文明城市创建、美丽乡村建设乃至乡村振兴战略不能绕开的"拦路虎"。正因如此，邹平市创新管理模式，在全滨州市率先实行了城乡环卫一体化、市场化机制，城乡环卫一体，共治垃圾"顽疾"。一是健全资金投入机制，继续完善环卫基础设施。开展镇街收运体系提档升级，市、镇（街）两级投入资金1100余万元（其中市财政投入610多万元），为镇街配套购置垃圾桶1.3万多个，垃圾清运压缩车25辆。二是稳步推进铁路、公路沿线环境综合治理工作。在铁路沿线建立"双段长"责任制，完成治理投入1000余万元，胶济铁路临池段已顺利通过省里的综合验收。公路治理方面，各镇街共设置完成了"路长制"公示牌60多块，统管路程达到300多公里，基本实现了公路沿线环境治理的全覆盖。三是全面做好全省民调工作。今年邹平城乡环卫一体化工作在省实地暗访村庄合格率100%，省群众满意度调查得分9.35，在滨州市县区排第1名。

垃圾焚烧发电启用运行　实现资源化综合利用

邹平市生活垃圾焚烧发电项目是市政府确定的民生工程，项目采用BOT模式，由中国光大国际有限公司承建，项目占地117.28亩，设计规模为日处理生活垃圾1050吨，一期工程总投资约4亿元，于2017年3月开工建设。2018年，经过紧密协调，主体土建工程、设备调试安装、入厂道路、输电线路架设等工程在5月份全部完工，6月底项目进入正式运行阶段。目前实现日均处理生活垃圾800余吨，日均上网发电28万度。项目的烟气处理采用目前国际上最高的欧盟2010标准，将渗滤液处理后作为循环冷却水回用，实现污水的"零排放"。由于生活垃圾焚烧发电项目投入使用，原生活垃圾填埋场已停止收纳垃圾，进行了封场工作。项目的建成投产，极大改善了邹平生活垃圾处理现状，实现了生活垃圾减量化、资源化、无害化处理。

创新城市管理 提升市容市貌
——越城区综合行政执法局2018年工作总结

浙江省绍兴市越城区综合行政执法局

2018年，区综合执法局在区委、区政府的正确领导下，在镇街、部门的支持配合下，以打造"洁净、有序、靓丽"的市容环境秩序为目标，进一步理顺城市管理工作机制，创新城市管理工作举措，真抓实干、克难求进，全面提升市容环境面貌，为越城发展作出不懈努力。

一、创新工作载体，全面打造"品质越城"

（一）全市首推"5分钟高效处置"管理模式。在迪荡核心区域率先试点，联合街道、综合执法、交警等部门成立迪荡商圈综合信息指挥中心，开展联动执法，并将公安摄像头纳入数字城管系统，加强核心区域实时监控，实现市容问题"5分钟内发现、5分钟内到场、5分钟内处置"。同时，由迪荡街道与核心区块内各物业公司签订协议，通过考评压实物业公司管理责任，实现该区域城市管理工作良性发展。

（二）全面推广"执法进景区"。在镜湖湿地公园率先试点"执法进景区"工作，及时总结经验，于5月1日起，对越城区辖区内所有景区推广实行"执法进景区"，严管景区外流动摊贩，机动车、非机动车违规停放等现象。根据《绍兴市文明行为促进条例》，将执法管理延伸至景区内，将乱扔垃圾、乱涂乱画、随地便溺等不文明行为纳入管理范围。

（三）牵头开展住宅小区"美丽指数"测评工作。根据《绍兴市住宅小区美丽指数测评体系》要求，出台《越城区住宅小区美丽指数测评实施方案》。联合区委组织部、区公安分局、区文明办、区建设局等12个相关部门，从小区环境卫生、公共秩序、公共设施、管理服务、文明和谐和社区党建等六个方面入手，按季度开展测评工作，并向社会公布结果，通过测评的方式不断提高我区住宅小区"美丽指数"。目前已完成今年前三季度测评工作。

（四）推进"店招管理示范街"创建工作。深入贯彻落实《绍兴市市容和环境卫生管理规定》，制定出台《越城区店招管理示范街创建工作实施方案》，明确17个镇街44条"店招管理示范街"创建路段，结合道路实际，按照"一街一方案""一店一档"要求，细化推进创建工作，以线带面，全面推进店招管理精细化、规范化、品质化。

二、推动精细管理，大力建设智慧城管

（一）多维覆盖，推动分级管理。地域维度上：从城区管理为主向全域管理延伸，将辖区分成三个等级，实施不同的标准，所有视频点位根据月均发现问题数量进行红、黄、绿三色等级管理，实施不同的巡查频次；时域维度上：从日间管理为主向全时域管理拓展；内容维度上：从城市管理为主向社会治理拓展。

（二）智能提醒，推动智慧管理。与杭州海康威视开展政企合作，成功落户全国首批全省首个政企合作"城市管理视频智能应用实验室"，以越城智慧城管20多万条数据为基础，利用大数据检索、视频深度学习等技术，智能发现沿河洗涤、店外经营、流动摊贩、车辆违停等常见城市管理问题并实现语音报警，大幅提升城市管理效能。

（三）上下联动，推动契约管理。在迪荡核心区建立融合店名、经营者、工商、店招、排水、净化器安装等信息于一体的"沿街商户管理系统"。配合城市市容和环境卫生责任区管理工作，将"线下"沿街商户门前三包等责任与"线上"越城智慧城管信息化系统高度融合，通过视频监控等方式发现问题，以短信、电话提醒等形式通知店家进行整改，以短信、对讲等方式通知巡查人员对提醒无效的商户跟进劝导或执法，不断丰富城市管理方法。

三、狠抓扩面提质，全力做好垃圾分类

（一）强化扩面明任务。今年初就定下全区垃圾分类目标任务。截至目前，完成分类小区414个，机关事业单位149个，学校71个，国企22个，整体城区覆盖率达到86.2%；农村完成垃圾分类村193个，农村覆盖率达到83.19%。城乡生活垃圾分类投放、收集、运输、处置体系已初步建立。

（二）三级网格全覆盖。整合全区力量，指导各镇街建立分别由村（社区）干部、联村（社区）干部、乡镇街道领导担任的三级"网格长"体系，目前已在实行垃圾分类的607个村（小区）中建起"网格长"公示牌，占越城区全部村（社区）的80%以上。分级制定"网格长"工作职责，加强上下级"网格长"的日常监督，确保层层压实责任。同时，区级联系部门配合一级垃圾分类"网格长"加强日常巡查，发现问题及时做好汇报反馈。

（三）宣传造势浓氛围。今年4月份，组织启动生活垃圾分类进机关、进学校、进企业、进社区（农村）、进家庭、进商场、进宾馆（酒店）、进窗口（公园）等"八进"活动，时间持续到今年12月底。组织开展十大主题活动，举办垃圾分类文艺巡演，引导广大市民自觉抵制乱倒乱扔垃圾等不文明行为。启动党员"两地报到、人人契约"行动助力垃圾分类，共有近3000名党员认领此项契约。各镇街组织人员对已实施小区、村开展一次分类上门大走访，做到上门率、见面率100%。

（四）加快创新重闭环。持续实施智能化分类小区建设，到2018年底将累计完成30

余个智能化管理小区（村）建设。通过创新垃圾一体化收运机制，在中兴路（二环北路至二环南路）、解放路（二环北路至二环南路）等五大核心街域开展两侧商铺店家和餐饮垃圾产生单位强制分类试点工作。加大对相关违法行为的处罚力度，同步做好媒体对处罚案件和不文明行为的跟进曝光。完善可回收物、有害垃圾的利用、处置渠道，培育引进回收骨干企业2家，全面实现有害垃圾资源化利用和无害化处理。

四、关注群众期盼，切实解决民生热点

（一）扎实推进人大工作评议。以提高工作效能、转变工作作风、树立部门形象为目的，扎实开展人大评议及整改工作，共计梳理16个整改项目，制定38项整改措施。同时，注重立足长效，加强整改工作跟踪督促，坚决不搞形式主义，切实发挥人大评议作用，不断提高城市管理水平。

（二）积极落实环卫工人"爱心午餐"。联合区文明办、区环境集团、各街道发起"爱心午餐"倡议，各街道联系所管辖区内的政府机关、企事业单位、学校、银行等爱心商家提供"爱心午餐"名额，以"就近原则"合理安排给环卫工人，解决260名环卫工人的中午就餐问题。

（三）全面加强犬类管理。今年4月1日起，设立犬类管理严管区、严控区。同时，全局力量统筹，各镇街中队统一配置捕犬工具，加大犬只问题处置力度及效率。

（四）全面完成失管公厕改造。今年初，全面启动城区20座失管公厕改造提档工作，根据各失管公厕(小便池)的实际情况，因地制宜确定改造方案，进行分类整改。截至7月底，20座失管公厕除3只因所在区域拆迁已拆除或加强管理之外，按照"完工一座、移交一座"的原则，其余17座已经全部改建完工，并移交区环境集团管理，由环境集团根据公厕的人流量安排专职管理人员进行洗扫管理。

五、高标推进市容环境管理，全力提升城市形象

（一）贯彻落实4部地方性法规。通过定点与流动宣传相结合的方式，主动对接市区大型户外电子屏广告开展"四部法律"等为主题的定点公益宣传，利用人力客运三轮车篷布等流动载体宣传垃圾分类等重点工作，增强市民群众的法律意识、责任意识。充分利用绍兴市4部地方性法规，积极探索执法新空间，切实突出执法办案主业。今年以来，万元以上案件已达25件，涉及偷排泥浆、垃圾未分类、未使用清洁能源等多个领域。

（二）落实市容和环境卫生责任区管理。拟定《绍兴市越城区城市市容和环境卫生责任区管理办法》。制定出台《绍兴市越城区城市市容和环境卫生责任区管理办法》（越政办发〔2018〕57号），进一步明确城市市容和环境卫生责任区、责任人及责任人应履行的主体责任，加大对物业、沿街单位等责任人责任履行的日常监管与督促。截至目前，已累

计与沿街商户、单位签订《市容秩序及环境卫生责任书》12000余份。

（三）加强袍江开发区城市管理工作融合。积极推进袍江开发区执法体制融合工作，在大量走访调研基础上，迅速组织开展"两路两侧""三横三纵"等市容环境综合整治。抽调局机关及原越城区其他中队人员，在斗门马山区域开展为期一个月的夜间市容整治行动，并实施重点工作领导"挂联"机制，努力"清钉拔碍"，对当地群众反映强烈的违建等重点难点问题进行了有效整改，大幅提升了袍江区域的城市管理水平和市容面貌，受到了区政府领导及群众的肯定。

（四）开展"洁净越城"创建。采用月考月评的方式，通过实地考评、专项考评、资料考评三方面内容，对越城区17个镇街的环境卫生及市容秩序管理工作进行督查考评。为提高创建积极性，设立"洁净越城"奖罚基金，每两月进行考核兑现，激励镇街做好保洁、保序工作。袍江开发区体制调整后，重点加强袍江外包单位保洁责任区的督查考核力度。

六、加强队伍建设，着力打造执法铁军

（一）完善制度建设。出台制度汇编，其中，队伍建设方面的规章制度占50%以上，坚持以制度管人。重视执法队员办案能力建设，倡导"人人都能办案"理念，重视执法队员办案能力建设，各中队每月办案"有指标、有任务、有排名"，组织参加"公务员学法用法"等培训教育活动，努力提高干部队伍统筹兼顾、科学决策的本领，不断提升基层中队战斗力。

（二）加强纪律检查。成立局纪律检查小组，不定期对队容风纪、队员履职等情况进行督查。对各类违规违纪、履职不到位等问题，严肃执纪问责，倒逼工作推进。

（三）认真执行量化考核。出台《机关干部绩效量化考评实施意见（试行）》《协勤员考核办法》《环卫处岗位责任制考核办法》以及《环境集团考核办法》，落实"一月一考核"，每月将考评结果进行通报、公示。

用法律规范言行 用敬业点亮城市

新疆乌鲁木齐市高新区（新市区）城市管理行政执法局

为了规范管理城管队伍，健全执法制度，规范执法程序，改进服务方式，不断提高行政执法能力，推动城管队伍作风建设，2018 年 9 月 5 日住房城乡建设部下发了《城市管理执法行为规范》，高新区（新市区）城市管理行政执法局按照上级的要求，全面加强城市管理行政执法队伍建设。

一、以习近平新时代中国特色社会主义思想为指导，加强执法队伍的政治思想建设

城市管理执法人员应当牢固树立"四个意识"，坚决维护习近平总书记党中央的核心、全党的核心地位，坚决维护党中央权威和集中统一领导，自觉在思想上政治上行动上同以习近平同志为核心的党中央保持高度一致。

（一）以党课形式学习党的十九大精神

以学习党的十九大精神为主线，采取领导领学，自主学、集中学和党课等方式，提升干部队伍的政治理论素养，深入开展党员学习党章党纪，党的十九大精神和习近平总书记系列重要讲话精神，将全体干部的思想和行动统一到十九大报告精神上来，统一到习近平新时代中国特色社会主义思想上来。通过党课"不忘初心 牢记使命"，从"恒心""忠心""赤子之心""雄心""信心"阐述了中国共产党是与时俱进、勇于变革、勇于创新的党，并从三个"一"：一个核心、一个理论、一条道路，阐述了党的十九大精神的精髓。

（二）以党课形式学习《中国共产党纪律处分条例》

新修订《中国共产党纪律处分条例》颁布后，高新区（新市区）城市管理行政执法局以党课形式组织党员进行了系统学习，从修订的重大意义、内容和如何学习宣传贯彻落实好《中国共产党纪律处分条例》三个方面，论述了《条例》是维护党的团结统一的有力武器，是保持党的先进性和纯洁性的重要条件，是党的路线、方针、政策得以实现的重要保证，对于增强党的凝聚力和战斗力，密切党与人民群众的血肉联系具有十分重要的作用。

二、以"文明执法、执法为民"为主导，加强执法队伍作风建设

城市管理执法应当以习近平新时代中国特色社会主义思想为行动指南，遵循以人民为中心的发展思想，践行社会主义核心价值观，坚持严格规范公正文明执法。

（一）"严纪律、转作风、抓落实"集中整治活动为契机，转变干部工作作风

通过开展"严纪律、转作风、抓落实"集中整治活动，提升城市管理行政执法效率和形象，着力解决组织观念不强、工作纪律散漫；解决工作不在状态、慢作为不作为；解决工作效率低下、执行落实不力三个方面问题。强化全局意识，不管是份内份外，只要有利工作，有利城管事业的发展，大家都是心往一处想，劲往一处使，没有一点相互推诿、相互扯皮，从思想上提高为人民服务的意识，认真做好本职工作，切实做到为群众所想，急群众所急，推动"政治坚定、作风优良、纪律严明、廉洁务实"执法队伍建设。

（二）以"强基础、转作风、树形象"为要求，转变协管员工作作风

"强基础、转作风、树形象"是住房城乡建设部给城管队伍提出要求，如何加强城管队伍的管理，涉及到方方面面，强化协管员队伍工作作风和廉洁建设不可无视，因协管员经常与正式干部一起在一线执法，协管员的一言一行代表了城市管理行政执法局的形象，所以规范协管员自身素质至关重要。针对协管员管理制定了《局执法协管员网格化精细化管理实施方案》和《协管员绩效工资考核办法及实施方案》，为提高协管员队伍管理标准与水平，不断转变队伍思想纪律作风，全面增强队伍整体素质，提高队伍凝聚力，促使协管员踏踏实实做好本职工作，稳定城管队伍建设提供了有利地保障。

三、以创建"人民满意城管队伍"为原则，提升行政执法队伍的团结协作能力

城市管理执法人员应当爱岗敬业、恪尽职守、团结协作、勇于担当、服从指挥，自觉维护城市管理执法队伍的尊严和形象。

在乌鲁木齐市第六届机关干部"为民服务周"活动中，高新区（新市区）城市管理行政执法局以强化机关干部宗旨意识，进一步转变机关作风、提升机关服务效能为目标，以人民为中心的公仆情怀为主线，开展"为民服务周"法律宣讲活动。

在天津路爱家超市门口与第五附属医院车站设立宣传点，推行高效、规范、优质的服务，展示文明执法形象，以赢得人民对城市管理执法工作的理解、支持和配合，结合城市管理工作的重点，宣传《乌鲁木齐市城市管理行政综合执法条例》《乌鲁木齐市城市市容和环境卫生管理条例》《乌鲁木齐市城乡规划管理条例》《乌鲁木齐城市绿化管理条例》等相关法律，让广大市民了解："环境整治、靓化工程、治违工作"相关法律知识，为城管工作的顺利开展做好铺垫，为彻底扭转"脏、乱、差"状况，推动乌鲁木齐市环境卫生和市貌水平提升，努力构筑和谐文明靓丽、宜居环境提供了有力的宣传氛围。

城市的管理"三分靠建、七分靠管"，五月份乌鲁木齐市政府在全市倡导全民遵守《乌鲁木齐市公共文明行为条例》宣传活动，高新区（新市区）城市管理行政执法局组织协管员和保洁人员进行了《条例》培训。

　　此次培训由高新区（新市区）城市管理行政执法局领导亲自授课，从乌鲁木齐市倡导和禁止公共文明行为两个方面与委托执法人员共同探讨如何争做乌市文明人。

　　培训会上通过例举了日常生活中的小细节，比如随地吐痰、扔烟头等方面，说明了针对此不文明行为，在日常工作中高新区（新市区）城市管理行政执法人员主要采取以教育为主罚款为辅的方式，帮助市民树立良好的文明市民形象，为乌鲁木齐市的美丽和谐整洁的市容市貌环境添砖添瓦。

　　2017年乌鲁木齐市创成全国文明城市只是文明的开始，规范引导市民参与公共文明行为活动，携手共建美丽和谐大美新疆，向全国人民、全世界人民展示新疆是个好地方，才是我们全体新疆人民的共同目标。为了实现这个目标，高新区（新市区）城市管理行政执法局号召全体执法队员，以全面推进"依法治国、依法执政、依法行政共同推进"的城市管理新局面，与新疆各族人民凝心聚力携手新时代，共创乌鲁木齐市新辉煌。

科技助推　规范引领
全面提升新形势下城市管理信息化水平

山东省费县城市管理局

　　近年来,山东省临沂市费县城市管理局紧跟时代步伐,强化创新引领,坚持"建设智能化、信息化城市管理"思路,坚持"城市管理为人民"理念,按照信息化、全员化、规范化、精细化的要求,创新开发网上执法办案平台,不断健全完善执法办案机制,全面提升城市管理效能,取得明显成效。

一、坚持信息化支撑,倾力打造智慧新城管

　　积极适应新形势下城市管理执法工作的新变化,按照城市管理由数字化向智慧化转变的要求,充分运用"互联网+"思维,投资80余万元,研发网上执法办案平台,建立统一规范、便捷高效、公开透明的网上办案系统,实现执法信息网上录入、执法流程网上管理、执法活动网上监督、执法质量网上考核。一是高点定位、反复论证。着眼于网上办案平台实用化、规范化、高效化,坚持顶层设计、领先布局,明确费县综合执法网上办案平台的定位、功能,对研发、设计、测试等环节提出具体要求。先后2次组织外出考察,积极学习先进地区综合执法网上办案平台建设的成功经验;3次召开筹备会议,对研发公司提交的综合执法网上办案平台框架方案进行论证、确认;4次召开推进会议,由局业务骨干、其他部门行政执法专家与技术人员参加,共同对建设方案进行讨论、修改,先后校正文本32个,改进完善系统环节26次;建立由技术人员、中队办案人员、法制科人员组成的网上办案微信交流群,对操作运用中发现的问题,随时沟通解决,共吸纳126条建议,解决1500多个具体问题。去年9月27日,费县综合执法网上办案平台通过市、县专家组验收。通过半年多的正式运行,共处理各类案件2784件,无一例复议裁决无效和诉讼败诉案件发生,有效解决了执法行为不标准、执法随意性大、执法程序不规范等老大难问题。二是科学布局、完善功能。在程序设计上,将执法办案划分了登记、立案、调查、审核、告知、处罚、结案"七大环节",规范排序,逐项细化。在功能设计上,共设计业务办理、综合查询、监督考核及系统管理四个功能模块,赋予平台统计、检查、考核功能,让执法办案工作看得见、抓得住、管得牢。在内容设计上,包含执法文书模板116个、统计报表8个、

常用案由 218 个，涵盖城管、住建、规划、房管等 10 个领域的 765 项行政处罚权，涉及法律、法规等 179 部，条款 3000 余条。三是凸显优势、提高质量。网上办案平台内容丰富，紧密结合综合执法各个环节，可操作性非常强，与传统办案方式相比，网上办案平台"快、准、稳"的特点和优势十分突出。能够直接选用相应文书模板，可以实现远程提交审核，节省时间，提高效率；平台案由完备、程序规范、格式正确、权限分配合理，办案的科学化、智能化、准确化程度不断提高；办案环节层层把关、相互制约，违规操作自动报警、及时提醒，案件办结自动生成、长期留存，结案案件规范内容、予以公示，公开透明，规范运作。

二、坚持全员化参与，倾力打造共享新城管

城市管理工作事关城市形象、事关群众切身利益，需要全体市民共同参与。我们始终坚持以人为本、信息对接、共治共享，不断提高公众对城市管理的参与度，努力实现政府治理和社会调节、居民自治的良性互动。目前，已累计采集有效信息 3056 件。一是建立信息采集员队伍。组建了以领导检查、督查考核、街面巡查、退役军人公益岗相结合的专、兼职信息采集员队伍，并不断完善队伍建设机制，对已划分的每个区域网格单元明确巡查责任人，不间断地进行巡查检查，安排专人采集城市管理问题，将责任范围相对缩小和固定，实现由粗放管理到精确管理。二是提高公众互动参与度。在广场、公园设立公共 WIFI20 余处，充分发动群众，扫码安装市民通 APP，随时随地拍照上传各类问题；服务于民更为便捷；开通微信公众号、城管市民通，让费县人人都能当城管；实行 12345、12319 双热线运行，不断畅通群众投诉举报渠道。公众在移动互联网端口对城市管理的积极参与，有效提升了数据收集与使用的广度与频数。三是实现信息有效对接。累计投资 370 万元，共采购无人机 13 架，增设 150 个高清摄像头，5 个高空瞭望摄像头，与综治"雪亮工程"、公安"天网工程"联网，实现对主要路段监控全覆盖、违停车辆自动抓拍、流动商贩密集自动报警、中心人员远程语音告知、对违法行为自动立案，提高了城市管理智能化、信息化水平。四是拓展数字化城管广度。充分运用云计算、大数据等现代化信息手段，将网上办案平台与数字化城管紧密对接，拓展业务应用，运行基础九大子系统，开发智信手机端、视频监控系统、违章停车系统、市民通手机 APP、广告追呼系统、无人机巡查系统、餐饮油烟监测系统、智慧照明系统、智慧环卫系统等九大扩展系统，有效提高数字化城管建设水平。

三、坚持规范化引领，倾力打造阳光新城管

把规范执法作为提升城管工作和队伍建设的全局性、基础性、战略性工程，积极完善机制，成立了由局长任组长的执法规范化建设领导小组，定期召开党组会和局长办公会专题研究解决执法规范化建设工作中的问题，建立了相配套的执法制度、执法标准、执法监督和队伍管理措施。重点落实好五项制度：一是执法全过程记录制度。加大投入，先后为

一线执法队员配备了 210 部执法记录仪、15 台信息采集站、220 部手持执法终端、60 部语音对讲机、70 部平板执法终端，在每个城区网格、每个乡镇中队均设置了带有视频监控的询问室，实现从发现线索到调查取证的执法全过程记录。2017 年以来，因现场执法证据完整、队员执法行为规范，17 名因辱骂、推搡阻碍执法的管理相对人，被公安机关依法行政拘留。二是法制审核制度。严格执行办案人员、单位法制员、单位负责人、法制科、局领导"五级"审核把关和重大案件局长办公会集体研究制度，层层监督、跟踪管理，使各执法环节形成一个完整、系统、闭合的链条，实现了执法办案"无缝隙""无盲区"监督。三是执法公示制度。定期将处罚额度较大、群众关注度较高的案件处理情况，在县政府网站和信用中国网予以公示，接受社会监督，让执法始终在监督下透明、在阳光下运行，增强了执法公信力。目前，已公示各类案件 27 期，共计 1260 件。四是执法考评制度。认真开展案件评查和案例点评活动，并将考评结果纳入单位绩效考核。坚持个案评比、专项检查、季度考评相结合，法制科和法制员共同考评相结合，实行"一案一审、一案一查、一案一评"，并在每月的大队例会上逐案公开点评通报，责令督促纠正整改。去年以来，随机抽考评议执法卷宗 200 个，进一步提高了执法办案质量。五是监督追责制度。按照"谁办案谁负责、谁审核谁负责、谁审批谁负责"的原则，严格落实执法办案责任，严格执行执法质量终身负责制，确保问责有人、查究到位，建立了一级抓一级、一级对一级负责的执法责任链条。对执法过程中出现的执法过错责任，根据执法过错的具体环节和情节，严格倒查追究责任，切实增强了执法责任心，保障了执法效果。

四、坚持精细化提升，倾力打造效能新城管

落实"常态化"教育培训考评，突出基本法律知识、岗位业务知识、执法工作规范、信息化操作技能等内容，实行精细化管理、精细化培训，不断提高队员的执法素质。重点做到三个结合：一是集中培训与岗位练兵相结合。制定出台了《深化执法规范化建设三年规划》将执法事项全部纳入教育培训范围，明确每月学习培训内容和比武竞赛内容，采取每月集中教育培训与岗位练兵相结合的方式，切实提高执法办案水平和能力。采取邀请专家讲课、业务骨干队员讲评等形式，开展执法理念讲座和法制讲座，有针对性的组织队员学习新法新规和法律业务知识，尤其是让基层一线队员结合自身执法实际轮流讲课，交流执法中好的经验做法，相互学习，相互提高；及时发现总结执法中的难点，共同商讨解决，进一步增强了民警的证据意识、程序意识和质量意识，进一步提升了队员执法素养，提高了依法办案、规范执法的能力。二是定期考试与案件评查相结合。年中、年末各组织一次业务考试，分别按中队集体成绩和个人成绩排名，对集体成绩排名后 2 位的取消中队评先树优资格，中队长改为试用，试用期两个月，经局里组织考核合格，继续担任，不合格撤销职务；个人排名后 10 位的，取消年度评先树优资格。同时，开展案卷评查工作，随机抽

取每个中队 6 宗案卷，请县法制办专家按照全省案卷评查标准进行打分，对成绩排名后 2 位的，取消中队、中队长年度评先树优资格。三是法制指导与个人自学相结合。制定出台了《法制员工作制度》，从每个中队挑选 1 名法律素质高、业务能力强的队员担任法制员，承担案件初审、执法监督、指导服务等职责，为本中队的各项执法活动提供法律服务，充分发挥传帮带的作用，切实提高本中队的整体规范化执法水平。同时，结合案件终身负责制原则，倒逼每名执法队员积极主动学习、提高，确保自己办理的案件经得起检验。

用科技助推城市管理

广西南宁市青秀区城市管理综合执法局 谢海欣

2017年全国两会上，习近平提出了"城市管理应该像绣花一样精细"的总体要求。实现城市管理精细化，是城市管理工作者的一项重要任务。南宁市青秀区作为中国—东盟博览会永久会址所在地、主要活动举办地和全国"五百强区"（2018年度全国投资潜力百强区、2018年度全国绿色发展百强区、2018年度全国综合实力百强区、2018年度全国科技创新百强区、2018年度全国新型城镇化质量百强区），城市综合治理水平事关首府南宁、广西乃至中国形象，如何做好青秀区的城市管理工作，如何提高精细化水平既是青秀区城市管理局（青秀区城市管理综合执法局）开展工作的着眼点。

传统城市管理的基础工作就是"扫好地，执好法"，在有限的人力物力条件下，如何把这两个基础做"精细"，青秀区城市管理局不等不靠，主动作为，首先在提高管理效率上进行了努力和尝试。

一、科技助力"扫好地"

随着城市建设发展，道路保洁面积不断扩大，环卫质量要求和人工成本的提高，机械化清扫保洁是近年的趋势，青秀区环卫机械化清扫率已达90%，但在一些特殊道路设施的保洁上，市场现有的清扫设备仍不能完全满足清扫需求，因地制宜进行技术改造势在必行。青秀区城管局下属的环卫站进行了一系列的有益尝试：一是打造环卫"创客"团队，成立了科技创新小组和科技创新工作室，通过为广大职工提供了技术创新交流的平台，探索出了一条新时代实用型、技术型、创新型人才培养新模式，发挥"传帮带"作用，激发职工学习创新的内生动力，有效提高创新思维与职业技能，从而凝聚了环卫"工匠"初心，激发了团队活力。二是搭建社会合作平台，2017年以来，与2位专家教授，3个企业签订有关科技创新合作协议，在环卫专用车、公共厕所等节水设施和节水器具、市政道路污染物清洗剂及清洗方式等方面进行技术改革，充分运用高校专家的知识，资质企业的技术及生产能力，给科技创新项目提供技术保障，联合发力助推科技创新发展，达到合作共赢的目的。三是改造环卫设备出成效，针对城区道路桥梁上的隔音板、防撞墙和隧道墙体以及人行道的保洁问题，通过分析城市道路的保洁标准高、时效性强和安全系数要求高等方面的特点，环卫站的"创客"团队，多次召开技改工作研讨会，对水车、洗扫车、电动三轮车等环卫机械设备进行了大胆创新改造。2017年下半年至今，环卫站的"洒水车喷头技改""洗扫车吸盘系统"和"电动三轮高压冲洗车""垃圾中转站自动消杀除臭设施""小型清洗车""移动式锂电果皮箱维修不锈钢焊机"等18个科技创新项目完成立项并实施投入试用，促进市环卫提质增效。尤其，"洒水车喷头技改项目"的创新改造投入使用后，使人力数减少80%，人工总工时减少70%以上，大大提升了环卫作业机械化水平。另外"垃圾收运污水收集器"项目通过引流管将污水收集至污水收集器中，解决了垃圾收集时因污水渗漏导致路面的二次污染，有效地保证了作业质量，不仅节约了人力、物力、财力，也大幅提升了青秀区环卫保洁的工作效率和质量。

二、"智能"解决"执法难"

习近平在十九大报告中指出，坚持全民共治、源头防治，持续实施大气污染防治行动，打赢蓝天保卫战。近年来，青秀区城管局都在不遗余力的开展扬尘污染防治工作，严厉查处撒漏和非法弃土，但传统的仅依靠人力巡查的工作模式，愈发难以适应城市建成区范围扩大速度，取证难，追溯难一直都困扰着扬尘污染防治的执法工作。青秀区城管局近年在不断探索依托"互联网""大数据"等"智能"手段，提高工作效率，拓宽巡查视野：一是通过局扬尘污染治理工作微信群、城区自主研发的"青秀通"APP，一线人员能在最快时间内对道路、消纳场扬尘污染做出响应，出动人员及时处理。二是鼓励市民、城区工作人员通过"智慧青秀"及青秀发布、青秀城管发布微信端口，拍照上报扬尘污染或其他市容市貌问题，相关责任单位会主动领取处置，并及时反馈处理结果。三是2018年初在"青秀通"APP基础上开发了"扬尘污染治理智能管理系统"，对施工工地渣土清运等"两点一线"（即：前端出场——中间运输——末端处置）进行全程监控，结合各环节信息的详细记录，实现城区范围内渣土车辆全过程留痕和可回溯管理，使执法队员对渣土车辆运输情况及非弃点周边的实时动态情况随时"了如指掌"，为日常执法和监管工作提供有力的依据和佐证。四是通过设立微信平台、举报电话、举报邮箱三种举报方式受理市民举报和在辖区范围内大型工地、消纳场出入口设置"有奖举报"宣传牌的方式，鼓励市民积极参与到扬尘污染治理工作中。截至目前，我局共接受群众扬尘污染类有奖举报案件21件。2018年，青秀区空气质量优良率95.2%，比2017年的优良率93.5%高了1.7个百分点，比南宁市2018年的目标值92.9%高了2.3个百分点。

十九大以来，青秀区城管局在利用科技助推工作提高效率，往城市管理"精细化"上迈了一小步，未来，在充分利用科技实现城市管理多领域、多层面智能化、智慧化转变管理思维上青秀区城管局不会止步，将朝着"绣花一样的精细"的城市管理目标奋勇前进。

户外经营管控有章发

青海省泽库县城市管理局

一、高原上的城管

泽库县地处于 3700 米高海拔之上，隶属于青海省黄南藏族自治州，位于青海省的东南部、黄南藏族自治州中南部，东与甘肃省夏河县毗邻，南连河南蒙古族自治县，西靠青海省同德县，东北与同仁接壤。总面积 6494 平方千米，总人口 7 万余人。泽库县只有两个季节，夏短冬长。冬季更是长时间低温多风，因此城市管理工作难度较大。

（1）基本情况

泽库县城市管理局成立于 2009 年 4 月，始称为泽库县城建监察大队，当时配备干部职工 6 人，2014 年 3 月被正式设为泽库县城市管理局，属于泽库县城乡建设规划局下设机构，历任 3 任局长，现任局长为旦正才让。我局目前共有干部职工 34 名，其中在职 8 名、财政临聘 4 人、临聘人员 21 人、环卫工作人员 84 名，包括 17 名再就业安置人员、67 名由上级政府批准临时聘用人员、环卫车辆司机 7 名。

二、牢记队伍建设，深入贯彻落实从严治党新要求。

"风清则气正，气正刚心齐，心齐刚事成"，在新时代，新背景、新矛盾下，加强执法队伍建设是摆在城管系统面勖最重要的课题，要将城管系统上下的思想和行动迅速统一到党的十九大精神上来，戮力同心，想在一起、干在一起，备力开创城市管理新局面

一是坚持把政治建设放在首位。城管系统将切实强化党性修养，坚定理想信念，推动"两学一做"学习教育制度化常态化，认真开展"不忘初心，牢记使命"主题教育，深入开展"学习塞罕坝，加快走新路"大讨论活动，筑牢信仰之基、补足精神之钙。深入学习贯彻党的十九大精神，在"学懂""弄通""做实"上多下功夫，学深悟透、把掘精髓，学以致用，以知促行，始坚持用习近平总书记新时代中国特色社会主义思想武装头脑，不断强化对城管人世界观、价值观、人生观、权力观、荣辱观的教育引导，在学，思，悟、践中不断提高思想觉悟。政治觉悟和理论水平。

二是坚持把纪律挺在前面。习近平总书记反复强调纪律和规矩意识，要加强纪律作风建设，严格落实管党治党主体责任，以城管系统"强转树"专项行动为抓手，以党内生活

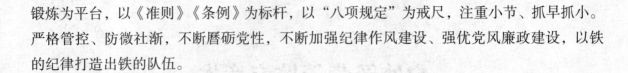
锻炼为平台，以《准则》《条例》为标杆，以"八项规定"为戒尺，注重小节、抓早抓小。严格管控、防微社渐，不断磨砺党性，不断加强纪律作风建设、强优党风廉政建设，以铁的纪律打造出铁的队伍。

三、城市管理的服务新时代

（一）泽库县环境卫生的新面貌。在没有城市管理局之前的泽库县，县城的环境卫生令人堪忧，自2014年以来城市管理局在不断地摸索学习中，一步步为县城的整洁付出辛苦的劳动。近几年逐渐增多的建筑工地在每个夏季肆虐的抛洒渣土，环卫工人不间断的清扫渣土，因健康意识薄弱，长时间的吸入尘土对辛苦的环卫工人未免不是一种伤害，在这同时城管执法人员始终不分黑夜的坚守岗位，与建筑工地进行交涉配合我们的工作。在夏季眨眼结束之后，10月开始的泽库气候已大幅度降温，与之而来的还有降雪与肆虐的强风让路面极易结冰，在这样恶劣的气候条件下，环卫工人不使用任何机械仅仅靠人工为县城的整洁与居民安全出行付出着她们的心血。泽库县的环境经过这几年大家的努力下已然改头换貌，县城居民的环保意识也由此有了一定程度的提高，这些无形中的点滴改变，对于城市管理的工作也是一种肯定与鼓励。

四、展现新作为　助力城市管理

（一）认真做好环境卫生工作。一是确保城区路面干净整洁，将小街小巷全部纳入清扫保洁范围，做到全覆盖无盲区，坚持每日清扫，及时清除小街小巷杂草杂物。二是建立健全"门前五包"责任制，督促临街单位、门店做到门前"市容整洁、环境卫生整洁、设施设备整洁"。三是加大查处乱扔乱倒垃圾力度，对城区临街门店、住户不配合环卫工作、随意乱倒乱扔垃圾行为依法进行处罚，四是对于垃圾处理场进行专人专责，对每天倾倒的垃圾做好记录，建立台账，做到对每一车垃圾录入及时，准确、清晰、便于查看。

（二）扬尘污染防治工作扎实有效。按照全县治脏行动工作要求，做好渣土运输和扬尘防治工作，截至目前，全县未出现因建筑施工扬尘和渣土运输导致的严重空气污染问题。一是加强工地监管，强化源头治理。对辖区内在建工地集中开展了扬尘污染专项整治行动。对存在扬尘违法行为的施工工地，责令施工单位执行文明施工管理规定，严格落实洒水压尘、设置围挡、硬化道路、设置冲洗设施、配齐保洁人员、定时清扫施工现场等防尘措施。先后共检查各类工地70处，对存在扬尘污染问题的工地下达了限期整改通知书，对7处未按要求整改的工地进行了行政处罚。二是加强渣土运输监管，强化路径管理。出动执法人员进行5+2、白加黑的工作模式对运输渣土车辆建筑垃圾倾倒场加强监管，防止出现车辆运输洒漏和违规处置建筑垃圾等问题，共查处违规运输车辆20余台次。

（三）加强市容监管力度，维护城区市容秩序，开展户外广告、商业牌匾治理。一是抓好城区主次干道店外店经营、乱摆摊设点经营。清理店外店占道 70 余人次、清理取缔乱摆乱设临时摊点 12 余个，二是加强了对迎宾路、幸福路、民主路等重点路段沿街擅自设置或摆放的广告牌、广告灯箱、条幅等临时广告设施清理取缔；三是责令有关产权单位对存在破损、褪色，以及图案、文字或灯光显示不全等问题的广告牌匾进行整改。共对 5 条重要道路户外广告设置情况进行了排查，先后查处了无手续或不按规定设置的户外广告及商业牌匾 20 余块，清理乱摆乱放灯箱广告、店招牌以及沿街搭设实物造型、悬挂物、充气装置 11 余处。

（四）违法违章建设整治成效显著。坚持"以拆促控、拆控并重、以控为主"的整治思路，切实落实违法违章建设防控体系，始终保持对违法违章建设行为高压态势，2018 年全县共拆除各类违法违章建筑 5000 余平方米，一是严格落实违法违章建设防控体系。对违法建设行为做到早发现、早制止、早拆除，坚决杜绝新的违法建设滋生，从源头有效控制了违法违章建设的产生。二是严控城区内违法违章建设行为发生，成立控违巡查组，对违法违章建设行为进行了集中查处管控，有效遏制了城区的乱搭乱建之风。三是持续加大控违力度，采取"白＋黑"巡查控违方式，重点巡控县城周边 15 平方公里重点区域。

（五）紧抓棚户区征地拆迁工作。根据泽库县人民政府对城镇建设规划要求，本着拆迁一处，造福一片，稳定一方的原则，我局严格按照拆迁法律法规要求，依法行政，平安拆迁，促进了拆迁工作健康有序进行，为加快我县的城市化进程，建设一个繁荣文明的泽库作出了应有的贡献，拆除面积约为 6075.24 平方米，保证了重点片区、重点项目的顺利推进。在 2018 年终之前，已完成 2014—2018 年遗留钉子户的全部拆迁。

（六）户外经营管控规范有序。按照"主要道路严禁、次要道路严控、支路街巷规范"的原则，坚持疏堵结合，不断深化户外经营整治工作，共教育纠正、清理整治各类占道经营 44 处，露天烧烤行为 3 处；整治重要道路、片区、窗口部位 25 处。一是加大户外经营整治力度。加大日常执法巡查力度，严控各类占道经营行为，对已清理整治的马路市场、摊点群，强化长效管理，严防回潮。对县机关驻地和大型城市综合体周边等重点部门加大管控力度，开展专项整治活动，确保市容市貌规范有序。二是保障各类观摩活动顺利进行。针对我县各类观摩视察活动多的特点，提前制定迎查保障预案，先后出动执法人员及环卫工人 100 人次，动用车辆 20 余台次，顺利完成了省州县重点项目观摩会等大型活动的环境卫生保障任务。

（七）加强环境卫生督查。一是继续加强对环卫所环卫作业的督查考评；重点组织人员加大雪后垃圾收运力度，机械全力清理城区路面积雪，保障通行。二是督促环卫所对各垃圾桶垃圾日产日清，并加强垃圾桶周边保洁，提升路面卫生质量。三是加强对主次干道的督促巡查力度。我局派出一个小组每天上路，对自己辖区内站点的人员到岗、垃圾清运、人员到岗、存在问题进行检查；大力改善主次街道周边居民出行问题以及环境卫生问题。

整治各小区乱倒垃圾。专门安排人员蹲守王家路，制止居民乱倒垃圾次数到达 20 余次，着力整治死角周边乱倒垃圾现象。

（八）积极开展宣传引导，提高居民文明素质。为了切实提高广大居民的城管意识，增强群众参与城市管理工作的热情，我局充分利用城管执法车，宣传《黄南藏族自治州城镇市容和环境管理卫生条例》。到 2018 年底先后出动宣传车 20 余次，发放宣传单 1300 余份，与沿街单位、经营户签定"门前五包"责任书 3000 余份。

在以后的工作中，我局将全面着重精细化管理、社会化管理、长效化管理，努力改善城市容貌和营商环境，全面提升县城竞争力、县城亲和力，为建设富裕文明和谐幸福泽库县做出积极贡献。

创新促发展　服务铸品牌

——金凤区综合执法局"强、转、树"专项行动工作总结

宁夏银川市金凤区城市管理综合执法局

　　"强基础、转作风、树形象"专项行动是住房城乡建设部统一部署的重要工作。近年来，宁夏银川市金凤区综合执法局始终以开展队伍培训为载体，以推进制度建设为基础，以改进执法方式为抓手，着力提高城市综合执法队伍的政治素质和业务水平，本着为民服务的理念和宗旨，把转变工作作风贯穿于城市精细化管理、综合执法、污染防治等各项工作之中，全力改善城市环境，打造出以创新、服务为核心的城市管理执法新品牌。

"党建＋业务"，引领城管新跨越

　　聚焦初心使命，实施强基固本。2018 年以来，金凤区综合执法局充分发挥党建"龙头"引领作用，着力推动系统党务、执法业务、为民服务的深度融合、同频共振。在基层党组织建设中，定期开展优秀党支部评选，积极推进基层党支部标准化建设，同时实行量体裁衣，打造以奉献、服务、尽职等城管精神为主题的不同支部党建特色，促进 3 个党支部党务、业务同向推进、各具特色。利用"互联网＋"和现代信息技术，精心打造"党费云平台""金凤城管微信公众号" 2 个线上网络平台和"新时代城管讲习所""党建工作室" 2 个线下实体阵地，形成了党建学习、党建交流、党建管理优势互补和线上线下深度整合的党建阵地。扩展"党建＋服务"项目，开辟扶贫新路径，号召全局 59 名党员，捐赠"特殊党费"，建立良田镇植物园村农户产业帮扶基金，全面推动基层党建与精准扶贫工作深度融合。针对"工作主阵地在户外"的业务特点，推行"街头党建"，建立"路面应急保障党员突击队""重大活动保障党员突击队"等特色队伍品牌，将职业特点与党建元素有机结合，及时解决路面污染、暴雨水涝、冰雪灾害等与群众利益切实相关的民生问题。

"请进来＋走出去"，培育队伍新标兵

　　打铁还需自身硬。自开展"强基础、转作风、树形象"专项行动以来，金凤区综合执法局高度重视，扎实推进，立足实际，紧盯弱项，重点解决执法程序不规范、执法依据掌握不熟练等问题。"请进来"，以身带教，提升干部素质。结合综合执法改革需求，突出

重点，邀请上海市嘉定区、内蒙古阿拉善盟，以及自治区办公厅、银川市住建局、水务局、金凤区市场监管分局、环保分局等相关法律专家、业务能手开展多层次、多形式的执法教育培训 10 余场。坚持问题导向、需求导向，先后举办涉及违法建设、环境污染等领域的 3 次执法典型案例研讨会，以案学法、以案释法。"走出去"，以点带面，拓宽干部视野。围绕中心工作，紧贴城市管理发展需要，按需施教，选派执法骨干赴北京、上海、浙江等发达地区，以及宁夏综合执法改革试点地区考察学习，把门头牌匾管理、餐饮油烟防控等先进城市管理理念引入推广，落地开花。"重考核"，以考带学，突出实践锻炼，开展执法业务理论考试、现场"模拟办案"10 余场，分类建立人才信息库，通过队伍建设和人才机制建设，全面提高执法人员理论知识、业务技能和办案能力，为推进综合执法改革提供坚实的队伍保障。

"制度 + 监督"，推动队伍规范化

执纪者必先守纪，律人者必先律己。自"强转树"行动开展以来，金凤区综合执法局以"群众满意"为目标，严格参照军队规范量身制定符合自身实际的队伍规范化管理制度，将部队管理植入城市管理执法队伍正规化建设之中，推行每日全员出操、中队错峰晨训的训练模式，实行执法人员指纹机打卡上下班，执法车辆 GPS 地理位置、巡查轨迹实时定位，增强执法队员组织纪律性。创编基层执法工具书——《行政执法手册》，整理收录相关法律法规、处罚程序、执法依据，方便执法队员随时翻阅查询，帮助其减少执法失误，避免各种不必要的争议。在加强依法行政方面，修订完善《金凤区综合执法局案件审议工作制度》，成立了由局领导班子，综合办公室（法规科）、监察室、局属执法中队负责人及法律顾问组成的案件审议委员会，对案情重大、复杂的行政处罚案件进行集中审议，对各执法中队的日常执法工作进行监督、指导。同时，全面推进惩防体系建设，着力完善《行政执法过错责任追究制度》等系列内部管理制度，改组成立纪检监察室，对重点岗位、关键环节、敏感事项加强监督制约，对队伍作风情况进行错时督察、全时督查，加大对违法违纪、不作为、慢作为、乱作为等问题的监督、惩处力度，建立详细的岗位职责以及办案问责制、错案追究制，坚持用制度管人、管事、管权。

"线上 + 线下"，挖掘服务多面性

城市管理，惠民先行。金凤区综合执法局在信息化强有力的支撑下，确立"服务型城管"建设目标，在完善一键 OK 服务平台、金凤 E 家服务端等"城管网上服务中心"建设的基础上，将审批备案事项全部纳入政务服务"一张网"，最大限度地打通"线上"服务最后一公里。同时全面推进"721"工作法，推广开展"城管 +"的线下服务模式。改变以往"大嗓门"喊话式执法，建立服务对象联系制度，通过微信工作群广征民意并建立民情档案，搭建城

管与群众的沟通桥梁。积极拓展与社区、商户"大联动、大融合"，以女子中队、城管初心讲堂为服务载体，把握"城管进社区""城管志愿服务""市民开放日"等活动时机，注重动员和引导社会力量参与城市管理工作。针对流动摊贩、餐饮街区管理、油烟污染、垃圾收运、渣土治理等突出问题，加强工作预判，提前介入，设置便民疏导点引导近郊菜农、季节性瓜果摊规范经营，设立温馨提示海报、建筑工地工长制公示牌，同时与 600 余家商户、企业协商座谈 40 余次，制定长效管理措施 70 余项，在广泛征求民意的基础上，把违法、违章行为尽量消除在萌芽阶段。

"智能＋精细"，促进管理高精尖

以"绣花"功夫推动城市管理智能化、精细化。及时找准切入点，推进城市管理智能化与精细化双轮驱动。智能化建设方面，以运用信息手段为主线，建立智慧城管建设实验室（信息技术室），打造集记录、分析、指挥、监察于一体的"和对讲"，建立执法全过程记录信息收集、保存、管理和使用等工作制度，自行研发"办案助手"智能办案辅助系统，着手搭建起一整套执法智能应用系统，通过远程可视调度，程序层级审核，文书自动生成，倒逼执法人员按照法定程序办案，确保行政处罚经得起检验。特别在 2018 年执法体制改革的新时代背景下，紧扣综合与执法，将"空中城管"再次升级换代，加强城市立体化监管、空气监测、河道巡查、恶劣天气应急排查等领域的执法应用，实现技术手段新升级。在精细化建设方面，依托数字化城市管理平台，将分散在各部门、各条线 1117 个视频监测系统（建筑工地监控、餐饮油烟在线监测等）、通讯对讲系统、信息采集移动终端、信息系统等进行有效整合，建立智慧金凤社会治理综合平台，打破壁垒分割，构建互联互通、信息汇集的统一指挥体系。依托 514 个城市网格，通过人眼（执法队员、网格员巡防）、天眼（无人机）、电子眼，以及整合体制内外各种发现、投诉、举报资源，实现各类信息一口式受理、内部分类流转解决，做到"民有所呼、我有所应"。同时在社区实行"1+2+N"的社会治理模式（其中 1 是指社区党组织书记，"2"即下沉到社区的公安、城管人员。"N"即环保人员、市场监察人员、物业公司经理、物业保安等人员），达到预防管理、执法托底的效果，实现前端自治＋后端共治的精细化管理新模式。

为人民营造更好的生活环境永远没有终点。金凤区综合执法局会以此为方向，继续以住建部"强基础 转作风 树形象"专项行动为契机，用更加求实的理念、更加务实的作风、更加扎实的举措，坚定信心、开拓创新、主动作为，彻底改变粗放型城市管理方式，强化智能化、精细化、服务型管理职能，努力将城市管理事业推向新的高度，更好的服务人民，服务社会。

浅谈如何做好新时代城管执法的思想宣传工作

安徽省淮北市杜集区城市管理综合执法局　燕　阳

城管执法思想宣传工作是城管事业的重要组成部分，是城管执法部门向社会展示良好形象的重要窗口，也是社会各界了解城管执法的重要途径，城管执法思想宣传工作越来越受到各级城管部门的高度重视。如何提高新时代城管执法思想宣传水平，做好城管执法宣传工作，根据《住房城乡建设部关于印发全国城市管理执法队伍"强基础、转作风、树形象"专项行动方案的统一部署，笔者结合工作实际，浅谈几点认识。

城市是人民的城市，要形成齐抓共管、人人参与的良好局面，就要让全体市民都认识到城市管理的重要性，了解城管执法部门的职能，支持城管执法工作，从而落实好依法行政、推动依法治市的进程。就要充分发挥思想宣传的引导和教化作用，要站在淮北市转型崛起发展的高度，大范围、大规模、全方位、多角度做好新时代城管执法思想宣传工作。

加强组织领导，是做好新时代城管执法宣传工作的重要前提。要成立负责宣传的专门科室，明确分管领导，配齐专职宣传员。各级城管执法部门要明确兼职宣传员，负责宣传的科室要加强专职、兼职宣传员的培训和指导。建立健全信息采编和奖惩制度。制定中长期宣传计划，明确不同时期宣传的侧重点，根据工作重点，明确宣传任务，落实相关责任，建立奖惩考核体系。提高宣传员政治待遇。规定宣传员参加同级组织的各项会议，阅读有关文件，增加信息占有量，保证宣传报道的及时性、准确性，将思想宣传工作摆上重要位置，确保在搞好执法工作的同时，做好思想宣传工作。

积极开展以新时代城管执法实践为载体的宣传活动。城市管理的最终落脚点是提高市民的素质和生活质量。在淮北日报、广播电视等主流媒体上长期开辟一个"城市管理在行动"宣传专栏，寓常识性、趣味性、教育性于一体，运用正反典型，循循善诱，滴水穿石，使广大市民把规范停车、文明经营、捡拾垃圾、争做文明市民等细小行为都成为自觉行动，增强市民文明生活意识。扎实开展"两学一做"学习教育，深入践行党的群众路线教育实践活动，开展城市管理法规进校园、进社区、进企业、进机关、进家庭等"五进"活动，同时充分利用淮北城管微信平台，加强城管执法宣传，争取群众支持。依托智慧城管系统，搭建集城市管理门户网站、手机客户端、微信公众号、热线电话为一体的宣传平台。

重点宣传乱贴乱画、占道经营、乱停乱放、乱搭乱建等的危害与群众利益密切相关的案件。将这些案例制成流动的版面，定期摆放宣传；或将案例印成宣传画，组织城管队员分发到城区学生和市民手中，以及张贴在宣传栏上，让宣传对象以最便捷、轻松的方式接触城市管理知识，普及有关城管法规提高市民对违法行为的认识，形成良好的外部执法环境。开展城管执法集中宣传月活动。把每年的一个月确立为城管执法集中宣传月，期间，广大执法队员要纷纷走上街头，开展丰富多彩的执法宣传活动，宣传政策法规，解答市民疑难问题，拉近与广大市民的情感距离。

宣传"721"工作法，让70%的问题用服务手段解决，20%的问题用管理手段解决，10%的问题用执法手段解决。要加大城管执法人员的培训力度，提高执法人员综合素质，做到依法行政，热情服务，公正文明执法，在社会上树立良好的城管形象。开展优化服务行动。充分发挥全国先进工作者王小勇的先锋模范作用，联合市文明办、市总工会组织开展"学习王小勇，争当最美城管人"活动，发挥好先进人物的榜样带动作用，引领广大城管干部学先进、赶先进、当先进。加强与新闻媒体的联动协作，以"人民城管为人民"为主题，以开展征文、演讲、摄影比赛和金点子征集等活动为抓手，组织动员城管执法干部讲城管故事、拍城管风景、想城管问题、干城管实事。

新时代城管执法要充分运用以人为本的理念进行宣传，按照构建和谐城管的要求，使用具有亲和力的方式方法进行宣传，把城市管理的目的、方法，通过诙谐的方式传播到广大市民心中，如用漫画、卡通代替宣传标语，以幽默生动的形式向市民宣传"不要随地吐痰、不乱扔垃圾、爱好环境"等等。城管执法宣传要突破传统的宣传模式和宣传手法。按照新闻的价值规律，根据读者需求，突出城管执法深度报道以及各种生动活泼、喜闻乐见、短小精悍的现场新闻、新闻特写等，塑造城管人物，讴歌城管事迹，曝光违法案件，鞭策违法行为。城管执法宣传要提高宣传高度。城市管理综合执法，与广大老百姓生活息息相关，就是解决多头执法，交叉执法、执法扰民等诸多问题。因此，要把城管执法思想宣传工作同加强执政能力、构建和谐社会有机结合起来，大力宣传城管执法重要性，形成全社会共同关注，支持参与城市管理工作的浓厚氛围。

聚力"强转树" 着力"严细实" 致力"洁序美"

安徽省淮北市城市管理综合执法局 王立新

安徽省淮北市着眼提升城市管理水平，提高城市运行效能，突出"城市管理在形势把握上走进新时代、找准新定位，在攻坚克难上补齐新短板、要有新举措，在队伍建设上展树新作风、实现新作为"，围绕推进改革创新、依法行政、精细管理、亲情服务，在全市城市管理执法系统深化"强基础、转作风、树形象"专项行动，凝聚共识、同频共振，不断把城市管理做得更精、更细、更实，把城市环境做得更洁、更序、更美，树立城市管理新形象，提升市民群众满意度，促进城市管理常态长效，扮靓绿金淮北城市形象。

——聚力"强转树"，让城市管理更有深度。抓实"强基础、转作风、树形象"，进一步加强城市管理执法队伍政治思想、作风纪律、素质能力建设。强化党建引领，突出思想政治建设。开展习近平新时代中国特色社会主义思想和党的十九大精神系列学习宣讲活动，先后举办党的十九大精神轮训班和业务骨干培训班、开放式党课、专题督查9次。开展"讲严立"专题警示教育，党委班子召开专题民主生活，查找出7个方面12个问题，并积极开展整改。对新进人员进行岗前廉政谈话，举办党风廉政建设专题讲座，赴淮安周恩来纪念馆和淮海战役双堆集烈士陵园纪念党的生日、重温入党誓词，赴市警示教育中心和市看守所开展警示教育活动，全面加强对党员干部的党性教育。启动杀毒模式，深入开展党员干部和公职人员职称、职业资格证书违规挂靠专项整治，上缴挂靠所得8.7万元。强化创新引领，突出素质能力建设。走出去博采众长，在高校学习理论知识，组织赴上海交通大学参加执法能力提升培训，接受先进理念，吸收先进经验；沉下去推深做实，组织专题调研、案例分析、执法培训班47次，参训队员300余人次，理论水平有效提升。坚持以学促干、以学促变，全市首个城市管理巡回法庭在相山区挂牌运行，"城管＋公安"模式已在重要执法活动中创新运用，"城管＋律师"司法保障模式正在推进。南湖公园等一批城管执法服务岗亭的设置，为市民群众提供了快捷高效的城管服务。创新深化城管进社区工作，"城管民情室"台账式管理、贴心式服务、闭环式运作，呼应居民诉求，纾解民生所困，城市管理在社区落地生根。推行"721"工作法，推广"三理、四到位、四先、六公开"执法方式，树立文明执法新形象。强化公共自行车服务系统每日一督查、每月一通报、每年一考核"三个一"监督考核机制，落实"百分制考核"制度，发挥实时静态和随时动态"两个管理"作用，做好现场巡检和后台监控"两个数据"运用，实现督查考核和运营服务"两个效能"提升，已累计办理市民用车服务卡 17 万张，单车使用频次 4.5 次 / 天，运转使用频率位列周边城市前茅，处于全国较高水平，受到广泛赞誉。强化示范引领，突出舆论环境建设。倡树党员干部带头争做表率、执法队伍积极争先创优，在全市抗击冰雪天气、抗洪抢险救灾、大气扬尘防控等工作中冲在前、干在先，树立了良好形象。积极开展"最美城管"评选表彰活动，充分发挥模范引领、榜样示范的作用。坚持宣传先行，创新实践载体，充分利用报纸刊物、广播电视、网站微信、主题活动等形式，发出城管好声音，传递城管正能量；开展城市管理宣传月活动，开辟"城市管理面对面"专题，组织"小手拉大手""城管（环卫）开放日、体验日""小记者童眼聚城管"和城市管理宣传进社区、进校园、进家庭等活动，营造浓厚氛围，提升共治效能。

——着力"严细实"，让城市管理更有精度。秉承"恪尽职守，为人民管理好城市"的工作理念，打造管理矩阵。从规范执法行为入手，制定出台《关于进一步规范行政执法案件办理工作的通知》《关于进一步明确行政执法案件办理工作中有关具体事项的通知》等文件，严格规范执法职责、执法流程、执法决定法制审核、案卷归档、重大案件集体讨论审批等制度，最大程度规范执法程序。建立行政处罚专用章用印登记制度。坚持和落实案卷评查制度。加强违法建设治理，市政府分别与县区政府、市开发区管委会签订违法建设综合治理目标责任书，印发《淮北市控制和查处违法建设工作考核办法》等配套文件，加强工作调度，全市累计完成违建治理近 14 万平方米。从保障执法权威入手，进一步推进城市管理领域信用体系建设，全面深入推进"双随机一公开"工作开展，加强行业行政监管性惩戒措施，加大对非法分包转包、破坏公用事业、违规交房案件的查处力度，排查房产经纪机构、物业管理企业，对违规行为实施行政处罚。从加强执法监督入手，深化电子政务建设，将工作职能、行政执法、城市服务等工作内容进一步向社会公开。完善内部平台，增强工作透明度，提升服务水平和办事效率。强化执法全过程记录工作，客观、公正、完整记录执法工作情况和相关证据，实现全过程留痕和可回溯管理。从提升执法水平入手，高效运行智慧城管系统，在全省率先实现数字化城市管理市县区一体化全覆盖，制定出台《淮北市城市管理考核办法》等配套管理文件，建立微信举报有奖制度，智慧城管平台受理办结率 94% 以上，城市管理更加精细。从增强执法效能入手，进一步畅通 2128888 市民投诉服务热线，充分发挥微信有奖举报平台作用，搭建起城市管理与广大市民互动交流的平台，人民群众关心关注的一批热点难点问题得到有效解决。开通 24 小时便民热线"6071110"，对出店经营、流动摊贩、违法建设、执法行为等投诉第一时间响应、第一时间受理；完善便民服务设施，设置城管服务岗亭 3 个，充分发挥窗口作用，提供高效便捷投诉咨询和便民服务。

——致力"洁序美"，让城市管理更有温度。聚焦短板发力，开展整治行动，响鼓重槌做好教化、序化、净化、固化"四化"文章，刷新城市颜值，点亮乡村色彩。疏堵结合，规范市容秩序。持续开展校园周边环境整治、乱停乱放清理、户外广告规范等专项集中执法行动，着力解决出店占道经营和乱搭乱建、乱堆乱放、乱贴乱画、乱停乱放等问题，取缔流动摊点 1000 余个，拆除违规设置大型户外广告 59 处、非法小广告 245 件，拆除楼体单体字广告牌 109 处，处罚乱停乱放机动车 3 万余台次，管理顽疾有效破解。深入开展大气污染防治攻坚，实施"机械化清扫＋洒水＋冲刷＋雾化"作业模式，加大道路扬尘治理力度；严格建筑渣土运输管理，落实"六个 100%"管理标准，强化源头治理，加强联合执法，查处违规运输车辆 211 辆、工地 44 处，淘汰不合格运输公司 1 家，配备新型环保运输车辆 259 台，淘汰老旧车辆 400 余台，提升了建筑垃圾运输处置管理水平，城市环境空气质量切实改善。结合"非洲猪瘟"疫情防控，扎实做好餐厨废弃物无害化处置试点，开展联合整治，落实 24 小时督查制度，引进第三方服务，对餐厨废弃物"收、运、处、管"进行监管，日均收集处置 70 吨，促进了资源循环再利用。开展全市餐饮油烟和露天烧烤专项整治行动，落实周二联合督查工作机制，排查整改餐饮单位 3000 余家，取缔露天烧烤 80 处。坚持疏堵结合、以疏为主，集中整治流动摊贩，合理设置临时摊群点，统一标准，规范管理。采取设置摊点绿色通道、鼓励社会资金建设临时疏导点、错时摆摊等方式，有效管理临时摊群点。确定人民路等 6 条道路开展全国人行道净化行动试点。开展全国建筑垃圾治理试点，着手编制建筑垃圾治理专项规划，在县区规划建设临时消纳场，打造标准化工地 11 个。纠建并举，净化城乡环境。实施市区新一轮环卫保洁市场化改革，新增大型环卫作业车辆 200 余台，提升了环卫机械化作业水平，促进了道路清扫保洁率的提高。推进公厕建设和垃圾中转站改造，促进环卫基础设施提档升级。推进垃圾无害化处理工作，严格落实生活垃圾焚烧处理厂监管考核办法，加快生活垃圾焚烧发电（二期）、生活垃圾卫生填埋场建设，提升城市环境卫生水平。全面推进农村垃圾治理，修编《淮北市环卫专项规划》，将农村垃圾治理工作纳入各县区年度目标考核，实现全市乡镇农村环卫工作市场化全覆盖；开展农村陈年垃圾"五清行动"，共清理生活垃圾 3.82 万吨、建筑垃圾 2.59 万吨、废弃秸秆 2.66 万吨、其他杂物 1.39 万吨；对全市 12 座农村中转站进行升级改造，推进农村生活垃圾治理全域市场化，全市农村生活垃圾处理率达到 70% 以上，实现城乡环卫工作一体化，农村人居环境明显优化。有序推进垃圾分类处置工作，下发《淮北市生活垃圾分类积分奖励暂行办法》，建立积分兑换奖励机制，完善分类设施，在部分党政机关、33 个小区、5 所学校开展分类试点，提高公众参与率，改善环境卫生质量，营造出"人民城市人民管，管好城市为人民"的良好氛围。

园林绿化与城市品位

湖南省宜章县城市管理行政执法局

近年来，宜章县城市管理行政执法局以习近平新时代中国特色社会主义思想为指导，认真贯彻落实党的十九大精神，以人民对美好生活的向往作为奋斗目标，牢固树立执法为民理念，深入推进"强基础、转作风、树形象"活动，着力抓帮扶、促脱贫，抓重点、促实效，抓项目、促民生，抓管理、促提质，抓改革、促发展，抓队伍、促提升，城市管理行政执法工作实现新突破，取得新成绩，城市管理逐渐由常态化向精细化管理转变。成功创建了"国家节约型公共机构示范单位""湖南省园林单位""湖南省文明卫生单位""湖南省档案宣传工作先进单位""郴州市平安单位""郴州市文明标兵单位"等。各级领导和社会各界对宜章城市管理工作的认可度、满意度不断提升。

一、加强市容秩序整治，提高城市管理水平。

严把城区"净化、序化、绿化、亮化、美化"工作标准，大力开展市容市貌、渣土运输、占道经营、乱停乱摆、户外广告、公园广场等"六大专项整治"，有效遏制城市乱象，全面提升市容环境，实现城市管理大提质。加强市容市貌日常管理，做到主次道路基本实现无店外经营、无乱停乱放、无乱吊乱挂。加强户外广告管理，拆除不符合规范影响市容的户外广告，加强"牛皮癣"治理。加大对损坏市政公用设施、滥砍滥伐园林绿化花草树木等违法违章行为的监管力度。加强城管服务建设，深入推进以服务促管理工作的开展。加强建筑工地的综合管理，严格渣土运输审批，规范建筑工地运输车辆及运行路线，对需调运渣土的项目工地，严格按照核准的路线、时间、倾倒地点进行渣土调运作业。同时，强化运输环节监管，加大路段巡查力度，实行24小时领导带班蹲守制，及时处理渣土运输沿途撒、漏污染道路的行为，渣土撒漏道路扬尘得到有效治理。

二、加强市政建设管护，完善城市管理基础。

加快重点工程建设步伐，做好城乡垃圾收转运体系建设、城市管道燃气建设、文明南路管网改造抢修工程、宜兴桥重建、城市弱电管网、城区公共自行车租赁等项目建设。进一步加强对市政公用设施的管理与维护，完成利民街路灯安装、天桥高杆灯灯盘灯具更换、鹏升路雨污管道改造补渗漏、星火广场原喷泉封闭改造等维修工程。全年维修人行道板 12 批次，修补人行道板 1200 余平方米、广场砖 250 余块、止车石 23 个、路缘石 60 余米、花池瓷片 110 余米，更换、维修雨水检查井盖 25 套等等，确保道路设施完好率达 90% 以上，市政设施安全运行。

三、加强园林绿化养护，着力提升城市品位。

加快推进创建国家园林县城工作步伐，积极开展生态文明建设工作，广泛开展"城市绿荫行动"暨"绿城攻坚"活动，激发全社会参与创建工作的热情，做好街道（道路）绿化、小区绿化、庭院绿化、单位绿化，采取屋顶绿化、墙体绿化、见缝插绿等措施，不断扩大城市绿量。加大园林绿化养护力度，打造一批园林精品。做好了春节、国庆等主要节日期间的鲜花摆放、悬挂灯笼工作，营造浓厚的节日氛围。加大对单位绿化及小区绿化的指导，开展好省、市级园林式单位及园林式小区的创建工作。截至 2018 年，宜章县建成区绿地面积 433.8 万平方米、绿化覆盖面积 481.39 万平方米，绿地率 37.14%、绿化覆盖率 41.19%、人均公园绿地面积 10.03 平方米、公园绿地服务半径覆盖率 84.73%，主要指标均超过国家园林县城标准和小康社会建设绿化指标要求。

四、加强环境卫生管理，打造宜居生活环境。

加强环卫市场化运行督查考核，提升环卫工作水平，严格落实街道保洁、道路清洗、垃圾清运和河道保洁等责任制，做到主次街道 17 小时保洁、背街小巷 14 小时保洁。大力推行机械化清洗，实现了主次街道、护栏清洗和垃圾清运常态化，交通护栏、斑马线和道路中间隔离护栏黄线露出本色。全年共清洗、洒水约 6.2 万吨，清扫保洁 6.24 亿平方米，清铲、清运县城生活垃圾总计约 3.44 万吨，做到了日产日清，日清运率和无害化处理率均达 100%。县城环境管理精细化度极大提高。

五、加强路灯亮化建设，营造多彩城市夜景。

加大路灯建设力度，完成 G107 绕城公路照明工程建设。积极争取政策资金，加强对背街小巷的路灯安装，逐步消灭城区道路、街巷的无灯区，为市民夜间安全出行营造条件。加强对城区照明路灯及临街亮化设施的巡查维护，全年维修路灯 60 余批次，更换照明器材 850 余盏、路灯井盖板 24 块，更换故障电缆 300 余米，更换维修路灯、亮化智能控制终端 120 余个，确保了道路照明亮灯率达 98% 以上及城区夜景正常亮化，营造了璀璨夺目、绚丽多彩的城市夜景。

创先争优　真抓实干
为开创城市管理新局面增光添彩

安徽省蚌埠市禹会区城市管理行政执法局

2018 年以来，在市执法局坚强、正确领导下，在各分管领导的具体指导下，我局紧紧围绕城市管理工作大局，立足城管工作本职，强化队伍管理、完善工作措施，加大工作力度，狠抓工作落实、制度落实、考核落实，通过实行分片管理、网格化管理、差时管理，突出清理整治了一批城市管理工作中的重点、难点、热点问题，在市容环境管理、文明创建、数字化城管等工作中取得了一些成绩，辖区面貌发生了较大变化。

一、创思路，定制度，严抓执法队伍建设。

一是突出党委统揽全局作用。长期以来，我局党委处以机制不健全，存在重具体工作轻党委建设的问题，党委统领全局的作用发挥不明显。我们从配齐配强党委班子做起，多次向区委请示汇报，从实际工作出发，重新调整局党委班子配备，现 5 名党委班子成员配备齐全，分工明确；在此基础上，建立完善了党委议事制度、决策制度、学习制度、用人制度，充分发挥党委统揽全局的作用。通过加强班子建设，各项工作有了明显提升，也得到了区委区政府的充分肯定，使得很多干部在政治上得到了重用。同时，局党委向区委建议，以文件形式重新明确城市管理工作职责、各级任务分工、管理执法权限、考核奖惩办法，努力开创全区城管工作齐抓共管一盘棋局面。

二是强化制度保障。队伍建设是干好事业的根本，制度建设就是带好队伍的保障。我局按照抓纪律强责任的原则，全力加强制度建设，按照"覆盖城市区域、满足管理诉求、提升管理效能"的思路，建立"345 工作机制"，"3"是三包，即大队包片、中队包块、队员包段，"4"是四定，即定人、定岗、定责、定奖惩，"5"是五结合，即固定守点与徒步巡查相结合、徒步巡查与机动巡查相结合、分散管理与集中执法相结合、日常执法与突击整治相结合、专项整治与长效管理相结合。通过以上机制的建立，进一步明确责任和绩效考核机制，充分调动队员的工作积极性和主动性。并进一步制定完善了《禹会区城市管理行政执法局考勤制度》《协管员绩效考核实施细则》《车辆管理规定》《行政执法人员行为规范》等各项工作制度。

在具体落实上，一方面要求各中队每天适时微信上传早点名、晚点评工作情况，由督察室每天抽查，每周工作例会发布通报，每月进行汇总考评；另一方面公开、公平、公正开展绩效考核评议工作，按照队员互评、中队推荐、督察总评、党委决定的程序严格评议，每月评出 7 名城管之星，分别给予 500 元绩效奖励，同时，拉大绩效考核优劣等次差距，由工资总额最少的 1500 元到最优秀的 3500 元左右，充分调动队员工作积极性。通过抓制度建设，不断规范队员的行为，努力在全局形成一种"干事业、讲实绩、比贡献"的工作正能量。

三是提升规范化建设。按照阵地建设标准化，执法程序规范化，案件办理实效化的目标，全力提升全局规范化建设水平。首先，实现区局大队合署办公，固定中队办公场所，我局向区政府申请 760 平米的独立集中办公场所，各中队均能达到 80—100 平米的固定办公场所，按照统一装修风格、统一制度上墙、统一办公规格、统一装备使用、统一集中管理的半军事化风格进行管理。其次，抓好执法人员的法律知识、执法实务培训工作。按照工作序时进度，适时制定培训计划，通过举办法制知识竞赛、执法实务比武等各种形式的活动，努力形成"晴天干工作，雨天学业务"的良好氛围。再次，不断提高执法人员办案能力，树立"撵 100 个摊子不如办 1 件有影响的案件"的理念，把中队案件办理同绩效考核等次相挂勾，实施案件办理"千万一工程"，即全局每年办理案件不低于 1000 件，每年罚款增长不少于 10000 元，每年突破案件办理类型不少于 1 个。

二、抓业务，重实效，开创常态化新局面。

一是广泛宣传，全民参与，用新媒体夯实城市管理常态化之基。全年向市局微信公众号、市局网站上报工作信息 300 余条。我局于 2017 年 6 月份推出蚌埠市禹会区城市管理行政执法局微信公众号，每周一、三、五推送局工作信息，适时向市民发布温馨提示、法规宣传、执法动态、工作成果、审批流程等关系群众民生的事项，让市民全面了解城市管理新动向、新举措；开展大学生志愿者活动，建立经营户微信群，争取群众理解与支持，调动群众参与城市管理的积极性；设置城市随手曝光台等功能，便于市民投诉举报，达到宣传执法的效果。

二是源头预防，全程监管，用新手段美化城市管理常态化之容。注重强化源头预防，严把门头招牌设置审批关，从严控制临时性商业广告宣传活动；注重强化日常执法监管，积极购买市场化服务，有序推进违法违规户外广告拆除和门头店招规范化设置工作；2018 年共计拆除及改造店招店牌 165 处，面积约 2000 平方米，新审批店招店牌 120 处。全年共处罚案件总计 236 件，金额 226850 元。其中：简易程序案件 131 件，金额 3490 元，一般程序案件 105 件，金额 223360 元。

三是突出重点，综合施策，用新措施祛除城市管理顽疾。建立联合执法，探索"城管

+"执法模式，联合公安、消防、市场监管、文化、卫生等行业执法，解决城市管理工作中长期得不到解决的顽疾；全面开展违建拆除工作，按照"行业主管、以块为主、条块结合"的原则，研究制定相关工作制度，规范工作程序。建立实施信息反馈机制和限时督办制度，对群众举报、热线转交、领导交办的各类违法建设，及时反馈属地责任单位，限时予以处置。2018年按照两治三改违建摸底情况，有计划地组织拆除，全年共组织依法拆违行动80余次，及时查处并拆除各类违法建筑1000余处、违建面积2.35万平方米。有力地打击了各类新生违建行为，取得了良好成效。

四是立足当前，着眼长远，用新理念顺应城市管理常态化之势。借助全市数字化城市管理工作平台，结合实际，制定和完善了一系列城市管理措施和相关考核办法，开展了多次专项整治行动，全区市容环境秩序和基础设施较以前有了很大的改善。首先落实资金保障。区政府拨付数字化城管资金200余万元，组建社会化处置队伍，制定了《禹会区数字化城市管理考评细则》，建立了统一派遣、层级协调、按责处置的运行模式。其次严格兑现奖惩。实行周通报，月考核制度，按照经济处罚、效能问责、组织处理的形式对履职不到位的干部严格问责。全年共取得第一名3次，第三名2次的好成绩。

三、有重点，分步骤，推进城管体制改革。

一年来，我局虽然做了一些工作，取得了一些的成绩，但与上级要求还有一定的差距，自身还存在一定的不足，也面临许多挑战。

一是深入贯彻落实上级关于城市执法体制改革有关会议精神，集中工作力量，积极为全市城市管理综合执法体制改革工作做出贡献。注重学习研究，吃透文件精神，系统学习党中央省市印发的关于深入推进城市执法体制改革改进城市管理工作的指导意见等系列文件，进一步认清城市执法体制改革工作的重要性、必要性，把职责调整作为机构整合、编制核定的基础和前提，切实理清改革的原则、实施路径和目标。

二是认清当前面临的挑战。当前挑战，第一是守住创城成果的挑战，创城期间靠大量投入和全员参与建立城市管理新局面，如何将创城成果转化成日常工作效果将面临挑战；第二是随着城管体制改革的不断推进，在当前业务不熟悉，人员不增加的情况下，如何适应新划转来的执法和管理职责将面临的挑战；第三是如何改善执法环境和执法保障将面临挑战，这几年我局也大大小小出了不少事，当然跟我们内部管理不到位，执法不规范有很大关系，但也折射出城管执法得不到保障、得不到理解的问题。

总之，我们在接下来的工作中，看淡成绩，认清挑战，谋定未来，不断加大社会化服务购买力度，维护市容秩序，建立常态化机制，规范执法、文明执法，改善执法环境，努力争取执法保障，有条不紊推进各项工作的开展。

不积跬步无以至千里，新时代城管工作要求我们高起点谋划、高标准推进、高质量落实。

要求我们在政治上更加坚定，在学习上更加深入，在实践上更加扎实，在结合上更加紧密，在落实上更加见效。2019 年，我们继续坚持高标准严要求，抓重点求突破，继续振奋精神，进一步鼓舞斗志，不畏艰难，不回避矛盾，不躲避难题，不逃避责任，奋力拼搏，在城市管理体制的改革大环境下，走上新征程、履行新职责、做出新作为。

以"伟大的心态"做"天大的小事"

——县城管局 2018 年工作总结及 2019 年工作计划

湖北省秭归县城市管理局

2018 年，县城管局在县委、县政府正确领导和市城管委精心指导下，以习近平新时代中国特色社会主义思想为引领，紧扣全县脱贫摘帽、防范化解重大风险、污染防治三大攻坚战目标，结合城市管理主责主业，抓实全面从严治党、城市精细管理、扶贫攻坚三大重点工作。围绕"建一流队伍、创一流业绩"的目标，强化职责担当，创新城市管理能力，全面完成 2018 年各项目标任务。现将工作情况总结如下：

一、2018 年主要工作情况

（一）以党建为统领，夯实各项主体责任

2018 年以来，局党组将党建、党风廉政建设、意识形态等纳入党组重要议事日程，与中心工作同部署、同落实、同检查、同考核。年初，党组集体研究并制定下发工作要点，围绕目标任务抓实各项工作。

一是落实"一岗双责"。结合职责制定从严治党主体责任清单，落实局党组书记亲自抓，班子成员具体抓，党建与业务同步抓的工作思路。实行月安排、周督办、季考评工作模式，督导各位班子成员主体责任履行到位。

二是注重理论学习教育。以主题党日活动、党组理论学习中心组为平台，组织党员干部职工集中学、专题研讨学、党课辅导学、警示教育学，不断强化党性意识，全面提升综合素质。开展"城管微讲堂"活动，外请专家、理论宣讲员等方式开展理论辅导，加强习近平新时代中国特色社会主义思想、宪法、监察法、纪律处分条例等理论知识学习。3 月下旬，组织系统全体党员在县委党校扎实开展党员春训。

三是扎实开展各项活动。全年组织系统干部职工开展集体活动 2 次，自办与联办道德讲堂活动 3 次，联合相关部门以"建设生态文明 打造美丽秭归"为主题承办全县第一期道德讲堂，组织文明劝导、环保志愿服务 8 次，"三八"组织女职工外出学习，"10.26"环卫节组织全县 200 多名环卫工人在屈原祠爱国主义教育基地开展节庆活动。通过活动，进一步激发队伍活力。

四是创新"党建＋"方式方法，涉军维稳工作受到各级各部门好评。用"真回家"主动邀请两名党员参加各项活动，落实"真帮扶、真用情、真解困"措施，帮扶稳控职责到位，效果较好，多次代表县迎接各种检查与调研。

（二）以市容环境为重点，城市管理水平再上台阶

1. 加大执法力度，市容环境秩序卓有成效

一是严格落实"片区责任制"和"2433"工作责任制。利用错时上下班，重点保障校园和农贸市场周边上下班人流高峰期无占道经营堵塞交通的情况出现；二是加强执法巡查，加大处罚力度。共发放《城市管理告知书》2315份，下达《责令限期整改通知书》83份，清理占道经营8957人次、出店经营813户、流动摊贩2356起，清除违法张贴的"野广告"9563张、清理乱堆乱放954立方米、乱耕乱种10523平方米。

2. 强化生活垃圾的收集、处置力度，城区环境日新月异

一是推行"垃圾上门收集再行50米"服务。充分发挥北斗可视化指挥调度平台效率，确保清运收集工作横到边，纵到底，不留卫生死角，无缝对接，主城区、城乡结合部做到垃圾日产日清；二是在主城区推进"相邻段错时保洁"制度。主城区实行全天13小时不间断保洁，县城道路机械化洗扫率达到100%，推进"借雨洗路"8次，清理淤泥垃圾150余吨；三是通过人机清扫配合、分片专车收集，在县城出口一级路银杏树叶路段，打造秭归"落叶不扫示范区"，让市民尽赏落叶之美，留住城市秋韵；四是推进"厕所革命"，2018年完成县城新建4座、改建1座的公共厕所建设任务。

3. 管养兼顾，园林绿化水平大提升

一是加强县城绿地的精细化管护。把握时节，高度重视开春补绿护绿，加强夏秋季节的病虫害防治和抗旱防汛保绿，抓实树木安全越冬工作，做好县城公共绿地的市场化养护工作；二是全面接管徐家冲港湾绿化。补植杜鹃1.4万株286平方米，对沿线300多棵桂花树进行整型修剪，维修玻璃栈道观景台木质地面200平方米；三是根据县城旅游资源资产划转工作的要求，完成了夔龙山森林公园和徐家冲港湾等涉及屈原文化旅游区旅游资源的资产移交准备工作。

4. 创新方式，城市管理立体智慧化

一是城管领域"放管服"工作改革快速推进。采用城管通、微信工作群等手段，开展办理材料及现场勘察网上信息采集与传输，对临时占道和户外广告设置等许可事项由3天承诺期限调整为现场即可办理，共办理行政审批案件697件，确实达到全省"一网覆盖、一次办好"体系要求，基本实现事项办理"一窗受理、一次告知、一次办理、只跑一次"；二是实施并推进"绿色图章"制度。完善涉绿审批事项的"多审合一"和"多验合一"的工作流程，加大对批准实施的配套绿化工程的施工质量管理和后期养护管理的监管力度；三是数字化城管平台高效运转。2018年，县数字城管指挥中心全年共受理413件，派遣案

件 410 件，最大限度实现资源整合、数据共享，为广大群众提供快速、优质、高效的服务，提高了城市管理效率。

（三）攻坚克难，打赢脱贫攻坚战

细化帮扶措施，真扶贫、扶真贫，坚决打赢脱贫攻坚战。一是坚决落实扶贫任务。结合"四大一攻"行动召开动员，及时扶贫攻坚动员大会、培训会，安排部署、落实扶贫工作；二是扎实开展进村入户。熊家岭村作为 2018 年 17 个脱贫"出列"重点贫困村之一，为确保所帮扶的熊家岭村共计 263 户 744 人年内顺利脱贫和如期实现 2018 年整村"出列"。我局严格按照精准扶贫要求，主要负责人每月驻村 2 周以上、其他人员每月驻村 2 天以上，分批次派出工作队员协助扶贫工作队开展饮水、房屋安全调查，以户为中心查漏补缺，确保"两不愁三保障"落到实处；三是争取资金集中攻坚。县城管局积极筹措扶贫专项资金支持帮扶的熊家岭村、楚王井村、长春村用于危房改造等重难点工作。

（四）开展历史存量违建处置行动，新增违建"零容忍"

一是按照《宜昌市禁止违法建设管理办法》自 2018 年 11 月 1 日起施行，按照《办法》及宜昌市实施方案规定的"铁腕禁违，斩断增量；铁拳拆违，铲除存量"的目标任务。11月 16 日县政府常务会已召开专题办公会，对违法建设相关问题进行了研究，县城管局已牵头拟定了秭归县禁止违法建设工作领导小组，对违法建设整治将按照办公会要求进行推进；二是由县政府办牵头的历史存量违建处置专班，对 242 户历史遗留违法建设进行集中清理处置，目前已基本处理完毕；三是全年共受理管控新增违法建设 118 起，一般程序立案 14 起，拆除违法建设 79 起，依法拆除违法建设 4669 平方米。

（五）刚柔并济，狠抓队伍正规化建设

一是加强执法业务培训。按照年初制定的执法培训计划，积极轮派执法队员参加省市城管执法培训，全部经培训考核合格后执证上岗，培训覆盖率达到 100%；二是强化案件评审，严格依法行政。聘用 2 名律师为专业法律顾问，进行法制审查和指导行政执法。全面推行执法全过程记录制度，严格执行"六先一后"执法法，做到全过程留痕、可回溯管理，确保了执法行为规范化；三是严肃执纪问责。以"强基础、转作风、树形象"专项行动和"面对面听期盼"为契机，严肃队容风纪、严格规范管理，不断改进工作方式，执法队员以的精神风貌、工作热情、工作作风普遍高涨。

（六）精细高效，圆满完成机关各项工作

以城市精细化管理为目标，积极组织洁城、洁河、志愿服务等社区共管活动，认真履行好城市管理工作职责。完成好人大建议和政协提案办理工作，做好文明创建、人口和计划生育、工会、老干部、群团等各项工作，全面落实二孩政策。做好机关事务管理服务和综合协调工作，提高后勤服务保障水平，抓好各单位安全生产、平安建设、法治、综治、信访维稳等各项安全工作。加强机关档案管理、保密工作，继续做好反邪教相关工作。

二、特色亮点工作

（一）服务民生项目再创新成效

一是稳步推进县城移民小区综合帮扶配套和绿化改造项目。小区停车场改造已开工建设 11 个小区。完成后可新增停车位 874 个；二是推进庙咀建筑渣土填埋场项目建设。完成过境污水改道工程（钢管 72 米，箱涵 70 米）、1 号栏渣坝工程（浆砌 4500 立方米）、截洪沟 1100 米、完成挡土墙 1700 立方米；三是日处理 100 吨的银杏沱压缩站已完成试运行，进一步提升了县城及周边镇村的垃圾处置能力；四是高效转运处置生活垃圾。2018 年共转运至华新环境公司原生生活垃圾 2165 车次，合计 3.48 万吨，通过分类处理，分拣 RDF 成品转运至水泥窑协同焚烧处置 2.6 万吨，雾化焚烧协同处置渗滤液 0.44 万吨，生活垃圾无害化处置率达 100%。

（二）美化城市环境再添新举措

一是错季播种鲜花。9 月上旬，县园林所将徐家冲港湾、花园路、客运码头、金缸大道、明珠大道等 5 处绿化空闲地，混合播种冬春应季七个品种草花籽共 5 万余平方米，自 10 月下旬鲜花陆续开放，"花海"将持续至明年 5 月，成为县城一道亮丽的风景带；二是开展"烟头垃圾不落地、秭归环境更美丽"活动。县城管局积极组织开展了活动启动仪式，实施集中兑奖 2 次，现已实现了"进机关事业单位、进校园、进单位、进家庭"；三是组织干部职工开展 8 次"万人洁城"、4 次"万人洁河"、4 次包片责任考核和年终"市容环境卫生示范小区评选"等活动。

（三）突出部门职责打赢污染防治攻坚战

重点治理建筑渣土乱象，全力做好中央环保督查"回头看"整改销号工作。一是建筑渣土专项整治成效突出。县城管局牵头的建筑垃圾、工程渣土及砂石料运输整治专班，共查处违法违规案件 99 起，其中移交交警或路政部门立案查处 7 起，教育整改 55 起，城管部门立案查处 37 起；二是积极培育渣土运输市场主体。2018 年秭归县晨安运输公司、秭归县地博运输公司取得资质许可备案，在县城共投入 38 台专用渣土运输环保车。截至目前，我县拥有符合规范专业密闭环境运输车辆 70 台；三是积极推行建筑垃圾资源化利用项目。以招商形式引进一家装配式建筑材料公司，该项目计划总投资 1.3 亿，建设周期 2 年，项目建成投产后可年产 60 万吨绿色建筑材料，实行产值 2.77 亿，年创税 0.15 亿；四是规范运行庙咀建筑垃圾填埋场。2018 年共接收建筑垃圾及工程渣土 13200 余车次，累计消纳处置 6.6 万余方；五是落实大气污染防治的洒水降尘任务。实行环卫所所长轮流带班制，落实洒水降尘任务。夏季炎热期间，每日出动 5 台洒水抑尘车加大对重点路段的洒水降尘作业。6～10 月，环卫所共出动高压洒水车 7000 余车次，作业行程 3.8 万公里，用水 6 万余吨，扎实完成了环保督查"回头看",有效维护了县城环境空气质量。

(四)开展广告店牌大清理大整治行动

一是对庙咀桔颂路沿线的店牌进行统一改造,139 个店牌进行改造,面积 1252 平方米;二是对城区户外乱象广告店牌进行专项集中整治,下达《责令限期改正通知书》83 份,集中人力物力拆除各种违规广告店牌 1281 块,4992 平方米;三是落实杨县长办公会议精神,完成了城区范围内涉及 5 家广告公司 3 大类 16 处经营性户外广告的移交,实现了城区公共广告位产权移交至县投资公司。

三、2019 年工作计划及打算

2019 年,我局将以党建为引领,以"三化(美化、亮化、智慧化)"为目标,以"服务旅游、服务民生、服务中心"为重点,抓好各项工作。

(一)以党建工作为抓手,大力提升城市管理水平

强化"四个意识",落实全面从严治党主体责任,切实承担起党要管党、从严治党的政治使命。及时传达、全面学习、深刻领会、贯彻落实党的十九大精神,坚决在思想上、政治上、行动上同以习近平同志为核心的党中央保持高度一致,以党建工作统领城管各项工作再上新台阶,进一步抓好城管系统全面从严治党和党风廉政建设及意识形态工作。

(二)全面打响"三大"攻坚战和"扫黑除恶专项斗争"工作

一是落实环保督查整改任务,开展建筑渣土专项整治和洒水降尘;二是扎实推进脱贫攻坚工作,加强与帮扶村贫困户的思想沟通,及时化解相关矛盾;三是全面打响"防违控违"攻坚战。严格贯彻落实《宜昌市禁止违法建设管理办法》,按照县委县政府审定通过的实施方案,有计划有步骤地对历史违建存量进行清理,对新增违法建设坚决及时拆除;四是稳步推进"扫黑除恶专项斗争"工作。以我局在建工程项目、城管执法、环卫和园林作业等方面是否存在涉黑涉恶情况排查重点,在职责范围内积极配合政法机关调查取证,会同政法机关打击黑恶势力。

(三)扎实推进服务全域旅游项目

一是制定县城"亮化""美化"方案,启动相关工作;二是落实县人大常委会视察"城区停车难问题调研"议题,制定《县城停车场管理办法》和停车场建设三年行动方案,加大招商引资力度,谋划县城智慧停车项目建设;三是启动"庙咀美食一条街"整治,高标准打造秭归的美食文化场所;四是加快推进县城移民小区生态停车场改造项目进度,尽快启动长宁小区停车场改造;五是完成九里垃圾填埋场社会停车场新建工程。

(四)深入推进城市管理体制机制改革

一是加大城管体制机制改革力度,力争在 2019 年实现我县城市管理领域的机构综合设置,明确城市管理的职责边界和执法范围,城市管理体制初步理顺,机制进一步健全;二是申请组建县城停车管理中心，加强对县城停车及停车场的的规划、建设和管理；三是垃圾分类有序推进。按照"先易后难、先试后推"的工作思路，从居民小区、机关单位、学校、企事业单位开展生活垃圾分类试点工作；四是启动垃圾收集、清运市场化。加大清运组管理力度、考核力度，逐步推行机扫、人扫、冲洗三者"归一"的运行模式；五是高标准完成"放管服"改革和"厕所革命"相关工作。

（五）弘扬"工匠精神"，拿出"绣花功夫"，以"伟大的心态"做好城市管理这件"天大的小事"

履职尽责，主动担当，在"科学化、精细化、智能化"上下功夫，提高城市管理水平。完成职责范围内常规性工作，完成市城管委和县委、县政府交办的其他事项。

"铁拳"砸下去 "乱象"成"景象"

——密山市城市管理综合执法局执法纪实

黑龙江省密山市城市管理综合执法局 冯 磊 孙云阁 李延来 范士友

2018年8月8日,密山市城市管理综合执法局挂牌成立。这支平均年龄35岁的"青壮年"执法队伍,在党和政府的推力下,四个月的时间,爆发动能,释放担当,过得充实,走得坚定。

满打满算的四个月,城市管理综合执法局收获好评如潮:广大市民为他们鼓掌;执法画面的点赞刷爆了朋友圈。

密山市委书记张雷、市长高运禄、副书记彭朝阳、副市长姜钧林循着人们对美好生活的向往与追求,踏查街道,部署新一轮城市"转型崛起"整治的时间表、路线图,并把重担压给了刚刚成立的城市管理综合执法局。

四个月,全体队员多干了300天的工作;四个月,改变占道经营拥堵与"凝固";四个月,拔掉了私拉乱建"钉子户";四个月,打响了蓝天、白云、净土保卫战;四个月,城市管理综合执法局执法力度历史空前,秒杀顽疾,干劲喷涌,凸显了务实、高效的"密山速度"。

密山市城市管理综合执法局形成了的"铁拳头",让密山这座城市陡然万象更新。

机构改革,实现精彩转身

2018年4月,密山市下发机构改革红头文件,城市执法迎来了久违的春天。密山市成立城市管理综合执法局,将城管大队从住房和城乡建设局分离出来,纳入执法局,并增加编制;将城乡建设领域法律、法规的行政处罚权;将市场监督管理局承担的户外公共场所、违法设置户外广告及户外公共场所食品药品销售、回收贩卖药品等行政处罚权;将环境保护局管辖的生活噪音污染、建筑施工噪音污染、餐饮油烟污染、露天烧烤污染、焚烧秸秆、烟尘污染等20项行政处罚权,全部划入城市管理综合执法局。任务清单、权力清单、责任清单明确。

改革是"弯道"超车。执法队员体会到,最明显的是砍掉了"弯道",原来的城管大队隶属住建局,城市执法要请示局领导,请示大队领导,最后中队实施,"婆婆多了"就要拐弯抹角,执法到了中队"末梢",黄瓜菜都凉了,出现了城市执法慢半拍的现象。

改革是执法权力的整合。机构改革是简政放权,执法权力整合的一次社会实践。原来执法边缘、权属、界限不清，多头执法，多头又不执法，出现了执法"三个和尚没水吃"的等靠"盲区"，相互推诿扯皮。成立城市管理综合执法局有了独立执法权限，执法，一声令下、一以贯之、一键启动、一气呵成。

选人用人，实现"业由才广"

城市执法随着各地一些不协调的"网红"，"城管"这个角色，时不时被推上舆论的风口浪尖。因此，市委在局长的人选上，开始"伯乐相马"再"赛场选马"。综合考量，市委认命连珠山镇党委书记孙景林担任城市管理综合执法局局长，引起哗然。一个乡镇"经济主干线"与城市综合执法局"老大难"的落差，是"重用"还是"跳板"。"疾风知劲草"的道理是最好的诠释。孙景林阅历丰富，在乡镇工作 20 年，曾任乡镇副书记、纪检书记、镇长、书记，有一定的研判、协调、组织能力；孙景林工作可圈可点，在连珠山镇工作期间，领办密山市野生灵芝合作社，实现了野生灵芝寒带生长的突破；领办密山市新发村钢管企业公司，壮大了村集体经济，成为了"乡村振兴"的动力源，有一定的开创能力。

四个月，孙景林把好的作风带到了新的岗位，传导给员工，与员工一起"撸起袖子加油干"，带领这支队伍在城市管理的路上努力奔跑，他们成为改变城市面貌的追梦人。

解放思想，实现思维破茧

先补脑。开展"解放思想"大讨论，打破狭隘的本位主义、自满情绪、"三个坏把式"的桎梏，开放执法、透明执法、文明执法；把密山市城市管理与大城市管理的理念进行比对，找差距、查弱项，以担当的精神，为人民管理好这座城市。

再充电。对员工进行法律、法规、文明执法的培训，一切执法遵循法律、法规，执法有了操守。四个月，没有一起市民投诉；走出去学习，躬身取精，到鹤岗、汤原、讷河学习城市管理的先进经验，采取"拿来主义""凿壁偷光"的办法，找出自己城市管理的短板，扬长避短、扬长补短，实现"短板"与"长板"的切换。

以上率下，实现百舸争流

领导的影子就是无声的感召，无声的引领。孙景林从上班的第一天起，每天早上，4 点准时起床，开始巡视城区，一天早上，巡视 3 小时，一天走路 6 公里，四个月，巡视 360 个小时、走路 720 公里，围绕这座城市跑了一圈又一圈的"马拉松"，他捕捉乱象，画在本上、记在心里。上班早会，布置工作，问题精准、有的放矢。

这支百分之七十是退伍军人组成的团队，带着军人的气质，跟进孙景林的身影，完成任务的速成效率，已经成为新常态。

执法大队大队长兼动迁办主任孙洪军，是执法队伍中的领头羊。他总是出现在在第一现场。一边是全市房屋征收，他一头扎进房屋征收地块，一年要与20多户"滞迁户"短兵相接，一谈一上午，一谈谈几年；一边是城市管理，在整治"三街一路"的关键时刻，他又是打头阵。

副大队长范圣杰，管辖的区域走个遍，管理办法，如数家珍，是法规的"活字典"。4个月，不开人情口子，人称黑脸"包公"。

牌匾中队长杨庆艳，对商家牌匾审批、制作一个尺子卡到底，人称"老教条"；四中队队长夏文斌，在城管工作28年，守土有责，人称"老黄牛"；还有"顺风耳"的郝书涵；"千里眼"的白天亮；"飞毛腿"的戴瑞奇、"铁脚板"的毛俊等等，这是一支真英雄的团队，他们用忠诚唱响了"英雄赞歌"。

风雨中锻造出来，独有的"不怕苦、不怕累、不怕难、不怕硬、不怕险""五不"作风成为开启攻坚克难的"金钥匙"。

规划执法中队是城管的"突击连"。发现违建，下发责任整改通知书后，还不罢手的，拆你不商量。这个中队执法遇到的矛盾最尖锐、问题最棘手，但是，他们坚守"红线"不动摇。队长李连兴，一脸的正气、一身的钢骨，他遭到围堵、围攻，甚至是拿孩子当威胁的恐吓，但是他没服过软、认过输。

规划执法中队是城管的"尖刀连"。5月至10月，是建筑的高峰期，他们舍弃了星期天、节假日，蹲守在施工现场，不按着规划审批，超高度、超面积的建筑坚决叫停。2018年处罚违章建筑行为50多起，坐在楼顶吃盒饭，顶着烈日当保干的故事，被传为佳话。

管理中队是城管的"好八连"。这个连队管辖的是东安大街以北、永固路以东最难、最乱的地段，小商小贩扎堆，店外经营、占道经营严重，他们创造了"811"工作法，即80%的问题用服务手段解决；10%的问题用管理手段解决；10%的问题用执法手段解决。突破了全国"721"工作法的模式。

巡逻中队的是城管的"侦察连"。晚18时至21时，巡视在大街小巷、犄角旮旯，中午12点至2点还在巡视，用望眼镜、用反光镜、用显微镜、用折射镜，洞察毫厘，一天巡视50公里，取缔占道经营1000多个，路边烧烤300多个，晚饭、午饭都在车上、路上吃一口。发明的"错时执法""无缝隙"执法，使城市管理不断档、不缺位。

挥动"铁拳"，砸出全新风景

互联网＋管理，城市管理坐上了"高铁"。密山市创建省级文明城市再次给执法局施压。"创城声音"上100多条信息的建议，都是第一时间、第一速度、第一效果全部完成整改。

"空中卫星"，城市管理精准定位。政府投资300万元，与市公安局共建"110"数字平台指挥系统，实现资源共享。174个"球机"堪称174个"空中卫星"，遥控城区，发现问题，指挥中心，发出指令，为采集、取证提供了详实的数据；为处置突发缩短了时间。

"铁拳"发力,还街路本来属性。城市管理就是塑造营商环境,基于这一点认识的高度,他们以只争朝夕的劲头,五指并拢握成拳,形成张力、凝成重力。

"扒",成为城市顽疾的杀手。原农贸城的楼顶,19家小旅店、小饭店、幼儿园都是私拉乱建的产物,蜘蛛网的电线、易燃的建筑材料、防火通道狭窄都构成了安全隐患,市民反映强烈。一声令下,铲除10多年的隐患。让说情者闭口,让侥幸者止步。这只"铁拳"击中要害。

"拆",成为城市顽疾的斩手。原水果批发市场是城区最大的水果、蔬菜集散地。占道经营、店外经营、车人拥挤、叫买叫卖,噪音污水扰民,特别是商家门口全部私拉乱建,这个区域是城市管理的一个"中梗阻",谁看谁头疼,年年喊整治,年年没咋地。这是创建省级文明城市的一处败笔,必须根除。9月,一个"响雷"攻坚行动开始了。城市管理综合执法大队给商家下发责令整改通知书、行政处罚事先告知书,执法队员蹲点包户,先礼后兵,带有温度的执法,一些商家主动拆除,最后一户不听吆喝,城市管理综合执法局牵头,公安、消防、电业、网通等部门联合,大动干戈,依法强行拆除。历经2个月,破烂不堪,30年的城市"顽疾"根治了,街与天相接,市民一个劲地叫好。这只"铁拳"所向披靡。

清,成为城市顽疾的援手。房山路的露天市场,历史形成。夏天2点钟开始,一天都处于喧闹状态。占道经营、随意经营,阳光小区、福隆小区、针织厂小区等周边20个小区5000户居民受噪音、卫生的影响。一次整治,坚决不反弹。早2点,执法队员出动,引导、说教,责令整改,历时一个月,环路于民,还清净与民;随后,红卫街市场也达到了有序经营。这只"铁拳"命中难点。

人改变了环境,同时,环境也改变人。清理过后的水果批发市场,井然有序,而且,商家相互形成监督,自觉、自律养成习惯。

幸福是奋斗出来的。多年的城市顽疾"销号清零"了;校园周边杂乱清空了;城市"牛皮鲜"减少了;市容"颜值"提高了;环境宜居了,群众的获得感、幸福感提升了。

省级文明城市密山市、魅力城市密山市,文明与魅力成为密山市最美的营商环境,"美"来自创造"美"的人,创造"美"的人当属城市管理综合执法局团队,城市管家、城市"保姆"、城市"守卫者",他们美在奉献、美在务实、美在勇敢、美在"铁拳"锻造的过程和"铁拳"出手的瞬间。

创新城市管理　建设美丽蕉城

——三年工作总结

福建省宁德市蕉城区城市管理行政执法局局长　金昌勇

2016—2017年，作为区统计局副局长、党组副书记，任职期间，全力配合连续三任局长，按照区委、区政府赋予的职能任务。在中心城区经济飞速发展，统计数据采集、统计对象管理难度日益增大的形势下，心有大局、找准定位、团结全局、扎实工作较好地完成了各项统计工作任务，确保蕉城区统计局连续两年在全市统计系统排名领先，受到领导同事的一致好评。

2017年12月28日，经过组织安排任区城市管理行政执法局局长，全面主持工作。在任职期间，本人能够树立正确的人生观、价值观，紧密围绕蕉城区经济社会发展稳定大局，任劳任怨、履职尽责、廉洁奉公、强力攻坚克难，扎实有效地推进中心城区城市管理工作朝着精细化、长效化的方向发展，现将区城市管理局工作期间的工作总结如下：

一、注重学习，抓带动，促进城市管理队伍综合水平的不断提升

城市管理是一项系统、长期的工作，面对这样的一个岗位，我明白只有通过不断的学习来充实自我、完善自我才能有所作为。对此我主要通过四个方法加强自身能力提升：一是向实践学，对于城市管理中的每一个难点、热点问题，我都一线了解掌握相关情况，深入走访、多方了解。一线带队与同事共同商议、破题解难，真正做好在实践中学习，在实践中提升。二是向书本学。在到岗初期，我收集了所有与城市管理有关的法律、文件，通过系统、全面地学习，使自身业务水平和政治素养有了很大的提升；三是向领导学。通过一年多来与领导接触使我亲身感受了区委、区政府及市局各主抓领导的人格魅力、领导风范和工作艺术，使我受益匪浅，收获甚丰；四是向同事学。古人云：三人行必有我师。对此我深有体会，我觉得，每位同事都是我的老师，正是不断地虚心向他们求教，才使我自身的素质和能力才得以不断提高，工作才能基本胜任。

作为一名区城市管理局的"领头羊"，本人深知只有抓好队伍建设才能带动日常管理朝着更好的方向发展。为此，我以"两学一做"学习教育活动为契机，全面加强了城市管理队伍建设。一是加强对执法人员的业务培训，开展了协管员、新招收人员岗前培训、执法人员法律法规知识轮训、自由裁量权学习等各类培训；二是加强执法人员思想教育，加强对协管员执法理念、文明执法、执法务实等方面的教育，增强工作热情和干劲，提高执法能力；三是加强制度建设，在原有制度的基础上，重申和完善了车辆管理规定、考勤规定、物品暂扣处理规定、案件评议制度等制度；四是建立片区法制员制度。为每个片区配备了 1 ~ 2 名法制员，负责做好日常法制宣传、全程执法记录、视频图片材料的收集工作，确保执法过程的公平、公正。

二、舆论先行，抓宣传，着力营造"人人参与、齐抓共管"的浓厚氛围

宣传是带动一切工作的前提，作为区城市管理局的首任局长，我深知宣传工作的重要性。为此，我始终把开展社会化宣传，着力提升市民素质作为一项重要工作来抓。通过发放材料、网络引导、在线交流、媒体协作等多种互相交流、沟通的方式，发动广大市民和社会各界人士积极投身、参与到城市管理工作中，培养他们主人翁的意识，取得了良好效果。

充分认识到市民文明素质与全国文明城市之间的差距，制定一系列循序渐进的宣传工作法。1、改变以往老旧的分发宣传单的单一宣传模式，从网络入手，创建了"蕉城城管"微信公众号、"新浪微博"公众号，将每个时段、不同时期开展的工作通过微信、微博传达到市民手中，及时将工作动态以信息的方式传输到百姓心中，设立举报投诉台及时解决市民身边发生的各类问题，有效地搭建起沟通的桥梁，增强了单位的透明度、民众的知晓率。2、积极参与市区两级政府举办的"110""6.26""12.4"等大型户外宣传活动，制作了《扫黑除恶文明公约》《告广大市民的一封信》8000 份，分发给市民，引导市民共同参与城市管理。3、妥善处理执法过程中出现的阻法抗法事件，并在各类媒体中进行正面宣传，普及法律、形成威慑。提高城管执法的威信，增强队员工作信心。一年多来发表公众号文章 15 篇，市区各媒体相关媒体报道 32 次，单位及我本人也接受各类采访 6 次。通过一系列有缓到急、由点到面、从轻到重的宣传方式，进一步提升单位的形象，改善市民对城管的看法，增强了群众对城管工作的理解。

三、脚踏实地、抓成效，创新管理引导城市管理工作朝着精细化、长效化方向发展

2018 年，宁德市创建全国文明城市。作为中心城区城市管理的主抓单位，如何打好开局一战是本人任职以来时常思考的问题。为此，我在 2017 年创建省级文明城区成功的基础上，按照市区两级政府的工作要求，对照责任清单，统筹谋划、细化目标、整合力量、超前布局。将原有的片区整合成南北两个片区，均衡分布人力，每晚安排一名副大队长带队，巡查城区的夜市，真正做到白班与晚班的无缝对接，全面推进中心城区城市综合治理水平，并针对工作中存在的薄弱环节、难点疑点、机制不畅等问题，敢想敢干，对症下药，创新工作制度，探索全新工作方法，有效地推进工作跨越式升级。

1. 一线工作法

为改善原有队伍"懒、散、乱"的现象，制定了一线工作法，暨片区队员一线执法，责任领导一线带班，班子领导一线挂片，通过三级网格管理的模式，层层落实、层层递进、一级抓一级，不拖不推，破题解难，真正做到疑难杂症心中有数，有序推动创城工作。创建了微信工作群，每日及时将电话举报、第三方督查、领导调研中存在的问题传达至一线队员处，并根据难易度，由各级领导一线带队破题，并在微信中及时反馈，力争在第一时间内给予最满意的答复。

2. 采用大数据工作法

作为统计系统出身的我，深知工作成效的体现用数据是最简单明了的方式。为此，在片区中推广了大数据工作法，通过每周对各片区整治情况、查扣数量、罚款金额进行比对，用数据说话，通过对比，提高片区之间良性竞争，进一步增强了工作的积极性。同时定期将城区内各类城市管理事件用数据进行汇总、比对，实时掌握工作动态，趋势变化，及时应对谋划、指导工作。

3. 圆桌工作法

将每周的例会制度化，集合班子成员、各片区负责人研究探讨，队伍管理中出现问题、市容管理工作中遇到的难点、疑点问题，集思广益及时破冰解难、提出建议意见、解决方案，既形成团结合作的工作氛围，有效地推动各项工作进展。

4. 建立联动工作法

与交警部门、公安部门、市场监督管理部门以及乡镇街道办事处建立联动协作机制，对一些职能交叉和业务互补的管理难点问题，通过联合执法、协作执法的模式，形成管理合力，有力的推动一些历史顽疾的破解。以东湖路为试点，每晚出动交警及执法人员20多人，区执法局对乱堆乱放、乱摆摊点等行为进行从严查处。区交警大队对无证驾驶、乱停车等行为快速处理。特别是针对东湖路批发占道的无牌改装、拼装与不符合使用规范的车辆从重处理，有效改善了部门之间多年来推诿扯皮的乱象，真正做到了联动协力、有的放矢、精准突破、精准解决。

5. 无缝工作法

为消除管理盲区、实现执法工作全覆盖，采取错峰执法的方式，全面加强校园、市场周边的管控。通过调整上下班时间，科学安排人力，填补午间、夜间的管理空挡。联合公安、交警部门破解难点，通过通宵值守等方式，为中心城区的市容全方位管理工作提供有力保障。

通过努力，影响中心城区道路交通秩序的占道经营、乱堆乱放、堵点乱点等问题得到了有效改善。2018年以来，区城市管理局共疏导流动摊点8.7万多户，劝导商家进店经营4.8万多家，查处疏导夜市、烧烤摊点1000多家，违规夜间施工工地20多家，违规乱贴牛皮癣、乱拉广告条幅的行为150多起，协作街道办事处、社区拆除破损广告20多面，指导商家正确安放20多户，协助商户自行拆除违规广告10面，渣土车"滴洒漏"行为20多起，市容环境得到进一步提升。

四、担当有为抓突破，全力破解党委政府交办的各项急难险重任务

早期的执法局，由于经费的原因及市区城管体制不顺等原因。区里招收协管员穿着的是老式制服，一条马路、一样执法、两种着装，影响执法的公信力。为了改变现状，在我上任不到两个月的时间，游走于市区两级政府、财政局，通过多方努力，为协管员解决了服装问题，确保了执法过程着装的统一；筹措资金、购置了大量执法记录仪，有效保障了执法过程的透明度；委托劳务派遣公司招收了 23 名协管队员，填补了执法力量的空缺；多方寻找并提请政府为执法局解决了 5000 平米的办公场所，改变了 20 多年"居无定所"的情况；积极筹建蕉城区城市管理局，在取得区委、区政府的支持下，2018 年 12 月 29 日蕉城区城市管理局正式挂牌成立。

2018 年 9 月份，区委、区政府主要领导点名要我参与军产富春农贸市场的整体搬迁工作，并独立负责搬迁后的善后拆迁平整工作。400 多家商户，1 万多平方米的整体搬迁，时限只有不到一个月，难度可想之大。为了做好商户的思想工作，个人亲自挂帅、下沉一线，参与到与经营户沟通协调中，一家一家地劝导，一家一家地沟通，并多次对动迁中的一些突发情况进行处置，动之以情，晓之以理。通过努力下，400 多家商户最终搬迁，未发生阻法抗法事件。同时，为了尽快拆除旧市场，连续 4 个星期，每天工作至凌晨。在我的带头下，富春农贸市场整体拆迁善后工作圆满完成。该项工作在一个月内总体和谐平稳，全面完成，得到了市区主要领导的认可，也得到了福州军区领导的高度肯定。

环东湖市场区域地处我区最繁华地带，也是我区最大历史最久远的市场，但由于建造年代久远，设施老旧、配套不足，管理混乱、摊贩拥堵，整个市场"脏乱差"，一直以来是市区两级政府的心病，群众反映强烈，曾治理多次，但均无长效。本人到任之后，就多次深入实地，走访各方，详细调研，制定短期与中期两份方案，并画出详细规划整治图。在多次向市区有关领导汇报后，在 11 月底率先带队进场开始强力推动整治。在领导支持、各部门通力协作下，环东湖市场整体整治提升在一个月内顺利完成，秩序井然、设施完备、经营规范，变化之大，得到了上级领导与广大群众的高度评价。

上汽项目落地作为蕉城区打造千亿产业链，是提升我区经济水平的重要基石。为保障项目的顺利落成，我局联合了 8 家部门近百人，我本人 7 次带队强力对 104 国道沿线进行集中整治，有效地改变沿线市容环境。同时针对项目落地前七都出现的抢建博赔风，组织力量、顶住压力、深入现场，强力治违。狠刹抢建风，确保上汽项目拆迁工作顺利进行。在一年内参与了 18 次大型征地、清违、清海、黑臭水体整治，保护性施工等急难中心工作，为全区重点工作保驾护航。

有效保障省运会、创建全国文明城市等各项工作。面对这些时间跨度长、难度大、要

求高的大型活动，下沉一线、亲自带队，及时破解市容顽疾，在确保主次干道的基础上，向城区背街小巷稳步推进。随着城区五大市场的改造提升，大量的流动摊点涌入街面，在人员紧张、任务繁重的情况下，亲自带队、全力管控、以身说法，有效遏制了群体性事件的发生，确保省运会、创建全国文明城市期间市容整洁、有序。

五、廉洁自律，抓养成，以身作则做好全体执法队员的表率作用

任职以来，本人深知岗位的特殊性，在自身专业的学习中，注重加强政治理论学习，不断提高思想政治素质。在工作中时刻牢记党的宗旨，顾全大局，令行禁止，秉公用权，廉洁从政，同时经常教育身边工作人员学习有关法律法规，加强廉政教育，防微杜渐，反复告诫他们要廉洁自律，千万不能出问题。

在区城市管理局工作期间，本人能够认真履行领导干部廉洁自律的各项规定，坚持以身作则，勤政廉政，堂堂正正做人，实实在在做事，清清白白为官。没有违反规定收受现金、有价证券，支付凭证，没有用公款为个人购买保险、在企业兼职领取报酬等问题，没有参与赌博，利用职权为配偶、子女及家人、亲戚谋取不正当利益。在公务用车方面，自觉按照有关规定和要求执行，始终做到政治上意志坚定，作风上严以律己，工作上勤勤恳恳，树立一个党员干部的良好形象，保持了模范带头作用，用自己的实际行动进一步增强在干部群众中的号召力、凝聚力、感染力。

回顾三年来的工作，本人所取得的成绩是区委主抓领导的正确领导，全体执法队员共同努力的结果。在今后的工作中，我将围绕创新、提升、发展主线，全面加强队伍建设和城市管理工作，提升队伍依法行政水平，顺势而起、借势而上，借创城大形势和市区党委政府、乡镇机关部门上下关注的大形势，推进历史顽疾的解决，巩固创城成果，为更好地践行"蕉城精神"，为打造"美丽蕉城"创造更优的城市环境。

扛起"主力军"责任 当好城市"大管家"

——海丰县公用事业局服务新时代展现新作为助力城市管理工作

广东省海丰县公用事业局

简介：海丰县公用事业局是经上级批准成立的城市综合管理部门，于 2009 年 5 月份正式挂牌运转，主要负责海丰县城地区市容市貌管理、环境卫生管理、市政设施建设管理、路灯设施建设和维护等城市综合管理工作。

从拆除违章建筑到清理占道经营，从"牛皮癣"清理到户外广告审批，从路网建设到交通设施维护，用"管家"来形容城市管理工作再恰当不过。然而，随着城市日益扩大，产城逐渐融合，"管家"的工作也亟需跟上城市发展的脚步。新时代新形势下，海丰县公用事业局以整脏治乱、建立长效管理机制为重点，切实扛起主力军责任，以主体责任制、网格责任制、"门前三包"责任制为载体，同步上演"独角戏"变"大合唱""突击性"变"长效性"的城市管理和谐曲，为海丰县创建广东省县级文明城市、广东省卫生县城，展现海丰红色之乡和历史文化名城的新形象发挥了排头兵作用，先后获得了"汕尾市文明单位"称号、"汕尾市文明创建先进单位"称号。

一、提高站位加强引领，形成强有力的主心骨

党政军民学，东西南北中，党是领导一切的。新时代城市管理的关键是进一步加强党组织的领导，将其放在城市管理的核心位置，充分发挥引领和动员作用，打下坚实的群众基础，营造浓厚的共管共治氛围。海丰县公用事业局以党组织建设为平台，把意识形态工作纳入学习内容，深入学习贯彻习近平总书记系列讲话、重要批示精神以及广东考察重要讲话精神，深入学习贯彻省委李希书记在汕尾调研指示要求，从讲政治的高度推进"两学一做"学习教育常态化制度化，提高对创建县级文明城市政治站位的认识，以社会主义核心价值观为引领，深入开展局机关精神文明建设活动，在全局掀起"文明从我做起""弘扬雷锋精神，做最美城管人"活动热潮，并与纪律教育月、政务环境整治、结对帮扶等活动紧密结合，提高全局干部职工干事创业的精气神，使之保持良好的精神状态和政治风貌，以勇于担当履职风格，推动全社会开展讲文明守纪律有礼貌的社会公德教育、讲诚信守信

用职业道德教育和讲和谐勤致富的家庭美德教育，为城市管理事业发展汇聚了强大的精神动力。

二、积极调动公众参与，形成更广泛的同盟军

习近平总书记指出，城市管理要像绣花一样精细。而城市管理涉及面广、工作多、责任重，城管部门"独角戏"式的管理经常导致相对人处于疲于应付的被动地位，而工作的结果往往不尽如人意。比如在流动摊贩治理方面，没有市民群众参与，没有村（居、社区）等社会主体的协同配合，是无法实现"堵疏结合"治理模式的。人民城市人民管，只有充分发动社会各方面力量，广泛参与城市秩序和景观的维护和监督，才能实现城市管理"共治"目标。海丰县公用事业局一方面通过积极探索县城环境层级管理，将执法、管理重心下移，拓宽群众参与的渠道，并以此为载体集中解决一批群众关心的热点、重点、难点问题。另一方面，多形式、多角度开展城市管理和环境卫生工作宣传，发布了《致广大市民的一封信》《关于进一步落实"门前三包"责任制的通告》，组织力量与县城主次干道、沿街商户、单位业主签订"门前三包"责任书，落实门前环境卫生、经营秩序和绿化管理主体责任，共签署责任书近 8000 份，签订率达 95% 以上，并自编自制了《城市管理法律法规实用手册》深入社区等和利用城管日常巡查便利进行宣传，引导广大市民自觉遵守城市管理规定，形成人人遵章经营，共同维护有序市容秩序的良好习惯。

三、落实网格监管责任，打造更宜居的美环境

城市建设是阶段性的，而城市管理是永恒的，实现精细化、常态化管理，这是城市管理工作与时俱进的要求。只有在细节上做到人性化，在管理模式上由传统式向精细化、常态化转变，建立起精化管理的长效机制，才能创造出一个靓丽、宜居、和谐的人居环境，创造出美的氛围。海丰县公用事业局把"始于群众需求，终于群众满意"为工作的出发点和落脚点，把好"创卫""创文"攻坚战主动权，当好主力军，以适应市民对美丽环境的新期待，致力提高群众支持创文工作自觉性，提升满意度。首先，规范执法管理，严管红城大道、二环路等重点路段，强化校园、农贸市场周边等占道经营严重区域及夜市整治，扭转了占道经营被动局面。尤其是全面取缔了红场前经营近 20 年的临时夜市摊档，发挥了红色文化街文明示范街样板作用；其次，严格落实 16 个片区环卫保洁质量监管网格化管理责任，督促清扫保洁责任落实，同时组织开展清理建筑垃圾、"牛皮癣"等专项行动及全民大清洁活动，进一步提升县城环卫水平；再次是全面清理整治户外违章广告牌，拆除主次干道大型龙门架广告牌 24 座，同时优化规范设置主干道交通标识，全城主干道划定汽车、摩托车停车位和红绿灯路口摩托车停车区等，还县城整洁有序的市容面貌和交通秩序，群众拍手称快。

四、硬功实做补齐短板，提升市政设施服务力

为确保软件环境与硬件环境建设的相互作用，针对县城市政设施建设滞后的短板和薄弱环节，海丰县公用事业局加强调查研究，及时掌握县城硬件设施建设存在的不足，主动争取县委、县政府和有关职能部门的支持，加大县城市政基础设施建设，近年来全面完成了县城红城大道、二环路、海丽大道一期、育英路等10多条市政道路升级改造和南门湖环境整治，海丽大道二期、广富路、324国道南桥段等市政工程正全速推进，完成新建改造公厕12座、生活垃圾中转站2座，县生态科技园生活垃圾中转站已开工建设，一批群众关注的突出问题得以解决，县城形象不断提升，市民的获得感接连不断。同时，坚持问题导向，基本完成了县城垃圾焚烧处理厂整治，有效解决了存量垃圾污染问题，并且想方设法解决生活垃圾处理去向问题，减少对周边及大气环境的污染，达到改善景观和保护生态环境的目标，还海丰人民一片碧水蓝天。

"强转树" 打造为民服务新队伍

重庆市潼南区城市管理局

  自 2016 年 11 月集中开展全国城市管理执法队伍 "强基础、转作风、树形象" 专项行动以来，潼南区城管局坚持把 "强基础、转作风、树形象" 专项行动作为一项长期工作，打造了一支政治坚定、业务精湛、纪律严格、作风务实的城市管理队伍。

  一直以来，潼南区城管局把开展 "强基础、转作风、树形象" 专项行动作为加强城市管理执法队伍建设的中心工作。成立了以局党组书记、局长为组长，各副局长为副组长，机关各科室、局属各单位主要负责人为成员的专项行动领导小组，负责专项行动的组织实施和检查、督促。坚持开好召开了动员会、专题工作研究会、工作推进会、任务开展研究会等各项会议，主要领导亲自安排部署任务，确定任务推进时间表和完成时间。对专项行动进行周密安排、精心部署，全局上下思想统一、目标清晰、重点明确。

  把宣传引导提高到事关专项行动成败的高度，充分借助手机 APP、"潼南区市政" 微信公众号、潼南网、潼南报、潼南电视台等本地平台，发挥好宣传舆论阵地的作用。制作电视宣传片 "市政人的一天"，在全区播放，向广大市民宣传城市管理工作；借助媒体传播优势，在市政信息、手机 APP、潼南区市政微信公众号、潼南报和潼南电视台发布 "强、转、树" 相关信息；结合创建扬尘控制示范道路，聘请市民监督员，监督扬尘工作的同时监督城管执法工作；开展 "城市管理市民体验" 日，邀请热心市民加入到城市管理工作，体验城管工作。使用城管数字平台和 12319 热线，受理各类投诉，做到投诉件反馈率、办结率、满意率达到 100%。通过这些方式向广大市民广泛宣传市政执法依法、为民、文明、高效的工作理念，对提升队伍形象起到了很好的效果。

  为了扎实推进 "强基础、转作风、树形象" 专项行动，潼南区城管局将人员培训作为工作重点，开展了以 "练技能、比水平" 为主题的城管执法队伍大比武、大练兵活动，在执法队伍内部营造比学赶追的良好氛围，提高了执法人员的业务水平和工作技能。同时结合 "两学一做" 学习教育活动，坚持每月组织中心组集中学习，以习近平新时代社会主义思想为主要内容，抓好重大理论学习和思想教育，增强了执法人员的宗旨意识和服务理念，提高了队伍凝聚力和战斗力。还借打造 "学习型党组、学习型机关" 活动，引导广大干部职工积极开展读书活动，进一步提高干部职工政治理论素养、业务水平及综合素质。

2018 年，在完善执法程序、落实行政执法责任制、建立城市管理执法权责清单等方面做了大量的工作。一是规范办案流程，明确办案时限，成立了专门的案件处理小组，进行统一管理，借此提高执法案卷制作、管理能力，提升依法执法、规范执法、按程序执法水平。二是建立了执法公示、在监察支队特勤大队实行执法全过程记录试点、实行了重大执法决定法制性审核制度、完善和出台了《潼南区市政园林管理局行政执法过错责任追究制度》。三是建立城市管理执法权责清单，对 119 项行政权力和 20 项行政许可，完成了权力清单和责任清单的制定公布工作并及时根据情况进行更新调整。

在执法队伍中大力推行"721"工作法（70% 的问题用服务手段解决，20% 的问题用管理手段解决，10% 的问题用执法手段解决）和"四个做到"（做到依照规定穿着制式服装和佩戴标志标识；做到从事执法工作时主动出示执法证件；做到执法过程中坚持语言文明和举止规范；做到执法活动实行全过程记录。）。2018 年，召开了 3 次专题工作会，要求每一位执法队员必须坚持"721""四个做到"工作理念，变被动管理为主动服务。为了把"721"工作法和"四个做到"落到实处，我局开展了以"除陋习、纠偏差"为主题的大整顿、大督查活动，成立专门的督查小组，发出了 24 期督查通报，对执法中存在的语言不文明、行为不友好、以罚代法、一罚了之等陋规陋习进行纠察。还在日常执法工作中，开展微笑执法、微笑服务、党员戴党徽上岗等活动，努力改变工作方式，缓解与执法对象的矛盾，增进理解互信，赢得执法对象的理解，争取更广泛的市民支持，不断改善执法舆论环境。

下一步，潼南区城管局将进一步深化城市管理综合执法体制改革，持续开展"强基础、转作风、树形象"专项行动，加强执法队伍的管理，进一步统一标准，形成全区城管执法队伍一盘棋，一体化管理，真正将潼南城市管理执法队伍打造成"政治坚定、作风优良、纪律严明、廉洁务实"的城市管理执法队伍。

石门县县城摊贩现状与治理对策思考

湖南省石门县城市管理和行政执法局局长　万勇平

摊贩是城镇社会生活中的一个重要群体，是经济社会发展的必然现象，是城镇经济格局多样化，利益主体多元化的重要表现。摊贩治理有利于维护县城市容环境与秩序；有利于巩固石门县国家卫生县城、国家文明县城的创建成果；有利于增强石门县城的服务功能，促进经济多元发展与社会和谐稳定。笔者以建设和谐石门，文明城管为原始动力，对石门县摊贩服务与管理工作进行了全面思考和调研。

一、石门县摊贩成因

（一）石门县摊贩特点

根据日常服务管理与调查掌握的情况，石门县80％左右的摊贩依附在楚江市场、站西路市场、新街口市场、东方桥市场、商贸城市场、步行街、民俗街临时市场等几大市场附近街巷中，这是石门县摊贩在经营场所方面表现的一个规律性特点。经营时间除水果摊贩外大都集中于早九点之前，下午五点以后。目前石门县从事摊贩人员主要为外来流动人口，以进城务工农民和陪读家长为主，再就是改制企业下岗职工、近郊农民和残疾人，还有少量"两劳"刑满释放人员。

摊贩经营类型多样，以日常生活方面经营为主，一是时令性、季节性的水果、蔬菜类；二是早餐、小吃摊、露天烧烤、麻辣烫、烟摊、冰柜推等餐饮类；三是修鞋、修自行车、修摩托车、修锁等服务类；四是廉价服装、日用小五金、袜子等日用杂品类；五是花鸟鱼、旧书、钱币、邮票、古玩等特色商品类。

（二）摊贩在县域经济社会发展中的作用和影响

摊贩能够存在，肯定有它积极性的一面。一方面它是摊贩从业者就业的一种途径和手段，它既缓解了摊贩从业者的生活压力，又缓解了社会就业压力，这对促进社会和谐、稳定是有好处的。另一方面，它满足了城区群众的就近消费需求，摊贩经营大都成本低，价格廉，因而存在固定的贪图便宜的消费群体，部分消费者和摊贩之间形成了自然的互惠互利、利益共享关系。摊贩的存在，也有消极性的一面。由于摊贩的流动性，严重影响市容市貌，增加了城管创建与执法成本，可以说与城管创建有关的责任部门特别是城市管理行政执法部门长期以来，为治理流动大，分布广，人员杂，易反复的摊贩付出了大量人力，物力和财力，效果却并不明显，执法成本过大简直不堪重负。另外推贩的不确定性也给治安管理增加了不确定性。石门县站西路露天烧烤夜市就曾发生恶性治安事件。同时，由于摊贩无水，无消毒条件，存在严重食品安全隐患也严重影响环境卫生。

（三）石门县摊贩的成因

石门县摊贩虽然分布广、经营门类多，但分析其成因基本可归结为以下四类。

1. 默许存在型。对于一些治理难度较大，久治不愈，存在特殊情况的摊贩，城市管理部门出于种种考虑，一般默许其存在，如在县新华书店前残疾人经营摊点；因特殊原因造成家庭生活困难在老西门经营小吃的摊点；还有在白云路经营小吃的"两劳"刑满释放人员；在地质403队前经营烧烤夜市的企业下岗职工等。

2. 政府划行归市型。为了对分散经营的摊点集中管理，石门县人民政府于2006年对经营露天麻辣烫，露天烧烤摊划行归市，在站西路辟出专门区域，准其集中经营，并统一解决用电、用水困难。

3. 市场漫延型。石门县城区各市场，由于开发商或产权单位利益驱动，将市场摊位进行了拍租，没有预留自产自销农户卖菜摊位，其它街巷又不允许摆摊经营，只好顺市场进出通道漫延到市场大门口或市场大门外街道上摆摊经营。

4. 社会单位组织型。从充分利用资源的角度出发，社会单位利用现有资源集中组织摊贩入市经营，如步行街物业管理公司利用步行街管理权属不明占用步行街现有资源开发摊位经营创收。

二、摊贩治理的困惑

（一）法律法规空间狭小

虽然还没有哪一部法律、法规完全禁止摊贩经营，但一般都要求经过行政许可后方可摆摊经营。然而许可主体、范围、程序等却又没有明确的规定，审批管理部门涉及到城管，卫生，市场监督管理，住建，税务，公安交警等等。众多部门都担心与占用城市道路、市容环境卫生、无照经营、市政园林绿化以及食品安全、交通、城市规划等相关法律、法规中的禁止性规定发生冲突，都不敢许可，导致其管理工作缺乏可操作性。

（二）社会舆论立场显失公允

普遍认为，摊贩是弱势群体，是社会应该普遍同情的对象，至少，市民是这样认识的，媒体也是这样导向的。城管对摊贩的管理，总是引起市民的反感甚至引发群体性围观指责，媒体也以同情弱者的姿态抨击城管部门对摊贩的治理行为。在自媒体高度发达便捷的今天，无论是传统媒体，还是自媒体、融媒体，一个口径一个腔调，都是城管的不是，给全国人民一个感觉，那就是城管在与全国人民为敌，城管是过街老鼠人人喊打，在这一方面，城管是弱方。

（三）市场建设滞后与布局不合理

石门县城区过去共有十大市场，虽然有专业市场，也有综合市场但市场布局不合理，在市场规划中没有足够关注社会弱势性摊贩群体，没有足够关注市民消费需求，没有考虑设置适量跳蚤市场，以增强市场规划的民生性。同时在市场中没有预留足够摊位给自产自销菜农，城管在日常管理工作中，疏导占道摆摊时，无法给出疏导去向，或者虽然要求其进市场经营，但因无摊位，只能打打游击，东卖西走，进市场成了一句空话。

（四）缺乏监管协调配合机制

摊贩的疏导服务管理工作是一个系统性工作，从审批、服务到日常监管需要城市规划、市场监督管理、商务、食品安全，城管执法、公安交警、街道社区等多个部门的积极协调和配合，但在实践中由于前端相关部门在审批，服务与管理上的缺位，增加了未端疏导管理执法部门的工作压力。由于没有完善的协调配合机制，即使有几家在作为，也是各自作为，既造成了执法扰民，又没有工作效果使得承担最终市容管理责任的城管执法部门处于进退两难之中。

三、石门县摊贩治理的主要做法

（一）建立"街长制"，夯实"门前六包"责任

作为摊贩治理的基本措施，石门县对城区街道启动"街长制"管理。以"门前六包"，单位包小区、包路段等优良传统为基础，以实行"街长制"为核心轴，进一步明晰城市管理责任权限，充分整合城市管理资源，切实构建起"属地管理，整体联动，公众参与、共同治理"的格局，全面创新"资源共享、综合执法、权责分明、运行高效"摊贩治理机制。

"街长制"是指由县级领导任"总街长"，街道书记或主任任"街长"，城管、交警、交通、市场监督管理局主要负责人任"副街长"，抽调四部门、社区、街道工作人员而组成的一支常态化的城市管理队伍，对某一区域城市管理负全责的管理模式。下级"街长"对上级"街长"负责，"总街长"有权指挥调度涉及城市管理的各单位、各层次人员，处理所负责街（巷）城市管理所有事务，并承担主要责任。"门前六包"具体内容是包卫生、包绿化、包秩序、包无摊担、包无乱贴乱画、包无乱停放车辆。通过近20年的实践，证明门前"六包"是强化城市管理，治理摊贩、全面实施城市管理社会化行之有效的制度。

（二）开展"城管三进"活动，夯实群众基础

"城管三进"活动就是城管进学校、进社区、进志愿者队伍。

城管进学校。与教育部门联手，实行学生与城管互动。采取印发城管法律法规宣传手册、工作人员课堂授课、城市管理知识主题班会以及"走进城管"主题征文等方式让学生知晓城市管理知识，参与城市管理活动，遵守城市管理规定。

城管进社区。与组织部门联手，实行党员与城管互动。在城区小区成立一个共产党员城市管理义务工作小组，明确小组组长、副组长各一名，成员若干名。义务工作小组的主要职责是宣讲城市管理法律、法规和政策，劝导小区居民遵守城市管理规定，制止并反映小区内乱丢乱扔、乱贴乱画、乱泼乱倒、乱堆乱码、乱搭乱建、乱吊乱挂、乱摆摊以及损坏小区道路、路灯、绿化、卫生、供水、燃气等公共设施、设备的违法行为。每月月末组织召开义务工作小组组长、副组长工作例会一次，集中学习一次。了解当月工作情况、存在的问题，布置下月工作，学习城市管理相关法律法规、政策。

城管进志愿组织。与共青团组织联手，实行志愿者与城管互动。通过共青团发动青年志愿者组成城市管理工作宣讲团，利用每周周六、周日以及其他节假日深入主要街道、繁华街区开展义务劝导、执勤、纠章等活动。通过"城管三进"活动，就摊贩的服务管理充分听取广大市民意见，让他们主动参与到城市管理中来。让政府的各项推贩管理与服务政策、措施具有深厚的群众基础。最大程度争取市民和社会舆论对城管工作的理解与支持，调动广大市民参与城管工作的热情和积极性。

（三）实施"721"工作法，夯实服务机制

搞好摊贩的疏导服务管理，既是城市管理工作，也是社区民生服务。在摊贩治理中，我们采用70%的问题用服务手段解决、20%的问题用管理手段解决、10%的问题用执法手段解决，变被动管理为主动服务，变末端执法为源头治理。

（四）合理规划建设市场，夯实疏导基础

造成流动摊贩存在的一个重要原因就是城区市场规划不合理，一是缺乏蔬菜一级批发市场，二是各大市场没有预留自产自销菜农卖菜摊位，造成摊贩日常管理只有堵，无法很好的进行疏导。石门县在近郊街道规划建设了两个蔬菜一级批发市场，市场内不设固定摊位，也不拍租摊位，像农村牲畜市场一样，让菜农与菜贩自由进市交易。同时对现有有形市场进行升级改造，预留足量自产自销菜农卖菜推位，并充分考虑流动摊贩承受能力，在市管费用，人员资格，经营范围，经营时间等方面降低门槛，把他们吸纳进正规市场中来。另外加强露天马路市场的统一合理规划和建设，委托有物业资质的企业进行统一管理，实施市场化经营，降低管理难度。

（五）建立科学考评体系，夯实责任体系

建立体现以人为本的，具有可操作性的考评体系、在城市管理评价考核体系中，把摊版疏导服务管理工作作为"科学发展、以人为本、服务民生、社会和谐"的重要指标。要综合评价摊贩疏导工作的具体措施，工作机制日常监管，服务保障，社会效果等方面的工作。把摊贩疏导服务管理工作开展的情况作为对社区以及有关部门工作实绩考核的一个重要标准。通过创新城市管理评价体系，提高各单位各部门开展此项工作的积极性和主动性。

立足新时代新要求　展现新担当新作为
——2018 年鞍山市岫岩县城市管理工作综述

辽宁省岫岩县综合行政执法局工会主席　韩殿波

岫岩满族自治县隶属于辽宁省鞍山市，位于辽东半岛的北部。东及东南与凤城市、东港市毗连，西与大石桥市、盖州市为邻，南与庄河市相接，北及西北与辽阳县、海城市接壤。总面积 4502 平方公里，全县总人口 49.19 万，因盛产岫玉，有"中国玉都"之称。

岫岩满族自治县综合行政执法局成立于 2007 年 10 月 24 日，正科级建制，全额拨款事业单位，人员编制 99 人，其中党员 66 名，下设五个党支部，2009 年 12 月，县政府机构改革，牌子挂靠在县城乡建设管理局，参公事业单位。

党的十九大以来，岫岩县综合执法系统深入学习贯彻习近平新时代中国特色社会主义思想，认真贯彻中央和省委、市委、县委决策部署，围绕中心大局，聚焦主责主业，彰显担当作为，推动新时代党的建设和城市管理工作不断迈上新台阶、实现新跨越，为"中国玉都"岫岩更加出彩中走在前、出重彩提供了坚强保证！

一、全年工作完成情况
（一）聚焦"双提十攻坚"，全面完成县委县政府中心工作
1. 大力开展全省文明城市创建攻坚行动

一是提前启动全省文明城市创建工作事项，确保工作落实到位。成立了创建全省文明城市攻坚领导小组，建立责任机制。及时制定了 4 个牵头工作方案，明确了 4 项整治工作分管领导，同时，将创建全省文明城市攻坚工作列入今年我局中心工作去抓，专门下达了任务和考核指标。及时制作各种宣传资料 2000 多份，发放"全省文明城市创建告知书"1500余份，LED 电子宣传栏 3 余处，制作公益广告 300 多块。

2. 是真抓实干，开展整治，确保整改到位

一是开展"乱摆乱放"整治工作。2 月份以来，我局共排查出各类"乱摆乱放"问题350 余件，内容涉及越店经营、杂物乱堆放、违章设摊、广告灯箱占道等，共清理各类堆放物 7 车次，取缔无证设摊行为 150 余起，规范店面经营秩序 1200 余处。二是开展"乱贴乱画"整治工作。共清理各类张贴、涂写的非法小广告 1 万余处（不完全统计）。并且成

立了建成区"乱贴乱画"整治长效管理工作领导小组，建立了岫岩县城区非法小广告清理工作联动机制。三是开展"乱搭乱建"整治工作。从2月23日开始，由我局牵头，共排查出各类乱搭乱建66处，其中各类棚厅15处、破损广告71处、违建构筑物12处，工棚5处。全部在创建迎检时整改到位。四是开展了夜间市容秩序专项整治活动。针对城区重点部位和主干道夜间市容秩序存在的突出问题，由局领导班子带班、局机关科室、中队负责人参加，从4月1日起，全面开展夜间市容秩序专项整治，截至目前共排查出乱摆乱堆问题223件，取缔无证设摊行为25起，规范店面经营秩序60余处。六是开展户外广告管理整治工作。积极履行职责，对户外广告设置的地点、规格、形式、材质等进行规范，同时在日常管理中加大巡查力度，集中对城区陈旧破损、杂乱无序、未经审批的门头店招、条幅、灯箱、三角广告牌及墙体悬挂物进行清理整治，清除了视觉污染，消除了安全隐患。今年以来共拆除破损门头、灯箱、大型户外广告201处，联合整治存在安全隐患的门头店招82处，整治工作正在逐步推进。

3.大力开展拆违控违工作

为有效遏制违法建设的蔓延，加强城乡规划和建设，优化经济发展环境，我县自去年6月份，成立了县违法建设治理工作领导小组，城区和各乡镇都成立了相应的机构。为全力配合此次整治行动，从综合执法、公安、规划、国土等部门抽调人员成立专门的执法大队，对违法建设进行实时监管和控制。县政府已起草了《关于整治违法建设的通告》《违法建设责任追究办法》和《违法建设监管工作考核评比方案》等规范性文件，并提出了"新增违法建设零增长、存量违法建设逐步拆除"的目标。同时，我局还强化源头监管，实行"半月一督查，一月一通报、半年一讲评、年终一总评"的工作机制，强化了违建监管职责，使违法建设无处藏身。据统计，今年1至11月份，城镇建成区共查处各类违法建设107处，开展拆违专项整治行动57次，拆除违法建设面积6007平方米，停止违法建设20处，处理投诉上访30起，对东风社区小黄河河道上12处长达20之久的历史遗留建筑物实施拆除，对旭光路6处门市房私接门斗依法拆除。对大型城市综合体影响消防通道的8处违章棚厦依法拆除，伟兴北侧2处简易棚厦已拆除，控制违法建设119处，共1171平方米。协助城市拆动迁对罗家馆实施拆除，对二粮店动迁区域实施拆违行动，做到了无任何违法违纪事件发生

4.大力开展外环路和兴雅沿线环境综合整治攻坚行动

今年我局按照县政府对外环路及兴雅沿线环境综合整治的标准和要求，集中力量，严格执法，突出了对沿线"道乱占"等违法违规行为的查处工作。1~11月份，共查处外环路及兴雅道沿线各类乱搭乱建28处，面积1800平方米，目前都已拆除，整治"道乱占"纠治"六乱"问题500多处，对沿线的37户落实了路长制，各项整治成效明显，有力地配合了牵头部门对外环路和兴雅沿线的综合治理工作。

（二）"重实干、强执行、抓落实"，聚焦县委县政府重点工作，全面做好个性化考核指标

1.积极做好大气污染防治工作

一是有证餐饮油烟污染有效管控。我局始终把抓好餐饮油烟的管控和治理作为治气的一项重点工作，从着力提高油烟净化器的安装率、使用率和整改率入手，1—11月份，牵头组织开展餐饮油烟整治30次，完成油烟净化器定期清洗检查160台次，对查出问题的116家餐饮要求整改，整改率达95%，其中要求业主更换老旧净化器37台，处理群众油烟投诉9件，回复率100%。二是露天烧烤严格管控。今年以来，我局突出了对中心城区主要街区、重点部位和夜间的日常巡查工作，加大了管控和执法力度，以"零容忍"态度，对露天烧烤和露天垃圾焚烧行为发现一起及时查处和取缔一起。1—11月份，依法查处烧烤店占道和越店经营等行为22起，取缔各类无证食品摊位12户，站前广场的40多家露天烧烤全部整治进店规范经营，常态长效管理机制基本形成。同时我局把查处城市垃圾焚烧和配合农业部门制止秸秆焚烧工作进行了有机结合，落实城区执法支队和乡镇执法分局的巡查责任，有力地配合了农业部门对秸秆焚烧行为的查处。今年以来，发现和制止城市垃圾露天焚烧和秸秆焚烧问题8起。

2.持续加大河道非法采砂、采金行为的处罚

坚持政府主导，水利、公安、综合执法等相关部门联动，以全县河道采砂为重点，集中时间，集中力量、整合资源，有计划、有步骤、分阶段开展清理整治工作，严厉打击非法采砂行为。截至目前，全年共出警1378次，有效制止非法采砂2起，批评教育补办相关手续18起，处罚30起、扣押非法运输车辆16台，设备38件。

3.强化依法行政水平，提高群众满意率

一是全面履行依法行使行政处罚职权，截至2018年11月，共计一般程序立案查处59件，结案47件，另12件正在办理中；案件涉及6个事项领域行政处罚行政处罚率准确率达到100%。二是强化投诉案件办理率。截至10底，共办理投诉信访282件，其中民心网诉求件103件，办案率和结案率达到100%，满意率100%，在今年上半年全省94家执法系统排名中，我县综合执法局荣获全省排名第七的好成绩，受到了省政府的通报表扬和县政府的嘉奖。（无超期办理、超时响应问题。切实解决了老百姓关心的热点问题以及实际困难。

4.积极开展市容市貌整治活动

根据县创城办要求，市容大队投入了大量的人力、物力，全方位对城区进行巡查管理，进一步加强城东早市及秋菜市场的管理力度，全年共计查处门市店外经营1450家，暂扣经营物品2600件，规劝流动商贩占道经营1200人次，暂扣商贩板车60辆，台秤100台，高音喇叭150个，遮阳伞60顶，落地牌匾82块，取缔占道经营摊点68处，清理乱堆杂物100处。取缔了黄金海岸楼下水果摊点4处，西山桥乱摆乱放摊点12处，规范了商贸城楼下经营商

铺 15 户，取缔了客运站院内历史遗留 15 年之久的售卖水果棚，荷花市场入口处山货店 3 家，完成了全县七街六路主要街路的退路进厅整治。改变了原先的脏乱差的城区环境，我县城区市容市貌环境得到了明显改善。

5.加强电动三轮车、四轮车非法营运管理

按照县委政府的工作部署，我局在城区范围内开展了打击非法营运专项整治行动，严厉打击黑出租车、三轮车无牌无证非法营运行为，规范道路交通秩序。截至目前，查处电动三轮车和人力出租车违章停放 500 台次，查处非法营运电瓶车 7 台次，教育规劝司机 280 人次，张贴宣传广告 300 张，悬挂横幅 3 处，同时利用出租车 LED 广告宣传 500 台次。

（三）聚焦民生工程，全面提升为民服务力度

积极做好民生工程，提高市民满意率。为了做好季节性水果（西瓜、杨梅、桃子）大量上市的销售工作，我局针对零售摊位在城区的销售划定了三个自产自销点。在划定销售点的同时，我局增派执法力量做好销售点的规范化管理工作，确保定位点环境卫生秩序。

（四）聚焦综合执法改革，全面理顺综合执法体制

1.厘清职责

一是对新划转职能进行了梳理。二是理顺乡镇派出机构体制，派驻综合执法分局实行条块结合的管理模式，人事管理、业务指导以县综合行政执法局为主，党务工作、日常管理和考核以乡镇（街道、园区）为主。三是起草了派出机构相关协议。明确了管理体制、人员安排、编外人员的录用及人员经费装备设施。

2.中层竞聘

根据县组织部的要求，我局从 4 月上旬开始，在全局组织实施了中层干部竞争上岗、一般干部双向选择工作。在整个工作实施过程中，局党组紧密围绕工作岗位实际需求，有针对性地对竞聘者的综合分析、组织协调、应变能力、言谈举止、岗位匹配等方面的能力进行全方面考量，共有 44 人报名参加了这次中层竞聘，把 11 位思想素质高、业务能力强、工作业绩好的聘用人员选拔到中层岗位，打破了用人瓶颈，壮大了单位中层干部队伍，使中层干部队伍年龄更加合理化，极大调动了全体干部职工工作的积极性和主动性。为实现人才资源的优化配置，建设一支高素质的综合执法干部队伍提供可靠的组织保证。

3.成立了乡镇（街道、园区）综合执法分局

从 2016 年以来，综合执法局已在全全县 10 个乡镇（区）设立执法分局，标志着我县乡镇综合执法分局建设全面启动。各派出机构从成立以来，共配合参与乡镇街道各种整治活动 360 多次，拆违面积 24670 多平方米。

（五）聚焦"队伍建设"，全面提升执法形象。

1.强化培训教育，全面提升队伍管理

通过星期一夜校学习平台，开展法律知识、时事政策、党风廉政、案例剖析、先进典

型经验介绍等教育，进一步提高全体执法队员的业务素质和理论水平，进一步筑牢全体执法队员思想素质和防腐拒变能力。

2.出台相关制度，规范行政执法行为

今年分别完善出台了《综合执法局综合考核实施意见》《综合执法局编外人员考核实施意见》《岫岩县城市管理行政执法局行政处罚案件办理指导意见》。下达了《岫岩县城市管理行政执法局年度一般程序行政处罚案件办理指标》，实行月考核排名，季度考核汇总，积极推行局领导、督查科和科室（支队、大队、派出机构）三级督查制度，全面调动了全局执法队员的工作积极性，强化了依法行政的能力。

3.加强宣传力度，提升社会认同度

进一步拓展与新闻媒体的合作与沟通，第一时间报道综合执法工作开展情况及成效，宣传典型事迹，有效提升市民文明意识，形成社会关心、支持、参与城市管理综合执法的良好氛围，引起社会各界对城市管理综合执法工作的关注。截至目前，对外宣传共82篇，其中县级媒体79篇，市级媒体2篇，城建杂志1篇；对内宣传55篇，其中微信44篇，政府办录用信息4篇（交流参阅1篇），市报社录用信息1篇，市局录用信息5篇。二是开展综合执法相关法律制度宣传，下发七月十五、清明节、寒衣节的禁烧通告2000余份、扫黑除恶宣传通告4500余份、制作张贴扫黑除恶大型宣传广告450张、制作社会主义核心价值观公益广告80条、发放《岫岩县市容管理条例》宣传资料3100多份。

二、存在的不足

今年在取得以上成绩的同时，我们应该看到工作中还存在的问题与不足：一是文明创建的长效机制尚未巩固；二是小区内违章搭建发现难，违章建筑三级巡查机制仍未落实到位；三是城市"牛皮癣"屡禁不止，需进一步改善；四是自产自销点的设置仍无法满足众多农户的需求，位置的设置仍有待进一步优化和增加。五是菜场周边马路市场还没有彻底改变。这些问题，我们将在今后的工作中高度重视，切实加以解决。

三、2019年工作安排
（一）指导思想

以邓小平理论、三个代表、科学发展观、习近平新时代中国特色社会主义思想为指导，认真学习贯彻落实党的十九大全会精神，以"严格管理、文明执法、热情服务"为理念，以队伍建设管理为重点，全面理顺综合执法改革，以作为求地位，以创新求发展，以服务求支持，不断提升执法内涵，拓展执法外延，进一步细化、深化精细化管理标准，巩固全省文明城市创建成果，创新城市管理的手段、方式、机制和模式，全面提高综合行政执法水平，抓好重点牵头工作，提升城市人居品位，抓好综合执法队伍建设，全面推进我县综合行政执法工作步入新台阶，确保全年目标任务圆满完成、确保县委、县政府交办的工作不打折扣、确保年度各项考核取得好成绩。为加快建设打造高水平全面小康社会县域典范的奋斗目标而努力。

（二）工作任务与举措

1. 继续深化综合行政执法改革，全面理顺综合行政执法机制

一是对照新划转职能，进一步建立与相关职能部门的协作机制，明确管理与执法的分界线，并搭建畅通、有效的沟通渠道。二是加强执法队伍的业务培训，切实提高执法人员处理重点、难点问题和案件的能力。三是突出综合行政执法规范化建设水平。规范城管执法队员着装和综合执法标志车辆。建立健全各种规章制度，坚持用制度管人管事管权。四是规范执法依据和执法流程，对照综合行政执法职能职责，综合行政执法行政处罚工作流程，由局法制科统一梳理国家、省、市法律、法规、办法等执法依据，统一设计制作，汇编成册，真正做到依法行政、依法执法、依法管理。五是强化案件办理能力。主要通过健全案件办理工作机制，坚持重大案件集体研究讨论制度，实行"办案、核审、审批"三分离制度，坚持办案员、法制科、局领导三级把关的案件核审制，以及开展案件评查的工作方式，来进一步提升案件质量，有效化解和防控行政败诉等风险。

2. 牵头抓好重点工作，全面完成县委、县政府目标工作任务

（1）牵头抓好"三改一拆"工作。根据全省"除隐患、保安全、促转型"治危拆违攻坚战电视电话会议精神，明年我局将继续在全县范围内开展违法建筑大排查、大拆除，以危房、城中村改造相关的违建为拆违重点，全面掌握违建底数，进一步实现应拆尽拆、应改尽改、拆改结合、拆改并进，同时全面禁止新增违法建设行为，全面完成县"三改一拆办"下达的违法建筑拆除数，全面落实"三级巡查机制"，力争创成"基本无违建县"。

（2）牵头抓好大气污染防治工作。根据县政府统筹安排，做好大气污染防治的两项牵头工作：一是继续做好有证餐饮油烟治理工作。突出抓好三个方面：1. 早期介入，提高安装率。针对新增设或新转让的有证餐饮店，要求经营业主在开业前必须落实安装油烟净化装置，落实审批前的现场勘查，现场指导业主规范安装；2. 落实监管，提高使用率。坚持落实对有证餐饮店的日常检查和监管，重点对油烟净化装置的正常使用情况、日常维护情况及清洗登记情况进行检查和督促；3. 定期整治，提高整改率。定期组织联合整治，及时发现并纠正存在的问题，对情节严重的违法行为进行立案查处。

（三）突出"五项"重点工作，全面提升综合行政执法水平

1. 突出市容秩序管理工作

进一步巩固创建全省文明城市成果，建立创建全国文明城市长效管理机制。一是进一步建立健全创建责任机制。把文明城市测评体系的工作指标和任务纳入平时工作的每一个方面，通过签订创建工作目标责任书进一步明确工作任务，落实工作责任。二是进一步健

全并细化各项长效管理机制。对照创建全省文明城市工作内容,建立相对应的长效管理机制。三是科学制定创建长效考核标准与督查机制。对照文明城市测评体系的工作指标和任务制定考核标准,实行"月考核、季奖惩、年表彰"制度。重点突出沿街店面的管理、市场周边和学校周边摊位管理、户外广告管理。

2. 突出规划执法工作

将工作重心落到高档小区内违法建设查处。一是建立多部门联动巡查:按照"岫岩县综合行政执法局控制和查处新增违法建筑网格化巡查工作思路"的要求,联合职能部门、街道、社区以及物业工作落实日常巡查工作,特别是要充分调动和借用物业公司的力量,督促物业公司加强对小区的巡查、管理,发现违法建设行为必须第一时间制止并上报,加强对高层楼顶、车辆或步行难以到达的地方的巡查力度。二是严查严拆严控。积极处理各类信访投诉,特别是小区内集中投诉、重复投诉,尽量做到一次性解决问题。同时加大巡和拆违力度,特别对高档小区、别墅区等地的多发性违法建设行为,计划每周组织不少于一次拆违行动,重点对玉栾湾、世通豫园、翡翠明珠等小区的关注和巡查力度,必要时组织大型拆违行动,对小区内占绿、占用公共部位扩建、开挖地下室、现浇封闭露台四大类型的违法建设行为进行集中整治。

3. 突出乡镇(街道、园区)综合行政执法工作

一是加强对各派出机构规范化分局建设的指导,在去年的基础上再完成3~5个基层分局规范化建设。局法制科每季度不少于一次到各派出机构进行业务指导,强化办案质量,局督查室每季度落实一次对乡镇的综合检查和考核,全面促进乡镇、街道(园区)综合执法工作不断迈向新台阶。二是进一步增强乡镇综合执法平台的运转功效,增强基层处理问题能力,做到及时发现问题、快速处置问题。依托综合执法平台联合执法功能,实现执法信息、数据的及时互通和共享。三是积极配合当地党委政府中心工作,组织联合执法行动,切实解决热点、难点、焦点问题,提升乡镇(街道)管理水平。

4. 突出智慧数字化城市管理建设

一是实现数字城管转型,进一步优化数字城管平台,加快数字化城市管理向智慧化升级,实现感知、分析、服务、指挥、监察"五位一体"。进一步完善视频监控、地理定位、综合执法、应急指挥、考评监督、公众服务等。二是建立餐饮油烟浓度在线监测系统。通过监控探头在线监测油烟排放浓度、清洁度和仪器开关状态等,以无线组网通信传输至后端监控平台,浓度超出临界值,则启动报警装置,为执法人员提供全面准确的监管数据。促进油烟排放的规范和治理,降低整个城市的油烟排放水平,改善城市空气质量。

5. 突出队伍建设管理

一是认真落实党委主体责任。认真学习贯彻党的十九大和习近平总书记系列重要讲话精神,全面落实党风廉政建设主体责任,完善党风廉政建设和作风建设长效机制,进一步

加强干部廉政教育工作，引导党员干部加强党性修养，自觉遵守《中国共产党廉洁自律准则》的有关要求，从严加强干部日常管理，完善重要岗位廉政风险防控，严格落实"一岗双责"制度，持续改进作风，以上率下带动形成风清气正的政治生态。二是认真抓好综合行政执法队伍建设。在2018年出台的队伍建设规章制度的基础上，将队伍建设作为明年重点工作来抓。制定完善我局编外人员管理规定，加强编外人员管理，激发编外人员主观能力性。发挥工会、共青团、妇联等群团组织作用，组织形式多样文体活动，积极开展人文关怀，主动排忧解难，增强我局干部群众凝聚力和归属感。依据党的十九大报告和党章等文件，利用党委中心组、"星期一夜校"、微信网络媒体等，采取个人自学、集中学习、培训宣讲和收看辅导录像等形式，原原本本、原汁原味地研读学习。三是认真抓好机关党建工作。紧密结合贯彻落实党的十九大精神和习近平总书记在深入推进东北振兴座谈会上的重要讲话精神，以"九个坚持为根本遵循，增强"四个意识"，做到"两个坚决维护"，自觉承担起举旗帜、聚民心、育新人、兴文化、展形象的使命任务。进一步推进"两学一做"学习教育常态化制度化，扎实开展"不忘初心、牢记使命"主题教育，继续深化"三个一"活动。深化支部主题党日活动，各党支部要制定全年主题党日活动计划，每月初前后统一为党日时间，自觉做到"十个有"；推动机关党员志愿服务活动，每季度上报党员行业、专业志愿服务情况，积极树立执法队伍良好形象。按照"五好"要求，健全完善各级党组织，持续推进党组和党支部"七个"规范化建设，每季度组织1次党支部书记培训。各党支部要担负好直接教育党员、管理党员、监督党员等7项职责，每季度报告"三会一课"制度落实情况，推进党务公开，引导党员充分发挥先锋模范作用。

沧海横流显砥柱，万山磅礴看主峰。承载着时代和人民赋予的光荣使命，今后工作中，岫岩县综合执法系统将在省、市、县委的坚强领导下，高举习近平新时代中国特色社会主义思想伟大旗帜，不忘初心、牢记使命，凝心聚力、履职担当，用高质量城市管理工作服务岫岩人民！

守护历史文化自然风光

内蒙古正蓝旗城市管理综合执法局　刘占锋

　　随着经济、文化的进步，正蓝旗进入了发展建设的新时代。这里是蒙元文化发祥地、察哈尔民俗文化典型代表、中国蒙古语标准音示范基地和"中国察干伊德文化之乡"，也是离北京最近的典型草原，这里的经济、文化健康发展，越来越多的人知道这座美丽的小城，爱上这里，住在这里的人更是以家乡为傲。城市的发展建设离不开科学的城市管理，作为城市管理的一个环节，正蓝旗城市管理综合执法局践行社会主义核心价值观统领城市管理工作，营造良好城市风貌，用心守护美丽上都。

　　正蓝旗城市管理综合执法局成立于2010，它的前身为正蓝旗城市管理执法大队。2003年召开的"蓝旗会议"揭开了蓝旗发展的新篇章，上都电厂正式开工建设迎来，正蓝旗经济发展的春天，同年蓝旗正式成立城管大队。2010年为了加大管理力度，减少多头执法，正式成立正蓝旗城市管理综合执法局，负责违章建筑、市容市貌管理、城市基础建设管理、环境卫生管理、小摊小贩管理等工作。

　　自成立以来，正蓝旗城市管理综合执法局始终秉承创新、协调、绿色、开放、共享的发展理念，紧跟正蓝旗发展步伐，不断增强服务能力，提升城市管理质量和水平，服务新时代、展现新作为、助力正蓝旗城市管理。

一、让市容市貌不负历史文化与自然风光

　　为迎接创建文明城镇工作，正蓝旗城市管理综合执法局执法大队集中开展了市容市貌专项整治工作，如果说正蓝旗的历史文化与自然风光书写着馈赠与厚爱，那么这座小城的市容市貌则体现着城市文明与管理水平。

　　2018年，城市管理综合执法局审批整改的广告牌匾达500余块，整治渣土车辆近百辆，捕捉送管流浪狗60余只。数字不仅是本职工作的记录，它讲述的是城市发展的故事。从违规牌匾拆除到老旧太阳罩改造，从私搭乱建拆除到乱贴乱画清理，从占道经营处置到污水排放管理，都是城市管理综合执法局的职责范围，这是人民群众赋予的使命，也是文明发展赋予的责任。城市管理综合执法局如同是城市的守护者，守护整洁的市容市貌，守护安

全的生活环境，让市容市貌不负历史文化与自然风光。

二、让城市建设在文明秩序中发展前行

城市发展与环境问题是古老的话题，也是发展中必须要面对的，如何在正蓝旗的发展建设中维护良好的环境，让城市建设在文明的秩序中发展前行，是城市管理综合执法局的另一使命。

近年来正蓝旗的发展建设可谓日新月异，不断有新的楼宇拔地而起。为更有效防治我旗建筑垃圾污染，解决建筑垃圾对市容环境的影响，城市管理综合执法局经旗人民政府批示，建设建筑垃圾填埋、临时收纳场所，解决建筑垃圾的消纳，严格源头把控、运输监管，处理违规清运建筑垃圾及擅自消纳建筑垃圾问题。同时健全建筑垃圾消纳处置管理制度，完善填埋场的台帐建设，创新管理机制，坚持垃圾卫生填埋要求，完善场区安全制度，确保安全生产。城市管理综合执法局不断地在正蓝旗的发展道路上守护文明，高质量、高水平、创建自治区文明城镇，助力正蓝旗的健康发展。

三、让基础设施和管理制度跟上城市发展速度

城市环境卫生管理也是城市管理综合执法局的职责。正蓝旗人民生活水平不断提高，生活垃圾也随之增加，加之旅游业发展迅速，每年的旅游旺季，尤其是察哈尔奶食节、那达慕大会、金莲川赏花节等节日，游客数量与日俱增，带来旅游业发展黄金期的同时也为环卫工作增加了负担。环卫基础设施在一定程度体现着城市发展水平，环卫基础设施建设的脚步要跟上城市发展速度。2018年，城市管理综合执法局顺利推进正蓝旗环卫基础设施建设工作，采取了新建垃圾池、维修冲水公厕和垃圾填埋场蓄水池等系列举措，进一步完善正蓝旗环卫基础设施。

此外，管理制度也要与设施建设匹配，在道路管理工作中，城市管理综合执法局积极探索制度建设，完善责任、监督、考核体系，使奖惩明晰，采取划段承包、干管结合、延长保洁时间、增加保洁班次等科学管理方式方法，道路保洁效率和水平不断提高，道路的环境卫生质量得以保障。城市管理综合执法局为正蓝旗发展建设保驾护航，以城市品质提升满足人民对美好生活的追求。

2017年全国两会上，习近平总书记提出"城市管理应该像绣花一样精细"。2018年，习近平总书记在新年贺词中强调"让人民生活更加幸福美满"。未来，正蓝旗城市管理综合执法局将按照"绣花式"精细化管理的理念，不断提升城市精细化管理水平。以创新姿态服务新时代上都人民不断发展变化的生活需求，以服务宗旨展现城市管理综合执法局新作为，以精细化管理助力正蓝旗发展建设。把管理精准到细枝末节，在辽阔草原的豪迈情怀中融入细腻，守护美丽上都，让城市更加美好，让群众更加幸福！

区城管局提升城市管理工作措施和计划

贵州省贵阳市观山湖区城市管理局

在新的时期，区城管局将继续按照区委、区政府的安排部署，统筹协调城市管理各工作部门，结合全区机构改革工作持续推进体制机制建设和创新工作，以提升城市管理精细化水平专项行动（六大体系建设和十大专项整治行动）和实施"七大工程"为抓手，全面提升我区城市管理和综合执法工作水平。观山湖区是"数博会""生态会"等省、市重大活动的主战场、主阵地，我们将继续以这些重大活动的举办为契机，认真查找不足和短板，总结经验教训，按照"精致、细致、极致"的工作目标，运用大数据手段推进全区城市管理工作不断创新深化，为观山湖打造创新型中心城市核心区贡献积极力量。

一、加强统筹，推进执法体制改革工作

19 年，我们将根据市、区两级机构改革的总体要求和安排部署，在市城市管理部门的指导下同步开展机构改革和城管执法体制改革工作，制定工作方案和工作机制，强化保障措施，按照时间任务节点完成相应的改革任务，积极完成各项权责事项及人员编制划转，确保机构改革和城市执法体制改革工作顺利实施。此外，我们将围绕改革工作和机制体制建设，进一步强化城市管理工作的统筹力度。一是继续强化对全区城市管理工作的统筹调度，重点是依托现有的区城乡建设管理委员会框架和区城市管理工作例会等工作机制，积极探索创新，进一步提升全区城市管理工作的统筹调度工作水平，建立和完善与区直相关部门、各社区（镇）及市政环卫市场化作业单位的工作机制，强化联动、厘清边界、形成合力。二是积极推进大城管工作格局，强化局党委对党建、组织人事、班子队伍建设、三重一大事项的统筹安排，对城管系统内设机构进行优化，强化党委对局党建办、信息指挥中心的直接领导，同时积极推进系统内大财务、大人事等方面的机构精简合并工作，完善机制、提升效率、促进发展。

二、周密部署，提升城市精细化管理水平

一是根据市城管局的工作安排和部署，我局将加大城市精细化管理工作的推动力度，以六大体系建设和十大专项整治行动为抓手，加强城市综合执法和市政环卫设施的管养工

作力度，不断巩固提升整治成果，不断提升全区城市管理工作水平；二是进一步完善精细化工作绩效督查考核办法，制定打分细则，由局相关业务科室及下属3家单位共同对各镇（社区）进行考核打分，将各镇社区在城市管理工作中存在的问题进行收集整理，每月进行督查通报，指导各镇（社区）抓好整改落实，制定奖惩机制，对于考核成绩靠前的镇（社区），根据区级奖励方案给予奖励补助。三是我们将充分发挥区直相关部门和各镇（社区）职能作用，调动多方积极性，引导大家增强属地辖区观念以及阵地意识、责任意识和全局意识，做到守土有责、守土尽责，多思考方法、多摸索路径，共同把全区城市管理和综合执法工作工作做细、做实，为推动我区打造公平共享创新型中心城市做出积极努力。

三、强化管控，持续开展市容秩序综合整治

一是按照"强基础、转作风、树形象"三年行动计划的要求进一步加强综合执法队伍作风建设工作，进一步强化区城市综合执法大队与各镇（社区、管委会）的联动配合，重点是抓好基层执法队伍（镇、社区城管部和下沉中队）的执法管理工作，条（区城管局）抓统筹和专项，块（镇、社区）抓具体落实，"分步骤、抓重点"地做好我区重点区域、窗口部位和城郊结合部的市容秩序综合整治工作；二是加强与住建、生态部门的联动配合，共同破解对违规夜间施工行为的查处难问题，规范工地夜间施工行为；三是加强与住建、规划、属地社区及物业管理部门的联动配合，切实做好小区违建行为的管控工作，联动征收部门继续保持"以打促拆"的高压态势，积极推动全区重大项目的建设。

四、统筹安排，强化市政设施整治维护工作

一是按精细化管理要求继续开展好道路、桥梁、排水、路灯、亮丽、人行天桥、地下通道等市政设施日常维护管理工作。二是根据中央环保督察工作的要求，抓紧实施观山湖区世纪城片区道路排水管网疏浚修复维护工程、碧海花园片区碧海红湖、黎阳家园、碧波苑、康乃馨路等排水管网修复改造工程，落实截污控源工作，逐步解决我区历史欠账和居民关注的热点和痛点问题；同时，抓紧实施阅山湖初期雨水治理维护工程，彻底解决阅山湖初期雨水污染问题。三是抓紧开展观山大桥吊索更换工程及观山湖区宾阳大道沿线及麦西河截污管网修复补建维护工程的项目前期手续办理工作，保质保量完成年度目标建设任务，早日消除桥梁运行安全隐患和解决西片区面源污染问题。四是按程序开展地下通道安保值守服务外包工作，加强监督管理，确保地下通道安保工作正常开展。五是按照区政府安排，配合城管局有序推进排水许可工作资料核查和现场勘验工作，规范房开、项目等单位乱排、偷排污水等行为。

五、科学谋划，稳步推进城乡环卫事业发展

一是继续推进"厕所革命"，2019年拟新建公厕2座、提升改造公厕5座、共享公厕

5座，2020年拟新建公厕、提升改造公厕、移动公厕共10座；二是持续推进垃圾分类试点工作，将进一步巩固分类试点工作成效，总结分类试点的经验，在巩固原有政府机关、学校、居民小区等试点单位的基础上，进一步扩大试点范围，加强宣传，拓展开展模式，完善分类硬件设施建设，确保垃圾分类试点工作开展到位；三是深入推进环卫一体化，在确保环卫作业高标准、环卫保洁高质量的同时，重点抓好城乡环卫一体化工作的开展，严格按照《观山湖区镇、农村社区环境卫生督查考评实施方案》，加大对农村社区的督查考核力度，将城市与农村的环卫工作放在同等重要的位置，从根本上治理农村脏乱差的现状，切实促进全区环境卫生大提升。

六、其他专项工作

一是继续推进背街小巷综合整治工作。环卫工作方面，配合各社区对未移交管理的背街小巷进行综合治理，对部分未移交及可接收的背街小巷环境卫生同意纳入环卫一体化，对建成区内已投入使用的小区生活垃圾外运进行同意规范及监督管理；市政工作方面，2019年拟对城市道路、背街小巷（注：特别是城乡结合部）出现下沉及损坏的部分道路进行维修改造；交通设施方面，在区交管部门指导下对背街小巷交通设施、标线、护栏、指示牌等设施的设置和完善工作。二是继续实施入城口景观提升改造工作。2019年继续实施长岭北路、金清线、云潭北路三个节点的景观提升建设改造。三是继续实施入城口大型洗车场建设工作。2018年9月已启动观山湖区上麦收费站入城洗车场建设工作，目前建设已接近尾声，预计2019年1月中旬完成，计划2019年5月建设观山湖林东收费站处及金清联络线处入城洗车场项目。四是继续推进倒土场规划建设工作。按照区政府工作安排会同国土、生态等部门继续做好观山湖区倒土场的选址工作，力争在我区范围内选定1到2个符合倒土场建设条件的点位，以区观投公司作为实施单位建设倒土场。

软硬兼施 建特色旅游城镇

湖南省张家界市城市管理和综合执法局武陵源分局

武陵源区城管分局坚定不移地推进"特色旅游城镇"战略方针，建管并重，软硬兼施，多措并举，"特色旅游城镇"雏形已现。现就武陵源城市管理经验交流如下：

一、夯实管理基础，积极创造良好的硬件环境

管理好城市，首先必须从硬件上入手，从规划、建设上理顺关系，创造良好的硬件管理环境。

1. 多快好省加快城区改造。争取政府投资 6000 万元的配套资金，通过银行信贷、引资代建、自筹自建等方式带动社会投资 10 亿元，成功地完成了武陵路南侧"城中村"272 户（目前已完工 232 户）提质改造工程，整体布局彰显民族特色，统一层数、风格、样式，使得"特色风情城镇"风貌初具雏形，为加强城市管理工作奠定了坚实基础。

2. 有条不紊推进城市基础建设。通过城市道路"白改黑"提质改造工程的逐步实施，对城区主次干道、公交车停靠站台、城区给排水地下管道等城市基础设施进行改造升级，不断优化和提升城市服务功能，为城市科学、协调、可持续发展打下坚实的基础。

3. 大刀阔斧提升市政设施档次。对城区废旧、损坏的果皮箱、垃圾桶、井盖、路牌、行道树等市政设施进行全面排查，新增旅游休闲座椅、公厕、停车场等，在城区空闲地、重要节点进行旅游造景、建设小公园，并将以上各项统一制定符合区域实际、民族特色、现代科学的提质改造方案，计划投资 500 万元，在年内完成。

4. 实施亮化工程，打造靓丽景观城市。以道路路灯亮化为框架，以街路两侧建筑物亮化为重点，以广告牌匾亮化为烘托，推行重点楼体、居民小区亮化，全面推广使用节能型光源、灯饰，营造城市精美的"第二轮廓线"。通过逐步实施亮化工程，使我区亮化设施特点鲜明、美观协调，形成一个多层次、立体化、高品位的凸显民族特色和现代文明的城市夜景。年内计划完成"一区一带两桥"即"城中村"区域、沿河风光带、高云沙坪两座桥梁的整体亮化设计。

5. 实施绿化工程，打造生态园林城市。以城区公共绿地建设为重点，以城市道路绿化为主线，以庭院绿化为基础，以大环境绿化为依托，开展创建国家园林城市活动，不断提

高城区绿化覆盖率，努力把我区建设成与核心景区相映衬的生态园林城市。

二、多管齐下，在"管"字上下功夫

1. 多管齐下，努力营造"大城管"氛围。一是通过实施城市管理年，制定工作任务，明确单位分工，强化部门协作，形成政令畅通、权责清晰、部门配合的城市管理链条。二是通过开展各类宣传活动，不断提升广大市民的城市管理意识，将城市环境就是生产力的理念深入人心，从而进一步提升市民素质，完成市民对城市管理工作从理解到服从到参与的不断升华。三是大力推进"门前三包"工作。将各门店商户作为参与城市管理的首批群众力量，加强与其沟通与交流，强化责任绑定，为实现"大城管"耕种好"门前三包"这块试验田。

2. 加大投入，努力提升城市管理水平。一是加大对管理人员的培训投入。通过举办培训班、专家讲课、到有先进管理经验的城市考察学习等方式，着力提升执法人员素质和水平，解决城市管理眼光不远、停步不前的现状。二是加大对管理设备的投入。今年，增加了城市清洁设备，完成了城市从"普扫"到"普洗"的"进化"；加快了垃圾中转站地建设和运行，进一步提升了城区环卫专业化、机械化作业水平，实现了城区生活垃圾日产日清和无害化处理。

3. 群策群力，努力突破城市管理难题。一是着力解决城市"牛皮癣"。通过将"小广告"交与公司运作，每日对"牛皮癣"进行清洗，在城区科学设置"小广告"张贴栏，启动"呼死你"系统等措施，最大限度的降低"牛皮癣"生存和复发的空间，最终达到杜绝的目的。二是着力解决城区"停车难"。通过严管重罚、多方疏导、有偿收费等措施，强化交通管理、拓宽停车区域、解决长期霸占停车位的行为，着力建设安全、畅通、有序的交通环境。

4. 全面动员，不断提升全体市民城市管理意识，从"被动管"转为"全民管"。一是逐渐转变管理人员的管理思维，将城管工作由之前的被动转为主动，从言语等多方面改进执法方式，通过早例会不断加强管理人员为民服务意识，创造城管与市民良性互动的管理氛围。二是从市民入手，通过宣传车、维修公众号平台等多种方式，加大有关政策法规宣传，拉近市民与城管距离，通过"微"交流，化解隔阂，建立相互了解沟通平台，让更多市民从被动管转为主动维护，形成"全民管"的良好社会管理氛围，破解城管孤立无援、被动管理的不良局面。

城市管理无终点　文明创建再出发

安徽省淮南市八公山区城市管理行政执法局

2018 年，对于淮南市八公山区城管执法局来说，是多项工作叠加、任务异常繁重的一年，但也是大有可为干出成绩、主动作为突显成效的一年。这一年，全局上下坚持以习近平新时代中国特色社会主义思想为指导，以党建为统领，坚定信念，团结一致，砥砺前行，甘于奉献，统筹兼顾，辛勤的付出最终结出了丰硕的成果。党组织标准化建设顺利通过验收，执法队伍建设迈出重要步伐，各项业务工作稳重有进、进中展优，群众满意度、幸福感持续攀升，呈现了良好的发展局面。八公山区委区政府对该局全年工作给予高度肯定，并专门下文表彰通报。

抓队伍建设，打造服务型、阳光型、法治型执法队伍

八公山区城管执法局始终坚持把执法队伍建设摆在首位，以正规化、标准化、专业化作为建队方向，以服务型、阳光型、法治型作为建队目标，开展"三抓三提升"行动，着力打造一直政治坚定、纪律严明、作风优良、依法履职、人民满意的新时代城管执法队伍，为业务工作持续注入新活力，增添新动力，激发新耐力，不断适应城市管理新形势、新任务、新要求。

抓思想提升精神状态。定期开展执法队伍理想信念、宗旨意识、思想道德等专题教育，培养担当奉献精神，不断增强"四个意识"，牢固树立正确的世界观、人生观、价值观。成立工会组织，完善关怀激励、谈心谈话、沟通交流等机制，增强队伍职业认同感、归属感、荣誉感，提升队员亲和力、凝聚力、执行力，以气顺心齐劲足的精神状态开展各项工作，营造风清气正、干事创建的良好环境氛围。

抓学习提升能力素质。坚持把学习作为提升自身综合素质的第一位要务，善善处理好工学关系，实现工作与学习相互促进、相互提高。采取集中学习与个人自学相结合、研讨交流与专题辅导相结合的方式，学习政治理论、学习政策法规、学习业务知识、学习岗位技能、学习职业操守，不断提高政治水平、法律素养、业务涵养、道德修养、履职能力，坚持理论与实际相结合，做到真学真用、实学实用、活学活用。

抓作风提升执法形象。持续开展执法队伍"强基础、转作风、树形象"专项行动，认

真践行"721工作法",深入落实权力责任清单、执法全过程记录等制度,严整工作作风,严明纪律要求,严肃队容风纪,严格督察考核,坚持用制度约束人、用制度管理人,以执法效能、管理效率、服务效果衡量作风建设成果,培育担当有为、务实高效的工作作风,树立执法队伍清正廉洁、亲民爱民队伍新形象。

抓基层党建,推进党建标准化、制度化、规范化建设

该局党总支及下辖党支部认真贯彻落实党要管党和全面从严治党各项要求,强力推进"三型(学习型、服务型、廉洁型)"机关建设,坚持"围绕业务抓党建、抓好党建促工作"的思路,党建工作与业务工作紧密结合、相互促进,不断增强自身发展的动力与活力,党建工作不断呈现新亮点,业务工作持续取得新成效。

推进党建标准化建设。2018年2月单位领导调整到位后,该局党总支和下辖机关党支部及时按程序进行改选,该局党员领导干部分别编入各党小组,落实了党建责任制,构建职责清晰、运转协调的党建工作机制。以"整齐、统一、充实"统领基层党组织标准化建设。党总支和机关党支部有场所、有设施、有标志、有党旗、有书报、有制度,健全党建台账资料,从党的组织设置、党员教育管理、党内组织生活、工作运行机制等6个方面,对涵盖的40个小项内容整理完善资料后分类归档,实施党建软、硬件双提升。上级党组织对该局党组织标准化建设进行检查验收时,顺利通过,并给予高度评价。

推进党建制度化建设。发挥学习教育对于纯洁党员思想、净化党员心灵的潜移默化作用,严格落实"三会一课"、民主评议党员、"党员活动日"等制度。组织开展"讲重作"专题警示教育等专题组织生活会,达到解放思想、统一认识、凝心聚力、促进工作的目的。开展"不忘初心、牢记使命"主题研讨,引导党员干部将服务理念融到日常工作点点滴滴,自觉树立起文明、规范的城市管理执法队伍形象。党员对照"四讲四有"标准,经常开展"党性体检"活动,"把脉强体"。2018年开展集中学习、专题讨论、党课教育等40余次,留下了完整的活动"痕迹"。按照发展党员程序要求,2018年发展1名预备党员,培养考察1名发展对象、3名入党积极分子,着力建立一支数量充足、质量较高、结构合理的党员队伍。

推进党建规范化建设。抓好党建"五个一"活动。建立好"一个户籍"——党员微档案。每位党员建立一个资料盒档案,文件盒内存放党员信息采集表、党员一本通、党员学习笔记、心得体会等内容,让党员基本情况"一目了然"。记录好"一个手册"——党员一本通。对于党员组织生活记录、民主评议记录、年度考核记录、党费收缴登记、党员流转情况等,及时、如实登记在"党员一本通"上,简洁、直观记好党员履职账。准备好"一份套餐"——党员微课堂。利用支部党建工作微信群,发布党员学习教育"微套餐","每日一学"成为党员学习教育"充电宝",让微时间、微形式转变为不微的范围、不微的效果。组织好"一个活动"——党员服务活动。设置便民服务点,与群众"点对点"服务,"心连心"沟通。开展美化家园、无偿献血、静音护考、"夏日送清凉"等系列党员服务活动,密切党群干群关系。《中国建设报》曾以《淮南市八公山区城管执法局:"倒贴"遮阳伞践行群众观》为题,从正面进行了报道。打造好"一个岗位"—党员示范岗。成立党员突击队,发挥示范引领作用,2018年1月两次暴雪期间,清理道路积雪100余条次,清除积雪面积累计50万余平方米,切实维护群众生产生活正常秩序。开展"党建促创建,党员当先锋"活动,落实党员责任区制度,在文明创建"急、难、险、重"任务中发挥生力军作用,集中解决主次干道、商业街、重点支路、街巷及景区、菜市场、学校周边等重要路段、重点区域市容突出问题、群众反映热点问题,促进市容面貌持续取得新提升。该局便民服务中心实行"一次性告知、一站式服务",将便捷为民的理念融入日常工作中,赢得普遍赞誉,广告公司送锦旗表示感谢。

抓业务工作,构建管理常态化、精细化、长效化机制

2018年为全国文明城市创建开局年、大气污染防治攻坚年、"两治三改"整治年、市容环境提升年,多项工作叠加,任务纷繁复杂,八公山区城管执法局强化"弹钢琴"意识,整合资源,合理调度,统筹兼顾,协调联动,在创建中抓环保,在环保中抓创建,确保各项工作齐头并进。发挥创城主力军作用,解决了一大批历史遗留问题、群众关心问题和影响突出问题,实现了市容整洁度提升、城市文明度提升、群众满意度提升、社会参与度提升、队伍美誉度提升。

坚持部门联动抓创建

按照全市统一要求,在建筑工地源头单位出入口统一安装移动视频监控。与建委、环保等部门,强化文明施工检查,督促建筑工地全面落实出入车辆清洗等扬尘治理"六个100%"要求。坚持严管重罚,对污水管网改造渣土乱堆放,医院建设工地、选煤厂拆迁扬尘污染,以及混凝土搅拌站、电力公司未执行重污染天气预警规定继续施工行为分别予以立案查处,共处罚款48000元。10月初,与交警、交通部门抽调8名人员、3台车辆,成立联合执法队伍,部门领导轮流带队,全天候开展车辆乱停乱放、超载抛洒、高污染车辆闯禁行区等整治行动,已开展夜查行动33次,查处违章车辆100余台次,罚款近50000元。与镇、街道、社区建立难点问题沟通协商、整治行动协同联动、信息资源整合共享机制,合力攻坚。

坚持聚焦问题抓创建

坚持问题导向,全面摸排梳理市容环境问题,完善措施,挂图作战,从群众最直接、最关心、最现实的问题抓起,按照"有什么问题就整治什么问题,什么问题突出就先整治什么问题"的原则,做到问题不解决不放过,整改不到位不收兵。新庄孜瓜果市场路、土

坝孜锦绣南路、毕家岗进矿路、孔集南山路等多条支路持续整治，推动市容环境秩序全体提升。28 条街巷道路整修工程完成，实现了道路平、排水畅、路灯亮的目标，从根本上改善提升了居民出行条件。2018 年"两治三改"违法建设 17 处 7809.75 平方米整治任务全部完成，孔集北村、商业街菜市口、毕家岗段等 240 多处 3600 多平方米非法占用公共区域私搭乱建得到集中拆除，释放公共空间，打通消防通道，让市民切实感受到了市容新变化，管理新成效。

坚持疏堵结合抓创建

在摊群点规范管理过程中，因地制宜，创造摊群经营"合法空间"。采取划线、定点、归位等方式，对学校周边、小区出入口、重要通道等区域 8 处摊群点予以规范，并引导 350 余个占道摊点就近进入菜市场经营或进入指定区域内经营。设置 31 处应季瓜果临时销售点，编制"西瓜地图"，容纳摊点数量 170 余个。深入开展"清路治乱"专项行动，清理取缔占道经营、出店经营 8000 多处，还路于民。向广大市民免费提供 24 处便民信息发布栏，清理小广告 5500 多处，报停乱张贴行为人电话 55 部，处罚三乱小广告 102 个。辖区现有 1800 多个机动车停车泊位，施划、修复 370 多处非机动车停车区域，设置 36 处停车"便民坡"，在城区主要路段两侧全线设置停车隔离设施，安装 U 型护栏总长 780 米 220 个、阻车桩 300 个，拍照处罚乱停放车辆 400 台次，罚款 40000 元，移交交警部门处罚 835 台次，拖移各类乱停放车辆 140 余台（辆），清理占道"僵尸车"10 台，优化市容和交通秩序。

坚持全域整治抓创建

围绕文明创建"八大行动"，坚持每周全员出动，开展空中、立面、地面全方位整治。将整治范围由主次干道、商业大街向支路、街巷、小区、菜市场、学校、景区周边延伸，对 20 多条路段、40 多处重点区域市容突出问题实施集中整治。采取拆除、查处、服务、规范等方式，用好"加减法"，全力整治档次不高、尺寸不一、标准不严的"问题招牌""隐患招牌"。2018 年，清除建筑立面乱张贴商业宣传品 426 处，拆除违规破旧户外广告 260 余处，规范设置户外广告 120 余处，取缔落地招牌 291 个。开展架空弱电线缆整治，整治"空中蛛网"道路 12 条，捆扎凌乱线缆 21.2 千米，清除废弃线缆 3.4 千米，清除废弃线杆 21 根。开展"控煤禁烟"行动，城区 10 家烧烤门店全部更换使用无烟烧烤装置，144 家餐饮饭店安装油烟净化设施，收缴取缔经营性小煤炉 377 个，城区范围内饮食门店基本实现"无煤化"，确保创建无死角、全覆盖。

坚持精准精细抓创建

采取"政府花钱买服务"的方式，推行并扩大市容管理市场化运作规模，50 名文明劝导员坚守一线，成为创城管理重要力量。利用执法车不间断宣传，设置 2 处便民宣传服务点。向经营户、市民、驾驶员、经营户等发放《一封信》《车辆停放温馨提示卡》《烟花爆竹禁放通告》等宣传资料 32000 多份，与沿街商户、住户、单位等签订《市容环境卫生管理责任书》1134 份，不断提高居民、经营户对文明创建的知晓度、支持度。实行城管队员、环卫工人、文明劝导员、城管志愿者一体联动，落实"路长""片长"责任制，不间断、高密度、全方位动态巡查。在重要路口、重点路段、关键节点实行定人、定岗、定责值守，错时、延时管理，加强市容问题易发时段、多发路段管控，认真整改第三方测评、上级督查暗访发现问题，节假日工作力度不减、标准要求不降，从早到晚巡查管理在一线，问题解决在一线。

城市管理只有起点，没有终点，文明创建永远在路上。该局将继续坚持以习近平新时代中国特色社会主义思想为指导，继续发扬求真务实、真抓实干、开拓创新的优良作风，主动适应新常态、新任务、新要求，不断向高层次、高标准、高水平迈进，破难题、补短板、打基础，凝心聚力开启城市管理新征程，锐意进取开创文明创建新局面，为建设现代化五大发展美好八公山积极贡献力量。

强化城市管理 建设美丽上饶

——2018 年度城市管理工作总结和 2019 年工作思路

江西省上饶市城市管理和行政执法局

今年以来,我局紧紧围绕市委、市政府"决胜全面小康、打造大美上饶"的决策部署要求,坚持上下一心,合力攻坚,全力推进城乡环境综合整治、"全民共建、美丽上饶"城市形象提升活动、城市管理提质年活动,通过一系列努力,积极推动上饶城市面貌发生了新的变化,城市形象和品位得到了进一步提升。现将我局 2018 年度城市管理工作总结如下:

一、2018 年度主要工作情况

(一)高位推动,开创城市综合管理新局面

市委、市政府高度重视城市管理工作,市委马承祖书记、市政府谢来发市长非常关心、多次部署强调,要求进一步加强和推进城市管理工作。市委、市政府将 2018 年确立为城市管理提质年,马书记在市委四届五次全会上的工作报告和谢市长在市四届人大三次会议上的政府工作报告都明确要求全面开展"城市管理提质年"活动,市委常委会把该活动列入市委 2018 年工作要点。市城管委有关领导非常关心城市管理工作,相关领导对有关工作多次调度推进,对一江两岸夜景亮化项目、停车场建设、小游园建设、油烟污染治理等一些难度较大、市民关注度高的城市管理工作每半月调度一次,每次都到整治活动和项目工地现场视察调研,要求高标准、高质量按时完成。

4 月下旬,我市成立了以市长为组长的城乡环境综合整治工作领导小组,召开了市、县(区)、乡镇(街道)三级参加的全市城乡环境综合整治工作推进会议,谢来发市长出席并作讲话。6 月 22 日,我市召开了《上饶市城市管理条例》《上饶市农村居民住房建设管理条例》实施动员动员,市、县(区)、乡镇(街道)、村居(委会为)四级万人参加,马书记、谢市长出席并作讲话,全面掀起两个条例宣传、实施的新高潮,上饶日报等市级媒体大力宣传,营造了全民学习城市管理条例、遵守城市管理法律法规的浓厚氛围。10 月 15 日,召开了全市城乡环境综合整治 2018 年第二次推进会议召开,就深入开展"百日攻坚"净化行动,扎实推进城市"道路本色"整治活动,全面深化城市"交通秩序"整治活动,强力推进城市"违法建设"整治活动,加快实施"去杂乱、补短板、强弱项"工程,坚决打好蓝天、碧水、净土三大保卫战等城市环境整治重点工作做了具体部署。一系列的工作会议推动和举措落实，为全市城市管理和服务水平的提升奠定了坚实基础。

在市委、市政府的高度重视和高位推动下，我局主动作为，充分利用市城管委办公室、市城乡环境综合整治办公室工作载体，积极联合市直各单位、各县（市区）围绕全市共同的目标分头落实、合力攻坚，真抓实干、取得实效，开创了城市环境环境综合整治和城市管理工作的新局面。

（二）改革创新，推动体制机制实现新突破

坚持把改革创新作为推动城市管理工作的动力和源泉，我们以城市执法体制改革为契机，全面加大改革力度，不断创新体制机制。

改革城市管理体制机制。完善城管机构设置。去年12月，正式组建上饶市城市管理和行政执法局，列入市政府工作部门。坚持以市带县，上下对标、整体推进，各县（市、区）也陆续相应成立了城市管理和行政执法局，全部列入政府工作部门，实现全市城市管理机构名称、性质、职能"三统一"，解决了城管执法无名、执法主体资格等问题。推进城市管理重心下移，从今年1月1日起，正式将中心城区环境卫生工作及里弄小巷、三江片区城市管理事项下放由信州区负责，逐步解决"看得见的管不着，管得着的看不见"的问题。

建立城市精细化标准体系。大力实施"城管标准革命"，全面提高城市管理各项工作标准，出台了全省第一部城市管理精细化标准体系，对城市管理各项工作制定了具体精细化工作制度，从今年1月1日起正式施行，标志着我市城市管理工作迈入了一个以标准为引领的新时代。树立精细化管理理念，强化工匠精神，要求全局干部职工把城市当作自家庭院和客厅，像绣花一样来管理。全面落实环卫清扫保洁、市政维护、绿化养护、渣土管理、城管执法等精细化标准措施，实行定人、定岗、定责、定标准，使城市管理逐步迈入精细化的新阶段。

强化城市管理法治保障。自今年1月1日我市获得地方立法权之后出台的第一部实体法规《上饶市城市管理条例》正式颁布实施后，我市坚持"铺天盖地、家喻户晓、入脑入心"原则，通过召开新闻发布会、参加在线访谈，利用广播电视、微信以及各种户外媒体广泛宣传《城管条例》；开展《城管条例》"进机关、进企业、进学校、进社区、进商户、进工地"六进活动，市本级送出《城管条例》1万本、宣传贴画和台历4000余份，全市累计送出《城管条例》53000多本。严厉查处和打击各类违反《城管条例》的行为，今年以来，市本级依据《城管条例》处罚案件1333件，其中一般程序254件，简易程序1079件，全市范围内依据《城管条例》开出罚单累计达7千多份，特别是处罚了一批典型案件，起到了震慑效应，使一些长期以来没有解决的问题得到了解决。同时，创新建立可量化的科学考评体系，推行行政执法办案"积分"考核制度，编制并推行《上饶市城市管理执法手册》，提高队伍的执法规范化操作，1～10月份，办理各类行政处罚案件2563起，无一因办案不规范引起复议或诉讼，并通过"非诉执行"的方式对严重影响城市容貌、长期占道经营的5家商家实施行政处罚，提升了城管执法的效率，加快推进了执法队伍正规化、专业化、职业化建设的步伐。

推进市场化作业管理机制。中心城区环卫清扫作业、园林绿化管养市场化率分别达到100%、80%。从今年1月起，中心城区实施新一轮环卫市场化作业，对840万平方米清扫保洁全部推向市场，由6家保洁公司负责。加大环卫市场化监管考核力度，建立市城管委、市城管环卫部门、信州区专业部门、街道办四级考核机制，保障市场化作业管理质量，比如今年3月，对一家市场化保洁公司（龙吉顺）扣罚资金达17万元。同时，积极推进城乡环卫一体化、市场化，截至目前，全市大部分县（市、区）的城区已经实现了市场化保洁，其中德兴、铅山、余干、信州、横峰、万年六个县（市区）率先实现了城乡环卫一体化、市场化保洁。

探索创新城市管理特色亮点。推行"工作项目化、项目责任化、责任标准化、标准精细化"的工作方法，把每一项重点工作都当作一个项目来做，确保所有重点工作都落地见效，开花结果。为了发动街道、社区和全体市民共同参与城市管理工作，在中心城区创新开展"最干净街道（乡镇）"评选活动和环境卫生有奖"随手拍"活动，推行车窗抛物实名曝光处罚制度，曝光车窗抛物117起，受理、核实和处理市民有奖举报件300余起，受理市民随手拍案件2627件；曝光不文明行为491次，曝光占道经营、秩序混乱等"门前三包"业主422户。加快生活垃圾试点分类工作，制定出台《上饶市生活垃圾分类实施方案》，完成了垃圾分类试点摸底和所需经费测算等工作。在2017年推出《我爸是城管》微电影的基础上，继续拍摄《城管，城管》MTV，在住建部"大城管"微信公众号头条刊发，荣获素有全国"政法奥斯卡"之称的第三届平安中国微电影微视频微动漫比赛最佳微视频奖及优秀摄像单项奖两大奖项，在社会引起强烈反响。中心城区14个街道（乡镇）主动创建，你追我赶，不甘落后，广大市民踊跃参与，城市管理的氛围越来越浓。

（三）综合治理，推进城市面貌发生新变化

围绕城乡环境综合整治、"全民共建美丽上饶"城市形象提升、城市管理提质年等活动部署，扎实开展城市管理各项工作，齐抓共管，综合治理，推动城市面貌发生新变化，城市变得更干净、更有序、更亮丽、更有品位了。

一是城市变得更干净了。深入开展道路本色行动，以新一轮环卫作业市场化为契机，进一步提高了环卫作业经费标准，中心城区环卫机械化作业率提高到80%，投放机械化作业车辆达206辆，日均出动机械作业车辆265车次；推广环卫"六步工作法"（吸尘、洒水、冲洗、洗扫、降尘、快速保洁），使道路更干净、更清爽，垃圾在路面停留的时间更短。持续开展"洗城行动"，对道路路面、门楣招牌、工地出入口、公用设施、作业车辆等进行清洗，并动员600多家商户参与行动，进一步改善了中心城区空气质量。开展垃圾"大排查、大清理"行动,对中心城区主次干道沿线、里弄小巷、城乡结合部、市场周边、学校周边等进行立体式排查,全覆盖清理,今年 1 ~ 10 月,全市共清理各类垃圾死角 2.2 万处、2.4 万车。加强河道保洁,进一步落实了"河长制"和属地管理原则,今年 1 月,信州区将河道保洁工作实行市场化外包,每天由专业的河道保洁人员对城区信江河、丰溪河河道垃圾进行清理,截至目前共清理河道垃圾 400 余吨。源头管控建筑工地及道路扬尘污染。严格建筑工地垃圾运输审批管理,全年受理建筑垃圾处置申请的工地 19 家;规范渣土运输公司管理,通过公开招标选中 2 家符合要求的余土公司,更换环保运输车辆 200 台,所有渣土运输车辆安装 GPS 定位系统。加大对擅自运输、未全密闭、未净车出场运输查处力度,1 ~ 10 月份,查纠违规渣土车辆运输行为 1000 余起,暂扣车辆 51 台,立案 100 余起,立案罚款 67 万元,确保城区扬尘指数稳步下降。

二是城市变得更有序了。持续加大乱搭乱建、乱摆乱占、乱贴乱画、乱拉乱挂、乱泼乱倒、乱停乱放等整治。持续开展违法建筑专项整治。始终保持高压态势,采取重点巡查、动态监控、源头管控的措施,对违法建筑露头就打,今年以来,全市共拆除建成区违法建筑 62.4 万平方米,其中拆除新增违法建设 41.92 万平方米,存量违建 20.48 万平方米,做到新增违建"零增长"、存量违建"负增长"。开展餐饮油烟污染整治。按照全覆盖、无死角、不漏一户要求,开展中心城区餐饮油烟污染整治行动,共排查餐饮单位 1575 余家,对所有未规范安装油烟净化装置的餐饮商户、企业下达限期整改通知书,督促限期安装符合国家标准的油烟净化设施。目前,安装率达到 100%。建立夜间巡查整治队伍,对城区夜宵摊点占道、油烟污染等问题进行整治,及时解决群众反映强烈的油烟污染和噪音扰民等问题。开展占道经营整治。市城管执法局联合属地公安交警部门及信州区、上饶县等,重点整治解放路、江南商贸城、佳利商城等占道经营现象,加大学校周边及茶圣路、长塘路、广丰路口、水南街等出店经营和占道经营现象整治管控力度,共清理流动摊点 23574 处,处罚、纠正出店占道经营 15786 起,整治乱车辆停乱放 6180 余起,乱晒乱挂 5013 余起。开展"立面清爽"和道路沿线"去杂乱"专项行动。通过市区联动,重点对主次干道沿街及两侧房屋外立面脏乱差进行立面清理,对未经审批、过期、破损并存在安全隐患的户外广告、墙体广告进行拆除,整治主次干道两侧占道专修垃圾、破旧围挡、不规范围挡、违建钢棚、临时帐篷、霓虹灯字牌、店招门楣 2754 起。开展道路沿线"去杂乱"整治,整治中心城区主次干道两侧占道装修垃圾、破旧围挡、不规范围挡、违建钢棚、临时帐篷、违规晾晒、大型广告 712 起;整治各类"牛皮癣" 51960 起,通过不间断告知系统对 2046 个"制癣者"号码提醒催告,对 161 个号码做停机处理。

三是城市变得更亮丽了。为进一步提升城市形象,加快打造大美上饶,按照"城市不仅要美在白天,也要美在夜间"的要求,我局在去年完成行政中心片区夜景亮化改造的基础上,积极配合旅游城市建设,启动了中心城区部分道路及一江两岸夜景亮化工程,其中凤凰大道、紫阳大道、五三大道三条道路 25 公里夜景亮化建设已完成，一江两岸 15 公里（两侧）夜景亮化目前已完成主体工程，中心城区夜景亮化整体效果更加凸显。通过打造夜景亮化工程，如今夜晚的上饶美轮美奂，火树银花，璀璨夺目。塔的故事，桥的风景，山的演绎，楼的辉煌，路的韵律，水的灵动，将夜间的上饶装扮得富有诗意，让人流连忘返。极大改变了一江两岸的夜景单调的现状，提升了城市形象，促进了上饶夜游经济，省、市领导和外地游客及广大市民给予了很高评价。

四是城市变得更有品位了。牢固树立精品意识，坚持把每一个项目、每一个工程作为景点来打造，大力实施花卉添彩、裸土覆绿、立面清爽和"去杂乱"、树池改造等美化行动，提升了上饶城市颜值和品位。实施主干道桥体绿化和行道树树池改造提升项目，对信江大桥、丰溪大桥、上饶大桥、胜利大桥实施桥体绿化项目，完成了上饶大道、庆丰路、信江东路、吉阳路、广信大道等道路近 3000 个树池改造提升工程，改造后的树池统一平整、简洁美观，透水性良好，不仅提升了城市形象，市民出行也更加安全通畅。实施花卉添彩和高铁站匝道周边环境美化提升工程，为营造新春喜庆祥和的节日氛围，在城市重要节点和高铁站周边摆放了 1 万 6 千多盆时令鲜花，并对高铁站周边裸露地块进行了清理覆绿美化，进一步美化了城市环境，提升了城市窗口形象和品位。实施了爱心长椅项目，在中心城区主次干道的游步道上和公园绿地中安放了不同款式使用的休闲长椅 200 余条，满足市民驻足歇脚需要，切实在城市建设管理细节中体现人文关怀和城市品位。通过一系列的城市园林绿化改造，进一步落实绿化养护标准化、绿地管护网格化、绿化养护信息化、绿化执法规范化，使中心城区一些绿化景观效果差的道路、公园的面貌发生较大变化，提升了城市品位，赢得了市民的广泛赞誉。

（四）以人为本，落实城市为民服务新举措

坚持以人民为中心的发展思想，牢固树立为人民管理城市的理念，把民生优先落实到城市管理的每一项具体工作当中，从老百姓最关心最直接最需要的事情做起，使广大市民逐步改变了一直对城管妖魔化的认识，纷纷为城管点赞。

实施了一批民生工程。我局始终把民生摆在第一位，在城市建设和管理中实施了一批城市道路和人行道改造、管网、停车场、小公园、公厕、积水点改造、公共自行车等民生工程，督促各县（市、区）加快推进城市污水管网建设、污水处理厂提标改造和污泥处置设施建设，不断补齐功能设施短板，让老百姓共享城市建设管理成果。编制了全省第一个生活垃圾处理设施规划，在全市布局 7 个生活垃圾焚烧发电项目，其中 3 个已开工建设，其他 4 个在年内全部开工，到 2020 年将实现生活垃圾焚烧处理全覆盖。大力推行"公厕革命"，2017 年以来仅全市城市建成区新改建了 164 座公厕，其中市本级新改建 25 座；今年开始，进一步加大"厕所革命"，利用三年时间在全市新建公厕 2583 座、改建公厕 886 座，其中新改建城镇公厕 579 座。加快街头绿地和小游园建设，结合道路改造、老城区棚户区改造，今年已完成施家山加油站北侧和市移动公司西侧两个小游园建设，目前正在加快推进沽塘公园项目建设，不断解决老城区公园绿地不足的问题。加快推进一批停车场建设，并建成了智能停车管理系统，查找停车泊位、支付停车费等实现智能化，大大方便群众停车。

推行"721"工作法。即让70%的问题用服务方式去解决，20%的问题用管理手段去解决，10%的问题用执法手段去解决。针对流动摊点管理难、矛盾突出等问题，坚持疏堵结合，人性化管理。如在上饶师院附近、亿升南面、地区医院附近规范安置了一部分摊点，解决了部分困难群众的就业问题。设置了一批城管便民服务岗亭，开展了一系列城管爱心活动，拉近了城管与老百姓的距离。城管支队高铁站中队把帮扶救困作为一项常态化的工作，积极帮助旅客解决各种困难，被市民广泛点赞。建设了一批城市管理爱心墙（屋），免费赠送爱心衣物，让城市增添温暖。

建立了"立即办、领着办、代为办""三办"工作机制。深化放管服改革，城管所有审批事项全部实行一个窗口办理，全部实行网上审批。日常工作中，及时受理、办结群众各类投诉和诉求。截至目前，受理12319热线案件1685件，核查完成1485件；受理群众来访来电及市委民生通道、市长热线办等转办的各类信访1076件，办结1045件，办结率达97.2，解决了一批关系市民切身利益的民生问题。

（五）强基固本，打造城市管理队伍新形象

城市管理涉及方方面面，工作繁、杂、累，工作人员经常受委屈。我们紧紧围绕市委、市政府的战略部署，在全市城管系统倡导"干出价值，活出尊严"的价值观和"出门就上班，上班就管事，管事就管好"的工作要求，主动谋事，用心干事，以身作则，攻坚克难，调动城管人的担当来坚守城市。

加强城管队伍培训。依托全国第一所城管党校＋城管行政分院平台，加强全市城管队伍政治教育和业务培训的基地建设，目前已举办了7期培训班，受训人员达1500人次。建立大培训、大考试制度，定期举办城管相关知识考试和执法案卷评比活动。比如2018年春节后上班第一天，我们组织了全市城管系统近3000名干部职工，统一进行《上饶市城市管理条例》知识大考试，要求城管干部职工人人过关。下一步，还将组织城市精细化管理标准体系考试。

加强城管队伍作风建设。深入推进城管队伍"强基础、转作风、树形象"专项行动和"五查五看"活动，全面加强城管队伍作风建设，深入查摆"怕、慢、假、庸、散"五个方面突出问题，大力整顿队风队纪，转变工作作风。将支部建在路段和项目上，将党旗插在岗位上，开展"我是党员我带头"活动，充分发挥党员先锋模范作用。全体干部职工充分发扬了吃苦耐劳、甘于奉献的精神，坚持一线工作法，做到"出门就上班、上班就管事、管事就管好"。

主动担当坚守使命。我们紧紧围绕市委、市政府的战略部署，主动想事谋事，主动自

我加压，主动担当责任。比如主动谋划开展了"全民共建 美丽上饶"城市形象提升活动、城乡环境综合整治、城市管理提质年活动。特别对一些职责交叉的难点工作，难以落实牵头单位的一些工作，我们不推不躲，主动承担，主动协调。如餐饮油烟整治、黑臭水体治理等。局班子成员主动谋事，用心干事，以身作则，攻坚克难，营造了想干事、干好事的浓厚氛围。很多一线干部职工尽管没有任何加班及误餐补贴，但经常放弃了节假日、休息日，没有白天与黑夜之分，始终坚守在工作岗位一线，充分发扬了吃苦耐劳、甘于奉献的精神。

二、存在的主要问题

虽然我市城市管理工作取得一定成绩，对照市委、市人大、市政府的要求，对照老百姓的期盼，还存在差距，还面临一些困难和问题。一是城市功能设施有待进一步完善。城市停车场和石材、钢材、物流、废品收购等专业市场不足或不配套，造成乱停乱放、马路市场、占道经营现象仍然存在、管理难度大。同时公厕、垃圾中转站等环卫设施建设不够。公园绿地分布不均，老城区公园、街头绿地和小游园偏少，"500 米见园"的要求没有完全达到。二是城市精细化管理水平有待进一步提升。里弄小巷、城乡结合部、居住小区等脏乱差现象还一定程度存在。部分在建项目和部分已竣工的城市道路、桥梁长期没有验收、移交，缺乏有效的管理和监管。通讯、电力等窨井、管线管理维护不到位，既影响市容市貌，还存在一定安全隐患。三是城市管理保障有待进一步增强。环卫保洁、园林绿化养护、市政设施管养等经费标准还比较偏低，与江浙城市差距较大。城管局作为实实在在的执法部门，车改时却未享受执法部门政策，目前局机关无一辆车辆，督查、巡查、执法受到较大影响；因为城市管理工作的特殊性，一线工作人员早晚和节假日经常加班，但没有任何加班和误餐补贴，一定程度影响了一线人员的积极性。法治保障有待进一步加强。虽然《上饶市城市管理条例》已正式施行，但与其相配套的市容环境卫生、小区物业、生活垃圾分类、"门前三包"等管理办法或条例尚未制订出台，在城市管理执法的具体工作中，有时感到法治保障还不足。

三、2019 年工作思路

总体目标及思路：以习近平新时代中国特色社会主义思想为指导，深入学习贯彻党的十九大精神，坚决落实市委、市政府"决胜全面小康、打造大美上饶"的战略部署，围绕城市管理"一年见成效、两年大变样、三年创品牌"目标要求，坚持改革创新，综合整治，精细管理，完善功能，全面提升城市管理工作水平和质量，着力在"大变样"上巩固提升，并全力向"创品牌"迈进，努力打造"全省一流、全国先进"的城市环境。具体做好"1234"文章，即："一个核心、两个聚焦、三项改革、四大提升"工作：

一个核心：以深入推进城乡环境综合整治为核心，进一步改善城市环境，完善城市功能，提升城市形象和品味,不断满足市民群众对美好城市生活的向往。

两个聚焦:一是聚焦城市精细化管理,精心做好"绣花"功。按照习近平总书记提出的"城市管理要像绣花一样精细"的要求,瞄准"三全四化"即全覆盖、全过程、全天候,法治化、社会化、智能化、标准化,全面落实《上饶市城市精细化管理标准体系》,全面推行网格化管理模式,全面加大城市管理督查考核力度,认真落实"门前三包"制度,推行"街(巷)长制"。积极推进市本级智慧城管平台建设,推动各县(市、区)建立智慧城管二级平台,提高智能管理城市的水平。二是聚焦蓝天碧水净土,坚决打赢城管领域生态环境保卫战。加快实施城市黑臭水体综合治理,加快推进解放河黑臭水体、三江排涝站黑臭水体、水南排涝站黑臭水体综合整治,实现消除黑、水清岸绿的目标。加大中心城区及各县(市、区)污水管网建设改造力度,大幅度提升污水收集率和污水处理率。加大建筑工地及道路扬尘治理力度,加快推进建筑渣土消纳场建设,强化大气环境保护。加快垃圾焚烧发电项目建设,确保按时、有序推进;完成中心城区垃圾填埋厂渗滤液提标改造项目和餐厨垃圾处置项目建设,不断提升生活垃圾填埋处置水平,切实改善城市宜居环境。

三项改革:一是深化推进城管体制机制改革。结合机构改革,进一步推进城市管理重心下移,理顺部门工作职责,明确城市精细管理职能范围,落实属地管理责任。加强全市城管执法体制改革的督促指导,推动各县(市、区)完成城管体制改革任务。积极协调有关部门做好行政处罚权集中行使相关衔接及有关机制建设,出台《上饶市城市市容和环境卫生管理条例》,为城市管理提供保障。二是深化推进城市"厕所革命"。大力实施"厕所革命"三年攻坚行动,2019年全年全市将新改建220座城区公厕,其中中心城区新建13座。全力推动厕所建设标准化、设施现代化、管理规范化、服务智能化、监督社会化、使用文明化,提升公厕建设管理水平,加快实现"数量充足、分布合理、查找方便、管理有效、文明如厕"的目标,为市民群众生活更加方便提供支持。三是深化推进城管执法方式改革。加快推动城管执法队伍正规化、专业化、职业化建设步伐,采取更加科学、人性的执法方式,探索"执法+网格、执法+服务、执法+联动、执法+志愿者"的文明执法常态机制,落实"721"工作法;推进城市管理诚信体系建设,制定中心城区环卫、市政、园林设施竣工验收管理办法;完善执法监督机制,建立健全行政执法责任追究、纠错问责、执法审核等一系列制度。深入宣传贯彻实施《上饶市城市管理条例》,加大典型案例处罚力度,让每一个市民知晓和遵循城管条例。

四大提升:一是进一步提升城市品质。按照全省的统一部署,以建设"美丽宜居、整洁文明"城市为目标,开展一系列的城市品质提升行动。结合城乡环境综合整治,持续深入开展城市道路本色行动,在全市全面推广"吸尘、洒水、冲洗、洗扫、降尘、快速保洁"环卫作业"六步工作法",努力实现道路洁净见本色、见底色。持续推进立面清爽、"去杂乱"专项行动,强力整治占道经营,推进主要干道沿线的存量违法建筑、破旧房屋以及严重影响市容形象、具有安全隐患的各类临时设施的拆除工作,力争中心城区主干道沿线消除明显的"杂乱"现象。深入推进生活垃圾分类工作,加快完成信州区、德兴市、婺源县垃圾分类试点,并在辖区范围内所有的行政机关、企事业单位推行垃圾分类工作,其他县(市区)启动垃圾分类试点工作。二是进一步提升城市功能。针对目前城市管理存在的短板和"顽疾",城乡结合部、居住小区等重点区域的环境卫生问题,停车场、专业市场等城市功能配套不完善的问题等,持续深入实施城市垃圾中转站、停车场、街头绿地、小公园及游园等一批城市基础设施项目,加快城市石材、钢材、物流、废品收购等一批城市专业市场及配套功能项目建设,不断补齐功能设施短板,让老百姓共享城市建设管理成果。三是进一步提升民生服务。聚焦民生领域,满足民生需求。从广大市民最关心最直接最现实的问题入手,进一步强化城管便民服务举措,提升城市民生服务水平。加快实施里弄小巷改造提升和一批"微循环"道路改造,提升城市通行能力。持续深化城管服务岗亭、爱心墙(屋)、脱贫攻坚爱心帮扶等一批民生服务项目,让城市处处体现温暖,让市民城市生活更方便、更舒心、更美好。四是进一步提升城管形象。坚持全面从严治党,坚持把政治建设摆在首位,认真抓好巡视巡察问题的持续整改工作;聚焦干部作风存在的突出问题,深入推进作风建设,持续深入开展"强基础、转作风、树形象"专项行动,健全完善大培训、大考试制度,切实抓好城管党校平台建设,强化全市城管队伍政治教育和业务培训,努力打造一支"勇于谋事干事、敢于担当作为、善于攻坚克难"的城管团队,树立上饶城管新形象。

担当实干铸就品牌

——江西省高安市全面提升城市管理水平综述

江西省高安市城市管理局局长　贾秋根

　　高安，位于江西省会南昌西部，距南昌仅39公里，素有"赣中明珠"美誉。建县始于汉高祖六年，距今已有2200多年，全市人口100万，其中城市人口近30万，最初辖区为筠阳街道与瑞州街道，随着城市框架不断扩大，新增瑞阳新区、高新产业技术园区以及部分城乡结合部，目前城市管理区域面积达平方米。

　　城市管理工作与百姓生活息息相关。近年来，高安紧紧围绕"满足人民对美好生活的需要"这一核心目标，认真落实"创新、协调、绿色、开放、共享"发展理念，按照全市"优化老城区、建设新城区"的城市发展总方向，大力加强城市功能设施建设，实施城市精细化管理，加快便民惠民工程建设，强化队伍政风行风建设，城市环境得到全面改善，城市形象得到明星改善。

　　其主要经验和做法有：

一、在服务大局上敢啃"硬骨头"，彰显担当本色

　　在新时代、新背景下，高安城管局不断凝聚干事创业共识，把系统干部的思想和行动迅速统一到党的十九大精神上来，统一到市委政府的重大决策部署上来，想在一起、干在一起，直面问题，攻坚克难，让过去很多干不成或不想干的事情，都干成干好了，以实干担当开创了城市管理的新局面。

　　奋力推进"急难险"项目。旧城区基础设施欠账的现状需要破解，新城区绿化亮化工程需要大干快干跟上，面对"新旧"城市建设的双向需要，该市城管主动认领工程项目，按照"急事急办、特事物办"的原则，采取超常规措施予以推进，在确保工程质量与安全的前提下，以"5+2""白＋黑"的精神，相继完成了筠西污水管网、高速连接线绿化亮化、垃圾焚烧发电站等项目建设，刷新了"高安速度"。

　　全力打响"蓝天保卫战"。城区上千块广告灯箱见缝插针，两百多处大型高炮遮挡视线，"蓝棚绿帽"充斥着城乡主要干道……为彻底净化城市"天际线"，服务全市生态文明建设，该市城管系统敢于向城市"顽疾"宣战，通过上门宣传、疏堵结合，努力化解所涉及的利

益矛盾。在拆除过程中，主动协调交警、公路局等执法人员，做好交通秩序的维护，以"零事故、零纠纷"确保拆除工作的高效平稳。

倾力服务大型节日活动。高安连续两年举办大型菊花展，在时间紧、任务重的情况，城管各部门团结协作，精心布展，打造靓丽的风景线，让"不可能"变成了"可能"。同时，还全员上阵，主动为全市举办的百龙百狮闹元宵、端午龙舟竞赛、中国城市物流年会、首届中国农民丰收节等大型活动保驾护航，活动中维护秩序、散场后清扫卫生，他们以忙碌的身影体现城管应有的担当。

二、在精细管理上狠下"绣花功"，提升城市颜值

随着城市发展，人口拥挤、交通堵塞、环境脏乱等问题不断出现，为解决这些难题，高安以"绣花功夫"精心打磨，在做细做实街道巡查、环卫保洁、园林管护等日常管理工作的同时，开展一系列净化、花化、亮化等一系列举措，全面提升城市管理水平，努力让城市更宜居、更文明、更有温度。

整治占道经营，让城市更通畅。高安是享誉全国的"物流汽运之都"，过去高安大道、瑞阳大道车辆占道交易经营屡禁不止，该市集中整治严格执法，对停放的车辆实行拖运处置，从根源上遏制乱停乱放。同时，针对主干街道、大型商贸市场私搭铁棚、雨棚等占道经营现象，开展集中整治行动，并加大巡逻查处力度，坚决做到发现一起，查处一起，让拥堵不堪的街道得到疏通。

开展洗城行动，让城市更整洁。为提升环境卫生管理水平，该市加强环卫清扫设施配置，新增 9 辆洒水车对主要街道加大作业，配置 2 辆抑尘车对重点路段实行降尘作业，并投入成立市容应急分队，及时清理"牛皮癣"，处理丢弃的大件垃圾。今年 11 月份，在全市启动的百日攻坚"净化"行动中，发动社区群众加入卫生整治行列，集中清理卫生死角，带动市民自觉维护整洁的环境。

实施绿化提升，让城市更靓丽。该市以创建"三城"为契机，近两年先后完成东西环城路绿化工程、高安大道提升工程、祥符南山村新农村绿化示范点、巴夫洛景区绿化等十多个大型绿化项目。与此同时，还在高安高铁站、瑞阳大道、高安大桥等重点出入口、重点路段增加鲜花栽植，在城市红绿灯转角处运用废旧轮胎设置隔离景观带，实现城市四季花开的景观。

三、在民生服务上体现"为民情"，凸显以人为本

古希腊哲学家亚里士多德说："人们来到城市是为了生活，人们居住在城市是为了生活得更好。"在城市管理过程中，高安始终站在群众角度思考，以立足于治标、着眼于治本的方式解决民生诉求问题，让谋民生之利、解民生之忧贯穿于城市管理的点滴细节中。

创新模式破解"停车难"。高安老城区街道狭窄，停车设施滞后，群众对此怨声载道。该市按照"主干道严禁、次干道适当、支路最大化"的原则，合理设置沿街道路临时停车泊位，累计新增免费停车泊位上４个。同时，主动挖掘社会停车位，投入资金近百万元改造原粮油大厦临时停车场、老文化馆临时停车场、老市政府临时停车场等，有效缓解了停车难问题。

人性化设置瓜农销售点。夏季，农民进城卖瓜多为流动摊点，瓜农烈日下酷暑难耐，也给城市管理带来难题。为此，高安以人为本，选择在交通便利、人流密集的瑞州桥头，整理附近棚改拆迁后的空地，作为瓜农季节性临时销售点。同时还拉起横幅、制作标语板等，将广大市民、瓜农引导到临时销售点，并准备好太阳伞和路灯给瓜农提供便利，贴心的服务得到瓜农们的一致点赞。

妥善安置菜市场经营户。菜市场虽小，却是关乎百姓生活的"大民生"。城南集贸市场建于上世纪60年代初，被列入胜利路棚改后，城管工作人员不厌其烦，耐心做好迁拆户的思想工作，并广纳建议，应广大群众的民生诉求，在附近兴建城南过渡集贸市场，搭建简易店、摊上百个，既妥善安置了原城南集贸市场一带的300余家个体经营户，又解决了市场征迁范围以外的周边居民日常生活需要。

四、在队伍建设上深化"强转树"，激发实干韧劲

风清则气正，气正则心齐、心齐则事成。高安城管深入贯彻落实从严治党新要求，以城管系统"强基础、转作风、树形象"专项行动为抓手，不断强化党的引领，开展一系列作风纪律整顿活动，切实提高队伍素质。

坚持把政治建设放在首位。在市委党校设立城管局理论学习教育基地，推动"两学一做"学习教育制度化常态化，切实增强班子成员的党性修养。组织全体党员干部赴井冈山、湖南韶山等地开展"不忘初心、砥砺前行"红色主题教育活动，通过诵读"红色家书"、重温入党誓词、唱响红歌等，进一步坚定理想信念，筑牢信仰之基，补足精神之钙。

坚持把纪律教育挺在前面。结合城管换装仪式，集中开展下基层锻炼、队列训练、消防知识培训、体能训练等系列活动，在培训强化中，加强纪律作风教育，强化廉洁奉公意识；坚持开展"党员活动日""民主生活会"等教育活动，以《准则》《条例》为标杆，以"八项规定"为戒尺，严格管控、防微杜渐；聚焦"怕、慢、假、庸、散"等作风突出问题，抓整改求实效，以铁的纪律打造出铁的队伍。

坚持把树立典型摆在平常。榜样的力量是无穷的。在日常工作中，高安城管十分重视对系统先进典型的挖掘与宣传，突出榜样先进的引领带动作用，以"一花引来万花开"的效应，激发起全体党员干部干事创业的热情。该局先后树立了黄晓忠、兰小勇、胡贱苟、金云等一批爱岗敬业、乐于奉献的先进典型，形成学先进、赶先进、争先进的浓厚氛围。

道有夷险，履之者知，行之者至。在新使命下，高安城管坚持目标导向、问题导向、

效果导向，重点抓好了突出问题的有效解决，推动城市建设管理工作再上新水平，铸就了高安城市的品牌形象，让这座城市颜值更高、气质更佳、魅力更大，让人民群众有更多的获得感、幸福感。

精细管理让生活更美好

——襄阳市城市管理执法局工作纪实

湖北省襄阳市城市管理执法局　朱平纪　王　锐　余　力　张　嫚

奋进改革路，建功新时代。坚持以十九大精神和习近平新时代中国特色社会主义思想为指导，襄阳市城市管理执法局奋进在路上。

像绣花一样精细管理城市，让城市更干净、更有序、更美丽，襄阳市城市管理执法局不忘初心，不断满足人民日益增长的美好生活需要。

清洁家园　干干净净每一天

今年 2 月，一场城市环境综合整治热潮在全市涌动，这就是人人动手、人人参与的"清洁家园"活动。

我们生活的家园只有一个，我们生活的城市只有一个，市城管局围绕"清洁家园"活动广泛发动群众对城市环境进行整治，并把目标从"干干净净过新年"上升到"干干净净每一天"，同时开展"城乡垃圾清除百日行动"，不断开展卫生死角排查和清理行动，有效处理了积存垃圾和暴露垃圾，不断改善城市环境。

全市齐行动，从宜城小河镇机关党员投入村庄卫生大扫除到枣阳环城办事处吹响"全域清洁工程"攻坚冲锋号，再到高新区动员居民参与垃圾治理工作，清除垃圾 4000 余吨等，无不彰显着"清洁家园"的决心和信心。

樊城区、襄州区还创新机制，通过政府购买服务的方式，将辖区城乡环卫作业交由专业第三方公司负责，实现了城乡环卫作业专业队伍全覆盖，解决了城乡接合部、城中村、河道堤坝、铁路沿线等区域日常管理力度不够、清扫保洁水平偏低的问题。

8 月，城市管理拉练活动在全市展开，各县（市）区积极行动，亮点纷呈，不但巩固了"清洁家园"的成果，更突出"大城管"理念，为美丽襄阳加分。

在市城管局的指导和督办下，各城区紧抓城市垃圾治理工作，层层召开动员会，定期协调，通报各单位整治进展情况。据统计，仅今年 1 月至 11 月，我市生活垃圾焚烧发电厂共处理生活垃圾 43.82 万吨，日均处理生活垃圾 1328 吨，同比增加 12.4%，"清洁家园"活动成效明显。

整治市容　亮出美丽天际线

一个城市的市容市貌直观反映着城市管理工作的点点滴滴，市城管局以创建全国文明城市为抓手，多管齐下整治市容。

拆除违规设置的户外广告，亮出城市美丽天际线。根据《襄阳市创建全国文明城市三年行动计划（2018—2020）》，市城管局计划用 3 年时间把违规户外广告整治完毕。今年8 月 21 日，市城管局在襄州召开户外广告整治现场观摩会，各城区城管部门就加强户外广告管理进行探讨。而后，各城区加大对户外广告的清理整治力度，截至 11 月 26 日，市区共拆除各类广告招牌 1408 块，面积约 43000 平方米，净化了城市视觉空间。

开展"牛皮癣"小广告整治。"牛皮癣"一直是城市管理顽疾，存在于电线杆、路面、临街店铺卷闸门、居民楼道等处，五颜六色，广告涉及开锁、办证、清掏等，数量大，清除难，影响市容。城管部门花大力气清除，但只能管一时。

到底该拿招人烦、不好管的小广告怎么办？市城管局创新机制，联合移动、联通、电信三大运营商对近千个"牛皮癣"电话号码依法作出停机处理，给"制癣者"敲响警钟，遏制了"牛皮癣"小广告的蔓延趋势，形成"牛皮癣"治理共治联动的良好局面。

专项整治出店占道经营和游散摊点、"三车"乱停放。市城管局指导各城区城管部门依法整治出店占道经营，取缔了樊城区振华路、襄城区虎头山北路等多处占道夜市，同时成功转迁了松鹤西路（春园西路）花鸟市场；督促各城区合理设置非机动车停放点，完善非机动车停放标识标线，联合公安、交通等部门开展非机动车"三方共治"，对问题突出的共享单车经营企业进行约谈，倒逼企业切实履行管理责任，维持良好的市容秩序。

顺利完成中心城区餐饮油烟治理和露天占道炭烧烤整治任务，444 家露天占道炭烧烤摊全部实现炭改电或炭改气，并入室入店经营；大中型餐饮服务单位 387 家已完成整治383 家，完成率达到 99%，其中安装油烟净化装置 342 家。

精细环卫　文明城市展新颜

如何把环卫工作做得精做得细，如何让城市每天都像崭新的，市城管局近年作出了不少努力。

推行深度保洁作业模式。宁夏中卫的"以克论净"在全国闻名，市、区两级城管部门上门取经，将"以克论净"深度保洁作业模式引入襄阳，让我市道路清扫保洁水平上升了一大步，市区道路环卫作业机械化率达到 85%。尤其是今年全市加大大气污染防治力度后，市城管局督促各城区对檀溪路、长虹路等 25 条重点保障道路增加环卫机械作业次数，市区道路降尘抑尘效果明显。

多部门联合治理道路扬尘污染。超载大货车飞扬撒漏是环卫工作的克星，撒漏出来的砂石常常对道路造成大面积污染。市城管局联合公安、交通等部门设置联合治理飞扬撒漏卡点12个，并加强巡查督导，严格要求工地配用专职保洁人员、专用洒水车、专用冲洗设备、专用渣土运输车辆等；推进建筑垃圾运输名录管理，5家符合条件的建筑垃圾运输企业及410台车辆纳入名录管理，强化在建工地源头管理，加大了建筑垃圾运输车辆的管控力度，市区车辆"带泥上路、飞扬撒漏"问题得到有效遏制。

充分发挥主观能动性，扎实推进市政府"十件实事"。按照全省"厕所革命"工作的统一部署和《襄阳市"厕所革命"城市公厕建设三年行动计划实施方案》及《襄阳市中心城区环境卫生专业规划（2015—2020年）》新建改建61座中心城区公共厕所的要求，已实际完成148座公共厕所的新建和改建工作，属超额完成。高质量实施生活垃圾转运站新建改建，8座（新建5座、改建3座）垃圾转运站已完工，4座新建垃圾转运站在建。高标准推进中心城区背街小巷综合整治工作，共完成164条背街小巷综合整治工作任务，超任务2条；积极推进市区生活垃圾分类工作，出台了《襄阳市城市生活垃圾分类制度实施方案》，成立了襄阳市生活垃圾分类工作领导小组，明确了生活垃圾分类三年行动目标，通过市直公共部门先行和城区试点推广等有效措施，市区城市生活垃圾分类覆盖率达到22.6%。

治违拆违　铁腕执法不放松

违法建设影响城市的环境、安全和发展，如何治理违法建设，我市一直在探索。市委书记李乐成曾就城市违建综合治理工作进行批示："要采取强有力措施，露头就拆，以儆效尤，坚决遏制违建增量；要加大氛围营造力度，持续保持高压态势，有力、有序推进存量违建的依法拆除。"

2017年7月26日，全市治违大会召开，按照市委、市政府的要求，市城管局规划统筹，用无人机取证楼顶上的违法建设，安装摄像头24小时监控重点区域，集中力量拆除大型违法建设……全市上下一心、精准发力，迅速掀起"拆违风暴"。

樊城区泰跃朝阳小区9号楼楼顶加盖2层违建，违建面积达到250平方米。市民举报后，城管部门上门取证，无奈业主从不开门，也不露面。最后，市、区两级城管局借助无人机进行航拍取证，后又以公告形式告知当事人在限定期限内接受调查，否则以无主建筑依法处置。但该业主仍没接受调查，市、区两级城管部门遂拆除该处违建，在全市范围内起到极大震慑作用。

违法建设拆除成本高、难度大，从源头强化治理成为治违最好的办法。我市2018年3月1日正式实施《襄阳市防控和查处违法建设办法》，将治理关口前移，露头就打。该《办法》在严格落实主体责任、巡查管控全面覆盖、部门联动综合治理、强化制度机制建设上实现新的突破，努力构建源头管理、源头防控、源头制止的机制。

2017年7月26日到2018年12月31日，"拆违风暴"已拆除违法建设1740起，总

面积达到 55.6 万平方米。治违拆违，为民执法。市城管局将一如既往地倾听群众呼声，关注群众诉求，对于违建，铁腕执法不放松。

　　立足新起点，襄阳市城市管理执法局将按照习近平总书记提出的"像绣花一样精细管理城市"的要求，以人民为中心的发展思想为引领，以精细化管理为抓手，以智慧化为支撑，以建设品质城市为目标，努力形成大城管格局，提升社会治理能力，描绘城市管理新蓝图，谱写城市管理新乐章，为增强广大市民的获得感、幸福感、自豪感不懈奋斗。

改善城市面貌　提升城市品位
——夏河县城管执法局 2018 年工作总结及 2019 年工作计划

甘肃省夏河县城市管理行政执法局

2018 年，在县委、县政府正确领导下，在局领导班子和全体工作人员的共同努力下，围绕"改善城市面貌、提升城市品位"总体目标，狠抓班子和队伍建设，以城市管理执法体制改革为动力，以专项整治为抓手，力推城市管理网格化、常态化、数字化、精细化、品质化、法治化，切实加大城市净化、美化、绿化、亮化力度，城市管理各项工作都取得了新成绩，彰显了新气象，实现了新跨越。

一、2018 年工作开展情况
（一）完善制度抓作风，不断强化队伍建设

我局始终把打造一支"政治合格、作风优良、纪律严明、业务精湛、战斗有力"的城管队伍作为工作的重中之重，一是建章立制规范管理。逐步完善了《执法人员上岗着装规定》《车辆管理制度》《考勤制度》《票据管理制度》等，通过加强制度建设，规范了行政执法程序，严明了工作纪律，推动了城管执法工作的有序开展。二是加强培训，提高执法水平。年初我局召开了城市管理工作会议，总结了 2017 年工作，安排部署了 2018 年工作计划，会上表彰了一批先进集体和先进个人，并再次聘请拉卜楞律师事务所律师杨小丽对全体执法人员和协管员进行了 1 次扎实有效集中培训，通过业务培训提高了执法队员的执法技能。三是建立督查机制，确保工作落实。采取明察、暗访等形式，定期或不定期对各中队、各股室的队容风纪、辖区市容管理、文明执法等情况进行督察考评，全面加强纪律作风。四是配齐执法装备，完善执法保障。为了满足文明执法及办公需要，今年我局在原有执法装备的基础上，新购置了电脑 10 台（其中笔记本电脑 3 台），复印机 1 台，执法记录仪 8 部，锁车器 4 台，对讲机 25 部，给 30 名协管员每人配发执勤服 1 套，不断提高城管执法人员的装备配置，完善城管执法保障，构建智慧城管。

（二）市容和环境卫生综合整治方面

1. 坚持宣传引导，营造良好氛围。为深入普及城市管理法律知识，提高居民群众参与城市管理的积极性和主动性，我局始终坚持通过夏河电视台、夏河城管微信公众平台、夏

河政务群、微信朋友圈、发放宣传材料等多种方式，大力宣传城市管理法律法规、曝光城市管理不文明行为，引导市民爱护环境，形成了城市管理人人参与的良好氛围。今年我局在街心花园开展城市管理法制宣传活动2次，宣传发放了《甘肃省甘南藏族自治州城乡环境卫生综合治理条例》《夏河县城市管理行政执法局服务指南》和"十个严禁、五个延伸"等宣传册500余份，在夏河城管微信公众平台发布城市管理信息81条，印象拉卜楞等微信公众平台转载我局信息12条。

2. 常态化管理形成长效机制。综合执法4个中队分早、中、晚班和正常班，从早上7点到晚上9点，不间断对管辖区域内的"乱摆摊、乱出店、乱倾倒、乱堆放、乱停放、乱设置、乱搭建、乱喷涂"等"八乱"现象，进行巡查、值守、反馈、查处，形成了常态化管理机制。今年对城市管理违法违规行为下发《责令整改通知书》1000余份，清理超门店经营2000余人次、清理和安置占道经营流动摊贩共800余户，清理门前乱堆乱放2500余处、清理门前乱搭乱挂650余户。对不听规劝不及时整改的依法处罚案件150起，上缴县财政罚没款173100元，工程垃圾处置费225500元，收取环境卫生保证金920000元，并及时上缴财政专户。

3. 重点难点开展联合整治。今年联合县交警大队开展城区车辆乱停乱放专项整治6次，清理人行道乱停乱放的机动车250余台次，其中处罚85辆。联合运管局、公路执法所开展王夏高速公路建设施工车辆带泥上路、沿途洒漏专项整治8次，查处未覆盖密闭运输车辆65台次，现场督促整改违规施工工地4家，制止不文明行为14起，查处带泥上路污染路面自卸式货车15辆，乱倒建筑垃圾自卸式货车6辆。

4. 严格执行区域规划，坚决拆除违章建筑。因滨河路、河南村曼达杂等路段居民擅自搭建的临时建筑物是由破木板、纸板、泡沫板等易燃物搭建，极易发生火灾，存在严重安全隐患，也给附近居民带来严重不安全因素，我局对此非常重视，对违章建筑坚决做到"第一时间发现、第一时间查处、第一时间拆除"，做到拆控并举，以控为主，以拆促控，全年拆违控违形势良好，取得了较好的成效。今年共拆除不符合规划的违章建筑26户，其中责令整改12户，拆除乱搭乱建的临时建筑物37户。

5. 认真开展每日环境卫生联合督查。为巩固"全域旅游无垃圾示范区"创建成果，每天根据《夏河县环境卫生联合督查日程安排的通知》和《甘南州环境卫生综合整治考评办法（试行）》，我局每天派遣5人认真开展环境卫生综合整治督查工作，发现问题按照《夏河县环境卫生区域划分表》对责任单位通过"夏河政务群"及时通报、及时整改。

6. 继续加大城市"牛皮癣"治理力度。为进一步净化城区环境，彻底整治各类城市"牛皮癣"，我局始终把整治城市"牛皮癣"作为一项长期的工作任务来抓，在日常巡查中发现一条清理一条。同时，对近期发现的"牛皮癣"从公安监控、公布的联系电话、地址进行追查，并报县公安局协查，今年查处违法违规张贴、喷涂小广告案16起，查获小广告

12000余张，清理、粉刷小广告6000余处。

7. 整治车辆乱停乱放，维护城市文明形象。各中队在巡查中发现机动车、非机动车乱停乱放，采取教育和处罚相结合的措施。车主在现场的，执法人员对其进行批评教育，督促其立即驶离，引导至正确位置停放。对于车主不在现场或者虽在现场拒绝驶离的，上锁处罚或者拍照发到"城管交警联合执法"微信群。同时，联合县交警大队不定期开展车辆乱停乱放联合整治，努力为市民营造一个文明、规范、有序的停车环境。今年共查处机动车乱停乱放250辆，劝导教育300余人次。

8. 规范户外广告审批和门头牌匾设置，美化城市空间。从去年全县统一户外广告样式开始，各中队严把审批关，对新设、更换门头牌匾的到中队填写审批表，提交相关资料，报局领导审批方可施工设置。从源头控制了私设、乱设不规范门头牌匾的行为，为落实"放管服"改革，我局实行一日内审批制，进一步规范了管理，有效杜绝了户外广告设置乱象的发生。今年共完成户外广告设置审批120批次，拆除违规广告牌匾156块，清理商业条幅广告355张。

（三）强化建筑工地和施工车辆管理

为强化建筑工地规范管理，进一步引导文明施工，减少扬尘，切实维护城区市容环境，有效防止施工车辆带泥上路、沿途洒漏、占道施工、随意倾倒建筑垃圾的行为，我局各综合执法中队采取"疏、堵、治"三结合的办法，一是加强建筑工地与建筑垃圾运输车辆的管理，采取与施工工地负责人签订《文明施工责任书》缴纳保证金的办法，从源头防止渣土、建筑垃圾随意倾倒、"抛、洒、遗、漏"等违规现象发生。二是加大路面巡查力度，不定期在尤姜塘三叉路口设点检查，不断强化管理意识，形成高压态势，狠抓"严管、严查、严控、严罚"的强大声势。三是加强建筑垃圾填埋场管理和消纳工作，指定专人负责建筑垃圾填埋场倾倒、定时回填、即时修复道路保障建筑垃圾随时可以处置。今年我局顺利完成了县城主街道提升改造项目、门乃合片区棚户区改造项目、塔哇片区棚户区改造项目、曼达杂片区棚户区改造项目、王府片区棚户区改造项目等建筑垃圾处置消纳工作。今年处置消纳建筑垃圾6万余立方米。与全县的所有建筑工地签订了《文明施工责任书》200余份，收交县财政专户施工工程保证金92万余元。查处施工工地乱倒建筑垃圾73起，查处车辆带泥上路200余起。

（四）大力抓好环卫保洁着力提升城区环境

随着全县经济社会的快速发展，城市人口的不断增加，环卫大队清扫保洁和生活垃圾清运工作量也大幅增加，在做好日常保洁的前提下，狠下功夫，大力实施精细化作业，高要求、严管理，着力提升城区环境。

1. 强化管理提升环境卫生。以创建"全域旅游无垃圾示范区"为契机，加大清扫保洁、垃圾清运督查考评力度，做到一周一汇总、一月一通报，不断提升环卫工作水平。

2.加大投入提高环卫保洁水平。在县委、县政府大力支持下，今年新配备垃圾压缩车4台，吸污车1台，保洁三轮电瓶车20辆，保洁垃圾钳180个，办公电脑2台，复印机1台，环卫工人配发工作服780套。这些环卫设备的投入将大大降低环卫工人的劳动强度，大幅提高城区清扫保洁质量，使城市环境卫生状况进一步改善。

3.加强驾驶员安全技能培训。为进一步提高环卫车辆驾驶员的安全意识，预防和减少交通事故的发生，县城管执法局组织环卫大队车队驾驶员和助手30余人到县交警大队四楼会议室进行安全教育培训一次，并规定环卫大队对驾驶员每周一次安全教育会议，车辆每月一次检查维修。同时今年给环卫车辆购买保险13万余元，给125名环卫工人购买了意外伤害险。

4.合理划分区域，实行网格化管理。我县城区环卫清扫保洁面积约30万平方米，垃圾清运点162个，小区垃圾箱46个，主街道果皮箱88个，生活垃圾日清运量60吨，环卫大队合理划分区域，定人定岗实行网格化管理，做到垃圾日产日清，不丢点、不漏收，对部分路段区域拆除垃圾箱上门回收，做到垃圾不落地，确保了城区环境卫生干净整洁。

5.垃圾填埋场实现规范化填埋。今年来，县生活垃圾填埋场严格落实规范化填埋，做到当日垃圾当日填埋，每周三组织环卫人员清理周边散落垃圾，保障周边环境卫生和人体健康、防止环境污染。

6.合理安排，防止扬尘。为进一步提高城市环境空气质量，我局安排两辆洒水车在夏天进行不间断作业，有效防止扬尘污染空气，全年共洒水两万余吨。

（五）全力提高市政道路挖掘管理水平

着力构建事前严格审批、事中全程监督检查、事后确保恢复质量三位一体工作模式，规范市政道路挖掘行为，确保城市道路安全通畅环境卫生达标。（1）事前严格审批。对于确需开挖城市道路的，由施工方向管辖区域中队提交申请，提供施工项目、地点、范围、工期等施工方案说明，由管辖中队实地勘查再报送局领导研究批准，并签订《文明施工责任书》、缴纳市政设施和环境卫生维护保证金后方可施工。（2）事中全程监督检查。在项目实施过程中管辖中队和指挥中心严密监管、要求施工方严格按照批准的位置、面积、期限施工，及时清理施工废料采取防扬尘措施，做到安全文明施工。（3）事后确保恢复质量。我局组织人员对修复路面进行检查验收，坚决杜绝偷工减料，确保开挖修复质量达标，并规定修复路面保质期一年。力争打造宜居生活环境，保障市民出行安全。今年审批办理挖掘道路施工55起、查处私自开挖行为12起。

（六）数字化城管助推城市精细化管理

我局数字化指挥中心围绕"无缝衔接，高效派遣，强化协调，服务民生"目标，充分快速发挥视频监控平台作用，对县城环境卫生综合整治"八乱"现象、以及露天焚烧垃圾、渣土车治理等在第一时间发现、派遣、处置，充分发挥监督职能不断助推城市精细化管理上水平。今年共派遣任务 136 件，其中派遣垃圾箱燃烧事件 29 件，违章停车 62 件，家畜上街 17 件，拉运渣土车辆未做密封包扎 16 件等，实现了城管执法的零距离管理和网上自动化办公，极大地提高了工作效率。

（七）园林绿化提升改造努力改善人居环境

在县委、县政府的安排部署下，我局在坚持以绿治脏治乱的基础上，大力发展园林绿化建设，不断完善城市功能，城市品位明显提升，城市面貌焕然一新。今年清理城区卫生死角 120 余处，清理垃圾和杂物 200 余吨，卫生死角清理干净后拉运黑土覆盖种植草坪，新增绿化面积 2200 余平方。因主街道提升改造移栽主街道行道树 500 余株到新城区，在洒已昂村口小公园、寺院边绿化带等处新建凉亭 7 座，长廊 2 座（共计 40 米），环卫工休息室小木屋一座，摆放景观石 18 块、安装健身器材 4 套。今年种植迎春花、毕桃、林柏，倒柳，丁香，桃梅，国槐，松树等苗木 1600 余棵。7 月份在甘加路口小公园、滨河路绿化带种植牵牛花、万寿菊、虞美人共计：13000 余株。进一步优化县城环境，改善生态质量，提升城市品位。在城区绿化养护方面，我局按照"规范化、标准化、科学化、精细化"的要求精心管理养护，根据天气情况及时浇水，定期剪草、施肥，安排专人养护，同时，今年从临夏市东郊公园聘请园林技师 6 名，2 次对城区绿化苗木修剪、及入冬防冻等工作，全方位加强绿化养护工作力度，不断完善绿化养护管理质量标准，不断美化城区环境。

（八）大力开展城乡结合部基础设施提升改造

为了更好地巩固我县城区全域无垃圾旅游示范区创建成果，改善城乡结合部基础设施和环境卫生，为城乡结合部村民创造宜居的生活环境，提升城市品位。在县委、县政府的安排部署下，我局组织精干施工人员，精心施工、科学管理，对塘乃合村、佛爷村临 312 省道边基础设施进行了提升改造。新建排水渠 940 米，人行道铺设透水砖 3200 平方米，铺设大理石道牙 1300 米，新建小花园 3 个 240 余平方米。

（九）全力做好市政设施管护维修

以服务市民为出发点和落脚点，采取勤检查、勤维修网格化管理模式，今年维修县住建局门口、各巷道、河南村等路段破损混凝土道路路面 250 平方米、更换维修人行道地砖 1200 余平方米，维修歪斜破损的道牙 1500 余米、更换大理石道牙 1200 米，更换破损的排水渠盖板 500 余块、更换维修国旗灯箱 60 块，维修路灯 136 个，维修更换道路井盖 80 余个，更换街心花园宝象围栏 26 米，修补打磨街心花园宝象 1 次。

（十）全力推进脱贫攻坚

按照县委、县政府的统一安排部署，我局认真贯彻落实区脱贫攻坚工作会议精神，5 名驻村扶贫工作人员能沉下心、扑下身，积极开展所驻村精准扶贫各项工作，全年驻村工作 120 余天。每月不定期由局领导带领干部职工深入到尼玛隆行政村，与帮扶对象面对面交流，倾心交谈，全面了解帮扶对象的家庭成员情况、居住条件、制定帮扶脱贫计划、脱贫措施，切实帮助帮扶户"理清思路、算好账"，如实填写了《贫困户帮扶手册》，确保他们如期脱贫。为了改善尼玛隆大队部办公条件我局给大队部8间办公室铺上了复合地板。

（十一）抓好党建工作，全面提升基层党建工作水平。

今年以来，我局严格按照县委、县政府、县机关党委的工作总体要求，深入贯彻落实党的十九大精神和习近平新时代中国特色社会主义思想，持续抓好"两学一做"常态化学习教育的安排部署。认真组织学习《党章》《中国共产党廉洁自律准则》《中国共产党纪律处分条例》及习近平总书记系列讲话，认真落实党建工作责任。一是牢固树立"抓好党建是本职，不抓党建是失职，抓不好党建是不称职"的理念，认真落实"一岗双责"责任，全局重大事项、重大资金使用情况集体决策，有效坚持了民主集中制原则。二是是带好队伍，确保各项工作有序开展。严格落实好"三会一课"制度，召开党员大会4次，组织召开了局2017度组织生活会，接受县委巡察组的巡察督查，并对督查出的问题积极有效做出整改，确保我局党建工作规范有序开展，推动我局全面从严治党向纵深发展。

二、存在的问题

一年来，全局干部职工再鼓干劲，再添措施，围绕责任目标，做了大量扎实细致的工作，但我们深知与县委、县政府的要求和群众的期盼还有一定的差距，主要表现在：一是工作标准还需进一步提高；二是干部职工工作作风有待进一步加强；三是城市秩序需进一步优化；四是由于规划建设滞后，在人员密集、商贩聚集地段缺少便民市场；五是城市管理体制不顺，相关职能部门职责不清，执法手段单一。

三、2019年工作计划

2019年，我局将以党的十九大会议精神为指导，深入推进城市管理执法体制改革，夯实城市管理基层基础，创新城市管理机制，全面提高城市综合管理水平。重点抓好以下工作：

1.继续加大环境卫生整治力度，提升精细、规范、长效管理水平。环卫大队积极探索清扫保洁全覆盖、精细化管理的办法及措施，积极争取上级资金支持，增加机械化清扫设备，以进一步提高道路机械化清扫水平。完善门前"四包"责任落实，继续加大施工工地的监督管理，定期开展车辆遗撒遗漏专项整治。

2.继续加大市容市貌的整治，在提升城市整体形象上再提档。各巷道移动、电信、电力、广电的电线电缆乱拉乱挂的现象依然存在，继续组织开展专项整治。

3.完善管理制度，加强队伍建设。继续加强队伍思想作风建设，完善各项管理制度，严肃工作纪律，完善考勤考核办法，强化城管人员岗位意识、责任意识，从内部着手，以思想、纪律、作风建设为着力点，内强素质、外树形象，狠抓队伍建设。

镇江 43 岁城管队员完成造血干细胞捐献
江苏省非血缘造血干细胞捐献突破 700 例

江苏省镇江市城市管理局　戴　勇

　　1月9日，随着江苏省镇江市城管局43岁的唐昊在南京中大医院完成造血干细胞采集，江苏省非血缘关系造血干细胞捐献达到701例，成为全国31个省（市）中第二个突破700例捐献的省份。唐昊今年43岁，是镇江市城管局执法支队一名出色的执法队员，目前在市城管局办公室工作。唐昊同志工作勤勤恳恳，对同志充满爱心，连续5年荣获年度考核优秀等次，1次荣立三等功。唐昊平时经常参加公益活动，从2004年开始参加无偿献血，目前已献血2100毫升。2003年开展造血干细胞血样集中采集活动伊始，唐昊于当年3月报名参加了团市委与市红十字会联合开展的"点燃生命的希望——镇江青年骨髓捐献志愿者行动"，并加入中华骨髓库。2009年、2011年分别接到初配成功通知，因高配环节没有成功暂缓。去年3月再次接到初配成功通知，10月底接到高配成功通知并参加体检，12月底接到正式捐献通知。接到通知后唐昊感到非常高兴，他说："能用自己的爱心挽救生命，让受助者获得新生、共享幸福，让正能量接力传递、让爱心潮蔚成风气，共同为大爱镇江建设助力加码、贡献力量，我感到很有意义，也体现了新时代城管人的崭新风貌和责任担当。"唐昊全家也非常支持他的这一爱心善举。

　　2018年12月下旬，唐昊接到当地红十字会通知，确定1月4日入住南京中大医院，9日正式采集捐献。1月9日上午，在持续了将近五个小时的采集后，唐昊顺利捐献了造血干细胞。200多毫升的造血干细胞当天也由专人乘坐高铁快速运送至患者所在医院并输入到患者体内，用"热血"为患者生命接力。

　　据了解，中华骨髓库江苏省分库于2002年10月31日成立，2003年7月30日，徐州青年耿森成为江苏捐献造血干细胞第一人，2017年10月23日江苏产生第600例捐献，捐献速度不断加快。截至目前，江苏已有17万余名志愿者加入中华骨髓库，701位志愿者成功捐献造血干细胞，捐献人数占中华骨髓库总捐献人数的1/9。

　　江苏省红十字会相关负责人表示，中华骨髓库已有250万名志愿者，但目前只有近8000人成功捐献，配型相合率仅有十万分之一左右，需要更多像唐昊这样的志愿者加入其中，壮大志愿者队伍，提高配型成功率，共同搭建拯救生命的"诺亚方舟"。

加强城市管理　提升市容环境

——2018 年工作总结

湖北省黄石市黄石港区城市管理局

2018 年，区城管局以习近平总书记新时代中国特色社会主义理论为指导和习近平总书记视察湖北重要讲话精神，在区委、区政府坚强领导和市城管局督导下，围绕"三大攻坚战役"、打造"四个中心"，建设现代化幸福城区战略，以环境综合治理和创建全国文明城市为抓手，全面加强城市管理，提升执法服务质量，开展了餐饮油烟噪音、扬尘管理、违法建设、创建全国文明城市等专项整治行动，市容环境卫生面貌进一步得到提升，长效管理机制不断完善并较好完成上级下达的各项攻坚任务，城管执法队伍执法能力、服务群众水平和队伍综合素质再上台阶。

一、主要工作

（一）党建领航，党员干部当头雁

2018 年在深入学习贯彻十九大会议精神基础上，以习近平新时代中国特色社会主义思想理论为指导，在区委正确领导和指导下，坚持"四个常态"，不断强化"四个意识"，坚定"四个自信"，突出全面从严治党主体责任，深入"两学一做"学习教育转化为工作动能，以党建统领城管执法管理工作，发挥好基层党员"头雁"带头作用，出色完成上级交办的各项攻坚任务。

1. 坚持学习制度，不断强化党员干部"四个意识"

为有序安排好党员学习，筑牢党员干部的思想防线，局党委在年初就制定《2018 年党建工作安排表》和《理论学习中心组学习安排表》，并根据上级党委要求和学习安排张贴月度学习计划，不断完善长效学习机制。

今年除完成区委布置的周一固定夜学、主题党日、党课等学习活动外，局党委为营造学习型党组织的浓厚氛围，丰富学习形式，充分利用宣传栏、微信群等在全局范围内宣传党建有关内容和党员活动照片，及时宣传报道活动信息，扩大学习活动影响力。

一年来共组织党委理论中心组集中学习 12 次；组织全体党员集体学习 12 次；组织《宪法》《监察法》专题学习 4 次（组织测试 1 次）；党课 8 次；组织开展"十进十建"专题

活动 12 次;《每月十题》知识点测试 2 次;组织进社区参加共建活动 8 次;开展"微心愿"活动帮助群众 28 人／次。

另外还根据区委要求,积极开展党的十九大精神学习,共组织中心组学习 1 次,各支部组织党员集中学习 2 次,组织开展学习测试 4 次。

2. 强化作风建设,营造良好政治生态

城管由于手握行政执法、行政许可等与人民群众生产生活息息相关的权利,面临着来至于自身利益和他人贿赂的诱惑,是一个腐败高风险职业。局党委从反面警示教育着手,将违纪违法案件通报精神加入党员学习内容,每逢重大节日或纪念日,通过微信群、电子屏等载体宣传党风廉政建设和反腐倡廉,使广大党员干部在潜移默化中把廉政教育入脑入心。

今年以来组织党员干部观看警示教育片 1 次,理论中心组开展专题学习 2 次,组织召开党风廉政建设评议大会 1 次。

同时以深入学习贯彻党的十九大精神为契机,开展了《党章》《准则》《条例》等学习教育活动,通过学习,不断强化党员干部初心意识和廉洁从政意识,依法行政,廉洁自律的工作作风在队伍中不断加强。

为严格工作纪律,局党委还在全区率先使用公务管理软件"钉钉",通过政务＋互联网严管工作考勤,并定期进行纪律检查,检查在岗考勤情况、工作落实情况和劳动纪律执行情况。

3. 加强建设引领,增添新血液和活力

局党委坚持把党员干部思想建设放在首位,教育引导干部坚定政治信仰和理想信念,努力建设一支有信仰、有理想、有纪律、有规矩的干部队伍。

为促进"两学一做"学习成果转化,激发基层党员干部想干事、能干事、干好事的热情,充分发挥党员干部"头雁"作用,局党委创新"党员干部克难攻坚示范引领任务单",3 名党员干部签领并出色完成任务。

为规范组织发展程序,为组织增添新鲜血液,局党委高度重视做好党员发展和入党积极分子的培养工作。今年共组织入党积极分子参加区委组织部发展党员培训班。今年新培养积极分子 4 名,发展对象 4 名,预备党员转正 1 名。

(二)守牢阵地,把稳舆论的方向盘

意识形态工作是党的一项极其重要的工作,从大的方面来说关乎国家政治安全;从小的方面来说关系到人心稳定、队伍稳定和城管执法工作能否正常开展。局党委结合城管工作实际,从新时代中国特色社会主义事业长远发展的战略高度认识意识形态工作,牢牢掌握意识形态工作的领导权、主动权,唱响主旋律、坚守主阵地、凝聚正能量,发出好声音,为城管工作提供强大的思想保证、精神动力和舆论环境。

1. 加强理论武装，补足精神之钙

局党委坚持把学习宣传贯彻习近平同志系列重要讲话精神和新时代中国特色社会主义理论作为重中之重，牢固树立"四个意识"，特别是核心意识和看齐意识，坚持不懈地用党的理论创新成果武装头脑、指导实践。

在实际工作中，突出党建引领，健全学习制度，教育引导广大党员干部旗帜鲜明讲政治，筑牢信仰之基、补足精神之钙、把稳思想之舵。

2. 坚持正确导向，凝集强大合力

在教育实践中，局党委坚持和发展中国特色社会主义、实现中华民族伟大复兴中国梦这一主题，突出学习宣传贯彻党的十九大这条主线，着力深化对习近平同志系列重要讲话的学习教育，综合运用新闻宣传、社会宣传和网络宣传等多种形式，大力宣传中华民族优秀传统文化和正能量的优秀典型，引导广大干部群众切实增强认同、增强自信，凝聚起"撸起袖子加油干"的强大合力。

3. 强化舆论监督，保持正确导向

为加强城管舆论监督，紧紧围绕"三大攻坚战"和创建全国文明城市工作，密切关注网络动态，从政策法律宣传，城管执法动态等方面加大了正面宣传和舆论引领。一是撤销保密性不佳的微信群，开办"钉钉"工作群，随时对群内信息及人员进行监督，避免误发、乱发不良信息。二是积极和报社、电台等传统媒体沟通，提高城管正面宣传发稿率，今年以来在日报、晚报、电台、电视台发布正面宣传稿件 50 余篇 / 次；三是结合精准扶贫活动，通过帮助石下村开展环境卫生整治，有效提高基层群众对城管工作的理解和支持率。

同时加强网络舆情管理，围绕群众关心的热点问题和重大突发事件、复杂敏感问题，用正确的思想、准确的事实，牢牢掌握网络舆论的主导权。今年针对网络发布的 5 条城管负面信息进行了积极回应。

（三）队伍建设，强化服务转作风

为加强队伍建设，转变工作作风，增强队伍服务意识，提高队伍凝聚力执行力、战斗力，局党委以通过加强业务培训，深入开展"面对面，听期盼"大走访和"强基础，转作风，树形象"专题活动为抓手，全面推进城管队伍素质建设，切实提升城市管理服务水平。

1. 坚持"一月一法"培训

今年党委会继续坚持"一月一法"培训，每月定期举办一次执法培训，组织一次考试测评，着力提升干部队员的法律素养，规范执法行为，提高办案能力，牢固树立依法管理、依法执法的理念。2018 年共组织参加省执法培训 2 次；市执法培训 2 次；举办全局执法培训 10 次；考试测评 8 次。全年参训人员达 526 人 / 次。

2. 严格执行纪律监督

为营造风清气正的行政执法环境，加强纪律和廉洁管理，局信访监察室按照纪律管理规定，严格落实监督考核制定，结合贯彻落实中央"八项规定""六条禁令"，严格执行"日督查、周通报、月考核、年考评"监察制度。今年共发出专项督察通报12份，周通报44期，处理违规当事人3人；辞退2人。

3. 开展丰富多彩活动

为大力营造敢于担当、乐于奉献的城管工作氛围，弘扬无私奉献精神，全力建设一支招只能来，来之能战的城管队伍，开展了以"学雷锋"志愿服务月，通过开展义务劳动3次、组织主题道德讲堂活动，弘扬雷锋精神，树立了团员青年的良好形象，进一步增强了团组织的凝聚力。

2018年9月还开展一次以文明执法为主题的征文比赛活动，对参加征文比赛并取得优异成绩的队员进行表彰并给予相应奖励，以激发队伍能学会做、会干事热情，不断提升城管队伍凝聚力、战斗力和服务群众能力。

（四）控违拆违，控制新增减存量

按照"第一时间发现，第一时间制止，第一时间拆除"的控违原则，2018年局党委在强化拆除新增违法建筑力度的同时，重点打击棚户区抢建现象和逐步拆除历史遗留违法建筑，组织了多次大型违法建筑拆除行动，有力打击了严重影响城市经济社会发展的违法建筑行为，为维护城市建设秩序和社会公平正义作出了不懈努力。

1. 严控新增违法建设行为

这一年，区城管局充分发挥社区基层纽带和群众监督作用和"无人机"等技术手段，对辖区进行全方位违建监控，让新增违法建筑处在全民监管的汪洋大海之中，无处遁形。同时不断加大执法拆除力度，对新增违法建筑，发现一处，拆除一处，有力震慑了潜在违建者，新增违法建设行为明显减少。2018年共计拆除居民小区等新建违法建筑172处，计5840.18平方米。

2. 重点打击棚户区抢建

结合我区棚户区改造进展情况，以及棚户区违建的"重灾区"特征，区城管局联合街办社区在近两年棚户区改造工程较多的花湖地区日夜巡控。发现违建苗头及时制止，抢建成型立即拆除，有力遏制了棚户区违法建设行为的嚣张气焰，棚户区违法建设现象大大减少。今年来共制止棚户区抢建64起，计约2909.5平方米。

3. 分类治理历史遗留违法建筑

（1）拆除多处历史遗留违法建筑。针对历史遗留的违法建筑，按照住建部《城市建成区违法建设专项治理工作五年行动方案》工作要求，局党委按照分类治理的原则，对存在安全隐患、影响城市建设、危害生态环境、群众反映强烈等历史遗留违法建筑依法率先拆除。今年针对师生反映强烈，影响城市建设、群众放映强烈的湖北师范大学校园内的"三角塘"历史遗留违法建筑、湖滨路延伸路2号历史遗留违法建筑、八栋口等历史遗留违法建筑等

73 处，拆除违建面积 3914.91 平方米。

（2）华夏城违法建设查处工作顺利推进。自 2017 年 7 月 16 日发生华夏城中庭顶棚坍塌、7 月 22 日发生消防安全事故后，引起人民群众对违法建设安全问题的高度关注，造成极坏的社会影响。为打击华夏城违法建设嚣张气焰，维护法律的严肃性和社会公平正义，我局按照市、区领导指示，在市城管局的指导下，成立了华夏城违建查处专班，抽调精干力量依法对华夏城中庭和连廊违法建设案件进行彻查。

2018 年，区城管局顶住重重阻力，对华夏城及周边进行严密监控，防止其再次新建违法建筑，并完成了华夏城相关建设资料的查阅、安全检测招投标、拆除违法建筑安全检测以及燃气管道改道等拆违前期工作。

目前拆除前期工作已基本就绪，并在 10 月 26 日将拆除决定书送达，下一步将依据法定程序依法进行拆除。

（五）市容管理，精细绣花保长效

按照习近平总书记提出"城市管理应该像绣花一样精细"的总体要求，在区委、区政府总体部署和市城管局工作安排下，局党委不断创新工作思路，落实城管环卫融合管理等举措，不断加大城市管理精细化、法制化、规范化建设力度。

1. 突出抓好几个"周边"

一是抓好农贸市场周边卫生环境。出店占道经营易反弹问题，依然按照国家卫生城市标准进行常态化整治整改，保持压力不减，标准不降，对永安里、宏进等农贸市场周边一如既往地开展高频率突击整治。一年来开展各类环境集中整治行动 50 余次，暂扣违规占道物品 2000 余件。

二是抓好学校周边市容环境。根据辖区内校园周边市容管理情况，组织市容专项集中整治行动，对屡教不改者的占道经营、流动摊贩等进行治理，2018 年共依法暂扣校园周边占道物品 53 件；拆除乱牵乱挂 28 处；清理学校周边流动摊点 155 余处；规范出门出店经营 35 家；取缔各类占道宣传 50 余处。

与此同时在上学、放学的高峰时段，安排执法人员定点值守，对校园周边的流动摊点进行整治，疏导交通秩序，确保学生安全通行。

三是抓好商贸区管理秩序。按照市领导严禁大型商业宣传活动的指示精神，为维护好商贸区城市管理秩序和群众安全，严管商贸区及周边搭建舞台、彩虹门等设备，举办歌舞商业宣传活动的行为。

今年以来制止红星美凯龙广场、摩尔城广场、万达广场等商贸区大型商演活动 8 起；取缔万达金街、摩尔城彩虹门等 13 处，确保了商贸区及周边城市管理秩序。

2. 创新管理促长效

随着智能手机的普及，现在几乎人手一个微信号，微信也成为人们日常交流的一个重要信息工具。局党委抓住微信群众基础好的特点，结合"路长制"要求，建立"商户创文微信群"，将临街商户全部邀请进群，借助新媒体信息量大，传播快的优势，加强商户"门前三包"自治管理，不断提高商户对"创文"工作的知晓率、支持率、参与度和自律性。

开展路段建群工作以来，经商家同意后拉入群中，目前全区56条主次干道和一个农贸市场周边全部建立了"商户创文微信群"，路段85%商户都进入到"商户创文微信群"，并有2个微信已建立"自管委"。"商户创文微信群"为市容环境卫生创新管理奠定了良好基础。

3. 强化门前三包落实

通过开展沿街经营户基本信息登记并建立电子档案，加强"门前三包"责任的落实，不断提高经营户自我管理意识。今年将签订责任书和督促门前管理有机结合，督促商户加强门前清扫保洁和秩序管理，取得显著效果。

今年城管执法队员共督促商户清扫门前卫生235人／次；规范门前秩序新签、补签"门前三包"责任书3000余份。

4. 推行城管环卫融合管理

进入新时代，为进一步推动市容环境卫生精细化、长效化管理，全面整合市容管理力量，巩固"创卫"成果，推动"创文"工作，局党委积极探索新时代城市管理的新思路、新举措，完善市容管理联动协作机制，推出了城管环卫融合管理模式，利用环卫一线工人多，对市容问题发现及时的"千里眼"优势＋城管执法"突击队"的紧密衔接，确保证市容管理中出现的问题能够及时发现、及时处置、及时解决。

一年来城管环卫联合处理市容环境卫生问题50余件／次，极大提高了市容环境卫生执法管理效率。

5. 提高环卫清扫保洁质量

环卫清扫继续坚持保洁人员不减，机械不停，时间不变，力度不减，"一人一厕"管理不松。在条件允许的情况下适时增加保洁机械设备，减轻环卫工人劳动强度，提高环卫队伍素质，确保主次干道长期保持干净整洁。

（六）凝心聚力，着力打好三大攻坚战

1. 多管齐下精准扶贫

按照区"扶贫办"的统一安排，今年区城管局扶贫对口村由原来的阳新县龙港镇星潭村改为石下村成，局党委积极对接，主动上门，迅速摸清贫困户基本情况，落实扶贫政策，为贫困户脱贫打下良好基础。

一是开展卫生整治，改变村容村貌。局领导在进行扶贫摸底的同时，发现石下村虽然自然环境美丽，有着独天得厚的区位优势但环卫设施缺乏，公路两旁生活垃圾乱倒、乱放现象十分严重。不但影响环境卫生和群众身体健康，也对营造投资环境极为不利。为此于

4月份区城管局组织人员在石下村开展了一次环境卫生大整治活动，帮助石下村建设了6个垃圾收集池、打扫了卫生死角和清运了积存垃圾等，石下村环境卫生状况有了明显改善。

11月8日，为进一步推动石下村环境卫生面貌整治，助推美丽乡村建设和扶贫扶志工作，区城管局克服资金紧张等困难，购买了20个大型移动式垃圾桶，利用组织队员进村扶贫的机会，将移动式垃圾桶送到石下村，以弥补该村环卫设施严重不足的问题。

二是细心走访问贫，督促政策落实。为将精准扶贫政策落到实处，让每个干部掌握扶贫政策和操作方法，局党委当天下午召开了扶贫政策普及大会，对照扶贫政策和帮扶贫困户情况，商讨扶贫策略。

在走访贫困户的同时，扶贫队员还对石下村环境卫生情况进行了实地调查了解，并针收集该村环境卫生方面存在的问题进行登记，回村委会后集中汇总，为分批解决做好调查研究。

三是完善档案资料，做好扶贫留痕。扶贫队员按照村委会的统一安排，今年区城管局扶贫队员对扶贫档案内的"贫困户申请书""扶贫承诺书""贫困户信息登记表"和"贫困户信息采集表"等贫困户资料档案和扶贫资料进行了补充和完善。

2.查非法广告防范金融风险

今年以来，局党委认真贯彻落实全区开展打击和处置非法集资工作会精神，扎实开展工作，有效防范了风险，维护了人民群众的切身利益。

一是加强组织领导。为确保打击和处置非法集资广告活动有序开展，局党委高度重视，召开了专题会议，传达了有关会议及文件精神，并结合工作职责，成立了打击和处置非法集资活动工作领导小组，具体负责打非活动的组织协调工作，确保工作的顺利开展。

二是加大校园周边巡控力度。按照打非文件精神和结合城管职能，紧紧围绕非法集资的社会危害性、主要表现形式和特征，加大校园周边的巡控力度，对校园周边贷款、集资等非法广告及时发现，迅速铲除非法广告，确保非法广告信息不扩散、流传。今年共铲除非法集资广告2700多条。

三是突出防范工作重点。根据文件要求，局党委开展对涉及非法集资宣传广告的信息排查治理行动，并依法打击涉嫌张贴、散布非法集资广告的人员，对发现发布违法广告的单位和个人进行处罚，涉嫌违法的，移交公安部门处理。今年共收缴各类非法小广告50000张/份；处罚散发非法小广告5人；移交公安机关1人，有效防范了金融风险，消除了金融风险隐患。

3.着力攻坚做好生态环境保护

为全面贯彻落实习近平总书记视察湖北重要讲话精神和全国生态环境保护大会会议精神，省第一环境保护督察组、中央生态环境保护督察"回头看"督察反馈意见和市委、市政府关于督察整改的有关要求，结合城管职能，扎实推进餐饮油烟、噪音扰民、长江水源

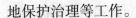

地保护治理等工作。

（1）持续抓好餐饮油烟治理

继去年底大规模油烟整治后，区城管深入实施餐饮油烟治理，实行常态化监控治理，针对省第一环境保护督察组反馈的10起餐饮油烟扰民信件和中央生态环境保护督察"回头看"督察反馈1起餐饮油烟不达标投诉，实行重点整治，举一反三，拉网排查，督促安装油烟净化装置72台，聘请第三方环保检测公司进行餐饮油烟排放检测12次，处理数字城管油烟扰民投诉32件，最大程度地避免了油烟扰民案件发生。

（2）持续抓好噪音扰民治理

为有效做好商业噪音、社会噪音及建筑噪音扰民的管控，局党委在抓好白天噪音管控的同时，组建夜间专班，对建筑工地噪音进行管控。2018年以来，根据市民诉求，组织专项整治行动5次；拆除、暂扣市中心城区临街商业门面高音喇叭80余台/个；处理夜间建筑工地、广场舞、KTV噪音扰民300余起/次。

根据省第一环境保护督察组、中央生态环境保护督察"回头看"督察反馈的8起噪音扰民投诉，联合交警部门开展夜间专项"降噪"和"拆喇叭"专项整治行动，散发紧张噪音宣传单200余份；警告夜间随意鸣笛司机12人/次；拆除市中心临街商铺店面违规安装的声响设备209台/个。聘请第三方进行噪音分贝监测取证3次；城区噪音扰民投诉大幅下降，环境噪音扰民问题得到明显改善。

（3）认真做好水源地生态保护

饮用水水源地保护是关系人民群众的饮水安全头等大事，2018年区城管局按照区委、区政府安排部署，积极认真完成长江沿线水源地生态环境保护工作。

一是配合街办铲除菜地。按照《饮用水水源保护区污染防治管理规定》要求，区城管积极主动配合饮用水水源地保护工作，严厉打击侵占、破坏饮用水水源地等一切违法违规行为。今年一月配合街办清理拆除黄石长江二桥江堤外靠近水源地不足2000米违法乱搭建窝棚20间；填埋粪缸60余个；铲除违法私种菜地100余亩。

十月份再对市堤防局院内的江边新开垦的两块约300平方米菜地进行清除。有力制止了违法在江北开垦种菜行为。

二是及时完成码头搬迁任务。按照区政府长江沿线码头搬迁任务安排，区城管局克服人手少、时间紧等重重困难，四月份按时达标地完成大冶有色、港阜、港务局等6个码头、四个驾校的搬迁工作，为长江沿线水源地治理打下了坚实基础。

三是拆除地面硬化设施。在经过严格的政府采购项目招投标流程后，七月区城管局与湖北环宇景观古建有限公司签订了混凝土地面破拆及建筑垃圾清运工程施工合同，开始对肉联码头、鑫利驾校、黄石新航船舶造船厂码头等约4万平方米混凝土地面破拆及建筑垃圾清运工程，并于九月底提前完成硬化地面的破拆和垃圾清运工作。

四是完成领导临时交办的任务。由于种种原因，沈家营码头水源地保护围网的建设和安装工作也交到区城管局手中，局党委不推不叫，立即安排人员接受该项工作，并迅速联系相关业务人员将围网购买和安装到位，安装保护围网 680 米。

此外区城管局还多次安排执法队员配合街办到沿江对违规垂钓人员进行劝阻。

（4）强化建筑渣土管理长效机制

为做好大气污染防治工作，减少建筑渣土对大气环境的污染，区城管局按照"加强建筑垃圾的处置管理，提高综合利用率，切实打击非法倾倒行为"的目标任务。在街办和其它职能部门的大力支持和配合下，采取上门走访宣传、设卡检查和依法查处违规运输渣土车辆等手段，严厉查处乱倒渣土等违规行为，2018 年暂扣违规车辆 5 台；处罚 24 辆；现场批评教育 121 台／次。城区车轮带泥、乱倒渣土现象得到有效遏制。

（5）规范生活垃圾渗漏液管理

为进一步规范垃圾中转站渗滤液的收运管理，变"粗放型排放"为"零污染排放"。一是定期对垃圾中转站渗滤液收集池（管道）进行排查，防止渗滤液向市政管网排放。同时建立渗滤液收运全程做台账制度，工作人员全程操作留下签字记录备查；二是对垃圾运输车、收集车、钩臂桶的密封条进行排查，定期对损坏的密封条进行更换，解决渗滤液沿途滴漏问题。

（七）多措并举，促推"创文""迎省运"工作

今年"创文"攻坚和"迎省运"隆重召开是我市的重要工作之一，为做好"创文"和"迎省运"工作，创新城市管理，以全新面貌迎接"省运会"召开和做好"创文"工作，局党委多措并举，多策施治，采取街拍等方式曝光不文明行为，促推文明城市创建工作。

一是开通"文明街拍车"。为不断促进市民提高自律意识，逐步减少不文明行为，为创建全国文明城市和迎接"省运会"的召开，8 月份城管局在一辆执法车上安装警用高清摄像头和专业录像处理软件，对街头不文明行为进行抓拍，对发现的不文明行为进行曝光。"文明街拍车"上路以来，共抓拍到不文明行为百余次。

二是设立文明曝光台。为将"城管街拍车"将抓拍到市民典型的文明守法善举和一些造成不良社会影响的不文明行为进行公开曝光，区城管局与区"文明办"联合在文化宫后门、万达广场、延安路三个人流量大的地方设立"创建文明城市曝光台"。从而达到营造创卫氛围，培养市民文明习惯和增强公德意识的目的，让文明的种子深植入每个人的心底。

三是打造"创文示范路"。按照"专班推进、专人管理、专项保障、常态坚持"的创文工作要求，为整治好武汉路沿线乱停乱放这个突出问题，将武汉路打造成全市"创文示范街"。区城管局坚持问题导向，成立治理专班，主动作为，积极协调有关路长责任单位上路宣传，联合交巡警持续开展乱停乱放专项整治，逐步形成车辆乱停乱放整治常态化的执法协作机制。

开展武汉路乱停乱放专项整治以来，共开展乱停乱放联合专项整治行动 20 余次，暂扣各类机动车、非机动车 400 余台。在持续专项整治下，武汉路沿线车辆乱停乱放现象得到有效遏制。

四是深度清洁迎"省运"。区城管局以创建文明城迎省运会为契机，在市区两级部门正确指导下，全面安排部署市容环境卫生工作，动员全局干部职工履职尽责，主动作为，为促进文明城市创建，迎接省运会的隆重召开提供有力市容保障。

通过近一个月的深度清洁行动，区环卫处共消灭卫生死角 65 处，清洗路面 160000 余平方米、站石 4200 米。深度清洁后的大泉路、迎宾大道等迎宾线路标线更清晰了，树更绿了，以全新面貌喜迎参加"省运会"的八方宾朋。

五是拆除私设地桩。为了更好优化社会经济发展环境，理顺道路管理秩序，夯实"创文"基础，提高城市公共空间利用效率，整治私自圈地侵占公共场地，缓解停车难问题，局党委按照市城管局统一部署，对私设地锁、阻车桩等违法违规行为进行坚决查处，在全区范围内掀起了一次私设地桩圈地占场专项整治风暴。

开展私设地桩专项整治行动以来，区城管局拆除各类私设租车桩 57 个；铁栏杆 23 个；各类石墩 624 个。

（八）建议提案，认真办理共协商

在今年建议和提案办理工作中，我们把区人大代表、区政协委员对办理结果是否满意作为衡量办理工作的重要标准，不断强化责任意识、主动接受监督，促进建议提案办理工作的落实。

局党委坚持提案办理在重点问题上发力，从聚焦领导、聚焦落实、聚焦效果、聚焦满意的"四个聚焦"来抓好落实和办理效果，以及代表和委员的满意度上。

2018 年黄石港区城管局共承办区十届人大二次会议代表建议 7 件（其中独办 4 件、分办 2 件、会办 1 件）；区政协八届二次会议提案 8 件（其中一件为同一主题），主要涉及城市管理工作中占道经营、乱发小广告、乱停乱放、共享单车管理等城市管理问题，目前已全部完成办理和书面答复，6 名区人大代表和 9 名提案区政协委员对我局办理态度和办理结果表示满意。

（九）着力推进垃圾分类工作

局党委根据环保督查工作态势和群众对生态环境要求，结合城管工作，着力推进垃圾分类工作。

根据全市垃圾分类工作安排，今年主要在黄石港街办的 8 个社区进行了试点。现在黄石港街办万达社区、大桥社区等 8 个社区共配备了 60 个分类收集式垃圾桶，目前运行基本良好。

根据当前垃圾分类的运行情况，区城管局计划下一步建设安装分类垃圾收集箱，进一步完善垃圾分类的硬件设施，建立有偿激励机制，动员更多群众参与垃圾分类工作中来。

（十）厕所革命进展顺利

按照"黄石市厕所革命指挥部办公室"统一安排部署，黄石港区在2018—2020年需完成71座公厕的改造、新建工作任务。其中，2018年计划完成22座公厕的改造、重建、新建工程。

2018年区"厕所革命"专班克服资金少、标准高、时间紧等重重困难，现已全部按照要求开工新建、改造公厕21座，其中天虹公厕以完工并投入使用。重建的五星级新华书店公厕预计12月中旬完工并投入使用。其它计划于年底前全部投入使用。

下一步计划将余下49座公厕在今年底前完成设计及施工招标工作，力争提前完成厕所革命市定工作任务目标。

（十一）环卫市场化改革

根据环卫市场化改革要求，局党委今年加快了城区环卫市场化改革步伐，按照稳妥、有效和循序渐进的要求，先将胜阳港街办作为今年环卫市场化运作的试点。

根据计划安排，将胜阳港街办总面积55.16万平方米范围纳入市场化运作，具体为东至沿江路、南至颐阳路、西至湖滨中路、北至天津路的主次干道和6个社区。包括辖区主次干道（含人行天桥）、背街小巷、广场游园、河港堤坝、公厕、公共绿地、无人管理的开放式小区全部交由市场经营方清扫保洁。

经过多方联系技术测量和投标方，目前已完成环卫市场化作业范围的测量工作，下一将进入市场化招标预备工作，力争年底前完成。

（十二）综治信访，以诚相待化争执

区城管局党委始终牢记和谐稳定是根本大局，坚持做到事前重预防、事中重解决、事后重稳控的思路，有效防范环卫、市容管理、拆违等上访活动和抵制邪教宣传活动。

一是做好群众来信来访。坚持把信访工作作为为民办实事的一个重要载体，一项民心工程来抓。今年以来，局信访监察室共受理群众来访、网上留言、上级督办信访案件200余件，全部按照要求予以办理答复，切实解决群众合理诉求。

二是排查维稳隐患。明确了各层级维稳责任人，对环卫待遇、城管执法中所涉及强制执行时可能发生的隐患进行预判，全面排查，掌握第一手资料，对责任范围内不稳定因素要及时上报分析，采取有效措施化解，对重点人员要取得街办、社区配合，逐一上门入户，落实"五包一"责任，随时掌握行踪，及时报告，及时处置。今年有效化解了环卫待遇、拆违上访矛盾，未发生严重上访事件。

三是清除邪教标语。为提高队员依法维护安定政治环境的综合素质，针对近年来街头多次出现邪教标语、宣传牌等情况，组织学习了全国人大常委会《关于取缔邪教组织、防范和惩治邪教活动的决定》等法律法规。要求队员积极举报或打击邪教组织（人员）从事

秘密串联、聚会、印刷、打（复）印、散发宣传品等犯罪行为。

2018年城管执法队员发现并销毁邪教标语100余条；抓获散发邪教宣传品人员并扭送公安机关2人。

（十三）执法安全，坚持制度消隐患

安全是一切工作中的重中之重，为了稳妥做好城管执法管理和环卫作业安全工作，有效防范和坚决遏制安全事故的发生，局党委对安全工作常抓不懈，采取全面检查与重点抽查相结合，自查和互查相结合的方式排除隐患，有效避免安全事故的发生。

1. 强化城管执法安全

按照"安全第一，预防为主"的原则，局党委将城管"721工作法"切实贯彻到执法一线，对违规当事人以说服教育为主，强制暂扣为辅，着力减少执法矛盾，缓解对立情绪，防患于未然。

另一方面规范执法程序，对一些顽固占道店面必须采取强制措施的，做好全程记录准备，通过拍照、录像进行取证后，立案处理。同时要理智应对有暴力倾向行为，作出判断，暂缓采取强制措施，避免矛盾进一步激化。

2. 严格环卫作业安全

严格环卫各项安全管理制度的执行，指定专门安全检查员，加强设施设备停放场地管理，规范环卫机械设备流传和作业车辆管理，做到证照齐全，不带病上路。认真落实安全作业各项工作责任，把安全责任分解到每个班组，要求环卫工人上岗时必须穿上反光服。将环卫作业安全与绩效考核有机结合起来，做到同部署、同检查、同落实。

3. 把好交通安全关

对所有城管执法车辆和环卫专用车辆进行一次全面的安全排查，及时消除安全隐患。环卫处、各中队、专班驾驶员定期做好车辆检查和维护，进一步防范和降低事故风险。同时加强对驾驶员的交通安全教育，严格遵守交通规则，严禁出现酒后驾车等违法行为。实行违反交规中队、专班负责人与驾驶员同则管理办法，有效减低车辆违章率，确保了行车安全。

4. 加强机关内部管理

为防范夜间办公楼夜间安全，与黄石市精武保安公司签订了防盗安防协议，在办公楼内安装自动设防报警系统，有效保障办公楼的安全。2018年在办公楼内部增加10个摄像头，记录工作人员工作情况，确保各科室的电源线路、设备的处于安全状态，从源头消除消防安全隐患。

（十四）清扫保洁，科学安排保成效

为配合大气污染防治工作，环卫洒水作业打破常规，基本实现"全天候"作业模式，为优化空气质量作出了积极努力。

一是加强洒水频次。将原来洒水趟次由每日 3 次增加到 8 次，对部分路段如：大泉路、鄂黄路实行 24 小时洒水，保证路面常湿，使洒水作业基本做到全时段覆盖。重点加强夜间洒水，当气温低于 5 度时，将此时段洒水恢复到白天进行，并加强湖滨大道、磁湖路、师院及周边的抑尘治理工作。

二是成立道路冲洗专班。环卫工人利用凌晨 12 点至 6 点，对重点路段灰尘带、路面油污实行"错时作业法"，采取"歇人不歇车"的方式进行冲洗，取得较好效果。

三是清洗交通护栏。先后租用和购买护栏清洗车，采取机械和人工结合的方式，对辖区护栏进行两天一次的全面清洗。除凌晨固定冲洗外，每周对护栏脚、各路段重点区域、抛撒路面进行突击冲洗。

四是道路保洁标准不降。环卫清扫保洁人员不减，机械不停，时间不变，力度不减，"一人一厕"管理不松的创卫模式。在条件允许的情况下适时增加保洁机械设备，确保主次干道长期保持干净整洁。

二、存在问题

（一）队伍稳定性差

目前区城管局有正式、协管人员约 160 人左右，其中正式编制仅有 52 人（实际 49 人），绝大多数为协管人员。由于城管工作任务繁重、工作时间长，加上协管人员福利待遇较低，造成人心不稳，大多数协管员做个几个月就辞职，短的甚至做几天就辞职了。队伍长期处于不断招聘的流动状态，这对队伍整体素质提高、规范管理和队伍建设都极为不利。

（二）队伍老龄化严重

在正式编制执法人员中，五十岁及接近五十岁的 60% 左右，这些老同志在城管大多数在城管干了二、三十年，虽有一定经验，但由于身体毛病多，隔三差五需跑医院，在队伍中所能发挥的作用极其有限。

（三）"背锅"现象严重

在广义的城市管理工作中，城市的管理基本上实行的行政许可、日常监管和违规处罚这上中下游的"三段式"管理，但在实际的城市管理中行政许可部门绿灯长亮，日常监管无人理会，一旦出事则全一股脑丢给了城管部门。例如今年环保督促问题严重的居民区的商业经营所造成的油烟和噪音、未经环评的餐馆酒店等。这些现象不仅反映政府管理水平，也损害了政府形象。

（四）执法手段依旧单一

虽然近些年科学技术飞速发展，智慧城市管理日新月异，但城管的执法手段依旧极其有限，对出店占道经营这种十分常见的违规行为的处罚手段仍然只有靠暂扣物品来完成，这种执法手段极易造成执法人员与当事人的肢体接触，引发冲突，进而影响执法形象。通

过政府数字化平台实行数字化管理，利用征信实施行政管理和处罚目前依旧如望梅止渴。

（五）执法经费严重不足

城管由于承担的工作任务多，工作量大，在人员经费和事务经费上都开支较大。特别是今年环保督查执法工作，加大洒水降尘增加用水和油及人工、聘请第三方对油烟浓度及噪音检测以及职工政策调级等各项费用逐年上涨，但由于区城管局的经费渠道实行是市、区双轨制，资金缺口较大，这严重影响执法队员积极性和执法效率。

三、2019 年工作计划

新的一年，新的挑战，2019 年区城管局将继续以习近平新时代特色社会主义理论为指导，围绕全市中心工作任务和打造"四个中心"，建设现代化幸福城区战略，着重做好以下几个方面的工作：

（一）围绕中心服务新经济

深入学习贯彻习近平总书记视察湖北重要讲话精神，认真落实省市区委重大决策部署，为黄石港区抢抓湖北国际物流核心枢纽项目建设机遇，打造航空服务业的集聚区做好服务。

1. 依法查处违法建设

一是盯紧棚户区。由于历史原因，黄石港花湖地区还有数量不少的棚改区，而棚改区又是违法建筑"疯长"的热点地区，局党委将控违重兵投放在棚改区，将加强棚改区巡控，对历史遗留违法建筑依法进行拆除，同时充分发挥街办、社区人员、地形熟的优势，分工协作，盯死建筑材料进出的蛛丝马迹，做到快速发现，立即阻止，及时拆除，为打造航空服务业的集聚区扫清障碍。

二是守牢居民区。在严格管控好棚改区违法建设行为的同时，不放松对居民区和偏僻地区违建管控和查处，特别是针对新建小区的违建行为，做到发现一处，依法拆除一处。

三是落实好控违责任制。为更好落实控违拆违责任，将进一步完善控违责任机制，落实领导负全责，分管负主责，队员负专责的责任机制，形成违建人人管，控违皆有责的控违责任管理体系。

2. 强化市容管理优化城市环境

认真贯彻习近平总书记关于城市工作的重要指示精神，进一步提高城市精细化管理水平，全面提升市容环境卫生面貌，打造宜居城市环境，不断增强群众获得感。

一是加强市容管理，通过强化日常监管和突击整治相结合，打造高品质市容环境卫生面貌。

二是抓住关键细节和细微之处，做好农贸市场、校园周边以及"黑色时间"市容管理，不断提高城市精细化管理水平。

三是坚持问题导向，注重在细节上下功夫，切实把城市管理中的短板差距找出来，不

断提升服务成效，全面提升管理水平高和城市品质，不断满足人民群众对城市美好生活的向往。

3. 坚持打好"三大攻坚战"

按照市区两级政府要求，坚持打好"三大攻坚战"，继续抓好生态环境保护、阳新龙港镇石下村政策扶贫以及金融风险防范等工作。

一是突出生态环境重点，积极主动开展餐饮油烟、噪音扰民、水源地保护等关系到民生宜居等生态环境治理，不断夯实宜居环境基础，促进城市绿色发展方式和生活方式。

二是通过政策扶贫，精准扶贫，多措并举，组织干部下乡扶贫，帮助石下村搞好环境卫生等，逐步解决深度贫困难题。

三是加大非法小广告治理力度，继续开展对涉及非法集资宣传广告的信息排查治理行动，做到早预警、早控制、早处置，防止风险扩散。

（二）围绕中心深化改革

根据 2018 年环卫市场改革经验，继续加快城区环卫市场化改革步伐和垃圾分类工作，初步形成体制更顺畅、运作更有序的良好态势。

1. 深化环卫市场化改革

一是理清环卫部门职责。彻底改变环卫部门"管干一体"的格局，将市环卫处担负的清扫保洁职责剥离出来，重心调整到辖区环卫保洁日常监督考核上，当好环境卫生专职监管员、裁判员。

二是全域全面推向市场。按照全域全面全覆盖的思路，中心城区范围内公共区域、市政设施清扫清洗和垃圾清运等保洁服务，整体打包推向市场化作业。

三是推行专业化作业。严格准入门槛，真正引入有实力、有经验、管理规范的专业保洁企业。

2. 持续推进垃圾分类

在 2018 年的基础上，总结经验，在资金条件允许的前提下，进一步扩大试点范围，计划再将胜阳港街办纳入进来，并通过提高垃圾分类的硬件设施水平，完善有偿激励机制，动员更多街办和社区群众参与垃圾分类工作中来。

（三）围绕中心管好队伍

队伍建设是执法能力的保障，2019 年将按照城管队伍建设规范化、法制化、军事化、正规化要求，从培训、服务、纪律监督等着，打造一只能力强、能战斗的全能化城管队伍。

1. 进一步强化党建引领

切实履行全面从严治党主体责任，以完善机制建设为关键点，以整治队伍作风为切入点，以服务广大群众为落脚点，以提升党员引领示范为着力点，不断夯实基层党建工作。

一是进一步细化完善"三会一课"等组织制度，从组织生活、议事决策、监督考核、干部管理、组织建设等着手制定系统性规范，实现以制度管人管事，对基层党支部和全体党员明确提出新要求。

二是严格落实中心组学习、民主决策、个人重大事项报告等制度，培育党员干部自我教育、自我约束意识。打造规范统一标准严格的基层组织党内生活"升级版"。

三是深入推进党员引领示范，形成"党员带头，群众参加，全体行动"的城市管理格局，全面营造党建促工作，党建强工作的良好氛围。

2. 持续强化队伍学习培训和管理

一是加强学习和培训。采取举办专家学习讲座、集中学习、集训等形式，重点抓好执法人员的政治理论、法律法规知识学习和执法业务能力培训，着力提高执法队伍的整体素质和业务水平。

二是加强监督管理。结合纪律作风建设，加强对执法人员的管理，严肃工作时间、在岗情况、工作履职及廉洁行政情况进行督查。

三是强化责任落实。深入查找队员在日常行为规范方面存在的问题，从加强队员日常行为规范入手，切实提高队员的综合素质和整体形象。

新形象　新作为
——2018 白银区城市管理综合执法局工作纪实

甘肃省白银市白银区城市管理综合执法局

城市管理执法改革的号角已在吹响，白银区城市管理综合执法局紧跟新时代步伐，将城市综合管理工作置于新时代中国特色社会主义事业大局中来思考，积极践行新思想、实现新作为。

一、雄关漫道真如铁，勠力同心砥砺前行

城市综合管理工作成效的好与坏、管理水平的高与低，市民群众最有发言权，最能真实感受到。对于白银区城市管理综合执法局而言，2018 年这一年是有意义的、有价值的、有收获的，我们城市点点滴滴变化在点赞中得到认可，在表扬声中得到升华。我们坚持秉持"为人民管理好城市"理念，围绕区委、区政府中心工作，结合创建全国文明城市、全域无垃圾专项行动、依法拆迁和拆违治乱"百日攻坚"工作、城乡拆违治乱专项行动等重点工作任务，坚持依法行政，强化责任担当，狠抓工作落实，用实际行动履行好职能职责，出色完成了市容秩序清理整治、违法建设治理、大气污染防治、流浪狗清理整治等重点工作，有效推动了我区城市管理事业全面创新发展。

二、打铁还需自身硬，时不我待只争朝夕

"打铁还需自身硬"是我们城市管理队伍对自身的要求。我们依靠学习保持了队伍的活力，全局干部职工的及时跟进学习，充分彰显了城市管理队伍自我净化、自我完善、自我革新、自我提高的勇气和坚强决心。我局强化管党治党责任，围绕贯彻落实"八个着力"重要指示精神，对党组织建设进行细化和规范。认真落实民主集中制等各项制度，严格执行每周一干部职工大会集中学习制度，按时限、高质量落实区委"1+11+X"党内组织生活制度，结合"两学一做"学习教育和"不忘初心、牢记使命"主题教育，扎实开展"主题党日"活动，严肃党内政治生活，组织在职党员到社区开展服务，在矛盾纠纷化解和环境卫生整治活动中不断加强党性锻炼。全局 26 名党员突破传统学习模式，主动安装"陇原先锋"和"白银智慧党建"APP，用"指尖上"的党建平台强化理论学习。突出学习型党组

织建设抓理论武装，及时召开会议传达学习中央、省市区相关文件精神，增强党员干部做好意识形态工作的责任意识。

三、修身正己行规己言，强根固本筑牢堡垒

当前，置身新时代中国特色社会主义的时代背景，作为"执法者"的城市管理部门，要向党和市民群众交出更加优异的成绩，必须把修身作为基本准则，做到行使权力以"正己行"为要、管理服务以"规己言"为先。在2018年这一年，我局全面梳理市、区政府取消调整和承接行政权力事项42项，其中行政处罚38项、行政强制4项。组织开展"强基础、转作风、树形象"三年行动，加强执法队伍建设和管理，优化权力运行流程，不断提升执法队伍管理能力和服务水平。完善法律培训制度，聘请市委党校教授、资深律师、法制专家对全局执法人员开展专题法制培训3期，培训人员800余人次。规范执法行为和文明用语，完善行政处罚案件办理程序，与城市管理各部门加强沟通协作，促进执法规范化。推行执法过程全纪录和"721"工作模式（即七分服务，二分管理，一分执法），严把办案程序关，依法规范使用自由裁量权，做到适用法律准确，程序合法，处罚适当。

同时，高度重视群众来信来访及网上舆情工作，严格执行"首问负责制"和"限时办结制"，确保来信来访、网上舆情事事有着落、件件有回音。把拓宽市容秩序监管渠道作为城市精细化管理的新起点，完善数字城管指挥中心系统的建设管理和运行维护，利用信息技术拓宽执法监管渠道，确保了城市管理空间细化和管理对象精确定位。通过对白银城区各类城市管理问题进行实时采集、快速派遣、及时处置，实现了城市管理智能化。

四、凝心聚力攻坚克难，中心工作亮点纷呈

一个集体，凝聚的是向上的力量，一支队伍，传承的是不变的初心。我局攥指成拳，苦练内功，以执法力量下沉为突破口，积极探索新形势下城市管理工作模式，按照"条块结合、以块为主"的管理体制，全面推进执法力量向基层一线倾斜。召开全区城管执法队伍全国统一制式服装换装仪式大会，为304名城管执法人员换上全国统一的城市管理执法制式服装和标志标识。制定了《城市管理执法制式服装着装管理暂行规定》，不断强化城管执法人员着装管理。

在维护城乡规划建设管理良好秩序上做实。根据全区拆违治乱工作有关精神，我局作为拆违治乱牵头单位，积极联合相关职能部门开展联合执法，按照"先急后缓、先外到里"的原则，对各类违法建设进行分批次依法拆除，共累计拆除城市规划区内违法（章）建设125户112296.4平方米，占违法建设存量的59.23%；配合拆除乡镇违法（章）建设29处共2058平方米。

在城市管理中惠及民生。发布《白银市白银区人民政府关于对北京路、广场东路沿街

两侧风貌整治的通告》，安排 2 个工作组以北京路 1 号桥为界，同时进行清理整治，与多部门合作逐步将北京路打造成城市景观大道，有力推动全区创建全国文明城市、国家卫生城市和园林城市"三城同创"工作取得实效。在巩固 2017 年户外广告清理整治成果的基础上，继续对城区违规户外广告和门头牌匾进行清理规范，并对散发、张贴、喷涂行为高发区域进行重点巡查管控。

在工作落实中提高市民群众幸福指数。通过各种媒体媒介对《白银市城市养犬管理办法》、"白银市城区 32 个禁养犬品种"等进行广泛宣传。强化属地管理责任，成立专门捕捉队伍，对白银城区公园广场、农贸市场、校园周边、住宅小区流浪犬进行清理捕捉并收容饲养。今年以来，共捣毁清除流浪犬舍 11 处 100 余平方米，捕捉流浪犬 1500 余只。深入开展占道经营集中整治，采取定点值守、车辆巡查、延时执法相结合的方式，坚决取缔了违规占道经营行为，对城区出店经营进行重点取缔和常态管理，城区沿街乱象明显改观。今年共清理取缔流动摊点 2400 余个，整治出店经营 1700 余户，行政处罚 110 余起，暂扣经营物品和工具 150 余件。

加强城市管理力度 提升珠山城区颜值

——2018年珠山区城市管理工作总结

江西省景德镇市珠山区城市管理行政执法局

2018年，区城管局以习近平总书记新时代中国特色社会主义理论为指导和习近平总书记视察湖北重要讲话精神，在区委、区政府坚强领导和市城管局督导下，围绕"三大攻坚战役"、打造"四个中心"，建设现代化幸福城区战略，以环境综合治理和创建全国文明城市为抓手，全面加强城市管理，提升执法服务质量，开展了餐饮油烟噪音、扬尘管理、违法建设、创建全国文明城市等专项整治行动，市容环境卫生面貌进一步得到提升，长效管理机制不断完善并较好完成上级下达的各项攻坚任务，城管执法队伍执法能力、服务群众水平和队伍综合素质再上台阶。

一、主要工作

（一）党建领航，党员干部当头雁

2018年在深入学习贯彻十九大会议精神基础上，以习近平新时代中国特色社会主义思想理论为指导，在区委正确领导和指导下，坚持"四个常态"，不断强化"四个意识"，坚定"四个自信"，突出全面从严治党主体责任，深入"两学一做"学习教育转化为工作动能，以党建统领城管执法管理工作，发挥好基层党员"头雁"带头作用，出色完成上级交办的各项攻坚任务。

1. 坚持学习制度，不断强化党员干部"四个意识"

为有序安排好党员学习，筑牢党员干部的思想防线，局党委在年初就制定《2018年党建工作安排表》和《理论学习中心组学习安排表》，并根据上级党委要求和学习安排张贴月度学习计划，不断完善长效学习机制。

今年除完成区委布置的周一固定夜学、主题党日、党课等学习活动外，局党委为营造学习型党组织的浓厚氛围，丰富学习形式，充分利用宣传栏、微信群等在全局范围内宣传党建有关内容和党员活动照片，及时宣传报道活动信息，扩大学习活动影响力。

一年来共组织党委理论中心组集中学习12次；组织全体党员集体学习12次；组织《宪法》《监察法》专题学习4次（组织测试1次）；党课8次；组织开展"十进十建"专题

活动 12 次；《每月十题》知识点测试 2 次；组织进社区参加共建活动 8 次；开展"微心愿"活动帮助群众 28 人／次。

另外还根据区委要求，积极开展党的十九大精神学习，共组织中心组学习 1 次，各支部组织党员集中学习 2 次，组织开展学习测试 4 次。

2. 强化作风建设，营造良好政治生态

城管由于手握行政执法、行政许可等与人民群众生产生活息息相关的权利，面临着来至于自身利益和他人贿赂的诱惑，是一个腐败高风险职业。局党委从反面警示教育着手，将违纪违法案件通报精神加入党员学习内容，每逢重大节日或纪念日，通过微信群、电子屏等载体宣传党风廉政建设和反腐倡廉，使广大党员干部在潜移默化中把廉政教育入脑入心。

今年以来组织党员干部观看警示教育片 1 次，理论中心组开展专题学习 2 次，组织召开党风廉政建设评议大会 1 次。

同时以深入学习贯彻党的十九大精神为契机，开展了《党章》《准则》《条例》等学习教育活动，通过学习，不断强化党员干部初心意识和廉洁从政意识，依法行政，廉洁自律的工作作风在队伍中不断加强。

为严格工作纪律，局党委还在全区率先使用公务管理软件"钉钉"，通过政务＋互联网严管工作考勤，并定期进行纪律检查，检查在岗考勤情况、工作落实情况和劳动纪律执行情况。

3. 加强建设引领，增添新血液和活力

局党委坚持把党员干部思想建设放在首位，教育引导干部坚定政治信仰和理想信念，努力建设一支有信仰、有理想、有纪律、有规矩的干部队伍。

为促进"两学一做"学习成果转化，激发基层党员干部想干事、能干事、干好事的热情，充分发挥党员干部"头雁"作用，局党委创新"党员干部克难攻坚示范引领任务单"，3 名党员干部签领并出色完成任务。

为规范组织发展程序，为组织增添新鲜血液，局党委高度重视做好党员发展和入党积极分子的培养工作。今年共组织入党积极分子参加区委组织部发展党员培训班。今年新培养积极分子 4 名，发展对象 4 名，预备党员转正 1 名。

（二）守牢阵地，把稳舆论的方向盘

意识形态工作是党的一项极其重要的工作，从大的方面来说关乎国家政治安全；从小的方面来说关系到人心稳定、队伍稳定和城管执法工作能否正常开展。局党委结合城管工作实际，从新时代中国特色社会主义事业长远发展的战略高度认识意识形态工作，牢牢掌握意识形态工作的领导权、主动权，唱响主旋律、坚守主阵地、凝聚正能量，发出好声音，为城管工作提供强大的思想保证、精神动力和舆论环境。

1. 加强理论武装，补足精神之钙

局党委坚持把学习宣传贯彻习近平同志系列重要讲话精神和新时代中国特色社会主义理论作为重中之重，牢固树立"四个意识"，特别是核心意识和看齐意识，坚持不懈地用党的理论创新成果武装头脑、指导实践。

在实际工作中，突出党建引领，健全学习制度，教育引导广大党员干部旗帜鲜明讲政治，筑牢信仰之基、补足精神之钙、把稳思想之舵。

2. 坚持正确导向，凝集强大合力

在教育实践中，局党委坚持和发展中国特色社会主义、实现中华民族伟大复兴中国梦这一主题，突出学习宣传贯彻党的十九大这条主线，着力深化对习近平同志系列重要讲话的学习教育，综合运用新闻宣传、社会宣传和网络宣传等多种形式，大力宣传中华民族优秀传统文化和正能量的优秀典型，引导广大干部群众切实增强认同、增强自信，凝聚起"撸起袖子加油干"的强大合力。

3. 强化舆论监督，保持正确导向

为加强城管舆论监督，紧紧围绕"三大攻坚战"和创建全国文明城市工作，密切关注网络动态，从政策法律宣传，城管执法动态等方面加大了正面宣传和舆论引领。一是撤销保密性不佳的微信群，开办"钉钉"工作群，随时对群内信息及人员进行监督，避免误发、乱发不良信息。二是积极和报社、电台等传统媒体沟通，提高城管正面宣传发稿率，今年以来在日报、晚报、电台、电视台发布正面宣传稿件 50 余篇 / 次；三是结合精准扶贫活动，通过帮助石下村开展环境卫生整治，有效提高基层群众对城管工作的理解和支持率。

同时加强网络舆情管理，围绕群众关心的热点问题和重大突发事件、复杂敏感问题，用正确的思想、准确的事实，牢牢掌握网络舆论的主导权。今年针对网络发布的 5 条城管负面信息进行了积极回应。

（三）队伍建设，强化服务转作风

为加强队伍建设，转变工作作风，增强队伍服务意识，提高队伍凝聚力执行力、战斗力，局党委以通过加强业务培训，深入开展"面对面，听期盼"大走访和"强基础，转作风，树形象"专题活动为抓手，全面推进城管队伍素质建设，切实提升城市管理服务水平。

1. 坚持"一月一法"培训

今年党委会继续坚持"一月一法"培训，每月定期举办一次执法培训，组织一次考试测评，着力提升干部队员的法律素养，规范执法行为，提高办案能力，牢固树立依法管理、依法执法的理念。2018 年共组织参加省执法培训 2 次；市执法培训 2 次；举办全局执法培训 10 次；考试测评 8 次。全年参训人员达 526 人 / 次。

2. 严格执行纪律监督

为营造风清气正的行政执法环境，加强纪律和廉洁管理，局信访监察室按照纪律管理规定，严格落实监督考核制定，结合贯彻落实中央"八项规定""六条禁令"，严格执行"日督查、周通报、月考核、年考评"监察制度。今年共发出专项督察通报12份，周通报44期，处理违规当事人3人；辞退2人。

3. 开展丰富多彩活动

为大力营造敢于担当、乐于奉献的城管工作氛围，弘扬无私奉献精神，全力建设一支招只能来，来之能战的城管队伍，开展了以"学雷锋"志愿服务月，通过开展义务劳动3次、组织主题道德讲堂活动，弘扬雷锋精神，树立了团员青年的良好形象，进一步增强了团组织的凝聚力。

2018年9月还开展一次以文明执法为主题的征文比赛活动，对参加征文比赛并取得优异成绩的队员进行表彰并给予相应奖励，以激发队伍能学会做、会干事热情，不断提升城管队伍凝聚力、战斗力和服务群众能力。

（四）控违拆违，控制新增减存量

按照"第一时间发现，第一时间制止，第一时间拆除"的控违原则，2018年局党委在强化拆除新增违法建筑力度的同时，重点打击棚户区抢建现象和逐步拆除历史遗留违法建筑，组织了多次大型违法建筑拆除行动，有力打击了严重影响城市经济社会发展的违法建筑行为，为维护城市建设秩序和社会公平正义作出了不懈努力。

1. 严控新增违法建设行为

这一年，区城管局充分发挥社区基层纽带和群众监督作用和"无人机"等技术手段，对辖区进行全方位违建监控，让新增违法建筑处在全民监管的汪洋大海之中，无处遁形。同时不断加大执法拆除力度，对新增违法建筑，发现一处，拆除一处，有力震慑了潜在违建者，新增违法建设行为明显减少。2018年共计拆除居民小区等新建违法建筑172处，计5840.18平方米。

2. 重点打击棚户区抢建

结合我区棚户区改造进展情况，以及棚户区违建的"重灾区"特征，区城管局联合街办社区在近两年棚户区改造工程较多的花湖地区日夜巡控。发现违建苗头及时制止，抢建成型立即拆除，有力遏制了棚户区违法建设行为的嚣张气焰，棚户区违法建设现象大大减少。今年来共制止棚户区抢建64起，计约2909.5平方米。

3. 分类治理历史遗留违法建筑

（1）拆除多处历史遗留违法建筑。针对历史遗留的违法建筑，按照住建部《城市建成区违法建设专项治理工作五年行动方案》工作要求，局党委按照分类治理的原则，对存在安全隐患、影响城市建设、危害生态环境、群众反映强烈等历史遗留违法建筑依法率先拆除。今年针对师生反映强烈，影响城市建设、群众放映强烈的湖北师范大学校园内的"三角塘"历史遗留违法建筑、湖滨路延伸路2号历史遗留违法建筑、八栋口等历史遗留违法建筑等

73 处，拆除违建面积 3914.91 平方米。

（2）华夏城违法建设查处工作顺利推进。自 2017 年 7 月 16 日发生华夏城中庭顶棚坍塌、7 月 22 日发生消防安全事故后，引起人民群众对违法建设所引发安全问题的高度关注，造成极坏的社会影响。为打击华夏城违法建设嚣张气焰，维护法律的严肃性和社会公平正义，我局按照市、区领导指示，在市城管局的指导下，成立了华夏城违建查处专班，抽调精干力量依法对华夏城中庭和连廊违法建设案件进行彻查。

2018 年，区城管局顶住重重阻力，对华夏城及周边进行严密监控，防止其再次新建违法建筑，并完成了华夏城相关建设资料的查阅、安全检测招投标、拆除违法建筑安全检测以及燃气管道改道等拆违前期工作。

目前拆除前期工作已基本就绪，并在 10 月 26 日将拆除决定书送达，下一步将依据法定程序依法进行拆除。

（五）市容管理，精细绣花保长效

按照习近平总书记提出"城市管理应该像绣花一样精细"的总体要求，在区委、区政府总体部署和市城管局工作安排下，局党委不断创新工作思路，落实城管环卫融合管理等举措，不断加大城市管理精细化、法制化、规范化建设力度。

1. 突出抓好几个"周边"

一是抓好农贸市场周边卫生环境。出店占道经营易反弹问题，依然按照国家卫生城市标准进行常态化整治整改，保持压力不减，标准不降，对永安里、宏进等农贸市场周边一如既往地开展高频率突击整治。一年来开展各类环境集中整治行动 50 余次，暂扣违规占道物品 2000 余件。

二是抓好学校周边市容环境。根据辖区内校园周边市容管理情况，组织市容专项集中整治行动，对屡教不改者的占道经营、流动摊贩等进行治理，2018 年共依法暂扣校园周边占道物品 53 件；拆除乱牵乱挂 28 处；清理学校周边流动摊点 155 余处；规范出门出店经营 35 家；取缔各类占道宣传 50 余处。

与此同时在上学、放学的高峰时段，安排执法人员定点值守，对校园周边的流动摊点进行整治，疏导交通秩序，确保学生安全通行。

三是抓好商贸区管理秩序。按照市领导严禁大型商业宣传活动的指示精神，为维护好商贸区城市管理秩序和群众安全，严管商贸区及周边搭建舞台、彩虹门等设备，举办歌舞商业宣传活动的行为。

今年以来制止红星美凯龙广场、摩尔城广场、万达广场等商贸区大型商演活动 8 起；取缔万达金街、摩尔城彩虹门等 13 处，确保了商贸区及周边城市管理秩序。

2. 创新管理促长效

随着智能手机的普及，现在几乎人手一个微信号，微信也成为人们日常交流的一个重要信息工具。局党委抓住微信群众基础好的特点，结合"路长制"要求，建立"商户创文微信群"，将临街商户全部邀请进群，借助新媒体信息量大，传播快的优势，加强商户"门前三包"自治管理，不断提高商户对"创文"工作的知晓率、支持率、参与度和自律性。

开展路段建群工作以来，经商家同意后拉入群中，目前全区 56 条主次干道和一个农贸市场周边全部建立了"商户创文微信群"，路段 85% 商户都进入到"商户创文微信群"，并有 2 个微信已建立"自管委"。"商户创文微信群"为市容环境卫生创新管理奠定了良好基础。

3. 强化门前三包落实

通过开展沿街经营户基本信息登记并建立电子档案，加强"门前三包"责任的落实，不断提高经营户自我管理意识。今年将签订责任书和督促门前管理有机结合，督促商户加强门前清扫保洁和秩序管理，取得显著效果。

今年城管执法队员共督促商户清扫门前卫生 235 人 / 次；规范门前秩序新签、补签"门前三包"责任书 3000 余份。

4. 推行城管环卫融合管理

进入新时代，为进一步推动市容环境卫生精细化、长效化管理，全面整合市容管理力量，巩固"创卫"成果，推动"创文"工作，局党委积极探索新时代城市管理的新思路、新举措，完善市容管理联动协作机制，推出了城管环卫融合管理模式，利用环卫一线工人多，对市容问题发现及时的"千里眼"优势 + 城管执法"突击队"的紧密衔接，确保证市容管理中出现的问题能够及时发现、及时处置、及时解决。

一年来城管环卫联合处理市容环境卫生问题 50 余件 / 次，极大提高了市容环境卫生执法管理效率。

5. 提高环卫清扫保洁质量

环卫清扫继续坚持保洁人员不减, 机械不停, 时间不变, 力度不减, "一人一厕"管理不松。在条件允许的情况下适时增加保洁机械设备，减轻环卫工人劳动强度，提高环卫队伍素质，确保主次干道长期保持干净整洁。

（六）凝心聚力，着力打好三大攻坚战

1. 多管齐下精准扶贫

按照区"扶贫办"的统一安排，今年区城管局扶贫对口村由原来的阳新县龙港镇星潭村改为石下村成，局党委积极对接，主动上门，迅速摸清贫困户基本情况，落实扶贫政策，为贫困户脱贫打下良好基础。

一是开展卫生整治，改变村容村貌。局领导在进行扶贫摸底的同时，发现石下村虽然自然环境美丽，有着独天得厚的区位优势但环卫设施缺乏，公路两旁生活垃圾乱倒、乱放现象十分严重。不但影响环境卫生和群众身体健康，也对投资环境营造极为不利。为此于

4月份区城管局组织人员在石下村开展了一次环境卫生大整治活动，帮助石下村建设了6个垃圾收集池、打扫了卫生死角和清运了积存垃圾等，石下村环境卫生状况有了明显改善。

11月8日，为进一步推动石下村环境卫生面貌整治，助推美丽乡村建设和扶贫扶志工作，区城管局克服资金紧张等困难，购买了20个大型移动式垃圾桶，利用组织队员进村扶贫的机会，将移动式垃圾桶送到石下村，以弥补该村环卫设施严重不足的问题。

二是细心走访问贫，督促政策落实。为将精准扶贫政策落到实处，让每个干部掌握扶贫政策和操作方法，局党委当天下午召开了扶贫政策普及大会，对照扶贫政策和帮扶贫困户情况，商讨扶贫策略。

在走访贫困户的同时，扶贫队员还对石下村环境卫生情况进行了实地调查了解，并针收集该村环境卫生方面存在的问题进行登记，回村委会后集中汇总，为分批解决做好调查研究。

三是完善档案资料，做好扶贫留痕。扶贫队员按照村委会的统一安排，今年区城管局扶贫队员对扶贫档案内的"贫困户申请书""扶贫承诺书""贫困户信息登记表"和"贫困户信息采集表"等贫困户资料档案和扶贫资料进行了补充和完善。

2. 查非法广告防范金融风险

今年以来，局党委认真贯彻落实全区开展打击和处置非法集资工作会精神，扎实开展工作，有效防范了风险，维护了人民群众的切身利益。

一是加强组织领导。为确保打击和处置非法集资广告活动有序开展，局党委高度重视，召开了专题会议，传达了有关会议及文件精神，并结合工作职责，成立了打击和处置非法集资活动工作领导小组，具体负责打非活动的组织协调工作，确保工作的顺利开展。

二是加大校园周边巡控力度。按照打非文件精神和结合城管职能，紧紧围绕非法集资的社会危害性、主要表现形式和特征，加大校园周边的巡控力度，对校园周边贷款、集资等非法广告及时发现，迅速铲除非法广告，确保非法广告信息不扩散、流传。今年共铲除非法集资广告2700多条。

三是突出防范工作重点。根据文件要求，局党委开展对涉及非法集资宣传广告的信息排查治理行动，并依法打击涉嫌张贴、散布非法集资广告的人员，对发现发布违法广告的单位和个人进行处罚，涉嫌违法的，移交公安部门处理。今年共收缴各类非法小广告50000张/份；处罚散发非法小广告5人；移交公安机关1人，有效防范了金融风险，消除了金融风险隐患。

3. 着力攻坚做好生态环境保护

为全面贯彻落实习近平总书记视察湖北重要讲话精神和全国生态环境保护大会会议精神，省第一环境保护督察组、中央生态环境保护督察"回头看"督察反馈意见和市委、市政府关于督察整改的有关要求，结合城管职能，扎实推进餐饮油烟、噪音扰民、长江水源地保护治理等工作。

（1）持续抓好餐饮油烟治理

继去年底大规模油烟整治后，区城管深入实施餐饮油烟治理，实行常态化监控治理，针对省第一环境保护督察组反馈的10起餐饮油烟扰民信件和中央生态环境保护督察"回头看"督察反馈1起餐饮油烟不达标投诉，实行重点整治，举一反三，拉网排查，督促安装油烟净化装置72台，聘请第三方环保检测公司进行餐饮油烟排放检测12次，处理数字城管油烟扰民投诉32件，最大程度地避免了油烟扰民案件发生。

（2）持续抓好噪音扰民治理

为有效做好商业噪音、社会噪音及建筑噪音扰民的管控，局党委在抓好白天噪音管控的同时，组建夜间专班，对建筑工地噪音进行管控。2018年以来，根据市民诉求，组织专项整治行动5次；拆除、暂扣市中心城区临街商业门面高音喇叭80余台/个；处理夜间建筑工地、广场舞、KTV噪音扰民300余起/次。

根据省第一环境保护督察组、中央生态环境保护督察"回头看"督察反馈的8起噪音扰民投诉，联合交警部门开展夜间专项"降噪"和"拆喇叭"专项整治行动，散发紧张噪音宣传单200余份；警告夜间随意鸣笛司机12人/次；拆除市中心临街商铺店面违规安装的声响设备209台/个。聘请第三方进行噪音分贝监测取证3次；城区噪音扰民投诉大幅下降，环境噪音扰民问题得到明显改善。

（3）认真做好水源地生态保护

饮用水水源地保护是关系人民群众的饮水安全头等大事，2018年区城管局按照区委、区政府安排部署，积极认真完成长江沿线水源地生态环境保护工作。

一是配合街办铲除菜地。按照《饮用水水源保护区污染防治管理规定》要求，区城管积极主动配合饮用水水源地保护工作，严厉打击侵占、破坏饮用水水源地等一切违法违规行为。今年一月配合街办清理拆除黄石长江二桥江堤外靠近水源地不足2000米违法乱搭建窝棚20间；填埋粪缸60余个；铲除违法私种菜地100余亩。

十月份再对市堤防局院内的江边新开垦的两块约300平方米菜地进行清除。有力制止了违法在江北开垦种菜行为。

二是及时完成码头搬迁任务。按照区政府长江沿线码头搬迁任务安排，区城管局克服人手少、时间紧等重重困难，四月份按时达标地完成大冶有色、港埠、港务局等6个码头、四个驾校的搬迁工作，为长江沿线水源地治理打下了坚实基础。

三是拆除地面硬化设施。在经过严格的政府采购项目招投标流程后，七月区城管局与湖北环宇景观古建有限公司签订了混凝土地面破拆及建筑垃圾清运工程施工合同，开始对肉联码头、鑫利驾校、黄石新航船舶造船厂码头等约4万平方米混凝土地面破拆及建筑垃圾清运工程，并于九月底提前完成硬化地面的破拆和垃圾清运工作。

四是完成领导临时交办的任务。由于种种原因，沈家营码头水源地保护围网的建设和安装工作也交到区城管局手中，局党委不推不叫，立即安排人员接受该项工作，并迅速联系相关业务人员将围网购买和安装到位，安装保护围网 680 米。

此外区城管局还多次安排执法队员配合街办到沿江对违规垂钓人员进行劝阻。

（4）强化建筑渣土管理长效机制

为做好大气污染防治工作，减少建筑渣土对大气环境的污染，区城管局按照"加强建筑垃圾的处置管理，提高综合利用率，切实打击非法倾倒行为"的目标任务。在街办和其它职能部门的大力支持和配合下，采取上门走访宣传、设卡检查和依法查处违规运输渣土车辆等手段，严厉查处乱倒渣土等违规行为，2018 年暂扣违规车辆 5 台；处罚 24 辆；现场批评教育 121 台 / 次。城区车轮带泥、乱倒渣土现象得到有效遏制。

（5）规范生活垃圾渗漏液管理

为进一步规范垃圾中转站渗滤液的收运管理，变"粗放型排放"为"零污染排放"。一是定期对垃圾中转站渗滤液收集池（管道）进行排查，防止渗滤液向市政管网排放。同时建立渗滤液收运全程做台账制度，工作人员全程操作留下签字记录备查；二是对垃圾运输车、收集车、钩臂桶的密封条进行排查，定期对损坏的密封条进行更换，解决渗滤液沿途滴漏问题。

（七）多措并举，促推"创文""迎省运"工作

今年"创文"攻坚和"迎省运"隆重召开是我市的重要工作之一，为做好"创文"和"迎省运"工作，创新城市管理，以全新面貌迎接"省运会"召开和做好"创文"工作，局党委多措并举，多策施治，采取街拍等方式曝光不文明行为，促推文明城市创建工作。

一是开通"文明街拍车"。为不断促进市民提高自律意识，逐步减少不文明行为，为创建全国文明城市和迎接"省运会"的召开，8 月份城管局在一辆执法车上安装警用高清摄像头和专业录像处理软件，对街头不文明行为进行抓拍，对发现的不文明行为进行曝光。

"文明街拍车"上路以来，共抓拍到不文明行为百余次。

二是设立文明曝光台。为将"城管街拍车"将抓拍到市民典型的文明守法善举和一些造成不良社会影响的不文明行为进行公开曝光，区城管局与区"文明办"联合在文化宫后门、万达广场、延安路三个人流量大的地方设立"创建文明城市曝光台"。从而达到营造创卫氛围，培养市民文明习惯和增强公德意识的目的，让文明的种子深植入每个人的心底。

三是打造"创文示范路"。按照"专班推进、专人管理、专项保障、常态坚持"的创文工作要求，为整治好武汉路沿线乱停乱放这个突出问题，将武汉路打造成全市"创文示范街"。区城管局坚持问题导向，成立治理专班，主动作为，积极协调有关路长责任单位上路宣传，联合交巡警持续开展乱停乱放专项整治，逐步形成车辆乱停乱放整治常态化的执法协作机制。

开展武汉路乱停乱放专项整治以来，共开展乱停乱放联合专项整治行动20余次，暂扣各类机动车、非机动车400余台。在持续专项整治下，武汉路沿线车辆乱停乱放现象得到有效遏制。

四是深度清洁迎"省运"。区城管局以创建文明城迎省运会为契机，在市区两级部门正确指导下，全面安排部署市容环境卫生工作，动员全局干部职工履职尽责，主动作为，为促进文明城市创建，迎接省运会的隆重召开提供有力市容保障。

通过近一个月的深度清洁行动，区环卫处共消灭卫生死角65处，清洗路面160000余平方米、站石4200米。深度清洁后的大泉路、迎宾大道等迎宾线路标线更清晰了，树更绿了，以全新面貌喜迎参加"省运会"的八方宾朋。

五是拆除私设地桩。为了更好优化社会经济发展环境，理顺道路管理秩序，夯实"创文"基础，提高城市公共空间利用效率，整治私自圈地侵占公共场地，缓解停车难问题，局党委按照市城管局统一部署，对私设地锁、阻车桩等违法违规行为进行坚决查处，在全区范围内掀起了一次私设地桩圈地占场专项整治风暴。

开展私设地桩专项整治行动以来，区城管局拆除各类私设租车桩57个；铁栏杆23个；各类石墩624个。

（八）建议提案，认真办理共协商

在今年建议和提案办理工作中，我们把区人大代表、区政协委员对办理结果是否满意作为衡量办理工作的重要标准，不断强化责任意识、主动接受监督，促进建议提案办理工作的落实。

局党委坚持提案办理在重点问题上发力，从聚焦领导、聚焦落实、聚焦效果、聚焦满意的"四个聚焦"来抓好落实和办理效果，以及代表和委员的满意度上。

2018年黄石港区城管局共承办区十届人大二次会议代表建议7件（其中独办4件、分办2件、会办1件）；区政协八届二次会议提案8件（其中一件为同一主题），主要涉及城市管理工作中占道经营、乱发小广告、乱停乱放、共享单车管理等城市管理问题，目前已全部完成办理和书面答复，6名区人大代表和9名提案区政协委员对我局办理态度和办理结果表示满意。

（九）着力推进垃圾分类工作

局党委根据环保督查工作态势和群众对生态环境要求，结合城管工作，着力推进垃圾分类工作。

根据全市垃圾分类工作安排，今年主要在黄石港街办的8个社区进行了试点。现在黄石港街办万达社区、大桥社区等8个社区共配备了60个分类收集式垃圾桶，目前运行基本良好。

根据当前垃圾分类的运行情况，区城管局计划下一步建设安装分类垃圾收集箱，进一步完善垃圾分类的硬件设施，建立有偿激励机制，动员更多群众参与垃圾分类工作中来。

（十）厕所革命进展顺利

按照"黄石市厕所革命指挥部办公室"统一安排部署，黄石港区在2018—2020年需完成71座公厕的改造、新建工作任务。其中，2018年计划完成22座公厕的改造、重建、新建工程。

2018年区"厕所革命"专班克服资金少、标准高、时间紧等重重困难，现已全部按照要求开工新建、改造公厕21座，其中天虹公厕以完工并投入使用。重建的五星级新华书店公厕预计12月中旬完工并投入使用。其它计划于年底前全部投入使用。

下一步计划将余下49座公厕在今年底前完成设计及施工招标工作，力争提前完成厕所革命市定工作任务目标。

（十一）环卫市场化改革

根据环卫市场化改革要求，局党委今年加快了城区环卫市场化改革步伐，按照稳妥、有效和循序渐进的要求，先将胜阳港街办作为今年环卫市场化运作的试点。

根据计划安排，将胜阳港街办总面积55.16万平方米范围纳入市场化运作，具体为东至沿江路、南至颐阳路、西至湖滨中路、北至天津路的主次干道和6个社区。包括辖区主次干道（含人行天桥）、背街小巷、广场游园、河港堤坝、公厕、公共绿地、无人管理的开放式小区全部交由市场经营方清扫保洁。

经过多方联系技术测量和投标方，目前已完成环卫市场化作业范围的测量工作，下一将进入市场化招标预备工作，力争年底前完成。

（十二）综治信访，以诚相待化争执

区城管局党委始终牢记和谐稳定是根本大局，坚持做到事前重预防、事中重解决、事后重稳控的思路，有效防范环卫、市容管理、拆违等上访活动和抵制邪教宣传活动。

一是做好群众来信来访。坚持把信访工作作为为民办实事的一个重要载体，一项民心工程来抓。今年以来，局信访监察室共受理群众来访、网上留言、上级督办信访案件200余件，全部按照要求予以办理答复，切实解决群众合理诉求。

二是排查维稳隐患。明确了各层级维稳责任人，对环卫待遇、城管执法中所涉及强制执行时可能发生的隐患进行预判，全面排查，掌握第一手资料，对责任范围内不稳定因素要及时上报分析，采取有效措施化解，对重点人员要取得街办、社区配合，逐一上门入户，落实"五包一"责任，随时掌握行踪，及时报告，及时处置。今年有效化解了环卫待遇、拆违上访矛盾，未发生严重上访事件。

三是清除邪教标语。为提高队员依法维护安定政治环境的综合素质，针对近年来街头多次出现邪教标语、宣传牌等情况，组织学习了全国人大常委会《关于取缔邪教组织、防范和惩治邪教活动的决定》等法律法规。要求队员积极举报或打击邪教组织（人员）从事

秘密串联、聚会、印刷、打（复）印、散发宣传品等犯罪行为。

2018 年城管执法队员发现并销毁邪教标语 100 余条；抓获散发邪教宣传品人员并扭送公安机关 2 人。

（十三）执法安全，坚持制度消隐患

安全是一切工作中的重中之重，为了稳妥做好城管执法管理和环卫作业安全工作，有效防范和坚决遏制安全事故的发生，局党委对安全工作常抓不懈，采取全面检查与重点抽查相结合，自查和互查相结合的方式排除隐患，有效避免安全事故的发生。

1. 强化城管执法安全

按照"安全第一，预防为主"的原则，局党委将城管"721 工作法"切实贯彻到执法一线，对违规当事人以说服教育为主，强制暂扣为辅，着力减少执法矛盾，缓解对立情绪，防患于未然。

另一方面规范执法程序，对一些顽固占道店面必须采取强制措施的，做好全程记录准备，通过拍照、录像进行取证后，立案处理。同时要理智应对有暴力倾向行为，作出判断，暂缓采取强制措施，避免矛盾进一步激化。

2. 严格环卫作业安全

严格环卫各项安全管理制度的执行，指定专门安全检查员，加强设施设备停放场地管理，规范环卫机械设备流传和作业车辆管理，做到证照齐全，不带病上路。认真落实安全作业各项工作责任，把安全责任分解到每个班组，要求环卫工人上岗时必须穿上反光服。将环卫作业安全与绩效考核有机结合起来，做到同部署、同检查、同落实。

3. 把好交通安全关

对所有城管执法车辆和环卫专用车辆进行一次全面的安全排查，及时消除安全隐患。环卫处、各中队、专班驾驶员定期做好车辆检查和维护，进一步防范和降低事故风险。同时加强对驾驶员的交通安全教育，严格遵守交通规则，严禁出现酒后驾车等违法行为。实行违反交规中队、专班负责人与驾驶员同则管理办法，有效减低车辆违章率，确保了行车安全。

4. 加强机关内部管理

为加强夜间办公楼夜间安全保卫，与黄石市精武保安公司签订了防盗安防协议，在办公楼内安装自动设防报警系统，有效保障办公楼的安全。2018 年在办公楼内部增加 10 个摄像头，记录工作人员工作情况，确保各科室的电源线路、设备的处于安全状态，从源头消除消防安全隐患。

（十四）清扫保洁，科学安排保成效

为配合大气污染防治工作，环卫洒水作业打破常规，基本实现"全天候"作业模式，为优化空气质量作出了积极努力。

一是加强洒水频次。将原来洒水趟次由每日3次增加到8次，对部分路段如：大泉路、鄂黄路实行24小时洒水，保证路面常湿，使洒水作业基本做到全时段覆盖。重点加强夜间洒水，当气温低于5度时，将此时段洒水恢复到白天进行，并加强湖滨大道、磁湖路、师院及周边的抑尘治理工作。

二是成立道路冲洗专班。环卫工人利用凌晨12点至6点，对重点路段灰尘带、路面油污实行"错时作业法"，采取"歇人不歇车"的方式进行冲洗，取得较好效果。

三是清洗交通护栏。先后租用和购买护栏清洗车，采取机械和人工结合的方式，对辖区护栏进行两天一次的全面清洗。除凌晨固定冲洗外，每周对护栏脚、各路段重点区域、抛撒路面进行突击冲洗。

四是道路保洁标准不降。环卫清扫保洁人员不减，机械不停，时间不变，力度不减，"一人一厕"管理不松的创卫模式。在条件允许的情况下适时增加保洁机械设备，确保主次干道长期保持干净整洁。

二、存在问题

（一）队伍稳定性差

目前区城管局有正式、协管人员约160人左右，其中正式编制仅有52人（实际49人），绝大多数为协管人员。由于城管工作任务繁重、工作时间长，加上协管人员福利待遇较低，造成人心不稳，大多数协管员做个几个月就辞职，短的甚至做几天就辞职了。队伍长期处于不断招聘的流动状态，这对队伍整体素质提高、规范管理和队伍建设都极为不利。

（二）队伍老龄化严重

在正式编制执法人员中，五十岁及接近五十岁的60%左右，这些老同志在城管大多数在城管干了二、三十年，虽有一定经验，但由于身体毛病多，隔三差五需跑医院，在队伍中所能发挥的作用极其有限。

（三）"背锅"现象严重

在广义的城市管理工作中，城市的管理基本上实行的行政许可、日常监管和违规处罚这上中下游的"三段式"管理，但在实际的城市管理中行政许可部门绿灯长亮，日常监管无人理会，一旦出事则全一股脑丢给了城管部门。例如今年环保督促问题严重的居民区的商业经营所造成的油烟和噪音、未经环评的餐馆酒店等。这些现象不仅反映政府管理水平，也损害了政府形象。

（四）执法手段依旧单一

虽然近些年科学技术飞速发展，智慧城市管理日新月异，但城管的执法手段依旧极其有限，对出店占道经营这种十分常见的违规行为的处罚手段仍然只有靠暂扣物品来完成，这种执法手段极易造成执法人员与当事人的肢体接触，引发冲突，进而影响执法形象。通过政府数字化平台实行数字化管理，利用征信实施行政管理和处罚目前依旧如望梅止渴。

（五）执法经费严重不足

城管由于承担的工作任务多，工作量大，在人员经费和事务经费上都开支较大。特别是今年环保督查执法工作，加大洒水降尘增加用水和油及人工、聘请第三方对油烟浓度及噪音检测以及职工政策调级等各项费用逐年上涨，但由于区城管局的经费渠道实行是市、区双轨制，资金缺口较大，这严重影响执法队员积极性和执法效率。

三、2019 年工作计划

新的一年，新的挑战，2019 年区城管局将继续以习近平新时代特色社会主义理论为指导，围绕全市中心工作任务和打造"四个中心"，建设现代化幸福城区战略，着重做好以下几个方面的工作：

（一）围绕中心服务新经济

深入学习贯彻习近平总书记视察湖北重要讲话精神，认真落实省市区委重大决策部署，为黄石港区抢抓湖北国际物流核心枢纽项目建设机遇，打造航空服务业的集聚区做好服务。

1. 依法查处违法建设。

一是盯紧棚户区。由于历史原因，黄石港花湖地区还有数量不少的棚改区，而棚改区又是违法建筑"疯长"的热点地区，局党委将控违重兵投放在棚改区，将加强棚改区巡控，对历史遗留违法建筑依法进行拆除，同时充分发挥街办、社区人员、地形熟的优势，分工协作，盯死建筑材料进出的蛛丝马迹，做到快速发现，立即阻止，及时拆除，为打造航空服务业的集聚区扫清障碍。

二是守牢居民区。在严格管控好棚改区违法建设行为的同时，不放松对居民区和偏僻地区违建管控和查处，特别是针对新建小区的违建行为，做到发现一处，依法拆除一处。

三是落实好控违责任制。为更好落实控违拆违责任，将进一步完善控违责任机制，落实领导负全责，分管负主责，队员负专责的责任机制，形成违建人人管，控违皆有责的控违责任管理体系。

2. 强化市容管理优化城市环境。

认真贯彻习近平总书记关于城市工作的重要指示精神，进一步提高城市精细化管理水平，全面提升市容环境卫生面貌，打造宜居城市环境，不断增强群众获得感。

一是加强市容管理，通过强化日常监管和突击整治相结合，打造高品质市容环境卫生面貌。

二是抓住关键细节和细微之处，做好农贸市场、校园周边以及"黑色时间"市容管理，不断提高城市精细化管理水平。

三是坚持问题导向，注重在细节上下功夫，切实把城市管理中的短板差距找出来，不断提升服务成效，全面提升管理水平高和城市品质，不断满足人民群众对城市美好生活的向往。

3. 坚持打好"三大攻坚战"

按照市区两级政府要求，坚持打好"三大攻坚战"，继续抓好生态环境保护、阳新龙港镇石下村政策扶贫以及金融风险防范等工作。

一是突出生态环境重点，积极主动开展餐饮油烟、噪音扰民、水源地保护等关系到民生宜居等生态环境治理，不断夯实宜居环境基础，促进城市绿色发展方式和生活方式。

二是通过政策扶贫，精准扶贫，多措并举，组织干部下乡扶贫，帮助石下村搞好环境卫生等，逐步解决深度贫困难题。

三是加大非法小广告治理力度，继续开展对涉及非法集资宣传广告的信息排查治理行动，做到早预警、早控制、早处置，防止风险扩散。

（二）围绕中心深化改革

根据 2018 年环卫市场改革经验，继续加快城区环卫市场化改革步伐和垃圾分类工作，初步形成体制更顺畅、运作更有序的良好态势。

1. 深化环卫市场化改革

一是理清环卫部门职责。彻底改变环卫部门"管干一体"的格局，将市环卫处担负的清扫保洁职责剥离出来，重心调整到辖区环卫保洁日常监督考核上，当好环境卫生专职监管员、裁判员。

二是全域全面推向市场。按照全域全面全覆盖的思路，中心城区范围内公共区域、市政设施清扫清洗和垃圾清运等保洁服务，整体打包推向市场化作业。

三是推行专业化作业。严格准入门槛，真正引入有实力、有经验、管理规范的专业保洁企业。

2. 持续推进垃圾分类

在 2018 年的基础上，总结经验，在资金条件允许的前提下，进一步扩大试点范围，计划再将胜阳港街办纳入进来，并通过提高垃圾分类的硬件设施水平，完善有偿激励机制，动员更多街办和社区群众参与垃圾分类工作中来。

（三）围绕中心管好队伍

队伍建设是执法能力的保障，2019 年将按照城管队伍建设规范化、法制化、军事化、正规化要求，从培训、服务、纪律监督等着，打造一只能力强、能战斗的全能化城管队伍。

1. 进一步强化党建引领

切实履行全面从严治党主体责任，以完善机制建设为关键点，以整治队伍作风为切入点，以服务广大群众为落脚点，以提升党员引领示范为着力点，不断夯实基层党建工作。

一是进一步细化完善"三会一课"等组织制度，从组织生活、议事决策、监督考核、干部管理、组织建设等着手制定系统性规范，实现以制度管人管事，对基层党支部和全体党员明确提出新要求。

二是严格落实中心组学习、民主决策、个人重大事项报告等制度，培育党员干部自我教育、自我约束意识。打造规范统一标准严格的基层组织党内生活"升级版"。

三是深入推进党员引领示范，形成"党员带头，群众参加，全体行动"的城市管理格局，全面营造党建促工作，党建强工作的良好氛围。

2. 持续强化队伍学习培训和管理

一是加强学习和培训。采取举办专家学习讲座、集中学习、集训等形式，重点抓好执法人员的政治理论、法律法规知识学习和执法业务能力培训，着力提高执法队伍的整体素质和业务水平。

二是加强监督管理。结合纪律作风建设，加强对执法人员的管理，严肃工作时间、在岗情况、工作履职及廉洁行政情况进行督查。

三是强化责任落实。深入查找队员在日常行为规范方面存在的问题，从加强队员日常行为规范入手，切实提高队员的综合素质和整体形象。

改革开放 40 年
昌吉市城市管理事业稳步提升

新疆昌吉市城市管理行政执法局

40 年风雨兼程、40 年奋力前行,中国特色社会主义进入了新时代。在历史的滚滚浪潮中,有这样一群人在自己的岗位上默默地贡献着自己的力量。他们可能不那么显眼,他们没有卓著的成绩,但他们像啄木鸟一样轻轻地去除大树身上的小虫,为中国人民谋幸福为中华民族谋复兴而努力着。他们,就是城管人,是一支最能吃苦、最能拼命、最能奉献的热血劲旅。

每当太阳炙烤着大地,连苍蝇都不愿意出来透气的炎炎夏日,昌吉的大街上依然有城管队员坚守在工作第一线,用心维护着城区的市容环境秩序;

每当寒风凛冽刺骨,所有人都钻入暖暖被窝的冬日午夜,仍有城管队员紧裹着大衣站在山顶上密切监视着城区的违法修建;

每当大雨滂沱瓢泼,路上看不着行人和车辆影子的雨天,城管队员还是笔直地站在雨中静静地坚守着的自己的一片小阵地。

这样的每当,说不清有多少个,昌吉城管人用自己无悔的青春,将一身热血抛洒向脚下这片热土。

城市管理综合执法大队机动中队丁兆自工作以来,一直以饱满的热情、严谨的态度、扎实的作风,认真做好每一天的工作。在 2011 年底,她被查出体内患有肿瘤,经多家医院查诊,最后确诊为恶性淋巴癌,并已扩散,在家人、同事的照顾和帮助下,经过 4 次大手术、6 次化疗、70 次放疗后,身体虽然还未完全康复的她,没有听从单位领导和同事的劝告,拒绝回家休养,坚持回到工作岗位、回到集体的怀抱当中。她向同事们说到,苦也好,乐也罢,城管事业是我们的选择,我们的工作直接关系到民生,这个工作等不得,要时刻心系人民、热情服务,不能有丝毫的懈怠之心。在工作之余,她还要抽出时间去医院做透析,这种对工作高度负责的态度以及爱岗敬业的优良作风感染并感动着身边的每一个人。在此期间,她的父亲因承受打击太大,脑淤血倒地导致瘫痪,生活不能自理,丁兆每天用自己柔弱的身体将父亲从床上抱上抱下、喂饭洗澡、接屎接尿。2014 年被昌吉市评选为最美昌吉人形象大使,2015 年父亲离世后母亲又瘫痪在床,多年来,身体并未痊愈的丁兆任劳任怨，又肩负起了照顾母亲生活起居的重担，在多方专家的治疗和手术后，瘫痪了一年半的母亲已经能站立，日子也越过越好了。就是这样一群平凡朴实、默默坚守在自己岗位的人，无怨无悔地拼搏在城市的大街小巷，造就了整洁有序的市容环境，他们没有豪言壮语，有的只是朴实无华的言行。

通过一代代城管人的努力，如今的昌吉市，城市基础设施不断完善。环境卫生保洁持续推进，市区 1266 万平方米道路采取人机结合、道路一天两扫、错时保洁、洗扫车和高压清洗车联合作业模式作业标准达到"六净四无"，城区环境经历了从杂乱无章到整洁有序，同时，"以雪为令、下雪即扫、雪停即净"、安全第一、快速清除的总体工作要求，对清雪设备，人员队伍，后勤物资供应到路段划分，人机衔接配合开展清雪工作，对市区各主要街道积雪在第一时间进行清理。城管执法力度不断加强，从整治市容环境秩序入手，以抢先一拍、快走一步的精神状态，突出重点，紧抓落实，实现了从占道经营到门前三包、从被动管理到主动服务、从末端执法到源头治理的美丽嬗变。景城绿化互动继续提升，通过安装木艺围栏、实行见缝插绿、种植盆栽绿植、搭配时令花卉、打造微景观等措施，2018 年城区实现新增绿地 2799 亩，绿地面积达到了 2215.54 公顷，覆盖率 39.79%，绿地率 35.35%，人均公园绿地面积 12.3 平方米，城市绿化由粗放型向精细化、品质化升级。此外，市政养护管理更加精细、公园广场舒适度不断提高，建立供热监管信息化平台，强化供热监管，通过昌吉市城市管理指挥中心调度指挥作用，充分发挥城管服务热线 12319 的作用，加强监管，全面督查供热进程及市民供热反映情况，协调各供热企业快速、及时、高效处理，确保了今冬明春供热保障工作正常、平稳、安全、有序开展。城管人长期以来坚持以人民为中心的发展思想，持续抓好各项薄弱环节的综合整治，以辛勤地付出，换来了城市街区干净、空气清爽、秩序规范、文明和谐。

涓涓细流汇成奔腾长江，风潮汹涌，自当扬帆破浪。新的时期，新的希望，新的远航。新时期的城管人将满怀城管情，严格执法，科学管理，热情服务，积极开展集中专项整治行动，加快重点领域智慧城市信息化建设，全力做好市容环境卫生、园林绿化、市政设施等方面的工作，进一步提高城市精细化管理水平，力争打造有特色、有亮点、有品位、高品质的州府城市，全面提升城市的形象和气质，不断增强群众获得感、幸福感。

打造精品园林 彰显老区特色

——金寨县创建国家园林县城做法

安徽省金寨县城市管理综合行政执法局

金寨县地处大别山腹地，鄂豫皖三省结合部，总面积3814平方公里，总人口68万，被誉为"红军的摇篮、将军的故乡"。为改善城市环境，提高群众幸福指数，2015年以来，我们按照"显山、透绿、蓄水、顺势、见花、飘香"的总体要求，全力开展了园林县城创建工作。现城区绿化覆盖率41.31%，绿地率39.13%，人均公园绿地面积19.09平方米。2017年成功创建"国家园林县城"。

一、主要做法

（一）突出重点、规划先行

坚持以公园绿化、道路绿化、小区绿化为重点，大力增绿扩绿，积极打造城市精品园林，县城绿化质量、品位全面提升。一是精心编制绿地系统规划。充分利用县城依山傍水的自然条件，以县城周边森林植被为基调，以史河、东干渠、洪家河为纽带，以街区庭院绿化为点缀，突出"山、水、城、林、园"交相呼应的城市风貌特色，着力构建"一心两带、三环六楔、园廊结合、绿道串城"的绿地系统，编制了县城市绿地系统规划、城市绿道系统规划、城市绿线生物多样性保护等规划，积极打造青山环抱、绿水长流、自然和谐的山水园林城市格局。二是全面加快城市公园建设。充分利用自然优势，先后建成二龙岗公园、栖凤公园、东干渠景观带、洪家河景观带、桂花公园等多个城市公园、游园，初步形成了设施齐全、特色鲜明、分布合理、相为补充的城郊一体化公园绿化系统。三是着力完善道路绿化配套。坚持道路建设与绿化同步、绿化更新与改造结合、植物配置多样性与独特性统一，新增了新江路、东干渠、二龙岗等绿道建设，完善相应标识标牌、休闲座椅、停车场等配套设施。四是广泛开展单位小区绿化。大力实施"拆墙透绿、退硬还绿、见缝插绿、垂直造绿"工程，推动内部庭院绿化与外部街道绿化有机衔接。先后完成县检察院等多个单位拆墙透绿工程，建成金寨一中、县财政局等一批园林式单位。

（二）因地制宜，彰显特色

金寨是一片红色土地，有"绿色氧吧"之称。国家园林县城创建过程中，我们突出绿色、红色两大基调，着力彰显与众不同的城市园林特色。一是实施"桂花工程"。为继承和弘扬老区精神，再现金寨"八月桂花遍地开"革命歌曲传唱盛景，我们把桂花定为"县树"，在全国收集100多种适合金寨生长的桂花品种，相继在城区的红军大道、梅山湖路、江徐路绿化带中大量栽植，将史河路打造成清一色的"桂花大道"，在新城区建成占地25公顷的桂花主题公园，并在该公园"桂子月中落"广场设置了中国首创、亚洲第一的雕塑网红"月亮"，每天吸引了大量省内外游客。二是实施"映山红工程"。将映山红定为"县花"，在全县各乡镇和城区红军大道、新江路、金顾路、江徐路、梅山湖路等主干道和二龙岗公园大量栽植，并专门命名和建成了一条穿城而过的"映山红大道"，打造独特的红色旅游景观。

（三）完善机制，建管并举

按照"政府主导、市场运作、建管并举"的思路，着力推进园林绿化的科学化、规范化、法制化建设，注重建后管养，确保长久发挥效益。一是健全建管机制。出台了《金寨县城市园林绿化管理办法》《金寨县古树名木管理办法》等规范性文件，大力保护古树名木、自然景观；严格执行工程建设项目中的园林绿化规定和要求，加大园林绿化法律法规宣传力度，加强执法队伍建设，全力抓好园林绿化执法管理工作，有效杜绝了侵占绿地、破坏绿化成果的行为。二是创新管养方式。将城区道路绿化、公园、游园纳入市场化管理，推进"管养分离"。主管部门制定完善管护标准，健全考核制度，强化日常监管，使城市园林绿化管养水平明显提升。三是狠抓综合管理。创建国家园林县城是一项系统工程，我们在积极增加绿地覆盖率的同时，又大力实施违建拆除、市政设施完善、城区污水处理、夜景亮化改造、市容环境卫生整治、交通秩序治理等工程，使城市环境明显改善，城区大气环境质量保持在国家二级标准以上，城区生活垃圾无害化处理率达100%，污水处理率达95.86%。

二、工作成效

（一）城市园林景观风格突出

通过城市公园、道路绿化和特色园林的打造，县城建成区道路绿化普及率达95%，达标率82%，新建庭院绿地率达35%以上，建成了"出门见绿，千米见园"的城市景观，突出了一街一树、一路一景的园林风格，实现"城在林中、园在城中、人在景中"的创建目标，满足了广大群众的休闲需求，使城市宜居度和市民群众的幸福指数不断提升。

（二）干部群众道德素质提升

全国园林县城创建点多面广，工作千头万绪，通过严格落实各项创建措施，全县上下形成了相互协调、相互支持的干事氛围，养成了只争朝夕、奋力拼搏的创业精神，锤炼了一支能干事、想干事、干成事的干部队伍，厚植了广大市民"保护生态环境、建设美丽家园"

的道德情怀。

三、几点体会

（一）坚持"创园"工作高位推动

为确保国家园林县城创建工作顺利推进，县委县政府成立了县长任组长、分管县领导任副组长、20 多个涉及单位主要负责人为成员的创建工作领导组，制定了创建方案，明确了创建目标，将创建任务层层分解，形成了齐抓共管的强大合力。通过多种方式广泛宣传园林县城创建工作的重要意义，营造了创建工作的浓厚氛围。

（二）坚持"创园"工作全民参与

积极开展全民义务植树活动，每年植树节期间组织县领导和机关、企事业单位干部职工以及广大市民，进行大规模的绿化造林活动。近年来，全县完成义务植树 30 余万株，成活率 95% 以上，适龄公民义务植树尽责率达 90% 以上。积极开展各种群众性绿化活动，采取共建、捐建、认养、认管等形式，发动全社会参与城市绿化，不断加快园林县城创建进程。

（三）坚持持续投入"创园"资金

大发展必然有大投入，近年来，我县先后投入 7 个多亿资金用于园林县城创建工作，其中用于公园建设 4.5 个亿，用于绿道建设 1.5 个亿，用于小区绿化 1 个亿，其它绿化工程 0.4 个亿，每年用于管护投入在 1000 余万元。

尽管我县在创建国家园林县城过程中做了一些工作，但与上级的要求和兄弟单位相比还有一定的差距，我们将以习近平新时代中国特色社会主义思想为引领，以创建全国文明城市为契机，进一步发扬老区革命精神，加强城市建设管理，以百倍的努力来完成历史赋予我们的使命！

以绣花之功 推进安徽第一路迈向精品时代

安徽省合肥市庐阳区城市管理委员会

从上世纪的"羊肠小道"到如今的大路通途；从合肥前大街蝶变为"安徽第一路"……长江中路每一次华丽转身不仅是设施建设的完善，还有管理水平的提升。

在老城更新的大背景下，今年长江中路完成了近年来最大的一次升级改造。改造后，区城管委牵头，协同交警、市政等部门，以精细化为目标，下绣花功夫，全面提升长江中路管理水平，推进长江中路迈向精品时代。

创新机制破解共享单车停放难题

数量无限制疯长、车辆无序停放的共享单车，严重影响道路通行与市容秩序，也成为长江中路的一大管理难点。为此，区城管委多次召集共享单车企业相互沟通，推行"分片包干、统一维保"制度，共同维护好共享单车运营规则。"银泰中心共享单车已清理好。"12月3日上午9点多，区城管执法大队中队长李源的手机微信里，不时地发出类似的消息提示音。

消息的来源，是一个名为"长江路精细化管理群"的微信群。"这是专门为了长江路精细化管理建的群，成员已有100多人，范围从区领导到各公司的单车维保师傅。"李源介绍，如今，长江中路上的共享单车分成两段维保，以徽州大道为界限，以东是"哈罗"负责，以西是"摩拜"负责，所有共享单车按照"同牌规整、线内停放、朝向一致"原则规范停放。此外，区城管委每天安排专人定岗巡查，确保共享单车停放有序。

自开展共享单车整治行动以来，共规整各类单车4万余辆，暂扣严重影响交通和市容秩序的共享单车1万3千余辆。

细致保洁干净到每一个角落"末梢"

作为城市枢纽的长江中路，车流量大、人流集中，道路沿线有多个学校、大型商业综合体等，环卫保洁工作任务繁重。为此，区城管委按照现有标准120%的比例对长江中路清扫保洁人员、车辆、作业频次进行上浮调整，加大深度保洁力度。

"我们将长江中路划分为16个路段，共配备46名保洁人员负责白、夜班全覆盖作业。"区城管委负责人介绍，保洁人员除对常规路段保洁作业外，还对沿线的三座地下通道、一座人行天桥，所有果皮箱、绿化带、护栏及广告牌等公共设施进行全面清洗。

区城管委采用人机结合的清扫保洁模式开展长江中路保洁工作，实现大小机械、人机无缝配合。实行"夜间水洗、白天降尘"，水洗作业每天快车道不少于1次，人行道每周不少于2次；白天洒水喷雾保湿每天不少于5次。人工作业实行"两扫全保"，一天2次普遍清扫，其他时间为巡回保洁。

规范停放非机动车停靠畅通有序

长江中路商场林立，但机动车停车位紧张，非机动车出行成为很多市民到此逛街的首选，可随意停放的非机动车也给长江路带来管理难题。为此，区城管委在长江中路开辟33块非机动车停放区，停放区突出性格色彩，有助于引导非机动车使用者的养成规范停车的习惯。

在工商银行、百大CBD、新华书店等8个重要节点，区城管委因地制宜制定非机动车停放管理标准，具有疏导条件的区域，设置非机动车停放引导牌；不具备疏导条件的，合理划定停放区域；在靠近公交BRT站台、学校等区域的道路两侧增设护栏，杜绝行人破坏绿化带、穿行机动车道的行为；在道路中间护栏选定合理位置设置开口，疏导非机动车掉头，减少逆行现象。

智慧管理从严整治违法行为

我区还加大人员投入、明确管理责任，依托城市管理智能勤控系统严格管控长江中路市容秩序，打造美观有序的城市风景线。

紧盯路面主战场，加大警力投入，进行全时段全路段巡回管控提升长江路交通秩序管控效应。同时，运用监控、电警和卡口系统等智能化设备，实行视频巡逻、定点执勤、路面巡控相结合的互动勤务机制，全方位采集、处理交通违法行为。

将该路段按社区责任范围划分8个网格路段，实行包保责任制，每个网格路段除原有网格管理员外，安排至少1名城管执法人员定岗巡查。重点加强高峰时间段交通路口、地铁口、商业广场等敏感区域的管控。

同时，为城管执法队员全部配备新式智能执法记录仪，利用智能勤控系统采集、跟踪长江中路城市管理案件。截至目前，已利用勤控系统派发并解决长江中路智能城市管理案件300余件。

"软硬并重、内外兼修"。在硬件改造提升后，我区还将继续下大力气、花大精力，持之以恒地当好"管家保姆"，助力"安徽第一路"怀历史底蕴、显现代品位，绘就出一幅3000米长的秀美新长卷。

为了城市更加洁净有序
——康保县城乡管理行政执法局工作纪实

河北省康保县城乡管理行政执法局

近几年，我县城市管理工作在县委、县政府的正确领导下，在市城市管理行政执法局的关心指导下，始终把改善县城区市容环境作为开展城市管理工作的出发点和落脚点，紧紧围绕创建省级园林县城和文明县城工作重点，开展了以"占道经营、垃圾围城、乱贴乱画、露天烧烤、马路私屠乱宰、道路拥堵、绿化缺失"等为重点的专项治理活动。经过努力，县城区环境卫生明显改善、占道经营现象得到有效遏制、户外广告进一步规范，沿街叫卖、小喇叭扰民全面禁止，实现了县城市容环境卫生和城市管理水平的跨越式提升。在市城管委组织的城市管理绩效评价考核中，连续两年 C 类县排名第一。

一、围绕县城创建，开展县城容貌集中整治
（一）狠抓治理，优化县城市容环境

为不断提高县城环境质量，切实改善人民居住环境，我们把城市管理工作作为最大的民生工程，用强有力的举措把这项工作真正抓好。

1. 集中开展"双违"整治。在县委、县政府的坚强领导下，我局联合住建、国土、公安等多个部门，在 2017 年拆除违建 21.34 万平方米的基础上，从 2018 年 4 月 19 日起，对全县排查出的违法建设进行了集中拆除。短短两个月，共强拆 372 户，自拆 216 户，拆除违建总面积 48600 平方米；拆除 2015 年、2016 年棚改区烂尾工程 769 户，有力地配合了棚改房屋征收工作。如期实现了双违建设动态"清零"目标。特别是对海悦宾馆、众旺家具店、康远汽贸和杂粮市场等处上千平米、影响力大、社会反映强烈的难啃的"硬骨头"进行了强制拆除，形成了强大震慑，拆出了公平正义，拆出了政府公信力，赢得全县广大人民群众的一致赞誉。

2. 强力开展私设广告整治。严格户外广告审批，规范公益广告设置，加强统一管理，禁止悬挂过街宣传横幅，杜绝经营门店一店多牌和玻璃贴字行为；规范门头牌匾设置，以永安大街和建设大街为试点，按照"统一规划、一店一牌、尺寸合理、安全美观"的原则，投资 200 多万元、改造门店牌匾 5356 延长米。全面治理违规广告，共拆除无主户外广告 26 处，

更换杂乱无序、层次不齐的广告招牌 20 处，更换老旧破损招牌、错字广告、缺字牌匾 11 处；设置便民广告张贴栏，方便居民发布广告信息，对乱贴的小广告做到及时发现、及时清除，共清除小广告 36000 多条，确保城区主次干道基本无"牛皮癣"。

3. 持续开展占用道路整治。协同县交警队多次组织开展交通秩序整治行动，严厉打击乱停乱放、不按交通信号行驶和酒驾行为，共查处违法车辆 270 多人次。加快城区停车场建设，在东热力公司西侧空地建成停车场 1 个，原停放在张文营路口（农发行门前）、草市街路口的一切不卸车建筑材料交易和货运出租车辆及施工出租机械全部退路进场，集中到该停车场停放。县工商、畜牧、交通、城管部门联合开展了多次马路私屠乱宰集中治理，工商局底商等多处马路私屠乱宰行为现已全部取缔。通过整治，逐步改善了县城区道路拥堵问题。同时，投资 11 万元，将政府西侧早市向北延伸扩建，平整、硬化场地 11300 平方米，建护网 300 米，所有经营摊点全部入市经营，有效地缓解了周边居民出行拥堵问题。

4. 全面开展"小喇叭"扰民整治。沿街流动摊贩使用小喇叭叫卖兜售商品，干扰了广大居民的日常生活和休息，市民十分反感。为给广大市民一个宁静舒适的生活环境，多次对建成区范围内使用小喇叭叫卖扰民现象开展专项整治。通过整治，县城区全面杜绝流动摊贩用高音喇叭沿街叫卖行为。

二、创新发展，推行县城环卫作业企业化管理

1. 开展背街小巷、垃圾围城治理。抓好环卫清扫队伍管理，严格清扫时间和保洁要求，确保主次干道干净整洁。在全县范围内多次开展环境卫生集中治理活动，共整治巷道 35 条，整治暴露垃圾点、垃圾死角 36 处，清除白色污染 9 处，清除康河内冬季积存垃圾 220 余吨，清理杂草枯枝、石块、果皮纸屑、土方等各类杂物垃圾 5650 吨。加大机械化作业水平，环卫作业机械化清扫率达到 81%。

2. 实施环卫作业企业化运行管理。县城主要街道的清扫和城区垃圾清运是一项长期而又艰巨的任务。为全面改善康保县环境卫生质量，加快推进城乡环卫一体化，县城管局经充分调研，2016 年 8 月，经县政府批准，通过公开招投标，投资 569 万元完成县城区环卫作业企业化运行项目实施。经过两年多的运行，效果很好，街道脏、乱、差及垃圾成堆现象不见了，街道清洁了，城市变靓了。

三、打造亮点，推进精细化管理示范街道建设

从 2017 年起，我局以"强基础、转作风、树形象"专项行动和文明县城创建活动为契机，以县城主要道路、商场超市、校园周边等重要节点为重点，确定建设西街为精细化管理示范街道。该大街东起人保财险，西至武装部路，共 1900 米，与县城迎宾路十字交叉，是县城的出入口。道路两侧分布着聚方源酒店、欣阳大酒店、康美超市、城关小学附属幼

儿园和住建局、林业局等多家商厦和县直单位。该街道列为城市管理严管街道，严禁一切摆摊设点行为。全路段实行网格化管理，分段责任到人，执法队员不间断巡查，并在每月开展一次集中整治，形成常态化管理，确保管理成效，打造康保县城最靓丽街道。

四、开展农村生活垃圾治理，助力脱贫攻坚

1. 清理积存垃圾。从2018年6月4日开始，对全县15个乡镇585个自然村村庄内及周边多年积存垃圾进行集中清理，共清理积存垃圾951240吨，做到横向到边、纵向到底，不漏一村一户，彻底消除盲区和死角。

2. 建立保洁队伍。各村结合村庄实际设立公益岗位，把70周岁以下具备劳动能力且长期在本村居住生活的建档立卡贫困户聘用为村庄保洁员，做到乡与乡、村与村之间无缝衔接，定人定岗定责。

3. 配置环卫设施。使用环保资金3063万元，在14个乡镇政府所在地统一建设垃圾转运站，水冲公厕各一座；并为100个行政村购置果皮箱840个，垃圾桶3145个，垃圾清运收集车21辆，洒水车2辆，吸污车4辆。使用整合资金649.9万元，购置垃圾桶6690个、人力保洁三轮车714辆、电动保洁三轮车700辆，日前各类环卫设施配置全部到位，确保所有村庄环卫设施全覆盖。

4. 建立长效机制。为强化农村生活垃圾长效治理，组建了专项考核组，定期或不定期对农村生活垃圾治理工作进行检查考核。从9月份起，县城管局抽调人员，分成5个考核组，对全县15个乡镇所有村庄逐村进行了检查考核。并以《简报》方式定期公布。

五、保障赛事，展示城管队伍优良作风

近几年，我县连续举办了张家口·康保草原国际马拉松赛，二人台优秀剧目邀请赛、东盟十国青少年文化交流活动、康保草原国际风筝友谊赛、遗鸥摄影周和"恋人花"文化生态旅游嘉年华等大型活动和赛事。这些活动既是对我们环境服务保障工作的一次全面检验，也是促进县城环境容貌整治工作提质提效的一次契机。

2016年马拉松赛开赛前一天晚上，局长袁占斌的亲自带领下，全局多名骨干配合，分头负责落实，先后出动环卫一线工人30余人，扫街车和垃圾清运车4台，奋战一昼夜，对县城内赛道及其两侧和马路牙进行了全面清扫，真正做到了赛道一尘不染。19日全体环卫工人不顾一夜劳累，连续奋战，继续参加了开赛期间的全天候保洁工作，对扮靓县城，确保赛事圆满成功做出了极大贡献。

2017年8月8日到10日，康保国际草原风筝友谊赛在康巴诺尔大草原隆重启幕。新任务，新挑战，按照县委、县政府和大赛组委会的工作要求，局领导首当其冲，深入工作第一线，及时准确把握上级意图，精心组织和认真落实每项工作的细小环节。8月7日，在停车场搭建 5 座临时公厕的过程中，由于山头上地形复杂，施工难度大，时间紧，为了不影响活动期间使用，局领导同 6 名环卫工人连续工作 12 个小时，至深夜 2 点全部搭建完成。此时，许多商家已陆续进入大赛会场。为了维持好场内秩序，他们不顾整晚的疲劳，带领城管执法队员又投入了新的工作。

安丘城管在全省率先推行"非接触性"执法
破解城管执法冲突难题

山东省安丘市综合行政执法局 李校丽

为有效规避城管执法冲突、破解城管执法难题，安丘市综合行政执法局在学习借鉴浙江等地先进经验的基础上，结合实际，聚焦难点，对症下药，在全省率先推行城市管理"非接触性"执法工作，实现了城管与摊贩与"零冲突"，执法效率大幅提升，城市管理顽疾也迎刃而解。目前这项改革举措已经被列入潍坊市和城管局安丘市委立项的6项改革项目。2018年11月份，山东省住建厅领导来安丘调研该项工作，给予充分的肯定，要求安丘城管再接再厉，大胆创新，探索出一套在全省可复制、可推广的经验。

一、推行"非接触性"执法的动因

城市三分建、七分管。习近平总书记强调，城市管理搞得好，社会才能稳定，经济才能发展。但是近年来，随着城镇化进程的持续加快和城市人口的不断增多，城市管理的难度越来越大，城管执法取证难、处罚难、风险高，暴力抗法事件时有发生，城管执法陷入"两难"的尴尬境地。据不完全统计，2016年全国城管领域发生暴力抗法事件168起，有7名城管人员因管理对象暴力抗法导致死亡；2017年全国城管领域共发生暴力抗法事件373起，重轻伤292人，城管人员牺牲6人。暴力冲突呈逐年上升趋势，伤亡人数也在逐年增高，城管已经成为高危行业。如何减少城管执法冲突、提高城管执法效率，已成为城市管理的一个重要课题。

城管执法"两难"问题在安丘也普遍存在。前几年，针对城管执法瓶颈，安丘城管探索实行了徒步执法、雷锋式城管服务等创新举措，但城区流动摊贩占道经营、店铺跨门经营等"老大难"问题仍然屡禁不止、难以监管。非法商贩漠视执法、我行我素，占用公共资源、损害公众利益，城管执法人员要么束手束脚、束手无策，缺少强有力的执法手段，要么一管就难以避免发生冲突。善除害者察其本，善理疾者绝其源。为从根本上破解城管执法"顽疾"，安丘城管深入研究城管执法的难点、堵点、痛点，积极借鉴浙江等先进地区经验，从2018年6月份开始，探索推行了"非接触性"执法。

二、推行"非接触性"执法的做法

"非接触性"执法，主要分为三步实施：第一步，执法人员利用信息技术手段获取当事人违法事实的证据材料，形成当事人"零口供"下的完整证据链；第二步，采取留置送达或邮寄送达等方式完成"零接触"下的告知程序；第三步，通过法院非诉执行，保障行政处罚案件执行到位。对未按时缴纳罚款的当事人，协调银行实行强制扣款，并将其"不良记录"列入个人征信系统。通过一系列创新性措施，有效提升执法权威和执法效能，预防减少城管执法矛盾和冲突。

一是精准取证，信息化支撑。组织城管执法人员对城区流动摊贩、沿街商铺、建筑工地、渣土运输车辆等开展调查摸底，采集当事人（法人）姓名、身份证号码、联系电话、文书送达地址等主体信息，分门别类录入办案系统。截至目前，共对城区有违章行为的162个沿街商铺、127个流动摊贩、11处建筑工地等进行了规范化登记，实现档案管理信息化。同时，加强数字城管指挥中心建设，对城区210个监控探头进行维护改造，在城区建立了一张全天候实时在线监控网，依托数字城管平台，利用视频监控资源，及时发现违法线索，获取事实证据。为了共享技术资源，形成合力，安丘市委市政府在完善顶层设计的大框架下，协调公安、法院、市场监管等部门共同参与，为城管推行"非接触性"执法创造条件。利用公安机关人脸识别系统查验不提供身份信息的人员；与交警共享车辆信息，查验违章车主，获取违法当事人的主体信息。市场监管部门依法提供违法当事人的法人主体信息，从而实现精准打击。对存在执法冲突、拒不整改、顶风而上的单位和个人，全部记录在案，录入信息库。

二是建章立制，规范化办案。制定印发了《推行城市管理"非接触性"执法的指导意见》《视听资料证据收集规范》《"非接触性"执法5个经典案例》等文件，对"非接触性"执法办案各个环节和流程进行全面规范。重点推行"三个一律"标准化执法：即投诉处理一律遵循规定动作，现场执法一律开启执法记录仪，争议认定一律附上全程录像。为城管执法人员维护更新执法记录仪等取证设备50台，对所有执法过程进行实时录像，实现了全记录留痕和可回溯管理。整个执法过程执法人员全程开启执法记录仪，邀请第三人现场作旁证，并且采取第三人证人证词，确保准确还原当事人违法事实和现场情况，及时固定违法证据。

三是以人为本，人性化执法。实行"一次劝说、二次警告，三次执法"：第一次发现违法行为时，获取违法主体的具体信息，表明对当事人首次违法的宽容，责令自行改正；第二次时，签订《送达地址确认书》，对当事人的违法行为提出告诫、警告；第三次时，启动"非接触性"执法办案程序，制定行政处罚告知书和行政处罚决定书，通过邮寄或留置方式送达当事人。

四是多方联动，法制化保障。建立城管与法院协同执法机制，对逾期未履行行政处罚决定的当事人，向法院申请启动"非诉执行"程序强制执行。积极做好与法院对接工作，把好证据采集、违法当事人主体认定等关键环节审查关，形成证据链后，适时启动法院"非诉执行"办案程序，确保了案件执行到位。城管部门在法院行政庭派驻联络员，配合法院部门对"非接触性"强制执行案件审理工作。通过部门联动执法，极大提高了执法效能，保障了执法顺利实施。

三、推行"非接触性"执法的成效

在传统执法情况下，由于缺乏完整的证据，无法形成有效案件，如果当事人拒不配合调查取证、履行义务、缴纳罚款，城管执法人员就难以顺利完成办案流程。特别是在扣押拒不改正的占道经营物品和查处露天油烟烧烤时，很容易激化矛盾，引发现场执法冲突。"非接触性"执法不在现场扣押，只是固定证据，通过立案对违法行为人进行处罚，达到警示或改正的目的，可以有效地破解"执法冲突"这一难题，解决城管部门任务多、人员少、冲突多以及误解多、理解少的普遍性难题。

一是执法冲突明显减少。实施半年以来，已对103户屡劝不改的店外经营、占道摊点"钉子户"启动了"非接触性"执法办案程序，未发生一起执法冲突。其中有39家业户在办案初期就主动整改，达到执法目的，取得良好效果。永安路佳乐家附近一蔬菜摊贩影响路人通行，城管执法队员多次劝说无效，推行"非接触性"执法后，对其下达《限期改正通知书》，讲明执法程序和后果，该摊贩意识到违法后果的严重性，自行搬离。

二是执法效率大幅提升。通过实施"非接触性"执法，一线执法力量人手不足的困境得到了有效缓解，并且减少了执法盲区，让住建部倡导的城市管理"721工作法"中"10%的问题用执法手段解决"得到了更好落实，实现了城市精细化、高效化、科学化管理。安丘市向阳路与永安路交叉口西南角原有一对夫妇占用人行道经营水果摊，多次拿斧头威胁城管执法队员，通过实行"非接触性"执法，实施行政处罚，该摊主搬离，市民拍手称快。

三是执法程序更加规范。执法人员按程序固定证据，执法办案，从原先的一味查封、扣押，转变为以信息技术手段依法准确还原当事人违法事实和现场情况，提升了规范执法、文明执法水平，城管队伍形象实现较大转变。

四、推进社会信用建设。通过打好"非接触性执法＋社会信用惩戒"组合拳，倒逼商贩个人和企业强化守法意识，推动安丘市社会信用体系建设。

借助城管改革新机遇　构建工作运行新格局
加快建立城市精细化管理目标体系

黑龙江省同江市城市管理综合行政执法局

按照上级的部署和指示精神，2017年同江市城管执法体制进行了有效的改革，我局借助并抢抓这一机遇，着力构建适应新时代的工作运行格局，努力提升城市品位，在开展城市精细化管理工作方面取得了初步实效。

一、以深化城管执法体制改革为契机，实施精细化管理弥补城市管理短板

2017年在市委、市政府的正确领导下，市城管局的精心指导下，同江市城管执法体制改革基本完成了上级要求的改革任务，将隶属于住建局的市政、园林等单位划转到城管执法局，并对机构进行了综合设置，得到了佳市、省和国家行业主管部门的肯定。我局借助这次改革机遇，围绕城市精细化管理这一核心，在充分调研的基础上，找准城市管理短板，形成了弥补城市管理短板的内容、标准和策略，在市容市貌、市政建设及维护、环境卫生、园林绿化、户外广告、露天烧烤、占道经营、私搭乱建、垃圾清运及处理、雨污排放、乱贴乱画等方面，都不同程度地存在着管理机制不健全、制度不规范、责任分工不明确等问题，对此，一是在共性问题上，对环境保洁、市政设施管护、园林绿化、乱贴乱画等方面制定了网格化管理机制，结合所属单位的工作特点，将城市设定为若干个网格，每个网格辖区设置一名队长，按照工作量不同设置若干名工作人员，实行定人员、定区域、定任务、定标准、定时限、定奖惩"六定"管理，规范了管理标准和流程，实现了"无缝化"对接。比如，我市道路清扫保洁以南北方向的通江街为界分两个片区，又以东西方向的平安大道、大直路、幸福路、沿江大道4条主路为界分为6个网格。东西片有负责人，每个网格有组长。清运队按社区划分为9大网格，保证了市区垃圾日产日清，清运率达95%以上。二是在个性问题上，针对不同的问题和特点进行施策。在露天烧烤、占道经营、满街跑满街摆、私搭乱建、垃圾清运及处理、雨污排放等方面表现出的不同特点，我局结合社区划分设置了7各执法中队，实行网格辖区综合管理和市场化运作管理。为强化管理手段，2018年初市政府投资30万元为执法中队配备了执法记录仪、摄像机、照相机、电脑等执法装备，实行执法全过程记录，保证问题及时发现并按程序快速处理。比如，在整治城市乱象方面，今年 6 至 7 月间，结合中央环保督查的要求，我局建立了应急处置方案，共取缔露天烧烤71 处，其中扣押烧烤炉具 8 个，取缔小煤炉、炭炉 13 个。督促整改渣土车覆盖防尘 18 台，治理临街裸露残土 22 处，清理破损牌匾广告 14 块，扣押音响、小喇叭 23 个，整改夜间施工噪音 4 家，整改工地破损围挡 5 处，治理废品收购站点 5 家。2017 年以来对违建坚持防控与强拆相结合，实施"零容忍"问责管理，共强拆、助拆违建 31 处 4930 平方米。在市场化运作方面，对流动商贩治理按照疏堵结合、体现民生的原则，吸引社会资本在中心路与繁荣街交叉口西侧和中心农贸市场东侧建设了 2 处临时便民市场，将大部分流动商贩集中到此处；污水处理通过市场化运作，委托哈尔滨市北方环保公司运营管理，实行部门和承接主体管干分离的管理模式，科学制定专业化作业标准和服务外包管理办法，从专业技术上保证了污水处理程序和监测的规范。三是整章建制，强化督查。机构改革我局设置了执法督查室，负责对各单位在管理或执法工作中出现的渎职、违规、违法等问题进行不定期和随机检查，发现问题按照相关规定给予处理。2018 年约谈执法人员 3 人，辞退一线工人 2 人，扣发一定比例工资的一线工作人员 3 人，通报批评 1 人。各有关基层单位也建立了巡查机制，比如环卫处成立了稽察队，建立了严格的日常巡查制度，检查人员负责检查、督促市区公共路面的清扫、保洁和垃圾清运情况，消除卫生死角和可视范围内的白色垃圾。同时通过检查掌握人员的出勤、劳动纪律、任务完成质量等情况，发现问题及时联系保洁人员，第一时间整改到位。

二、明确工作责任分工，完善考评奖惩机制

年初，形成了年度工作要点，并以文件印发到相关单位，为明确工作任务、目标和完成时限，局长与副局长、副局长与所属单位及科室、中队负责人签订责任状。按照责任状的约定，实行周汇报、月考核、季奖惩、年总评，对工作表现优异的单位、个人给予通报表扬，对行动迟缓、规定时间内没有完成任务的进行通报批评，对问题突出的启动问责程序，切实做到身在岗位就要担当权责。因工作任务、责任明确，严格实施奖惩机制，各单位都能够履职尽责。2018 年我局承担市委市政府 20 个建设项目，各单位都能够积极推进，比如，园林处不断优化园林职责、强化科室管理，通过不断实践与反复论证，进一步细化规范了绿地精细化养护管理标准，实施"全覆盖、全时段"的管理模式。2018 年 5 ~ 6 月，全面完成了城区绿地面积花草、树木种植任务，成活率达 95% 以上。2018 年城区绿地面积1565.8 公顷，其中建城区绿地面积 386.63 公顷，绿地率 37.54%。公园绿地面积 104.75 公顷，人均公园绿地面积 14.57 平方米，绿化覆盖面积 431.83 公顷，绿化覆盖率 41.9%，进一步助推了我市国家级园林城市建设。市政管理处实施强化、细化管理新模式，抢抓市政设施建设与管理。截至 7 月中旬，完成了 19 条主干道路破损路面修复和各街路沥青砼面裂缝修补及人行步道板铺设、边石维修；完成了相关街路排水敷设和电缆、套管更换；实施夜景

灯饰亮化工程，按照城市规划建成区特点进行定位，采取暖光为主，分段规划，突出重点，与城市照明有机结合。体现艺术性和现代感，形成整体和谐，特点突出，符合组群式城市的夜景景观布局。

三、强化组织领导，完善协调共治机制

按照城管执法体制改革部署，经市编委会议研究决定，成立了城市管理委员会，建立了城市管理联席会议制度，在实施城市精细化管理中充分发挥联席会议平台的全面协调、议事协商职能，及时解决城市管理中相关部门职责界限不清、推诿扯皮问题。比如，针对违法建设、占道经营、店外经营、露天烧烤等城市管理重点、难点问题，坚持"大城管"理念，前提是按照住建部和省厅的要求，明确检查监督主体是行业主管部门和行政处罚主体是城管执法部门，必须要向行业主管部门明确：行政处罚权划转后，按照相关法律法规规定负责行政审批、日常监管等工作，仍是开展专项治理工作的牵头部门，应切实落实主体责任，加强源头监管，依法履行政策制定、审查审批、批后监管、业务指导等职责，不能以行政处罚权划转为由拒不履行监管职责。在解决城市管理重点、难点问题上，明确了一个部门牵头，相关部门配合的执法和管理的联动工作形式。同时，在明晰部门责任分工的基础上，建立健全共同巡查、联合执法、案件移交、互为见证等多位一体的城市管理协同工作机制，一年来在治理违建、占道经营、店外经营、露天烧烤等城市乱象上，城管执法、规划、环保、工商、公安等部门各尽其责，履职尽责。2017年完成了数字化城管平台建设，目前正在向智慧城管扩容升级。我们充分利用这一平台，及时查找、解决城市管理方面存在的问题，融合城管与环保、住建、规划等部门建立快速处置、非现场执法等新型执法模式，确保实现市政、环卫、园林绿化、违建、城市污染、户外广告及渣土运输等精细化管理。完善社会协同共治机制，我局聘请了80名人大代表、政协委员、老干部代表和社区代表为城市社会监察员，赋予他们对城管执法人员和城市乱象都具有较大监督检查权力的职责，通过《同江微城管》和城管通直接把问题上传到数字平台，在城市精细化管理中发挥了较好作用。为保证城市管理和执法的一些棘手问题能够及时解决，经市政府同意，在我局设立了公安执勤室。

"实字当头，干字为先"是我局扎实推进城市精细化管理的目标宗旨和动力源泉，在过去的工作中做了一些本职工作，与其他兄弟县区相比还有很大差距，在今后的工作中，我们将继续锐意创新、探索实践，巩固和拓展改革成果。

创新城市管理 改善市容市貌

河南省焦作市山阳区城市管理局

　　街道干净，经营秩序规范，是一座城市给人留下的最直观的印象。市容环境作为城市的形象，体现的是城市的精气神，反映的是城市的文明程度和市民素养，更关乎广大市民的生活舒适度和幸福指数。为了实现城市让生活更美好的目标，山阳区城市管理局进一步解放思想，紧扣"四城联创"、大气污染防治等全区中心工作，重拳出击，狠抓全区市容环境整治，在治理城市市容乱象上持续发力，建章立制，进一步创新城市管理工作，下好绣花功夫，精准细致管理城市。

　　三种经验方面，我局认真落实市、区两委政府及四城联创指挥部有关要求，扎实推进"四城联创"各项工作，明确工作目标，落实工作职责及任务，以四个大队、十二个中队为网格，进行日常三种经营管理工作，开展集中宣传与整治工作，开展日常黎明行动、早餐清理、高峰期整治、夜间巡查等集中整治活动，强化日常管控，形成严管严控的高压态势，给辖区营造了良好的市容环境。通过不间断的巡查与集中整治相结合的方式，形成常态化管理机制，使山阳城区市容市貌得到明显改善，扎实推进了四城联创整治工作。

　　城市双修门头招牌方面，按照我市"城市双修"工作要求，率先打造城市双修工作模范示范路。城市双修门头招牌在实现两齐一平、风格相对统一的基础上，又各具特色，为我市城市双修工作起到了积极示范作用。截至目前我局今年已改造完成的门头招牌街区有：山阳路、工字路、塔南路、广场东西巷、人民路部分、太行路部分，建设路全段门头招牌升级改造工作，目前正在积极向前推进中。

　　门前五包方面，我局率先在全市五城区开展门前五包环境整治工作，对山阳城区城市市容和环境卫生管理工作起到了积极的推动作用。积极牵头协调各部门，组成工作领导小组。打破城市管理仅靠业务单位独家跳舞的局面，切实形成一个齐抓共管的良好氛围。

　　交通秩序整治方面，一是做好机动车位和非机动车位施划补划工作。积极组织各街道办事处对辖区主次干道、楼院和背街小巷进行拉网式排查，对应划未划的和已划破损模糊的机动车位、非机动车位和道路标线进行补划。二是协调做好车辆停放秩序整治工作。针对龙源湖公园北门和东门、豫通市场南北门、人民公园南门、太极体育中心等重点部位附近非机动车乱停乱放、占用机动车道等混乱现象，协调交警大队，开展专项整治行动。

进出市口整治方面，山阳区政府组织召开"四城联创"城区进出市口专项整治紧急工作会后，我局迅速响应，紧急召开工作部署会，现场建立问题台账，扎实推进工作落实。对照问题台账，围绕牌匾广告、占道经营、流动经营、乱贴乱画、乱堆乱放等重点领域，有针对性的开展专项整治行动并对照市四城联创指挥部进出市口整治考核验收方案，以更高的标准，不断细化焦辉路、牛庄转盘等进出市口重点区域。在市四城联创督导组对18个城区进出市口专项整治行动考核验收中，山阳路牛庄转盘周边位居城区进出市口专项整治工作排名前列，受到全市通报表扬。

大气污染防治方面，我局全体动员，强化措施，真抓实干，做到思想上重视，标准上提高，力度上加大，集中力量解决突出的面源污染、建成区餐饮服务业油烟、扬尘污染等问题，较好地完成了各项既定的目标任务，为改善我区空气环境质量，完成区委、区政府空气环境质量目标任务，优化人民群众生产生活环境作贡献。

积极开展服务群众活动方面，一是对东焦作社区进行文明共建帮扶，制作宣传版面，安装垃圾箱，并定期组织志愿者服务队入社区开展大扫除活动，同时在社区开展四城联创宣传活动，发放宣传页，开展填写全国文明城市创建测评问卷调查。二是对东焦作社区涧东楼院，外墙立面及楼道内进行粉刷，对楼体散乱线路进行捆扎，并对楼内外环境进行全面清扫保洁。三是在春节及中秋等传统节日，对东方红街道东焦作社区贫困群众、困难党员进行慰问，解决群众实际困难，树立政府良好形象。四是开展夏季服务瓜农送清凉活动，为酷暑骄阳下的瓜农，送去冰镇矿泉水解暑降温，受到瓜农朋友们一致好评。五是高考期间设置"高考服务点"，配备城管服务车、急救箱、饮用水等，及时为考生及家长提供服务，并对校园周边加强巡查，全力护航，保障高考。

看看我们生活的这座城市，如果城市管理问题解决不好，占道经营、乱停乱放、乱贴乱画等将层出不穷。一座城市的环境不好，将会给这座城市的发展带来沉重的压力，甚至阻碍这座城市的发展。城市管理更是事关经济社会发展的大问题。城市管理的好坏，直接影响城市经济和社会发展的速度和质量。

山阳城管应势而出，从影响市容环境、影响社会可持续发展的难点问题入手，从居民大众关注的热点事实入手，向城市脏、乱、差、堵宣战，强力治脏、治乱、治差、治堵。在今后的工作中，山阳区城管局会进一步深入贯彻落实《焦作市城市市容和环境卫生管理条例》，加强与区"四城联创"指挥部的沟通，对照目前全区实际情况，坚持全面考虑，强力攻坚，大力实现对城市乱象的快速发现、精准施策、有效管理。

城管给力 余江城区变美

江西省鹰潭市余江区城市管理局

余江区城市管理局以建设人民满意城市为目标，加快推进城市精细化管理，大力开展提升人居环境整治行动，努力提升人民群众的幸福指数。

不论是风和日丽还是阴雨绵绵，在菜市场、校园周边、城市的大街小巷，城市管理人员犹如城市的"卫兵"，每天坚持一线，规范早市秩序，规范经营行为，告知每个摊点上午 8 时前自觉撤离早市，督促摊主严格按照划定摊位经营范围进行规范经营，不得随意扩展面积和推迟延后经营时间，确保摊点有序和早市道路畅通。城管局对群众反映强烈的"医药巷 47 家流动摊贩""单边道""贸易广场南侧""四青路 46 家流动摊贩""36 家露天烧烤"占道经营突出问题开展集中整治，还路于民。2016 年至今拆除 320 国道高炮广告 21 块，面积约 4200 平方米。督促拆除更换店招、小型广告牌 2800 余块，约 58000 平方米。扣押移动式广告牌 1000 余块，拆除乱悬乱挂横条幅近 2000 条，清除"牛皮癣"60000 余处。共治理违法建设存量面积 20341.6 平方米，为市民营造良好的生活环境。

每天早晨，公园管理所的保洁人员都会对同乐园的设施、卫生进行全面管护，给一群热衷于广场舞、棋牌的老人，营造良好的环境。改造前的同乐园道路烂兮兮，连个像样的活动场所都没有。2008 年，他们对同乐园及小西湖进行升级改造，规划总用地面积 9.24 万平方米，以"闲暇时光"为主题，环湖设置游步道，结合地形，设亭、台、榭等构筑物以丰富景观层次，构建踏浪抚沙、梦圆蓝桥、芳草环碧等意象，围合依红岸、拥翠堤以营造雅致的闲暇休憩之所。同时，在小西湖设置多媒体音乐喷泉，直径 30 米，主喷高达 38 米。南端设置一座市民综合文化活动中心，房屋面积约 5000 平方米，建筑容纳图书馆及妇幼活动中心，同时设计安排了大空间的室内活动场所，为广大市民提供良好的活动空间。

每当夜幕降临的时候，城市主次干道、小巷、公园、广场亮起 5725 盏景观灯及路灯。近年来，他们投资 710 万元，进行路灯节能改造总线路长 53.6 千米。城市管理局对路灯实施规范管理，做好规划区内路灯、夜景照明、地下管线等市政设施的维护、特别加大了小巷路灯维护力度，保障市民出行安全管理等工作，确保亮灯率达 98 % 以上。

一条条笔直宽阔的柏油马路呈现在眼前，间隔有序的行道树像仪仗队似地伫立在道路两旁，近年来，余江区城市管理局以城区规划为引领，以提升居民生活品质为核心，以城市政基础设施改造为重点，着力建设宜居宜业宜居的城市，让城区的市容市貌焕然一新。从 2016 年以来，已建和在建的城市基础设施项目批复总投资 1600 多万元，城区改造精品化小街小巷 3 条项目改造面积约 3800 平方米；道路修补 2200 平方米、管网清淤 6500 米；一河四岸景观提升改造项目全长 1300 多米，包括绿化设施、栈道及人行道建设；这些项目的开展，进一步完善了城市市政基础设施绿化、亮化、美化、净化、硬化功能；提升了全区人民热爱家乡、建设美丽家园的信心和决心。

勇于担当的城市标杆

——李伟群同志先进事迹

辽宁省鞍山市高新区综合行政执法队

李伟群，男，现年 52 岁，中共党员，现任鞍山高新技术产业开发区综合行政执法队汪峪中队中队长。该同志始终以高度负责的政治责任感和强烈的事业心切实抓好执法中队工作，始终以优秀共产党员的标准严格要求自己，在工作上恪尽职守，无私奉献，任劳任怨，处处发挥党员先锋模范作用，以自己的言行诠释了共产党员的先进性。

一、注重学习，团结同事，带好队伍，能力水平不断提高

一是强化学习，提高思想认识水平。积极带头认真学习党的十九大报告，特别是习近平总书记系列讲话精神，深刻领会其精髓，牢记党的宗旨，切实提高执政为民的重要性认识，进一步提升思想境界，努力提高服务管理水平。

二是以身作则，营造中队和谐氛围。该同志全力促进中队成员团结统一，相互信任，相互尊重，在大事面前讲原则，在小事面前讲风格，在生活上对同事关心、帮助，经常开展批评和自我批评。三是团结一致，促进执法工作稳步推进。带领执法中队成员忠于职守，在工作中主动配合，相互补台，遇事不推诿、不扯皮，做到工作不畏艰难，配合不讲条件，重在为群众解决困扰其生活的城市管理问题。

二、勤政务实，大胆创新，灵活应变，执法工作成效显著

在推进辖区执法工作中，该同志统筹兼顾、勇于担责、敢于碰硬、善解难事获得了同事和群众的广泛认可。一是统筹兼顾。在工作中该同志坚持务实工作作风，妥善处理好日常工作、重点工作与政治学习之间的关系，坚持做到常规工作抓规范，重点工作呈亮点，坚持围绕党支部工作部署，调动一切积极因素，创造性地开展工作，践行"5+2 白＋黑"的工作作风，克服重重困难，直面挑战，努力苦干、实干巧干，推动了执法整治工作的顺利进行。特别是在 2017 年创城迎检工作中，带病坚持工作，坚守一线，最终完成了管理辖区一分不丢的任务目标。

二是勇于担责。该同志始终牢固树立责任意识、牢记使命精神，自加压力，主动作为，敢于在推动整治工作中担负责任，带领执法中队破解群众反映强烈的城市管理问题。

三是敢于碰硬。在工作中不畏惧、不回避，主动靠前、深入一线，努力把矛盾化解在基层，把问题解决在萌芽状态。面对管理相对人的不理解，甚至谩骂、威胁，从不退缩，直面问题，真情沟通，努力取得管理相对人的理解与支持。面对疑难问题，总是扑下身子、亲自面对、亲自沟通，扎根在问题点位宣传教育、做群众工作，坚持迎着困难走、顶着矛盾上、敢啃硬骨头。

四是善解难事。该同志带着对工作的满腔热情、带着对群众的深厚感情，扎根于基层城市管理工作。面对群众诉求，总是深入现场仔细调查研究，深入细致地做管理相对人的思想工作，解决诉求群众的实际问题。2017年，办理奉京火锅油烟扰民案，涉及近百户业主切身利益，业主代表多次表示如不给解决，就到省市两级政府集体上访。李伟群队长赶赴现场，经做当事人思想教育工作，当事人积极配合整改，并与李伟群队长初步探讨了整改方案，并与诉求人代表进行了沟通，诉求人集体认同整改方案。李伟群队长立即上报方案，经局领导协调沟通，会同环保、工商、食药监、物业、电力等部门共同通过了李伟群队长提议的油烟排放整改方案，最终奉京火锅花费22万元，停业9天完成了购买油烟净化器和变更铺设油烟管道的整改措施，诉求圆满解决，诉求人群体非常满意。正是因为李伟群队长与当事人沟通深入细致，方式方法取得了当事人的理解与认可，才有效避免了事态的进一步恶化和群众性上访的发生。该案件获得省民心网15星的高星评价。2017年10月，办理小区内一整栋楼集体扩建院落案，汪峪中队多次现场制止施工，但当事人不听劝阻游击施工。最终，李伟群队长带队强制将其违法扩建部分全部拆除。回访诉求人时，诉求人表示光拆除不行，还需要把建筑垃圾清运干净。李伟群队长向诉求人表示，虽然清运建筑垃圾并非我局职责，但我可以帮助联系物业，协调物业立即清运。在与物业沟通后，物业出动铲车1台，将建筑垃圾全部清运干净。再次回访，诉求人表示非常满意，非常感谢，并于2日后，将一面锦旗送至高新区综合执法局以表感谢之意。正是由于李伟群队长尽职尽责，始终把群众利益放在首位，最终换回了诉求群众深深感谢的话语和鲜艳火红的锦旗。自2017年执法改革以来，汪峪中队民心网互动平台办理成绩显著，全年没有不满意留言，全年诉求办理结案率100%，排名全局第一。

三、严格自律，清正廉洁，关心同事，树立党员标杆形象

作为执法中队带头人，始终严格执行"三重一大"的议事规则研究重大执法事项，始终坚决执行上报集体研究决定。始终严格要求自己，从无利用职务之便谋私利行为，从无行贿受贿行为，从无贪污和挥霍浪费行为，确保自己做到廉洁自律，清正廉洁，一身正气，切实做到了"干干净净做事，清清白白做人"，得到了全局干部职工和广大群众的一致好评。为了不耽误工作，在自己手术住院期间，也不忘了关心、安排中队执法工作，使中队执法

工作有条不紊顺利推进。

　　在工作和生活中，该同志始终保持高尚的思想境界和道德情操，自觉抵御各种不良思想的侵蚀，做到不该说的话不说、不该做的事不做、不该去的地方不去。严格执行中、省、市、区关于勤俭节约，反对铺张浪费的各项规定，大力弘扬勤俭节约、艰苦奋斗的优良传统，杜绝一切铺张浪费的行为，以身作则，树立了为民、务实、清廉的良好形象。

加强城市精细化管理 助推全国文明城市创建

湖北省荆门市东宝区城市管理局党组书记、局长 李 敏

2018年，湖北省荆门市东宝区城管局，以创建全国文明城市为总抓手，大力推进城市标准化、常态化、长效化管理，致力建设干净城市、人文城市、智慧城市、精致城市，城市精细化管理水平进一步加强，市容环境秩序持续向好，环境综合整治成效显著，交通拥堵治理取得初步成效，生态环境持续优化，城市综合运行保障能力不断提升，并获得"创建国家卫生城市工作先进单位"荣誉称号。在城市精细化管理上，该区所辖的荆门市车站路五星级夜市管理经验被推荐到住建部作为典型经验推广。象山、南台市场农贸市场管理经验，被荆门市委、市政府作为典型经验向全市推广。该区城管系统的干部职工在努力奔跑与奋进中逐梦新时代，展现新作为。

一、城市精细化管理工作现状

湖北省荆门市东宝区1985年经国务院批准设立，为荆门市所辖县级区，现辖1乡5镇2街道，1个省管工业园，国土面积1298平方公里，人口33万。东宝区现有主次干道65条，背街小巷427条，三无小区91个。

（一）聚焦深度保洁，打造"干净"城市

一是街巷清洁靓丽精细化。在巩固创卫成果的基础上，按照创建全国文明城市标准，大力推行"2233"洗扫作业模式（每天两次洗扫、两次定线喷雾、三次地面洒水降尘、三天一个循环夜间刷洗）洗扫作业模式，加大主次干道机械化清洗、高压冲洗、洒水喷雾抑尘、人工清扫作业频次。2018年，投入资金300余万元，新增环卫保洁机械化设备，辖区主次干道洗扫率达85%，城区生活垃圾日产日清。加快推进"厕所革命"，落实公厕、垃圾转运站点春、秋季病媒生物防治，集中投药除"四害"，居民健康生活环境不断优化。加快推进环卫市场化改革，2018年8月1日起，将辖区背街小巷、工业园区环卫作业外包给两家公司，实现人员、车辆、待遇等平稳过渡和正常运行。修建8处垃圾渗滤液池，并在10座城区生活垃圾安装数字化监控设备，建成"智慧环卫"监管平台，对生活垃圾清扫、收集、运输、处置实行全过程、全方位线上监控，助力生活垃圾分类无害化处置，生活垃圾信息

化监管能力进一步提升。二是建筑渣土监管规范化。在东宝大道泉口西路、金龙泉大道北等货车出行主要干道，增设拒马栏、限高栏、隔离墩、监控等设备，分流货车和其他车辆，对货车实行"一车一检"治理模式。城管、交警、交通等部门联合开展"两治一打"专项行动，对穿城而过的大型货车按照"平车装载、密闭运输、车轮无泥"的管理要求，有效进行管控，城区道路扬尘和空气质量得以改善。三是油烟噪声治理常态化。组织城管、环保、食药监等部门对辖区象山二路、车站路、车沟巷、天鹅路、客运站 5 条重点路段餐饮门店及夜市烧烤摊开展全面排查，锁定整治对象，督促更换清洁能源烧烤车 44 家，查处并取缔易产生油烟的露天烧烤 30 余家，处理群众各类投诉 90 多起，餐饮门店、夜市排挡、露天烧烤摊点乱象得到有效遏制。督促与营业单位、施工单位签订《噪音治理承诺书》，常态化管控生活噪音、建筑施工噪音污染发生。

（二）聚焦市容管控，打造"精致"城市

一是联勤联动，街面管理更加规范。整合城管、公安、规划、交通、住建、商务、街办以及社区力量对街面秩序实行整治，疏堵结合，拆除囤居七年之久的象山三路马路市场，白云楼旧货市场；拆除部分市民私自设置的 1200 余处地桩、地锁、地链。加强共享单车总量控制，划线停放管理，加大流动摊贩、出店经营执法处罚力度，严格占道经营初核审查，出店经营、占道经营等现象得以逐步规范。二是创新管理，市场繁荣更加有序。大力推行"城管＋物业""城管＋部门""城管＋N"、城管＋环卫等管理模式，火车站广场、车站路夜市、象山市场、南台市场、翠竹园等 5 个农贸市场经营秩序井然有序。其中，车站路五星级夜市管理经验被住建部予以肯定；象山、南台市场化管理经验被市委、市政府作为治理城管"顽疾"典型在全市城管体制改革文件中大力推广。"居民自治城管兜底"的浏河社区模式受到各级领导肯定。三是铁腕治违，控违拆违更加给力。2018 年，针对荆门市委对三环线沿线建设规划等工作新要求，调整控违部门负责人，完善案件处罚程序，集中 1000 余人次，对三环线沿线 28 处违章建筑进行了彻底拆除，拆除面积 1.2 万平方米。城管、住建、公安、环保、规划、国土等部门建立信息互通、资源共享，在协调联动的工作机制上发力，确保新增违建"零增长"，存量违建"减量化"。2018 年拆除西山林语、香格里拉、世纪年华、荆襄大道、西宝山福音教堂旁"回家吃鱼"、长宁大道兴和饭堂餐馆、苏畈桥市场等各类违建和 162 处，拆除面积 2.92 万平方米。推进存量违建分类处置，消减存量违建 54 万平方米。

（三）聚焦民生服务，打造"人文"城市

一是应急处置快速。2018 年元月，荆门市人大、政协"两会"在市群众文化中心召开，恰遇近十年来罕见的暴风雪，面对强降雪低温天气，区政府第一时间启动应急预案，城管系统全体干部职工奋战七天三夜，出动铲雪车 2 台，调配 8 台装载机，不间断铲雪、除冰和清扫，为"两会"顺利召开和市民安全出行提供重要保障，城市管理应急处置工作成效，得到人大代表、政协委员和广大市民的点赞和首肯。二是柔性服务便民。开辟绿色通道，加强巡查、守点和宣传引导，7月1日至8月31日，在中心城区9处地段设置季节性瓜果临时疏导点，方便瓜农、果农销售农副产品。三是关注民意贴心。及时应对网络舆情反映的部分居民违规设置的地桩、地锁、地墩、地链等妨碍车辆和行人正常通行的问题，做到依法清理、依法拆卸，还路于民、还位于车。

（四）聚焦精细管理，打造"宜居"城市

一是考核机制更加健全。先后建立"马路局长""门前三包"、控违拆违、环卫工人积分制考核、乡镇、街道（社区）城市管理工作月度考核、城管工作点评六大考核机制。积极探索"非接触性执法"，推进智慧城管建设。其中，"马路局长"工作机制被人民网、新华网、《中国县域经济报》刊发，已成为我区城市管理工作一道靓丽的名片。二是"顽疾"治理更加精细。城北"脏乱差"现象得到集中整治，城市公共空间"顽疾"得到消除。杨家桥（东宝路段）和城区主次干道道路扬尘污染和大气污染得到明显改善。早夜市、流动摊点经营秩序和共享单车停放秩序明显改善。三是街巷管理更加专业。借鉴荆门周边城市背街小巷管理经验，对环卫外包公司工作质效实行社区考核，街办审核，城管把关的百分制考核机制，充分调动各部门工作积极性，改善背街小巷环境，满足居民对美好生活环境的需求。

（五）聚焦城市发展，争创文明城市

一是狠抓创城组织领导。为加强对创建全国文明城市工作的领导，成立局创建全国文明城市指挥部，下设综合协调组、秩序整治组、环卫整治组、后勤保障组，每名局党组成员头负责一个组工作的调度和指挥，并与一名中层干部包联3~4条重点路段。2018年11月"创城"期间又成立"创城"督查办公室，负责"创城"工作的监督、检查、考核、督办。同时，充分发挥城管委办作用，加大对辖区单位及门店"门前三包"、区直单位包联社区、"马路局长"包联主次干道工作质效的考核与督察力度，做到一天一督察，一天一通报，压实各单位工作责任。二是狠抓市容市貌提升。对路面清扫、环卫设施清理、护栏清洁实行规范化管理。对照创城"七公"标准要求，完成辖区10座公厕无障碍设施的改造，在公厕配置烘干器、洁具、洗手液、纸巾等用品，安排专人加强日常保洁和设施维护管理，提升市民生活品质。安排专班对主次干道临街商铺玻璃门及可视范围内小广告、牛皮癣、违规设置的石墩、路障及乱堆乱占的杂物进行彻底清理。对辖区夜市、临时疏导点、擦皮鞋区域等进行统一划线管理，紧紧盯住街巷卫生死角、乱牵乱挂、违规设置店招店牌等城市管理的痼疾顽症，开展市容整治大提质行动，净化、美化、序化市容环境。三是狠抓物业公司监管。在辖区南台、苏畈桥、新安里等八个农贸市场分别投放分类垃圾桶，依据《东宝区农贸市场及周边秩序维护工作考评办法》，加强对外包物业公司的考核和管理，督促其对乱停乱靠、乱涂乱画、乱搭乱建、乱堆乱放、占道经营等不文明现象的治理，确保市场经营繁荣有序。四是狠抓人员设施投入。2018年先后投入500余万元，补充30名协管队员、40名物业管理人员，临聘40名临聘协管员。配置钩臂式垃圾箱196个（含喷漆翻新）、增配分类清运板车180辆，并在商业区、重点路段、54条背街小巷分别放置四分、三分、二分垃圾收集容器1000余个。同时，启动垃圾分类收集试点工作，在龙泉街道白龙社区（西山林语居民小区）、泉口街道金象社区（金象居民小区）各设置1个垃圾分类收集点，引导居民对生活垃圾实行分类投放，体验新"时尚"。五是狠抓《条例》贯彻落实。通过街道、社区、教育、城管、学校等联合开展城市管理"六进"活动，确保《荆门市城市管理条例》宣传深入人心。同时，按照《条例》规定，依法对我区市容环境和秩序进行有效管理，行使城市管理相对集中行政处罚权。自《条例》实施以来，共立案25起，结案25起，行政处罚10余万元。

二、存在的问题

前期城市管理工作取得了一定的成绩，但与上级的工作要求和人民群众的期盼仍有一定的差距，主要表现在：一是城市规划建设滞后。荆门市东宝区是老城区，没有严格实施功能分区，停车场（点）、农贸市场、市政设施、城市公厕等城市管理硬件设施与资源滞后于城市发展。在规划编制或建设环节未能充分考虑后续管理环节可能出现的困难和问题，导致公厕、洗车场、停车场、加水站及生活垃圾中转（站）点、建筑垃圾消纳场所等公共设施总量不足、标准不高、布局不尽合理，陷入无地可建的尴尬境地。二是城管智慧化程度不高。在各类工地、水环境、空气环境、广告招牌、占道停车、渣土撒漏等监管方面，在噪声、油烟、污水排放及空气质量监测与防控方面，在停车泊位等资源共享方面，信息化手段运用还不充分，智能化程度还有待提高，各类信息资源整合共享不够，信息技术运用领域还需拓宽、深度还需加强。以2018年东宝区接转市级数字化案件2.3万件为例，城管局平均每天处置64件案件，急需加大财政投入，开发智能应用系统，以便上下联通，协同运用，推动数字城管向智慧城管升级，提高数字化案事件的处置效率。三是综合执法力度不够。在辖区货运车辆抛洒治理、大气污染防治、控违拆违、地桩地锁管控、油烟噪音扰民治理等工作中，城管、交通、公安、环保等部门联合执法配合尚待加强。

三、下一步工作打算

（一）坚持常态长效，持续巩固管理成果

一是"干净"城市一以贯之。加强街面秩序管理，加强深度保洁，做到城区街巷靓丽，秩序井然有序。二是专项整治始终如一。城管、交警、交通部门联勤联动，促进"两治一打"专项整治行动有效实施，实现对货车的规范管理和对城市环境的有效治理。三是拆违控违一触到底。坚持边控边管边拆，推进城市管理工作提档升级和控违拆违"零容忍"。四是民生民意一往情深。及时回应人民群众期盼，加强城市管理应急处置，增强人民群众的幸

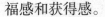

福感和获得感。

（二）加快改革创新，破解城市管理难题

一是加强硬件设施规划建设。从有利于老城区改造，有利于城市经济和社会发展的角度出发，加大同市规划部门的沟通对接力度，争取市规划部门的重视和支持，补齐我区洗车场、停车场、农贸市场、市政设施、城市公厕等硬件设施短板。二是加强环卫市场化运行管理。强化街办、社区对环卫市场主体工作质效的日常监管考核职能，实现全区主次干道、背街小巷、工业园主次干路环卫保洁管理一盘棋、标准一个样、效果一样好。三是抓实马路局长和门前三包。对"马路局长""门前三包"区直单位，实行日巡查、月考核、季点评、年奖惩的办法进行督查考核，确保责任落实。四是强化城市管理制度落实。严格执行"六大考评机制"和月点评、季通报奖惩机制，将控违拆违、"马路局长""门前三包"纳入正负面清单考核管理，对社区每月一考核一奖惩。

（三）加大管控投入，提高科学管理水平

一是加大环卫设施投入。加快推进环卫基础设施建设。对辖区户外垃圾箱、果皮箱、勾臂箱等进行巡视和管护，对垃圾箱及时维修和更换。在泉口街道金象社区、龙泉街道白龙社区（西山林语小区）内试点生活垃圾分类的基础上，全面推进辖区公共机构、企事业单位和临街门店施行生活垃圾分类投放、分类收集、分类运输、分类处理，提高生活垃圾分类覆盖率。加强生活垃圾焚烧处置知识的宣传和推广，城管、农业、工商、食药监等部门开展联合执法，加强餐厨垃圾干湿分类管理，落实生活垃圾分类资金保障，实现生活垃圾"减量化、资源化、无害化"。二是充实城管执法力量。根据城管执法体制改革方案和精细化城市管理要求，通过招考、调配、选派等方式配强城管执法人员、配齐执法装备，并开展系统性教育培训，加大城管执法人员持证比例，提升城管队伍规范执法的能力。三是发挥城管委办作用。充分发挥城管委办牵头管总和综合协调作用，厘清各部门职责，加强荆门城北、城东出入口渣土车带泥上路和道路扬尘治理，对发现的问题，城管委办根据部门职责分工，迅速予以交办并加强督办落实。

（四）智慧管理城市，打通执法便捷通道

一是加快智能城市建设。加大资金投入，加快城管执法岗亭建设，加快谋划区级高位监督指挥的智慧城管平台，开发智能管控、公共服务、综合执法、效能督查等应用系统，着力推进"互联网＋城市管理"，实现数字城管向智慧城管升级。二是推进智能化管理。发挥城管信息平台"晴雨表""指挥棒"作用，引导市民通过智能终端广泛参与城市管理，有机整合感知、分析、服务、指挥、监察"五位一体"功能，推动形成"用数据说话、用数据决策、用数据管理"的城市管理新模式，确保数字化案件结案率达 90% 以上。三是探索"非接触性执法"管理模式。借浙江宁波等地管理经验，加大投入，在金龙泉大道北端、泉水大道等固定执勤点安装高清监控探头并共享公安、交警系统监控信息，依法收集影像数据，准确还原当事人违法事实和违法现场，有效对渣土（散装货物）运输车辆非密闭运输行为和抛洒进行管控，实行不接触当事人即可开展行政处罚工作，有效提高行政管理效率。

（五）加强宣传引导，提升市民综合素养

一是加大宣传力度。采取开展"和谐校园""文明校园""小手牵大手"创建活动，以学校教育提高学生的城市意识、文明意识；在市、区电视台开设"文明观察栏目"，加强对文明创建正反两方面的典型报道；鼓励市民监督城市不文明行为，激发全社会参与城市管理；开设公益性宣传广告等形式，强化宣传，提高认识，营造推行城市精细化管理良好的社会氛围。二是加强自我教育。开展制订"市民公约"，评选"文明市民""文明商户"等活动；对不遵守"市民公约"的单位、个人、社区和行业协会等进行处罚；外来务工人员、进城农民工、建筑施工企业、外出住宿人员也要纳入自我管理教育体系。三是建立信用平台。与个人征信平台相挂钩，对失信人员建立黑名单制度，借用信用平台倒逼城市居民自觉遵守社会公德和城市管理规则，保障城市各项功能的实现，共同推进建设美丽家园的目标。四是树立先进典型。培养一批敢于担当优秀干部、推出一批模范环卫职工、先进执法队员，树立一批道德模范、荆楚楷模，力争通过宣传正能量，发挥先进典型的示范作用和辐射作用，引导广大市民在参与城市发展和管理的过程中潜移默化地接受教育和熏陶，促进市民思想观念的更新和文明素质的不断提升。

狠抓队伍管理　打造城管铁军

——南充市高坪区城市管理和综合执法局"强基础、转作风、树形象"先进材料

四川省南充市高坪区城市管理和综合执法局

2017 年以来，我局深入开展"强基础、转作风、树形象"专项行动，狠抓队伍管理，努力打造一支城市管理铁纪队伍，2017 年、2018 年连续两年被市城管局评为城市管理先进单位。

一、注重先期谋划，夯实基础工作

一是健全完善制度。坚持制度管人，制度管事的原则，组织局督察人员修订完善《城市管理协管员管理办法》，进一步明确了录人、用人、管人、辞人办法和依据，规范了协管队伍言行举止和城管新服饰佩戴标准，细化了考核方式和方法，促进了协管队伍健康发展。二是制定整治方案。结合高坪城管队伍实际，从加强法治城管、创新城管、服务城管、实干城管的建设思路出发，围绕思想教育、作风纪律、岗位练兵、执法培训、行政效能等方面内容，制定《"强转树"专项整治实施方案》。三是注重动员部署。以召开干部职工大会的形式，集中开展动员部署会，从明纪律、转作风、强服务、升形象四个方面，向全局 300 余名干部职工讲清专项整治行动意义背景，明确专项整治行动实施内容，细化专项整治行动目标要求，为持续开展"强转树"整治行动开好篇、布好局。

二、突出岗位练兵，打造执法精品

一是抓军事训练。以军事训练为载体，从增强城管队员"精、气、神"三个方面着手，在全局城管队伍中集中开展军事训练 4 批次，累计集训队员 350 余人次。通过队列训练，很好的磨练了城管队员的吃苦精神，增强了执法队伍的组织纪律，激发了城市卫士的奉献热情，达到了外强素质、内塑形象的训练目的。二是抓执法培训。先后邀请市城管局、区法制办、区党校及法律顾问等单位法律专家、行业精英，在城管队伍中持续开展了《城乡规划法》《行政处罚法》《四川省城乡环境综合治理条例》等法制教育、执法培训和现场观摩等内容，并组织业务骨干、法律顾问分门别类梳理制定了行政执法文书 57 种，执法制

度 11 类,全市城管系统执法工作现场会今年 9 月在我区召开,我局执法工作得到在全市同行的成分肯定。今年以来,共办结各类违法违规案件 4654 件(其中简易程序案件 4581 件;一般程序案件 73 件,已办结 36 件,正在程序中 37 件),发出责令限期整改通知书 378 份,作出行政处罚决定案件 4654 件,处罚金总额达 774.8 万元,已入库罚没款金额 267.3 万余元。三是抓轮岗轮训。始终将"强转树"专项整治与"不作为、慢作为、乱作为""微腐败"整治行动相结合,从优化干部结构、注重人才培养、防止腐败漏洞等方面着手,对任职时间长、权力过于集中的执法大队长 5 人进行了轮岗轮训和交心谈心,既激发了干部工作热情,促进了队伍想事谋事冲劲,又防止了"微腐败"发生。

三、强化服务意识,提升队伍形象

一是注重思想教育。坚持将"强转树"专项整治行动融入到"两学一做"专题教育中,通过开展专题党课、创建党员示范岗等活动,引导干部职工形成锐意进取、开拓创新、团结奋进、立足发展的良好氛围,使全局干部职工干工作的热情更高,谋发展、促发展的信心更足,锐意进取、争创一流的决心更强。二是严明工作纪律。在执法执勤过程中,要求全局干部职工、协管员坚持四个做到,做到依照规定穿着制式服装和佩戴标志标识;做到执法执勤主动出示执法证件;做到语言文明和举止规范;做到执法执勤活动实行全过程记录。重点解决城管队伍中不作为、乱作为、慢作为、效率低下、服务质量差等问题。专项行动以来,因迟到早退、工作不力等,行政通报 12 人,扣罚当月绩效 6 人,辞退 4 人。三是创新工作方式。推进城警联动、快速处置、非现场执法等新型执法模式试点工作,实现"城管+公安"深度融合,先期处置并移交行政案件 10 起 18 人,行政拘留 14 人。同时,积极倡导"721"工作法,坚持处罚与教育相结合,灵活运用说服教育、劝导示范、行政指导等非强制行政手段,杜绝粗暴执法;建立服务对象联系制度、开展执法服务创新活动、推广公众参与居民自治管理、组织城管志愿服务活动,城市管理的矛盾更少了,人情味更浓了。

改善城市环境面貌　提升群众满意度

——北流市城市管理行政执法局先进事迹

广西北流市城市管理行政执法局

几年来，市城管执法局以习近平新时代中国特色社会主义思想为指导，认真贯彻落实党的十九大精神，深入落实市委、市政府工作部署，加强党的领导，突出党的建设，以创建全国文明城市、创建广西特色旅游名县和国家园林城市复查等活动为契机，紧密围绕"深化市容环境综合整治，强化城市精细化管理"工作主线，统筹推动城管执法各项工作，城市环境面貌和管理秩序明显改善，有效提升了市民群众满意度。

一、加强党风廉政建设，从政环境风清气正

严格落实中央八项规定精神，坚持"警示、预防"工作导向，健全党风廉政和反腐败责任体系，强化预防职务犯罪，加大执纪问责力度，从严正风肃纪，坚决进行反腐败斗争。成立了局党风廉政建设工作领导小组，细化目标责任，签订责任状，一级抓一级，层层抓落实。在市委巡察反馈意见整改落实"回头看"整改活动中，强化违纪违法案例警示教育，召开班子民主生活会，组织开展批评和自我批评，坚定政治立场，增强政治定力，提升政治站位，将全局的思想、政治和行动与党中央保持高度一致。严肃执纪问责，对违反中央"八项规定"、组织纪律、廉洁纪律和违反个人有关事项报告规定的人员，不留情面、绝不手软。

二、加强作风建设，城管执法队伍素质全面提升

落实市委系列文件精神，开展机关作风转变专项活动，规范机关工作人员行为。全面推行"721"工作法，增强担当服务意识，紧密联系群众和工作实践，组织开展了"在职党员进社区"、学雷锋志愿服务等活动。深入贯彻落实住建部"强基础、转作风、树形象"专项行动，以党建带队建，设计载体，强化举措，努力打造"政治坚定、作风优良、纪律严明、执法规范、廉洁务实"的城市管理执法队伍。优化营商环境，从抓不作为、慢作为、乱作为入手，大力开展机关作风和执法行为整顿，强化责任担当，规范执法行为，严格工作纪律，积极提升服务社会、保障民生的能力水平。加强工作纪律和队容风纪管理，抓好执法队伍日常养成，严肃查处行为不检、仪容不整及自由散漫、无所事事等问题，坚决处

理"吃、拿、卡、要"违纪行为。

三、市容环境综合整治持续推进，城市市容品质明显改善

今年以来，我局以"创城""创特"等活动市容环境综合整治专项行动为契机，强化措施，精准发力，狠抓各项整治任务落实。提高整治标准，扩大整治区域，加大整治力度，巩固整治成果，市容"乱象"和"顽疾"得到有效整治，城市环境明显改善。

（一）开展专项整治行动，市容秩序明显改善

结合"创城""创特"等工作要求，在日常监管整治的基础上，对群众反映强烈、综合治理困难的占道经营、乱停乱放、乱贴乱画、噪音扰民、扬尘污染等突出问题，组织开展了城市环境综合整治行动。一是开展占道经营、店外经营专项整治行动。采取劝导教育与严格执法相结合，积极引导业主依法依规有序经营。共整治跨门店进行经营、加工、维修860多摊（次），占道流动摊贩1000多摊（次）。二是开展交通秩序专项整治行动。采取专人值守和现场指导劝导方式，引导广大市民规范停车。整治人行道上车辆乱停放2000多辆，张贴车辆停放温馨提示1000余份，劝导规范停车1万余人次。三是开展违法小广告专项整治行动。我局采用外包方式，由专业公司承包负责清理，清理"三乱"小广告，同时通过设立举报电话、深入发动居民举报，并联合社区管理人员，对违规广告发现一处，铲除一处，实现日贴日清，年内共清理非法张贴小广告12万多张。四是开展噪音污染专项整治行动。今年中考、高考期间，我局提前制定了整治方案，全面开展对学校周边的摊点、占道经营、流动叫卖等违章现象的集中整治，对可能产生噪音污染的各类建筑施工工地、促销商家、娱乐场所进行逐一排查，提前发放整改通知，确保高考期间不发生噪音扰民现象。五是开展渣土车专项整治行动。通过提早介入，成立建筑垃圾专项治理工作组错时无间隙管理，加大对土方车"滴、撒、漏"、未经核准运输建筑垃圾、车辆带泥上路的巡查和处罚力度。2018年共办理准运证共175份，立案查处43例，教育放行的有35例，监督建筑垃圾运到清水口消纳场处理的约2408吨。

（二）规范广告管理，改善城市面貌

规范户外广告设置管理，严格按照《北流市城区城南路等6条道路户外广告设计方案》及城区旧城改造及示范街提升工程的要求，对甘贵路、城西一路、城东一路、城南一路、城南二路、城北路、高速引道、二环西路、二环北路等门额招牌进行统一规划，统一管理。年内共发限期整改通知800多份，拆除标牌横幅500多份，拆除条幅2000多条，门额招牌及户外宣传备案30多个；配合公安局安装宣传禁毒宣传牌60个、120个路名牌灯箱广告。抓获乱张贴人员立案处罚10余次，教育乱张贴人员20余次。检查大型户外广告安全隐患2次，拆除受台风影响损坏的20多个，清理道路周边损坏铜鼓6车。利用大型液晶LED

显示屏播放创建广西特色旅游名县宣传标语共计 3600 分钟以上宣传。

四、开展卫生整治，提升城市品位

（一）推进环卫作业市场化

为探索城市管理新模式，提升环卫作业服务质量，将我市环卫工作推上新的台阶，提升我市的城市管理水平，我市通过公开竞标的方式将城区清扫保洁工作进行外包管理。从 2018 年 9 月 1 日起，北流市城区的道路清扫保洁全部已实行市场化作业管理。目前运行管理公司在原来的机械作业车辆基础上增加了 15 辆（洗扫车 5 辆、路面养护车 2 辆、洒水车 2 辆、清洗车 4 辆、多功能抑尘车 1 辆、压缩式垃圾车一辆）。下一步将根据实际情况加大机械作业车辆的投入，目标是将机械化清扫率从原来的 54% 提高到 70% 左右。

（二）完善机制，精细化管理

为加强对城区环境卫生服务市场化管理的监督考核工作，促进城区环境卫生服务行业化、规范化管理，提高城区环境卫生服务质量，成立了城区环境卫生服务考核工作领导小组，制定了《北流市城区环境卫生服务内容、标准及考核办法》《北流市城区道路清扫保洁作业标准》《北流城区道路清扫保洁考核评分标准（试行）》，开启了城区环境精细化管理新模式。明确 12 项考核内容，细化评分标准，使保洁工作实现制度化、规范化、程序化、精细化。

五、加强违法建设管控，确保城乡建设行为规范有序

今年以来，我局巡查执法人员现场巡查和群众投诉举报发现涉嫌违法建设行为共起 518 起，发出责令停工通知书 796 份，现场采取拆除违法建设的墙体、模板、顶木、楼层，依法暂扣施工机械，停水停电等强制措施制止违法建设行为共 230 起。按照法定程序进入立案调查的违法建设案件 445 宗，依法作出行政处罚共 220 宗。在打击两违"风暴"行动中，配合各乡镇拆除违法建筑 90 宗，拆除建筑面积约 71000 平方米。

六、强化绿化管护，打造宜居县城

（一）以迎检验收为督导，推进园林绿化事业发展

以创城、创特、国家园林城市复检等活动为督导，不断提升城市园林绿化景观效果及建设管理水平。一是投入资金 498.76 万元完成桥头公园、瓦窑头公园、城北小游园、陶瓷广场、南园公园 5 座 AAA 级旅游公共厕所建设工程；二是投资 1277.88 万元对北流市西河带状公园（永顺名门至沙街段）西河两岸绿化景观提升；三是投资 319.93 万元对北流市明瑞公园进行环境整治及改造提升；四是投资约 134 万元完成会仙河公园一期永久用水管网安装，道路修复及水泵房建设工程。

（二）坚持精细化养护，有效提升园林绿化水平

一是实施园艺化修剪，提升绿化品质。对市区主要街道分车带、街头游园、广场公园的绿篱带修剪八次；对城区、公园广场苗木施肥 4 次，肥料约 80 吨；对桂窝塘、永丰路、永顺区等行道树共修剪 1000 多株。二是开展提升行动，增强绿化效果。完成二环南路 350 株宫粉紫荆树增花添彩工作；完成城区街道、公园广场绿地缺失苗木补植补栽工作，共补植补栽扁桃、小叶榕、桃花、红枫、棕竹、七彩大红花、红继木球、黄素梅球等乔灌木 4100 余株，色块植物花叶鹅掌柴、红继木、红背桂、黄素梅、黄金榕、朱砂红、满天星、白蝴蝶等 31 万袋，马尼拉草 21400 平方米，确保绿地无出现大片缺株现象，保持靓丽的园林风景。三是完善园林公共设施建设。完成增加花果山公园 1.5 米宽度的混凝土园路，长度共 551 米。同时增加两条 1.3 米宽的透水砖园路，长度为 204 米，迁移高杆灯 7 座，增加园路庭院灯 4 座，铺设电线 636 米，重接淋水管 55 米；完成独石湖公园、瓦窑头公园、城北小游园安装浇灌水管 300 米。并对各公园广场内的市政基础设施进行及时维护、修缮、更新。

（三）开展裸地复绿工作，提升我市绿地覆盖率

我局对圭江河道责任地段六地坡二渡游泳池至圭江大坝段六地坡村一侧的建筑生活垃圾进行了清理并对裸露地段进行复绿，完成清理责任地段场地 43300 平方米，对裸露的泥土进行种植绿色植物、撒播草种复绿约 24000 平方米，覆盖草种无纺布 15000 平方米，清理整治工作已按要求完成，目前责任地段绿草茵茵，生机勃勃，无裸露泥土现象。

七、加强市政基础设施管护，推进精细化管理水平。

（一）加强市政道路及配套设施维护

一是对市委大院路面、大风门支路、南站北路、森林消防大队门前道路、龙径市场路口、城南一路等进行维修改造，修补道路面积 6000 平米，修补道路大理石、花街砖面积 2900 平方米；二是对桂塘路一区、月塘路等违规设置的路障进行清除，共清除道路路障 1800 米。三是维修安装甘新路等路段栏栅 3800 米，清洗栏栅共计 800 公里，确保栏栅整齐清洁干净；四是对城区排水沟进行排查整改。组织整改维修雨水井（盖）600 套、整改修复了排水管道 380 米。

（二）加强城市照明设施管护

抓好照明设施安全隐患排查整治，对城区路灯专用变压器、开关箱、灯杆、高架线路、地埋电缆进行漏电检测，对灯杆灯具、法兰螺丝锈蚀腐化安全隐患大检查，发现问题及时组织整改。一是整改隐患灯杆 21 基，如市委大院门口路灯、市政府大院门口路灯、广丰公园路灯的灯杆严重锈蚀腐化；二是单臂路灯 43 套、双臂路灯 22 套、三火中杆灯 1 套、小街小巷整改完善马路弯灯 237 套；三是维修故障路灯：钠灯泡 570 只、节能灯 1009 只，更换灯头 58 只、镇流器 350 只、触化器 125 只、保险桥 135 只；四是安装或改造线路 81300 米、地埋线路 5982 米，保障了照明设施安全运行。

八、认真办理中央环保督查组、自治区环保督察组交办投诉案件，确保案件全部整改落实到位

根据中央环保督察组、自治区环保督察组反馈意见问题，我局高度重视，认真研究部署，建立机制，加强统筹协调，按照"七个一"要求，对反馈的问题立行立改，认真抓好整改落实。一是中央环境保护督察组"回头看"期间交办的群众举报案件由我局牵头负责的共 28 件（重复编号 6 件），其中举报属实的 11 件，基本属实的 9 件，部分属实的 6 件，不属实的 2 件；28 件案件已全部办结。二是完成北流市生活垃圾填埋场垃圾渗滤液调节池渗漏问题整改工作。三是自治区环境保护督察组"回头看"期间群众举报问题交办件由我局牵头的 16 件，其中重复件 1 件，与 2018 年中央环保信访件重复的 3 件，与 2016 年中央环保信访件重复的 2 件。属实的 1 件，部分属实的 10 件，基本属实的 5 件；14 件已整改完成，2 件未整改完成。

九、认真整改落实国务院大督查移交和实地督查指出的问题

一是高度重视，加强组织，认真部署落实。为全面做好国务院督查组移交问题线索和实地督查指出问题的举一反三、自查自纠和整改工作，我局成立了工作领导小组，制定了开展国务院大督查发现问题举一反三自查自纠工作方案，并多次召开会议进行部署落实。二是举一反三，自查自纠，推动职能转变。我局对北流市房管所违规收取房地产权属档案查询服务费问题、博白县永安镇高峰村垃圾处理中心问题，对陈武主席在自治区 2018 年国务院大督查发现问题整改工作电视电话会议上重点指出的崇左市那隆镇扶贫移民搬迁工程问题、北海市不动产登记费问题、梧州苍梧县饮水工程问题、桂林市项目拖欠农民工问题和桂林市资源县饮水源违建采石场等问题进行举一反三，在项目政务服务事项收费方面、窗口服务方面、清理拖欠农民工工资方面、民生保障项目建设方面进行了深入的自查自纠和核查整改。

十、强力推进项目建设

（一）推进市政公共厕所建设

根据北流市落实自治区"厕所革命"市政公共厕所 2018 年建设任务要求，由我局完成两座公厕建设。经研究，我局对粤海公厕、沿江路公厕进行升级改造。目前，粤海公厕、沿江路公厕正在施工建设中，预计 11 月底前完成建设。

（二）推进北流市城区污水厂提标及扩建改造工程项目建设

一期提标工程当前已完成2组池（2×2万吨）清淤及曝气管更换，已安装PAC除磷设备、储药罐加药棒等设施，正在调试，预计12月底前达到一级A排放标准。二期扩建工程已经深基坑专家论证，正在施工土方开挖。

（三）推进北流市生活垃圾焚烧处理项目建设

该项目建设总规模为日处理生活垃圾1050吨，一期建设规模为日处理生活垃圾700吨，新建2×350吨/日的机械炉排炉、1*15MW凝汽式汽轮发电机组，配套建烟气净化系统、污水处理系统、飞灰固化等设施，实行一次规划，分期建设；一期已于2018年4月正式投入运行，二期在目前已经完成项目核准，环评正在报批中，项目预计12月份开工。。

（四）推进永顺小学、永顺幼儿园周边道路一标工程道路项目

目前1号路（即回建地旁边道路）共约170米已预埋雨污水管网配套设施，并铺设路基；1号路（即新城国际旁边道路）共约200米因存在征地问题，村民阻扰无法施工建设桥涵及铺设道路；2号路（即与1号路交接处）共约160米因存在征地问题，村民阻扰无法施工建设雨污水管网及铺设道路；2号路（即永顺小学大门前）共约150米已预埋雨污水管网配套设施，并铺设路基。

（五）推进北流高中、北流九中片区生活污水管网建设工程

目前正在协调解决项目征地及租地问题，已完成施工招投标工作。

（六）桂塘小学、桂塘幼儿园、永顺小学、永顺幼儿园、独石湖初中5所新建学校周边道路建设项目。

该项目主要是完善学校所在片区规划配套的道路、弱电、排污等市政基础设施，总投资约5099.68万元，目前项目已完成72%的进度。

（七）完成北流市实验小学实验幼儿园门前道路建设项目建设。

（八）完成城市道路"白改黑"改造项目建设

城南二路、城东二路、二环东路、高速路引道、丰顺路、三环北路等8条城市道路进行"白改黑"沥青铺设，以及建设改造绿化、人行道、路灯、交通（标线、标志、红绿灯）等附属设施。建设道路总长度为24498.767米，总投资约19513.5万元。

（九）完成道路指示牌进行更新工作

对城区约200多个的道路指示牌进行更新，替换为箱式禁毒广告路名牌，美化了城市街道，增加城市禁毒公益宣传，增强城市商业氛围，目前该项目工作已完工。

（十）推进北流市地下管线普查项目及建立北流市城区地下管线信息查询系统项目建设

目前已完成95%的地下管线普查工作，并开始建立北流市城区地下管线信息查询系统，预计2019年2月完成所有相关工作。

（十一）推进2018年为民办实事工程完成情况及2016—2018年中央预算内投资项目

建设

我局 2018 年为民办实事工程及 2016—2018 年中央预算内投资项目为北流市永顺名门沿西河至银堂花园段排污管网改造项目。北流市永顺名门沿西河至银堂花园段排污管网包括管道、检查井及附属建筑，其中污水管网尺寸为 dn400mm ~ dn1650mm，总长 6548m，检查井 195 座，改造西河防洪堤 3056m，修复现状合流沟 2586m。工程总投资为 5141.13 万元（根据中标通知书），开工时间 2017 年 9 月，计划竣工时间 2018 年 12 月。目前该项目已完成前期工作。已建设污水管网约长约 5030m，检查井 182 座，改造西河防洪堤约 2600m，修复现状合流沟约 1900m。已完成工程量约占总工程量的 88%。正在建设永顺名门小区段、新松小学前段、花果山前段、图书馆后段防洪堤，及城东二路至沿江路顶管作业。该项目累计投资约 4846 万元，其中项目完成投资约 4270 万元，增减工程量造价约 576 万元，到位资金 3093 万元（其中 1200 万元为中央预算内投资任务额）。

（十二）推进乡贤文化主题公园项目

该项目已完成选址，目前由住建局进行规划设计，准备上市规委会讨论。

（十三）推进北流市走马岭公园项目

目前该项目只完成规划选址工作，其他前期工作未完成。

（十四）推进会仙河公园建设提升工程

项目前期工作已基本完成。会仙河一期提升工程绿化提升及园路建设已全部完成；会仙河二期工程白兰园、游客中心已建设完成，A 区园路、绿化已完成，B、C、D 区由于征地问题未开展绿化提升工作。

十一、优化营商环境

（一）深化"放管服"改革

一是及时做好行政审批事项调整工作。根据《北流市人民政府关于取消和调整一批行政许可事项的决定》（北政发〔2017〕13 号）、《北流市人民政府关于印发行政许可事项目录的通知》（北政发〔2017〕14 号）文件规定，我局制定印发了《北流市城市管理行政执法局调整行政审批事项的通知》，取消 1 项行政许可事项，调整 16 项行政许可事项，保留 18 项行政许可事项。二是全面完成"两单融合"工作。我局保留权力事项 82 项，与权力事项对应的责任事项 551 项，追责情形 659 种，并向社会公布。三是强化行政审批权相对集中。督促相关部门的审批事项按照"三集中、三到位"要求进入政务服务中心办理。对进入的审批事项目录进行核查，对自治区下放的审批事项，要求全部进入政务服务中心办理。目前，我局无自治区、玉林市下放行政审批事项。四是为贯彻落实《国务院第三批取消中央指定地方实施行政审批事项的决定》（国发〔2017〕7 号）文件精神，为做好城市园林绿化企业资质审批取消后的后续监管工作，结合本单位实际，制定《关于城市园林绿化企业资质审批取消后的后续监管方案》。

（二）优化行政权力运行流程

一是推进行政审批流程再造。根据玉林市委、市政府印发《玉林市行政审批管理办法》《玉林市行政审批流程再造工作方案》等三个文件，我局组织推进行政审批流程再造，着力优化行政审批流程，审批环节和申报材料减少20%，总体达到承诺时限为法定时限的50%以上，实际办结时限压缩20%以上。二是编制和优化行政权力运行流程。今年6月，我市召开了编制和优化行政权力运行流程动员培训会。之后，我局印发了《北流市城市管理行政执法局编制和优化行政权力运行流程实施方案的通知》，推进我市行政权力运行流程编制和优化工作。

（三）开展"双随机、一公开"工作

一是建立行政执法人员名录库。以城市管理部门执法人员作为随机抽查的主体，结合年度执法计划开展随机抽查工作，建立"执法检查人员名录库"。二是建立随机抽查对象名录库。以城市道路桥梁、城市照明管理、城市公共厕所、城市道路和公共场所清扫保洁、城市市容环境卫生、城市建筑垃圾、城市市政公用的管理单位等为主体，建立随机抽查对象名录库。并自2017年起，随机抽查对象名录库每年更新一次。三是编制随机抽查事项清单。依照有关法律、法规、规章和国家标准、行业标准及相关地方标准的规定，在认真梳理监管部门职责基础上，逐项明确执法主体、依据、抽查主体、抽查内容、抽查方式和抽查频次等，编制随机抽查事项清单。同时，将结合年度工作重点和监管执法发现的突出问题，及时更新随机抽查事项清单。四是建立完善"双随机"抽查机制。采取"定向抽查"和"不定向抽查"的方式，从"两库"中随机确定待查对象和执法人员，实行"双随机"抽查，做到"双随机"抽查至少应由2名持有行政执法证件人员组成，城市管理、年度安全生产监管执法工作计划中采用"双随机"抽查的比例一般不低于30%并逐年提高。

十二、推进生态环境治理

（一）推进污水垃圾治理工作

一是开展城市黑臭水体治理。2018年5月、6月，我局组织开展北流城区建成区黑臭水体排查工作，并及时开展预防整治。二是推进镇级污水处理设施建设运行，督促市城投公司完成了"十三五"第一批新圩镇、大里镇镇级污水处理厂项目建设，并于2018年5月将民乐镇、隆盛镇、新圩镇、大里镇4个镇级污水处理厂投入运行；协调新圩镇污水处理厂供电线路架设，配套管网征地、建设，督促跟进管网破损后维修等相关事宜；多次督查通报镇级污水处理厂建设运行情况，提出整改要求及措施。督促塘岸镇污水处理厂、新圩镇、大里镇、西埌镇二期管网工程建设，办理16个镇级污水处理厂实施方案审批，PPP项目招标；积极申报2019年生态环境建设专项资金中央预算内投资项目、申请自治区重大项目、

2019—2020 年度南流江环境综合治理项目及资金计划。三是协调落实镇级、村级 32 台垃圾压缩车上牌入户手续，督促落实完善两年攻坚任务镇级、村级垃圾处理中心配套变压器工程建设，并督促镇政府将 12 个镇级、20 个村级垃圾处理中心投入运行，收集、估算、申请推动落实镇级垃圾处理中心运行经费。协助垃圾处理中心施工方、监理方办理结算款、监理费用申请；四是推进城区污水管网建设。北流高中、北流九中的生活污水管网建设项目已完成项目前期工作，现正对北高九中整个片区开展征拆工作。五是加强圭江河道两岸建筑垃圾监管。2018 年来，清除朱砂罗大桥两侧建筑垃圾后驱动 99 车约 396 吨，清除六地坡河道两侧建筑垃圾后驱动 2 车约 80 吨；在各河道口设置禁止倾倒建筑垃圾、生活垃圾的标示牌 44 块，去函敦促各有关单位履行环境卫生管理职责 20 份。

（二）推进大气污染防治工作

一是推进扬尘污染治理工作。集中开展整治裸露地面扬尘、道路扬尘、施工工地扬尘，严格控制扬尘污染。加密城区 18 条主要街道湿式清扫和洒水频次，及时减少了渣土堆积时间，今年以来迎接各类检查约 42 次，共出动了洒水车、清洗车、洒水车、扫地车约 980 台次对城区主要公路沿线进行冲洗清扫。加强环卫管理，实行道路清扫保洁市场化。从 2018 年 9 月 1 日起，北流市城区的道路清扫保洁全部已实行市场化作业管理。加大对运输渣土、沙石等易抛洒物品车辆查处力度，采取现场定点检查，不定时、不定点抽查相结合，实行 24 小时不间断监管，对违法违规行为，发现一起严查处一起。加强绿化改造补植，消除绿化损坏、行道树缺株死株和绿地黄土露天现象。二是加强对露天烧烤摊等饮食摊点的整治。今年以来，我局执法人员利用晚上露天烧烤较为集中的时段，开展城区露天烧烤摊、宵夜店、餐饮店专项整治活动，完成对城区内的露天烧烤摊点进行摸底排查。同时，我局安排夜班执法人员，对夜市进行整治，定期或不定期组织人员开展大行动。截至目前，共出动 1312 余人次，发放通知 438 余份，先后清理取缔沿江路及群众投诉的南园串串香火锅店及火烧桥市场对面露天烧烤店、一环南路、汽车总站、二环南路一区附近等一批宵夜店、露天烧烤摊。

十三、开展农村人居环境整治工作

（一）开展农村生活垃圾分类工作

2017 年 6 月住建部把北流市列入第一批农村生活垃圾分类和资源化利用示范市。我市按照自治区新农村建设与城乡环境的总体部署，坚持生活垃圾减量化、资源化、无害化处理。2017 年 11 月份起，我市组织广大干群在北流镇、西埌镇、大里镇、山围镇、平政镇、民安镇、新圩镇、民乐镇、塘岸镇、隆盛镇、新荣镇、六靖镇共 12 个镇，新荣村、平山村、大里村、铁炉村、平政村、民安村、旺山村、会众村、萝村、罗政村、金城村、隆盛村、新荣村、六靖村共 14 个自然村开展农村生活垃圾分类和资源化利用示范试点宣传和实地考察工作，印发了约 500 份宣传手册同时到各试点镇村发放垃圾分类宣传资料，并收集了试点村村民的建议与开展实施分类工作所需的物资、人力及财力的数据。2017 年 12 月份根据收集的数据制定了《北流市农村生活垃圾分类和资源化利用示范工作实施方案》。派出 2 名工作人员前往横县、南宁等地学习相关知识和经验。

2018 年 6 月份我局再次到各试点乡镇进行实地督查，又一次详细的收集所有开展垃圾分类工作的数据，并根据收集的数据在 7 月初向市政府申请购买垃圾分类垃圾桶，2018 年 8 月份向市政府请求拨款支付北流市城镇生活垃圾分类示范镇村所需经费的请示，现等待政府批复。由于资金不足，分类垃圾桶未购置安放，拟通过招商引资，由外商投放分类垃圾桶，目前在协商合同的签订事宜。

（二）完成农村垃圾专项治理两年攻坚建设项目建设

根据自治区住建厅安排，北流市 2016 年至 2017 年镇级垃圾处理项目建设任务 12 个，村级垃圾处理项目建设任务 20 个。隆盛镇、新丰镇、扶新镇、大伦镇、石窝镇、山围镇、六麻镇、六靖镇、大坡外镇、沙垌镇、清湾镇、白马镇共 12 个镇级垃圾处理中心已全部建成，并于 2018 年 6 月投入运行，并落实制度上墙，人员操作培训等工作。

（三）编制北流市人居环境三年行动实施方案

积极贯彻《中共中央办公厅国务院办公厅关于印发＜农村人居环境整治三年行动方案＞的通知》《广西壮族自治区农村人居环境整治三年行动实施方案》和《玉林市农村人居环境整治三年行动实施方案》等文件精神，编制北流市人居环境三年行动实施方案，多次根据各相关镇和单位的意见，根据意见采纳情况修改完善后形成了方案初稿。

十四、积极开展城市创建工作

我局积极开展创建全国文明城市工作、创建广西特色旅游名县等工作，大力宣传发放社会主义核心价值观、全国文明城市调查问卷内容共 6000 多份，悬挂横幅及在公益广告宣传专栏设置创建广西特色旅游名县宣传标语约 48 处，在人流量密集地的公共位置悬挂创建广西特色旅游名县宣传横幅 2 条，对城区各主次干道、公园广场、背街小巷等地方全面上墙宣传社会主义核心价值观宣传牌、宣传标语，形成"人人做好人，好人做好事"的社会风尚。

重点加强对主要街路和重点地区面貌、城中村、城乡结合部、城市出入口沿线、城市水面、公园、背街小巷的环境综合整治，杜绝违章搭建、占道经营、盯人拉客、损坏花草、随地吐痰、散发小广告、乱堆乱放、乱扔垃圾、乱张贴以及乱设广告牌、店面招牌、单位铭牌等现象。推进环卫工作长效化管理，生活垃圾无害化处理率达 100%。强化城市绿地养护管理，深入推进城市管理执法体制改革，加大城市管理行政执法力度。

十五、深入推进城管执法宣传，改善城管执法舆论氛围

充分发挥舆论导向作用，丰富创新宣传载体、形式，延伸城管执法到市民身边，打通城管执法与服务社会、联系群众的"最后一公里"，大力引导社会力量共同参与城市管理，营造了城市环境共建、共管、共治、共享的良好城管执法氛围。今年以来，我局组织执法人员先后走进明德小学、永丰小学、北流中学三所学校进行"小手拉大手，城管进校园"为主题的法制宣传课。由学生影响家庭、家庭带动社会，进一步增进市民对城市管理工作的理解、支持和配合，营造"人人参与、齐抓共管、共同受益"的城市管理氛围，使市民积极投身到创建北流文明城市工作中来。

十六、紧抓安全生产不放松

在坚持不懈抓好业务工作的同时，我局狠抓安全生产工作不放松，每次局务会议安全生产工作都作为重要议题进行部署，并严格要求环卫、园林绿化、市政、燃气等单位加强安全生产培训和教育，严格按照规定配备安全装备并规范作业，我局定期组织开展安全生产检查，严防发生安全生产事故。

十七、全力做好脱贫攻坚工作

一是结合我局联系的新圩镇旺山村、大里镇六马村实际情况，制定 2018 年脱贫攻坚帮扶工作计划，先后召开会议 6 次，听取各驻村帮扶工作队员汇报脱贫攻坚工作情况，对存在问题进行专题研究。二是 2018 年我局选派 14 名干部驻旺山村、平安山村、河村、沙塘村，大里镇六马村、沙垌村、林垌村、冠塘村、高垌村、大里村、罗坡村、雍熙村等 12 个村分别担任"美丽广西"乡村建设（扶贫）第一书记和工作队员，帮助贫困村分析致贫原因，选发展路子，制定脱贫规划，引导贫困村的各项公共事业建设。三是将 144 户贫困户的帮扶责任分解落实到全局机关干部职工，并常态化进行走访，协助联系村做好精准识别、项目规划、项目落实、户表卡册修改完善，对贫困户和非贫困户加强政策宣传、给予人文关怀，帮助他们解决问题、化解矛盾。四是加大扶持力度。年内向新圩镇旺山村捐赠化肥资金 9700 元，捐赠百香果种植扶贫资金 5000 元。落实第一书记扶贫金额额度每人 3000 元。

砥砺前行谱新篇　扬帆起航续辉煌
——凌源市城市管理综合行政执法局工作纪实

辽宁省凌源市城市管理综合行政执法局

　　凌源市城市管理综合行政执法局于 2017 年 3 月 3 日成立，局成立后，坚持以习近平新时代中国特色社会主义思想为指引，贯彻落实党的十八大、十九大精神，以党建工作统领全局，做到一手抓城区环境整治、一手抓营商环境建设，按照住建部"强基础、转作风、树形象"活动要求，坚持"宣传政治化、执法规范化、行为文明化、队伍军事化"的标准，加强执法队伍正规化建设，做到"不忘初心、忠诚履职、续辉煌，砥砺前行、干净干事、铸铁军"，立足创新抓管理、奋发进取敢作为，致力于改善民生和发展环境，做到了规划区内"零违建"、主城区内"零烧烤"、管理工作"零上访"、行政执法"零诉讼"。两年来的工作实现了"三个提升"，并切实做好了"三个保障"。

一、城市管理工作的"三个提升"
（一）坚持以党建工作统领全局，实现党建工作提质升级
　　凌源市综合执法局局党组聚焦党建主业，始终把抓好党建工作作为政治使命、第一职责，坚持"两学一做"的常态化、制度化，把党建工作与执法工作同部署、同安排、同推进、同考核，坚持落实全面从严治党要求，深入开展了"学党章党规、学系列讲话、做合格党员"系列活动。采取集中学习和个人自学相结合的方式，组织党员深入学习习近平新时代中国特色社会主义思想、党的十八大、十九大精神以及党章党规；进一步完善"三会一课"、党员教育与管理、党费收缴管理、党员活动日、民主评议党员等制度建设，加强党员自身党性修养，争做新时代合格党员；强化服务功能，突出党员先锋模范引领作用，充分发挥优秀党员的帮带作用，党组织帮带作用，整合有效资源、加强工作水平和业务素质不断完善；有效地发挥智慧党建云平台的积极作用，通过统一标准、整合资源、网络共享，实现了党建管理、组织生活、学习教育、互动交流的完美整合，创新了党建工作手段，进一步加强了基层组织建设，推动党建工作向科学化转变，凌源市综合执法局的智慧党建云平台在辽宁省得到了推广，辽宁省委也将此列入向中组部汇报的主要内容之一；坚持以党风廉政建设为抓手，严格执行党风廉政建设的各项规定，严守"八项规定"，局党组定期召开以作

风整顿为专题的民主生活会，并先后组织全局干部职工召开了"讲诚信、懂规矩、守纪律"专题大会、党风廉政学习教育大会；局主要领导与班子成员签订了《廉政风险防范责任状》，领导班子签订了《执法局领导班子成员廉洁自律承诺书》，并层层签订了《廉政建设主体责任状》《机关干部遵守纪律承诺书》《党员干部廉洁自律承诺书》《加强机关纪律管理责任状》，并监督组织实施，形成了强党性、严党纪、正党风的浓厚氛围。

通过抓好党建工作，全局上下进一步明确了形势任务，牢固树立"四个意识"，坚定"四个自信"，切实增强了党员干部干事创业的荣誉感、紧迫感和使命感，提升了党员干部讲法律、严法纪、守规矩、求实效的意识，切实保证执法工作有动力、有方向，扎实地推动各项工作有序开展。局党支部先后荣获了凌源市市直机关"五星级党支部""凌源市先进党（总）支部"荣誉称号，党组书记、局长景大光荣获"朝阳市优秀共产党员"荣誉称号，还有三名支部成员分别获凌源市"优秀共产党员""优秀党务工作者"等荣誉称号。

（二）根治城市"顽疾"，彻底解决市民诉求，进一步提升城市环境。

凌源市综合执法局成立后，局长景大光带领领导班子迅速转变工作思路，树立"小城市、大管理"的工作理念，积极破解城市管理难题，牢记只有通过严格执法，维护城市良好的秩序、优美的环境，整治城市"脏、乱、差、堵"，为人民群众提供良好的生活环境，营造优良的招商、营商环境，才是真正的执法为民，切实做到从选择性、低标准、应对性管理和执法向高标准管理、严格执法、依法行政的转变，注重解决广大市民反响强烈的突出问题、创建文明及卫生城市的"瓶颈"问题。

1. 整治城市"四大顽疾"，"日洗脸"的精神综合整治市容市貌，抚平城市"之伤"。2017年，凌源市综合执法局对人大政协建议、提案及广大市民的投诉进行了认真梳理，制定整治方案，解决了多年的城市"四大顽疾"问题：一是规范早市管理。认真研究了早市堵车扰民等问题，实行划线定点经营，安排责任中队加强日常管理，并会同交警部门对早市的兴隆街路段实施了机动车限时禁停，共计规范早市摊点1023个，使多年管理混乱、车辆拥堵、噪音扰民等问题得到彻底解决，并保持常态化。二是彻底取缔主城区内露天烧烤，整治餐饮业油烟扰民。采取定点值岗结合集中清理的方式，坚持全天候昼夜检查管理，加大查处力度，每晚都要工作到10：30之后，暂扣各类烧烤工具300余个，拆除露天烧烤棚110平方米，彻底杜绝了马路餐桌和室外烧烤，使全市207户烧烤全部进入室内经营。三是完成了城区北出口的清理工作。彻底拆除了北大桥两处多年占用公共用地违建的售楼处，并取缔私自设置的停车场，清理大型机动车辆110余台，目前该处已经建成了广场，广大市民又增加了一个休闲娱乐的场所。四是对城区南出口的违法停车场进行取缔。将占用绿化带及公共用地停放的各类货运车辆170余台全部清理干净，确保了此处交通畅通。

在市容环境专项整治行动中，拆除乱搭棚80个，清理乱设条幅4000余条，清理室外红地毯1500多个，清理台阶及人行步道广告3000余条、沿街墙体广告1.3万余条；与城区主要街路的沿街商户签订了"门前三包"责任状 1900 余份，取缔了市中心区域 2 家服装超市严重扰民的商业促销活动，拆除 LED 显示屏 10 块；取缔马路市场 1 处，清理占道摊点、露天灶、马路餐桌 100 余处。

2."四大攻坚战役"进一步改善市容环境。2018 年，凌源市综合执法局继续秉承"执法为民、服务大众"的工作理念，通过深入细致的调查研究，了解到老百姓最需要解决什么问题，从而有针对性的组织开展了取缔城市"僵尸车"、取缔城区商品车占道、市容"祛斑除痘"专项整治、城区餐饮和洗浴业户外排烟专项整治排烟等四大"攻坚战役"，圆满完成了全部整治工作，取得重大成果：共计取缔城市"僵尸车"209 台；取缔城区 88 家汽贸公司、二手车经营户、电动车销售门点的各类占道商品车辆 673 台，使得 7000 余平方米的城市公共用地、4 平方公里的人行道"还路于民"；在城市市容"祛斑除痘"专项整治行动中，先后清理各类对联、门窗字 3.6 万余条，并要求各沿街商户安装了统一规格、统一色调的门带，拆除各类占道路锥、隔离桩 252 个，拆除私自设置的金属围栏、扶手 87 处；在城区餐饮、洗浴业户外排烟专项整治行动中，凌源市综合执法局以"奋战百日、再造凌源"为目标，以清除城市最大的"顽疾"为己任，坚持领导带班、昼夜巡查、严格标准，自 2018 年 7 月 20 日起，依照法律程序经过宣传发动、责令整改及催告、强制执行等三个阶段，拆除并取缔 289 家商户的户外排烟道 608 处，拆除各类地下排烟砼管 1194 延长米，恢复并新铺装人行步道方砖 1830 平方米，油烟、烟尘超标排放的 942 家商户全部安装了油烟净化设施，并且全都达到了国家环保规定标准。

3.组织开展"秋风落叶"行动，彻底拆除规划区内的各类违法建筑。凌源市政府执法局成立以来，始终以违法建筑"零增长"为工作目标，对城市规划区进行全年 365 天的不间断巡查，即使是在春节等国家法定假日和双休日也是坚决做到力度不减、节奏不变，实施"秋风落叶"行动，以前所未有的高压态势，截至目前已在 101 线改移区、高铁建设区、棚户改造区以及工业园区征收区共拆除各类违法建筑 419 处，拆除面积 4.5 万余平方米，预计将为政府减少房屋征收资金 1.2 亿元。

（三）强化服务意识，优化营商环境工作水平不断提升

2017 年，凌源市综合执法局根据新的历史时期对城市管理的工作要求，牢固树立城市管理就是生产力、城市形象就是好的营商环境的理念，认真学习了《辽宁省优化营商环境条例》及相关文件精神，出台了优化营商环境建设年实施方案；对龙回首大酒店、商业大厦、白金瀚洗浴、富丽园洗浴酒吧进行扶持，让利 13 万元；局领导班子成员带队走访企业 23 家，发放宣传材料 100 余份，解决实际问题 3 起；对早市进行不收费处理，让利百姓 70 余万；行政处罚方面，凡是超过 5 千元的罚款案件全都经过集体讨论决定，在自由裁量权上都按最低标准进行处罚，使两家企业得到盘活。2018 年，在优化营商环境建设方面再出新举措：年初开始，综合执法人员向城区商户赠送年历，在对商户表达新年祝福的同时，也对执法局的重点工作内容及对商户的要求进行了告知；城区内新开业的商户，在其举办开业庆典时免收一切费用，并送上温馨提示祝福卡，在对商家表达祝福的同时，也对其在日常经营中应遵守城市管理的法律法规及其他注意事项进行了提示；住建部"721 工作法"出台后，凌源市综合执法局在此基础上，提出了更高的要求，更加强调提高服务意识、增强服务理念在城市管理工作中所发挥的突出的作用，实行了"811 工作法"，即 80% 的问题通过服务来解决、10% 的问题通过管理来解决，另 10% 的问题通过执法来解决，有效的拉近了执法人员与市民和企业、商家的距离。

二、切实做好"三个工作保障"

（一）创新思路，拓宽政务公开渠道

凌源市综合执法局根据新时代的工作要求，切实改进工作作风，创新工作方式方法，多措并举抓好政务公开工作：一是媒体公开。开展管控、拆除违法建筑及其他专项整治行动前，以及处理逾期未处理的暂扣物品前，全都通过新闻媒体及网络发布公告，在执法过程中也通过媒体和网络进行全程报道。二是社会公开。根据工作需要成立了信息中心，建立了微信平台、微信公众号，及时向社会推送各项政务信息和执法动态，通过信息中心使市民投诉、举报、求助更加及时便捷，通过网上处理群众举报、投诉、求助等案件 500 余起，得到了群众的认可和赞同，拉进了与市民沟通的渠道；认真做好舆情回应工作，对网上的各类信息予以跟踪关注并及时组织回复，还原了个别不良舆情渲染的事件经过，及时消除了人为造成、别有用心的负面影响，使社会各界更加理解城市管理工作，弘扬了正能量。三是畅通与广大市民沟通的渠道，彻底解决群众"办事难"的问题。在办公楼外设置引导牌 2 个，办公楼内设置统一的门牌标识 35 个，方便群众前来办事；在单位沿街墙体设置了15 平方米的全彩显示屏 1 个，用于发布需要向社会公开的事项，同时我局的职责、举报电话、办案流程及全局执法人员的图片全部上墙公示；在局办公楼一楼设置信访接待室，在接待市民来访和投诉、民心网受理等方面统一配置人员、合理安排办理工作，市民的信访接待、举报和投诉在节假日、双休日期间都能照常进行，使得市民信访及投诉均能在第一时间受理。

（二）加强依法行政，切实维护公平正义，坚持文明执法

根据国务院 2018 年行政执法三项制度的要求，凌源市综合执法局制定了适用于违法建筑简易程序处罚的"1、3、7 工程"，即在建的违法建筑要在 1 天内立案、3 天内拆除完毕、7 天内立卷归档；同时建设了全国城市管理行政执法系统首个设施一流、功能完备的案件办理询问室，一线执法各中队配备了执法记录仪，做到了巡查、管理、调查、取证、处罚、执行等工作视频记录的有效衔接，切实做到了执法工作全过程记录，保证了执法工作符合法定程序、适用法律法规正确；凌源市综合执法局坚持公开公正执法，做到法律面前人人平等、制度面前没有例外，在执法过程中既没有特殊群体，也没有照顾对象；在日常工作

中，做到把文明执法贯穿全部工作的始终，处处体现以人为本的理念，寓管理于服务，严格而不失灵活、公正又不乏热情，保证执法行为规范化、科学化、人性化；坚持文明执法，对当事人及市民的过激言行做到高姿态包容，任何时候都坚决做到骂不还口、打不还手。"公生明、廉生威"，凌源市综合执法局行政执法工作做到了依法办案并经得起社会监督，全部工作做到了"案结事了、无诉无访"。

（三）加强执法队伍建设和文化建设，内强素质、外树形象

为进一步提高执法人员自身素质，凌源市综合执法局邀请了国家知名讲师、辽宁省公安教育培训中心的教官分别为我局干部职工进行"镜头下的执法"和综合执法的历史发展、程序合法性方面的培训；未雨绸缪，致力于提高执法队伍的装备和提高自身防护水平，配备了防暴盾牌、防暴钢叉、防暴头盔和防刺服装、防割手套，并邀请了辽宁省公安厅优秀战术教官为执法人员队做列和执法礼仪训练，并进行了技能训练，主要是防暴器材的配套使用，对暴力实施者的控制、与公安机关的协调配合等方面进行演练，并在模拟的违法建筑强制拆除执法现场对以上的防暴教学技能等进行了模拟实战演练；加强城管文化建设，制作了工作纪实片《走向辉煌》和歌曲《冷暖记心间》—凌源城管之歌，真实的记录和还原了凌源市综合执法局不断发展壮大、勇于攻坚克难、服务人民群众、从胜利走向胜利、逐步走向辉煌的历程以及干部职工的辛苦甘甜。通过狠抓执法队伍建设和文化建设，进一步丰富了职工的法律和业务知识，提高了应对复杂、突发事件的能力和水平，培养了执法人员不怕吃苦、撸起袖子加油干的过硬作风，进一步增强了团队意识、纪律观念和职业自豪感，提升了约束力、凝聚力、执行力，强化了队伍奋发上进的赶超竞争意识，切实提高了执法队伍的综合素质，为更好地做好城市管理各项工作奠定了坚实的基础。

三、不忘初心 继续前行 再创佳绩

通过全局干部职工的共同努力，在不到两年的时间里，凌源市涉及城市管理领域的广大市民长期反响强烈却又未能解决的突出问题已经全部解决，并且通过不断加强日常监管，整治成果得到了巩固，违法行为没有出现反弹，关于城市管理工作的社会满意度和执法公信力达到了一个前所未有的高度。国家环保督察"辽宁回头看"工作组、辽宁省委第十一巡视组、朝阳市委市政府、凌源市四大班子及人大代表、政协委员、人民群众都对凌源市综合执法局的工作给予了充分的肯定和高度的评价，认为执法局在基层党建、依法行政、解决群众诉求、队伍建设等方面工作走到了辽宁省乃至全国的前列，工作经验值得推广；凌源市综合执法局除了党建工作受到表彰外，还获得了"朝阳市 2017 年度政务公开先进单位""朝阳市 2017 年度市民诉求（民心网）办理工作先进单位"、"凌源市先进集体""凌源市文明单位""2017 年市民诉求办理先进单位"、"2017 年信访工作先进集体"等荣誉称号。但是，凌源城管人深知：城市管理工作只有起点、没有终点，只有更好、没有最好。

下一步,凌源市城市管理综合行政执法局将继续不忘初心、牢记使命,在城市管理的智慧化、科学化、精细化方面下功夫,进一步加强执法队伍的法制化、正规化、现代化建设,不断提高城市管理执法工作水平,再创佳绩,再续辉煌,以新的目标,新的形象,踏上新的征程,为大美、幸福凌源做出新的、更大的贡献!

创新"塑形" 改革"铸魂"

——打造与世界对话的国际瓷都

江西省景德镇市城市管理行政执法局党委书记、局长 林益真

景德镇是首批全国 24 个历史文化名城之一，中国优秀旅游城市，被誉为"世界手工艺与民间艺术之都"，是一座名副其实的有历史、有文化、有故事的城市，为进一步推动景德镇发展，市政府立足实际，以"双创双修"为契机，着力在"塑形""铸魂"上下功夫，力争打造与世界对话的国际瓷都。成立于 2012 年的景德镇市城市管理行政执法局，作为城市管理的主要职能部门，负责对全市城市管理综合执法工作的指导、监督、考核、培训，规划相关方面的执法以及跨区域、重大复杂违法违规案件的查处。2018 年，是景德镇市"双创双修"如火如荼开展的一年，我局把握契机，顺利完成体制改革，不断创新管理模式，为打造一座与世界对话的国际瓷都作出应尽的贡献。

一、以改革求突破，城市管理水平再上新台阶

为全面贯彻《中共中央、国务院关于深入推进城市执法体制改革，改进城市管理工作的指导意见》和《江西省委、省政府关于深入推进城市执法体制改革改进城市管理工作的实施意见》文件精神，2017 年 6 月 29 日，我市印发《景德镇市深入推进城市执法体制改革改进城市管理工作方案》，对城市管理领域进行大部门制改革。目前，城市管理体制改革工作任务已经基本完成，权责明晰、管理优化、执法规范、安全有序的城市管理新局面顺利构建。

（一）全面规范，职责职能清晰明了

为建立规范高效的城市执法体制，理清各单位职责职能，我市全盘考虑、全局谋划，按照权责统一、精简高效的原则，将市政公用、市容环卫、园林绿化、城市管理执法等城市管理资源全面整合，主要是将市政管理和园林绿化管理，涉及建设、规划、房管的全部行政处罚权和涉及环保局等 5 家单位 8 个方面的行政处罚权划入市城管行政执法局，将市城管行政执法局渣土管理、"两违"巡查等 10 个方面的行政管理和处罚职责全部下放到各区执行。目前，所有划入的职能全部到位，下放的职能各区也顺利完成交接。

（二）深入调整，科学设置机构部门

本着综合、精简、高效的原则，按照"不增机构、拆一增一"要求，共确立 7 个下属

机构，分别是市容环境卫生管理局（副县级全额拨款参公事业单位）、直属执法支队（副县级全额拨款参公事业单位）、市政工程处（副县级差额拨款事业单位）、市园林管理局（副县级差额拨款事业单位）、路灯管理所（正科级全额拨款事业单位）、桥梁管理处（正科级全额拨款事业单位）和城市管理监督指挥中心（正科级全额拨款事业单位）。同时，下辖的珠山区、昌江区、高新区和陶瓷工业园区组建城市管理行政执法局，其中高新区、陶瓷工业园区城管行政执法局，由市局委托管理和执法。

城市管理是城市发展的永恒主题，也是提高人民群众幸福指数、实现经济社会科学发展的中心环节，景德镇通过实施系列改革组合拳，加速城市管理体制机制的内在变革，实现新时期下的城市管理工作科学化、精细化。

二、以创新促发展，城市管理模式多元化探索

（一）推进环卫一体化，打造精细管理瓷都

景德镇市的环卫工作此前存在着三个主要问题：一是环卫管理和作业主体多元，未形成完善的体系；二是环卫作业"碎片化"，环卫基础设施薄弱，机械化程度较低；三是垃圾收转运模式落后，达不到病媒生物防治要求。为改变这一想现状，提升瓷都整体形象，我市决定全面实施环卫一体化PPP项目。

1. 基本情况

环卫一体化PPP项目通过将辖区进行划分标段，打包由两家项目公司分别负责相应区域的环卫作业，主要涵盖综合清扫保洁、各类垃圾清运、公厕管护及化粪池清掏、市容整理（含非机动车规范停放管理）和垃圾分类试点5个方面，包括道路清扫保洁、开放式小区清扫保洁、江（河）堤景观带及室外公共休闲场所清扫保洁、水面保洁、公共绿地保洁、小广告清理、交通护栏清洗、环卫应急保障、生活垃圾收集清运、零星建筑垃圾清运、大件废弃物清运、垃圾转运站运行维护、公厕管理维护、化粪池清掏清运、市容整理（含非机动车规范停放管理）、垃圾分类试点等16个子项目。

同时，按照《景德镇市环境卫生作业质量标准》要求，由市城管行政执法局组织相关单位对项目公司作业质量进行监管考核，考评采取"日检查考核、月汇总计分、年总结评比"的形式：市局对各区（园区）环卫作业质量实行周检查制度，每周不少于2次，其中1次为量分考核检查，量分权重占总考核分数的30%；各区（园区）环卫部门对作业质量实行日检查制度，其中每周2次为量分考核检查，量分权重占总考核分数的70%，若项目公司在合同期连续3个月考核分值低于70分，或在创建全国卫生城市中因环卫作业丢分，将立即无责任终止与该公司的作业合同。

2. 具体做法

提升道路作业标准。严格要求项目作业公司按照"洗、扫、冲、吸、吹、干"一体化

作业模式对市区所有道路进行保洁，并向周边城乡结合部等盲区延伸，确保重点道路每日至少冲洗 1 次、洒水 3 次、巡回保洁≥16 小时、机扫率≥85%，作业后道路路见本色，达到"八无""六净"标准，即无积尘、泥、沙，无积水，无清洗死角，道路和交通标志线见本色，并在交通高峰来临之前，进行冲洗，保持地面湿润。

加密大气监测点机扫。制定《环卫一体化 PPP 项目实施方案》。明确规定对老干部活动中心等 4 个大气监测点周边半径 2 公里范围内进行机扫作业，要求每日洒水不低于 4 次，且夏天根据天气状况增加洒水频次，实现积尘克数不超过 5g/ 平方米的标准。

重点道路重点作业。重点对陶阳南路、新厂东路等主要路段进行集中强化保洁，在正常洒水保洁的同时，加密雾炮车、喷雾降尘频次，尤其对夜间 20 时至次日凌晨 5 时期间的降尘，做到"人休车不歇"。

3. 工作成效

环卫作业全覆盖。环卫一体化 PPP 项目实施以来，在原本道路作业的基础上，范围进一步扩大，目前已涵盖户外休闲广场、三无小区、江河景观带、湖面等，将市区存在的大量垃圾死角、作业盲区进行了彻底的清理，解决了许多遗留的环境问题，下一步将推动环卫全覆盖作业实现最终的标准化、日常化、常态化。

环卫装备大提升。截至目前，两家项目作业公司累计固定资产投入 1.17 亿元，新增机扫车、雾炮车、道路辅助车、护栏清洗车、垃圾压缩车、垃圾收集车等各类环卫车辆 2681 辆，全市道路机扫率已达 90% 以上。

道路环境有改善。经过环卫作业后的主次干道路面可见本色、交通护栏干净清爽、绿化带内垃圾落叶有效捡拾、墙体小广告有效治理、果壳箱垃圾桶干净整洁，高压冲洗后的垃圾中转站和公厕环境更是大为改观。

社会效益很明显。环卫一体化项目的实施在改善城市环境的同时，还创造了大量就业就会，目前两家项目作业公司一共入职员工 3923 人，伴随环卫作业范围和工作量的进一步扩张升级，后续对相关工作人员的需求还在增长，无疑为我市创造了大量的就业岗位。

（二）率先园林市场化，打造精美绿色瓷都

景德镇早期的园林绿化养护管理分散，效率低下，总体养护效果远远达不到要求，结合我市为中小型城市，总体绿化面积不大，分路段进行招投标体量过小的实际，市政府最终决定将整个城区的园林绿地养护作为一个标段向社会进行公开招标，并最终于 2017 年 12 月 29 日确定中标企业，2018 年 1 月 26 日中标单位常熟古建园林股份有限公司正式入场作业。

1. 具体做法

确定市场化范围及内容。根据我市实际情况，明确城区园林绿化养护项目实施范围包括全市城区范围内的绿地养护、鲜花布置以及部分路段绿化改造提升。

制定管养标准及规范。我局制定了《景德镇市城市绿化养护质量等级标准》以及《景德镇市城市绿化养护技术规程》，对每一条路、每一块绿地都进行了细化分级，并明确其相应的养护技术规程。

制定养护期限与退出机制。推行"6+6"的模式和退出机制，即：中标单位的合同期限为六年，若中标单位在合同期限内履约记录良好，年平均考核评分达85分（含）以上，经市政府批准，可与养护公司续签六年。通过这一举措促使养护公司在前期愿意投入更多的人、财、物，也为其养护后期的投入提供坚固的保障。同时，为确保作业公司工作不松懈，明确由市、区两级每月组织人员进行检查考核评分，评分结果与养护经费挂钩，一年中超过三次（含）月度考核低于70分（含），采购方有权无责解除合同，并收缴履约保证金及要求养护公司赔偿损失。

2.工作成效

机械化作业水平和一线养护人员配备大幅提高。中标企业一次性购置全新洒水车15辆，登高作业车4台，各类清运货车近30辆，绿篱机、割灌机、打药机、打药车，背式打药机等都配备齐全，一线养护人员也由原来的80余人提高到现在的400余人。

养护效果及精细化程度明显提升。行道树刷白、修剪，草坪、绿篱、色块修剪，做隔离沟、浇水、施肥以及病虫害防治等都能够按照技术标准规范作业，原本只在重大节假日布置的鲜花实现常态化布置，累计一年鲜花布置量达到300万余盆，绿色精美瓷都成为现实。

绿化建设水平明显提高。自中标公司进入后，我市新建成绿化项目25个，总面积23万余平方米，较比市场化前建设水平更高，管理更加规范。同时在灾害天气中的应急抢险过程中，具备更高的专业性和效率性，能够及时参与处置各类突发险情。

（三）推进"公安＋城管"，打造执法和谐瓷都

为进一步做好城市管理工作，解决"执法难度大、执法环境差"困境，杜绝各类社会问题的产生，我市优化社会管理执法资源配置，创新提出建立"公安＋城管"联合执法工作机制，并印发《景德镇市建立公安城管联合执法体制实施方案》。

1.主要做法

建立多级联合执法机构。在市、区（园区）分别设立城市警察支队和城市警察大队，对接各级城管行政执法局，同时，按街道（乡镇）设立22个城市管理综合执法中队，加挂区（园区）城市管理和城市警察联合执法中队牌子（以下联合执法中队），依法行使区（园区）城管行政执法局的城市管理权和行政执法权，组织联合执法工作，配合辖区派出所开展治安巡逻，维护城市公共秩序。

完善联合执法工作机制。一是建立公安城管联合执法工作联席会议制度，及时总结工作和研究解决存在的问题；二是建立响应出警处置规范，城管执法工作遇到各种干扰时，可立即请求城市警察支队、联合执法分队快速出警处置；三是完善数字化指挥体系，拓展数字化城市管理平台功能，依托"警务通""城管通"等装备，加速推进城管指挥中心、公安指挥中心等平台建立联动指挥体系；四是提高联合执法融合度，联合执法中队覆盖区域划定责任网格，按照"全覆盖、无盲区"的要求，采取固时巡逻、错时巡逻、固点巡逻等方式，增强联合巡逻执法时效性，提高见警率、见城管率和管事率。

加强联合执法工作保障。一是组建专职队伍，选拔优秀民警和城管队员充实队伍，通过购买服务等方式，配备辅警及城管协管员；二是开展业务培训，制定教育培训方案，通过岗前培训、专业培训、干部骨干培训、规范行为训练等多种方式提升联合执法工作人员的能力和素质；三是规范队伍建设，制定队伍管理制度，按照标准化、正规化的要求，加强对执法人员在岗在位、履行职责、仪容仪表、装备佩戴、内务卫生等方面的管理，做到"统一标识、统一装备、统一程序、统一规范"。

2. 工作成效

人力互补出成效。"公安＋城管"按照"天上有云，地上有网，网中有格，格中有人"的原则，合理分配人力资源，实现全覆盖、无盲区开展网格化巡逻，通过职能优势有机结合，短板互补，增强工作合力，实现1+1大于2的成效。一年来，出动联勤执法人员14790余次，清理整治流动摊点2.1万余次，整治出店、占道经营1.8万余处，规范非机动车停放2.2万余辆次。

打击"两违"显神威。"两违"防控严打工作一直是我市十分重视，但又是执行力度难度最大的工作，在过去城管队员面对暴力抗法妨碍公务的始终是心有余而力不足，到现在有了公安队伍的存在，有效震慑了不法分子的气焰，给我市城管执法营造了非常良好的环境。一年来，联勤执法队伍共拆除"两违"3454处，面积达3.22万平方米，有力打击了"两违"行为，维护了城市建筑秩序。

三、以科技为动力，城市管理手段加速现代化

（一）采用遥感技术，科学打击"两违"

根据城市建成区违法建设专项治理的要求，我局向市政府专题报告《关于要求采用卫星遥感监测技术加强城市建成区违法建设专项治理的请示》，今年2月，在全省范围内率先采用遥感监测技术，由原八大网格人员巡查管控"两违"改为遥感监测技术管控"两违"。

遥感航拍技术的运用，使得"两违"管控由地面单一平行视角转变为立体180度正视影像，真正意义上实现辖区巡查监控的全覆盖。通过航拍能及时有效的获取各县、区（园区）"两违"情况，并根据遥感航拍结果，明确拆除时限。截至目前，我市已对全市建成区进行5期航拍，完成正射影像航拍对比3次，共组织拆除建成区违法建设行动3764起，拆除面积36.62万平方米，我市拆除建成区存量违法建设累计进度已达到85.50%。

经过实际工作检验，遥感监测宽视野、高机动的特点对提升打击"两违"工作效能作

用明显，提高日常巡查工作效率和震慑力的同时，在发现、查处、考核三个环节也发挥出独到的作用。例如，目前新增违法建设大多数发生在山顶山坳、高空搭建、隐蔽区域偷建等传统巡查手段难以及时发现的地方，通过采用无人机遥感监测技术做到了全方位、无死角巡查，无一遗漏，也避免了人情社会、利益交换等因素，解决了局限性、漏查现象、利益冲突、执法漏洞、跟风乱建等各类问题。可以说，遥感监测技术在打击"两违"的应用，是实现城市违法建设乱象科学治理的有效保障。

（二）依托数字平台，打造智慧城管

1. 开展智慧城管建设前期工作

年初，我局本着"经济实用、科学先进"的原则，向市政府建议开展"景德镇智慧城管一体化"建设，起草制定《景德镇市智慧城管"一体化"建设升级改造项目可行性研究报告》和《景德镇市智慧城管"一体化"升级改造项目建设方案》，目前均已通过，现正在开展后续工作。

2. 打造景德镇城市管家

借鉴学习"海口城市管家"的优秀经验，打造"景德镇城市管家"微信公众号，利用信息手段让广大市民随时随地上传城市管理问题，亲身参与城市管理。同时为深入贯彻《景德镇市打击"两违"责任追究办法》和《景德镇市打击违法用地和违章建筑工作考核暂行办法》，对"景德镇城市管家"栏目设置进行改版，增加"两违有奖举报"子系统，畅通"两违"行为监督渠道。

为逐步达到城市管理精细化水平，以信息技术为依托，在"景德镇城市管家"微信公众号推出了城区三个大型停车场（景德镇北站停车场、御窑景巷地下停车场、圣母堂停车场）空车位查询信息及景德镇市公厕位置导图及流动人口登记系统，市民通过关注"景德镇城市管家"微信公众号后可以查询相关信息，将有助于解决停车难问题，方便市民出行。今后，还会将井盖、路灯、邮筒、果皮箱、电话亭等城市元素都纳入城市信息化管理的范畴，促进城市人流、物流、信息流、交通流的通畅与协调。

3. 整合共享"天网"视频

通过与电信、公安等部门的配合，共享使用高清摄像头1623个，涵盖全市主次干道、背街小巷、建筑工地等，通过在20多个工地出入口装设高清探头并对接"数字城管"信息系统，能够随时清晰的查看到工地车辆出入是否违规，伴随平台资源的深入整合，城市管理的各类问题将会被更加迅速的发现和解决。

景德镇是江西最具国际影响力的品牌城市之一，景德镇市城管行政执法局作为城市管理的重要参与者，深感责任重大，在今后的工作中，我局将继续以"双创双修"为抓手，着力在精致、精细、精美上下功夫，不断提升管理水平，为实现"千年古镇、百里风光、世界瓷都、特色美丽"，打造与世界对话的国际瓷都而努力奋斗！

用真心光彩平凡的事业
——记长子县城市管理综合执法大队大队长黄亚峰

山西省长子县城市管理综合执法大队

　　提起长子县这几年来城市管理的成就，大家有口皆碑。从"五道五治"攻坚战的胜利到城乡面貌的焕然一新，从长效管理机制的形成到城市功能的完善，从环境综合整治的立竿见影到数字化城管工作的启动……这些巨大变化的发生，人们的嘴边常常挂着一个人的名字，他就是黄亚峰。2016年9月，正值长子县旧城改造进行得如火如荼的时候，黄亚峰第一次和城市管理事业结缘。正是黄亚峰——在长子县城市管理事业几乎从零起步的发展过程中，凭着不断创新开拓的韧劲和务实的干劲，打造了一支过硬的城市管理工作队伍，他用他的真心扭转了城市管理执法人员在普通百姓中的通常印象，光彩了平凡的城市管理事业。

　　"五道五治"攻坚战中，需要拆违的内容比比皆是：鹿谷街上，有数十年没有解决的"霸王房"；赵庄煤矿，有连夜抢盖的铁皮房；在东西大街、丹朱街、慈林街、鹿谷街等等，有各种理由与借口的私搭乱建！并且，这里还有更多的是辱骂、强词夺理、串联抗拒、心存侥幸。作为一名共产党员，黄亚峰首先顶住所有压力，第一个扬起了拆违的铁锤！黄亚峰身先士卒，永远冲在第一线，大队班子会议大多不是在会议室里、不是在办公桌前，而是在街路现场、管理一线。思路决定出路，思想引领行动。在历时近一年的攻坚战中，全大队在黄亚峰的带领下，配合各乡镇政府进行专项治理50余次，出动车辆200余辆、机械50余台、人员1.5千余人次，拆迁面积达13万平方米，为打赢"五道五治"攻坚战做出了积极的贡献。

　　千难，万难，城市管理工作第一难，许多地市一提城市管理工作都叫苦，都头痛。作为执法大队大队长，黄亚峰深知难题不好破解，但他抱定一个宗旨，无论付出多大努力，也要让长子县的城市管理水平实现大的跨越。为实现这一目标，他运用了他的魄力和智慧，大刀阔斧地向两种不良现象开刀。第一是向执法队伍的不文明执法行为开刀。和全国其它地市一样，长子县的执法队伍也存在着素质参差不齐，随意执法，野蛮执法等不良现象，执法人员和被管理者之间积怨不浅，矛盾频发，既发生过多起暴力抗法事件，也发生过执法人员粗暴执法行为。黄亚峰任大队长后主导建立完善大队职工文明执法规范，执法责任制，考勤制等数 10 项规章制度，并大胆提出文明执法过程中受委屈的，队里坚决地为他们撑腰；而野蛮执法造成严重后果的要毫不留情地清除执法队伍。这种敢于自揭疮疤，自我开刀的做法深深影响着每一名执法人员。第二是向暴力抗法人员开刀。在两年多的执法过程中，一中队多次反映，在一中队管辖区域内，东大街五交化批发部，五金批发部以及对面苹果手机店，三户店主互为亲戚，在小区域范围内形成一股抗法势力：苹果手机店店主长期在路旁花带里违规私设衣服摊，五金批发部和五交化批发部长期拒绝配合执法人员工作，敷衍执法，门前乱推乱放现象已成家常便饭，与周边商户门前的整洁干净相比显得"特立独行"，不配合执法的托辞屡见不鲜，执法人员一旦有暂扣其乱摆放物品等行为，屡次形成抱团之势，对执法人员恶语相向，甚至暴力抗法。长期以来，管辖中队多次找商户沟通协商，此三户仍不配合执法人员的工作，对周边商户产生了恶劣的影响，使我执法大队的工作举步维艰。黄亚峰对这样的暴力抗法，敢于硬碰硬，亲自挂帅，组织管辖中队执法人员集中执法，在三户店主冲向他时，他正气凛然，毫不畏惧，最终长子县城市管理综合执法大队不仅拔掉了这颗钉子，也震慑了其它的抗法行为。经过近三年的不懈努力，目前的长子县已基本形成执法人员文明执法、管理对象配合执法的大环境。

提起黄亚峰，长子县的父老都知道他是个工作狂。工作中，他要求自己跟时间赛跑，干今天的事，想明天的事，谋后天的事。任职以来，他没休过一个完整的星期天、节假日，为事业，他舍小家，顾大家。黄亚峰以他无私奉献的精神鼓舞着全队干部职工，激发着他们的工作热情。干部职工们都说，只要想到黄队长，我们就会觉得自己付出的太少了。作为大队长，违法建设，露天烧烤，乱贴小广告，店外经营，占道经营，黄亚峰管的多数是跟普通百姓关系最密切的事，和众多的基层百姓打交道的事不好干，管的少了，说你不干事；管的多了，最基层的小商小贩认为你跟他过不去，甚至跟你玩命；如黄亚峰下了大力气整治的长子小吃市场，在管理小商小贩进市场，规范经营时就遇到了强大阻力，那一段时间，有托人找关系想表示表示的，有到办公室无理取闹的，更有甚者十几个小商贩竟纠集起来闹到了他办公室，他给他们讲政策，告诉他们全部进入市场规范经营后收入并不会少，希望他们脑筋能转过弯，但为首的并不听他那一套，还煽动大伙胡搅蛮缠。面对困难，黄亚峰从未轻言放弃，随着整治工作的循序渐入。那些曾经找黄亚峰闹事的，慢慢地都从不理解到理解，他们说："这年头，很少见像你这么拼命干事的，就冲你实心为老百姓干事，我们不闹了。"小吃市场附近的居民更由衷的说："现在路干净了，管理有序了，这是我们大家的福啊！"

近 3 年来，长子县城市管理综合执法大队共集中清理流动摊点上万处，组织露天烧烤专项治理行动 30 余次，取缔夜市违规摊点 300 余处，取缔违法经营煤球厂 40 余处，取缔全县范围内违法经营预制板厂 20 余处，停运洗浴中心露天燃煤锅炉 15 余处，停运露天喷漆烤漆房 5 处。对高槽运输、带泥上路、抛洒滴漏等违法违规车辆查处 2 千余辆……面对出色的成绩单，黄亚峰几年如一日，用一身正气，执著于他所钟爱的城市管理事业，也用一身正气叫响了城市管理执法大队长这个响亮的称号。几年来，黄亚峰同志以坚定的政治信念、牢固的宗旨意识、强烈的事业心和忘我的工作热情，在平凡的岗位上做出了不平凡的业绩。

繁忙的工作并没有阻挡黄亚峰对距县城 20 多里的金村的牵念。作为扶贫工作队队长，他带领队员们披星戴月，进村入户，了解民情，简单却很快乐。2018 年 6 月份以来，全市普降暴雨，驻村工作队在黄亚峰的带领下，走进扶贫户家中，挨家挨户排查各种安全隐患，为贫困户保驾护航。黄亚峰第一时间查看天气预报，在雨季还未到来之前，迅速开展走访贫困户活动。"全部都要认认真真的查看一遍，发现有险情的立即动员进行转移。"黄亚峰下达指令。各队员在队长黄亚峰的带领下，对贫困户家中屋顶有漏水的着手给予维修，一时难以维修的，进行转移并委托村里安排专门人员进行维修；黄亚峰与贫困户触膝交谈，安抚情绪，详细了解贫困户生活上的困难。直到晚 12 时，走访完最后一户贫困户，危房户安全得到保障，所有工作队员们齐聚一堂汇总工作…无论有多大困难，无论条件再艰苦，黄亚峰怀揣着使命，背负着希冀，充满着梦想，前行在这条扶贫路上。

一份耕耘，一份收获，由于工作成果显著，荣誉的光环也接踵而来，荣誉背后，无不凝结着黄亚峰辛勤的汗水和心血。但他的精力依然不减，始终在自己的工作岗位上勤勤恳恳、默默奉献着。

探索创新　先行先试
全力打造综合执法体制改革"灌南样本"

江苏省灌南县综合行政执法局

灌南县濒临黄海，东与盐城的响水相连，南与淮安的涟水接壤，西与宿迁的沭阳毗邻，是全国首批开放城市、连云港市南大门，县域总面积1030平方公里，下辖11个乡镇、8个园区，238个村（居），总人口80万人，冠有"水绿城市""魔术之乡""菌都花城"等美誉。作为全省13个县（市、区）域综合行政执法体制改革试点地区之一，也是全市唯一一家承担试点任务的县份，灌南县综合行政执法局于2017年10月20日正式揭牌，标志着该县正式踏上了综合行政执法体制改革的探索之路。根据2018年8月9日省编办印发的综合执法改革试点地区文件，灌南县在全省率先推进综合执法体制改革试点工作，顺利完成综合行政执法局组建，逐步形成权责统一、权威高效、阳光透明的综合执法体制，执法效能大幅提升，改革成效日益凸显，为全省深化综合执法改革做出了有益探索和示范引领。

践行"五个转变"，打造出有特色的"灌南样本"

百舸争流，奋楫者先。深化行政执法体制改革是党中央和省委、省政府作出的重大决策部署，针对当前全国普遍存在多头执法、重复执法、执法力量不足等突出问题，自去年以来，灌南县结合县情实际，对标省市"六个一"改革要求，探索创新，先行先试，在"合"字上谋创新，在"变"字上求突破，全力打造综合行政执法体制改革"灌南样本"，在全省13个试点县区中作出了表率。

（一）厘清职权边界，执法由"分散"向"集中"转变

职权边界的厘清是改革的前提。先后组织相关部门赴外地考察学习，并对全县执法机构、执法人员和行政权力进行调查摸底，在充分借鉴外地先进改革经验和扎实开展县内调查摸底的基础上，结合省法制办于2009年8月对我县城市管理领域相对集中行政处罚权的批复，紧锣密鼓地开展综合执法权力清单梳理和划转工作，将城市管理、市场监督、社会事业、农业、交通运输等领域28个执法部门的4000余项行政权力划转至综合行政执法局集中行使，为科学界定综合行政执法局与原行政执法部门的职责边界打下了良好基础。同时，选取堆沟港镇开展区域综合执法试点，以城镇管理相对集中行政处罚权为重点，下放县级部门行政处罚类权力 416 项。

（二）组建执法队伍，执法由"多头"向"综合"转变

执法队伍的组建是改革的基础。县委、县政府成立以主要领导为组长的深化行政全力运行机制改革领导小组，下设综合执法推进组，统筹推动改革试点工作。多次召开综合行政执法体制改革推进会，及时传达省市相关会议和文件精神，研究制定了《灌南县深化综合行政执法体制改革实施方案》，并按照改革方案要求，撤销了县城市管理局和加挂的"县城市管理行政执法局"牌子，组建了综合行政执法局，其下设的城市管理、市场监督、社会事业、农业、交通运输 5 支专业执法大队，目前已组建完成前 4 支专业执法队伍，交通运输部门在内部整合成 1 支专业执法队伍，待机构改革后再整体划转。同时，按照"编随事转，人随编走"的原则，将相关职能部门现有的执法队伍人员编制划转至综合行政执法局。

（三）开展综合行动，执法由"乏力"向"有力"转变

执法行动的开展是改革的"试金石"。综合执法改革之前，执法力量分散、执法效能较低，自推进改革试点工作以来，始终秉承依法行政、规范执法的原则，紧扣领域重点、社会焦点和民生热点，开展了一系列卓有成效、符合民众期待的综合执法行动，先后在存量违建拆除、网吧市场整顿、成品油市场秩序整治、校外培训机构治理等综合执法行动中"练兵""亮剑"，依法拆除存量违建约 3000 平方米，整顿城区网吧 8 家，整治成品油网点 3 家，查处校外培训机构 20 余家，有力打击了各类违法违规行为，执法公信力和群众满意度明显提升。

（四）健全执法机制，执法由"粗放"向"规范"转变

执法机制的创新是改革的关键。随着机构逐步统一、人员不断增多、权力逐渐增大，面临着这支综合执法队伍如何规范化管理问题。为此，通过开展综合执法业务大练兵活动，让划转人员迅速转变角色，找准自身定位，全面展示新时期、新形势下综合执法队伍的新风貌、新气象；多次开展综合执法业务培训，邀请省市法律专家、大学教授进行专题授课，执法人员的业务素质和执法水平有了显著提升；定期开展综合执法业务交流会，就办案程序进行业务交流和探讨，逐步形成相对统一的执法文书和办案程序；研究制定执法业务培训方案、执法全过程记录、执法业务流程等相关规范性文件，并完成相关法律法规和各项制度汇编，为下一步综合行政执法工作提供完善的软件支撑。

（五）加大装备投入，执法由"传统"向"智能"转变

执法装备的投入是改革的保障。随着互联网技术的快速发展，传统的执法方式已无法满足新形势下的执法要求，迫切需要运用互联网、大数据等现代信息技术，设立全县统一、上下贯通的综合执法平台，全面提升综合执法数字化、精细化、智慧化水平。今年投入大量资金，建成了综合执法监督指挥平台，配备了执法记录仪，其涵盖执法指挥协调、执法队伍监管、执法全过程记录、执法数据分析等功能，平台人员基本熟练掌握业务操作；依托县社会信用管理平台，建立信用监管联合惩戒机制，实现部门之间监管信息共享，比如在"门前四包"管理工作中，就是借助该平台，联合经信等相关部门，对多次违反"门前四包"协议的沿街商户、企事业单位法人列入失信名单，对失信行为人予以失信联合惩戒；完成办公场所重新装修、执法装备更新升级、办公设备购置更换等后勤保障工作。

力破"九龙治水"，探索出可复制的"灌南经验"

从"十几顶大盖帽管不了一顶大草帽"到"一支队伍管执法"，是综合执法体制改革质的飞跃。灌南县始终坚持"问题导向、系统谋划，横向整合、重心下移，依法行政、务实创新，分类指导、稳妥实施"32字方针，蹄疾步稳推进综合执法体制改革试点工作，破解了长期困扰行政执法领域的一些难题和顽症，形成了一套具有地方特色的综合行政执法体制，初步探索出具有示范意义和推广价值的"灌南经验"。

成效一：彻底解决了职权打架、交叉的问题。改革前，由于一些部门之间存在着适用法律重叠、职权交叉的问题，导致职权边界不清，造成了"有利的事抢着管，没利的事无人管"的局面。在对涉改部门的权力事项进行梳理时发现，在4000余项权力清单中有300余项执法权存在交叉的问题，这些权力事项主要集中在规划建设、市场监管、市容管理等方面。改革后，交叉权力事项集中到综合行政执法局，实现一套清单管权责，既改变了涉改部门的"自管自""无约束"状态，又减少了交叉执法和重复执法，实现了真正意义上的"权力集中"和"管罚分离"，避免了一些领域的执法混乱。建设工程交叉执法典型案例：改革前，行政执法部门查处是否取得《建设工程规划许可证》，住建部门查处是否取得《施工许可证》，这就存在职权交叉问题；改革后，统一了执法主体，一次查处到位。

成效二：有效破解了执法力量分散的难题。改革前，执法力量分散、执法效能较低，原城市管理、市场监督、文化市场、农委、交通运输等执法领域有28个部门，其中，13个部门虽然有执法队伍，但是执法人员比较缺乏，15个部门没有执法队伍，基层执法力量非常薄弱，加之执法装备不够先进，难以承担日益繁重的执法任务。比如在商务执法方面，原商务综合行政执法队仅有5人，负责全县成品油市场、酒类流通、商业预付卡等商务领域行业的日常监管，由于执法力量不足，只能疲于应付。改革后，将全县原有40支执法队伍进行划转整合，组建1支综合行政执法大队，下设5支专业执法大队，整合执法人员和辅助人员400余人，真正实现县级层面"一支队伍管执法"，彻底改变了以往执法力量分散的问题，逐渐减少了执法扰民，更好地服务于全县经济社会发展。组建后开展各类执法行动20余次，有效破解以往执法过程中的难点热点问题。

成效三：全面实行了审批与执法的分离。改革前，原行政执法部门既有审批管理权，又有执法监督权，使得行政执法失去了必要的监督和制约，不符合依法行政和转变政府职能的要求，更不利于公正执法和防止执法腐败，在一定程度上影响了行政执法的公正性。改革后，一方面，推进"不见面审批（服务）"改革，将原行政执法部门的120余项行政审批权全部划转至县行政审批局集中行使，使得行政效能进一步提升，市民获得感进一步增强，实现了"一枚印章管审批"；另一方面，推进综合执法体制改革，依托县政务服务"一张网"，仅对已受理的行政许可事项进行事中事后监管，切实做到依法、高效、准确，打破了原来"既当运动员，又当裁判员"的运行机制，有效防止了部门权力利益化。以规划建设举例来说，现在一律由行政审批局审批，综合执法局仅负责现场勘查，有效避免了以往既管审批、又管执法的现象。

成效四：不断提升了人民群众的满意度。改革前，由于存在职权交叉、执法力量不足等诸多突出问题，导致不少投诉案件得不到有效彻底解决，特别是在违建管控、市容管理、市场监管等领域的投诉较多。改革后，始终坚持把执法为民作为综合执法的生命线，充分发挥互联网、大数据的优势，高效运行综合执法信息平台和社会信用管理平台，畅通群众举报渠道，优化处置反馈流程，及时发现和处置群众关心关注的热点难点问题，综合执法效率明显提高。从县"12345"政府热线统计的数据来看，2018 年涉及行政执法类投诉案件 3000 余起，同比去年下降了 20%，处理率达到 100%，群众满意度达到 95%，这充分彰显了综合执法的优势和实效。

综合执法体制改革有益启示

向执法改革要红利，执法改革永远在路上。灌南县牢牢把握"高质发展、后发先至"的有利时机，坚持问题导向，明确改革方向，在管理中创新，在创新中改革，在改革中深化，综合执法体制改革取得了良好局面，赢得了社会各界和广大市民的一致点赞。在具体实践中，灌南县综合行政执法改革有四个方面启示：

（一）顶层设计是执法改革的核心

灌南县以不破不立的决心与魄力，在全省率先推进综合执法体制改革，整合的领域之广，划转的权力之多，组建的效率之高，在全省乃至全国都屈指可数。年初，县委书记李振峰提出了"三个一"，即：一枚印章管审批、一张网络管服务、一支队伍管执法，其中，"一支队伍管执法"与今年 8 月省编办印发的综合执法体制改革试点文件不谋而合；8 月 28 日，县政府召开县域综合行政执法体制改革试点启动会，全面安排部署了执法体制改革的重点工作；《灌南县深化综合行政执法体制改革实施方案》于 9 月 26 日经县委常委扩大会审议并通过，10 初获市政府批复后报省政府备案；多次召开综合行政执法体制改革推进会，进一步明确了改革的时间表、路线图和任务书。在执法改革中不难发现，正是灌南县强化顶层设计，做到边摸索、边总结、边完善，才保证了执法改革的稳步实施。

（二）队伍建设是执法改革的基础

将"五根指头"攥成"一个拳头"，全力打造一支正规化、专业化综合执法队伍是执法改革的基础。在人员整合划转时，严把人员进口关，将综合素质好、业务能力强、作风过得硬的执法人员划转到综合执法局，人员性质有行政编制、参公管理和事业编制，比如城市管理执法大队，其人员绝大部分是事业编制，这在其他市县绝无仅有的。扎实开展"强基础、转作风、树形象"专项行动，健全管理制度，规范执法行为，着力解决执法队伍在思想、纪律、作风等方面存在的问题，全面推行"双随机一公开"监管机制，督促任务落实，提高办事效率，彻底解决执法队伍中"慵懒散"现象，执法队伍形象和依法行政水平有了显著提升。通过加强队伍建设，对各地综合执法改革塑造执法队伍新形象具有重要启示。

（三）体制机制是执法改革的根本

推进综合执法改革的突破点在哪里？从长远来看，应当是创新体制机制改革。纲举才能目张，只有体制机制得到了保障，改革才会有生命力。在推进综合执法体制改革中，灌南县从体制机制上率先破题，组建了综合行政执法局，从职能整合到机构整合，从联合执法到综合执法，事权、人权、财权逐步理顺到位，由于抓住了改革的核心本质，在短时间内改革成效凸显，产生了"四两拨千斤"的杠杆效应。同时，建立了行政执法公示制度、行政执法责任制度、行政执法考核制度、过错责任追究制度等相关机制，加强对权力运行的制约和监督，让人民监督权力，让权力在阳光下运行。

（四）民安企兴是执法改革的目的

人民有所盼，改革有所应。执法改革的宗旨是以人为本、执法为民，只有把民安企兴作为改革的出发点，改革才能改出成效。为切实解决多头执法、重复执法、执法力量分散等突出问题，灌南县立足实际，加快推进综合执法体制改革，一方面，推动执法重心下移、执法力量下沉，朝着让群众满意而行，妥善处理执法中涉及群众切身利益的矛盾和问题；另一方面，本着"执法就是服务"的理念，推行"三位一体"服务机制，将权力关进牢笼，擦亮灌南服务品牌，持续优化营商环境，不断提升城市综合竞争力指数。

凝心聚力　奉献有为　提升城市管理水平

——宕昌县执法局重点工作回顾

甘肃省宕昌县城市管理综合行政执法局

　　2018 年，我局在县委、县政府的坚强领导下，以科学发展观为统领，深入贯彻落实党的十九大精神和习近平新时代中国特色社会主义思想，结合"转变作风改善发展环境建设年"活动的开展，切实改进工作作风，提高履职能力，创新思路、勇于担当、激情干事，城市管理水平明显提升。

一、全力创新，全面提高，在队伍建设和管理水平上有新举措

　　围绕打造"政治强、业务精、纪律严、作风硬、效率高"的执法队伍，以"六抓六促"，强化管理。一是抓党建促工作。充分发挥党建引领作用，把党建工作摆在重要议事日程，常抓不懈，坚持党建与城市管理工作两手抓，新建了党务公开栏、摆放了工作牌、设置了党员示范岗，延伸党建服务内涵、发挥党员作用，在推动党建工作的同时，也有力促推了城市管理工作取得新实效。二是抓培训促提高。采取以会代训、专题培训等形式，组织全局干部学习政治思想、法律法规等知识，提高业务素质和执法水平。三是抓制度促规范。修订完善执法局《考勤管理制度》《车辆管理制度》等制度，并加大督察落实力度，实现了以制度管人。四是抓文明促形象。按照全国城市管理执法队伍"强基础、转作风、树形象"的要求，加强执法队伍建设，按规定统一规范着装，践行"721"工作法，进一步推进严格公正文明执法，着力打造高效廉洁勤政的执法队伍形象。五是抓宣传促和谐。做好宣传教育工作，组织干部对沿街小贩、门市门店进行政策、市容法规宣讲，并印发宣传单共计 3000 多份，营造执法良好氛围，促进了和谐执法取得新成效。六是抓执法建设，促进依法行政。通过规范执法行为，要求执法队员树立精细化精准化办案意识，严格执法程序，明确禁止行为，划出高压线，不断提高公信力，有效促进了依法行政工作。

二、加大城市管理执法工作力度，市容市貌整治取得实效

（一）加强城管执法力度，营造良好市容秩序

通过集中整治与日常管理相结合，按照定人、定岗、定时、定路段、定责任的要求，

狠抓城市管理执法工作。首先，3月份对旧城区长征路进行了为期半月的专项集中治理。采取反复蹲守巡查，组织突击治理，该罚款的罚款、该查扣的查扣，坚决打击违章现象。先后规范治理城区长征路两侧店外经营、乱摆乱放300余处，占道经营、流动摊点800余人次，旧城区长征路市容市貌焕然一新。其次，治理山水雅园市场门口及计子川路药材市场顽疾。针对此处马路市场的整治工作，召开专题会议，落实整治方案，特别是逢集每天凌晨5点开始整治，经过持续严管，共取缔占道经营、流动摊点580多人次，占道买卖车辆150多辆，将所有流动蔬果摊贩规范至山水雅园市场经营，药材疏导至计子川次干道内交易，山水雅园市场门口马路市场得到清除，药材市场交通环境明显提升。三是重拳出击拆除民生广场海燕娱乐设施。民生广场海燕娱乐设施占用公共空间，是多年来的老大难问题，多年多少次均未能拆除，执法局出重拳、下猛药全面拆除了碰碰车、旋转木马等娱乐设施，彰显了城管执法部门的权威，得到了群众好评。

（二）加强破坏市政实施的监督管理

要求每天对市政设施进行实时巡查，发现问题即时上报，针对市政设施损坏的不确定性，日常维护修缮也是不确定的，坚持经常性地巡回检查，不断加强市政设施的维护管控力度。共查处民生广场对面碰坏护栏、计子川桥碰坏绿化树等损坏市政设施案件8起。

（三）强化了城区规划的监管

一是严格审查城市规划前置审批。对有苗头开工建设的，事前介入，查看其土地使用证、"一书两证"等相关手续。建立了城区修建房屋台账式管理模式，如实登记修建工程的相关审批手续、工程进度等相关事宜，并做到及时更新管理台账。二是加强对手续齐全公私房建设的跟踪管理，实行全程监管，杜绝超红线、超面积、超层等违规情况的发生。三是加大巡查力度，对城区内的建设坚决严控，偷建、抢建的建设坚决严厉打击，将违法建设扼杀在萌芽状态，做到第一时间发现违建行为，及时发现、及时拆除。对官鹅沟口张某违章建筑、水沟桥头报刊亭、脱贫公司旧楼依法进行了强拆，切实维护城区规划建设秩序。

（四）加强了建筑工地占道、挖掘和渣土运输车辆撒漏现象的管控力度

组织执法队员，利用早晨和夜间两个高发时段，在违章行为较为集中的路段或区域进行巡查治理，发现一起严查一起。共查处水岸阳光、岷江阳光城工地等15起渣土撒漏现象，并依法处理，今年以来所有渣土车辆基本上达到了覆盖运输。

（五）规范户外广告管理

随着户外广告数量急剧增加，部分广告设置不规范，为了进一步规范户外广告的管理，局领导多次召开局务会讨论户外广告管理工作，专门对城区所有户外广告（包括门店招牌、车辆广告、散发的小广告等）进行管理，并分类建立广告管理台账，分路段进行拉网式排查，积极整治。共拆除危旧广告牌50多块，破损横幅30多条，墙体广告40多处、竖式灯箱68块，清除"牛皮癣"等小广告15300多张，并对不牢固、年久失修，支架损坏的户外广告，门店招牌 50 多处进行了限期整改，清除了视角污染，美化了市容环境，提升了城市品位，同时也确保了居民的出行安全。

（六）主动迎战主汛期

2018 年 6 月 6 日暴雨突袭、伴有冰雹、城区内涝，宕昌城区经受严峻考验。……汛情就是命令，民生就是责任。根据县委、县政府统一指示，宕昌县执法局闻汛而动、严密组织、迅速行动，全体人员冒雨迅速赶到洪灾现场严阵以待，投入到这场抗洪救灾的战斗中，以"压倒一切"的态势全力保障防汛抢险工作。

趁势而上 高标准完成"四个"转变

河南省西华县城市管理局

西华县城市管理局着眼长远发展，坚持理念先行，秉承"代人民管理城市"的工作理念，树立"始终把人民当成我们服务的VIP"的工作目标，严字当头，实字托底，往严里抓，往实里干，往细里做，全面落实城市管理工作职能，追求"规范化、人性化、法治化、智慧化、精细化、常态化"的管理效果，开拓执法工作新局面。

从抗拒到支持，凝聚群众力量，获得外援新力量

一是开展第二次民意调查，问出发展方向。为了持续深入了解市民最关注、最急需、最期盼解决的焦点难点热点问题，我局开展了第二次民意调查，调查出了市民最关注、最期盼、最急需解决的27项城市管理"热""难""焦"点问题。二是召开《向人民报告》大会，接受人民审议。对今年度的民意调查进行分析研判，对城市管理中的问题进行精准把脉、对症下药，推进城市管理工作高质量发展，我局在西华县人民会堂组织召开了向人民报告大会，向社会各界和广大群众交上一份满意的答卷。三是聘请社会监督员，拓宽监督渠道。我局主动聘请人大代表、政协委员作为城管社会监督员联合监管城市管理工作。四是招募城管志愿者，拉近人民距离。为使广大市民更加了解、理解和支持城管执法，更为主动、全面地参与到城市管理中来，我局面向社会各界招募500名城管志愿者作为人民城管，形成人人理解、支持、关心城市管理工作的良好社会氛围。

从单调到多彩，扑下身子实干，收获工作新成果

一是成立共青团团委，增强工作动力。为了培养我局青年职工的团队精神，提高青年职工相互协作的能力，促使单位和职工都向着健康方向发展，我局成立共青团西华县城市管理局团委。二是实行积分制管理，提升工作效率。制定并实施《西华县城市管理局干部职工积分制管理实施方案》，全面推行积分制管理，对全局干部职工实行正规化、网格化、精细化管理，力促全体干部职工尽职尽责，争优创先。三是建设数字化城管，推进精细管理。我局成立了数字化城市管理监督指挥中心，进一步提升城市管理工作中各类问题的发现率与处置效率，为市民提供了"一站式"服务平台，成为了群众的"手"，县委县政府的"眼"。

四是开展城市清洁行动、改善城区环境。为进一步提升城市品质，创造良好城区环境，我局开展为期 20 天的"城市清洁行动"，完成对县城区内的主次干道、人行道、下水道、陈年垃圾、园林绿化区域等进行全覆盖、无死角的清洁行动。五是设置城管驿站，营造温暖大家庭。在公园、等区域设置"城管驿站"，强化周边的市容市貌管理水平，为过往和休憩的行人提供多项服务，让更多的群众了解、关注、支持城市管理工作。六是清淤防汛，提升群众生活品质。在汛期来临之际，对县城区内排查出的下水道淤堵路段以及易积水区域展开清淤维修作业，倾力为市民打造排水畅通的城市生产生活环境，为市民安全渡过汛期保驾护航。七是设置护学岗、护考岗为师生保驾护航。在县城区域的学校设置了"护学岗"，对校园周边违规行为进行查处，将校园周边环境责任到人，确保校园周边秩序、环境卫生以及师生出行安全。在中高考期间，为了给广大考生营造一个宁静、舒适的学习休息环境，我局将"护学岗"升级为"护考岗"，在全县范围内，特别是学校周边采取强制措施，严控噪声污染，为广大考生营造良好的备考、考试环境。

从粗暴到规范，加强队伍建设，树立城管新形象

一是外出学习，对照目标查找自身短板。组织执法队员赴禹州、江苏宿迁、驻马店、兰考、商丘睢阳区、许昌等地，学习借鉴城市管理先进的经验和作法，为提升我县城市管理的质量和水平找到了目标、提供了标准。二是开展业务知识培训会，提升综合能力素质。邀请城市管理方面老师进行授课。采取授课、模拟演练和实操演练相结合的形式，切实提高城管执法队员业务能力水平。三是成立女子中队，展示良好新形象。经过层层筛选，精心培训，成立了西华县城市管理监察大队女子中队。将"服务于民，柔性执法"理念贯穿日常执法工作之中，用微笑服务化解城市管理难题。

从对立到合作，顺应时代潮流，形成共管新格局

一是成立"商户自治委员会"和"商户监管委员会"。运用自治、共治的理念，有效引导与鼓励商户共同参与城市管理中，实现城管与商户之间的双向沟通，及时化解各类矛盾。二是采取"门前三包"积分制管理。运用失信联合惩戒机制，推动落实"门前三包"责任制，在全县形成诚信经营、文明经营的良好氛围，形成共建共管共享共赢的城市管理新格局。

城市光明守护天使

——张登保事迹材料

安徽省庐江县城市管理委员会

张登保为守护一城光明，把职责看成天大，把岗位当成家。20年，他从不懈怠，勤于学习，用精湛的技术做好平凡工作，实现安全"零事故"。在平凡的岗位上做出了不平凡的业绩，先后被评为"合肥市金牌职工""庐江县模范文明职工"，敬业奉献类"庐江好人"、敬业奉献类"合肥好人"、并多次荣获庐江县城管委"年度先进个人"称号。

路灯虽小，责任重大。1998年，张登保从县供电公司来到市政设施管理所工作，专门从事路灯养护管理。从此，20年如一日，他以班为家，天天在岗。这在很多人看来是不可思议，但是他却做到了。说是"路灯办"，早些年其实就是他一个人，既当员工，又当负责人。当时条件差，检修路灯时，全靠梯子和登高板，一天跑下来，晚上回家就瘫倒在地。但一听说哪盏路灯有故障、哪条线路断电了，就马上着急起来。有时他前脚刚回到家，听说有路灯不亮，他转身就往出事地点跑；有时刚端起饭碗，就接到报修电话，二话不说放下碗筷就出发。他把路灯抢修服务形容为"救火"。他说，老百姓家晚上出行或回家，黑灯瞎火的，谁不着急上火的？所以一定得"快"，得像救火一样，把故障给"灭"了，把灯给点亮。

2018年1月的大雪，十年一遇，城区积雪达1米多深，为了防止路灯出现电力故障，张登保带领工友，一杆一杆地检查，铲除检查孔周边的积雪，保护好线路和镇流器不受潮湿，加上清除路灯控制柜及变压器周边积雪的操作次数就超过了1000多次，一直忙到春节前夕。20年来，他几乎没有跟家人共度过一个除夕夜，每当逢年过节，带领抢修班的人一刻都不敢懈怠，他所管养的辖区主次干道总数为39条，有5225杆、12238盏道路路灯，130台路灯控制柜，56台变压器。可谓点多面广，但他却全部检修到位。

他不是在抢修，就是在抢修的路上。他把路灯抢修服务形容为"救火"。他说，老百姓家晚上出行或回家，黑灯瞎火的，谁不着急上火的？所以一定得"快"，得像救火一样，把故障给"灭"了，把灯给点亮。一年365天，不管刮风下雨，还是白天黑夜，不管是临时急修，还是日常维护，只要有任务，张登保总会出现在现场。凭着对事业的热爱，多少年来，无论路灯更换了多少代，线路增加了多少，张登保都能了然在胸；无论出现了什么样的故障，他都能一一排除。笔记本上记载的是他多年来所遇到的路灯故障记录，还有庐城的境内所有的路灯分布、线路走向图，有的字迹都被雨水浸得模糊，但每一笔、每一划都是那么认真，正是有了这些积累，他才成为庐江路灯管理工作中的活字典、百科书。张登保把全部心思都用在了抢修工作上，他一直有个好习惯，凡是因线路改迁、新建、更换等，就是再忙也得到现场去看看，反复核对数据资料，认真做好记录，城市配网错综复杂的线路图，新上马的新设备、新技术，哪里才换了一台新式变压器，他都摸得很清楚，所有路灯、变压器，每一条线路走向和设备的位置、名称，他都熟记在心。

尤其近几年，庐江县建设发展较快，路灯配电网络时刻都在变化，线路运行方式必须牢记于心，稍有差错就可能给抢修人员构成威胁。对于线路设备的新装、改建、迁移等，张登保就立马组织全体人员进行学习，用他自己的话说，肩上扛着一份责任，让他放不下也舍不掉。

张登保深知自己肩上的重任，他知道，要做好工作，光靠个人力量是不行的，必须提高所有班组成员的整体水平。工作之余他常常组织班里的成员坐到一起，分析路灯事故的发生原因和处理方法，从理论知识，到现场操作，逐个钻研。为使全体成员都掌握了过硬的技术，他把每一次保障，每一次抢修都当成一次大比武，做好记录和台帐，事后都要对全过程进行总结。

危险时刻，他总是冲锋在前；困难面前，他从不退缩。2016年7月1日下午，庐城陡降暴雨，数小时内降雨达100多毫米，庐城文昌路等4条干道内涝严重，积水快速上涨，有几处积水已达路灯配电箱，如不及时处置，可能造成重大漏电事故，危及人民群众生命安全。灾情就是号令！他和同事们第一时间背着工具包出发了。大雨还在倾盆而下，大家全部浑身湿透，身上的防漏电保护设备已经失去作用。在这关键时刻，张登保挺身而出大声喊道："大家站着别动，我去看看！"说着扛起绝缘棒趟着齐腰深的水走向变压器，将跌落式熔断器一个一个地小心拉下，一直忙到深夜。庐江县市政设施管理所所长卢阳春这样评价张登保："危险时刻，他总是冲锋在前；困难面前，他从不退缩。"

20多年来，张登保架设、铺设电缆线1000多公里，安装路灯9000多盏，修灯2.8万盏，保证了庐城路亮化率达到98%以上，并实现了路灯行业"零事故"。正是有了他们不惧风雨的前行，才有了庐城的夜景如此流光溢彩；正是有了他无私的坚守，才有了夜晚回家一盏盏明亮路灯的守候。

加强精细化管理 建设美丽宜居公园城市

四川省蒲江县城市管理局 徐安全

　　精细化管理是社会分工的精细化，以及服务质量的精细化对现代管理的必然要求，能最大限度地减少管理资源、降低管理成本。随着城市发展和市民生活水平的提高，人们对城市管理的期望越来越高，传统的、粗放型的城市管理模式已无法满足现代城市管理的需求。2017年两会期间，习近平总书记在参加上海代表团审议时也强调：城市管理应该像"绣花"一样精细。近年来，我县在城市管理各个工作环节逐步实施信息化指挥、网格化管理、精量化定责和精准化操作，为建设"美丽蒲江·绿色典范"夯实了环境基础。

一、做法和成效

　　通过加强城市管理精细化，我县市政环卫设施不断完善，养护保洁水平不断提升，城市环境面貌显著改善，基本实现县城区"环境整洁、设施完善、管理有序、夜景美化"的目标要求。

（一）科学整合执法力量，行政执法工作成效显著

　　我局2006年成立以来，随着管辖区域的扩大，先后组建了鹤山街道和成佳、大塘、西来、朝阳湖行政执法中队，并在寿安镇设立执法分局，通过优化干部队伍结构，提高执法队伍整体效能，充分调动基层工作人员的积极性，真正把坚持科学发展、和谐发展，能干事、会干事的干部充实到各个关键岗位，为城市管理行政执法事业发展提供人才支撑。坚持管理与执法并重的方针，对情节恶劣、屡教不改的相对人，做到依法行政、严格执法，并实行重大案件集体讨论、备案制度，进行案件回访。

（二）不断完善基础设施，公共服务水平稳步提升

　　1. 市政设施建设扎实推进。市政设施建设、维护和改造基本实现全方位、常态化，全市市政建设规模逐年加大，投入资金逐年增加，切实完成了道路拓宽改造、城区街道大修、市政设施维护管理等工程。

　　2. 环卫设施建设改造稳步推进。完成了《蒲江县环卫设施规划》，2010年开始在全县逐步实施环卫市场化，城乡生活垃圾运输基本做到密闭化、清洁化和管理一体化，杜绝垃圾运输过程中的二次污染。公厕等环卫设施建设改造更趋合理化、人性化，根据道路现状和人员流量，合理布局垃圾箱、果壳箱等环卫设施。城市公厕完全免费开放，其中3座实

施 24 小时开放。

3.建筑垃圾管理走上常态化、规范化。成立了县扬尘办，专门负责建筑垃圾的管理工作，城区乱倒和道路遗撒、抛洒现象大为减少，路面整洁、扬尘减少，城市空气质量明显提高。2017 年底建成了容积达 520 万立方米的建筑垃圾消纳场，并于 2018 年正式投入使用。

4.城市亮化工程凸显城市夜景。为进一步增添城市夜景和活力，提升城市品位，加大投入力度，着力推进亮化工程建设。自 2016 年底启动亮化工程专项规划编制工作以来，按照"整体规划，分步实施"的基本原则，结合我县"智慧城市"和"城建攻坚"目标，于 2017 年开始启动"城区路灯景观提升改造"项目，项目建成后，为实现蒲江县城市夜景美化增光添彩，受到市民交口称赞。

（三）强化执法队伍建设，提升行政执法质量

1.探索网格化管理新模式。依据责任区中队划分调整，编制网格化管理方案，将城区划分为若干责任区域，落实定人、定时、定岗管理机制，提高执法队员主动发现问题的能力，对责任区内发现的各类市容环境问题，提高处置时效，逐步实现日常管理精细化。同时，建立应急机制，为突发事件提供紧急增援，建立"横到边、纵到底，无缝隙、全覆盖"的城管执法网络。

2.开展勤务制度改革。根据实际管理情况及人员安排，将县城区域划分为严管区、严控区和控制区（蓝区），确定不同的执法管理要求，实施区别化管理。同时，根据网格化管理要求，细化责任，确定了领导班子"行走蒲江"和城管队员"定岗、机动、错时执勤"的路面执勤方式，逐步提升管事率，见面率和处置率。

3.加大教育培训力度。面对执法环境和执法要求的特殊性，城管局以分类、分级培训为手段，坚持全员培训与选拔尖子相结合，坚持执法实践与书面考试相结合，坚持提高业务技能与提高基础理论水平相结合，通过法制员会议、"以案学法"、经验交流、典型案例剖析等多种形式，帮助执法人员掌握法律法规，熟练使用执法文书、办案技巧，提高办案质量，努力打造一支业务精、行为规范的高素质执法队伍。

4.加大督查考核奖惩。一是坚持制度管人，先后修订蒲江县城市管理局城管监察执法大队《日常管理考核奖惩办法》和《执法中队实绩考核办法》，进一步加大考核力度，拓展考核范围，更有效地推动工作效能和队容风纪建设。二是创新督查思路，根据督查实际，制订相应考核办法，开展"创先、争优、比贡献排名"，对责任区中队各网格和执法分队工作进行统计、排名、公示，营造全局创先争优的良好氛围。

（四）突出重点抓整治，攻克精细化管理难题

1.扎实开展以越门占道经营、乱设摊为重点的市容市貌专项整治。在先期开展大规模的宣传教育、通知整改的基础上，帮助和强制整改。通过整治，有效控制乱设摊和越门经营，使我县的市容市貌得到明显提升。

2.开展广告招牌的专项整治。严格规范了户外广告店招设施设置,取缔了不符合要求的LED门楣广告,严格户外大型广告招牌审批,先后对校园周边、重要街道商招店招进行了整治。

3.大力开展食品安全大整治。我局以省市食品安全大整治为契机,加强食品流动摊贩、饮食店越门占道经营的监管,出动执法人员3580人次,检查1195次,查处各类违法行为600余起,发放整改书100余份,学校周边定人、定点整治,得到了广大市民群众的赞扬。

4.致力解决停车难问题。近年来,我县停车设施规划建设滞后与机动车快速增长的矛盾日益突出,加上驾驶员交通法制意识淡薄和执法管理上的缺陷,严重影响了城市停车管理,特别是城区中心没有上规模的停车场所,停车矛盾最为突出。对此,我局主动应对,多策并举,联合交警大队,在努力增设停车泊位的基础上,加强停车场建设、管理和违法停车处罚,在一定程度上有效缓解了停车矛盾。

(五)数字管控精细化,城管执法处置效率明显提高。

"数字城管"试运营到现在已有5年多时间,在这过程中,数字城管平台工作稳步展开,形成了精确、敏捷、高效、全时段、全方位覆盖的城市管理模式,从而实现了城市管理由粗放型向集约型转变,使城市道路的养护、井盖的维修、市容市貌的整洁有所改观,全面提升了城市管理的效率和水平。

二、在精细化城市管理中遇到的问题

随着城市管理的深入,在探索城市管理精细化道路的过程中,一些深层次的问题和矛盾逐渐暴露出来,严重阻碍着城市管理水平的进一步提升,这些问题归结起来主要有以下几个方面:

(一)城市管理行政执法缺乏强制性

当前城市管理中存在着一个突出的问题,就是缺乏有效的强制手段。由于现行城管法律法规未赋予相应的强制手段,在处理违法建设时,如果相对人拒不配合或不予承认,就显得非常被动。

(二)城市管理行政执法执行困难

一是由于城镇化的快速发展,大量农村居民涌进城市,导致了流动摊贩屡禁不止。二是执法环境不佳。由于城管执法部门进行执法管理的对象,大多数是农民、下岗工人、失业人员、外来人员、困难户和残疾人等弱势群体,对他们进行的执法管理极易被理解为对弱势群众的欺压,引起社会的不满。特别是随着城市管理要求的提高和市容整治力度的加大,管理与被管理者的矛盾更加突出,再加上媒体对城管形象的负面宣传,更加大了群众对城管执法的不满和排斥。三是由于执法手段不完善、不健全,给取证带来了许多困难。

(三)城市管理精细化的机制不健全

一是精细化管理标准体系未建立。精细化管理，必须有一套全面具体、迅速有效的机制来保障，方能确保把工作做精、做细、做实。目前我市还没有一套科学、系统、完整的精细化管理指标体系。

二是管理职能交叉，部门联动机制不完善。由于从事城市管理工作的部门较多，加上各部门的工作侧重点和法律依据不同，因而造成了职责分化、执法信息不对称、各自为政，导致城市管理合理性不强，运行效率不高，对于一些难点问题还容易出现互相推诿的情况发生。三是管理缺乏预见性。当前在精细化管理过程中，执法人员将大量的精力花在突击检查、集中整治和事后查处上，缺乏管理的前瞻性、预见性和主动性，没能很好地从源头加以控制。

（四）城市发展过程中的矛盾突出

一是市民素质的提升和城市的快速发展不相适应。文明城市和卫生城市要求市民必须具有良好的社会公德意识、法制意识和环境卫生意识。随着城市化的快速推进，城市居住人员相当部分由农村和外地务工人员迁入组成，有的生活习惯和意识短时间内难以改变，文明素质不高，特别是在城市管理与个人私利发生矛盾时，往往将城市文明抛在一边，以至于乱涂画乱张贴影响市容、乱扔垃圾不讲环境卫生、占道经营乱设摊点不顾公共利益、乱搭乱建不守法律规定、乱停乱放乱闯红灯无视公共安全等现象时有发生。二是城市资源配置和市民公共需求不相适应。随着城市区域的不断扩大和人口数量的快速增长，城市现有的基础设施及资源配置跟不上城市高速发展和市民需求不断提高的实际。如汽车、摩托车、电动车数量迅猛增加，导致停车难问题越来越突出，亟需合理加以解决；如老城区的地下管网建设滞后，常常是电力挖了电信挖，燃气挖了有线电视挖，城市道路反复开挖、修补频繁，导致道路损坏严重。再如目前农贸市场规划配置远远满足不了需求，由于设摊场所不足，导致乱设摊、占道经营等现象屡禁不止。

三、城市管理精细化的思考建议

（一）建立健全各项体制机制

1.完善城市管理重大决策机制、城市管理协作配合机制和城市管理考核责任机制，形成县政府统一领导下的职能明晰、分工合理、条块无缝对接的"大城管"体制。

2.全面推进城市管理综合执法体制改革。按照我县改革实施方案要求，坚持基层导向、问题导向、需求导向，着力理顺职责关系、规范机构设置、推动重心下移、提高执法效能。完善城管执法体制，建立全市规范、统一、富有战斗力的城市管理和行政执法网络，形成"权责明确、监管到位、齐抓共管、统筹管理、共同推进"的管理新模式，全面提高我县城市管理执法质量。

3.建立精细化管理标准体系。实施精细化城市管理，其相应的管理标准首先应当完整、科学，它是一个城市长效管理的基础，是长效管理的目标系统。因此要建立一套科学、系统、完整的精细化管理指标体系。对市容市貌、市政设施、道路桥梁、园林绿化、环境卫生、广告设置、路灯景观及便民摊点的具体状况制定相应的管理标准。

（二）强化执法队伍建设，塑造城管执法新形象

以十九大精神为指引，坚持科学发展观，坚定工作信心，坚守服务民生的职责，树立敢闯敢拼、不计得失的奉献精神，持续抓好行政执法队伍、城市管理专业队伍建设，全面提升干部职工的精神面貌、作风效能和执行能力。以"城管文化"建设为抓手，进一步深化主题活动，外树良好形象，内育职业忠诚，全力提升城管执法队伍的精气神。按照"工作有机制、过程有监督、过错有追究、奖惩有措施"的运行管理目标，通过加强教育培训、严格考核标准、加大督查力度，推动城管队伍的规范化建设。

（三）进一步巩固精细化城市管理的成果

一是进一步推进城市基础设施完善。根据城市发展需要，不断加快基础设施建设和改造，提升城市公共服务水平。研究和探索市政设施日常维护机制，确保破损道路、人行道、下水道等市政设施能够随时发现，及时维护。

二是进一步统筹城乡长效保洁。深入推进城乡环境卫生市场化工作，并着力强化监督检查，力促城乡保洁精细化，不断改善城乡环境卫生品质。稳步推进建筑垃圾分类处理工作。实现生活垃圾的减量化和资源化，加快垃圾后期处理。

三是着力推进城市美化亮化。结合"美丽蒲江·绿色典范"建设，实施"城建靓县"，打造滨河路等亮化工程，努力确保城市亮化与城市发展、城市整体形象相协调，提升城市的形象和品位。

四是加快"智慧城管"建设。以建设"智慧城管"为切入点，着力抓好软件更新、标准提升，力争通过科技的力量，将数字城管打造成管理城市的"千里眼、顺风耳"。

五是着力解决停车难问题。完善城区停车方案，向空中和地下要停车资源。加快临时停车场的规划与建设，探索"政府租用市民免费使用"的便民停车模式，启动城区智能化停车管理体系建设，提高城市停车位的使用效率，出台政策推动全县机关事业单位开放内部停车场地。

（四）扎实开展市容环境专项整治

一是进一步完善、落实"网格化"责任管理机制，实现对乱设摊、跨门经营等市容违法行为执法管理的长效机制；二是根据《户外广告设置专项规划》，严格按照"规划引领、统一审批、联控联管、逐步规范"的要求，实现"主要街区创精品，一般街区促规范，背街小巷求整齐"的目标，加大沿街店招店牌和店面装修执法管理力度；三是强化特色街区打造，在完成家钰路蒲砚非遗特色街区建设的基础上，指导各社区挖掘自身独特文化、景观、历史、古迹等，搜集整理后进行全方位包装，以此辐射周边，进一步提升蒲江品位。

关于 2018 年度城市管理行政执法工作的报告

福建省政和县城市管理行政执法局

2018 年度，在县委县政府坚强领导下，城市管理行政执法各项工作有突破有亮点有成效，现报告如下：

一、执法体制改革顺利推进。

在县委县政府高度重视下，深入推进我县城市执法体制改革改进城市管理工作，成建制整合城管、环卫、园林，集中国土、水政、渔政、殡管相关职能，抱团执法氛围得以加强。9 月 20 日又全面接管宝岭库区流域行政执法权，确保城区饮用水资源得到进一步有效保护。8 月 20 日入驻西大街 101 号新大楼办公，并购置了 20 台执法摩托车和 30 台执法记录仪，对 8 辆执法皮卡车统一标识喷漆。县委县政府在原有 30 人基础上追加 40 名行政执法劳务派遣人员名额，全体人员统一国标新制服。7 月 10 日成立了局工会，9 月 13 日成立了局党总支。有效化解各类矛盾纠纷 87 起，被县政协授予提案办理先进单位。队伍更加凝心聚心，各项工作得以不断推进。12 月 28 日，县城市管理局揭牌成立，标志着城管工作将上新水平。

二、重拳治"两违"有效遏制新增。

共组织强拆 76 次，强拆违建面积 14830 平方米（大宗强拆有酱油厂 5200 平方米、长虹碳业 1260 平方米、友和食品厂 660 平方米、望野玻璃厂 2604 平方米、南庄鞋帽厂 600 平方米）；共对违建户断水断电 9 处，电视公告并冻结产权违建户 76 户；全面叫停城区存在安全隐患的光伏高层违建项目，让 18 家光伏贴牌企业迁出政和城关。"两违"现象得到有效遏制，新增总量得以刹停。

三、省级园林县城创建获通过。

创建省级园林县城于 11 月 29 日通过省专家组验收。共提升改造绿地 9 处（市民广场、七星公园、塔山公园等），新建绿地 7 处（暗桥十字路口小游园、茶亭垄滨河公园、渡头洋游园、体育场绿地等），并重新整修开放广场音乐喷泉。建成区绿地总面积 179.6 公顷，绿地率 33.96%。"三季有花、四季有景、满眼尽绿、见缝插绿"成现实，让政和更加宜居宜住宜游。

四、市容整治有突破更亮丽。

依法取缔东门占道生禽宰杀摊点，强力督促新疆烤羊占街烧烤进店规范经营，重拳取缔七星公园路口及渡头洋石屯车站路口占街夜市。劝导清理占道及流动摊点 1515 个，清理街头牛皮癣 4.5 万处，拆除违规广告牌 260 个，处罚市容违法行为 62 起。圆满完成中央首长栗战书 7 月 27 日到政和调研市容管控工作。市容市貌更加有序整洁。

五、农贸市场平稳有序搬迁。

3 月 26 日新中心农贸市场正式开业，历时 37 年的南门桥头中心农贸市场完成了历史使命。整个新市场占地面积 3067 平方米，共设 217 个店面及摊位。举全局之力想方设法顺利使新旧农贸市场平稳有序搬迁交接，并顺利清拆了旧市场及清理了邮政弄、直街通道，切实使县政府为民办实事项目办实办好。

六、环卫保洁大提效更洁净。

强化城区保洁常态化全覆盖无死角，日清理处理垃圾近 200 吨。改造提升 18 座公厕，启动南门、渡头洋中转站建设。日处理 200 吨垃圾渗滤液处理站于 5 月 15 日正式启用。县垃圾焚烧项目因官湖村民阻工高压电无法架设受阻多年，多举措做通工作并快马加鞭启动建设，将于 2019 年 5 月试运行。餐厨垃圾应急收集处置有序推进。垃圾处理各项环评经多次省市暗访抽检均达标。

七、渣土车监管全方位更规范。

与交警、交通执法联勤联治，建立平台在线管控，实现网上审批办证一条龙服务和渣土车公司化集约化运营，严管在建工地渣土车出入关。建筑弃土消纳场建成并将投入使用。287 辆渣土车全部纳入 7 家渣土车公司统一在线管理。从严重处渣土车滴撒漏违法行为 80 起。渣土车整治工作顺利通过市政法委重点整治项目验收。市容更干净，安全有保证。

八、殡葬改革取得大突破。

发挥殡改主力军作用，强力铲除"活人豪华墓"28 座，及时制止了铁山街头等违规殡改丧事法事活动 11 场，叫停西门福主庙宇法事踩街活动，查处 7 起违规燃放鞭炮行为。我县殡葬改革移风易俗取得显著成效。

九、严打非法砂场成效大。

对砂石料场集中突击整治行动 27 次，取缔非法砂场 15 家，暂扣相关物品 27 件，重罚砂石料场违法行为 16 起，切实有效震慑和规范了我县砂石料市场无序状态，确保了西津河道断面水质全面达标。

忠诚担当干事业 砥砺前行抓管理

——记邯郸市肥乡区城管局

河北省邯郸市肥乡区城市管理局

2017 年 11 月底，肥乡区城管局新一届领导班子成立以来，在董全军同志带领下，领导班子及全体干部职工履职尽责、真抓实干、团结拼搏，始终把忠诚、担当、干事融入到工作中，夙兴夜寐、激情工作、冲锋在前，凭着不断开拓进取的韧劲和求真务实的干劲，一年当作两年用，一届当作两届干，经过一年的不懈努力，城区生态环境显著改善，城市服务功能日益完善，锻造了一支城管铁军，提高了城市管理水平，提升了居民幸福指数，为新时代全面建设生态新区、富裕新区、美丽新区做出了突出贡献。

抓班子、带队伍、优作风，全力锻造高素质干部队伍

新时代提出新要求。加强干部队伍建设，是做好新时期各项工作的基础。董全军同志在工作中始终坚持把提高队伍建设放在重要位置，提出了"锤炼一个好班子、带出一支好队伍、创出一套好机制、管出一个好环境"的工作思路。一是突出理论学习。在全局大力开展读书学习活动，持续推进理论学习制度化、规范化、常态化，不断丰富学习内容、创新学习方式，紧跟形势学、突出重点学、结合业务学，领导干部坚持率先垂范，沉下心来读原著、学原文、悟原理，持之以恒、全面深入学习习近平新时代中国特色社会主义思想和党的十九大精神，着力在学懂弄通做实上下功夫，切实做到以习近平新时代中国特色社会主义思想武装头脑、指导实践、推动工作。二是突出基层党建。切实强化抓好党建是本职、不抓党建是失职、抓不好党建是渎职的主业意识，进一步树牢"四个意识"，坚定"四个自信"，切实担负起从严管党治党的职责，将责任落实到具体岗位、具体人，并采取完善制度、强化学习、定期培训、树立典型等多项措施，切实增强了干部队伍的凝聚力、战斗力。三是突出纪律规矩。坚持把纪律规矩挺在前面，特别是领导班子成员坚持以上率下，严格对照《党章》《准则》《条例》要求，始终在工作上从高从严、在生活上从简从朴，坚决做到自身净、自身正、自身硬，充分发挥榜样的示范引领作用，真正打造出了一支"领导放心、群众满意、政治坚定、作风优良、纪律严明、廉洁务实"的城市管理执法队伍，树立了肥乡城管良好形象。

抓管理、强弱项、严执法，迅速形成高质量发展局面

新征程要有新作为。当前，我国正处于工业化和城镇化快速发展时期，城市管理面临发展的关键时期。习近平总书记说过，城市管理应该像绣花一样精细。董全军同志带领肥乡"城管人"，敢于创新、敢于较真，走出了一条城市管理的新路子。一是聚焦精细管理。董全军同志带领全体干部职工解放思想、打破常规，创新管理方式，实施"定人、定岗、定时、定段、定责"五定的管控新模式，大力推行网格化精细管理和错时执法管理，坚持不间断、无缝隙、全时段、精细化管理，重点对店外经营、乱泼乱倒、占道经营、私搭乱建、广告牌匾、露天烧烤等违规行为进行依法查处，进一步提升了城市精细化管理水平。二是聚焦违建拆除。依法拆除违章建筑，圆满完成"双违"暨"一区三边"拆迁任务后，2018年再度发力，安排执法力量对街道两侧私搭乱建构筑物依法进行强制拆除。共计拆除各类违法建筑1664处，拆除违法建筑总面积53.71万平方米，腾清违法占地面积154.4万平方米，有效维护了市容秩序。三是聚焦环境建设。全面推行"门前五包"责任制，深入推进环境容貌整治工作，先后对城区近5000家门店商户进行宣传教育、政策讲解，极力呼吁门店经营者自觉参与到城市管理中来，着力打造"全民城管"。加快环卫基础设施建设，新采购封闭式垃圾运输车24辆，吊桶车10辆，垃圾收集三轮车250辆，更换地埋收集箱9个，更换铁皮垃圾箱33个，城区主次干道摆放2000个统一材质、颜色、样式的生活垃圾分类垃圾桶，全面提升垃圾收集、垃圾清运能力。投资200多万元，在城区新建3座垃圾中转站、4座移动公厕，在此基础上又投资90万元对城区内7座公厕实施了改造升级，进一步解决群众"如厕难"问题。四是聚焦规范执法。大力开展"规范行为执法年"专项活动，以建设"民生城管、法治城管、活力城管"为主题，以加强能力建设、完善执法制度、改进执法方式、严肃执法纪律、强化舆论宣传为重点，严格队伍管理，规范执法行为。

抓实事、重民生、践初心，切实做到高水平服务大局

新使命必须新担当。民生连着民心，民心是最大的政治，肥乡区城管局坚持把人民群众对美好生活的向往作为自己的奋斗目标和努力方向。一是坚持把环境保护作为必须完成的政治担当。在"抑尘"上下功夫。扎实推进"洁净城市"创建，严格按照"以克论净""双五双十"标准，采用机械化清扫与人工保洁相结合的模式，每天对街道、辅道、便道及绿化带、行道树、草坪进行喷洒冲洗，全面减少积尘存量，实现城市环境卫生"深度保洁"。在此基础上大胆创新，利用夜间、雨后对城区开展"洗城"行动，特别是对城区主次干道、便道、绿化带岔口、施工围挡周边等易积尘部位进行了地毯式冲洗，达到路见本色的效果。全力推进裸土治理，坚持绿化硬化为主、高标覆盖为辅，仅用7天时间就完成了城区街道两侧、重点部位裸露土地的整治工作，绿化3万多平方米、硬化近2万平方米、覆盖30万多平方

米,从源头上大幅减少了扬尘产生。在"增绿"上做文章。按照"高标准设计、高标准打造、高标准管护"的工作思路,统一规划、因地制宜,以环城大环境为依托,城区道路绿化为网络,公园绿地建设为重点,努力打造特色鲜明、造型新颖、赏心悦目的绿化精品带和极致景观节点,先后打造了银杏园、三里堤公园、东环岛特色林等一批精品景观,种植景观特色林带1500多亩,提高城市生态环境的同时,为市民提供了休闲游玩的好去处。在"煤改"上找良方。扎实做好清洁取暖工作,大力发展集中供热,高标准完成"煤改气"任务11100户,积极推进"太阳能光伏+取暖""空气源地热取暖"等试点工作,取得了显著成绩。同时,全面加强施工现场环境管理,切实采取有效控制措施,真正在符合环保要求前提下,抓紧组织施工,让工程建设依法依规、科学规范,坚决消除或减轻施工现场对环境的污染和危害,切实做到工程建设与环保要求齐头并进,为保护和改善全区生态环境做出贡献。二是坚持把开展扶贫作为义不容辞的历史使命。在局领导班子的带领下,按照"进百家门、暖百家心、听百家言、问百家计"的工作理念,带着感情做好扶贫工作。要求全局所有帮扶人员与群众交朋友,结穷亲,把贫困户的的热点、难点问题摸清、摸准、摸透,将民情记在纸上、抓在手上、放在心上。为分包联系村——焦营村铺设了排水管道、安装了路灯、建设了村民广场,解决了实际困难;安排机械化清扫设备对焦营村开展了环境卫生大扫除活动;一些重要节日前夕,领导班子全体带领帮扶人员给焦营、东张寨、邓庄三个承担扶贫任务的村送去慰问品,受到了贫困户的好评。三是坚持把抢险救灾作为检验作风的重要标准。2018年7月中旬,肥乡区突降特大暴雨,城区和天台山镇北王固村先后出现重大汛情,董全军同志带领全局人员第一时间赶到抢险一线,既当指挥员,又当战斗员,扑下身子与工作人员并肩战斗,抗沙袋、挖水沟,最短时间完成承担任务,保障了人民群众生命财产安全。

"忠诚、担当、干事",争当区委、区政府的放心人、人民群众的满意人、城管执法的公平人,肥乡区城管局在董全军同志带领和感召下形成了上下一条心、全局一盘棋,迎难而上、奋发有为的工作氛围,用实际行动践行着对党和人民忠诚,对城市管理事业的担当精神。

提高城市管理水平 打造宜居生活环境

黑龙江省富锦市城市管理综合执法局

2018年富锦市城管局按照市委市政府的工作安排和部署，紧紧围绕2018年重点工作目标，突出重点，抓住关键的要求，充分发挥职能作用，为了创造省级文明城市，着力推动城市管理工作，注重城管体质改革，改变执法方式，做到文明执法，取得较好的成效。

一、创建省级文明城市，提高城市管理水平

今年，按照2018年市委市政府工作思路，市城管局围绕"作风建设年"工作部署，为打造整洁有序城市，市城管局根据工作职能进行公开承诺，

（一）加强占道经营管理

针对富锦市中央大街、东平路、向阳路、新开路、锦绣大街、西平路、民主路、进思大街、新一街、老正大街、文明路、幸福路等12条街路，共划分31块管理路段，每块网格路段分配2人进行管理。将网格化管理落实到每个执法员身上，重点监管占道经营、门前摆放、流动商贩等各类违章违法行为。市城管局根据"门前五包"责任状，在市区内开展集中整治行动。整治行动后建立长效管理机制，周六周日不休，执法中队轮流值班监管，防止反弹。2018年累计清理占道经营16200余起，暂扣立匾150余块，整治门前摆放130余起，车辆乱停乱放35起。

（二）加强违章建筑管理

规划局和城管局已经成立了防违控违整治小组，重点对拆迁的区域进行巡查，不给任何违建行为以侥幸逃避的空间，以强有力的震慑，坚决遏制违建蔓延，坚决发现一处、拆除一处。2018年查处违建76处，共拆除63处违建房共4000余平方米。

（三）市区内成立便民市场

为了不让流动商贩占道经营和方便居民买菜。市城管局在市区内已成立了几处便民市场，市规划局、城管局将在城区内继续进行选址，增设便民市场，解决流动商贩占道经营和方便居民买菜问题。

（四）拆除违规牌匾情况

市城管大队组织执法人员开展户外牌匾、广告专项整治活动，对市区内影响城市容貌

和违规设置的牌匾广告依法进行拆除。根据《黑龙江省城市市容和环境卫生管理条例》，前期对商户下达了"责令整改通知书"，要求商户在7日内自行整改，对逾期不听劝阻、不进行整改的商户，依法进行拆除。截至目前：2018年共计拆除影响城市容貌的牌匾、广告45块，违规设置的牌匾、广告15块，陈旧、破损、废弃的牌匾、广告28块。

（五）清理门窗贴字整治情况

市城管大队对中央大街、锦绣大街、新开街、向阳路、东平路等主干道的许多沿街商户为招揽顾客，在门窗、橱窗张贴各类宣传标语、商业广告等，严重影响市容市貌。城管队员挨家挨户进行宣传，向他们讲解此次治理行动对提升城区形象的重要意义，劝说商户自行清理。同时，对于一些不自行处理的商家和不易清理的橱窗贴字，城管队员利用小铲、刷子、喷壶等工具帮助商户进行清理。2018年共清理门窗"乱贴乱画"560余处，各类小广告19800余处。

（六）整治二手车行车辆占道

2018年，市城管局联合市交警大队对市区内二手车辆占道经营行为进行了集中整治。在中央大街、新开街、锦绣大街等路段，二手车商家把收购的二手车摆放在门前，严重阻碍市民正常通行，给交通安全带来隐患。市城管大队联合交警大队针对此现象，对商家进行耐心劝解，呼吁广大二手车商家要文明经营，不要侵占城市道路。同时对屡教不改的经营业户依法扣押其设备设施。加强整治城市道路侵占，既达到了规范管理的目的，又美化了市容市貌环境。

二、规范执法为重点，不断提高执法水平

按照"四零"承诺服务创建的要求，建立健全相关制度，大力实施行政审批制度，创新服务方式，不断营造规范、高效、便捷的行政服务环境。实行审批一条龙、服务一站式的行政审批机制，承诺公示社会监督、日常巡回督导检查和受理投诉举报等措施，督促窗口单位突出问题导向，从小事细节抓起，进一步解决好"门难进、脸难看、事难办"；落实窗口审批程序简化、效能提升、服务规范、过程透明、再造流程、严谨公正、及时办结；规范设置服务窗口，实行敞开式办公，统一公开服务范围，办理流程、办理时限，提供办事指南和范本，在墙上悬挂审批流程图，一目了然，方便群众，提升服务对象对服务窗口工作环境、服务质量、办理结果的满意度，把服务窗口建设成为信息化程度一流、软硬件一流、服务功能一流、服务态度一流的服务。

依照《黑龙江省城市市容和环境卫生管理条例》等相关法律法规，扎实开展城市市容市貌整治工作，市城管大队针对占道经营、私搭乱建、违规营运、乱停乱放车辆、破坏树木绿化等"城市病"影响市容市貌的不良现象进行集中整治，根据"门前五包"责任状，在市区内开展整治行动。整治行动后建立长效管理机制。

　　为切实提高城管执法人员整体素质，市城管局34人参加了佳木斯市城管局组织的法制培训工作，主要进行学习《新时代新思想》《违法建设治理》《强·转·树》精神，不但提高了执法人员的法律知识，还提高了执法人员的执法能力，还学习了《从违法建设案件浅谈综合执法案件卷宗规范制作》《城管心理学》等适用课程，从整体上大大提高了我市城管执法人员的整体素质。

三、强化内部管理，加强作风建设

　　开展专项活动，树立形象。持续开展"强转树"活动，大力实施"721"工作法，积极打造"政治坚定、作风优良、纪律严明、廉洁务实"的城管执法队伍，其经验做法受到上级好评，赫山城管形象在群众心中进一步提升。

　　修订完善制度，规范管理。建立和完善机关各项制度，并严格坚持"三重一大"集体决策制度，严格按制度管权管事管人。

　　强化监督检查，促进干部廉洁从政。2018年以来，该局针对重要节点、重要时段和项目建设重点领域，切实开展"四风"问题监督检查。迄今为止，该局未发生违反中央八项规定精神等行为，"四风"问题得到有效遏制。

青春勇担当 实干展作为

——定边城管创建工作纪实

陕西省定边县住房和城乡建设局

"定边形象有改善，我们心中有感受！"6月2日，家住定边老城区的刘女士赞道。这是定边县城市管理执法大队开展百日城区环境卫生综合整治行动，积极创建国家级卫生县城和省级环保模范县城带来的新变化。

自开展创建工作以来，县城管执法大队以积极拼搏的工作态度和精神风貌，不断提升市容市貌综合管理水平。

一、从严治队，加强执法队伍建设

在创建工作推进中，城管执法大队把纪律作风整顿与落实各项任务有机结合，通过加强队伍建设促进城市管理工作再上新台阶。实行领导包干、责任到人、具体到事、限时反馈、及时通报五项责任机制和日碰头、日安排、日督查、日整改、日记录五项运行机制。加强执法监督，严查不作为、乱作为、慢作为及不规范着装等影响工作效能、队伍形象的问题，确保依法执法、规范管理。目前，定边城管正以全新的姿态接受社会各界的监督。

二、加班加点，打造整洁靓丽定边

"五加二""白加黑"，近段时间，满负荷工作成为城管执法大队工作常态。自5月19日百日城区环境卫生综合整治行动以来，该大队加班加点工作，掀起环境整治高潮。

城管执法大队按照定岗位、定任务、定时序、定标准、定责任的要求，确保层层有人抓、事事有人管。分管领导紧盯工作推进的各个环节，确保在一线发现问题、在一线解决问题、在一线完成问题的推进落实，做到整治一处、靓丽一处、巩固一处，真正让行动尽快变成老百姓看得见的实效。目前，城区主干道两侧环境面貌已焕然一新。这样的变化，离不开城管队员披星戴月、风雨兼程的付出。

三、壮大队伍，维护共同家园

为了增强创建队伍力量，县创建办和住建局创建领导小组协调安排来自公安局、卫计局、工商局等单位的共 33 名同志配合城管执法大队开展工作。在分管领导的有效组织和积极带动下，大家分工明确，干劲十足，身体力行体验城管工作的艰辛。新组建的队伍，凝聚管理合力，提高执法效率，构建我县城市管理新格局。

四、落实长效管理机制，持续巩固创建成果

经过近期努力，百日整治行动已取得了明显成效，该大队在总结前期创建经验基础上，继续深化日常管理工作，以稳定的日常管理代替艰苦的突击整治，走出"整治——回潮——再整治——再返潮"怪圈。

为进一步固化创建工作机制，确保长效管理落实到位，出台了《建立城市综合管理长效机制的实施意见》。围绕创建工作要求，从源头上遏制乱拉乱挂、乱搭乱建、乱停乱放等现象；彻底清除乱设户外广告，严格门头牌匾审批；加大查处渣土车辆，倒查工地监督责任；突出对学校周边、休闲广场及主要道路的管控。本着"因地制宜、合理疏导、强制入轨、有序安置、规范管理"的原则，该大队已向上级相关部门申请设置疏导点，将引导流动摊贩入点经营，规范管理。对占道经营、马路市场持续保持高压态势，坚决遏制流动摊点"回潮"现象。加大巡查监管力度，一有反弹，就迅速组织力量开展集中行动，以巩固整治成果。

下阶段，该大队将继续通过加强工作纪律，确保作风整顿长期坚持，逐步健全完善城管队伍纪律作风建设的长效机制，以严格的工作纪律和敢于担当的精神，树立勤政、务实、高效的城管形象；将继续做好市容市貌整治查漏补缺工作，落实常态化管理，深入探索城市管理长效机制，提升我县环境品质，提高群众的幸福感和获得感。

规范非机动车停放秩序 营造良好市容环境

——秀峰区城管大队非机动车管理年终总结

广西桂林市秀峰区城市管理监察大队

随着城市化进程的不断加快，各类矛盾凸显，城市管理工作面临着诸多难题。新时代对城市管理提出了新要求，赋予了新使命。2018年秀峰城管大队把治理非机动车乱停乱放作为市容环境整治的重点，通过设立非机动车规范停放告知牌、推行非机动车管理新举措等方式，科学谋划、疏堵结合、高效整治，城区非机动车停放秩序进一步规范，市容市貌得到良好改观。

一、非机动车告知牌设立，强化宣传引导

找准问题，深入宣传，努力提升市民规范停放的意识。今年大队共制作非机动车规范停放告知牌48块，在各重点路段设立非机动车规范停放告知牌，做到先提示后拖车，缓解市民被拖车和锁车后的抵触情绪。向商户和市民发放《倡议书》《违章停车告知书》等宣传资料，加大宣传力度，积极引导广大市民群众文明出行、有序停放，使非机动车按规定停放的理念家喻户晓、深入人心，为整治工作营造了良好外部环境。

二、拓宽非机动车管理方式，缓解传统拖车管理压力

由于城市特点，非机动车乱停放问题在秀峰辖区内特别严重，一直是市容治理的重点难点问题。传统治理模式为"口头劝导＋拖移"，但由于拖移的频率远远赶不上乱停放的频率，以及部分市民的思想并未意识到乱停放所带来的危害等原因，传统治理模式效果不佳，非机动车乱停放问题屡禁不止。

为从源头上治理非机动车乱停放问题，秀峰区城管大队创新管理模式，推行贴单锁车法，对违章非机动车进行贴罚单并原地锁车。违章停车当事人可以选择行政处罚、做"城管义务劝导员"1小时，发微信"朋友圈"集赞"三选一"接受处罚。进行贴单锁车，不仅大大降低了政府拖车所造成的财政负担，而且"城管义务劝导员"、微信"朋友圈"集赞的模式，使违章当事人从一个被管理者变身为城市管理的主动参与者，既减轻了对违章当事人的经济处罚，还能通过违法当事人的朋友圈，引起更多人的注意，一传十，十传百，普及规范停放非机动车的知识，起到了宣传发动全民参与的目的。

三、联动企业、市民共同治理"单车围城"问题

由于近年来共享单车快速发展，在更好地满足公众出行需求的同时，也存在"共享单车围城"的新挑战。面对新事物带来的新问题，秀峰区积极应对，联系共享单车运营商，先后提出了"一减一增一合作"等多项整改措施。一是减少共享单车投放总量，杜绝过度投放；二是增加调度专员对堆放的单车进行清理；三是成立了"秀峰区共享单车管理群"，城管与企业合作，共同管理。城管及时发现，企业及时清理，管理效果也比较明显。今年3月，秀峰城管大队执法人员还根据桂林市市容管理条例相关规定，对共享单车骑行人乱停放行为收集视频或照片的证据后，对骑行人开具20元的处罚，这是秀峰城管也是桂林市对共享单车做出的第一例行政处罚。各项共享单车管理措施的推行，促进了共享单车使用人的文明用车，有效减少了乱停放现象。

经过多措并举治理非机动车乱停放问题，今年，我大队共查处各类违章停放车辆15000余辆，规范自行车、电动车、摩托车停放23000余辆（次），贴单锁车59000余辆，沿街车辆停放秩序明显好转。下一步我大队将进一步加大规范治理力度，倡导市民提高文明停放意识，形成非机动车停放长效管理机制，努力让人民群众在城市生活更方便更舒适更美好。

砥砺奋进　攻坚克难

——城管局 2018 年工作纪实

四川省阆中市城市管理局

2018 年，阆中城管局全体干部职工在市委、市政府的坚强领导下，以"为人民管理城市、做人民满意城管"为宗旨，凝心聚力，砥砺前行，真抓实干、多措并举，扎实开展城区环境综合治理，强力整治违章搭建、乱摆乱设、扬尘污染等突出问题，城市管理水平稳步提升，城市环境日益改善。

一、砥砺奋进，凝聚合力

深入开展"强基础、转作风、树形象"专项行动，积极践行"721"工作法，建立城管执法人员周训、月训制度，定期开展岗位练兵活动，努力打造一支政治坚定、作风优良、纪律严明、廉洁务实、工作高效的城管执法队伍。260 余名城管人员于 2018 年 6 月完成统一着装工作，城管队伍形象进一步提升。

二、细微之处，关注民生

城市管理工作与市民生活息息相关，"为人民管理城市、做人民满意城管"是局系统全体干部职工的职责和工作目标。城区设立 20 余个城管执勤岗点，接收、处理公众咨询和市民举报投诉；成立了夜间管理中队，加强深夜值守，确保市容管控白天、夜间一个样；完成 15 条背街小巷路灯亮化提升，保证市民出行安全；设置腊肉集中熏制点，投资 40 万元购买 8 个环保腊肉熏制箱；提供帮扶资金 80 余万元，完成了精准扶贫 6 个村、401 户贫困户、2509 户非贫困户的年度帮扶任务；重视市民举报投诉，全年共受理接待群众来人投诉 23 人次，接听电话投诉 4500 余件，中央环保督察转办信访事项 3 件，市委、市府领导接访转办 43 件，"12369"环保投诉热线 22 件，"12345"市民服务热线转办 461 件，"96960"行政效能热线 17 件，市长信箱转办 40 件，办结率均达到 95% 以上，回复率达 100%。尤其是 2018 年 7 月，洪峰过境，局系统全体干部职工不等不靠，克服了高温酷暑、连续降雨等困难，积极投入排查险情、转移人员、疏导交通、灾后清淤、环境卫生打扫等工作，赢得了市民的一致好评。

三、本职工作、尽心尽力

城市管理工作涉及方方面面，"上管天（油烟污染等），下管地（占道等），中间还要管空气（渣土扬尘等）"。市城管局坚持突出问题导向，采取"集中整治治标、经常性管理治本"的措施，逐步提高管理标准，促进市容管理水平再上台阶。

一是经营秩序整治。大力规范流动经营、占道经营和超门面经营，累计下发告知书7900余份，整治占道经营1.6万人（次）。尤其彻底整治了商贸街农贸市场周边及二市场一批长期占道经营的"钉子户"，城区市容秩序明显好转。

二是户外广告、店招店牌管理。全年共取缔大型户外广告350余次、移动宣传车辆（三轮车、LED宣传车等）200余辆次、取缔占道商业促销130余次，清理"牛皮癣"小广告2万余张，拆除违规店招店牌72块。

三是常态化地开展弃土扬尘、餐饮油烟污染、露天焚烧、生活噪音污染专项治理工作。全年共检查弃土、建渣运输车辆200余台次，查处违规运输车辆40余台次，共查处突发性扬尘道路污染20起，共处罚款2.25万元；城区202家露天烧烤摊点自2017年8月全部取缔后，巩固成效良好，没有反弹现象，共督促城区335户餐饮经营业主安装了油烟净化设备；联合辖区办事处张贴禁止露天焚烧秸秆通告550余张，劝导焚烧垃圾、秸秆行为418起；受理噪音扰民行为420起。

四是违章搭建整治。全年立案"违建"案件20余件，通过行政诉讼和复议的6件，共拆除新增违法建设面积6520平方米，存量消减面积3257平方米，处罚款面积643.5平方米，处罚款共计3万余元。此外，抽调10余人对"鑫月港湾"小区50余处违法建设进行了立案调查。

五是打击"非法营运"。全年共依法暂扣非法营运三轮车、四轮车85辆，已集中销毁54辆，矛盾纠纷化解达100%。

六是抓好城区犬只管理。今年以来，规范、劝导不文明养犬行为1000余次，捕捉敞养、流浪犬只391只，移送爱狗协会190只。

七是强化城区清扫保洁。常态化保持786万平方米作业区域清洁干净，洗扫车、洒水车采取循环洗扫的作业方式，目前城区机械化作业率82%。全年清收生活垃圾近11万吨，累计打捞金沙湖漂浮物1200余吨，清掏化粪池4691处，疏浚堵塞的地下排污管网近30万米，清运处置液体垃圾及粪水约3万吨，清运零星建筑垃圾约10000吨，排除城市内涝约20次。应急应需处置率达100%，群众满意率100%。

四、民生项目，有序推进

城市管理体现着城市品质，关系着城市承载力和群众幸福指数。2018年，在市委、市政府的关心支持下，城管投入逐步加大，基础设施逐步完善。

一是提升孙家垭垃圾填埋场后期运营能力。投资38.6万元，完成了垃填埋场覆盖膜更换、导排气管道维护和库区周边雨污分流系统整治。

二是完成了五马垃圾填埋场二期项目建设。投资3800万元，完成了渗滤液处理扩能和调节池处理扩能，提高了安全运营能力。

三是深入推进"厕所革命"工作。投资31万元对城区油柿井、盐市口、通济渠、文庙等10座环卫公厕进行了升级改造，进一步满足市民及游客如厕需要。

四是完成新建道路路灯安装及亮丽照明灯饰的日常管护工作。完成新建了13条街道的路灯安装工作，全年共排除故障950余次，更换LED灯具2000余套，维修线路3800米，地埋电缆管线500米，全年亮灯率达95%以上。同时，积极包装路灯节能改造项目，向省发改委争取国家预算内资金500万元。

雄关漫道真如铁，而今迈步从头越。2018年，阆中城管敢于担当，攻坚克难，取得了显著成效，收获了满满自信。展望2019年，城管局将以"乘风破浪"之意志，全面完成城管执法体制改革，在"有"的基础上突出"精"，在理顺体制、创造特色、提升城市品质上下工夫，全面改善人居环境，为建设世界古城旅游目的地贡献力量！

推进管理体制改革
创新于洪环卫市场化服务工作

辽宁省沈阳市于洪区城市管理综合行政执法局

根据全市全面推行环卫市场化改革的总体要求，于洪区委区政府高度重视，既定目标，站在改革创新的全新视角，以绝对的政治责任感和敏锐的洞察力，审视研究探索环卫市场化改革攻坚战役的成功路径。从前期的科学调研至中期的合理招标再到现期的无缝对接，包括未来体系的有效运行等一系列过程，目前已呈现环卫市场化改革于洪特色新格局。

一、区委区政府亮剑"马上办、钉钉子"的精神，提前完成市场化招标任务。

1. 市委市政府于 2018 年 1 月提出环卫市场化改革目标，于 2 月 6 日出台了《环卫行业市场化改革的指导意见》，我区对标改革风向标，进行精准定位，明确调研方向，即要考量北方冬季气候作业的困难性，又考虑城乡结合部的敏感点，选择到与于洪区区位特点相近的城市进行实地调研，由政府主导指导、执法局牵头组织区编办、人社、国资等多部门参与做好前期论证，经过反复研究，果断确定 5+3 的于洪环卫市场化政府购买服务模式。

2. 结合现有于洪功能区板块式的管理，考虑整体的衔接性和协调性，结合后续的网格化管理，快速科学划分标段合理划分南北部两个市场化标段，区域相邻且作业不交叉，权责更明晰。

3. 抢时间、赶进度，于 2018 年 2 月 23 日在全市率先挂网，3 月 16 日顺利开标，其全国最大环卫市场化国企北京环卫集团和排名前三企业玉禾田中标拔得头筹，目前正在与两个企业快速对接，履行签订服务合同的相关手续，确保 4 月 1 日率先完成整体接管任务，成为全市环卫市场化改革的示范区。

二、同步启动各项准备工作，创新内外业衔接型推动模式，提高改革效率。

为提速环卫市场化工作，于洪区锁定领先全市任务时间表目标，将改革范围、服务资金测算、固定资产评估、人员安置制定合理的拦标价格等工作同步推进，提高效率。

1. 确定改革范围。按照市区政府城管执法管干相融、条块、点线网格化结合的实际，将环卫城市化作业项目、交通局部分作业路、全部非物业小区作业管理等全部纳入环卫市场化作业范畴（三环外村屯未涵盖），真正实行环卫一体化作业模式。

2. 推动环卫资产科学评估。本着优化现有资产整体综合运行开发利用、节约政府资金；国有资产不流失的原则，聘请有专业资质的第三方对现有环卫所有进入市场化范围的资产进行合理有效评估，动产车辆设备设施采取一次性折现打包的原则，实现发挥最大化效能管理。

3. 人性化角度妥善安置人员。鉴于我区正式在编人员占比不高，现行环卫管理岗位不足的实际，遵循考量人事制度的政策规定，本着自愿选择的原则，通过新成立监管队伍和调剂未实行市场化的作业机构队伍，解决岗位分流出口，做到人人有岗定边，正式职工利益权益不受损；临时工人按照整体移交中标企业的原则，必须实行全面接管现有临时工人，明确各类险种、福利待遇、各种保障等，最大限度消除人事制度身份的多频转换带来的政府困扰和临时工人无保障的后顾之忧，其人性化的职工安置热点问题当以高票通过全体正式职工大会认可。

4. 科学测算服务经费，制定合理的拦标价格。通过本部门自行测算每年的环卫成本资金、委托市权威部门按市场化取费标准测算、经第三方会计师事务所审计、区财政审计后，确定环卫市场化总承包费用。

三、依法依规制定评审办法，形成合理招标文件，挂网评标过程平稳着陆。

为确保项目的顺利实施，区法制办全程跟踪参与指导评审办法的制定，书记、区长亲自指挥把关，明确以全国实力企业、责任企业为市场化招录核心目标，抓住其普遍中突优势、公平中突特色的评分点，制定全面、系统、公开化、公平化的招标文件，逐项对照、逐步查找，实现挂网全过程的平稳过渡，无敏感问题和遗漏瑕疵，扎实打造环卫市场化于洪创新型模式。

四、做好中标后的快速对接工作和今后的提质管理

1. 及时召集环卫、街道、交通等各部门第一时间与中标企业召开见面会，现场对接，提前进入业务量与人员的前期无缝衔接工作。一周内快速完成中标企业在于洪的子公司注册、场地的租赁、新设备入场的筹划等工作，承兑中标公司 90% 的道路机扫达标率、100% 的垃圾不落地覆盖率的履约能力；目前我们正履行将再次率先成为首个在 4 月 1 日之前完成环卫市场化任务的特别行动区。

2. 先知先觉，提前应对，周密制定环卫市场化预案，做好工作移交平稳过渡。围绕我区环卫市场化服务作业薄弱环节，针对性的制定于洪环卫市场化作业预案，适用于应对中标企业进驻后出现的环卫工人大量流失、群体上访、路面清扫（运）保洁、撂扫（运）塌班事件、中标企业短期内不能履约做好车辆、人员保障事件；中标企业中途退出，政府临时接管事件及环卫市场化作业内容中安全生产作业的应急保障预案全保障范围。

3. 创新打造于洪智慧城管闭环式运行模式，管干链条全覆盖无缝对接，实现效能升级管理。

做好未来的环卫市场化监管工作。建立区级智能化的监管平台，以环境卫生管理处作为城区环卫业务市场化考核的责任主体，成立环卫业务市场化考核领导小组，具体负责市场化考核的组织、协调、监督和统计工作。在日常巡查督查的基础上，采取随机抽查、定期或不定期突击检查、交叉检查、早晚间检查等多元化考核手段实施质量督查。将质量考核与经济挂钩、与群众满意度挂钩，达到"奖优罚劣"的目的。

扎实推进"强转树"　构建市民满意城管

——泸水市城市管理综合行政执法局关于开展城市管理工作强基础转作风树形象工作总结

云南省泸水市城市管理综合行政执法局

泸水市城市管理综合行政执法局原为泸水县市政公用事业管理局（副科级），2012年根据国务院、省、州、市政府《关于进一步推进相对集中行政处罚权工作的决定》及相关批复，于2012年12月27日正式挂牌成立泸水县城市管理综合行政执法局（正科级）。承担对城市环境卫生、市容市貌、园林绿化、市政路灯、环保、建设、规划、工商、公安交通、文化市场等方面的依法行政管理和处罚，同时承担城市环境卫生作业管理、市政路灯管护、园林绿化管护和其它市政公共设施维护等工作职责。自开展城市管理工作"强基础、转作风、树形象"以来，以打造"政治坚定、作风优良、纪律严明、廉洁务实"的城市管理执法队伍为目标，着力提升城市管理执法队伍的政治素质和业务水平，转变工作作风，树立崭新形象，现将开展城市管理工作强基础转作风树形象工作总结如下：

一、开展工作情况

（一）占道经营整治

六库城区长期以来存在乱摆乱放、以路为市的占道经营情况。综合执法大队结合实际情况，依法依规治理临街小食店、五金店、摩托销售点、小卖部、百货批发、水果批发等商户摊位外延、擅自占用人行道或公共地段行为进行集中整治，使占道经营、倚门经商等行为得到有效治理，进一步规范了市场经营秩序。

（二）噪音、油烟污染整治

联同工商、文化、环保等部门对夜间烧烤摊、冷饮店、酒吧、KTV等场所占道经营及噪音扰民行为进行了集中整治；依法整治六库城区部分临街商户在人行道上洗菜、洗餐具行为，对长期将污水随意排放到人行道上等行为，开展劝导说服和下达书面通知的形式，要求商户守法经营、规范经营。

（三）建立建全停车管理办法，规范停车秩序

为减少六库城区交通拥堵，保障城区道路安全畅通，规范停车秩序，创造良好的城市

环境，树立公共资源不得随意占用的公德意识，在部分道路划定临时停车泊位，建设停车收费管理系统，实行停车收费，有效地缓解六库城区的交通压力。并对违反规定在人行道停放车辆的，将按照相关规定予以处罚，有效遏制了车辆乱停乱放的现象，营造了良好的城市环境。

（四）专业市场整治

一是对超线经营的商户责令进行整改，做到不超线、超范围经营，规范夜间烧烤市场，为进一步规范专业市场，营造良好的城市环境做贡献。二是为规范经营秩序，取缔人民路南段临时水果市场，实行商贸入户经营。并对农贸周边占道经营现象进行了全面清理，确保市场经营秩序。

（五）强化渣土泼洒管理

对违规拉运施工渣土、沙石行为的监督管控和整治工作，设卡设点监督管控城区施工渣土、沙石拉运车辆超载和不按规定覆盖拉运，渣土、沙石随地散落，导致城市环境卫生和安全问题的行为，严格依照法律法规相关规定，对违规行为给予严厉处罚和严格整治。

（六）加强管理，规范审批

为进一步抓实城市管理工作，规范行政审批，多措并举，严格规范行政审批程序，加强对临街建筑施工、门面装修行为的管理，严格把关、依法审批临街施工建设和门面装修手续，全过程监督管理临时占道施工行为，确保城市人行道畅通。

（七）规范执法程序

完善执法程序，规范办案流程，明确办案时限，提高办案效率，健全行政处罚适用规则和裁量基准制度、执法全过程记录制度。严格执行重大执法决定法制审核制度。杜绝粗暴执法和选择性执法，确保执法公信力，维护公共利益、人民权益和社会秩序。

（八）规范协管队伍

根据泸水实际工作需要，使用公益性岗位配置城市管理执法协管人员，建立健全协管人员招聘、管理等制度。

（九）加强学习教育，提高思想素质

采取集中学习和自学相结合的学习方式，制定了学习制度，严格学习纪律，明确每周五下午为集中学习日，规定无特殊情况不准请假。

（十）环境卫生及绿化管护工作实行市场化运作

将六库城区道路清扫保洁（含市政、环卫设施清洗）、绿地保洁养护、生活垃圾清运、公厕管理工作通过市场化运作方式，全面引入竞争机制，将管理、检查、监督与清扫作业分离，加大监管力度，建立环卫作业考评机制，实现环卫作业"三统一、两全"（即作业时间、作业标准、考核奖罚三统一，全天候、全覆盖），切实解决城市管理存在的突出矛盾和问题，创建干净、有序、优美的城市环境。

二、主要工作措施

（一）规范城市秩序，提升城市品位

1. 占道经营整治。今年对城区主干街道的重点路段进行集中整治，整治占道经营1673起，整治乱摆乱放355起，依法取缔倚门经营、占道经营165余户，清理三和农贸市场和兴旺路消防通道，处罚占道经营40余起，使占道经营、倚门经商等行为得到有效治理，进一步规范了市场经营秩序。

2. 启动违反六库城区市容市貌和环境卫生行为的处罚工作。通过宣传活动，于5月14日正式启动不文明行为整治查处工作，及时查处市民的不文明行为，进一步提升市民文明素质和城市形象。严查和劝阻随地吐痰、乱扔垃圾、占道经营、乱张贴广告等不文明行为。

3. 严格查处违停行为。认真执行违反规定在人行道停放车辆的处罚工作，实行人行道违章车辆处罚以来，六库城区交通环境得到明显改善，从违章数据显示市民的法律意识逐步增强，违章停车行为逐步减少，有效遏制了车辆乱停乱放的现象，营造了良好的城市环境。

4. 严查违规倾倒建筑垃圾的行为。为有效遏制违规倾倒建筑垃圾行为，解决六库城区及其周边的建筑垃圾无处倾倒的问题，该局结合实际，综合考虑，经积极协调，确定将建筑垃圾临时倾倒点设置于上江三界桥往蛮英村委会方向200米处，且建筑垃圾临时倾倒点已于5月12日投入使用，并与市公安交警大队联合整治违章倾倒建筑垃圾行为，严厉打击违章倾倒建筑垃圾行为。

5. 开展"两违"整治工作。根据市委、市政府的统一安排部署，积极配合乡镇拆除"两违"建筑工作。

（二）提升六库城区净化、绿化、亮化、美化工作

1. 加强保洁力度，净化环境。在加强环卫清扫、保洁力度的同时，在城区主要街道实行每天定时洒水作业2次，增加湿度，净化空气，控制浮尘，并对城区内的道路隔离栏、果皮箱和垃圾桶进行清洗，确保环卫设施干净整洁，并对江东城区主要道路路面每月进行冲洗街道1次，新城区主要道路每周冲洗2至3次。并要求和佳物业管理公司定时组织环卫工对六库城区内的赖茂河、芭蕉河和北洪道三条河道进行清理。

2. 持续开展城区环境环卫双覆盖工作。每周一对实行环境卫生双覆盖工作进行检查，并将检查情况及时上报市委督查室。

3. 完善环境卫生考核制度。在原有的制度的基础上，进一步完善了考核细则，调整了考核小组成员，实施分项考核，每月对和佳物业管理公司承包项目进行实地考核。

4. 清理小广告。组织人员对六库城区大街小巷的围墙、配电柜、各类电杆、临街店面、公交车站牌等建筑物及公共设施上的所有喷涂、张贴的各类小广告进行清理，营造整洁优美、文明有序的城市面貌。

5. 市政路灯维护维修工作实行市场化运作。将路灯管护服务项目实行市场化运作，向社会购买服务模式，把城市路灯管护服务项目承包给具有相应资质的企业，负责日常维护维修管护工作，局路灯管理所负责日常监督和考核工作，确保城市路灯设施的完好和亮灯率。

6. 对通达桥和滨江生态走廊三期、四期路灯升级改造。为提升六库城区形象，营造更加优美的人居环境，根据市政府的安排部署，精细筹划，严密组织，升级改造后的路灯在美化、亮化城市的同时，也进一步提升了六库城区形象及品位，为打造泸水旅游特色城市奠定了坚实的基础。

7. 建设新城区临时农贸市场。为规范新城区经营秩序，解决新城区无农贸市场问题，泸水市人民政府研究决定在新城区建设临时农贸市场。新城区临时农贸市场位于亨福瑞超市对面赖茂河北边，占地面积为4.18亩，分设水果交易区、蔬菜交易区、水产品交易区、肉产品交易区和活禽交易区，设置400余个摊位。

8. 全面清理维修平整城区窨井盖。对六库城区所有市政道路上的窨井盖进行逐一排查，并组织人员对破损或下沉的窨井盖进行更换或修复。

9. 落实门前三包责任制。针对"门前三包"一直难以落实到位的实际，以签订责任书、推行违规处罚制度为手段，分清责任，综合执法，强化管理，由市城市管理综合行政执法局联合市市场监督管理局负责"门前三包"工作的落实，完成城区临街商户、居民户"门前三包"责任书的签定工作，并实施六库城区划分片区工作，设立片区监督责任人，片区监督责任人由市城市管理综合行政执法局干部职工担任，负责落实"门前三包"监督工作，建立完善城市管理长效机制，彻底改变城市脏、乱、差的状况，提升城市形象。

10. 实行城区环境卫生双覆盖管理。坚持"政府组织、部门协作，群众动手、社会参与"的原则，实行网格化双覆盖管理，即由专业保洁公司加部门划分卫生责任片区相结合，将六库城区的环境卫生进行划分，由州市各单位对划分的区域进行卫生清理整治，建立健全长效机制，将每周一定为环境卫生清理整治活动日，并成立了环境卫生督查小组，对责任单位清扫卫生区域进行督查。

（三）强化执法队伍建设

1. 完善制度，落实责任。进一步完善内部管理、岗位责任、考勤、车辆管理等制度，强化落实执法责任，做到责任明确、人员到位、制度健全，确保管理有效。把加强制度建设和加强作风建设紧密结合起来，把解决问题与建章立制紧密结合起来，通过建立健全和落实各种相关制度，用制度来管人、管事，用制度来规范行为，才能使作风建设走上制度化、规范化的轨道。

2. 加强法律法规及业务知识的学习。把学习法律、法规知识作为一项长期任务，根据行政执法队伍实际，全面开展法律业务知识学习和遵纪守法教育，采取岗前教育、集中培训和日常学习等多种方式，不断提高执法人员的法律知识水平，增强法律意识和法制观念，做到知法、懂法、用法、守法，坚持依法办事、秉公执法，不断提高执法工作水平，坚持严格执法。

3. 加强执法队伍管理。严格执行城市管理执法人员持证上岗和资格管理制度，组织在编在岗执法人员参加执法资格认证培训。严格依法履行行政执法职责，严禁无证执法。规范协管人员辅助执法行为的管理制度，健全协管人员招聘、管理、奖惩、退出等制度，协管人员只能配合执法人员从事宣传教育、巡查、信息收集、违法行为劝阻等辅助性事务，不得从事具体行政执法工作。

4. 廉洁自律、秉公执法。严格贯彻执行中央、省、市以及队伍制定的廉政方面的规章制度，坚决查处吃拿卡要、以权谋私等违纪行为，提高执法人员遵纪守法、拒腐防变能力，牢固树立公仆意识，寓执法于服务之中，努力为群众办实事、做好事，密切执法部门与广大人民群众的关系。对违反廉政纪律的人员予以严肃查处，决不姑息迁就。

5. 改进方式方法。进一步完善行政执法责任制的系列管理制度，坚持摒弃执法过程中一些不符合"构建和谐新城管"的老办法、旧制度，将执法责任分解到各个科室、各个工作岗位，严格用制度管人管事，基本杜绝相互扯皮的现象，推进科学执法、规范执法、公正执法、文明执法。

（四）清理权力事项、落实责任主体

按照责权一致，有权必有责的要求，根据不同类别行政权力的职责和工作任务，落实责任主体，弄清权力界定，规范职责权限，明确相应责任。逐一对职权归属进行了清理，要求相关职能办所逐一对照清理，对核实确认的行政权力事项予以保留，没有的予以删除，未列入的进行补充添加。同时严格以法律法规规章、党中央国务院和省委省政府规范性文件、部门"三定"等为依据，对照行政许可、行政处罚、行政征收、行政确认、行政检查等11类清理事项总表，对现有行政权力和责任事项进行全面清理，并逐条逐项分类登记并以清单方式列举。

（五）健全法律顾问制度，提高依法决策水平

建立了法律顾问制度，做到重大决策事项和把握不准的专业性事项向顾问咨询，并积极主动向社会公众征求意见，确保决策科学，效益最大化。我局聘请专业律师承担我局法律咨询及相关法律宣传等工作。结合城市管理工作实际，坚持和完善领导干部学法用法制度，积极参与法制泸水建设，推进依法行政和依法治理工作。

（六）加强宣传教育

强化市民爱护环境卫生的文明意识，逐步形成"全民参与城市管理、共同维护城市形象"良好社会氛围。并由州、市电视台开设专栏，抓拍不明文现象，通过专栏曝光不文明现象。同时进校园、社区、机关单位开展以"文明市民、从我做起"为主题的宣传活动，爱护环境卫生、文明教育从小抓起、从学生抓起，从而让市民从小养成文明习惯，形成小孩与家庭（家长）相互监督，共同爱护环境卫生，形成自觉我一人带动周边人的良好氛围。

三、存在的问题和困难

（一）行政执法主体不合法

市城市管理综合行政执法局是政府组成部门之一，实际上行政编制为 8 人，其余的编制为事业编制，编制人数为 60 人，从法律上讲，事业人员不具备行政管理职能和行政执法的主体资格。

（二）领导机构不健全

缺乏有针对性的政策保障、业务指导和行业监督管理。城管综合执法部门行使的是从有关部门分离出来的执行性职能，其中有些执法事项是无法单独处理的，需要得到相关部门的支持配合，但在日常行政执法中，往往被有关部门推诿或拒绝，而综合执法机构的层级地位较低，无力协调相关部门的行动，城市管理综合协调运转的效果不明显，涉及城市管理的一些重大问题，需要各部门共同配合时，由于部门众多，没有形成城市管理工作的合力，影响工作效率和执法效能。

（三）管理职能与执法职能划分发生错位

实行综合执法要求将有关部门的处罚职能剥离出来交给综合执法部门，但有的部门则有意无意地混淆管理和执法的性质，将管理职能推卸载给执法层，以执法解决管理问题，造成管理弱化，既增加了工作层次和过程，也肢解了管理职能，降低了效率。

（四）职能交叉

有的部门将部分行政执法权划转给城管执法部门，但并没有把有关执法力量和技术支持（技术人员、机构、设备等）进行转移，仍在从事某些执法工作，形成新的职责交叉和多头执法。没能按照"谁审批、谁负责"的工作原则，城管执法工作的区域范围没有一个清晰的界定，就目前城管工作人员配置来看，只能管理建成区范围，无法延伸到乡镇，也导致乡镇一级的城镇管理工作出现管理缺失的现象。

（五）人员编制不正规

目前，市城市管理综合行政执法局正式职工实有人数64人，其中：行政8人（局长1人、副局长3人、正科1人，主任科员1人、副主任科员1人、科员1人），事业56人（专业技术人员22人、工勤人员33人）。协管员79人。

（六）执法装备不配套

公务用车改革后，因城管部门无执法执勤车辆专编，影响了日常执法工作效能。

四、下步工作计划

（一）统一思想深化认识

进一步深入学习中央《指导意见》和省、州《实施意见》，清晰认识城管执法体制改革的重大意义，明确改革目标任务、理清改革思路、压实改革责任、打造亮点工作，切实把思想和行动统一到推进改革中来，形成改革合力。

（二）创新机制细化工作

纵深推进体制改革，创新工作机制，厘清职责边界，推进重心下移，坚持末端执法和源头治理有机结合，建立健全城市管理和司法部门联动合作机制，修订完善《泸水市城市管理工作考核办法》，圆满完成省住建厅对体制改革 2018 年工作任务。

（三）激发活力发挥效能

通过城管体制改革深入开展，进一步理顺执法体制，不断完善法规和标准体系，加强执法队伍建设，不断完善保障机制，着力打造城管执法队伍新形象，促进城市管理领域各项工作统筹协调发展。

（四）加强后勤保障

按照国家、省统一部署，严格执行执法执勤用车、装备配备标准，确保按照标准落实到位。将城管执法车辆纳入执法执勤车辆系列，保障城管执法工作正常运行。

（五）加快信息平台建设

积极推进城市管理数字化、精细化、智慧化，整合人口、交通、能源、建设等公共设施信息和公共基础服务，综合利用各类监测监控手段，强化视频监控、环境监测、交通运行、供水供气供电、防洪防涝、生命线保障等城市运行数据的综合采集和管理分析。整合城市管理相关电话服务平台，形成与全国统一的 12319 城市管理服务热线，并实现与 110 报警电话等的对接。建设综合性城市管理数据库，重点推进城市建筑物数据库建设。强化行政许可、行政处罚、社会诚信等城市管理全要素数据的采集与整合，提升数据标准化程度，促进多部门公共数据资源互联互通和开放共享，建立用数据说话、用数据决策、用数据管理、用数据创新的新机制。

通过全局干部职工的共同努力，得到了上级领导和广大群众的好评，城市是"三分建设，七分管理"，一个良好的城市管理秩序，是靠爱岗敬业、乐于奉献、不畏艰难困苦的城市管理者来实现的，我局会坚定信念，建立一支能够胜任的执法队伍，并让这支队伍的形象得到广大市民的认可、拥护和支持，真正成为一支"让领导放心，让市民满意"的队伍。

江夏燃气便民服务中心实行"马上办"
智慧监控平台守护22万户燃气安全

湖北省武汉市江夏区城市管理委员会

"马上办，马上好！"武汉市江夏区设立燃气便民服务中心，以分钟、以小时计，凡符合安全条件的当天服务到位。且数十名工作人员全天候佑护22万个家庭用气安全一举一动尽收智慧监控平台的眼底。这是江夏区委、区人民政府2018年为民所办十件实事之一，人民群众从而可以少跑路，尽享一站式燃气便民服务。

1500平方米服务中心设有9个服务区——智慧监控平台全市一流

位于纸坊政和花园的江夏燃气便民服务中心分三层，1500平方米，共设9个功能区，一楼设置：天然气服务区、瓶装气服务区、燃气器具安装维修服务区、应急处置服务区、燃气应急处置指挥室、咨询服务区和投诉接待室，将江夏纸坊城区天然气企业华润公司、昆仑公司，瓶装气企业昌悦公司、鑫民公司，燃气器具安装维修企业长余鑫鼎公司纳入服务中心管理，5家公司派出48人进入中心办公，对纸坊城区天然气、瓶装气和燃气器具维修实行24小时服务，中心还将燃气的安全管理、经营服务、器具安装维修、突发事件应急处置、入户安检等工作融入一起，实行一站式服务，居民平常在家里用气，任何需求，可以直接打电话，中心可以提供及时的上门服务。咨询和投诉区则由燃气办5名执法人员负责，在管网范围内的"倚马可待"；对不符合条件的，在保证安全的情况下，创造条件给予解决；对超范围的共性问题，要做好登记，进行规划编制。二楼为区燃气管理人员、燃气从业人员专业知识培训大厅，燃气管理工作人员办公室，应急处置人员值班室等。三楼则为职工活动中心和燃气安全资料档案室、阅读室。特别是燃气安全管理智慧监控平台，投入360万元，性能全市一流，能不留死角对各经营企业燃气贮存、运输、安装、检测、处置各环节实时进行监控，如同公安和城管110，实行军事化管理，强调速度和效能，把战备能力放在首位，确保用户生命财产安全。

推行优质优价年度让利千万——五类人群纳入重点服务对象

燃气行业具有一定的垄断性，又是千家万户绕不开的。为此，全区燃气市场采取政府行业管理部门主导，企业参与的形式进入服务中心办公，将纸坊城区两家瓶装气企业、两家天然气企业、一家燃气器具安装维修企业纳入燃气服务中心管理,中心根据企业不同的服务特性,制定严格的服务管理制度,对燃气价格实行动态监督。针对普通气、优能气不同时段每吨价格可能存在1至2千元波动,区燃气办根据市场行情,要求各企业随行就市,低进必须低出。统计表明,全区年瓶装气用量1.8万吨,这一举措为用户节约900多万元。

另一方面,燃气办动员中心主动与企业配合,深入纸坊城区各社区,对孤寡老人、烈军属、残疾人、五保户、特困户进行摸底登记造册,编制台账,纳入中心重点服务对象,实行上门和供应价格优惠服务,以此来带动燃气企业让惠于民,目前,已有4000余户享受了这一服务,年少支出近30万。

恪守住建部"721工作法"——一年增加天然气用户2.2万

2018年2月11日,中华人民共和国住房和城乡建设部出台了"721工作法",即:70%的问题用服务手段解决,20%的问题用管理手段解决,10%的问题用执法手段解决,以突出服务为先,进一步改进城市管理执法方式,并要求综合运用行政指导、行政奖励、行政扶助、行政调解等非强制手段,引导当事人遵守法律法规,化解矛盾纠纷。

一年间,区燃气办关停了全区12家瓶装气供应企业中的两家,督促企业重点对4000户小型瓶装液化气餐饮场所、22个老旧社区、4个城中村、6处城乡接合部5.7万户瓶装气用户进行全覆盖、拉网式排查。同时,搭建"互联网+供气"平台,完善人防、物防、技防措施,将合法供应点纳入系统平台管理,通过大数据分析,精准判断"黑气点",并依法实施查处,从严处罚,提高了燃气安全监管工作效能和应急处置能力。在藏龙岛长咀社区一家民宅,卧室里有大量灌有煤气的钢瓶,在梁山头社区,执法人员同样查处了两家无证非法煤气供应点,当天共查缴获86只煤气坛。

这一年,还举行多场瓶装气突发事件应急演练,全区每一家燃化公司负责人都参与观摩演练,并聘请更加专业、有资质的第三方公司,常年开展无死角全方位的监管。

不仅如此,区燃气办还一次次到乡村,为贫困家庭家中开展"保平安、护民生、送温暖"活动,免费送去液化气,手把手教会操作和维护,提醒大家注意用气安全,避免安全隐患。

江夏区是1983年开始使用液化气,管道气则是2004年进入百姓家庭,特别是近几年来的天然气用户突飞猛进,燃气便民服务中心成立后实行"一站式服务",各入驻企业建立了责任制、服务承诺制、办公制等行政责任制度,企业服务承诺、收费标准、投诉电话等事项公开公示,尽最大限度帮助用户现场解决问题,自觉接受服务对象和社会各界的监督,为群众用户提供便捷高效的服务。正是服务到位,2018年,全区天然气用户达21万户,新增2.4万户。

蓝天保卫战

湖南省邵阳市大祥区城市管理和综合执法局

我们赖以生存的坏境在近些年越来越受到威胁，为了改善城市坏境空气质量，打赢蓝天保卫战，是党的十九大作出的重大决策部署。为了贯彻落实党的十九大精神，紧紧围绕"五位一体"总体布局和"四个全面"战略布局，牢固树立和贯彻落实创新、协调、绿色、开放、共享的新发展理念，以改善坏境空气质量为核心，以解决大气坏境领域突出问题为重点，持续推进大气主要污染治理，坚决打赢蓝天保卫战。

确保2018年我市城区空气质量进入全省前10名，力争第9名。我局将工作重点放在：

1. 严格控制餐饮油烟污染。

2. 严格控制烟花爆竹燃放。

3. 深入开展扬尘污染整治等三个方面的深入改造及管理。

为进一步落实蓝天保卫战工作要求，大祥区城市管理和综合执法局局长夏向阳同志事事亲力亲为，作为一名共产党员，他每日加班加点，不辞辛劳，废寝忘食的奋战在城管工作第一线。

在整治因餐饮油烟及露天烧烤给城市坏境空气带来的严重污染和影响的执法过程中，他身先士卒并带领其下的执法人员奔赴至该整治区域对该街道露天烧烤摊主进行劝导及收缴工作并且查看餐饮经营业户是否安装有油烟净化装置，有无专用烟道，油烟排放是否达标，未按要求达到标准的责令停业整改，并张贴整改通知书。而街道上的物品乱堆乱放，随手丢弃的垃圾随处可见，路边的垃圾桶上更是沾满了油污。他却不顾这些脏污，挽起了自己的袖子并带领其他几位执法人员一起动手来打扫街道，收拾垃圾。炎热的天气下，一番工作后，额头渗出的汗滴打湿了衣领，还来不及将汗滴抹去，连忙向街道的餐饮店借来了水管和清洁用品及用具将街道及垃圾桶上的油污刷洗干净。在他的带领下，经过3日的不懈努力，如今的街道看不到一丝油污与垃圾，十分干净，此次整治行动取得了十分有效的成果。住在街道旁的居民们，也十分感谢他们所做的这些工作，因为是他和那些执法人员所做的努力才有了现在的干净居住坏境。

每年逢年过节，市民都喜欢燃放烟花爆竹来表达喜悦之情。但烟花爆竹的燃放会严重污染城市的坏境卫生与空气，如若不整治，更会影响人们的身体健康。但要如何整治烟花爆竹的燃放问题？让夏向阳同志思考许久……办公室的烟灰缸里塞满了烟头，为了做好"蓝天保卫"工作，他已经多久没有按时回家与一家人好好的吃顿饭了，或许他自己也记不清楚，脑海中忽然出现的念头一闪而过。回过神来，他似乎想到了什么，若是想彻底有效的管治这一现象，只制定宣传栏写宣传语、贴通知效果肯定是微乎其微，必须宣传加行动双管齐下才能有效治理这一现象。想到这，他便立马行动起来。首先制定了关于《我市城区及各县城实行全面禁炮》通知，再将此通知贴至城区主要街道宣传栏，并将此通知做成声频放置城管巡逻车上围绕城区来回播放，以此达到警醒民众的作用。而后带领全局班子成员对区域范围内的烟花爆竹销售门店进行搬迁工作，对城区实行了全面禁炮，将违规销售烟花爆竹行为进行查处，并收缴鞭炮礼花。在城区范围内发现有群众燃放烟花爆竹行为的进行劝阻并告知其行为所带来的后果。现城区基本消除了烟花爆竹燃放的行为。并且在过年过节时他还会在夜间主动查看、巡逻有无出现此类现象，避免重新出现此类情况。

为深入开展扬尘污染整治工作，他每天寝不能食，夜不能寐，他深知自己肩负重任，责任重大，但他化压力为动力，充分利用网站、电视、微信公众号、宣传栏等途径，多形式，多层次，多渠道组织开展宣传活动，大力宣传建筑工地扬尘治理工作的必要性和紧迫性，并畅通投诉举报渠道，鼓励社会对建筑工地扬尘控制工作的监督。他以身作则，冒着严寒带领组成的扬尘办同志们下建筑工地一线，为建筑施工管理人员普及扬尘防治知识。他秉承着要求全面整治城区建筑施工这一信念，每日下建筑工地进行查巡，并对未达要求建筑工地下发限期整改通知书。在工作作风上，他坚持不喝工地一口水，不抽工地一根烟。发扬"爱坏境，做主人，奉献在岗位，满意在社会"的行业精神。

在他任职以来，为了做好领导，好榜样。只要有任务，都是第一个冲在前头带领大家的那个人。为了毫无顾虑的做好这一份工作，承担这份重任，他忽略了家人、朋友，但做为他的家人也深深的明白这一点，知道他身在这个岗位就必须顾大家舍小家，全心全意的为社会，为群众服务。他怀着对邵阳市的深情厚爱，将自己的身心深深的凝聚到了全市的创建城管事业及蓝天保卫当中。他积极努力，忘我工作，凭着对党和群众的无限忠诚，用自己的实际行动谱写了一曲曲城市管理，和谐创建的动人乐章。如今，宽阔宜人的绿地游园，舒适优雅的人居坏境，赢得了社会各界的普遍赞誉和政府的肯定。

定州城管的"721"工作法

河北省定州市城市管理综合行政执法局

一、"721"工作法的由来

2015 年 12 月 24 日，《中共中央国务院关于深入推进城市执法体制改革改进城市管理工作的指导意见》提出"变被动管理为主动服务，变末端执法为源头治理，从源头上预防和减少违法违规行为"的要求。2016 年 9 月 3 日，住房城乡建设部副部长倪虹出席城市管理与城市执法体制改革专题培训班学员论坛时提出：要创新管理模式，首次倡导"721"工作法，让 70% 的问题用服务手段解决，20% 的问题用管理手段解决，10% 的问题用执法手段解决。2016 年 11 月 7 日，住房城乡建设部发出《关于印发全国城市管理执法队伍"强基础、转作风、树形象"专项行动方案的通知》（建督 [2016]244 号），在《专项行动方案》中正式倡导"721"工作法。也为全国城市管理事业发展指明一条康庄大道。

二、定州城管眼中的"721 工作法"

改革开放 40 年，定州城市管理工作与其他城市一样，同样经历了一个不断探索、改革创新、砥砺前行的艰辛历程。虽然在改善城市环境面貌、提高市民生活质量、促进社会和谐稳定等方面作出一定贡献，但还是存在服务意识不强，执法管理行为粗放，与管理对象缺乏沟通，市民群众认可度不高等问题。"721"工作法的推出，是深入贯彻党和国家一切以人民为中心的思想理念的具体体现；是新时代城市管理事业健康发展的必由之路；是彻底解决城市管理工作中亟待解决但长久以来未能解决历史性难题的金钥匙；是城管队伍以人为本，服务为先，强基础，转作风，树形象的全新举措。

定州市城市管理综合行政执法局特别重视"721"工作法学习、领会与践行。在城管局局长赵济永眼里，"721"工作法突出的是服务，其次是管理，最后兜底的才是执法。"服务讲人性、有温度；管理讲韧性、有尺度；执法讲刚性、有力度"。在党组工作交流会上，赵济永明确指出"721 工作法"不只是一种工作方法，更为核心的是以人为本思想理念的再升华，管理行为中的感情流露，具有温度的工作形式。作为新时期的定州城管人要坚定不移的贯彻落实"721"工作法。两年来该局共计组织基层执法队伍培训 26 场次，参训人员达 3000 余人次。真正把"721"工作法作为城市管理队伍强基础、转作风、树形象的珍贵法宝。

三、"721"工作法的定州实践

定州市文明城市创建工作的全面开展为城管局成功践行"721"工作法提供了最好平台。全体干部、队员都以扮靓"定州城管"铭牌为己任，人人奋勇争先，个个热心服务，在市民眼中城管突然就这么变了，变得人们为之欣喜若狂。至此定州城管也开始收获久违而且珍贵的尊敬与荣光。

（一）以人为本，服务为先

一个坚强的城管队伍从来不会缺少灵魂与信念，也必定会有一个精诚团结、率先垂范、身先士卒的领导班子。在践行"721"工作法的具体实践中，以赵济永为核心的班子成员发挥了很好的表率作用，领导的一举一动、一言一行都在潜移默化感染和带动着城管局的每一名队员，他们用实际行动传递、释放着一个明确的信号，那就是以人为本，服务为先。

2018年7月29日，赵济永带领副局长孟超、李文忠及相关人员督导创卫工作时，看到在中山路博物馆段一个女孩倒地不起，鲜血横流，另一个女孩惊恐万分，抱头痛哭，一台严重变形的电动车远远抛在伤者5米开外。赵济永一班人二话不说赶紧营救。他当即拨打了110、120，在焦急的等待过程中，眼看伤者流血越来越多，形势危急，赵济永便每隔1分钟就催促一次急救中心。由于失血过多伤者渐渐的已经开始有意识不清的迹象，李文忠便通过谈话故意牵引其注意力，避免其进入昏迷。直至120救护车赶到，在赵济永的指挥下成功的把两名伤者抬上车。一个小时漫长的等待，终于从市人民医院获悉伤者无碍。赵济永等人心中大石才算真正落地。"身为城市管理者要真正把城市当成自己的家园，把每一个市民看作是自己的亲人，心中没有爱的城管不是定州城管"！赵济永这样说。

2018年7月18日17时，定州市迎来了一场连续四个多小时的强势降雨。为防止城市内涝，确保市民群众正常生活，赵济永及时发出了"立即启动城管局防汛应急预案"的指令。随即携副局长吴永进、李文忠，冒雨督导各点位布控，现场指挥防汛应急工作。21时15分，当巡查至东关桥时，发现有4名群众被困桥下，情势危急。吴永进赤脚涉水，拉扶群众，第一时间把他们带出危险区域。赵济永带领随行人员，身先士卒，亲手掏出堵塞排水口的垃圾、杂物。大雨于21时左右便戛然而止，但城管局防汛排涝工作并未停歇。直至23时，各点位陆续传来"安全"的报告。赵济永等几位班子领导才各自回家，不等换上干爽的衣服，倒头便睡。每当回想此事，赵济永都引用习总书记的一句话："人民对美好生活的向往就是我们的奋斗目标"。作为城市管理工作市民满意不满意同样是每一位定州城管人为之奋斗的目标。

局领导表率作用，也最大程度激起了全体队员的服务热情和工作干劲。

在整治非法营运"红三轮"的专项行动中，全局干部、队员坚决贯彻践行"721"工作法，结合非法营运者多为老年人的实际，以教育劝导为主，管理执法为辅。对个别想不通、不理解的主动登门做其思想工作，反复强调非法营运危害；对家境困难运营者热心伸出援手，千方百计帮助寻求其它经济来源。真正的摒弃原来与被管理者对立关系，而是主动交朋友、动真情、做亲人，充分赢得了广大市民和营运者的一致认可与支持。此次行动一举取缔了5000余辆非法营运车辆。更让人侧目的是在取缔行动中发生很多感人的帮扶片段和动人场景。通过这次专项行动城管局共计接收群众赠送锦旗23面、感谢信16封。全体参战队员用实际行动再次完美诠释了新时期定州城管人的工作风范。彻底扭转了人们对城管职业的一贯看法。

定州是历史悠久的农业大县，是京津冀"菜篮子"工程重要输出地之一。当地农村家家户户都保留着种植蔬菜的传统与习惯。每当时令蔬菜上市，由于原有农贸市场不能完全满足容纳需求，一时间城市占道经营问题就会凸显。为有效缓解秩序治理压力，满足菜农急于销售瓜果蔬菜的刚性需求，方便周边市民购得环保、新鲜且物美价廉的果蔬产品。城管局坚决贯彻以人为本、以疏为主、服务市民的城市管理理念，多方协调，排除万难成功开辟了明月街"早市"。由专职中队负责日常管理，每天早5点准时上岗，7点半后开始清理，8点前清理完成，彻底清扫，还路于民。截止目前该早市管理摊点达1500余个。彻底解决了2000余户菜农卖菜难的问题，辐射服务周边市民10000余人，该早市的设立得到了广大市民、菜农的大力支持和赞许。也成为城管局落实"721"工作法成功范例之一。在早市的管理工作中，每一名执法队员都时刻把服务记在心间并落实在行动上。低下身主动与菜农交朋友，广泛宣传城市管理规定，积极帮扶困难菜农、商贩。2018年11月9日，该中队在早市管理工作中，发现一名老人突然晕倒，执法队员见状立即上前，把老人平抱在怀，自己则坐在冰凉的路沿石上，其他队员立即拨打120，一边维护现场秩序，一边疏导道路交通，引导救护车顺利通行，为抢救生命争取到了宝贵时间。后经医生诊断该老人患有严重的心脏病，好在当时抢救得力，治疗及时，如再晚几分钟后果都不堪设想。在早市的管理服务工作中，像这样城管队员扶危济困的事迹还有很多，早已屡见不鲜。定州城管工作也被越来越多人所接受、认可和称颂。两年来，在该中队严格且带有温度管理下，占道经营现象已基本绝迹。"有事找城管"已然成为该地段广大市民共同认知，不一样的"定州城管"逐渐成为很多定州人对外介绍中山文明的重要谈资。

（二）标本兼治，常态管理

市容秩序管理是顺利开展所有城市管理工作的基础，是不可或缺的城市底色。按照习近平总书记提出"城市管理工作要像绣花一样精细"的总要求。定州城管特别重视城市管理的常态化、制度化、规范化、精细化建设。在"721"工作法的正确引领下，城管局要求全体执法队员不忘初心、牢记使命，始终坚定城市管理事业大有可为的工作信念；秉承奋勇争先、百折不挠、越挫越勇的工作韧性；逐步培养锻造一支公正无私、一身正气、敢于碰硬、精益求精的城管铁军。

定州市市区面积 48 平方公里，城区人口 40 万，纵横 33 条主次干道，全长 93.49 公里，沿街门店 6000 余家。担负城市管理职责的路网中队仅有 12 支，队员 123 名。管理力量上的薄弱与管理任务的繁重之间形成强烈反比，需要定州城管为之付出更多的努力。

2018 年市城管局主动牵头全市区马路集市庙会取缔工作。协调公安局、食药监局、交通局、工商局等部门开展专项行动 11 次，先后取缔了正月十五庙会、西关庙、东大街庙会、小山庙、文庙街庙会。累计出动执法队员 2600 余人次，执法车辆 270 余台次，集中劝返商贩 5066 个。从而开创了定州城市秩序管理的历史新格局。

全力推进"城管+"橱窗广告、小广告管理新模式。广泛协调，积极运作，充分将管理巡查、环卫清理、通讯运营商停机合理合法的融入进橱窗广告、小广告治理工作中来。全年共计清理各类小广告、橱窗广告 12000 余处。依法查处非法散发、粘贴小广告行为 220 例，关停联系电话 200 余部，查扣宣传页 50000 余份。彻底遏制了城市"大花脸"现象的无序蔓延。

专门组建烧烤行业管理队伍，实施错时执法，常态巡查，依法取缔露天烧烤 37 家，规范烧烤行业摊点 120 个，查扣烧烤设备 23 套；强化对婚庆、店庆、商业活动的监督管理。持续加大燃放烟花爆竹的巡查管控力度，发现一起，制止一起，同时配合公安机关重拳打击燃放行为。全年共劝阻预燃放商家 350 个；及时制止并批评教育 70 起；移送公安机关 12 起；暂扣鞭炮 64 捆、烟花 88 箱；全力配合交通、交警部门严厉打击"黑出租"、"非法营运电动三轮车"，共计查扣黑出租 20 台，查扣非法营运电动三轮 22 台。市区环境、秩序得到明显改观。

以"721"工作法为指引，定州城管不断创新工作举措，积极借助媒体力量，大胆尝试城市管理工作全程网络直播活动。直接把城管工作展示在全市人民面前；主动接受市民意见建议、批评指正；更广泛的赢得市民理解和工作支持。2018 全年共计开展直播活动 13 次，并取得了良好的管理效果，同时也化解了大量一直不被市民理解的矛盾。

两年来，定州城管发扬抓铁有痕、踏石留印的工作精神，秉承敢于担当、排除万难的气魄，坚持不辞辛苦、夜以继日、一管到底的管理韧劲，彻底克服城市管理力量不足的劣势，真正实现了管理付出与效能提升、环境改观、市民好评的实际正比。

（三）秉公执法，不徇私情

"721"工作法在定州的成功实践，也让定州城管摸索出一个规律。那就是通过贴心服务能够让 70% 的市民支持、拥护、欢迎，让城市更具温度和活力；通过严格管理能够让 20% 的市民理解、认同、配合，让城市更具文明与和谐；通过秉公执法能够让 10% 的人警醒、震慑、敬畏，让城市更具正气和效能。执法是城市管理不可缺少的手段；是一切违法行为人不可逾越的红线；更是进一步做好城市服务和管理工作的基本保障。

定州城管从来不会容忍挑战一切城市文明的违法违规行为；也从来不会对任何违法违

规行为法外开恩；更不会缺失勇于跟违法违规行为斗争到底的勇气与决心。

3月19日上午8时，一辆江淮汽车在中山路堵车情况下，任意违规掉头，公然对路边的绿化带进行故意碾压，致使绿化带里尚未开放的月季花柱造成了不同程度损伤。根据《河北省绿化条例》的相关规定，城管局对其违法行为处以损坏的苗木十倍罚款。并移交市交警部门也对其违规驾驶行为给以扣2分的处理。

城管局环境稽查队组建于2018年年初，意在加强市区施工工地的正规化管理，严控城市扬尘，助力城市大气污染防治总体工作。一年来，该中队秉公执法，不徇私情先后对65家施工工地的违法行为进行顶格处罚，处罚金额达109万。彻底摒弃原有粗放式建筑施工不良习惯，重新开创了定州市开发建设文明施工管理的新格局。在查处定曲路施工工地的过程中，该施工工地负责人起初对处罚决定极为排斥，拒不配合整改工作，同时拉关系、找领导、说好话，千方百计预逃避处罚。面对压力环境稽查队全体队员，秉公执法、分毫不让，最后该工地只能不情不愿接受处罚。但在经济利益的驱使下，在后续的施工中该工地还是经常性顶风违规违法施工。对此环境稽查队态度坚决、一查到底，又先后对该工地开出3张罚单总金额达10万元。该工地负责人幡然醒悟，在定州要再想不文明、不规范施工，追求利益最大化，此路已然不通。定州城管执法工作刚性十足，不能触碰。

"721"工作法在定州成功实践，一举把多年来习惯于低调、被动、神秘的城管工作推到最前台，直接展示在大庭广众之下，主动接受市民群众监督和评判。这是时代的要求，更是城管事业蓬勃发展的历史机遇。通过"721"工作法，定州城管打破了多年来制约城市管理事业发展的桎梏。他们用真心、用勤奋、用担当终于赢得全体定州市民一致尊敬和认可。作为定州城管虽然也是初尝胜果、牛刀小试，在城市管理中不可避免的还有很多不足之处，但他们坚信贯彻落实"721"工作法的城市管理工作方向无比正确，前景一片光明。

靖安县农村生活垃圾分类探索出一条
可操作可复制可推广的管理模式

江西省靖安县城市管理局局长 漆小湖

江西省靖安县是全国生活垃圾分类及资源化利用和农村环境整治政府购买服务试点县，2017年10月，我县因地制宜选择覆盖旅游景区、美丽示范村庄、一般自然村和以休闲农家乐为主的6个自然村庄双溪村马尾山村、水口乡熊家村、宝峰镇渔湾村等进行垃圾分类及政府购买服务工作试点，取得显著成效。

试点村垃圾分类参与率和准确率95%以上，农村垃圾分类管理已形成一套可复制、可借鉴、可推广的垃圾分类管理模式，吸引各地管理部门前来借鉴学习，目前该模式已在全县农村逐步铺开。

就双溪镇马尾山村为例，马尾山村位于靖安县双溪镇城北新区的城乡结合部，距县城1.5公里，马尾山属镇办林场、村场合一的村庄。

全村现有农户156户，人口468人。分大坪、李家、余家三个自然村落，设有一个垃圾分类积分兑换点和6个沼气池。

马尾山村垃圾分类的主要做法是将生活垃圾分为四类，厨余垃圾、其他垃圾、可回收物和有害垃圾，可回收物和有害垃圾通过与村商店合作建立垃圾兑换银行进行回收，张榜公布可回收物和有害垃圾指导价目表，居民分类参与率较高，厨余垃圾每天由分拣员上门收集，运至就近的沼气发酵池进行处理，沼气用于照明炊事，沼渣沼液用于施肥种菜等，达到资源再利用。

工作主要措施："买、奖、带、考"

买：通过买的方式回收有害垃圾和可回收物，设置垃圾兑换超市，凭兑换券可在超市内兑换需要的物品。

奖：建立积分制，对分类做的好的村民进行物资奖励。

带：组织开展党员带群众、干部带农户、志愿者带游客、学生带家长活动，不断提高垃圾分类的参与度、知晓率和影响力；同时，采取召开户主会，党员包户等模式宣传、发动、指导群众开展分类工作。

考：严格落实县、乡、村考核制度，加强监管力度，形成全县推进农村生活垃圾分类浓厚工作氛围。

古蔺县"住建110"架起群众连心桥

四川省古蔺县住房和城乡规划建设局　梅松奇　王洪飞

自古蔺县"住建110"开通以来，"住建110"受理中心电话不时响起，不断接听到全县各地打来的城乡环境综合治理咨询、投诉电话；"住建110"指挥调度平台值班室有序分流交办热线内容；城管执法服务人员快速出动，穿梭于城区市郊现场查处群众投诉问题；……这是古蔺住建局为及时快捷收集全县住建领域环境污染、违法建设事件等投诉，畅通群众信访举报渠道，快速处置违法违规事件，推进我县城乡环境综合治理工作不断向纵深推进，创新工作机制，创建开通的城市管理举报热线：0830-7214169。

"开放住建、主动为民；敢于担当，依法亮剑，切实把'住建110'打造成保护"红色古蔺、生态田园"的利剑，成为打击城市环境违法行为的铁拳。"县住建局党组书记吴进在创建"住建110"时这样坚定地说。就是要在接到城市环境污染投诉、发生城市污染事件或城市生态破坏等突出问题时，住建部门能够像公安110那样，快速行动，快速处置，达到迅速制止并消除环境污染隐患及后果的目的，从而畅通群众环境信访渠道，促进我县城乡环境质量持续好转。

古蔺城市管理举报热线职责范围为：集中接收群众来电，受理在全县范围内发生的污水、垃圾、扬尘、油烟、噪音等环境污染和违法建设事件投诉举报；接收群众对住建局工作人员服务质量不佳、工作效能低下及侵害群众利益的不正之风和腐败问题等投诉举报；收集社会各界对古蔺住建工作的意见或建议；点对点解答群众政策咨询，承诺72小时内作出答复。

为了能让这条绿色通道平稳运转，县住建局成立城市管理投诉受理中心和住建110指挥中心，将过去分接于各部门的举报电话统一整合，抽调专门人员，24小时专人接听热线电话，在城区配备3个执法中队及移动执法系统和和执法车辆备勤。

"住建110"投诉受理中心工作人员对群众电话投诉的每一个问题认真分析，对确定需要立即赶赴现场处理的城市管理投诉电话，立即通知所在监管网格的城管执法人员赶赴现场处理，县城建成区内白天和夜间紧急情况执法人员30分钟内赶到现场查处，城郊县城规划区内执法人员1小时内赶赴现场查处，夜间一般情况执法人员8小时内到现场查处；将现场情况及时电话反馈"住建110"投诉受理中心，进行相应处理。对现场处理不了的，一般情况在 72 小时内予以回复，特殊情况不超过 7 个工作日；对不属于住建部门职责范围内的投诉问题，及时转交有关职能部门处理，并做好跟踪协调工作。

古蔺住建局通过古蔺电视台新闻频道、古蔺电视台微生活、多彩古蔺、古蔺郎网、住建局微信公众号等新闻媒介刊播通告，在城区主路口、各居住小区制作摆放广告进行大力宣传"住建110"，明确举报范围、咨询内容、举报方式等，24 小时不间断接受群众来电来访。古蔺城市管理举报投诉热线自 2017 年 8 月初开通以来，累计接到来电投诉 900 余件，经查实并做出全部处理，其中局内办理近 853 件，转交其他乡镇、部门及时办理共计 50 余件。得到广大干部群众的普遍好评。

古蔺"住建110"畅通了举报渠道，建立起快速受理、快速指令、快速出警、快速处置、快速反馈系统，形成高效指挥、快速处置、联动执法的工作流程，标志着古蔺住建执法监管又上了一个新台阶，架起群众连心桥。

新形势新作为　助力城市管理

重庆市彭水县城市管理局

　　2018 年是全面贯彻党的十九大精神的开局之年，是改革开放 40 周年，是决胜全面建成小康社会、实施"十三五"规划承上启下的关键一年。面对城市管理行业的新形势新任务新要求，我局始终以习近平新时代中国特色社会主义思想为统领，认真贯彻落实党的十九大决策部署，真抓实干，坚持以扶贫工作为统揽，以民生需求为导向，创新城市管理工作模式，攻坚克难、锐意进取，积极投身城市管理工作，助力城市管理行业蓬勃发展。

一、抓政治理论学习，营造良好政治生态

　　深学笃用习近平新时代中国特色社会主义思想，认真学习贯彻落实党的十九大精神、新党章和习近平总书记在参加十三届全国人大一次会议重庆代表团审议时重要讲话精神和推动长江经济带发展座谈会上的重要讲话精神，紧扣习近平总书记对重庆提出的"两点"定位、"两地""两高"目标和"四个扎实"要求，结合贯彻落实市委五届三次、四次全会和县委十四届三次、四次全会精神，认真落实从严治党"两个责任"，举办学习论坛、讲座及专题学习会研究学习相关讲话及会议精神 20 余次，促使职工牢固树立"四个意识"，不断提高政治理论水平。同时，将党风廉政建设与城市管理工作同部署、同落实、同检查、同考核，坚决做到"两个维护"，严格遵守政治纪律和政治规矩，坚持不懈改作风转作风，层层签订党风廉政建设承诺书 12 份，开展党风廉政三项专项治理工作，实现"不作为、慢作为"和"大操大办婚丧喜庆事宜和借机敛财不正之风"零目标。

二、抓工作责任落实，稳定行业运行局势

　　加大安全检查力度，按规定对桥梁和隧道进行检测和整改，强化桥梁、隧道、市政道路和管网的日常安全巡查巡检工作，及时维修市政设施，城市管理行业安全生产形势稳定，均达到控制指标之内。做好新时期信访稳定工作，目前共整治行业安全隐患 80 余处，化解信访投诉 20 件，实现城市管理行业重大安全生产事故和越级上访事件"零发生"。派出 6 名工作人员，2 名任第一书记，深入开展扶贫工作，对标对表帮扶贫困户，力争诸佛乡红岩洞村 2019 年整村脱贫，助推全县脱贫攻坚。

三、抓城市品质提升，增强市民获得感

一是环卫保洁提升工程。实施城市综合管理"五长制"，推行环卫保洁和水域清漂市场化作业，网格化管理 240 万平方米环卫保洁面积，实行环卫绩效考核，改革环卫作业方式，不断更新环卫设施设备，累计安装垃圾分类套筒 110 个，更换刷新垃圾箱体，美化环卫车辆 4 台，清除牛皮癣约 2.2 万处、清理乌郁两江水域及次级河流漂浮垃圾 1925 吨，处理生活垃圾 7.3 万吨、收运餐厨垃圾 1456 吨，城市生活垃圾无害化处理率达 100%，城区干净度大幅提升。

二是绿化美化提升工程。按照"城在山中、水在城中、人在景中"的城市管理理念，绿化美化城市环境，精心管护城区 20 万平方米公共绿地，实施城区增绿工程、景观升级和重要节日节点绿化改造，摆放鲜花 13.5 万盆，新改建绿地 8 万平方米，持续巩固国家园林县城创建成果。

三是灯饰亮化提升工程。以"世界苗乡·养心彭水"的旅游城市发展理念，打造现代与传统相结合极具苗乡特色的夜景灯饰景观工程，新建新城楼宇灯饰 48 栋，提档升级旧城楼宇灯饰 20 栋、桥梁灯饰 3 座，新建路灯 554 盏，维修路灯 1480 盏，刷新电杆、路灯杆及各类标志标牌杆 1889 根，做靓 2018 年迎春灯饰，消灭背街小巷无灯区，功能照明设施完好率和亮灯率均达 98% 以上、景观照明设施完好率达 96% 以上，游客和市民纷纷点赞。

四、抓精细城市管理，增进民生福祉

一是强化基础设施管护。全面排查城区桥梁、隧道等市政结构设施，开展 5 座城市桥梁安全检测评估，启动两江大桥加固改造工程，拆除重建郁江大桥保障年底通车，改造民族风情街和沙沱公路小区等城市道路节点，大力实施城区道路及附属设施、标线标牌、护栏维修刷新等提升项目，整治城市内涝点 4 处，修复城市道路 7833 平方米、雨污管网 3600 米，清掏水篦子 5870 个，设置城区道路标线 16475.5 平方米，实现重大安全事故"零目标"。

二是抓实市容秩序整治。纵深推进城市管理执法体制改革，建立部门联动执法机制，整合城管、公安、工商、环保、商务、交通等力量，深入推行"721"工作法，有效运行数字化管理平台，实行执法绩效考核，开展市容秩序综合治理和执法亮点月评比工作，依法取缔露天烧烤 39 家，拆除违规广告和标语横幅 500 幅、违规搭建 160 处，巩固扬尘控制示范道路 10 条，打造经营性占道规范管理示范摊区 3 个，有效规范城区市容秩序。

三是常态开展"马路办公"。积极推进"五长制共建共享"工作，县委书记、县长等领导带队开展"马路办公"24 次，现场解决市政设施、市容秩序等问题 80 件；组建各分管领导带队的"马路办公"工作队。分批分期开展马路办公行动 188 次，常态化推进解决城市各种疑难杂症，现场解决绿化、路灯、乱停靠等问题 1115 件。

五、抓重点项目建设，改善城乡生态环境

一是农村生活垃圾治理实现全覆盖。按照美丽乡村战略结合三年人居环境改造目标、聚焦脱贫攻坚工作，整合市级和县级配套资金2500万元，深入开展农村生活垃圾治理工作，推行乡镇、街道生活垃圾分类试点工作，持续开展城乡环境卫生提升行动，开设新闻专栏，发放生活垃圾分类引导宣传图围裙及可循环利用的方便袋2万余份，联合39个乡镇（街道）和20个县级牵头部门开展存量治理、暴露垃圾、田间地头堆放垃圾清理等环境卫生集中治理行动，基本配齐农村生活垃圾治理设施设备，规范运行32座乡镇垃圾中转站，采取"户集、村收、乡镇转运、县处理"模式，将垃圾运至县城生活垃圾填埋场进行无害化处理，由县委、县政府牵头，并联合6个县级单位对乡镇、街道进行量化考核，按季度兑现运行经费，农村生活垃圾有效治理的行政村比例达100%，实现农村生活垃圾治理全覆盖。

二是城乡生活污水处理实现全覆盖。聚焦中央环保督察，不断优化城镇污水处理厂及配套管网建设运行和管理，建成投运12个乡镇污水处理设施并配套管网，通水运行二期污水处理厂并投运县城生活垃圾填埋场渗滤液处理厂，销号整改汉关路饮用水源保护设施，完成县城污泥处理厂主体工程，累计处理城市生活污水450万吨，县城污水集中处理率达95%，乡镇污水集中处理率达80%。

三是城市生活垃圾分类效果良好。积极牵头抓好城区机关单位生活垃圾分类指导和考核，配齐城区垃圾分类设施，严格分类处理可回收、不可回收及餐厨垃圾；以城乡环境卫生提升行动为契机，开展城市生活垃圾"三进"（进学校、进社区、进小区）行动，开设垃圾分类知识宣传专栏，引导居民自觉将生活垃圾分类投放，营造垃圾分类人人有责良好氛围。

六、抓行业运行建设，提高城市服务水平

一是营造良好氛围。利用微信公众号等新媒体和重庆法制报、重庆政协报、重庆晨报、重庆日报等主流媒体宣传我县城市管理亮点工作，公布投诉电话，畅通投诉渠道，引导市民积极主动参与支持城市管理工作，共同营造"人民城市人民管"良好氛围。

二是严格"两费"征管。已征收城镇生活垃圾处置费271万元、污水处理费401万元，均超额完成征收任务；依法收取临时停车费38.08万元，完成固定资产投资2.13亿元，积极向上争资1515万元，超额完成年度增资目标任务；积极主动洽谈中建地下空间有限公司、北京金鼎安泰科技有限公司、重庆环保投资有限公司、永辉超市股份有限公司等4家公司来彭发展，落地资金2800万元，城市管理整体经济发展态势良好。

三是推进智慧城管。强化数字信息服务能力，合理划分城区为6个片区，定期开展巡查，保障第一时间发现、处理问题，全年数字城管系统共受理案件4200余件，其中城管监督员

反馈 3977 件，立案率、结案率均达 99% 以上；公众投诉（12319 服务热线、网络舆情监控、114 阳光政务、微信公众号）226 件，立案率、结案率均达 100%，通过加强数字信息平台数据运用，有效提升城市运行服务能力，进一步增强市民对城市管理工作的理解与支持。

在过去的 2018 年，我局积极开展城市管理工作，始终从人民的需求出发，服务民众，取得了良好的工作效果，我局将继续努力，不断创新城市管理方法，助力城市管理更上新台阶。

疏导结合
推进城管工作再上新台阶

——2018年武川县城市管理综合执法监察大队工作总结

内蒙古武川县城市管理综合执法监察大队

2018年已经结束，新的一年已来临。一年来，在武川县委、政府的大力支持和上级主管部门的正确领导下，在市容、环卫部门全体干部职工的共同拼搏与努力下，武川县城管大队全年工作稳中求进，以"不忘初心、牢记使命"为宗旨，不断深入贯彻学习党的十九大精神，以"强基础、转作风、树形象"为目标，全力推进城管工作迈上一个新台阶。现就一年来的工作情况作如下总结：

一、抓队伍建设，确保各项工作顺利开展

今年，武川县城管执法大队把抓好队伍建设作为开展城管工作的重要任务，坚持文明依法、以人为本、执法为民，并实行"721"工作法，即70%的问题用服务手段解决、20%的问题用管理手段解决、10%的问题用执法手段解决，不断拓宽工作思路、转变观念；一是始终强化领导班子的建设，促进班子团结协作，以领导班子带动整个队伍建设，在围绕中心、服务大局的前提下，坚持民主集中制，按照各自分工开展工作；二是认真落实每周例会制度，对难点问题进行小结，布置下周工作重点，促使工作连续性开展，对难点问题进行会议讨论，研究工作方法，同时要求各中队在会议结束后，组织执法队员召开中队例会，做到重点明确、思路清晰、进度同步；三是以会代训，注重业务能力的提高，通过相互交流、案件分析和共同学习，培养队员调查取证、分析问题和解决问题的能力，提升整体办案水平；四是严格考勤考核奖惩制和责任追究制度，做到奖勤罚懒、奖优罚劣，以制度管事、以制度管人，使能干事的人有机遇，使不想干事的人有危机，促使执法大队管理朝着正规化、制度化、法制化、方向发展。

二、抓岗位履职，使城市管理工作稳步推进

（一）市容市貌方面

1.做好重大节日市容环卫保障。执法大队分别在元旦、春节、元宵节、五一节和物资

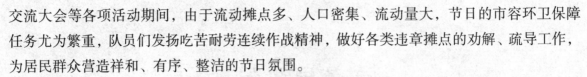

交流大会等各项活动期间，由于流动摊点多、人口密集、流动量大，节日的市容环卫保障任务尤为繁重，队员们发扬吃苦耐劳连续作战精神，做好各类违章摊点的劝解、疏导工作，为居民群众营造祥和、有序、整洁的节日氛围。

2. 做好迎检接待活动的市容环卫保障。为做好我县各项重大迎检接待活动的市容环卫保障任务，我大队严格落实各项迎检工作，做到提前部署、定岗定人、责任明确，并且圆满完成各项迎检工作。

3. 2018 年市容执法中队共清理违章占道经营 860 余起，占道堆放物品 500 余处，规范乱停放车辆 380 余辆次。整顿不合格门头牌匾 240 个，并在审批环节上严格把关，杜绝尺寸不一，色调杂乱的现象。并查获违法张贴、乱发小广告行为 23 起，处罚 8 起。为保证高考顺利进行，为给广大考生创造一个安静的学习、生活环境，我大队提前开展了为期一个月的市容环境卫生专项整治行动，期间共取缔噪音扰民摊点 32 处，影响交通安全的摊点和乱停放车辆 58 起。

4. 采取"疏导结合"方式，对城区内早、夜市占道经营摊点进行集中整治，并合理划分了摊点位，规范了占道摊点 280 余处，清理违章摊点 90 余处，并收取垃圾处置费伍万陆仟陆佰元整（¥：56600 元），制止和训诫乱发小广告违法行人 50 余起，清理摊贩喇叭噪音 167 起，组织执法人员清理市场周边绿化带内的卫生 27 次。较好的维护了早、夜市的市容环境卫生和市场秩序。

5. 规划执法中队对城区内平房区和楼房住宅区内的违法私搭乱建、改建扩建等行为进行严格查处，今年共查处违法建设行为 282 处，分别为房屋 23 处，小区外接门楼 84 处，私搭围栏 29 起，强制拆除 29 处，自行拆除 117 处，查违控违工作得到了居民和上级部门的充分肯定。

6. 法制督查中队今年联系专业法律指导老师 2 名，分批给城管执法人员进行业务培训、指导，切实提高依法行政水平。今年向法院提交诉讼案件 1 起并对本单位执法人员查岗 40 余次，纠正各类行为 80 余起，配合各中队执法 10 次。

7. 环卫监察中队查处清运建筑垃圾车辆未覆盖 88 起，查处乱倒垃圾 124 起，给城区内主要街道两侧的商户免费发放垃圾收集箱 568 个，同时签订卫生责任状 568 份。组织本中队人员清理卫生死角 2 次。

8. 金山角园区执法中队今年清理占道经营 30 余起，占道堆放物品 50 余起，整顿不合格门头牌匾 6 处，查处清运垃圾车辆未覆盖 20 余起。免费发放垃圾收集箱 75 个，签订卫生责任状 75 个，组织人员彻底清理环境卫生死角 4 次，查处乱圈乱建 3 起，拆除 3 起。

（二）环卫方面

1. 环卫车辆机具新增情况。今年购买自装卸式垃圾车 2 台；购买 240 升垃圾筒 100 个；维修翻新吊装垃圾箱 142 个，制作果皮箱 30 个；购买融雪剂 34 吨；莜面美食街新投入运行水冲公厕 1 座；垃圾填埋场维护加高 3 个导气石笼；垃圾填埋场渗漏液处理设备调试完毕并投入运行，对体育场北面垃圾点进行改造硬化并做了 1 个双收水口，以上共投入资金 71 万元，呼和浩特市环卫局援助武川县 1 座水冲环保公厕和 46 吨融雪剂；

2. 环卫工人福利情况。购买环卫冬装和夏装各 200 套；为一线 165 名环卫工人购买了意外伤害险；为环卫工人每人新增绩效工资 100 元；县工会对 30 名一线贫困环卫工人进行了贫困救助。4 月份，辛记餐饮宴请所有环卫工人 1 次；8 月份，巴达荣贵肉业赠给环卫工人 200 件坎肩。

3. 环卫工作情况。

（1）日产日清运生活垃圾 50 余吨；

（2）集中清理城区周边建筑垃圾 10000 多吨，历时 2 个月；

（3）集中清掏北大街、健康街、青山路、南大街和富强路沿街下水道、水箅子 2 次；

（4）动用 2 辆装载机和 3 辆自卸车，历时 40 多天，集中清理春季越冬垃圾 5000 多吨；

（5）冬春季节雇用 13 人专门捡拾城区周边、出入城口、绿化带及无物业小区周边的各类垃圾纸袋；

（6）配合环保部门督查，清运填埋福兴号村废旧衣服 2 次，共 15 车；给无物业的丽景小区、和谐城、福地东区、丰驰小区等清理积存垃圾 300 多吨；

（7）8 月份，防洪防汛工作中出动执法人员 15 人，皮卡车 3 辆、抽水机 2 台，对文化西街木业社院内紧急排水 2 次；

（8）组织环卫工人清洗碧水龙城——金三角的沿街护栏 1 次，总长度为 4.8 公里；

（9）为冰雪节场地内免费提供 3 个环保公厕、3 个吊装垃圾箱和 25 个果皮箱；

（10）夏季物资交流大会和莜面文化节分别派 13 名保洁人员为会场服务，确保会场的干净和整洁。

（三）扶贫工作方面

1. 从今年 3 月份开始到 12 月份，全体干部职工共下乡扶贫 20 余次；

2. 在扶贫过程中，花费 3 万多元为黄三村新建旱厕 1 座；建立爱心超市，为超市捐赠价值 2000 多元的各种生活用品；花费 2000 多元为爱心超市制作广告牌匾 1 块；

3. 每次下乡干部职工们都会为贫困户送去温暖，包括送钱和一些日常所需生活用品；

4. 每隔一段时间，下乡进行一次集中卫生大扫除，帮助清扫街道及卫生死角；干部职工每次下乡都会帮贫困户清理庭院卫生；

5. 派工作骨干协助所帮扶的村委会整理完善贫困户档案。

三、抓发展方向，促进工作再上新台阶

1. 以"强基础、转作风、树形象"为出发点，打造一支优质、高效、文明的城管执法队伍，"管理是执法队伍的本职,作风是执法队伍的灵魂,形象是执法队伍的生命",武川县城管执法大队始终要把队伍建设作为城管工作的重中之重,大力推进"强、转、树"建设,树立"文明、公正、务实、为民"的良好形象,不断提升群众满意率。

2. 加强与相关部门协调、配合力度。在实际执法中仅靠城管一方面力量难以形成重拳,针对店外店经营、乱停乱放、噪音油烟扰民等行为,加强与市场监督管理局、交警大队、食药局、环保局等部门的联动,减少违章案件的发生和反弹。

3. 全面提升环卫工作管理"精、细、化"水平,加强保洁、收集、拉运和水冲公厕的管理工作,积极探索环卫工作中的新举措,科学制定有效的管理办法,从而促进日常管理,提升管理层次并有效提高工作效率。

四、2019 年工作任务

2019 年是全面深化改革的重要之年,要做好今年的工作,全体城管干部职工必须全面贯彻落实党中央、国务院、自治区及市、县的重要会议精神,以服务全县工作大局为中心,以实施城镇化战略为主线,以创建文明城市为载体,坚持以人为本、城乡统筹、全民参与、创新驱动,着力推进城市管理领域各项改革,着力推进城市管理精细化和规范化建设,着力推进城管队伍的作风、制度和队伍建设,不断攻坚克难,争先进位,为全县城市经济社会的快速发展提供优质高效服务,为我县市容环境有明显改善尽心竭力,努力推动全县的城市管理事业科学发展。

2019 年武川县城市管理工作主要实现六个突破:

1. 在创新体制机制上实现新突破;

2. 在破解工作难点上实现新突破;

3. 在推行"精、细、化"管理上实现新突破;

4. 在队伍规范化建设上实现新突破;

5. 在引导公众参与上实现新突破;

6. 在提升队伍形象上实现新突破。

致力长效机制　创新城市管理

——潜山市城市管理局 2018 年工作总结

安徽省潜山市城市管理局

2018 年在市委、市政府的正确领导下，我局在深入推进城乡环境综合整治的基础上，深入开展"城市管理提升年"活动及"强基础、转作风、树形象"三年行动，把"绣花式"精细化管理的理念、手段、标准和全覆盖、全过程、全天候的要求落实到城市管理各项工作中，较好地完成了各项目标任务。

一、致力长效管理，城乡面貌逐步改观

一是户外广告、店招设置日趋规范。完成了北河街门头店招改造提升工作，制定《关于印发县政务中心城市管理局窗口进驻项目办理规程的通知》，将 8 项行政审批事项按照"应进尽进"的要求，全部移交中心窗口受理。全年受理审批店招 200 个，取缔更换门头店招 486 块，清理条幅 358 个、各种办证贷款小广告 3200 余条，拆除电子屏灯箱 53 个，收缴占道站牌 354 个，有效地改善了城市视觉空间。

二是出店经营、占道经营日益减少。加快流动商贩疏导点建设，在城区 17 处临时摊群点基础上，新增经开区八一路早点临时摊群点。全年组织 10 余次集中整治行动，受理占道申请 41 份，规范出店、占道经营 530 余起，疏导流动商贩 7834 人次。

三是乱堆乱放、违规菜地全面清理。清理主次干道、背街小巷及小区内乱堆乱放杂物、柴堆 1000 余处，违规菜地 15 余处、870 平方米。

四是"牛皮癣"督查清理纵向延伸。新增天柱山门至六潜高速入口沿线两侧、十里长廊全程服务范围，加大了楼层"牛皮癣"的专项整治，全年清理物业小区、开放式小区 104 个，清理张贴类"牛皮癣" 8106 张、印章类 2396 处，粉刷墙面及设施 1754 平方米、清除地面"牛皮癣" 276 处。

五是环卫综合整治更加精细。先后开展了城市家具清洗、城区水域垃圾专项清理、餐厨余垃圾治理等行动，全年更换果皮箱 11 个、垃圾桶 1551 个，开展垃圾分类前期摸排登记。加大了环卫基础设施维护管理力度，新增 4 座直管公厕并完成残障设施改造、标示标牌安装，目前全城 45 座直管公厕实现规范管理，完成 9 家对外免费开放单位（企业）厕所标识标志

设置。强化生活垃圾应急处理，截至目前清运生活垃圾 4.54 万吨，无害化处理率 100%。

六是农村环卫督查考核逐步完善。从 1 月份开始由以前的"背对背"式的督查考核改为"面对面"式的督查考核。从 6 月份起实行第三方督查考核，与县、乡（镇）、村（居）"三级联考"的督查考核相结合，定期通报考核结果，确保公正公平长效。

二、致力创新发展，城市管理再上台阶

一是"公安＋城管"联勤执法实现常态化。采取"2+X"模式，以城管和公安 2 部门为主体，开展渣土运输车辆、流动经营车辆、乱停乱放车辆常态化的巡查、管控、执法活动，全年共计劝导教育 5892 人/次，拖离各类车辆 421 辆。

二是露天烧烤、噪音扰民管理稳中有进。对城区各类餐饮企业油烟净化设备安装情况进行排查摸底，对新增餐饮业户早介入、早管理，严格审批准入，取缔"马路市场"，加强学校周边建筑工地施工带来的噪音专项整治，全年治理噪音扰民投诉 35 起，清理户外露天烧烤 80 余起，督促经营户安装油烟净化设施 30 余户。

三是建筑垃圾治理实现新突破。《潜山县城市生活垃圾处理收费管理暂行办法》经政府第 30 次常务会议审定出台，加强建筑垃圾、工程渣土处置管理，推行市场化运作，集中清运消纳处置。同时加大渣土运输车辆偷倒、乱倒建筑垃圾的违法行为查处力度，全年完成渣土处置项目 25 个，土方量 17 万方。开展沿街道路两侧砖头、石块、木板、破家具等清理行动，清运或平整建筑垃圾约 5026 吨，多措并举，有效改善了建筑垃圾沿路泼洒、乱堆乱倒等现象。

三、致力项目建设，城市基础设施更加完善

先后完成城乡环卫一体化项目和非正规垃圾堆放点治理工程，实现城乡环卫质的飞跃；生活垃圾收集转运系统工程子项目环卫基地建设工程和南门垃圾中转站竣工；完成了太平桥、北门、黄柏镇 3 座垃圾中转站的升级改造工程，不断完善城乡生活垃圾收转运系统。继续实施城区临时停车场建设，潜阳路精科大院内临时停车场 8 月 29 日开始施工建设，预计 12 月底完成施工，2019 年元旦正式投入使用，有效缓解市民停车难问题。

四、致力全力保障，规划管理从严落实

严格落实"严字当头、拆字为先、早是关键"的原则，巡查发现、控制违法建设 454 起、17472.4 平方米，其中现场恢复拆除 385 起，自行拆除 9 起，责令停工 60 起。监管农民建房批件 463 份，在建工程项目 20 余个，协助乡镇违法建设治理 6 次。

一是加快"两治三改"违法建设治理。出台《潜山县"两治三改"违法建设网格化防控工作实施方案》，建立县、乡镇、各村（社居委）三级责任网格。制定《潜山县违法建

设有奖投诉举报办法》，在城区 40 多个新建小区设置违法建设治理防控责任牌，公布责任人和举报电话，充分调动全社会力量参与、监督治理违法建设工作。设立开发区、度假区、黄铺、梅城四个乡镇综合执法中队，推进执法重心下移。加快"两治三改"违法建设治理，联合相关部门多次开展"强拆日"行动，截至目前摸排的 78 处、面积 4482.83 平方米的违法建设，已治理 59 处，面积 3641.83 平方米，累计治理完成比例 81.24%。

二是开展开发区大市场违建专项整治。8 月起对开发区三合、八一、皖西南三个大市场内及工业园内违法建设全面摸排，与开发区管委会成立专班，入户走访，张贴公告，截至目前摸排的 782 处、约 12000 平方米的违法建设，已拆除 316 户、8198.71 平方米，力争实现违法建设"零新增、去存量、控增量"的目标。

五、致力提能增效，"强转树"行动扎实推进

自 2018 年至 2020 年，集中三年时间开展城管执法队伍"强基础、转作风、树形象"专项行动。

一是以强基础为根本，重点抓好干部队伍教育。开展经常性的执法人员专题法制讲座制度和领导干部学法制度，定期举办业务培训和理论培训，全年举办各类法律讲座 3 次，选派人员参加各级、各相关部门举办的培训 50 人次。

二是以转作风为途径，重点转变管理工作方式。完成城管执法大队勤务机制改革，实现巡查、管理、机动执法责任分工和无缝对接，配备 10 余部新的数字城管派单系统，积极发挥数字化城管指挥中心指挥调度、任务派遣等作用，全年中心受理举报投诉 736 起。从严落实"721"工作法，发挥"两级督查"考核导向作用，做到问题发现在路面、协调处置在路面、督查督办在路面，开展各类督查 46 次，通报整改各类问题 200 余项。建立健全执法公示、执法全过程记录等制度，开展"两随机、一公开""互联网 + 政府服务"等工作，全年受理店招备案 405 件、行政许可 22 件，办结行政处罚案件 35 件。

三是以树形象为目标，重点引导公众参与管理。结合文明创建、扫黑除恶、脱贫攻坚等年度工作，制作高炮广告、大型广告牌 25 块、面积 2700 平方米，更换文化墙 29 处、面积 1238.8 平方米，配电箱画面 74 个，设置、更换灯杆广告 298 个，发放"门前三包"责任书、城市管理三字经等宣传资料 600 余份。持续开展不文明现象大曝光活动，制作不文明行为曝光专栏 6 期。今年在安徽工人日报和《天柱山》上分别刊登一期我局工作专版。

六、致力于学深践行，全面从严治党明显加强

认真履行"一岗双责"的责任，严格落实党建工作责任制、党风廉政建设责任制，组织开展党课报告、辅导讲座、革命教育基地等多种形式的党性教育 6 次。推进基层党组织标准化建设，扎实开展"讲严立"专题警示教育，建立"党员固定学习日""党员固定活

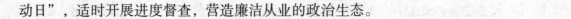

动日"，适时开展进度督查，营造廉洁从业的政治生态。

政府工作报告任务完成情况

根据市委市政府安排和政府工作报告任务分解要求，今年我局重点工作如下：

1. 城乡环卫一体化项目

《潜山市城乡环卫作业一体化政府购买服务工作实施方案》经政府第 30 次常务会议审议通过，于 9 月 30 日挂网招标，计划 10 月 29 日开标，2019 年元月起正式实施。

2. 非正规垃圾堆放点治理

黄铺镇、源潭镇、天柱山镇、黄泥镇 4 处非正规垃圾堆放点，总投资额为 1446.34 万元。目前黄泥镇非正规垃圾堆点整治工程已基本完成，正在场地整平及绿化施工；黄铺镇非正规垃圾堆点正在整治中，已完成垃圾堆体周边基槽开挖工作；天柱山镇、源潭镇点整治工程 9 月 14 日挂网招标，10 月底前完成招标工作。

不忘初心勇担当 真抓实干谱新章

——2018 绥德县城市管理局工作纪实

陕西省绥德县城市管理局

2018 年，绥德县城管局在县委、县政府的正确领导下，始终以"习近平新时代中国特色社会主义理论"为指引，以脱贫攻坚、灾后重建和创建工作统揽全局，以"脏乱差"治理、市容市貌整治、完善市政基础设施、推进重点项目建设为突破口，一心一意谋发展、聚精会神搞建设、凝心聚力抓管理，努力打造着整洁有序、美丽和谐、生态宜居的城市家园。

第一部分 创建工作

一、精心组织、巩固成果，稳步推进创建工作

年初召开了 2018 年"一城四创"暨城乡环卫一体化工作会议，会议由县长姬跃飞主持，县委书记李永奇讲话，分管副县长高志钧做了安排，责任单位表态发言。全县 137 个部门参加，重新调整了县级领导和部门单位包抓街道工作安排，落实了"一把手"创建任务问责制，将创建工作纳入全县经济社会发展目标责任考核。

全年召开调度会 28 次，要求干部职工义务劳动每年不少于 12 天，对所包抓街道以及单位区域卫生及时进行清扫，治理乱贴、乱画、乱挂、"牛皮癣"野广告等。完成了对创建环保模范城市 2017 年 27 项 105 卷资料的收集、整理以及 2017 年城乡环卫一体化及农村生活垃圾治理 86 项 11 卷资料的收集、整编任务。1 月 3 日省委常委会议通过，正式命名我县为省级环保模范城市；4 月圆满完成了创建国家级卫生县城市资料申报任务。

二、推进"城乡环卫一体化"，实现城乡环卫全覆盖

2018 年，我们坚持"青山绿水就是金山银山"理念，以"改善农村人居环境，提升城乡综合品质"为目标，大力开展城乡环境卫生整治行动，完善基础设施、构建长效机制。

1. 加大宣传力度，引导群众参与。在电视台开通创建专栏，开通宣传短信，及时宣传报道创建工作动态和创建知识。出动宣传车 24 次，制作了公益广告 43 个，发放 10 多种宣传彩页共计 32000 份；在城乡公路沿线设置宣传牌匾 460 多块，制度宣传牌 338 块；制作

桥体、路灯灯箱广告128块，自行车站牌宣传40块，发简报34期，形成了人人知晓、人人参与的浓厚氛围。

2.按照"属地管理、部门联动、条块结合、分工负责、全民参与、齐抓共管"的原则，开展了多次环境卫生集中整治行动，累计出动机械156台次、清洁人员1300余人次，清理积存垃圾1380吨、清理野广告1200余条、喷涂野广告560余平方米、清理乱贴乱挂560余处，有效改善了城乡环境卫生"脏、乱、差"问题。

3.扩大环境保洁范围，将白家硷、崔家湾、义合等乡镇全部纳入城乡环卫一体化，由县环卫所负责清运填埋。打造了城乡环卫一体化示范村16个；打造了清裴公路、薛家河、满堂川、石家湾307国道等示范路，打造了崔家湾纸坊沟文化旅游环卫一体形象墙190米和高速出口美丽人居示范村沙滩坪1个；协调接收环保局购买的环卫设施垃圾收集车10辆、垃圾桶100个、垃圾箱320个，进一步完善了乡村环卫基础设施。

4.开展城乡环卫一体化督导，两月一督查，全面落实保洁任务，推动了长效机制建立。督促各镇集中清理86次，清理河道23次，倾倒垃圾280余吨，召开专项整治会议42次。加强城区环卫督查检查力度，做到日日有检查、月月巡查，半年有评比，累计发现各类环卫问题50余个，发通报20余期，卫生整改回复报告15期，累计处罚工人115人次、奖励工人62人次。

第二部分　城市管理

一、加大投入，查漏补缺，强化城区市政设施建设

洪灾无情人有情，重建家园齐奋进。7.26洪灾造成我县城区严重内涝，市政公用设施大面积损毁，安全隐患不断显露，群众生活影响巨大。在2018年应急抢险工作的基础上，我局继续发扬不怕苦、不怕累、连续作战的抗洪救灾精神，不断加大市政基础设施建设力度，提高城市承载能力，完善市政服务功能，全年累计完成市政基础工程39个。

投资126.5万元完成了背洼、雕山路、陵园侧巷、步行街楼背小巷下水道渗漏维修和好邻居巷路面及管网改造工程；投资350多万元对石魂广场对面河畔沿线、二康至军民桥段、第四小学巷道、八库至二中的排水管道进行了雨污分流改造；投资116万元完成了对滨河、永乐、学子大道的护栏、彩砖、公厕维修改造工程；投资44万元完成了法院和绥德中学周边人行道铺装改造工程；投资180万元在薛家畔沿线、鸣咽泉过界线修建了仿古文化墙。预算投资285万元完成葡萄梁新民区路面路灯及管网改造、砭上绑畔、东方红人行道、火车站广场补修及站旁公交广场硬化工程等。完成了城区龙湾、辛店、张家砭、沿河大道等20多公里的污水管网疏通工作，更换井盖50余套，雨水算子73套，安装了防坠网2100余套。

安装了五里湾大桥、军民桥、雕阴桥、南关桥、大理河桥、永乐桥、苏家沟等路灯52盏，

恢复了大理河桥、千狮桥桥体亮化；新安装背街小巷路灯 90 余盏，新安装二中至黄家沟段路灯 15 盏，清水沟路灯 11 盏，葡萄梁路灯 13 盏；全年累计维修路灯 856 盏次，更换各类光源电器 76 套，维修电缆 700 米，更换节能灯 330 只、钠灯 518 只。

二、不断创新，统筹推进，提升城市精细化管理水平

1. 城区市容市貌管理实行了四化管理，即管理标准细化、督导考核量化、人员组合优化、工作责任强化，充分实现工作成效的最大化。对城区重要路段、场所采取八小时以外的巡查监管制度，有效解决道路拥挤，改善城市环境。全年开展市容市貌集中整治行动二十余次，累计清除破损对联 1000 多处，摘除悬挂灯笼 700 余个，其它各类悬挂物 800 多件，取缔占道经营 4000 起，后店前摆 3000 起，取缔夜市摊点 800 个，扣押经营者物品 2000 多件。

2. 在环卫保洁范围逐步扩大、工作量不断增加的情况下，通过调整作业时间、优化作业班组、加强作业监督、增加机械化作业量等方式，确保了环卫水平稳步提升。定期开展环卫大排查、大整治和小广告大擦洗活动，清理卫生死角 300 余处，清运积存垃圾 15 万吨，清除小告 1.2 万余条。成立了洗街小组，负责清洗城区污染路面，累计清洗道路 300 多万平方米，提升了环卫精细化管理水平。城区道路清扫保洁 125 万平方米，其中机械化 87.5 万平方米，机械化清扫率 70%；城区垃圾收集、清运率达到 99%。全年垃圾处理量 5.8 万吨，渗滤液年处理量 1.17 万吨。粪便无害化处理厂的建设现已完成，目前正在安装设备，计划明年投入使用。

3. 城区园林绿化管理采取网格化管理模式，将县城内的道路绿化、公共绿地以及街头景观绿化等管理职责和任务，细化分解到各片区养护管理者，实施定岗、定点、定人专业化管理。坚持品质化建设、精细化养护，不断提升植树增绿效果和绿化管理水平。全年补栽乔木 536 株，灌木 5 万余株，对火车站站前广场进行了绿化，累计增加绿化面积 10000 平方米；全年城区累计修剪绿化 5 次，喷施农药 4 次，化学防治杂草、防锈病、小地老虎、霉腐病等 4 次，对城区神龙、滨河、学子、永乐大道和政府广场、街心花园等主要地段绿化进行了造型设计和景观提升。

4. 坚持以发展为主线、服务为龙头，扎扎实实，埋头苦干，做好城区供水服务工作。为了河西片区高考期间正常用水，加班加点完成了旧车站供水主管道更换改造工程，管网长度为 222 米。连续奋战 15 个日夜，开挖河道 1.5 公里，更换主管道 1 公里，完成了五里店水源井渗滤管应急清淤，保障了城区夏季用水高峰期。加强日常管养护工作，全年大小抢修 60 次，清理淤泥井窖 15 个，更换阀门 8 个，更换 PE63 直管 210 米，更换水表 420 块。全年累计延伸供水管网 1477 米，新建加压站 2 座，解决新旧用户共计 300 余户人的吃水问题，供水量总计为 350 万吨。

三、明确任务、落实责任，全面推进重点项目建设

坚持分管领导为项目第一责任人，加强与相关部门的沟通协调，及时召开项目建设联席会和现场办公会，主动化解建设中遇到的困难和问题，强力推进重点项目建设进程。

（一）步行街改造及旧车站大桥拓宽改建项目

"7.26"洪灾后，步行街下河畔商铺被相关部门鉴定为危房，经县委、县政府研究决定，对其进行征收拆除、美化改造。从2017年10月份开始，拆迁指挥部工作人员放弃所有节假日，想尽一切办法开展征收协商工作，动之以情、晓之以理，经过评估、公示、签订补偿合同等程序，2018年6月2日全面完成了对76间商铺的征收工作并兑付了补偿款。6月4日早8时拆除工作正式开始，秩序井然、喷水降尘、及时清运，仅用24小时全面顺利完成拆除工作。计划2019年对步行街下河畔进行维修加固，对上侧沿街楼房楼面进行装饰美化。

旧车站大桥因桥面狭窄，经常发生交通拥堵现象，且行洪能力较低，经县委、县政府研究决定，对其进行拓宽改建。陕西中大国际董事长延勇先生情系故里，慷慨捐资一千五百万元，一千万元用于大桥拆迁改建，五百万元用于体育场恢复重建。改建项目于6月份上报省市相关部门，9月12日移交至我县政府，9月13日开工建设，11月12日大桥主体合龙，12月12日完成对观云阁旧楼的拆迁，仅用80多天时间就完成了大桥拆除重建全部任务，确保了新建观云桥12月18日正式通车。新观云桥全长112米，宽24米，双向四车道，实行非机分离，将有效缓减城区交通压力，彻底解决行洪隐患。

（二）污水处理厂及污水管网恢复重建工程

因7.26洪灾，污水处理厂全部被淹，污水管网损毁，城区下水道堵塞。经专家分析论证，一致认为原有管道堵塞损毁严重，修复成本较高其无法保障质量，建议重建。经县委、县政府研究决定，计划投资2.83亿元，对城区28千米污水管网及污水处理厂进行恢复重建。目前，污水处理厂一期厂房已恢复运行，二期工程计划采用PPP模式，目前正在办理两评一审手续。污水管网恢复重建一期工程现已完成招标，预计2019年2月份开始实施，6月底完成建设。

"7.26"洪灾导致城区污水主管网被毁，河道污水横流，对大理河、无定河造成了严重污染，辛店国控断面水质降为劣五类。县委政府要求我们不惜一切代价处置污水，还老百姓一条清澈的母亲河。我局立即组织三支管道疏通队伍和三支管道抢修队，制定了四条临时应急处置措施，对政务大厅至污水处理厂之间的23公里污水主管网进行抢修疏通；对无法疏通接入管网的地段，放置化粪池收集，由吸污车将污水直接拉至污水处理厂处理。经过领导和全体干部职工夜以继日的不懈努力，11月10日顺利通过了中央环保督查组对我县的环保检查。目前，污水处理厂日收集污水达7600多方，9月份辛店国控断面水质监测提高到了2类，10、11月份监测为3类水，得到了上级部门高度肯定和一致好评。

（三）公用自行车项目

为了缓解城市交通压力，积极倡导节能减排、绿色出行，公共自行车项目于2018年全面启动，项目总投资332.5万元。一期项目采购公共自行车600辆，目前已按计划建成15个站点，安装360个锁车器，完成车棚的安装和运营前的各项准备工作，计划2019年初开始投放使用。

四、不畏艰辛，勇于创新，圆满完成上级交办各项任务

（一）城区防汛应急演练

由我局牵头的城区防汛应急演练，6月29日在体育场如期举行，公安、消防、民政、卫计等相关部门配合，参演人员达1000余人，市级领导及各县区防汛负责人受邀来绥观摩。精神抖擞的参演队伍、响彻云霄的警报口号、严谨科学的防汛预警、紧张有序的群众疏散、秩序井然的灾民安置、娴熟有力的后勤保障，配合默契的救援演练等，演练取得圆满成功，得到了各级领导的高度赞誉。通过演练，全面提高我县防汛抢险的指挥协调能力、快速反应能力、抢险处置能力和实战能力。

（二）不忘初心当先锋，抗洪救灾显本色

2018年8月7日凌晨，持续暴雨引发的洪水袭击了绥德县义合镇，店铺被冲毁，车辆被冲走，水、电、路全断，义合古镇危急。灾情就是命令，时间就是生命，绥德县城市管理局迅速启动洪涝灾害应急预案，任亚武局长以最快的速度召集了一百多名党员干部，自备雨鞋铁铲；同时调派管道疏通车、环卫冲洗车等设备，提前赶赴义合镇清淤洗路，为各界救援力量后续救援工作提供了有力的交通保障，最大限度减少了群众的损失。截至7日下午，城市管理系统共投入救灾保障200余人次，帮助转移群众100余人。

（三）扎实开展铁腕治污攻坚行动

为全面落实好铁腕治污攻坚行动，我局及时制定了铁腕治污攻坚行实施方案，成立了专项领导小组，明确任务、细化分工，齐抓共管、协同攻坚。开展了餐饮油烟、露天烧烤、洒水抑尘、散煤治理等专项治理和城乡环境卫生综合整治等行动，对城区道路集中进行洒水作业，增加了城市道路、郊区公路冲洗保洁频次，有效解决道路扬尘问题；整改餐饮企业及个体户90家，取缔露天烧烤40余家、流动摊点400余家、暂扣工具200余件。

（四）集中治理餐厨垃圾

按照县委政府的安排部署，12月9日我局迅速召开餐厨垃圾废弃物专项整治专题会议，传达学习了省市县关于非洲猪瘟防控会议精神，研究制定了专项行动工作方案。联合食药局、市场管理局、环保局等单位对城区内的学校、酒店等400多家餐饮单位进行摸底排查、建立台账，累计发放宣传手册5000余份。要求各餐饮单位严禁将餐厨废弃物流向养殖场，严格落实索票索证制度，完善登记台账，签订了关于"非洲猪瘟"疾病防空食品安全责任书的，发放了"非洲猪瘟"联防联控工作告知书。

第三部分　队伍建设

一、狠抓党建，转变作风，打造过硬干部队伍

2018 年，我局认真学习贯彻习近平新时代中国特色社会主义思想和党的十九大精神，以加强党员干部思想政治建设为抓手，不断增强党组织凝聚力与向心力，以党建促业务，以党建带队伍，严格落实党建主体责任，发挥党组织的战斗堡垒作用；4 月 18 日召开了党总支委员会、党员大会，传达学习了有关文件精神，与各党支部签订了《党建工作目标责任书》和《意识形态工作目标责任书》，夯实了工作责任，明确了工作任务。

加强党员干部的学习教育工作，严格落实"三会一课""两本两证"工作制度，扎实开展"两学一做"常态化教育。积极组织开展各项党建活动，7 月 24 日开展了"千名书记讲党课"活动，8 月 8 日开展了"社区与驻区单位共驻共建"活动，7 月 30 日和 9 月 21 日先后赴郝家桥、杨家沟开展了参观红色教育基地、传承红色革命精神等活动，增强党员的党性意识。4 月 13 日、6 月 15 日分别召开两次脱贫攻坚专题民主生活会，开展批评和自我批评；坚持每年度开展民主评议党员工作，给党员干部评星定绩，树立了学习标杆。时刻不忘党风廉政建设，着力加强党员思想教育，6 月 15 日召开冯新柱案以案促改民主生活会，通过自查自纠寻找问题，认真贯彻落实中央"八项规定"和县委"十项规定"，坚决反对"四风"，构建"不敢腐、不能腐、不想腐"的廉政机制，全年没有发生一例党风廉政违规违纪案件。

二、扎实工作，倾力帮扶，助力全县脱贫摘帽

我局干部接对帮扶四十里铺富民新村贫困户，走村入户，查民情、问民意、解民困，每月入户不少于四次，坚持"因地制宜、因户施策"的原则，制定具有针对性、可操作性的帮扶措施，33 户贫困户已全部达标脱贫。我局驻四十铺镇刘家沟村扶贫工作队，积极协调相关部门，整合政策资源，投资 1 万元整治了村环境卫生；投资 50 余万元加高加固了老虎洞大坝；投资 10 万元新建厕所 1 座，投资 2 万元美化村级阵地；投资 10 万元扩建水井、新建水房 1 座。通过产业扶持资金帮助贫困户增收脱贫，积极引导贫困户养牛、养鸡、种黄芪；安置了 4 名贫困户为保洁员，1 名贫困户为村级巡逻员，1 名贫困户为生态护林员；全村 2018 年医疗报销金额近 20 余万元，新增脱贫户 6 户 17 人。

第四部分　结语

跨越的艰辛、成功的喜悦，一路坎坷却又一路执着。

2018，丰硕的收获，难忘的记忆！

2019，新的追逐，新的期望！

我们将在县委、县政府的正确领导和大力支持下，与全县人民一道，不忘初心、凝心聚力，不辱使命，攻坚克难，打造靓丽景观、提升城市品位，为绥德人民打造一个更加和谐美丽、更加整洁舒适的人居环境。

"特别能吃苦、特别能战斗、特别能奉献"的绥德城管人，将执着秉承"为人民管理城市"的理念，披荆斩棘、拼搏奋进、砥砺前行，点燃新梦想，再创新辉煌！

美丽两当的守护者

——记两当县综合执法局局长崔忠喜

甘肃省两当县综合执法局

"火车跑的快，全靠车头带"，以身作则是崔忠喜的一贯作风。为了发挥火车头的作用，将这列车开好开稳，崔忠喜局长意识到只有真抓实干，大家才会信任，只有率先垂范，大家才会服气。

两当县综合执法局 2013 年 1 月份成立，作为执法局第一任局长，他深深知道，刚刚成立的执法局整体队伍不仅装备差、待遇低，小商小贩难以管理，就连市民群众对城管工作不理解、不支持，甚至站在对立面，个别经营商贩殴打、辱骂执法队员的现象时有发生，店外经营、马路市场比比皆是，违章棚建、私搭乱建随处可见，各种车辆横七竖八，游商小贩络绎不绝，叫卖声混杂着大小三轮车的轰鸣声，使整个城区乌烟瘴气，秩序十分混乱。这些是与城市的发展、市民的需求、创卫工作的要求格格不入的。针对这些现状让他反复思考，反复琢磨。城管工作管什么、如何管？做好城市管理工作靠的不仅仅是勇气、责任、信心和奉献，更需要有一套管理科学、运作协调、健康有序的工作机制和一支雷励风行、能征善战的城管队伍，才能最大限度得实现执法公正和管理效果与服务为民的有机统一。许多棘手问题才能迎刃而解。

崔忠喜同志担任局长至今，在工作中，他总是认认真真琢磨实事，兢兢业业抓好大事，时时处处走在前，干在前，用自己的实际行动凝聚了人心，激发了干劲，带出了一支打不散、劲不减、压不垮、吓不倒的执法队伍。城管工作既杂又累。在别人休息的时候他在工作，在别人团聚的时候他在坚守，只为还两当城市环境的整洁和美丽。城管工作辛苦不说，常常得不到周边群众及亲人的理解，作为执法局局长凭着不断创新的韧劲和务实的干劲，打造了一支过硬的城管工作队伍，排解了市容市貌监管的"老大难"，城区环境卫生的脏乱差现象，城关农贸市场乱摆乱放现象。身为两当县城市管理"领头羊"的崔忠喜将城区环境划分为老城区、新城区、河东区，各个区域有专人全天监管。将执法队分为执法一队和执法二队，点面巡查结合。将城关农贸市场招商引资，合理布局空间，增加人气。公共自行车绿色出行，全面升级，城管工作是辛苦的，城管工作也是危险的，面对的是社会的弱势群体，在执法过程中，经常会遇到白发苍苍的老奶奶老爷爷在路边随意摆摊设点，面对他们崔忠喜同志总是耐心、细心地跟他们讲道理、摆事实，用最温柔最亲情的方式劝说、引导他们进入市场规范经营，然而每次面对那些暴力抗法的小商小贩，崔忠喜同志忍着老百姓的偏见，舆论的谴责，依然严格按照城市管理要求规范执法。在一次次的冲突和危险中，崔忠喜同志没有退缩，没有害怕。在一次次的被误解和伤害中，他多么渴盼理解……然而头顶国徽严格执法是他的使命，心系人民服务人民是他的追求。寒风吹不去他坚韧的意志，大雨浇不灭他如火的激情。作为一名城市管理工作的领头羊，同时作为一名党员，他时刻以党章、党规严格约束自己，不忘入党初心，牢记党的宗旨，遵守党的纪律，牢记党纪严于国法，牢记全心全意为人民服务的宗旨，始终以党纪条规作为立身之本。

年近五十岁的崔忠喜，工作起来精气神十足，每天早出晚归，无论是在环境卫生大整治中，还是在重大执法活动中，还是在面临矛盾复杂中，他始终奋战在一线，在他的带领下，两当县综合执法局在城市管理和拆违中打了一次又一次的漂亮战役，为两当县城市管理作出了巨大贡献。崔忠喜同志经常说："城管人，共产党人，为民服务是天职。没有别的，只有甘于付出，甘于奉献！""奉献""付出"，崔忠喜平静的话语中，包含了多少辛酸苦辣，包含了多少汗水心血，包含了多少个不眠之夜，也许只有他自己才知道。

"拆违不怕难，怕难不拆违"是崔忠喜常挂在嘴边的一句话，每逢拆违行动遇到困难，他总是第一个站出来。在2015年8月中，在两当县城关镇花园路有一处楼房不按规划设计施工，超高建设四层，周围邻居意见大，诉至我局，崔忠喜同志带队一行前往现场阻止施工，断电勒令停工，当时，房主情绪十分激动，破口大骂，房主小蒋手持铁锹向崔忠喜同志袭来，在这千钧一发时刻。崔忠喜同志没有丝毫畏惧，冲上前去喝令阻止，在其他同志的帮助劝说下化险为夷，最后通过现场摆事实，讲法律阻止了违法施工。

崔忠喜同志在工作中，不仅把同志当亲人，对于市民群众的事，他同样认真对待，在平日里，每当有群众来访，无论对方态度如何，因何缘由，崔忠喜同志都热情接待，"一杯茶、一声问候、一番倾听"成了他对待每一位群众的固定模式，在听完对方的陈述和困难后，他都会舍身处地帮助、开导他们，他付出的是热心，迎来的是对方的笑脸和由衷的感激！

起早摸黑、马路办公、忍辱负重是崔忠喜同志管理城市工作的真实写照，整洁的市容、良好的秩序、美丽的两当承载着他历经的艰辛。崔忠喜同志正是以自己对党的无限忠诚，对事业的无比热爱，在平凡的岗位上谱写了一曲辉煌动人的华章，深深地感动着每一位两当的市民，触动着城市发展的每一根神经。如今，他仍旧像以往那样，在城管、创建美丽两当工作的潮头上杨帆着、搏击着、奉献着、闪光着……

拿出绣花功夫 抓好城市管理

——区城管局 2018 年总结及 2019 年计划

湖南省株洲市芦淞区城市管理和行政执法局

一、2018 年主要工作亮点

（一）城管体制改革扎实推进

1. 体系基本建立

城市管理和综合执法体制改革列入今年区委全面深化改革和区政府年度重点工作，区委常委会、区政府常务会专题研究并审议通过《芦淞区关于深入推进城市管理和综合执法体制改革的实施方案》，并以芦发【2018】11 号文件下发，城市管理工作提升到区委、区政府决策高度。3 月份市政、绿化、拆违三个新部门的机构、人员、职能一并划入，城管系统实现新体制下人员整合、职能融合。7 月份市委改革工作专项督查中，我区获得市委督查组高度肯定。

2. 制度逐步健全

建立城管司法衔接机制，交警率先进驻城管执法部门，聘请专业律师 1 名，实现"城管＋律师"执法模式；强化城管执法装备保障，新增城管执法车辆 6 台、执法电动车 30 余台，执法通讯设备 200 余台；率先组织全区城管执法人员集中培训，试点"城管＋环卫"管理模式，完成改革后 77 项政务服务事项实施清单的网上公开，累计办件审批 510 余件，群众满意度 100%。各项机制逐步健全，改革任务逐项推进。

3. 成效逐渐发挥

配套完善了《芦淞区城市管理工作考核评比办法》，将监管职能延伸至各街道，充分调动基层城市管理责任单位积极性。全年共开展日常检查 300 余次，集中检查 36 轮次，下放各类整改督办、交办函 3000 余份。推行公厕"所长制"，对辖区内 35 座厕所分别安排"所长" 1 名，实现厕所专人专管全覆盖。推进数字化平台兼并融合，将数字城管终端延伸到新转隶的各单位，截至目前立案 25 万余件，案卷整体结案率为 98.75%。在全市率先推行城管＋环卫"路长制"模式，获市城管局肯定。

（二）"厕所革命"进展工作获市政府高度评价

对标株洲市"厕所革命"工作方案，高规格成立我区"厕所革命"工作领导小组，明确我区 64 座新建、改造公厕任务、实施模式。9 月份率先启动中心广场等 3 座"建宁驿站"建设，11 月 18 日神农公园驿站作为全市首座驿站建成使用，中心广场驿站即将投入使用，创造驿站建设"芦淞速度"，打造全市驿站"标榜"，新华社等中央媒体相继报道，得到谭可敏副市长高度评价。第二批 29 座新建驿站、22 座改造公厕、10 市场群内提质公厕全面铺开，预计年底之前先后投入使用，打造城管民生最亮点。

（三）城区环卫第三轮市场化顺利实施

稳妥推进第三轮城区环卫市场化运作，周密测绘全区环卫作业总面积、严格制定环卫作业标准、科学细分环卫作业标段。此轮纳入城区环卫市场化面积达到 479 万平方米，保洁人员 1100 余人，新增加各类环卫车辆设备 163 台，道路机械化清洗率超过 80%。在主次干道面积增加 112 万平方米的背景下，环卫保洁人员较上一轮减少 248 人，作业车辆数量维持不变，实现保洁质量、运行效益的"双提升"。7 月份全市环卫市场化工作推进会在我区召开，环卫市场化改革经验在全市获得推广。

（四）园林绿化建设稳步推进

加快推进枫溪山体公园、凤凰山公园建设。实施绿化养护提质，完成阳光新城屋面树木移栽项目和机场大道的绿化提质项目，608 研究所职工活动中心绿荫停车场建成使用。完成元旦、"五一""十一"等重要节点气氛营造，累计更换鲜花 60 万余盆，补栽苗木 23 万余株，打造节点景观亮点。圆满完成今年国家园林城市复审任务、园林式单位（小区）创建任务，建成区绿地率达到 46.3%，人均公园绿地面积达 17.69 平方米，公园绿地服务半径覆盖率达 81.3%，城区绿化景观日新月异。

（五）拆控违工作管控有力

截至 11 月，已组织 30 余次拆违集中专项行动，提前完成今年拆违 25 万平米任务，拆控违进度创历年之最；开展一江三港专项整治，成功取缔 25 处非法砂场；开展违法违规土地专项整治，清退非法占用土地 167.94 亩，保护碧水蓝天。

（六）市政设施不断完善

全面完成 26 条道路市政公用设施移交，新建公共停车位 220 个，超额完成"民生 100"任务指标；完成迎新路垃圾中转站建设；全年累计维修破损道路 8000 余平方米、提质改造路面 1.2 万平方米、安装禁停桩 350 个，市政管养专项考核排名全市第一。

（七）专项工作服务中心

全力以赴抓好全国文明城市测评、中央环保督查"回头看"、湖南省服饰博览会等重大活动、重要节会的市容环卫保障工作，集中力量开展董家塅老工业区综合治理、餐厨垃圾废弃物专项整治、南环线、生命通道专项清扫清理、工地扬尘整治等多项主题工作，用整洁优美城区环境赢得市民归属感和满意度。

（八）队伍形象不断提升

全面配合区委第四轮巡察工作，全力做好巡察反馈问题整改，基本完成 63 项整改任务落实。加强《株洲市城市综合管理条例》学法、宣法、执法力度，全年运用新条例行政立案 250 余件，打造文明城管、纪律城管。持续开展"强基础、转作风、树形象"文明城管行动，城管队员钟翔宇、常心房先后获得"株洲市第五届道德模范""新时代最美芦淞人""株洲市无偿献血代言人"，城管队伍形象不断提升。

二、2019 年计划

2019 年是城管综合执法体制改革落地年，我局将以党建工作为引领，做好"党务、业务、服务"三篇文章，持续用绣花的功夫做好城市管理各项工作。

（一）在党员"先锋"上谋新篇

打造城市管理示范街，设立城管党员先锋模范岗、树立城管党员模范先进，培育、打造城管系统党建品牌。不断提升队伍履职能力，进一步加强宣传发动，大力开展城市管理志愿服务活动，畅通社会各界参与渠道，提高城市管理社会化水平。

（二）在改革"深化"上下功夫

瞄准改革工作中队伍管理、人员编制、福利待遇等核心问题，积极向区委、区政府申请，推进城管队员派驻制双重管理，配足一线城管执法力量，提高协管员福利待遇，使城管系统"人、财、物"得以充分保障，将改革工作落地落实落细。

（三）在管理"精细"上做文章

全面完成"厕所革命"建设工作任务，实现"建宁驿站"精细化管养和市场化运营，由"建设驿站"向"经营驿站"转变，打造具有株洲特色、芦淞特点的"建宁驿站"建设、管理、运营模式；充分发挥城管考评"鞭子、镜子、指挥棒"作用，进一步完善考评办法细则，强化区级督促考核。再掀拆违控违风暴，严控增量，减少存量；大力实施环卫作业、市政管养、绿化养护精细化工程，实现餐厨废弃物资源化利用和无害化处理，提升城市基础管理水平。

（四）在队伍"提效"上求突破

开展执法队伍规范建设年活动，以队伍作风提升推动执法效能提速，以队伍形象提升推动工作能力提高。推进智慧执法系统建设，配备钉钉移动办公系统，实现执法流程信息化管理；探索智慧绿化、智慧市政建设，实现数字城管大融合；持续深入贯彻城管条例，持续推行"城管＋公安""城管＋律师""城管＋环卫"模式，坚持"721 工作法"，不断巩固"强、转、树"文明城管行动成果。

全域开展垃圾治理
推进水乡田园城市建设

湖北省仙桃市城市管理执法局

近年来，在省委、省政府和省住建厅的坚强领导和正确指导下，仙桃市围绕《仙桃市城乡生活垃圾无害化处理全达标三年行动实施方案》，全域开展垃圾治理，建立城乡一体、全域覆盖的工作机制，为我市实现绿色崛起、建设水乡田园城市提供了有力支撑。

一、建设"一号工程"，提升垃圾处理水平

破解垃圾围城困局，填埋处理不是长久之策，焚烧利用才是高明之举。市委市政府将重启生活垃圾焚烧发电项目、建设市循环经济产业园作为全市的"一号工程"来推动，变"邻避效应"为"挽臂同行"。

1. 重启焚烧发电项目

为重启生活垃圾焚烧发电项目，我们不回避矛盾，打出学习考察、专家宣讲、媒介宣传、包保宣教、质量监管、舆情监控等"组合拳"，解决了一个又一个问题，化解一个又一个矛盾风险，33.93万份民意调查表对生活垃圾焚烧发电项目的支持率达99%以上，取得了全市人民的支持，促成了我市生活垃圾焚烧发电项目原址重建、运行。我市生活垃圾焚烧发电项目已于2018年4月15日开始运行，每天垃圾焚烧量约580吨，每天发电量约19万度，上网电量16万度，各项指标正常，排放指标达到国家标准或优于国家标准，真正达到垃圾处置资源化、减量化、无害化。

2. 加快循环经济建设

仙桃市委市政府坚持以长远眼光理性思考，科学果断决策，启动规划调整和编制工作，将原有生活垃圾焚烧发电项目调整为建设仙桃市循环经济产业园。计划总投资20亿元，采取PPP模式，在3年内高标准建设"一园五场（厂）三基地"，具有生活垃圾、餐厨垃圾、建筑垃圾、污水、污泥处理和环保教育的综合功能，形成标杆型、示范型、智慧型循环经济产业园区。目前，循环经济产业园PPP项目已完成向社会招标工作，将由社会资本启动项目建设，预计2020年全部竣工运行。

3. 开展存量垃圾治理

对简易填埋场进行生态修复，启动生活垃圾卫生填埋场封场，改善产业园周边环境，建设绿色生态文明，提升产业园周边群众幸福度和获得感。我们投入5000多万元，对无任何防渗措施的老垃圾填埋场进行污水处理和土方回填，借鉴武汉园博园经验，全面实施生态修复工程，在老填埋场原址打造一座生态森林公园。在市生活垃圾焚烧发电厂投入运行后，市生活垃圾卫生填埋场不再接受生活垃圾，通过推平、压实、整型、覆膜等措施对全场进行了膜覆盖，逐步实现整个库区的封场。投资1亿多元重点实施通畅、绿化、亮化、净化、治污"五大工程"，改善了产业园周边环境，最大限度造福百姓。

二、推进城乡一体，构建垃圾治理体系

我们全域推进"一把扫帚扫到底"，加快城乡环卫深度融合，建立了城乡垃圾"清扫、收集、中转、运输、处理"一体化体系，真正做到"扫干净、转运走、处理好"。

1. 市场化保洁

按照"一把扫帚扫到底"的工作思路，采取市场化运作模式，以政府购买服务的方式实现城乡全域市场化保洁。我们采取"运作市场化、队伍专业化、作业标准化、保洁常态化、监管智能化"的工作模式，按照城区精细化网格化管理标准，将城市环卫服务向乡镇、农村延伸，推进了城乡环卫一体化深入发展。至2018年，城乡日常保洁工作已实现了全域托管，城乡保洁质量显著提升，城乡人居环境显著改善。

2. 一体化处理

在城区，生活垃圾通过垃圾转运站直接转运到市生活垃圾焚烧发电厂进行焚烧处理。在农村，我们按照"户分类、村收集、镇集运、市处理"的处理模式，将18个镇（场、园、区）的生活垃圾运至市生活垃圾焚烧发电厂进行无害化处理，基本建立起了城乡生活垃圾收集、中转、运输、处理一体化管理体系。目前，我市城市生活垃圾无害化处理率达100%，农村生活垃圾无害化处理率达90.5%。

3. 资源化利用

推进生活垃圾治理，源头减量是关键，我们因地制宜开展垃圾分类处理工作，推进生活垃圾减量化处理、资源化利用。在城区，我们按照"四分类"法，在干河街道4个社区开展垃圾分类投放、分类收集、分类运输、分类处理试点工作，已形成了一定规模，注册会员的居民户近5000户，取得一定效果。在农村，各级财政陆续投入2000多万元，在214个村居推行"可腐烂"与"不可腐烂"垃圾分类办法和好氧堆肥处置办法，垃圾分类氛围日益浓厚，减量化、资源化效果有所显现。

三、完善运行机制，实现垃圾常态治理

我们通过强化组织领导，加强制度建设，完善考核机制，推动生活垃圾治理常态化、长效化。

1. 坚持齐抓共管

为推进城乡清洁工程，市委市政府成立了清洁工程指挥部，市城管局、市住建委、市财政局等 20 多个部门和各镇（场、园、区）为成员单位，各负其责、各施其职，齐抓共管垃圾治理工作。市委市政府还成立了市村镇清洁工程管理办公室，列为常设机构，加强农村垃圾治理监督管理工作。

2. 加强监督考核

以考核结账为抓手，推进全域垃圾治理工作。在城区，按照"日巡查、周通报、月考核、年结账"方式，由市城市管理监督指挥中心对保洁公司、垃圾清运公司工作进行考核，根据考核结果核拨运行经费。在农村，实行市级对镇级、镇级对保洁公司和村级以及村级日常监督的三级管理考核，每季度安排 300 万元奖补资金对各乡镇进行 1 次奖惩结账，按考核得分年底硬账硬结。

3. 强化保障措施

强化设施、资金等保障，使城乡垃圾治理"保长久"。近几年来，我市加大环卫基础设施建设力度和设备采购力度，现城乡共有垃圾转运站 58 座，人力电动机动等各类收集转运车辆 1100 多辆，垃圾桶等各类垃圾收集容器近 20 万个，保洁清运人员 4400 多人，通过财政拨款和市镇村三级共担，每年投入 1.7 亿元用于垃圾处理工作，保证了垃圾处理工作正常运行。

2018 年，我们虽然在生活垃圾治理方面取得了一定成效，但离人民群众的要求还有一定差距，我们将以加大工作力度，为确保仙桃高质量发展、打造水乡田园城市再作新贡献。

高港区深化环卫一体化改革
推动生活垃圾分类城乡全覆盖

江苏省泰州市高港区城市管理委员会办公室

今年以来，高港区以建设全国首批农村生活垃圾分类和资源化利用示范工作区为契机，坚持规划与落实相统筹、当前与长远相衔接、城区与乡村相融合，深化环卫体制改革，以"三大模式"推动生活垃圾分类城乡全覆盖。

创新运行模式，打造垃圾分类新标杆

今年以来，高港区以深化改革为抓手，累计投入资金1.1亿元，在充分调研论证的基础上，形成高港区城乡环卫一体化和垃圾分类工作方案。积极引入市场化机制，采取政府购买服务模式，将人员管理、设备运行维护、道路保洁、垃圾清运处理等事项全部交由运营单位实施，有效整合城乡环卫资源，实现服务人员、服务内容、服务范围、服务标准"四统一"，变多头管理为统一指挥，大幅提升工作效率。对运营单位实行千分制考核制度，对各个运行环节进行绩效评估，连续两个月考核得分低于850分，运营单位自行退出，提高管理效能。

优化分类体系，激发垃圾分类新活力

围绕垃圾减量化、资源化、无害化处理工作要求，抓好关键环节，形成"户初分、组保洁、村收集、镇分拣、区镇处理"垃圾分类"高港模式"。主动牵手"大院大所"，与南京农业大学搭建常态化共建共享共治平台，依托高校的科学资源，推动业务工作与先进技术的深度融合。推行"二次四分法"，指导村民将有机易腐垃圾和其他垃圾分袋投放，实现前端户分精准化；合理布局垃圾投放点，保洁员定时上门收集，并进行二次分拣，实现中端收运规范化；根据可回收、有机易腐、有毒有害、其他等不同特性，分类别进行专业化处理，实现末端处置生态化。

丰富推广形式，倡导垃圾分类新风尚

"建设泰州市首个农村生活垃圾兑换超市、打造泰州市首座体验式生活垃圾游园、装配式公厕全面搭载垃圾分类功能"等系列举措，拉开高港区垃圾分类推广新序幕。高港区以"大走访大落实新风行动"为载体，开展垃圾分类进村居、进机关、进学校等系列活动73次，累计发放宣传手册2.6万本。在观五垃圾处理中心建设宣传教育基地，构建听一堂分类课、玩一场互动游戏、看一次处置流程、签一份文明承诺、写一段体验感言"五个一"体验式宣教模式。在机关、企事业单位、医院学校等区域先行先试，同步推进乡村、社区、公共区域垃圾分类，因地制宜选取典型村居，打造城乡垃圾分类示范样板，形成可借鉴、可复制的经验做法。

纪念改革开放 40 周年城市管理

内蒙古呼和浩特市城市管理行政执法局

改革开放以来,呼和浩特市委、市政府积极顺应改革发展潮流,坚持以人民为中心发展思想,不忘初心,乘势而上,探索出一条科学发展、创新发展、跨越式发展的城市管理改革新路。经过 40 年的砥砺前行,埋头奋进,城市环境发生了悄然巨变,城市面貌日新月异,人居环境华丽升级、人民群众幸福感、尊严感、获得感不断增强,先后获得"国家森林城市、国家园林城市、国家环保模范城市、"中国十大幸福宜居城市"等称号。

一、城市管理体制改革有新突破

改革开放的 40 年,呼和浩特城市管理经历了从体制不顺、粗放式低水平管理到综合执法、精细化高效能管理的转折和过渡。特别是进入"十二五"期间,城市经济发展和建设进入了快速提升期,初步形成城市规模有序发展,城市功能趋于完善,人居环境宜居宜业的良好发展态势。城市管理也进入科学管理、创新管理的全新阶段,管理改革逐步深化,管理体制逐步完善,管理内容逐步拓展,管理手段逐步精细,城市管理效能明显提升。2016 年,呼和浩特市积极推进城市执法体制改革,整合了市政公用设施运行、市容环境卫生、园林绿化、公共空间秩序、违法建设、环境保护、交通、应急和小区环境秩序管理等方面的全部或部分工作,城市管理事权由过去的 67 项增加到 256 项,初步实现了城市综合执法一体化、城市管理精细化、环卫作业市场化、监督管理数字化和执法巡护网格化,构建了大部门制管理和综合执法格局,成为全国第一个完成执法体制改革的城市,并形成样板经验在全国推广。

二、精细化管理水平有新提升

40 年来,呼和浩特市紧紧抓住城市管理和服务这个重点,紧贴民生,聚焦短板,强力整治。积极推进城乡管理"一体化"管理,将 219 个城中村、城边村纳入城市管理标准实施一体化管理,其中 144 个村落实现了环卫作业市场化管理;积极推进城市"网格化"管理,将建成区 260 平方公里划分为 200 个单元网格,严格落实"城区一体、中队包块、队员包段"的网格化巡护管理新机制,实现了城市管理全覆盖、无缝隙;积极推进环卫"市场化"

作业，环卫作业车辆从 283 台增加到 681 台，有 10 家市场化环卫作业企业参与高标准机械化清扫保洁作业，城区道路机扫覆盖率由 43% 提高到 80% 以上。同时，积极探索长效化管理机制，形成了"路长""楼长""四包""五有七见"等一系列先进管理经验和做法；建立智慧化城市管理机制。利用智慧化城市管理指挥平台、12319 城管热线，12345 市长热线，对城市管理实施全方位智慧化监管和绩效考评，从 2016 至今，就收集各类城市管理信息 96 万余件，处置率达到 95%。创新宣传方式，通过"城管六进"媒体宣传、主题社会宣传，营造了"共谋、共议、共建、共管、共享"的新氛围；健全联动机制，强化司法协作，实现资源共享、行动协同，成立了公安局城市管理支队，为依法行政提供了安全保障。

三、城市环境面貌有新改变

从提升城市品位，提升人居环境，提升群众生活幸福度入手，开展了有史以来重视程度最高、整治范围最广、整治要素最全、整治力度最大的城市环境综合整治，涉及"厕所革命"、环境卫生、市容市貌、老旧小区、餐厨垃圾、园林绿化、城中村综合整治等 41 项内容，涵盖了涉及市民生活宜居的大情小事，触角延伸到市民的家门和身边。仅 2017 年至今，共清理各类积存垃圾 461 余万吨，拆除各类违规户外广告设施 26.94 万平方米，清理整治各类"三乱"小广告 364 万处；清理取缔"六乱"问题 39.4 万余处，责令整改"五小"行业 8500 多家；提标改造老旧小区 1108 个，1800 个无物业小区实现物业管理全覆盖；施划停车位 14.8 万个，整治乱停乱放机动车 4 万余辆，实现了车辆有序停放；大力开展大气污染防治，年空气质量优良天数达到 349 天，已跻身全国最好城市之列；新建公园游园绿地 140 多处，大青山北坡生态观光带、五万亩森林公园、草原丝绸之路主题公园等重点项目为城市绿色发展提供了生态屏障，这些数字的背后处处彰显了"城市管理用心，百姓生活舒心"的城市管理新风貌。

四、公共服务设施有新改善

多年来，我们始终把完善公共服务设施作为民生基础工程来抓，加强环卫基础设施建设，垃圾转运站从 123 座增加到 261 座，公共卫生间从 2010 年的 474 座增加到现在的 4268 座，特别是建成的"青城驿站"已成为全国公厕革命的典范和样本，积极推进餐厨垃圾收运处置工程，投入 30 亮餐厨垃圾收运车辆对全市主城区企事业单位和餐饮企业餐厨垃圾进行全天候收集，日收运量达到 273 吨，基本做到了主城区全覆盖，保障了市民"舌尖上的安全"。积极推行生活垃圾分类管理，45 个小区开展了垃圾分类试点；积极构建垃圾收集、运输、处置一体化体系，全市已建成日处理 1000 吨的垃圾处理厂 2 座，日处理能力为 750 吨的生活垃圾填埋垃圾场 1 座，年处理量由 2007 年的 146488 吨，提升至 2016 年的 603828.88 吨；建成渣土消纳场 2 座，医疗废弃物处置场 1 座，将城郊结合部过去遗留的 8 座建筑垃圾堆积场改造为城市山体公园，为市民健身、休闲提供了便利。

五、服务民生工作有新成效

始终坚持以服务群众为宗旨，树立"服务—规范—管理—执法""四位一体"的城市管理新理念，积极推行721执法新模式，倾心贴近群众，着力为民排忧解难，有效化解了城市管理中出现的利益冲突和矛盾。实施了"流动摊点便民置业工程"，规划建设便民市场133处，安置流动商贩400余户，初步形成了"15分钟便民服务圈"；规划免费停车泊位100000余个，建设公共自行车交通站点330处，投放公共自行车10400辆，解决了市民"最后一公里"问题；实施"明厨亮灶"工程，1.2万家餐饮企业实施了改造，着力打造"食安首府"。坚持宣传引导在前，示范带动为主，服务优先，管理和执法并举，以文明执法带动市民文明守法。深入开展"强转树"专项行动，统一了执法服装和车辆标识，转变了执法队员工作作风，树立了全新的执法形象。

打造城市管理信用体系"金名片"

河南省郑州市管城回族区城市管理执法局

习近平总书记强调:"政府无信,则权威不立"。党的十九大报告也从"政务诚信""社会诚信""商务诚信"等不同角度多次提及公信力与信用的重要性。管城回族区城市管理执法局深刻认识到信用体系建设的重要性及重大意义,积极研究、探索、试行行业诚信机制。

近年来,由于城市规模不断扩张,一系列问题开始逐渐显现,流动人口激增、交通拥堵、社会矛盾增加等现象给城市管理工作带来了新的挑战。面对日益复杂的城市环境,传统管理模式已经不能适应新时期的发展需求。以"守信者一路绿灯,失信者处处受限"为核心,运用"诚信"为载体,通过建立城市管理领域诚信体系建设和信用产品的有效运用,促进行政相对人诚实守信、增强道德意识,推动行业自律,提高公民、法人遵法守法的意识,是提升城市精细化管理水平的当务之急。

为突破市容管理难题以及"顽固案件"的执法"瓶颈",管城回族区城市管理执法局以"强基础、转作风、树形象"为抓手,通过"721"工作法、"四环"工作法,"智慧城管"工作法,创新信用工作模式,变被动管理为主动服务,变末端治理为源头治理,加强事中事后监管,通过试行城管系统诚信奖惩约束机制建设,使城市管理领域公民诚实守信道德意识不断增强,不断规范商户诚信行为,坚决取缔违章、违法经营行为,保持市容管理水平稳步提升。于2018年1月由郑州市城市管理局确定为郑州市城市管理信用体系建设示范点,2018年5月由郑州市信用体系建设办公室确定为郑州市首批创建行业试点单位,2018年10月住房城乡建设部城市管理领域社会信用体系建设课题报告中,对国内城市管理领域社会信用体系建设经验进行梳理,确定了常熟市、青岛市、荣成市、南京市、郑州管城区五种模式。将我们的工作定为"管城模式——事前信用承诺,避免暴力抗法事件",在今后的城市管理领域里进行推广。具体做法如下:

一、完善制度,明确目标

为贯彻落实《郑州市诚信建设"红黑榜"发布制度》,推进辖区城市管理系统社会信用体系建设,发布了《管城回族区城管系统社会信用体系建设实施方案》,明确了工作目标、主要任务和工作要求。将城市管理领域违规设置户外广告、违法建设、违法处置建筑垃圾、工程渣土、占道经营及突店经营等10个类别的严重失信行为纳入管城区失信"黑名单"范围。

此外，还根据《管城回族区城市管理失信行为信息发布办法》，制定了《管城回族区城市管理失信行为分类规范》，明确了失信行为的认定细则；绘制了《管城回族区城市管理失信行为发布流程图》，将城管领域行政违章处罚纳入失信行为认定范畴。建立行业信用监管机制，推动多部门联合惩戒，依托郑州市城管系统黑红名单发布平台，定期发布信息，对城市管理领域行政违法案件当事人，实施社会性惩戒。

二、宣传警示，营造氛围

结合网格化管理，利用社区宣传栏及电子屏等媒介，在主次干道、游园广场多范围，广泛开展城市管理领域诚信宣传、教育活动，印发《信用宣传册》《诚信告知书》1万余份，大力宣扬诚信得实惠、诚信受尊重的价值观念，以及失信行为将造成"一处违法，处处受限"的严重后果，为推进诚信体系建设奠定良好的思想基础。

三、明确规范，事前承诺

1. 积极推进信用体系"双承诺"工作。《城市管理信用体系双承诺》牌，将涉及政务公开的"依法执法、公正执法、廉洁执法、文明执法、社会监督"五项城市管理政务信用承诺与涉及民生的"占道、突店经营、一店多招、乱贴乱挂、车辆乱停放、环境及噪音污染"的十项商户社会诚信承诺进行"双捆绑""双公开"，商户承诺文明守信经营，城市执法人员承诺政务诚信，文明执法，共同接受社会监督，为从源头解决城市管理的突出问题奠定了坚实基础。

2. 与辖区经营者签订《诚信承诺书》，引导商户自觉接受社会与信用主管部门的监督、管理。此举一方面减少了商户失信行为的发生，同时也促进了政商关系，避免暴力对抗事件的发生。

截至目前，依托市容工作管理台账，我们已将辖区238条主次干道、背街小巷的9833家经营商户，2326家餐饮服务业，239家行政、企事业单位，56所学校，52家医疗机构的诚信自治纳入日常城市管理约束范畴，实现执法模式从管理向服务的转变。

四、创新模式，转变作风

今年以来，管城区创新执法方式，规范公正文明执法，积极探索城市管理领域诚信体系建设工作，运用"信用手段"不断破解执法难题。

1. 践行"721"工作法。即住建部提出的，城管执法问题70%用服务手段解决、20%用管理手段、10%用执法手段解决。我们在这70%和20%的服务和管理中注入诚信约束，引导当事人自觉遵守法律法规，及时化解矛盾纷争，杜绝粗暴执法，促进社会和谐稳定。

2. 推行"四环"工作法。按照"协管（文明劝导）——中队（依法执法）——商户（诚信经营）——四室一厅（解决疑难）"的工作模式，明确各管理主体工作职责，各司其职，多方联动，环环相扣，运用信用约束加大了事前控制的力度，旨在解决城市管理难题，力求把城市管理工作做到细致全面。

3. 扩展"智慧城管"工作法。信用体系引入社会监管，利用"市民通"APP等多头投诉、举报平台资源，将市民反映城市管理问题的反复投诉件，录入市城管信用体系，提高网络的监管与约束力，实行城管领域全民监督管理。今年以来，共受理并妥善处理城市管理各类投诉举报案件2178起，进一步取得了群众对城管工作的理解、和支持。

五、实施惩戒，初现实效

对承诺事项，构建各部门相互支撑的诚信建设格局。

1. 依托"路长制"，建立行业信用监管机制。协调区工商、食药、卫生等多部门通过联合执法，开展联合惩戒。依托郑州市城管系统黑红名单和各级信用平台，定期发布信息，对城市管理领域行政违法案件当事人，实施社会性惩戒。2018年以来，有612名城市管理领域违法自然人、27名法人进入"信用郑州"和郑州市城市管理系统社会信用体系失信名单，将对自己的违法行为承担"一处违法，处处受限"的失信后果，为宣扬诚信得实惠、诚信受尊重的价值观念奠定良好基础。

2. 运用"微"媒体，运用审批前置告知机制。执法中队、街道办事处城管、社区、物业管理以及商户建立信用体系微信群，在"提前介入，统筹谋划"上下功夫，及时引导和纠正行政违章行为，变末端治理为源头管理。在正商佳仕阁准备交付使用时，便与物业公司取得联系，建立"信用双承诺"制度，运用信用约束强化市容管理的引导和街景亮化打造。按照《郑州市户外招牌设置技术规范》对沿街门店门头牌匾进行统一设计和规范，杜绝了一店多招和不杂乱的广告宣传现象；按照《郑州市大气污染防治条例》，引导物业与商铺提前结合，利用公共烟道，安装双重油烟净化过虑系统（即每家商铺烟罩外安有各自的油烟净化器，在公共烟道的出口物业加装大功率无烟除味油烟净化系统），高标准对先期入驻的餐饮业进行油烟治理。

面对占道经营、无证经营，突店经营，一店多招，车辆乱停放，广告横幅乱贴挂等影响城市面貌的乱象丛生，我们城管执法人员并没有自乱阵脚，而是以公约引导、信用约束、法律制裁相结合，以他律促自律，来加强反复投诉件和数字化多发地带的管理，建设诚信管城城管。

随着信用宣传的加大与实效的显现，城市管理各行业经营者与人民群众也对"诚信"从寡闻少见渐渐到耳濡目染，城市市容环境发生着潜移默化的改变：

以前违章突店经营类现象多、反复多、现在少；以前占道游商摊群多，现在少；以前执法中暴力对抗情况多，现在少；以前多职能部门联合执法、集合执法多，现在单兵作战2人即可完成执法任务。联合执法集中行动的出警次数，2018年与2016、2017年同比下降58.33%、66.67%。尤其是，2018年进入夏季以来，市容管理数字化案件高发期的7、8月份经营类案件环比下降12.39%（近年来降低最多）。信用体系运行期间对社会法人到自然人都起到了不同程度的信用约束作用。

目前，管城区城市管理诚信体系建设工作正处在探索和试运行阶段，联合惩戒的实效仍待加强，下一步，我们将配合好国家各级信用体系和住建部信用体系建设，在国家信用信息平台大数据的支撑下，进一步扩大联合惩戒范围，依托郑州市城市精细化管理"路长制"，进一步调动群众自治力量，将管城城管信用体系建设提升一个新的高度，在管城商都历史文化区建设中再展新姿。

智慧化城镇 数字化城管

——鄂伦春自治旗城市管理综合执法局2018年工作总结和2019年工作计划的汇报

内蒙古鄂伦春自治旗城市管理综合执法局

2018年，我局在旗委、旗政府的正确领导下，在上级业务部门的关心指导下，认真按照年初制定的目标任务，扎实开展工作。在全局干部职工的共同努力下，全面贯彻落实党的十九大精神。以创先争优为核心，以平安建设为抓手，以繁荣市场为第一要务。通过一年的艰苦卓绝的奋进，圆满的完成各项工作任务。

一、2018年工作总结

1.以"强基础、转作风、树形象"为抓手，坚定不移地抓队伍建设。通过抓队伍自身建设，抓班子、抓学习、抓教育、抓培训、强素质、增朝气，树立新型执法形象。以抓促管带队伍、带基层，带团队；加大投入基础设施建设，取得新进展；执法队伍不断壮大、队伍的底气与后劲不断提升；强党的执政能力建设进一步加强，对和谐社会创建进程起到积极的推进作用；巩固拓展创先争优活动成果，抓典型、树样榜、基层正规化建设已经形成。

2.以"百日攻坚"环境综合整治为契机，全面履行各项职能职责。以踏石留印、抓铁有痕的信念做好每一项市容环境整治工作。通过实施一系列整治工作，将工作重心从治脏、治乱、治差转移到做优、做靓、做美、做出特色上来，体现我旗综合执法的品牌力量，推进综合执法工作跨越式向前发展。

3.以"智慧化城镇"建设为依托，筹备数字化城市管理平台建设。为实行精准、高效、协同管理的新型城市管理模式，对整治工作中反映的热点、难点问题开展研判，提高第一时间发现问题、第一时间处置问题、第一时间解决问题的能力。我局2018年建设完成智慧平台基础设施建设工作。目前协调鄂伦春自治旗公安视频图像信息综合应用平台（平安城市）进行平安城市资源共享事宜，预计年底前数字平台投入使用。通过数字平台运用，提高城市管理工作的效率。

4.以各项职能职责理顺为机遇，大力推进城管执法工作的社会化。通过旗委、旗政府出台政策，发布政令，强化综合执法局的职能职责与作用，加强协调，进一步明确细化综合执法职责与义务，构建综合执法体系，形成纵到底、横到边，政府、部门、组织各负其责，齐抓共管的社会化管理格局。要严格坚持重心下移、属地管理、守土有责的原则，充分调动和利用社区现有的各种管理资源，并发动离退休人员、志愿者和下岗工人，与执法进社区紧密结合，优势互补，共同推进，全面增强城市管理和行政执法的社会化效能。

5.以内部督导监察工作为手段，狠抓各项工作落地生根。加强班子成员的团结与协作，为全体执法队员做好表率；加强执法队伍素质建设，加强业务知识和法律知识的学习培训；强化制度落实，采取不定期督查、错时督查、夜间督查等全方位督查方式，对好的进行表扬，对不好的批评改正，全局积极向上的工作氛围已经形成。

6.坚持前置执法，构造和谐队伍。综合执法管理工作千头万绪，非常复杂，若方法运用不当，就会激化矛盾，实行"纠章为主，处罚为辅"工作方针。尽量避免矛盾激化，维护社会稳定。

7.切实转变工作作风和思想作风。积极推行"一线工作法"，兢兢业业、勤勤恳恳、敢于负责、大胆管理、创造性的开展工作，力争使综合执法工作上水平。主动抓落实、全力促发展的意识进一步增强。

8.落实长效管理措施，全面提高城市管理水平。强化目标管理，完善考核体系，进一步明确责任，严格考核，落实奖惩，坚决克服消极、厌战、畏难情绪，圆满完成2018年各项工作任务。

二、重点工作、重点项目、重点工程完成情况

（一）违建查处工作

1. 2018年我局外业人员在巡逻期间共发现违法建设120起，其中有22起正在施工给予当场拆除，拆除违章建筑27处。下发《责令整改通知书》71份。

2.我局与住建局、国土局、公安消防等13家单位联合执法，对阿里河镇区内影响市容市貌，存在安全隐患的违章建筑进行拆除，共拆除违章建筑：砖结构747.13平方米、苯板结构1248.75平方米、其他结构464.34平方米、台阶64个，封堵地下库房改车库8起。

3.接受民众关于住建领域举报电话24起，全部办理完结。受理群众来访6起，当即派出工作人员及时予以处理。4起办理完结，2起在申请复查。

（二）环卫工作

1.接收林业局区域保洁面积25万平方米，增加环卫工人至240人。

2.道路保洁工作进展有序，已经形成常态化，为创国家卫生旗县，环卫工人道路清扫保洁实行一日两扫，全天保洁不低于16小时。

3.垃圾中转站日均处理垃圾100吨，生活垃圾日产日清。

4.开展环境集中整治5次，对镇区内的卫生死角进行彻底清除，配合爱国卫生运动委员会完成四害消杀工作5次。

5. 2018年10月26日至2018年10月30日组织环卫工人1000余人次，车辆40余台次清理城镇路面积雪。

（三）绿化亮化工作

1. 补植柳树、紫叶稠李、唐槭、小叶丁香共计520棵。

2. 花卉摆放15000盆，移栽花卉350000株，种植格桑花、翠菊、百日草1200平方米。

3. 阿里河镇区草坪修剪，浇水，绿地整形，防治病虫害等养护工作。

4. 2018年上半年铺设路灯电缆700延长米，维修路灯130处。对中央街牌匾改造89户，计1942平方米。

5. 草拟了《关于规范化管理广告牌匾设置的通知》已经联合鄂伦春自治旗民族宗教事务局、鄂伦春自治旗市场监督管理局共同商议通过并施行。

（四）市容环境管理

1. 对临街橱窗内的帖字进行清除，共清除500余处。清除违规下广告1500余处，清理违规小牌匾90余处。规范临街商铺乱摆乱放行为，杜绝店外经营情况发生。

2. 集中整治露天烧烤，防治大气污染。坚决取缔街边露天烧烤摊贩，我旗辖区共取缔街边露天烧烤摊位93个，阿里河镇23个，大杨树镇32个，诺敏16个，其他乡镇22个，古里乡和托扎敏乡不涉及。沿街及商住综合楼的烧烤店面整治，沿街烧烤店共计25家把已摆放在室外的烤具全部撤回至室内。下发告知书20余份，下发限期整改通知书3份。要求整改设备5户。要求停业整改4家烧烤店。

3. "百日攻坚"环境综合整治。我局环卫中心在日常工作中所做的环卫工作扎实有效，日常垃圾日产日清。环卫工人实行分片治理，卫生垃圾清理及时，无积存现象发生。火车站、汽车站、市场等重点场所的各类垃圾做到日产日清。

组织物业公司对建筑物外墙及楼道的违法小广告进行清理，对楼道内乱堆乱放进行清除，活动期间共清除非法小广告610份，涂刷覆盖喷涂小广告180份。对阿里河镇拆迁房屋的场地进行平整，建筑垃圾清运工作。对临街橱窗内的帖字进行清除，共清除500余处。清除违规小广告1300余处，清理违规小牌匾70余处。规范临街商铺乱摆乱放行为，杜绝店外经营情况发生。组织对道路损坏路面进行修复，下水井进行疏通工作。

（五）精准扶贫工作

我局领导班子成员高度重视精准扶贫工作，在包联乌鲁布铁镇友谊村、二十里村开展扶贫工作扎实有效，包联干部及时与贫困户进行对接，宣传相关扶贫政策，派涂振北同志开展驻村工作，组织产业扶贫17户43人，参与换届选举工作，举行七一党建活动，完善内业资料185户等工作。为友谊村、二十里村各建设500平方米食用菌大棚一座。单位主要负责人每月驻村15日以上，把扶贫工作列入重点工作，2018年友谊村共有正常脱贫3户8人。两个村稳定脱贫51户107人。

（六）工会信访工作

1. 工会：2018年1月春节来临之际市工会及旗总工会慰问环卫工人2名送去慰问金分别2000元；旗红十会给环卫工人送去面粉100袋；旗综合执法局分别在春节、端午节、八月节为环卫工人及职工送去面粉、鸡蛋、月饼，水果；综合执法局办理会员普惠卡同时给环卫工人送爱心和职工享受真正得到实惠。

2. 信访：今年接待来访6件，办理终结4件，2件在申请复查。

（七）党建工作

一是认真落实党建责任制。按照上级党组织的要求，进一步压实党组织书记抓党建工作的主体责任，切实提高党组织书记主责主业意识。严格执行领导干部"一岗双责"制度。二是加强学习型党组织建设。严格执行党支部各项学习制度，扎实推进"两学一做"学习教育常态化制度认真组织全体党员干部的日常学习教育，实现党内学习教育经常化、制度化。三是抓好"三会一课"制度落实。认真组织开展"主题党日"活动。我局党支部共开展党员大会9次，支委会17次，开展集中学习15次其中党课6次，开展主题党日活动4次。四是规范党员发展工作。严格按照党员发展的程序，认真开展我局发展党员工作，发展2名预备党员、确定入党积极分子2名。

（八）基设施建设

1. 建设阿里河二小公厕、阿里河实验小学公厕、莫日根广场公厕三座水冲式公厕建设，目前建设基本完成，年底前完工投入使用。

2. 新建鄂伦春自治旗城市管理数字平台一座，目前基础建设已经完成，正在协调旗公安局进行外部监控资源共享工作。

3. 新建林业局区域垃圾转运站一座，目前正在选址，年前投入建设。

4. 购买环卫特种作业车辆，以满足城镇生活垃圾运输所需及市政维护工作顺利开展。

5. 完成我局人员制式服装的制作，换装工作完成。

（九）执法证件办理

我局执法证办理工作已经完成，52人考取了执法证件，其余人员正在办理补考事宜。

（十）存在问题

结合当前实际，对照工作任务，通过不懈努力，我们工作取得一定成效，同时也存在一些问题和不足：一是市场建设不完善，服务保障体系不到位，商贩生存与群众便利的矛盾难以调和；二是宣传动员不充分，全民参与意识不高，乱扔垃圾、车辆乱停乱放、随地吐痰、店外经营等问题屡禁不止。

三、2019年工作计划

1. 认真学习贯彻党的十九大精神和习近平总书记系列重要讲话精神，坚持贯彻落实中

央、自治区、市委和旗委关于党风廉政建设的决策部署，坚持从严治党。围绕综合执法重点工作目标和任务，加大党风廉政建设力度，推进工作向纵深发展。进一步加强违章建筑治理力度，进一步规范市容市貌，加强环境卫生整治。

2.继续做好园林绿化工作，做好市政设备设施维护工作，排水井清理工作。

3.继续完善阿里河城关镇拟新建公厕3座。

4.不断创新管理机制，加大综合执法力度，全面持续开展"十乱"（乱搭乱建、乱设乱立、乱摆乱卖、乱堆乱放、乱贴乱画、乱撒乱倒、乱停乱放、乱挖乱占、乱毁乱伐、乱烧乱排）专项治理行动，进一步加强市容市貌管理，严格落实"门前五包"责任制，清理整顿出店经营、流动摊点、占道经营等现象，重点整治马路市场等热点问题，加强对户外广告、牌匾的规范管理，不间断巡查偷运乱到、遗撒飞扬等违法拉运行为，从严查处违法建设活动，遏制新违建发生，实现从末端执法向源头管理转变。

5.完成旗委旗政府、安排的其他工作任务。

筑实实在在的民心工程

四川省都江堰市城市管理局

回望2018年，都江堰市城市管理局在市委、市政府的正确领导下，围绕全市中心工作，坚持以"绣花"功夫推进城市精细化管理，城市宜居性和美誉度持续提升，得到了各级领导、市民群众及来都江堰的中外游客的充分肯定。

一、民心工程：实实在在感受到

2018年，都江堰市城市管理局持续推进"厕所革命"，优化旅游公厕建设选址布点，新建点位重点向天府源田园综合体、精华灌区修复工程、绿道等项目周边倾斜，今年新改建20座旅游公厕90%分布在涉旅乡镇，惠及更多群众；同年实现城区及重点旅游通道上的121座直管公厕"管干分离"，将日常清扫保洁、设施设备维护、耗材供应等整体打包，交由2家专业公司运营服务，实行市场化管理"按质付费"，公厕管理服务水平明显提升，不仅让群众"方便"更方便，也让公厕成为城市中一道美丽的风景。

二、全域治理：美丽城乡看的见

2018年，都江堰市城市管理局持续开展背街小巷整治"五整治""五提升""五打造"，让背街小巷焕然一新。完成全市110条背街小巷整治，积极推行"双街长制"，都江堰市西街荣获2018年上半年"最美街道"称号，都江堰大道中段和幸福路通过2018年下半年"最美街道"称号。扎实推进农村人居环境整治，打造1个农村人居环境示范村，完成8个村容村貌相对薄弱村（社）环境综合整治，完成二王庙片区和滨江新区片区城郊结合部连片整治。

三、精抓细管：市容市貌净洁美

2018年，全市市容面貌持续向好，城区环卫机械化作业率达95%；强化生活垃圾收运处置，排查整治垃圾乱堆放点位109个、垃圾乱堆乱倒问题157个，整改提升垃圾收集房154个，日均收运处置生活垃圾530余吨；持续提升市容秩序长效管理水平，新增市容秩序市级示范街1条，建成城市管理便民疏导点18处，新签订"门前三包"责任书2.4万余份；

大力开展市容市貌大整治大提升行动，强化校园、交通场站等重点区域管控，规范游商小贩、越门出摊等4万余起；大力实施"两拆一增"专项行动，拆除违法建筑3万多平方米，增加城市公共绿地7700余平方米；干净、整洁、美丽成为城市常态。

四、专项行动：治理"顽疾"成常态

2018年，都江堰市城市管理局针对当前城市管理转型升级提质增效过程中，因管理不精、工作不细，所导致的对城市形象影响较大、群众反应强烈的城市管理的突出问题，坚持问题导向、着力补齐短板，瞄准城市管理薄弱环节，先后集中开展了多次专项整治行动，集中力量攻克城市"顽疾"。1月5日—2月15日，开展了市容市貌大整治大提升攻坚月行动；4月1日—4月30日，开展了城市环境整治提升月行动；市政设施管理职责划入我局后，5月21日—6月21日，开展了市容秩序和市政设施专项整治行动；7月3日—8月2日，开展了市容秩序提升和广告招牌专项整治提升行动；10月19日—2019年1月30日，开展冬季城市管理突出问题百日攻坚九大专项行动；通过一个接着一个的专项整治行动，城市管理设施破损、渣土洒漏、垃圾乱倒、扬尘污染等"老大难"问题得到有效破解，同时让城市常态化的行动中始终保持良好状态。

五、创新治理：共管共治更走心

2018年，都江堰市城市管理局持续探索多元化治理模式，深入推进城市综合管理社会化宣传，拓宽市民参与平台和渠道，充分发挥街道（乡镇）主体作用和社区自治功能，营造"人民城市人民管、管好城市为人民"的全民参与城市管理工作的浓厚氛围。"双街长制"受到了成都市政府副秘书长、城管委主任王宏斌同志的肯定性批示，被《光明日报》《经济日报》等央级媒体关注报道。一是增设"民间街长"，全市138个路段设置"民间街长"，实现"双街长制"错位互补、良性互动。二是组建市级、街道、社区"三级街长"组织体系，由24位市委、市政府主要领导担任主要街道街长，由街道党工委（办事处）领导担任主城区46个片区街道街长，由448名社区两委成员、城市管理工作者担任24条主要街道和340条背街小巷社区街长。

六、常态落实：马路办公接地气

2018年，都江堰市城市管理局持续开展"城市管理街面行走工作法"，并"行走都江堰 我当网格员"行动，让全局领导干部职工，走向街面一线，走进群众，倾听民声，探访群众反应强烈、长期未解决的问题。"行走都江堰 我当网格员"行动受到了成都市政府副秘书长、城管委主任王宏斌同志的肯定性批示。坚持"马路办公"原则，落实领导班子包片（乡镇）、科室包街道、人员包段面的"三包"机制，实施分层管理、分级落实、分片行走，

常态化对城区范围内所有街巷进行全方位巡查督查。针对能够现场处置的问题，立行督导整改；需要进一步协调处置的，现场交办，建立台账，限时解决，逐一销账。行动有力推动城市管理工作进向精细化、服务高效化，治理"脏乱差"，提升"洁齐美"，促进城市更有序、更安全、更干净，让群众有更多获得感。

七、增花添彩：绿色宜居好环境

2018 年以来，都江堰市城管局在城区原有绿化条件上，突出城市特色，以生态文明为引领，绿色景观为基础，美学原理为指导，大力实施城市"增花添彩"工程。一是主抓增花添彩，营造彩色美学。邀请专家及专业团队商讨方案，通过彩叶林氛围营造、鲜花氛围营造等方式，在城区宣化门、水文化广场、杨柳河、迎宾广场等点位增植彩叶树木 300 余株、鲜花 20 余万盆。二是精抓立体绿化，丰富景观层次，在地面彩色景观构建的基础上，利用藤类植物丰富植物空间层次，栽植爬藤植物 300 平方米、绿植吊兰 166 株，设置熊猫植物雕塑 3 座、立体花柱 100 平方米。三是狠抓临时绿地，加快全域增绿。对城区绿地实放分级管护，制作绿地公示牌，针对拆墙透绿临时绿地现状，在城区主要道路临时绿地增设紫荆、紫薇等花树 50 余株，栽植花灌植物 1000 平方米。

八、重大保障：优质服务树形象

2018 年，都江堰市城市管理局将重大活动（接待）保障作为提升城市精细化管理能力的重要抓手，以绣花功夫不断提升城市管理水平。高质量完成了"元旦""春节""五·一""十·一"等重要节日保障，向游客和市民展示了我市城市管理新形象；在"清明放水节""啤酒节"、双遗马拉松、西部音乐节以及首届中国农民丰收节（四川分会场）等重大活动期间，全力做好涉及城市管理的市政、街灯、绿化、市容秩序等工作，为活动的圆满举办作出了贡献；我市城市管理及城乡环境治理工作在习近平总书记来川视察和省委彭清华书记、成都市委范锐平书记调研都江堰市期间均得到了肯定。

九、宣传交流：素质城管铸品牌

2018 年以来，都江堰市城市管理局一方面持续提升干部队伍"四种能力"，切实提升城市管理干部社会动员、智能管理、服务专业、美学运用"四种能力"，打造适应新时代需求的高素质的城市管理队伍。同时在另一方面，不断提高站位，大力开展对外宣传，积极宣传城市管理的新理念、新思路、新举措和新成效。2018 年，多次在《光明日报》《经济日报》《华西都市报》《成都日报》等国家级、省级、成都市级主流媒体上刊载城市管理的先进经验和典型做法。2018 年以来，湖南省人民政府参事室、常州市武进区、遂宁市船山区、简阳市等 20 多个城市到都江堰市学习考察城市管理先进经验，都江堰已成为成都市城市管理对外交流的重要窗口。

2019 年，都江堰市城市管理局将全面贯彻党的十九大精神和中央、省委、成都市委决策部署，不忘初心、勇担使命，攻坚破难、主动作为，以城市精细化、智能化、人性化管理为导向，以"更安全、更清洁、更有序、更方便"为目标，全面提升城市管理社会动员、智能管理、服务专业、美学运用能力，着力塑造城市特色风貌，着力提升城市环境质量，着力创新城市管理服务，助推都江堰市率先建成美丽宜居公园城市、率先建成国际化生态旅游城市。

新时代 新姿态 新作为

——在城市管理中砥砺奋进

云南省昌宁县城市管理综合执法局 李云凤

电影《庐山恋》里面有一句台词：我热爱我们的祖国，我热爱祖国的早晨。昌宁县城市管理综合执法局的城管队员也是一样，热爱昌宁这片土地，热爱昌宁的每条街道和每个巷口。"上管天、下管地、中间管空气"，就是80多名城管队员工作的真实写照。

城管工作，不似战士一样轰轰烈烈与荣誉相伴，我们每天都在面对形形色色的人，有相处不睦的邻里，有挣扎在生存边缘的商贩，有不理解，有对抗，有谩骂，我们面对的是城市的弱势群体，是城市发展的另一面。参加工作以前，从未想过自己又朝一日会成为一名城管，既来之则安之，如今，我们从城管的眼里看世界，也会收获一些我们从前不曾理解的东西，促使群众与我们之间的关系，从对抗到对话，从误解到理解，从管理到服务，一点一滴，真心实意。

过去的两年，是昌宁县城市管理综合执法局大刀阔斧改革的几年，是昌宁县城市管理综合执法局享受改革开放成果的两年。昌宁县城市管理综合执法局始终坚持以习近平新时代中国特色社会主义为指引，积极探索构建权责明晰、服务为先、管理优化、执法规范、安全有序的城市管理体制，牢固树立勤政为民思想，推进体系建设，稳抓队伍素质，强化精细管理，夯实执法基础，努力提高市民对城市管理工作的"点赞率"，实现城市"安全、整洁、有序、便民"的整体目标。一是深化市政改革，城市更整洁。全面启动全县环卫清扫保洁和园林绿化管护市场化工作，建成区内1791个停车泊位，2017年已实现全线智能收费。二是突出综合治理，城市更有序。坚持一把尺子、一个标准、阳光操作、公平公正的原则，查处违章建筑1959户30.65万平方米。坚持以人为本、统筹兼顾、标本兼治的原则，实施"治堵保畅"工程，取缔和规范县城范围内的占道经营、马路经营、人行道加工等行为，拆除商亭、报亭等违章占道设施，重点治理城区主次干道、十字路农贸市场、五大公园、三大医院及五间校园周边的违法违规经营户和小摊小贩，坚持"疏堵结合，以疏为主"的原则，联合交警部门对城区部分车辆乱停乱放等行为进行专项清理整治行动，规范和引导驾驶员自觉维护市容秩序，营造"人人参与、人人有责"的文明交通氛围。三是提升亮化工程，城市更靓丽。严格控制城市主干道广告灯箱、霓虹灯、彩灯的审批，以灯为笔，明晰城市轮廓，突出城市结构，搭建城市氛围，让路灯在亮起来的同时充分实现城市亮化的目的。四是强化基础检查，城市更安全。始终把渣土车辆治理放在重要位置，强调源头监管；进一步加强燃气安全生产监管，确保全县范围内燃气经营秩序良好，无安全事故发生。五是规范执法行为，城市更温暖。梳理公开城市管理执法权责清单，落实行政执法责任制，完善执法程序，规范办案流程，增强工作透明度；积极探索建设城管志愿者队伍，加强正面引导，打造昌宁城管新形象；牢固树立为民务实思想，严格推行阳光办案、阳光审批、阳光执法理念，真正实现"权为民所用，利为名所谋"的长效管理机制。

城市管理工作是城市管理者与市民之间的双向互动，也是市民看在眼里、记在心里的真实感受。对于昌宁县城市管理综合执法局而言，群众的评价是最好的褒奖。通过过去两年的工作实践，县执法局充分认识到，细节决定成败，只有在平时严格执法队伍的管理，强化内部监督约束，才能在做出处罚时让人信服；只有在工作中讲究方式方法，做到"有理，有据，有礼，有节"，才能使得人心思齐、人心思进；只有始终坚持以习近平新时代中国特色社会主义思想为指导，以人民为中心，以做好城市管理工作为目标，以塑造城管队员良好形象为抓手，坚定不移的宣传新政策、传递正能量，推进体系完善，抓实平台建设，强化精细管理，夯实执法基础，才能确保城市管理工作稳健、有力！面对新形势新任务，县执法局要以更新的思维和措施，把各项工作要求落实到忠诚信仰上、落实到严于律己上、落实到攻坚克难上、落实到勇于担当上，不忘初心、继续前进，敢于担当、积极作为，坚定不移推进全面推进城市管理执法队伍党风廉政建设和反腐败斗争取得新成效。

城市发展惠及民生，城市管理服务民生。自2017年综合执法局成立以来，全体帮扶人员为湾岗村的脱贫攻坚做了许多工作，为改善贫困群众的生产生活起到了重要作用。难得的是，昌宁县城市管理综合执法局始终把关心群众的冷暖疾苦摆在党的建设的重要位置，用实实在在的帮扶和慰问去温暖困难群众。今年1月初，在局领导班子的带领下，全体干部职工自发为独居老人汤凤云捐款，用以支付保命房工程尾款。社里的老党员及汤凤云老人的侄子纷纷表示，群众已经深深的沐浴到改革的春风，感受到党的温暖与关怀。来年，综合执法局将会继续关心脱贫群众的具体情况，定期开展"回头看""回头帮"，以实实在在的举措切实保障脱贫攻坚期内外均政策不变、力度不减，为脱贫攻坚战的全面胜利贡献力量。

十九大报告指出："人民是历史的创造者，是决定党和国家前途命运的根本力量。"城管工作与百姓的生活息息相关，我们的力量源泉来自于人民，最终目标是服务于人民，我们要牢记总书记的谆谆教诲和人民的殷殷期望，将城管工作置身于十九大勾画的新蓝图、确定的新矛盾、新目标中去，寻找新机遇、新路径，新办法，谋求新跨越、实现新作为。

而后，要在城管体制改革中彰显锐气，激发实干韧劲。登高望远，不断推动思想理念创新、机制制度创新、手段方法创新，不断提高城管工作核心战斗力，进一步推动城市管理工作上质量上的水平。立足于治标，着眼于治本，着力解决城管体制改革中权责一致的问题，进一步探索完善相对集中行政处罚权这一法定制度，实现外部联动、内部协调动态整合，融会贯通的良好城市管理运行体制。

要在城市专项行动中彰显本色，保持公仆之心。扎实推进城市精细化，网格化管理，不断深入持续开展市容秩序整治、环境卫生整治，广告亮化整治、等专项行动，细而又细地抓好整治工作，从城市"畅、洁，美亮净"等这些具体事、平常事抓起，让青山、绿水在洁净，优美的城市中彰显实力。

要在民生民心工程中彰显担当，凸显以人为本。城市管理中干净整洁的"形象"工程固然重要，而便民暖心的民心工程更为重要，我们将致力于打造更强、更优的城市管理队伍，鼓励和引导广大群众参与城市管理，真正做到人民城市人民管。

习近平总书记指出，"人无精神则不立，国无精神则不强"。要培养争创一流的精气神和比学赶超的竞争意识，必须有敢闯、敢试、敢干的勇气，必须有干大事、创大业的追求，必须有大发展、大突破的胆识，必须有一往无前的闯劲、不畏艰难的拼劲、百折不挠的韧劲和争先创优的干劲。新时代的城市管理者，就要以全新的姿态，在城市管理的道路上砥砺前行！

营造城市管理四亮点
彰显行政执法新魅力

广西环江县城市管理综合执法局

以习近平新时代中国特色社会主义思想为指引,按照"五位一体"总体布局和"四个全面"战略布局,紧紧围绕自治区第十一次党代会提出的"1234"总体工作思路,按照县委既定的"54321"长远发展思路,环江毛南族自治县城市管理综合执法局自成立以来营造出四大亮点,有利于推动数字城市和智慧城市发展,构建"大城管"新格局,加快建成区域性国际旅游目的地和全面小康社会,描绘环江特色行政执法新蓝图。

一、抓党建、强执法、要担当

强基础聚合力,全面加强党的建设,抓好党建工作,扎实推进党风廉政建设。坚持抓好学习十九大和"两学一做"学习教育常态化制度化建设,推进服务型党组织建设,引导基层党组织和党员立足岗位。以落实"三会一课"党内政治生活为抓手,持续深入推动"两学一做"学习教育常态化、制度化。认真开展廉政教育工作,组织党员干部参加红色教育和党风廉政教育活动等教育活动,深入开展扶贫领域腐败专项整治工作,及时发现查处发生在群众身边"四风"和腐败问题,狠抓"回头看"工作,保持风清气正的政治生态,推动各级党员领导干部更加自觉地加快新时代环江发展而不懈奋斗。

夫子曰:"知之者不如好之者,好之者不如乐之者。"我局以全面提升执法管理水平、加强执法队伍建设为目标,切实抓好执法人员业务培训。积极组织城市管理执法人员进行"强基础、转作风、树形象"培训,将"强基础、转作风、树形象"专项行动与执法队伍的技能素质学习教育有机结合,组织制定培训学习方案,强化执法素养的提升,进行执法业务知识与作风教育培训,做到全员覆盖、理论与实践相结合。通过开展一系列的培训学习,全面提高了城市管理执法队伍的综合素质。在学习中通过与外部执法部门交流、内部积极组织培训,以新老队员"传帮带"等多种全新的形式,使执法人员在学习中积累经验,在培训中爱上学习,在全新的形式中探索不一样的乐趣,让执法人员真正体会到学之所在,学之所得,学之所乐,进一步将专业的执法业务培训作为日常管理的重要工作落实到位,为更好地为人民服务奠定基础,推动环江城市管理执法行为规范化,进一步加深群总安全感和政法队伍执法满意度。

根据全县脱贫攻坚工作的总体部署和要求，我局紧紧围绕"应纳尽纳，应剔尽剔"要求，派驻驻村第一书记、工作队员、帮扶干部，联系帮扶贫困户，我局帮扶干部，积极开展扶贫工作，进村入户走访贫困户，了解贫困户家庭基本情况，制定年初帮扶计划，填写发放"一户一册一卡"工作，开展各项扶贫政策宣传工作，积极动员贫困户进行危房改造和易地安置搬迁工作。严格抓好脱贫摘帽"双认定"工作，并按照要求完成其他各项工作任务。通过经费安排、干部职工募捐物资用于改善联系村的建设、驻村工作队员的办公和生活环境及慰问贫困户，肩挑起我县脱贫队伍的一面大旗，做好我县脱真贫、真脱贫的政治任务。在队伍建设上，我局注重"教育培养、用人导向、制度保障"的队伍建设风格，突出教育培养，提升担当能力；突出用人导向，激发担当动力；突出制度保障，增强担当活力，形成"担当为要、实干为本、治理为重、奋斗为荣"的良好工作风尚，真正为人民幸福安康生活环境、为环江打造旅游品牌城市踏入一个新的飞跃。

二、勇探索、守正道、创新局

我局在工作实践中以创新理念为契机，推进执法体制改革，高扬奋进新时代的思想旗帜，按照中央、自治区、河池市关于深入推进城市执法体制改革的部署和要求，加快推进执法体制改革工作，积极探索城市管理新模式，建立有效的城市成立新机制，优化组织结构，整合机构职能，理顺职责分工，明确执法主体，建立健全执法联动机制。把管理、执法、服务有机结合，坚持"为人民管理城市"的理念，统筹兼顾市容与繁荣、管理与服务、教育与处罚的关系，积极转变观念，实现向以人为本、民生为先、服务先行、疏堵结合管理方式的转变。改善执法方式，多做说服教育，规范引导，用心服务，塑造情系百姓、依法执政、公正执法的城市管理形象，在实践探索中获得以下"四新"管理模式；

从切身实践探索新的管理模式，协同公安局等单位部门调查取证，收集资料，全面推行执法全过程记录制度，促进执法监管共同责任机制落实，形成以党委领导，政府牵头，部门联动，公众参与的强大整治工作合力。加强单位内部联动机制，加大统一执法力量。积极与供电、供水、工商、食品药品监督等部门形成整治合力，并主动联系相关单位，充分整合部门资源，真正形成"两违"整治和城市治理合力，不断推进城市管理人性化、精细化、网格化、法治化，切实做到城净街美、规范有序，确保城市有序和谐发展，人民群众得到真正的公平权、公正权、参与权。

开展清理"牛皮癣"小广告新举措，通过与专业公司合作完善对城区"牛皮癣"小广告的整治工作，一方面通过市场化的运作模式，将城区"牛皮癣"小广告整治清理工作外包给第三方公司；另一方面在城区人口密集，乱贴小广告相对集中的司法路、凯丰农贸市场路口、民族文化广场、桥东路等路段设置便民信息栏供群众张贴各类广告信息，进一步强化日常巡查力度，整治清理城区乱贴、乱画、乱挂的"牛皮癣"小广告。通过开展新整治"牛皮癣"小广告活动，我局共清理了违法张贴户外广告 1253 处（块），城区违法张贴广告日益减少，还城区一片干净整洁的街道，给群众焕然一新的视觉盛宴。

推行新行政执法信息化建设，我局在城西金环大道入城路段设置违法运输车辆公告牌电子屏幕，全面推行行政执法公示制度，按照"谁执法谁公示"的原则，明确公示内容的采集、传递、审核、发布职责，规范信息公示内容的标准、格式，及时通过政府网站及政务新媒体等多种平台向群众公开行政执法基本信息、结果信息。推进了执法信息互联互通共享，有效整合执法数据资源，为行政执法更规范、群众办事更便捷、政府治理更高效、营商环境更优化奠定基础，促进群众对城市管理行政执法有一个全新的了解，有利于群众对我们工作的监督与理解。

加大城区扬尘治理，营造新生态旅游城市。抓住我县全面步入世遗时代、高铁时代的发展机遇，向世界各地展示环江喀斯特自然遗产地旖旎风光，打响环江特色品牌旅游兴县。我局严格抓好城区市容市貌问题，由于县城区各类城市建设项目工程在紧张施工，城区扬尘撒漏问题尤为突出。我局多次召集相关部门和所有城区建筑施工企业召开城区扬尘撒漏整治工作协调会，与城区建筑施工企业签订《建筑扬尘撒漏治理责任状》。在城西金环大道入城路段设置违法运输车辆公告牌电子屏幕，每天滚动更新查处泥头车辆违法信息，对货运车辆起到警示教育作用。运用创新合作的方式，协调县公安局同意本局安排执法人员进驻监控中心对城区违规泥头车辆进行非接触性调查取证工作，从扬尘污染源头进行管控治理，实现扬尘治理长效机制，杜绝扬尘破坏健康、文明、美丽的生态城市图景，人民群众得到真的呼吸放心、健康安心、眼前动心。

二、从民想、顺民意、知民心

习近平总书记指出，"政之所兴在顺民心，政之所废在逆民心。"随着群众对生活家园公共设施、环境要求日益提高，塑造一个具有我县特色旅游城市管理蓝图迫在眉睫。我局主动倾听群众呼声，开设群众城市管理意见箱，电子信箱、热线电话等监督渠道，方便群众对违法行政行为的投诉举报，依法及时调查处理违法行政行为，设置便民信息栏供群众张贴各类广告信息，群众得到了应有的监督举报权，实现民主管理、民主监督，让民众参与到我们的城市管理当中来。

对群众反映强烈的露天夜宵，实行错时工作制，增强对夜宵露天烧烤的综合整治力度，安排机动组从晚上的 19：00 到 23：00 持续开展夜宵摊整治工作，城区原有的多家露天烧烤夜宵摊点大部分摊点进店经营或转移到固定场所开展经营活动，对乱摆流动摊点纳入日常管理。在整治行动结束之后，我局持续保持高压管理，确保没有乱摆流动摊点起死回生，对经教育无效者,依法扣押其经营物品,确保街道大路小路不拥堵,群众有路可走、有道可行，环江人民的生活质量得到明显提高。

我局严格按照县河长办、林长办工作部署，结合我局工作职责，坚持开展巡查河道及巡查城区路树情况，联合有关部门开展整治，确保河道两岸无乱倒垃圾，乱种植农作物，乱搭乱盖现象不发生或少发生。注重河道管理执法力度，整治河道范围内乱倒垃圾、乱搭乱建、非法种植等行为，加强城区环境卫生管理水平，严厉查处乱倒乱丢行为和焚烧秸秆等行为。为群众营造一个水城共融、绿绕蓝城的特色生态城市。

近年来，我局以打造区域性国际化旅游的城市为目标，进一步提高群众居住环境水平，进一步深入开展城市管理工作，严厉查处打击"两违"行为，消除建成区"两违"存量，全面遏制"两违"增量，完善创新执法方式，加快完善"两违"巡、防、控、打常态化治理机制建设，强化执法制止手段，促进执法监管共同责任机制落实，形成以党委领导，政府牵头，部门联动，公众参与的强大整治工作合力，进一步促进了我县城市建设新时代，人民群众越发自豪和自信，"世遗环江，多彩毛南"的民族特色氛围越来越浓烈。

成立至今，我局在工作中共纠正占道经营15030多人次，下发书面整改通知书730余份，查处占道经营1300余处，扣押违法经营物品1250余件，口头教育劝导18500余人次，立案查处45起，其中简易程序查处20余起。共拆除违法悬挂横幅1120余条，违法张贴户外广告1253处（块），共立案查处"两违"案件共123起，已结案90起。拆除建（构）筑物面积达31294.46平方米。

"感觉环江越来越好住了，我和我老公都有意向以后在环江养老。"从宜州回老家坐月子的何女士这样说。在满足人民群众需求的道路上，我们和群众相互理解，相互包容，我们无法想象没有人管理的城市会是什么模样，通过与群众的相互交流，我们得到来自群众心中最真实的想法，群众对城市管理执法部门有一个全新的认识，使人民群众真正当家做主，携手共同创造一处使群众获得感、幸福感、安全感更加完善、更有保障、更可持续的世外桃源；使管理执法人员荣誉感、成就感、责任感更加强烈、更加坚定、更可持久的光辉圣地。

三、促改革、迎挑战、显特色

凝聚改革再出发的磅礴，推进改革，建设有特色的城市管理方式。我局坚持把改革贯穿于经济社会发展各领域，加快推进关键性改革，主动融入区域合作，激发发展活力。深化供给侧结构性改革，坚决落实"三去一将一补"；加大"放管服"改革力度，进一步精简行政审批事项，为群众办理业务提供更多便利，做到便民便己。

"促改革、惠民生、优环境"已成为我县打造旅游城市的一项新型挑战，由于农贸市场正在重建，现有的农贸市场容量虽远不能完全满足经营户的需求，因缺乏专业的苗木市场、水果批发、夜市摊点经营等专业市场，市容整治工作有堵无疏，摊贩沿街设点经营等问题难以有效根治，我局从群众出发，坚持"为人民管理城市"的理念，实现向以人为本、民生为先、服务先行、疏堵结合管理方式的转变，进一步改革市场监管体系，完善市场监管方式，强化事中事后监管，建立实行统一市场监管，推进公平准入，维护统一开放、公平诚信、竞争有序的市场监管体制机制，打造法治化、便利化、特色化的城市环境，更是人民群众"衣食住行"必不可少的另一个改革高潮。

"凡益之道，与时偕行"的变革能力，时刻提醒我们要不忘本来、吸收外来、面向未来，在践行改革城市管理执法体制改革工作中，我局基本完成城市管理执法人员的配备工作，坚持与时俱进，创新发展的方式。实现了城市管理执法制式服装和标志标识统一工作，并举行了换装仪式，彰显城市管理人员新风采，在迎接不断地新挑战中，领先完成了权责清单和优化行政权力运行流程的编制工作，以全新的精神面貌踏上改革建设的神奇道路，谱写改革再出发，具有我县特色的城市管理新篇章。

在加快建成环江区域性国际旅游目的地和打造富有现代特色的生态农业产业品牌建设的长征道路上，我局在市容管理、基础设施规划、执法力量等诸多领域还有很多不足之处，前方道路荆棘丛生艰难险阻，艰苦难行。《忆秦娥·娄山关》中毛泽东主席的作词"雄关漫道真如铁，而今迈步从头越。"一直不断激励着我局在服务新时代，展现新作为，助力城市管理的新格局中，全面加强队伍建设，实践中探索创新管理模式，确保公众参与、从民众出发，凝聚改革工作不放松，将改革贯穿于经济社会发展各领域，不畏艰难，抓重点、补短板、强弱项，为营造成为环江特色旅游品牌城市，做到惠民、安民、利民，实现人民群众生活水平再提速。

从建筑渣土和露天烧烤入手

——张家口市崇礼区城乡管理行政执法局2018年工作总结

河北省张家口市崇礼区城乡管理行政执法局

2018年，我局在区委、区政府的正确领导下，紧紧围绕"筹办冬奥、脱贫攻坚"两大主题，全力营造秩序井然、平安稳定的城区环境，碧水蓝天、整洁卫生的居住环境和公开透明、优质高效的服务环境，现将2018工作情况汇报如下：

一、重点突破，开展城市管理九大专项整治行动

我局以创建省级文明城市为抓手，以"城管管理百日攻坚"为契机，深入开展了渣土车、露天烧烤、占道经营和牌匾广告等九个专项整治行动，在城市管理工作绩效评价稳居第二。

1. 渣土车、建筑工地专项整治行动

执法队依据《2018年度城区内建筑渣土运输车辆专项整治实施方案》要求，采取源头管理—途中抽查—定点抽查"两点一线"的工作方法开展治理工作。

一是除通过各种媒体进行宣传道路扬尘治理举措外，派出10余名执法人员在商砼站、施工工地出口处设置检查点，同时通过与施工单位协商，规范运输车辆路线；二是对道路沿线的渣土车、商砼车进行不定点、不定期巡查，对违章车辆及时进行劝阻和处罚；三是定点对渣土场进行排查，依法取缔了两家私人沙场，对两间房、三道河两家渣土场进行整改，要求各施工工地进行工地道路硬化，运输车辆出入进行清洗，棚户区改造工程工地建筑垃圾进行苦盖。

除此之外，我局还利用"数字化城管"的创新引领，将城区2条主干道（长青路和裕兴路）和希望街、南新街，菜市场以及四大公园，全部纳入监控巡查拍摄范围。通过数字监控系统，对香雪、富龙、二道沟工地、回迁楼工地进行工地管理，通过全区39个高清摄像头的监控，不仅及时发现并整治渣土车，还让河道管理和占道经营、环境卫生等得到了极大的改善。

2. 露天烧烤专项整治行动

执法队每天派出执法人员约10人，2辆执法车，每天18时到22时，进行夜间巡查，对城区主要街道裕兴路、长青路、希望街、北新街、南新街、商贸新区、美食一条街的露天烧烤行为进行集中整治。

据统计，教育整改 80 余家商户，依法查处和规范管理固定门店露天烧烤经营违法行为 550 余处次，露天烧烤经营活动已全面取缔。

3. 占道经营专项整治行动

我局制定了《开展占道经营专项整治工作实施方案》，采取疏堵结合、以疏为主、妥善安置的措施，制定门前五包制度，以"两好"标准，即维护好城市的面子，解决好老百姓的生计问题，遏制流动摊贩、占道、出店经营等违法行为。

执法队每天出动执法人员 10 余名，执法车 2 辆，从早上六点到晚上 10 点无间歇对马路两侧和夜市摊点占道、农贸市场周边的无序经营、店外经营占道和车辆乱停乱放占道进行日常常态化巡查，依法规范占道经营 800 余次，协助区交警划定停车位 900 个，查处机动车侵占人行便道违法 1150 起。

4. 牌匾广告专项整治行动

为创建整洁、优美的城市环境，结合全市的"创卫"工作，我局对城区主次干道两侧广告牌匾进行了专项整治。一是搞好调查摸底，累计出动 200 余人，车辆 30 辆，深入每一条责任路段、每个门店，进行实地调查摸底，分类整理；二是广泛宣传发动，逐路逐店下发通知，使整治的内容、标准和时间要求家家明白、人人清楚；三是按照统一指挥、划片分段的原则，对整治任务进行了细化和量化，将每一段路、每块牌匾具体落实到人。

截至目前，共拆除取缔 14 块广告牌匾，其中灯箱广告 9 块，更换年久失修的广告牌匾 3 块，取缔流动广告 1 块、招贴广告 1 块，目前整改率 100%。

5. 规范养犬专项整治行动

我局紧密结合《崇礼区规范养犬实施工作方案》，从 8 月 1 日起，执法队员每天利用晚饭后，以清水河河边区域为重点，利用人们在河边遛狗的时间向养犬人宣传有关法律法规，告知注意事项，对违规遛犬、犬只便溺、携犬出入公共场所等不文明行为进行现场规范教育。据统计，共宣传教育 500 余人次，受理群众举报 20 起，查处违规养犬行为 3 起，专项整治行动得到广大市民的认可和支持。

6. 城管执法队伍专项整治行动

为切实提高干部的管理水平，我局聘请了专家和市局领导，对执法队员 103 名进行法律、专业法规和从业道德规范的专业培训，全力打造一支"政治强、业务精、执法严、作风硬、效率高"的城管执法队伍，全队执法人员（包含协管员）均参加了培训，培训率 100%。

一是抓政治理论学习。多次组织党员干部和执法队员深入学习党的十九大、新党章、习近平系列讲话等。二是抓城管法律法规学习。根据城管工作实际，认真组织开展《宪法》《执法人员行为规范》《行政处罚法》等法律法规的学习，切实提高队伍执法水平以及解决实际问题的潜力。三是借助京张"8 区对 8 县"对口帮扶机制，与北京东城区的对接合作，交流学习城管管理与执法相关经验和成功案例。

7. 拆除违法建设专项治理

强化治违工作举措，坚持统筹兼顾、综合施策。一是精心组织，对全区违法建设情况进行摸排，对各类违法建设建立台账；二是加大了对新增违法建设的巡查、发现、制止、查处力度，做到早发现、早制止、早纠正、早查处，实现了"新增为零、存量递减"；三是坚持源头管控，对新建小区进行宣传，最大限度地减少新增违法建设的发生，化被动为主动，促进管理向治理转变。2018年"一区四边"新摸排违法建设总面积1.161万平方米，已拆除面积1.161万平方米，拆违进度100%。

8. 城区及农村环境卫生专项整治

结合"双创双服"工作，我局会同京环公司全面展开垃圾卫生清理活动。一是对93个无物业小区等地的清扫清运工作，对城区主干道公路进行洒水抑尘、高压冲洗作业，确保道路无灰尘；二是对公路栏杆进行彻底清洗，每天出动一辆清洗车对垃圾桶、水篦子进行清掏清洗；三是为美化河道环境还在步行桥下试种荷花2000株；四是对十个乡镇211个行政村（含4条旅游线沿线66个村庄）垃圾卫生死角的大清理；五是全力推进城市厕所革命工作，据统计，主城区公厕21座，其中水冲厕所15座、旱厕6座，农村院厕452座，水冲厕所32座，8大景区水冲厕72座，旱厕1座，基本实现公共厕所全覆盖，做到标志正确齐全，专人保洁管理，无蝇无臭，清洁卫生，在张家口市2018年农村厕所改造任务排名第一，城区厕所改造排名第五。

9. 夜景亮化专项整治行动

在解决城市照明设施存在问题的同时，因地制宜地美化、亮化市政设施，扮靓美化城市夜空，保证主干道达到装灯率100%、亮灯率98%。同时针对村容亮化问题，与扶农办协商，路灯维修与安装由各乡镇负责，目前32个贫困村路灯项目已批复，资金241.15万元，提高了农村尤其是贫困村的亮灯率。2018年共累计完成抢、维修路灯20盏次，更换雪花灯98套，维修电缆2处，维修电缆210米；对高速南出口龙形灯整体维修线路2次；因道路拓宽，拆除万龙路高架桥至万龙滑雪场沿线市电路灯24根、太阳能路灯58根；拆除旅游线路被车辆撞坏太阳能路灯8根。

二、筑牢基础，有序完成扶贫、党建、扫黑除恶等工作

1. 围绕全区工作重心，积极参与扶贫攻坚工作

按照区委提出的"六人三查三问"的工作要求，改变以往单一的阶段性或节日性捐助形式，积极引导和帮助帮扶对象逐步提高生产自救能力。

一是在思想上帮扶。由局领导班子成员带队，多次深入包联村与被帮扶的贫困户谈心交心，并派出驻村工作组，脱产进行帮扶，帮助他们克服"等靠要"的消极思想，引导树立勤劳致富观念。并面对面的宣传党的扶贫政策、党的十九大精神，让他们真切感受到党

的关怀和温暖。

二是在生活上帮扶。在李志刚同志的带领下，30名帮扶责任人共26次下村入户，先后3次开展暖心活动，对帮扶的高家营镇黄家湾村、头道边村及四台沟村和包联村是四台咀乡桦林子村和行人马沟村，9户未脱贫户和113户已脱贫户进行一对一的帮扶慰问，同时在每户帮扶家庭墙面的明显位置都张贴结对帮扶公示牌，发放连心卡，有效保障结对帮扶贫困户在有困难需要时可以第一时间与帮扶责任人取得联系。

三是在就业上帮扶。以"就业扶贫"为抓手，积极与张家口京环公司沟通协调，在环卫人员录用工作中优先为建档立卡贫困人口提供工作岗位，同时积极争取政府设置农村环卫公益岗位。目前，已累计安排1434名群众就业，每年人均增收3600元，有力助推了全区脱贫摘帽。

2. 围绕政治建设，抓好党建工作

一是坚持和加强党组的全面领导，积极构建以党建为总揽，服务为中心，业务为支持的工作格局，形成了党组书记带头抓、班子成员分工抓、党支部具体落实、党员干部共同参与的工作格局，为城市精细化管理提供了坚实的组织保障。

二是加强思想建设，推进"两学一做"教育常态化、制度化。局党组坚持把理论学习与业务工作有机结合，年初制定全年学习计划，通过积极参与上级组织的专题辅导、党校轮训，以及局党组自身组织的集中学习，认真学习宣传贯彻十九大精神、习近平新时代中国特色社会主义思想和中央省市区相关文件和会议精神，今年以来先后6次组织集中学习。

三是严格落实党风廉政建设责任制考核制度，制定了《崇礼区城乡管理行政执法局领导班子及成员党风廉政建设责任一览表》，把责任制考核与机关股室和执法队的年终考核有机结合起来，对党风廉政建设各方面考核内容进行量化，并将考核结果作为干部任用、评先评优的重要依据。

3. 行政处罚工作取得新进展

2018年截至目前共受理行政处罚案件5件，并依法进行处罚结案。办案人员认真把好"事实清楚、证据确凿、定性准确、处理恰当、程序合法"关口的同时，规范行政处罚文书格式、内容、说理和自由裁量权，提高了全局的执法质量。

4. 加强学习宣传，提高"扫黑除恶"意识。

我局成立了以局长李志刚同志为组长、分管副局长任副组长、各科室负责人为成员的"扫黑除恶"工作领导小组，领导小组下设办公室，执法大队大队长赵强同志兼任办公室主任，负责"扫黑除恶"日常工作及部门协调，确保扫黑除恶日常工作有人抓，有人管。多次召开会议，部署落实扫黑除恶专项斗争，与单位干部职工、监管单位京环公司签订承诺书17份、责任状17份、谈心谈话记录17份，在单位院内、农贸市场院内设置宣传条幅，在农贸市场电子屏进行扫黑除恶专项斗争宣传。

拆除违法建设
让"休闲小城"更加宜居

江苏省徐州市贾汪区城市管理与园林局

违法建筑，有如城市肌体上的毒瘤，侵害着健康的肌体，占用了居民生活和城市发展所需的资源，使广大居民的生活环境受到极大影响。2018年，贾汪区城管局紧紧围绕区委区政府提出的"生态立区、文明兴区"的总体思路，组织协调、积极配合属地及相关部门拆除违法建筑，从根本上还原了城市的美好面貌，还市民一个安全有序的居住环境，为巩固"中国休闲小城"荣誉称号创造有利条件。

拆除违建过程中，我局坚持维护群众利益，注重疏堵结合，让拆违充满了"人情味"。执法队员发扬钉"钉子"精神，不怕烦、不怕苦、不怕累，积极入户与违建户促膝长谈，争得了大部分违建户的称赞并积极配合。少数不配合的当事人，执法人员对其进行宣传劝导，打消其推诿、侥幸心理，让居民从根本上认同违建的危害性，配合执法人员自愿拆除违章建筑。执法人员的温情执法、和谐执法、文明拆违、依法拆违，有效地保障了拆违工作的安全、有序、顺利进行。

依据区规划部门下达的违法建筑认定书，我局创造性开展拆违工作，在零赔付的前提下集中拆除将军大街、煤源路、转型大道、泉城路两侧及二机厂片区、校东村违法建筑违法建筑150余处1.7万余平方米，圆满完成既定拆违任务。同时，联合属地序时推进存量违建拆除工作，全年拆除存量违法建设14825平方米。对新增违建"零容忍"，落实防违控违责任，畅通信息渠道，建立控违预警机制，实施"动态拆除"，将违法建筑遏制在萌芽状态，实现增量全面遏制、存量明显递减的目标，使控违拆违工作真正走上长效化、规范化、常态化轨道。

拆除违法建设，拓展城市空间，整治城市环境，完善城市设施，是满足人民群众宜居宜行和对美好生活的需要，贾汪区城管局将在现有成绩的基础上再发力，坚持依法行政，努力提高城市管理水平，全力巩固贾汪城市美、街道靓、环境优的生态宜居"休闲小城"荣誉称号。

牢记使命 忠诚履职
开创新时代公安交警更新局面

黑龙江省庆安县公安交通警察大队

　　"习近平总书记提出的"对党忠诚、服务人民、执法公正、纪律严明"是新时代公安工作的战略指引、根本纲领，是开创新时代公安事业新局面的强大思想武器和根本政治保证，激励着全国200万人民警察忠诚履职、改革奋进，奋力书写新时代公安工作的新答卷、新作为。在2018年度，黑龙江省庆安县公安局交警大队深入贯彻习近平新时代中国特色社会主义思想，忠诚践行"四句话、十六个字"总要求，打牢思想根基、坚定理想信念、保持政治定力和旺盛的战斗力，履职尽责，开拓创新，在队伍建设、维护安全、服务群众、创新警务等各个方面取得了丰硕成绩。

　　思想是行动的先导、是工作的指南。在习近平新时代中国特色社会主义思想的统领下，庆安交警大队坚持党建引领，把政治建警、从严治警作为首要任务和根本保证，充分发挥基层党组织作用，严格执行党风廉政层级管理制度，层层压实治党管警的"两个责任"，牢固"四个意识"，不断提高全警的政治站位和政治觉悟，着力强化政治责任和政治担当。紧密结合"两学一做"学习教育常态化制度化，组织全警深入学习习近平同志系列重要讲话和"十九大"精神，坚持用新时代中国特色社会主义思想武装头脑，确保全警始终做到在政治立场、政治方向、政治原则、政治道路上同党中央保持高度一致，将全警的思想和行动统一到各级党委政府和上级公安机关的决策部署上来，确保党建工作和队伍建设双促进、齐进步。

　　大队坚持从严治警，锤炼队伍过硬作风，深入开展了"大警示大排查大整改"专项活动，激发交警队伍正能量，着力铸造队伍忠诚警魂，严格督促全警深刻吸取哈尔滨交警违纪事件惨痛教训，严格遵守党的纪律，全面整改问题和工作短板，极力规范执勤执法、内务管理、服务群众等各项工作，始终做到挺纪在前、铁腕治警，确保绝对忠诚、绝对纯洁、绝对可靠。

　　为提升履职尽责水平，大队坚持抓少数、抓关键，积极组织"交警大队领导干部素质提升"行动，全员开展网校学习，定期举行警体训练活动，全体领导干部和普通民警政治素养大幅提高，业务能力实现跨越式进步。大队被交管局评定为交警大队领导干部素质提升行动全国联系点，副局长兼交警大队长唐宪龙同志经省交警总队推荐，参加了最高级别的"全国优秀交警大队长培训班"。

从严治警与从优待警相辅相呈才能激发队伍的凝聚力、向心力和战斗力。突出文化育警，不断完善警营文化建设，定期组织开展丰富多彩的文体活动。并坚决落实好从优待警政策，全面加强后勤保障，继续完善警官食堂、洗衣房、健身房等设施，做到了育警、惠警、励警工作形成常态化、制度化，队伍精神面貌和工作热情空前高涨，全面营造了"争先创优"良好氛围，在年度工作绩效考核中，名列全市交警系统第一名。

新时代、新时期，解决新课题，完成新任务，就必须全面推进科技强警工作。大队聘用专业公司全面规划交通基础建设，全面优化城区道路交通标志标线和红绿灯系统，为科技强警提供了强大支撑。新投入使用的交通指挥中心充分利用城区10处稽查布控系统、650处监控点位，17套红绿灯系统，实现了城区所有重点路段的实时监控，做到快速接处警、指挥调度、情报研判、违法车辆查缉、路况服务交通，做到科技引领城市道路交通智能化的显著作用，达到"坐在指挥中心，便可以管控全城道路交通"的效果，有力地推进了"六大工程"建设。

保卫交通安全是交警的第一职责使命，大队充分发挥主力军作用，以"城市保畅通，公路保安全"为目标，坚持从严管理，全面加大重点车辆、重点路段、重点驾驶人安全监管，使用最强法律手段和最强安保措施，连续组织开展了面包车集中整治行动、国省公路专项整治等11次大型交通秩序整治行动，全年共取缔各类道路交通违法行为8.9万余起。其中查处"酒驾"违法行为1200余起，查处涉牌涉证2300余起，名列全市系统第一名，全面形成了安全管理高压严管态势，打出了声势、打出了警威，有力地震慑了各类严重交通违法行为，保证了广大人民群众出行安全。特别是在2018年1月至3月开展的整治酒驾"百日会战"行动中，大队领导亲自带队，以时不我待的责任感和使命感，以前所未有的工作力度，克服了最低零下44度的严寒天气，昼夜奋战在公路一线，使用最强法律手段严打酒驾、涉牌涉证等道路交通违法行为，县内因酒致祸明显减少，无牌无证、假牌假证违法行为得到有效治理。经过持续严打，全县道路交通事故四项指标全面下降，未发生3人以上重大交通事故。其中交通事故数量下降了778起，死亡人数量下降4人。大队先后被省公安厅和市公安局评定为全省、全市整治酒驾违法行为优秀基层单位，被公安厅交警总队评为全省公安交通管理工作先进集体。9人次受到省市以上表彰，2人荣立三等功。大队长唐宪龙同志被评选为全省整治酒驾违法行为先进个人、全市劳动模范，全市十大人民警察。

服务群众是人民警察的神圣宗旨。大队深入贯彻落实"放管服"20项措施，积极开展"四零服务"创建活动，坚持"问题导向、精简高效和突破创新"工作措施，以解决群众关心的热点问题和难点问题为出发点，在提高服务质量方面狠下工夫，服务水平和能力得以有效提高。大队全面加大资金和人员投入，完善服务设施，进一步压缩环节、优化服务、严格管理，并继续做好"流动车管所"和"摩托车带牌销售"两项服务创新，先后为群众办理 4.3 万余笔业务，办结率达到了 100%，实现了队伍管理规范化、办事程序规范化、学习教育规范化和档案管理规范化的"四化"目标。由于工作业绩突出，大队车管所在 2018 年度连续第三次被公安部命名为"全国优秀县级车管所"称号，同时被评为黑龙江省服务公众百强单位，一名民警被省公安厅授予全省首批"四零"服务承诺创建活动"服务之星"。

宣传工作是预防道路交通事故的治本之策，大队积极宣传工作的新途径，先后大张旗鼓地开展了"春运""12.2"、四中警校共建等 15 次大型宣传活动，积极在全社会共同营造文明、法制的交通安全氛围。全年共发放各类宣传资料 4.5 万余份，在各级电视台播放新闻 19 期，在省、市级媒体发稿 24 篇。同时稳步推进农村交通安全"两站两员"建设，深入开展道路交通安全大劝导活动，有效减少了农村交通事故发生。

新思想引领新时代，新使命开启新征程。在新的一年里，庆安县公安交警大队将进一步牢记使命，忠诚果敢，改革创新，进一步发挥特别能吃苦、特别能战斗、特别能奉献精神，守护平安路，争创更优营商发展环境。

建设法治、繁荣左云

——左云县公用事业管理中心工作纪实

山西省左云县公用事业管理中心

左云县公用事业管理中心成立于 2013 年 12 月，时值党的十八届三中全会提出全面深化改革的指导思想，描绘全面深化改革新蓝图的关键期。在这一时期，党中央首次召开城镇化工作会议，明确了推进城镇化的指导思想、主要目标、基本原则，提出了城镇化发展的六大重点任务，其中后三项任务就是优化城镇化布局和形态、提高城镇建设水平和加强对城镇化的管理。从时间节点上看，左云县公用事业管理中心可谓是应运而生于现代城镇化高速发展的浪潮中。

那么，这个年轻的"小"单位会在现代化的城市管理要求下怎么做？

做好城市管理政策的宣传者

左云县城面积不大，但"岁数"不小。谈起历史可追溯至春秋时期，甚至更早。因此，在这个不大的县城里，老旧建筑多，街巷设计布置陈旧，配套设施严重老化。平日里走街串巷，县城内近一半的街巷仅有米数来宽，就是过去的大马路也不过我们现在概念上的双向两车道。随着城镇化进程的不断发展，县城居民日益增长的美好生活需要和不平衡不充分的城镇化发展之间的矛盾愈演愈烈，县城格局的发展节奏远远跟不上经济和社会需求的发展步伐，城市管理面临重重困难。

十九大以来，在新时代中国特色社会主义前进步伐的带动下，左云县公用事业管理中心以主要领导为基准，向前看齐，顺势而上，坚持以人为本，坚持共产党人"为人民服务"的宗旨，坚持"问计于民、问需于民、问政于民"，把建设"宜居、文明左云"作为城市管理整体工作的重心，最大限度地调动广大干部群众的积极性和能动性，切实做到"干什么问大家，怎么干靠大家"，做好城市管理政策的宣传工作，调动群众的积极性和创造性，力争做到县城范围全民参与城市管理，为左云县城的城镇化建设和发展添砖加瓦。

做好城市管理事业的推动者

城市建设水平是城市生命力所在。现代化城市发展进程对城市管理事业的要求越来越高，城市管理涉及的方面也越来越多。

党的十九大以来，左云县公用事业管理中心立足新时代城市管理工作的总体纲要，积极响应习总书记"绿水青山就是金山银山"的发展号召，坚持"政府组织、地方负责、部门协调、群众动手、科学治理、社会监督、分类指导"的城市管理工作方针，积极宣传城市管理政策，落实城市管理工作要求，认真抓好全县的城市管理工作，翻新旧街巷，配套新设施，大搞县城"旧衣新穿"活动，使得县城面貌焕然一新，方便了群众的日常生活，也提升了县城的宜居程度，推动城市管理事业步步发展。

做好城市管理法治的执行者

"没有规矩不成方圆"。在我们党全面推进依法治国，推进国家治理体系和治理能力现代化的今天。依法管理城市尤为重要。

十九大以来，左云县公用事业管理中心设立了城市管理数字化平台并积极着手投入运行，加大数字城管建设力度，搞好数字城管的省市县三级协调，同时加强市容执法人员业务培训人次，规避执法矛盾，保障市容秩序的同时搞好自身保护，依法做好各市场和早市上街边摊贩的规范管理工作，为建设"法治、繁荣左云"做好基础保障工作。

做好市政服务的群众工作

城市发展的实质是人的发展，"房屋只构成镇，市民才构成城"。中央城镇化工作会议要求，要以人为本，推进以人为核心的城镇化，提高城镇人口素质和居民生活质量，把促进有能力在城镇稳定就业和生活的常住人口有序实现市民化作为首要任务。这就要求在城市管理的过程中也要坚持以人为本，从实际出发贯彻落实中央的总体规划，编制发展规划、建设基础设施、提供公共服务、加强社会治理。总之一句话，就是做好市政服务工作就是服务好群众。

在现代化城市管理的新要求下，左云县公用事业管理中心开通了24小时市政服务热线3312319，并实行开放式办公。"群众有困难，我们来解决"，是左云县公用事业管理中心所有城市管理工作者的服务宗旨。

新时代出新成绩

左云县公用事业管理中心从成立之初起，持续致力于左云县城整体市容市貌的提档升级。致力于新时代中国特色社会主义发展方针下县城城市管理工作的不断发展。针对县城建成区老旧街巷道路破损严重的问题，公用中心制定中长期改造计划，力争三年内对县城内全部老旧街巷进行改造并改良地下排水设施，改善老旧街区环境，提升居民居住质量；用冲水式公厕逐步取代旧式旱厕，一方面升级城市公用设施，另一方面改善环境质量；增设一线环卫工人休息室和饮水点，改善一线工人的工作环境；大力改造建成区旧的供水管网，新建供水水质化验室，确保县城的供水安全；推进扩容供暖工程，减少冬季燃烧原煤造成的大气污染，让群众温暖过冬；实施管道天然气进县城工程；按照国家和省市垃圾处理设施与运行管理有关政策法规和业务技术规范的要求，同时加强对环境的保护，确定垃圾分类示范点，投入大量资金加强垃圾分类工作；创建保洁示范街和容貌示范街，树立标杆，向标杆看齐，全力推进"城乡清洁工程"落实工作。

我们将进一步解放思想，认真履行职责，团结协作，狠抓落实，创新思路，思想上时刻保持问题意识，以问题为导向，深入基层、深入群众，调查研究，认真探寻解决问题之道，出主意、解难题，最大限度地为人民群众办实事、办好事、服好务。

"业广惟勤，功崇惟志"。勤勉务实的工作态度和只争朝夕的工作热情，"以人为本"发展理念，"绿水青山就是金山银山"的发展思路，都是推动左云县城市管理事业不断发展的法宝。

加大执法力度 推进城市精细化管理

——绥滨县城市管理综合执法局2018年工作总结

黑龙江省绥滨县城市管理综合执法局

绥滨县城管局在县委、县政府的正确领导下，在社会各界关心支持和监督下，坚持以人为本，不断加大执法力度，推进城市精细化管理，完善基础设施建设，一年来城管工作取得了一定成效，城镇市容秩序有所改观。现将2018年工作总结及2019年工作安排报告如下：

一、2018年工作完成情况

（一）日常业务工作完成情况

1. 推行"721"管理模式，城市管理精细化、制度化、规范化程度不断提高

采取"721"工作方式，即70%的问题用服务手段解决，20%的问题用管理手段解决，10%的问题用执法手段解决，变被动管理为主动服务，变末端执法为源头治理。在提高服务效率方面，一是推进"数字化""信息化"与城市管理的有效结合，科学有效利用我局已建成的数字化平台一期建设成果，形成指挥统一、反应灵敏、运转高效的应急机制，同时建立辖区商户微信工作群，及时了解片区内市容市貌和环境卫生状况，以实现全方位、全天候督查，使出现的问题能够得到第一时间解决；二是提高行政执法审批效率，能够一次性办理完成的审批事项，绝不让服务对象多跑一趟。在管理手段方面，一是强化目标管理，完善目标考核体系，建设一支作风优良，纪律严明的城管铁军；二是落实行政执法全过程记录制度，严格纠正执法中存在的执法不严、执法不公问题；三是通过疏堵结合，拓宽服务渠道，破解城市管理工作难题。在执法手段方面，一是严格牌匾广告审批标准，要求牌匾设计一律符合整齐、美观、亮化标准，全年审批牌匾335个，拆除不规范占道竖匾29处，确保了城区道路立面形象整洁有序；二是开展车辆乱停放、乱扔垃圾、占道摆放等专项整治，清理乱贴乱涂1914处，清理卫生死角8处，清除乱堆乱放200余处，完成各类线路保障任务30余次，受理各类投诉来电、来访举报110余起，查处教育流动摊贩416人次，联合交管部门整治人行道长期占用人行道停放车辆11台，查处违法建设14起，占道修（洗）车10处。通过各类专项整治城市管理顽疾得到有效遏制，市容环境秩序进一步改观。

2. 常抓不懈，城区环境卫生明显改善

一是采取机械和人工相结合的方式，全天出动4台清扫车分日班、夜班对街道进行清扫。日清扫面积78万平方米，日保洁面积133.3万平方米，日清理垃圾130立方米。二是加大文化街、奋斗路、光明路、滨北路5座水冲式公厕精细化管护力度。选用责任感强的保洁人员对公厕实行全天保洁管理，为市民提供干净、整洁的如厕环境。三是分片包段每周采取人工擦试的方式，对城区垃圾箱和果皮箱进行精细清洗，购置更换垃圾桶1600个，城区投入330个，乡镇投入1270个。四是全力以赴配合道路改造中路面余泥渣土的清理工作，我局共出动清扫人员270人次，清扫车36台次，铲车16台次，完成160余万平方米路面洗扫任务。

3. 以雪为令，全员参战确保百姓出行顺畅

按照县政府下发的清雪方案，我局以雪为令、快速反应，组织全局干部职工，全员参战，重点清理主次街道以及路栏内的积雪，通过人机结合，昼夜连续清理，迅速清理完成主次街道积雪。共出动人员1,680余人次，机械车辆87台次，清运积雪428车，确保了城区道路畅通，群众出行方便。

4. 强化管理，做好城市设施日常维护工作

一是针对园林绿化工作提出精细化养护管理思路，以"管活、管旺、管美"为目标，推行定岗位、定任务、定责任"三定"管理机制，明确责任和要求，绿化管护队按季节不同，精细做好行道树病虫害防治、修剪、除草、施肥、松土、浇水等一系列工作，及时砍伐枯死大树40棵，行道枯木200余棵，城区绿化管护质量水平有了明显提升。二是做好城区雨水井、明沟等排水设施的日常管护工作。加大雨水井的巡查清掏频率，疏通排水管线2800余米（光明路600米、滨北路800米、奋斗路900米、东辉路500米），清掏检查井87座，雨水井285座，完成对泵站设备的全部检修工作，确保排水泵站正常运行。

5. 加大力度，开展文明城乡环境综合整治

在环境综合整治工作中，我局组织人员定期对责任路段进行集中清理整治，充分发扬"实干"精神，坚持高标准要求，集中清理工作达到环境整洁，群众满意。我局加大人力物力投入，对松滨大街、振兴大街等城区主次干道开展地毯式排查，严禁商铺乱摆乱放，占道经营，共出动人力3170余人次，出动压缩垃圾车1920余次，翻斗运输车200余次，叉车420余次，共清运垃圾7200余吨。集中清理整治忠仁镇、永德村、大同村、吉珍村、黎明村、庆发村，绥嘉路至假山路段、振荣街至绥东大坝进行环境综合整治，出动机动车50余台次，人员500余人次，清运垃圾300余吨。通过集中整治，营造出全民共创文明城的浓厚氛围，城乡环境面貌得到明显改观。

6. 为中央、省、市督导巡查工作创造良好环境

今年中央、省、市的各种巡查和扶贫验收工作较多，迎检工作时间紧任务重，为了政

治大局，广大环卫职工全力以赴奋战在一线，不论是对城郊结合部外延道路还是待检验收的扶贫乡村，环卫工人们昼夜连续作业，常常饭都顾不上吃，贫困村的村容村貌和城郊环境状况得到明显改观，得到了县领导和村民的肯定，为我县顺利迎检作出贡献。

（二）承担上级交办的重点工作任务完成情况

1. 凝心聚力，全力做好扶贫攻坚工作

把精准扶贫对接工作当成重要的政治任务来抓。一是落实落靠"二九三三"产业政策。1. 全村肉鹅产业共链接贫困户 70 户，养殖大鹅 2800 只。2. 庭院经济种植各类农作物共 126 户 52909.06 平方米，其中贫困户 56 户 26009.06 平方米，户增收 806 元，人均收入201 元。3. "贷资入企"贫困户 58 户，贫困户年增收 840 元。4. 稻田养鱼贫困户共计 6 户22 人，养鱼面积 180 亩，每亩预计收益 20 元，共计 3600 元。5. 公益岗位链接 3 人，包括打更、保洁员、护林员，每名贫困人口年增收 2000～3500 元。6. 村里投资 2 万元开展村容卫生环境综合整治，实施卫生承包责任制，与农户签订责任书。完成者给予奖励。经过整治，村容村貌大幅度提升，村民文明素质进一步提高。7. 为丰富村民文化娱乐生活，完善乡村设施，城管局为陈大村积极协调体育器材项目资金 3 万元，赠送垃圾箱 40 个，为村委会安装监控设备 1 套。二是立足村情，积极谋化集体产业，扩宽增收渠道。实施了陈大村林下综合养殖项目。在陈大村东南选取 150 亩林地建成核心区，建设林下综合养殖基地13000 平方米，养殖大鹅 800 余只、蛋鸡 400 余只、溜达鸡 1000 只，预计养殖黑猪 150 头，每年拿出承包费 2.1 万元用于帮扶贫困户（链接全村 70 户贫困户，每户预计增收 300 元）。

2. 打造精品，提升城区绿化亮化品味

重点打造千米"樱花大道"和"丁香大道"。在沿江堤坝、绥普路、渡口路栽植樱花、丁香、王族海棠、山杏、山梨等珍贵树种 20 余种，栽植树木 3.4 万余株。补植树木和花草，做到绿地无斑秃，树木无缺苗断空现象，精心做好城区绿化抚育工作，加强对新植树木保成活的养护工作，完成绿化植栽挖坑、浇水、培土、松土、修枝、树木病虫害防治。清除绿化区域枯草、杂草，力保花树成活。结合"创森"工作，我局通过"见缝插绿""定点增绿"等方式，加大秋季绿化补栽建设力度，于 11 月 25 号前完成松滨大街绿篱、西出口、沿江公园、县机关大院、园区路东段、振荣大街等路段 11000 余棵树木补栽任务，包括唐槭树、花楸树等树种 10 余种。2017 年绿化覆盖率为 27.4%，截至 2018 年底绿化覆盖率为 30.15%，同比增长 2.75%。为加强路灯照明设施的维护和精细化管理力度，进一步明确职责和岗位分工，我局专门成立路灯管理处，完成沿江堤坝道路亮化配套改造，安装路灯 30 余盏；在松滨大街、园区路安装国旗 98 个；全力配合脱贫攻坚工作，为北岗、陈大村等 28 个村屯安装路灯 468 盏；抓好路灯日常管理养护，及时排除故障，维修维护路灯 367 个，修复电缆 56 处，维修路灯变压器 17 次。确保满足照明功能的同时，又能够实现路灯照明"一街一特色，一路一景观"。

3. 增负加担，全力扩展服务区域

今年我县沿江公园、经济开发区、绥嘉公路至假山路段纳入城管服务范围。主要负责道路清扫、保洁、垃圾清运和沿路的绿化及亮化设施管护等工作。今年新建水冲式公厕3座，全县由城管负责维护的室外水冲式公厕已增至6座。

4. 全力推进，垃圾处理厂渗滤液处理工程改造任务如期完成

渗滤液处理改造工程于2018年5月开工建设，项目总投资497.96万元，历经4月余完成了全部设备安装及调试，经哈尔滨华誉检测有限公司验收检测，出水水样已达到《恶臭污染物排放标准》二级标准。

二、存在困难

在总结经验的同时，我们清醒地认识到，城市管理工作还面临诸多困难与挑战。一是人员工资存在缺口。我局有78名职工工资是预算外全额拨款，有43名职工工资是差额拨款，有25名长期临时工，其中6人属政府采购，其他19人的工资需自筹，人员工资年缺口巨大。二是再就业人员急缺，由临时工代替进行保洁及绿化，现财政补贴年缺口为140万元。三是城维费需增拨。今年我局接管沿江公园、经济开发区、绥嘉路至假山路段环卫保洁和新建3座水冲式公厕管护等工作。经我局财务1~8月份进行核算，城维费每月差10万元左右。四是环卫驾驶员急缺，遇到冬季清雪等繁重任务时无替班司机，高强度作业存在极大安全隐患。五是环卫处和城市设施管理处现有的大部分机车设备均已年久老化急需更新。六是城镇道路硬质化率不高，遇到雨天道路环境卫生很差。

三、2019年工作安排

2019年将是我县城市管理实现跨越式发展的关键一年，我们要以习总书记"优化营商环境，补齐民生短板"这一重要讲话精神，领会实质，明确方向，打造宜居宜业宜游的城市环境，建设殷实文明和谐的幸福绥滨，主要工作任务有：

（一）深化城管体制改革，提高城市科学管理水平

按照习近平总书记的要求，把握东北振兴的重点任务，就要把深化改革摆在首要位置。下步，我们将坚定改革信心，紧跟省、市城管体制改革步伐，做实改革举措，严格落实中央、省、市有关城管体制改革的精神和要求，释放改革活力，提高改革效能，为绥滨经济社会又好又快发展提供强劲动力。

（二）做细做精日常业务，提高行政执法效能

全力做好日常垃圾清理工作，垃圾清运达到日产日清，加强沿江公园日常保洁和附属公共设施管理维护力度，提前筹备，做好冬季清雪设备检修维护，城区清雪做到"以雪为令、即下即清"确保道路无冰包，安全畅通，努力达到服务区范围内无卫生死角。创新执法管理模式，提高执法行政审批效率，继续采取"721"执法管理方式，即7分服务，2分管理，

1分执法相结合，人性化执法，优化发展环境，不让办事群众多跑一趟。

（三）加大基础设施投资力度，不断完善城市功能

着力解决设施不完善及设备老化等方面的突出问题，一是投资 38 万元，购置清雪设备雪狮一台。二是投资 46 万元，购买 50 型铲车一台。三是投资 168 万元，购置清运车 6 台。四是投资 60 万元，购买叉车三台。五是投资 112 万元，购买压缩车四台。六是投资 69 万元，购买落叶清扫车一台。七是投资 54 万元，购买雪刷三台。八是投资 65 万元，选建冬季卸雪场一处。九是投资 200 万元修建车库 1500 平方米。十是投资 45 万元，购买举高车一台。十一是投资 188 万元，购买高压清洗车等清淤设备。十二是按照国家绿色生态发展的要求，投资 2500 万元（债券），完成污水处理提标改造工程，使出水水质达到由 1 级 B 升至 1 级 A 标准；投资 600 万元（债券），完成污泥无害化处理工程。

（四）优化城区绿化亮化环境，提升城市品位

结合我县向阳路、奋斗路等 23 条道路拓宽改造工程，实施对道路绿化、亮化提档升级及节能改造。投资 60 万元，完成苗圃一期建设，苗圃占地面积约 3 垧。另外，垃圾处理厂周边完成道路修建及绿化全覆盖，共需土方 6 万立方米左右。按照省住建厅加快推进城市绿色照明通知要求（黑建城管〔2018〕12 号），预计投资 433.3 万元（债券）完成城区路灯节能改造任务，灯具全部选用 LED 节能灯材。同时，投资 300 万元完成振荣街等街道绿化、亮化建设任务。

（五）续建城管数字化指挥平台二期工程，提升"智慧城管"整体水平

根据住建部和省数字化城管建设标准，结合我县实际情况，平台二期建设将计划投资 400 万元左右，自建摄像头 100 个，完成我县数字化城管系统软件部分九大系统，二十八个子系统建设任务，并完成地理普查和城市部件调查及系统运行等工作。

（六）实施精细化保洁，推进创城工作提档升级

保洁工作努力从粗放型到精细型的转变，从细微处入手，实施精细化作业，将城镇新建公厕、停车场纳入保洁管理，道路保洁管理在原有基础上，做细做精，使细化量化措施落实到每项工作和每个环节中，用实际行动确保保洁质量和服务水平再上新台阶，努力扮靓城区每个角落。

（七）"取之于民，用之于民"，积极谋划城市管理可持续发展路径

明年拟制定《城镇停车场及道路停车位收费管理办法》（征求意见稿），拟制定《垃圾处理收费管理办法》（征求意见稿）和《污水处理收费管理办法》（征求意见稿）。

总之，城市管理工作任重道远，我们将同心协力促振兴、撸起袖子加油干，全力抓好城市管理事业发展工作，高标准完成县委、县政府领导交办的各项工作任务，实现明年城市管理工作的新突破、新成效。

精细管理　文明执法　惠民为民

——科右前旗城市管理综合执法局 2018 年工作总结及 2019 年工作规划

内蒙古科尔沁右翼前旗城市管理综合执法局

2018 年在旗委、政府的领导下,扎实推进工作,攻坚克难、忠诚担当,我局认真完成旗委、政府交代的各项工作任务,提升工作效能,树立良好形象以创建全国文明卫生县城为契机,以"五城同创"为抓手,增添措施,精细管理,文明执法,惠民为民。现将我局 2018 年度工作情况汇报如下:

一、齐抓共管,整治市容市貌

我局对新址的环境卫生和市容市貌,作为重点工作来抓,组织执法人员和环卫工人对主干道路以及卫生死角进行集中清理整治,截至今年 11 月底,共出动执法人员和环卫工人 57600 人次,对 700 余处重点区域和卫生死角进行集中清理,并进行常态化管控。

根据《兴安盟市容市貌集中整治行动方案》的要求,我局对占道经营、流动摊贩、道路运输撒漏、违规设置牌匾、发放和张贴小广告进行集中整治,共计清理占道经营、店外经营 960 起;清理、劝导旗医院门前、各小区门前、学校周边流动摊贩 2880 人次;查处违规道路运输撒漏车辆 830 辆;查处违规设置户外广告、牌匾 460 处,拆除违规牌匾 105 处;对小区内"牛皮癣"小广告调查取证 2500 份,组织清理小广告 63750 处。累计发现辖区内违法建筑 16129 平方米,共发现违法建筑 203 处,其中已拆除的有 51 处,停止施工的有 83 处,已下达法律文书 69 处。

自今年三月至今,我局派驻执法力量分别在碧桂园小区、孙家窑、以及居力很镇、科尔沁镇等重点区域实行 24 小时不间断巡查,坚决杜绝违法建设行为的发生,即查即拆,将违建消灭在萌芽状态。

根据中央环保督察"回头看"的有关要求,依据职能职责对札萨克图河道进行漂浮物清理,出动打捞人员 5500 人次,清运车辆 1400 车次,共计清理河岸漂浮物 10000 余立方;治理道路扬尘,我局对建筑工地进行逐一排查,对运输车辆清洗设备、过水路面、出入遮盖苫布设置情况进行登记,从源头上治理,防治道路扬尘污染的发生;对群众关心的噪声污染案件，我局严格按照执法程序，会同环保局等专业的检测部门，对涉及噪声污染的商铺，进行严格的检测并及时按照有关法律、法规进行处罚；对于露天垃圾烟尘污染严重区域进行集中整治，严格摊位准入制度，加派巡逻值班人员，坚决禁止露天烧烤。

全局上下齐抓共管，发挥广大党员干部的先锋模范带头作用，取得了"铲雪除冰""百日攻坚""河道治理"等各项重大战役的胜利。

今年国家、自治区领导人多次来前旗调研指导工作及在我旗举办的全盟高新产业经济推进会、半程马拉松、草原那达慕大会、房地产交易博览会、中蒙俄贸易博览会、大型车辆展销会等重大会议、赛事、活动过程中，我局均全程参与各项活动的环卫保洁工作以及安保工作，为各项活动的顺利进行打下良好基础。

今年，我局针对新址静态车辆停放继续加大管理力度，对不按照指示方向停放、非机动车占用机动车停车位、对违法侵占停车泊位等现象进行集中清理整顿，共下达违法停车告知单 14300 余份，疏导违法停放车辆 2000 余辆，发放温馨提示单 1000 余份，整治僵尸车辆 100 余辆，清理非机动车占用机动车停车位 450 余辆，治理商户违法占用停车泊位 30 余家；2018 年共计施划机动车停车泊位 3200 多个，非机动车停车泊位 20 个，施划过程中在执法人员的协同配合下，超过了预期目标，目前新址城区内可施划区域的停车泊位的覆盖率达到了 90%。对前旗新址境内侵占城市道路的违法行为进行了专项的整治活动，此次行动共整治幼儿园圈占城市道路及停车泊位违法案件 6 起；整治侵占停车泊位用作他用的违法案件 71 起；整治私设障碍物阻碍停车泊位正常使用的违法案件 132 起，罚没反光锥 50 余个。

今年全区科级以上城市综合执法干部第一期培训班全体学员，在科右前旗实地考察过程中，对于我旗环境卫生和静态停车管理工作给予了高度评价，特别是我局推行的静态车辆管理模式，在全区处于先进行列。

二、强化意识，握紧制度准绳

无规矩不成方圆。只有严明的纪律，才能铸造一支作风优良，有战斗力的队伍。根据住建部印发《关于全国城市管理执法队伍"强基础、转作风、树形象"专项行动方案的通知》《关于推行城市管理执法全过程记录工作的通知》等行业内部的要求，制定结合我局实际情况专项工作行动方案，严格按照各项要求执行，树立良好的城市管理执法者的形象，维护社会公平正义，维护执法者自身利益。

严格贯彻落实旗委、政府制定的各项规章制度，制定《科右前旗城市管理综合执法局制度汇编》，明确作为城市管理执法人员、政府工作者的职能职责，应当遵守的规章制度。

局党组从突出重点领域防范、规范领导班子权力运行、严肃干部工作纪律、增强干部廉洁自律意识等方面，先后研究完善了《局党组议事规则》《综合执法局重点领域和关键岗位预防腐败制度》《领导班子末位表态制》等规章制度，进一步优化了干部干事创业环境，推动上级党委、政府的各项重大决策部署更好贯彻实施。

2018 年建立了"周学习、月活动、季大会"工作机制，坚持每周一集中学习，每月结合实际开展主题党日活动，每季度结合上级部门的工作要求、局党组的安排部署召开全体党员大会。以习总书记系列重点讲话、十九大精神、党规党纪等为学习重点，结合工作实际，进行自我剖析，查找不足，取长补短。截至目前共组织党组理论中心组集中学习 11 次、党员集中学习 46 次、开展主题党日活动 5 次，领导班子成员讲党课 2 次，观看了警示教育纪录片。创新活动载体，增强党建工作活力。一方面，我们紧密结合两学一做、精准扶贫等中心任务开展各类工作。组织帮扶责任人按时入户了解其近况和思想动态、完善扶贫档案、做好台账填写及为贫困户帮扶解困。另一方面，我们紧密结合"七一""八一"等重要时间节点，开展庆祝建党 97 周年及八一座谈会系列活动。结合建党 97 周年：一是召开了庆七一总结表彰大会，对我局涌现出的 12 名优秀共产党员进行了表彰。

三、精准发力，助推脱贫攻坚

一直以来，我局把脱贫攻坚工作都作为一项常态化重点任务来抓，与旗委、政府保持高度一致，要求 103 个帮扶责任人每月入户，了解贫困户的困难并宣传扶贫和惠农政策。根据盟、旗检查组考核验收督查巡察反馈的情况，将贫困户部分信息、贫困户收入进行核实，重新梳理、登记、录入。

为整治扶贫村村容村貌，我局出动铲车 12 台次、大型翻斗车 12 台次、环卫工人 200 人次，对水库村四个自然屯的每条街道、胡同进行垃圾清扫、清运，合计清理垃圾约 200 立方米。村容村貌得到基本改善。并协助水库村村部基础建设工作：为村部提供装修物料、联系施工队为村部打井一眼、铺地板砖、室内粉刷。帮助贫困户发展庭院经济，规划庭院，修建圈舍，春天指导贫困户栽种，秋天协助统一销售。为养殖户提供养殖技术支持和帮助。组织帮扶单位干部职工开展暖心活动，捐赠衣物 253 件。

我局派驻驻村工作队，配合乡党委、政府在五月中旬组织水库村两委换届选举工作，制定水库村"两委"换届选举工作方案，通过"两推一选"成功完成村两委换届选举工作，选出新一届水库村两委班子成员。针对每户贫困户的情况我局进行精准施策，精准发力，对水库村 255 户贫困户入户排查，共统计全村长期慢性病人员 272 人、残疾人员 52 人、患有大病人员 9 人、常年卧床不起人员 5 人，符合学前义务教育人员 133 人，发展庭院经济 196 人。危房改造有 22 户进行翻建，已有 4 户危房拆迁完毕。

四、与时俱进，提高服务效率

我局负责建设的科尔沁镇生活垃圾转运站今年继续开工建设，基础设施和污水处理池已完工，主体建设已完成施工。预计今年 12 月底可以投入使用。

正在运行的生活垃圾处理厂，上半年处理生活垃圾 14200 余吨，日处理生活垃圾约 40 吨，无害化处理率达到 100%，做到日产日清。

无人机航拍中队，利用先进的无人机操作系统，对违法建设、市容市貌检查、脱贫攻坚、地理资源等多个领域进行空地对接，与兄弟单位和上级部门积极合作，充分发挥自身优势，完成各项工作任务。

今年，完成数字化城管平台前期调研工作，待政府招投标工作完成后，进入具体实施工作。我局现阶段的"数字城管"还属于初级阶段，暂时只能实行基础的"网格化"扁平指挥，离真正的"数字城管"差距很大。有差距才能体现做好这项工作的动力与决心，"数字城管"系统在旗委、政府支持下争取在 2019 年全面完成构建。实现互相联动数据互补，构建城市管理基础数据库。

我局在今年的"创优争先"工作中，先后获得了盟级"五四红旗团支部"、全旗"五城同创"暨创建自治区文明城市工作"先进集体"、旗级"五四红旗团支部"、旗级使用蒙古语文工作先进集体、"五·四"信用社杯篮球赛职工组第四名、全旗"五城同创"暨创建自治区文明城市工作"先进个人" 3 名，盟级民兵大比武第 1 名，旗级巾帼"建功标兵" 1 名、旗级优秀志愿者 1 名、旗级优秀党员 1 名、旗级优秀党务工作者 1 名、旗级"最美环卫工人" 10 名、旗级优秀工作者 10 名。在树榜样、做榜样、学榜样的过程中，进一步提高了局党组的号召力，增强了干部职工的凝聚力，提升了全体干部职工的思想觉悟，促进了各项工作的整体发展。

五、存在主要的问题

（一）城市管理和综合执法队伍方面

一是缺乏专业技术人才。噪音扰民职能已划转我局，但没有划转相关专业技术人员，由于工作的需要现急需从事相关工作的专业人才。

二是综合执法队伍人员不足。自我局成立，负责建成区 30 平方公里执法工作。在编一线执法人员数量不足，

三是协管临聘人员待遇低，人员工资每月 2200 元，且没有其他福利保险，同工不同酬，导致临聘人员队伍极不稳定。

四是人员身份问题。按照国务院关于行政执法规定要求，执法人员身份需为行政编制或参公编制。

（二）综合执法装备保障不足

缺少执法专业设备和器材，噪音检测设备、僵尸车拖拽设备，在执法过程中由于缺少专业的器材、设备，降低了执法效率。

（三）市容秩序整治时没有固定安置场所

马路市场、重型机械停放专业市场、夜市等没有建设用地，道路乱摆摊设点、占道经营、拥堵脏乱突出，规范管理难度大。

六、2019 年工作规划

2019 年，我局将以问题为导向，补短板、强基础、树形象，精准发展思路，创新城市管理，深化体制改革，重点做好以下工作：

（一）在巩固提质上有作为

一是深化管理，以点带面，树样板，立标杆。

二是继续抓实建筑工地文明施工和渣土运输管理，责任到人，将管理落到实处，坚决遏制运输车辆带泥上路和抛、洒、滴、漏。

三是进一步抓好市民投诉较多的餐饮油烟和噪音污染整治，解决人民群众的诉求，真正做到人民城市人民管、管好城市为人民。

（二）在重点难点上有突破

一是加快推进公共停车场、垃圾转运站、公共卫生间等城市配套设施的建设，助力"五城同创"继续深入推进。

二是积极抓好小区、社区网格化管理。重点整治背街小巷和小区院落脏乱差，提升城市品位，为百姓创造优美整洁的城市环境。

三是抓好城乡一体化环境整治，全面实行农村生活垃圾村收集、镇转运、旗处理全覆盖。

（三）在创新工作上有亮点

一是积极探索城市建筑垃圾、餐厨垃圾、园林垃圾分类处置体系有效建立。

二是进一步深入推进智慧城管建设。

三是在整治城市"牛皮癣"、狗患扰民、违法建设等城管"顽疾"上下功夫。

四是开展"最美城管"活动，倡导"721"工作法，坚持以服务人民群众为导向，警告处罚为辅助的新型执法方式，努力打造城管执法队伍新形象。

五是对车窗抛撒现象进行严格管理，打造宜居的城市环境。

六是加大对日常工作和法律法规的宣传力度，倡导良好的生活方式，营造"大美前旗是我家，管理全靠你我他"的良好氛围。

加强城市精细化管理　改善城市宜居环境

——城市管理工作交流材料

重庆市南川区城市管理局

2018 年，我区的城市管理工作紧扣习近平总书记"城市管理要像绣花一样精细"的指示精神，坚持以人民为中心，以城区城市品质提升为目标，以城市管理管理水平为抓手，树立为人民管好城市和"大城智管、大城细管、大城众管"的理念，不断提高城市管理的精细化、智能化、人化水平，切实改善城市人居生态环境，让城市更加干净整洁有序、山清水秀城美、宜居宜业宜游，让城市生活更美好。

一、2018 年工作推进情况

（一）狠抓项目支撑，让城市品质"提"起来

立足配套城市功能、增强承载能力、塑造城市形象、打造城市名片，多方筹集建设资金 10 亿元，实施 14 个建设项目，精致化建设城市，努力实现城市形象的完美蝶变。目前，已完成新建投用北郊农贸市场 1 个、人行天桥 3 座、污泥处置厂 1 座、渗滤液处理厂 1 座、公共停车场 2 座及红绿灯更换安装、交叉路口站岛建设、城市公交站亭和道路标识标牌、等市政项目，已进入施工阶段项目有 7 公里的大道道路景观提升工程、城区 50 公里雨污分流改造项目等。全面启动实施公厕革命、城市道桥隧及附属设施提升、城市照明灯饰提档升级等项目的整治工作。

（二）推进马路办公，让精细管理"活"起来

制定区城市管理"马路办公"工作方案，启动实施"街长制""所长制"。区委中平书记、区政府兴益区长亲自带头，区四大家领导参与，深入所联系城市街道和城区社区，现场办公，解决存在问题，积极深入推进城市品质提升。城管局中层以上干部每周到马路上现场办公 2 次，找准影响城市品质提升的短板，一项一策对症下药，责任到人。自开展"马路办公"以来，共发现城市管理问题 535 项，已完成整改 535 项，按时整改率达 100%，城市园林绿化、市容秩序和环境卫生等得到有效治理。

（三）结合"创森"工作，让城市颜值"靓"起来

全面增添绿化绿量。按照"四季有花、随处见绿"和打造"三江六岸、三大主题公园、

八条花卉大道、九大城市节点"的园林绿化建设要求，实施完成了2条城市大道和6个城市节点增绿添园景观改造工程，栽植贴梗海棠、石榴、茶花等开花乔木1650株，栽植月季、巴西野牡丹等灌木花卉植物7.5万余株，栽植面积共计约28500平方米；完成绿地补植16900平方米、除草约18万平方米、行道树修剪和枯枝清理4550株、绿地灌木修剪12000平方米；实现"此花开尽彼花开、色彩错落自成景"景观效果。加大城市园林绿化管护力度，及时补栽补植、施肥、除草、除害等，全面整治裸土、缺株少苗等现象，实现城市绿地保持达100%。开展小区占绿毁绿专项整治，立案查处小区违规侵占绿地案件12件，恢复绿地200余平方米。

（四）提升城市功能，让城市品质"精"起来

按照"总量控制，提档升级，主干道严禁、次干道严控、背街小巷规范"的原则，规范临时占道摊区15个。按照"统一公共停车场标志、统一车位线、统一专用票据、统一服务标识"的"四统一"原则，规范临时停车，新建公共充电桩15处，新增城区停车位1766个、摩托车临时停车位1016个，着力解决"停车难""交通堵"等城市病；加强市政设施维修维护，完成城区1.6万余平方米交通标线施划，修复沥青道路23000平方米，维修花岗石人行道2300平方米，更换休闲座椅320把，维修交通护栏520米，安装和更换弹力柱、挡车球334根（个）；清掏雨水箅子960处、化粪池120座次，疏通管网1435米；维护路灯3200盏次，整治外墙夜景灯饰85处。保证路平灯亮水畅，市政设施完好率98%，亮灯率99%。

（五）治理城市环境，让人居环境"优"起来

按照主次干道18小时、16小时，背街小巷12小时清扫保洁机制，注重日常清扫保洁工作，基本实现城市道路干净整洁；城市生活垃圾做到日产日清，收运生活垃圾88743吨，餐厨垃圾13302.25吨，打捞清理水域垃圾1900余吨，处置城乡生活垃圾101052吨、餐厨垃圾7491吨、污泥1万余吨；启动城乡垃圾分类工作，按照"强化分类宣传、加大设施配备、机关强制分类、社区试点分类、逐步全面实施"的分类要求，实现垃圾减量化、资源化、无害化。按照农村生活垃圾治理"五有"标准，全面推进农村生活垃圾治理工作，集中收运处置农村生活垃圾4.6万余吨，实现行政村生活垃圾有效治理率达100%，村容村貌、村民居住环境得到明显改善，让44.72万农村常住人口受益。并于今年5月顺利通过重庆市级第三方验收，11月的国家验收南川成为唯一一个免检的区县。

（六）加大执法力度，让市容秩序"好"起来

严格执行"包区域、包路段、包楼栋、包门店、包小区"网格责任制，把目标落实到人、责任落实到肩、效果落实到位。实行城市管理协管人员考核、考勤、考试淘汰机制，完善考评考核办法，实行能者上、庸者下，勤者上、懒者下，不断提升执法队伍素质。持续深入开展"强基础、转作风、树形象"专题行动，转变执法方式，加强队伍管理，增强执法效果。创新组织成立南川区城市管理警察大队，针对城区城市道路以外占道停车区城管局与交警队共同执法，处罚单盖两个单位的印章，有效解决城市管理执法的难和道路以外占道停车治理难点的问题。推进景城一体执法工作，组建成立天星景区城市管理执法中队，规范景区内外占道经营、乱堆乱放等现象。开展联合执法，集中对农贸市场、交通秩序、"十乱"行为等进行专项治理，规范、整治占道经营摊、乱堆乱码、乱搭乱建、乱停乱放等行为 5.6 万起。深入开展"蓝天行动"专项行动，查处建筑工地和各类扬尘污染违法行为 152 起、露天烧烤 870 余起；开展小区占绿毁绿专项整治，立案查处小区违规侵占绿地案件 12 件，恢复绿地 200 余平方米。推动审批制度改革，推行"即来即办"模式，完善责任、权力"两个清单"，完成行政审批标准化建设。

（七）整合共享资源，让科技产品"用"起来

新安装城市管理智能抓拍系统，对城市乱停乱放行为实施时时抓拍，及时反馈、及时处置，提高城市管理执法效率。持续提升"12319"城管舆情服务能力和水平，发动市民免费使用城管 APP，成为城市管理义务巡查员，对发现上传问题及时整改，市民投诉问题有效处理率达 95% 以上，市民对投诉处理满意率达 95% 以上。以数字城管为基础，整合公安、环保、建委等部门城区监控设施设备资源，丰富智慧城市管理"神经末梢"、打通"神经元"链接、打破"信息孤岛"和"数据分割"，进一步提升城市管理智能化水平，实现"科技让城市更美好"。

二、存在问题

2018 年，城市管理各项工作得到有序推进，但同时我们也清醒认识到目前城市管理工作与面临的新形势、新要求还有差距和不足。一是城市管理精细化还不够，环境卫生、市政设施、园林管理、市容秩序等城市日常管理还存在盲点漏点、处置不及时等现象。二是市政设施不断陈旧老化，逐步进入维修高频期。特别是外墙夜景灯饰、户外广告等年久失修，存在严重安全隐患，急需尽快排危检修。三是农村生活垃圾治理点多面广，村民卫生意识不强，治理效果常有反弹，长效机制建立还任重道远。

三、下一步工作打算

（一）继续完善管理体制机制，把兴调研转作风促落实引向深入

继续推进"马路办公""街长制""所长制"等"5 长制"工作，通过以路为岗、包责连片、巡查处置、督办考核等方式，扫除城市管理盲区，实现大城智管和大城细管，以务实的作风和扎实的工作，推进城市管理提档升级。

（二）继续推进品质提升工程，把弥补管理短板引向深入

继续实施城市品质提升 14 个重点项目，完成公厕革命、城市道桥隧及附属设施提升、城市照明灯饰提档升级等5项目的扫尾工作，启动园林绿化升级、智慧城管扩容升级项目。

（三）继续抓好城市日常管理，把推进精细管理引向深入

加强精细化管理，常态开展道路清扫保洁、市政设施维护、园林绿化管护等日常管理工作；全面实施城乡生活垃圾分类工作；继续开展城市市容秩序综合整治，优化健全停车管理机制，保障城区井然有序，道路交通畅通；完善考核办法，推进市政行业城乡统筹发展，改善城乡人居环境。

（四）继续加强干部队伍建设，把全面从严治党引向深入

注重城市管理人才培养，牢固树立"四个意识"，严明政治纪律和政治规矩，严格执行中央"八项规定"，增强干部适应新形势城市管理要求的能力，打造忠诚、担当、干净的城市管理队伍。

走好新时代城管改革路
打造城市管理升级版

重庆市綦江区城市管理局

近年来，随着城市化进程的不断加快，交通拥堵、停车位短缺、环境恶化、水资源污染等一系列问题日益突出，城市管理工作面临的任务更加艰巨、责任更加重大。为此，綦江区深入贯彻落实习近平总书记提出的"城市管理要像绣花一样精细"的指示要求，在市委、市政府的坚强领导下，大力推进城管执法体制改革和"放管服"改革，以"大城智管""大城细管""大城众管"为重要抓手，以"马路上办""马上就办"为重点手段，不断打造城市管理升级版，调动市民协同参与积极性，构建城市共建共治共管大格局。

一、优化机构，探索高位协调机制

一是突出"一把手"负责制。整合成立以区长为组长、四大家相关领导为副组长、48个部门单位主要负责人为成员的綦江区城市品质提升领导小组，统筹开展城镇环境综合整治和城市综合管理工作，建立起一个反映迅速、运行高效的问题收集、政策研究机制，确保"老大难"问题由一个专门办公室收集，处理措施由一个平台研究，政策出台由一个口子出去。

二是分门别类完善项目库。按照《重庆市城市提升行动计划》提出的"干五年、看十年、谋划三十年"的总体思路和"年年有变化、五年上台阶、十年大变样"的工作要求，以及《重庆市城市综合管理提升行动方案》提出的"以整洁有序为基础、品质特色为重点、味道神韵为追求"的工作思路和"半年见成效、一年让群众有明显感受、三年大变化、五年大提升"的工作目标，参照发改委重点项目模式，分门别类建立项目库，突出问题导向，以"大城细管大城智管大城众管"和"三化三治三包"相结合为重点举措，分别从精细化、智能化、人性化着手提升城市管理水平，确保城市品质提升动真格、见实效。

二、优化体制，深化城管执法改革

一是对标对表实施体制改革。坚定城市执法体制改革步伐，根据全市统一部署，合理界定城管综合行政执法的职能范围，高效稳妥实施城市管理事权调整，顺利完成城市管理执法重心和环卫重心前移街道，创新探索"门前三包"责任制、市容环境卫生包片制、城市管理街长制同步实施、同时推进、同向发展，形成以区为核心、街道为重点、社区为基础的多级管理机制。

2018 年开始，綦江区城管局以新城区为主要阵地，持续深入开展城区停车秩序专项整治，行动累计依法拖移违停摩托车 903 辆、轿车 206 辆，依法锁扣轿车 590 辆，现场处罚违停车辆 835 辆，劝离机动车 553 辆，宣传教育违规人员 1920 人次，取得明显成效，市民纷纷点赞。除停车秩序整治外，城管部门统筹部门街镇力量，开展了一系列针对物流快递、夜市烧烤、果蔬批发等以路为库、以路为市的专项整治行动，市容市貌得到有效治理，城市环境变得更加清爽干净有序。

二是定期培训强化队伍建设。开展"请进来"教学培训和"走出去"考察培训，学习先进地区经验和方法；持续深入开展城管队伍"强基础、转作风、树形象"专项行动，2017 年因该项行动表现突出获得了国家住建部通报表扬。三是全面推进联合执法。围绕创文创卫工作，全面发动系统干部职工，协同公安、工商、食药监、街道等部门，强化联合执法力度，维护天蓝水清地绿、路畅花香有序的市容环境，推动綦江小康、幸福、和谐、文明、绿色"五个家园"建设。

三、优化模式，探索城乡治理创新

一是积极探索市民协同合作新模式。积极招募网友参与城市管理活动，通过"网友见面会""体验执法岗位""现场探讨""为城管网评点赞"等形式，探索出一条群众参与共建的"新路子"——网友"找茬式"管理模式。在 2018 年重庆市委宣传部、市文明办、市城管局指导举办的"发现重庆之美"调查推选活动网民点赞环节中，取得全市排名第二的好成绩，成为重庆市十大城市治理创新范例之一；开展"城管进社区"系列活动，通过为市民写对联、作宣讲，执法情景模拟表演等，进一步密切城管与群众关系，激发群众参与热情。

二是试点推进生活垃圾分类处置新模式。为有效解决农村生活垃圾"混装混运"问题，提高农村生活垃圾治理水平，提升农村人居环境质量，助推乡村振兴战略在綦江落地落实，在实地学习浙江省金华市金东区先进经验后，以隆盛镇玉星村为试点，修建起全市首座农村生活垃圾分类处理站（生态堆肥站），为全区生活垃圾处置场减少填埋量 660 吨 / 年，节省垃圾处置费近 10 万元，为当地村民直接创收 8 万余元，同时垃圾回收利用后制成的有机肥为当地年均创收 20 万元，依托试点经验，形成财政可承受、市民可接受、面上可推广、长期可持续的生活垃圾分类模式，逐步推进垃圾分类向全区覆盖。

三是建立起"户集、村收、镇转运、区处理"的生活垃圾收运处理体系，服务覆盖全区 302 个行政村，有效治理行政村比例达 100%。

四、优化措施，促进管理效率提升

一是坚持问题导向，围绕市场规范、秩序整治、制度建设等重点工作，本着"事情不过夜、三天有着落"、先易后难，层层推进原则，区领导带头抓落实，建立起问题发现督办一体化机制，对全区3个街道、17个镇实施定期督查，汇总整理问题图片3999张，督促整改市容环境问题2541起。

二是规范一线巡查管理工作，拟制城市管理工作手册，建立起包括数字城管、12319城市管理热线、大家管APP、一线巡查、日检查、周反馈、月排位的多层次发现问题、交办问题、指导解决落实问题的工作机制，累计受理各类城市管理问题共24636件，按时结案24511件，按时结案率99.5%。

三是推进智慧城管建设，按照精确巡查、精准定位、实时跟踪的工作原则，建立"桌面"和"路面"无缝衔接机制，形成科学、高效的快速反应体系，取得了城市智慧化管理、快速化反应的效果。打造全新"綦江城管在线"微信公众号，推出"微服务""微政务""微学习"3大板块共12项服务功能，让市民通过手机就能快捷找到附近公厕、停车场，随时随地了解城管动态，实现在线实时互动。下一步，綦江区城管局将在数字城管平台上拓展智慧城管功能，因势利导打造智联平台，优先启动"路灯智能管理""智能垃圾桶""危险源监测系统"等智慧化城管项目，让綦江城市管理更"聪明"。

五、优化环境，扮靓綦彩画廊风景

一是坚持精细管理，打造城区绿化景观。实施增绿添色工程，按照时节更换城区各重要节点草花近8万盆，定点定株完成行道树涂白、病虫害防治，确保綦城"推窗见绿意、出门闻花香"。

二是坚持补齐短板，完善基础设施建设。引入社会资本，强化市场运作，成功打造2个公益农贸市场，解决老城区近13万居民"买菜难"问题和摊贩"卖菜难"问题。从街面到社区探索建设城区"立体停车位""公交停车港湾"，城市交通承载能力明显提高，市民出行更加畅通。

未来，綦江区将坚持以服务人民为宗旨，树立巩固"人民城管"良好形象，聚力"治乱拆违、街净巷洁、路平桥安、整墙修面、灯明景靓、江清水畅、城美山青"等七大工程重点工作，以"净化、绿化、美化、治乱、治污、治堵"三化三治为具体思路，以榜样示范力量带动全区人民群众共建共治共管，拉开"人人都是城市管理者"的"全民城管"时代序幕！

"强转树"打造过硬队伍
克难攻坚圆满完成任务

——2019，邕宁城管以更努力的姿态去迎接每一个挑战

广西南宁市邕宁区城市管理综合行政执法局　黄　卉

2018年，对邕宁城管系统来说，是一个挑战与机遇并存颇多的年份。园博园开园、广西公路自行车世界巡回赛、自治区60周年大庆等活动的开展，对邕宁城管的工作提出了更高的要求。这一年，邕宁城管以"强转树"为立足点，严格内部监督，强化队容风纪，打造一支素质过硬的队伍，圆满完成城区交付给城管系统的每一项任务。

"强转树"提升队伍素质

时间紧，任务重，这是2018年邕宁城管系统面临的一个情况。想要在指定时间内高质量的完成任务，打造一支素质过硬的队伍是基础。

结合工作实际，邕宁城管局局长梁鸿涛在城管系统提出"强基础、转作风、树形象"这一工作方式，目的是打造落实教育、监督并重，查摆、整改结合的推进机制，通过三大举措确保"强转树"活动内容落到实处，打造勇担当的城管队伍。为达到这一目标，城管系统首先是对新进的人员开展集中军训，并在军训中穿插业务培训及实操训练，既能磨炼新入人员的吃苦精神，增强其纪律意识，又能从整体上提升队伍的团队意识和担当意识；其次，城管系统还注重夯实干部职工的业务知识和法律知识，城管局于2018年3月挂牌成立法规室，一方面为城管工作提供法律支持和服务，指导全局的依法行政工作，另一方面则利用法规室的法律专业人士资源在城管系统开展法规培训，加深执法队员对城市管理法规的理解，强化法定执法程序的遵从意识，巩固执法队伍的执法工作基础；此外，城管系统还注重强化队容风纪，采用局机关和局属各单位交互检查、不定期对城管系统日常风气进行督促检查方式，对在岗不履职、监管不到位、行为不文明、作为不及时等不良行为和现象进行明察暗访，对发现问题的人员立即在城管系统内进行通报批评，同时责令当事人立即进行整改，要求其他人员引以为戒，从而打响了作风纪律整顿的当头炮。

在这些措施的推动下，邕宁城管通过实际行动做到真落实、真整改、真提高，努力实

现城市形象和城管队伍形象的双改善、双丰收，打响邕宁城管"强转树"攻坚战，努力打造作风过硬、业务精通、廉洁勤政、勇于担当的城管队伍。

举全员之力完成保障任务

2018 年，我城区迎来园博园开园、自治区成立 60 周年等重大活动，为完成城区交付的各项任务，城管系统全体干部职工主动作为、迎难而上，高质量完成保障任务。

4 月 14 日上午，自治区党委书记鹿心社在园博园开展调研工作。为做好保障工作，城管局领导班子前一天接到上级任务后立即召开工作布置会，明确工作分工和工作方法。当天晚上，城管系统的党员全员上岗，局属各单位的党员干部充分发挥带头作用，有担当，讲大局，主动牺牲个人休息时间，激发了职工的工作活力。4 月 13 日下午至 4 月 14 日清晨，城管系统一线干部职工全员通宵加班，看到党员干部都在勇于承担责任、积极完成分内的工作，职工们也毫无怨言，共同把工作做好。

9 月 17 日，超强台风山竹向我城区袭来，为保障全城区人民生命财产安全，城管系统"两天一夜"全员上岗——城管执法人员在台风来临前一天就开始进行户外广告牌的排查清拆的工作，要求各大型户外广告设置单位做好台风过后自检自查工作，做好户外广告设施维护加固工作；市政工作人员抓紧做好路灯加固工作，重点排查低洼地带及人行通道的路灯设施，确保不出现电线裸露或包胶破损的情况；园林所的干部职工 24 小时来回巡逻，开展树木加固和修剪工作，避免树木倒伏阻塞交通和砸伤行人；城管执法队和环卫站迅速成立应急分队，精准调度、通宵作业，及时清扫垃圾、落叶，及时清理倒在路面的树木等，确保不因垃圾落叶堵塞沙井盖造成积水，及时排除安全隐患和险情，保证道路通畅。当晚台风离去后，城管系统的干部职工都没有立即撤离，而是留守现场，对每一个点反复查看和勘验，确保工作做到位，城区居民生命财产安全不受损害。

在全体干部职工的努力下，城管系统高质量完成城区交付的各项任务，在 2018 年全市"大行动"每月考评工作中，取得了 6 个月的第一名，1 个月的第二名的好成绩。在城区开展的各项保障任务中，城管系统全体党员干部迎难而上，积极肯干，得到了自治区、市级及城区等各级领导的肯定。

2019 年，邕宁城管奋力前进

2019 年将迎来中华人民共和国建国 70 周年，以此为中心，邕宁城管全面铺开市容保障、遏制"两违"等方面的城市管理工作，为城区的发展保驾护航。

市容保障，狠抓不放。以创文明城、创卫生城、创食品安全城市等创建迎检工作及各类重大活动保障为抓手，并以园博园、学校、广场等景观线路、主要道路、受检场所周边、重大活动场所周边为重点，以点带面，不断深入开展"美丽邕宁·整洁畅通有序大行动"，

（二）做好市容环境污染治理，提升市容环境质量

1.完成了新一年度县城区主要街道（小街小巷）清扫保洁垃圾收集清运、旅游公厕清洁卫生作业服务公开招标工作，承包期为三年。开展街道（路面）扬尘污染治理，清扫保洁总面积比上年度增加89%。街道（路面）机械化清扫作业率达73%，街道（路面）洒水降尘面积599816平方米，大大降低街道（路面）清扫扬尘染污，县城区市容环境得到了进一步质的提升。据统计，今年接到网络社区投诉6起，电话投诉10起，已及时处理并作答复16起，处理率100%，群众满意率达100%。

2.开展市容"五乱"整治。对县城区内市民丢弃堆放在主要街道、小街小巷路边的建筑垃圾、废旧家具进行整治，聘请社会劳工清运到填埋场进行覆土填埋。加强督查组巡查力度，不间断往返巡查，发现问题及时清运处理，乱堆乱放现象得到了很好改善。

3.结合我县"创建特色旅游名县""中国龙舟公开赛昭平站""党旗领航.电商扶贫我为家乡代言""奔跑广西环城马拉松比赛活动""自治区第三督查反馈意见整改落实情况回头看督导""创文明县城"一系列迎检工作。今年各项迎检工作时间紧、任务重，领导高度重视，认真对待，成立整治工作小组，制定工作方案，明确责任，调度人员分片负责，要求对各自责任路段进行督查、检查到位，对出现的问题要汇报并马上整改，齐抓共管，通力协作，狠抓落实各项工作。

（三）抓好绿化维护管理，努力提升城市绿化质量

做好县城公共绿地日常养护管理作业对外承包作业项目采购及承包合同的签订工作，及时制定巡查制度，实行干部职工分片巡查承包公共绿地，督促承包单位按季节管护县城公共绿地，完成了修剪行道树471株，施肥1.5吨，并要求每月修剪绿篱、草坪一次。完成对黄泥裸露县城主街道东宁路、西宁路、河西路、育才路、北秀街、永安街树池铺设草皮共计1092平方米。无偿支持了昭平县黄姚镇凤立村苗木751株，昭平县国威农业有限公司苗木267株。完成了春节县城街悬挂灯笼10586个，摆放鲜花2703盆，在宝塔公园、文化广场、体育场等公共绿地摆放创文明县城宣传牌30个，发放宣传手册50份，并在宝塔公园设立志愿者服务站一个，大大提升县城公共绿化质量。

（四）狠抓县城市政设施维护工作

1.完成对我县重庆街、南华街及邮电局小巷道路维修改造工作，及时对破损井盖修复，疏通县城堵塞的排水口约80处，防止汛期造成的洪涝灾害发生。加强与县城管线部门沟通协作，加大对各类地下管线、检查井巡查管理力度，先后共督促移动、联通、电信、电力、供水等部门维修各种破损检查井盖板10处（次），及时联系相关部门，修复破损井盖，防止安全事故的发生。督促桂兴工业投资有限公司进行县城强电下地工程及六中路网的实施，要求其施工过程中做好施工围挡，防止安全事故的发生，保障工程能顺利的实施。

（五）努力推进路灯日常维护管理工作

2018 年投入县城区路灯维修资金约 50 万元。一方面加大力度抢修原短路烧坏的路灯地下电缆及路灯节能改造，将原高能耗、低发光效率的高压钠灯改造为低能耗、高发光效率的 LED 灯进行改造；另一方面完善修复桂江两岸竹林的亮化设施及建筑物立面轮廓景观亮化设施，确保县城路灯亮化率的覆盖面。

（六）完善设施配套，夯实城市硬件

1. 2018 年 1 ~ 11 月份，县城污水处理厂共处理生活污水总量 320.59 万吨，负荷率约 97%。按照我局工作要求，及时督促好县污水处理厂每日的设备检修和检查，确保污水处理厂稳定运行，确保处理水质达到设计国家一级 A 的排放标准，杜绝各类环境安全隐患的发生。

2. 2018 年 1 ~ 12 月份县城生活垃圾卫生填埋场填埋处理生活垃圾约 33239.90 吨，其中县城区约 18428.59 吨，乡镇约 14811.31 吨（含昭平镇及富裕村、走马镇、马江镇、五将镇、文竹镇、仙回乡、黄姚镇和黄姚景区等），垃圾无害化处理率达 100%。1 ~ 12 月份垃圾渗滤液处理达标排放量约 14500 吨。完成了"昭平县生活垃圾热解低温余热发电厂项目"特许经营权协议的签订工作，目前项目公司正在按程序办理项目建设的各项前期审批手续，预计 1 年左右可完成项目建设并投入使用。

（七）做好燃气管理工作

1. 全年加大了对燃气企业的安全监管力度。在监管方式上，采取"常规化与重点化"相结合的形式。对重点监控企业做到每季度不小于 1 次的例行安全检查。同时，结合"安全生产月"和重大节日前安全生产检查等专项行动，对全县各燃气企业及各供应点开展全面的安全生产检查。做到检查不留死角，隐患不除不放过。联合县公安局消防大队、所在乡镇派出所、城管大队等部门，先后赴富罗、五将、木格、北陀等乡镇开展了 3 次打击非法瓶装燃气冲装整治大排查行动。取缔无证经营点 2 处，有效的遏制了瓶装燃气违规现象，一定程度上规范燃气经营秩序。今年共对全县各燃气站点累计检查达 86 次，发出整改通知书 6 份，企业整改率为 100 ％。2018 年全县各燃气企业未出现因人为过失而造成的安全事故。

2. 昭平县县城管道天然气项目通过历时 14 个月的努力奋战，于 2017 年 12 月 29 日举行通气仪式，2018 年 7 月取得燃气经营许可，标志着县城管道天然气竣工投产运营。2018 年先后完成榕园、天鹅塘、凤凰花园、永利新城及河西片区等小区的庭院管道工程铺设工作，完成入户安装 5100 余户，完成年度投资 1000 万元。

（八）四个镇级污水处理设施建设项目

1. 立项与可研已获县发改局批复；

2. 土地预审已获县国土局批复；

3. 选址意见书及项目建设用地规划许可证已获县住建局批复；

4. 环境影响评价报告表已获县环保局批复；

5. 水土保持报告方案已获县水利局批复；

6. 五将镇、马江镇污水处理设施建设项目林地使用可行性调查编制报告已获自治区林业厅批复；

7. 五将镇、马江镇、北陀镇、富罗镇人民政府已完成征地工作；

8. 五将镇、马江镇已获得自治区建设用地批复；

9. 已完成地质勘探工作；

10. 已完成社会资本方招标和采购结果谈判工作，正在拟定各项协议及审查协议工作；

11. 项目初步设计编制已通过专家评审，设计单位正在按专家及相关部门提出意见修改完善中；

12. 入河排污口设置编制已通过专家评审，编制单位正在按专家及相关部门提出意见修改完善中。

（九）严格规范管理市场服务工作

一是加强对市场的安全监管，采取"常规化与重点化"相结合的形式。对县城、各乡镇市场做到不少于15次的例行消防安全检查，重大节日前开展消防安全生产检查专项行动。今年共对全县（含县城）、各乡镇市场累计检查达40余次，发出整改通知书100余份，市场检查整改正在进行中。确保了今年1～12月份全县（含县城）、各乡镇市场安全无事故。二是配合做好了开展全县（含县城）、各乡镇市场有序经营整顿、卫生检查等工作，更有效的规范市场经营秩序。三是抓好全县（含县城）、各乡镇市场经营，收取市场设施租赁费工作。

（十）狠抓市政管理队伍建设，提升市政形象

一是开展查处发生在群众身边的"四风"和腐败问题专题教育，不越红线、不踏高压线。二是落实党风廉政建设"两个责任"，推进惩防体系建设，局主要领导严格履行"第一责任人"责任。三是对认真落实中央八项规定精神自查自纠及整改和第六巡视组反馈问题整改。

二、存在问题

1. 因县城历史发展原因，旧的城市排水管道已很难适应经济发展的排水要求，更严重的是很多违章建筑还挤占排水工程的空间。人为蓄意破坏市政设施现象时有发生，导致工作易出现反复，人行道路墩桩反复被人蓄意拆卸。

2. 在燃气的日常管理中，我县目前主要存在一是燃气市场的非法经营现象仍有发生；二是我县燃气行业联合执法机制有待进一步完善。

3. 居民环境卫生意识薄弱，乱丢乱倒垃圾的现象屡禁不止，门面"三包"责任制没有落实到位，缺乏相关的追究责任制和管理制度。

4. 执法人员严重不足，城市管理规范化、精细化、长效化管理标准不高，便民市场、停车场等专业市场建设滞后，长效管理机制建设难度大，马路市场、占道经营、乱停乱放等市容环境整治反弹现象仍然存在。

5. 昭平县城是雨水偏多地区，且县城内旧城区排水系统均为雨污合流，没有采取雨污分流，入流污水处理厂的 COD 浓度被雨水稀释降低，加上城区内的污水管网布设不完善，造成污水收集不齐，污水处理量少，从而影响污水厂进水 COD 浓度偏低。

三、2019 年工作计划

1. 抓好市容秩序管理工作。围绕"洁、绿、亮、美、畅"目标，进一步加大执法管理工作力度，对阻碍城市管理执法的违法行为实行从严、从重处理，把城区管理工作提高到一个新的水平。

2. 积极推进我县 4 个镇级污水处理厂一期工程建设项目，力争 2019 年 10 月份前完成 4 个镇级污水处理厂竣工试水工作。

3. 完善垃圾分类制度，进一步推进垃圾分类收集工作，促进我县生活垃圾逐步走上资源化、减量化、无害化处理目标。

4. 继续抓好江滨新区的路灯照明设施移交、接管前等各项工作。

5. 抓好扬尘治理工作，重点围绕抛洒滴漏等污染道路行为，积极开展"治脏"行动，严厉惩处渣土污染路面的行为，同时加大路面的洒水降尘频次，以确保扬尘治理的成效。

6. 坚持以"创广西特色旅游名县""创全国全域旅游示范县"标准为契机，继续加强监管，落实店面、商铺"门前三包"责任制。

7. 继续督促各燃气企业提高依法加强安全管理的自觉性，立足于提前谋划、尽早预防、及时部署抓好安全生产，实履行法定职责，不断改进管理方法，完善管理制度，创新工作机制，提高安全管理工作水平。

8. 加强党风廉政建设、抓团结，坚持重大事项、重要工作集体研究决定，形成团结进取求真务实的工作作风。

在城市精细化管理中下足绣花功夫

——岳麓区城市管理工作的调查与启示

湖南省长沙市岳麓区城市管理和行政执法局

近年来,岳麓区委、区政府高度重视城市管理工作,按照"城市管理应该像绣花一样精细"的理念,从理顺机制、细化标准、加强整治、提升品质四个方面着手,全力构建"管理常态化、标准精细化、覆盖全域化、整治长效化"城市管理模式,逐步形成了特色鲜明、环境优美、功能完善、秩序井然的"山水洲城、秀美岳麓",城市管理考核综合成绩排名走在全市前列,为建设长沙西引擎、西高地提供了强有力的品质保障。

一、理顺体制机制,把责任落实到每个岗位

岳麓区坚持理顺体制机制,层层压实责任,形成工作合力,全面提升城市管理水平。

一是树立"一盘棋"理念,健全责任清单。制定出台《关于进一步加强城市管理工作的意见》,进一步明确区城管系统责任清单,强化"四局两队"城市管理主体责任,落实街道(镇)对辖区内城市管理工作负总责的属地责任,完善"区、街道(镇)、社区(村)"三级联动工作模式。注重协调好与湘江新区、高新区、驻区单位的关系,统筹好城管系统职能部门与街镇、职能部门与市场化维护公司、街道(镇)与社区(村)的关系,处理好干部与群众、执法主体与经营业主的关系,强化工作合力,变"独唱"为"合唱",形成齐抓共管的良好格局。

二是实行"网格化"管理,推动重心下沉。严格按照"属地负责、部门联动、管理为主、执法保障"的原则,实行"区域式联动、网格化管理"迎检考核新模式,街道、市政、环卫、园林、执法以社区、路段为基础划分网格,每个网格均明确联点单位班子成员、街道干部、社区工作人员、城管执法干部、城管协管员、维护工作人员责任,做到人员到位、工作到位、责任到位,实现从被动处置问题向主动发现问题转变,从事后执法向前置服务管理转变,构造一张可测量、可控制、可监督的城市管理网络。

三是发挥"指挥棒"作用,层层传导压力。学深悟透全市城市管理工作要求,总结往年岳麓区城市管理工作得失,进一步健全和完善城市管理工作考核体系。把城市管理工作纳入党政班子绩效考核体系,推行绩效考核末位约谈、问责制,对在市对区月度考核排名

末两位的街道（镇）、社区（村）予以通报批评，对连续两次排名末两位的街道（社区）主要负责人实施约谈。同时，实行考核结果与下拨经费挂钩的奖惩机制，设立社区城市管理工作示范奖。通过严格考核来强化管理责任、传导工作压力、推动工作落实，从根本上改变"上热下冷、上急下缓"的工作状态。

二、提升管理标准，把操作精细到每个环节

岳麓区坚持以标准化建设提升城市管理精细化水平，进一步增强"标准"意识，完善"标准"体系，推进"标准"落地。

一是对标先进城市，科学制定标准。内学杭州、上海，外学新加坡等城市管理先进经验及维护标准，结合全区实际，围绕建设、提质、恢复、维护、绿化、移交等六个方面，制定了系统完备、操作可行的标准手册，有效破解了城市管理专业维护"无标准可依、无章法可循、无规范可讲"的难题。比如，主次干道实行18小时常态保洁及5分钟快速保洁，重点区域实行24小时全天候保洁；机动车辆通行道路范围内不得有低于4米高度的枝条；市政道路养护小修保养工程量不超过100平方米。

二是全面优化举措，严格对照标准。牢固树立"标准就是铁规"的理念，强调不折不扣抓执行、抓推进，确保把每一项标准落实、落细、落到位。环卫方面，全面推行精细化作业，推动道路保洁由"清扫"向"精洗"全面转变，确保城区主次干道机械化清扫率达到80%。市政方面，实行市政"保姆式"管养，推广路面、人行道、排水管网纵向维护管理模式，综合运用"四新"（即新材料、新工艺、新设备、新技术）手段，全面提升市政设施品质。园林方面，着力打造生态园林、民生园林、文化园林、品质园林"四个园林"，做到"六无"要求。

三是健全保障机制，确保落实标准。将社区（村）的城市管理工作经费列入年度工作预算，并逐年递增。针对以往"以费养事、以费养人、人事不分"的维护经费体制，岳麓区加大专业维护经费投入力度，实现了市政、环卫、园林公司人员经费、维护经费、建设经费三分开。同时，统筹市政、环卫、园林维护设备购置，采取"政府一次性采购、分期付款"的方式，切实保障了城市管理维护工作的有序推进。

三、突出严字当头，把治理延伸到每个角落

岳麓区坚持抓好"三个突出"，着力扫"斑点"、除"毒瘤"、治"顽疾"，做到城市管理有人巡查、问题有人纠正、执法有人配合。

一是突出源头治理。狠抓源头治理不放松，强力推进在建工地、砂石工地、超限超载、社会路口硬化等源头治理工作。成立区治理扬尘污染综合整治办公室，负责全区渣土扬尘整治工作，强化"三黑"（黑混泥土搅拌场、黑砂石场、黑渣土消纳场）源头治理和基建

工地管理，对违法违规行为一律顶格处罚。今年以来，共计拆除黑混凝土搅拌场 2 处，关停黑砂石场 22 家，取缔黑渣土消纳场 3 处，查处基建工地 11 家，处罚无证运输车辆 57 台。严格全区城市主次干道、重要节点、重要区域的商业门店准入，有序取缔废品收购店、石材加工店、油烟污染严重门店等，切实扫除城市顽疾。

二是突出专项治理。持续推进"史上最严城市管理"，对拆违控违、户外广告招牌、西二环线、店外经营等，分类别、分时序强力推动专项整治行动，迅速掀起城市管理执法工作"严管重罚"的新高潮。今年以来，共计拆除历史违章建筑 182 处、7.37 万平方米，拆除新增违建 165 处、2.97 万平方米，完成拆后场地清理 90 处、9.65 万平方米，新增道路两厢绿地 2.03 万平方米；拆除各类违规户外广告招牌 279 处、1.49 万平方米。

三是突出片区治理。成立高规格的岳麓山国家大学科技城市容环境秩序综合整治工作领导小组，集中抽调精干力量，对该片区内环境卫生、市容秩序、基础设施等进行综合整治与提质改造，目前已对第一批 382 个问题进行了集中交办，切实提升了片区内城市环境品质。加大梅溪湖片区、洋湖片区等重点区域的环境综合治理，投入 400 万元建设大王山专业洗车场，全天候对入城的货车进行全面清洗，确保坪塘大道、西二环线等城市主干道的干净整洁。

四是突出常态治理。持续保持 1000 万元财政投入，创新门前三包"增量扩面减额重奖"制度，推行管理"三单"（即温馨提示单、黄牌警告单、案件移送单）制，强化非诉案件强制执行效率，严格日常督查考评，充分激发门店业主参与城市管理的积极性，确保常态长效。全面启动"行走岳麓 倡导文明 打造河西靓城"大行动，采取"随意走、有意看、随手拍、实地交、限时办"的方式，深入基层一线，对全区的主次干道、重要广场、社区、背街小巷的市容秩序、设施设备、环境卫生、维护现状等工作进行全面巡查。运用互联网＋城市管理，强化街道（镇）城市管理调度中心的作用，形成全天候、全时段、全方位的综合监管模式，确保维护管养按规、按质、按量落实到位。

四、坚持工匠精神，把品质贯穿于每个步骤

岳麓区坚持以"绣花人"精神，大力开展"提品质"行动，全方位提升城市内在品位，在建设品质岳麓中主动作为、率先突破，做到内外兼修。

一是在设计上注重品质品位。坚持以品质为追求，严把设计单位招标准入门槛，择优向全省乃至全国设计企业进行招标，从中选取有资质、有经验、有诚信、有品位的设计单位，确保规划设计一次到位。大力挖掘改造项目所在区域的人文、历史底蕴，全面凸显岳麓品质，做到"一项目一特色"。在规划社区提质提档项目上，坚持硬件提质与软件提档并重，既注重完善社区道路、停车、保洁等基础设施建设，又切实解决社区供水、供电、抽油烟等软件建设，从根本上疏解老旧社区"脏乱差"难题。在主次干道提质改造设计上，按照车行道、人行道、管网、绿化、立面、景观亮化"六位一体"标准，使城市既有"里子"又有"面子"。

二是在质量上注重严格把关。按照"最高规格、最优人员、最强保障"要求，成立区城管品质工程项目指挥部，抽调精干专业力量，全程组织城管品质工程项目的建设、管理、验收和后期移交等工作。把城管品质工程与造绿复绿、社区提质提档、道路提质改造等项目整合，压实建设主体管理责任，实施"季统筹、月目标、周安排"的推进模式，严把项目实施质量关。加大项目建设的监管力度，在选材、工序、工艺等方面严格把关，充分调动当地群众参与项目建设监管的积极性，全面保证工程建设的高标准、高质量。

三是在建设上注重打造亮点。在项目建设上既注重整体推进，又注重节点雕琢，从兼顾功能使用和精致精美出发，着力对重要区域节点进行提质改造。近年来，岳麓区在社区提质提档、三年造绿与城市干道提质改造等方面加大投入，精心打造了咸嘉湖路、长望路"树随路走，花伴人行"的景观节点，塑造了金星大道、潇湘大道绿化提质改造精品道路，让城市色彩丰满起来。其中，金星大道按照商业娱乐区、政务服务区、居家生活区等三区段"一段一特色"进行改造，在每条路段栽种不同主题的树种，形成了"远看像森林、近看像园林、细看像园艺"的绿色走廊；潇湘大道在植物配置上，以适生的乡土树种为主，注重打造林荫道路建设，增加绿量与植物的季相变化，打造了"三季有花、四季常绿"的绿化节点观光带。

岳麓区坚持以创新为引领，从管理和服务入手，进一步建立和完善精细化的城市管理模式，让人民群众在城市生活得更便利、更舒心、更有获得感，为我们做好新形势下的城市管理工作提供了有益经验和重要启示。

启示之一：做实城市管理工作，要坚持攻坚克难的决心。岳麓区涵盖新城、旧城、乡村三大板块，既要建新城又要改造旧城，既要实现城区现代化又要推进城乡一体化。面对种种困难与挑战，岳麓区委、区政府迎难而上，积极作为，主动担当，从加强顶层设计入手，出台了《关于进一步加强城市管理工作的意见》，制定了系统完备的"六个标准"手册，为做好全区城市管理工作提供了指导性意见。同时，狠抓污染源头治理，强力推进拆违控违，顶格处罚违法违规现象，全面提升西二环线管理维护水平等一系列举措的实施，无不彰显敢啃"硬骨头"的决心。城市管理工作千难万难，只要下定"逢山开路、遇水架桥"的真决心，拿出标本兼治、常态长效的实举措，就能在压力中找到动力，在困难中找到突破，实现城市面貌的焕然一新。

启示之二：做优城市管理工作，要体现久久为功的用心。岳麓区针对超限超载、"三黑"、拆违控违、乱摆摊担、户外广告等城市管理突出问题，建立健全常态长效管理机制，着力实行网格化城市管理，全面强化巡查管控，变被动处置问题向主动发现问题转变，从事后执法向前置服务管理转变，让城市管理成效得到进一步巩固。城市管理是系统工程，不是一蹴而就，一朝一夕就能完成的。城市管理工作要实现常态化、长效化，就必须改变以往运动式、突击式、应付式的方式和习惯，变被动管理为主动服务，变末端执法为源头治理，拿出"久久为功"的韧劲，持续推进城市管理上新台阶。

启示之三：做细城市管理工作，要追求精致精美的匠心。岳麓区在加大城管品质工程项目投入的同时，在施工设计上既注重择优选取设计施工单位，又注重挖掘改造项目所在区域的人文、历史底蕴，全面凸显岳麓品质，做到"一项目一特色"。在建设实施中，既注重整体推进，又注重节点雕琢，从兼顾功能使用和精致精美出发，着力对重要区域节点进行提质改造，精心打造了金星大道、潇湘大道、阳明山庄社区、学堂坡社区、农趣谷等一批领导认可、群众点赞的亮点工程、精品工程。坚持品质至上，不是蛮干，而是巧干，不是粗枝大叶，而是精雕细刻，要像绣花一样搞好城市建设管理。城市管理工作只有摒弃一般化、过得去的思想，发扬匠心精神，才能不断提升城市品质，展示城市良好形象。

启示之四：做好城市管理工作，要彰显以民为本的真心。岳麓区在城市管理中处处体现了以民为本的情怀，注重调动人民群众参与监督管理的积极性，共同打造民心工程、实事工程。尤其是在推进社区提质提档、主次干道提质改造、三年造绿行动等重点工作中，注重同步解决关系老百姓切身利益的水电路气等问题，让幸福感在老百姓家门口升级，从而赢得了群众的支持与点赞。城市的核心是人，城市管理的目标就是让生活在这座城市中的人有更多的幸福感和获得感。因此，城市管理必须始终坚持以人为本、共建共享的理念，充分调动老百姓的积极性，把群众满意作为城市管理的出发点和落脚点，坚持做到人性化管理，置管理于服务之中，这样城市管理工作就能取得事半功倍的效果。

加大执法监管力度　营造有序社会环境

——执法局 2018 年工作总结

黑龙江省塔河县城市管理行政执法局　高　翔

一、重点工作总结

年初以来，我局认真贯彻县局"两会"精神，全力推进各项重点工作落实，取得了阶段性成果。

一是"美丽乡镇"主题实践活动。2018 年美丽乡镇深入推进工作，自七月份开始，由 22 名县、林业局副处级领导包片，镇内划分 33 个区域，共计 127 家单位参与活动，塔河镇内所有包片单位主要对各自包片区域进行综合整治，其中包括：县内各机关企事业单位、综合办公楼、学校、幼儿园、驻塔部队等的房前屋后、院落内的杂草，凌乱摆放物品，特别是死角死面的清理；城镇基础设施、居民小区环境、公共场所环境、城区市容环境、重点部位环境。乡镇、林场、管护区根据以上内容集中开展综合整治工作。活动期间，镇内各责任单位累计使用装载机、翻斗车等机械设备 189 车次，清理平房区杂物、堆放物 627 处，修复板杖子 7800 延长米，平整场地 2860 平方米，清理边沟、杂草 57500 平方米；清除楼道内杂物 1960 余处，出动云梯车 40 余次，摘除楼体外悬挂储物篮 117 个，清理乱贴乱画小广告 6500 余处，完成了对塔河城区内各小区 11 台僵尸车的清理和集中存放工作，通过各单位共同努力，治理了长期影响市容市貌的卫生环境死角、死面，得到了居民的认可。

二是加大城市环境、秩序监管力度。开展了以治理主要街路两侧商户乱堆乱放、占道经营等行为行动，清理门前乱摆乱放街道 5 条（昌盛路、建设大街、文化路、中央大街、友谊大街），出动执法车辆 90 余次、执法人员 400 余人次，为建立我县专业化市场，将电器、机动车维修等集中经营做好前期准备，市场秩序得到有效规范。加强对市政设施巡查监管，对破损道路、缺失井盖、侵占绿化带等现象进行了治理，对发现问题及时反馈市政、园林绿化等部门进行恢复，保障居民百姓出行安全。监察员重点对绿化带的砖头、瓦块进行了集中清理，共计清理出 7 斗车的残余垃圾，依法对私接乱建、空中飞线、通讯线路"蜘蛛网"、施工车辆遗撒等问题进行处理，拆除违建房屋、设施 8 处，召开了整治空中飞线协调会议，对镇内六家涉线单位进行了集中约谈，清理二中教师楼空中飞线、通讯线路"蜘蛛网"7000 余延长米，处罚施工遗撒车辆 3 台。

二、存在的问题

一是横向联动机制尚未完全形成。各部门之间没有形成长效的联动机制，没有形成真正合力，特别是一些处罚权划转到执法局的部门，对执法工作一转了之，相互之间没有建立信息共享平台，调查取证难。

二是城管执法队伍的整体素质有待进一步提高。由于城管执法人员主要在外忙于外业执法工作，对政策法规的学习时间相对较少，在具体执法工作中协调联系、分析问题、反映情况等综合性能力还不强。

三是城管执法人员不足，而且存在年龄偏大的问题，随着城市管理执法工作的扩展，严重影响城管执法水平和质量，不能适应城市快速发展和城市管理事件随之增加的实际需要。

三、2019 年工作安排

下步工作中，我局将紧紧围绕中央、省委、地委、县委的发展战略及解放思想推动高质量发展大讨论活动，全力抓好城市管理行政执法工作，确保县委、县政府各项决策部署落实到位。

一是加大执法监管力度，营造规范有序社会环境。重点对沿街商服牌匾、大型户外广告进行统一规范，计划选取 2 条主要街路进行试点，总结经验后全面推开。联络环保局、住建局、市场监督管理局找位置选地方，在塔河镇内打造专业化市场，将电器、机动车维修等集中经营，继续加大对私接乱建、占道经营、空中飞线、通讯线路"蜘蛛网"、破坏市政公共设施等违法行为的打击力度，督促各公企单位落实门前"五包"责任制，继续开展"美丽乡镇"主题实践活动，全力贯彻落实地区、县政府关于农村、林场（管护区）人居环境整治三年行动，认真划分各单位责任区域，提前谋划部署冬季清冰雪工作，努力形成社会环境共建共治长效机制。

二是完善智慧城管体系建设，实现科学精准"管城"。结合智慧城镇系统建设，完成年度城管体制改革任务，按照计划和步骤实施我县"强转树"三年行动，严格规范城市管理执法行为，严肃执法纪律。全面推广行政执法网格化管理，按照一岗多责、一人多能、一人负责、多人协同和简单、高效、易操作的工作目标，设计工作流程和操作规范，确保执法监管全覆盖，执法责任精准到户、到人。

三是优化执法力量，夯实执法基础。继续加强各项业务法规培训力度，提高执法人员依法行政意识和法律法规运用能力。充分发挥社会监督、群众监督、舆论监督作用，开通城市监管举报热线，聘请社区热心居民和工作人员充当义务执法监督员，开展监督评议和巡视活动，及时发现反馈不作为、乱作为、效率低下、办事推诿等问题，切实提高执法服务能力和水平。

四、建议

一是建议适当调剂或统一购置相应的工具,如噪声测试仪、大型锁车器、清障车、翻斗车、装载机等机械设备,以满足基本的工作需要,提高执法队伍工作效率。

二是建议定期组织执法队员赴先进地区进行观摩、培训、学习,提高执法队伍业务能力和水平。

三是加大公安部门对行政执法部门的支持和保护力度。

转变思路优化服务 锐意创新科技兴队
大力推进精细化城市管理

湖南省长沙市望城区城市管理局

2011年7月望城撤县设区,成为长沙市第六区,地处长沙市北部,拥有长株潭"两型社会"试验区、洞庭湖生态经济区、国家自主创新示范区和湖南湘江新区四大国家级战略平台的叠加优势。随着全区城市化脚步的不断加快,城市规模持续扩大,人民的期待与日俱增,城市管理问题更加凸显。长沙市望城区城市管理局紧盯"城市让生活更加美好"的目标,2018年深入开展城市管理执法队伍"强基础、转作风、树形象"专项行动,转变思路优化服务,锐意创新科技兴队,全面提升城市管理服务与执法能力,全力提高城市管理水平和执法效率,大力推进精细化城市管理。

转变思路:由"严格管理"变"优化服务"

近年来,随着望城区经济快速增长,人口和餐饮企业数量不断增加,全区14个街道(镇)约有2574家餐饮门店,每天产生的餐厨垃圾量约50吨。餐厨垃圾关乎市民食品安全,如何处置成为社会的关切点。如若处置不当,餐厨垃圾有可能会进入非法二级市场,对市民身体健康构成威胁。此外,还会破坏城市环境卫生和造成资源浪费。

为实现从源头上规范餐厨垃圾处理,达到"无害化、减量化、资源化"利用要求,长沙市望城区城市管理局转变思路,由"从严管理"变"优化服务",紧紧依托区财政,将在未来三年连续投入1600多万元,通过单一来源购买方式,全区的餐厨垃圾由长沙唯一具有餐厨垃圾处置资质的湖南联合餐厨垃圾处理有限公司统一收集、运输、处理。公司提供明显标识标牌的专业收集运输车辆和专业人员,负责到各个街道(镇)的餐饮门店收集运输餐厨垃圾,其它单位和个人不得擅自收集、运输和处置。

同时,为确保餐厨垃圾不外流,望城区城管局双管齐下,从源头狠抓规范服务、从末端狠抓严格执法。长沙市望城区城管局执法人员和街道(镇)工作人员深入各个餐饮门店进行食品安全宣传教育,发放宣传资料和餐厨垃圾收集桶,与餐饮门店经营户签订餐厨垃圾集中收集承诺责任书。加强日常巡查和执法力度,检查餐厨垃圾的收运情况。联合多部门开展"潲水油"专项整治行动,对非法收运餐厨垃圾行为进行立案查处并严厉打击,捣毁非法提炼潲水油小窝点 44 处，收缴潲水油 60 余桶。长沙市望城区城市管理局始终坚持以踏石留印、抓铁有痕的力度，优化服务，严格执法，有力有效推进餐厨垃圾规范处置工作，确保"舌尖上的安全"，让百姓生活放心安心。

科技兴队：由"后知后觉"变"耳聪目明"

过去，城市管理工作全靠一线执法队员日夜连轴转，执法行为往往带有一定滞后性。基层执法人员疲于奔命，但是执法效率却不高。如今，信息化技术高速发展，"互联网＋"理念更是深入人心。城市管理工作量大，难度大，更加需要与时俱进，要改革，要创新，要适应快速发展的城市化进程。

"环境就是民生，青山就是美丽，蓝天也是幸福。我们要坚持以人民为中心，严格落实'三个月治标、三年治本'的总目标，以壮士断腕的决心和勇气，坚决打赢蓝天保卫战，奋力开启生态文明建设新时代。"2018 年初，望城区蓝天保卫战动员大会上，望城区委书记孔玉成的话铮铮在耳。为坚决打赢蓝天保卫战，望城区城市管理局建立"天网＋地网"的立体监控网络，全方位监督管理，守护这一片蓝天。

"天网"全天候全时段监督。对全区 320 台渣土车加装车载智能终端设备，并接入城管指挥中心——智慧渣土管理平台，通过科技手段从源头上有效防控渣土车超限超载、沿途撒漏、乱倒乱卸等问题出现，最大限度减少渣土扬尘、环境污染现象发生。4000 多个高清摄像头覆盖全区各重要路段、区域，随时捕捉违规行为，此外全区 77 个在建工地、消纳场、搅拌场门口全部安装监控，24 小时紧盯出入渣土车是否冲洗达标、时间合规。

在设置"天网"的同时，也广布"地网"。将全区划分为 133 个网格，向 1423 名网格专干配发城管通手机，划网格分片每日巡查，发现问题苗头，立即打开城管通手机 APP，进行 GPS 定位并拍照上传。城管指挥中心接到"报案"后，按职责范围派单至不同单位，限时处理，实现指挥中心与网格执法的高效联动，率先形成"发现问题靠网格、落实工作用网格、处置问题找网格"的新局面。

"月亮岛街道中华岭发现一处露天烧烤。"4 月 8 日晚上 10 点 30 分，望城区城管局指挥中心，一名通过"天网"进行巡查的值班人员在监控屏幕上清楚地看到一处烧烤摊正浓烟四起。"请月亮岛中队立即赶赴现场处置。"10 分钟后月亮岛中队执法人员到达现场处置，不到一小时，违规烧烤摊的现场就整改清理完毕，夜晚的城市又恢复了宁静。

通过"天网""地网"的同时发力，节约了大量的执法力量，大大提高了执法工作效率。2018 年 4—11 月网格化平台共巡查上报下派案卷 9968 宗，处置 8515 宗，处置率 85.42%。在望城区形成了"不敢违法、不能违法、不想违法"的城市管理跃升新格局，为打赢蓝天保卫战提供了坚实的群众基础。

"如今的天真蓝，每天晨跑都可以大口呼吸新鲜空气。"望城区居民伍某是跑步爱好者，每天早晨都要围着斑马湖畔跑上几圈，尤其现在天气好了，每天跑步便成了最惬意的事情，"望城蓝"已成为了大家的骄傲！

优化服务：由"管理导向"变"服务保障"

城管执法历来备受关注，为防止暴力执法事件和"别有用心"的网民随意剪辑视频上传，长沙市望城区城市管理局严格规范执法，加强教育监督。认真贯彻落实国家住建部倡导的城市管理"721工作法"，即70%的问题用服务手段解决，20%的问题用管理手段解决，10%的问题用执法手段解决，进一步改进工作做法，由"管理导向"变"服务保障"，由"末端执法"变"源头治理"。

7月25日上午，长沙市望城区城管局直属四中队执法队员巡查至乌山街道望城大道时，现场发现一台车牌号为湘APxx1V的农用车随意倾倒建筑垃圾。立即责令当事人整改，将倾倒的建筑垃圾清理干净，并依法对当事人进行行政处罚。整改、处罚不是休止符，维护整洁的市容市貌、守护望城的碧水蓝天才是最终目的。针对望城区原有3个建筑垃圾消纳场因达到满负荷等原因已先后关停使用的现状，长沙市望城区城管局积极选址、策划，最终决定在高塘岭街道、白箬铺镇、丁字湾街道和铜官街道另选4处场地作为临时建筑垃圾资源化处理中心，并按照"政府主导、属地街道（镇）负责、城管局指导、市场化运作"的原则，全力推进项目建设，确保2018年12月底前建成投入使用，实现"变废为宝"，彻底解决"垃圾围城"的现实困境。

城，所以盛民也。城市建设与发展的一切核心是人，是"让人民群众在城市生活得更方便、更舒心、更美好"。如今，"治气""治水""治土"三大战役已经打响，长沙市望城区城市管理局积极转变思路，优化服务，全力打造智慧城管，与万千望城市民齐心协力逐梦蓝天、圆梦蓝天，共同谱写建设新时代美丽强盛幸福的名望之城的崭新篇章。